D1754087

PRAXISHANDBUCH
ERFOLGREICH FÜHREN

Praxishandbuch
Erfolgreich Führen

Moi Ali, Stephen Brookson, Andy Bruce,
John Eaton, Robert Heller, Tim Hindle,
Roy Johnson, Ken Langdon, Christina Osborne

DORLING KINDERSLEY
London, New York, Melbourne, München und Delhi

Cheflektorat Adèle Hayward
Leitung Bildlektorat Marianne Markham
Lektoratsleitung Stephanie Jackson

Bibliografische Information Der Deutschen Bibliothek
Die Deutsche Bibliothek verzeichnet diese
Publikation in der Deutschen Nationalbibliografie;
detaillierte bibliografische Daten sind im Internet
über http://dnb.ddb.de abrufbar.

Titel der englischen Originalausgaben:
Appraising Staff, Dealing With Difficult People, Delegating
Successfully, Do It Now, Effective Public Relations, Influencing People, Managing Budgets, Managing Meetings,
Managing Your Time, Negotiating Successfully, Project
Management, Putting Customers First

© Dorling Kindersley Limited, London, 2003

Ein Unternehmen der Penguin-Gruppe

Text © Moi Ali (S. 762–829), Stephen Brookson
(S. 150–217), Andy Bruce und Ken Langdon (S. 14–81,
S. 218–285, S. 694–761), John Eaton und Roy Johnson
(S. 559–625), Robert Heller (S. 354–421), Tim Hindle
(S. 82–149, S. 286–353, S. 626–693), Ken Langdon
und Christina Osborne (S. 422–489),
Christina Osborne (S. 490–558)

© der deutschsprachigen Ausgabe by
Dorling Kindersley Verlag GmbH, Starnberg, 2003

Alle deutschsprachigen Rechte vorbehalten

Übersetzung Ekkehard Dengler (S. 14–81, S. 422–489,
S. 762–829), Tanja Güllicher (S. 150–217), Evita Klaiber
(S. 218–285), Kirsten Nutto (S. 490–625, S. 694–761),
Erwin Peters, Helmut Reuter und Wolfgang Rhiel
(S. 82–149, S. 286–421, S. 626–693)

ISBN 3-8310-0521-4

Printed and bound in Slovakia by TBB

Besuchen Sie uns im Internet
www.dk.com

Hinweis
Die Informationen und Ratschläge in diesem Buch
sind von den Autoren und vom Verlag sorgfältig erwogen
und geprüft, dennoch kann eine Garantie nicht übernommen werden. Eine Haftung der Autoren bzw. des
Verlags und seiner Beauftragten für Personen-,
Sach- und Vermögensschäden ist ausgeschlossen.

INHALT

8 EINFÜHRUNG

14
SELBST-ORGANISATION

18 ERSTE SCHRITTE ZUR PROAKTIVITÄT

32 UNVERZÜGLICH HANDELN

44 LOGISCHE ENTSCHEIDUNGEN

58 ÜBERSICHT GEWINNEN

70 AUS ERFAHRUNG LERNEN

82 ZEITMANAGEMENT

- **86** Ein neues Zeitverständnis
- **96** Gezielte Erfolgsplanung
- **110** Konkrete Veränderungen
- **142** Abstimmung mit anderen

150 BUDGETPLANUNG

- **154** Budgetierung verstehen
- **168** Die Budgetierung vorbereiten
- **178** Budgets erstellen
- **200** Das Budget kontrollieren

218 PROJEKTMANAGEMENT

- **222** Grundlagen
- **234** Die Planung eines Projekts
- **254** Implementierung eines Plans
- **272** Leistungskontrolle

286 BESPRECHUNGEN ORGANISIEREN

- **290** VERSAMMLUNGEN NUTZEN
- **304** EIN TREFFEN VORBEREITEN
- **318** AM TREFFEN TEILNEHMEN
- **330** EIN TREFFEN LEITEN

354 ERFOLGREICH DELEGIEREN

- **358** DER PROZESS DES DELEGIERENS
- **368** SINNVOLLES DELEGIEREN
- **388** UMGANG MIT KONTROLLE
- **412** KOMPETENZERWEITERUNG

422 MITARBEITER-GESPRÄCHE

- **426** DER SINN VON BEURTEILUNGEN
- **438** DIE BEURTEILUNG VORBEREITEN
- **452** DURCHFÜHRUNG DES GESPRÄCHS
- **478** DIE NACHBEREITUNG

490 TEAMKONFLIKTE BEWÄLTIGEN

- **494** KONFLIKTE VERSTEHEN
- **506** OPTIONEN EINSCHÄTZEN
- **518** KOOPERATION ANSTREBEN
- **540** KONFLIKTMANAGEMENT

694
OPTIMALE KUNDEN-BEZIEHUNGEN

698 KUNDEN VERSTEHEN

714 EINSTELLUNG ÜBERPRÜFEN

732 ZUFRIEDENHEIT GARANTIEREN

748 LEISTUNG VERBESSERN

558
ÜBERZEUGUNGS-STRATEGIEN

562 WAS HEISST EINFLUSS AUSÜBEN?

570 SELBSTMANAGEMENT

582 IDEEN PRÄSENTIEREN

592 EINFLUSS AUSÜBEN

762
PUBLIC RELATIONS

766 SINN UND ZWECK VON PR

776 PR-FÄHIGKEITEN ENTWICKELN

800 ZUSAMMENARBEIT MIT DEN MEDIEN

812 WERBEMATERIALIEN ERSTELLEN

626
ERFOLGREICH VERHANDELN

630 GUTE VORBEREITUNG

654 VERHANDLUNGSFÜHRUNG

672 ABSCHLUSS DER VERHANDLUNG

830 REGISTER

862 AUTOREN/BILDNACHWEIS

Einführung

Um in der heutigen Wirtschaft erfolgreich Führungsfunktionen wahrzunehmen, ist es von entscheidender Bedeutung, dass man mit Veränderungen souverän umgehen kann. So beeinflussen etwa neue technische Entwicklungen sehr schnell auch die Kundenerwartungen – was gestern als komfortabel galt, genügt heute nicht mehr. Der Kunde weiß, dass höhere Standards möglich sind, und erwartet sie auch. Das stellt große Herausforderungen an Unternehmen, bietet aber auch große Chancen.

Die Aufgabe einer Führungskraft ist es unter diesen Bedingungen, stets über aktuelle Trends informiert zu sein und Konzepte zu entwickeln, wie das Unternehmen diese nutzen kann. Und selbstverständlich muss sie in der Lage sein, ihre Mitarbeiter bei der Umsetzung dieser Konzepte anzuleiten bzw. sie zu Spitzenleistungen zu motivieren.

Selbstverständlich wird der Arbeitsbereich von Führungskräften wesentlich durch die Branche bestimmt, in der sie tätig sind und in der sie ihre fachliche Kompetenz erworben haben. Zahlreiche Arbeitsabläufe und -situationen lassen sich jedoch in vielen Branchen antreffen. Oft sind es genau diese Prozesse, mit denen man erst beim Aufstieg in Führungspositionen konfrontiert wird und mit denen man durch fachliche Ausbildung und Arbeitserfahrung nicht automatisch vertraut ist. Doch auch für diese Führungsaufgaben gibt es Techniken, die man lernen kann. Sie zu vermitteln, ist das Ziel dieses Buches.

PLANEN UND KOMMUNIZIEREN

Die Bereiche, auf die es ankommt, lassen sich grob in die Kategorien Planung und Kommunikation einteilen. Alle Kapitel dieses Buches fallen unter die eine oder andere Rubrik.

Effektive Planung beginnt schon bei der Selbstorganisation. Nur durch gezielte Zeit- und Terminplanung wird es Ihnen gelingen, stets auf dem Laufenden zu bleiben – und wirtschaftliches Arbeiten ist ohnehin nur durch sorgfältige Planung von Kosten- und Zeitaufwand möglich.

Nahezu alle Funktionen einer Führungskraft haben mit Kommunikation zu tun. Wie Sie Ihre Mitarbeiter briefen und Vorgesetzten Ihre Ideen präsentieren, wie Sie mit Kunden und anderen

Geschäftspartnern verhandeln und wie Sie Ihre Firma nach außen darstellen – all diese unterschiedlichen Aspekte Ihrer Arbeit lassen sich letztlich dem Bereich der Kommunikation zurechnen, wobei Kommunikation selbstverständlich nicht nur das Weitergeben, sondern auch den Erwerb von Informationen einschließen muss – um etwa einem Kunden ein wirklich attraktives Angebot machen zu können, müssen Sie zunächst genau darauf hören, welche Wünsche der Kunde zum Ausdruck bringt.

KUNDEN UND KOLLEGEN

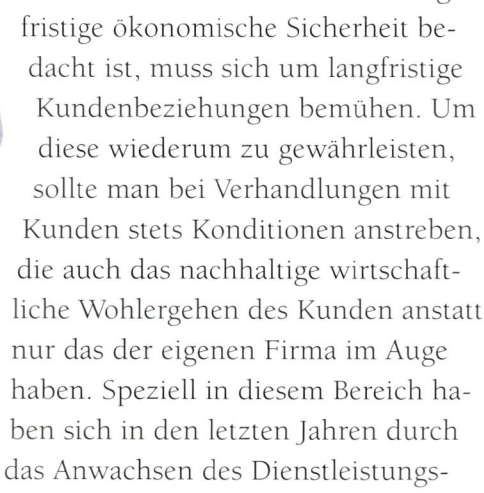

Wie eingangs bereits angedeutet, ist die konsequente Kundenorientierung eines der wichtigsten Ziele, die man sich als Führungskraft in modernen Unternehmen setzen kann, weil es letztlich der Kunde ist, der über Erfolg oder Misserfolg einer Firma entscheidet. Wer auf langfristige ökonomische Sicherheit bedacht ist, muss sich um langfristige Kundenbeziehungen bemühen. Um diese wiederum zu gewährleisten, sollte man bei Verhandlungen mit Kunden stets Konditionen anstreben, die auch das nachhaltige wirtschaftliche Wohlergehen des Kunden anstatt nur das der eigenen Firma im Auge haben. Speziell in diesem Bereich haben sich in den letzten Jahren durch das Anwachsen des Dienstleistungssektors neue Erkenntnisse herausgebildet, die auch in dieses Buch Eingang gefunden haben.

Ein anderer Bereich, der sich in den letzten Jahren stark gewandelt hat, ist das Verhältnis zwischen Führungskräften und Mitarbeitern. Obwohl es zweifellos immer noch unterschiedliche Unternehmenskulturen gibt, ist in sehr vielen Wirtschaftsbereichen doch ein Trend hin zu so genannten flachen Hierarchien unverkennbar. Die Ratschläge, die Sie in diesem Buch zum Umgang mit Ihren Mitarbeitern finden, sind diesem Konzept in vielerlei Hinsicht verpflichtet. Eine Führungskraft, die Teamarbeit und kollegiales Miteinander fördert und die Mitarbeiter stets umfassend zu informieren versucht, kann auf ein hohes Motivations- und Kreativitätsniveau in Ihrer Abteilung rechnen. Dies wiederum führt zu hoher Produktivität und guten Resultaten, von denen auch die Führungskraft selbst profitiert.

Über dieses Buch

In dieses Buch sind Erkenntnisse der modernen Managementwissenschaften ebenso eingeflossen wie die langjährigen Erfahrungen der einzelnen Autorinnen und Autoren auf Ihren jeweiligen Fachgebieten. Die Darstellung ist dabei konsequent auf maximale Transparenz und Verständlichkeit ausgerichtet.

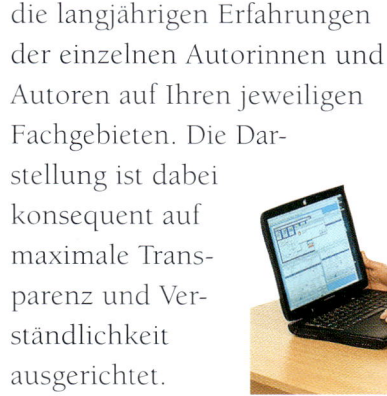

Einführung

Wissenschaftlicher Fachjargon wurde im Interesse der Praxisnähe vermieden, stattdessen werden viele Sachverhalte anhand von Fallbeispielen erläutert. Dass auch Bilder, Diagramme und weitere grafische Gestaltungselemente wie verschiedenfarbige Textkästen zur Präsentation der Informationen genutzt werden, unterstützt das Gedächtnis und hilft beim schnellen Nachschlagen und Auffrischen des Gelesenen. Insbesondere die durchnummerierten 101 Power-Tipps in jedem Kapitel bringen wertvolles Wissen auf den Punkt.

Da sich durch das Aufrücken in eine Führungsposition bzw. durch Veränderungen der Firmenstrategie neue – und oft zusätzliche – Anforderungen ergeben, besteht in Umstellungsphasen die Gefahr, zu vieles aufzuschieben. Wie man diesem sehr häufigen Problem begegnet, ist Thema des Kapitels *Selbstorganisation*. Im Anschluss daran finden sich Tipps für langfristiges effizientes *Zeitmanagement*. *Budgetplanung* und *Projektmanagement*, zwei zentrale Verantwortungsbereiche heutiger Führungskräfte, sind die Themen der nachfolgenden Kapitel.

Der zweite Teil des Buches zeigt Ihnen, wie Sie Ihre Pläne auf optimale Weise Ihren Mitarbeitern vermitteln. *Besprechungen organisieren* ist ein nicht zu unterschätzender Beitrag zu effizienter Kommunikation innerhalb der Firma. *Erfolgreich delegieren* müssen Sie, damit Sie Zeit haben für die Ihnen obliegende strategische Planung. Arbeitsaufgaben, Feedback und Beurteilungen vermitteln Sie durch *Mitarbeitergespräche*. Da es aber trotz der besten Planung zu zwischenmenschlichen Problemen kommen kann, präsentiert *Teamkonflikte bewältigen* entsprechende Lösungsansätze.

Das letzte Drittel des Buches behandelt die Kommunikation mit Kollegen und Vorgesetzten *(Überzeugungsstrategien)*, Geschäftspartnern *(Erfolgreich verhandeln)* und insbesondere Kunden *(Optimale Kundenbeziehungen)* sowie die Darstellung Ihrer Organisation in der Öffentlichkeit *(Public Relations)*.

Selbst-organisation

Einleitung 16

Erste Schritte zur Proaktivität

Begriffsdefinition 18
Klare Ziele 20
Richtiges Timing 22
Effektiv handeln 24
Proaktivität als Grundhaltung 26
Bewusste Zurückhaltung 30

Unverzüglich handeln

Einen Aktionsplan ausarbeiten 32
Richtige Zeitgestaltung 36
Entschlossen vorgehen 38
Die Initiative ergreifen 40
Zusammenarbeit suchen 42

Logische Entscheidungen

Gedankliche Sorgfalt 44
Ursachen erkennen 48
Mit System entscheiden 50
Entscheidungen vereinfachen 54
Entscheidungen in Taten verwandeln 56

Übersicht gewinnen

Fakten sammeln 58
Informationen strukturieren 60
Technische Möglichkeiten erkennen 64
Medien nutzen 66
Proaktive Partner 68

Aus Erfahrung lernen

Konstante Steigerung 70
Bewährte Methoden erhalten 72
Einsichten austauschen 74
Ein ausgeglichenes Leben 76
Testen Sie Ihre Fähigkeit zu proaktivem Handeln 78

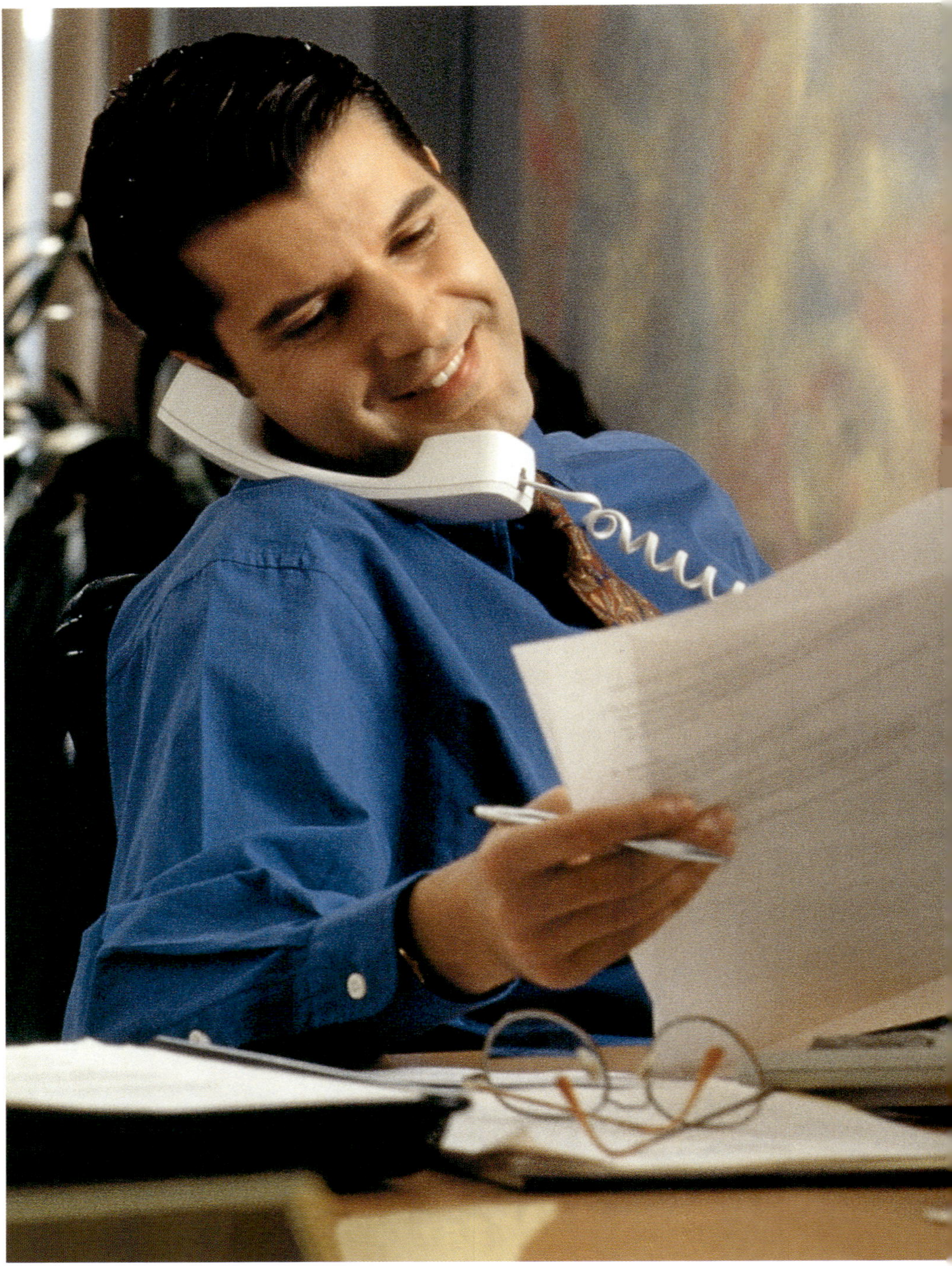

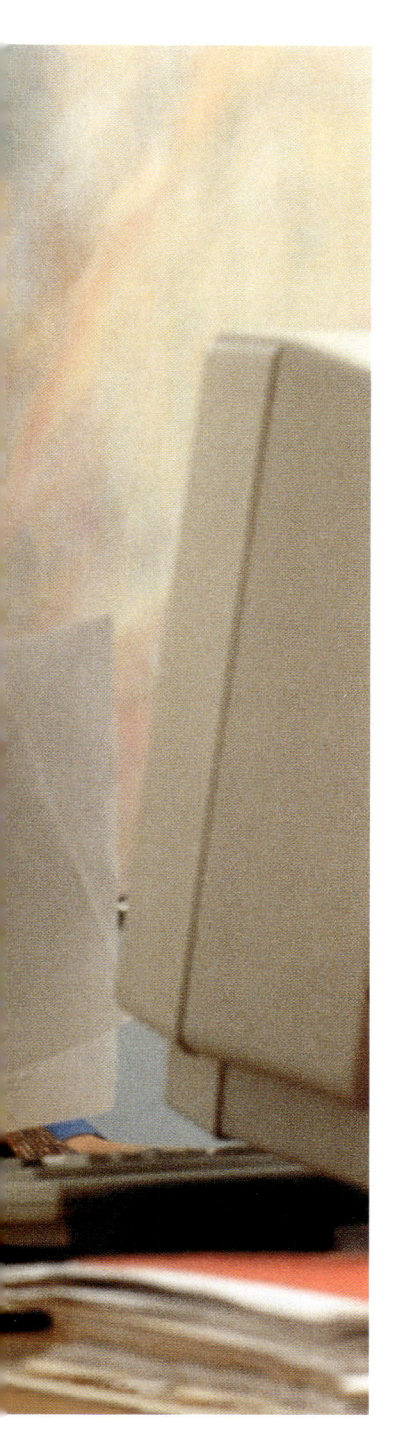

Einleitung

Für den Erfolg eines jeden Unternehmens ist es von entscheidender Bedeutung, dass die gesteckten Ziele unter Einhaltung des Zeitplans und des Budgets erreicht werden. Dieses Buch behandelt die häufigsten Ursachen für Verzögerungen und betriebliche Ineffizienz und enthält praktische Ratschläge, die es Ihnen und Ihrem Team erleichtern, Ziele zu definieren, sinnvolle Prioritäten zu setzen, mit der verfügbaren Zeit Haus zu halten, Probleme zu bewältigen und Entscheidungen zu treffen. 101 praktische Tipps helfen Ihnen zudem dabei, Arbeitsvorgänge in Ihrem Unternehmen zu verbessern, und ein Selbsttest gibt Ihnen Gelegenheit, Ihre Leistung zu beurteilen. Machen Sie sich eine proaktive Denkweise zu Eigen, und Sie werden in der Lage sein, zum Erfolg Ihres Unternehmens beizutragen und auch Ihre Freizeit optimal zu nutzen.

Erste Schritte zur Proaktivität

Menschen, die proaktiv handeln, konzentrieren sich auf diejenigen Aktivitäten, die sie ihren Zielen näher bringen. Lernen auch Sie, effektiver zu arbeiten.

Begriffsdefinition

Wer proaktiv ist, erledigt seine Arbeit zuverlässig und termingerecht. Er verschiebt nichts auf später – gleich, ob die Situation sofortiges Handeln oder eine gründliche Analyse erfordert oder ob noch eine zusätzliche Informationssammlung nötig ist.

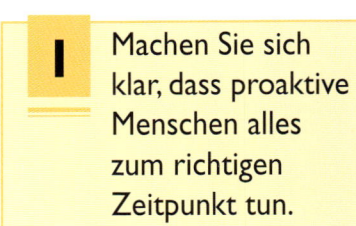

> **1** Machen Sie sich klar, dass proaktive Menschen alles zum richtigen Zeitpunkt tun.

▲ **TEAMGEIST FÖRDERN**
Proaktive Menschen unterhalten ausgezeichnete Beziehungen – zu ihrem Team und zu allen Kollegen und Geschäftspartnern.

Warum Proaktivität?

Manche Geschäftsleute erreichen ihre Leistungsziele mit hoher Beständigkeit, weil sie alles in der richtigen Reihenfolge erledigen. Diese Menschen haben sowohl ihr Privat- als auch ihr Berufsleben im Griff, und ihre Kollegen können sich auf sie verlassen. Proaktive Menschen müssen im Beruf mit Stress fertig werden wie alle anderen auch, aber ihre planvolle Vorgehensweise und ihre Fähigkeit, alle Aufgaben rechtzeitig auszuführen, erlauben es ihnen, den Stress auf ein Minimum zu reduzieren. Darüber hinaus können proaktive Menschen besser abschalten, da sie wissen, dass sie ihre Aufgaben beherrschen.

BEGRIFFSDEFINITION

> **2** Informieren Sie alle Betroffenen darüber, wann eine bestimmte Aufgabe ausgeführt sein wird.

▲ **PROAKTIVES ARBEITEN**
Ein proaktiver Mensch durchdenkt eine Aufgabe zunächst, bevor er einen Zeitplan erstellt und einen Abschlusstermin mitteilt.

KOLLEGEN ANALYSIEREN

Teilen Sie die Menschen, mit denen Sie arbeiten, für sich in eine proaktive Gruppe und eine Gruppe von Zögerern ein. Denken Sie darüber nach, was die eine von der anderen unterscheidet. Proaktive Menschen brauchen nie daran erinnert zu werden, dass sie eine Aufgabe zu erledigen haben, und teilen Ihnen von sich aus mit, wann sie voraussichtlich damit fertig sein werden. Bei Menschen, die ihre Arbeit gern vor sich herschieben, weiß man dagegen nie, woran man ist. Wenn sie z. B. mit einer Aufgabe Schwierigkeiten haben, teilen sie dies oft zu spät mit. Überlegen Sie auch, in welche Kategorie Ihre Kollegen Sie einordnen würden.

Analysieren ▸ **Planen** ▸ **Informieren**

BEREITSCHAFT ZUM WANDEL

Fassen Sie jetzt den Vorsatz, proaktiv zu werden. Das erfordert u. U. eine erhebliche Umstellung Ihrer Arbeitsweise. Vielleicht müssen Sie, um effektiver arbeiten zu können, zum Beispiel Ihr Archivierungssystem und Ihre Entscheidungsprozesse ändern oder mithilfe einer neuen Methode bestimmen, welche Arbeitsschritte Priorität haben. Denken Sie aber daran, dass auch Ihre persönliche Einstellung stimmen muss.

Kommuniziert effektiv
Ergreift die Initiative
Reagiert effizient
Verbessert Arbeitsvorgänge
Setzt Prioritäten

> **3** Seien Sie ein proaktiver Mensch, der die Initiative ergreift, kein reaktiver Mensch, der auf Impulse wartet.

▲ **PROAKTIV EINGESTELLT**
Ein proaktiver Mensch ist aufgrund seiner Eigenschaften bekannt dafür, dass er seine Aufgaben zuverlässig, erfolgreich und rechtzeitig ausführt und dabei seinen Stress minimal hält.

KLARE ZIELE

Ein proaktiver Mensch hat genaue Zielvorstellungen. Denken Sie über Ihre Zielsetzung nach, und fangen Sie damit an, diejenigen Aktivitäten, die zur Verwirklichung Ihrer Ziele nötig sind, von allem anderen zu trennen, was Ihre Zeit in Anspruch nimmt.

4 Formulieren Sie detaillierte Ziele und vereinbaren Sie sie mit Ihrem Teamleiter.

5 Prüfen Sie, ob alle Ihre Aufgabenstellungen gerechtfertigt sind.

6 Vergewissern Sie sich, dass Ihre Stellenbeschreibung aktuell und noch angemessen ist.

ZIELGERICHTET ARBEITEN

Unterscheiden Sie zwischen solchen Maßnahmen und Informationen, die Ihrem geschäftlichen Erfolg unmittelbar dienlich sind, und anderen Dingen, die nur Ihre Arbeitsbelastung erhöhen. Vergegenwärtigen Sie sich Ihre Ziele, und machen Sie sich bewusst, was Sie eigentlich anstreben. Lesen Sie sich Ihre Stellenbeschreibung durch, falls vorhanden, oder bitten Sie Ihren Teamleiter, Ihre Funktion zu definieren, und erstellen Sie danach eine entsprechende Stellenbeschreibung, damit Sie Ihre Ziele bestimmen können.

▼ **ROLLEN ANALYSIEREN**
Hier diskutiert ein Angestellter mit seiner Vorgesetzten über seinen Aufgabenbereich, um klar umrissene kurz- und langfristige Arbeitsziele formulieren zu können.

Angestellter hört die Perspektive seiner Vorgesetzten, bevor er seine Ziele festlegt.

Vorgesetzte erklärt, wie sie die Rolle des Mitarbeiters sieht.

Notizen sorgen später für Klarheit.

Klare Ziele

Ziele definieren

Beginnen Sie mit der Zielbestimmung, indem Sie Ihre Aufgabenbereiche auflisten und nach ihrer Wichtigkeit ordnen. Beschränken Sie sich auf höchstens sechs dieser Bereiche und formulieren Sie Ihre entsprechenden Ziele eindeutig. Geben Sie an, welchen prozentualen Anteil Ihrer Zeit Sie für jedes Ziel werden aufwenden müssen. Legen Sie jeweils ein Erfolgskriterium fest und denken Sie darüber nach, wie Sie Ihre Fortschritte überwachen können.

Zielsetzung / *Veranschlagter Zeitaufwand*

Ziel	Kriterium	Zeitanteil
Kundenzufriedenheit gewährleisten	Reklamationsaufkommen geht von 10% der Anzahl der Abschlüsse auf 5% zurück.	20%
Anrufe zügig entgegennehmen	Hörer wird zu 90% spätestens beim dritten Klingeln abgehoben.	30%
Neues Teammitglied integrieren	Neues Teammitglied kann eigenständig arbeiten.	50% in den ersten zwei Monaten, dann Neueinschätzung

Vereinbarter Erfolgsmaßstab

▲ ZIELE DOKUMENTIEREN
Je detaillierter Ihre Ziele festgelegt sind, desto genauer können Sie sich bei der Arbeit danach richten. Vergessen Sie nicht, Erfolgskriterien festzuhalten, die Sie mit Ihrem Teamleiter vereinbart haben.

---

7 Denken Sie daran, dass eine klare Zielsetzung Ihnen eine Orientierungshilfe ist.

Selbstkontrolle

Listen Sie Ihre gewöhnlichen Arbeitsaktivitäten auf und ordnen Sie sie danach, wie relevant sie für Ihre Gesamtleistung sind. Erstellen Sie nun mithilfe Ihres Terminkalenders oder eines Zeitplaners eine zweite Liste und ordnen Sie dieselben Aktivitäten diesmal nach der Zeit, die Sie dafür aufwenden. Vergleichen Sie nun die zwei Listen. Wenn die Reihenfolge in beiden Fällen die gleiche ist, bedeutet dies, dass Sie sich auf die Dinge konzentrieren, die für die Verwirklichung Ihrer Ziele am wichtigsten sind.

LISTEN VERGLEICHEN ▶
Wenn Sie feststellen, dass Ihre Prioritätenliste wenig mit Ihrem täglichen Zeitplan gemein hat, müssen Sie andere Prioritäten setzen und Ihre Arbeitsweise umstellen.

Nicht vergessen

- Ziele können vom Teamleiter umformuliert werden, damit deutlicher wird, was jeder zu tun hat.
- Dringende Aufgaben sind nicht immer die wichtigsten.
- Nehmen Sie sich die Zeit, alle routinemäßigen Arbeitsschritte zu analysieren.

Listen werden mit Terminkalender verglichen.

RICHTIGES TIMING

Manchmal ist es am besten, möglichst früh in einer Angelegenheit tätig zu werden; in anderen Fällen wiederum empfiehlt es sich, einen geeigneten Zeitpunkt abzuwarten. Überlegen Sie, wann Sie handeln müssen und ob Sie dafür zusätzliche Informationen benötigen.

> **8** Lernen Sie die Handlungsimpulse kennen, auf die Sie gewohnheitsmäßig reagieren sollten.

HANDLUNGSIMPULSE

Denken Sie darüber nach, wer oder was Ihnen den Impuls gibt, aktiv zu werden. Einige solche Impulse sind für Ihre Ziele wahrscheinlich wichtiger als andere. Finden Sie heraus, welche Impulse wichtig sind, und stellen Sie sicher, dass Sie sie früh genug erhalten, um noch angemessen reagieren zu können. Wenn Sie z. B. Materialien bei einem Zulieferer bestellen, sollte der zeitliche Spielraum, den Ihr System zulässt, mindestens so groß sein, dass die Ware noch rechtzeitig geliefert werden kann.

▼ **HANDLUNGSIMPULS**
Hier stellte eine Logistikerin fest, dass sie ihren Handlungsimpuls zu spät erhielt, um effizient sein zu können, und dass ihre Kollegen dadurch Nachteile hatten.

FALLBEISPIEL

Jedes Mal, wenn Mitarbeiter einer Firma die Geschäftsstelle oder die Abteilung wechselten, war Tanja dafür zuständig, dass die persönlichen Gegenstände der Betroffenen an deren neuen Arbeitsplatz transportiert wurden. Sie musste dann ein Fuhrunternehmen beauftragen. Wenn ein Spediteur kurzfristig abbestellt werden musste, bedeutete dies für Tanjas Firma höhere Kosten. Obwohl Tanja die Anlieferung der Transportkisten veranlasste, sobald sie vom Umzug erfuhr, beschwerten sich viele Angestellte darüber, dass sie nicht genug Zeit zum Packen hatten. Daraufhin wurde das System dahingehend abgeändert, dass Tanja eher über einen bevorstehenden Umzug informiert wurde. Somit war es Tanja möglich, rechtzeitig für die Bereitstellung der Kisten zu sorgen und den von dem Umzug betroffenen Mitarbeitern mindestens eine Woche Zeit zum Packen zu geben.

WICHTIGE FRAGEN

- **F** Weiß ich, auf welche Handlungsimpulse ich reagiere?
- **F** Erkenne ich diese Impulse früh genug, um noch effektive Maßnahmen ergreifen zu können?
- **F** Wie kann ich dort, wo es auf schnelles Reagieren ankommt, früher einen Impuls bekommen?

SOFORT HANDELN

Wenn Sie einen Impuls erhalten, ist es unter Umständen das Beste, unmittelbar darauf zu reagieren. Vielleicht haben Sie Erfahrung mit ähnlichen Situationen, oder es existiert eine Standardprozedur. In solchen Fällen sollten Sie nicht warten, sondern sofort aktiv werden. Handeln Sie unverzüglich, wenn Sie weder zusätzliche Informationen noch Bedenkzeit brauchen, um auf den Impuls zu reagieren.

Entscheidungen treffen

Angenommen, ein Mitarbeiter berichtet Ihnen von Schwierigkeiten mit einem Computerterminal. Wenn Sie wissen, dass der Mitarbeiter keine Erfahrung im Umgang mit dem Terminal hat, könnten Sie beschließen, sich selbst vor Ort an der Behebung des Problems zu versuchen. Falls das Teammitglied sonst bekanntermaßen gut mit dem Terminal arbeitet, könnten Sie sich dafür entscheiden, sofort technische Unterstützung anzufordern.

Nicht vergessen

- Viele Entscheidungen sind komplex und es bieten sich oft Alternativen.
- Eine Informationssammlung kann ein bedeutender Schritt zur Entscheidungsfindung sein.
- Die richtige Entscheidung lässt sich schneller treffen, wenn ein systematischer Entscheidungsprozess durchlaufen wird.

9 Handeln Sie sofort, wenn Sie wissen, was zu tun ist.

10 Stellen Sie vor einer Entscheidung die relevanten Daten zusammen.

Informationen sammeln

In manchen Fällen ist es unmöglich, unmittelbar auf einen Impuls zu reagieren. Eine sofortige Reaktion kann sogar Probleme verursachen – wenn Sie sich falsch entscheiden. Unter Umständen lassen sich auch noch keine Maßnahmen ergreifen, weil Sie nicht über die nötigen Informationen verfügen. Überlegen Sie, ob dies der Fall ist. Leiten Sie Maßnahmen ein, oder tragen Sie die Fakten zusammen, die Sie benötigen.

▼ **AUF IMPULSE REAGIEREN**
Es ist nicht immer klug, sofort zu handeln. Möglicherweise stehen Ihnen mehrere Handlungsmöglichkeiten offen, oder Sie benötigen noch mehr Zeit, um Informationen für die Entscheidung zu sammeln.

IMPULS
Sie erhalten eine Mitteilung.

INFORMATIONSSAMMLUNG
Unter Umständen brauchen Sie detailliertere Informationen, um aktiv werden zu können.

ENTSCHEIDUNGSFINDUNG
Vielleicht müssen Sie aus einer Reihe von Möglichkeiten eine auswählen.

MASSNAHMEN
Manchmal ist es angebracht, sofort zu handeln.

Effektiv handeln

Es ist nicht damit getan, aufgrund von Handlungsimpulsen zu entscheiden, ob ein sofortiges Eingreifen angezeigt ist. Denken Sie sorgfältig darüber nach, wie Sie bestmögliche Ergebnisse erzielen können, und versuchen Sie ständig, Arbeitsvorgänge effektiver zu gestalten.

> **11** Beurteilen Sie Ihre Arbeitsweise kritisch, suchen Sie nach Verbesserungsmöglichkeiten.

DAS IST ZU TUN

1. Überdenken Sie Ihre Arbeitsvorgänge.
2. Prüfen Sie, ob alle Ihre Aktivitäten notwendig sind.
3. Sondern Sie unnötige Routinetätigkeiten aus.
4. Überlegen Sie, wie Sie Ihre Arbeitsweise ändern könnten.

Arbeitsvorgänge analysieren

Jedes Mal, wenn Sie auf einen Handlungsimpuls reagieren, sollten Sie Ihr Vorgehen hinterfragen. Wenn Sie sich an eine Standardprozedur halten wollen, dann vergewissern Sie sich, dass diese immer noch der beste Weg zum Ziel ist. Stellen Sie sich vor, Sie wären Ihr Teamleiter. Würden Sie an dem betreffenden Verfahren etwas ändern? Wenn der Impuls keine automatische Reaktion auslöst, dann fragen Sie sich, ob die Lage besser wäre, wenn Sie die Initiative ergriffen hätten. Selbst wenn Sie nur Anweisungen ausführen, sollten Sie sich vergewissern, dass Sie zweckmäßig handeln.

Arbeitsvorgänge verbessern

Viele Vorgänge sind fester Bestandteil der Unternehmenspraxis. Gewisse Praktiken entwickeln sich im Lauf der Zeit, wobei manchmal auch entbehrliche Arbeitsschritte eingeführt werden und unnötiger bürokratischer Aufwand entsteht. Durchleuchten Sie alle Arbeitsvorgänge, an denen Sie beteiligt sind. Welche sind unverzichtbar? Welche könnten ohne negative Folgen entfallen? Überdenken Sie sämtliche Routinevorgänge auf diese Weise.

Alternativen werden festgehalten.

Arbeitsvorgänge werden überprüft.

▲ **EFFEKTIVITÄTSKONTROLLE**
Denken Sie gründlich über Ihre routinemäßigen Arbeitsvorgänge nach, und suchen Sie stets nach Möglichkeiten, Ihre Effektivität und Effizienz zu steigern.

Effektiv handeln

Wie sich die Effektivität eines Verfahrens steigern lässt

Ein Verkaufsassistent hat eine Kurierlieferung zu organisieren.

Altes System
- Verkaufsassistent kontaktiert die Logistikabteilung.
- Logistikerin holt drei Angebote ein.
- Verkaufsassistent lässt die Ausgabe genehmigen.

Neues System
- Es wird vereinbart, dass der Kurier bei Kosten von unter 75 Euro sofort bestellt werden kann, sodass die Mitarbeiter sich anderen Aufgaben zuwenden können.

Kurier holt das Päckchen ab.

Werden Sie proaktiv

Wie viel Zeit verbringen Sie damit, auf Handlungsimpulse zu reagieren, und wie viel mit Aktivitäten, die Sie geplant haben? Versuchen Sie einen Punkt zu erreichen, an dem Sie vor allem geplante Aktionen ausführen. Handeln Sie immer dann, wenn es angebracht ist, unabhängig vom Schwierigkeitsgrad der betreffenden Aufgabe. Nehmen Sie sich vor, Problemen auf den Grund zu gehen, auch wenn Sie sich dadurch erst später um etwas kümmern können, das andere als dringend einstufen. So reagieren Sie nicht nur auf Ereignisse, sondern tragen dazu bei, dass zukünftige Krisen weniger wahrscheinlich werden.

12 Fragen Sie sich, ob Sie oft schwierige Aufgaben vor sich herschieben.

13 Bedenken Sie, dass sich ein Problem zu einer Krise auswachsen kann, wenn Sie zögern.

PROAKTIVITÄT ALS GRUNDHALTUNG

Richtig verstanden, ist Proaktivität ein Lebensprinzip. Seien Sie sich bewusst, wie Ihre Arbeitsweise auf andere wirkt, machen Sie sich eine proaktive Einstellung zu Eigen. Lernen Sie, mit Informationen möglichst effektiv umzugehen, und zeigen Sie, dass auf Sie Verlass ist.

14 Notieren Sie sich Ideen, die zu verbesserten Verfahrensweisen führen könnten.

IDEEN FESTHALTEN

Ein Zeitschriftenartikel oder eine Unterhaltung mit einem Freund können Ihnen Anregungen geben, die für Ihre Arbeit von Nutzen sind. Führen Sie ein Notizbuch oder einen Taschencomputer mit sich, um Ideen aufzuzeichnen, die Ihnen helfen können, Ihre Ziele zu erreichen oder Ihre Arbeitsweise zu verbessern.

Kollege erzählt von einem schwierigen, aber erfolgreichen Kundengespräch.

Mitarbeiterin hat ihren Block bereit, um sich Ideen zu notieren.

ANREGUNGEN SAMMELN ▶
Reden Sie mit Freunden und Kollegen über deren Arbeit. Möglicherweise werden Sie feststellen, dass Sie bestimmte Gewohnheiten übernehmen können. Schreiben Sie sich alle guten Ideen auf.

WICHTIGE FRAGEN

- **F** Nehme ich selbst Kontakt zu Menschen auf?
- **F** Teile ich anderen mit, wie und wann ich reagieren werde?
- **F** Bemühe ich mich, die Erwartungen anderer zu erfüllen?
- **F** Wenn mir jemand Material geschickt hat, das ich nicht brauche, weise ich ihn darauf hin?

KONTAKT HALTEN

Die meisten Menschen wissen, wie es ist, wenn man jemandem ein fertiges Produkt zukommen lässt und keinerlei Reaktion erhält. Zuerst fragt man sich, ob das Produkt überhaupt angekommen ist, und dann, ob der Empfänger womöglich nicht damit zufrieden war. Vergegenwärtigen Sie sich, dass es Menschen, die mit Ihnen zu tun haben, genau so geht. Machen Sie es sich zur Regel, sofort auf alle erhaltenen Mitteilungen zu antworten. Wenn Sie Material erhalten haben, das Sie nicht brauchen, dann informieren Sie den Absender.

Proaktivität als Grundhaltung

Auf Mitteilungen reagieren

Angemessene Reaktion	Erforderliche Massnahmen
Sofort eingreifen	Handeln Sie unverzüglich, wenn Sie über alle notwendigen Informationen verfügen und wissen, wie zu verfahren ist.
Zeitplan erstellen	Sind sofortige Maßnahmen unmöglich, dann legen Sie fest, wann Sie handeln werden, und informieren Sie alle Betroffenen darüber.
Weiterverweisen	Geben Sie die Mitteilung weiter, wenn Sie nicht der richtige Empfänger sind, und benachrichtigen Sie den Absender.
Archivieren	Falls die erhaltenen Informationen relevant sind, aber kein Eingreifen erfordern, teilen Sie dies dem Absender mit und archivieren Sie die Mitteilung.
Ignorieren	Wenn die erhaltene Nachricht ohne Belang ist, dann teilen Sie dies dem Absender mit. Sorgen Sie dafür, dass Sie in Zukunft kein irrelevantes Material mehr erhalten.

Zusammenarbeit

Wenn Sie möchten, dass an Sie die richtigen Ansprüche gestellt werden, sollten Sie auch wissen, was Sie von anderen erwarten können. Wenn Sie eine Aufgabe delegieren, dann vergewissern Sie sich, dass Sie sie dem Richtigen übertragen und dass der Betreffende bereit ist, die Verantwortung dafür zu übernehmen. Es macht keinen Sinn, jemandem etwas aufzutragen, nur um nicht selbst an mangelhaften Ergebnissen schuld zu sein.

15 Sorgen Sie dafür, dass andere nichts Unmögliches von Ihnen erwarten.

ERGEBNISKONTROLLE ▶
Machen Sie deutlich, was Sie erwarten. Bleiben Sie mit den Mitarbeitern in Verbindung, um sicherzustellen, dass sie erfolgreich arbeiten.

Sie ruft ein Teammitglied an, um an einen Termin zu erinnern.

Zeitplan geht dem Teammitglied per E-Mail zu.

ERSTE SCHRITTE ZUR PROAKTIVITÄT

INFORMATIONSMANAGEMENT

Heutzutage ist jeder einer Flut von Informationen ausgesetzt. Sehen Sie sich an Ihrem Arbeitsplatz um, und Sie werden feststellen, wie aufgeräumt die Schreibtische von proaktiven Kollegen aussehen. Machen Sie es sich zur Gewohnheit, sich mit erhaltenen Informationen unverzüglich zu befassen – treffen Sie eine Entscheidung, archivieren Sie die Informationen so, dass sie später leicht verfügbar sind, oder entsorgen Sie irrelevantes Material.

16 Archivieren Sie möglichst bald und bewahren Sie alles zugänglich auf.

Elektronische Informationen sind leicht auffindbar.

Terminkalender und Notizbuch sind jederzeit zur Hand.

Ablage für Eingänge ist aufgeräumt.

ORDNUNG HALTEN ▶
Halten Sie Schreibtisch und Archiv immer in Ordnung, damit Sie mühelos auf alle Informationen zugreifen können.

Unnötiges Material wird entsorgt.

Häufig benutzte Akten sind leicht zugänglich.

E-MAILS EFFEKTIV GESTALTEN

E-Mails sollten knapp und sachlich gehalten sein. Achten Sie beim Verfassen von Nachrichten auf eine unmissverständliche Ausdrucksweise. Wenn eine Angelegenheit ausführlich erklärt werden muss, ist es vielleicht besser, sie am Telefon oder bei einem Treffen zu besprechen. Man kann E-Mails als »dringend« kennzeichnen, verwenden Sie diese Funktion sparsam. Spiegelstriche oder Aufzählungspunkte sollte man auf ein Minimum begrenzen.

BENUTZERFREUNDLICHE PRÄSENTATION

Fragen Sie sich, ob die Informationen aus anderen Teilen Ihres Unternehmens jeweils gut aufbereitet sind, oder ob es Sie Anstrengung kostet, das Relevante herauszufiltern. Letzteres ist oft der Fall. Sprechen Sie mit den Menschen, die Ihnen die Informationen zukommen lassen. Wenn es ohne weiteres möglich ist, die Präsentation Ihren Bedürfnissen anzupassen, können Sie viel Zeit sparen. Überlegen Sie auch, ob Informationen, die Sie gewöhnlich ignorieren, nützlich sein könnten, wenn sie anders präsentiert würden.

PROAKTIVITÄT ALS GRUNDHALTUNG

KEIN PERFEKTIONISMUS

Versuchen Sie zu verhindern, dass die Suche nach der besten Entscheidung zur Handlungsunfähigkeit führt. Viele Entscheidungen beruhen auf unvollkommenen Informationen. Warten Sie nicht auf weitere Informationen, wenn Sie dadurch nicht mehr rechtzeitig entscheiden oder handeln könnten. Zeit ist Geld, und jede Verzögerung ist kontraproduktiv, wenn dadurch höhere Kosten entstehen, als durch früher getroffene Maßnahmen verursacht würden. Wenn Sie abwarten, müssen Sie Ihren Informationsbestand später erneut sichten, um sich an alle Einzelheiten zu erinnern.

17 Bedenken Sie, dass Sie die perfekte Lösung vielleicht zu spät finden.

18 Denken Sie daran, dass sofortiges Handeln immer eine Zeitersparnis bedeutet.

NICHT VERGESSEN

- Eine zusätzliche Informationssammlung lohnt sich nur, wenn sie Ihnen hilft, etwas besser zu verstehen.
- Sie sollten keine Informationen sammeln oder archivieren, für die Sie persönlich keine Verwendung haben.
- Viele Akten werden nie eingesehen, weil sie von vornherein unnötig waren.
- Mit Ihrem Aufgabenbereich ändert sich auch Ihr Informationsbedarf.

RELEVANTES VON IRRELEVANTEM TRENNEN

Prüfen Sie alle Informationen, die Sie am Arbeitsplatz erhalten, auf ihre Relevanz. Gesammelte Fakten oder Meinungen sind nur dann wertvoll, wenn sie Ihnen im Arbeitsalltag helfen oder bei der strategischen Planung als Grundlage dienen können. Seien Sie sich dessen bewusst, und fangen Sie an, gezielt nach Informationen zu suchen, die Ihnen helfen, effektiver zu werden, statt sie nur der Vollständigkeit halber zusammenzutragen. Denken Sie daran, wenn Sie Informationen sichten.

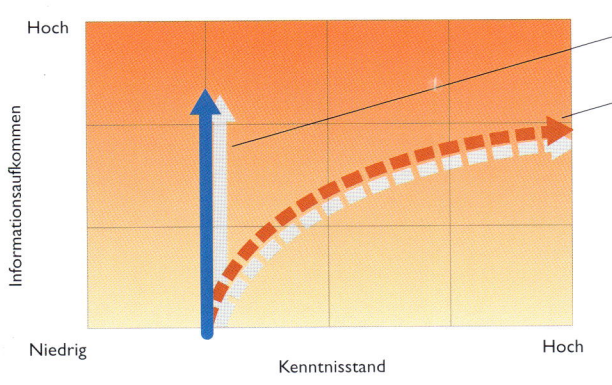

Die zusammengetragenen Fakten sind nutzlos.

Die Informationssammlung führt zu neuen Erkenntnissen.

◀ **SINNVOLL NUTZEN**
Konzentrieren Sie sich vor einem neuen Projekt auf die Informationen, die Sie brauchen, um mit der Arbeit zu beginnen bzw. zu erkennen, welche Verbesserungen möglich sind. Die gestrichelte rote Linie stellt einen sinnvollen Umgang mit Informationen dar.

Erste Schritte zur Proaktivität

Bewusste Zurückhaltung

Auch die Entscheidung, etwas nicht zu tun, kann proaktiv sein. Wenn eine geplante Maßnahme für Ihre Ziele nicht von Belang ist, dann denken Sie darüber nach, sie nicht durchzuführen. Treffen Sie eine Entscheidung und vertreten Sie sie, aber übergehen Sie niemanden.

> **19** Bedenken Sie: Es ist manchmal besser, sich gegen eine Maßnahme zu entscheiden.

Wichtige Fragen

- Habe ich mich vergewissert, dass ein Problem vorliegt, das Maßnahmen erfordert?
- Was würde passieren, wenn ich nichts unternähme?
- Wen kann ich fragen, ob Handlungsbedarf besteht?
- Bin ich für die Lösung des Problems zuständig?
- Wenn ich nichts tue und das Problem sich zuspitzt, habe ich dann noch Handlungsspielraum?

»Wo liegt das Problem?«

Wenn die Situation nach Maßnahmen verlangt, dann reagieren Sie sofort. Unter Umständen kann Ihre Reaktion darin bestehen, sich zu fragen: »Wo liegt das Problem?« Angenommen, Sie sollen in einer anderen Abteilung eine Computeranlage installieren, und ein externer Anbieter liefert diese nicht zum vereinbarten Termin – statt die Anlage sofort anderweitig zu beschaffen, könnten Sie sich die Frage stellen, welche Konsequenzen die Verzögerung eigentlich hat. Prüfen Sie, ob eine termingerechte Installation nicht ohnehin aufgrund anderer Schwierigkeiten unmöglich ist – das heißt, ob der Lieferverzug den Ausschlag gibt.

FALLBEISPIEL

Während eines Seminars erhob Claudia, eine Kundenbetreuerin, folgenden Einwand: »Ich verstehe zwar, wie der Entscheidungsprozess ablaufen soll, aber ich kann mir noch nicht vorstellen, wie er mir in der Praxis weiterhilft.« Jürgen, der Seminarleiter, machte Vorschläge, um dieses Problem zu lösen. Als die Gruppe auch 20 Minuten später noch zu keinem zufrieden stellenden Ergebnis gekommen war, beschäftigte sie sich mit anderen Themen. In der Pause erzählte Jürgen seinem Teamleiter, was vorgefallen war. Dieser schlug vor, Jürgen solle auf derartige Äußerungen nicht sofort reagieren, sondern zunächst »einfach abwarten«. Als bei einer anderen Gelegenheit ein Seminarteilnehmer ähnliche Zweifel bekundete, ging Jürgen bewusst nicht darauf ein, und schon nach wenigen Sekunden fingen andere Teilnehmer an, die Frage anhand von Beispielen aus der Praxis zu beantworten.

◀ PASSENDE GELEGENHEIT

In diesem Fall machte ein Seminarleiter die Erfahrung, dass man manchmal auf eine passende Gelegenheit warten muss, statt zu versuchen, ein Problem sofort zu beheben. Er erkannte, dass sich manche Dinge von alleine erledigen.

BEWUSSTE ZURÜCKHALTUNG

AUF MASSNAHMEN VERZICHTEN

Nachdem Sie sich die Frage gestellt haben, wo das Problem liegt, kann die richtige Reaktion auf einen Impuls manchmal darin bestehen, nichts zu tun. Wenn Sie zwar vermuten, dass sich ein bestimmtes Ereignis nachteilig für Sie auswirken könnte, aber die Wahrscheinlichkeit seines Eintretens für gering halten, sind alle vorbeugenden Maßnahmen möglicherweise Zeitverschwendung. Denken Sie daran, dass manche Probleme sich früher oder später einfach auflösen.

20 Vergewissern Sie sich, dass Sie handeln, weil die Notwendigkeit dazu besteht.

WANN MAN NICHT AKTIV WERDEN MUSS ▼
Prüfen Sie jedes Problem daraufhin, ob es dazu führen könnte, dass Sie Ihre Ziele verfehlen. Wenn dem nicht so ist, sollten Sie auch keine Schritte einleiten.

21 Informieren Sie unbedingt alle Betroffenen, falls Sie beschließen, nichts zu tun.

Analysieren ➔ **Prüfen** ➔ **Auf Maßnahmen verzichten**

▲ **ENTSCHEIDUNGEN TEILEN**
Sprechen Sie mit Ihrem Kunden über Ihre Entscheidung, nichts zu unternehmen. Vielleicht stimmt er zu, oder aber er schlägt eine Lösung vor bzw. erklärt, warum Sie doch Maßnahmen ergreifen sollten.

INFORMIEREN

Falls Sie sich entscheiden, keinerlei Schritte zu unternehmen, ist es wichtig, dass Sie alle Betroffenen in Kenntnis setzen. Nur dann ist der Entschluss, nichts zu tun, eine proaktive Lösung. Wenn Sie Ihre Entscheidung für sich behalten, erwarten andere wahrscheinlich, dass Sie aktiv werden, und fühlen sich im Stich gelassen, wenn nichts geschieht. Ein Vertreter, der davon ausgeht, dass sein Produkt bei einem Kunden weniger Anklang findet als das eines Konkurrenten, kann beschließen, kein Angebot abzugeben, muss aber dann den Kunden darüber informieren.

Unverzüglich Handeln

Oft sind früher getroffene Maßnahmen wirksamer. Legen Sie eine adäquate Vorgehensweise fest, prüfen Sie, ob Ihr Plan auf einer fundierten Analyse beruht, und werden Sie dann sofort aktiv.

Einen Aktionsplan ausarbeiten

Wenn Sie lernen wollen, systematisch zu verfahren, ist der richtige Ausgangspunkt Ihr Aktionsplan. Nehmen Sie in den Plan alles auf, was für Ihren Aufgabenbereich von Belang ist, und überlegen Sie, wie Sie Ihre Zeit am besten investieren.

> **22** Streichen Sie rigoros alle irrelevanten Punkte aus Ihrem Aktionsplan.

Vorausschauend
Methodisch
Aufnahmefähig
Effizient
Zielorientiert

▲ **PROAKTIV DENKEN**
Proaktive Menschen haben nicht nur Erfolg, weil sie zielstrebig sind, sondern auch, weil sie erkennen, dass sie ihre Arbeitsmethoden überprüfen und verändern müssen.

Aufgaben erfassen

Stellen Sie zunächst eine Liste zusammen, die sowohl sämtliche anstehenden Aufgaben umfasst als auch alles, was Sie unternehmen müssen, um für die Zukunft gerüstet zu sein. So ist Ihr Aktionsplan sowohl kurz- als auch langfristig von Bedeutung. Prüfen Sie, ob auf der Liste Maßnahmen stehen, die Ihnen nicht dabei helfen, Ihre Ziele zu verwirklichen. Überlegen Sie, ob diese Punkte Bestandteil der Liste bleiben müssen.

EINEN AKTIONSPLAN AUSARBEITEN

SCHWIERIGKEITSSTUFEN BESTIMMEN

Teilen Sie die Aufgaben auf Ihrer Liste nach ihrem Schwierigkeitsgrad ein. Ordnen Sie einen einfachen Arbeitsschritt der Schwierigkeitsstufe »Grün« zu. Der Stufe »Gelb« entspricht eine Aufgabe, wenn Sie nicht sicher sind, wie sie auszuführen ist, oder dafür zusätzliche Informationen benötigen. Die Schwierigkeitsstufe »Rot« umfasst Aufgaben, die Ihnen mit Sicherheit Probleme bereiten werden.

> **23** Überlegen Sie, welche Aufgaben Sie delegieren können.

> **24** Vergewissern Sie sich, dass Sie nicht anderer Leute Arbeit erledigen.

◀ **AKTIONSPLAN**

In diesem Muster sind jeweils mehrere Schritte zur Organisation einer Konferenz zu einem Teilbereich zusammengefasst.

Grenzen Sie Teilbereiche ab.

Listen Sie alle erforderlichen Schritte auf.

Setzen Sie sich eine Frist.

Tragen Sie den jeweiligen Schwierigkeitsgrad ein.

Bereich	Arbeitsschritte	Grad	Termin
Buchung der Räumlichkeiten	1. Drei Angebote einholen	Grün	19. Juni
	2. Mit Referenten klären, welche Geräte nötig sind	Grün	
	3. Reservieren, besondere Anforderungen erläutern	Grün	
Hinweise für Teilnehmer	1. Mit Tagungsleiter Zeitplan und Wegbeschreibung erstellen	Grün	25. Juni
	2. Beides Teilnehmern zusenden	Grün	
Regelung des Budgets	1. Budget für Reise, Kost und Logis erstellen	Gelb	30. Juni
	2. Gesamtbudgetierung beenden	Grün	
	3. Budget vom Finanzleiter genehmigen lassen	Rot	

> **25** Überprüfen Sie Ihren Aktionsplan in kurzen Abständen, diskutieren Sie mit dem Team darüber.

MASSNAHMEN ERÖRTERN

In Ihrem Aktionsplan ist nun dokumentiert, was Ihrer Meinung nach getan werden muss und welche Schwierigkeiten es zu überwinden gilt. Besprechen Sie den Plan mit Ihrem Team, damit Sie Ihre übergeordneten Ziele aus einer neuen Perspektive sehen. Möglicherweise gelangen Sie auf diese Weise zu dem Schluss, dass bestimmte Maßnahmen unnötig sind. Ändern sich die Voraussetzungen, dann können Sie eine Aufgabe unter Umständen einer niedrigeren Schwierigkeitsstufe zuordnen.

ABC-ANALYSE

Schätzen Sie ab, wie wichtig jede Maßnahme ist. Räumen Sie Schritten, ohne die Sie Ihre Arbeitsziele nicht erreichen können, Prioritätsstufe A ein. Prioritätsstufe B kommt denjenigen Maßnahmen zu, die geringere Auswirkungen auf Ihren Erfolg haben oder aber noch zurückgestellt werden können. Widmen Sie sich an jedem Arbeitstag zuerst der Kategorie A, und gehen Sie erst, wenn sich keine Fortschritte mehr erzielen lassen, zu Kategorie B über. Alle anderen Punkte bekommen Prioritätsstufe C.

PRIORITÄTEN PRÜFEN

- Ermitteln Sie, welche Schritte für einen Erfolg unbedingt notwendig sind.
- Überlegen Sie, was weniger wichtig ist oder warten kann.
- Weisen Sie jedem Punkt auf Ihrer Liste eine Prioritätsstufe zu.
- Konzentrieren Sie sich stets auf die am höchsten eingestuften Aktivitäten.

TUN UND LASSEN

✔ Seien Sie bei der Vergabe von Prioritätsstufen objektiv.
✔ Fragen Sie sich, ob alle Aktivitäten in Kategorie C von Bedeutung sind.
✔ Wenden Sie sich schwierigen Aufgaben zuerst zu.

✘ Räumen Sie Aktivitäten nicht nur Priorität ein, weil Sie sie gern tun.
✘ Scheuen Sie sich nicht, Punkte zu streichen.
✘ Konzentrieren Sie sich nicht so sehr auf eine Aufgabe, dass Sie andere vernachlässigen.

26 Machen Sie die Arbeitsschritte in der Reihenfolge der Prioritätensetzung.

Jeder Punkt des Plans erhält Prioritätsstufe A, B oder C.

Bereich	Maßnahmen	Grad	Priorität	Termin
Buchung der Räumlichkeiten	1. Drei Angebote einholen	Grün	A	19. Juni
	2. Mit Referenten klären, welche Geräte nötig sind	Grün	B	
	3. Reservieren, besondere Anforderungen erläutern	Grün	B	
Hinweise für Teilnehmer	1. Mit Tagungsleiter Zeitplan und Wegbeschreibung machen	Grün	C	25. Juni
	2. Beides an Teilnehmer senden	Grün	C	
Regelung des Budgets	1. Budget für Reise, Kost und Logis erstellen	Gelb	B	30. Juni
	2. Budgetierung beenden	Grün	B	
	3. Budget vom Finanzleiter genehmigen lassen	Rot	B	

◀ **GEWICHTEN**

Konzentrieren Sie sich zunächst auf die Kategorie A und beschäftigen Sie sich danach mit Kategorie B. Wenden Sie sich Kategorie C erst dann zu, wenn in den ersten beiden Kategorien nichts mehr zu erreichen ist oder wenn eine Maßnahme in Kategorie C dringend erforderlich wird und höher eingestuft werden muss.

Ein Abschlusstermin wird festgehalten.

Angemessen handeln

27 Stellen Sie sicher, dass Ihr Team den Unterschied zwischen wichtig und dringlich kennt.

Wenn Ihre Kollegen eine Maßnahme für dringlich halten, sollten Sie prüfen, ob sie auch wichtig ist. Dringlich ist eine Maßnahme, die Eile gebietet, wichtig dagegen eine Maßnahme, von der Ihr Erfolg abhängt. Wenn Sie eine Maßnahme, die Ihr Vorgesetzter als dringlich einstuft, für unwichtig halten, dann erklären Sie ihm Ihre Sichtweise. Möglicherweise wird er die Aufgabe jemand anderem übertragen oder die bestehende Zielsetzung veränderten Gegebenheiten anpassen.

Die Kontrolle behalten

Streben Sie danach, Ihre Aufgaben so sicher zu beherrschen, dass Ihr Aktionsplan nur noch wenige dringliche Maßnahmen enthält. Wenn Sie feststellen, dass Sie regelmäßig Eilmaßnahmen ergreifen, die wenig zu Ihrem Erfolg beitragen, verbringen Sie noch zu viel Zeit damit, Krisen zu bewältigen. Ideal ist es, vorausschauend zu handeln und Probleme und günstige Gelegenheiten zu erkennen, bevor sie aktuell werden. Wenn Sie die meiste Zeit für Dinge aufwenden, die wichtig, aber nicht dringlich sind, dann haben Sie Ihren Tätigkeitsbereich unter Kontrolle.

28 Sorgen Sie dafür, dass Ihnen genug Zeit bleibt, um Chancen zu nutzen.

29 Antizipieren Sie Probleme und beugen Sie ihnen vor.

Geizen Sie mit Ihrer Zeit

Ihre Zeit wird von vielen Menschen in Anspruch genommen. Es kommt darauf an, dass Sie selbst entscheiden, was von Bedeutung ist und was nicht. Wenn jemand von Ihnen verlangt, dass Sie etwas tun, das Sie für relativ unwichtig halten, dann vertreten Sie Ihre Prioritätensetzung. Geben Sie möglichst wenig von Ihrer Zeit ab. Beschäftigen Sie sich nicht mit Nebensächlichem, solange Wichtigeres auf Ihrem Plan steht. Das kann schwierig sein, wenn die Person, die Druck auf Sie ausübt, Ihr Vorgesetzter ist. Trotzdem müssen Sie Ihre Prioritäten erklären und Ihren Vorgesetzten darauf hinweisen, dass er Ihren Erfolg gefährdet, wenn er Sie drängt, eine weniger wichtige Aufgabe auszuführen. Am besten behandeln Sie solche Meinungsunterschiede offen und ehrlich, indem Sie regelmäßig mit dem Team darüber diskutieren, was Priorität hat.

UNVERZÜGLICH HANDELN

RICHTIGE ZEITGESTALTUNG

Der Schlüssel zu sinnvoller Zeiteinteilung ist gute Planung. Halten Sie nicht nur fest, was Sie zu tun haben, sondern auch, wie lange Sie dafür brauchen werden. Kalkulieren Sie für jede Aufgabe genug Zeit ein und setzen Sie sich einen entsprechenden Termin.

30 Prüfen Sie anhand Ihres Aktionsplans, ob Sie mit der Arbeit im Rückstand sind.

31 Planen Sie zeitlichen Spielraum ein, um Verzögerungen auffangen zu können.

ZEITBEDARF ABSCHÄTZEN

Um souverän zu agieren, müssen Sie in der Lage sein, alle nötigen Maßnahmen planmäßig durchzuführen. Überlegen Sie, was jede Tätigkeit voraussetzt und wie lange Sie dafür brauchen werden. Gehen Sie dabei von den vorrangigen Aufgaben aus. Eine Kalkulation des jeweils erforderlichen Zeitaufwands ist aber oft nicht leicht. Unterteilen Sie Ihre Aktivitäten in Phasen und schätzen Sie dann ab, wie lange jede einzelne dauern wird. Orientieren Sie sich dabei an bestehenden Aufzeichnungen.

FOLGERICHTIG HANDELN

Nachdem Sie abgeschätzt haben, wie lange Sie brauchen werden, um ein Arbeitsziel zu erreichen, und nachdem Sie sich die Arbeit in einfache Schritte eingeteilt haben, sollten Sie überlegen, was als Erstes zu tun ist. Konzentrieren Sie sich auf die Aktivitäten mit Prioritätsstufe A und kalkulieren Sie möglichst genau, wie viel Zeit Sie dafür benötigen. Denken Sie dann über die logischen Beziehungen zwischen verschiedenen Schritten nach.

Teamleiter klärt mehrere Punkte mit Kollegen ab.

GEMEINSAM PLANEN ▶
Sehen Sie nach, ob Ihr Aktionsplan Punkte enthält, die im Rahmen einer kurzen Besprechung geregelt werden könnten. So können viele Fragen in kurzer Zeit beantwortet werden.

RICHTIGE ZEITGESTALTUNG

ARBEITSABLÄUFE PLANEN

Wenn Ihr Ziel eine komplexe Vorgehensweise verlangt, dann fertigen Sie ein einfaches Ablaufdiagramm an, das die einzelnen Arbeitsschritte in ihrer späteren Reihenfolge darstellt. Dem Diagramm können Sie dann entnehmen, welche Schritte unter besonderem Zeitdruck unternommen werden müssen. Wenn am Anfang eine einfache Aufgabe steht, ohne die die folgenden nicht auszuführen sind, zeigt das Ablaufdiagramm dies an und erleichtert es Ihnen, in der betreffenden Angelegenheit sofort aktiv zu werden. Überprüfen Sie das Diagramm auf seine Schlüssigkeit.

NICHT VERGESSEN

- Es lohnt sich, Zeit in die Planung von Arbeitsabläufen zu investieren.
- Sie sollten prüfen, welche Aufgaben abgeschlossen sein müssen, bevor Sie sich anderen zuwenden.
- Seien Sie sich im Klaren, welche Schritte keine Verzögerung dulden.

▼ RICHTIGE REIHENFOLGE

Analysieren Sie die Aufgaben, überlegen Sie, welche Arbeitsschritte nur nach bestimmten anderen erfolgen können.

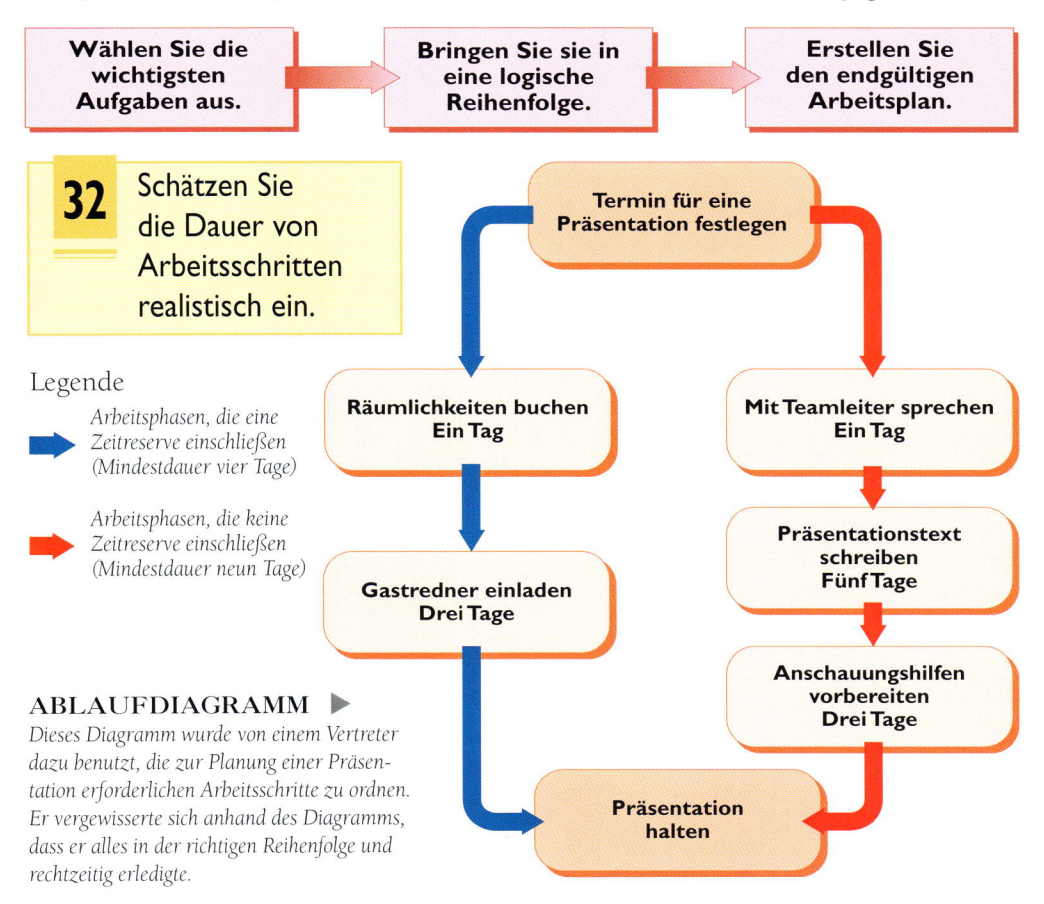

Wählen Sie die wichtigsten Aufgaben aus. → **Bringen Sie sie in eine logische Reihenfolge.** → **Erstellen Sie den endgültigen Arbeitsplan.**

32 Schätzen Sie die Dauer von Arbeitsschritten realistisch ein.

Legende

→ *Arbeitsphasen, die eine Zeitreserve einschließen (Mindestdauer vier Tage)*

→ *Arbeitsphasen, die keine Zeitreserve einschließen (Mindestdauer neun Tage)*

ABLAUFDIAGRAMM ▶

Dieses Diagramm wurde von einem Vertreter dazu benutzt, die zur Planung einer Präsentation erforderlichen Arbeitsschritte zu ordnen. Er vergewisserte sich anhand des Diagramms, dass er alles in der richtigen Reihenfolge und rechtzeitig erledigte.

Termin für eine Präsentation festlegen

Blauer Zweig:
- **Räumlichkeiten buchen — Ein Tag**
- **Gastredner einladen — Drei Tage**
- **Präsentation halten**

Roter Zweig:
- **Mit Teamleiter sprechen — Ein Tag**
- **Präsentationstext schreiben — Fünf Tage**
- **Anschauungshilfen vorbereiten — Drei Tage**
- **Präsentation halten**

Entschlossen vorgehen

Wenn Sie mit der Umsetzung Ihres Aktionsplans beginnen, kann das größte Hindernis eine zögerliche Einstellung sein. Machen Sie es sich zum Prinzip, nichts auf später zu verschieben. Betrachten Sie Zeitplan und Arbeitsbelastung realistisch.

33 Befassen Sie sich mit Schwierigem grundsätzlich gleich zu Beginn Ihres Arbeitstags.

34 Wenn Sie eine Aufgabe zurückstellen, dann fragen Sie sich, warum.

35 Denken Sie daran, dass Zaudern die Lage nur verschlimmert.

Probleme angehen

Vielleicht tendieren Sie dazu, bestimmte Aktivitäten zu verschieben, weil Sie davon ausgehen, dass sie Ihnen schwer fallen werden. Viele Dinge, die Sie belasten, können sich jedoch als relativ unkompliziert herausstellen, wenn Sie unverzüglich handeln. Sie könnten beispielsweise zögern, weil Sie erkannt haben, dass ein Termin unmöglich einzuhalten ist. Kontaktieren Sie in diesem Fall die Person, die von Ihnen erwartet, dass Sie die Aufgabe fristgerecht erledigen, und erklären Sie das potenzielle Problem. Wenn Sie bei terminlichen Schwierigkeiten prompt handeln, bekommen Sie u. U. einen Aufschub.

Verpflichtungen erfüllen

Richten Sie sich nach der Maxime: »Lieber zu wenig versprechen als zu viel.« Kalkulieren Sie bei der Zeitplanung einen Sicherheitsspielraum ein. Vereinbaren Sie Termine, die Sie aller Voraussicht nach leicht werden einhalten können, und präsentieren Sie das Endresultat möglichst schon vorher.

Führungskraft delegiert ein neues Projekt.

Entschlossen vorgehen

Früh anfangen

Lernen Sie, an jede Aufgabe heranzugehen, so früh Sie können. Selbst wenn der Stichtag noch weit entfernt ist und Sie nicht gezwungen sind, mit der Arbeit zu beginnen, ist es sinnvoll, möglichst viel sofort zu erledigen. Wer dagegen bis zur letzten Minute wartet, ist weit seltener in der Lage, seine Termine einzuhalten, da er keinen zeitlichen Spielraum mehr hat, um mit unvorhergesehenen Schwierigkeiten fertig zu werden. Angenommen, Sie wechseln in ein anderes Büro – wenn Sie mit dem Packen erst am Tag vor dem Umzug beginnen, haben Sie an diesem Tag keine Zeit mehr für andere Dinge zur Verfügung und damit auch keine Möglichkeit, etwaige unerwartete Probleme zu beheben.

DAS IST ZU TUN
1. Gehen Sie Ihren Aktionsplan durch und überlegen Sie, welche Schritte Sie sofort unternehmen könnten.
2. Beginnen Sie mit deren Ausführung so bald wie möglich, selbst wenn der Termin noch in der Zukunft liegt.
3. Lassen Sie bei der Erstellung Ihres neuen Zeitplans einen Sicherheitsspielraum.

REALISMUS ▶
Halten Sie Ihr Team dazu an, Sie von Problemen zu benachrichtigen, die Sie daran hindern könnten, Ihre Termine einzuhalten. So können Sie notfalls reagieren.

Mitarbeiter hat zu viel zu tun.

Mitarbeiter erklärt die Situation.

Führungskraft organisiert personelle Verstärkung.

Mitarbeiter ist überlastet, der Terminplan gerät in Gefahr.

DIE INITIATIVE ERGREIFEN

Angestellte erkennen die Autorität von Kollegen an, die einen Plan erstellen und seine Umsetzung überwachen. Seien Sie proaktiv und nutzen Sie Ihre Stärken für Initiativen. Halten Sie andere auf dem Laufenden, reagieren Sie auf Unvorhergesehenes flexibel.

> **36** Erwerben Sie sich den Ruf, entschlussfreudig und initiativstark zu sein.

▲ TEAMGEIST FÖRDERN
Sorgen Sie zu Beginn eines Projekts für ein geeintes Team. Halten Sie eine Gemeinschaftssitzung ab, und lassen Sie sie in ein geselliges Beisammensein übergehen.

TATKRAFT ZEIGEN

Wenn Sie vor neuen Aufgaben stehen, dann finden Sie zuerst heraus, was zu tun ist, und gehen Sie dann energisch an die Arbeit. Wer Neuland betritt, ist oft unsicher und agiert zögerlich. Diese Unentschlossenheit überträgt sich dann jedoch auf andere, sodass keine ausgeprägte Gruppendynamik entstehen kann. Planen Sie sorgfältig, handeln Sie dann zielstrebig. Stärken Sie, wenn ein neues Projekt ansteht, den Zusammenhalt des Teams, und stellen Sie sicher, dass jeder weiß, welche Rolle er spielt.

NICHT VERGESSEN

- Jedes Teammitglied sollte eine schriftliche Fassung der Ziele eines Projekts erhalten.
- Alle Mitarbeiter sollten über eine Kopie des Zeitplans verfügen.
- Versammeln Sie von Zeit zu Zeit das ganze Team zum Gedankenaustausch.

TEAMFÜHRUNG ▶
Jedes Teammitglied muss seine Funktion kennen. Wer über den aktuellen Stand informiert ist, behält sein Ziel leichter im Auge.

Ergreifen Sie die Initiative; erstellen Sie einen Projektplan mit klaren Etappenzielen.	*Halten Sie eine Teamsitzung ab, stellen Sie den Plan vor.*
Stellen Sie sicher, dass jeder die gleichen Ziele anstrebt.	*Seien Sie sicher, dass jeder seine Aufgaben kennt.*
Orientieren Sie das Team auf übergeordnete Ziele und stärken Sie den Teamgeist.	*Informieren Sie jeden über die Fortschritte.*

DIE INITIATIVE ERGREIFEN

STÄRKEN EINSETZEN

Denken sie daran, dass die Korrektur eines Fehlers doppelt so viel Zeit erfordern kann wie seine Vermeidung. Seien Sie sich über Ihre Schwächen im Klaren und bauen Sie auf Ihren Stärken auf. Machen Sie sich bewusst, dass in der wandelbaren Geschäftswelt unserer Zeit immer mehr von jedem Einzelnen verlangt wird. Wer mit neuen Aufgaben konfrontiert wird, ist oft verunsichert – sehen Sie darin eine normale, menschliche Regung, aber lassen Sie sich dadurch nicht an der Erfüllung Ihrer Aufgaben hindern.

39 Suchen Sie Aufgaben, bei denen Ihre Stärken zur Geltung kommen.

▼ SELBSTANALYSE
Lassen Sie sich durch Ihre Schwächen nie von neuen Herausforderungen abschrecken. Erkennen Sie Ihre Fehler und bereiten Sie sich darauf vor, Sie zu beheben oder zu kompensieren. Indem Sie vorausplanen, können Sie Ihre Schwachstellen ausgleichen.

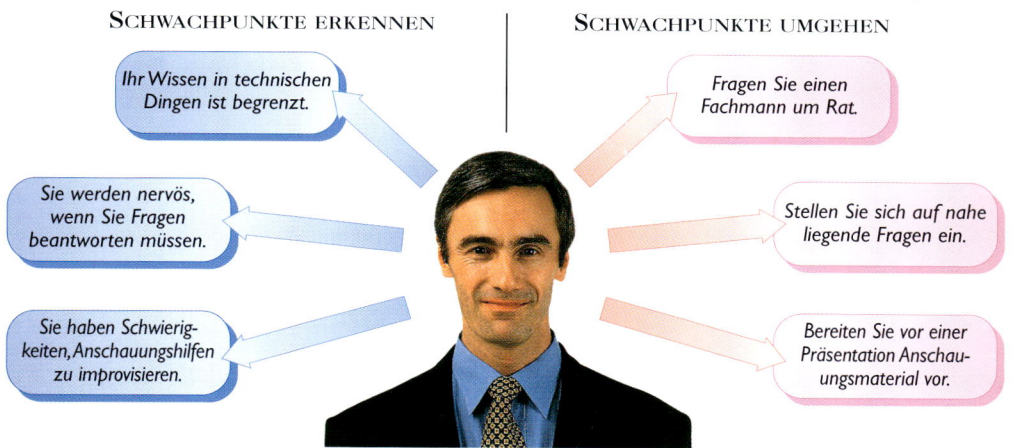

SCHWACHPUNKTE ERKENNEN

- Ihr Wissen in technischen Dingen ist begrenzt.
- Sie werden nervös, wenn Sie Fragen beantworten müssen.
- Sie haben Schwierigkeiten, Anschauungshilfen zu improvisieren.

SCHWACHPUNKTE UMGEHEN

- Fragen Sie einen Fachmann um Rat.
- Stellen Sie sich auf nahe liegende Fragen ein.
- Bereiten Sie vor einer Präsentation Anschauungsmaterial vor.

37 Bleiben Sie flexibel, damit Sie sich neuen Situationen anpassen können.

38 Ändern Sie Ihren Plan, wenn Sie mit einem Problem rechnen.

FLEXIBEL PLANEN

Unabhängig davon, wie gut Ihr Plan ist, wird höchstwahrscheinlich nicht alles wunschgemäß verlaufen. Klammern Sie sich nicht unter allen Umständen an Ihren Aktionsplan, sondern überprüfen Sie ihn regelmäßig. Denken Sie darüber nach, ob die geplanten Maßnahmen noch angebracht sind oder ob Sie den Plan modifizieren müssen, damit er unerwarteten Gegebenheiten gerecht wird. Seien Sie objektiv, erkennen Sie eventuelle Schwierigkeiten an und bleiben Sie flexibel genug, um sich mit Problemen auseinander zu setzen.

UNVERZÜGLICH HANDELN

ZUSAMMENARBEIT SUCHEN

Stellen Sie sicher, dass jeder, dessen Name in Ihrem Aktionsplan erscheint, seine Verpflichtungen kennt, und geben Sie möglichst allen Gelegenheit, sich durch selbstständig erbrachte Leistungen auszuzeichnen.

40 Sorgen sie dafür, dass alle Teammitglieder auf dieselben Ziele hinarbeiten.

41 Fordern Sie Ihre Mitarbeiter auf, regelmäßig zu prüfen, ob sie kundenorientiert sind.

ZUSAMMENHALT FÖRDERN

Wenn das gesamte Team profitieren soll, müssen alle ihr gemeinsames Ziel akzeptieren. Ein Mangel an Koordination kann zu Konflikten und Effektivitätsverlusten führen, besonders wenn die Teammitglieder aus verschiedenen Teilen des Unternehmens kommen. Sorgen Sie dafür, dass jedes Mitglied die Ziele des Teams versteht und anerkennt. Machen Sie dem Team die Bedürfnisse des Kunden bewusst, damit alle Mitglieder zielorientiert zusammenarbeiten.

TEAMPLANUNG

In Ihrem Aktionsplan sind neben der Prioritätsstufe jeder Aufgabe auch jeweils der geschätzte Zeitbedarf und der Abschlusstermin festgehalten. Sorgen Sie dafür, dass Ihr Team bei der Planung nach derselben Methode verfährt. Übertragen Sie die Verantwortung für jede Aufgabe einem bestimmten Teammitglied. Vergewissern Sie sich, dass Ihre Mitarbeiter den Zeitplan kennen und einem verbindlichen Termin zugestimmt haben – es sollte allen klar sein, wann Sie Ergebnisse erwarten.

Telefonistin ist für die Bestellannahme verantwortlich.

Disponentin ist für die Auslieferung verantwortlich.

Buchhalter ist für die Rechnungsstellung verantwortlich.

KUNDE

▲ **KLARE VERANTWORTLICHKEITEN**
In diesem Beispiel trägt jedes Teammitglied die Verantwortung für eine andere Aufgabe, aber das ganze Team verfolgt dasselbe Ziel: dem Kunden das richtige Produkt rechtzeitig bereitzustellen.

Zusammenarbeit suchen

Ein Team motivieren

ANALYSIEREN
Denken Sie in Ruhe über alle Aspekte eines Projekts nach.

↓

FRAGEN
Befragen Sie das Team und sammeln Sie relevante Fakten.

↓

ZUHÖREN
Berücksichtigen Sie die Meinungen Ihrer Mitarbeiter.

↓

EINGREIFEN
Räumen Sie etwaige Konflikte oder Hindernisse aus.

↓

BEEINFLUSSEN
Stellen Sie einen Konsens her und motivieren Sie das Team.

Proaktive Personalführung

Wenn Sie wollen, dass Ihre Mitarbeiter zusammen mit Ihnen proaktiv werden, müssen Sie sie motivieren. Finden Sie heraus, für welche Aspekte ihrer Tätigkeit sie sich begeistern können. Damit Sie durch die Arbeit anderer etwas bewirken können, müssen Sie fähig sein, andere zu proaktivem Handeln zu bewegen. Um unterschiedliche Menschen zu motivieren, ist ein variabler Führungsstil notwendig. Wählen Sie je nach Situation den richtigen Stil – von autoritär bis konsensorientiert.

Tun und lassen

✔ Sichern Sie sich die Kooperationsbereitschaft des Teams.

✔ Finden Sie heraus, ob der Durchführung etwas im Weg steht.

✔ Vergewissern Sie sich, dass niemand insgeheim Ressentiments hat.

✘ Gehen Sie nicht davon aus, dass das Team mit Ihrem Plan einverstanden sein wird.

✘ Delegieren Sie nicht jegliche Verantwortung.

✘ Sehen Sie Ideen Ihres Teams nicht als unbedeutend an.

Identifikation stärken

Die meisten Menschen wollen gute Arbeit leisten. Wenn Sie delegieren, dann achten Sie darauf, dass der betreffende Mitarbeiter sich mit seiner Aufgabe identifiziert. Tragen Sie selbst dazu bei, indem Sie sich zuversichtlich zeigen, dass er die übernommene Aufgabe rechtzeitig abschließen und sein Budget nicht überschreiten wird. Denken Sie daran: Indem Sie signalisieren, dass Sie vom Erfolgswillen und der maximalen Leistungsbereitschaft jedes Einzelnen ausgehen, erzeugen Sie eine feste kooperative Grundhaltung.

Manager spricht sein Vertrauen aus.

Sie identifiziert sich mit der Aufgabe.

▲ **AUFGABEN DELEGIEREN**
Sie motivieren einen Mitarbeiter dazu, seine Ziele termingerecht und kostengerecht zu erreichen, indem Sie Ihre Überzeugung zeigen, dass er der Aufgabe gewachsen ist.

LOGISCHE ENTSCHEIDUNGEN

Wenn proaktive Menschen vor der Wahl zwischen mehreren Handlungsmöglichkeiten stehen, denken und entscheiden sie sachlich. Lernen Sie bessere Entscheidungen zu treffen.

GEDANKLICHE SORGFALT

Professionelle Entscheider folgen einem geordneten Denkansatz, der die Entscheidungsfindung beschleunigt und effektiver macht. Verbringen Sie genug Zeit mit analytischem und kreativem Denken, damit Sie verschiedene Kriterien abwägen können.

42 Bedenken Sie, dass gute Entscheidungen das Ergebnis der richtigen Überlegungen sind.

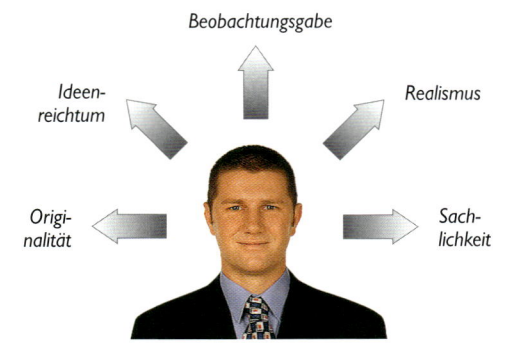

Beobachtungsgabe · Ideenreichtum · Realismus · Originalität · Sachlichkeit

▲ **EIN GUTER DENKER**
Wer proaktiv ist, setzt sich mit jeder Problemstellung auf sinnvolle Weise auseinander, um die richtigen Schlüsse zu ziehen und die produktivsten Entscheidungen zu treffen.

PLANVOLLES DENKEN

Ein logischer Entscheidungsprozess befähigt Sie, Alternativen schneller zu durchdenken und Entscheidungen zu fällen, die keiner späteren Korrektur bedürfen. Wenn Sie bei einer Gelegenheit mit System an die Entscheidungsfindung herangehen und später mit einer ähnlichen Situation konfrontiert werden, zahlt sich Ihre ursprünglich geleistete Denkarbeit aus. Halten Sie fest, wie Sie zu einer bestimmten Entscheidung gelangt sind, damit andere Ihre Überlegungen nachvollziehen können.

Gedankliche Sorgfalt

> **43** Planen Sie jede Woche Zeit zum Nachdenken ein.

> **44** Beachten Sie, dass es keine Schwäche ist, einzugestehen, dass Sie keine Lösung parat haben.

Der Beginn des Prozesses

Ergreifen Sie wirksame Sofortmaßnahmen, wenn die Situation es zulässt, aber werden Sie nicht aktiv, ehe Sie wissen, wie am besten zu verfahren ist. Gewöhnen Sie sich an, alle Aspekte eines Projekts oder einer Aktivität zu durchdenken, bevor Sie sich auf eine Vorgehensweise festlegen. Folgen Sie einem logischen Prozess, der zu einer Entscheidung führt sowie zu einer Liste von Maßnahmen. Verschieben Sie nie eine Entscheidung – auch keine schwierige. Beginnen Sie stattdessen möglichst bald mit dem Entscheidungsprozess. Selbst wenn Sie nicht genug Zeit für alle erforderlichen Überlegungen haben, sollten Sie sich bewusst sein, dass es sich lohnt, früh anzufangen.

Zielorientierung

Proaktive Menschen legen auch Wert darauf, nur über Wichtiges nachzudenken oder zu diskutieren. Es hat keinen Sinn, sich Gedanken über die Verbesserung von Verfahrensweisen zu machen, wenn Ihr Erfolg nur in geringem Maß von diesen abhängig ist. Fragen Sie sich regelmäßig: »Wo liegt das Problem?«, um sich zu vergewissern, dass Sie noch auf dem richtigen Weg sind.

> **45** Üben Sie den Entscheidungsprozess so lange ein, bis er automatisch abläuft.

ÜBERBLICK ▶ BEHALTEN

Hier stellte ein Manager während einer von ihm angesetzten Besprechung fest, dass er keine Zeit mehr hatte, die wichtigsten Tagesordnungspunkte anzusprechen. Er lernte daraus, wie wichtig es ist, seine hauptsächlichen Ziele im Auge zu behalten.

FALLBEISPIEL

Ein Manager berief sein Team zu einer Besprechung ein, in der er fünf Themen behandeln wollte. Die letzten zwei Punkte seiner Tagesordnung betrafen Aktivitäten, die unmittelbaren Einfluss auf die Leistung des Teams hatten. Das Team beteiligte sich an der Diskussion über die ersten Themen – verschiedene Aspekte der Neugestaltung der Büroräume. Der Teamleiter hörte sich an, was jeder Mitarbeiter dazu zu sagen hatte. Als er den vierten Tagesordnungspunkt – eine Initiative zur Erschließung eines neuen Marktes – zur Sprache brachte, mussten drei Teammitglieder gehen, da sie anderweitig verpflichtet waren und die Besprechung länger als geplant dauerte. Der Teamleiter beschloss, ein weiteres Treffen abzuhalten und sich diesmal ausschließlich Fragen zuzuwenden, die für die Leistung des Teams relevant waren.

Logische Entscheidungen

Faktoren kennen

Um Maßnahmen zu treffen, die unmittelbar zum bestmöglichen Ergebnis führen, müssen Sie genau wissen, welche Kriterien die wichtigsten sind. Vielleicht kommt es in erster Linie darauf an, dass ein bestimmtes Budget eingehalten wird. Auch der Zeitfaktor kann den Ausschlag geben. Manchmal muss vor allem die beste Möglichkeit gefunden werden, ein Problem zu lösen oder eine Gelegenheit zu nutzen. Wenn Ihr Ruf auf dem hochwertigen Produkt beruht, müssen Sie Zeit und Geld für eine optimale Qualität investieren.

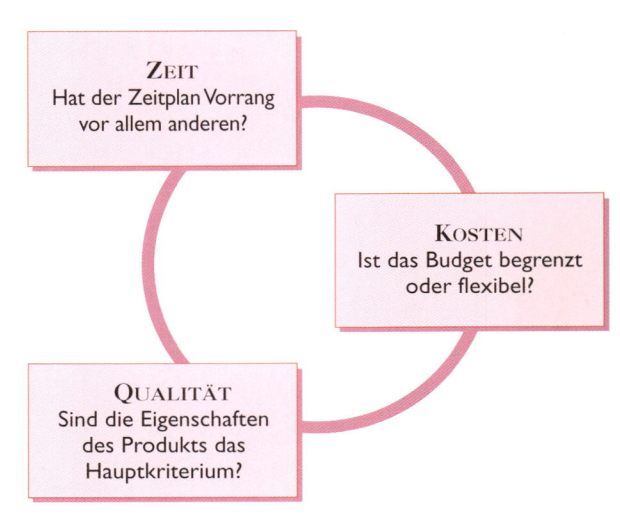

Zeit
Hat der Zeitplan Vorrang vor allem anderen?

Kosten
Ist das Budget begrenzt oder flexibel?

Qualität
Sind die Eigenschaften des Produkts das Hauptkriterium?

▲ **ERGEBNISKRITERIEN FESTLEGEN**
Der Zeit-, der Kosten und der Qualitätsfaktor spielen stets eine Rolle und müssen in Einklang gebracht werden. Es hat wenig Sinn, auf termingerechte Fertigstellung zu achten, wenn die die Qualität leidet.

46 Bestimmen Sie, welches Ergebniskriterium für Sie am wichtigsten ist.

Verkaufsleiter weist auf zeitliche Zwänge hin.

Finanzleiterin hält das Budget für vorrangig.

Kundendienstleiter ist an der Produktqualität interessiert.

SICH ▶ ABSTIMMEN
Die Leiter der verschiedenen Abteilungen haben nicht dieselben Prioritäten, müssen sich aber auf einen Ausgleich verständigen.

GEDANKLICHE SORGFALT

DIE BEDEUTUNG ÄUSSERER ZWÄNGE

EREIGNIS	MÖGLICHE FOLGEN
Einführung eines neuen Computersystems im Unternehmen	Die Installation des Systems bewirkt eine Verzögerung anstehender Projekte.
In-Kraft-Treten neuer gesetzlicher Bestimmungen	Verfahrensweisen und Pläne müssen den Neuregelungen angepasst werden, was den Betrieb aufhält.
Veränderung der Ansprüche eines Kunden	Die Anforderungen des Kunden führen dazu, dass ein Projekt nicht unter Einhaltung des Budgets und des Zeitplans durchgeführt wird.
Störung des Arbeitsablaufs oder Beschädigung von Produkten durch höhere Gewalt	Alle Ressourcen müssen zur Behebung des unerwarteten Problems neu eingeteilt werden.

KULTURELLE UNTERSCHIEDE

In vielen japanischen Unternehmen wird eine Methode namens Nemawashi angewendet. Der Ausdruck stammt aus dem Gartenbau und bedeutet ursprünglich »den Boden vorbereiten«. Nemawashi soll bewirken, dass jeder Einzelne, der an einem Projekt beteiligt ist, eine bestimmte Strategie unterstützt, lange bevor die endgültige Entscheidung fällt. Ein solcher Prozess, der Konflikte löst und Konsens fördert, ist zeitaufwändig, erhöht aber die Wahrscheinlichkeit, dass eine von Ihnen getroffene Entscheidung bei Ihren Kollegen auf einhellige Zustimmung stößt.

ZWÄNGE ANTIZIPIEREN

Es gibt viele externe Faktoren, die Ihre Entscheidungen beeinflussen können. Viele Unternehmen sind auch dem Zwang ausgesetzt, dem Kunden ein Produkt oder eine Dienstleistung auf schnellstem Weg bereitzustellen. Auch wenn Ihre Funktion in der Unterstützung derjenigen besteht, die für irgendeine der von Produkten oder Dienstleistungen durchlaufenen Phasen direkt verantwortlich sind, sollten Sie die Auswirkungen aller äußeren Zwänge kennen und bei der Entscheidungsfindung berücksichtigen. Überprüfen Sie in Ruhe jede Ihrer Entscheidungen und fragen Sie sich, ob Sie selbst dazu beitragen, den Einfluss derartiger Zwänge zu verringern.

47 Denken Sie daran, dass Sie nur der Konkurrenz helfen, wenn Sie eine perfekte Lösung zu spät finden.

Ursachen erkennen

Ermitteln Sie die wahren Ursachen eines Problems, um Lösungsansätze zu finden und möglichst schnell die beste Entscheidung zu treffen, sonst ergreifen Sie vielleicht Maßnahmen, die ihren Zweck verfehlen.

> **48** Ergründen Sie jedes wiederkehrende Problem.

Nicht vergessen

- Zur Problemerkennung und Lösungssuche sollten Teambesprechungen abgehalten werden.
- Wenn ein Mitarbeiter an einer Schulung teilnimmt, können Sie eine Aushilfe einstellen.
- Ihre EDV-Abteilung sollte für problemfreie Bürosoftware sorgen.

Ursachenforschung

Damit Sie die beste Methode zur Beseitigung eines Problems wählen können, müssen Sie seine Ursachen genau kennen. Es gibt fünf potenzielle Problembereiche: Umfeld, Personal, Maschinerie, System und Material. Wenn Sie ein Problem analysieren, sollten Sie sich eine Reihe von Fragen stellen, um herauszufinden, wo sein Ursprung liegt.

Mögliche Problembereiche untersuchen

Problembereich	Beispiele
Umfeld Untersuchen Sie alle Aspekte der Arbeitbedingungen.	Temperatur, Platzmangel, interne Kommunikationsbarrieren
Personal Sehen Sie, wie gut Ihr Personal bei Qualifikation und Fortbildung dasteht.	Unterbesetzung, ungenügende Qualifikation, Fehlen von Fortbildungsmöglichkeiten
Maschinerie Prüfen Sie alle Maschinen und technischen Einrichtungen, die zur Arbeit verwendet werden.	Störungsanfällige Maschinen, Schwierigkeiten bei der Ersatzteilbeschaffung, Kompatibilitätsprobleme
System Analysieren Sie den Ablauf Ihrer Arbeitsprozesse.	Ineffiziente Abteilungsstrukturen, schlecht durchdachte Arbeitsabläufe
Material Prüfen Sie Ihre Zulieferer und deren Waren.	Unzureichende Bestandskontrollen, ungeeignete Materialien, Abhängigkeit von einem Zulieferer

URSACHEN ERKENNEN

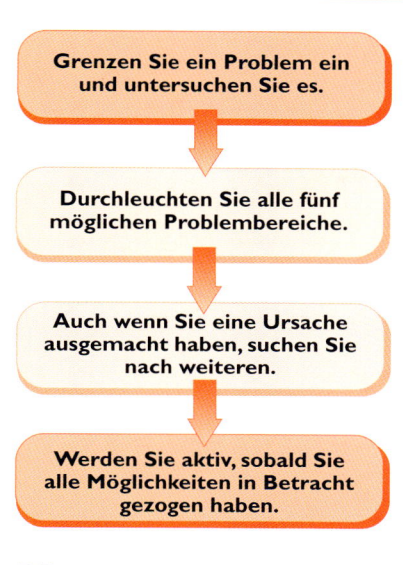

- **Grenzen Sie ein Problem ein und untersuchen Sie es.**
- **Durchleuchten Sie alle fünf möglichen Problembereiche.**
- **Auch wenn Sie eine Ursache ausgemacht haben, suchen Sie nach weiteren.**
- **Werden Sie aktiv, sobald Sie alle Möglichkeiten in Betracht gezogen haben.**

KOMPLEXE PROBLEME

Suchen Sie in jedem der fünf möglichen Problembereiche nach den Wurzeln des Problems. Wenn z. B. die Absatzzahlen in einer bestimmten Region gesunken sind und Sie herausfinden, dass das Verkaufspersonal dort nicht über alle relevanten Broschüren verfügt, dann stellen Sie die erforderlichen Broschüren bereit, aber setzen Sie die Ursachenforschung fort. Möglicherweise kommen Sie zu dem Schluss, dass in der Region nur geringe Nachfrage nach dem betreffenden Produkt herrscht.

◀ **UMFASSENDE ANALYSE**
Wer eine mögliche Problemursache erkannt hat, ist versucht, umgehend Abhilfe zu schaffen. Prüfen Sie jedoch alle Eventualitäten, damit Ihnen keine mögliche Ursache entgeht.

HILFE SUCHEN

In jedem Unternehmen existieren umfangreiche Aufzeichnungen über zurückliegende Aktivitäten. Legen Sie Wert auf die Meinung von Kollegen, da diese unter Umständen vergleichbare Probleme bewältigt haben und Ihnen helfen können, eine Ursache zu finden. Ermitteln Sie, ob es sich um ein dauerhaftes oder ein vorübergehendes Problem handelt. Wenn letzteres der Fall ist und Sie beschließen, nichts zu unternehmen, wird das Problem dann einfach verschwinden?

49 Überlegen Sie, wer Ihnen bei der Ursachenforschung helfen kann.

50 Gehen Sie bei der Problemanalyse über offensichtliche Ursachen hinaus.

Mitarbeiterin macht sich Notizen, während ein Kollege eine ähnliche Erfahrung schildert.

◀ **RAT HOLEN**
Wenn Sie versuchen, ein Problem zu lösen, können Ihnen bei weitem nicht nur Kollegen im Unternehmen behilflich sein. Befragen Sie Ihre Zulieferer oder aber Freunde, die Ihre Situation aus eigener Erfahrung kennen.

Mit System entscheiden

Es gibt einen Prozess, der schon vielen proaktiven Menschen geholfen hat, schnell die beste Alternative zu finden. Wenden Sie diesen analytischen Entscheidungsprozess an, und Sie werden mit etwas Übung zügig zu effektiven Entscheidungen gelangen.

51 Erklären Sie Teammitgliedern und Kollegen Ihren Entscheidungsprozess.

52 Sprechen Sie mit anderen, damit Sie leichter eine Entscheidung finden.

Entscheidungsprozess

Ein analytischer Entscheidungsprozess ist in drei Teile gegliedert. Der Input umfasst Handlungsimpuls und Informationen. Das zweite Element ist die Phase, in welcher der Betreffende den Input nach einer bestimmten Methode verarbeitet. Das dritte Element, der Output, besteht in Güte und Geschwindigkeit der Entscheidung. Um den Output zu verbessern, muss die Qualität von Informationen und Denkprozessen gesteigert werden.

DREI PHASEN ▼
Der Entscheidungsprozess hat drei Phasen: das Wahrnehmen eines Handlungsimpulses, eine umfassende Analyse und die Wahl einer Vorgehensweise mit konsequentem Handeln.

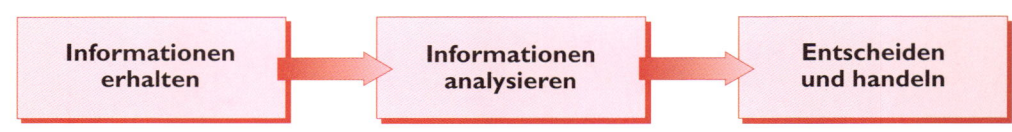

Informationen erhalten → **Informationen analysieren** → **Entscheiden und handeln**

Zweckgerichtet entscheiden

Zu Beginn des Entscheidungsprozesses müssen Sie sich vor Augen halten, was Sie genau bezwecken. Hat beispielsweise ein Mitarbeiter Ihr Team verlassen, dann entscheiden Sie nicht einfach, durch wen Sie ihn am besten ersetzen. Wenn Sie sich auf diese Überlegung beschränken, verpassen Sie eine Gelegenheit, die Situation neu zu bewerten und eine bessere Lösung zu finden. Machen Sie sich bewusst, dass Sie mit Ihrer Entscheidung erreichen wollen, dass die Arbeit des ehemaligen Teammitglieds erledigt wird. Fragen Sie sich, ob Sie ein anderes Team oder einen externen Anbieter beauftragen könnten.

53 Beachten Sie vor einer Entscheidung alle relevanten Gesichtspunkte.

54 Vergegenwärtigen Sie sich den Zweck jeder Ihrer Entscheidungen.

MIT SYSTEM ENTSCHEIDEN

KRITERIEN AUFLISTEN

Die Güte Ihrer Entscheidung hängt davon ab, ob Sie die relevanten Gesichtspunkte erfassen. Schreiben Sie alle Entscheidungskriterien auf. Wenn Sie z. B. einen EDV-Anbieter auswählen, sind nicht nur dessen Produkte von Belang, sondern auch die Implementierung, der Kundendienst und das Schulungsangebot. Auch Kosten spielen eine Rolle, obgleich es nicht immer das Beste ist, das billigste Produkt zu kaufen, wenn noch andere Kriterien auf der Liste stehen. Ordnen Sie die Kriterien nach ihrer Wichtigkeit, indem Sie Werte von 1 bis 10 vergeben oder eine Einstufung in »nebensächlich«, »wichtig« und »sehr wichtig« vornehmen.

NICHT VERGESSEN

- Die Entscheidungskriterien sollten alle bedeutsamen Bereiche abdecken.
- Mit der Gewichtung von Kriterien kann man die wichtigsten Faktoren des Entscheidungsprozesses finden.
- Sie sollten Ihre ideale Zielvorstellung auch definieren, wenn Sie nicht sicher sind, sie zu verwirklichen.

55 Erstellen Sie eine vollständige Liste Ihrer Entscheidungskriterien.

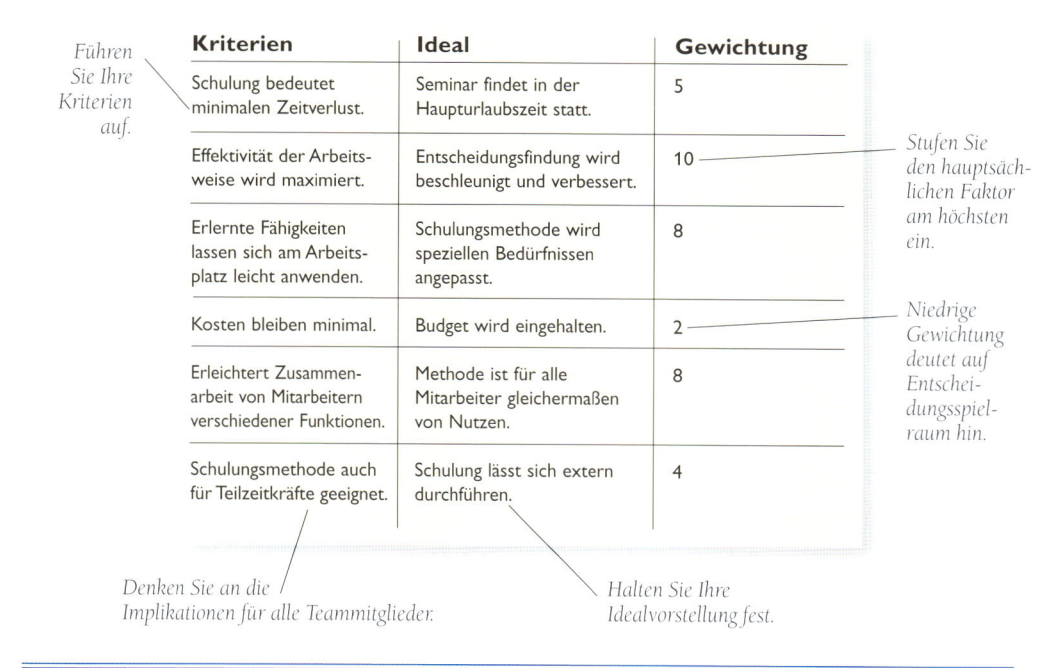

KRITERIEN GEWICHTEN ▼

Die meisten Entscheidungen sind ein Ausgleich zwischen einander widersprechenden Kriterien. Wenn Sie beispielsweise ein Fortbildungsseminar auswählen, dann achten Sie auf den Zeit- und den Kostenfaktor, aber auch darauf, wie leicht die Methode anwendbar ist.

Führen Sie Ihre Kriterien auf.

Kriterien	Ideal	Gewichtung
Schulung bedeutet minimalen Zeitverlust.	Seminar findet in der Haupturlaubszeit statt.	5
Effektivität der Arbeitsweise wird maximiert.	Entscheidungsfindung wird beschleunigt und verbessert.	10
Erlernte Fähigkeiten lassen sich am Arbeitsplatz leicht anwenden.	Schulungsmethode wird speziellen Bedürfnissen angepasst.	8
Kosten bleiben minimal.	Budget wird eingehalten.	2
Erleichtert Zusammenarbeit von Mitarbeitern verschiedener Funktionen.	Methode ist für alle Mitarbeiter gleichermaßen von Nutzen.	8
Schulungsmethode auch für Teilzeitkräfte geeignet.	Schulung lässt sich extern durchführen.	4

Stufen Sie den hauptsächlichen Faktor am höchsten ein.

Niedrige Gewichtung deutet auf Entscheidungsspielraum hin.

Denken Sie an die Implikationen für alle Teammitglieder.

Halten Sie Ihre Idealvorstellung fest.

51

Logische Entscheidungen

Alternativen finden

Fragen Sie sich zunächst, ob die Verfahrensweise, die Sie gewöhnlich bevorzugen, die beste ist. Angenommen, ein Lackierer hat Ihren Betrieb verlassen – Sie können ihn natürlich ersetzen und die Lösung somit im Bereich »Personal« suchen. Aber überprüfen Sie auch den Bereich »Material« – ermitteln Sie, ob es Ihnen möglich wäre, fertig lackierte Teile zu kaufen. Befassen Sie sich darüber hinaus mit den anderen Bereichen, in denen Lösungen zu finden sein können: »System«, »Maschinerie« und »Umfeld«.

Holen Sie sich Anregungen aus Fachzeitschriften.

▲ **FAKTEN SAMMELN**
Tragen Sie möglichst viele Fakten zusammen, bevor Sie eine Liste Ihrer Handlungsmöglichkeiten erstellen.

56 Suchen Sie zusammen mit Ihrem Team nach kreativen Lösungen.

57 Prüfen Sie neue Lösungsansätze auf ihre Realisierbarkeit.

Kreatives Denken

Rationales Denken hilft Ihnen, alle logischen Alternativen zu berücksichtigen und eine »folgerichtige« Entscheidung zu treffen. Wenn Sie es jedoch in dieser Phase des Prozesses versäumen, über kreative Lösungen nachzudenken, werden Sie möglicherweise feststellen, dass sich die Qualität Ihrer Entscheidungen nicht verbessert. Kreatives Denken bedeutet die Infragestellung des Status quo. Es hilft Ihnen und Ihrem Team, neue Arbeitsweisen zu entdecken. Nehmen Sie sich Zeit für ein Brainstorming mit Ihrem Team, damit Sie auf innovative Gedanken kommen.

Kreativität fördern

Die effektivsten Mitarbeiter und Teams kombinieren rationale und kreative Denkprozesse. Helfen Sie den Mitgliedern Ihres Teams, kreativ zu denken. Stellen Sie Fragen, die dazu anregen, einen neuen Blickwinkel einzunehmen und neuartige Ideen zu äußern:

> *Was würden wir tun, wenn unser jetziges Verfahren nicht mehr anwendbar wäre?*

> *Wenn Sie der Teamleiter wären, was würden Sie dann zuerst verbessern?*

> *Könnten wir unsere Zielsetzung produktiver oder kreativer gestalten?*

> *In welcher Hinsicht könnten wir unsere Konkurrenz Ihrer Meinung nach übertreffen?*

MIT SYSTEM ENTSCHEIDEN

ENDGÜLTIGE ENTSCHEIDUNG

Bewerten Sie alle Alternativen anhand der gewichteten Kriterien. Verwerfen Sie die am wenigsten geeigneten Maßnahmen. Geben Sie sich nicht mit der ersten Lösung zufrieden, die in Frage kommt. Fällen Sie nun eine Entscheidung. Achten Sie darauf, wie wohl Ihnen dabei ist. Wenn Sie ein ungutes Gefühl haben, dann überprüfen Sie Ihre Kriterien und deren Gewichtung, um sicher zu sein, dass Sie nichts außer Acht gelassen haben.

NICHT VERGESSEN

- Beachten Sie, dass Ihre Entscheidung auf den richtigen Gesichtspunkten beruht.
- Es ist nicht immer möglich, einen vollkommenen Konsens zu finden.
- Unter Umständen müssen Sie Ihr Team darauf hinweisen, dass akuter Entscheidungsbedarf besteht.

Führungskraft zeigt mögliche Vorgehensweise.

Mitarbeiter wägt die Vor- und Nachteile ab.

Mitarbeiterin weist auf ein potenzielles Problem hin.

TUN UND LASSEN

✓ Lesen Sie viel, um Anregungen zu sammeln.

✓ Prüfen Sie Möglichkeiten, die andere in vergleichbaren Situationen entdeckt haben.

✓ Verwerfen Sie Vorgehensweisen, deren Nachteile offenbar geworden sind.

✗ Betrachten Sie nicht zu viele Alternativen.

✗ Gehen Sie nicht davon aus, dass eine bewährte Vorgehensweise Ihnen immer noch offen steht.

✗ Halten Sie nicht an einer Variante fest, die von einer Mehrheit abgelehnt worden ist.

▲ ALTERNATIVEN

Hier diskutiert ein Team über ein neues Verfahren. Die Teamleiterin fordert alle Mitglieder auf, die damit verbundenen Vor- und Nachteile zu nennen und abzuwägen, bevor sie sich endgültig entscheidet.

58 Halten Sie sich an den vereinbarten Entscheidungstermin.

ENTSCHEIDUNGEN VEREINFACHEN

Wenn Sie den Entscheidungsprozess einige Male anwenden, wird er zu einem selbstverständlichen Bestandteil Ihrer Arbeitsweise werden. Lernen Sie, den Denkprozess wenn nötig zu vereinfachen, denn manche Situationen gestatten Ihnen kaum Bedenkzeit.

59 Tragen Sie dazu bei, dass Entscheidungen in Ihrem Umfeld rechtzeitig fallen.

60 Halten Sie Ihr Team an, die beste Entscheidung zu suchen, nicht die nächstliegende.

SOFORT ENTSCHEIDEN

Entscheidungen müssen mindestens so früh getroffen werden, dass sie noch umzusetzen sind. Warten Sie nicht auf vollkommene Informationen, wenn abzusehen ist, dass die Verzögerung sich nachteilig auswirkt. Denken sie daran, dass der größte Fehler oft darin besteht, einer Entscheidung auszuweichen. Legen Sie sich rechtzeitig auf eine Vorgehensweise fest, und zögern Sie nicht, alle Betroffenen davon zu verständigen.

RASCH ÜBERLEGEN

Wenn Sie keine Zeit für ausführliche Analysen haben, dann halten Sie sich an die Fünf-Fragen-Methode. Fragen Sie sich, wie vorteilhaft jede mögliche Vorgehensweise ist und ob sie Ihren wichtigsten Erfolgsmaßstäben gerecht wird. Überlegen Sie dann, inwieweit eine entsprechende Entscheidung stimmig und für die Betroffenen annehmbar wäre. Unter Umständen müssen Sie mit Widerspruch rechnen. Seien Sie in diesem Fall bereit, eine Entscheidung zu treffen und später zu begründen, und bemühen Sie sich nachträglich um Zustimmung.

VORTEILHAFT
Bringt die Entscheidung Sie Ihren Zielen näher?

STIMMIG
Passt die Entscheidung zur Strategie?

ANNEHMBAR
Wird die Entscheidung Akzeptanz finden?

PRAKTIKABEL
Ist die Entscheidung realisierbar?

DAUERHAFT
Ist die Entscheidung langfristig sinnvoll?

▶ **DIE FÜNF-FRAGEN-METHODE**
Überprüfen Sie eine gewählte Handlungsmöglichkeit mithilfe dieses Modells. Wenn Sie nicht alle Fragen bejahen können, geben Sie einer anderen Variante den Vorzug oder modifizieren Sie Ihren Aktionsplan. Fordern Sie Ihr Team auf, das gleiche Prüfverfahren anzuwenden.

Auswahl eines neuen Lieferanten

Kriterien	Relevante Überlegungen
Vorteil	Prüfen Sie, ob die Entscheidung eine wesentliche Verringerung der Betriebskosten bedeutet.
Stimmigkeit	Fragen Sie sich, ob die Entscheidung mit der Strategie vereinbar ist, nach der Ihr Unternehmen Partnerschaften mit Lieferanten eingeht.
Annehmbarkeit	Erkundigen Sie sich, ob der Lieferant in anderen Teilen Ihres Unternehmens akzeptiert wird.
Praktikabilität	Beurteilen Sie, ob der Lieferant über die nötige Erfahrung und ausreichende Kapazitäten verfügt, um pünktlich und ohne Mehrkosten zu liefern.
Dauerhaftigkeit	Schätzen Sie ab, ob während des Lebenszyklus der betreffenden Produktgruppe ein weiterer Wechsel erforderlich sein wird.

61 Denken Sie daran, dass eine Entscheidung für eine kurzfristige Lösung zur Wiederkehr eines Problems führen kann.

Ratschläge bewerten

Nutzen Sie den Erfahrungsschatz anderer, indem Sie sie auffordern, Ihnen Ratschläge zu erteilen. Fragen Sie Menschen, die Ihnen einen Rat gegeben haben, auf welchem Weg sie zu ihrem Schluss gekommen sind. Einer Empfehlung, die das Ergebnis eines fundierten Prozesses ist, können Sie mehr Wert beimessen als einer unbedacht ausgesprochenen. Nutzen Sie die Fünf-Fragen-Methode dazu, Anregungen zu verarbeiten.

Intuitive Entscheidungen

Im Instrumentarium jedes erfolgreichen Menschen hat auch die Intuition ihren Platz. Intuition ist das Resultat gespeicherter Erlebnisse und erworbener Fähigkeiten, und je erfahrener ein Mensch wird, in desto höherem Maß kann er sich auf seine Intuition – bzw. sein Unterbewusstsein – verlassen. Es gibt jedoch Situationen, in denen ausschließlich bewusste Denkprozesse von Nutzen sind. Wenn die Lage unklar ist, dann versuchen Sie, die nötige innere Distanz zu gewinnen.

Entscheidungen in Taten verwandeln

Wenn Sie einen Entschluss gefasst haben, als Ergebnis einer Kombination aus analytischem und kreativem Denken, dann setzen Sie ihn unverzüglich in die Praxis um. Ihre Entscheidung ist erst dann unumkehrbar, wenn jeder sich verpflichtet hat, das Seine zu tun.

62 Denken Sie daran, Einsatzbereitschaft anderer nicht stillschweigend vorauszusetzen.

63 Prüfen Sie, wie sich neue Verpflichtungen auf bestehende auswirken.

64 Stellen Sie sicher, dass Ihre Entscheidung dem angestrebten Ziel gerecht wird.

Einsatzbereitschaft

Seien Sie sich im Klaren darüber, dass die Entscheidung, etwas zu tun, nicht das Gleiche ist wie die Bereitschaft, aktiv zu werden. Tragen Sie die neue Aufgabe in Ihren Aktionsplan ein, weisen Sie ihr die richtige Prioritätsstufe zu, kalkulieren Sie, wie lange Sie brauchen werden. Vergewissern Sie sich, dass Ihre Entscheidung anderen geplanten Maßnahmen nicht zuwiderläuft, und fragen Sie sich, ob Sie Ihren Zeitplan und die Prioritätensetzung ändern sollten. Schließlich sollten Sie sich dann noch vergewissern, dass die Entscheidung in ihrer jetzigen Form auch zweckdienlich ist.

▶ ENTSCHEIDUNG VERWIRKLICHEN

In diesem Fall beschloss ein Verkaufsleiter, seinen Assistenten einen Kurs besuchen zu lassen. Die Umsetzung dieser Entscheidung schien jedoch gefährdet, als der Kursleiter bezweifelte, dass der Assistent reif für die Teilnahme war.

FALLBEISPIEL

Ein Verkaufsleiter wollte seinen Assistenten im Umgang mit Kunden schulen lassen. Um in den entsprechenden Kurs aufgenommen zu werden, dessen Teilnehmerzahl aufgrund finanzieller Zwänge begrenzt war, musste der Assistent dem Kursleiter erklären, warum er für eine Schulung in Frage kommen sollte. Der Kursleiter war jedoch nicht überzeugt, dass der Verkaufsassistent die Teilnahme verdient hatte, und erklärte dem Verkaufsleiter, der Assistent habe nicht sicher gewirkt, dass der Kurs das Richtige für ihn sei. Daraufhin überprüften der Verkaufsleiter und sein Assistent zusammen die ursprüngliche Entscheidung für den Kurs und kamen zu dem Ergebnis, dass sie korrekt gewesen war. Der Assistent konnte daraufhin mit größerer Bestimmtheit darlegen, warum er die Schulung nötig hatte, und bekam die Gelegenheit zur Teilnahme am nächsten Kurs.

ENTSCHEIDUNGEN IN TATEN VERWANDELN

DAS IST ZU TUN

1. Teilen Sie Ihre Entscheidung dem ganzen Team mit.
2. Sichern Sie sich die Zustimmung aller Betroffenen.
3. Fordern Sie Ihr Team auf, einen Aktionsplan zu erstellen.
4. Stellen Sie sicher, dass die Entscheidung effektiv umgesetzt wird.

KOOPERATIONSBEREITSCHAFT ERZEUGEN

Informieren Sie alle Betroffenen über Ihre Entscheidung und stellen Sie sicher, dass jeder bereit ist, seine Aufgabe auszuführen. Oft wird eine richtige Entscheidung nicht umgesetzt, weil sie von anderen abgelehnt wird, die nicht alle Hintergründe kennen. Dann bringt Ihnen die Beschleunigung und Verbesserung Ihrer Denkprozesse kaum einen Vorteil. Wenden Sie vor und nach der Entscheidungsfindung Zeit dafür auf, eine reibungslose Umsetzung anzubahnen. Erklären Sie anderen Ihren Entscheidungsfindungsprozess.

SICHERHEIT AUSSTRAHLEN

Es wird Ihnen wesentlich leichter fallen, andere zur Durchführung einer Maßnahme zu motivieren, wenn Sie die Hintergründe einleuchtend begründen können. Denken Sie aber daran, dass ein positives, sicheres Auftreten ebenso viel dazu beiträgt, andere von der Richtigkeit Ihrer Denkweise zu überzeugen, wie eine logische Argumentation. Wenn eines der beiden Elemente fehlt, ist eine ablehnende Reaktion wahrscheinlich. Seien Sie sich dessen bewusst, dass jemand, der eine Entscheidung einmal abgelehnt hat, relativ schwer umzustimmen sein wird.

65 Überlegen Sie sich im Voraus, wie Sie am geschicktesten kommunizieren.

66 Kombinieren Sie Argumente mit einer positiven Ausstrahlung.

ENTSCHEIDUNGEN KONSEQUENT UMSETZEN

Während eines Beurteilungsgesprächs einigen sich ein Angestellter und dessen Vorgesetzter oft auf eine Reihe von Maßnahmen, die die Leistung des Angestellten steigern sollen. Nach dem Gespräch, wenn jeder sich seinen Aufgaben widmen muss, geraten solche guten Vorsätze jedoch oft in Vergessenheit. Lernen Sie realistisch zu sein, wenn Sie ein Beurteilungsgespräch vorbereiten, und bestehen Sie darauf, dass alle Leistungsziele planmäßig erreicht werden.

AUFGABEN VEREINBAREN ▶
Ein Manager diskutiert mit einer Angestellten, bevor er einen realisierbaren Aktionsplan festlegt und ihr angemessene Termine setzt.

Mitarbeiterin akzeptiert Leistungsziele und Aufgaben.

ÜBERSICHT GEWINNEN

Proaktive Menschen handeln sofort, nachdem sie eine Entscheidung getroffen haben, die auf den relevanten Tatsachen beruht. Beschaffen Sie sich gezielt Informationen, damit Sie so produktiv wie möglich werden.

FAKTEN SAMMELN

Lernen Sie, die Informationssammlung in einen analytischen, systematischen Prozess zu verwandeln. Greifen Sie auf ein Netzwerk von Partnern und Medien zurück, das Ihnen alle nötigen Fakten rechtzeitig und jederzeit zugänglich liefert.

67 Überlegen Sie, welche Informationen Sie brauchen, um eine Entscheidung zu treffen.

68 Suchen Sie Partner, die Ihnen nützliche Informationen geben können.

69 Gewöhnen Sie sich an, vor einer Sitzung die relevanten Fakten zusammenzustellen.

INFORMATIONSBEDARF SEHEN

Die Fähigkeit, gute Entscheidungen zu treffen, wirkt sich unmittelbar vorteilhaft auf die Effektivität jedes Teamleiters aus. Lernen Sie zu erkennen, wann Sie nicht genug wissen, um sicher die beste Alternative zu wählen, ganz gleich, wie angestrengt und logisch Sie überlegen. Fragen Sie sich, wo wahrscheinlich die hilfreichsten Informationsquellen liegen. Wenn Sie wissen, woher Informationen zu bekommen sind, können Sie auch abschätzen, welche Kosten dabei anfallen und wie viel Zeit Sie dafür opfern müssen. Stellen Sie sicher, dass der Vorteil, den Ihnen die Informationen bieten, diesen Aufwand rechtfertigt.

FAKTEN SAMMELN

IHR PERSÖNLICHES NETZWERK

Wenn Sie eine Information nicht selbst beschaffen oder in Ihrem Archiv finden können, ist es meist am einfachsten, Kollegen zu befragen. Unglücklicherweise sind jedoch die besten Informationslieferanten oft Experten, die ständig sehr beschäftigt sind. Lassen Sie solchen Menschen per Brief oder E-Mail eine knappe Fragenliste zukommen, um es ihnen so einfach wie möglich zu machen, die gewünschte Information zu liefern. Finden Sie sich aber damit ab, dass Sie unter Umständen Zeit in ein persönliches Treffen investieren müssen, um alles Wichtige zu erfahren.

GESCHÄFTSFÜHRER

Bitten Sie Ihren Geschäftsführer um Daten zu bisherigen Projekten.

Achten Sie darauf, dass der Geschäftsführer die aktuelle Projektübersicht weitergibt.

Tauschen Sie mit Ihren Zulieferern und externen Partnern Meinungen und Fakten aus.

ABTEILUNGSLEITERIN

Geben Sie relevante Informationen an Mitarbeiter im Verkauf und Kundendienst.

Bitten Sie Ihre Kollegen an der Schnittstelle zum Kunden um Rückmeldung.

MITARBEITER

KONTAKTE KNÜPFEN ▶

Nutzen Sie jede Gelegenheit, gute Beziehungen mit Menschen herzustellen, die über Informationen verfügen. Auf diese Weise entsteht ein Netzwerk von Kollegen, die Sie mit aktuellen Informationen versorgen können.

70 Bedenken Sie, dass eine Sitzung für den Urheber der Tagesordnung am leichtesten zu leiten ist.

SITZUNGEN PLANEN

Durch gute Vorbereitung tragen Sie zu einem produktiven Verlauf einer Sitzung bei. Wenn Sie den Termin für eine Sitzung bekannt geben, dann verschicken Sie gleichzeitig eine Kopie der Tagesordnung. Auf diese Weise haben die Teilnehmer Gelegenheit, die Informationen zu besorgen, die für einen produktiven Verlauf der Sitzung nötig sind. Während der Sitzung werden Sie sich dann den Überblick verschaffen, den Sie für eine rasche Entscheidung brauchen.

INFORMATIONEN STRUKTURIEREN

Ein Archiv ist nur sinnvoll, wenn es dazu beiträgt, Ihre Effektivität zu erhöhen. Bewahren Sie Informationen so auf, dass sie einen nützlichen Wissenspool ergeben, über den Sie jederzeit verfügen können.

71 Prüfen Sie, ob Ihre Ablagemethoden zweckmäßig sind.

72 Fragen Sie sich stets, ob Sie Informationen an eine zuständige Stelle weitergeben müssen.

SOFORTIGE ARCHIVIERUNG

Legen Sie erhaltene Informationen unverzüglich ab. Denken Sie daran, dass Sie Zeit verschwenden, wenn Sie etwas so aufbewahren, dass Sie es später nicht sofort wieder finden. Fragen Sie sich jedes Mal, wenn Sie erhaltenes Material ablegen, ob es für Sie und Ihre Kollegen mit Sicherheit leicht auffindbar sein wird. Leiten Sie Informationen gegebenenfalls an Kollegen weiter, die dafür Verwendung haben.

MATERIAL ORDNEN

Gewöhnen Sie sich an, Informationen zunächst grob nach Sachbereichen zu klassifizieren, also z. B. in Unterlagen zu Projekten und zu Kundenbeziehungen aufzuteilen. Gliedern Sie Ihr Archiv in entsprechende Kategorien, und spalten Sie diese dann in Unterkategorien auf. Die Kategorie »Kunden« kann z. B. die Unterkategorien »Schriftverkehr« und »Bearbeitungsvorgänge« umfassen. Diesem System sollten Sie immer folgen, egal, ob Sie ein Dokument manuell oder elektronisch archivieren.

Teilen Sie Unterkategorien mithilfe von Mappen weiter auf.

Verwenden Sie Sichthüllen.

▲ **SYSTEMATISCHE ABLAGE**
Grenzen Sie Sachbereiche ab und gliedern Sie Informationen mithilfe von Hängesammlern, Mappen und Sichthüllen.

Informationen strukturieren

Archivstrukturierung

Überlegen Sie sich, nach welcher Hierarchie Sie Ihre Dokumente ordnen – eine durchdachte Struktur erlaubt es Ihnen, Informationen mühelos wieder zu finden. Es zahlt sich in aller Regel aus, Zeit in die Strukturierung eines Archivs zu investieren. Listen Sie alle Unterkategorien auf, für die Sie einen Hängesammler vorgesehen haben. Überlegen Sie, welche Mappen ein Sammler jeweils enthalten sollte. Unter Umständen müssen Sie bestimmte Unterlagen innerhalb dieser Mappen wiederum zusammenfassen. Achten Sie darauf, dass die Hierarchie schlüssig ist.

73 Halten Sie die Struktur Ihres Archivs so einfach wie möglich.

74 Halten Sie Ihr Team an, nach derselben Ablagemethode zu verfahren wie Sie.

Eine Ablagestruktur

Sachbereich	Unterkategorien	Mappen
Mitarbeiter Unterlagen zur Arbeit von Angestellten	• Personalakten • Aufzeichnungen über persönliche Leistungen	• Stellenbeschreibungen, Arbeitsverträge • Beurteilungen, Arbeitsziele, Fortbildungsnachweise
Kunden Belege über Kundenbeziehungen	• Schriftverkehr • Bearbeitungsvorgänge	• Angebote, Berichte, Geschäftsbriefe • Bestellformulare, Verträge
Geschäftsumfeld Fakten zur Entwicklung der Branche	• Technische Informationen • Wirtschaftsmagazine	• Produktbroschüren und -aktualisierungen, Marktstudien • Fachblätter
Projekte Details zu aktuellen Projekten	• Projektpläne • Lieferantendaten	• Protokolle bisheriger Ergebnisbesprechungen • Produktspezifikationen und Preise
Team Einzelheiten zum Team und möglichen Neueinstellungen	• Persönliche Daten von Teammitgliedern • Informationen über Anwärter	• Arbeitsziele, Beurteilungen, persönliche Entwicklungspläne • Gesammelte Bewerbungsunterlagen
Altablage Material über abgeschlossene Projekte	• Mitarbeiter • Kunden	• Ein bis zwei Jahre alte Akten • Drei Jahre alte Akten

Übersicht gewinnen

Namen vergeben

Geben Sie Ihren Hängesammlern und Mappen einfache, allgemeine Namen. Wählen Sie für Mappen allgemeine Namen wie »Rechnungen«. Der erste Bestandteil des Namens eines Hängesammlers oder einer Mappe sollte ein Substantiv sein. Eine Mappe, auf der »Prognosen, aktuelle« steht, ist leichter auffindbar als eine mit der Aufschrift »Aktuelle Prognosen«. Legen Sie lieber wenige umfangreiche Akten an als zahlreiche kleine.

Wichtige Fragen

F Woran werde ich denken, wenn ich versuche, dieses Dokument wieder zu finden?

F Gehört diese Mappe wirklich in diese Unterkategorie?

F Werde ich diese Akte häufig brauchen?

F Passt diese Unterlage zu den anderen im selben Sammler?

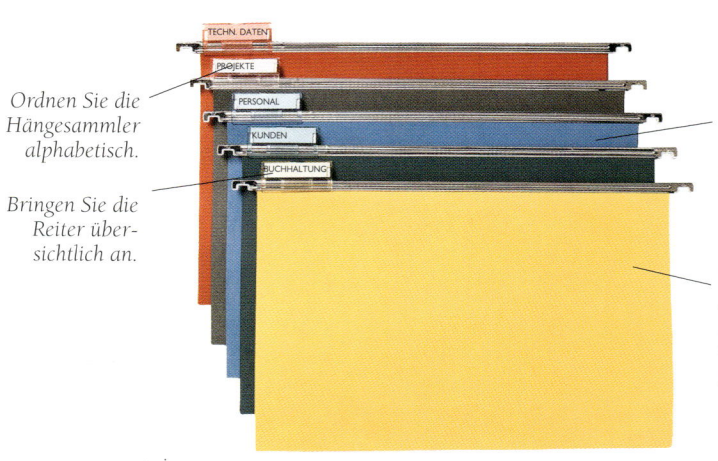

Ordnen Sie die Hängesammler alphabetisch.

Bringen Sie die Reiter übersichtlich an.

Lassen Sie Zwischenräume zwischen den Sammlern, damit diese leicht zugänglich bleiben.

Verwenden Sie für die Unterkategorien Hängesammler in unterschiedlichen Farben.

HÄNGEREGISTRATUR ▲

Achten Sie darauf, dass Ihre Hängesammler und Mappen alphabetisch geordnet bleiben, und befestigen Sie alle Reiter jeweils an der gleichen Stelle.

Manuelle Ablage mit System

Versehen Sie die Mappen und Sichthüllen innerhalb der Sammler mit klar beschrifteten Etiketten. Es wird nicht allzu oft nötig sein, die Hängesammler selbst auszutauschen; die Mappen darin müssen jedoch, da ihr Inhalt schnell seine Aktualität verliert, in kurzen Abständen entfernt und endgültig abgelegt werden. Unter Umständen ist es außerdem von Vorteil, einem besonders oft benutzten Sammler einen Platz am vorderen Ende des Registers einzuräumen.

> **75** Bringen Sie Reiter so an, dass sie sofort zu sehen sind, wenn Sie das Register herausziehen.

INFORMATIONEN STRUKTURIEREN

76 Drucken Sie eine Liste der elektronisch gespeicherten Dokumente aus.

77 Sorgen Sie dafür, dass jede archivierte Information leicht verfügbar ist.

ELEKTRONISCHES ARCHIVIEREN

Ordnen Sie E-Mails, die Sie aufbewahren, nach demselben Prinzip wie andere Dokumente. Wenn Sie eine E-Mail erhalten, können Sie auf verschiedene Weise reagieren: Sie können die Nachricht zum Anlass für sofortige Schritte nehmen und löschen; Sie können entscheiden, wann Sie sich mit ihr befassen werden, und sie einstweilen im Posteingang liegen lassen; Sie können sie auch an jemanden weiterleiten, der daraufhin aktiv werden soll, oder aber speichern, um sie später zu lesen.

INFORMATIONEN AUFBEWAHREN

Bewahren Sie die am häufigsten genutzten Informationen so auf, dass sie besonders leicht zugänglich sind. Wenn Sie eine bestimmte Computerdatei regelmäßig öffnen, dann legen Sie eine entsprechende Desktop-Verknüpfung an. Überlegen Sie, ob Sie manche Informationen wie z. B. technische Daten weniger oft benötigen.

78 Bedenken Sie, dass Sie bestimmte Informationen täglich nutzen.

▼ VERFÜGBARKEIT

Auf bestimmte Informationen wie Adressen müssen Sie jede Woche oder sogar täglich zugreifen. Bewahren Sie manuell abgelegte Informationen in Reichweite auf.

Elektronisch gespeicherte Daten sind leicht abrufbar.

Wichtige Telefonnummern sind immer zur Hand.

Halten Sie Ihre Pultablage möglichst frei.

Schreibutensilien werden in einer unterteilten Schublade aufbewahrt.

Notizzettel liegen neben dem Telefon.

Hängesammler und Mappen sind übersichtlich beschriftet.

ÜBERSICHT GEWINNEN

TECHNISCHE MÖGLICHKEITEN ERKENNEN

Lernen Sie, moderne elektronische Hilfsmittel, die Ihre Effizienz steigern können, optimal zu nutzen. Überlegen Sie, wie Technik Ihnen helfen kann, effektiver zu werden und Ihre Arbeitsziele schneller zu erreichen.

79 Planen Sie ein schlüssiges elektronisches Archivierungssystem.

80 Bilden Sie sich mithilfe von Schulungs-CDs und Computerkursen weiter.

HILFSMITTEL AUSWÄHLEN

Fragen Sie sich, ob Aufgaben, die Sie normalerweise von Hand erledigen, mit dem Computer leichter auszuführen wären. Wenn ein Computer in einer bestimmten Situation keine Hilfe ist, dann benutzen Sie ihn nicht. An manchen Arbeitsplätzen hat sich die Einführung einer Tafel bewährt, an der Teammitglieder Gedanken festhalten, die Kollegen zur Orientierung oder als Anregung dienen. Eine solche Tafel kann ein nützlicher Bestandteil des Informationspools eines Teams sein. Sie selbst können an die Tafel die Termine und Aufgaben des Teams schreiben.

SOFTWARE ▼
Machen Sie sich mit neuen Computerprogrammen vertraut. Lernen Sie Daten mithilfe von Arbeitsblättern zu strukturieren, damit Sie schneller richtige Entscheidungen treffen können.

Kursleiter erklärt die hauptsächlichen Vorzüge der neuen Software.

Angestellte wendet erlernte Fähigkeiten an.

TECHNISCHE MÖGLICHKEITEN ERKENNEN

COMPUTERGESTÜTZTE TERMINPLANUNG

Das einfachste Hilfsmittel ist Ihr Aktionsplan. Er dokumentiert Ihre Ziele, die Prioritätsstufe jeder einzelnen Aufgabe und den Abschlusstermin. Erstellen Sie auf Ihrem Desktop eine Verknüpfung zu diesem Plan, der das Herzstück Ihres persönlichen Organisations- und Kontrollsystems bildet. Außerdem empfiehlt es sich, einen elektronischen Terminkalender zu führen, denn so können Sie sich beispielsweise anzeigen lassen, wann alle Teammitglieder Zeit haben, an einer Besprechung teilzunehmen. Damit sich dieser Vorteil nicht in einen Nachteil verkehrt, dürfen Sie jedoch nicht den Überblick über Ihre Zeiteinteilung verlieren. Denken Sie daran, Zeitreserven für Reaktionen auf unerwartete Ereignisse einzuplanen.

81 Bieten Sie Ihren Terminkalender dem Team per Computer an.

82 Lassen Sie im Terminkalender Spielraum für Unvorhergesehenes.

▼ **ELEKTRONISCHER TERMINKALENDER**
Dies ist eine hervorragende Organisationshilfe – vorausgesetzt, alle Daten und Termine werden unverzüglich eingegeben.

Aktionsplan konsultieren → Termine festlegen → Elektronischen Terminkalender aktualisieren

EIN PDA

Wenn Sie sich außerhalb Ihres Arbeitsplatzes befinden, verfügen Sie mit einem persönlichen digitalen Assistenten (PDA) über ein mobiles Büro und haben weiterhin alles unter Kontrolle. Der PDA kann eine Kopie Ihres elektronischen Terminkalenders enthalten und ist für den Onlinebetrieb geeignet, sodass Sie die Originaldatei im Büro auf den neuesten Stand bringen können. Außerdem ermöglicht es Ihnen ein PDA, an jedem beliebigen Ort ins Internet zu gehen und E-Mails zu empfangen. Um einen PDA sinnvoll zu nutzen, sollten Sie sich gut überlegen, wo Sie Ihre Daten speichern und wie der PDA Sie effektiver machen kann.

▲ **INFORMIERT BLEIBEN**
Wenn Sie viel Zeit auf Reisen verbringen, wird Ihnen ein Laptop nützlich sein. Er erlaubt es Ihnen, Ihren Aktionsplan und andere Informationen stets bereitzuhaben.

MEDIEN NUTZEN

Wer Erfolg haben will, muss mit den neuesten technischen Entwicklungen Schritt halten. Sie werden nur dann effektiv und ohne Stress arbeiten können, wenn Sie das gesamte verfügbare Instrumentarium dazu verwenden, Ihre Produktivität zu steigern.

83 Lernen Sie, wie neue Medien Ihre Leistung steigern können.

EFFEKTIVER MEDIENEINSATZ

Informieren Sie sich über alle Medien, deren Nutzung Ihr Betrieb ermöglicht, wie das Internet – Sie müssen nicht verstehen, wie sie funktionieren, sondern nur, welche Vorteile sie bieten. Gehen Sie ins Internet, wenn Sie schnell recherchieren müssen. Bringen Sie in Erfahrung, ob in Ihrem Unternehmen ein Intranet existiert. Das ist ein Netzwerk, das auf derselben Technik beruht wie das Internet, aber auf ein Unternehmen begrenzt ist.

Verkaufsleiterin informiert sich im Internet über Konkurrenzprodukte.

▲ **INTERNET-RECHERCHEN**
Die Arbeitsweise hat sich dank moderner Informationstechnik gewandelt. Nutzen Sie das Internet oder das Intranet Ihrer Firma, um Informationen aus externen bzw. internen Quellen abzurufen.

ANWENDUNGSGEBIETE VERSCHIEDENER MEDIEN

MEDIUM	ZWECK
E-MAIL	Schnelle Übermittlung von Nachrichten, Versenden von elektronischen Dateien
INTRANET	Zugriff auf firmeneigene Datenbanken und Archive
INTERNET	Online-Transaktionen, Zugang zum World Wide Web
VIDEOKONFERENZ	Reduzierung der Reisekosten, bessere Kommunikation mit Kollegen in aller Welt

E-Procurement

Viele Zulieferer betreiben heute eine elektronische Einkaufsplattform. Ein solcher Service ermöglicht eine effiziente Beschaffung. Wenn Sie per Internet ordern, erhalten Sie gewöhnlich umgehend eine E-Mail, in der aufgelistet wird, was Sie bestellt haben. So lassen sich Missverständnisse schneller klären, als wenn Sie auf eine postalisch zugestellte Auftragsbestätigung oder die Lieferung warten müssten.

Suchmaschinen

Eine Suchmaschine erlaubt es Ihnen, schnell Informationen zu finden, aufgrund derer Sie zu einer fundierten Entscheidung gelangen und handeln können. Wenn Sie z. B. Computerartikel kaufen müssen, dann nutzen Sie das Internet dazu, den billigsten Anbieter in Ihrer Nähe ausfindig zu machen und ihre Bestellung aufzugeben. Probieren Sie verschiedene Suchmaschinen aus, bis Sie diejenige gefunden haben, die am besten zu Ihrem Unternehmen passt.

84 Achten Sie darauf, keine Zeit zu verschwenden, wenn Sie im Internet recherchieren.

Push- und Pull-Medien

Nutzen Sie E-Mail als Push-Medium – das heißt, zur Weitergabe von Informationen. Merken Sie sich vor, wen Sie über bestimmte Dinge informieren müssen, und aktualisieren Sie die jeweilige E-Mail-Adressenliste, wenn sich die Anforderungen ändern. Beschaffen Sie sich mithilfe von Pull-Medien wie Suchmaschinen Informationen und speichern Sie gefundenes Material, sofern es relevant ist. Richten Sie automatische Suchaufträge ein, damit Sie benachrichtigt werden, sobald neue Informationen erhältlich sind.

▼ Medien im Einsatz

In diesem Fall erhält ein Vertreter eine E-Mail. Bevor er antwortet, beschafft er sich im Intranet der Firma – einem Pull-Medium – die nötigen Informationen und ermittelt, wem er Kopien seiner Antwortmail schicken muss.

Kunde schickt einem Handelsvertreter eine E-Mail. → **Vertreter bereitet eine Antwortmail vor.**

PUSH — Vertreter verschickt Kopien der Antwortmail an alle Interessierten.

PUSH/PULL — Vertreter teilt den Kollegen mit, dass er Antwortmail vorbereitet hat.

PULL — Vertreter sucht im Intranet Informationen.

PROAKTIVE PARTNER

In einem proaktiven Umfeld gibt niemand Informationen gedankenlos weiter. Seien Sie sich bewusst, dass Sie für andere eine wichtige Informationsquelle darstellen und dass die Verbreitung von Informationen kein Selbstzweck ist, sondern einer guten Zusammenarbeit dient.

85 Geben Sie Informationen nur an Menschen weiter, die Verwendung dafür haben.

GEZIELTE KOMMUNIKATION

Manchmal müssen Informationen weitergeleitet werden, damit andere auf eine Tatsache aufmerksam werden und dementsprechend handeln. Analysieren Sie alles Material, das Sie erhalten, und fragen Sie sich grundsätzlich, für wen es noch von Interesse sein könnte. Lassen Sie Unterlagen nicht ziellos zirkulieren, sonst tragen Sie nur unnütz zu dem Überangebot an Informationen bei, dem Ihre Kollegen ausgesetzt sind.

◀ EMPFÄNGER AUSWÄHLEN

Wenn Sie überlegen, wem Sie eine bestimmte Information zukommen lassen sollen, dann fragen Sie sich, ob sie dem Empfänger helfen würde, seine Ziele zu erreichen.

- Prüfen Sie die erhaltene Information und treffen Sie geeignete Maßnahmen.
- Überlegen Sie, ob Sie die Information an Teammitglieder und andere Kollegen weitergeben sollten.
- Fragen Sie sich, ob die Information ihren Empfängern dienlich wäre oder sie stören würde.
- Überprüfen Sie Ihre Entscheidung, damit Sie die Information nur an Menschen weiterleiten, für die sie von Nutzen ist.

86 Fragen Sie Kollegen, ob sie Informationen erhalten, die Sie ihnen über Dritte zukommen lassen.

TUN UND LASSEN

✔ Beschränken Sie den Informationsfluss auf ein Minimum.
✔ Fragen Sie Kollegen, ob sie an Ihren Informationen interessiert sind.
✔ Passen Sie die Form Ihrer Mitteilungen dem jeweiligen Empfänger an.

✘ Verbreiten Sie Informationen nicht zweckfrei.
✘ Denken Sie nicht, dass jeder die gleiche Detailebene benötigt wie Sie.
✘ Schicken Sie Menschen, die Ihr Informationsmaterial ignorieren, kein weiteres mehr.

PROAKTIVE PARTNER

PERSÖNLICHE PRÄFERENZEN

Richten Sie sich bei der Wahl des Kommunikationsmediums nach den Menschen, denen Sie etwas mitteilen wollen. Bedenken Sie, dass jeder eine bestimmte Art der Kommunikation bevorzugt. Wenn Sie auf die Vorlieben Ihres Kommunikationspartners Rücksicht nehmen, erhöhen Sie die Wahrscheinlichkeit, dass er Ihre Mitteilung beachtet und versteht. Manche Menschen legen Wert auf persönliche Gespräche; andere, die ihre Arbeit dafür ungern unterbrechen, bevorzugen hingegen E-Mails, da sie diese lesen können, wenn sie Zeit haben.

▲ **FLEXIBEL**
Manche Menschen nehmen Informationen gern persönlich entgegen. Passen Sie sich in dieser Hinsicht an.

87 Denken Sie daran, dass es oft besser ist, Informationen für andere zusammenzufassen.

WIRKUNGSVOLLE PRÄSENTATIONEN

Wenn Sie eine Präsentation halten, dann konzentrieren Sie sich nicht auf die Fakten, sondern auf den Zweck der Präsentation. Vermitteln Sie nicht unbedingt alle Informationen, die Sie haben. Vergegenwärtigen Sie sich, was Sie bewirken wollen. Wenn Sie z. B. Vorgesetzte über etwas informieren wollen, dann liefern Sie ihnen keine Einzelheiten, die nicht interessieren. Ein knapper Bericht kann durchaus reichen, um Zustimmung hervorzurufen.

FRAGEN BEANTWORTEN

Wenn Sie während einer Sitzung Fakten präsentieren, ziehen die Zuhörer daraus den größten Gewinn, wenn sie interagieren und Fragen stellen. Beschränken Sie die Inhalte, die Sie vermitteln, auf ein Minimum, aber machen Sie klar, dass Sie Fragen erwarten.

❝ Zu diesem Thema beantworte ich gern jede Frage. ❞

❝ Sie können jederzeit Fragen stellen – während der Präsentation oder am Ende. ❞

❝ Ich habe den Sachverhalt sehr knapp dargestellt; wenn Sie es wünschen, bringe ich mehr Details. ❞

❝ Falls jemand mehr Einzelheiten erfahren möchte, stehe ich nachher für Fragen zur Verfügung. ❞

Aus Erfahrung lernen

Eine Möglichkeit, sich wirksamere Vorgehensweisen anzueignen, besteht darin, aus Erfahrungen zu lernen. Denken Sie darüber nach, wie Sie aus Ihrer Erfahrung das größtmögliche Kapital schlagen.

Konstante Steigerung

Aufgrund der Zwänge des modernen Geschäftslebens können Sie nie davon ausgehen, dass Sie so effektiv wie möglich arbeiten. Suchen Sie immer nach Verbesserungsfähigem. Sie müssen sich immer von Neuem einer veränderten Geschäftswelt anpassen.

88 Bedenken Sie, dass Sie bald Ihre Effektivität einbüßen, wenn sie aufhören dazuzulernen.

Wichtige Fragen

- F Frage ich unsere Kunden regelmäßig, ob sie zufrieden sind?
- F Wie könnten wir unser Angebot verbessern?
- F Überprüfe ich unsere Arbeitsvorgänge ständig, um Verbesserungsansätze zu finden?
- F Bin ich über die neuesten Entwicklungen informiert?
- F Nehme ich die Meinung anderer ernst?

Anpassungsfähigkeit

Vergegenwärtigen Sie sich, dass das Geschäftsumfeld, in dem Ihr Unternehmen operiert, einem ununterbrochenen Wandel unterworfen ist. Ihre Kunden stellen höhere Ansprüche, und Ihre Konkurrenz steigert sich beständig und versucht zu beweisen, dass sie dem Kunden mehr bietet, als Sie es können. Es ist nicht mehr damit getan, dass Sie jeden Tag zuverlässig dieselbe Arbeit verrichten wie am Tag zuvor – Sie müssen ständig bessere Ergebnisse erzielen und Ihre Arbeitsweise optimieren. Bitten Sie Ihre Kundschaft regelmäßig um Feedback, damit Sie über ihre Anforderungen auf dem Laufenden bleiben.

Konstante Steigerung

PLANUNG
Gewöhnen Sie sich an, alle Maßnahmen gründlich vorzubereiten.

Überlegen Sie, wie Sie Ihr Ziel erreichen können.

AUSFÜHRUNG
Setzen Sie den Plan um und modifizieren Sie ihn bei Bedarf.

Behalten Sie Ihre Zielsetzung immer im Auge.

RÜCKBLICK
Denken Sie darüber nach, welche Arbeitsvorgänge Sie verbessern könnten.

Durchdenken Sie die Implikationen aller Ihrer Schritte.

FAZIT
Ziehen Sie aus Ihren Erfahrungen die richtigen Schlüsse.

Suchen Sie nach Möglichkeiten, Vorgänge zu optimieren.

▲ **DER VIER-PHASEN-ZYKLUS**
Wenn Sie diesem Zyklus folgen, können Sie Ihre Effektivität immer weiter steigern, indem Sie einmal gemachte Fehler und bekannte Probleme vermeiden.

Erfolgsmethoden beibehalten

Wenn Sie und Ihr Team ein gutes Ergebnis erzielt haben, dann schaffen Sie die Voraussetzungen für eine Erneuerung Ihres Erfolgs. Der Vier-Phasen-Zyklus ermöglicht es proaktiven Menschen, effektive Schritte zu wiederholen und andere zu vermeiden. Die Zeit, die Sie nach dem erfolgreichen Abschluss eines Vorhabens aufwenden, um ein Fazit zu ziehen, wird durch eine Ersparnis kompensiert, wenn Sie wieder vor einer ähnlichen Aufgabe stehen.

Der Vier-Phasen-Zyklus

Es gibt einen Zyklus, der es Ihnen erlaubt, aus gesammelten Erfahrungen so viel wie möglich zu lernen. Er umfasst folgende Phasen: Planung, Ausführung, Rückblick, Fazit. Nachdem Sie einige der Aufgaben geplant und ausgeführt haben, sollten Sie zurückblicken und sich fragen, bis zu welchem Grad Sie Ihre Ziele verwirklicht haben und was Sie noch verbessern könnten. Halten Sie in Ihrem Terminkalender regelmäßig Zeit zum Nachdenken frei.

89 Reservieren Sie sich Zeit zum Nachdenken über Verbesserungen.

▲ **ABSCHLUSSBESPRECHUNG**
Treffen Sie sich nach einem Projekt mit Ihrem Kunden, um die Ergebnisse zu bewerten und herauszufinden, ob Sie beim nächsten Mal anders vorgehen sollten.

Aus Erfahrung lernen

Bewährte Methoden erhalten

Mitglieder eines Teams können nicht nur aus eigener Erfahrung lernen, sondern auch voneinander und von Kollegen in anderen Teilen des Unternehmens. Aufzeichnungen über bisherige Erfahrungen können als Vorlagen für zukünftige Projekte dienen.

90 Nutzen Sie gesammelte Erfahrungen dazu, bessere Entscheidungen zu treffen.

91 Halten Sie Ihr Team an, mit Vorlagen zu arbeiten.

92 Verwandeln Sie erfolgreiche Entscheidungen in Vorlagen.

VORLAGEN ERSTELLEN

Sie können Denk- und Lernprozesse in Regeln fassen, indem Sie erprobte Methoden in Form von Vorlagen dokumentieren. Eine Vorlage beschreibt ein Standardverfahren und listet Schritte auf, die in der Vergangenheit zum Ziel geführt haben. Ein Beispiel: Alle Unternehmen wählen von Zeit zu Zeit neue Lieferanten von Waren und Dienstleistungen aus. Alle Faktoren, von denen Beschaffungsentscheidungen generell abhängen, könnten in eine Vorlage mit dem Namen »Lieferantenwahl« einfließen.

▼ **ANALYSIEREN**
Hier diskutieren Mitglieder eines Produktionsteams über ihre Arbeitsweisen, um gemeinsam eine Vorlage zu erarbeiten.

Erfolgreiche Maßnahmen werden festgehalten.

Produktionsleiter schildert Verlauf eines früheren, von ihm beaufsichtigten Projekts.

BEWÄHRTE METHODEN ERHALTEN

DAS IST ZU TUN

1. Prüfen Sie, wie Sie Ihre Standardverfahren verbessern könnten.
2. Arbeiten Sie konsequent mit Vorlagen, damit Ihr Team sich daran gewöhnt.
3. Stellen Sie eine Sammlung von Vorlagen zusammen, die als Bezugssystem dienen kann.

NEUE STANDARDVERFAHREN

Wenn Sie erkannt haben, welche Methode die beste ist, müssen Sie dafür sorgen, dass Ihr gesamtes Team sich daran hält. Vorlagen sind in vielen Bereichen von Nutzen – von der Vorbereitung von Schulungsmaterialien bis zur Erstellung eines Systems zur Fehlerkontrolle. Sie werden feststellen, dass Sie, nachdem Sie ein Standardverfahren mehrmals angewendet haben, nicht mehr bewusst über Ihre Arbeitsweise nachdenken müssen, sondern automatisch der besten Vorgehensweise folgen. Halten Sie Ihr Team an, dieselben Vorlagen zu verwenden wie Sie.

ELEKTRONISCHE HILFSMITTEL

Sie haben die Möglichkeit, die Dokumentation und Einführung von Standardverfahren zu vereinfachen, indem Sie eine Vorlage als Arbeitsblatt speichern und durch anschauliche Beispiele ergänzen. Machen Sie die Datei jedem zugänglich. Gesetzt den Fall, Sie haben zwei neue Mitarbeiter, von denen sich einer gut eingearbeitet hat, während der andere kaum zurechtkommt – Sie könnten die Unterschiede festhalten und eine Vorlage erstellen, die alle Eigenschaften auflistet, die ein zukünftiger Bewerber mitbringen muss.

93 Sorgen sie dafür, dass Ihr Team alle Vorlagen stets auf einem Dateiserver einsehen kann.

RISIKO	WAHRSCHEIN-LICHKEIT	AUSWIRKUNG	MASSNAHMEN	GRAD
Kurs entspricht nicht den Bedürfnissen der Teilnehmer.	5	6	Anforderungen gemeinsam klären (Gespräche mit betroffenen Mitarbeitergruppen)	Gelb
Kursleiter ist nicht mit unseren speziellen Arbeitsvorgängen vertraut.	6	2	Auswahl des Schulungsanbieters überprüfen; Berücksichtigung unserer Arbeitsweise fordern	Grün
Teilnehmer lehnen die Schulungsmethode ab.	10	7	Schulungsbedarf mithilfe der Mitarbeitervertreter klären, Pilotversuch durchführen.	Rot
Multiplikatorentraining bewirkt Überschreitung des Budgets.	2	3	Spielraum für die Anpassung der Methode an unsere Verhältnisse einkalkulieren.	Gelb

Mit dem Kurs verbundene Risiken

Ausmaß der Konsequenzen (in Werten von 1 bis 10)

Jede Maßnahme wird einer Schwierigkeitsstufe zugeordnet.

◀ **DIE VORLAGE**
Diese Vorlage gibt eine Risikoanalyse wieder. Es sollte die Wahrscheinlichkeit ermittelt werden, mit der ein Kurs seinen Zweck erfüllen würde – einen Wissenszuwachs in allen Teilen der Firma.

Wahrscheinlichkeit des negativen Szenarios (1 bis 10)

In vergleichbaren Situationen getroffene Maßnahmen

# Einsichten austauschen

Menschen, die ihre Ziele verwirklichen, kommen mitunter auf neuartige Gedanken, die zu besseren Leistungen und höherer Produktivität führen und daher beträchtliche Fortschritte bedeuten. Lassen Sie neue Ideen und Erkenntnisse nicht ungenutzt.

94 Teilen Sie wichtige Erkenntnisse mit Ihrem Team und Ihren Geschäftspartnern.

Nicht vergessen

- Ihre Einsichten können für Ihre Kollegen wertvoll sein.
- Die moderne Kommunikationstechnik gestattet den weltweiten Austausch von Erkenntnissen.
- Es ist heute technisch möglich, neue Erkenntnisse einem Partner umgehend mitzuteilen.

95 Bedanken Sie sich, wenn Ihnen jemand neue Erkenntnisse mitteilt.

Erkenntnisse aufzeichnen

Wer eine Aufgabe vollendet, stellt oft fest, dass er während ihrer Ausführung etwas gelernt hat, das auch anderen von Nutzen sein könnte. Ein Beispiel: Einem Handelsvertreter in München entgeht eine Bestellung, weil er im Gegensatz zu einem Konkurrenten auf ein falsches Alleinstellungsmerkmal gesetzt hat. Der Vertreter lernt daraus, mit welchen Verkaufsargumenten er sein Angebot besser gegen das des Konkurrenzunternehmens abgrenzen kann. Indem er diese Argumente in eine Computerdatei aufnimmt, hilft er seinem Kollegen in Oslo, der Zugang dazu hat, einen ähnlichen Fehler zu vermeiden und sich mithilfe einer umgestellten Verkaufstaktik einen Auftrag zu sichern.

FALLBEISPIEL

Bill war der Projektleiter einer Fertigungsstraße für Mobiltelefone in den USA. Sein Vorgesetzter stellte fest, dass die europäische Fertigungsstätte, die dasselbe herstellte, wesentlich niedrigere Produktionskosten hatte. Er forderte Bill auf, sich mit der entsprechenden Projektleiterin in Verbindung zu setzen. Bill besprach sich telefonisch mit Ulrike, der Zuständigen in Deutschland, und fand heraus, dass sie in Asien eine Materialquelle gefunden hatte, die weit billiger war als Bills Lieferant. Bill wechselte den Lieferanten und schaffte es, seine Kosten denen des deutschen Betriebs anzugleichen. Bill und Ulrike kamen überein, eine Datei ins Intranet des Unternehmens zu stellen, in der jede zukünftige Änderung des Produktionsverfahrens dokumentiert werden sollte. So konnten beide Erfahrungen austauschen und ihre Arbeitsweise im Lauf der Zeit verbessern.

◀ VON ANDEREN LERNEN

Ein geregelter Erfahrungsaustausch trägt dazu bei, dass sich effektive Vorgehensweisen überall in einem Unternehmen einbürgern, unabhängig von geografischen Grenzen. Als Vorbild dient hier die Interaktion zwischen einem Projektleiter in den USA und seinem Gegenüber in Deutschland.

EINSICHTEN AUSTAUSCHEN

KOLLEKTIVE ERFAHRUNG

In einer Zeit wachsender Personalfluktuation und Mobilität ist es von entscheidender Bedeutung, dass gewonnene Erkenntnisse in einer allgemein zugänglichen Datei festgehalten werden, um so konstante Kundenzufriedenheit zu gewährleisten oder Ihren Vorsprung vor der Konkurrenz zu wahren. Nehmen Sie sich die Zeit, nützliche Einsichten aufzuschreiben und mit anderen aus dem Unternehmen zu teilen.

Sie hat Schwierigkeiten mit einem Kunden.

Verkaufsleiterin erzählt von ihren Erfahrungen mit demselben Kunden.

ERFAHRUNGS- ▶ AUSTAUSCH
Indem Sie mit Kollegen über Ihre Erfahrungen sprechen, können Sie die Leistung des Teams beträchtlich steigern.

Sie macht sich Notizen für später.

96 Sorgen Sie dafür, dass Ihr Team wissenswerte Fakten aufzeichnet und archiviert.

MIT EINBEZIEHEN ▼
Wenn Sie neue Erkenntnisse mit dem Team teilen, erhält jedes Mitglied wertvolle Informationen und wird befähigt, schnellere Entscheidungen zu treffen und danach unverzüglich und effizient zu handeln.

ERKENNTNISSE WEITERGEBEN

Versuchen Sie, Ihrem Team persönliche Einsichten auf interessante Weise zu vermitteln. Eine alte, aber wirksame Methode besteht darin, ein anschauliches Beispiel aus der Praxis anzuführen. Das ist auch für Coaching und Mentoring geeignet. Vermeiden Sie es, Mitarbeitern einfach eine Regel an die Hand zu geben; liefern Sie lieber ein authentisches Beispiel. In einem Handbuch zur Aufstellung von Messeständen sind zwar detaillierte Vorschriften zur Anbringung von Geländern enthalten, doch wirksamer ist wahrscheinlich die Schilderung eines Unfalls, der durch falsch angebrachte Geländer verursacht wurde.

| Teammitglieder haben teil an Erkenntnissen. | Informationen sind verfügbar. | Entscheidungen werden erleichtert. |

Ein ausgeglichenes Leben

Wenn Sie sich im Arbeitsalltag aufreiben, vermindert sich zwangsläufig Ihre Leistungsfähigkeit. Wenn Sie Ihre Effizienz im Beruf erhalten und steigern wollen, ist es wichtig, dass Sie ein gesundes Gleichgewicht zwischen Ihrer Arbeit und den Freizeitaktivitäten halten.

97 Denken Sie daran, dass Ihnen Gespräche mit anderen helfen, Stress abzubauen.

98 Arbeiten Sie zu Hause nach Möglichkeit in einem gesonderten Raum.

Heimarbeit

Als Leistungsträger innerhalb des Teams sind Sie in der Lage, fundierte Entscheidungen zu treffen und angemessen zu handeln. Ebenso wichtig ist es, dass Sie Ihre Verpflichtungen in der Familie und im Freundeskreis erfüllen. Denken Sie ernsthaft darüber nach, wie sich Ihr Berufs- und Ihr Privatleben zueinander verhalten. Besteht hier ein Missverhältnis, können Sie vielleicht an einem oder zwei Tagen pro Woche zu Hause arbeiten, oder Ihre Arbeitsbelastung ist bereits so hoch, dass eine Vergrößerung Ihres Teams gerechtfertigt wäre.

99 Reservieren Sie für körperliche Betätigung ausreichende Zeiträume.

Denken Sie über Ihre Arbeitsbelastung nach. → Sprechen Sie mit Ihrem Vorgesetzten. → Geben Sie Verantwortung ab.

Fit bleiben

Manche Menschen werden nicht zum richtigen Zeitpunkt aktiv, weil sie sich nicht vollkommen gesund fühlen. Es deutet immer mehr darauf hin, dass Menschen, die körperlich fit sind, den Anforderungen der modernen Geschäftswelt in höherem Maß gerecht werden als Menschen, deren Arbeitsalltag wenig Spielraum für körperliche Betätigung lässt. Das heißt nicht, dass Sie zum Marathonläufer werden müssen, aber dass Sie mindestens zweimal pro Woche Sport treiben sollten.

▲ **ALTERNATIVEN**
Wenn Sie überlastet sind, weisen Sie Ihren Vorgesetzten darauf hin. Das Problem könnte dadurch zu lösen sein, dass Sie bestimmte Aufgaben oder Ihre Verantwortung dafür delegieren.

100 Bedenken Sie, dass Bewegung Ihnen neue Energie verleiht.

EIN AUSGEGLICHENES LEBEN

STRESS BEWÄLTIGEN

Wenn Sie sich nach intensiver Arbeit regelmäßige Pausen gönnen, werden Sie dadurch nur produktiver. Konstant leistungsfähige Menschen entwickeln die Fähigkeit, sich während einer viertelstündigen Ruhepause in der Mittagszeit zu entspannen, um sich auf die Anstrengungen des Nachmittags vorzubereiten. Versuchen Sie, vollkommen abzuschalten – verbringen Sie diese Zeit nicht mit Kollegen. Natürlich wird es auch Phasen geben, in denen besonders lange und harte Arbeit erforderlich ist. Wenn Sie jedoch regelmäßig dazu gezwungen sind, dann überprüfen Sie Ihre Arbeitsweise, um die Ursachen zu erkennen.

▲ **FREIZEIT GENIESSEN**
Eignen Sie sich eine der wichtigsten Fähigkeiten an, die ein berufstätiger Mensch braucht: die Fähigkeit, in der Freizeit allen Arbeitsstress hinter sich zu lassen.

101 Bedenken Sie, dass Überarbeitung und Stress Ihre Entscheidungsfähigkeit einschränken können.

GESUNDE ERNÄHRUNG

Gönnen Sie sich immer ein reichhaltiges Frühstück, damit Sie den Arbeitstag voller Energie beginnen und bereit sind, unverzüglich die schwierigsten Aufgaben auf Ihrer Liste anzugehen. Legen Sie während des Tages Erholungspausen ein, damit Sie Ihre maximale Leistungsfähigkeit behalten. Wenn Sie gerne zwischendurch etwas essen, nehmen Sie Obst mit an den Arbeitsplatz, denn Obst ist reich an Vitaminen und Ballaststoffen. Schokolade gibt Ihnen zwar, da sie viel Zucker enthält, möglicherweise Schwung für kurze Zeit, kann Sie später aber träge werden lassen und damit Ihre Leistungsfähigkeit beeinträchtigen. Gewöhnen Sie sich an, im Lauf des Tages viel klares Wasser zu trinken, und vermeiden Sie Stimulanzien wie Tee oder Kaffee, da diese Ihre Belastung noch verstärken können.

AUSGEWOGEN ▶
Eine ausgewogene Ernährung gibt Ihnen die Energie, um die Herausforderungen des modernen Lebens zu bestehen.

77

Testen Sie Ihre Fähigkeit zu proaktivem Handeln

Hier können Sie testen, in welchem Ausmaß Sie die Fähigkeit besitzen, effektiv und rechtzeitig zu handeln. Markieren Sie die Antwortmöglichkeit, die der Wahrheit am nächsten kommt – kreuzen Sie die 1 an, wenn Ihre Antwort »nie« lautet, die 4, wenn »immer« zutrifft. Stufen Sie Ihr Ergebnis mithilfe des Auswertungsschlüssels ein. Ermitteln Sie anhand Ihrer Antworten, in welchen Bereichen Sie sich verbessern müssen.

Antworten
1 Nie
2 Gelegentlich
3 Oft
4 Immer

1 Ich bin mir sicher, dass ich meinen Tätigkeitsbereich unter Kontrolle habe.
1 2 3 4

2 Ich kenne meine Ziele genau.
1 2 3 4

3 Ich werde sofort aktiv, wenn es angebracht ist.
1 2 3 4

4 Ich prüfe, ob ich meine Vorgehensweisen verbessern kann.
1 2 3 4

5 Ich habe überall ein Notizbuch dabei, um Gedanken festzuhalten.
1 2 3 4

6 Ich halte meinen Arbeitsplatz in Ordnung.
1 2 3 4

TESTEN SIE IHRE FÄHIGKEIT ZU PROAKTIVEM HANDELN

7 Ich reagiere sofort auf erhaltene Mitteilungen.

[1] [2] [3] [4]

8 Ich informiere alle Betroffenen, wenn ich in einer Sache nichts unternehmen will.

[1] [2] [3] [4]

9 Ich ordne alle Aufgaben in meinem Aktionsplan einer Schwierigkeitsstufe zu.

[1] [2] [3] [4]

10 Ich kümmere mich um wichtige Angelegenheiten, bevor sie dringlich werden.

[1] [2] [3] [4]

11 Ich weiß, welche Aufgaben zuerst ausgeführt werden müssen.

[1] [2] [3] [4]

12 Ich verspreche lieber zu wenig als zu viel.

[1] [2] [3] [4]

13 Ich berücksichtige meine Schwächen, wenn ich Pläne erstelle.

[1] [2] [3] [4]

14 Ich wähle einen der jeweiligen Situation angepassten Führungsstil.

[1] [2] [3] [4]

15 Ich treffe Entscheidungen zum richtigen Zeitpunkt.

[1] [2] [3] [4]

16 Ich hole die Zustimmung jedes Einzelnen zu meinen Entscheidungen ein.

[1] [2] [3] [4]

Aus Erfahrung lernen

17 Ich bemühe mich, Probleme vollständig zu ergründen.

1　2　3　4

18 Ich liste meine Kriterien auf, bevor ich eine Entscheidung fälle.

1　2　3　4

19 Ich denke sowohl rational als auch kreativ.

1　2　3　4

20 Ich wende ein Prüfverfahren an, um sicherzustellen, richtig entschieden zu haben.

1　2　3　4

21 Ich übertrage Aufgaben, die aus einer Entscheidung resultieren, in den Aktionsplan.

1　2　3　4

22 Ich überlege mir gut, wie ich mit anderen Menschen kommuniziere.

1　2　3　4

23 Ich kann mir alle Informationen beschaffen, die ich brauche.

1　2　3　4

24 Ich aktualisiere mein Ablagesystem.

1　2　3　4

25 Ich archiviere Unterlagen umgehend.

1　2　3　4

26 Ich setze technische Hilfsmittel zweckmäßig ein.

1　2　3　4

Testen Sie Ihre Fähigkeit zu proaktivem Handeln

27 Ich finde die Informationen, die ich brauche, im Internet.

1 2 3 4

28 Ich versetze mich auch in die Sichtweise meines Gesprächspartners.

1 2 3 4

29 Ich lerne aus meinen Fehlern.

1 2 3 4

30 Ich zeichne meine Vorgehensweisen auf, um später eine Orientierungshilfe zu haben.

1 2 3 4

31 Ich lasse meine Kollegen an nützlichen Erkenntnissen teilhaben.

1 2 3 4

32 Ich finde einen vernünftigen Ausgleich zwischen Arbeit und Privatleben.

1 2 3 4

Auswertung

Ermitteln Sie Ihre Gesamtpunktzahl und lesen Sie die entsprechende Bewertung. Unabhängig davon, bis zu welchem Grad Sie das proaktive Prinzip verinnerlicht haben, sollten Sie daran denken, dass eine Steigerung immer möglich ist. Bestimmen Sie Ihre Schwachstellen und lesen Sie dann die entsprechenden Kapitel dieses Buches noch einmal durch.

32–63: Sie müssen in mancher Hinsicht an sich arbeiten, um wirklich proaktiv zu werden. Greifen Sie Anregungen aus dem Buch auf.

65–95: Es gelingt Ihnen weitgehend, Ihre Aufgaben rechtzeitig auszuführen, aber Sie müssen sich noch in einigen Bereichen verbessern.

96–128: Sie arbeiten zuverlässig und effektiv, aber werden Sie nicht selbstgefällig. Versuchen Sie, sich weiter zu steigern.

ZEIT-MANAGEMENT

Einleitung **84**

EIN NEUES ZEITVERSTÄNDNIS

Auf die Zeit achten **86**
Umgang mit Zeit **88**
Testen Sie sich **92**

GEZIELTE ERFOLGSPLANUNG

Ziele setzen **96**
Prioritäten festlegen **98**
Arbeitsstrukturen **102**
Terminplaner verwenden **104**
Positiv denken **108**

KONKRETE VERÄNDERUNGEN

Büro neu organisieren **110**
Ablage strukturieren **114**
Störungen vermeiden **116**
Information filtern **118**
Zusammenarbeiten **122**
Anrufe tätigen **124**
Anrufe entgegennehmen **126**
Lesen und schreiben **128**
Technologie nutzen **130**
Besprechungen **132**
Geschäftsreisen **136**
Abwesenheit planen **140**

ABSTIMMUNG MIT ANDEREN

Richtig kommunizieren **142**
Sinnvoll delegieren **144**
Mit Kollegen umgehen **146**
Vorgesetzte einbeziehen **148**

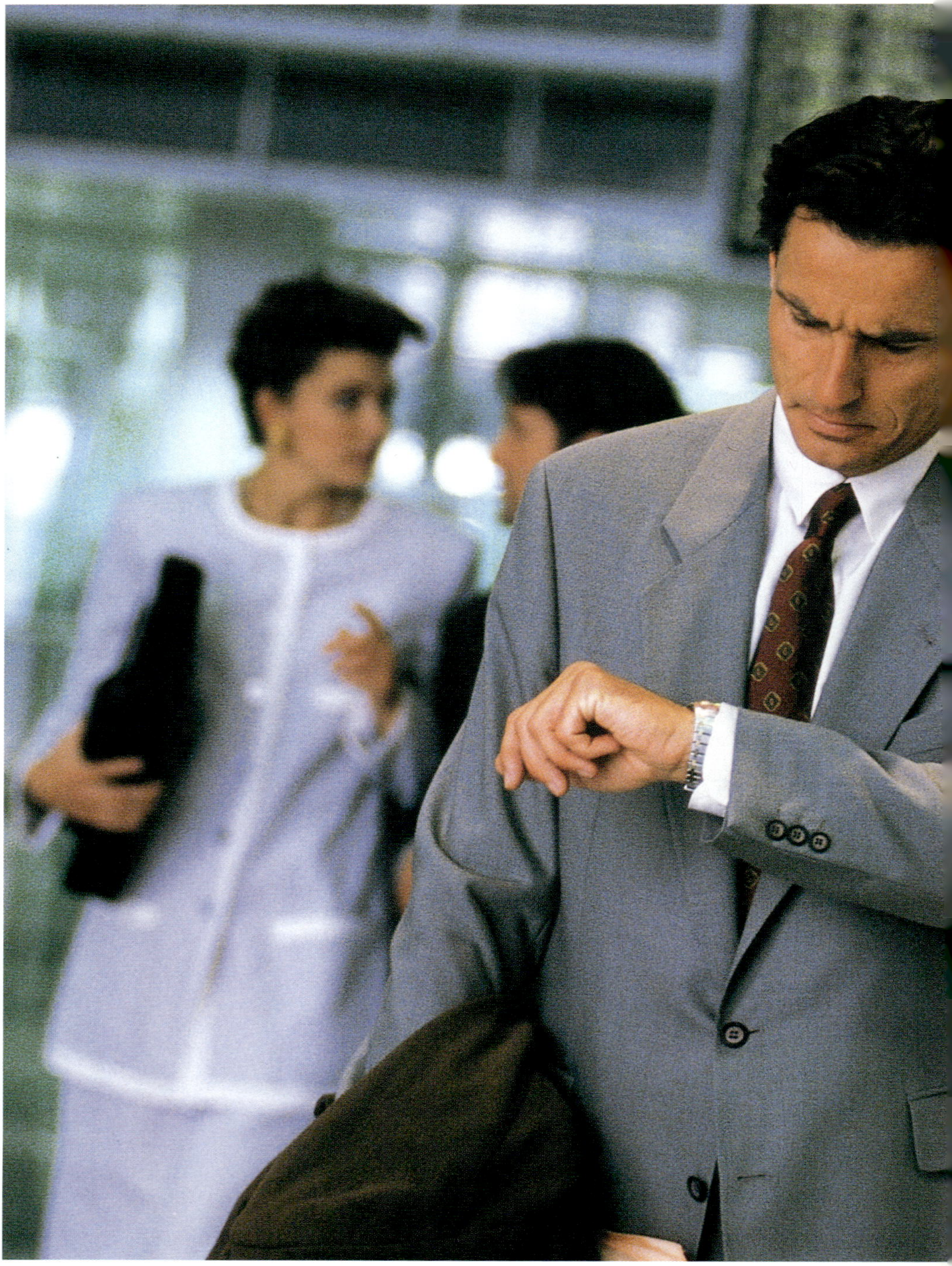

Einleitung

Ob zu Hause oder am Arbeitsplatz, für jeden ist es vorteilhaft, seine Zeit so effizient wie möglich zu nutzen. Wenn Sie sich die Zeit nehmen, Ihre Arbeitsweise zu analysieren, so gewinnen Sie dadurch Zeit, um produktiver zu arbeiten und Stress zu vermeiden. In diesem Buch können Sie Schritt für Schritt lernen, Ihre Zeit besser zu nutzen. Sie beginnen damit, einzelne Aspekte, die verbessert werden können, zu isolieren. Dann erfahren Sie, wie Sie sich lang- und kurzfristige Ziele stecken, um eine Rangordnung Ihrer Arbeit festzulegen. Das Buch zeigt, wie Sie bei Konferenzen und auf Geschäftsreisen Zeit sparen und wie Arbeitsunterbrechungen vermieden werden. Außerdem finden Sie 101 Kurztipps mit wichtigen Werkzeugen der Zeitersparnis und erhalten praktische Anleitungen, wie Sie Mitarbeiter, Kollegen und Vorgesetzte beeinflussen können, um Ihre Arbeit erfolgreicher und angenehmer zu gestalten.

Ein neues Zeitverständnis

Zeit ist Ihre wertvollste Ressource. Wenn Sie Ihren Umgang mit Zeit regelmäßig analysieren, lernen Sie die effizientesten Methoden, wie Sie Ihre Zeit am besten nutzen.

Auf die Zeit achten

Wenn Sie Ihre Zeit effektiv nutzen möchten, um all das zu tun, was Sie am Arbeitsplatz und zu Hause machen wollen, müssen Sie sich Ihre Gewohnheiten bewusst machen und die Haltungen überdenken, die Ihren Umgang mit Zeit prägen.

> **1** Nehmen Sie sich Zeit, über Ihre Zeiteinteilung nachzudenken.

Kulturelle Unterschiede

Die Wahrnehmung der Zeit und ihre Verwendung ist weltweit verschieden. Unterschiede drücken sich oft in der Zahl der Arbeitsstunden aus, der Bedeutung von Pünktlichkeit oder der Freizeitverwendung. Arbeiten Sie im Ausland, so passen Sie sich den dortigen Gepflogenheiten an.

Einstellung ändern

Unsere Einstellung zur Zeit ist komplex und ändert sich ständig. Viele dieser Änderungen werden durch neue Technologien verursacht, die Arbeit, Reisen und Kommunikation beeinflussen. Telefon und Fax, Internet und E-Mail ermöglichen sofortigen Informationsaustausch. Große Entfernungen zu überbrücken wurde schneller und erschwinglicher. Die Vielfalt der heutigen Möglichkeiten lässt uns an einem Tag viel mehr erledigen, hat aber auch den Zeitdruck, der auf uns lastet, erheblich erhöht. Umso wichtiger ist es, unsere Zeit möglichst effizient und produktiv zu nutzen.

AUF DIE ZEIT ACHTEN

ZEIT VERNÜNFTIG NUTZEN

Alle wissen: Zeit ist Geld. In der Firma müssen die einzelnen Mitarbeiter und Abteilungen verantworten, wie sie ihre Arbeitszeit nutzen. Termine werden definiert und Zeitüberschreitungen mit Strafen belegt. Die Unternehmenskultur kann erheblichen Einfluss darauf haben, wie die Angestellten ihre Zeit nutzen. In allzu vielen Firmen gilt der Grundsatz, lange zu arbeiten heiße schwer zu arbeiten. Aber zu lange Arbeitszeit kann Effizienz und Produktivität beeinträchtigen. Wie Sie mit Zeit umgehen, ist eine Gewohnheit, also verwenden Sie Zeit darauf, Ihre Gewohnheiten zu überdenken und zu ändern. Sie werden damit belohnt, dass Sie die Arbeit im Griff behalten und Zeit für die wichtigsten Aspekte Ihrer Tätigkeit gewinnen.

2 Gliedern Sie komplexe Aufgaben auf, und beginnen Sie sofort.

▼ **FRAGEN BEANTWORTEN**
Ein Manager, der ständig gestört wird, hat kaum Zeit für seine eigentlichen Aufgaben. Wer seinen Chef immer um Entscheidungen bitten muss, wird unnötig aufgehalten. Planen und delegieren Sie, um Zeitverluste auf allen Ebenen zu minimieren.

Untergebene verschwenden Zeit, wenn sie warten müssen, bis der Chef Zeit für sie hat

Kollegin bittet den Manager um Klärung und Genehmigung

Manager vernachlässigt eigene Arbeit, während er sich mit Fragen beschäftigt

UMGANG MIT ZEIT

Kaum jemand gibt ohne weiteres zu, dass er einen großen Teil seiner Arbeitszeit verschwendet. Das können Sie nur ändern, indem Sie analysieren, wie Sie jetzt mit Ihrer Zeit umgehen, und dann darüber nachdenken, wie Sie sie effektiver einteilen können.

3 Überdenken Sie Ihren Tag auf dem Weg zur Arbeit.

DEN TAG BEWERTEN

Ihre Zeit wird meist von vielen verschiedenen Aufgaben beansprucht. Es ist nicht schwer, seine Zeit mit Routinearbeiten, etwa mit dem Lesen von Post, zu Lasten produktiver Aufgaben mit hoher Priorität zu vergeuden. Wie teilen Sie Ihren Tag ein? Setzen Sie Prioritäten, so dass Sie wichtige und dringende Projekte zuerst erledigen? Oder konzentrieren Sie sich zuerst auf die angenehmen Aufgaben? Werden Sie durch Anrufe abgelenkt oder haben Sie das gut organisiert?

4 Delegieren Sie alle Arbeiten, die nicht zeiteffektiv sind.

WAS IHRE ZEIT KOSTET

Es ist ernüchternd, genau zu berechnen, wie viel Ihre Zeit kostet, und sich dann vor Augen zu führen, wie viel davon nicht effektiv eingesetzt wird. Verwenden Sie die Formel rechts, um zu ermitteln, wie viel Ihre Arbeitszeit pro Stunde und Minute kostet. Mit dem Ergebnis können Sie leicht die Kosten einiger typischer Alltagsarbeiten berechnen, z. B. was es kostet, wenn Sie eine Konferenz selbst vorbereiten, statt diese Aufgabe Ihrem Assistenten zu übertragen. Überlegen Sie stets, ob Sie Aufgaben delegieren sollten: Im Allgemeinen ist es kosteneffektiver, Routineaufgaben Ihren Mitarbeitern zu übertragen. Managerzeit kostet mehr.

▼ **KOSTENSCHÄTZUNG**
Um zu ermitteln, was eine Minute Ihrer Zeit kostet, multiplizieren Sie Ihr Bruttojahresgehalt mit 1,5 – das entspricht den Arbeitgeberkosten – und teilen das Ergebnis durch die Zahl der jährlichen Arbeitsstunden. Das Ergebnis teilen Sie durch 60.

$$\frac{1{,}5 \times \text{Jahresgehalt}}{\text{Arbeitsstunden pro Jahr}} = \text{Kosten pro Stunde}$$

$$\frac{\text{Kosten pro Stunde}}{60} = \text{Kosten pro Minute}$$

ZEITPROTOKOLL FÜHREN

Wenn Sie täglich aufzeichnen, wie viel Zeit Sie für bestimmte Aktivitäten aufgewandt haben, können Sie Ihre Zeiteinteilung grundlegend verbessern. Sie werden staunen, wie viel Zeit Sie mit Geschwätz vertun und wie wenig Sie für Arbeit und Planung aufwenden. Damit haben Sie einen Ausgangspunkt, um zu beurteilen, welche Bereiche Sie verbessern können. Wie lange Sie ein Zeitprotokoll führen, hängt von der Art Ihrer Tätigkeit ab. Wenn Sie im Monatszyklus arbeiten, dann führen Sie es über mehrere Monate; bei einem wöchentlichen Zyklus reicht ein Zwei- oder Dreiwochenprotokoll.

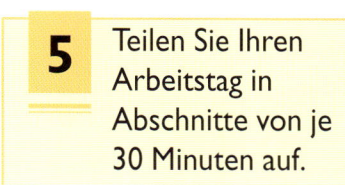

5 Teilen Sie Ihren Arbeitstag in Abschnitte von je 30 Minuten auf.

▼ TIMEN VON AUFGABEN

Erstellen Sie ein einfaches Zeitprotokoll, indem Sie Ihren Tag in Abschnitte von 30 Minuten gliedern und aufzeichnen, wie Sie Ihre Zeit verwenden. So können Sie erkennen, wie viel Zeit Sie für wofür aufwenden.

Zeit	Montag
8.30	*Zug zur Arbeit – Zeitung gelesen und zum Fenster hinaus gesehen.*
9.00	*Post durchgegangen. Mit Gabi beim Kaffee geplaudert.*
9.30	*Einige E-Mails gelesen.*
10.00	*Übliche Montagskonferenz. Begann 10 Minuten zu spät.*
10.30	*Immer noch Konferenz. Betty angerufen, zum Mittagessen verabredet.*
11.00	*Liste erstellt, was zu tun ist.*
11.30	*Weitere E-Mails gelesen und einige beantwortet.*
12.00	*Lieferanten angerufen wegen verspäteter Lieferungen.*
12.30	*Zu Betty zum Arbeitsessen gefahren, 15 Minuten gewartet.*
13.00	*Arbeitsessen mit Betty, ihre Beförderungsaussichten besprochen. War unkonzentriert.*

Zeit	Montag
13.30	*Essen mit Betty fortgesetzt. Nicht über Arbeit gesprochen.*
14.00	*Rückfahrt ins Büro.*
14.30	*Schreibtisch aufgeräumt. Kaffee gemacht. E-Mails gelesen und Müller geantwortet.*
15.00	*Karl angerufen und für Do verabredet. Zwei Briefe begonnen. Robert rief an.*
15.30	*Anna angerufen wegen Exportumsätze. 15 Minuten über ihre Familie gesprochen.*
16.00	*Heutige Konferenz mit Oliver und Andrea besprochen.*
16.30	*Einen Bericht angefangen, Daten des heutigen Treffens berücksichtigt.*
17.00	*Nochmal nach E-Mails gesehen. Dokumente im Computer neu abgelegt.*
17.30	*Restaurant für morgige Besprechung mit Wolfgang reserviert.*
18.00	*Arbeit mit nach Hause genommen. Im Zug eingeschlafen.*

Ein neues Zeitverständnis

Zeitprotokoll überprüfen

Jetzt sollten Sie Ihr Zeitprotokoll analysieren. Ordnen Sie alle 30-Minuten-Abschnitte in Kategorien gemäß der Art der Aufgabe. Berechnen Sie den Zeitaufwand für jede Kategorie, wie z. B. Konferenzen, Post lesen und beantworten, Kollegen helfen oder telefonieren. Jetzt berechnen Sie den prozentualen Zeitanteil, den Sie für jede einzelne Aufgabe verwendet haben. Das vermittelt Ihnen ein deutlicheres Bild Ihres durchschnittlichen Arbeitstags. Auf seiner Grundlage können Sie einschätzen, wie Sie Ihre Zeit in Zukunft sinnvoller verwenden.

6 Analysieren Sie Ihr Protokoll, um Effizienz zu bewerten.

7 Planen Sie auch Zeit zum Nachdenken ein.

Aufgaben gliedern

Betrachten Sie die Kategorien, in die Sie Ihre Aufgaben eingeteilt haben, und gliedern Sie diese in Gruppen: Routinearbeiten (z. B. Bericht schreiben), laufende Projekte (z. B. Konferenz organisieren) und Aufgaben, die Sie und Ihr Unternehmen weiterbringen (z. B. neue Verbindungen herstellen). Rechnen Sie für jede Gruppe den Zeitanteil aus.

8 Schätzen Sie den Zeitaufwand und checken Sie, ob Sie richtig lagen.

Ideale Zeiteinteilung
- 15% der Zeit
- 60% der Zeit
- 25% der Zeit

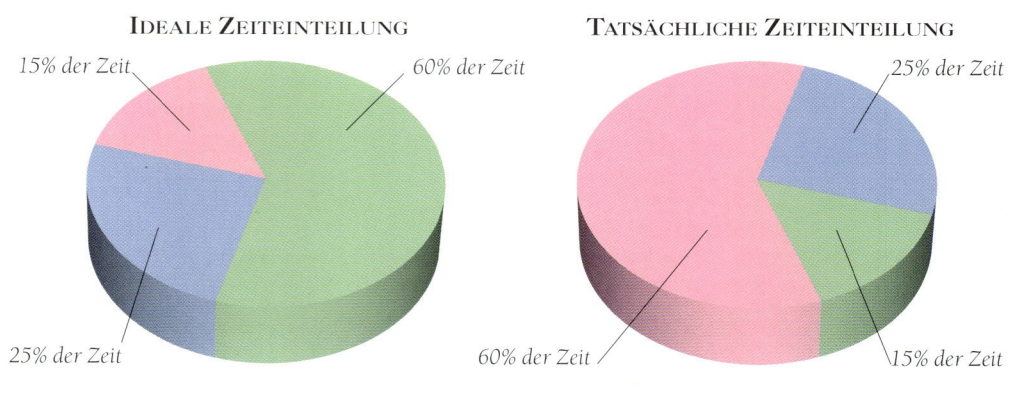

Tatsächliche Zeiteinteilung
- 25% der Zeit
- 60% der Zeit
- 15% der Zeit

▲ Zeit zuweisen
Um Ihre Arbeit effektiv zu bewältigen, sollten Sie 60% Ihrer Zeit für Aufgaben der Gruppe 3 verwenden, 25% für Gruppe 2 und nur 15% für Gruppe 1. Tatsächlich verwenden die meisten Leute ihre Zeit im genau umgekehrten Verhältnis: 60% für Gruppe 1, 25% für Gruppe 2 und nur 15% für Gruppe 3.

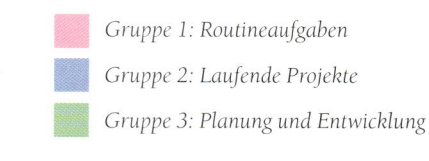

- *Gruppe 1: Routineaufgaben*
- *Gruppe 2: Laufende Projekte*
- *Gruppe 3: Planung und Entwicklung*

STRUKTUREN ERKENNEN

Nachdem Sie jetzt Ihre Zeiteinteilung ermittelt haben, fragen Sie sich, ob die Aufgliederung den Erwartungen Ihres Arbeitstages entspricht. Verwenden Sie zu viel Zeit auf Aufgaben der Gruppe 1, statt sich auf die wichtigen Dinge der Gruppe 3 zu konzentrieren? Halten Sie sich den ganzen Tag über die Aufteilung dieser Aufgaben vor Augen. Gibt es Zeiten, in denen Sie sehr beschäftigt sind, aber auch lockere Zeiten? Falls ja, suchen Sie Wege, Ihren Arbeitstag zu reorganisieren, so dass Sie gleichmäßig und effizient arbeiten.

> **9** Führen Sie Ihr Zeitprotokoll aktuell – das Gedächtnis trügt.

WICHTIGE FRAGEN

- **F** Mache ich Dinge, die jemand anderer tun sollte?
- **F** Gibt es Arbeitsstrukturen, die sich wiederholen? Beschäftige ich mich den ganzen Morgen mit Aufgaben der Gruppe 1?
- **F** Kosten gewisse Jobs regelmäßig mehr Zeit, als ich erwarte?
- **F** Habe ich genug Zeit, um kreativ und innovativ zu sein?

EFFIZIENZ EINSCHÄTZEN

Wie nahe liegt Ihr Arbeitsschema am idealen Verhältnis 60:25:15. Wenn Sie meinen, dass Sie zu viel Zeit einer Aufgabengruppe zum Nachteil einer anderen verwenden, überlegen Sie, wie Sie Ihren Tagesplan so organisieren können, dass Ihre Zeit besser eingeteilt ist. Wenn Sie z. B. feststellen, dass Sie Zeit mit Dingen verbringen, die einer Ihrer Mitarbeiter leicht erledigen kann, so delegieren Sie diese Aufgaben. Nur so können Sie Ihre Energie auf Bereiche konzentrieren, die Sie bislang vernachlässigt haben, obwohl sie wesentlich sind.

WIE NUTZEN SIE IHRE ZEIT?

KURZFRISTIG

Nachdem Sie Ihre Zeiteinteilung analysiert haben, können Sie sofort etwas unternehmen, um Zeit zu sparen:
- Machen Sie eine Liste, was zu tun ist, und aktualisieren Sie sie mehrmals täglich.
- Prüfen Sie Ihr Protokoll auf verschwendete Zeit, und denken Sie darüber nach, wie Sie diese Zeit künftig besser nutzen.

LANGFRISTIG

Wenn Sie fundamentale Probleme feststellen, ändern Sie Ihr Arbeitsschema radikal:
- Bestimmen Sie alle negativen Arbeitsmuster. Prüfen Sie, ob sich schlechte Angewohnheiten eingeschlichen haben.
- Wenn Sie die Problembereiche identifiziert haben, nehmen Sie sich Zeit, um über die Schwachpunkte nachzudenken.

Testen Sie sich

Der Schlüssel zum erfolgreichen Management ist der richtige Umgang mit Zeitmanagement. Testen Sie, ob Sie Ihre Zeit richtig nutzen, indem Sie in den folgenden Statements die Anworten ankreuzen, die Ihrer Erfahrung am nächsten kommen. Seien Sie dabei möglichst ehrlich. Ist Ihre Antwort »Nie«, kreuzen Sie 1 an, für »Immer« die 4. Zählen Sie Ihre Punkte zusammen und sehen Sie in der Auswertung nach, wie Sie abgeschnitten haben. Finden Sie heraus, was Sie verbessern können und müssen.

Optionen
1 Nie
2 Gelegentlich
3 Oft
4 Immer

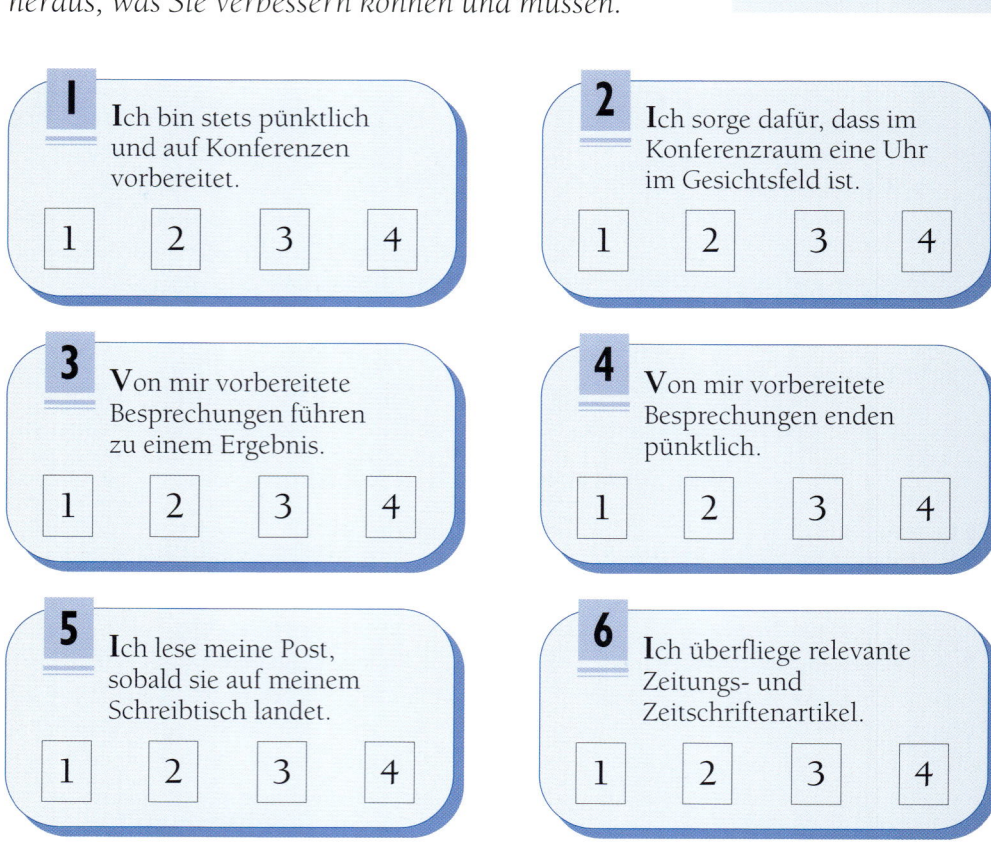

1 Ich bin stets pünktlich und auf Konferenzen vorbereitet.
[1] [2] [3] [4]

2 Ich sorge dafür, dass im Konferenzraum eine Uhr im Gesichtsfeld ist.
[1] [2] [3] [4]

3 Von mir vorbereitete Besprechungen führen zu einem Ergebnis.
[1] [2] [3] [4]

4 Von mir vorbereitete Besprechungen enden pünktlich.
[1] [2] [3] [4]

5 Ich lese meine Post, sobald sie auf meinem Schreibtisch landet.
[1] [2] [3] [4]

6 Ich überfliege relevante Zeitungs- und Zeitschriftenartikel.
[1] [2] [3] [4]

Testen Sie sich

7 Ich streiche mich aus der Umlaufliste für Zeitschriften, die ich nicht lese.

| 1 | 2 | 3 | 4 |

8 Ich lese meine Telefaxe, sobald ich sie bekomme.

| 1 | 2 | 3 | 4 |

9 Ich kann Aufgaben ohne Störung durch Kollegen erledigen.

| 1 | 2 | 3 | 4 |

10 Ich entscheide, wie oft ich am Tag gestört werden darf.

| 1 | 2 | 3 | 4 |

11 Ich reserviere bestimmte Stunden für Kollegenbesuche.

| 1 | 2 | 3 | 4 |

12 Ich schließe meine Bürotür, wenn ich über wichtige Dinge nachdenke.

| 1 | 2 | 3 | 4 |

13 Ich sage Anrufern, dass ich sie zurückrufen werde, und mache das auch.

| 1 | 2 | 3 | 4 |

14 Ich begrenze die Dauer meiner Telefongespräche.

| 1 | 2 | 3 | 4 |

15 Ich bitte einen Kollegen oder meine Sekretärin, Anrufe für mich auszusieben.

| 1 | 2 | 3 | 4 |

16 Ich entscheide, wie viele Anrufe ich am Tag persönlich führen will.

| 1 | 2 | 3 | 4 |

Ein neues Zeitverständnis

17 Ich überfliege interne Memos, sobald ich sie erhalte.

| 1 | 2 | 3 | 4 |

18 Ich lese interne Memos später noch einmal aufmerksam.

| 1 | 2 | 3 | 4 |

19 Ich sorge dafür, dass mein Ablagekorb nicht überquillt.

| 1 | 2 | 3 | 4 |

20 Ich halte meinen Schreibtisch frei von Papierkram.

| 1 | 2 | 3 | 4 |

21 Ich delegiere Arbeiten, die ich selbst erledigen könnte, an Kollegen.

| 1 | 2 | 3 | 4 |

22 Ich behalte die Arbeit, die ich delegiert habe, im Auge.

| 1 | 2 | 3 | 4 |

23 Ich rege meine Mitarbeiter dazu an, ihre Berichte auf eine Seite zu beschränken.

| 1 | 2 | 3 | 4 |

24 Ich überlege, wer die Information, die ich in Umlauf bringe, braucht.

| 1 | 2 | 3 | 4 |

25 Meine Zeiteinteilung zum Nachdenken und für Aktivitäten ist ausgewogen

| 1 | 2 | 3 | 4 |

26 Ich erstelle eine Liste von den Dingen, die an dem Tag zu erledigen sind.

| 1 | 2 | 3 | 4 |

Testen Sie sich

27 Ich beschränke die Arbeit auf eine bestimmte Stundenzahl pro Tag.

| 1 | 2 | 3 | 4 |

28 Ich bemühe mich, mit Mitarbeitern persönlichen Kontakt zu unterhalten.

| 1 | 2 | 3 | 4 |

29 Ich konzentriere mich auf die positiven Eigenschaften jedes Kollegen.

| 1 | 2 | 3 | 4 |

30 Ich sorge dafür, dass ich über Informationstechnologie auf dem Laufenden bleibe.

| 1 | 2 | 3 | 4 |

31 Ich lege E-Mails ab, um sie später auf dem Bildschirm abzurufen.

| 1 | 2 | 3 | 4 |

32 Ich lege meine Computerdateien übersichtlich ab.

| 1 | 2 | 3 | 4 |

Auswertung

Nachdem Sie die Fragen so ehrlich wie möglich beantwortet haben, addieren Sie Ihre Punkte und vergleichen die Summe mit der nachfolgenden Bewertung. Gleich welches Ergebnis Sie dabei erzielen, denken Sie stets daran, dass man seine Zeit immer besser einteilen kann. Stellen Sie Ihre schwächsten Bereiche fest und lesen Sie die entsprechenden Abschnitte dieses Kapitels noch einmal, um Tipps für einen effektiveren Umgang mit Zeit zu finden.

32-64 Sie müssen lernen, Ihre Zeit besser zu nutzen und die Zeit zu reduzieren, die Sie unproduktiv mit Arbeit verbringen.
65-95 Sie haben akzeptable Fähigkeiten zum Zeitmanagement, aber Verbesserungen sind durchaus möglich.
96-128 Sie nutzen Ihre Zeit sehr effizient; arbeiten Sie weiterhin an Verbesserungen.

GEZIELTE ERFOLGSPLANUNG

Sie können nicht entscheiden, was Sie heute tun sollen, wenn Sie nicht wissen, was Sie morgen erreichen wollen. Jede gute Zeiteinteilung hängt davon ab, ob Sie Ihre Ziele kennen.

ZIELE SETZEN

Langfristige persönliche und berufliche Zielsetzungen sind wesentlich, wenn man Gesamtziele festlegen will. Vorübergehend kann ein persönliches Ziel, wie etwa die Gründung einer Familie, Vorrang vor langfristigen beruflichen Zielen haben.

10 Gliedern Sie langfristige Pläne in kurzfristige Aktionspläne.

ZIELE ABWÄGEN

Kurzfristige berufliche Ziele	Langfristige berufliche Ziele
Kurzfristige persönliche Ziele	Langfristige persönliche Ziele

ZIELE BENENNEN

Schreiben Sie alles auf, was Sie erreichen wollen. Gliedern Sie diese Liste in kurz- und langfristige, persönliche und berufliche Ziele. Erwägen Sie, welche Ihrer Ziele realistisch sind: Ihre physischen Eigenschaften können Sie nicht ändern, aber neue Kenntnisse können Sie sich jederzeit aneignen. Überlegen Sie, was Ihnen fehlt, um die gesteckten Ziele zu erreichen. Da es heutzutage praktisch keine »Lebensstellung« mehr gibt, können Ihre beruflichen Ziele sehr vielfältig sein. Schließlich erstellen Sie einen Zeitplan – bestimmen Sie, wann Sie jedes Ihrer Ziele erreicht haben wollen.

ZIELE SETZEN

KARRIERE PLANEN

Um weiterzukommen, sollten Sie sich kurz- und langfristige Berufsziele stecken. Berücksichtigen Sie diese Ziele, wenn Sie Ihre tägliche Zeitplanung machen. Es kann lohnend sein, Ihre Erfahrungen und Qualifikationen schriftlich festzuhalten. Vielleicht haben Sie Managementerfahrung nicht nur bei der Arbeit, sondern auch bei der Kinderbetreuung aufgebaut. Listen Sie alle Jobs auf, für die das, was Sie beherrschen, relevant sein könnte.

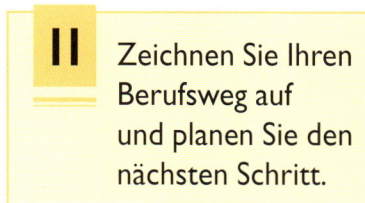

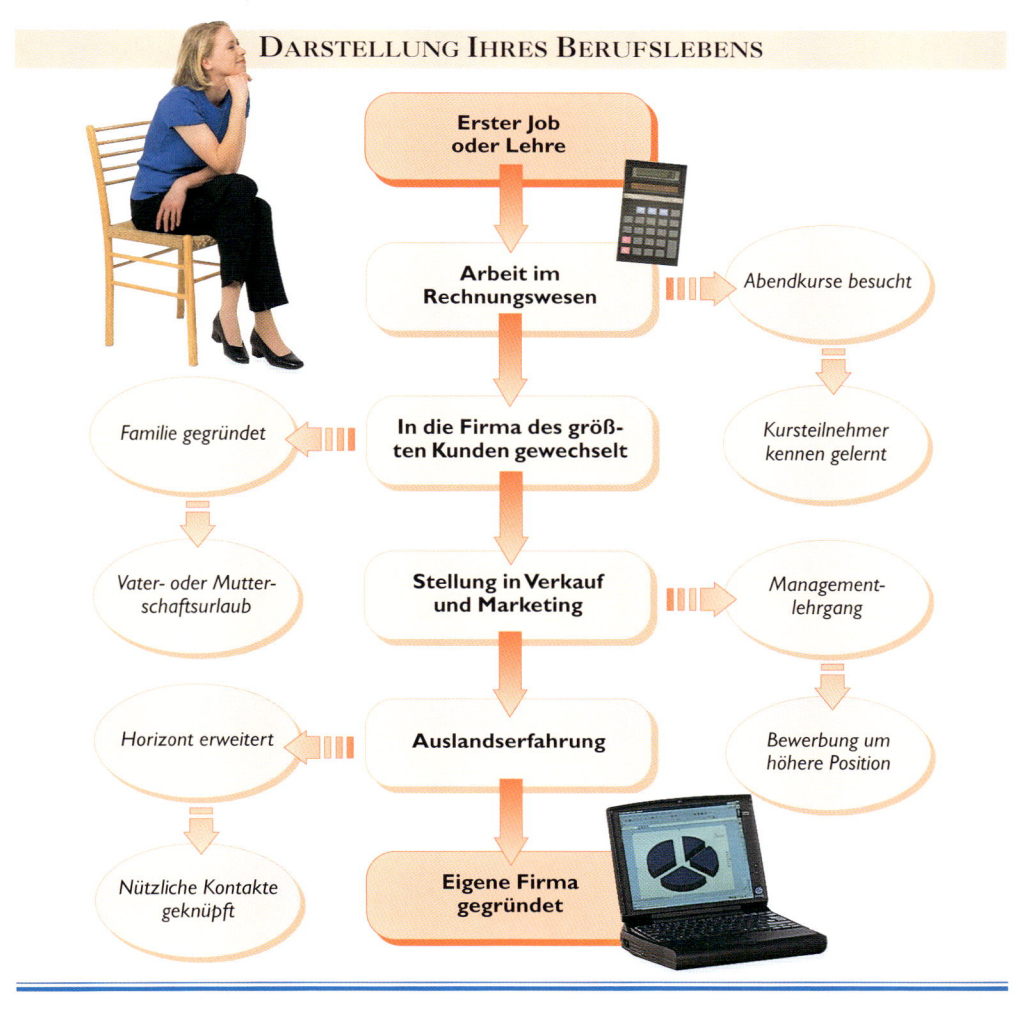

> **11** Zeichnen Sie Ihren Berufsweg auf und planen Sie den nächsten Schritt.

DARSTELLUNG IHRES BERUFSLEBENS

- Erster Job oder Lehre
- Arbeit im Rechnungswesen → Abendkurse besucht
- Familie gegründet ← In die Firma des größten Kunden gewechselt → Kursteilnehmer kennen gelernt
- Vater- oder Mutterschaftsurlaub ← Stellung in Verkauf und Marketing → Managementlehrgang
- Horizont erweitert ← Auslandserfahrung → Bewerbung um höhere Position
- Nützliche Kontakte geknüpft ← Eigene Firma gegründet

97

Prioritäten festlegen

Nachdem Sie Ihre lang- und kurzfristigen Berufsziele aufgelistet haben, müssen Sie diese nach Priorität ordnen. Jedes Ziel hat Voraussetzungen, die erst erfüllt werden müssen. Entscheiden Sie, welche Aufgaben die wichtigsten und dringlichsten sind.

> **12** Wenn Sie Aufgaben nicht einordnen können, fragen Sie andere um Rat.

Nicht vergessen

- Ihr Arbeitgeber kann andere Prioritäten haben als Sie.
- Prioritäten ändern sich. Eventuell müssen sie jeden Tag neu festgelegt werden.
- Je näher Sie Ihrem Ziel sind, desto wichtiger ist es, Prioritäten zu setzen und sich auf den nächsten Schritt zu konzentrieren.

Arbeitstag analysieren

Seien Sie bezüglich Ihrer aktuellen Arbeit möglichst ehrlich. Wie viel Zeit investieren Sie für die falschen Dinge zum falschen Zeitpunkt? Wenn Sie täglich zehn verschiedene Aufgaben haben, von Routinejobs bis zu dringenden, komplexen Aufgabenstellungen, was hat dann Priorität?

Analysieren Sie Ihren Arbeitstag sorgfältig und entscheiden Sie, was Routine ist, was laufende mittel- bis langfristige Projekte betrifft, was besonders wichtig ist und was unbedingt noch am gleichen Tag fertig werden muss. Ganz gleich welche Position Sie an Ihrem Arbeitsplatz bekleiden – die sorgfältige Planung und Organisation Ihres Tagesablaufs entscheidet über Ihre Effizienz bei der Arbeit und wie erfolgreich Sie Ihre Ziele erreichen.

> **13** Erkennen und lösen Sie Prioritätskonflikte.

Aufgaben analysieren

Machen Sie eine Liste der aktuellen, bevorstehenden und regelmäßigen Aufgaben. Dann gliedern Sie diese in drei Kategorien: A, B oder C.
- A: wichtige und dringende Aufgaben.
- B: Aufgaben, die wichtig oder dringend sind, aber nicht beides zugleich.
- C: Aufgaben, die weder wichtig noch dringend, sondern Routine sind.

Im Zweifelsfall können Sie eine Aufgabe wahrscheinlich unter C setzen oder ganz streichen.

> **14** Prüfen Sie, ob Prioritäten Ihrer Kollegen Ihren eigenen im Wege stehen.

Arbeit vorrangig setzen oder delegieren

Um Ihre Prioritäten zu spezifizieren, nehmen Sie sich nochmals Ihre Aufgabenliste vor. Jetzt machen Sie drei gesonderte Listen, je eine für A-, B- und C-Aufgaben. Beginnen sie mit der A-Liste und entscheiden Sie, welche Aufgaben in Zusammenarbeit mit anderen gelöst werden können, welche nur Sie erledigen können und welche zu delegieren sind. Überlegen Sie dabei, ob nicht so manches überflüssig ist und gestrichen werden kann. Ziehen Sie Leute zu den Aufgaben heran, die man sich aufteilen kann, und delegierende Sie sofort. Jetzt sind die A-, B- und C- Listen schon kürzer. Für die Aufgaben, die nur Sie selbst erledigen können, können Sie jetzt den nächsten Schritt angehen: Planen Sie Ihren Tag. Schätzen Sie ab, wie viel Zeit Sie zur Ausführung jeder einzelnen Aufgabe benötigen. Berücksichtigen Sie bei dieser Planung regelmäßige Termine und längerfristige Projekte.

15 Ordnen Sie alle Arbeitsverpflichtungen gemäß ihrer Bedeutung.

16 Ist Ihr Terminkalender voll mit A-Aufgaben, müssen Sie delegieren.

Aufgaben im Gleichgewicht halten

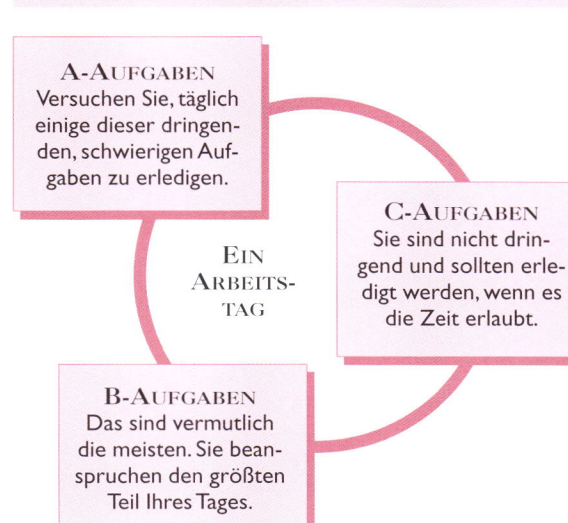

A-Aufgaben
Versuchen Sie, täglich einige dieser dringenden, schwierigen Aufgaben zu erledigen.

C-Aufgaben
Sie sind nicht dringend und sollten erledigt werden, wenn es die Zeit erlaubt.

Ein Arbeitstag

B-Aufgaben
Das sind vermutlich die meisten. Sie beanspruchen den größten Teil Ihres Tages.

Tagesplanung

Jeder Arbeitstag sollte eine Mischung von A-, B und C-Aufgaben enthalten. Planen Sie eine Auswahl von Aufgaben, die Sie ganz realistisch an einem Tag bewältigen können, ohne den Arbeitstag auf 20 Stunden auszudehnen. Verteilen Sie die drei Aufgabenarten wechselweise über den ganzen Tag, planen Sie also nicht alle A-Aufgaben für den frühen Morgen. Sie sollten Blöcke intensiver Konzentration (A-Aufgaben) mit weniger anspruchsvollen Aufgaben der Gruppen B und C auflockern.

Gezielte Erfolgsplanung

Aufgaben nach Prioritäten ordnen

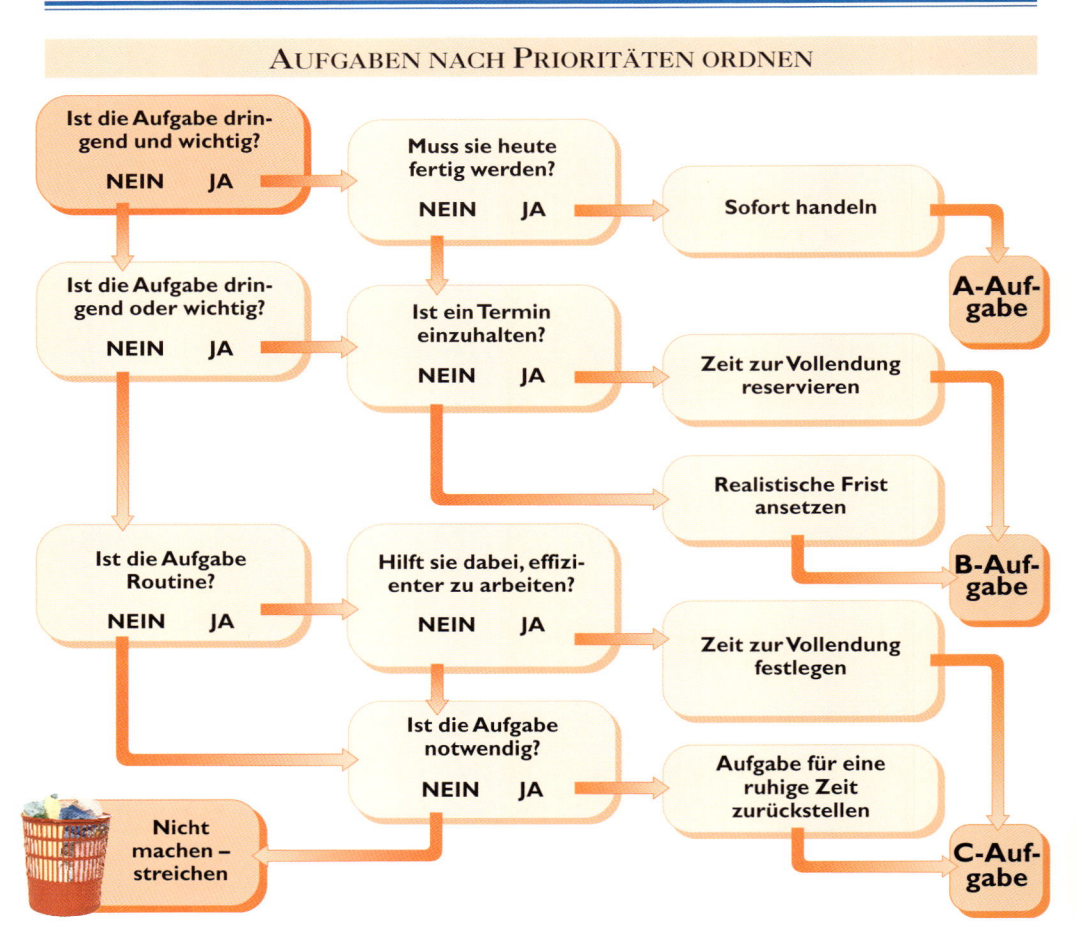

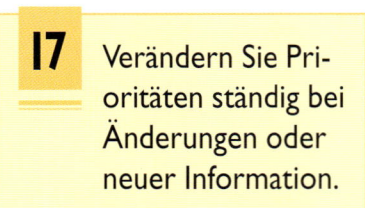

- Ist die Aufgabe dringend und wichtig? **NEIN** / **JA**
  - JA → Muss sie heute fertig werden? **NEIN** / **JA**
    - JA → Sofort handeln → **A-Aufgabe**
    - NEIN → Ist ein Termin einzuhalten? **NEIN** / **JA**
      - JA → Zeit zur Vollendung reservieren → **B-Aufgabe**
      - NEIN → Realistische Frist ansetzen → **B-Aufgabe**
- NEIN → Ist die Aufgabe dringend oder wichtig? **NEIN** / **JA**
  - JA → Ist ein Termin einzuhalten?
  - NEIN → Ist die Aufgabe Routine? **NEIN** / **JA**
    - JA → Hilft sie dabei, effizienter zu arbeiten? **NEIN** / **JA**
      - JA → Zeit zur Vollendung festlegen → **C-Aufgabe**
      - NEIN → Ist die Aufgabe notwendig? **NEIN** / **JA**
        - JA → Aufgabe für eine ruhige Zeit zurückstellen → **C-Aufgabe**
        - NEIN → Nicht machen – streichen
    - NEIN → Nicht machen – streichen

> **17** Verändern Sie Prioritäten ständig bei Änderungen oder neuer Information.

Forderungen abwägen

Prioritäten ändern sich ständig, weil wir dauernd Information bekommen, sei es über E-Mail, Telefon oder von einem Kollegen, der gerade mal hereinschaut. Neue Information kann die Bedeutung oder Dringlichkeit einer Sache grundlegend ändern. Weshalb unbedingt heute einen Bericht für die morgige Konferenz vorbereiten, wenn die Besprechung um drei Tage verschoben wurde? Sobald Sie neue relevante Informationen erhalten, ordnen Sie Ihre Prioritätenliste anschließend neu.

Nicht vergessen

- Zeit zum Erstellen eines Plans ist niemals verschwendet – langfristig sparen Sie dadurch Zeit.
- Stress vermeiden Sie, indem Sie Ihr Tempo auf Ihr Arbeitsleben abstimmen, nicht nur auf einen Tag.
- Zeitmanagement heißt, die Dinge effektiver zu erledigen, nicht einfach nur schneller.
- Ausgeglichene Ernährung ist für das Konzentrationsvermögen wichtig – planen Sie regelmäßige Pausen.
- Ruhige Zeit im Büro, wenn z. B. die anderen nicht da sind, kann sehr effektiv genutzt werden.

18 Um Diskussionen kurz zu halten, vermeiden Sie irrelevante Fragen.

REALISTISCH SEIN

Kaum etwas ist aufreibender als übertriebene Erwartungen, also seien Sie realistisch bezüglich dessen, was Sie sich innerhalb einer bestimmten Frist vornehmen und erreichen können. Sie haben nichts davon, wenn Sie sich oder Ihre Kollegen mit einem übermäßig ehrgeizigen Plan belasten, den Sie nicht erfüllen können. Lernen Sie, Ihre Grenzen zu erkennen, und nehmen Sie kein Projekt in Angriff, das Sie nicht erfolgreich vollenden können.

Ebenso wie mit sich selbst sollten sie mit Ihren Erwartungen in Bezug auf andere realistisch sein. Überfordern Sie Ihre Kollegen nicht, sonst sind diese frustriert, weil sie Ihre Aufgaben nicht bewältigen können. Wenn Sie einmal festgelegt haben, was normalerweise für Sie oder für andere erreichbar ist, steigern Sie Ihre Ansprüche von Zeit zu Zeit. Jeder Mensch braucht zuweilen eine Herausforderung bei seiner Arbeit. Man fühlt sich besser, wenn man etwas geleistet hat, was die normalen Erwartungen und Erfahrungen übertrifft.

RUHEZEIT EINPLANEN

Sie brauchen auch etwas Zeit für sich – Zeit zum Sammeln, zum Abwägen von Prioritäten und zur Konzentration auf schwierige oder vordringliche Aufgaben. Diese Ruhezeit bekommen Sie nur dann, wenn sie eingeplant wird. Haben Sie keine Hemmungen, wenn Sie sich zeitweilig gegen Ihre Kollegen abschotten. Erklären Sie ihnen, dass Sie eine Weile ungestört sein müssen. Besonders wichtig ist das, wenn Ihr Arbeitsplatz laut und chaotisch ist. Bemühen Sie sich um Selbstdisziplin, und verwenden Sie diese Zeit konstruktiv, um A- oder B-Aufgaben, die Konzentration erfordern, zu erledigen. Denken Sie auch daran, dass selbst eine kurze Pause Ihnen hilft, effizienter zu arbeiten.

19 Sorgen Sie dafür, dass Sie Ruhezeiten haben.

20 Legen Sie ruhig mal den Telefonhörer neben die Gabel.

Arbeitsstrukturen

Jeder hat seinen eigenen natürlichen Tagesrhythmus. Es gibt Höhepunkte geistiger und physischer Leistung und Phasen mit wenig Energie. Machen Sie sich mit Ihrem persönlichen Rhythmus vertraut und arbeiten Sie mit ihm statt gegen ihn.

> **21** Stoppen Sie energiestarke Phasen, um zu wissen, wie lange sie dauern.

Der richtige Zeitpunkt

Es ist wichtig, die anspruchsvollsten Arbeiten des Tages in den Phasen zu verrichten, in denen Sie physische und geistige Höchstleistung erbringen können. Wenn Sie zu den Leuten gehören, die gern früh aufstehen und in der Dämmerung joggen, sollten Sie den größten Teil Ihres A-Pensums am Morgen erledigen. Sollten Sie aber ein Spätaufsteher sein, dann legen Sie Ihre A-Aufgaben auf den späteren Vormittag oder frühen Nachmittag.

> **22** Sparen Sie auch Energie für Familienleben und Freizeit auf.

Pausen bei konzentrierter Arbeit

In Ihrem Tagesplan sollten Sie Erholungspausen vorsehen, denn wenn Sie müde sind, nehmen Konzentrationsvermögen und Produktivität ab. Planen Sie Pausen ein, um die Zeiten mit niedrigem Energiepegel zu bewältigen. Beachten Sie: Ein normaler Mensch kann sich nur eine Stunde lang intensiv konzentrieren, dann braucht er eine Pause.

ENTSPANNEN IM BÜRO ▶
Wenn Sie eine Pause machen, lassen Sie Geist und Körper ruhen. Erholen Sie sich am Schreibtisch, indem Sie den Kopf senken, die Augen schließen und tief durchatmen.

ARBEITSSTRUKTUREN

EFFIZIENZ MAXIMIEREN

Ihre Leistungskurve zeigt Höhen, wenn Sie voller Energie sind, und Tiefen, wenn Sie müde sind. Sie müssen die Zyklen verstehen, die Ihr Körper täglich durchläuft, um Ihre Arbeitslast sinnvoll zu planen. Notieren Sie sich einige Tage lang die Zeiten, in denen Sie sich besonders fit oder erschöpft fühlen, und halten Sie dazu die Arbeiten fest, die Sie in diesen Phasen erledigt haben. Wenn Sie sich während eines Tiefs schwierige Aufgaben vorgenommen haben, konnten Sie nicht effizient arbeiten. Planen Sie für solche Energietäler C-Aufgaben.

Da die individuellen Energiestrukturen sehr variabel sein können, haben viele Unternehmen flexible Arbeitszeiten eingeführt. Wenn man seine Arbeitszeit an seine geistigen und physischen Zyklen anpassen kann, arbeitet man mit mehr Spaß und zugleich effizienter.

23 Regen Sie flexible Arbeitszeiten an, um die Produktivität zu steigern.

▼ LEISTUNGSDIAGRAMM

Zeichnen Sie ein Diagramm, das zeigt, wie Ihr Energiepegel an einem typischen Arbeitstag verläuft. Bewerten Sie Ihre Leistung zu jeder Stunde des Tages mit Noten zwischen +5 und −5 (0 ist das durchschnittliche Leistungsniveau) und verbinden Sie die Punkte, um Ihren Energiezyklus zu bekommen. Berücksichtigen Sie dieses Diagramm, wenn Sie Ihre A-, B- und C-Aufgaben planen.

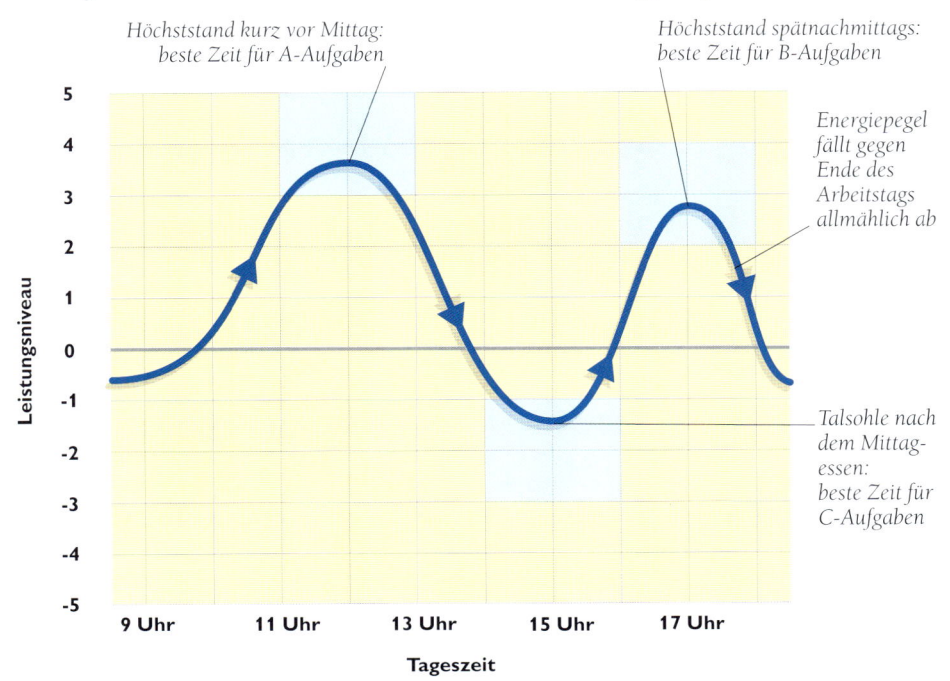

Höchststand kurz vor Mittag: beste Zeit für A-Aufgaben

Höchststand spätnachmittags: beste Zeit für B-Aufgaben

Energiepegel fällt gegen Ende des Arbeitstags allmählich ab

Talsohle nach dem Mittagessen: beste Zeit für C-Aufgaben

Leistungsniveau / **Tageszeit**

Terminplaner verwenden

Zuverlässiges und präzises Aufzeichnen von Veranstaltungen, Verabredungen und Verpflichtungen ist eine Voraussetzung für sinnvolle Terminplanung. Es gibt vielerlei Arten von Terminplanern. Wählen Sie den, der Ihren Bedürfnissen am besten entspricht.

> **24** Wählen Sie einen Kalender, der Ihnen gefällt – Sie benutzen ihn dann lieber.

Wahl des Systems

Die traditionelle Methode zum Aufzeichnen ist der Terminkalender. Aber zunehmend kommen Terminplaner und elektronische Organizer in Gebrauch, mit denen man Information griffbereit halten kann. Wofür Sie sich entscheiden, hängt von der Arbeit ab, die Sie organisieren. Vielleicht brauchen Sie eine ganze Seite für jeden Tag. Oder ist es Ihnen wichtiger, die ganze Woche oder das Jahr auf einen Blick zu übersehen?

> **25** Im Terminkalender muss unbedingt immer ein Stift sein.

Wahl eines Terminplaners

Für welchen Typ von Terminplaner Sie sich entscheiden, hängt von Ihrer persönlichen Vorliebe ab. Jeder Typ, vom traditionellen Terminkalender bis hin zum Electronic Organizer, hat Vor- und Nachteile, deshalb müssen Sie überlegen, welcher sich für Sie am besten eignet.

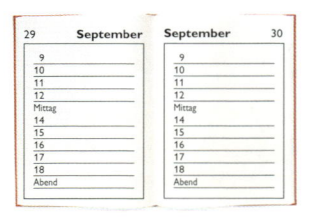

▲ **STANDARD-TERMINKALENDER**
Termine werden in Tagebuchform eingetragen. Es empfiehlt sich, alte Kalender aufzubewahren.

▲ **TERMIN-PLANER**
Nützlich als Terminkalender, Adressverzeichnis, Monatsplaner und als Notizbuch.

▲ **ELEKTRONISCHER ORGANIZER**
Speichert Namen, Telefonnummern, Adressen, Termine und Persönliches in digitaler Form.

PLANEN MIT TERMINKALENDER

Seine Benutzung setzt Disziplin voraus. Als Erstes müssen Sie sich daran gewöhnen, Fristen und Termine sofort zu notieren, sobald diese vereinbart werden. Tragen Sie auch Vorbereitungszeiten für Besprechungen ein und vergessen Sie nicht, die eventuelle Fahrzeit zu berücksichtigen. Außerdem sollten Sie die Zeit zum Nachfassen oder zum Verfassen eines Berichts im Anschluss einplanen.

A-Aufgaben im Energiehoch angehen

Pausen besser nicht am Schreibtisch verbringen

B-Aufgaben in der zweiten Energiephase erledigen

C-Aufgaben, wenn die Energie nachgelassen hat

18 März

9	Eingangspost durchsehen
10	Dringende Anrufe
11	Budget planen
12	Budgetbesprechung vorb.
13	Frankfurter Hof mit Müller
14	Weniger wichtige Anrufe
15	Budgetbesprechung
16	
17	Gespräch mit Karl: Budget
18	Korrespondenz
Abend	Bier mit Brigitte 20.30

▲ **TERMINKALENDER EFFEKTIV NUTZEN**
Sehen Sie sich die für jeden Tag notierten Termine an. Sorgen Sie für eine ausgewogene Verteilung der Aufgaben. Schätzen Sie Ihr persönliches geistiges und physisches Energiepotential ein und bleiben Sie realistisch mit dem, was Sie sich vornehmen.

> **26** Mit Farbe können Sie Prioritäten kennzeichnen.

TERMINE IM AUGE BEHALTEN

Wenn Sie jemanden mit dem Führen Ihres Terminkalenders beauftragen, unterrichten Sie diese Person sofort, wenn Sie eine Verabredung getroffen haben. Sie sollten stets Zugang zur aktuellen Fassung Ihres Terminkalenders haben und ihn regelmäßig überprüfen, um die Übersicht über Ihre Dispositionen zu behalten. Erwägen Sie die Verwendung eines Intranet-Systems, das gleichzeitig Zugriff auf denselben elektronischen Organizer von verschiedenen Stellen aus ermöglicht.

Planen Sie die wichtigen A-Aufgaben um die Termine herum, und sorgen Sie dafür, dass Wichtiges und Dringendes innerhalb einer bestimmten Frist erledigt wird. Denken Sie daran, etwas Zeit für Unvorhergesehenes und Pausen einzuplanen.

INFORMATIONS-ZUGRIFF

Nutzen Sie die Geschwindigkeit, mit der elektronische Organizer durch die Suchfunktion Zugriff auf Daten haben. Durch Abfragen kann jede Information der Datenbank sofort abgerufen werden. Sie können auch Ihren Terminplaner mit Tabs versehen, um bestimmte Tage oder Buchstaben mit einem Griff zu finden und öffnen zu können.

Übersicht anfertigen

Selbst wenn Sie sämtliche Jobs nach ihrer Dringlichkeit und Bedeutung in A, B und C gegliedert haben, kann es passieren, dass Sie verwirrt und gestresst vor der Vielzahl der Projekte und der knappen Zeit, in der Sie diese bewältigen müssen, sitzen. In solchen Momenten sollten Sie sich die Zeit nehmen, eine Übersicht zu entwerfen, in die Sie alle großen und kleinen Aufgaben mit den Fristen schreiben. Das Auflisten der Aufgaben hat eine therapeutische Funktion und wird Sie erleichtern. Ferner verschafft diese Liste Ihnen einen besseren Überblick über die Gesamtsituation. Manchmal bieten sich Lösungen plötzlich von selbst an: Vielleicht haben Sie ja übersehen, dass der überfällige Marketingplan für ein neues Produkt aufgeschoben werden kann, weil die Montagestraße sowieso nicht mitkommt.

▲ **UP TO DATE HALTEN**
Denken Sie immer daran, neue Punkte sofort auf Ihre Übersicht zu setzen und alle Aufgaben zu streichen, die Sie inzwischen erledigt oder delegiert haben.

Nicht vergessen

- Sehen Sie sich Ihre Übersicht jeden Tag morgens an.
- Streichen Sie jeden Punkt, der erledigt ist: Es macht Freude zu sehen, wie die Liste kürzer wird.
- Am Ende jedes Tags müssen neue Punkte, die zur Übersicht hinzukamen, als A-, B- oder C-Aufgaben eingeordnet werden.
- Die Übersicht kann helfen, verwandte Aufgaben zu kombinieren.
- Nachdem auf der Übersicht die Zeit für Aufgaben festgelegt ist, sollte noch Zeit für Unvorhergesehenes frei sein.
- Eine Übersicht für Dinge, die privat zu erledigen sind, ist ebenso notwendig wie eine Übersicht für berufliche Aufgaben.

Übersicht verwenden

Ihre Übersicht sollte sämtliche A-, B- und C-Aufgaben enthalten. Machen Sie die Liste lebendig: Streichen Sie erledigte Aufgaben, fügen Sie neue hinzu, sobald sie auftauchen, und unterstreichen Sie Dinge, wenn die Prioritäten sich ändern. Eventuell können Sie ähnliche Aufgaben zu Gruppen zusammenfassen, z. B. Telefongespräche ankreuzen, wichtige Briefe unterstreichen und Konferenzen farbig hervorheben. So sehen Sie auf einen Blick, was gemacht werden muss, Manchmal hilft es, ähnliche Aufgaben im Block zu erledigen.

27 Setzen Sie realistische Fristen. Eine Frist sollte hilfreich sein, aber keinen Grund für Stress liefern.

TERMINPLANER VERWENDEN

28 Delegieren Sie angenehme Aufgaben ebenso wie unangenehme.

29 Gönnen Sie sich eine Belohnung, wenn Sie Fristen einhalten.

UNANGENEHMES ERLEDIGEN

Unterschiedliche Aufgaben passen zu verschiedenen Persönlichkeiten. Ein Job, der Ihnen schwer fällt, z. B. die Verhandlung mit einem schwierigen Kunden, kann für einen Kollegen eine Herausforderung sein. Sie haben nichts davon, wenn Sie unangenehme Jobs um jeden Preis erledigen. Wenn Sie sie delegieren können, dann tun Sie's. Ist sie unvermeidlich, dann erledigen Sie eine schwierige Sache, wenn Sie gut gelaunt sind. Verschieben Sie sie nicht auf den Abend, wenn Sie müde sind, und auch nicht bis kurz vor Ablauf der Frist.

LANGFRISTIGE PLANUNG

Viele Aufgaben Ihrer Übersicht sind nicht abgeschlossen, obwohl sie zunächst erledigt sind. Manche tauchen im Jahr zyklisch immer wieder auf. Um wiederkehrende Aufgaben zu planen, brauchen Sie neben Ihrem normalen Terminplaner einen Jahres- oder Zweijahreskalender. Verwenden Sie Farben, um regelmäßig Wiederkehrendes hervorzuheben. Sie sollten auf einen Blick sehen können, wann besonders viel Arbeit anfällt, damit Sie dementsprechend planen können.

30 Führen Sie Ihren Terminkalender nicht weiter als ein Jahr im Voraus.

▼ JAHRESPLANUNG
Zeichnen Sie alle regelmäßig wiederkehrenden Vorgänge in eine Wand-Chart ein. Verwenden Sie verschiedene Farben für verschiedene Vorgänge. So sehen Sie sofort, ob Termine sich überlappen.

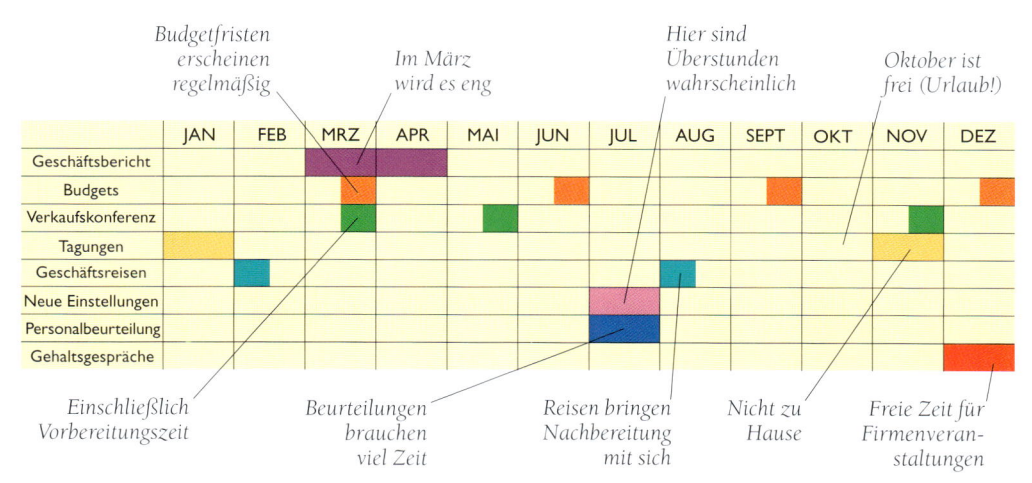

Budgetfristen erscheinen regelmäßig
Im März wird es eng
Hier sind Überstunden wahrscheinlich
Oktober ist frei (Urlaub!)

	JAN	FEB	MRZ	APR	MAI	JUN	JUL	AUG	SEPT	OKT	NOV	DEZ
Geschäftsbericht												
Budgets												
Verkaufskonferenz												
Tagungen												
Geschäftsreisen												
Neue Einstellungen												
Personalbeurteilung												
Gehaltsgespräche												

Einschließlich Vorbereitungszeit
Beurteilungen brauchen viel Zeit
Reisen bringen Nachbereitung mit sich
Nicht zu Hause
Freie Zeit für Firmenveranstaltungen

POSITIV DENKEN

Die Zeit fliegt für manche vorbei, während sie sich für andere dahinschleppt. Was von beidem für Sie zutrifft, hängt von Ihrer Einstellung ab. Nutzen Sie die Kraft des positiven Denkens, dann fallen Ihnen selbst unangenehme Aufgaben leichter.

> **31** Erledigen Sie täglich wenigstens eine Aufgabe, die Freude macht.

> **32** Lesen Sie abends vor dem Einschlafen in Ihrem Lieblingsbuch.

LEBENSFREUDE

Jeder hat seine eigene Art, das Leben zu genießen. Wenn Sie sich nie die Zeit nehmen, das zu tun, was Ihnen Spaß macht, wird das Ihr Leben negativ beeinflussen. Achten Sie bei der Arbeit auf Dinge, die Sie gern tun, und verteilen Sie sie über den Tag. Planen Sie auch den Besuch von Veranstaltungen wie Kino, Konzerte oder Fußball. Das wird Ihnen helfen, eine positive Lebenseinstellung zu entwickeln, selbst wenn Sie im Moment nicht das tun können, was Ihnen Freude macht.

AUSGEGLICHEN LEBEN

Anfang und Ende eines jeden Arbeitstages sind besonders wichtige Zeiten. Beginnen Sie den Tag mit einem gesunden, ruhigen Frühstück. Sorgen Sie dafür, dass Ihnen genug Zeit bleibt, ohne Hast beim Frühstück zu sitzen und zur Arbeit zu gehen. Am Ende des Tages verlassen Sie den Arbeitsplatz in positiver Verfassung. Die Probleme der Arbeit sollten Ihr Privatleben nicht belasten. Versuchen Sie bewusst, sich zu entspannen und wenigstens zwei Stunden lang nicht an die Arbeit zu denken, bevor Sie ins Bett gehen.

◀ **GESUNDE ERNÄHRUNG**
Planen Sie regelmäßige und gesunde Mahlzeiten ein. Nach Möglichkeit sollten Sie Ihren Tag mit frischem Obst und Müsli oder Brot beginnen, während Sie ihn mit einem leichten Essen beenden. Schwere Speisen am Abend können Schlaflosigkeit verursachen.

Positiv denken

Umgang mit Problemen

Mit einer positiven Lebenshaltung können Sie Ihre Zeit besser nutzen und Probleme bei der Arbeit lösen. Konzentrieren Sie sich zunächst darauf, sich wohl zu fühlen, dann sind Sie weniger anfällig, sich die Probleme anderer zu Ihren eigenen zu machen. Gute Laune hilft, konstruktiv mit knappen Fristen umzugehen und Konflikte zu lösen.

33 Konzentrieren Sie sich auf die positiven Eigenschaften der anderen.

FALLBEISPIEL

Georg, ein Außendienstmitarbeiter, wurde zu einer Konferenz eingeladen, an der auch Mitarbeiter anderer Abteilungen teilnahmen.

Eine Woche vor der Konferenz merkte Georg, dass er sich selbst eingeredet hatte, die Sache würde schief gehen. Er beschloss daraufhin, seine negative Einstellung zu ändern und positiv zu denken. Zuerst wandte er verschiedene Techniken an, um Prioritäten zu setzen, und sorgte dafür, dass er gut vorbereitet war.

Dann begann er, sich die Konferenz und deren Ergebnis positiv vorzustellen. Er sah sich aufstehen, räuspern und dann seinen Bericht vortragen. Nun stellte er sich vor, wie er alle Fragen der übrigen Konferenzteilnehmer befriedigend beantworten würde, und schließlich malte er sich die zustimmenden Gesichter seiner Kollegen aus, insbesondere derer, vor denen er sich sonst fürchtete.

Tatsächlich verlief die Konferenz dann auch genau so, wie Georg sich das vorgestellt hatte.

◀ **POSITIVE SCHRITTE**

Georg hatte für einen Zyklus gesorgt, in dem eine negative Einstellung vorherrschte. Er entschied sich bewusst, negative Aspekte in positive umzuwandeln. Zunächst ist so etwas nicht ganz leicht, aber jeder Erfolg erleichtert die Sache, und schließlich wird das positive Denken zur Gewohnheit.

34 Schreiben Sie Ihre Schwächen auf. Dann bekämpfen Sie eine nach der anderen.

Stress vermeiden

Vielbeschäftigte Leute scheinen prinzipiell keine Zeit zu haben, ihre Zukunft zu planen. Es erfordert Entschlusskraft, in einem vollen Terminkalender noch Zeit zum Nachdenken zu finden. Ihre Aktivitäten zu planen ist jedoch eine gute Gewohnheit, denn dadurch bekommen Sie nicht nur Ihre Zeit in den Griff. Sie werden aktiv und übernehmen wieder die Verantwortung für die Situation, die vielleicht über Ihnen zusammenzubrechen drohte. Wenn Sie sich die Zeit zum Planen nehmen, fällt es leichter, positiv zu denken.

Konkrete Veränderungen

Es gibt eine Vielzahl konkreter Maßnahmen, durch die Sie Ihre Effizienz kurz- und langfristig verbessern können. Veränderungen beginnen bei Ihrem Schreibtisch und reichen bis zum Computersystem.

Büro neu organisieren

Die effiziente Gestaltung Ihres Arbeitsraumes macht viel aus. Beginnen Sie mit dem Schreibtisch und führen Sie ein System ein, bei dem nichts in Papierstapeln verloren geht. Dann sorgen Sie für Aktenschränke, Regale und die Umgebung.

35 Halten Sie Ihren Schreibtisch frei von allem, außer der aktuellen Akte.

36 Hüten Sie sich vor Zetteln – sie gehen leicht verloren.

37 Räumen Sie auf – morgens darf kein Chaos herrschen.

Der Eindruck entscheidet

Der Eindruck, den ein Büro durch die Anordnung der Dinge auf dem Schreibtisch, die Farbgestaltung und die allgemeine Ordnung macht, spricht Bände über den Besitzer des Raumes. Vorgesetzte, Kollegen und Mitarbeiter bekommen über den Zustand Ihres Büros zugleich einen ersten Eindruck von Ihnen – deshalb sorgen Sie dafür, dass dieser Eindruck positiv ist. Besonders wenn Sie an Ihrem Schreibtisch Besucher empfangen, muss das Bild so sein, wie Sie es wünschen. Die meisten Menschen glauben, dass ein unordentlicher Arbeitsplatz einen unordentlichen Geist widerspiegelt.

BÜRO NEU ORGANISIEREN

Memos und Zettel auf dem Computer

Papiere in Aktendeckel geschoben und vergessen

Aktenordner sind übervoll

Schubladen voller unnützer Dinge

Wichtige Adresse seitlich auf den PC geklebt

Papiere verdecken das Telefon

Papierabfälle auf dem Boden

Papierkorb quillt über, muss geleert werden

▲ **CHAOS-SCHREIBTISCH**
Je länger Sie mit dem Aufräumen warten, desto schwerer wird es, und desto sicherer führt das zur Zeitverschwendung.

PAPIERFLUT VERARBEITEN

Stellen Sie sich Ihren Schreibtisch als Fließband vor. Rohmaterial (meist in Form von Papier) kommt am einen Ende herein, um von einer Maschine (Ihrem Verstand) bearbeitet zu werden, ehe es zur nächsten Stufe befördert wird. Die »Just-in-Time-Logistik«, die Firmen bei Fertigungsprozessen anwenden, kann ebenso für Ihren Schreibtisch gelten. Das heißt: Sie beurteilen, wie wichtig Papiere sind und was mit ihnen passiert. Sehen Sie sich alle Unterlagen an, sobald sie eintreffen. Sind sie dringend, dann sollten Sie sofort etwas unternehmen oder delegieren. Legen Sie wichtige, aber nichtdringliche Papiere in den Eingangskorb, um sie bei Gelegenheit zu verarbeiten.

DAS IST ZU TUN

1. Halten Sie den Arbeitsplatz stets so sauber wie möglich.
2. Räumen Sie regelmäßig die Schubladen auf.
3. Bewahren Sie Stifte, Kleber und Lineal in einem einzelnen, zugänglichen Behälter auf.
4. Wenn die PC-Tastatur nicht gebraucht wird, sollte sie beiseite geschoben werden, um mehr Arbeitsfläche zu haben.

KONKRETE VERÄNDERUNGEN

UNTERLAGEN VERWALTEN

Richten Sie ein System ein, um einen Überblick über alle Unterlagen, die auf Ihrem Schreibtisch landen, zu haben. Kümmern Sie sich um dringende Sachen sofort. Für Nichtdringliches reservieren Sie täglich etwas Zeit, in der Sie Ihren Eingangskorb durchgehen. Müssen Sie etwas unternehmen, so notieren Sie es. Legen Sie weniger Wichtiges zur Seite, um es später zu lesen, und werfen Sie alles Überflüssige oder Erledigte sofort weg.

38 Markern Sie Schlüsselbegriffe, um den Inhalt leichter wiederzuerkennen.

▼ **ORDNUNG HALTEN**
Nehmen Sie sich Zeit, alle eingehenden Unterlagen zu ordnen. Tun Sie es jeden Tag, um Ihren Schreibtisch frei zu halten.

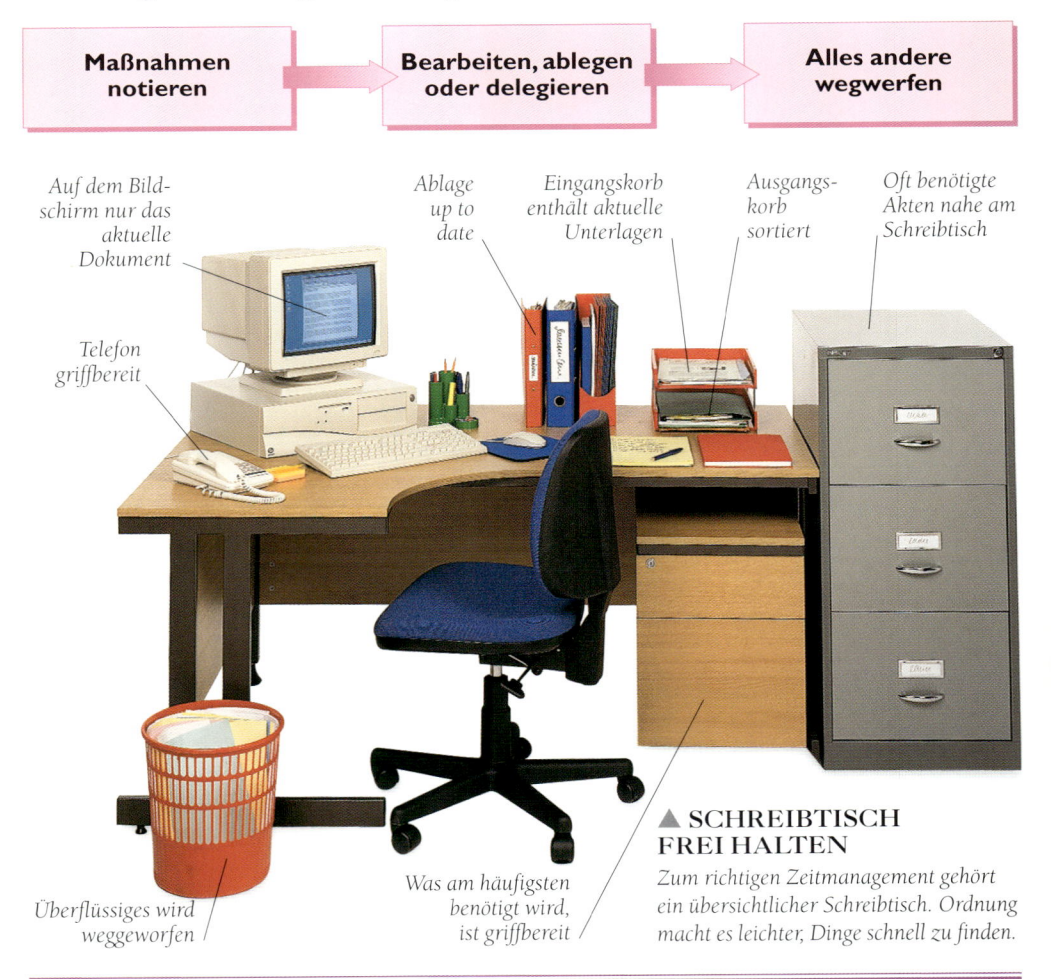

Maßnahmen notieren → **Bearbeiten, ablegen oder delegieren** → **Alles andere wegwerfen**

Auf dem Bildschirm nur das aktuelle Dokument

Telefon griffbereit

Ablage up to date

Eingangskorb enthält aktuelle Unterlagen

Ausgangskorb sortiert

Oft benötigte Akten nahe am Schreibtisch

Überflüssiges wird weggeworfen

Was am häufigsten benötigt wird, ist griffbereit

▲ **SCHREIBTISCH FREI HALTEN**
Zum richtigen Zeitmanagement gehört ein übersichtlicher Schreibtisch. Ordnung macht es leichter, Dinge schnell zu finden.

BÜRO NEU ORGANISIEREN

ARBEITSRAUM EINRICHTEN

Arrangieren Sie die Möbel in Ihrem Arbeitsraum so, dass Sie sich wohl fühlen. Denken Sie an Ihre Arbeitsstrukturen und an den Verwendungszweck Ihres Büros. Wenn Sie oft Besucher haben, stellen Sie Ihren Schreibtisch so, dass Sie die Tür sehen und Herantretende bemerken. Gibt es in Ihrem Büro regelmäßig Besprechungen, arrangieren Sie die Möbel so, dass alle bequem sitzen können.

Nach Möglichkeit sollten in Ihrem Arbeitszimmer nur die Akten sein, die Sie regelmäßig brauchen. Sie stehen nahe am Schreibtisch, so dass Sie nicht ständig aufstehen müssen, um sie zu erreichen. Akten, die Sie nur selten brauchen, gehören in einen gesonderten Ablageraum oder, wenn es den nicht gibt, in eine abgelegene Ecke des Büros.

39 Plazieren Sie im Büro eine Uhr so, dass alle sie im Blick haben.

40 Überprüfen Sie Ihre Ablagesystem alle paar Monate.

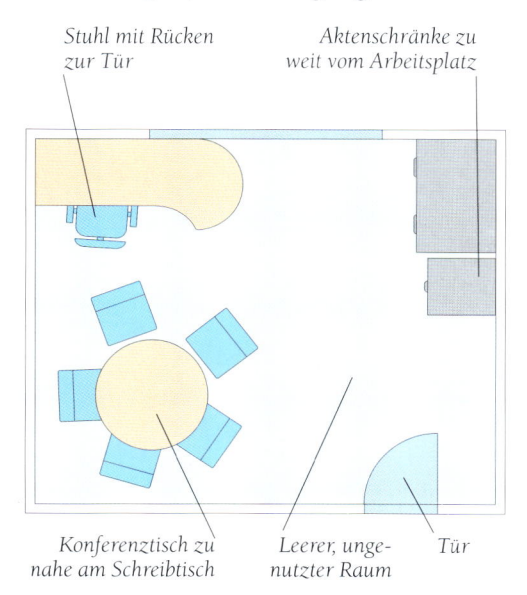

Stuhl mit Rücken zur Tür *Aktenschränke zu weit vom Arbeitsplatz* *Selten benötigte Akten in der Ecke* *Freier Blick zum Tisch und zur Tür*

Konferenztisch zu nahe am Schreibtisch *Leerer, ungenutzter Raum* *Tür* *Konferenztisch hat Platz* *Regelmäßig gebrauchte Akten nahe am Schreibtisch*

▲ RAUM VERSCHWENDET
Die Möbel sind in diesem Büro so aufgestellt, dass manche Bereiche vollgestopft und andere leer sind. Man muss aufstehen, um an die Akten zu kommen. Der Konferenztisch steht zu nahe am Schreibtisch.

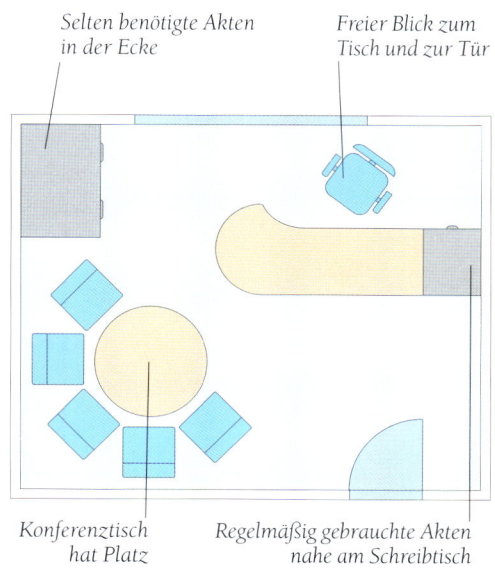

▲ RAUM OPTIMAL GENUTZT
Diese Anordnung nutzt den Raum gut. Der Tisch steht richtig für Konferenzen, und jeder eintretende Besucher wird sofort gesehen. Häufig gebrauchte Akten sind gleich neben dem Schreibtisch untergebracht.

Konkrete Veränderungen

Ablage strukturieren

Ein vernünftiges Ablagesystem einzurichten lohnt sich – denken Sie nur an die Zeit, die Sie mit der Suche nach »verschwundenen« Unterlagen verschwenden. Kein Ablagesystem ist ideal. Wählen Sie eines, das sich am besten für Ihre Projekte eignet.

> **41** Wählen Sie ein Ablagesystem, das mit Ihrer Firma mitwachsen kann.

> **42** Sichten Sie Ihre Akten regelmäßig. Viele Dokumente können weggeworfen werden.

Ablage einrichten

Ein Ablagesystem muss funktionieren wie die Suchfunktion des Computers. Schlüsselbegriffe müssen in Ihnen Gedankenfolgen auslösen, die leicht nachvollziehbar machen, wo ein Dokument abgelegt ist. Die Systematik wird durch die Art Ihrer Arbeit bestimmt. Sind Sie ein Exporteur mit Märkten in 70 Ländern, dann klassifizieren Sie nach geografischen Gesichtspunkten. Sie brauchen vielleicht fünf Ablageschränke, einen für jeden Kontinent. Sind Sie dagegen Verkaufsleiter eines kleinen Fertigungsbetriebes, können Sie Ihre Kundenablage eventuell in zwei Schränken unterbringen – einen für Europa und einen für Übersee. Jeder Kunde bekommt eine eigene Mappe.

Themen aufgliedern

Wenn Sie in Ihrer Ablage größere Aktenbündel haben, ist es zweckmäßig, diese zu gliedern, damit sie handlicher und übersichtlicher werden. Zum Beispiel kann ein Entwicklungsmanager, der zahlreiche Projekte gleichzeitig überwachen muss, Akten nach einzelnen Projekten gruppieren und dann jedes Projekt in Abschnitte aufteilen.

▼ **AKTEN SORTIEREN**
Sortieren Sie Ihre Akten danach, wie oft Sie sie brauchen. Stellen Sie diejenigen, die Sie ständig benötigen, in Ihre Nähe und die seltener gebrauchten etwas weiter weg. Der Rest wird möglichst in einem anderen Raum archiviert oder weggeworfen, sobald er nicht mehr gebraucht wird.

| Oft gebraucht | → | Manchmal gebraucht | → | Archiv |

DEUTLICH BESCHRIFTEN

Es ist zweckmäßig, die Akten mittels Farben sofort verschiedenen Projekten oder Prioritäten zuzuordnen. So kann z. B. ein Verkaufsleiter die Exportunterlagen in rote Hängemappen mit roten Etiketten und die der anderen Kunden in blaue Hängemappen mit blauen Etiketten legen. Jedes Etikett bekommt den Namen eines Kunden. Gleich welches Verfahren Sie wählen, es muss für jedermann leicht verständlich sein, und deshalb sollten Sie auch noch ein Verzeichnis der Abschnitte und Unterabschnitte zum Nachschlagen anlegen.

> **43** Legen Sie uneindeutige Unterlagen in eine Mappe für »Diverses«.

▼ **FARB-CODES**
Mit Farb-Codes können Sie bestimmte Akten auf den ersten Blick zuordnen. Das erspart unnötige Zeit zum Suchen.

Jede Mappe hat ein klares Etikett

Schlüsselbegriff beschreibt Inhalt

Farbe verweist auf Inhalt

Mappen in verschiedenen Farben führt der Fachhandel

REGELMÄSSIG ABLEGEN

Reservieren Sie eine bestimmte Zeit für die Ablage – am Ende eines jeden Tages oder jeder Woche. Beauftragen Sie nicht immer wieder andere Personen mit der Ablage, damit wird das System schwieriger. Dennoch müssen alle das System kennen. Entscheidungen, was abzulegen und was wegzuwerfen ist, sind kritisch. Deshalb müssen Sie selbst entscheiden, welche Unterlagen überflüssig sind und welche künftig gebraucht werden.

> **44** Legen Sie nur Dokumente ab, die wieder benötigt werden.

Konkrete Veränderungen

Störungen vermeiden

Manchmal sind Unterbrechungen willkommen, aber zu gewissen Zeiten muss man ungestört arbeiten können. Gestalten Sie Ihren Arbeitstag so produktiv wie möglich. Reorganisieren Sie Ihr Büro, so dass Sie in Ruhe arbeiten können.

Störungen auflisten

Um die Zahl der überflüssigen Störungen zu reduzieren, erstellen Sie zunächst folgende Listen:
- Menschen, die Sie jederzeit stören dürfen, z. B. Ihr Chef oder wichtige Kunden.
- Menschen, die Sie stören dürfen, wenn Sie nicht besonders beschäftigt sind, z. B. Ihre Kollegen.
- Leute, die Sie nie stören dürfen.

Verteilen Sie Kopien dieser Listen an Ihre Mitarbeiter und an wichtige Kollegen. Bitten Sie alle, sich weitgehend danach zu richten.

45 Bitten Sie einen Mitarbeiter, eingehende Anrufe zu sieben.

46 Heben Sie den Hörer ab, um das Gesprächsende zu signalisieren.

Besucher steht neben dem Stuhl und muss sich um Aufmerksamkeit bemühen

STÖRER ▶ ABWIMMELN

Negative Körpersprache hält unerwünschte Störenfriede ab. Wenden Sie den Kopf, aber nicht den ganzen Körper. Sehen Sie auf die Uhr.

Kopf dem Besucher zugewandt

Arm und Schulter bilden Barriere, die Diskussionen abblockt

Der Stift in der Hand deutet an, dass Sie weiterarbeiten wollen

STÖRUNGEN VERMEIDEN

ARBEITSRAUM NEU GESTALTEN

Störungen sind Sie insbesondere dann ausgesetzt, wenn Sie Vorbeigehenden leicht ins Auge fallen. Stellen Sie Ihren Schreibtisch so, dass Sie sehen können, wer sich der Tür nähert. Schließen Sie die Bürotür, wenn Sie nicht gestört werden wollen. Selbst wenn Sie in einem Großraumbüro arbeiten, können Sie Störungen minimieren, indem Sie die Einteilung Ihres Arbeitsplatzes ändern – z. B. Ihren Schreibtisch durch Aktenschränke verdecken oder den PC-Bildschirm direkt vor sich stellen. Wenn Sie sich für Mitarbeiter und Kollegen weniger sichtbar machen, werden Sie weniger gestört.

47 Bleiben Sie stehen, wenn man Ihnen ins Büro folgt.

48 Bei offener Tür rücken Sie den Stuhl außer Sicht.

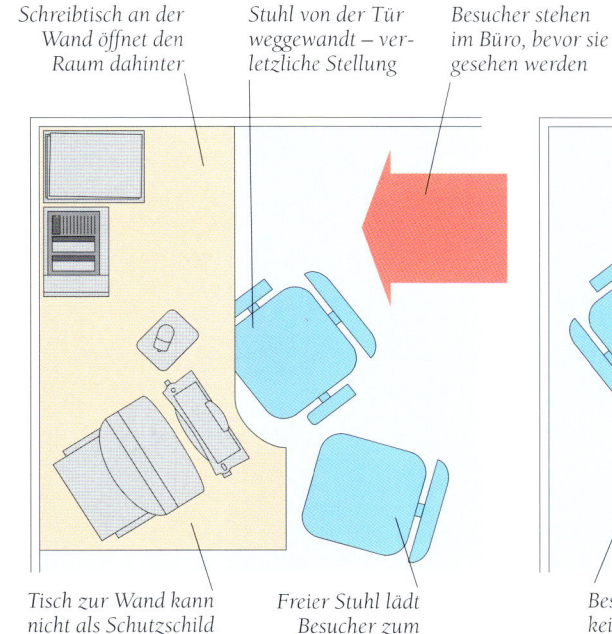

Schreibtisch an der Wand öffnet den Raum dahinter

Stuhl von der Tür weggewandt – verletzliche Stellung

Besucher stehen im Büro, bevor sie gesehen werden

Schreibtisch dient als Schutzschild

Tisch verhindert, dass Besucher hereinkommen

Tisch zur Wand kann nicht als Schutzschild dienen

Freier Stuhl lädt Besucher zum Hinsetzen ein

Besucher finden keinen Platz, um lange zu bleiben

PC-Monitor verhindert Augenkontakt

▲ ZUTRITT GESTATTET
In diesem Büro sieht man Sie, sobald die Tür aufgeht. Sie sitzen mit dem Rücken zur Tür und müssen sich umdrehen, um zu sehen, wer kommt. So können Sie unwillkommene Besucher nicht abwimmeln.

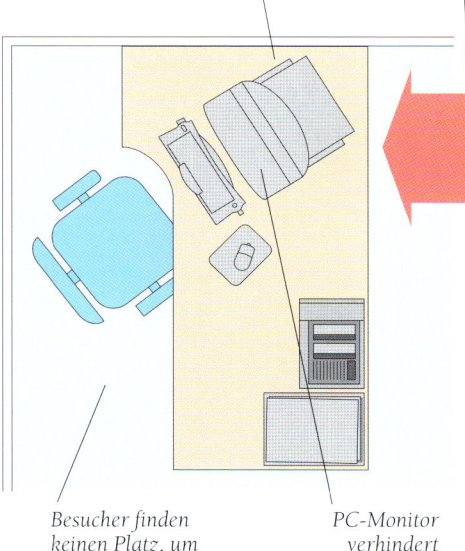

▲ HINTER BARRIEREN
Hier bildet der PC eine Barriere zwischen Ihnen und jedem Eintretenden. Ihr Stuhl ist der Tür zugewandt, so dass Sie sehen können, wer kommt. Der fehlende freie Stuhl hindert Besucher am langen Aufenthalt.

INFORMATION FILTERN

Die meisten Manager erhalten jeden Tag hunderterlei verschiedene Information, deren Verarbeitung sie unendlich viel Zeit kosten würde. Nehmen Sie sich Zeit, ein Verfahren zu entwickeln, mit dem Sie eingehende Informationen aussortieren können.

> **49** Werfen Sie sofort jede Information weg, die überflüssig ist.

> **50** Halten Sie kurze Gespräche kurz. Bleiben Sie stehen, dann kommen Sie leicht weg.

INFORMATION BEKOMMEN

Information erreicht Sie in den verschiedensten Formen:
- Schriftlich (z. B. per Post, Telefax, Memos, Zeitungen, Zeitschriften, Berichte).
- Elektronisch (z. B. per E-Mail, Intranet).
- Akustisch (z. B. durch persönliche Gespräche, Fernsehen, Radio, Telefon, Voice-Mail).

Beachten Sie, dass manche Informationsformen dringlicher als andere erscheinen – aber das spiegelt ihre Bedeutung nicht unbedingt wider. So drängen sich Telefonanrufe oft in den Vordergrund, weil sie direkt und unverhofft ankommen.

INFORMATION VERARBEITEN

Versuchen Sie eine Routine zum Verarbeiten gebündelter Information einzuführen. Wenn Sie z. B. wissen, dass die Post um 10 Uhr verteilt wird und dass interne Mitteilungen gegen 11 Uhr ankommen, dann reservieren Sie eine Frist kurz vor dem Mittagessen, um die Post durchzugehen. Lesen Sie zugleich Ihre E-Mails und überfliegen Sie kurz Zeitungen und Zeitschriften.

Dasselbe sollten Sie vor Feierabend noch einmal machen, um Ihren Schreibtisch frei zu bekommen und sich auf den nächsten Morgen vorzubereiten. Oft ist es angebracht, eine Information nochmals zu überschlafen, bevor Sie darauf reagieren.

NICHT VERGESSEN

- Mitteilungen gehen ständig ein, sie sollten den Arbeitsverlauf nicht stören.
- Mitteilungen sollten Sie überfliegen, um den Hauptgehalt aufzunehmen.
- Wenn eine Mitteilung Handlungsbedarf mit sich bringt, sollten Sie sich eine Notiz (eventuell in Ihrer Aufgabenübersicht) machen.
- Zur Erleichterung der Ablage kann eine schriftliche Information gleich mit der Bezeichnung für die Ablage versehen werden.

INFORMATION FILTERN

UMLAUFMATERIAL

Viel Informationsmaterial, das auf Sie zukommt, kann gleich an Kollegen oder Mitarbeiter weitergegeben werden. Gliedern Sie jede Art Information in drei Kategorien:

- Information, die Sie kommentieren oder erweitern, bevor Sie sie weiterleiten – das trifft oft auf interne Memos oder Berichte zu.
- Information, die Sie nur zur Kenntnis nehmen und dann weiterleiten, z.B. Zeitungen und Zeitschriften.
- Dinge, die Sie kopieren und verteilen, z. B. ein Dankschreiben eines zufriedenen Kunden, das Kollegen zur Kenntnis gebracht werden soll.

> **51** Leiten Sie Infos nur an die weiter, die sie brauchen.

> **52** Bestellen Sie Zeitschriften ab, die Sie nicht lesen.

DER UMGANG MIT VERSCHIEDENEN INFORMATIONEN

INFORMATIONSQUELLEN	WIE GEHT MAN DAMIT UM
INTERNE MEMOS UND BERICHTE Information aus internen Memos und Berichten kann speziell an eine Person, ein Team, eine Abteilung oder einen Ausschuss gerichtet sein.	• Für derartigen Informationsumlauf ist das Timing entscheidend. • Entscheiden Sie, bis wann und für wen Ihre Stellungnahme oder Aktionen erforderlich sind. • Planen Sie jede Aktion in Ihren Terminkalender ein.
EXTERNE POST UND TELEFAXE Die Bedeutung eingehender Information kann einen breiten Spielraum haben. Post wird meist zu bestimmten Zeiten zugestellt, Faxe gehen jederzeit ein.	• Entscheiden Sie, wann es welcher Aktion bedarf. • Entscheiden Sie, ob Sie die Information verbreiten, und wenn ja, in welcher Form. • Prüfen Sie, ob alles Wichtige abgelegt und alles Überflüssige weggeworfen wird.
INTRANET UND E-MAIL Elektronische Mitteilungssysteme werden zunehmend zur schnellen Kommunikation und Informationsverbreitung an Personen oder Gruppen verwendet.	• Auf einen E-Mail-Verteiler kommt man leicht. Prüfen Sie also, ob die Information für Sie wirklich relevant ist. • Öffnen Sie keine Mails, die für Sie bedeutungslos sind. • Wenn Sie auf eine E-Mail reagiert oder den Handlungsbedarf notiert haben, löschen Sie diese.
ZEITUNGEN UND ZEITSCHRIFTEN Viele Bereiche des Handels und der Wirtschaft leben von spezifischer Information aus Zeitungen und Fachzeitschriften.	• Überfliegen Sie Artikel und entscheiden Sie, ob Sie diese später noch einmal brauchen werden. • Machen Sie Kopien, ehe Sie eine Zeitschrift weiterleiten. • Schneiden Sie Wichtiges aus, markieren Sie die Information und legen Sie sie an der richtigen Stelle ab.

Konkrete Veränderungen

Umgang mit Dokumenten

Was machen Sie mit Dokumenten (auf Papier oder auf dem Bildschirm), die Sie erst später lesen wollen? Eine Möglichkeit ist es, sie alle in eine gesonderte »Schwebemappe« zu legen, um sie zur Hand zu haben, sobald Sie Zeit zum Lesen von weniger Wichtigem haben. Aber solche Aktenbündel werden mit der Zeit leicht unübersehbar. Sie müssen möglichst regelmäßig ausgesiebt werden, also sollten Sie diese Mappe immer dann, wenn Sie etwas daraus lesen, von Überflüssigem und Irrelevantem befreien.

53 Schneiden Sie Zeitungsartikel, die Sie bewahren wollen, sofort aus und legen Sie sie ab.

54 Lassen Sie nur aktuelle Unterlagen offen liegen.

SCHRIFTSTÜCKE LESEN ▼
Lesen Sie relevante Zeitschriften und Zeitungen regelmäßig, um aktuell informiert zu sein. Entwickeln Sie dafür ein eigenes Ablagesystem.

Arbeit delegieren

Es ist entmutigend, wenn Sie von einer Geschäftsreise zurückkehren und auf Ihrem Schreibtisch einen Berg unerledigter Post vorfinden. Wenn Sie öfter unterwegs sind, sollten Sie jemanden damit beauftragen, die Stapel für Sie auszusortieren. Die Person, der Sie diese Aufgabe übertragen, sollte auch andere Mitarbeiter mit der Erledigung von Aufgaben betrauen dürfen, die in Ihrer Abwesenheit erledigt werden können. Erklären Sie, was weitergegeben werden kann und was besser bis zu Ihrer Rückkehr liegen bleiben sollte.

Nützliche Artikel sollten ausgeschnitten werden

Artikel können in einer Lesemappe gesammelt werden

STÄNDIG AKTUALISIEREN

Die Bedeutung von Information ändert sich im Lauf der Zeit. Nachrichten von heute sind meist Geschichte von morgen, und die Relevanz ändert sich mit der Zeit. Manche meinen, dass Nutzloses von heute später nützlich werden kann, und demzufolge neigen sie dazu, Informationen aller Art zu stapeln. Man sollte aber bedenken, dass die Archivierung schriftlicher Information Zeit und Platz kostet. Erwägen Sie immer, ob die Unterlagen wichtig sind, ehe Sie sie zur Ablage geben.

55 Bewerten Sie Information nach ihrer Bedeutung für laufende Projekte.

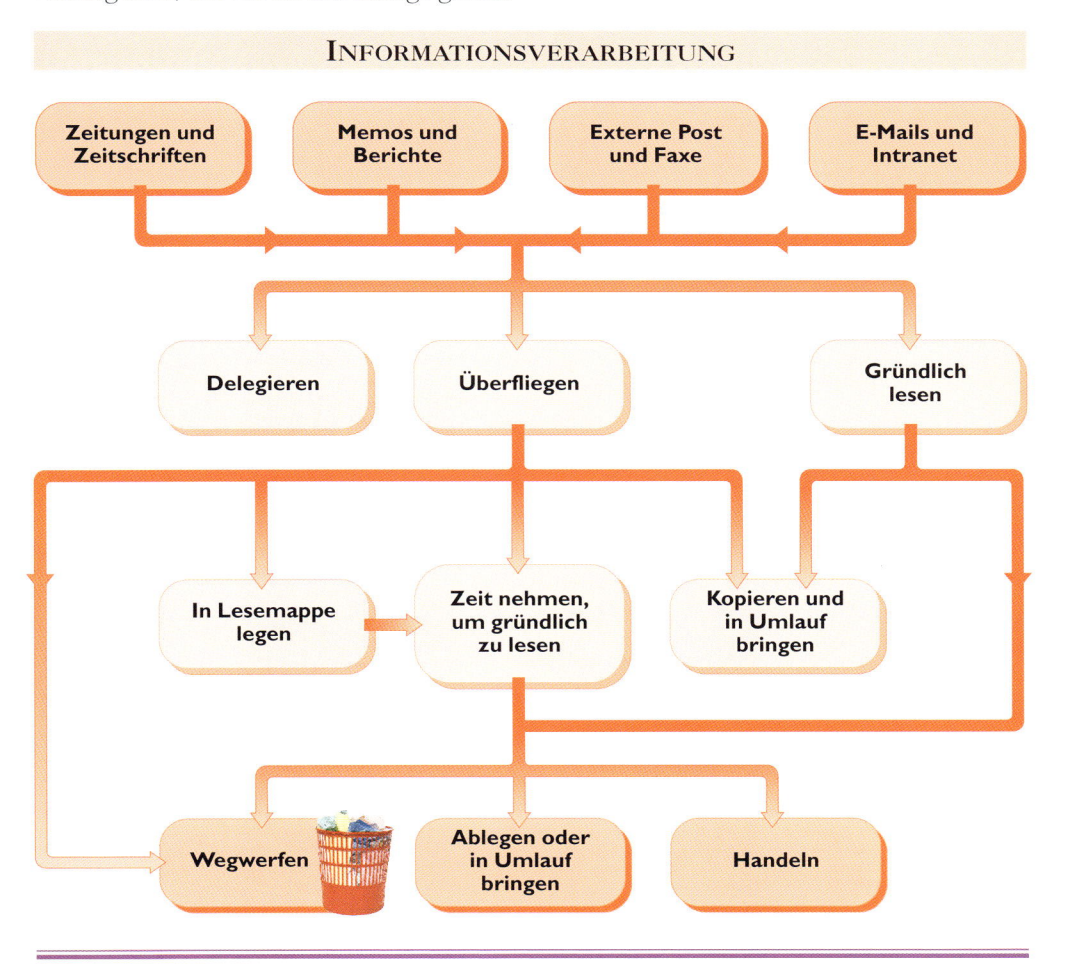

INFORMATIONSVERARBEITUNG

- Zeitungen und Zeitschriften
- Memos und Berichte
- Externe Post und Faxe
- E-Mails und Intranet

- Delegieren
- Überfliegen
- Gründlich lesen

- In Lesemappe legen
- Zeit nehmen, um gründlich zu lesen
- Kopieren und in Umlauf bringen

- Wegwerfen
- Ablegen oder in Umlauf bringen
- Handeln

Konkrete Veränderungen

Zusammenarbeiten

Selbst die besten Zeitpläne liegen teilweise in den Händen anderer. Niemand arbeitet völlig allein. Ein Anruf kann die Pläne eines ganzen Tages über den Haufen werfen. Lernen Sie, die Zeitplanung anderer mit Ihrer eigenen in Einklang zu bringen.

56 Bedenken Sie: Die Zeit der anderen ist ebenso kostbar wie Ihre.

Wichtige Fragen

- F Berücksichtige ich die Pläne anderer, wenn ich meine eigenen mache?
- F Schreibe ich zu viele überflüssige Memos?
- F Berufe ich zu viele Besprechungen ein?
- F Komme ich immer pünktlich zu Verabredungen?
- F Unterbreche ich andere oft?

Positionen einschätzen

Wie weit Sie Ihre Pläne auf andere abstimmen müssen, hängt von Ihrer beruflichen Position ab. Wenn Sie eine dringende Konferenz einberufen, zu der auch Ihr Chef erscheinen muss, sollten Sie ihn zuerst fragen. Ihr Chef könnte es übel nehmen, wenn er ohne vorherige Abstimmung in eine Besprechung verwickelt wird, und vielleicht hat er Informationen, die alles ändern oder die Konferenz überflüssig machen. Termine müssen noch sorgfältiger und längerfristig geplant werden, wenn Kollegen in Führungspositionen beteiligt sind.

Meine Kollegen reden zu viel

Meine Kollegen arbeiten nicht genug Stunden

Meine Kollegen verschwenden Zeit und Geld für Arbeitsessen

Meine Kollegen arbeiten nicht intensiv

Meine Kollegen nehmen sich zu oft freie Tage

▲ **FALSCHE UNTERSTELLUNGEN**
Bevor Sie sich solche Gedanken über Ihre Kollegen machen und ihnen ein schlechtes Zeitmanagement unterstellen, überdenken Sie Ihre Haltung. Sind die Kollegen wirklich unproduktiv oder haben sie Erfolg mit ihren Diskussionen und Arbeitsessen?

Unterstellungen revidieren

Viele Menschen können nicht beurteilen, was effektives Arbeiten und gutes Zeitmanagement heißt. Jemand, der sehr beschäftigt scheint, wird leicht mit einem verwechselt, der seine Zeit gut nutzt. Bei der Zusammenarbeit mit anderen sollten Sie deren Arbeitsmethoden analysieren, ehe Sie Unterstellungen über ihre Effektivität machen. Vielleicht müssen Sie Ihre Arbeitsstile aneinander anpassen.

Motivation analysieren

Jeder zieht seine Motivation aus ganz verschiedenen Aspekten seines Berufs. Wenn Sie der Meinung sind, Ihre Mitarbeiter könnten ihre Zeit besser nutzen, dann überlegen Sie, ob sie vielleicht demotiviert sind:

- Weil sie nicht genug Arbeit haben – dann sollten Sie die Arbeit in der Abteilung neu verteilen, so dass alle intensiv beschäftigt sind.
- Weil ihre Arbeit sie nicht interessiert – diskutieren Sie über befriedigendere Aufgaben.
- Weil sie überarbeitet sind – helfen Sie ihnen, ihr Zeitmanagement zu verbessern, und überlegen Sie, wie Arbeitsbelastung verringert werden kann.

57 Prüfen die Notwendigkeit eines Treffens sorgfältig.

58 Unterstellen Sie Ihren Kollegen nichts.

Konferenzen abhalten

In Konferenzen arbeiten Sie am intensivsten mit anderen zusammen. Ein Treffen mit beschäftigten Leuten einzuberufen kostet viel Zeit: Sie müssen die Teilnehmer auswählen und einladen, eine Tagesordnung zusammenstellen und die Konferenz nacharbeiten. Auch die Teilnehmer könnten ihre Zeit vielleicht gut für andere Aufgaben brauchen. Fragen Sie sich stets, ob es wirklich notwendig ist, die Leute zusammenzurufen. Sie können eventuell Zeit einsparen, indem Sie statt dessen die einzelnen Personen anrufen. Wenn alle für dasselbe Unternehmen arbeiten, liegt es im allgemeinen Interesse, den Zeitaufwand für Treffen auf ein Minimum zu reduzieren.

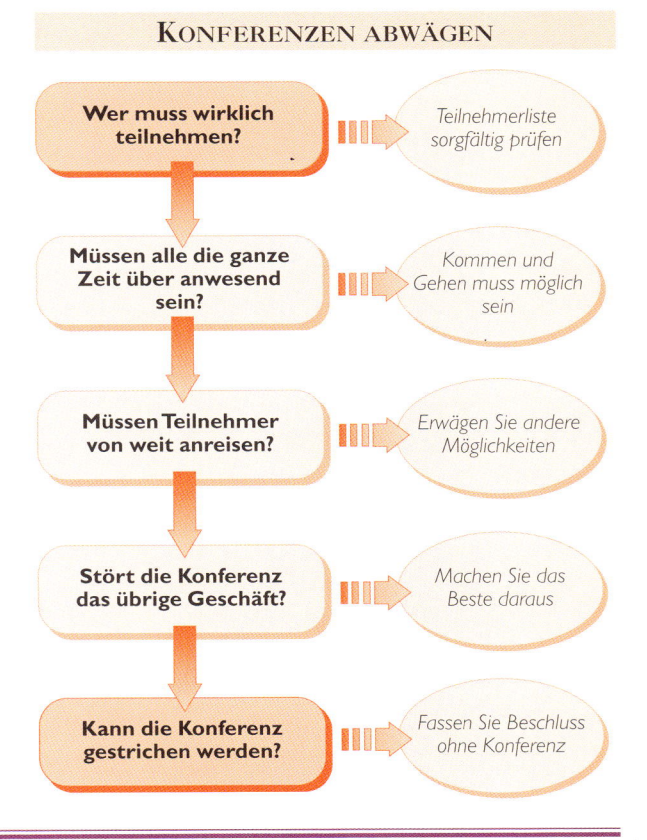

Konferenzen abwägen

Wer muss wirklich teilnehmen?	Teilnehmerliste sorgfältig prüfen
Müssen alle die ganze Zeit über anwesend sein?	Kommen und Gehen muss möglich sein
Müssen Teilnehmer von weit anreisen?	Erwägen Sie andere Möglichkeiten
Stört die Konferenz das übrige Geschäft?	Machen Sie das Beste daraus
Kann die Konferenz gestrichen werden?	Fassen Sie Beschluss ohne Konferenz

ANRUFE TÄTIGEN

Es gibt kaum eine Firma, die nicht vom Telefon abhängig wäre und zur schnellen und direkten Kommunikation auch von Anrufbeantworter oder Voice-Mail. Das Telefon richtig zu nutzen kann Ihre Effizienz und Leistung enorm verbessern.

59 Atmen Sie noch einmal tief durch, bevor Sie wählen.

60 Vermeiden Sie beim Telefonieren Ablenkungen. Konzentrieren Sie sich aufs Gespräch.

Wann anrufen?

Reservieren Sie eine bestimmte Zeit am Tag für Anrufe und listen Sie alle Anrufe auf, die Sie machen müssen. Seien Sie sich über den Zweck jedes Anrufs im Klaren und entwerfen Sie für jeden eine kurze Agenda wie für eine Konferenz. Sorgen Sie dafür, dass jeder Punkt zur Sprache kommt. Die Reihenfolge der Anrufe sollte ihrer Bedeutung entsprechen. Konzentrieren Sie sich auf die wichtigsten und dringendsten Anrufe.

Am Ball bleiben

Schweifen Sie bei Ihren Anrufen nicht zu weit von Ihrer Agenda ab, außer wenn es gute Gründe gibt, z.B. bei einem unerwarteten Problem. Machen Sie Notizen und haken Sie erledigte Punkte ab. Vielleicht sprechen Sie lockerer, wenn Sie aufstehen oder hin und her gehen.

Bei angenehmen Gesprächen vergisst man leicht die Zeit, aber behalten Sie auch das im Auge. Denken Sie an den Zweck Ihres Anrufs. Können Sie sich z. B. kurz fassen oder brauchen Sie Zeit, um einen verärgerten Kunden zu beschwichtigen? Verwenden Sie eine Woche lang eine Stoppuhr, um die Zeit für die einzelnen Anrufe zu prüfen. Das kann ganz ernüchternd sein, sowohl in Bezug auf die Telefonkosten als auch auf Ihren Zeitaufwand.

DAS IST ZU TUN

1. Bereiten Sie sich auf ein Telefongespräch vor.
2. Bündeln Sie Anrufe. Falls eine Nummer besetzt ist, sollten Sie andere anrufen.
3. Tätigen Sie Anrufe in der Reihenfolge der Priorität.
4. Schalten Sie laut, dann können Sie beim Warten etwas erledigen.
5. Wenn Sie einen Piepser tragen, reservieren Sie Zeit, um Anrufe zu beantworten.

Anrufbeantworter

Anrufbeantworter haben sich inzwischen überall durchgesetzt. Auch wenn Sie eine Abneigung gegen dieses Gerät haben, sollten Sie doch wissen, wie es effizient eingesetzt werden kann. Es ist ein ideales Werkzeug, um Termine zu arrangieren oder aus einem beschäftigten Kollegen eine Antwort herauszulocken. Wichtige Vereinbarungen, lange Mitteilungen oder gar Verhandlungen sollten Sie vermeiden. Sie müssen vermutlich doch direkt mit dem jeweiligen sprechen, um Reaktionen zu hören und Möglichkeiten für Übereinstimmungen zu finden.

> **61** Wenn Sie jemanden anrufen, legen Sie sich Arbeit bereit, falls Sie länger warten müssen.

Tun und Lassen

✔ Stellen Sie sich vor: »Mein Name ist Schmidt. Ich rufe an, um ...«

✔ Denken Sie an die Dauer der einzelnen Gespräche.

✔ Machen Sie sich alle wichtigen Punkte vorher klar.

✔ Halten Sie Mitteilungen auf Anrufbeantwortern kurz.

✗ Beginnen Sie Ihre Anrufe nicht anonym mit »Hallo ...«

✗ Verschieben Sie dringende, schwierige Anrufe nicht.

✗ Legen Sie bei Störungen in der Leitung auf und wählen Sie neu.

✗ Tätigen Sie wichtige Anrufe nicht ohne sorgfältige Vorbereitung.

Die Wahl des geeigneten Telefons

Moderne Telefone haben eine große Zahl von Extras. Prüfen Sie, welche helfen können, Ihre Arbeit effizienter zu gestalten. Zu den Möglichkeiten gehören Anrufumleitung, Kurzwahl, Rückruf bei Besetzt, Lautsprecher, Konferenzschaltungen und Displays, auf denen Sie Namen und Nummer sehen können, bevor Sie abheben. Aber es hat keinen Sinn, wenn Ihr Telefon eine Vielzahl von Möglichkeiten hat, die Sie nicht nutzen. Wählen Sie eine Telefonanlage, die Ihren Bedürfnissen entspricht.

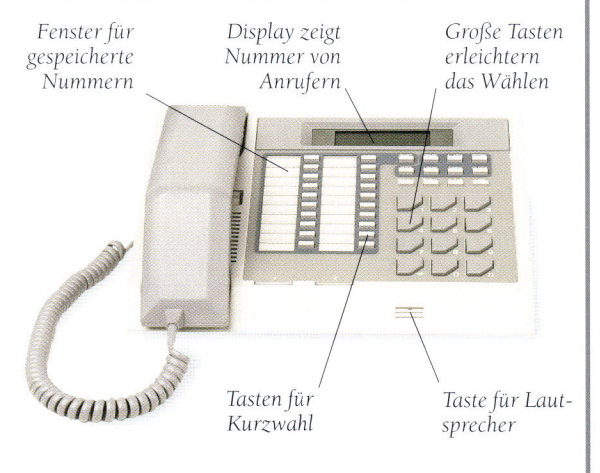

Fenster für gespeicherte Nummern

Display zeigt Nummer von Anrufern

Große Tasten erleichtern das Wählen

Tasten für Kurzwahl

Taste für Lautsprecher

Konkrete Veränderungen

Anrufe entgegennehmen

Angerufen zu werden unterscheidet sich im Wesentlichen von eigenen Anrufen. Sie werden vermutlich gestört und überrascht, wenn Sie unvorbereitet sind. Entwickeln Sie Techniken, um sich mit Anrufern dann zu beschäftigen, wann es Ihnen passt.

62 Vereinbaren Sie einen Termin, wann Sie angerufen werden möchten.

Nicht Vergessen

- Wenn Sie gleich fragen, wie lange das Gespräch wohl dauern wird, können Sie leichter entscheiden, ob Sie es jetzt führen möchten oder lieber zurückrufen.
- Sie sollten den Termin für einen Rückruf – gleich von welcher Seite – genau festlegen.
- Es ist möglich, auf die Frage »Störe ich?« mit »Ja« zu antworten.
- Richten Sie eine zweite Telefonnummer ein, die nur wichtige Personen kennen, für die Sie immer erreichbar sein wollen.

Zeit für Anrufe planen

Anrufer haben die Oberhand bei der Entscheidung, wann sie anrufen wollen. Aber dank moderner Technik verschiebt sich das Gleichgewicht. In gewissem Umfang können Sie bestimmen, wann Sie Gespräche annehmen, so dass Sie Ihren Arbeitstag zweckmäßig einteilen können.

Wenn Ihnen Anrufbeantworter oder Voice-Mail zur Verfügung stehen, hinterlassen Sie eine Kurzmitteilung, wann Sie zu erreichen sind. Haben Sie eine Sekretärin, so leiten Sie alle eingehenden Anrufe über sie. Sagen Sie ihr, mit wem Sie sofort sprechen wollen und wann die anderen Anrufe am besten in Ihren Zeitplan passen.

Das Ende eines Telefongesprächs andeuten

Es kann schwierig sein, ein Telefonat zu beenden, aber das heißt nicht, dass nur der Anrufer das Gespräch beenden kann. Wenn Sie zum Plaudern zu beschäftigt sind, sagen Sie das und erklären Sie Ihre Gründe höflich. Versuchen Sie es mit einem der folgenden Sätze:

„ *Gibt es noch etwas, worüber wir reden müssen, bevor wir auflegen?* "

„ *Vielleicht können wir uns darüber bei Gelegenheit noch mal unterhalten.* "

„ *Da kommt gerade ein Gespräch auf der anderen Leitung. Darf ich Sie gelegentlich zurückrufen?* "

„ *Ich muss leider auflegen. Mein Chef ruft mich gerade in einer dringenden Angelegenheit.* "

Unerwünschte Verkaufsanrufe

Wenn Sie Mitarbeiter im Vorzimmer haben, weisen Sie diese an, ungebetene Anrufer nicht durchzustellen. Sollte ein hartnäckiger Anrufer dennoch durchkommen, sagen Sie höflich aber entschieden, dass Sie an seinem Angebot oder Vorschlag nicht interessiert sind. Vergessen Sie dabei aber nicht: So störend solche Anrufe auch sind, diese Leute machen nur ihren Job und haben Anspruch auf Höflichkeit.

Tun und lassen

✔ Bleiben Sie höflich.

✔ Bleiben Sie aufgeschlossen. Das Angebot könnte interessant sein.

✔ Übergeben Sie an jemand, den das Angebot interessiert.

✔ Beschaffen Sie sich ein Telefon mit Display, das die Nummer des Anrufers anzeigt. Bei unbekannten Nummern, müssen Sie nicht abheben.

✘ Fordern Sie Telefonverkäufer nicht auf, nochmals anzurufen. Sie tun es nämlich.

✘ Sagen Sie nie aus Höflichkeit, Sie würden zurückrufen.

✘ Bitten Sie einen Anrufer nicht, Details zu senden, wenn Sie nicht interessiert sind.

✘ Beantworten Sie Fragen nicht weitschweifig. Bleiben Sie kurz und sachlich.

Anrufbeantworter besprechen

Nutzen Sie Ihre Ansage auf dem Anrufbeantworter oder der Voice-Mail, um die Mitteilungen zu beeinflussen. Eine kurze, klare Ansage lädt zur kurzen, klaren Mitteilung ein. Wenn Ihr Gerät die Dauer der Botschaft begrenzt, schalten Sie diese Funktion ein. Sie zwingen so den Anrufer, sich kurz zu fassen. Planen Sie täglich eine günstige Zeit zum Abhören ein und machen Sie sich Notizen von allen Mitteilungen.

63 Leiten Sie Ihr Telefon um, wenn Sie ungestört sein wollen.

▼ **Mitteilungen notieren**

Notieren Sie die wesentlichen Punkte beim Abhören. Wenn Sie reagieren müssen, tragen Sie das in Ihren Kalender ein.

Lesen und Schreiben

Viele Manager verbringen einen wesentlichen Teil ihrer Arbeit damit, Informationen aller Art zu lesen und auch zu verfassen – in Form von Memos, Briefen und Berichten. Üben Sie den sinnvollen Umgang mit Texten und Sie werden Zeit gewinnen.

64 Schieben Sie die Beschäftigung mit Schriftstücken nicht auf – es wird mehr.

65 Unterstreichen Sie Stichwörter in allem, was Sie lesen.

66 Überfliegen Sie die Schlagzeilen Ihrer Tageszeitung.

Schnelllesen lernen

Jeder verschwendet Zeit, Sätze zu lesen, welche nur die einzelnen Punkte des Textes miteinander verbinden. Trainieren Sie, jeden Absatz zu überfliegen und die Stichwörter zu erkennen. Wirksames Schnelllesen erfordert Übung. Lesen Sie zunächst einen Text Wort für Wort. Während Sie lesen, unterstreichen Sie in jedem Absatz ein Stichwort, dann sehen Sie den Text nochmals durch und versuchen, den Inhalt aus den Stichwörtern zu rekonstruieren. Wiederholen Sie das mit Texten, bis Sie Stichwörter schnell und leicht erkennen können.

Material bewerten

Beim Lesen von Berichten und Artikeln sollten Sie versuchen, zunächst eine Übersicht des Inhalts zu bekommen. Lesen Sie die Einführung oder Zusammenfassung und nehmen Sie sich Zeit für das Inhaltsverzeichnis. Wenn Sie einen langen Bericht lesen müssen, so blättern Sie ihn zunächst von Anfang bis Ende durch. Achten Sie dabei auf die Überschriften und die Länge einzelner Abschnitte. Wenn Sie den Bericht dann ganz durchlesen, haben Sie schon eine Vorstellung von Inhalt und Aufbau. Das hilft, schneller zu lesen. Dasselbe gilt für Zeitungen und Zeitschriften. Wenn Sie nicht genug Zeit haben, eine Zeitung zu lesen, überfliegen Sie die Schlagzeilen und den Wirtschaftsteil.

Nicht vergessen

- Hauptzweck des Lesens ist es, den Inhalt zu verstehen.
- Nicht alles ist nach einmaligem Lesen verständlich. Es dauert eine Weile, viele Fakten aufzunehmen. Wichtige Dokumente stets sorgfältig lesen.
- Überfliegen eignet sich am besten für Memos.
- Leser müssen durch einen Bericht geführt werden, deshalb sollte man ihnen Orientierungshinweise geben.
- Beim Schreiben sollte man stets den Leser vor Augen haben.

Lesen und schreiben

Schreibhemmung überwinden

Fällt es Ihnen schwer, einen Anfang zu finden, so versuchen Sie, die Sache anders anzugehen. Sie brauchen den Bericht nicht in der endgültigen Reihenfolge zu schreiben. Meist ist man weniger gehemmt, wenn man ihn in kleine Abschnitte aufteilt. Anfang und Ende können schwierig sein, also versuchen Sie es mit dem, was Ihnen einfällt. Es kommt zunächst nur darauf an, dass Sie einen Ausgangstext schreiben, den Sie dann ausarbeiten können.

▶ VOR DEM LEEREN BILDSCHIRM
Selbst erfahrenen Schreibern fehlen oft die richtigen Worte. Statt den leeren Bildschirm anzustarren, schreiben Sie einfach das, was Ihnen einfällt. Das befreit und Ihre Ideen fließen anschließend freier.

Tun und lassen

- ✔ Machen Sie einen Entwurf, ehe Sie anfangen.
- ✔ Lesen Sie Ihre Arbeit so, als wäre sie Ihnen völlig fremd.
- ✔ Behalten Sie immer vor Augen, was Sie vermitteln wollen.
- ✘ Starren Sie nicht auf den leeren Bildschirm – schreiben Sie irgend etwas.
- ✘ Machen Sie den Text nicht zu kompliziert.
- ✘ Überladen Sie Ihren Text nicht.

Schreibarbeit reduzieren

Um Schreibarbeit zu reduzieren müssen Sie den sinnvollen Umgang mit eingehender Korrespondenz, z. B. mit Memos und Faxen, lernen. Vielleicht wollen Sie ausführlich antworten, aber oft kann es zweckmäßiger sein, auf das Original eine kurze handschriftliche Notiz zu machen und es dann weiterzugeben. Das geht schneller und spart Zeit und Papier. Lassen Sie die Korrespondenz von einem Mitarbeiter öffnen. Erklären Sie, was er selbst erledigen kann und was für Sie Vorrang hat. Auf diese Weise können Sie das Papiervolumen, das sich bei Ihnen anhäuft, drastisch reduzieren.

67 Bewahren Sie wichtige Originaldokumente getrennt von sonstigen Papieren auf.

Konkrete Veränderungen

Technologie nutzen

Keiner kann heute effektiv arbeiten, wenn er die Grundlagen der Informationstechnologie (IT) nicht versteht – das Zusammenspiel von Telekommunikation und Computer. IT holt alle Information der Welt in unsere Büros und organisiert unser Leben.

68 Löschen Sie einmal monatlich unnütze Dateien in Ihrem Computer.

69 Erwägen Sie Ihren Computerbedarf sorgfältig.

▼ **INFORMATION SPEICHERN**
Legen Sie Ihre Dokumente und Ordner strukturiert ab. Andernfalls bekommen Sie schnell ein Durcheinander von Dateien, deren Namen Ihnen nichts mehr sagen. Nehmen Sie sich jeden Monat eine halbe Stunde Zeit, Ihre Dateien abzulegen.

Computerdateien verwalten

Entwerfen Sie ein System zur digitalen Ablage nach demselben Prinzip, mit dem Sie Ihre Akten ablegen. Entwickeln Sie eine Struktur, die zu Ihrem Geschäft passt, und benennen Sie Ihre Dokumente klar und logisch. Speichern Sie Ihre Daten auf der Festplatte, auf Disketten, CD-ROMs oder Bändern. Elektronische Daten können durch Magnetfelder gelöscht werden, und Systemabsturz kann zu Datenverlust auf der Festplatte oder dem Server führen. Machen Sie daher von wichtigen Daten stets Backups auf einem gesonderten Speichermedium und etikettieren Sie diese deutlich.

Vor Archivierung

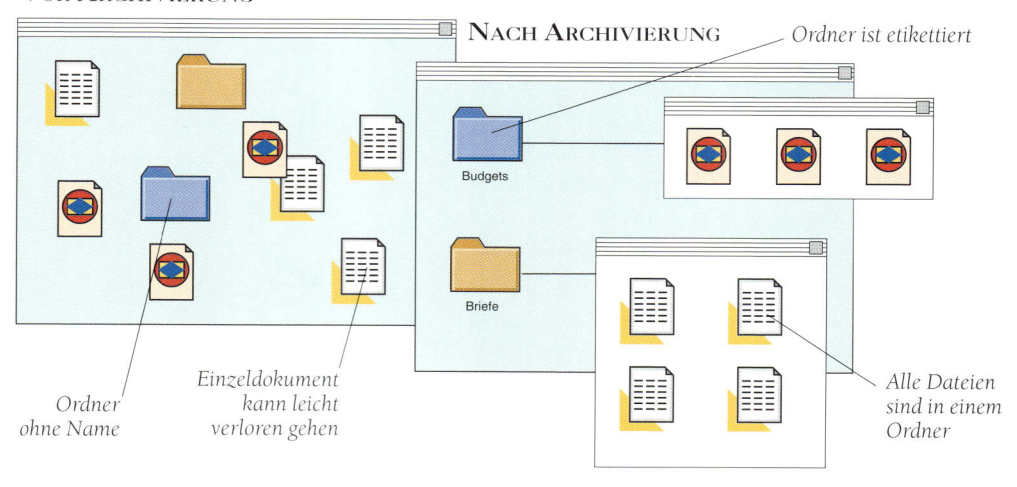

Nach Archivierung — *Ordner ist etikettiert*

Ordner ohne Name

Einzeldokument kann leicht verloren gehen

Alle Dateien sind in einem Ordner

TECHNOLOGIE NUTZEN

E-MAIL

Es gibt zwei Arten von E-Mail-Systemen: Das Intranet innerhalb von Firmen übermittelt Mitteilungen zwischen Kollegen, die auf einem Server basierende E-Mail ermöglicht internationale Kommunikation. E-Mail ist einfach in der Anwendung und kann als Kanal für mehr als nur einfache Mitteilungen dienen. Sie können jedes digitale Dokument als Anlage senden, so dass es nicht übertragen oder abgetippt werden muss, sofern der Empfänger über die richtige Software zum Öffnen verfügt. Halten Sie die Datenmenge einer Anlage möglichst klein. Packer-Software leistet hier gute Dienste.

70 Halten Sie Ihre E-Mails kurz und sorgen Sie für eine korrekte Adresse.

SUCHEN IM INTERNET

Das Internet bietet eine Anzahl von Suchmaschinen – Systeme, die Ihnen schnelle Informationssuche ermöglichen. Wählen Sie sorgfältig die Begriffe, unter denen Sie suchen. Machen Sie das nicht, bekommen Sie eine unübersehbare Menge von Informationen, von denen die meisten für Sie uninteressant sind. Nehmen Sie sich die Zeit, die »Hilfe«-Funktion der jeweiligen Suchmaschine zu lesen.

Adresse der aktuellen Web-Site

Ikon zur Internetsuche

Ikon für E-Mail

DIE WEB-SITE ▶
In der Internet-Sprache ist die Web-Seite das, was Sie auf dem Bildschirm sehen. Eine Web-Site kann komplex sein und viele Seiten enthalten, im Allgemeinen bietet sie auch Links zu anderen Sites.

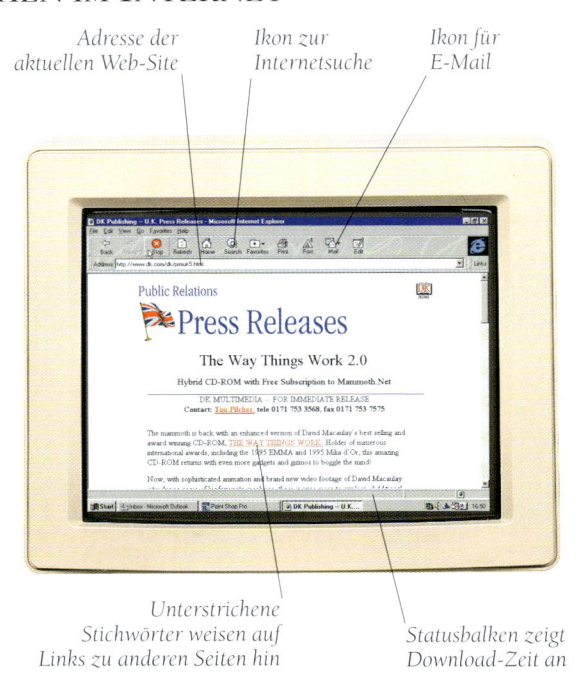

Unterstrichene Stichwörter weisen auf Links zu anderen Seiten hin

Statusbalken zeigt Download-Zeit an

131

KONKRETE VERÄNDERUNGEN

BESPRECHUNGEN

Besprechungen beanspruchen einen Großteil der Arbeitszeit. Die meisten Manager sind ihren halben Tag in Sitzungen. Sich darum zu kümmern, dass die Gespräche glatt und erfolgreich verlaufen, ist ein wesentlicher Teil des Zeitmanagements.

71 Ermutigen Sie Mitarbeiter, ihre Ansicht frei zu äußern.

EINZELGESPRÄCHE

Einzelgespräche sind flexibler als große, formelle Konferenzen, und ihre Dauer lässt sich leicht begrenzen. Sie sollten sich bemühen, das Gespräch nicht allzu kurz zu halten (das ist frustrierend für den Partner), aber auch nicht so lang ausufern zu lassen, dass beide Seiten das Gefühl haben, ihre Zeit sei verschwendet.

72 Hören Sie mehr zu als selbst zu reden.

**MITARBEITER- ▼
BEURTEILUNG**
Die Mitarbeiterbeurteilung ist ein heikles Beispiel für Einzelgespräche. Sie sollte eine bestimmte Dauer haben und ungestört verlaufen.

Manager spricht ermutigend und direkt

Angestellter ist aufnahmebereit und zuversichtlich

Angestellter notiert das Wesentliche

BESPRECHUNGEN

Einzelgespräche timen

Manche Einzelgespräche haben einen speziellen Zweck, z. B. Einstellungsgespräche oder Mitarbeiterbeurteilungen, und die Dauer ist damit ungefähr vorgegeben. Weniger formelle Einzelgespräche sind meist entweder kurz und gezielt, als Reaktion auf eine bestimmte Situation (z. B. ein Tadel), oder allgemeiner und von unbestimmter Dauer. In letzterem Fall sollten Sie von vornherein eine bestimmte Zeit für das Gespräch festlegen. Wenn Sie Ihrem Partner sagen, dass dieses Gespräch soundso lange dauern wird, kann er sich darauf einstellen. Halten Sie die festgelegte Zeit möglichst ein, aber sorgen Sie auch dafür, dass in diesem Gespräch wirklich alles geklärt wird und es keine Missverständnisse und offenen Punkte gibt.

> **73** Lassen Sie sich »dringend« abrufen, wenn ein Treffen sich dahinzieht.

▼ MITARBEITER TADELN
Tadel sollte kurz sein, ohne Erregung und möglichst bald nach dem Vorfall ausgesprochen werden. Das Thema sollte in einem einzigen Gespräch behandelt und behoben werden. Körpersprache unterstreicht und verstärkt Ihre Aussage.

Kopf des Angestellten ist gesenkt, aber er hält Augenkontakt

Vorgesetzte dominiert durch vorgebeugte Haltung

133

Konkrete Veränderungen

Konferenzen planen

Sorgen Sie dafür, dass jeder Teilnehmer schon vorher den Zweck der Konferenz und seine Rolle kennt. Verteilen Sie rechtzeitig eine Tagesordnung, damit die Teilnehmer wissen, welche Themen besprochen werden sollen. Dadurch können sie sich vorbereiten, notwendige Information beschaffen, und sie wissen ungefähr, wie lange die Konferenz dauern wird. Für den Vorsitzenden ist es leichter, zeitraubende Manöver zu beschränken, wenn er sich auf die gesteckte Frist berufen kann. Ihre Agenda hilft auch, die geplante Zeit für einzelne Themen einzuhalten.

> **74** Legen Sie für jeden Tagesordnungspunkt eine Zeit fest.

> **75** Holen Sie Teilnehmer nur bei den Punkten dazu, die sie betreffen.

Agenda vorbereiten

Die Reihenfolge der Tagesordnungspunkte kann das Timing der Konferenz erheblich beeinflussen. Setzen Sie an den Anfang keinesfalls ein strittiges Thema, bei dem die Konferenzteilnehmer zu viel Zeit mit Diskussionen verbringen. Stattdessen beginnen Sie mit Routine und einfachen Fragen, die leicht zu entscheiden sind. Das verleiht der Konferenz Schwung und gibt den Teilnehmern bald das Gefühl, etwas erreicht zu haben.

Zeitverschwendung vermeiden

Zeitverschwendung bei Konferenzen kostet mehr als nur die Zeit der Teilnehmer. Die Kosten der Konferenz werden beachtlich, wenn man die Gehälter der Teilnehmer berücksichtigt. Deshalb sollte an der Konferenz niemand unnötig teilnehmen, Störungen sind indiskutabel und straffe Leitung ist angesagt. Tolerieren Sie keine zeitvergeudenden Taktiken, wie überflüssige Reden oder endloses Überprüfen von Punkten. Wenn Sie den Vorsitz führen, ist es an Ihnen, die Taktik zu erkennen und dafür zu sorgen, dass es weitergeht.

Kulturelle Unterschiede

Unterschiedliche Kulturen haben ihre eigene Sicht auf Konferenzen, und daher hängt deren Ablauf auch von der Nationalität der Teilnehmer ab. Für Japaner ist es eine Beleidigung, wenn nur einer zur Konferenz erscheint – man ehrt den Gastgeber durch zahlreiches Erscheinen. In arabischen Ländern will man nicht gesagt bekommen, wie lange die Konferenz dauern soll.

BESPRECHUNGEN

ZEITPLAN EINHALTEN

Konferenzen sollten pünktlich anfangen: Beginnen Sie ohne Rücksicht auf Zuspätkommer und verschwenden Sie keine Zeit mit Rekapitulation, wenn sie da sind. Halten Sie stets den Zeitplan ein. Verschieben Sie komplizierte Themen an das Ende, damit die übrigen Punkte ohne Verzögerung behandelt werden können.

76 Erinnern Sie im Protokoll alle daran, was vereinbart wurde.

KONFERENZ BEWUSST STEUERN

AUF KURS		AUSSER KURS
Jeder rechtzeitig	**Konferenz beginnen**	Wegen Spätkommer unterbrochen
Jeder hat Gelegenheit zu sprechen	**Alle Ansichten werden vorgetragen**	Willkürliche Unterbrechungen zulässig
Kompromisse akzeptiert	**Diskussion führen**	Gereizte Stimmung geduldet
Beschlüsse kurz und bündig	**Beschlüsse fassen**	Bereits Erörtertes wird wiederholt
Maßnahmen durchführbar	**Maßnahmen beschließen**	Termine nicht festgelegt
Schriftliches Protokoll erstellt	**Zusammenfassen und Konferenz beenden**	Keine Übereinstimmung erzielt

GESCHÄFTSREISEN

Immer mehr Manager müssen feststellen, dass Reisen zum integralen Bestandteil ihrer Arbeit geworden sind. Das zweckmäßige Organisieren von Geschäftsreisen ist somit für viele zu einem wesentlichen Bestandteil ihres Zeitmanagements geworden.

77 Überlegen Sie vor der Reise, ob sie notwendig und kosteneffektiv ist.

NOTWENDIGKEIT ABWÄGEN

Ehe Sie Reisepläne machen, sollten Sie sich einige Fragen stellen: Nutze ich meine Zeit richtig, wenn ich diese Reise mache? Hätte ein Anruf oder Brief nicht genügt? Kann ich einen anderen schicken? Kann ich die Leute, die ich besuchen muss, überreden, mich zu besuchen? Könnte ich sie auf halbem Weg treffen? Wenn eine Antwort »Ja« ist, denken Sie über die Notwendigkeit der Reise nach.

78 Packen Sie nach Möglichkeit alles Nötige in einen einzigen Handkoffer.

EFFIZIENT PACKEN

Effizientes Packen setzt voraus, dass Sie Ihren Bedarf entsprechend der Dauer Ihrer Reise genau abwägen. Für eine kurze Reise nehmen Sie nur so viel an Kleidung und Bedarfsartikeln mit, wie Sie voraussichtlich benötigen. Auch wenn Sie länger unterwegs sein sollten, kann es unter Umständen sinnvoller sein, weniger Kleidung mitzunehmen und diese am Aufenthaltsort reinigen zu lassen, als sich mit schweren Koffern zu belasten.

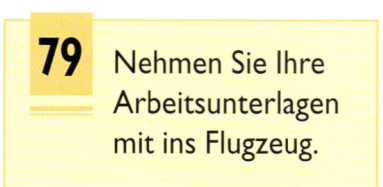

▼ **AKTENKOFFER PACKEN**
Nehmen Sie nur das Nötigste mit, nämlich Unterlagen und Dinge, die Sie für die geplanten Besprechungen und für den Kontakt mit Ihrem Büro benötigen.

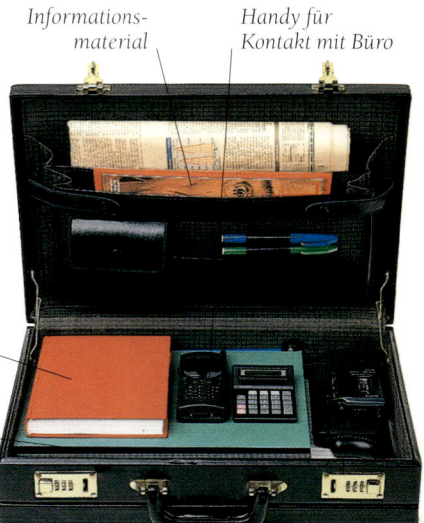

Informationsmaterial

Handy für Kontakt mit Büro

Kalender als »Reisetagebuch«

Wichtige Unterlagen

79 Nehmen Sie Ihre Arbeitsunterlagen mit ins Flugzeug.

Organisieren Sie Ihre Reisezeit

Vor der Reise

- Planen Sie Ihre Reiseroute sorgfältig.
- Kombinieren Sie nach Möglichkeit mehrere Besuche im selben Land oder Bezirk.
- Entwerfen Sie eine genaue Tagesplanung. Hinterlassen Sie Ihren Kollegen im Büro eine Kopie, damit man weiß, wo man Sie notfalls erreichen kann.
- Sammeln Sie alle Dokumente, die Sie unterwegs für Ihre Gespräche benötigen.
- Bestätigen Sie vor der Abfahrt alle Termine für den Fall, dass ein Gespräch verschoben wird oder sich erübrigt.
- Legen Sie eine Akte mit allgemeiner Information an, die Sie bei jedem Besuch benutzen können.
- Reservieren Sie bei Bahnreisen Ihren Platz im Voraus, so dass Sie erst unmittelbar vor Abfahrt des Zugs am Bahnhof sein müssen.

Unterwegs

- Bleiben Sie mit Ihrem Büro in Kontakt, so dass man über Ihre Fortschritte auf dem Laufenden ist und Sie den neuesten Stand der Dinge kennen.
- Verwenden Sie ein Diktiergerät für Memos oder Notizen bzw. ein Notebook für E-Mails oder sonstige Bildschirmarbeit.
- Benutzen Sie Ihren eigenen Wecker zur Sicherheit, falls der telefonische Weckdienst im Hotel unzuverlässig ist.
- Am Bestimmungsort sollten Sie nach Möglichkeit außerhalb der Spitzenverkehrszeiten fahren; das stresst weniger und geht schneller.
- Kombinieren Sie Mahlzeiten mit geschäftlichen Besprechungen; damit sparen Sie nicht nur Zeit, sondern sorgen zugleich für eine zwanglosere Atmosphäre.

Zeitverschiebung

Ihr Tag wird von einer inneren Uhr gesteuert, die Ihr Schlafschema steuert. Wenn Sie in andere Zeitzonen reisen, bekommen Sie Probleme durch den so genannten Jetlag. Wenn Sie in eine Zeitzone mit zwei oder drei Stunden Differenz fliegen, gehen Sie am Tag vor dem Abflug zur Zeit Ihres Bestimmungsortes ins Bett. Dadurch passt sich Ihr Körper an die künftige Schlafenszeit an. Bei Zielen mit größerer Zeitdifferenz sorgen Sie dafür, dass Sie vor der Reise ausgeruht sind und nach der Ankunft eine Ruhepause haben.

80 Stellen Sie Ihre Uhr am Ziel auf Ortszeit ein.

◀ **Leicht Reisen**

Moderne Taschen und Koffer sind ergonomisch entworfen. Verwenden Sie Koffer oder Taschen mit Rädern, damit Sie nicht schwer tragen müssen. Nehmen Sie möglichst alles als Handgepäck mit ins Flugzeug, um bei der Ankunft Zeit zu sparen.

Schalenkoffer mit Rollen

Tragetasche

KONKRETE VERÄNDERUNGEN

KONTAKT HALTEN

Es ist wichtig festzulegen, wie Sie auf Reisen mit Ihrem Büro Kontakt halten wollen, aber bleiben Sie dabei realistisch. Ihnen stehen viele, unterschiedlich komplexe Kommunikationsmethoden zur Verfügung – entscheiden Sie sich für die angenehmste.

In manchen Fällen kann Ihre Abwesenheit für praktische Probleme sorgen. Zum Beispiel kann Ihre Unterschrift auf wichtigen Dokumenten erforderlich sein. In solchen Fällen ist es möglich, einen Nachtkurier zu buchen, der Ihre Dokumente bringt und ins Büro zurück befördert.

NICHT VERGESSEN

- Faxe sind nicht nur schneller als Briefe, sondern auch billiger.
- Laptops können mit Modems ausgerüstet werden, um Faxe oder E-Mails zu versenden.
- Handys funktionieren nicht überall.
- Internationale Gesprächskosten können unterschiedlich sein. Vor allem Gespräche aus Hotels sind teuer. Deshalb sollten Sie die Kosten prüfen, bevor Sie aus Übersee anrufen.

KOMMUNIKATION AUF REISEN

Während einer Geschäftsreise mit den Kollegen im Büro in Verbindung zu bleiben ist heute einfacher und zuverlässiger als je zuvor. Je nach Aufenthaltsort und der Art der Kommunikation, die Sie senden oder erhalten wollen, bieten sich folgende Methoden an:

HANDY ▶
Die meisten mobilen Telefone funktionieren auch in Übersee. Handy sind vor allem nützlich, wo es keine öffentlichen Telefone gibt.

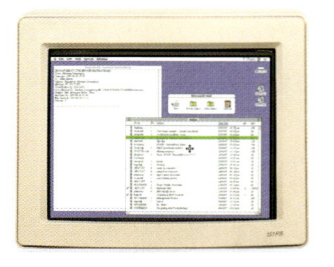

▲ TELEFON
Hinterlassen Sie in Ihrem Büro eine Kontaktnummer. Die meisten Hotels berechnen vom Zimmer überzogene Gebühren.

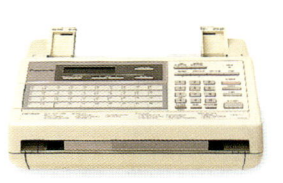

▲ TELEFAX
Faxen Sie, wenn Sie eine schnelle Antwort wünschen. Jedes Hotels hat ein zentrales Faxgerät an der Rezeption.

◀ E-MAIL
Versenden Sie dringende Dokumente und Mitteilungen per E-Mail. Dazu brauchen Sie einen Computer mit Modem oder ISDN-Karte.

◀ POST
Versenden Sie Originaldokumente oder Post, die der Unterschrift bedarf, per Kurier. Auch Luftpost kann einige Zeit unterwegs sein.

GESCHÄFTSREISEN

OPTIMALE REISEPLANUNG

Vor der Abreise machen Sie einen Zeitplan, der Ihre Zeit optimal nutzt. Reduzieren Sie die Dauer Ihrer Abwesenheit und die Reisekosten auf ein Minimum. Wenn Sie glauben, dass Sie auf Geschäftsreisen Ihre normale Arbeit weiterhin erledigen können, irren Sie sich vermutlich – es ist aber auch nicht unbedingt nötig. Beschränken Sie trotzdem Ihre Freizeit auf ein Minimum. Nutzen Sie die Zeit, die Ihnen bleibt, sich auf den Zweck Ihrer Reise zu konzentrieren.

> **81** Ehe Sie vom Hotel telefonieren, erfragen Sie die Gebühren.

AUFZEICHNUNGEN AKTUALISIEREN

Den größten Teil Ihrer Zeit werden Sie mit Besprechungen verbringen – je länger die Reise, desto mehr Besprechungen. Bestimmt müssen Sie Ihre Aufzeichnungen täglich aktualisieren, sonst bringen Sie alles durcheinander, wenn Sie ins Büro zurückkehren, und wissen nicht mehr, was Sie mit wem vereinbart haben. Schreiben Sie Verhandlungsergebnisse und Maßnahmen täglich auf.

> **82** Denken Sie an Adapter für Ihre elektrischen Geräte.

◀ **ARBEIT IM HOTELZIMMER**
Nutzen Sie die Ruhe des Hotelzimmers, um die Ereignisse des Tages zu notieren und die Gespräche des nächsten Tages vorzubereiten. Ideal ist ein Notebook, um den Verlauf und die Resultate Ihrer Gespräche zu notieren und mit dem Büro zu korrespondieren. In großen Hotels können Sie Ihre Aufzeichnungen auch tippen lassen und dann auf elektronischem Wege übermitteln.

139

Abwesenheit planen

Erfolgreiches Zeitmanagement beinhaltet mehr als nur die Organisation Ihrer Arbeit. Wenn Sie nicht regelmäßige Pausen einplanen, um Ihre Batterien aufzuladen, leidet die Arbeit darunter. Nehmen Sie sich Zeit für Familie, Freunde, Sport und Hobbys.

> **83** Machen Sie lieber zwei oder drei Kurzurlaube statt eines langen.

Nicht vergessen

- Wegen einer Pause brauchen Sie kein schlechtes Gewissen zu haben. Sie hilft, bei der Arbeit effizienter zu sein.
- Selbst wenige Minuten können Wunder wirken.
- Arbeitsurlaub ist ein Widerspruch in sich.
- Gymnastik baut Stress ab und ist eine sinnvolle Unterbrechung der Arbeit – falls Ihr Arbeitsplatz Duschen und Umkleideräume hat.
- Urlaub und Geschäftsreisen können eine hervorragende Übung zum Delegieren von Arbeit sein.

Die täglichen Pausen

Manche Führungskräfte sehen täglich eine kurze Erholungspause vor. Ähnlich der Siesta, machen sie diese oft kurz nach dem Mittagessen. Die Tür ist dann für alle verschlossen, so dass ein Nickerchen möglich ist. Nach etwa zehn Minuten ist man oft wieder frisch. Planen Sie täglich eine feste Erholungszeit ein. Sehen Sie dafür eine ruhige Zeit vor, die zu Ihrem persönlichen Energierhythmus und Ihren Verpflichtungen passt.

Es kann sich als schwierig erweisen, einen geeigneten Platz für so eine Pause zu finden. Großraumbüros sind laut und bieten keine Privatsphäre. Wenn Sie keinen leeren Raum fern von allem Trubel finden, gehen Sie lieber an die frische Luft.

> **84** Planen Sie regelmäßig Freizeit für Ihre privaten Interessen.

◀ **Sich eine Pause gönnen**
Rennen Sie nach einer hektischen Konferenz nicht gleich zurück ins Büro – trinken Sie Kaffee oder gehen Sie spazieren. Damit bekommen Sie wieder einen klaren Kopf.

BATTERIEN AUFLADEN

Zum Aufladen Ihrer Batterien brauchen Sie ein ausgewogenes Privatleben und Freizeit. Verbringen Sie diese Zeit mit Familie und Freunden und treiben Sie Sport. Sie sollten sich gesund ernähren, neue Erfahrungen machen und ab und zu Urlaub nehmen. Wenn Sie keine schulpflichtigen Kinder haben, planen Sie Ihren Urlaub am besten außerhalb der Saison.

▲ EINFACH MAL WEG
Szenenwechsel hilft Ihnen, sich zu entspannen. Jeder Mensch braucht eine Unterbrechung der täglichen Routine, um Stress abzubauen. Schon ein Kurztripp oder Wochenendausflug in die Natur kann viel bewirken.

VORAUSPLANEN

Richtiges Zeitmanagement heißt Vorausplanen. Wenn Sie den Urlaub rechtzeitig einplanen, können Sie auch Ihre Arbeit vor und nach der Abwesenheit besser in den Griff bekommen. Nehmen Sie sich zu Beginn eines jeden Jahres Zeit, Ihren Terminkalender einzurichten. Stellen Sie fest, wann Sie wahrscheinlich viel und wann weniger zu tun haben. Mit diesem Überblick können Sie Ihre Urlaubszeiten planen. Bitten Sie alle in Ihrer Abteilung, ebenso zu verfahren, so dass Sie sehen können, ob zeitliche Unstimmigkeiten entstehen.

> **85** Versuchen Sie, täglich etwas Neues zu erleben.

▼ ABWESENHEIT ORGANISIEREN
Schätzen Sie, wie geballt Ihre Verpflichtungen sind, und tragen Sie das in einen Wandkalender ein. So lässt sich abwägen, wann die günstigste Zeit für Urlaub ist.

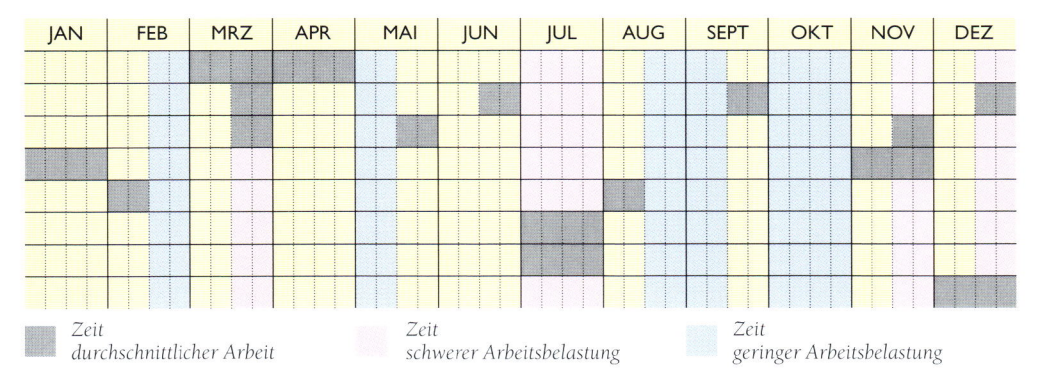

JAN	FEB	MRZ	APR	MAI	JUN	JUL	AUG	SEPT	OKT	NOV	DEZ

Zeit durchschnittlicher Arbeit
Zeit schwerer Arbeitsbelastung
Zeit geringer Arbeitsbelastung

ABSTIMMUNG MIT ANDEREN

Um Ihre Zeit optimal zu nutzen, müssen Sie auch die Zeit Ihrer Mitarbeiter, Kollegen und Vorgesetzten managen. Lernen Sie richtiges Delegieren und eine produktive Aufgabenteilung.

RICHTIG KOMMUNIZIEREN

Um andere zu bewegen, ihre verfügbare Zeit auf bestmögliche Weise zu nutzen, müssen Sie zuerst die Kunst der Kommunikation beherrschen. Das heißt, Sie müssen nicht nur wissen, was Sie sagen wollen, sondern auch, wie Sie es sagen sollten.

86 Erwarten Sie viel, die anderen werden sich danach richten.

KULTURELLE UNTERSCHIEDE

In vielen asiatischen Ländern ist das Hierarchiedenken tief verwurzelt, und Alter spielt eine große Rolle. Ein junger Manager sollte nicht erwarten, dass er in China Gehör findet. Einem grauhaarigen Berater wird man mehr Ehrfurcht zollen, selbst wenn ein junger genau dasselbe sagt.

INFORMATION VERBREITEN

Gegenwärtig entwickelt sich eine Unternehmenskultur, in der Kommunikation untereinander leichter ist. Ein kultureller Wandel hat die Unternehmen aufgeschlossener gemacht. Das können Sie nutzen, um Zeit zu sparen, z. B. indem Sie Information mündlich statt schriftlich verbreiten. Mündliche Kommunikation ist direkter, fördert das Gefühl der Gemeinsamkeit und regt Mitarbeiter an, sich aktiver für das Unternehmen einzusetzen. Trotzdem sollte alles Wesentliche, das mündlich vermittelt wird, auch schriftlich festgehalten werden, um Ungewissheiten zu minimieren.

Methoden revidieren

Intranet und E-Mail gestatten schnelle, einfache Informationsverbreitung. Dank dieser Technologien wird auch die Arbeit zu Hause zu einer immer praktischeren und attraktiveren Option. Aber hüten Sie sich vor Informationsüberlastung: Die Menge der Information kann das, was eigentlich Müll ist, wichtiger erscheinen lassen, als es ist. Die Bequemlichkeit elektronischer Kommunikation verführt leicht dazu, Mitteilungen zu versenden, die eigentlich überflüssig sind. Auch wenn sich in modernen Unternehmen Kommunikationswege öffnen, fehlt es den Empfängern oft an der nötigen Hintergrundinformation. Seien Sie also stets klar und präzise, um Missverständnisse zu vermeiden.

87 Überzeugen Sie durch Fakten, nicht durch Emotionen.

89 Interessieren Sie sich dafür, was andere zu erreichen versuchen.

▶ INFORMATIONSFLUSS

Gewisse Kommunikationsstränge sind in Unternehmen besser entwickelt als andere. Zum Beispiel wird die Verkaufsabteilung mehr mit der Produktion kommunizieren als mit Kollegen in der Buchhaltung.

⟷ *Rege Kommunikation*

⟷ *Gelegentliche Kommunikation*

⟷ *Seltene Kommunikation*

89 Hören heißt nicht Zuhören. Lernen Sie zuhören.

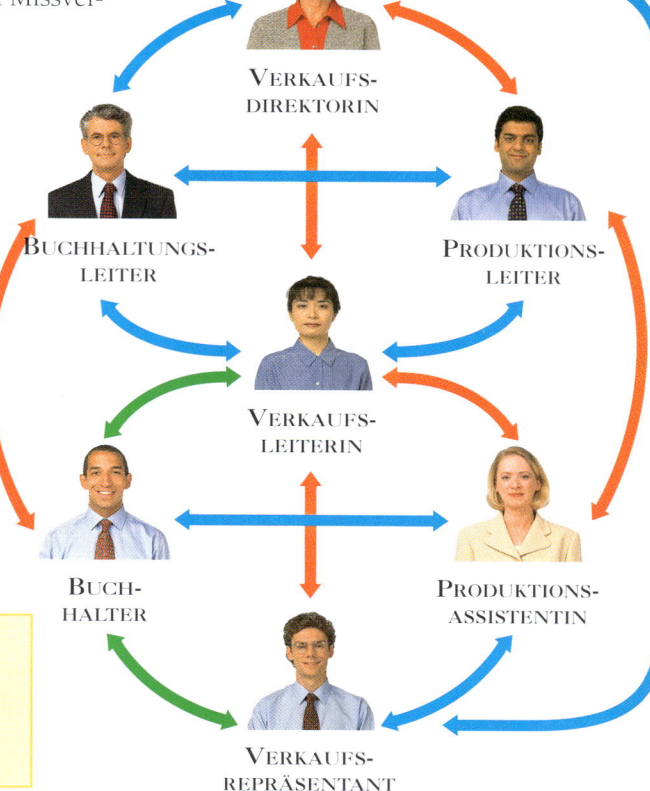

VERKAUFSDIREKTORIN

BUCHHALTUNGSLEITER

PRODUKTIONSLEITER

VERKAUFSLEITERIN

BUCHHALTER

PRODUKTIONSASSISTENTIN

VERKAUFSREPRÄSENTANT

SINNVOLL DELEGIEREN

Einer der Schlüssel zum effektiven Management ist das Delegieren von Arbeit an andere – niemand kann alles selbst erledigen. Lernen Sie, einzelne Aspekte Ihrer Arbeit sinnvoll zu delegieren, dann haben Sie Zeit, Ihre wichtigsten Aufgaben zu erledigen.

90 Legen Sie die Ziele deutlich dar, wenn Sie eine Aufgabe delegieren.

DELEGIEREN LERNEN

Der Prozess des Delegierens umfasst die Entscheidung zum Delegieren, das Briefing und das Nachfassen. Bei jedem dieser Punkte können Sie potentielle Probleme abfangen.

- Die Entscheidung: Zwingen Sie sich zum Delegieren. Es bringt nichts, wenn Sie davon ausgehen, es dauere länger, einen anderen in den Job einzuweisen, als ihn selbst zu erledigen. Delegieren lohnt sich wirklich – wenn jemand eine bestimmte Aufgabe begriffen hat, kann er sie künftig ohne wiederholtes Briefing selbständig ausführen.
- Das Briefing: Vergewissern Sie sich, dass die Person, an die Sie delegieren, die Aufgabe deutlich versteht – was Sie erwarten und bis wann. Bieten Sie weiteren Rat und Hilfe an.
- Das Nachfassen: Überwachen Sie den Verlauf der Arbeit während der Ausführung. Geben Sie positives Feedback, aber übertreiben Sie nicht – der Schritt von hilfreicher Beaufsichtigung zu nervender Einmischung ist nur klein.

91 Reservieren Sie Zeit für Dinge, die nur Sie machen können.

NICHT VERGESSEN

- Wenn Sie delegieren, so delegieren Sie nicht das Recht, etwas zu tun, Sie delegieren das Recht, Entscheidungen zu treffen.
- Flexibilität ist wichtig, denn derjenige, an den Sie delegierten, könnte eventuell ein besseres Verfahren zur Ausführung anwenden als Sie.
- Ein Briefing kann missverstanden werden, deshalb lassen Sie es sich wiederholen, und prüfen Sie so, ob es richtig verstanden wurde.
- Die Gesamtverantwortung für die delegierte Aufgabe bleibt bei Ihnen.
- Es ist hilfreich, wenn Sie konstruktives Feedback bieten können.
- Zu viel Kritik schadet mehr als zu viel Lob.

92 Legen Sie eine Checkliste an, um an andere delegierte Aufgaben zu überwachen.

BRIEFING UNTERMAUERN

Beim Delegieren kommt es nicht nur auf ein klares Briefing an, Sie müssen auch alle Informationen zur Verfügung stellen, die der andere braucht. Um Fehlinterpretation zu vermeiden, nehmen Sie sich Zeit, genau zu erklären, was Sie erwarten und wie sich das Projekt in Ihren Gesamtplan einfügt. Erörtern Sie, welche Schwierigkeiten auftreten könnten und wie man sie angehen kann. Beantworten Sie Rückfragen, die bei der Ausführung kommen.

93 Belohnen Sie gute Arbeit großzügig und tadeln Sie Trägheit.

94 Setzen Sie für delegierte Aufgaben realistische Fristen an.

VERANTWORTLICHKEIT FESTIGEN

Delegieren heißt nicht, die Leitung eines Projekts abgeben, sondern die Verantwortung für gewisse Aufgaben übergeben. Ermutigen Sie die Mitarbeiter, nach ihren eigenen Methoden zu arbeiten, sofern sie sich an das Briefing halten. Dadurch können sie ihr Fachwissen nutzen und neue Erfahrungen machen. Eine der üblichen Streitfragen beim Delegieren ist das Problem der Verantwortlichkeit. Deshalb müssen Sie genau definieren, wofür der Beauftragte verantwortlich ist.

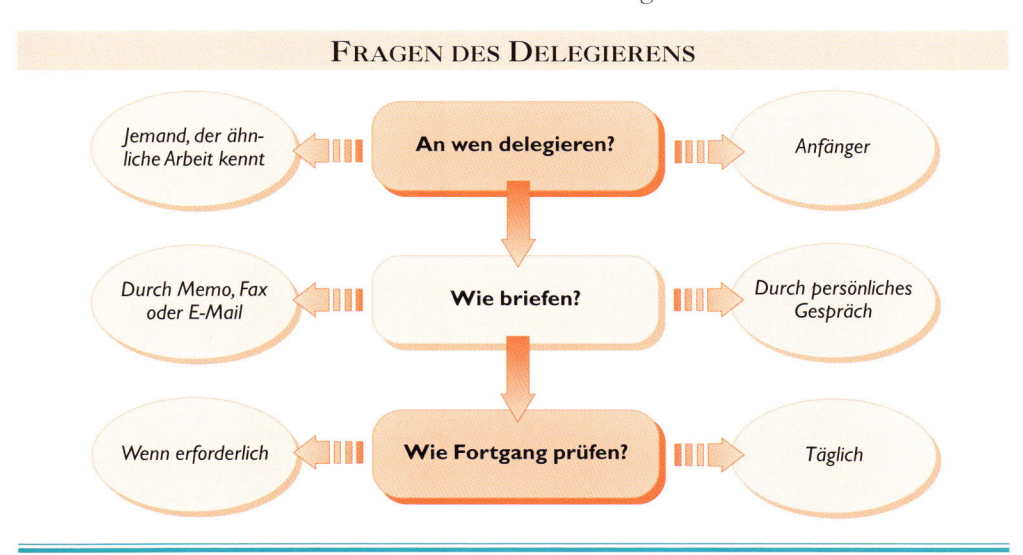

FRAGEN DES DELEGIERENS

	An wen delegieren?	
Jemand, der ähnliche Arbeit kennt		Anfänger
Durch Memo, Fax oder E-Mail	**Wie briefen?**	Durch persönliches Gespräch
Wenn erforderlich	**Wie Fortgang prüfen?**	Täglich

Mit Kollegen umgehen

Zu den schwierigsten Dingen gehört es, Ihr Zeitmanagement mit den Kollegen in Übereinstimmung zu bringen. Sind Sie zugänglich, dann verfügen Sie nicht mehr frei über Ihre Zeit, sind Sie distanziert, müssen Sie auf die Hilfe der Kollegen verzichten.

95 Gestatten Sie Kollegen nicht, Sie mit Belanglosigkeiten abzulenken.

Zusammenarbeit

96 Halten Sie Besprechungen im Büro des Kollegen, dann können Sie gehen.

Die traditionellen Unternehmenshierarchien werden allmählich abgebaut. Aufgaben werden vermehrt Teams zugewiesen, die für Projekte zusammengestellt werden. Das bedeutet, dass Sie mit unterschiedlichen Menschen zusammenarbeiten und versuchen müssen, mit ihnen einvernehmlich Arbeitsprioritäten festzulegen.

Erfahrung im Zeitmanagement teilen

Aufgaben	Möglichkeiten des Austauschs
Arbeitsprioritäten	• Besprechen Sie das Prinzip der Arbeitsgliederung in A-, B- und C-Aufgaben und die Anzahl der Aufgaben, die täglich zu erledigen sind. • Verwenden Sie Beispiele aus dem Arbeitsbereich Ihrer Kollegen.
Terminkalender und -planer	• Bitten Sie Ihre Kollegen, ein Zeitprotokoll zu führen, es mit Ihnen zu besprechen und die jeweiligen Arbeitsstrukturen herauszufinden. • Helfen Sie Ihren Kollegen beim Erstellen eines Planungssystems.
Information filtern	• Regen Sie Ihre Kollegen dazu an, bei jeder eingehenden Information zu erwägen, welche Maßnahmen erforderlich sind. • Geben Sie Tipps zum schnelleren Lesen und Ihre Erfahrung damit weiter.
Delegieren und nachfassen	• Erörtern Sie spezifische, verwandte Beispiele aus der Vergangenheit, um die beste Handlungsweise für den Augenblick zu bestimmen. • Seien Sie stets bereit, sich auf neue Methoden einzulassen.

Auf Ziele konzentrieren

Es ist eine zeitsparende Angewohnheit, zu Beginn einer Besprechung zu klären, was bei diesem Treffen herauskommen soll. Um die Möglichkeiten zu klassifizieren, gibt es drei grobe Kategorien: Brauchen Sie Rat, Information oder eine Entscheidung?

Benennen Sie zu Beginn eines jeden Gesprächs genau, was Sie voneinander erwarten. Mit dieser Festlegung können Sie sofort ziemlich genau einschätzen, wieviel Zeit der Gesprächsaustausch beanspruchen wird. Die drei Kategorien helfen Ihnen auch, zu entscheiden, wie Sie auf Kollegen reagieren, die auf Sie zukommen.

Meinungen einholen

Nur von Kollegen können Sie ein halbwegs neutrales Feedback zu Ihrer Arbeitsweise bekommen. Vorgesetzte oder Untergeordnete innerhalb der Unternehmenshierarchie können das nicht leisten, weil die einen zu aufgabenbezogen denken und die anderen sich vermutlich nicht trauen.

Ermutigen Sie Ihre Kollegen, Ihnen zu sagen, was sie über Ihre Leistung denken. Vielleicht bekommen Sie wertvolle Hinweise. Sie könnten Ihnen beispielsweise sagen, dass Ihre Konferenzen zu lange dauern. Vielleicht hören Sie auch, dass Sie für andere viel zu selten zu sprechen sind. Hören Sie auf den Rat der Kollegen.

Interaktionen

Rat
Wenn Sie einem Kollegen einen Rat erteilen wollen, so machen Sie das nur, wenn Sie viel Zeit zur Verfügung haben. Rat können Sie niemals erteilen, wenn Sie in Eile oder unkonzentriert sind.

Information
Informationen werden nur in eine Richtung weitergegeben – meist bedarf es keines Feedback. Planen Sie täglich eine gewisse Zeitspanne für Informationsvermittlung ein.

Entscheidung
Eine Entscheidung zu fällen kann beachtliche Zeit erfordern. Wichtig ist dabei, dass Sie sich auch unter Zeitdruck nicht zu voreiligen Entscheidungen verleiten lassen.

97 Reservieren Sie Zeiten, wann Ihr Büro offen steht.

98 Besuchen Sie Kollegen nur, wenn Sie etwas zu besprechen haben.

ABSTIMMUNG MIT ANDEREN

VORGESETZTE EINBEZIEHEN

Jeder sollte den Umgang mit seinen Vorgesetzten im Auge behalten, wenn er seine Zeit nach bester Möglichkeit nutzen will. Seien Sie dabei stets taktvoll, so dass Ihr Chef nicht den Eindruck bekommt, Sie würden ihn hintergehen oder manipulieren.

99 Berücksichtigen Sie die Arbeitsstruktur Ihres Chefs und passen Sie sich an.

100 Versuchen Sie, ein gutes Verhältnis zu Ihrem Chef aufzubauen.

Eine Beziehung aufbauen

Als erstes müssen Sie genau wissen, was Ihr Chef von Ihnen erwartet. Haben Sie einen Vorgesetzten, der Ihnen eine Aufgabe delegiert und Ihnen dann alle Freiheit lässt? Oder erwartet er, dass Sie ihm täglich Bericht erstatten und warten, bis er frei ist, um Sie anzuhören? Besprechen Sie diese Frage frühzeitig, aber taktvoll mit ihm. So können Sie Ihre Arbeit auf die Erwartungen Ihres Chefs zuschneiden.

Wenn Sie selbständig arbeiten wollen, überzeugen Sie Ihren Vorgesetzten, dass er Ihnen vertrauen kann. Beweisen Sie es mit guten Resultaten und bauen Sie ein gutes Verhältnis zu Ihrem Chef auf. Wenn Sie weniger förmlich sein müssen, wird die Kommunikation direkter und daher effizienter.

Sammeln Sie, was Sie mit Ihrem Chef besprechen wollen

◀ **FRAGEN ZURECHTLEGEN**
Ergreifen Sie die Initiative und melden Sie sich zur Besprechung beim Chef an, statt zu warten, bis er Sie zitiert. Vielleicht hat er so viel zu tun, dass er gar nicht bemerkt, dass Sie seine Unterstützung brauchen.

Effizient kommunizieren

Der Beziehung zu Ihrem Vorgesetzten liegt die implizite Annahme zugrunde, dass er mehr zu tun hat als Sie. Wenn Sie etwas zu besprechen haben, so fassen Sie sich kurz. Kommen Sie schnell zur Sache und versuchen Sie, alle Fragen, die Ihr Chef stellen könnte, vorher zu bedenken und möglichst vorwegzunehmen. Untermauern Sie das Gespräch mit Fakten, und halten Sie sich mit persönlichen Ansichten zurück.

Tun und lassen

✔ Kommen Sie zu Gesprächen gut vorbereitet und mit allen wichtigen Unterlagen.

✔ Notieren Sie wichtige Punkte, und geben Sie Ihrem Chef eine Kopie.

✔ Bündeln Sie Fragen, damit Sie nicht fortwährend unterbrechen müssen.

✔ Finden Sie heraus, ob Ihr Chef schriftlich oder mündlich informiert werden will. Halten Sie sich daran.

✘ Äußern Sie Ihre Meinung nur, wenn Sie gefragt werden, wenn sie wichtig ist oder zur Sache beiträgt.

✘ Tragen Sie keine Probleme vor, ohne zugleich praktische Lösungen anzubieten.

✘ Kommen Sie nicht zu spät zu Gesprächen mit Ihrem Vorgesetzten.

✘ Halten Sie gelegentliche Gedankenlosigkeit Ihres Chefs nicht für Böswilligkeit.

Selbständig handeln

Wenn Sie allmählich ein gutes Verhältnis zu Ihrem Chef haben, können Sie selbständiger handeln – und somit effizienter und zufriedener arbeiten. Natürlich werden sich die Prioritäten Ihres Vorgesetzten immer wieder ändern (ebenso wie Ihre eigenen), und Ihre Aufgabe ist es, sich an die veränderten Bedingungen anzupassen. Sie können kaum etwas gewinnen, wenn Sie schroff zu Ihrem Vorgesetzten sind. Das provoziert nur und ruft dementsprechende Reaktionen hervor. Man wird Ihnen nicht zuhören und für Ihre Ansichten kein Verständnis haben. Denken Sie an den Druck, dem Ihr Chef ausgesetzt ist, das wird Ihre Verständnisbereitschaft erhöhen.

101 Berücksichtigen Sie: Zeit betrifft alle. Niemand hat mehr oder weniger davon.

Wann ist Rat angebracht?

Die drei Kategorien beruflicher Kommunikation, Rat, Information und Entscheidung, helfen auch beim Umgang mit Ihrem Vorgesetzten. Bieten Sie Ihrem Chef Rat an, wenn Sie darum gebeten werden oder wenn Sie fühlen, dass er ihn wünscht. Wichtige und sachliche Information sollten Sie auch ohne Aufforderung mitteilen. Oftmals können Sie Ihren Chef bei seiner Entscheidung wesentlich beeinflussen. Denken Sie jedoch daran, dass seine Entscheidung Gründe haben kann, die Sie nicht kennen.

BUDGET-PLANUNG

Einleitung 152

BUDGETIERUNG VERSTEHEN

Was ist ein Budget? 154
Warum budgetieren? 156
Budgetierung und
Unternehmensstrategie 158
Den Budgetierungsprozess leiten 162
Mögliche Problemquellen
erkennen 166

DIE BUDGETIERUNG VORBEREITEN

Das Budget anpassen 168
Ziele abklären 170
Budgets standardisieren 172
Das System überprüfen 176

BUDGETS ERSTELLEN

Informationen einholen 178
Einnahmen prognostizieren 182
Ausgaben abschätzen 184
Kosten verstehen 186
Zahlen aufbereiten 188
Investitionsbudgets verstehen 192
Finanzbudgets erstellen 194
Budgets konsolidieren 196
Budgets abschließen 198

DAS BUDGET KONTROLLIEREN

Diskrepanzen analysieren 200
Abweichungen beobachten 202
Budgetierungsfehler analysieren 204
Unerwartete Abweichungen
untersuchen 206
Anpassungen vornehmen 208
Problematische Verhaltensweisen
erkennen 210
Auf Budgetierung aufbauen 212
Die eigenen Fähigkeiten
testen 214

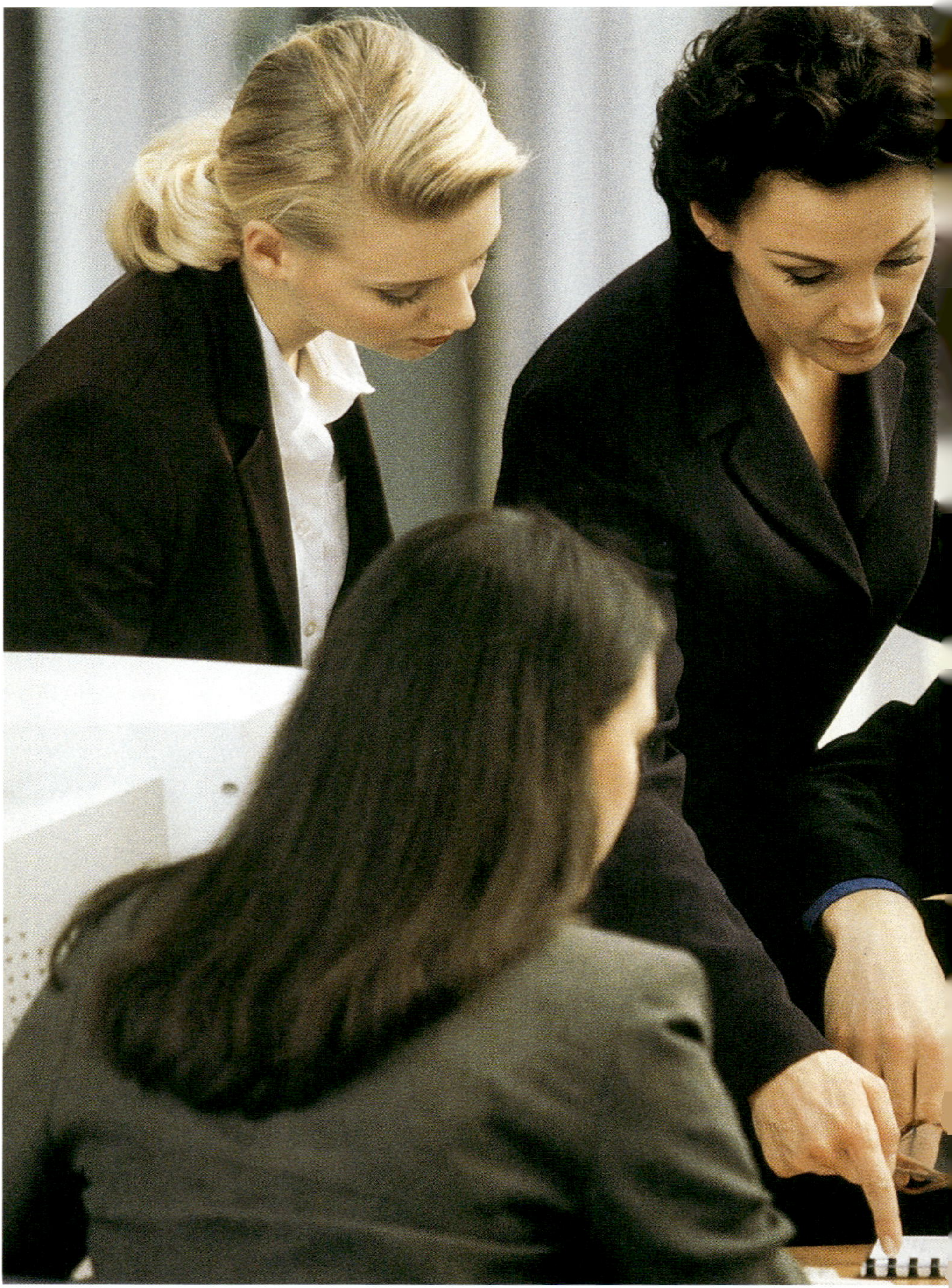

Einleitung

Den größten Erfolg haben Manager in der heutigen Geschäftswelt, wenn sie Budgets geschickt als Führungsinstrumente für ihre Abteilung und sich selbst einzusetzen wissen. Dieses Kapitel ist eine informative und praktische Einführung in die wesentlichen Fähigkeiten, die Sie brauchen, um exakte und nutzbringende Budgets zu erstellen. Die drei Hauptphasen der Budgetierung – Vorbereitung, Erstellung, Kontrolle – werden erklärt, damit Sie die Qualität Ihrer Budgets entscheidend verbessern können. Sie erhalten praktische Tipps, wie Sie Zahlenmaterial logisch hinterfragen und Prozesse sinnvoll kontrollieren. 101 im Text verteilte Tipps liefern weitere wichtige Informationen. Und zu guter Letzt können Sie anhand eines Tests Ihre Budgetierungskompetenz beurteilen und verbessern.

Budgetierung verstehen

Budgetierung ist die Vorbereitung, Erstellung und Kontrolle von Finanzbudgets. Sie ist ein essenzielles Führungsinstrument zur Planung und Überwachung von Abteilungen in einer Unternehmung.

Was ist ein Budget?

Ein Budget ist ein Plan für zukünftiges Handeln. Es kann auf unterschiedliche Weise erstellt werden, beschreibt aber in der Regel ein Gesamtunternehmen aus finanzieller Sicht. Ein Budget ist die Messlatte für die spätere Leistungsbeurteilung des Unternehmens.

> **Denken Sie daran:** An der Planung zu sparen heißt, am falschen Ende zu sparen.

FÜHRUNGSQUALITÄTEN ▲
Als Manager müssen Sie in der Lage sein, Ihren Budgetbedarf überzeugend zu vermitteln.

Das Budget – Definition

Ein Budget ist die wertmäßige Darstellung der betrieblichen Planung für einen bestimmten Zeitraum, in der Regel das kommende Jahr. Oft wird angenommen, Budgets würden nur die geplanten Einnahmen und Ausgaben, die Gewinn- und Verlustrechnung, berücksichtigen und für jede Organisationseinheit nur das Einkommen, das sie erzielen soll, und den maximalen Finanzrahmen, über den sie verfügen kann, darstellen. In das Budget gehören aber auch die geplante Entwicklung der Aktiva und Passiva (Planbilanz) und die prognostizierten Kassenein- und -ausgänge (geplanter Cash Flow).

WAS IST EIN BUDGET?

Die übergeordneten Ausgabensparten werden in einzelne Posten aufgeschlüsselt, mit klarer Definition jedes Kostenpunkts.

Die Gesamtsumme der Ausgaben der Abteilung für diese Sparte wird berechnet und fließt in die Summe der Ausgaben des gesamten Unternehmens ein.

MARKETINGABTEILUNG BUDGETJAHR 2

Ausgaben für Werbung	Soll Jahr 1	Soll Jahr 2
Vorarbeit Prelaunch-Prospekt	110	100
Lancierung »XY« in Genf	60	52
TV-Offensive Anfang Jahr 2	700	680
Radiospots März Jahr 2	600	554
Zeitung (1/4 Seite im Monat)	70	63
Messestand Berlin	450	512
Incentive-Programm Verkauf	60	54
Mittel für nationalen Verband	80	90
Messestand Birmingham	40	44
Radiospots Mai Jahr 2	100	67
TV-Offensive Herbst Jahr 2	80	68
GESAMT	2350	2284

Die Überschrift benennt die Abteilung und den anstehenden Budgetzeitraum.

Die für geplante Ausgaben veranschlagten Beträge stehen neben den in der Vorperiode tatsächlich ausgegebenen Beträgen.

2 Sie müssen Ihr Unternehmen im Griff haben, nicht umgekehrt.

WICHTIGE FRAGEN

F Ist die Budgetierung in meinem Unternehmen schon seit langer Zeit erfolgreich?

F Gab es beim Budget für letztes Jahr besondere Probleme?

F Gibt es geschäftliche Besonderheiten, die Budgetprobleme verursachen könnten?

F Können bestimmte Manager besonders gut mit Budgets umgehen?

▲ EIN TYPISCHES BUDGET
Das Ausgabenbudget einer Marketingabteilung fürs nächste Jahr in Form einer Liste, die zeigt, für welche Tätigkeiten Mittel gebraucht werden und wie viel dafür im laufenden Jahr ausgegeben wurde.

BUDGETIERUNG IM UNTERNEHMEN

Der Einsatz von Budgets ist für die Planung und Kontrolle jedes Unternehmens von zentraler Bedeutung. Budgets tragen dazu bei, die Arbeit der Manager und Abteilungen zu koordinieren und ihre Ergebnisorientierung zu stärken. Budgets geben dem Abteilungsmanagement Verfügungsgewalt über die Ausgaben und setzen Zielwerte für die Einnahmen. Als Maßstab zur Bewertung der Aktivitäten sind Budgets auch ein zuverlässiges Instrument. So kann ein Unternehmen anhand von Budgets Informationen darüber gewinnen, wie es sich entwickelt und welcher Anpassungsbedarf sich aus dem Vergleich zwischen bestehendem Geschäftsplan und tatsächlicher Leistung ergibt.

Warum budgetieren?

Budgets helfen einer Einzelperson, einer Abteilung und einer Unternehmung, geplante Ziele zu erreichen. Budgets tragen auch dazu bei, die finanzielle Situation des Unternehmens gegenüber bestimmten Gruppen zu verdeutlichen.

> **3** Setzen Sie Budgets gezielt ein, und sie werden ein Schlüssel zum Erfolg.

Was ist Ihre Verantwortung?

Budgetierungssysteme sind zwar in größeren Unternehmungen mit ausgefeiltem Management üblicher, aber deswegen ist Budgetierung für kleinere Unternehmen nicht minder sinnvoll. Sie müssen sich bewusst werden, welche Verantwortung Sie persönlich und Ihre Abteilung gegenüber dem Unternehmen haben, und dementsprechend budgetieren. Die Qualität eines Budgets kann nur so hoch sein wie die Qualität der Arbeit der Personen, die es aufstellen.

Sich auf Budgetierungsaufgaben konzentrieren

Erwartungen der Eigentümer erfüllen

Maximalen Einsatz bringen

Den Managerpflichten nachkommen

Für Geschäftserfolg sorgen

▲ **BUDGETIERUNGSVERANTWORTUNG**
So wie Budgets einer Reihe von Zielen dienen, müssen Sie als Manager auch bereit sein, im Rahmen des Budgetierungsprozesses eine Reihe von Verantwortlichkeiten zu übernehmen.

> **4** Definieren Sie die Rolle und Tragweite Ihres Budgets mit Blick auf das Unternehmen als Ganzes.

Rolle der Budgetierung

Die Budgetierung schafft den Rahmen, in dem der Einzelne, die Abteilung und das Gesamtunternehmen agieren. Budgets sind ein Ansporn, vorauszuschauen und zu planen. Hierbei hilft ein standardisierter Kalender, mit dem Sie ihre Ziele wirksamer vermitteln können. Detailbudgets zu entwerfen und abzugleichen kann dazu beitragen, die Mitarbeiter zu koordinieren und zu motivieren. Budgets liefern auch die Kerndaten zur strukturierten Bewertung eines Unternehmens.

Die sechs Hauptziele der Budgetierung

Ziel	Definition
Planung	Systematische und logische Unterstützung der Unternehmensplanung im Sinne der langfristigen Unternehmensstrategie
Koordinierung	Beitrag zur Koordinierung der Tätigkeiten der verschiedenen Unternehmensbereiche und zur Sicherstellung der komplementären Zusammenarbeit
Kommunikation	Verbesserung der Kommunikation mit den verschiedenen Gruppenleitern bezüglich der Ziele, Möglichkeiten und Pläne des Unternehmens
Motivation	Erhöhung der Motivation der Manager, die Unternehmens- und die persönlichen Ziele zu erreichen
Kontrolle	Bessere Kontrolle über die Tätigkeiten, indem Fortschritte am ursprünglichen Plan gemessen werden, der dann gegebenenfalls angepasst wird
Beurteilung	Bereitstellung eines Bezugsrahmens für die Leistungsbeurteilung der Manager bei der Umsetzung ihrer persönlichen und Abteilungsziele

5 Denken Sie daran: Budgetplanung und -kontrolle gehen Hand in Hand.

6 Planen Sie Ihr Handeln, statt nur auf Veränderungen zu reagieren.

Abwägung der Nachteile

Ein sorgfältig erstelltes und effizientes Budget bringt einem Unternehmen vielerlei Nutzen, aber es hat auch seine Kehrseiten. Wägen Sie selbst die Nachteile der Budgetierung gegen die zahlreichen Vorteile ab:

- Budgets bedeuten Schreibarbeit und sie rauben dem Manager Zeit, insbesondere dem Neuling.
- Budgets sind ein langsames Arbeitsinstrument, den Erfolg sieht man erst im folgenden Jahr.
- Budgets erfordern Standardisierung und die kann zu strukturellen Erstarrungen führen.
- Budgets können bei Managern, die wenig innovativ eingestellt sind, auf Widerstand stoßen.

Budgetierung und Unternehmensstrategie

Der Budgetierungsprozess ist auf relativ kurze Zeit ausgelegt und bildet nur einen Teil der Gesamtstrategie. Er liefert eine Vorgehenstaktik bei der Durchführung der von der oberen Führungsebene vorgegebenen Programme und Tätigkeiten.

> **7** Blicken Sie in Ihrer Finanzplanung nach vorn und nicht zurück.

> **8** Sorgen Sie dafür, dass Ihr Unternehmen klare, gut durchdachte langfristige Strategien hat.

Unternehmensstrategien verstehen

Eine Unternehmensstrategie ist eine Vision davon, wo das Unternehmen in drei oder fünf Jahren stehen soll. Dazu gehört auch, übergeordnete Zielsetzungen zu benennen und bestehenden Handlungsbedarf aufzuzeigen. Dies kann anhand einer SWOT-Analyse des Umfelds und der Ressourcen eines Unternehmens geschehen. SWOT steht für strengths, weaknesses, opportunities, threats. Eine SWOT-Analyse ist somit eine Bewertung der Stärken, Schwächen, Chancen und Risiken.

Ausarbeitung des Geschäftsplans

Während für die langfristige Unternehmensplanung ein strategischer Plan erstellt wird, folgt die kurzfristige Planung dem Geschäftsplan – was muss das Unternehmen in der nahen Zukunft tun, um die Durchführung der strategischen Planung zu ermöglichen? Hierzu braucht man geeignete Planungsverfahren, um festzustellen, welche Maßnahmen wann ergriffen werden müssen, und Kontrollmechanismen, die gewährleisten, dass die prognostizierten Ergebnisse tatsächlich erzielt werden.

DAS IST ZU TUN

1. Strategieplan untersuchen
2. SWOT-Analyse betrachten
3. Weitere Unternehmensanalysen auswerten
4. Geschäftsplan überarbeiten
5. Budget in den Gesamtzusammenhang der Unternehmenstätigkeit einordnen

Budgets als taktisches Instrument einsetzen

Die Budgetierung ist die taktisch operationale Version des Geschäftsplans. Sie ist Teil sowohl des Planungs- als auch des Kontrollprozesses. Die Unternehmensleitung trifft die strategischen Entscheidungen, die der Verwirklichung der Unternehmensziele am zuträglichsten sind, und entwickelt langfristige Pläne für die Durchführung dieser Strategie. Sie können nun diese weit reichenden Pläne in einen konkret wertmäßig ausgedrückten Jahresbetriebsplan für Ihre Abteilung umsetzen. Nutzen Sie Budgets als Messlatte für die tatsächlichen Ergebnisse, indem Sie interne Finanzberichte heranziehen, so genannte Informationspakete für das entscheidungsorientierte Rechnungswesen. Ein solches Paket besteht aus Gewinn- und Verlustrechnungen, Bilanzen und Cash-Flow-Rechnungen und zeigt somit die Realität im Vergleich zur Planung.

> **9** Berücksichtigen Sie die Trends auf den Märkten Ihrer Produkte.

> **10** Nutzen Sie Budgets als Erfolgsmaßstab und Verfügungsberechtigung.

Planungs- und Kontrollprozess im Unternehmen

Phase	Was zu tun ist
Kurzfristige Planung	• Betriebspläne und -programme ausarbeiten • Jahresfinanzpläne aufstellen • Auf Marktänderungen reagieren • Kontinuierlich die Gültigkeit der Pläne überprüfen
Langfristige Planung	• Unternehmensziele definieren • Strategie-, Markt- und Produktoptionen auswerten • Stärken und Schwächen des Unternehmens analysieren • Finanz-, Kapital- und Personalbedarf feststellen
Kontrolle	• Managementberichte ausarbeiten • Abweichungen vom Plan bewerten • Vorgehen gegen Abweichungen definieren • Wirksame Korrekturen durchführen

Kontinuierliche Budgetierung in Zyklen

Ein weit verbreiteter Irrglaube besagt, die jährliche Budgetierung sei eine Art Feuerwerk: Man leistet einige Vorarbeit, dann gibt es einen Knall, und das war es. Dann wird alles wieder verstaut bis zum nächsten Jahr. Die Realität sieht ganz anders aus: Budgetierung erfordert die kontinuierliche, parallele Pflege von geplanten und tatsächlichen Kennzahlen aus mehreren Geschäftsjahren. In jedem Monat des Jahres ist im Unternehmen etwas für das Budget zu tun. Diese Tätigkeit kann sich auf unterschiedliche Jahre beziehen – auf das vergangene, laufende, kommende oder ein noch späteres Jahr; und sie kann unterschiedlicher Art sein – Budgetvorbereitung, Budgetkontrolle, Prognosenkorrektur, Ausarbeitung der Bilanzergebnisse oder längerfristige Zukunftsprognosen.

> **11** Machen Sie Ihre Budgetierung zu einem kontinuierlichen Prozess.

> **12** Legen Sie Budgetaufgaben in Zeiten geringer wirtschaftlicher Aktivität.

> **13** Planen Sie die Budgetierung zeitlich locker genug, um die Arbeit gut und gründlich machen zu können.

Nicht vergessen

- Budgetierungstätigkeiten können sich auf dieses, nächstes oder ein späteres Jahr beziehen.
- Budgetierungstätigkeiten wiederholen sich, z. B. jährlich, und sollten daher nicht unvorbereitet getroffen werden.
- Realistische Planung hilft Ihnen, Budgetierungsaufgaben in logischer Reihenfolge auszuführen.

Kulturelle Unterschiede

In den meisten europäischen Ländern gilt die Budgetierung als unverzichtbares Führungsinstrument, ohne das ein Unternehmen nicht überleben kann. In den USA und einigen skandinavischen Ländern hingegen werden Budgets immer mehr als Fesseln betrachtet, die wenig zum Florieren des Unternehmens beitragen. In diesen Ländern wird es als wenig sinnvoll angesehen, sich nach Zahlen zu richten, die wenig mit den tatsächlichen Ergebnissen aus der sich verändernden wirklichen Welt zu tun haben. Viele der in diesen Ländern verwendeten Alternativen zur Budgetierung wählen einen ganzheitlicheren Ansatz, so z. B. das Balanced-Scorecard-Modell, in dem nicht nur die finanzielle Seite, sondern alle Aspekte eines Unternehmens betrachtet werden.

BUDGETIERUNG UND UNTERNEHMENSSTRATEGIE

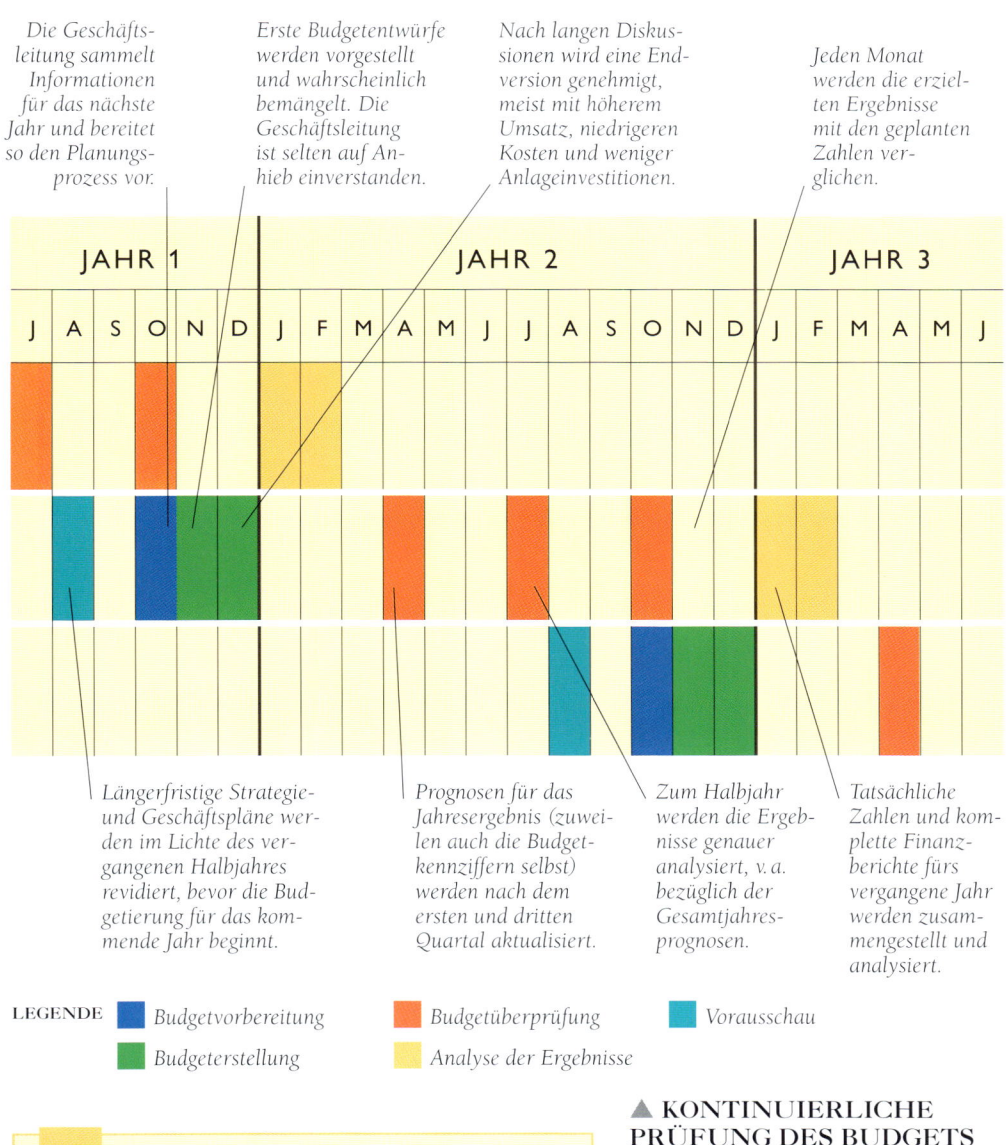

Die Geschäftsleitung sammelt Informationen für das nächste Jahr und bereitet so den Planungsprozess vor.

Erste Budgetentwürfe werden vorgestellt und wahrscheinlich bemängelt. Die Geschäftsleitung ist selten auf Anhieb einverstanden.

Nach langen Diskussionen wird eine Endversion genehmigt, meist mit höherem Umsatz, niedrigeren Kosten und weniger Anlageinvestitionen.

Jeden Monat werden die erzielten Ergebnisse mit den geplanten Zahlen verglichen.

JAHR 1	JAHR 2	JAHR 3
J A S O N D	J F M A M J J A S O N D	J F M A M J

Längerfristige Strategie- und Geschäftspläne werden im Lichte des vergangenen Halbjahres revidiert, bevor die Budgetierung für das kommende Jahr beginnt.

Prognosen für das Jahresergebnis (zuweilen auch die Budgetkennziffern selbst) werden nach dem ersten und dritten Quartal aktualisiert.

Zum Halbjahr werden die Ergebnisse genauer analysiert, v. a. bezüglich der Gesamtjahresprognosen.

Tatsächliche Zahlen und komplette Finanzberichte fürs vergangene Jahr werden zusammengestellt und analysiert.

LEGENDE
- ■ Budgetvorbereitung
- ■ Budgetüberprüfung
- ■ Vorausschau
- ■ Budgeterstellung
- ■ Analyse der Ergebnisse

14 Erwägen Sie auch den Einsatz anderer Planungsinstrumente für Ihr Unternehmen, zusätzlich zu Budgets.

▲ KONTINUIERLICHE PRÜFUNG DES BUDGETS

Budgetierung ist ein kontinuierlicher Prozess. Im Laufe einer Budgetperiode von 18 Monaten werden in jedem Geschäftsjahr (jeder Zeile) die gleichen Aufgaben ausgeführt. Jeden Monat verlangt ein Aspekt der Budgetierung besondere Beachtung.

Den Budgetierungsprozess leiten

Die Budgetierung ist Teil des strukturierten Planungs- und Kontrollsystems. Auch für den Budgetierungsprozess selbst gibt es ein strukturiertes System. Das Vorgehen nach einem bestimmten Modell ist für die konsistente Durchführung von größter Bedeutung.

> **15** Machen Sie sich klar, welche Schritte Sie für jede Etappe planen.

> **16** Planen Sie immer, auch wenn die Zukunft ungewiss ist.

> **17** Stimmen Sie Ihr Budget mit dem anderer Bereiche ab.

Das Modell anpassen

Budgetierung ist zu wichtig, um dabei Fehler zu machen. Versuchen Sie, gleich Ihr erstes Budget so treffend wie möglich zu gestalten. Ein Modell als Orientierung hilft, auch als Neuling keine Fehler zu machen. Es ist keine Erfolgsgarantie, aber das Endprodukt wird deutlich besser ausfallen. Wie bei allen Modellen müssen Sie Anpassungen vornehmen, damit der Budgetierungsprozess zu Ihrer Abteilung und Umgebung passt. Wenn ein Teil des Modells für Ihr Unternehmen irrelevant ist, wenden Sie ihn nicht an!

Planung für eine ungewisse Zukunft

Die Zukunft ist ungewiss, warum also versuchen, sie treffend vorherzusagen? Viele sagen, gerade ihre Branche sei so unsicher, dass Budgetierung nicht machbar sei. Dabei lassen sich immer Gegenbeispiele aus der Branche finden, wo erfolgreich budgetiert wird. Selbst bei dynamischen Branchen wie Informationstechnologie und Telekommunikation werden Sie feststellen, dass viele der Firmen, die mit Budgets arbeiten, zu den Marktführern gehören. Als Manager müssen Sie Unsicherheiten vor allem frühzeitig angehen und immer zu Flexibilität in der Budgetierung bereit sein. Denken Sie daran, dass der Nutzen eines guten Budgets die Kosten immer übersteigen wird.

Den Budgetierungsprozess leiten

Dem Budgetierungsmodell folgen

Vorbereitung

- Unternehmensziele definieren
- Das Budget standardisieren
- Das System bewerten

Aufstellung

- Informationen sammeln: Einnahmen/Ausgaben; erste Budgetvorschau erstellen
- Budgetkennziffern durch Hinterfragung und Analyse der Geldbeträge testen
- Aus Gewinn- u. Verlustrechnung und Bilanz Cash-Budgets erstellen, um Cash-Flow zu kontrollieren
- Budgetierungsverfahren überprüfen und die Budgetvorlage entwerfen

Kontrolle

- Unterschiede zwischen der tatsächlichen Leistung und dem Budget analysieren
- Abweichungen beobachten und Fehler analysieren, auch »Abwegiges« bedenken
- Prognosen und Aussagen revidieren, neue Budgetarten erwägen, Erfahrung anwenden

Einer Struktur folgen

Bauen Sie Ihr Budgetierungsmodell auf drei separaten, gleich wichtigen Aufgaben auf: erstens die Vorbereitung, zweitens die Erstellung, drittens die Kontrolle des Budgets. Es wurde nachgewiesen, dass die meisten Budgets, die ihre Zielvorgaben nicht erreichen, weder ausreichend geplant noch angemessen kontrolliert wurden. Oft stürzen sich Unternehmen ohne große Überlegung oder Vorarbeit auf die Erstellung des Budgets und später im Budgetzyklus fehlt ihnen dann die Bezugsgrundlage.

Das ist zu tun

1. Budgetierungsmodell planen
2. Entscheiden, welche Kollegen mitarbeiten sollen
3. Plan mit Personen in Schlüsselpositionen abstimmen
4. Ausreichende Ressourcen zuteilen

Budgetierung verstehen

Identifikation mit Unternehmenszielen

Zuschneiden des Modells aufs Unternehmen

Standardisierung einiger Verfahren

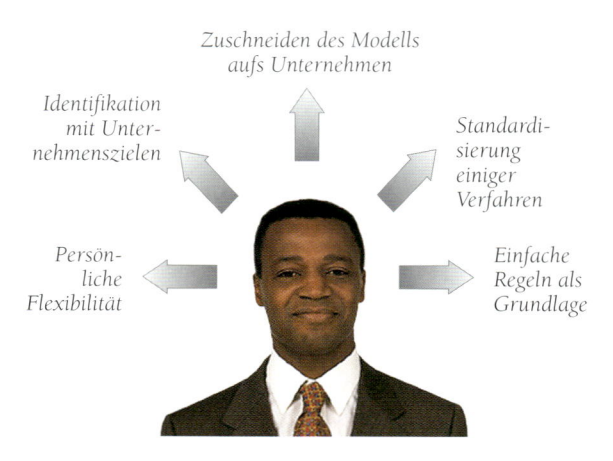

Persönliche Flexibilität

Einfache Regeln als Grundlage

EINSTIEG IN DIE BUDGETIERUNG ▲
Ein Manager braucht viele Qualitäten, um erfolgreich mit Budgets zu arbeiten. Wenn eine dieser Qualitäten fehlt, geht der Budgetierungserfolg schnell verloren.

18 Notieren Sie wichtige Aufgaben in einem Kalender, damit die Etappenplanung Ihrer Budgetierung stimmt.

Tun und lassen

✔ Rufen Sie Ihr Team zu mehr Vorausplanung und weniger Ad-hoc-Entscheidungen auf.

✔ Geben Sie Ihre Pläne bekannt, und hören Sie auf die Bedenken anderer.

✔ Setzen Sie Maßstäbe für den Vergleich mit anderen Managern und Abteilungen.

✘ Versuchen Sie nicht, Budgets verschiedener Funktionen ohne Koordination miteinander zu verbinden und zu verschmelzen.

✘ Akzeptieren Sie keine unvernünftigen Ziele, die der Motivation schaden.

✘ Bemessen Sie die Ressourcen nicht zu knapp.

Budgetierung vorbereiten

Es kann nicht genug betont werden, wie wichtig die »Planung der Planung« ist. Sie müssen sich klar machen, wie Ihr Unternehmen optimal von einem Budget profitieren kann. Statt zu erwarten, dass ein übernommenes Modell auch bei Ihnen Früchte trägt, müssen Sie ein für Ihr Unternehmen maßgeschneidertes Budget erstellen. Budgetierung vorbereiten heißt auch Verfahren standardisieren. Es kann auch sinnvoll sein, einen Budgetierungsleitfaden mit Richtlinien zu verfassen, deren Einhaltung je nach der Größe des Unternehmens von einem Ausschuss überwacht werden könnte.

19 Nutzen Sie evtl. Projektplanungssoftware für komplexere Budgets.

20 Bitten Sie befreundete Kollegen um Einsicht in deren Budgetierung.

Den Budgetierungsprozess leiten

BUDGET ERSTELLEN ▼
Wenn alle Manager das gleiche Verfahren zur Budgeterstellung anwenden, kann die Unternehmensleitung alle Budgets im Vergleich bewerten, was im Interesse des gesamten Unternehmens liegt.

Die Vorsitzende bewertet die Anforderungen aller Abteilungen.

Der Manager berichtet über seine Abteilung.

Budget erstellen

Die Erstellung eines aussagefähigen Budgets umfasst mehrere logische Schritte. Zunächst müssen Sie Informationen sammeln – was will Ihr Unternehmen erreichen, wo sind dessen Grenzen, und welche sind die wichtigsten internen und externen Einflussgrößen? Sie müssen ermitteln, wann und in welcher Höhe welche Arten von Einkünften und Kosten entstehen, damit Sie deren zukünftige Entwicklung besser abschätzen können. Um effizient zu arbeiten, realistische Zahlen vorzulegen und mit budgetierten Beträgen umgehen zu können, müssen Sie die Arten und Eigenarten der verschiedenen Kosten kennen. Eine Verknüpfung der Investitionsausgaben mit den Einnahmen und Ausgaben wird der Unternehmensleitung einleuchtend vermitteln, ob ein Budget realisierbar ist. Auch ein essenzieller Konsolidierungsprozess gehört zur Ausarbeitung.

Budget kontrollieren

Entscheidend ist, dass Sie ein Budget kontrollieren, indem Sie die tatsächliche Entwicklung mit Ihrer Planung vergleichen und den Gründen für die Abweichungen nachgehen, Korrekturen durchführen und untersuchen, wie Sie Ihre Budgetierung in Zukunft noch verbessern können. Auch müssen Sie überlegen, was Sie tun würden, wenn sich das Budget als völlig unzutreffend erweisen würde: Es belassen oder revidieren, und wie sollten Änderungen aussehen? Einige Ungenauigkeiten im Budget sind sicher eher auf menschliche Fehler zurückzuführen als auf die Geschäftsentwicklung, daher sollten Sie alle Faktoren bedenken.

21 Fokussieren Sie die Budgetierung auf Aspekte mit erhöhtem Kontrollbedarf.

22 Zeigen die vorherigen Budgets eine Tendenz bezüglich der Realitätsnähe?

MÖGLICHE PROBLEMQUELLEN ERKENNEN

In manchen Unternehmen werden Budgets eher als Bedrohung aufgefasst denn als konstruktives Instrument zur Leistungssteigerung. Das liegt daran, dass Budgetierungssysteme unterschiedlichen Interessen dienen, die nicht immer die gleichen Ziele verfolgen.

23 Anspruchsvolle, aber erreichbare Ziele haben den größten Erfolg.

Die Manager besprechen die Konflikte und suchen nach Lösungen.

Die Konflikte bleiben ungelöst, die Erfolgschancen des Budgets sinken.

KONFLIKTE VERSTEHEN

Wenn Sie potenzielle Zielkonflikte vorhersehen, können Sie realistische Budgets planen.

- Wenn Sie ein ehrgeiziges Budget aufstellen, setzen Sie vielleicht die Zahlen unerreichbar hoch an und hemmen so die Motivation der Mitarbeiter und die Leistung.
- Unternehmerische Entscheidungen, die für den Einzelnen gut aussehen, könnten sich für die Abteilung oder das Gesamtunternehmen als weniger gut erweisen.
- Das Umfeld entwickelt sich vielleicht so schnell, dass das Budget als Prognoseinstrument nicht mit den Ereignissen Schritt halten kann.

MÖGLICHE PROBLEMQUELLEN ERKENNEN

PROBLEME VERMEIDEN

Ein Budget ist nie ganz perfekt und man muss sich bewusst sein, dass ohne korrigierendes Eingreifen Konflikte sich sehr negativ auswirken können.

- Um Mitarbeiter zu motivieren, ohne den Abteilungsplan zu gefährden, stellen Sie zwei Budgets auf: eines für die Planung und eines für die Managementziele.
- Machen Sie den Managern klar, dass sie nicht nur für ihre eigenen Ziele zu arbeiten haben, sondern auch für die der Abteilung.
- Damit das Budget auf aktuellem Stand ist, wählen Sie ein kurzes Budgetierungsintervall, z. B. drei Monate.

> **24** Suchen Sie den Dialog mit anderen, um Budgetierungsprobleme zu verhindern.

Die Manager zeigen Verständnis und gelangen zur Einigung, das Budget wird eingehalten.

MIT ANDEREN ▲ DISKUTIEREN

Die Abbildungen zeigen: Die Einhaltung eines Budgets kann gerettet werden, wenn Konflikte frühzeitig gelöst werden.

> **25** Veranstalten Sie Schulungen zum Thema Best Practice in der Budgetierung.

TUN UND LASSEN

✔ Machen Sie sich bewusst, dass Budgets mehr Funktionen haben als die Ergebnisprognose fürs nächste Jahr.

✔ Akzeptieren Sie, dass je nach Intention und Nutzung der Daten Konflikte zwischen Budgets entstehen können.

✔ Kooperieren Sie mit Managern aus anderen Abteilungen, um zu einer Einigung zu kommen.

✘ Verwechseln Sie nicht persönliche Ziele mit Unternehmenszielen.

✘ Lassen Sie sich nicht auf eine Konkurrenz der Abteilungen ein, die Sie von den Unternehmenszielen ablenkt.

✘ Beharren Sie nicht auf einem Budget, das offensichtlich der tatsächlichen Entwicklung hinterherhinkt. Korrigieren Sie das Budget.

Die Budgetierung vorbereiten

Je besser Sie Ihr Budget vorbereiten, desto geringer werden die Probleme zukünftig sein. Verknüpfen Sie Ihr Budget mit den Unternehmenszielen, und stellen Sie Ihr Verfahren verständlich dar.

Das Budget anpassen

Ihr übergeordnetes Ziel sollte es sein, ein Budgetierungssystem zu schaffen, das aktiv zum Unternehmenserfolg beiträgt. Dazu müssen Sie ein Budget aufstellen, das spezifisch an Ihre Abteilung und an die Ziele des Unternehmens angepasst ist.

26 Lernen Sie von denen, die vor Ihnen erfolgreich budgetiert haben.

27 Vorsicht – zu viel Ehrgeiz ist ein häufiger Fehler bei der Erstellung des ersten Budgets.

Warum das Budget anpassen?

Es ist wichtig, dass Sie früh Ihre eigene Budgetierungsmethode entwickeln. Budgets können zahlreiche Funktionen erfüllen – Instrument zur Erreichung der Geschäftsziele, zur Messung der wirtschaftlichen Leistung, zur Bewertung von Managern und Abteilungen oder zur Motivierung der Mitarbeiter. Überlegen Sie, welche Funktionen für Ihre Abteilung und Ihr Unternehmen am wichtigsten sind, bauen Sie Ihre Budgetierungs- und Berichtsmethoden darauf auf. Der Budgetierungsprozess ist ein Mittel zum Zweck, kein Selbstzweck.

DAS BUDGET ANPASSEN

EIN SACHDIENLICHES BUDGET AUFSTELLEN

Achten Sie darauf, kein starres und unflexibles Budget aufzubauen, das nur die Kategorien Erfolg oder Misserfolg kennt. Sie können kein sinnvolles Budget aufstellen, wenn Sie unrealistische Ziele vorgeben und daran die Leistung messen wollen. Wählen Sie einen pragmatischen Ansatz, sehen Sie Budgetierung als hilfreiches Instrument und nicht als Karrierehindernis. Geben Sie nicht der Versuchung nach, ein fremdes Budgetierungsmodell unverändert zu übernehmen. Stellen Sie nach Ihren Einschätzungen Ihre eigene Gliederung auf. Denken Sie daran, dass die Schwerpunkte sich verschieben können und Sie das Budget dann an ein sich veränderndes Umfeld anpassen müssen. Zu Beginn kann es hilfreich sein, Budgetierungsmaßnahmen Ihres Unternehmens in der Vergangenheit zu betrachten. Wie erfolgreich waren sie, wo ist Raum für Verbesserungen, und wo können sie ergänzt werden, damit das nächste Budget noch besser wird? Schließlich sollten Sie sich als Faustregel merken, dass es etwa ein bis zwei Jahre dauert, bis ein verlässliches System aufgebaut ist, das effizient arbeitet.

28 Vermeiden Sie unnötigen Fachjargon bei der Vermittlung Ihrer Ziele.

DAS IST ZU TUN

1. Machen Sie bekannt, dass ein Budget aufgestellt werden wird.
2. Informieren Sie die Abteilung über den Nutzen der Budgetierung.
3. Überlegen Sie, wie detailliert Ihr erstes Budget werden soll.
4. Stecken Sie Ziele für den Erfolg ab, und planen Sie das Budget dementsprechend.

BUDGETIERUNG ▶ NACH BEDARF

Kein Unternehmen gleicht dem anderen. Jedes budgetiert anders und Sie sollten nicht die Verfahren anderer blind übernehmen. Überlegen Sie, wozu Sie Budgets brauchen, was Sie damit erreichen wollen, was die spezifischen Probleme Ihres Unternehmens sind und wie Ihr Budgetierungsansatz darauf eingehen soll.

FALLBEISPIEL

Felicity Food betreibt Snackautomaten in Bürogebäuden. Das Unternehmen hatte noch nie mit Budgets gearbeitet, wollte dies aber ändern, denn es verzeichnete schnell wachsende Umsätze. Der Buchhalter empfahl ein Verfahren, das er von seiner letzten Stellung in der Großfabrik Megahuge kannte. Die Geschäftsleitung befürchtete jedoch, das Budgetmodell könnte auf ein Unternehmen ihrer Größe nicht passen. Der Buchhalter fand eine Lösung, indem er nur die Elemente aus dem Budgetierungsmodell übernahm, die für Felicity Food relevant waren, und ungeeignete Elemente aussonderte. Damit war die Geschäftsleitung wesentlich zufriedener und stimmte dem Einsatz des angepassten Budgetierungsmodells in einem Pilotprojekt für das kommende Jahr zu.

Ziele abklären

Legen Sie dem Budget eine klare Unternehmensstrategie zugrunde, die Sie früh definieren, indem Sie die derzeitigen und anzustrebenden Ergebnisse Ihrer Abteilung gegenüberstellen und einen Budgetplan aufstellen, der die Kluft zwischen beiden schließt.

29 Nutzen Sie zur Zielfindung ein Brainstorming mit anderen Managern.

30 Seien Sie innovativ bei der Aufteilung der Mittel.

DIE VIER STUFEN ▼
Bauen Sie Ihre Budgets in vier Stufen auf, die Ihnen helfen, die wirtschaftlichen Ziele Ihres Unternehmens zu formulieren.

STUFE 4
Finanzielle Ziele setzen

STUFE 3
Ziele festlegen

STUFE 2
Für die Zukunft planen

STUFE 1
Geschäftslage prüfen

Prüfung des Geschäfts

Sie müssen Ihre Abteilung schonungslos ehrlich durchleuchten, und zwar alle Aspekte der Geschäftstätigkeit, die Einfluss auf die Befriedigung der Kundenbedürfnisse haben. Dieser Prüfprozess ist Ihre Gelegenheit, Ihre Abteilung aus einer objektiven Budgetierungsperspektive zu betrachten, was im positiven oder negativen Sinne überwältigend sein kann. Wichtig ist, dass Sie gut vorbereitet und ehrlich an diese Aufgabe gehen. Schuldabwälzen oder Schönreden ist hier fehl am Platze. Alte Fehler sollten nur als Erfahrungsquelle für effizienteres Handeln in der Zukunft gesehen werden. Die verbreitete SWOT-Analyse der Stärken, Schwächen, Chancen und Risiken ist ein guter Ausgangspunkt, wobei andere strukturierte, objektive Methoden genauso sinnvoll sein können.

TUN UND LASSEN

✔ Achten Sie darauf, die wahren Stärken und Chancen Ihrer Abteilung und Unternehmung angemessen anzuerkennen.

✔ Machen Sie sich bewusst, welchen Zeit- und Arbeitsaufwand Budgetierung bedeutet.

✘ Zögern Sie nicht, die Schwächen und Risiken Ihres Unternehmens offen einzugestehen.

✘ Übernehmen Sie nicht einfach die Ziele anderer Abteilungen, entwickeln Sie unbedingt eigene Vorstellungen.

Ziele abklären

Für die Zukunft planen

Der Strategieplan gibt die langfristigen unternehmerischen und finanziellen Leitlinien vor. Er ist die Grundlage, auf der Sie die Ziele Ihrer Abteilung entwickeln. Der Strategieplan kann z. B. Ihre Branche beschreiben und festhalten, wie sich die Größe, Qualität, Sicherheit und Wettbewerbsfähigkeit des Unternehmens entwickeln sollen.

Solide Zukunftsplanung

Objektive Grundhaltung

Einsatz für die Unternehmensziele

Realistische Sicht der Abteilungsziele

Streben auch nach qualitativen Zielen

▲ **WIRTSCHAFTLICHE ZIELE**
Aus den Vorgaben des Strategieplans können Sie Ihre übergeordneten Wirtschaftsziele ableiten und die Unternehmensstrategie in die Betriebsplanung Ihrer Abteilung einbinden.

31 Hüten Sie sich vor zu vielen vergangenheitsorientierten Maßnahmen.

32 Im Geschäftsleben gibt es immer irgendwo Standardisierungsbedarf.

Unternehmensziele festlegen

Die Unternehmensziele beziehen sich auf das Gesamtunternehmen und sind nicht immer quantifizierbar. Manche Ziele sind allgemein, andere betreffen speziell Marketing, Organisationsaufbau oder Finanzen. Wenn Sie Ihrer Abteilung Ziele setzen, können Sie Ihre Ambitionen in überprüfbaren Betriebsgrößen ausdrücken. Am weitesten werden Sie kommen, wenn Sie immer das Erreichbare mit dem Wünschenswerten vereinbaren.

Finanzielle Ziele setzen

Setzen Sie die Ziele Ihrer Abteilung in einen formalisierten Finanzplan um. Berücksichtigt werden sollten hier Marketing, Produktion (oder Bereitstellung von Dienstleistungen), Einkauf, Personal und Verwaltung. Drücken Sie diese monetären Ziele für jedes Jahr für die gesamte Budgetierungsperiode in Gewinn- und Verlustrechnungen, Bilanzen und Cash-Flow-Rechnungen aus. Damit alle Aspekte Ihrer Tätigkeit einbezogen werden, sollten auch nicht monetäre Leistungskriterien Eingang finden, z. B. eingegangene Beschwerden und Lob.

Budgetperiode

Die Budgetperiode ist der Zeitraum, auf den ein Budget ausgelegt ist, in der Regel ein Jahr. Sie wird oft in Kontrollperioden unterschiedlicher Länge unterteilt, meist Monate. Bemessen Sie Ihre Budgetperiode nach dem Grad planerischer Kontrolle, den Sie erzielen wollen.

Die Budgetierung vorbereiten

Budgets standardisieren

Zur besseren Koordinierung der Budgets sollten alle Manager ihre Budgets in einem standardisierten Budgetierungsformat erstellen. Das erleichtert die gemeinsame Arbeit an der inhaltlichen Ausgestaltung und die unternehmensweite Verknüpfung der Budgets.

33 Erstellen Sie leere Budgetformulare als Tabellen zum Ausfüllen am Computer.

Leitfaden erstellen

Ein nutzbringender Budgetierungsleitfaden muss folgende Elemente umfassen:
- Einführung in die Bedeutung der Budgetierung
- Einen Zeitplan für die Erstellung des Gesamtbudgets aus allen Einzelbudgets
- Richtlinien zu Grundannahmen, von denen Manager beim Budgetieren ausgehen sollen
- Formulare zum Ausfüllen, einschließlich einer Anleitung zum Ausfüllen
- Ein Organisationsdiagramm mit den Namen aller für die Budgets Verantwortlichen
- Abteilungsspezifische Transaktionsnummern und Ansprechpartner für Budgetfragen

34 Informieren Sie alle über den Budgetierungsausschuss und seine Tätigkeit.

LEITFADEN ENTWERFEN ▼
Ein Budgetierungsleitfaden muss nicht länger sein als ein paar Seiten Stichpunkte, um sicherzustellen, dass alle bei ihrer Arbeit von den gleichen Eckdaten ausgehen.

Grundannahmen über externe Einflüsse auf die Budgetvorbereitung

Einschätzung des Unternehmens über wahrscheinliche Preis- und Marktentwicklung

Marktexterne Faktoren wie Steuern, Devisenkurse, Zinsen und Inflation

EXTERNE FAKTOREN
1. Das Marktwachstum wird in den nächsten fünf Jahren 20% p[ro Jahr] wesentlich überschreiten da[her ist] 10% eine realistische für da[s] Umsatzwachstum, das wir [errei]chen.
2. Die derzeitigen Marktpreis[e ...] Trendwende ist nach Progr[ose] abzusehen. Preisstagnation [erwar]ten.
3. Zinssätze von 6,5% sind [in die] Berechnungen.
4. Dort, wo mit Fremdwähr[ungen] Engagement in Europa v[...] Auskunft über Devisenk[urse bei der] Finanzabteilung.
5. Von einer Inflationsrate [...]
6. Bei den Steuern wird di[e ...] Änderung erwartet.

INTERNE FAKTOREN
1. Die Mitarbeiterzahl soll auf dem gegenwärtigen Stand bleiben, Lohnerhöhungen für alle Ebenen sind auf 3% begrenzt.
2. Auf dem Zeitplan im Anhang sind wichtige Eckdaten des Budgets aufgeführt.
3. Einige Abteilungen sollen dieses Jahr ihre Budgets nach einer neuen Methode erstellen – siehe Zero-Based-Budgetierung.
4. Das nachstehende Organigramm ist als Orientierungshilfe gedacht, wo Ihr Budget einzuordnen ist und an wen Sie sich mit Fragen wenden können.

5. Wir streben für die Bezahlung der Zulieferer und für Forderungen gegenüber Kunden Zahlungsziele von 60 Tagen an.

Detaillierte Einschätzung über interne Einflüsse auf die Budgetierung

Strukturelle Fragen, z. B. Änderung der Beschäftigtenzahl oder vermutete Lohnabschlüsse

Konsistente Referenzwerte für den Umgang mit Kunden und Zulieferern

Einen Ausschuss bilden

Ein Budget kann nicht ohne Bezug auf die Budgets anderer Abteilungen erstellt werden. Ein gewisses Maß an Koordinierung ist also unumgänglich. Durch die Bildung eines Budgetierungsausschusses mit Vertretern der verschiedenen Abteilungen können Sie die Fortschritte der Budgetierung in diesen Abteilungen verfolgen und etwaige Probleme sofort ausräumen. Dieser Ausschuss sollte die Prinzipien für den Leitfaden zusammenstellen. Er sollte in den Besprechungen anhand der vorliegenden Prognosen die Abteilungsbudgets überprüfen, ein Gesamtbudget erstellen, Budgetprobleme aller Art angehen und dafür sorgen, dass der ganze Prozess effizient und nach dem Zeitplan abläuft.

Wichtige Fragen

- **F** Wie können wir ein noch besseres Budget erstellen als letztes Jahr?
- **F** Kennen alle an der Budgetierung beteiligten Manager das standardisierte Verfahren?
- **F** Mit wie viel Vorlauf vor der Budgetierung selbst sollte der Leitfaden veröffentlicht werden?
- **F** Wie viele Mitglieder brauche ich mindestens im Budgetierungsausschuss?
- **F** Stimmt die Mischung aus talentierten, erfahrenen und wichtigen Mitarbeitern?

35 Sorgen Sie dafür, dass sich der Ausschuss regelmäßig zusammenfindet.

Mitglieder des Ausschusses ▼
Der Ausschuss sollte aus führenden Managern der wichtigsten Bereiche, dem Verantwortlichen für Management-Buchführung sowie den Leitern aller beteiligten Abteilungen bestehen.

Buchhalter als technischer Berater

Vorsitzender kontrolliert und vermittelt.

Manager vertritt seine Abteilung.

Die Budgetierung vorbereiten

Ein Formular erstellen

Ein Budgetierungsformular ist eine Standardvorlage, in der alle Daten, die in das Budget einfließen, erfasst und präsentiert werden. Für die meisten Unternehmen wäre zwar die strikte Einhaltung dieser Form ratsam (v. a. bei Schlüsselbereichen wie Einnahmen, Kosten, Kapital), manche lassen jedoch etwas Spielraum für spezifische Umstände. Fünf Grundsätze sollten Sie beachten, damit das Formular gut aussieht und benutzerfreundlich und effizient ist:

- Gestalten Sie das Formular klar und schlicht, ohne überflüssige Details.
- Vermeiden Sie unprofessionellen künstlerischen Übereifer.
- Geben Sie allen Formularen ein einheitliches Layout, Schriftbild und Design.
- Das Formular sollte logisch aufgebaut, gut strukturiert und selbst erklärend sein.
- Benutzen Sie möglichst häufig Tabellen o. Ä.

▼ Formulare benutzen
Jeder, der ein Budgetierungsformular auszufüllen hat, wird dabei anders vorgehen. Um am Ende dennoch homogene, leicht zusammenzurechnende Zahlen zu erhalten, muss Ihr Formular für alle gleichermaßen benutzbar sein.

Ein gut aufgemachtes Standardformular ist leicht auszufüllen.

Zusatzbemerkungen können notiert und später vorgebracht werden.

Wichtige Fragen

- F Ist das Formular selbsterklärend?
- F Sind die Inhalte klar und leicht verständlich?
- F Werden alle wahrscheinlichen Fragen abgedeckt?
- F Benötigt der Budgetierungsausschuss weitere Angaben?
- F Sind alle wichtigen Bereiche vollständig berücksichtigt?
- F Werden andere Manager ähnliche Formulare ausfüllen können?

Ein Formular ausfüllen

Sie müssen sich permanent fragen: »Fülle ich das Formular auch richtig aus?« Stellen Sie sicher, dass die eingesetzten Zahlen und Summen stimmen. Überprüfen Sie, ob die Angaben korrekt in die Spalten und Zeilen eingeordnet sind und ob die Dezimaltrennzeichen an der richtigen Stelle stehen. Das ausgefüllte Formular soll so leicht wie möglich zu lesen sein. Korrigieren Sie Grammatik, Rechtschreibung und Zeichensetzung. Vermeiden Sie Fachchinesisch, Umgangssprache oder unpräzise Ausdrücke. Benutzen Sie kurze Worte und Sätze. Geben Sie das Formular z. B. einem anderen Manager, um die Verständlichkeit zu überprüfen.

BUDGETS STANDARDISIEREN

HANDELSERGEBNISSE	Century Kopiergeräte												FORMULAR RE 1/99
	MONAT												
	Jan	Feb	Mär	Apr	Mai	Jun	Jul	Aug	Sep	Okt	Nov	Dez	GESAMT
UMSATZ	940	1.100	1.200	960	980	1.150	1.060	850	1.200	1.250	1.500	1.310	13.500
UMSATZSELBSTKOSTEN	705	840	910	740	730	880	820	650	910	950	1.100	980	10.215
BRUTTOERTRAG	235	260	290	220	250	270	240	200	290	300	400	330	3.285
BRUTTOERTRAGSSPANNE	25%	24%	24%	23%	26%	23%	23%	24%	24%	24%	27%	25%	24%
GEMEINKOSTEN:													
Löhne und Gehälter	56	57	57	54	60	62	55	58	56	55	52	53	675
Altersversorgung	6	6	6	6	6	6	6	6	5	5	5	5	68
Reisekosten	6	7	7	7	7	7	6	6	7	7	7	7	81
Gemietete Ausrüstung	1	1	1	1	1	1	1	1	1	1	1	1	12
Telefon	10	9	11	11	10	10	11	10	9	10	10	11	122
Druck, Porto, Papier	4	4	5	5	5	6	4	4	4	5	4	4	54
Marketing	10	11	11	12	12	11	13	12	11	11	11	10	135
Lagerhaltung	3	3	3	4	3	3	3	4	3	4	4	4	41
Instandhaltung	12	12	11	12	13	12	12	14	12	13	13	13	149
Heizung, Strom	20	20	20	22	20	19	19	18	19	22	21	23	243
Versicherung	8	8	8	7	9	9	9	10	8	8	8	9	101
Mieten, Raten	34	34	34	34	34	34	34	34	34	34	33	32	405
(Rechts-)Beratung	1	1	1	1	3	1	1	1	1	2	1	2	16
Sonstige	3	3	3	3	4	4	4	4	4	4	4	5	45
Abschreibungen	22	22	22	20	21	21	21	23	25	24	24	25	270
Zweifelh. Forderungen	2	2	3	4	2	2	3	2	3	3	4	4	34
Erträge aus Kapitalverk.	1	1	1		1	1	1	3	1	1	1	2	14
GEMEINKOSTEN GESAMT	199	201	204	203	211	209	203	210	203	209	203	210	2.465
BETRIEBSERGEBNIS	36	59	86	17	39	61	37	-10	87	91	197	120	820
Fällige Zinsen	5	5	5	5	5	5	5	5	5	5	5	5	60
REINGEWINN	31	54	81	12	34	56	32	-15	82	86	192	115	760

Zeichen/Nummer zur Bezugnahme in späteren Gesprächen

Klar aufgebaute Zeilen und Spalten strukturieren die Information.

Schwarze Zahlen auf weißem Hintergrund erleichtern später die Weiterverarbeitung.

Liste der wichtigsten Einnahmen- und Ausgabenarten in logischer, prozessorientierter Reihenfolge

Wichtige Ergebnisse werden auffällig hervorgehoben.

36 Wählen Sie nur zwischen den vorgegebenen Sparten in der Tabelle, um die Konsistenz zu gewährleisten.

▲ GESTALTUNG DES LAYOUTS

Eine durchdachte Gestaltung erzeugt nicht nur einen professionellen Gesamteindruck, sondern erleichtert auch das Verständnis und, in späteren Budgetbesprechungen, die Bezugnahme auf die Daten.

Das System überprüfen

Sobald die Vorbereitungen abgeschlossen sind, kann die Aufstellung des Budgets und der Kennzahlen beginnen. Vorher sollten Sie jedoch noch Ihr System überprüfen und gegebenenfalls neu ausrichten, sodass Ihr Budget korrekte und nützliche Informationen liefert.

> **37** In den Budgets absichtlich »etwas Luft zu lassen« bringt nichts.

> **38** Verantwortung bedeutet immer auch Verantwortlichkeit.

> **39** Stimmen Sie das Budget mit den richtigen Personen ab.

Den Plan einhalten

Stürzen Sie sich nicht gleich mitten ins Budgetieren. Denken Sie an die Pareto-Regel: 80 % des Ergebnisses erzielt man mit 20 % des Einsatzes, aber ohne angemessene Planung können die restlichen 20 % des Ergebnisses bis zu 80 % des Einsatzes verschlingen. Leisten Sie optimale Vorarbeit, indem Sie Ihren methodischen Ansatz genau auf Ihren Bedarf zuschneiden, Ihr Budget mit den Unternehmenszielen verknüpfen und einige Verfahren standardisieren. Vieles wird Ihnen Ihr gesunder Menschenverstand sagen, aber oft genug wird er auch übergangen, um schnell die ersten Zahlen vorzulegen.

Die Goldenen Regeln befolgen

Budgets sollten zwar flexibel und den Besonderheiten der Abteilung und des Verantwortlichen angepasst sein, jedoch müssen Sie auch sehr darauf achten, dass Ihr Budget mit den anderen harmoniert und dass unternehmensweit gewisse Standards eingehalten werden. Das erreichen Sie einerseits durch Budgetierungsleitfäden und -formulare, andererseits durch die Einführung von Grundsätzen für die Vorbereitung, an die sich alle halten. Beachten Sie immer eine Reihe von Regeln für den gesamten Prozess, damit die Budgets konsistent sind und maximalen Nutzen bringen.

Denken Sie daran

- Nutzen Sie auch die Erfahrung und Kenntnisse Ihrer Kollegen bei der Überprüfung und Planung.
- Stellen Sie derzeit gültige Höchstgrenzen für das Unternehmen in Frage, und finden Sie innovative Wege, sie zu übertreffen.
- Erweitern Sie den Bewertungshorizont Ihres Unternehmens über rein Finanzielles hinaus auf andere wichtige Zielgrößen.
- Ein Budget ist ein Werkzeug, es muss realitätsnah und leicht zu benutzen sein.

Acht Goldene Regeln für erfolgreiche Budgets

Goldene Regeln	Bedeutung für die Praxis
Kontinuierlich budgetieren Budgetierung und Planung sind keine einmaligen Aktionen.	Sehen Sie in der Budgetierung mehr als eine jährliche Routine. Die Zukunft ist ungewiss, passen Sie daher das Budget regelmäßig dem veränderten Geschäftsumfeld an.
Nehmen Sie sich Zeit Budgets sind der Kern der Planung und wollen gut durchdacht sein.	Unterschätzen Sie nicht den Zeitaufwand, der für die Informationsbeschaffung und Erstellung von Plänen und realistischen Budgetvorschlägen erforderlich ist.
Beziehen Sie andere ein Ziehen Sie alle hinzu, die am Budgetierungsprozess beteiligt sein sollten.	Budgetierung sollte nicht nur auf der obersten Ebene stattfinden. Beziehen Sie wichtige, fachlich kompetente Personen mit ein, und motivieren Sie sie für den Prozess.
Seien Sie realistisch Konzentrieren Sie die Budgets auf das, was die Abteilung wirklich braucht.	Bedenken Sie, dass bei knappen Ressourcen interne Konkurrenz um einzelne Posten entstehen kann, sodass vielleicht absichtlich überhöhte Forderungen gestellt werden.
Sehen Sie nach vorn Blicken Sie bei der Budgetzuteilung in die Zukunft, nicht in die Vergangenheit.	Richten Sie Ihr Handeln auf zukünftige Ziele aus, vertrauen Sie nicht einfach historischen Zahlen, um das Budget des nächsten Jahres zu erstellen. Diese könnten zwar ungefähr richtig – und gerade darum völlig falsch sein.
Denken Sie politisch Der Umfang eines Budgets ist nicht gleichzusetzen mit seiner Bedeutung.	Machen Sie sich klar, dass der Umfang eines Budgets nicht mit seiner Bedeutung zu verwechseln ist, und beenden Sie die üblichen Machtspielchen hierum.
Beobachten Sie die Lage Prioritäten und Beträge müssen eventuell der Entwicklung angepasst werden.	Seien Sie bereit, Ihr Budget nachzubessern, gleichzeitig aber auch alle Ausgaben zu hinterfragen und andere Lösungen für unvorhergesehene Schwierigkeiten zu finden.
Erlauben Sie Flexibilität Budgets müssen nicht sklavisch eingehalten werden.	Geben Sie nicht der Versuchung nach, Gelder auszugeben, nur weil sie bewilligt sind, hamstern Sie keine Budgetüberschüsse, die andere Abteilungen gut gebrauchen könnten.

BUDGETS ERSTELLEN

Um ein Budget zu erstellen, müssen Sie Informationen einholen, Einnahmen und Ausgaben schätzen und alle Daten zu einem genehmigten Gesamtdokument zusammenführen.

INFORMATIONEN EINHOLEN

Wenn Sie Informationen über alle denkbaren internen und externen Einflüsse auf Ihr Budget gesammelt haben, können Sie erkennen, welche Ziele erreichbar sind oder nicht und welche Faktoren unter Umständen Ihren Aktivitäten Grenzen setzen.

40 Achten Sie auf Änderungen in der Wirtschaftsgesetzgebung.

KULTURELLE UNTERSCHIEDE

Der gesetzliche Rahmen kann in den verschiedenen Ländern das Wirtschaftsklima liberaler oder restriktiver machen, und der Kostenfaktor Arbeit kann die Mobilität und Verfügbarkeit der Arbeitskräfte beeinflussen. Auch gibt es kulturspezifische Differenzen bei der Zahlungsmoral.

BEWERTUNG EXTERNER EINFLÜSSE

Einflüsse von außen können größere Auswirkungen auf den Erfolg eines Unternehmens haben als interne Faktoren, behalten Sie diese daher immer im Auge. Viele Unternehmen scheitern, weil sie nicht gründlich beobachten, was um sie herum vorgeht und vorgehen wird. Die wichtigsten externen Einflüsse können drei Kategorien zugeordnet werden: Fragen der wirtschaftlichen Lage, der demografischen Entwicklung und des Arbeitskräftemarkts; Regierung und gesetzgebende Körperschaften; Geschäftsbeziehungen zu Kunden und Zulieferern.

Mögliche externe Einflüsse auf ein Budget

Einflussbereich	Wichtige Aspekte
Wirtschaft, demografische Entwicklung, Arbeitskräfte	**Wirtschaft** Struktur, Konjunktur, Inflation, Zinsen, Steuersätze, Weltrang, Börsen **Demografische Entwicklung** Zusammensetzung, Zahl, räumliche Verteilung, Mobilität, Geburten, Sterbefälle, Trends **Gesellschaft** Nachbarn, Lobbys, Umweltprobleme, lokale Gegebenheiten, gesellschaftliche Trends, kulturelle Trends **Arbeitskräfte** Zusammensetzung, Zahl, Verfügbarkeit, Fortbildungsbereitschaft, Ansprüche, Erwartungen, Fähigkeiten
Regierung und gesetzgebende Körperschaften	**Gesetzgebung** Arbeitsrecht, Verbraucherschutz, Hygiene und Sicherheit, Wettbewerbsrecht, Anwendung von EU-Gemeinschaftsrecht, andere gesetzgebende Körperschaften **Regierung** Zusammensetzung, Steuer- und Währungspolitik, Industrie- und Wettbewerbspolitik, Anreize und Initiativen **Internationale Handelsabkommen** Export und Import, Handelszölle, Steuerharmonisierung, Handelsquoten, Wechselkurse **Institutionen** Finanzamt, Zollbehörde, Gläubiger, Kreditgeber, Interessengruppen, Management, gesetzgebende Körperschaften
Geschäftsbeziehungen zu Kunden und Zulieferern	**Kunden** Zusammensetzung und Zahl, Nachfragevolumen, Rentabilität, vermutete zukünftige Größe und Bedürfnisse **Konkurrenten** Standorte, Produkte, Aktivitäten, Stärken und Schwächen, Abgänge, Aggressivität, Wachstum **Zulieferer** Zusammensetzung und Zahl, Kosten und Liefermengen, Partnerschaft, Zuverlässigkeit, Rentabilität, Standort

Bewertung interner Einflüsse

Den Einfluss unternehmensinterner Faktoren auf ein Budget zu bewerten mag einfach erscheinen, aber dabei werden oft die offensichtlichsten Dinge übersehen. Die wichtigsten Einflüsse kommen aus drei Bereichen: der Geschäftstätigkeit mit Produkten und Dienstleistungen, der Leitungsebene mit Direktion und Anteilseignern, und der Verfügbarkeit von Ressourcen. Checklisten sind grundsätzlich unvollständig. Überlegen Sie, welche Faktoren noch eine Rolle spielen könnten, von der Unbeständigkeit des Umfelds über Umstrukturierungsmaßnahmen bis hin zur Qualität des Managements.

> **41** Erkennen Sie die Bedeutung guten Managements an.

Denken Sie daran

- Interne Faktoren ändern sich und sollten ständig beobachtet werden.
- Interne Gespräche können die wertvollste Informationsquelle sein.
- Auf wichtige Ereignisse sollten Sie vorbereitet sein.

Mögliche interne Einflüsse auf ein Budget

Einflussbereich	Wichtige Aspekte
Geschäftstätigkeit	**Produkte und Dienstleistungen** Waren, Mengen, Produktionsverfahren, Preise, Preiskalkulation, Lagerbestände
	Organisationseinheiten Verkauf, Herstellung, Einkauf, Marketing, Finanzen, Verwaltung, Personal
Übergeordnete Faktoren	**Personen** Direktion, Anteilseigner, Gewerkschaften, Mitarbeiter
	Unternehmensziele Nahziele, mittelfristige Ziele, Fernziele
Verfügbarkeit von Ressourcen	**Verfügbare Ressourcen** Kapital, Gewinne, Boden, Gebäude, Fabrik und Ausrüstung, Maschinen
	Abteilungsbudgets Verkauf, Herstellung, Einkauf, Marketing, Finanzen, Verwaltung, Personal

BEWERTUNG DES BEGRENZENDEN FAKTORS

Ein begrenzender Faktor ist ein einzelner dominanter Einflussfaktor, der der Aktivität der Abteilung und des Unternehmens Grenzen setzt. Identifizieren Sie in einem frühen Stadium der Budgetierung die für Ihr Unternehmen begrenzenden Faktoren, denn diese bestimmen die Reihenfolge der Aufstellung der Einzelbudgets. Wenn Sie einen begrenzenden Faktor nicht erkennen, setzen Sie sich vielleicht unerreichbare Ziele. Wahrscheinlich werden Sie nicht mehr als einen begrenzenden Faktor finden, meist ist es der Umsatz oder die Produktionskapazität, manchmal aber auch der Absatzmarkt, besonders wenn dieser monopolistisch und wettbewerbsfeindlich ist, stagniert oder Quoten unterworfen ist. Weitere Beispiele für begrenzende Faktoren sind Engpässe oder Unregelmäßigkeiten bei den Rohstoffen, den Personalinvestitionen oder den Anlagen.

WICHTIGE FRAGEN

F Erfüllt unser Unternehmen die erforderlichen Voraussetzungen für die geplanten Aktivitäten?

F Besteht Aussicht auf eine Erlaubnis zur Expansionsplanung?

F Können wir das notwendige Kapital aufbringen?

F Bewegen wir uns in einem kleinen, begrenzten Markt?

F Können wir genug qualifiziertes Personal zum Standort holen?

42 Bedenken Sie: Nicht immer ist der Absatz der begrenzende Faktor.

43 Bewerten Sie die internen Einflüsse ehrlich und objektiv.

GEGEN BEGRENZENDE FAKTOREN

Wie können begrenzende Faktoren überwunden werden? Einschränkungen können vorübergehend sein, bedenken Sie also, dass der begrenzende Faktor von einem Jahr zum anderen wechseln kann.

- Wenn der Absatz der begrenzende Faktor ist, erwägen Sie Preissenkungen für Ihre Produkte und erhöhen Sie das Budget für Medienwerbung.
- Um Kapazitätsprobleme zu lösen, erhöhen Sie die Ausgaben für die Produktionsanlagen, denken Sie an Auslagerung.
- Ist die Arbeitskraft knapp, erhöhen Sie die Einkommen, oder finden Sie auf unkonventionelleren Wegen neue Mitarbeiter.

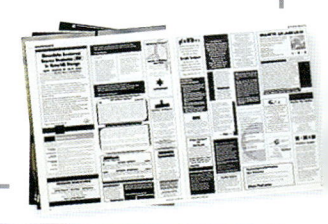

44 Halten Sie sich durch Hausmitteilungen auf dem Laufenden.

Einnahmen prognostizieren

Budgets sind meistens vom Gesamtumsatz abhängig, daher müssen Sie Arten, Beträge und Eingangszeiten der Einnahmen vorhersehen. Gehen Sie alle Einnahmequellen, voraussichtliche Absatzmengen, Preise und Zahlungseingänge durch.

Einnahmen kategorisieren

Die Prognose des Gesamtumsatzes ist der wohl schwierigste Teil der Budgetierung. Wenn sie jedoch die Einnahmen – die wohl fast ausschließlich aus dem Verkauf von Waren und Dienstleistungen kommen – in Sparten unterteilen, z. B. nach Produktkategorie, Marktsegment oder räumlicher Verteilung, können Sie den Zugang zu den Schätzungen und damit auch die nachfolgende Analyse, Diskussion und Kontrolle der Einnahmen erleichtern. Nehmen Sie also eine ausreichende, nicht übertrieben genaue Einteilung der verschiedenen Arten von Einnahmen vor.

45 Meist dauert es doppelt so lange wie erwartet, bis ein Kunde bezahlt.

Manager erklärt das Zurückbleiben seines Umsatzes hinter den Prognosen.

Neue Produkte sollen in der Folgeperiode mehr Umsatz bringen.

▲ **EINNAHMEN SCHÄTZEN**
Analyse der Vorjahre, treffende Prognosen und enge Zusammenarbeit der Abteilungen bringen ein erfolgreiches Budget.

46 Schätzen Sie die zu erwartende Preiselastizität der Nachfrage.

Tun und lassen

- ✔ Kooperieren Sie bei der Einnahmenprognose mit anderen Abteilungen.
- ✔ Machen Sie eine realistische Unterteilung der Einnahmen zu Analysezwecken.
- ✘ Beschränken Sie sich nicht auf die Arten von Einnahmen, die im Vorjahr anfielen.
- ✘ Betrachten Sie nicht nur die laufenden, sondern auch einmalige Einnahmen.

EINNAHMEN QUANTIFIZIEREN

Zu einer realistischen Schätzung des Verkaufserlöses gehören auch geschicktes Raten und Glück. Meist wird das Vorjahr als Grundlage herangezogen, um einen gewissen Realitätsbezug zu gewährleisten. Es ist wichtig, davon auszugehen, was mit wirklichem Engagement erreicht werden kann, nicht mit halbherzigen Ausbesserungen. Bitten Sie den Verkauf um Zahlenmaterial aus seinen Informationen über Kunden, aktuelle Lage und örtliche Gegebenheiten. Der Instinkt der Manager ist ein weiteres nützliches, wenn auch subjektives Instrument.

47 Berechnen Sie die Rentabilität jedes Produkts nach Zuordnung aller Kosten.

▼ **EINKÜNFTE**
Für eine realistische Vorhersage der Einkünfte stellen Sie diese drei Fragen:

Was? → **Wie viel?** → **Wann?**

48 Seien Sie offen, wenn Sie in die Zukunft sehen.

ZAHLUNGSEINGÄNGE ZEITLICH EINSCHÄTZEN

Der Aspekt, dessen Kontrolle mit Abstand am wichtigsten ist, ist der Cash-Flow. Viele Firmen arbeiten durchaus rentabel, sind aber nicht liquide. Meist werden die Aufwendungen bezahlt, bevor die Einnahmen eingehen, besonders in Wachstumsphasen. Daher ist es von größter Bedeutung, die Kassenbewegungen zeitlich zu koordinieren. Seien Sie realistisch und sogar etwas pessimistisch bei der Planung, denn meist zahlen die Kunden nicht in der vereinbarten Frist. Fragen Sie die Buchhaltung nach Erfahrungswerten und den Verkauf nach der Finanzlage und der zu erwartenden Zahlungsfähigkeit einzelner Kunden.

◂ **ZAHLUNGSTRENDS SEHEN**
In der Regel gehen Verkaufserlöse später ein als erwartet. Untersuchen Sie beobachtete Trends beim Zahlungsverhalten, und bedenken Sie mögliche allgemeine oder kundenspezifische Veränderungen.

Ausgaben abschätzen

Die tatsächlichen Ausgaben übersteigen meist die geplanten. Das überrascht Unternehmen oft, obwohl es jedes Jahr wieder vorkommt. Daher müssen Sie für eine korrekte Ausgabenprognose Arten, Beträge und Zeitpunkte der Ausgaben durchgehen.

> **49** Denken Sie daran, dass Sie ein Budget nicht zwingend ausschöpfen müssen.

KOSTEN ABSCHÄTZEN ▲
Indem Sie Ihre Kosten den vier Arten zuordnen, können Sie abschätzen, wie leicht oder schwer sie zu kontrollieren sein werden.

Ausgaben kategorisieren

Es gibt vier Hauptarten von Ausgaben: Laufende Einzelkosten (den einzelnen Produkten und Dienstleistungen zuzuordnende Kosten) und laufende Gemeinkosten (von allen Unternehmensbereichen gemeinsam zu tragende Kosten) fallen in den meisten Unternehmen ständig und routinemäßig an. Es sind jährlich wiederkehrende Ausgabeposten, relativ leicht zu schätzen und zu kontrollieren. Anlaufkosten, also Kosten für die Gründung oder Erweiterung eines Unternehmens, und Kapitalkosten, d. h. Investitionsausgaben, sind unregelmäßige Kosten und meist schwieriger einzuschätzen, weil sie selten und jedes Mal in anderer Höhe anfallen.

Höhe der Ausgaben abschätzen

Die erwarteten Ausgaben sind sowohl in Mengen als auch in Preisen auszudrücken. Zweifellos erscheint die Liste der denkbaren Aktivitäten und Kosten unendlich lang. Fragen Sie bei allen wichtigen Abteilungen und Kollegen nach, welchen Mengenbedarf, Preis und Gesamtbetrag für alle Kostenarten sie erwarten. Alle Schätzungen werden sich sicherlich v. a. auf Erfahrungswerte aus vergleichbaren Situationen stützen, aber durch Ihre Intuition können Sie sie sinnvoll ergänzen.

> **50** Prüfen Sie anhand der Ausgabenliste vom Vorjahr, ob Sie für nächstes Jahr nichts vergessen haben.

Ausgaben zeitlich einschätzen

Für eine zutreffende Prognose des Cash-Flow ist das Timing der Ausgaben entscheidend, insbesondere der Zeitpunkt der höchsten Ausgabe. Setzen Sie sich mit dem Einkauf in Verbindung – z. B. könnten mit Zulieferern bestimmte Zahlungsziele im Gegenzug zu veränderten Preiskonditionen vereinbart worden sein. Meist erfolgen die Zahlungen eher vierteljährlich als monatlich, manche als Vorkasse, andere auf Rechnung. Vergessen Sie bei der Planung nicht die beträchtlichen Ausgaben, die, wenn nicht einmalig, so doch unregelmäßig anfallen. Das schwerwiegendste Beispiel hierfür ist die Besteuerung der Gewinne.

51 Lassen Sie bei der Schätzung der Ausgaben Raum für die Inflation.

52 Bedenken Sie die Auswirkungen technischen Fortschritts auf die Kosten.

Kostenarten

Art	Beispiel
Laufende Einzelkosten	Rohmaterial und Teile, zugekaufte Dienstleistungen, Waren zum Wiederverkauf, Löhne und Gehälter, Kundenbetreuung und Service
Laufende Gemeinkosten	Miete, Raten, Energie und Wasser, Reparaturen, Infrastruktur, Finanzierungskosten, Porto, Geschäftspapier, Werbung, Telefon, Transport, Beratung
Einmalige Anlaufkosten	Entnahmen, Einkäufe vor Markteintritt, Aufstellungskosten, Spezifikationen, Verkaufs- und Marketingunterlagen, Einstellungs- und Einarbeitungskosten
Einmalige Anlageinvestitionen	Sachanlagevermögen wie Gebäude, Werk und Maschinen, Büroeinrichtung, Zubehör, Geräte und Fahrzeuge; immaterielle Güter wie Firmenimage, Marken und geistiges Eigentum

BUDGETS ERSTELLEN

KOSTEN VERSTEHEN

Wirkliches Verständnis der Kosten ist unerlässlich, um ein realitätsnahes Budget zu erstellen. Betrachten Sie die Kosten aus zwei Perspektiven, als fixe und variable sowie als direkte und indirekte Kosten.

> **53** Bedenken Sie: Fixe Kosten entstehen auch, wenn der Betrieb stillsteht.

NICHT VERGESSEN

- Die budgetierten fixen und variablen Kosten müssen auf Stichhaltigkeit überprüft werden, bevor sie an die Buchhaltung gehen.
- Viele Kosten sind nicht eindeutig fix oder variabel, sondern eine Kombination aus beidem.
- Indirekte (Gemein-)Kosten müssen in die Bewertung der wahren Rentabilität eines Produkts einfließen.
- Beißen Sie sich durch, bis Sie die Kosten verstehen.

KOSTENVERHALTEN STUDIEREN

Sie müssen die Kosten treibenden Faktoren kennen, um Kausalzusammenhänge zu sehen (Waren die Ausgaben höher, weil mehr zu tun war oder weil weniger produktiv gearbeitet wurde?). Wenn ein Unternehmen seinen Umsatz verdoppelt, verdoppeln sich dann alle, einige oder keine der Ausgaben? Wird sich der Rohstoffeinkauf verdoppeln? Wahrscheinlich. Aber die Kosten für die Zentrale? Mit einiger Sicherheit nicht. Warum fallen bestimmte Kosten an, gibt es einen oder mehrere Gründe? Wie legt man Kosten auf die Produkte und Abteilungen um, die davon profitieren?

FIXE UND VARIABLE KOSTEN VERSTEHEN

Beurteilen Sie das Kostenverhalten danach, wie ein Kostenfaktor mit der Betriebsleistung, üblicherweise dem Umsatz, zusammenhängt. Kosten, die gleich bleiben, wenn der Absatz steigt (oder fällt), sind Fixkosten, z. B. Finanzierung, Personal, Zentrale, Verwaltung. Kosten, die sich im Verhältnis zur Leistung verändern, sind variable Kosten, z. B. Waren zum Wiederverkauf, Fertigung, Rohstoffe, Vertrieb. Sprungfixe Kosten bleiben bis zu einem bestimmten Auslastungsgrad unverändert, dann kommt ein weiterer fixer Betrag dazu.

> **54** Verständnis des Kostenverhaltens ist unerlässlich.

> **55** Hinterfragen Sie jegliche Gemeinkostensteigerungen.

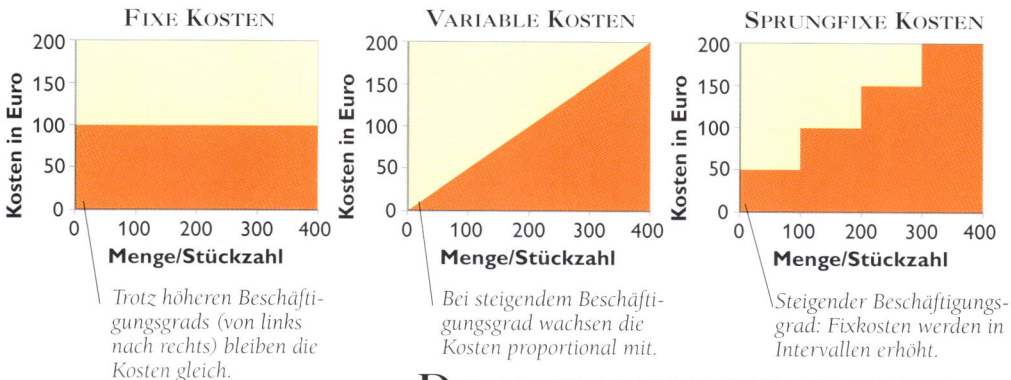

Kosten verstehen

Fixe Kosten
(Diagramm: Kosten in Euro vs. Menge/Stückzahl, konstante Linie bei 100)

Trotz höheren Beschäftigungsgrads (von links nach rechts) bleiben die Kosten gleich.

Variable Kosten
(Diagramm: Kosten in Euro vs. Menge/Stückzahl, linear ansteigend)

Bei steigendem Beschäftigungsgrad wachsen die Kosten proportional mit.

Sprungfixe Kosten
(Diagramm: Kosten in Euro vs. Menge/Stückzahl, stufenweise ansteigend)

Steigender Beschäftigungsgrad: Fixkosten werden in Intervallen erhöht.

KOSTENDEFINITIONEN ▲
Im Gegensatz zu den unveränderlichen Fixkosten steigen die anderen Kostenarten bei höherem Beschäftigungsgrad an.

56 Finden Sie die Hintergründe für jede Entwicklung der indirekten Kosten.

DIREKTE UND INDIREKTE KOSTEN VERSTEHEN

Direkte Kosten werden durch ein einzelnes Produkt oder eine einzelne Dienstleistung verursacht, indirekte Kosten durch eine Menge von Produkten. Indirekte Kosten werden daher auch als Gemeinkosten bezeichnet. Die indirekten Kosten müssen von Ihnen wieder den einzelnen Waren und Dienstleistungen zugeordnet werden. So müssen Sie z. B. ermitteln, welcher Anteil an den Kosten der Zentrale auf jedes Produkt entfällt. Dies beeinflusst die Gewinnspanne jedes Produkts und dient zur Rentabilitätsbewertung.

DIREKTE UND INDIREKTE KOSTEN

DIREKTE KOSTEN	PRODUKTE	INDIREKTE KOSTEN
Lenker	Fahrrad	
Motor	Auto	Betriebseinrichtungen
Propeller	Flugzeug	

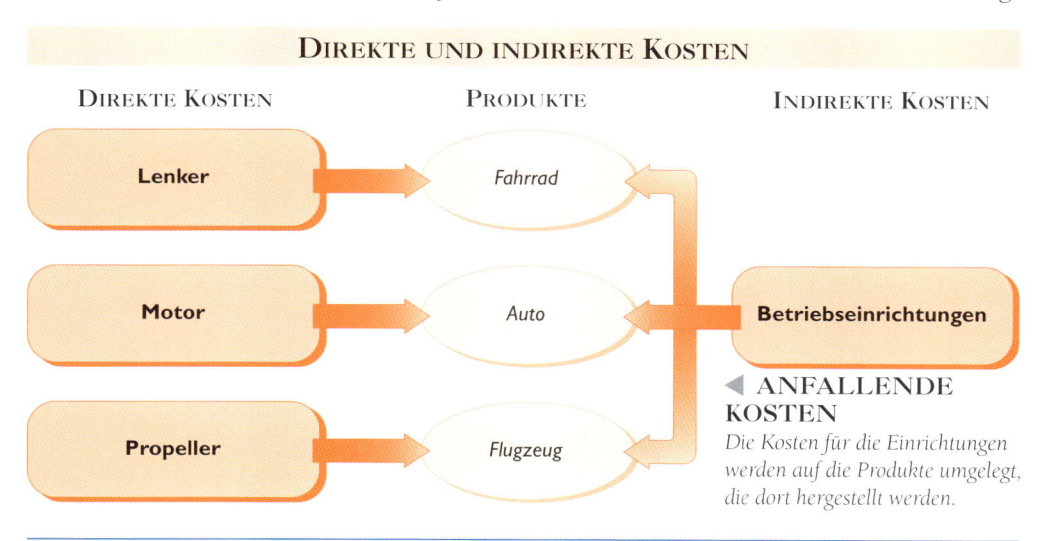

◀ **ANFALLENDE KOSTEN**
Die Kosten für die Einrichtungen werden auf die Produkte umgelegt, die dort hergestellt werden.

ZAHLEN AUFBEREITEN

Überprüfen Sie die Geldbeträge im Budget anhand der Validität (Zuverlässigkeit) des Zahlenmaterials. Tun Sie dies frühzeitig, denn die ursprünglichen Zahlen sind selten realistisch. Oft sind die Umsätze zu hoch, die Ausgaben zu niedrig angesetzt.

> **57** Verdeutlichen Sie sich die Kosten durch Umrechnung in Prozent des Umsatzes.

> **58** Das angestrebte Leistungsziel bestimmt die Kosten.

> **59** Prüfen Sie die Vorjahreszahlen auf klare Fehler.

GELDBETRÄGE HINTERFRAGEN

Sie sollten Ihre Zahlen gründlich und mehrfach überprüfen. Wenn der Budgetierungsausschuss Ihren ersten Budgetentwurf begutachtet, müssen Sie sich darauf verlassen können, dass das Zahlenmaterial hieb- und stichfest ist. Der Ausschuss ist sich in der Regel im Klaren, dass erfahrene Manager ihre ersten Entwürfe oft bewusst hoch ansetzen, um Spielraum für Kürzungen zu lassen. In Kenntnis dieser Praxis sollten Sie entsprechend so kalkulieren, dass der Budgetierungsausschuss Ihren ersten Entwurf einfach um 10 % kürzen kann.

DIE OUTPUT/INPUT-METHODE

Die beste Methode für die Festlegung der Zahlen für Ihr Budget ist die Output/Input-Methode. Bestimmen Sie, wie viel Ihre Abteilung produzieren soll (Output), überlegen Sie, wie dies bewerkstelligt werden kann, und entscheiden Sie, welche Ressourcen (Input) dazu erforderlich sind. Gehen Sie nicht davon aus, welche Ressourcen Ihnen zur Verfügung stehen, um dann zu schätzen, wie viel die Abteilung damit erreichen kann. Betrachten Sie Ressourcen, Mitarbeiter und geplante Ausgaben als Inputs. Hergestellte Güter, geleistete Arbeit und erbrachte Dienstleistungen sind Outputs.

NICHT VERGESSEN

- Der Output bestimmt den Input, nicht umgekehrt.
- Die vom Unternehmen angestrebten Outputs, Ziele und Termine müssen geklärt werden.
- Alternative und innovative Ideen können in Brainstormings gesammelt werden.
- Die Kosten der benötigten Ressourcen sollten in Geldwerten ausgedrückt werden.
- Qualität und Quantität der Ressourcen klar benennen.

Richtig budgetieren

Der richtige Ansatz

Das soll ich erreichen. → So werde ich vorgehen. → Also brauche ich diese Ressourcen.

Der falsche Ansatz

Das habe ich. → Das mache ich daraus. → Also kann ich diese Leistung erbringen.

Top-Down-Budgetierung

Obwohl Budgets nach der Output/Input-Methode erstellt werden sollten, wählen viele Manager einen Top-Down- (oder retrograden) Ansatz. Bei dieser sehr einfachen Methode werden die Ausgaben des Vorjahres ermittelt und um einen bestimmten Prozentsatz erhöht oder gesenkt. Der Haken hierbei ist, dass die Zahlen des letzten Jahres fehlerhaft sein können und sehr wahrscheinlich nicht die optimale Ressourcen-Allokation darstellen. Auch können verdeckte graduelle Kostenveränderungen unberücksichtigt bleiben und ineffiziente Praktiken fortgeführt werden. Trotzdem ist dies der am häufigsten verwendete Ansatz zur Festlegung von Budgetbeträgen. Oft lässt ein Manager die Budgetierungsformulare wochenlang im Posteingang liegen und erstellt dann an einem Tag sein Budget, ohne Bezug auf einen anderen Teil des Unternehmens zu nehmen.

DER TOP-DOWN-ANSATZ ▶
Eine Liste aller Einnahmeposten aus den tatsächlichen Ergebnissen oder dem Budget des Vorjahres wird als Grundlage für die Schätzwerte des diesjährigen Budgets herangezogen.

Wichtige Fragen

- Habe ich alle Zahlen untersucht und Überflüssiges gestrichen?
- Gibt es noch eine andere Möglichkeit, die Gültigkeit der nach dem Top-Down-Ansatz ermittelten Zahlen zu überprüfen?
- Habe ich mit anderen Managern das Verhältnis ihrer Zahlen zu meinen besprochen?

KOSTENBUDGET

	Vorjahr	Änderung	Dieses Jahr
Löhne/Gehälter	10.000	6%	10.600
Altersversg.	1.200	6%	1.272
Reisekosten	500	10%	550
Mietausrüstung	100	5%	105
Telefon	600	-10%	540
Druck, Porto, Papier	240	-2%	235
Marketing	300	8%	324
Lagerhaltung	60	3%	62
Instandhaltung	120	10%	132
Heizung, Licht, Strom	480	-5%	456
	13.600		14.276

Das Budget umfasst nur Posten, die es im Vorjahr auch gab.

Veränderung hinzurechnen oder abziehen

Bottom-Up-Budgetierung

> **60** Führen Sie den Bottom-Up-Ansatz zunächst in ausgewählten Abteilungen ein.

> **61** Achten Sie bei diesem Ansatz auf durch Kürzungen geweckte Vorbehalte.

Der Ansatz der Bottom-Up- oder Zero-Based-Budgetierung (ZBB) geht auf den Zusammenhang von Kosten und Nutzen ein. Ausgehend von einer »Nullbasis«, also nicht auf Grundlage von Vergangenheitswerten, nennen Sie für jede Aktivität die Absicht und Folgen einer Budgetänderung. Das bedeutet, dass Sie alle Ausgaben von null auf rechtfertigen müssen. Der Bottom-Up-Ansatz ist am besten für frei bemessbare und unterstützende Ausgaben geeignet, z. B. Marketing, im Gegensatz zu materiellen Kostenbereichen wie der Produktion. Die Bottom-Up-Budgetierung ist sehr zeitaufwändig. Einige Manager lehnen diese Methode als zu aggressiv ab.

Vergleich: Top-Down- und Bottom-Up-Budgetierung

	Top-Down	Bottom-Up
Ausgangspunkt	Vorjahresbudget oder aktuelles Budget	Null – Kein Bezug auf Vorjahr
Budgetgrundlage	Vorjahreswert plus oder minus x	Handlungsbausteine
Budgetbetrag	In der Regel eine feste Summe	Bandbreite von Beträgen
Berücksichtigung	Der eigenen Funktion/Abteilung	Des gesamten Unternehmens
Beteiligte	Nur Manager und Eigentümer	Abteilungsübergreifende Teams
Zeit- und Arbeitsaufwand	Eventuell von Bedeutung	Oft sehr beträchtlich
Häufigkeit	Normalerweise jährlich	Periodisch über Jahre hinweg
Alternativen	Werden kurz angesprochen	Werden detailliert abgewogen
Prioritäten	Oft nicht festgelegt	Kann- und Muss-Ausgaben

Activity-Based Costing (ABC)

Um korrekte Zahlen vorzulegen und ein besseres Gefühl dafür zu bekommen, welche Produkte und Dienstleistungen wirklich lukrativ sind, müssen Sie die Kostentreiber kennen. Oft werden Kosten nur im Vergleich zu den Verkaufserlösen auf die Produkte umgerechnet. Das vernachlässigt jedoch andere betriebliche Aspekte wie Büros, Mitarbeiterzahl und verkaufte Stückzahl. Activity-Based Costing ist ein umfassenderer Ansatz zur Ermittlung der Kosten verursachenden Größen, der bei der Kostenzuordnung auch die anderen Aspekte außer dem Erlös berücksichtigt. Anhand detaillierter Zeit- und Kostenaufstellungen können Sie die Kosten des gesamten Unternehmens genauer zuordnen.

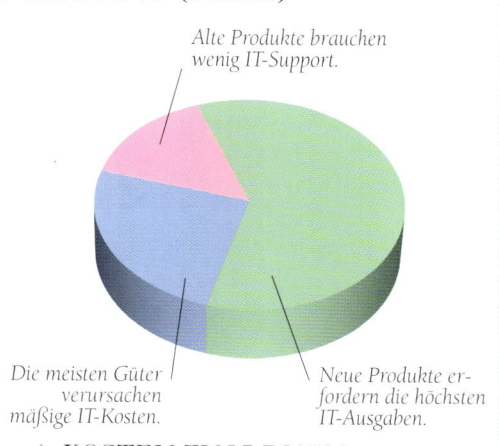

Alte Produkte brauchen wenig IT-Support.

Die meisten Güter verursachen mäßige IT-Kosten.

Neue Produkte erfordern die höchsten IT-Ausgaben.

▲ **KOSTEN ZUORDNEN**
Informationstechnologie-(IT-)Kosten werden eher von neueren Produkten verursacht, die viel Support benötigen, als von bewährteren Produkten.

WICHTIGE FRAGEN

F Sollte ich in einigen Support-Abteilungen Zero-Based-Budgetierung einführen?

F Verspricht eine »Was-wäre-wenn«-Analyse nützliche Erkenntnisse für mein Budget?

F Habe ich daran gedacht, eine Bandbreite zu prognostizieren statt einer einzelnen Zahl?

62 Geben Sie Bandbreiten an, um von der »Zahlenfixierung« wegzukommen.

Andere Methoden

Ein weiteres Verfahren untersucht die möglichen Auswirkungen einer Budgetänderung. In einer »Was-wäre-wenn«-Analyse werden meist die wichtigsten Kosten um 10 % höher und die Einnahmen um 10 % niedriger angesetzt, was die finanziellen Schwachstellen des Budgets aufzeigt. Da Budgets meist auf eine Summe hinauslaufen (»Umsatz = 15 Mio. Euro«), sollten Sie auch überlegen, welches Ergebnis unter besonders günstigen Umständen oder im schlimmsten Fall möglich wäre. Indem Sie jedem Einzelergebnis eine Wahrscheinlichkeit zuordnen und beide Werte miteinander multiplizieren, erhalten Sie eine realistischere Zahl, den Erwartungswert. Berechnungen der bestmöglichen, wahrscheinlichen und schlimmstmöglichen Szenarien helfen, zu entscheiden, ob das bestmögliche Szenario des einen Managers dem schlimmstmöglichen eines anderen hinzuzurechnen ist usw.

INVESTITIONSBUDGETS VERSTEHEN

Ausgaben für größere Kapitalanschaffungen z. B. für das Betriebsgelände, für Ausrüstung oder Maschinen fallen nicht unter die Abteilungsbudgets. Die Abschätzung der Investitionen ist für das Unternehmen jedoch lebenswichtig.

63 Eine falsche Investition kann die schönste Gewinnplanung zunichte machen.

64 Kapitalausgaben werden oft zu wenig kontrolliert.

65 Investitionen müssen in die Gewinn- und Verlustrechnung einfließen.

INVESTITIONEN KONTROLLIEREN

Fehlentscheidungen in diesem Bereich können den Konkurs bedeuten. Die Kapitalinvestitionen fallen meist in einem frühen Stadium an, und wenn sie nicht kontrolliert werden, können sie verheerende Auswirkungen auf das ganze Unternehmen haben. Der klassische Fall: Die Ausgaben überschreiten das Budget, der Projektstart verzögert sich, die Verkaufserlöse kommen später herein als erwartet, und schon gibt es ein Liquiditätsproblem.

GENEHMIGUNG VON INVESTITIONEN

Es haben sich ausgefeilte und oft langwierige Verfahren für die Genehmigung entwickelt. In vielen Unternehmen entscheiden hochrangig besetzte Investitionsausschüsse darüber, wie viel maximal investiert werden darf und wie diese Ausgaben zeitlich innerhalb des Unternehmens verteilt werden. Investitionsantragsformulare sind nur ein Beispiel für zahlreiche andere Verfahren, mit denen Unternehmen eine strenge Prüfung aller Investitionsausgaben zu gewährleisten versuchen.

NICHT VERGESSEN

- Schaffen Sie ein Klima, in dem Ideen für zukünftige Investitionen entstehen können.
- Sichern Sie wirkliches Verständnis der Genehmigungsverfahren.
- Die finanziellen Hürden, die ein Projekt überwinden muss, bevor es rentabel wird, müssen klar sein.
- Der Erhöhung des Kapitalstocks muss eine Investitionsbewertung nach geeigneten Verfahren vorausgehen.

INVESTITIONSBUDGETS VERSTEHEN

PROJEKTE BEWERTEN

- Prüfen Sie, ob Investitionen notwendig sind.
- Planen Sie Reaktionen auf denkbare Risiken.
- Zählen Sie materielle und ideelle Gewinne auf.
- Legen Sie ein Szenario zur Genehmigung vor.
- Setzen Sie den Plan um, bewerten Sie den Erfolg.

INVESTITIONEN RECHTFERTIGEN

Damit die Rentabilität eines Projekts bewertet werden kann, müssen Sie Ihren Kapitalbedarf vom wirtschaftlichen Standpunkt aus rechtfertigen. Ein Projekt kann daran gemessen werden, wie viel Gewinn es pro investierter Geldeinheit abwirft (der sog. Kapitalertrag). Ein nützlicherer Indikator ist aber der Amortisationszeitraum, d. h. die Dauer, bis die Anfangsinvestitionen wieder hereingeholt sind. Beide Methoden lassen jedoch den Zeitwert des Geldes außer Acht. Uns ist instinktiv bewusst, dass 100 Währungseinheiten heute mehr wert sind als morgen. Geldbeträge in der Zukunft sollten daher in Werteinheiten von heute ausgedrückt werden, dem sog. Gegenwartswert oder Barwert der Investition. Wenn wir z. B. von einem Zinsfuß von 10 % ausgehen, entsprechen 100 Währungseinheiten in einem Jahr einem heutigen Betrag von 91 Einheiten. Nur bei der Barwertmethode wird der Zeitfaktor berücksichtigt und der Zukunftsbetrag vor der Kostenertragsrechnung diskontiert.

INVESTITIONSBUDGETS VERKNÜPFEN

Bedenken Sie, dass ein Investitionsbudget, wenn es einmal genehmigt ist, Auswirkungen auf andere Budgets und vor allem auf die Liquidität haben wird. Der Nutzen, den das Unternehmen aus einer Kapitalausgabe für neue Maschinen zieht, in Form erhöhter Kapazität oder Produktivität, sollte sich z. B. im Umsatzbudget niederschlagen. Die Entwicklung der Kostenbudgets wird außer von dem fixen Kostenfaktor Inflation auch von Veränderungen des Betriebskapitals beeinflusst – neue Kraftfahrzeuge erhöhen die Ausgaben für Treibstoff, Versicherungen und Steuern; Gebäude verursachen Strom-, Wasser- und Wartungskosten.

66 Erwägen Sie bei der Bewertung von Projekten auch die Verzichtoption.

67 Machen Sie sich den Zusammenhang von Einnahmen und Investitionen klar.

FINANZBUDGETS ERSTELLEN

Der Cash-Flow ist der Geldstrom in ein und aus einem Unternehmen. Ein zu geringer Cash-Flow bedeutet eine ernste Gefahr für das Unternehmen. Erstellen Sie ein Finanzbudget, damit Sie den Cash-Flow im Zeitverlauf besser einschätzen können.

68 Rechnen Sie damit, dass der Cash-Flow unter Ihren Erwartungen bleibt.

FINANZBUDGETS VERSTEHEN

In einem Finanzbudget werden anhand der Kennzahlen aus dem Ergebnisbudget die Einnahmen und Ausgaben, auch zeitlich, eingeschätzt, d. h. die einzahlungswirksamen Erträge und auszahlungswirksamen Aufwendungen im Zeitverlauf. Oft scheint sich der Bedarf an liquiden Finanzmitteln umgekehrt zu den Erträgen zu verhalten: Ein wachsendes Unternehmen hat oft kurzfristige Liquiditätsengpässe, während ein reifes Unternehmen auch bei abnehmender Aktivität noch erstaunliche Erträge abwirft.

▲ **CASH-FLOWS PRÜFEN**
Cash-Flow-Prognosen benötigen realistische Annahmen aller Teile des Unternehmens bezüglich des Zeitablaufs.

WICHTIGE FRAGEN

- F Ist die Umsatzsteuer im Cash-Flow berücksichtigt?
- F Sind die Eingänge v. a. aus neuen Initiativen realistisch terminiert?
- F Sind die Kreditzinsen realistisch kalkuliert?
- F Wie definitiv ist die Mengen- und Zeitplanung?
- F Hat sich das Exportgeschäft vergrößert oder verändert?
- F Beeinflussen neue Zahlungsverzugsgesetze den Cash-Flow?

69 Denken Sie an den Spruch »Erträge sind gut, Liquidität ist besser«.

FINANZBUDGETS ERSTELLEN

TUN UND LASSEN

✔ Achten Sie auf das Timing des Cash-Flow, zu optimistische Budgets wirken hier problemverstärkend.

✔ Stellen Sie viele »Was-wäre-wenn«-Fragen zu Cash-Flow und zu Auswirkungen zeitlicher Verschiebungen bei größeren Beträgen.

✘ Glauben Sie nicht, es könnte keine Cash-Flow-Probleme geben, nur weil es in der Vergangenheit keine gab.

✘ Glauben Sie nicht, dass sich alle immer an ihre vereinbarten Zahlungsziele halten, weder im Unternehmen noch außerhalb.

FINANZBUDGETBOGEN AUSFÜLLEN ▼

Ergänzen Sie alle Gewinn- und Verlustposten um den voraussichtlichen Ein- bzw. Ausgangstermin. Verrechnen Sie dies zum geplanten monatlichen Cash-Flow, um den Mittelzufluss oder -bedarf zu erkennen.

FINANZBUDGET AUSARBEITEN

Nehmen Sie die Gewinn- und Verlustrechnung und die Bilanz als Grundlage für das Finanzbudget. Oft stehen auch standardisierte Cash-Flow-Prognosenformulare als Arbeitserleichterung zur Verfügung. Verbinden Sie für jeden Monat die Budgetbeträge jedes Einnahmen- und Ausgabenpostens mit den Zahlungsprognosen. Vergessen Sie nicht die einmaligen Posten. Wiederholen Sie dies bei jeder Veränderung der Beträge oder Prognosen.

Budgetierte Gewinne und Verluste werden in jährliche und monatliche Beträge unterteilt.

Cash-Flow-Verlauf für jeden einzelnen Posten der Gewinn- und Verlustrechnung

Die tatsächlichen monatlichen Ein- und Ausgänge

GEWINN- UND VERLUSTRECHNUNG			ZEITRAHMEN	CASH FLOWS					
POSTEN	JÄHRLICH	MONATLICH		JUL	AUG	SEP	OKT	NOV	DEZ
Umsatz	+1920	+160	1 Monat Frist	0	+160	+160	+160	+160	+160
Erwerbungen	-720	-60	1 Monat Frist	0	-60	-60	-60	-60	-60
Fertigungslöhne	-576	-48	Sofort fällig	-48	-48	-48	-48	-48	-48
Miete	-60	-5	1 Monat im Voraus	-10	-5	-5	-5	-5	-5
Heizung, Licht, Strom	-48	-4	1 Monat Frist	0	-4	-4	-4	-4	-4
Versicherung	-12	-1	6 Monate im Voraus	-6	0	0	0	0	0
Marketing	-72	-6	1 Monat Frist	0	-6	-6	-6	-6	-6
Löhne/Gehälter	-192	-16	Sofort fällig	-16	-16	-16	-16	-16	-16
			Monatlicher Cash-Flow	-80	+21	+21	+21	+21	+21
Gewinn	+240	+20	Kumulierter Cash-Flow	-80	-59	-38	-17	+4	+25

Jahresgewinn wird durch Abzug der Ausgaben von den Einnahmen ermittelt.

Monatliche Gesamtzahl aller Ein- und Ausgangssummen

Der kumulierte Cash-Flow für die gesamte Periode gibt den tatsächlichen Kassenbestand an.

195

BUDGETS KONSOLIDIEREN

Sobald Sie Ihr Budget ausgearbeitet haben, legen Sie es dem Budgetierungsausschuss vor, damit ein Gesamtbudget aufgestellt werden kann. Je nachdem, was die konsolidierten Daten aussagen, müssen Sie Ihr Budget eventuell nachbessern.

70 Folgen Sie einem Zeitplan, vor allem gegen Ende des Budgetierungsprozesses.

71 Halten Sie bei der Zahlenaufbereitung die vorgegebenen Richtlinien ein.

ABTEILUNGSBUDGETS ÜBERPRÜFEN

Bevor die Abteilungsbudgets zusammengeführt werden können, müssen Sie Ihr Budget überprüfen, insbesondere auf die Durchführung folgender Schritte:
- Die begrenzenden Faktoren wurden erkannt.
- Relevante Hintergrundinformationen liegen vor.
- Sowohl externe als auch interne Einflussfaktoren wurden identifiziert und bedacht.
- Andere wichtige Informationsquellen und Beratungsmöglichkeiten wurden genutzt.
- Die Arten, Beträge und Zeitpunkte der laufenden und einmaligen Einnahmen und Ausgaben wurden bei den Prognosen vorsichtig angesetzt.

Der Vorsitzende des Ausschusses stimmt alle Budgets ab.

Die Manager reichen ihre Abteilungsbudgets ein.

BUDGETS EINREICHEN ▲
Erst wenn Sie das Budget zufrieden stellend überprüft und nachgerechnet und erforderliche Verbesserungen vorgenommen haben, sollten Sie es dem Budgetierungsausschuss vorlegen.

DAS IST ZU TUN

1. Budget überprüfen
2. Auf konsistente Gestaltung prüfen
3. Entwurf ausarbeiten
4. Korrekturtipps einholen
5. Korrekturen einarbeiten
6. Erneut lesen lassen
7. Dem Ausschuss vorlegen

GENEHMIGUNG EINHOLEN

- Budget (erneut) dem Ausschuss vorlegen.
- Ausschuss prüft auf Durchführbarkeit.
- Ausschuss macht Änderungsvorgaben.
- Budget wird überarbeitet.
- Ausschuss genehmigt Endversion.

EIN GESAMTBUDGET ERSTELLEN

Ein Gesamtbudget ist die Zusammenfassung aller Abteilungsbudgets der einzelnen Manager. Es ist ein zentrales Dokument, das der Budgetierungsausschuss erstellt, um die Ziele und Erwartungen des gesamten Unternehmens hinsichtlich der zukünftigen Einnahmen, Cash-Flows und Finanzlage darzustellen. Wie bei den Abteilungsbudgets liegt der Schwerpunkt auch hier auf Schlüsselbereichen wie Umsatz, Produktion und Finanzen. Das Gesamtbudget liefert Informationen in konzentrierter Form, sodass die Unternehmensleitung entscheiden kann, ob das Budget akzeptabel ist und genehmigt werden kann. Das Gesamtbudget sollte ein Ergebnis-, ein Bilanz- und ein Finanzbudget beinhalten. Die Entscheidungskriterien der Unternehmensleitung sind natürlich in jeder Unternehmung unterschiedlich, orientieren sich jedoch in der Regel sowohl an übergeordneten Aspekten wie den strategischen Zielen, als auch an kurzfristigeren Zielen wie Rentabilität, Kapitalrendite, Solvenz und Liquidität.

ITERATIVE ABSTIMMUNGSPROZESSE

Wenn der erste Entwurf für das Gesamtbudget nicht den Vorstellungen der Unternehmensleitung entspricht, muss er überarbeitet werden. Die Unternehmensleitung kann darauf bestehen, dass sofort substanzielle Änderungen vorgenommen werden, oder sie kann zunächst die Auswirkungen gradueller Verbesserungen auf den Gesamtplan betrachten. In jedem Fall müssen Sie Ihre Zahlen umarbeiten und erneut zur Genehmigung einreichen. Dann wird ein neues Gesamtbudget erstellt und wiederum der Unternehmensleitung vorgelegt. Dieser Prozess heißt iterativer Prozess und wird so lange durchlaufen, bis eine finale Version genehmigt ist.

72 Beraten Sie sich mit allen Betroffenen, bevor Sie das Budget ändern.

73 Protokollieren Sie Änderungen, um sie evtl. später nachzuvollziehen.

BUDGETS ABSCHLIESSEN

Sobald das Budget konsolidiert ist, kann der Budgetierungsausschuss das Gesamtbudget zum Abschluss bringen. Gehen Sie gut vorbereitet in die Besprechung, damit Sie in der optimalen Ausgangsposition sind, um für die Belange Ihrer Abteilung einzutreten.

> **74** Zeigen Sie Effizienz, und budgetieren Sie keine fantastischen Ressourcen.

> **75** Zeigen Sie Effizienz durch Erfüllung aller Planziele.

> **76** Testen Sie Ihr Budget mit »Was-wäre-wenn«-Szenarien.

DIE ZAHLEN ÜBERPRÜFEN

Aufgabe des Budgetierungsausschusses ist die Prüfung der Zahlen und die Bewertung ihrer Gültigkeit. Seien Sie auf Fragen vorbereitet wie »Was ist, wenn der Umsatz stärker steigt oder fällt als nach Ihrem Plan?«, »Welche Auswirkungen auf das Budget haben die Kosten für die Bereiche Personal, Einkauf, Produktion, Marketing, Finanzen und Verwaltung?« oder »Wie wirken sich Zinsen, Inflation, Besteuerung, Zölle und Quoten aus?«. Sie müssen entscheiden, welche Faktoren welchen Einfluss auf Ihr Budget haben könnten und ob es noch weitere relevante Aspekte gibt.

VORBEREITUNG AUF DIE AUSSCHUSSSITZUNG

Auf die Sitzung des Budgetierungsausschusses sollten Sie sich gründlich vorbereiten und auf jeden Fall folgende Fragen beantworten können:
- Warum sollen Sie an der Sitzung des Ausschusses teilnehmen, und welche Bedeutung hat sie?
- Worin besteht die Rolle eines Budgetierungsausschusses im Allgemeinen und speziell in Ihrem Unternehmen, kennen Sie die Mitglieder?
- Wie beabsichtigen Sie, die Anliegen Ihrer Abteilung wirkungsvoll zu vermitteln?
- Welche Folgemaßnahmen könnten erforderlich werden?

NICHT VERGESSEN

- Lernen Sie, Gewinn- und Verlustrechnungen und Bilanzen zu lesen, indem Sie finanzielle Größen in Bezug setzen.
- Prüfen Sie, ob alle Fragen zu Budgetprognosen zufrieden stellend beantwortet worden sind.
- Machen Sie sich die Bedeutung des Gesamtbudgets für den Budgetierungsprozess bewusst.
- Leisten Sie substanzielle persönliche Beiträge zu den Hauptsitzungen des Ausschusses.

An Budgetierungssitzungen teilnehmen

Die Budgets der einzelnen Abteilungen werden in den Verhandlungsprozess eingebracht und einander gegenübergestellt. Sie wussten vorher vielleicht einfach nichts von anderen Plänen, Bedingungen und Notwendigkeiten, die auch Ihre Planung berühren können. Denken Sie daran, dass hochrangige Führungskräfte, die die Hauptbereiche des Unternehmens vertreten, an den Sitzungen teilnehmen ebenso wie der Vorsitzende und Buchhalter. Der Vorsitzende berät und kooperiert mit den Abteilungsmanagern und koordiniert das Endergebnis. Die Mitarbeiter aus der Buchhaltung bestimmen nicht so sehr den Aufbau der verschiedenen Budgets mit, sondern unterstützen Sie bei der Aufstellung.

Werksmanager hat Neuanschaffungen geplant.

Vorsitzender vermittelt und erzielt Einigung.

Buchhalter stellt fest: Zu wenig Mittel verfügbar.

Abschluss des Budgets

Wenn sich der Budgetierungsausschuss auf ein Gesamtbudget geeinigt hat, sind alle abteilungsspezifischen und unterstützenden Einzelbudgets konsolidiert, einschließlich der geplanten Ergebnisrechnung, Bilanz und Cash-Flow-Rechnung. Diese Dokumente und die unterstützenden Zusatzbudgets sind die Grundlage für die Planung und Kontrolle der Aktivität im Folgejahr. Ihr Budget behält jedoch seine Rolle als zentraler Bezugspunkt für Ihre Abteilung, als Bindeglied zwischen lang- und kurzfristiger Unternehmensplanung.

▲ Über Budgets verhandeln

Die sinnvolle Beteiligung an Budgetbesprechungen setzt voraus, dass Sie die Ziele aller Ausschussmitglieder kennen, wissen, warum sie teilnehmen und was sie erreichen wollen.

77 Bedenken Sie: Budgets, die gekürzt werden sollen, verlieren an Glaubwürdigkeit.

DAS BUDGET KONTROLLIEREN

Wenn das Budget aufgestellt ist, gilt es, die geplanten Einnahmen zu erzielen und die Ausgaben nicht zu überschreiten. Dazu sollten Sie Ihr Budget permanent überprüfen und bei Bedarf anpassen.

DISKREPANZEN ANALYSIEREN

Diskrepanzen zwischen Budget und erzieltem Ergebnis werden immer auftreten. Geben Sie für eine konstruktive, zukunftsorientierte Anpassung des Budgets Richtlinien vor, mit denen solche Abweichungen nachvollzogen und analysiert werden können.

78 Ignorieren Sie Diskrepanzen, die nächsten Monat von selbst verschwinden.

79 Planen Sie immer genug Zeit ein, um allen Abweichungen nachzugehen.

ABWEICHUNGEN VERSTEHEN

Es ist sehr wichtig, den Grund auch der kleinsten Diskrepanz zwischen Budget und erzieltem Ergebnis zu kennen. Was Ihnen und Ihrer Abteilung vielleicht als unbedeutende Kleinigkeit erscheint, könnte für das Unternehmen überaus wichtig sein, besonders dann, wenn andere Abteilungen ebenfalls ihre Budgets verfehlen. Dadurch, dass Sie feststellen, wie es zu der Abweichung kam, verringern Sie die Wahrscheinlichkeit, dass sie noch einmal auftritt, und sorgen dafür, dass künftige Abweichungen früher erkannt werden.

Ergebnis und Budget vergleichen

Der Vergleich der tatsächlich erzielten Ergebnisse mit den Budgets ist das Standardinstrument der Unternehmensleitung zur Leistungsbewertung. Ein gutes Managementsystem geht Fragen nach wie »Sind die gültigen Pläne die richtigen?« und »Welcher Beitrag kommt aus den einzelnen Bereichen des Unternehmens?«. Ein gut geführtes Budget ist ein zukunftsorientiertes Dokument, das der Unternehmensleitung hilft, Trends zu erkennen, Jahresergebnisse zu prognostizieren und böse finanzielle Überraschungen zu vermeiden.

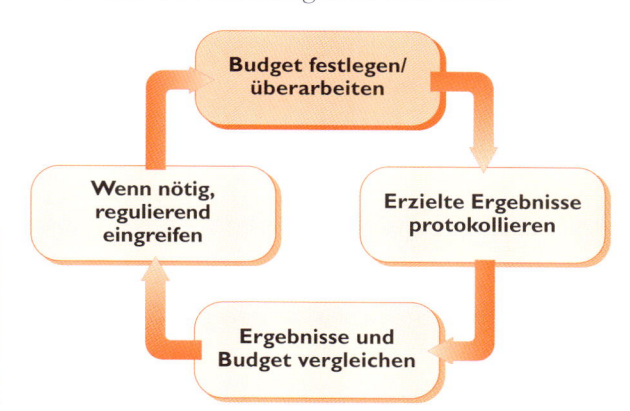

Das ist zu tun

1. Geben Sie Kontrolle und Planung gleiches Gewicht.
2. Entscheiden Sie, welche Budgetpunkte kontrolliert werden.
3. Planen Sie genügend Zeit für gründliche Kontrollen.
4. Lassen Sie sich regelmäßig Finanzinfos schicken.

Der Kontrollzyklus ▶

Um eine wirksame Budgetkontrolle zu gewährleisten, sollten Sie den vier Schritten dieser Feedbackschleife folgen. So integrieren Sie eine zuverlässige Kontrollinstanz in Ihren Budgetierungsprozess.

80 Planen Sie genug Zeit für jeden der vier Schritte ein.

- Budget festlegen/überarbeiten
- Erzielte Ergebnisse protokollieren
- Ergebnisse und Budget vergleichen
- Wenn nötig, regulierend eingreifen

Fallbeispiel

Video Visual arbeitet schon seit ein paar Jahren mit Budgets. Die Manager von Video Visual finden jedoch, der Prozess bedeute einen zu großen Aufwand an Zeit und wertvollen Managementressourcen. Ihre Branche ist dynamisch und immer am Puls der technischen Entwicklung, und ihre Zeit ist sehr knapp. Daher kommen sie selten dazu, viel mit dem Budget zu arbeiten, sobald es einmal fertig gestellt ist. Sie beobachten nicht die tatsächlichen Entwicklungen und ein Vergleich der erbrachten Leistung mit dem Budget erfolgt nur sehr oberflächlich. Video Visual folgt nicht der logischen Reihenfolge der vier Schritte des Kontrollzyklus. Die Manager ziehen aus dem Budget des Vorjahres keine Lehren für das Folgejahr, somit ist auch nicht zu erwarten, dass die Budgetierung verbessert und der Nutzen für das Unternehmen vergrößert wird.

◀ Praktiziertes Feedback

Aus Budgets zu lernen ist nicht zwingenderweise Zeit raubend. Die Manager müssen sich aber damit auseinander setzen, warum die Planzahlen nicht erreicht wurden und wie dies künftig geändert werden kann. Ein Budget zu erstellen und es dann nicht für Kontrollzwecke zu nutzen ist halb getane Arbeit. Beide Tätigkeiten gehören zusammen.

Abweichungen beobachten

Sie müssen die Abweichungen zwischen den tatsächlichen und den geplanten Ergebnissen analysieren, um Prioritäten für Folgemaßnahmen setzen zu können. Ausgabenüberschreitungen sind eine negative, Unterschreitungen eine positive Abweichung.

81 Legen Sie zu Beginn des Budgetierungsprozesses ein Berichtssystem fest.

82 Geben Sie solchen Abweichungen Priorität, die Nutzen versprechen.

83 Umreißen Sie Problembereiche in »Blitzreports«.

Verfahren einführen

Beobachten Sie Abweichungen, und finden Sie heraus, wie sie entstanden sind. Abweichungen werden generell in Budgetfehler und unerwartete Abweichungen unterteilt. Ständige Kontrolle trägt dazu bei, die Kostenentwicklung besser zu verstehen, und das wiederum hilft ihnen, nächstes Mal exakter zu budgetieren. Für eine erfolgreiche Kontrolle brauchen Sie jedoch geeignete Verfahren. Die Erfahrung hat gezeigt, dass ein wirklich effizientes Verfahren regelmäßig, leicht durchführbar und detailliert genug sein muss.

Abweichungen auswählen und messen

Definieren Sie signifikante Abweichungen. Die Entscheidung, welche Abweichung genauer zu untersuchen ist, sollte sich danach richten, welche am ehesten steuerbar ist, was ihre Untersuchung kosten würde und wie wahrscheinlich es ist, dass sie wieder auftritt. Die zentrale Frage dabei ist, warum eine bestimmte Abweichung untersucht werden soll und welche Maßnahmen Sie aus den gemessenen Werten ableiten werden. Lässt sich aus einer Abweichung keine praktische Maßnahme ableiten, brauchen Sie sie auch nicht zu messen.

Wichtige Fragen

- **F** Mit welchem Verfahren messe ich Abweichungen?
- **F** Sorgt es für regelmäßige, leicht durchführbare und hinreichend genaue Kontrolle?
- **F** Bieten die gemessenen Abweichungen wirklich zukünftig nutzbare Informationen?
- **F** Ist es sinnvoll, den Grund für die Abweichung finden zu wollen?
- **F** Sind die Abweichungsberichte aufschlussreich und enthalten sie sinnvolle Vergleiche?

ABWEICHUNGSBERICHTE NUTZEN

Für die Erstellung von Abweichungsberichten gibt es keine festen Regeln oder Vorlagen. Weil es interne Unterlagen sind, können Sie die Gestaltung frei wählen, wobei Sie sie speziell auf Ihre Abteilung zuschneiden sollten. Berichte, die für eine Abteilung nützlich sind, können für eine andere wertlos sein. Versuchen Sie, die Berichte stilistisch einheitlich mit den Budgetunterlagen zu gestalten. Inhaltlich gesehen, haben Manager denkbar geringen Nutzen von übermäßig ausführlichen Budget- und Abweichungsberichten. Sie werden sie zu kompliziert finden und wenig damit arbeiten, sodass keine Leistungsverbesserung erzielt wird. Zusätzliche Spalten zeigen den absoluten und prozentualen Unterschied zwischen diesjährigem Budget und Vorjahresergebnis.

84 Bewerten Sie den Nutzen der Unternehmensberichte für sich.

85 Nehmen Sie Zahlen hinzu oder heraus, um die Flexibilität zu erhalten.

▼ **TYPISCHER ABWEICHUNGSBERICHT**
In jeder Abteilung sollte der Abweichungsbericht in das laufende, das budgetierte und das vorige Jahr unterteilt sein.

Die Ergebnisse werden als Abweichung im Vergleich zum Budget ausgedrückt.

In Überschrift: der Monat des Berichtsjahrs

Die Ergebnisse werden als Abweichung im Vergleich zum Vorjahr ausgedrückt.

ABWEICHUNGSBERICHT DER ABTEILUNG, APRIL, 2. BERICHTSJAHR						
POSTEN	ERGEBNIS EURO	BUDGET EURO	ABWEICHUNG EURO	%	VORJAHR EURO	ABWEICHUNG EURO	%
Heizung	1.200	1.300	100	8%	1.100	-100	-9%
Licht	500	550	50	9%	525	25	5%
Telefon	660	700	40	6%	650	-10	-2%
Porto	100	90	-10	-11%	110	10	9%
Briefpapier	200	180	-20	-11%	160	-40	-25%
Bücher	50	80	30	38%	50	0	0%
Versicherung	240	240	0	0%	220	-20	-9%

Kostenträger wird genau benannt, um anschließende Analyse zu erleichtern.

Diskrepanz zwischen Ergebnis und Budget wird hier in Währungseinheiten ausgedrückt.

Diskrepanz zwischen Ergebnis und Vorjahr wird hier als Prozentsatz ausgedrückt.

Budgetierungsfehler Analysieren

Budgetierungsfehler entstehen bei schlechter Vorbereitung des Ausgangsbudgets. Der Umsatz ist geringer als erwartet, die Kosten sind außer Kontrolle. Es ist entscheidend, dass Sie herausfinden, wo Ihr Fehler lag, damit er nicht noch einmal passiert.

86 Ein typischer Fehler: Einnahmen zu hoch und Kosten zu niedrig angesetzt.

87 Prüfen Sie alles – kleine Abweichungen können große Beträge bedeuten.

Die Zahlen untersuchen

Mögliche Gründe für echte Budgetierungsfehler sind z. B. unter ungenügender Information festgelegte Budgetbeträge, mangelndes Verständnis der finanziellen Zusammenhänge im Unternehmen oder unzureichende Hinterfragung der Zahlen. Sie müssen die Gründe für die Fehlentwicklung suchen und sich folgende Fragen stellen:

- Welche Abweichungen werden bei der Kostenkontrolle am häufigsten entdeckt, was sind Ursachen und Folgen, was die Gegenmittel?
- Was sind die wichtigsten Abweichungen beim Verkaufserlös, welche Ursachen und Folgen haben sie, welche Gegenmittel gibt es?

Wenn Sie die Einnahmen- und Ausgabenabweichungen nach Preis-, Mengen- und Zeitaspekt einteilen, werden Sie weitere Hinweise auf mögliche Fehlerquellen erhalten.

FEHLER UNTERSUCHEN ▲
Konzentrieren Sie sich bei der Analyse von Fehlern auf die genaue Untersuchung der Gültigkeit der angesetzten Beträge.

88 Packen Sie das Problem an der Wurzel, statt sich in technischen Feinheiten der Abweichungsanalyse zu ergehen.

BUDGETIERUNGSFEHLER ANALYSIEREN

	UMSÄTZE IN EURO	**ZAHLUNGS-EINGÄNGE**	**INFORMATIONS-QUELLEN**
UMSÄTZE NACH PRODUKT-GRUPPEN	✓		Jährlicher Verkaufsbericht
UMSÄTZE NACH REGIONEN	✓	✓	Regionale Verkaufsprognosen
UMSÄTZE NACH MÄRKTEN		✓	Buchhaltungsbericht
ANDERE UMSÄTZE			

Bestätigung: Umsatzzahlen nach Produktgruppen überprüft

Umsätze sind logisch unterteilt.

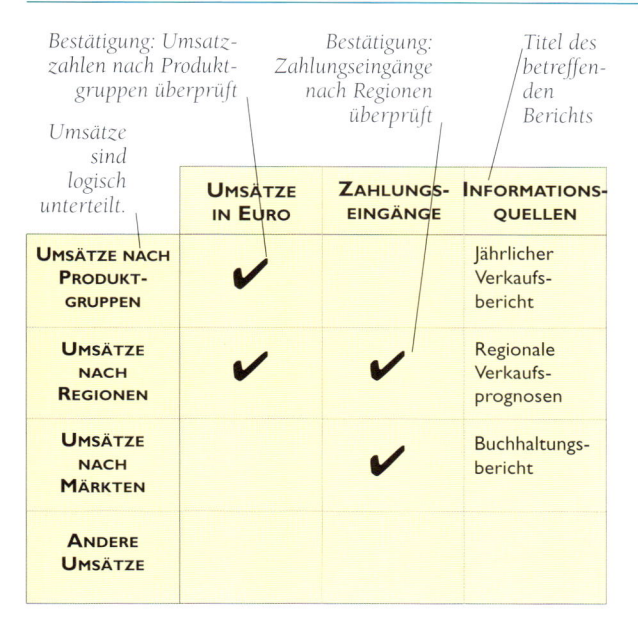

Bestätigung: Zahlungseingänge nach Regionen überprüft

Titel des betreffenden Berichts

CHECKLISTE VERKAUFSERLÖSE ▲
Gehen Sie eine Checkliste durch, um die Fehlerquelle bei der Umsatzprognose ausfindig zu machen. So nähern Sie sich systematisch und logisch möglichen Erklärungen an.

AUSGABEN ANALYSIEREN

Gehen Sie bei der Untersuchung von Ausgabenabweichungen Schritt für Schritt vor. Um Ausgabenprobleme auf Erfolg versprechende Weise zu analysieren und anzugehen, stellen Sie sich folgende Fragen:

- Ist der Preis der verschiedenen Kostenträger höher oder niedriger als geplant? Gibt es ein Mittel gegen diese Preisabweichung, und welche finanzielle Wirkung wird es haben?
- Kaufen wir größere oder kleinere Mengen als geplant? Gibt es ein Mittel gegen diese Mengenabweichung, und welche Folgen würde es nach sich ziehen?
- Gibt es eine zeitliche Abweichung bei den Ausgaben? Ist sie zu beheben und zu welchem Preis?

EINNAHMEN UNTERSUCHEN

Hier müssen Sie sich immer wieder einige zentrale Fragen stellen. 1. Gibt es Preisabweichungen (d.h., kostet das Produkt mehr oder weniger Euro als geplant), welche Folgen haben diese Abweichungen für das Budget, und können sie behoben werden? 2. Gibt es Mengenabweichungen (d.h., verkaufen wir andere Stückzahlen als geplant), was bedeutet dies für das Budget, und wie kann man diese Abweichungen beheben? 3. Gibt es zeitliche Abweichungen (d.h., bekommen wir unser Geld nicht zur geplanten Zeit), welche Konsequenzen haben sie für den Cash-Flow?

NICHT VERGESSEN

- Alle Ausgabenarten im Kostenteil des Budgets sollten gründlich durchgesehen werden.
- Alle Einnahmequellen sind zu dokumentieren – nach Region, Produkt, Markt und Verkäufer.
- Abweichungen sollten Preis, Mengen oder Zeit zugeordnet werden, um leichter Abhilfe zu finden.
- Abweichungen sollten auf Ursache, Abhilfe und mögliche Folgen der Abhilfe untersucht werden.
- Nicht für alle Abweichungen gibt es einen logischen Grund oder ein patentes Gegenmittel.

Unerwartete Abweichungen untersuchen

In vielen Fällen treten Abweichungen auf, die unmöglich hätten prognostiziert oder verhindert werden können. Dass die Abweichungen unerwartet sind, bedeutet jedoch nicht, dass Sie nicht vielleicht etwas daran ändern oder aus den Folgen lernen können.

89 Geben Sie nicht Mitarbeitern die Schuld für unvorhersehbare Abweichungen.

90 Beschäftigen Sie sich nur mit den beeinflussbaren Abweichungen.

91 Verwechseln Sie schlechte Planung nicht mit schlechter Leistung.

Andere nicht kritisieren

Einer der größten Fehler bei der Abweichungsanalyse liegt darin, nach einem Sündenbock zu suchen, wenn der Plan verfehlt wird. Jemandem die Schuld für eine effektiv unvermeidbare Abweichung zu geben ist sehr demotivierend. Was hätte die Abteilung bei der Budgetierung anders machen können oder sollen? Auch wenn eine Abweichung absolut nicht vorherzusehen war, kann sie rückblickend leicht zu erklären sein. Um also konstruktiver mit unerwarteten Abweichungen umzugehen, sollten Sie tiefer greifende Zusammenhänge und keine Schuldzuweisungen suchen.

Wichtige Fragen

- Haben Sie bei der Erstellung des Budgets auch Abweichungsberichts- und Messungssysteme festgelegt?
- Wurden positive Abweichungen auf weiteres Nutzungspotenzial überprüft?
- Kombinieren Sie die Beobachtung von Abweichungen mit der Suche nach Ursachen und Abhilfen?
- Betrachten Sie die Abweichungen besonders, die für Ihr Geschäft sehr wichtig sind?

92 Behalten Sie den Überblick; betreiben Sie keine zu detaillierte Abweichungsanalyse.

Steuerbare Kosten untersuchen

Das ist zu tun

1. Werden Sie nach den Analysen auch aktiv.
2. Untersuchen Sie auch positive Abweichungen.
3. Begnügen Sie sich nicht mit Alibierklärungen.
4. Prüfen Sie, ob eine Abweichung steuerbar ist.

93 Bedenken Sie: Vorausschau bringt mehr als Rückblicke.

Sobald die unerwarteten Abweichungen erkannt sind, können Sie eventuell einiges ausrichten. Steuerbare Kosten sind Ausgaben, die vom Budgetverwalter beeinflusst werden können. Ist dies der Fall, erwartet die Unternehmensleitung von Ihnen, dass Sie die Möglichkeit nutzen und die Ausgabe entsprechend anpassen. Nehmen wir z. B. an, ein Rohstoff habe sich im Laufe des letzten Planungszeitraums erheblich verteuert. An dem Preis können Sie zwar nichts ändern, aber Sie könnten sich nach einer preisgünstigeren Alternative umsehen. Wenn ein Mangel an Fachpersonal die Kosten in die Höhe treibt, gestalten Sie die Stelle so um, dass sie weniger Qualifikation erfordert. Auf Alternativen auszuweichen ist jedoch nicht Ihre einzige Möglichkeit. Sie können auch bei den frei bestimmbaren Kostenarten wie Werbung, Schulungen, Betriebsfeiern oder Sonderzahlungen kürzen.

Planungs- und Betriebsabweichungen

Eine sinnvolle Art, unerwartete Abweichungen zu betrachten, ist die Unterteilung in Planungs- und Betriebsabweichungen. Budgets werden normalerweise ex ante erstellt, d. h. vor dem Bezugszeitraum. Sie enthalten Annahmen, die zum Zeitpunkt der Planung galten. Ein Ex-post-Budget wird nach dem Bezugszeitraum erstellt und soll rückblickend das bestmögliche Budget ermitteln, das erfüllbar gewesen wäre. Eine Planungsabweichung ist eine Abweichung von einem Ex-ante-Budget, das daraufhin in ein Ex-post-Budget geändert wird. Beispielsweise könnte eine Abweichung dadurch entstehen, dass das ursprüngliche Budget eine erhebliche Preissteigerung eines Rohstoffs infolge einer weltweiten Knappheit nicht vorgesehen hatte. Aus diesem Ex-ante-Budget würde ein Ex-post-Budget erstellt, das diesen Faktor für den betreffenden Budgetzeitraum einrechnet. Eine Betriebsabweichung wird festgestellt, indem man ein Ex-post-Budget mit den Ergebnissen des nachfolgenden, jetzigen Zeitraums vergleicht. Sie zeigt also, welche Leistung die Abteilung dem Rückblick zufolge erbringen könnte, was wohl eine durchaus vernünftige Anforderung ist.

ANPASSUNGEN VORNEHMEN

Nach der Bewertung der Budgetabweichungen sind Sie in der Lage, fundierte Entscheidungen über Anpassungen zu treffen. Der Vergleich der Ergebnisse mit dem Budget ist ein kontinuierlicher Prozess, die Anpassung des Budgets sollte es auch sein.

94 Passen Sie Ihr Budget an Änderungen des Umfelds an.

NEUE BUDGETPROGNOSEN

Wenn interne oder externe Faktoren sich ändern, entfernen sich auch die Ergebnisse von den Budgetzielen. Es kann sehr frustrierend sein, wenn der Vergleich der beobachteten Leistung seiner Abteilung mit dem Budget eine immer geringere Rolle im praktischen unternehmerischen Alltag spielt. Daher ist es wichtig, dass Sie die Prognosen im Lichte der Veränderungen im Umfeld regelmäßig aktualisieren – meist vierteljährlich, wenigstens aber halbjährlich.

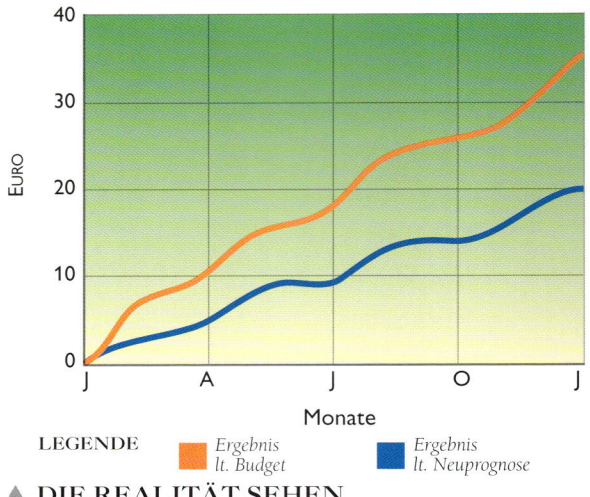

LEGENDE — Ergebnis lt. Budget — Ergebnis lt. Neuprognose

▲ **DIE REALITÄT SEHEN**
Der wachsende Abstand des ursprünglichen Budgets zur aktuellen Prognose bedeutet, dass das erste Budget keinerlei Bedeutung für Kontrollzwecke mehr besitzt.

95 Bedenken Sie die motivationsfördernde Wirkung einer Budgetkorrektur.

FLEXIBLE BUDGETS

Ein flexibles Budget berücksichtigt die Betriebsrealität. Wenn der Absatz z. B. laut Budget 100 Stück beträgt, in Wirklichkeit aber nur 80, würde ein normales Budget nur feststellen, dass negative Abweichungen vorliegen. Ein flexibles Budget hingegen betrachtet die erwarteten Einnahmen und Ausgaben für die tatsächlich bestellte und produzierte Warenmenge, sodass ein exakterer Vergleich der erzielten Leistung mit dem Budget möglich wird.

ANPASSUNGEN VORNEHMEN

BUDGETS ÜBERARBEITEN

Achten Sie genau darauf, bei Budgetkorrekturen im Rahmen der flexiblen Budgetierung genauso sorgfältig und strukturiert vorzugehen wie beim ersten Budget. Oft sind zeitliche Verschiebungen bei zentralen Faktoren der Anlass für Anpassungen. Beispiele hierfür sind verspätete Zahlungseingänge, verschobene Markteinführungstermine, Wechselkursschwankungen, neue Kapitalanschaffungen oder unerwartete Lohnentwicklungen. Versuchen Sie, solche zeitlichen Verschiebungen vorauszusehen, und protokollieren Sie sie genau, damit Sie später ihren Einfluss auf das Budget bewerten und in der nächsten Periode vorsorglich einplanen können.

DAS IST ZU TUN

1. Überarbeiten Sie das Budget frühzeitig.
2. Geben Sie überholte Planziele auf.
3. Trauen Sie sich, die Zahlen zu ändern.
4. Seien Sie rigoros.
5. Vergleichen Sie mit flexiblen Budgets.
6. Erwägen Sie rollierende Budgets.

> **96** Fragen Sie sich: »Komme ich nicht zum Planen, weil ich zu wenig plane?«

ROLLIERENDE BUDGETS

Mit einem normalen Jahresbudget kommen Sie an einen Punkt, an dem das Budget nur noch die nächsten ein oder zwei Monate abdeckt. Einige Unternehmen benutzen daher rollierende Budgets, die kontinuierlich fortgeführt werden, indem nach jedem Ergebnisbericht ein bestimmter Zeitraum zum Budget hinzugefügt wird. Praktisch bedeutet dies, einen Monat oder ein Quartal an das Budget anzuhängen und dafür die gerade vergangenen ein oder drei Monate herausfallen zu lassen. Mangels Zeit oder Ressourcen ist die Qualität eines solchen Budgets oft jedoch geringer.

▼ **ROLLIERENDE BUDGETS**
Der Budgetperiode wird jeweils ein Monat hinzugefügt, sodass die Planung immer die kommenden zwölf Monate abdeckt.

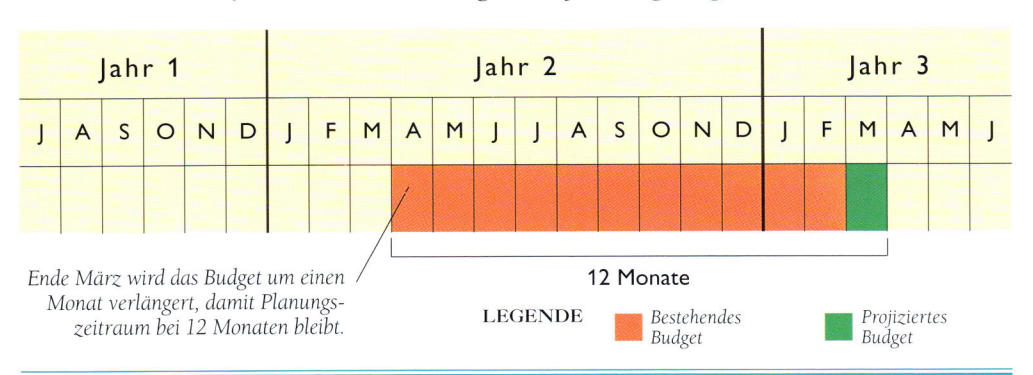

Jahr 1	Jahr 2	Jahr 3
J A S O N D	J F M A M J J A S O N D	J F M A M J

Ende März wird das Budget um einen Monat verlängert, damit Planungszeitraum bei 12 Monaten bleibt.

12 Monate

LEGENDE — Bestehendes Budget | Projiziertes Budget

Problematische Verhaltensweisen erkennen

Im Rahmen des Budgetierungsprozesses werden Sie sich auch um die Mitarbeiter Ihrer Abteilung kümmern müssen. Der Erfolg Ihres Budgets steht und fällt mit der Kooperation aller Beteiligten in den verschiedenen Phasen des Budgetierungsprozesses.

97 Sehen Sie außer dem finanziellen auch den menschlichen Aspekt der Budgetierung.

98 Mitarbeitermotivation ist von großem Wert für Ihr Budget.

Menschen und Budgets verstehen

Machen Sie sich bewusst, dass Ihre Mitarbeiter von zentraler Bedeutung für den Budgetierungsprozess sind und dass Budgetverfehlungen sie demotivieren können. Korrigieren Sie ein verfehltes Budget nicht durch kurzsichtige Änderungen, die die Belange Ihrer Mitarbeiter außer Acht lassen. Eine einfache Lösung zur Einhaltung des Finanzplans wäre z. B. die Kürzung der Ausgaben für Schulungen, aber das würde Ihre Mitarbeiter weiter demotivieren.

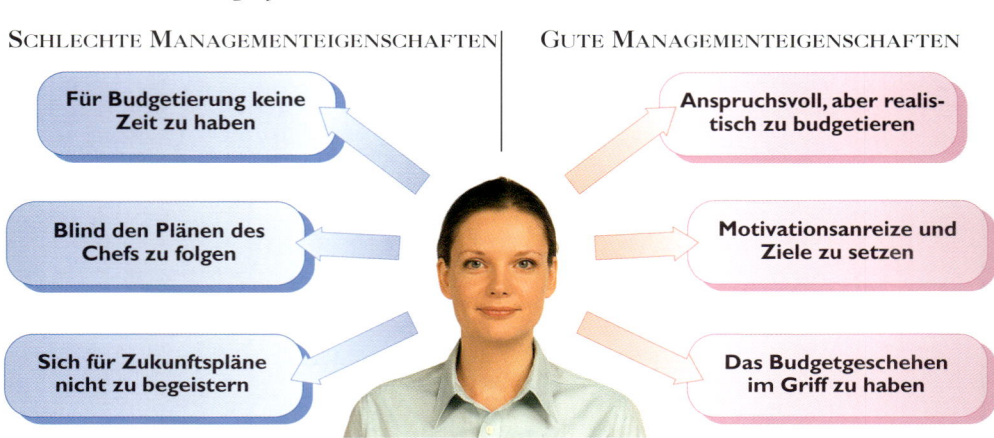

SICH ORGANISIEREN ▼
Um ein Budget als wichtiges Führungsinstrument zu nutzen, müssen Sie sich als motivierender, effizienter und gut organisierter Manager präsentieren.

Schlechte Managementeigenschaften	Gute Managementeigenschaften
Für Budgetierung keine Zeit zu haben	Anspruchsvoll, aber realistisch zu budgetieren
Blind den Plänen des Chefs zu folgen	Motivationsanreize und Ziele zu setzen
Sich für Zukunftspläne nicht zu begeistern	Das Budgetgeschehen im Griff zu haben

Menschliche Probleme lösen

Passen Sie Ihre Management-Kontrollsysteme Ihren Mitarbeitern an. Achten und reagieren Sie auf Verhaltensprobleme, die das Budget als Planungs- und Kontrollinstrument hervorrufen kann. Dazu einige Tipps:

- Die beste Mitarbeit erzielen Sie mit einem Ansatz, der auf Beteiligung und Befragung der Mitarbeiter basiert, im Gegensatz zu einem Budget, das von der Unternehmensleitung oktroyiert wurde.
- Erklären Sie wichtigen Mitarbeitern ausführlich Ihr Budget, was sie erreichen sollen und welche Leistung von ihnen erwartet wird.
- Zeigen Sie Anerkennung für erzielte Leistungen.
- Setzen Sie keine zu hohen oder zu niedrigen Ziele. Es kann die Mitarbeiter demotivieren, wenn ihre Leistungen an unerreichbaren Planzielen gemessen werden. Sie müssen beurteilen, was eine ausgewogene, erreichbare und motivierende Zielsetzung ist.

Kulturelle Unterschiede

In westlichen Ländern muss das Management in der Regel ein Motivationselement in das Budget einrechnen. In Ländern wie Japan liegt der Schwerpunkt eher auf der Kooperation und Motivation wird als selbstverständlich vorausgesetzt. In solchen Ländern ist es wenig Erfolg versprechend, wenn der Manager den Mitarbeitern sagt, was sie tun sollen.

99 Verbinden Sie Verantwortlichkeit mit Verantwortungsbewusstsein.

Ausreden aufdecken

Jeder hat sie schon gehört – die Ausreden, mit denen man sich vor seiner Verantwortung drückt. Es ist wichtig, solche Ausflüchte von echten Rechtfertigungen unterscheiden zu können, denn die Verschleierung der Wahrheit kann dazu führen, dass das Budget nicht optimal erfüllt wird.

Ausrede	Wahrer Grund
Ich habe schwierige Kunden; die Zulieferer machen Probleme.	*Ich habe keine Zeit, ein ordentliches Budget zu erstellen, und nehme Budgetierung nicht ernst.*
Ich brauchte wirklich jeden Pfennig aus diesem Budget.	*Ich meine, ich müsste alles ausgeben, sonst bekommt meine Abteilung nächstes Jahr weniger.*

Auf Budgetierung aufbauen

Einige Zeit nach der Aufstellung und der Kontrolle des Budgets sollten Sie zurückblicken und Lehren aus Ihren Erfahrungen mit der Budgetierung ziehen. Beginnend mit dem dritten Monat der Budgetperiode, sollten Sie dies regelmäßig wiederholen.

> **100** Lernen Sie aus jedem Budget, damit es nächstes Jahr noch besser wird.

> **101** Sorgfalt bei der Budgetierung – eine deutliche Verbesserung der Führungsleistung ist der Lohn.

Das Budget vorbereiten

Manchmal läuft der Betrieb genau nach (Budget-)Plan, oder es treten nur kleine, wirtschaftlich unerhebliche Diskrepanzen auf. Oft betragen die Abweichungen aber auch bis zu 10%, dann sollten Sie nach den Ursachen suchen und dabei bis in die Vorbereitungsphase zurückgehen. Haben Sie die Vor- und Nachteile der Budgetierung abgewogen? Haben Sie sich umfassend über alle Budgetierungsarten und -verfahren informiert, die in Ihrem Unternehmen angewendet werden?

Das Budget erstellen

Beurteilen Sie rückblickend Ihre Arbeit bei der eigentlichen Budgeterstellung. Sind bestimmte Muster in den Budgets erkennbar? In den meisten Fällen ist das ursprüngliche Budget meist himmelhoch überschätzt, die erste Überarbeitung gnadenlos pessimistisch und die Endversion einigermaßen dicht an der Realität. Überlegen Sie, wie Sie Ihre Erfahrung praktisch nutzen können. Haben bestimmte Mitarbeiter besonders gravierende Fehleinschätzungen abgegeben? Waren die Prognosen für bestimmte Produkte oder Regionen besonders schwer zu erstellen? War die Investitionsprognose besonders problematisch? Waren Sie insgesamt geschickt, oder hatten Sie auch Glück?

Nicht vergessen

- Bewerten Sie, wie erfolgreich Sie waren, um sich nächstes Jahr noch zu übertreffen.
- Budgetverbesserungen erreichen Sie nur über einen logischen und strukturierten Ansatz.
- Jeder Mitarbeiter sollte während des gesamten Budgetierungsprozesses mit einbezogen werden.
- Sie sollten Ihre eigene Leistung und die Ihrer Abteilung offen und ehrlich bewerten.
- Erfolg oder Misserfolg des Budgets hängen entscheidend von Ihren Mitarbeitern ab.

DAS BUDGET KONTROLLIEREN

Wie gut haben Sie das Budget kontrolliert? Erfolgten die Überprüfungen nach gut aufgebauten und angewandten Verfahren, sodass Sie wussten, was wann geschehen war? Konnten Sie die erforderlichen Kontrolleingriffe wirksam durchführen? Hatten Sie vielleicht die Einnahmen oder Ausgaben absichtlich zu hoch oder zu niedrig angesetzt, um die Ergebnisse leichter erreichbar und die Kosten kontrollierbarer zu machen? Denken Sie über die Auswirkungen Ihres Vorgehens auf Ihre Abteilung und das Gesamtunternehmen nach. Sie haben damit eventuell die Budgetierung teilweise ihres ursprünglichen Sinnes beraubt. Was sollten Sie nächstes Mal ändern, damit dies nicht wieder vorkommt?

ERGEBNISSE BEWERTEN ▲
Konzentrieren Sie sich auf die Ergebnisse am Jahresende, überarbeiten Sie Ihre Prognosen ständig, und seien Sie nicht zu stolz, um aus Ihren Fehlern zu lernen.

IN DIE ZUKUNFT BLICKEN

Sie können Ihr Budgetmanagement wesentlich effizienter machen, indem Sie sich an ein durchdachtes Verfahren und an praktische Checklisten und Tipps halten. Doch auch dann kann etwas schief gehen – Menschen und Märkte ändern sich ständig. Aber Sie müssen sich bewusst machen, dass die Budgetierung unabhängig von solchen Änderungen weitergehen muss; als Manager haben Sie dafür zu sorgen, dass sie jedes Jahr effizienter wird.

▼ **DIE SITUATION UMKEHREN**
Es reicht nicht, ein Budget nur aufzustellen. Sie müssen es mit den richtigen Methoden vorbereiten und sicherstellen, dass alle Beteiligten diese verstehen. Nur wenn alle zusammenarbeiten, kann das Budget ein erfolgreiches Führungsinstrument sein.

FALLBEISPIEL

Im ersten Jahr seines Bestehens arbeitete das Unternehmen Growth.com mit einem Budget, das die Manager zum Teil nicht verstanden. Bei der ersten Budgetierung entstanden zahllose Probleme: Fristen wurden nicht eingehalten, falsche Zahlen benutzt und die Gesamtqualität des Budgets ließ einiges zu wünschen übrig. Die Unternehmensleitung drängte die Manager, Lehren aus dieser Erfahrung zu ziehen und ein erneutes Fiasko im Folgejahr zu verhindern. Es wurde beschlossen, eine Schulung zum Thema Budgetierung durchzuführen. Die Manager lernten, wie wichtig es ist, sich an Termine zu halten, die Mitarbeiter zu informieren und zu Rate zu ziehen, realistische Zahlen vorzulegen und die Budgets gründlich zu kontrollieren. So konnte im zweiten Jahr die Situation umgekehrt werden: Das zweite Budget wurde ein voller Erfolg.

DAS BUDGET KONTROLLIEREN

DIE EIGENEN FÄHIGKEITEN TESTEN

Dieser sehr einfache Test wird Ihnen helfen, Ihre Arbeit zu beurteilen. Das Wichtigste daran ist, dass Sie den Zusammenhang zwischen Ihren Stärken und Schwächen herstellen. Seien Sie ehrlich zu sich selbst. Kreuzen Sie möglichst 1 oder 4 an, und 2 oder 3 nur, wenn Sie sich unsicher sind. Addieren Sie Ihre Punkte, und lesen Sie in der Auswertung nach. Das dort umrissene Profil zeigt Ihnen vielleicht neue Wege auf, die Sie einschlagen könnten.

OPTIONEN

1 Nie
2 Gelegentlich
3 Oft
4 Immer

1 Ich plane sehr detailliert die Aktivitäten meiner Abteilung im nächsten Jahr.
1 2 3 4

2 Ich kenne die Vorteile und Nachteile der Verwendung von Budgets.
1 2 3 4

3 Ich betrachte das Budget zunächst im Zusammenhang des Gesamtunternehmens.
1 2 3 4

4 Ich benutze Budgets als Verfügungsberechtigung und als Leistungsmaßstab.
1 2 3 4

5 Budgetierung und Budgetkontrolle sind kontinuierliche, ganzjährige Prozesse.
1 2 3 4

6 Ich erachte Planung als sinnvoll, auch wenn die Zukunft sehr ungewiss ist.
1 2 3 4

Die eigenen Fähigkeiten testen

7 Ich stelle meiner Abteilung meine Pläne vor und höre mir die Meinungen an.

| 1 | 2 | 3 | 4 |

8 Ich kann die Anforderungen des Unternehmens und persönliche Ziele trennen.

| 1 | 2 | 3 | 4 |

9 Ich wähle ein Budgetierungsmodell, das für meine Abteilung geeignet ist.

| 1 | 2 | 3 | 4 |

10 Ich weiß um alle Stärken und Chancen meiner Unternehmung.

| 1 | 2 | 3 | 4 |

11 Ich schlage im Budgetierungshandbuch nach, wenn ich die Zahlen ausarbeite.

| 1 | 2 | 3 | 4 |

12 Ich kenne die Rolle des Budgetierungsausschusses und seine Bedeutung für mich.

| 1 | 2 | 3 | 4 |

13 Ich verwende bevorzugt standardisierte Budgetierungsformulare.

| 1 | 2 | 3 | 4 |

14 Ich nutze im gesamten Prozess auch die Kompetenz der Kollegen.

| 1 | 2 | 3 | 4 |

15 Ich betrachte ausführlich die möglichen Auswirkungen externer Faktoren.

| 1 | 2 | 3 | 4 |

16 Ich weiß, welcher Faktor für die Abteilung begrenzend wirkt und wie ich das ändere.

| 1 | 2 | 3 | 4 |

Das Budget kontrollieren

17 Ich bewerte bei Einnahmen voraussichtliche Arten, Beträge, Zahlungseingänge.

| 1 | 2 | 3 | 4 |

18 Ich checke die Ausgabenliste vom Vorjahr, um keinen Kostenträger zu vergessen.

| 1 | 2 | 3 | 4 |

19 Ich nutze Kenntnisse der fixen und variablen Kosten für die Ausgabenprognose.

| 1 | 2 | 3 | 4 |

20 Ich erstelle mein Budget anhand der Output/Input-Methode.

| 1 | 2 | 3 | 4 |

21 Ich fange eher bei null an, als die Vorjahreszahlen anzupassen.

| 1 | 2 | 3 | 4 |

22 Ich bewerte die Auswirkungen von Investitionen auf meine Abteilung.

| 1 | 2 | 3 | 4 |

23 Ich kenne das Verfahren der Cash-Flow-Prognose und verwende es.

| 1 | 2 | 3 | 4 |

24 Ich will in den iterativen Konsolidierungsprozess einbezogen werden.

| 1 | 2 | 3 | 4 |

25 Ich bereite mich auf den Budgetierungsausschuss gut vor und beteilige mich aktiv.

| 1 | 2 | 3 | 4 |

26 Mein Vorgehen: Ziel setzen, Ergebnis feststellen, vergleichen, kontrollieren.

| 1 | 2 | 3 | 4 |

DIE EIGENEN FÄHIGKEITEN TESTEN

27 Ich entscheide, welche Abweichungen als Nutzen versprechend untersucht werden.

1   2   3   4

28 Ich gehe bei der Beseitigung von Budgetabweichungen konsequent vor.

1   2   3   4

29 Ich kann schlechte Prognosen von schlechter Arbeit unterscheiden.

1   2   3   4

30 Ich ändere mein Budget, wenn die erzielten Ergebnisse erheblich davon abweichen.

1   2   3   4

31 Ich kenne die Bedeutung des menschlichen Aspekts im Budgetierungsprozess.

1   2   3   4

32 Ich lerne aus jedem Budget, damit das nächste noch besser wird.

1   2   3   4

AUSWERTUNG

32–63 Punkte: Ihr Mangel an Budgetierungskompetenz sollte Sie veranlassen, Ihren Budgetierungsansatz zu überprüfen. Lesen Sie in den einschlägigen Kapiteln dieses Buches das Grundwissen über Ihre Rolle und über geeignete Budgetierungsverfahren nach.

64–95 Punkte: Sie haben beachtliche Fortschritte gemacht; Ihre Arbeit verrät einige Kompetenz. Bemühen Sie sich aber, Schwachpunkte anzugehen, damit Ihre Budgets noch besser werden.

96–128 Punkte: Sie sind geübt und kompetent im Umgang mit Budgets, aber ruhen Sie sich nicht auf Ihren Lorbeeren aus. Denken Sie daran, dass Ihre persönliche Entwicklung so wie die Ihres Budgets ein kontinuierlicher und immer wieder neuer Prozess ist.

PROJEKT-MANAGEMENT

Einleitung 220

GRUNDLAGEN

Projekte definieren 222
Schlüsselfunktionen 224
Was ist wesentlich
für Erfolg? 226
Einzelne Phasen festlegen 228
Durchführbarkeit 230
Priorität von Projekten 232

DIE PLANUNG EINES PROJEKTS

Die Vision definieren 234
Ziele setzen 236
Einschränkungen kalkulieren 238
Tätigkeitsbereiche festlegen 240
Ressourcen erschließen 244
Tätigkeitsbereiche zuweisen 248
Terminabsprachen treffen 250
Plan verbindlich bestätigen 252

IMPLEMENTIERUNG EINES PLANS

Die eigene Rolle definieren 254
Das Team zusammenstellen 256
Optimistische Grundhaltung 258
Mitarbeiterführung 260
Teamwork fördern 264
Entscheidungsfindung 266
Informationsfluss steuern 268
Klare Kommunikation 270

LEISTUNGS-KONTROLLE

Fortschritte dokumentieren 272
Nachbesprechungen durchführen 274
Probleme bewältigen 276
Umgang mit Wandel 278
Effektivität steigern 280
Beurteilen Sie Ihre
Projektmanagement-Qualitäten 282

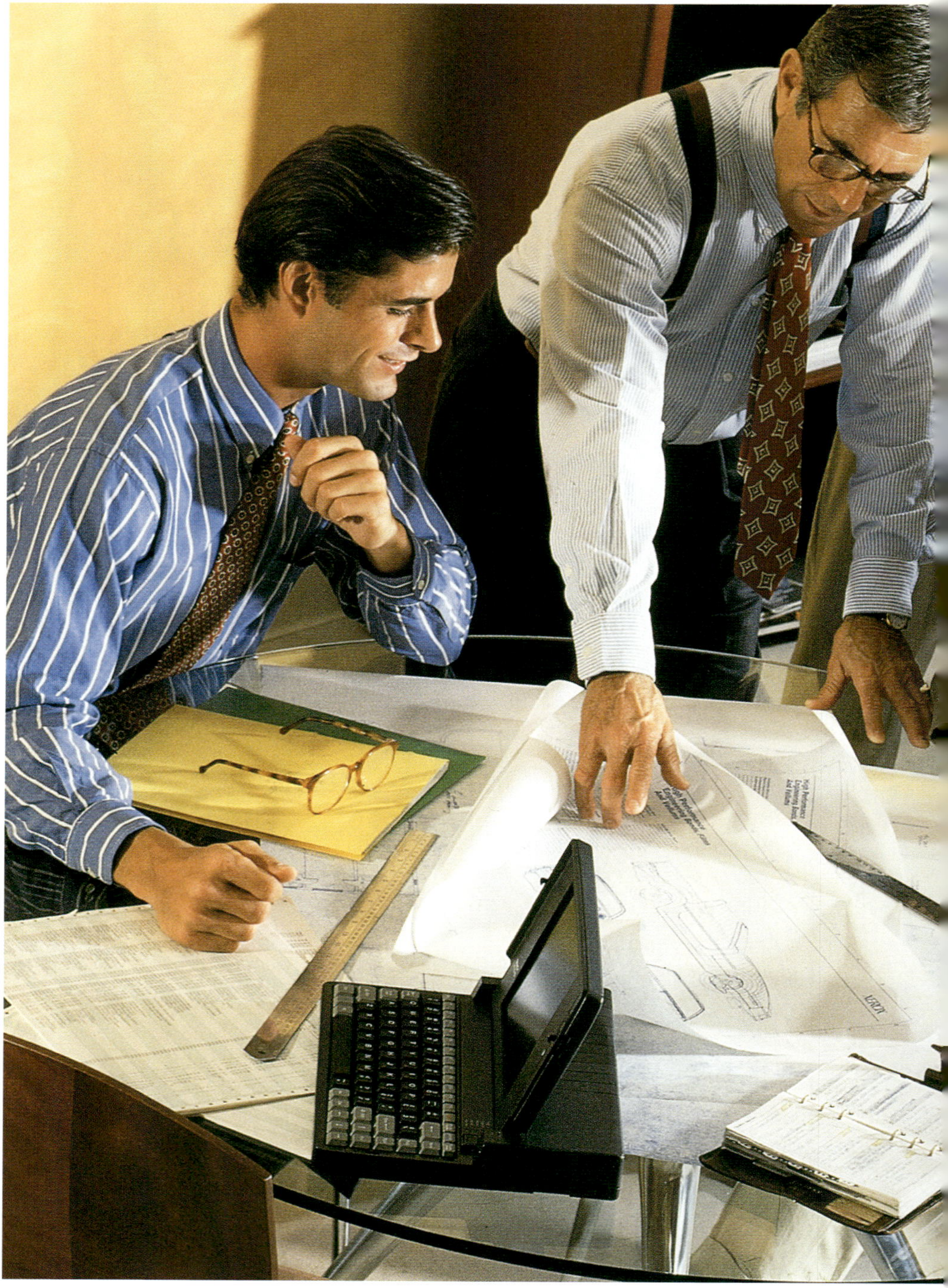

Einleitung

Erfolg in der heutigen wettbewerbsorientierten Businesswelt heißt für Manager, Ergebnisse rechtzeitig und im Rahmen des Budgets zu liefern. Wenden Sie die Methoden, Tools und Verfahren an, die dieses Kapitel präsentiert, und Sie werden Ihre Leistung steigern sowie stets optimale Ergebnisse erzielen. Es ist für Manager aller Ebenen geeignet und bietet das Know-how, mit dem Sie jedes Projekt erfolgreich abschließen können: Wie Sie ein Projekt mit Elan angehen, Ihr Team motivieren und Probleme bewältigen. Jeder Aspekt professionellen Projektmanagements wird detailliert erörtert, Projektplanung schrittweise erläutert und durch 101 weitere praktische Tipps ergänzt. Schließlich können Sie mithilfe eines Tests Ihre persönlichen Qualitäten als Projektleiter ermitteln und Ihre Fähigkeiten und Aussichten zukünftig noch verbessern.

GRUNDLAGEN

Projektmanagement ermöglicht es, Ergebnisse strukturiert, konzentriert, flexibel und kontrolliert zu erzielen. Wir zeigen, worin ein Projekt besteht und wie Sie die Erfolgsquote steigern.

PROJEKTE DEFINIEREN

Ein Projekt besteht aus einer Reihe von Tätigkeiten, mit denen innerhalb eines bestimmten Zeit- und Budgetrahmens ein bestimmtes Ziel erreicht werden soll. Lernen Sie, Projekte aus Ihrem Arbeitsalltag herauszulösen.

1 Sehen Sie ein neues Projekt als Chance, Ihre Fähigkeiten zu verbessern.

2 Prüfen Sie, welche Ihrer Aufgaben sich durch ein Projekt besser umsetzen lassen.

WAS IST EIN PROJEKT?

Ein Projekt besteht aus einem konkreten Anfangs- und Endpunkt, festgelegten Zielen und der Abfolge verschiedener Vorgänge, die nicht besonders komplex sein müssen. Die Kantine neu zu streichen ist genauso ein Projekt wie der Bau einer Brücke. Sie können an einem Projekt mitarbeiten, ohne es zu wissen, z. B. wenn Sie außerhalb des normalen Arbeitsablaufs in einem bestimmten Team auf eine bestimmte Deadline hinarbeiten. Routine besteht überwiegend aus stetigen, sich wiederholenden und prozessorientierten Arbeitsabläufen. Manche Routineabläufe eignen sich durchaus für ein Projekt.

Projekte definieren

Wichtige Fragen

- **F** An welchen Projekten bin ich derzeit beteiligt?
- **F** Welche angestrebten Veränderungen im Unternehmen können als Projekt besser verwirklicht werden?
- **F** Würde meine Arbeit effektiver, sähe ich bestimmte Aufgaben als Teile eines Projekts?
- **F** Könnte ich durch Projektmanagement-Strategien effizienter werden?

Was bringt Projektmanagement?

Angesichts der wettbewerbsorientierten Wirtschaft müssen Sie schnell und flexibel auf sich ständig wandelnde Kundenbedürfnisse reagieren. Durch Projektmanagement können Sie Prioritäten setzen, Leistung kontrollieren, Probleme bewältigen und sich dem Wandel anpassen. Mit bewährten Tools und Kontrollmethoden führen Sie Ihr Team so, dass Sie Ziele im Zeit- und Budgetrahmen erreichen. Tätigkeiten als Projekt zu organisieren mag anfangs zeitaufwändig sein, spart langfristig aber Zeit und Aufwand und steigert die Erfolgsquote.

Hauptmerkmale eines Projektes

Merkmale	Anmerkungen
Exakter Anfangs- und Endpunkt Jedes Projekt hat Vorbereitungs- und Endabwicklungsphasen.	• Manche Projekte wiederholen sich zwar, sind jedoch keine Prozesse, da sie klare Anfangs- und Endpunkte haben. • Routinearbeit unterscheidet sich von Projektarbeit, sie wiederholt sich ständig, es gibt keinen konkreten Endpunkt.
Organisierter Plan Projektziele werden durch geplantes, methodisches Vorgehen erreicht.	• Gute Planung ermöglicht, Projekte im Zeit- und Budgetrahmen mit den gewünschten Ergebnissen zu realisieren. • Ein effektiver Plan dient als Rahmen und skizziert die erforderlichen Tätigkeiten.
Separate Ressourcen Projekte bestehen aus separat zugeteilten Mitteln wie Zeit, Personal und Geld.	• Manche Projekte laufen außerhalb der normalen Arbeitsroutine ab, manche nicht, alle erfordern jedoch separate Ressourcen. • Bewilligte Ressourcen sind wesentlich für den Erfolg.
Teamwork Normalerweise ist ein Team erforderlich, um die Projektarbeit zu leisten.	• Projektteams sind verantwortlich und motiviert, ihre Projektziele zu erreichen. Sie tragen damit zum Erfolg des ganzen Unternehmens bei. • Projekte bieten Herausforderung und Erfahrung.
Festgestellte Ziele Die Ergebnisse aus separat zugeteilten Mitteln wie Zeit, Personal und Geld	• Ein Projekt schafft häufig neue Arbeitsmethoden oder weitere Innovation. • Für alle am Projekt Beteiligten müssen Ziele definiert werden.

Schlüsselfunktionen

An Projekten können viele Personen mit den unterschiedlichsten Fähigkeiten und Qualifikationen beteiligt sein. Jedes Projekt weist jedoch einige zentrale Funktionen auf, und es ist wichtig, zu verstehen, wie diese aussehen.

> **3** Notieren Sie alle Personen, die Ihnen hilfreich sein könnten.

Rollenverständnis

Als Projektleiter sind Sie mit dem gesamten Projekt betraut. Im Alleingang ist Erfolg kaum möglich; bauen Sie daher gute Beziehungen zu anderen Schlüsselpositionen auf, z. B. zum Geldgeber des Projekts, der auch Ihr Vorgesetzter sein kann und Sie (finanziell/moralisch) unterstützt; zu leitenden, für den Erfolg des Gesamtprojekts verantwortlichen Teammitgliedern; zu wichtigen Teilzeit- oder untergeordneten Mitarbeitern sowie zu wertvollen Experten und Beratern. Es gibt auch unternehmensrelevante Gruppen oder Parteien mit berechtigtem Interesse am Projekt, z. B. Kunden, Zulieferer oder Angestellte anderer Unternehmensbereiche.

Kulturelle Unterschiede

In den USA muss ein Projekt von einer Führungskraft gefördert und von unternehmensrelevanten Gruppen getragen werden. Auch in den flacheren Hierarchien Australiens bedarf es der Zustimmung eines Vorgesetzten. In England muss der Geldgeber keine übergeordnete Funktion, das Unternehmen jedoch starkes Interesse am Projekt haben.

Unternehmensrelevante Gruppen

Beziehen Sie unternehmensrelevante Gruppen bereits früh mit ein. Konzentrieren Sie sich auf diejenigen, die das Projekt entscheidend beeinflussen können, und überlegen Sie bei der Erstellung des Projektplans, wie häufig sie zu konsultieren sind. Sind sie überzeugt und unterstützungsfreudig, können Sie mit deren Hilfe auch andere Parteien motivieren. Machen Sie sich diejenigen zu Verbündeten, die über wichtige Ressourcen verfügen. Stellen Sie sicher, dass alle Beteiligten ihre Rolle innerhalb des Projekts und die jeweiligen Auswirkungen kennen.

> **4** Bauen Sie ein gutes Verhältnis zu den wichtigsten Gruppen auf.

> **5** Sie müssen Ihren engsten Mitarbeitern auch wirklich vertrauen können.

Schlüsselpositionen und ihre Funktionen

Schlüsselposition

Geldgeber
Initiiert ein Projekt, ergänzt Kompetenzen des Teams und ist ranghöchstes Teammitglied

Projektleiter
Dafür verantwortlich, dass Ziele des Projekts insgesamt erreicht werden, leitet das Projektteam

Unternehmensrelevante Gruppe
Jede andere Partei, die am Erfolg des Projekts interessiert oder davon betroffen ist

Leitendes Teammitglied
Unterstützt den Projektleiter und sorgt für erforderliche Informationsbandbreite

Teammitglied
Vollzeit- bzw. Teilzeitkraft, die gemäß Projektplan bestimmte Aufgaben übernimmt

Kunde
Interne oder externe Person, die von der durch das Projekt herbeigeführten Entwicklung profitiert

Zulieferer
Liefert zur Durchführung des Projekts erforderliches Material, Produkte oder Dienstleistungen

Funktionen

- Stellt sicher, dass das Projekt für die Organisation wirklich relevant ist
- Legt Ziele und Beschränkungen mit fest
- Dient als Vorbild, gibt Impulse
- Kann Ressourcen erschließen

- Stellt detaillierten Aktionsplan auf
- Motiviert und fördert das Team
- Informiert unternehmensrelevante Gruppen und andere über den Stand des Projekts
- Überwacht Projektfortschritt, greift ein

- Trägt durch Feedback zu den einzelnen Phasen des Projektplanungsprozesses bei
- Ist möglicherweise nur zeitweise beteiligt
- Muss nicht am gesamten Projekt interessiert sein, wenn ihre Beiträge erbracht sind

- Maßgeblich beteiligt an Überprüfung der Durchführbarkeit und an der Projektplanung
- Steuert gegebenenfalls Fachkenntnisse bei
- Direkt verantwortlich, dass Projekt innerhalb des Zeit- und Budgetrahmens realisiert wird

- Ist für Erledigung der Aufgaben gemäß Projektplan verantwortlich
- Kann auf beratende Funktion oder auf Teilbereiche des Projekts spezialisiert sein

- Beeinflusst entscheidend Zielsetzung des Projekts und Bewertung des Erfolgs
- Bestimmt Zeitpunkt und Abfolge der einzelnen Aktivitäten
- Gibt dem Projektleiter den Kurs vor

- Kann stark in das Projekt eingebunden sein und erheblich zu seinem Erfolg beitragen
- Liefert rechtzeitig, stellt Güter oder Dienstleistungen zu Fixkosten zur Verfügung, die am Anfang mit Projektleiter ausgehandelt wurden

Was ist wesentlich für Erfolg?

Um das gewünschte Ergebnis zu erreichen, braucht ein Projekt genau festgelegte Ziele, ein engagiertes Team und einen realistischen Tätigkeitsplan, der bei Veränderungen abgewandelt werden kann. Halten Sie sich daran, und Sie werden Erfolg haben.

6 Machen Sie den Beteiligten deutlich, was Sie erreichen möchten.

7 Geben Sie Ihre Ziele Kollegen zu lesen. Bei Kritik überprüfen Sie die Ziele.

Klare Zielsetzung

Ein erfolgreiches Projekt muss auf klar definierten Zielen basieren. Diese Ziele müssen gemeinsam getragen werden, damit die Erwartungen übereinstimmen. Der Projektrahmen muss konsistent bleiben, damit die anfänglich definierten Ziele erreicht werden. Der Initiator des Projekts, meistens Geldgeber oder Kunde, sollte Rahmen bzw. Umfang nicht erheblich verändern müssen. Die maßgeblich am Erfolg Beteiligten müssen sich voll und ganz für das Projekt engagieren, auch wenn sie nur auf Teilzeitbasis mitarbeiten.

Engagement fördern

Ein motiviertes, qualifiziertes und engagiertes Team ist für den Erfolg jedes Projekts unerlässlich. Motivation und Führung durch den Projektleiter sind daher entscheidend. Als Projektleiter sind Sie verpflichtet, aus Ihrem Team das Beste herauszuholen, es in die richtige Richtung zu führen und zu ermöglichen, dass die Mitglieder davon profitieren. Wählen Sie sie sorgfältig aus, und sorgen Sie nötigenfalls für Schulung. Sie brauchen von Anfang an die dauernde Unterstützung Ihres Vorgesetzten, des Geldgebers und anderer beteiligter Parteien.

Wichtige Fragen

- Werde ich den Bedürfnissen der Kunden gerecht, wenn ich das Projekt initiiere?
- An wen wende ich mich, um grünes Licht zu bekommen?
- Kann ich darauf vertrauen, dass die Hauptbeteiligten sich für den Erfolg einsetzen?
- Sind die Ziele des Projekts insgesamt realistisch?

Was ist wesentlich für Erfolg?

> **8** Sie werden den Projektplan mehrfach überarbeiten und verbessern müssen.

Planung und Kommunikation

Der reibungslose Ablauf eines Projekts verlangt, dass die erforderlichen Ressourcen rechtzeitig verfügbar sind. Gefragt ist effektive vorausschauende Planung, die nicht nur Personal, sondern auch Einrichtungen, Ausstattung und Material berücksichtigt. Die beste Orientierung bietet ein detaillierter und vollständiger Plan, aus dem alle Ziele, Tätigkeiten, erforderlichen Ressourcen und Termine hervorgehen. Wichtig ist auch, dass Sie alle Beteiligten von diesem Plan in Kenntnis setzen und ihn ständig aktualisieren.

◀ **STELLEN SIE FRÜH DIE WEICHEN**
Stellen Sie mit Ihrem Vorgesetzten sicher, dass von Anfang an ein realistischer Zeitplan und ein ausreichendes Budget veranschlagt wurden, um finanzielle oder zeitliche Engpässe zu verhindern.

Flexibilität

In der heutigen sich schnell verändernden Geschäftswelt kann die Fähigkeit, einen Schritt voraus zu sein, entscheiden, ob Projektziele erreicht werden oder nicht. Sie müssen Ihre Pläne flexibel und spontan anpassen können. Sie werden kaum Ihrem ursprünglichen Plan treu bleiben können, da sich Umstände und Anforderungen im Laufe des Projekts verändern. Sie müssen Ihren Plan also regelmäßig überarbeiten, um ihn anzupassen. Ihr Projekt kann nur Erfolg haben, wenn Sie bereit sind, die Notwendigkeit von Änderungen vorauszusehen, darauf einzugehen, sie umzusetzen und die Auswirkungen angemessen zu beurteilen.

> **9** Akzeptieren Sie, dass Wandel unvermeidbar ist.

> **10** Hoffen Sie das Beste, aber rechnen Sie mit dem Schlimmsten.

GRUNDLAGEN

EINZELNE PHASEN FESTLEGEN

Es gibt fünf Projektphasen: Vorbereitung, Planung, Motivation, Kontrolle und Endabwicklung. Beginnen Sie mit Elan, schließen Sie zufrieden stellend ab, und achten Sie während des Projekts darauf, welcher Methoden und Fähigkeiten es bedarf.

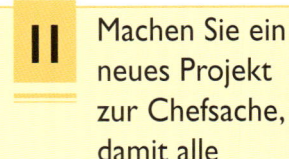

> **11** Machen Sie ein neues Projekt zur Chefsache, damit alle davon erfahren.

NICHT VERGESSEN

- Ein neues Projekt ist eine viel versprechende Chance, neue Fähigkeiten und Kenntnisse in Ihr Unternehmen einzubringen.
- Schaffen Sie ein gutes Klima zwischen Ihren Teammitgliedern, damit sie sich durch konstruktive Beiträge gegenseitig unterstützen.
- Kümmern Sie sich früh um ein System, die Erfahrungen der Teammitglieder zu dokumentieren.

PROJEKTPLANUNG

Ob Sie selbst, Ihr Vorgesetzter oder ein Kunde das Projekt initiieren – der Planungsprozess beginnt immer damit, eine Zielvorstellung zu konzipieren, die genau beschreibt, was erreicht werden soll. Hierzu beraten Sie gemeinsam mit Ihren engsten Mitarbeitern und den Vertretern der unternehmensrelevanten Gruppen. Ist die Zielvorstellung konzipiert, können Sie einzelne Ziele festsetzen, Vorgehensweisen und Ressourcen bestimmen, Aufgaben zuweisen und zeitlich fixieren und zuletzt den Plan mit der Zustimmung aller verbindlich bestätigen.

IMPLEMENTIERUNG DES PLANS

In der Implementierungsphase müssen Sie die Teammitglieder auswählen, beobachten, wie sich das Team entwickelt, Teamwork fördern, wichtige Entscheidungen billigen und sich unterschiedlicher Führungsstile bedienen, um unterschiedliche Charaktere zu motivieren und zu inspirieren. Damit sich alle Beteiligten engagiert einsetzen, ist es wichtig, das Projekt betont schwungvoll zu beginnen und den Einfluss von Geldgebern, Vorgesetzten oder Kunden dafür zu nutzen, jeden auf den Plan einzuschwören. Bieten Sie allen Zugang zu allen wichtigen Informationen, und halten Sie den Informationsfluss jederzeit aufrecht.

Einzelne Phasen festlegen

12 Überwachen Sie das Projekt von Anfang bis Ende – überall können Probleme lauern.

LEISTUNGSKONTROLLE

Läuft das Projekt, müssen Sie überprüfen, ob es sich gemäß Zielsetzung und Zeitvorgaben entwickelt. Ein effizientes Kontrollsystem ist unverzichtbar, um auf Probleme und Veränderungen zu reagieren, bevor das Projekt aus dem Ruder läuft. Sie sollten regelmäßig Berichte erstellen lassen, Teambesprechungen abhalten und Meilensteine festlegen, anhand derer Sie Fortschritte messen können. Bei möglichen Problemen wenden Sie entsprechende Verfahren zu deren Bewältigung an; modifizieren Sie, wenn nötig, Ihren Plan entsprechend. Den maximalen Nutzen für das gesamte Unternehmen erzielen Sie, indem Sie Ihre Erfahrungen als Referenzmaterial für zukünftige Projekte dokumentieren.

Projektleiterin begrüßt erfreut ein neues Teammitglied.

WIE SICH EIN PROJEKT ENTWICKELT

- Initiatoren konzipieren eine Zielvorstellung.
- Hauptbeteiligte skizzieren Zweck und Ziele.
- Prioritäten für Tätigkeiten und Ressourcen werden bestimmt.
- Projektplan wird von allen Beteiligten gebilligt.
- Projektleiter führt Projektplan aus, leitet das Team an.
- Fortschritte werden kontrolliert und der Plan, wenn nötig, überarbeitet.
- Projekt wird im Zeit- und Budgetrahmen erfolgreich abgeschlossen.

◀ **GUTES KLIMA SCHAFFEN**
Führen Sie das Projektteam so früh wie möglich zusammen, damit sich alle informell kennen lernen. Sympathie ist eine entscheidende Voraussetzung, strahlen Sie Optimismus aus, und zeigen Sie Ihre Freude, mit dem Team zusammenzuarbeiten.

GRUNDLAGEN

DURCHFÜHRBARKEIT

Bevor Sie ein Projekt beginnen, sollten Sie sicher sein, dass die Chancen für den Erfolg gut stehen. Ergreifen Sie alle geeigneten Maßnahmen, um herauszufinden, ob das Timing stimmt, die Durchführbarkeit gewährleistet ist und sich das Projekt wirklich lohnt.

13 Hüten Sie sich, das Unmögliche möglich machen zu wollen.

14 Finden Sie die Schwachstellen des Projekts.

15 Überprüfen Sie, ob der Zeitplan realistisch ist.

DAS RICHTIGE TIMING

So viel versprechend ein Projekt sein mag, prüfen Sie stets sorgfältig, ob der richtige Moment gekommen ist, es zu realisieren. Berücksichtigen Sie andere laufende Projekte. In manchen Unternehmen laufen so viele Projekte parallel, dass nie alle verwirklicht werden können. Sie können Ihr Projekt z. B. verschieben oder diejenigen einschränken, die voraussichtlich keine zufrieden stellenden Ergebnisse liefern. Da alle Projekte von limitierenden oder gar knappen Ressourcen abhängen, müssen triftige Gründe für das Projekt vorliegen und dafür, es gerade jetzt zu initiieren.

TREIBENDE KRÄFTE FESTSTELLEN

Jedes Projekt beruht auf Bedürfnissen des Unternehmens. Je stärker die treibenden Kräfte, umso wahrscheinlicher der Erfolg des Projekts. Sollen mit einem Projekt z. B. Kunden zurückgewonnen werden, ist die treibende Kraft erheblich. Um eine Liste der treibenden Kräfte bzw. Beweggründe zu erstellen, die für Ihr Projekt sprechen, müssen Sie feststellen, welchen Bedarf des Unternehmens Ihr Projekt deckt, und es mit den anderen vergleichen. Gibt es z. B. zwei Projekte zur Steigerung des Verkaufs, setzt sich wohl das durch, das die größere Steigerung des Verkaufs in Aussicht stellt.

WICHTIGE FRAGEN

F Gibt es derzeit Projekte höherer Priorität, die wesentliche Ressourcen in Anspruch nehmen?

F Decken sich meine Projektziele mit den langfristigen Zielen des Unternehmens?

F Wie wird sich das Ergebnis meines Projekts auf die Leistung des Unternehmens auswirken?

F Könnte dieses Projekt den Erfolg eines bereits laufenden Projekts gefährden?

DURCHFÜHRBARKEIT

HEMMENDE KRÄFTE ERKENNEN

Manche Projekte werden nicht zu Ende geführt. Dies liegt z. B. am Widerstand von Mitarbeitern, sich dem Wandel anzupassen, an der Arbeitslast, an Informations- oder Ressourcenknappheit oder dem Mangel an qualifizierten Kräften. Erkennen Sie diese hemmenden Kräfte rechtzeitig, um ihnen gegenzusteuern oder den Zeitplan Ihres Projekts zu ändern. Hemmende Kräfte treten oft in Unternehmen auf, die zwar viele Projekte starten, um Arbeitsmethoden zu ändern, jedoch nicht in der Lage sind, sie zu Ende zu führen. Sehen Ihre Mitarbeiter in einem Projekt nur eine der unzähligen Managementstrategien, wird es schwer sein, sie zu motivieren.

▼ BEI FACHLEUTEN RAT SUCHEN
Bitten Sie ein leitendes Teammitglied mit Fachkenntnissen, Ihnen dabei zu helfen, Gründe zu finden, warum das Projekt scheitern könnte. Spezialisierte Kräfte können eher Schwachstellen aufzeigen.

▼ STÄRKEN-SCHWÄCHEN-ANALYSE
Erstellen Sie ein einfaches Diagramm wie unten, um treibende und hemmende Kräfte zu vergleichen. Stellen Sie die treibenden Kräfte als horizontale Säulen dar, und geben Sie ihnen Werte zwischen eins und fünf. Verfahren Sie ebenso mit den hemmenden Kräften (negative Werte).

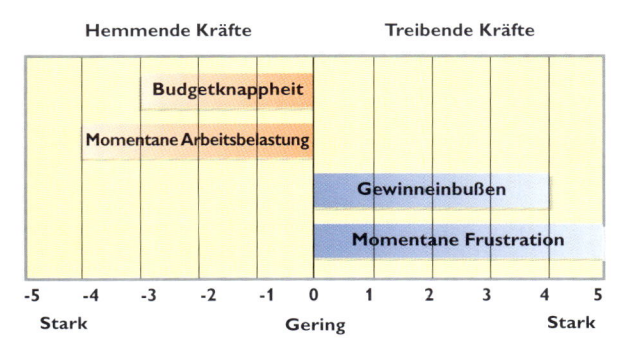

ERFOLG VORHERSAGEN

Mit Hilfe einer Stärken-Schwächen-Analyse können Sie feststellen, ob treibende oder hemmende Kräfte überwiegen und ob das Projekt gute Erfolgschancen hat. Sie erkennen auf einen Blick, ob die Tendenz zum Erfolg oder Scheitern besteht. Zur Beurteilung der relativen Auswirkung jeder Kraft bewerten Sie eine geringe treibende Kraft mit »eins«, eine starke mit »fünf«. »minus eins« bezeichnet eine für das Projekt harmlose hemmende Kraft, »minus fünf« eine starke, die, falls ihre Auswirkungen nicht minimiert werden, sehr wahrscheinlich dazu führen wird, dass die gewünschten Projektziele nicht erreicht werden.

Hemmende Kräfte	Treibende Kräfte
Budgetknappheit (-4 bis -2)	
Momentane Arbeitsbelastung (-5 bis -1)	
	Gewinneinbußen (1 bis 3)
	Momentane Frustration (1 bis 4)

-5 -4 -3 -2 -1 0 1 2 3 4 5
Stark   Gering   Stark

GRUNDLAGEN

PRIORITÄT VON PROJEKTEN

Falls Sie mehrere Projekte leiten, müssen Sie beurteilen, welches für Ihr Unternehmen am wichtigsten ist, um Zeit und Ressourcen festzulegen. Befragen Sie die Entscheidungsträger, und erstellen Sie einen Gesamtplan, um Prioritäten effektiv zu vergeben.

16 Regeln Sie Ihre Projekte jetzt, um später schädliche Konflikte zu vermeiden.

17 Projekt-und Unternehmensprioritäten müssen sich decken.

PRIORITÄTEN SETZEN ▼
Hier wurden dem Projektleiter mehrere Projekte zugewiesen. Durch effektives Setzen von Prioritäten können alle Projekte erfolgreich abgeschlossen werden. Falsche Prioritäten führen zu Desorganisation, keines der Projekte wird den geplanten Nutzen erzielen.

DEN NUTZEN EINSCHÄTZEN

Bevor Sie ein neues Projekt starten, überlegen Sie, was Sie an Personal und Ressourcen benötigen, um Ihre Ziele zu erreichen. Sie möchten ja die Ressourcen des Unternehmens in Projekte mit dem größtmöglichen Nutzen einsetzen. Erörtern Sie mit Ihrem Vorgesetzten und/oder dem Initiatoren des Projekts, wie bedeutsam Ihr Projekt ist. Sie können auch mit Kunden oder anderen Teammitgliedern sprechen. Je komplexer das Projekt, desto wichtiger ist es, die Meinungen anderer einzuholen, bevor Sie Prioritäten vergeben.

Projektleiterin prüft Projekte, kann jedoch nicht entscheiden, welches das wichtigste ist.

Projektleiterin übernimmt Verantwortung für drei neue Projekte.

PRIORITÄT VON PROJEKTEN

ZEITRAHMEN FESTLEGEN

Um früh entscheiden zu können, wie Sie mit einer Reihe von Projekten verfahren, erstellen Sie einen Gesamtplan. Sie müssen noch nicht alle Ressourcen detailliert benennen, Schätzungen genügen. Sie erkennen, wo Projekte bezüglich der Ressourcen kollidieren, was für die Durchführbarkeit eines neuen Projekts entscheidend ist. Wird z. B. für zwei Projekte gleichzeitig ein Kran benötigt, Sie verfügen jedoch nur über einen, dann müssen Sie ein Projekt abändern, damit der Kran beiden Projekten zur Verfügung steht.

Gesamtplan

	JAN	FEB	MÄR	APR	MAI	JUN	JUL
Projekt 1							
Projekt 2							
Projekt 3							
RESSOURCEN							
Projektleiter	1	2	2	3	2	2	1
Ingenieure	2	4	4	5	4	1	0
Installateure	0	3	3	4	2	2	1
PCs	3	5	5	7	4	3	2
Tieflader	0	1	2	2	0	0	0
Schwerer Kran	0	0	1	2	0	0	0

▲ **EINEN GESAMTPLAN ERSTELLEN**
Pro Monat (bei komplexen Projekten pro Woche) ist eine Spalte vorgesehen. Tragen Sie alle laufenden Projekte ein, und führen Sie ganz unten die Ressourcen (Personal, Ausstattung, Material) auf, die Sie voraussichtlich benötigen.

Projektleiterin fragt ihren Vorgesetzten, welche Projekte Vorrang haben sollen.

Projektleiterin führt alle drei Projekte erfolgreich zu Ende.

Projektleiterin gerät in Rückstand, weil sie falsche Prioritäten gesetzt hat.

DAS IST ZU TUN

1. Entscheiden Sie, welche Projekte dem Unternehmen den größten Nutzen bringen.
2. Wenden Sie sich im Zweifel an Ihren Vorgesetzten oder den Initiatoren des Projekts.
3. Erstellen Sie einen Gesamtplan mit den Ressourcen für jedes Projekt.
4. Überschneiden sich die verfügbaren Ressourcen, überdenken Sie die Prioritäten.

Die Planung eines Projekts

Ein effektiver Plan skizziert Ihr Projekt von Anfang bis Ende, zeigt, was wann zu tun ist und was es kosten wird. Erstellen Sie ihn gewissenhaft, und er wird Sie zum Erfolg führen.

Die Vision definieren

Sie müssen eine klare Vorstellung haben, was mit einem Projekt erreicht werden soll, wenn es einen bestimmten Nutzen bringen soll. Formulieren Sie mit Ihren engsten Teammitgliedern und dem Geldgeber eine allgemeine Definition dieser Vision.

18 Seien Sie ehrgeizig, aber versuchen Sie nichts Unmögliches.

19 Eine genau formulierte Vision verhindert unklare Ergebnisse.

20 Überprüfen Sie, ob andere Ihre Zukunftsvision teilen.

Wünschenswerte Veränderungen

Teilen Sie jedem genau mit, was durch das Projekt erreicht werden soll, indem Sie die Ziele kurz zusammenfassen. Formulieren Sie mit Ihren engsten Teammitgliedern und dem Geldgeber eine Beschreibung der Vision. Wenn Sie Ihre Vorstellung exakt wiedergeben, muss sie die Frage beantworten: »Was werden wir verändern, und wie?« Legen Sie die Definition auch Kunden vor, die mit ihren Erwartungen an das Projekt zur Verfeinerung der Definition beitragen können. Wenn das Projekt dem Kunden Vorteile bringt, spricht dies für das Projekt.

DIE IDEALVORSTELLUNG

Überlegen Sie, was der Idealvorstellung entsprechen würde. Fordern Sie die Teammitglieder auf, zu äußern, was das Projekt im Idealfall bewirken könnte, und schreiben Sie mit. Lösen Sie sich von Sachzwängen. Sie müssen zwar realistisch bleiben, jedoch auch kreativ denken. Die gewohnte Routine sollte Sie nicht davon abhalten, Alternativen zu entwickeln. Wenn Sie Kunden an diesem Prozess beteiligen, sollten Sie nicht den Eindruck vermitteln, es gehe um die Realität, sondern vielmehr um das Ideal. Überprüfen Sie, wie realistisch das Ideal ist, um zu Ihrer Vision zu gelangen.

EINE VISION FORMULIEREN

- Erkennen Sie die Notwendigkeit zum Wandel.
- Treffen Sie sich mit den engsten Teammitgliedern und dem Geldgeber.
- Definieren Sie, was das Projekt im Idealfall bewirken soll.
- Wie realistisch ist die ideale Vision?
- Definieren Sie eine realistische Vision.

TUN UND LASSEN

- ✔ Machen Sie beim Ideal Kompromisse, um der Vision näher zu kommen.
- ✔ Aus der Definition der Zielvorstellung muss ersichtlich sein, warum das Projekt nötig ist.
- ✔ Übersehen Sie keine Hürden, sie können sich als massive Stolpersteine erweisen.
- ✔ Beziehen Sie noch nicht zu viele Personen mit ein.

SICH AUF EINE VISION EINIGEN

Spornen Sie die Teammitglieder an, die Vision im Einzelnen zu kritisieren und zu prüfen. Alle müssen hinter der weiteren Vorgehensweise stehen, um sich für die Realisierung auch wirklich einzusetzen.

21 Überprüfen Sie nochmals, ob es sich wirklich lohnt, die Vision anzustreben.

ZIELE SETZEN

Steht die Vision fest, müssen Sie klare Ziele setzen, um Fortschritte und letztendlichen Erfolg des Projekts zu bewerten. Erweitern Sie die Vision, um den Zweck des Projekts zu präzisieren; halten Sie die Ziele fest, setzen Sie dann Prioritäten und Zwischenziele.

22 Alle Beteiligten müssen den Zielen zustimmen.

23 Stellen Sie sicher, dass Ihre Ziele messbar sind.

24 Überlegen Sie, welche Bedeutung ein erreichtes Ziel hat.

DEN ZWECK DEFINIEREN

Erweitern Sie die Visionsdefinition, um zu erklären, was Sie tun, wie lange es dauert und wie viel es kostet. Ihre Zweckdefinition sollte die relative Bedeutung von Zeit, Kosten und Leistung widerspiegeln. Für die Herstellung eines Produkts, das mit Neuheiten auf dem Markt konkurriert, kommt es auf Leistung an. Zeit ist entscheidend, wenn Sie ein neues System installieren müssen, um international agieren zu können. Kosten sind maßgebend, wenn Sie das letztjährige Budget keinesfalls überziehen dürfen.

ZIELE UND INDIKATOREN DEFINIEREN

Notieren Sie die einzelnen Ziele für Bereiche, die dem Wandel unterliegen. Notieren Sie nicht Tätigkeiten wie »ein Pilotprojekt durchführen«, sondern Ziele wie »beweisen, dass das Projekt die gewünschten Auswirkungen auf das Unternehmen hat«. Fortschritte müssen durch bestimmte »Indikatoren« sichtbar gemacht werden. Möchten Sie die Verkäufe eines bestimmten Getränks steigern, wählen Sie »Absatz« als messbaren Erfolgsindikator. Ist die Auswahl der Indikatoren schwierig, fragen Sie sich: »Wie können wir feststellen, ob wir dieses Ziel erreicht haben?«

▼ STANDARDS VERGLEICHEN
Ein Teammitglied soll sich über Industriestandards informieren. Diese dienen als Vergleichsgröße für Ihre Indikatoren und Ihre Wettbewerbsfähigkeit.

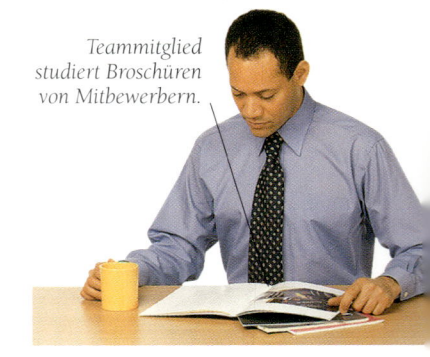

Teammitglied studiert Broschüren von Mitbewerbern.

PRIORITÄTEN UND ZIELSETZUNG FESTLEGEN

Nicht alle Ziele werden gleich wichtig für das Unternehmen sein. Weisen Sie jedem eine Priorität zwischen eins und zehn zu, »eins« für geringste Priorität. Es ist klar, welche Ziele signifikant sind und welche nicht, die dazwischen lassen sich schwerer beurteilen. Besprechen Sie dies mit Ihrem Team. Legen Sie dann die Zielsetzung fest. Sie kann trivial sein, z. B. Steigerung der Verkäufe um 50 %, oder auch komplexer. Möchten Sie z. B. die Zufriedenheit der Kunden steigern, ermitteln Sie die Zahl der derzeitigen Reklamationen als Indikator, und legen Sie fest, wie weit Sie diese Zahl senken möchten.

▼ SCHWERPUNKTE SETZEN
Notieren Sie Ziele, Indikatoren, Prioritäten und Leistung. So können Sie besser entscheiden, wofür der meiste Aufwand und die meisten Ressourcen anfallen.

NICHT VERGESSEN

- Ziele sollten stets für das ganze Unternehmen vorteilhaft sein, nicht nur für Ihren Geschäftsbereich oder Ihre Abteilung.
- Zielsetzungen sind einfacher festzulegen, wenn Sie mit anderen, auch Kunden, darüber sprechen.
- Präzise definierte und angemessene Zielsetzungen motivieren Teammitglieder und heben die Arbeitsmoral.

25 Werfen Sie Ziele mit geringer Priorität getrost über Bord.

Hauptziele, die den Erfolg des Projekts bestimmen — Priorität des Ziels

Ziel	Indikator	P	Istwert	Sollwert
Verkäufe von nicht üblichen Produkten steigern	Auftragsvolumen steigern	10	5 Millionen	7,5 Millionen
Entscheidungen schneller treffen	Auf Kundenanfragen nach Angeboten schneller reagieren	8	8 Wochen	4 Wochen
Effizienz steigern, Angebote für Kunden zu erstellen	a) Angebote schneller erstellen b) Produktschulung kürzen	6	(a) 4 Tage/Monat (b) 5 Tage/Jahr	(a) 2 Tage/Monat (b) 0 Tage/Jahr
Verantwortung für Angebote straffen	Einen einzigen verantwortlichen Leiter für die Erstellung von Angeboten bestimmen	6	nicht vorhanden	vorhanden

Maßstab für den Erfolg — Gegenwärtiges Leistungsniveau — Angestrebtes Leistungsniveau

Einschränkungen kalkulieren

Jedes Projekt ist mit Einschränkungen konfrontiert, z. B. was Zeit oder Geld angeht. Gelegentlich wird ein Projekt dadurch sogar undurchführbar. Die Teammitglieder müssen diese Einschränkungen von Anfang an klar sehen und bei ihrer Arbeit beachten.

26 Die meisten Einschränkungen können überwunden werden, indem man sie umgeht.

▼ WANDEL BEGRENZEN
Besprechen Sie alle beabsichtigten Veränderungen mit Ihrem Vorgesetzten, und akzeptieren Sie auch ein Nein. Es kann gute Gründe geben, Vorgehensweisen oder Gepflogenheiten beizubehalten.

Bewährtes bewahren

Wozu Wandel um jeden Preis, wenn man auch innerhalb der Grenzen bestehender Bedingungen arbeiten kann? Auch wenn es verbesserungsfähige Bereiche gibt, könnte es ratsam sein, den Wandel nicht sofort, sondern erst in einem späteren Projekt umzusetzen. Zu viel Wandel kann ein Projekt gefährden, weil die Beteiligten mit völlig unberechenbaren Bedingungen konfrontiert sind. Es besteht überdies die Gefahr, dass Sie nicht mehr zwischen den Veränderungen unterscheiden können, die den Erfolg oder eben das Scheitern des Projekts bewirkt haben.

Zeitvorgaben beurteilen

Die schnelllebige Businesswelt schränkt die Möglichkeiten eines Projekts oft von vornherein ein. Haben Sie es mit einem Mitbewerber zu tun, der im Herbst ein neues Produkt auf den Markt bringt, gilt diese Zeitvorgabe auch für Sie. Es genügt nicht, hart zu arbeiten und ein konkurrenzfähiges Produkt zu entwickeln. Sie müssen es so rechtzeitig einführen, dass die Kunden Ihr Produkt bestellen können. Die Zeitvorgabe besteht nun einmal, und Sie müssen sich daran halten.

27 Gehen Sie logisch mit Einschränkungen um.

28 Nehmen Sie immer den kürzesten Weg zum Erfolg.

BEGRENZUNGEN DER RESSOURCEN ÜBERPRÜFEN

Die meisten Unternehmen arbeiten mit limitierten Ressourcen und Budgets. Projekte sind daher ähnlichen Einschränkungen unterworfen. Ein neues Projekt kann extrem viele Ressourcen beanspruchen. Sie müssen also dafür sorgen, dass diese auch verfügbar sind. Hängt der Erfolg eines Projekts jedoch von einem Niveau an Ressourcen ab, das Sie unmöglich erschließen können, überdenken Sie die Situation, und ändern Sie die Projektziele. Können Sie das Projekt auch mit weniger Ressourcen realisieren, tun Sie das. Können Sie eventuell noch über mehr Zeit oder Geld verhandeln, nutzen Sie die Gelegenheit.

DAS IST ZU TUN
1. Festlegen, ob Zeit ein wichtiger Faktor ist.
2. Analysieren, welche Ressourcen Sie benötigen und ob Sie sich diese leisten können.
3. Sich auf vorhandene Prozesse/Ressourcen konzentrieren.
4. Auf äußere Einschränkungen achten, z. B. gesetzliche oder Umweltbestimmungen.
5. Möchten Sie angesichts der Einschränkungen fortfahren?

29 Informieren Sie alle Beteiligten über die Beschränkungen.

BESTEHENDES SINNVOLL NUTZEN

Orientieren Sie sich am Status quo, um Zeit zu sparen. Andere Abteilungen visieren vielleicht einen ähnlichen Wandel an, von dem Sie profitieren können, z. B. Teile eines Produkts mit entsprechendem Design oder Technologien, die weitere Innovationen überflüssig werden lassen. Es ist wichtig, diesen Punkt zu berücksichtigen und so viel wie möglich auf Bestehendes zurückzugreifen. Es zahlt sich selten aus, von Null anzufangen, mag dies noch so verlockend sein.

FALLBEISPIEL
Robert sollte eine Website für seine Abteilung erstellen. Da er selbst nicht qualifiziert genug war, holte er bei zwei auf die Erstellung und Aktualisierung von Websites spezialisierten Unternehmen Angebote ein.
Roberts Geldgeber waren jedoch beide Angebote zu hoch; er riet ihm, sich Websites anderer Abteilungen anzusehen. Ganz besonders gefiel Robert eine Website, die von Anne-Marie erstellt und aktualisiert wurde. Sie zeigte ihm, wie er die Software, die sie eigens dafür gekauft hatte, anwenden konnte.
So konnte Robert schließlich die Website für seine Abteilung erstellen und sparte nicht nur das Geld, das speziell dafür bereitgestellt worden war, sondern konnte auch die Investition von Anne-Marie hinsichtlich der Software zusätzlich nutzen.

◀ **VON INVESTITIONEN PROFITIEREN**
Wenn Sie Ihren Blick auf Systeme anderer Abteilungen richten, können Sie von interner Fachkenntnis und Erfahrung profitieren und gleichzeitig Ihrem Unternehmen Geld sparen.

DIE PLANUNG EINES PROJEKTS

TÄTIGKEITSBEREICHE FESTLEGEN

Haben Sie Ziele und Einschränkungen bestimmt, können Sie detaillierter planen. Notieren Sie alle Tätigkeiten, die nötig sind, die Ziele zu erreichen, und unterteilen Sie sie in Gruppen. Das vereinfacht die Beurteilung, was wann und von wem zu erledigen ist.

> **30** Zu Ihrer Tätigkeitenliste sollten Sie viele Stimmen hören.

WARUM TÄTIGKEITEN NOTIEREN?

Wenn Sie die Projektarbeit in einzelne Tätigkeiten splitten, wird sichtbar, wo diese sich überschneiden und ob einige dieser Tätigkeiten Zeitvorgaben oder Ergebnisse anderer beeinträchtigen. Da die Liste sehr lang werden kann, sollten Sie die Tätigkeiten in Gruppen einteilen, sodass jeder Aufgabenbereich leichter zu handhaben ist und Leistung und Fortschritte einfacher feststellbar sind. Gruppen von Tätigkeiten fügen sich leichter in eine logische Reihenfolge ein, was sich positiv auf den Zeitplan auswirkt und Ihnen hilft, festzustellen, wie viel Personal mit welcher Qualifikation benötigt wird.

Teammitglied notiert alle Tätigkeiten auf dem Flipchart.

Teammitglied steuert seine Erfahrung mit ähnlichen Projekten zum Brainstorming bei.

> **31** Versuchen Sie, jede Tätigkeit in ein, zwei Sätzen zu umreißen.

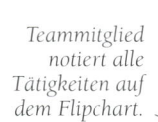

TÄTIGKEITSBEREICHE FESTLEGEN

EINE LISTE ERSTELLEN

Beginnen Sie mit einem Brainstorming, bei dem Sie eine Liste von Tätigkeiten erstellen. Dabei sollten Sie mehrere Personen einbeziehen. Besonders bei komplexen Projekten ist es oft hilfreich, unternehmensrelevante Gruppen zu fragen, was ihrer Meinung nach für das Projekt erforderlich ist. Sie können auch andere potenzielle Teammitglieder befragen und so von deren Sachverstand und Erfahrung profitieren. Im Idealfall ist in Ihrem Unternehmen kurz zuvor ein ähnliches Projekt durchgeführt worden. Sie können den entsprechenden Projektleiter konsultieren und seinen Projektplan als Checkliste nutzen. Mit der Reihenfolge der Tätigkeiten brauchen Sie sich erst später zu befassen.

32 Überprüfen Sie Ihre Tätigkeitenliste ständig, damit Sie nichts vergessen.

TÄTIGKEITEN PLANEN

- Umfassende Liste durch Brainstorming erstellen
- Tätigkeiten in logischer Reihenfolge gruppieren
- Überprüfen, ob nichts fehlt
- Jeder Gruppe und Tätigkeit eine Identitätsnummer zuordnen
- Tätigkeitenliste dokumentieren

Projektleiter in leitet das Team, wertet jedoch die Beiträge nicht.

Teammitglied macht spontane Vorschläge.

Kollege hält sich mit Kommentaren dazu zurück.

◀ **BRAINSTORMING**
Führen Sie ein gemeinsames Brainstorming durch, um alle erforderlichen Tätigkeiten zu ermitteln. Notieren Sie jeden Beitrag, auch belanglose. Es geht darum, eine vollständige Liste zu erstellen, die später überarbeitet wird.

Die Planung eines Projekts

Tätigkeiten gruppieren

Splitten Sie Ihre Tätigkeitenliste in logischer Reihenfolge in kleinere, leichter zu handhabende Gruppen auf. Sie können Ihr Team einbeziehen oder selbst entscheiden. Die meisten Gruppen werden sich logisch ergeben. Manche Tätigkeiten hängen vielleicht von einem späteren Ereignis ab oder betreffen eine bestimmte Abteilung oder Mitarbeiter mit ähnlichen Funktionen. Lässt sich eine Tätigkeit nicht eindeutig zuordnen, überlegen Sie, ob diese Tätigkeit wirklich wichtig ist, oder lassen Sie diese als separate Einheit stehen.

33 Präsentieren Sie eine überschaubare und verständliche Tätigkeitenliste.

TÄTIGKEITEN ▶ GRUPPIEREN
Eine effektive Gruppierung sollte sich an der logischen Abfolge orientieren. Eine Tätigkeit kann vielleicht erst beginnen, wenn eine andere abgeschlossen ist. Der Auszug rechts zeigt, wie ein neues Produkt dem Produktionsprozess zugeführt wird.

TÄTIGKEITEN UND GRUPPEN
1. **Analyse durchführen**
   1.1 Gespräch mit Kundenvertretern
   1.2 Ergebnisse in einem Bericht dokumentieren
   1.3 Bericht der Unternehmensleitung präsentieren
2. **Produktprofil abstimmen**
   2.1 Gespräche mit den einzelnen Abteilungen
   2.2 Genehmigung des Budgets
3. **Design vervollständigen**
   3.1 Ersten Entwurf dem Kundenvertreter präsentieren
   3.2 Änderungen, die den Anmerkungen des Kunden gerecht werden
   3.3 Genehmigung des Designs von höchster Ebene
4. **Logistik**
   4.1 Material bestellen
   4.2 Personal schulen
   4.3 Subunternehmer verpflichten

34 Fragen Sie Fachleute zur Gruppierung der Tätigkeiten.

35 Legen Sie die Liste weg, und überprüfen Sie sie nach einer Woche mit anderen Augen.

Typische Gruppen bilden

Jedes Projekt hat eine Vorbereitungsphase, das heißt eine Gruppe einführender Tätigkeiten. Teammitglieder werden eingewiesen, es wird dokumentiert, wer welche Aufgaben übernom-men hat. So sollte es auch eine Gruppe von Tätigkeiten der Endabwicklungsphase geben, in der Leistungsindikatoren abschließend überprüft und Abschlussberichte erstellt werden, die zukünftigen Projektleitern zugute kommen sollen. Die meisten Projekte erfordern zudem kommunikative Tätigkeiten, z. B. das Erstellen wöchentlicher Entwicklungsberichte oder Präsentationen kurz bevor ein geplantes Pilotprogramm startet.

TÄTIGKEITSBEREICHE FESTLEGEN

LÜCKEN AUSFINDIG MACHEN

Überprüfen Sie Ihre Liste der gruppierten Tätigkeiten auf Vollständigkeit. Wenn Sie dies nicht tun und später feststellen, dass Sie etwas übersehen haben, kann das ernste Auswirkungen auf das Budget, den Zeitplan oder andere Ressourcen haben. Sind wirklich alle Gruppen vollständig? Gehen Sie die Tätigkeiten einzeln durch. Haben Sie auch nichts vergessen? Könnte es Zwischenschritte geben, die Sie nicht berücksichtigt haben? Erst wenn Sie von der Vollständigkeit der Liste überzeugt sind, sollten Sie jeder Gruppe und Tätigkeit eine Identitätsnummer zuordnen.

WICHTIGE FRAGEN

F Haben wir nach Abschluss aller Tätigkeiten alles Erforderliche getan, die Ziele zu erreichen?

F Sind mit diesen Tätigkeiten die Leistungsindikatoren zu realisieren?

F Entspricht die Liste den Prioritäten, die wir für jedes Ziel gesetzt haben?

F Haben wir alle Tätigkeiten ausreichend präzisiert?

F Sind alle aufgeführten Tätigkeiten wirklich notwendig?

EIN PILOTPROJEKT PLANEN

Insbesondere wenn etwas Neues produziert wird, befasst sich eine weitere Gruppe von Tätigkeiten mit der Implementierung eines Pilotprojekts. Charakteristisch ist hierbei die Auswahl einer begrenzten Anzahl von Mitgliedern als Pilotteam, die das Pilotprojekt exemplarisch durchführen und Ihre Erfahrung dokumentieren. Wenn Sie eine Pilotphase in Ihren Plan integrieren, werden Sie bei der Durchführung des Projekts weit weniger Stress und Fehler zu befürchten haben. Wählen Sie die Mitglieder des Pilotprogramms sorgfältig aus, und machen Sie ihnen klar, dass Sie hierbei quasi Versuchskaninchen sind. Bedanken Sie sich nach Abschluss des Projekts unbedingt bei ihnen, da ihre Bereitschaft, so früh am Projekt teilzunehmen, sicher nicht als selbstverständlich gelten kann.

PROBELAUF ▶
Beim Test auch solch komplexer neuer Verfahren wie der vollautomatischen Fertigung können Probleme bereits gelöst werden, bevor ein neues System weiter eingeführt wird.

243

RESSOURCEN ERSCHLIESSEN

Vor der Implementierung eines Projekts müssen Sie sich mit den erforderlichen Ressourcen und dem Budget befassen. Die Durchführbarkeit hängt davon ab, ob es Ihnen und Ihrem Team gelingt, den Aufwand im Vergleich zum Nutzen vorteilhaft darzustellen.

36 Überschlagen Sie Kosten sorgfältig – sind sie genehmigt, bleiben Sie daran gebunden.

PERSONALBEDARF ÜBERSCHLAGEN

Kalkulieren Sie die Anzahl von Mitarbeitern für die jeweiligen Tätigkeiten in Arbeitstagen pro Mitarbeiter. Ein Teammitglied arbeitet vielleicht nur zehn Tage für das Projekt; sind es jedoch nur dreißig Minuten pro Tag, beträgt die gesamte Arbeitsleistung lediglich fünf Stunden. Kann das Teammitglied daneben noch für andere Projekte eingesetzt werden, belaufen sich die Kosten für Sie nur auf einen Bruchteil des 10-tägigen Arbeitsentgelts. Ist es dagegen anderweitig nicht einsetzbar, müssen Sie die vollen Kosten tragen.

37 Wählen Sie bei Gütern, Einrichtungen und Ausstattung das Beste, das Sie sich leisten können.

WESENTLICHE RESSOURCEN

PERSONAL

- **Wie viel Personal benötigen Sie?** → Überlegen Sie, wer was übernimmt.
- **Welche Qualifikation ist erforderlich?** → Klären Sie die erforderlichen Fachkenntnisse.

ANDERE RESSOURCEN

- **Sind Einrichtungen, Material oder Güter maßgeblich?** → Welche sind für die jeweilige Tätigkeit erforderlich?
- **Benötigen Sie Informationen oder Technologien?** → Überprüfen Sie bereits bestehende Systeme.

GELD

- **Wie hoch sind die Projekt-Gesamtkosten?** → Berücksichtigen Sie die Kosten aller Ressourcen.
- **Werden ausreichende Mittel bereitgestellt?** → Überprüfen Sie das genehmigte Budget.

WEITERE RESSOURCEN KLÄREN

Obwohl die meisten Kosten für Personal aufgewendet werden müssen, gibt es weitere Ressourcen, die sich auf das Budget auswirken. Sie müssen z. B. Marktforschung betreiben. Auch für Einrichtungen, Ausstattung und Material entstehen Ausgaben. Falls Sie hier falsch kalkulieren, werden Sie an Glaubwürdigkeit verlieren, wenn andere die Kosten überprüfen, um sie gegen den Nutzen abzuwägen. Eine umfassende Schätzung der Kosten verringert das Risiko, weitere Mittel bewilligen lassen zu müssen, wenn das Projekt bereits läuft.

WICHTIGE FRAGEN

- Soll ich mich, um Kosten und Ressourcen präziser zu ermitteln, an jemanden mit entsprechender Fachkenntnis wenden?
- Gibt es einen Weg, Kosten für bestimmte Ressourcen zu umgehen und dennoch die Ziele zu erreichen?
- Ist meine Kostenkalkulation eher realistisch oder eher optimistisch?

38 Stellen Sie sicher, dass das Budget für alle Tätigkeiten ausreicht.

DETAILLIERTE EINSCHÄTZUNG

Es reicht nicht, zu wissen, dass Ihr Team einen Monat lang einen Schulungsraum benötigt, Sie müssen auch wissen, wie groß dieser Raum sein muss und wie er ausgestattet sein soll. Je detaillierter Ihre Planung, umso weniger Probleme werden während der Implementierung auftreten. Dadurch kann Ihr Team sich darauf konzentrieren, seine Ziele zu erreichen, anstatt Planungsdefizite auszugleichen.

KOSTENBERECHNUNGSVERFAHREN WÄHLEN

Es gibt zwei Möglichkeiten, Ressourcen zu berechnen: die absolute und die Grenzplankostenrechnung. Die absolute Kostenrechnung berechnet die exakten Kosten der Ressource. Benötigen Sie z. B. einen neuen PC, gilt der Betrag, den Sie dafür ausgeben, als Projektkosten. Können Sie einen bereits vorhandenen PC nutzen, fällt nur ein Teil der Kosten für das Projekt an. Die Grenzplankostenrechnung schlägt dem Projekt nur diejenigen Kosten zu, die nicht entstanden wären, gäbe es das Projekt nicht. Wird also ein bereits vorhandener, nicht genutzter PC benötigt, sind die Grenz- bzw. Extrakosten gleich null. Sie gehen nicht ins Budget mit ein. In der Praxis hat sich die Grenzplankostenrechnung als einfacheres und im Allgemeinen präziseres Instrument erwiesen, Projektkosten für ein Unternehmen zu berechnen.

Kompromisse machen

Im Idealfall genehmigt man Ihnen alle nötigen Ressourcen. In Wirklichkeit jedoch werden Sie sich wohl mit weniger begnügen müssen. Jemand, den Sie gern für eine bestimmte Aufgabe hätten, ist nicht verfügbar, oder die für das Projekt besten Räumlichkeiten sind nicht frei, sodass Sie Kompromisse machen müssen. Gehen Sie nur Kompromisse ein, die die Ziele des Projekts insgesamt nicht gefährden. Sie können z. B. eine hochqualifizierte Teilzeitkraft verpflichten und für die restliche Zeit ein weniger qualifiziertes, aber fähiges Teammitglied einsetzen.

39 Beschränken Sie keine Tools, die Ihr Team notwendig braucht.

40 Sind Ressourcen knapp, suchen Sie nach Alternativen.

41 Optimieren Sie den Ressourcenplan, bis alle damit arbeiten können.

Ressourcen dokumentieren

Um genau dann über die erforderlichen Ressourcen zu verfügen, wenn Sie sie benötigen, können Sie ein Papier erstellen, dem alle unternehmensrelevanten Gruppen zustimmen, eine Verpflichtungserklärung, die dazu dient, alle an ihre Pflichten zu erinnern. Prüfen Sie die Erklärung auf Vollständigkeit und darauf, dass jede Gruppe von Tätigkeiten verständlich ist, um sicher zu sein, alle notwendigen Ressourcen ermittelt zu haben.

▼ VERPFLICHTUNGSERKLÄRUNG ERSTELLEN
Wenn alle Ressourcen und geschätzten Kosten klar sind, halten Sie sie in einer Verpflichtungserklärung fest, und holen Sie sich grünes Licht.

Tätigkeit mit Identitätsnummer

Teammitglieder, die für diese Tätigkeit bestimmt wurden

Für Durchführung der Tätigkeit erforderliche Ressourcen

Tätigkeit	Personal			Ressourcen				Kosten
	Verantwortlich	Beteiligt	Schulungsbedarf	Einrichtungen	Ausstattung	Material		
2.1	AJB (2 Tage)	RHC (5 Tage)	Marktforschungstechniken (1 Tag)	Besprechungsraum Kommunikationsräume (2)	OHP (1) Flipchart (1) PC (1 Tag)	Marktforschungsbericht		DM 74 800,–

Externe Ressourcen nutzen

Viele Ressourcen entstammen Ihrem Team oder Unternehmen, andere wiederum sind extern zu beschaffen. Lassen Sie sich von potenziellen Zulieferern wettbewerbsfähige Angebote machen, und handeln Sie Kosten und Leistung so aus, dass Fortschritte von beiden Seiten strikt kontrollierbar sind. Frischen Sie Ihr Verhandlungsgeschick auf, um einen guten Abschluss zu machen. Es mag unnötig erscheinen, gleich Details anzusprechen, aber je klarer der Vertrag, desto weniger Probleme treten auf.

KONTAKTE KNÜPFEN ▶
Treffen Sie sich mit mehreren potenziellen Zulieferern, und halten Sie Einzelheiten fest. Auch wenn Sie keinen Auftrag vergeben, können die Kontakte zukünftigen Projekten zu Gute kommen.

Grünes Licht erhalten

Bevor Sie das offizielle Okay für ein neues Projekt bekommen, muss feststehen, dass das Projekt immer noch hohe Priorität hat und der Nutzen für das Unternehmen die Kosten bei weitem übersteigt. Diese Rentabilitätsrechnung bzw. Kosten-Nutzen-Analyse ist weit verbreitet und wird in vielen Unternehmen sogar ganz formell durchgeführt. Entsprechen die Kosten dem Nutzen oder übersteigen ihn, hat der Geldgeber drei Möglichkeiten: Er macht trotzdem weiter (was selten erstrebenswert ist, es sei denn, der strategische Nutzen ist für das Unternehmen langfristig interessant), er modifiziert die Ziele und Tätigkeiten Kosten sparend, oder er stoppt das Projekt, da es undurchführbar ist.

Nicht vergessen

- Gibt es in Ihrem Unternehmen ein offizielles Verfahren, Projekte zu genehmigen, folgen Sie diesem.
- Die Finanzabteilung kann wertvolles Feedback liefern, indem sie Ihre Projektkosten mit anderen Projekten vergleicht.
- Den Nutzen eines Projekts niemals übertreiben, denn Sie müssen halten, was Sie versprochen haben.

42 Entscheidungen, Vereinbarungen und Budgets sind jederzeit zu rechtfertigen.

DIE PLANUNG EINES PROJEKTS

TÄTIGKEITSBEREICHE ZUWEISEN

Nicht alle Tätigkeiten können bzw. sollen gleichzeitig beginnen, um den Endtermin des Projekts einzuhalten. Ordnen Sie die Tätigkeiten in logischer Reihenfolge, schätzen Sie die jeweilige Dauer, und dokumentieren Sie diese, um dann den Zeitplan zu erstellen.

43 Tätigkeiten können auch parallel durchgeführt werden.

44 Bitten Sie die zuständigen Personen um geschätzte Anfangs- und Enddaten.

ORDNUNGSPRINZIP

Ist die Liste mit den für das Projekt erforderlichen Tätigkeiten erstellt, prüfen Sie, wie diese zusammenhängen. Entscheiden Sie, mit welchen sofort oder rasch begonnen wird, welche abgeschlossen sein müssen, bevor andere starten, und arbeiten Sie sich so systematisch bis zum Enddatum vor. Manche Tätigkeiten vervollständigen andere. Das Team muss z. B. einige Tätigkeiten erledigen, bevor es eine Präsentation für Teilnehmer eines Pilotprogramms durchführen kann. Nachbesprechungen sind diesbezüglich wichtige Tätigkeiten.

DAUER DER AKTIVITÄTEN EINSCHÄTZEN

Ein effektiver Zeitplan erfordert zumindest Angaben zur wahrscheinlichen Dauer jeder Tätigkeit. Diese Zeiträume müssen präzise geschätzt werden. Grobe Schätzungen können das Projekt zum Scheitern bringen. Teammitglieder sollten an den Schätzungen beteiligt werden und äußern dürfen, ob sie diese Vorgaben einhalten können. Ist die Dauer einer Tätigkeit völlig offen, planen Sie den günstigsten und den schlimmsten Fall und bilden den Mittelwert. Herrscht Zeitdruck, können Sie so am Besten entscheiden, wo der Zeitplan insgesamt zu straffen ist.

WICHTIGE FRAGEN

F Kann ich mir für die Schätzung den Probelauf einer Tätigkeit zeitlich erlauben?

F Könnte ich die Dauer einer Tätigkeit mithilfe des Rats eines Experten präziser abschätzen?

F Habe ich frühere Projektpläne mit ähnlichen Tätigkeiten zum Vergleich herangezogen?

F Kann ich andere Projektleiter um Rat fragen?

F Sind meine Einschätzungen auch wirklich realistisch?

TÄTIGKEITSBEREICHE ZUWEISEN

> **45** Lassen Sie sich bei Ihrem ersten Netzdiagramm beraten.

ARBEIT MIT EINEM NETZDIAGRAMM

Ein Netzdiagramm zeigt die Beziehung zwischen Tätigkeiten untereinander und denen, die vom Abschluss anderer abhängen. Das Diagramm kann, je nachdem, wie viele Tätigkeiten es beinhaltet und wie diese zusammenhängen, einfach oder komplex sein. Wenn es mehrere Wege durch das Netzwerk gibt, können Aufgaben auch parallel ausgeführt werden. Legen Sie die Dauer jeder Aufgabe fest, und addieren Sie die Gesamtdauer für jeden Weg, um den längsten Weg zu ermitteln. Der längste Weg wird auch kritischer Weg genannt, er gibt die kürzeste Projektlaufzeit an.

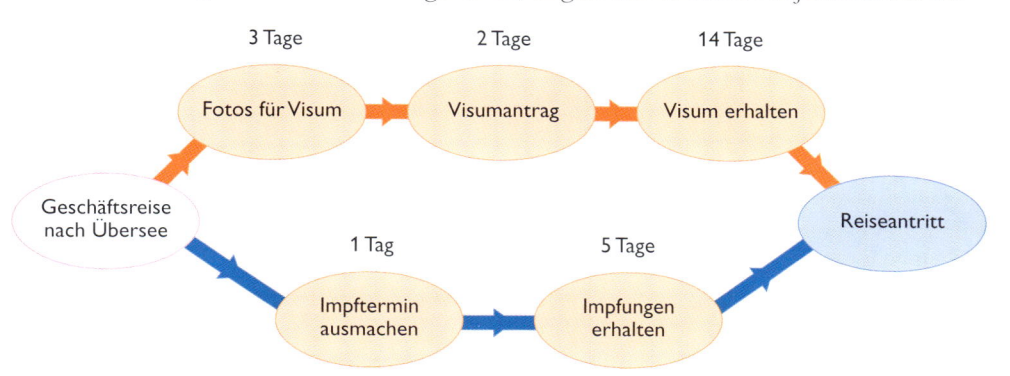

LEGENDE
- ➔ *Kritischer Weg (minimale Dauer 19 Tage)*
- ➔ *Nicht kritischer Weg (minimale Dauer 6 Tage)*
- ○ *Tätigkeiten, die gleichzeitig durchgeführt werden können*
- ○ *Tätigkeit, die erst beginnen kann, wenn vorherige beendet ist*

▲ NETZDIAGRAMM

Das obige Netz enthält Tätigkeiten, die vor einer Geschäftsreise erledigt werden müssen. Fortschritte auf dem kritischen Weg sind strikt zu überwachen, da Verzögerungen das Enddatum des Projekts beeinträchtigen.

PUFFERZEITEN SUCHEN

Sie können das Netzdiagramm auch zur Verkürzung des Zeitplans nutzen. Überprüfen Sie, wo Sie bezüglich der Aufgaben des kritischen Weges Zeit gewinnen können, indem Sie z. B. die für die jeweilige Aufgabe verfügbaren Ressourcen erhöhen. Suchen Sie auch andere Wege im Diagramm auf eventuelle Pufferzeiten ab. Dies ermöglicht Ihnen, Ressourcen neu zuzuteilen, um Teammitglieder zu entlasten, die für Tätigkeiten des kritischen Weges zuständig sind.

> **46** Dem kritischen Weg folgen heißt planmäßig agieren.

DIE PLANUNG EINES PROJEKTS

TERMINABSPRACHEN TREFFEN

Haben Sie den Ablauf der Tätigkeiten bestimmt und die minimale Projektlaufzeit ermittelt, können Sie verbindliche Termine setzen. Überlegen Sie sorgfältig, kalkulieren Sie potenzielle Probleme mit ein, und stimmen Sie diese dann mit dem Team ab.

47 Nicht kritische Aufgaben schnellstens erledigen, um Ressourcen freizusetzen.

48 Vergessen Sie nicht, Ihr Balkendiagramm stets zu aktualisieren.

TERMINE KALKULIEREN

Bestimmen Sie anhand des Netzdiagramms Anfangs- und Endpunkt jeder Tätigkeit. Beginnen Sie mit der ersten, und fahren Sie entsprechend fort, wobei Sie jede Tätigkeit so früh wie möglich ansetzen, um möglichst viel Zeit zu gewinnen. Tätigkeiten außerhalb des kritischen Weges sind flexibler, da sie nicht notwendigerweise die Projektlaufzeit insgesamt beeinflussen. Ordnen Sie die Tätigkeiten der Zeitachse in einem Balkendiagramm zu. Solche Diagramme sind für die Planung immer nützlich, da sie individuelle Zeiträume und Fortschritte gegenüber dem ursprünglichen Zeitplan verdeutlichen.

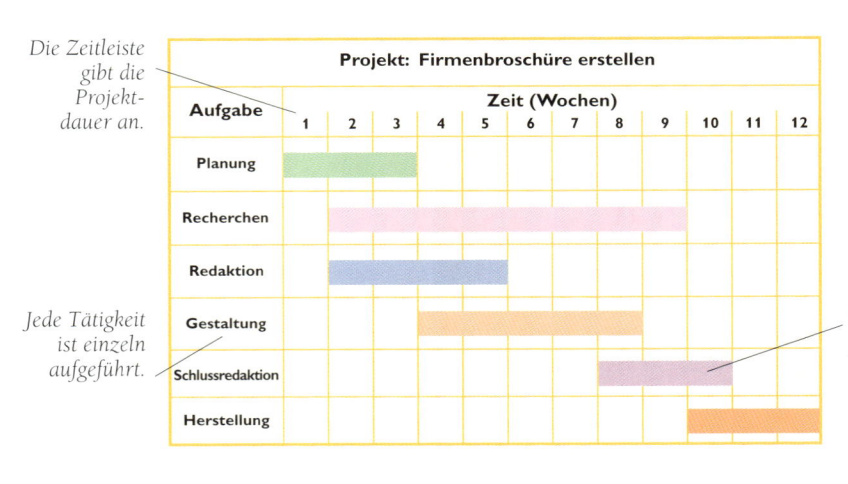

ARBEIT MIT BALKENDIAGRAMMEN ▼
Im Balkendiagramm sehen Sie links die Tätigkeiten und oben die Projektdauer in Wochen. Die Balken zeigen Beginn und Ende jeder Aufgabe.

Die Zeitleiste gibt die Projektdauer an.

Projekt: Firmenbroschüre erstellen

Aufgabe	Zeit (Wochen) 1 2 3 4 5 6 7 8 9 10 11 12
Planung	
Recherchen	
Redaktion	
Gestaltung	
Schlussredaktion	
Herstellung	

Jede Tätigkeit ist einzeln aufgeführt.

Der Balken gibt die Dauer der Tätigkeit von Anfang bis Ende an.

ÜBERSCHNEIDUNGEN SUCHEN

Um zu prüfen, ob die geplanten Termine realistisch sind, nehmen Sie Balkendiagramm, Verpflichtungserklärung und Gesamtplan zur Hand. Auf dem Balkendiagramm sehen Sie sofort, wo sich Tätigkeiten überschneiden. Im Falle von Überschneidungen zeigt die Verpflichtungserklärung, ob mehrere Tätigkeiten gleichzeitig dieselbe Ressource beanspruchen. Dann müssen Sie Anfangs- und Endpunkt mindestens einer der Tätigkeiten ändern. Der Gesamtplan schließlich gibt Aufschluss, ob sich die Ressourcen eines oder mehrerer Projekte überschneiden.

NICHT VERGESSEN

- Je früher Sie Überschneidungen feststellen, desto eher finden Sie auch einen Weg, sie zu umgehen.
- Nicht kritische Tätigkeiten können auch weit nach hinten geschoben werden, um zu sehen, wie weit die Arbeit verzögert werden kann, ohne kritische Tätigkeiten zu gefährden.
- Teammitglieder, die zu stark in zu vielen Projekten engagiert sind, können Sie durch die Vergabe von Tätigkeiten an andere entlasten.

49 Halten Sie die Teammitglieder zu realistischer Terminplanung an.

VERFÜGBARKEIT SICHERN

Stimmen Sie die Termine mit Ihren engsten Mitarbeitern ab, damit sie verfügbar sind, wenn Sie sie benötigen. Sie müssen vielleicht auch mit deren Abteilungsleitern sprechen, falls diese Mitarbeiter anderweitig verpflichtet sind. Denken Sie bei langfristigen Projekten daran, dass Teammitglieder nicht jeden Tag verfügbar sind, selbst wenn sie theoretisch auf Vollzeitbasis am Projekt mitarbeiten. Ihre Verfügbarkeit entspricht oft etwa zwei Dritteln des Kalenderjahres bzw. 240 Tagen. Halten Sie sich an diese Vorgabe, und prüfen Sie, ob Sie Zeiten für Urlaub, Krankheit und Schulung berücksichtigt haben.

◀ **URLAUBSPLANUNG**
Bitten Sie die Teammitglieder, ihren Urlaub baldmöglichst einzutragen, um Zeitplanänderungen in letzter Minute zu vermeiden. Tragen Sie die Urlaubstage auf einem Wandkalender ein.

DIE PLANUNG EINES PROJEKTS

PLAN VERBINDLICH BESTÄTIGEN

Wie gut Ihr Plan auch sein mag, das Unerwartete lauert überall, und Umstände können sich ändern. Sie müssen eng mit Ihrem Team und den unternehmensrelevanten Gruppen zusammenarbeiten, um potenziellen Schwierigkeiten zuvorzukommen.

50 Stimmen Sie den endgültigen Plan unbedingt mit Ihren Kunden ab.

51 Nutzen Sie die Erfahrung anderer Projektleiter, um Probleme zu erkennen.

PROBLEME ERKENNEN

Liegt der Zeitplan für alle wichtigen Tätigkeiten vor, ermitteln Sie durch Brainstorming potenzielle Probleme und ihre Auswirkungen auf den Plan. Personen außerhalb des Teams können hierbei sehr hilfreich sein. Teammitglieder werden dadurch angespornt, den Plan gegen konstruktive Kritik zu verteidigen, und so können sie Hindernissen noch entschiedener entgegentreten. Gehen Sie die Probleme einzeln durch, und konzentrieren Sie sich vor allem auf diejenigen, die Tätigkeiten des kritischen Wegs gefährden könnten.

**PROBLEME ▼
VORWEGNEHMEN**
Befragen Sie Vertreter unternehmensrelevanter Gruppen, vor allem Kunden und Personen mit entsprechender Erfahrung, was ihrer Ansicht nach schief gehen könnte.

Kunde spricht potenzielles Problem an.

Geldgeberin wägt Auswirkungen ab.

Projektleiterin bietet mögliche Problemlösung.

Teammitglied notiert Probleme und Abwehrstrategien.

PROBLEMEN ZUVORKOMMEN

Jetzt muss das Team gezielt verhindern, dass die befürchteten Probleme auftreten. Die Frage ist: »Wie können wir die Wahrscheinlichkeit verringern, dass ein potenzielles Problem auftritt?« Hängt der Plan etwa vom Wetter ab, ändern Sie das Timing. Sind unentbehrliche Materialien knapp oder droht ein Arbeitskampf in Ihrem eigenen Unternehmen oder dem eines Zulieferers, müssen Sie rechtzeitig Vorschläge parat haben, dem Problem zu begegnen.

52 Wenn Sie befürchten, dass jemand durch Beförderung ausscheidet, dann schulen Sie einen Nachfolger.

53 Sichern Sie Ressourcen durch abgestimmte Eventualpläne.

54 Präsentieren Sie Ihre Rückstellungen bei einer Nachbesprechung.

EVENTUALPLANUNG

Man kann nicht alle negativen Eventualitäten ausschließen. Besprechen Sie mit dem Team, was bei bestimmten Problemen zu tun ist und wie die Auswirkungen begrenzt werden können. Ist z. B. neue Software erforderlich, überlegen Sie, wie Sie im Falle verspäteter Lieferung reagieren würden. Kommt es dazu, und Sie benötigen Ersatz, wird dies die Projektkosten erhöhen. Teilen Sie dies denjenigen mit, die das Budget kontrollieren. Vielleicht müssen Sie Ihre Kosten-Nutzen-Analyse überdenken.

PLAN VERVOLLSTÄNDIGEN

Sie kennen nun die potenziellen Probleme und entsprechenden Abwehrstrategien. Ihr Eventualplan steht. Jetzt können Sie den Plan mit letzten Änderungen versehen. Das Team hat eine Richtlinie bzw. einen Einstieg. Es kennt die Situation und weiß, was die Implementierung des Plans bewirkt. Achten Sie jedoch darauf, dass das Team auch weiß, dass Planung und Implementierung nie reibungslos ineinander übergehen. Sehr wahrscheinlich müssen Teile des Plans noch umgestaltet werden, wenn Tätigkeiten realisiert werden und sich die Lage verändert.

NICHT VERGESSEN

- Je mehr unternehmensrelevante Gruppen den Plan bestätigen, umso wahrscheinlicher wird er implementiert.
- Gilt es als ziemlich sicher, dass der Eventualplan zum Tragen kommt, ersetzt er den ursprünglichen Plan.
- Die Zeit für die Bestätigung des Plans und für vorzeitige Problembewältigung lohnt sich fast immer.
- Der gesamte Plan sollte vor der Implementierung nochmals vom Projektleiter geprüft werden.

Implementierung eines Plans

Der Erfolg eines Plans hängt von denen ab, die ihn ausführen. Eignen Sie sich Führungsqualitäten an, um ein starkes, engagiertes Team zu bilden und es zum gewünschten Ziel zu führen.

Die eigene Rolle definieren

Will man einen Plan erfolgreich implementieren, muss man von Anfang an wissen, worum es geht. Machen Sie sich mit den entsprechenden Hauptaufgaben, Verantwortlichkeiten und Fähigkeiten vertraut, und Sie werden Ihre Führungsaufgabe meistern.

55 Verinnerlichen Sie den Projektplan, und geben Sie kompetente Antworten.

56 Behalten Sie die Prioritäten im Auge, besonders wenn das Projektziel gewinnorientiert ist.

Verantwortlichkeiten klären

Als Projektleiter sind Sie für den Erfolg des Projekts insgesamt verantwortlich. Sie haben den Plan durchgesetzt und müssen ihn nun in die Tat umsetzen. Dazu müssen Sie die richtigen Teammitglieder auswählen, sie motivieren, die Projektziele zu erreichen, und sowohl ihre individuellen als auch ihre Teamqualitäten fördern. Sie müssen ein gutes Verhältnis zu unternehmensrelevanten Gruppen aufbauen, Teambesprechungen konstruktiv leiten sowie jeden Schritt organisieren, koordinieren und alle Beteiligten präzise informieren.

DIE FÜHRUNG ÜBERNEHMEN

Erfolgreiche Projektleiter verschaffen sich Autorität und Respekt, setzen Pläne in die Tat um und vermögen andere zu motivieren und zu inspirieren. Sie passen ihren Führungsstil der jeweiligen Situation an. Diese Fähigkeiten kann man sich durch Schulung und Erfahrung aneignen: Übernehmen Sie z. B. zur Übung ein Amt im örtlichen Sportverein. Führungsqualitäten erwirbt man insbesondere, wenn man die Verantwortung für Aufgaben übernimmt. Sie sollten zunächst mit einer Gruppe von Tätigkeiten beginnen, bevor Sie ein ganzes Projekt übernehmen.

Hat Kommunikationsgeschick

Kann mit Wandel umgehen

Verfügt über erforderliche Fachkenntnisse

Der Kunde hat Vorrang.

Kann Team bilden und und gut verhandeln

EIGENE ROLLE DEFINIEREN

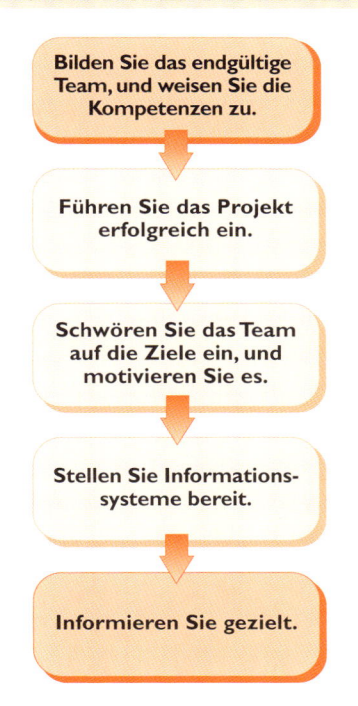

- Bilden Sie das endgültige Team, und weisen Sie die Kompetenzen zu.
- Führen Sie das Projekt erfolgreich ein.
- Schwören Sie das Team auf die Ziele ein, und motivieren Sie es.
- Stellen Sie Informationssysteme bereit.
- Informieren Sie gezielt.

◀ **FÄHIGKEITEN BEURTEILEN**
Als erfolgreiche Führungskraft müssen Sie bestimmte Eigenschaften erwerben. Hier sind einige der wichtigsten aufgeführt.

WICHTIGE FRAGEN

- **F** Möchten Sie das Projekt vollständig durchführen?
- **F** Sind Sie bereit, Mitarbeiter und deren Führungsqualitäten zu fördern?
- **F** Interessiert Sie die Arbeit an diesem Projekt wirklich?
- **F** Können Sie sowohl Aufgaben als auch Ziele delegieren?

SELBSTEINSCHÄTZUNG

Wenn Sie an Ihren Führungsqualitäten zweifeln, fragen Sie jemanden, den Sie respektieren, nach einer objektiven Einschätzung – z. B. Kollegen, mit denen Sie früher zusammengearbeitet haben. Würden diese sofort wieder mit Ihnen arbeiten wollen, ist dies ein gutes Zeichen. Haben Sie genügend Fakten beisammen, können Sie ein Bild davon entwerfen, wo Sie sich in Zukunft gerne sehen würden, und einen Plan erstellen, wie sie die dafür erforderliche Qualifikation erwerben.

Das Team zusammenstellen

Nachdem das Projekt in einem Kernteam geplant worden ist, müssen Sie Personen mit der richtigen Kombination aus Fähigkeiten und Persönlichkeit bestimmen, um das Projekt durchzuführen. Wählen Sie für alle wichtigen Funktionen sorgfältig aus.

> **57** Beurteilen Sie Menschen nicht im Voraus, sondern nach ihrem Tun.

Fragen Sie sich

- Wie gut kenne ich die potenziellen Teammitglieder, und kann ich ihnen jeweils vertrauen?
- Wird die Zusammenarbeit reibungslos ablaufen?
- Kann ich davon ausgehen, dass das ganze Team gut miteinander auskommt?
- Verfügen die Teammitglieder bereits über alle erforderlichen Fähigkeiten, oder ist Schulung erforderlich?

Verfügbarkeit ermitteln

Nehmen Sie nochmals die Verpflichtungserklärung zur Hand, um zu prüfen, welche Personen und Fähigkeiten für das Projekt erforderlich sind. Sie sehen, wer wann wie lange benötigt wird. Erstellen Sie eine Liste mit geeigneten Kandidaten für jeden Bereich, und prüfen Sie, ob sie verfügbar sind. Sie werden mit den jeweiligen Abteilungsleitern sprechen müssen, wenn Sie Mitarbeiter aus anderen Bereichen des Unternehmens verpflichten möchten. Zudem sollten Sie auch mit den Personen sprechen, die die Ressourcen für alle Projekte koordinieren.

Die richtigen Personen auswählen

Unabhängig von der erforderlichen Qualifikation sollten Sie Personen wählen, die freiwillig am Projekt mitarbeiten möchten. Es ist viel einfacher, mit motivierten Menschen zu arbeiten. Ein Vorabgespräch mit den potenziellen Kandidaten über deren Einstellung zum Projekt lohnt sich. Behalten Sie dabei das Team als Ganzes im Auge. Passen alle Kandidaten zusammen? Gibt es Konflikte? Es gehört zwar zu Ihren Führungsaufgaben, den Teamgeist zu fördern, ein Minimum an Sympathie sollte jedoch von Anfang an vorhanden sein.

> **58** Fragen Sie die Kandidaten offen, ob sie sich mit dem Projekt identifizieren können.

> **59** Bilden Sie ein Team, das die Fähigkeiten jedes Einzelnen nicht zu Lasten von dessen Schwächen ausnutzt.

ROLLEN BERÜCKSICHTIGEN

In jedem Team muss jeder eine Teamrolle und eine funktionale Rolle übernehmen. Um effektiv arbeiten zu können, werden Sie als Teamleiter daher einen Koordinator, Kritiker, Ideengeber, jemanden für die Implementierung, die externe Kommunikation, Kontrolle und Integration des Teams benötigen. Jeder kann eine oder mehrere dieser Rollen übernehmen. Alle müssen besetzt sein, und wenn nicht, müssen Sie sie selbst erfüllen. Stellen Sie z. B. fest, dass niemand sich um verbesserte Standards, Qualität und Arbeitsmethoden bemüht, fehlt Ihnen eine kritische Stimme. Fordern Sie das Team in dieser Hinsicht, bis Sie feststellen, dass jemand anderer diese Rolle übernehmen kann. Sprechen Sie ganz offen über die Funktionen, fördern Sie Dialogbereitschaft, und Sie werden damit eine der wichtigsten Teamqualitäten, nämlich Teamgeist, stärken. Denken Sie immer daran, dass die Projektziele nur gemeinsam erreicht werden können.

WICHTIGE FUNKTIONEN

KOORDINATOR
Koordiniert die Teamarbeit insgesamt

KRITIKER
Überwacht und analysiert Effizienz des Teams

IDEENGEBER
Fördert Innovationskraft des Teams

IMPLEMENTIERER
Sorgt für reibungslosen Ablauf der Aktivitäten

EXTERNE KOMMUNIKATION
Tätigt externe Kontakte des Teams

KONTROLLE
Hält die anspruchsvollen Standards aufrecht

INTEGRATIVE FUNKTION
Fördert den Teamgeist

TUN UND LASSEN

- ✓ Lassen Sie dem Team Zeit, sich an die Rollen zu gewöhnen.
- ✓ Haben Sie nur wenige Teammitglieder, besetzen Sie Funktionen mehrfach.
- ✓ Auch unternehmensrelevante Gruppen können Funktionen übernehmen.
- ✗ Zwingen Sie niemandem eine bestimmte Funktion auf.
- ✗ Akzeptieren Sie, wenn sich jemand in seiner Funktion unwohl fühlt.
- ✗ Übernehmen Sie keine Funktion, die Sie sich nicht zutrauen.

> **60** Fördern Sie Kritik, es müssen jedoch auch Alternativen aufgezeigt werden.

OPTIMISTISCHE GRUNDHALTUNG

Steht das optimale Team, gehen Sie das neue Projekt auf jeden Fall optimistisch an. Schaffen Sie die Grundlage für Teamwork durch ein informelles Treffen, und legen Sie das Projekt formal dar, um seinen Zweck zu verdeutlichen.

61 Das ranghöchste Teammitglied sollte bei der Einführung anwesend sein.

62 Beachten Sie die Meinung neuer Mitglieder, und ändern Sie Tätigkeiten, wenn nötig.

DEN GELDGEBER ▼ MIT EINBEZIEHEN
Die erste Teambesprechung bietet dem Geldgeber das entscheidende Forum. Laden Sie ihn ein, sein Vertrauen und Engagement in das Projekt zum Ausdruck zu bringen. Dies ist wertvoll für den Teamgeist.

DYNAMISCH BEGINNEN

Treffen Sie sich mit dem Team möglichst frühzeitig zu einer ausführlichen Einführungsbesprechung, um das Projekt umfassend darzustellen. Erläutern Sie die Ziele und Einschränkungen, stellen Sie den Nutzen für alle Beteiligten heraus, und legen Sie grundsätzliche Regeln fest, was Informationsfluss und Entscheidungsfindung anbelangt. Eröffnen Sie einen Dialog mit der Möglichkeit, Fragen zu stellen. Am Ende dieser Besprechung sollte jeder wissen, was zu tun ist.

Teammitglied erfährt die Bedeutung des Projekts.

Kollege fühlt sich in neuer Rolle anerkannt.

Geldgeberin begrüßt erfreut jeden Einzelnen.

Das Vertrauen der Geldgeberin in Projektleiterin und Team verleiht Rückhalt.

Einführungsbericht

Im Einführungsbericht sollte die Zielvorstellung, die dem Projekt zugrunde liegt (die Vision) sowie der Erfolgsmaßstab erläutert werden, an dem sich das Team orientieren wird. Bewilligte Ressourcen und Hinweise auf eventuelle Probleme können ebenfalls dokumentiert werden. Es kann nicht schaden, alle unternehmensrelevanten Gruppen zu erwähnen und wichtige Persönlichkeiten, die das Projekt unterstützen, zu bitten, den Bericht persönlich zu unterschreiben. Dies gilt auch für den Projektleiter und den Geldgeber.

> **63** Berichte einfach und ohne Fachbegriffe schreiben

> **64** Bitten Sie um Unterschriften als formelle Zustimmung.

Gliederung eines Einführungsberichts

Teile des Berichts	Was gehört dazu?
Zielvorstellung Erläuterung des Projektziels insgesamt	• Klar erläutern, warum das Projekt initiiert wurde und was erreicht werden soll • Den Nutzen des Projekts für das Projektteam und das Unternehmen insgesamt darlegen
Ziele Zusammenfassung von Indikatoren, gegenwärtiger Leistung und bezifferbarem Leistungsziel	• Erklären Sie detailliert, wie der Erfolg des Projekts gemessen wird. • Erläutern Sie, welche Geschäftsergebnisse bei Projektende erzielt sein sollen.
Meilensteine Bestimmte Ereignisse und Erfolge, die den Projektfortschritt dokumentieren	• Formulieren Sie Meilensteine, damit jeder weiß, was er in den einzelnen Phasen zu leisten hat. • Legen Sie die Meilensteine so an, dass sie das Projekt in logische, messbare Segmente unterteilen.
Chancen und Risiken Eine Liste mit potenziellen Risiken und zusätzlichen Chancen	• Erläutern Sie, was Teammitglieder bei der Ausübung ihrer Funktion beachten müssen. • Weisen Sie auf jeden Bereich hin, in dem Verbesserungen möglich sind, um den Nutzen zusätzlich zu erhöhen.
Unternehmensrelevante Gruppen Ein Verzeichnis aller beteiligten unternehmensrelevanten Gruppen	• Erwähnen Sie alle beteiligten Parteien, fügen Sie Referenzen bei, um das Vertrauen in das Projekt zu stärken. • Führen Sie alle Kunden auf, und legen Sie dar, welche Erwartungen jeder von ihnen mit dem Projekt verbindet.

MITARBEITERFÜHRUNG

Es gibt viele verschiedene Führungsstile. Da Projekte jedoch hauptsächlich auf gutem Teamwork basieren, ist es entscheidend, Konsens herzustellen, anstatt von oben herab zu diktieren. Ein Projekt erfolgreich leiten heißt sein Team motivieren können.

65 Seien Sie ein Projektleiter, den man gerne aufsucht.

66 Zeigen Sie sich stets motiviert, auch unter Druck.

ANGEMESSENER FÜHRUNGSSTIL

Es gibt ein breites Spektrum von Führungsstilen, von denen Sie im Laufe des Projekts Gebrauch machen werden, vom autoritären bis hin zu einem konsensorientierten. Welchen davon Sie überwiegend anwenden, hängt von Ihrem Unternehmen, der Natur des Projekts, den Eigenschaften des Teams und Ihrer eigenen Persönlichkeit ab.

EINEN FÜHRUNGSSTIL AUSWÄHLEN

FÜHRUNGSSTIL	EIGNUNG
DIKTATORISCH Entscheidungen werden allein getroffen; riskant, autokratisch, viel Kontrolle	Dieser Stil ist geeignet, wenn das Projekt in eine Krise gerät und keine Zeit für eine Aussprache bleibt. Da er die Teamarbeit untergräbt, sollte man ihn zurückhaltend anwenden.
ANALYTISCH Man trägt Fakten zusammen, beobachtet und analysiert vor Entscheidungen.	Dieser Stil, der erhebliche analytische Fähigkeiten voraussetzt, ist bei Zeitdruck oder Krisen geeignet, wenn rasches Handeln geboten ist.
MEINUNGSORIENTIERT Entscheidungen basieren auf Meinungen des Teams.	Mit diesem Stil stärken Sie das Vertrauen des Teams, zeigen, dass Ihnen die Meinung anderer wichtig ist, schmeicheln denjenigen, die gerne etwas zu sagen haben.
DEMOKRATISCH Mitspracherecht des Teams, Beteiligung an Entscheidungsfindung	Ein Stil, der überwiegend angewendet werden sollte, um Teammitglieder anzuspornen und ihr Engagement für das Projekt zu fördern.

MITARBEITERFÜHRUNG

KULTURELLE UNTERSCHIEDE

In England tendieren Projektleiter dazu, nur ausgesuchte Teammitglieder an der Entscheidungsfindung zu beteiligen, während in den USA stets das gesamte Team daran teilnimmt. In Japan wird Konsens angestrebt, wobei einstimmige Entscheidungen oft nur mühsam erzielt werden.

DEN FÜHRUNGSSTIL WECHSELN

Sie sollten bereit sein, Ihren Führungsstil dem Team und der jeweiligen Situation anzupassen, auch wenn nicht jeder Stil Ihrem persönlichen Naturell entspricht. Manche Projektleiter halten Konsensgespräche für langweilig und zeitraubend, während andere so erpicht darauf sind, dass sie viel Zeit damit verlieren und das Projekt gefährden. Das Geheimnis guten Konsenses liegt darin, alle Meinungen zu hören, bevor eine bestimmte Richtung eingeschlagen wird. Eine Entscheidung ist dann richtig, wenn niemand mehr etwas Stichhaltiges dagegen einwenden kann.

RICHTIG FÜHREN

Jedes Teammitglied hat seine eigene Persönlichkeit und seinen eigenen Stil. Nehmen Sie sich Zeit, die Leute zu studieren, auf sie einzugehen und für jeden Einzelnen den richtigen Ton zu finden. Manche Teammitglieder bevorzugen Zielsetzungen, wobei sie ein bestimmtes Maß an Verantwortung für deren Erreichen erhalten. Andere kommen besser mit einer klar definierten Aufgabenstellung zurecht. Finden Sie den passenden Stil für jeden Einzelnen.

◀ LAISSEZ FAIRE
Ein erfahrenes und fähiges Teammitglied motivieren Sie am besten, indem Sie ihm die Initiative überlassen. Bieten Sie Unterstützung an, aber mischen Sie sich nicht zu sehr ein.

◀ STRAFFE FÜHRUNG
Äußern Sie unmissverständlich, was Sie von einem neuen oder unerfahrenen Mitarbeiter erwarten, der Anleitung und Rückhalt braucht.

Ergebnisse erzielen

Zwei Hauptfaktoren sind für die Wahl des geeigneten Führungsstils entscheidend. Herrscht Zeitdruck, gibt es keine Alternative zum diktatorischen Stil, da Sie sich den Luxus von Konsensgesprächen nicht leisten können. Brauchen Sie Zustimmung, müssen Sie andere an maßgeblichen Entscheidungen beteiligen, damit diese sie auch bereitwillig umsetzen. Egal, wofür Sie sich entscheiden, es zählt die Qualität der Entscheidung. Stellen Sie sicher, dass Sie Ihre Entscheidung auch ausreichend rechtfertigen können, bevor Sie sie einfach durchsetzen.

Nicht vergessen

- Das Team muss nicht unbedingt so vorgehen, wie Sie das täten, Hauptsache, die Ergebnisse sind zufrieden stellend.
- Beharrt ein Teammitglied auf Kleinigkeiten, geben Sie nach. Sie müssen Kriege gewinnen, nicht einzelne Schlachten.
- Ist der Erfolg Ihrer Ansicht nach irgendwie gefährdet, müssen Sie das Steuer in die Hand nehmen.

67 Versuchen Sie, Konflikte konstruktiv zu nutzen.

Konfliktlösung

Persönliche Zusammenstöße sind unvermeidlich, wenn viele Personen zusammenarbeiten. Es gibt Auseinandersetzungen bezüglich der Anforderungen an die Arbeitsqualität, oder die Chemie zwischen einzelnen Mitarbeitern stimmt einfach nicht. Versuchen Sie eine Konfliktlösung, indem Sie die Entscheidung einfach selbst treffen, oder setzen Sie Ihr diplomatisches Geschick ein, und sprechen Sie mit den Betroffenen. Konflikte können auch durch den Zeitplan ausgelöst werden, z. B. wenn ein Teammitglied mehr Zeit für eine Reihe von Tätigkeiten braucht, ein anderes dies aber für unnötig erachtet. Gehen Sie den Zeitplan mit beiden durch, um zu einer Lösung zu gelangen, die allen hilft.

◀ **DIPLOMATISCH VORGEHEN**
Wenn ein Konflikt zwischen Teammitgliedern den Erfolg des Projekts gefährdet, müssen Sie vermitteln. Suchen Sie eine Lösung, mit der sich beide arrangieren können, damit das Projekt weiterlaufen kann.

MITARBEITERFÜHRUNG

FALLBEISPIEL

Sara, ein leitendes Mitglied des Projektteams, war mit der Leitung eines kleineren Teams betraut worden. Tom, dem Projektleiter, fiel auf, dass Gerald, eines von Saras kompetentesten und engagiertesten Teammitgliedern, sich bei Teambesprechungen stark zurückhielt. Er nahm Gerald ganz zwanglos beiseite und fragte ihn, wie er so zurechtkäme. Obwohl Gerald Sara nicht offen kritisierte, las Tom zwischen den Zeilen, dass Gerald in anderen Projektteams bisher aktiver an Entscheidungsprozessen beteiligt worden war. Es lag auf der Hand, dass er Sara zu forsch fand. Tom unterhielt sich daraufhin mit Sara und bat sie, ihren Führungsstil in Bezug auf Gerald zu überdenken, worauf sie mehr auf ihn einging und Gerald bald wieder zu seiner gewohnt aktiven Rolle bei Meetings zurückfand.

◀ **KLUG FÜHREN**

Saras Dominanz und ihre Art, alle Entscheidungen selbst zu treffen, demotivierten Gerald, der gerne selbst die Initiative ergriffen hätte. Anstatt jedoch die Angelegenheit selbst in die Hand zu nehmen, bat Tom Sara, die Situation zu überdenken und geeignete Schritte zu unternehmen. Sara entschied, Gerald stärker einzubeziehen, um sein Selbstwertgefühl zu heben. Und seine Leistung verbesserte sich schlagartig.

VORNEHME ZURÜCKHALTUNG

Es ist nicht leicht, einzusehen, dass eine gute Führungskraft Fehler der Mitarbeiter bewusst zulassen muss. Sie wissen vielleicht aus Erfahrung, dass eine Entscheidung des Teams dem Projekt nicht zuträglich ist. Intervenieren Sie jedoch jedes Mal, wird Ihr Team nicht aus Fehlern lernen können. Natürlich müssen Sie von Fall zu Fall entscheiden, ob es besser ist, sich zurückzuhalten. Das Team soll sich zwar weiterentwickeln, aber die Projektziele haben stets Vorrang.

68 Respektieren Sie Ihr Team, und es wird Sie respektieren.

69 Geben Sie frische Impulse, um das Team bei Laune zu halten.

FÜHRUNGSEIGENSCHAFTEN TRAINIEREN

So führen Sie Ihr Team erfolgreich:
- Stellen Sie sicher, dass jeder auf ein gemeinsam anerkanntes Ziel hinarbeitet.
- Üben Sie konstruktive Kritik, loben Sie gute Arbeit, und sprechen Sie Fehler an.
- Kontrollieren Sie die Tätigkeiten Ihres Teams kontinuierlich durch effektives Feedback, z. B. regelmäßige Berichte.
- Spornen Sie die Mitglieder fortwährend an, kreative Ideen einzubringen, z. B. durch Methoden wie Brainstorming.
- Verlangen Sie stets höchste Standards bei der Durchführung.
- Fördern Sie persönliche und kollektive Fähigkeiten im Team, und festigen Sie sie durch Schulungen und Neueinstellungen.

Teamwork fördern

Fördern Sie Teamwork, indem Sie ein gutes Klima schaffen, sodass die Kollegen, gute Ideen einbringen anstatt sich persönlich zu profilieren, und gehen Sie auf die sich im Lauf des Projekts verändernden Bedürfnisse ein.

> **70** Loben Sie gute Leistungen vor dem gesamten Team.

Kulturelle Unterschiede

Amerikanische Projektleiter halten gern flammende Reden und arbeiten mit rhetorischen Finten, um zu motivieren und den Teamgeist zu fördern. In England kann ein eloquenter Redner zwar auch Punkte machen, er muss jedoch subtiler vorgehen. In Japan setzt man auf Loyalität, indem man den Nutzen des Projekts für das Unternehmen herausstreicht.

Ansporn zum Teamwork

Sorgen Sie dafür, dass jedes Teammitglied die Verdienste der anderen um das Projekt anerkennt. Motivieren Sie die Teammitglieder, Fähigkeiten gegenseitig zu schätzen und zusammenzuarbeiten, um höchsten Maßstäben gerecht zu werden. Loben Sie Team und Einzelpersonen, damit alle das Gefühl haben, gute Arbeit zu leisten. Wenn einmal feststeht, wer welche Funktion übernimmt und wofür verantwortlich ist, besteht eigentlich kein Anlass mehr für Konflikte und Unsicherheiten. Als Projektleiter sollten Sie sich allen gegenüber gleich fair zeigen; Begünstigungen führen leicht zu Verstimmungen. Nutzen Sie Nachbesprechungen, um das Teamwork zu festigen und Vertrauen zu bilden.

Die Entwicklung des Teams wahrnehmen

Ein Team hat mehrere Entwicklungsphasen, es formt sich, rebelliert, fügt sich und bringt dann Leistung. Sie sollten es so schnell wie möglich zur Leistungsphase der perfekten Zusammenarbeit führen. Als starke Führungspersönlichkeit wird es Ihnen gelingen, die heikle Anfangsphase zu überwinden, in der sich das Team zusammenfindet und ins Projekt eingegliedert wird. Nutzen Sie Ihre Autorität, um Konflikte rasch zu entschärfen und taktischen Manövern Einhalt zu gebieten.

Nicht vergessen

- Nicht alle Teammitglieder sind von Anfang an gleich engagiert.
- Normalerweise rebelliert jeder irgendwann, was jedoch bei guter Führung ein kreativer Prozess sein kann.
- Es geht darum, kreative Köpfe heranzubilden, keine Konformisten.
- Man muss sich wohl fühlen, um gut zusammenzuarbeiten.

Teamwork fördern

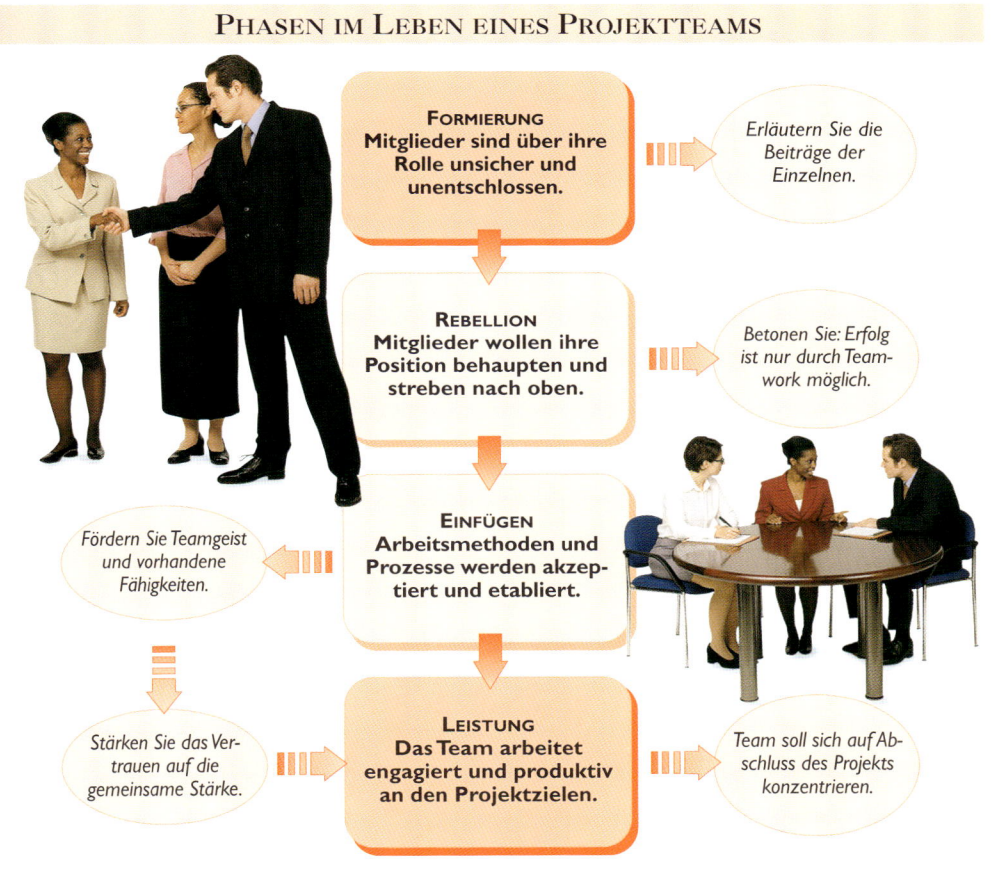

Phasen im Leben eines Projektteams

Formierung
Mitglieder sind über ihre Rolle unsicher und unentschlossen.

→ Erläutern Sie die Beiträge der Einzelnen.

Rebellion
Mitglieder wollen ihre Position behaupten und streben nach oben.

→ Betonen Sie: Erfolg ist nur durch Teamwork möglich.

Einfügen
Arbeitsmethoden und Prozesse werden akzeptiert und etabliert.

→ Fördern Sie Teamgeist und vorhandene Fähigkeiten.

Leistung
Das Team arbeitet engagiert und produktiv an den Projektzielen.

→ Stärken Sie das Vertrauen auf die gemeinsame Stärke.

→ Team soll sich auf Abschluss des Projekts konzentrieren.

Die Dynamik erhalten

Es gibt zwei weitere typische Phasen während eines Projekts, die Langeweile- und die Nörgelphase. Die erste tritt oft bei Langzeitprojekten auf, wenn Teammitglieder nicht mehr nach neuen Herausforderungen oder neuen Wegen suchen, die Arbeit zu bewältigen. Bemühen Sie sich, Innovationen zu fördern. Nörgelei beginnt, wenn ein Team gut harmoniert, jedoch den Verlust eines scheidenden Mitglieds nicht verkraftet. Kümmern Sie sich um entsprechenden Ersatz, und bekräftigen Sie das Vertrauen in das verbleibende Team.

71 Helfen Sie anderen, Probleme zu erkennen.

72 Beziehungen verändern sich mit der Zeit.

IMPLEMENTIERUNG EINES PLANS

ENTSCHEIDUNGSFINDUNG

Für die zukünftige Kursbestimmung hat die Qualität der Entscheidungen oberste Priorität. Um als Team richtige Entscheidungen zu treffen, entwickeln Sie ein logisches Verfahren, dem Sie dann jedes Mal folgen. Mittels Feedback können Sie die Qualität überprüfen.

> **73** Bedenken Sie alle Fakten, bevor Sie eine Entscheidung treffen.

NICHT VERGESSEN

- Der Entscheidungsfindungsprozess geht erst langsam, mit zunehmender Erfahrung immer schneller.
- Erklären Sie den Entscheidungsfindungsprozess auch unternehmensrelevanten Gruppen und Geldgebern.
- Wer an Entscheidungen mitgewirkt hat, setzt sie auch bereitwilliger um.

LOGISCHES VERFAHREN

Bei jeder Entscheidung konsequent vorzugehen hat einige Vorteile. Die Entscheidung wird schneller getroffen, da der Prozess bekannt ist. Irrelevante Optionen werden verworfen und die vernünftigste Alternative wird rasch angesteuert. Die Qualität der Entscheidung verbessert sich, da ein Verfahren wenig Raum für Unsicherheiten lässt; und schließlich tragen auch Teammitglieder, die erst gegen die Entscheidung waren, diese eher mit, wenn die Entscheidung durch Konsens erzielt wurde.

DIE IDEALVORSTELLUNG

Das Team muss sich auf bestimmte Kriterien einigen, mit denen es Entscheidungen bewertet und die ideale Leistung für jedes Kriterium ermitteln. Beurteilen Sie z. B. die Angebote zweier Dienstleister für das Projekt, bitten Sie das Team, durch Brainstorming zu ermitteln, wie die ideale Lösung aussähe. Fragen Sie »Was soll uns die Lösung bringen?« und »Welchen Nutzen sollten wir anstreben?«. Diese Auflistung bietet Auswahlkriterien und die Möglichkeit, Alternativen gegenüberzustellen.

▼ **KRITERIEN FESTLEGEN**
Ermitteln Sie durch Brainstorming Kriterien, mit denen Sie Entscheidungen bewerten, und lassen Sie ein Teammitglied jeden Beitrag notieren, damit dieselben Begriffe benutzt werden.

ENTSCHEIDUNGSFINDUNG

OPTIONEN BEWERTEN

Ermitteln Sie mit Hilfe des Teams, welche Kriterien am wichtigsten sind. Bewerten Sie Ihre Optionen nun anhand des Ideals, das Sie bezüglich jedes Kriteriums festgelegt haben. Dieses Vorgehen ist zwar logisch, erfordert jedoch auch kreatives Denken, um die Optionen effektiv zu bewerten. Auf diese Weise kristallisiert sich vielleicht eine Option heraus. Wenn nicht, nehmen Sie das nächste Kriterium und verfahren ebenso. Wiederholen Sie diesen Prozess so lange, bis eine Option klar führt oder sich zwei Optionen als quasi gleichwertig herausgestellt haben, von denen diejenige den Vorzug erhält, die vom Geldgeber oder anderen unternehmensrelevanten Gruppen am ehesten akzeptiert wird.

74 Lebhafte Debatten um Optionen erweitern die Perspektive.

75 Jemand sollte Ihre Entscheidung kritisch beurteilen und ein Feedback geben.

SICHERE ENTSCHEIDUNGEN TREFFEN

Wie würde sich eine falsche Entscheidung auswirken? Würde sie eine Katastrophe bedeuten, dann überdenken Sie die Entscheidung vielleicht lieber und wählen eine harmlosere Variante. Überprüfen Sie die Entscheidung nach folgenden Kriterien:
- Geeignet: Ist die Entscheidung in der aktuellen Lage wirklich die geeignetste?
- Akzeptabel: Ist die Entscheidung für alle Parteien akzeptabel, die ein Interesse am Projekt haben?
- Durchführbar: Kann die Lösung unter bestehenden Zeit- und Ressourcenbeschränkungen auch tatsächlich implementiert werden?
- Beständig: Wird die Lösung bis zum Projektende und darüber hinaus Bestand haben?

Mit diesen Kriterien können Sie jederzeit schnell und verlässlich Einzel- oder Kollektiventscheidungen prüfen.

ENTSCHEIDUNGEN BESTÄTIGEN ▶

Überprüfen Sie die Richtigkeit der Entscheidung, indem Sie Geldgeber oder unternehmensrelevante Gruppen wie Kunden oder Zulieferer konsultieren.

Informationsfluss steuern

Jeder muss jederzeit Zugang zu den wichtigsten projektbezogenen Informationen haben. Um diese Daten effizient zu erfassen und zu aktualisieren, können Sie ein Informationszentrum einrichten und einen Koordinator bestimmen, der es leitet.

76 Halten Sie Fehler und Erfahrungen als zukünftiges Referenzmaterial fest.

77 Indexieren Sie Informationen für einen leichteren Zugriff.

78 Sorgen Sie dafür, dass Daten regelmäßig aktualisiert werden.

Informationen bewerten

Während eines Projekts wird eine wahre Datenflut produziert. Jede Informationseinheit sollte als potenziell wichtig betrachtet werden, entweder für Ihr eigenes oder ein zukünftiges Projekt. Was gespeichert werden soll, liegt meist auf der Hand, denken Sie jedoch vorausschauend. Beinhaltet ein Projekt z. B. die Ermittlung eines Produktivitätsmaßstabs, kann dies auch für andere Bereiche des Unternehmens von Interesse sein. Jede Aktivität in Bezug auf Risikomanagement, Nutzung neuer Verfahren oder auch auf die Teamstruktur kann sich in der Zukunft als bedeutsam erweisen.

Daten strukturieren

Projektdaten können generell in zwei Kategorien eingestuft werden: Information zur Planung wie Zielvorstellungsdefinition, Ziele, Gesamtplan und Netzdiagramm; und allgemeine Daten, z. B. Hintergrundinformationen, die zur Durchführung der Tätigkeiten benötigt werden. Es ist ratsam, diese Informationen in drei weitere Gruppen zu unterteilen: erledigte Tätigkeiten, laufende Tätigkeiten und bevorstehende Tätigkeiten. Auf diese Weise weiß jeder, wo er die Informationen suchen muss. Hüten Sie sich jedoch davor, unnötig Daten anzuhäufen, denn damit überlasten Sie nur ein System, das effizient und benutzerfreundlich arbeiten soll.

DAS IST ZU TUN

1. Teilen Sie dem Team mit, welche Art von Informationen im Informationszentrum verfügbar ist.
2. Der Koordinator muss die erforderlichen Softwaretools besitzen.
3. Der Koordinator erinnert Teammitglieder an Abschlusstermine für Tätigkeiten und Entwicklungsberichte.

INFORMATIONSFLUSS STEUERN

KOORDINATOR BESTIMMEN

In Projekten mit begrenztem Informationsfluss werden Sie die Daten selbst verwalten können. Bei einem umfassenden Projekt mit Massen von Daten wird es sich dagegen bezahlt machen, ein Teammitglied auf Teilzeit- oder Vollzeitbasis mit dem Informationszentrum zu betrauen. Dieser Funktion des Informationskoordinators wird am ehesten das Teammitglied gerecht, das die besten koordinatorischen Fähigkeiten besitzt. Es aktualisiert die Planungsdokumentation, erfasst und indexiert alle wichtigen vom Team zusammengetragenen Informationen und stellt diese bereit.

KULTURELLE UNTERSCHIEDE

Unternehmen in den USA haben die Nase vorn, wenn es darum geht, Daten zu erfassen und sie dem gesamten Unternehmen zugänglich zu machen. In England gibt es Informationskoordinatoren auf verschiedenen Ebenen, damit Projektleiter Informationen schnell und unproblematisch abrufen können. Auch in Kontinentaleuropa steigt die Zahl von Informationskoordinatoren allmählich, da man inzwischen ihre Bedeutung erkannt hat.

Teammitglied liefert dem Koordinator den neuesten Stand einer Tätigkeit.

Koordinator nimmt die Information auf.

◀ **INFORMATIONEN AKTUALISIEREN**

Der Informationskoordinator spielt als Verwalter des Projektplans, der Entwicklungsberichte, aktualisierter Netzdiagramme, Balkendiagramme und Tätigkeitsberichte eine entscheidende Rolle.

KLARE KOMMUNIKATION

Je besser die Kommunikation, desto reibungsloser der Projektablauf. Jeder muss Zugang zu den erforderlichen Projektinformationen haben und die Kommunikation in beide Richtungen muss durch gegenseitiges Zuhören und Feedback gewährleistet sein.

79 Vermeiden Sie Informationen, die das Projekt eher behindern könnten.

80 Geben Sie dem Team alle erwünschten und notwendigen Informationen.

81 Führen Sie häufige Einzelgespräche mit Teammitgliedern.

INFORMATION WEITERGEBEN

Wer benötigt welche Information in welcher Form und wann? Gehen Sie die Liste der unternehmensrelevanten Gruppen im Einführungsbericht durch. Konzentrieren Sie sich auf diejenigen, die im Interesse des Projekts Zugang zu Informationen haben müssen, übergehen Sie aber auch weniger wichtige Gruppen nicht. Überlegen Sie, wie Sie die Informationen verfügbar machen möchten, und denken Sie daran, dass dies so rasch wie möglich geschehen sollte. Der Informationskoordinator muss die Prioritäten kennen. Ändern sich z. B. Kundenbedürfnisse, muss das Team schnellstens informiert werden.

INFORMATIONSTECHNOLOGIEN NUTZEN

Nutzen Sie Technologien optimal, um die Kommunikation zu verbessern. E-Mail ist ein extrem zeitsparendes Medium, wenn es richtig genutzt wird. Wichtig ist, dass Sie so viele Mails bekommen sollten, wie Sie verschicken; gehen Sie daher rationell mit Ihren Messages um. Ist diese Mail jetzt unbedingt erforderlich? Ist es in Anbetracht der Lage die effektivste Kommunikationsform? Für effiziente Arbeit sind weniger E-Mails oft mehr, um dieses Medium optimal zu nutzen. Achten Sie auf Kompatibilität. Schicken Sie jemandem eine Datei, der keine kompatible Software hat, dann findet keine Kommunikation statt und Sie verlieren Zeit.

KLARE KOMMUNIKATION

KOMMUNIKATION IN BEIDE RICHTUNGEN FÖRDERN

Das Team ist der Hauptinformationskanal zwischen Kunden, anderen unternehmensrelevanten Gruppen und Ihnen als Projektleiter. Ehrlichkeit sollte groß geschrieben werden. Stellen Sie so genannte offene Fragen wie die unten stehenden.

> Wie könnten wir Ihrer Meinung nach unsere Projektarbeit noch weiter verbessern?

> Wenn Sie nochmals mit dieser Tätigkeit konfrontiert würden, was würden Sie anders machen?

> Wie beurteilen die Kunden unsere Arbeit – machen Sie einen zufriedenen Eindruck?

> Gibt es Anzeichen für Unzufriedenheit bezüglich der Fortschritte?

AUF ANDERE HÖREN

Halten Sie Ihr Team an, offen und ehrlich mit Ihnen zu sein, und signalisieren Sie durch Ihre Zuhörbereitschaft, dass Sie Wert auf seine Meinung legen. Betonen Sie, dass auch negatives Feedback eine echte Chance für Verbesserung bietet, und zerstreuen Sie die Befürchtung, offen geäußerte Kritik könnte Repressalien nach sich ziehen. Haben Sie auch unternehmensrelevanten Gruppen gegenüber ein offenes Ohr. Diese schätzen ganz besonders, wenn man ihre Fragen und Probleme ernst nimmt. Hören Sie aufmerksam zu. Nur so können Sie feststellen, ob Ihre Botschaft auch angekommen ist.

82 Achten Sie darauf, was wie gesagt wird.

Teammitglied äußert ehrlich seine Meinung.

Kollege gibt sowohl positives als auch negatives Feedback.

ZU FEEDBACK ▶ ERMUTIGEN
Sprechen Sie einzeln oder in kleinen Gruppen mit Teammitgliedern, fördern Sie Feedback, indem Sie fragen, wie das Projekt ihrer Meinung nach vorankommt.

LEISTUNGS-KONTROLLE

Effektive Kontrolle hält das Projekt bezüglich Leistung, Zeit und Kosten auf Kurs. Halten Sie an Ihrem Plan fest, und werden Sie rasch mit Problemen und Veränderungen fertig.

FORTSCHRITTE DOKUMENTIEREN

Auch der beste Plan kann schief gehen, daher ist eine Art Frühwarnsystem Gold wert. Es ist wichtig, dass Sie sich bezüglich effektiver Kontrolle hinreichend auskennen und ein System etablieren, das potenzielle Probleme erkennt.

83 Gleichen Sie Zeitplan und Budget immer wieder mit dem ursprünglichen Plan ab.

84 Kontrolle muss sein, auch wenn alles nach Plan läuft.

85 Bitten Sie das Team um Ideen, die den Fortschritt beschleunigen.

EFFEKTIVE KONTROLLE

Die Kontrolle über ein Projekt sollte mit einem planmäßigen und reibungslosen Projektablauf einhergehen. Effektive Kontrolle verschafft Ihnen Informationen, um Fortschritte bezüglich der Projektziele zu messen und abzustimmen. Sie können dem Team, den unternehmensrelevanten Gruppen, Vorgesetzten und Kunden diese Fortschritte mitteilen und damit erforderliche Kurskorrekturen rechtfertigen. Sie können außerdem die Fortschritte den ursprünglich gesetzten Zielen jederzeit gegenüberstellen.

ZULIEFERER KONTROLLIEREN

Externe Zulieferer stellen ein Risiko dar, da Sie keinerlei Einfluss auf deren Ressourcen haben. Behalten Sie auch die Entwicklung der Zulieferer im Auge. Binden Sie sie ins Team ein, indem Sie sie zu Besprechungen und informellen Treffen einladen. Dadurch können Sie ihr Engagement für das Projekt kontinuierlich einschätzen, und nicht erst dann, wenn ihre Leistung fällig ist.

DER ABLAUF DES KONTROLLPROZESSES

- Team erstellt Entwicklungsberichte.
- Projektleiter fasst sie für Geldgeber und andere Parteien zusammen.
- Problematische Themen werden in regelmäßigen Nachbesprechungen erörtert.
- In der Nachbesprechung werden Probleme erörtert und Fortschritte dokumentiert.
- In regelmäßigen Meetings werden Meilensteine überprüft.
- Pläne werden nötigenfalls aktualisiert, um das Projekt auf Kurs zu halten.

BERICHTE

Wer für Tätigkeiten oder Meilensteine verantwortlich ist, muss die Entwicklung dokumentieren. Berichte sind gewissenhaft und rechtzeitig zu erstellen. Sie enthalten den momentanen Stand, die Entwicklung ab dem letzten Bericht sowie potenzielle Probleme, zusätzliche Chancen oder Risiken bezüglich des Meilensteins. Sie sichten die Berichte und fassen für Geldgeber und unternehmensrelevante Gruppen den aktuellen Stand zusammen. Ordnen Sie die Themen nach Priorität, und markieren Sie sie farbig, um auf der Tagesordnung für die Nachbesprechung rot markierte Themen, also solche höchster Priorität, angemessen zu berücksichtigen.

NICHT VERGESSEN

- Bei komplexen oder Mammutprojekten müssen häufiger Berichte erstellt werden.
- Tauchen gewisse Problemstellungen erstmals auf, muss die Kontrolle umso strikter und häufiger durchgeführt werden.
- Sind Teammitglieder eigenständiges Arbeiten gewohnt, kann zu viel Kontrolle kontraproduktiv sein.

AUF TIMING ACHTEN

Wie oft sind Nachbesprechungen und Entwicklungsberichte angebracht? Je nachdem, wie gravierend ein Problem sich ohne ständige Kontrolle auswirken kann, können wöchentliche, ja tägliche Berichte erforderlich sein. In regelmäßigen Nachbesprechungen können Probleme gelöst, Entwicklungen besprochen und Leistungen bewertet werden. Sie sollten mindestens einmal im Monat stattfinden, bei komplexen Projekten oder während einer besonders heiklen Phase des Projekts auch öfters.

NACHBESPRECHUNGEN DURCHFÜHREN

Nachbesprechungen werden während der gesamten Projektlaufzeit abgehalten, um Entwicklungen und Ergebnisse zu besprechen und Meilensteine festzulegen. Gestalten Sie sie effektiv, um den Teamgeist zu fördern und alle gut zu informieren.

86 Teammitglieder dürfen alles ansprechen, was das Projekt betrifft.

87 Nachbesprechungen sollten sich nicht endlos in die Länge ziehen.

88 Loben Sie Mitarbeiter, wenn sich Erfolge einstellen.

NACHBESPRECHUNG PLANEN

Es gibt regelmäßige und formelle Nachbesprechungen mindestens einmal im Monat, um detaillierte Ergebnisse und wesentliche Punkte bezüglich der Implementierung des Plans zu kontrollieren, und solche, zu denen wichtige Parteien, z. B. der Geldgeber, eingeladen werden, weil ein bestimmter Meilenstein erreicht wurde. Dabei geht es um wirtschaftliche Interessen. Es kann auch überprüft werden, ob das Projekt bestimmte Kriterien erfüllt. Wenn diese Kriterien nicht erfüllt werden, kann die Zukunft des Projekts gefährdet sein.

TEILNEHMER AUSWÄHLEN

Ihr Geldgeber soll an manchen, jedoch nicht allen Meetings teilnehmen. Enge Mitarbeiter werden fast immer dabei sein, andere wiederum nur dann, wenn es erforderlich ist, sonst wird ihre Zeit verschwendet. Brauchen Sie jemand nur für ein oder zwei Punkte, setzen Sie hierfür einen Termin, und bitten Sie ihn, fünf Minuten vorher zu kommen. Gilt es, eine Entscheidung zu treffen, müssen alle mitspracheberechtigten Personen anwesend und alle relevanten Informationen verfügbar sein.

WICHTIGE FRAGEN

- Wird jeder Teilnehmer einen wertvollen Beitrag leisten?
- Gibt es Teammitglieder, die nur zeitweise anwesend sein müssen?
- Nimmt diese Person nur am Meeting teil, weil sie das schon immer tat, oder gibt es dafür einen bestimmten Grund?
- Kann die Abwesenheit einer Person das Projekt gefährden?

NACHBESPRECHUNGEN DURCHFÜHREN

| Tagesordnung basierend auf Entwicklungsbericht | → | Entscheidung, wer an Besprechung teilnimmt | → | Ausgabe der Tagesordnung an die Teilnehmer |

EINE NACHBESPRECHUNG LEITEN

Disziplin ist der Schlüssel für die erfolgreiche Leitung einer Nachbesprechung. Fassen Sie die Ziele zusammen, und planen Sie für jeden Tagesordnungspunkt Zeit ein. Konzentrieren Sie sich mehr auf Einschätzung als auf Analyse, stellen Sie Fragen wie »Wie läuft das Projekt?« oder »Was gibt es seit der letzten Besprechung Neues?«. Ihre Intention ist, alle über die Entwicklung auf dem Laufenden zu halten.

▲ MEETINGS VORBEREITEN
Bei Nachbesprechungen sind wichtige Entscheidungen zu treffen, bereiten Sie sie also gut vor. Geben Sie die Tagesordnung vorher aus, damit sich das Team vorbereiten kann.

Teammitglied kommt zu spät zum Meeting.

Projektleiterin findet klare Worte in Bezug auf Pünktlichkeit.

FÜR DISZIPLIN ▶ SORGEN
Verspätung darf nicht toleriert werden. Machen Sie von Anfang an klar, dass solch ein Verhalten untragbar ist, und weisen Sie darauf hin, dass dadurch alle anderen aufgehalten werden.

89 Führen Sie bei Abschweifungen zur Tagesordnung zurück.

90 Beenden Sie Meetings immer in positiver Stimmung.

AUF ZIELEN BEHARREN

Konzentrieren Sie sich auf Ihre Ziele. Dokumentieren Sie, was bereits erreicht wurde, was nicht und wie der Zeitplan zu beurteilen ist. Wenn Teilnehmer abschweifen oder sich nicht an die Themen halten, bringen Sie sie auf den wesentlichen Punkt zurück, indem Sie sagen: »Darüber wollen wir heute nicht sprechen – kommen wir auf das Wesentliche zurück.« Fassen Sie Meinungen und Entscheidungen in einem günstigen Moment zusammen. Sind bestimmte Themen abgeschlossen, entlassen Sie diejenigen Mitarbeiter, die nicht mehr benötigt werden.

LEISTUNGSKONTROLLE

PROBLEME BEWÄLTIGEN

Ein Plan kann noch so perfekt sein, bei seiner praktischen Umsetzung treten oft Probleme auf. Halten Sie Ihre Teammitglieder zur Wachsamkeit an, und wenden Sie sofort entsprechende Problemlösungsstrategien an.

91 Betrachten Sie ein Problem von allen Seiten, bevor Sie es zu lösen versuchen.

92 Denken Sie daran: Wer gewarnt ist, ist gewappnet.

93 Das Team soll nicht nur Probleme, sondern auch Lösungen aufzeigen.

WARNUNGEN

Es geht hauptsächlich darum, Probleme früh genug zu erkennen, sodass keine Krisen daraus entstehen können. Es ist wesentlich schwieriger, zu reagieren, wenn es schon fünf vor zwölf ist. Selbst wenn der Aufwand größer ist, Vorsorge gegen Probleme zu treffen, die vielleicht gar nicht entstehen, ist es immer noch besser, als die Eskalation eines Problems zu spät festzustellen. Das Team wird durch Erfahrung lernen, wann Warnungen angebracht sind. Es sollte Ihnen ganz besonders am Herzen liegen, dass Probleme, die sich gravierend auf das Projekt auswirken können, entdeckt und entschärft werden, bevor es zu spät ist.

◀ **SPANNUNGEN LÖSEN**
Dadurch dass Projekte meist parallel zum normalen Geschäftsbetrieb ablaufen, ergeben sich besondere Probleme. In unserem Fall wollten Teammitglieder Verbesserungen bewirken, indem sie auf verspätete Lieferungen hinwiesen, taten dies jedoch so früh, dass der Warenhausbetrieb beeinträchtigt wurde. Nach der Einigung auf einen bestimmten Zeitpunkt konnten beide Seiten effektiver arbeiten.

FALLBEISPIEL
Jan war mit einem neuen Projekt betraut worden, er sollte das Inventurkontrollsystem der Hauptniederlassung der Warenhauskette verbessern. Das Projekt lief bereits, als ihn Tom, der Manager des Warenhauses, ansprach und ihm mitteilte, dass seine Leute unglaublich viel Zeit damit zubrächten, Lieferungen nachzugehen, die ein Mitglied des Projekts als verspätet deklarierte. Tom erklärte ihm, dass die meisten Kontrollabfragen dieses Teammitglieds sich erübrigten, da die Lieferungen im Allgemeinen bereits wenige Stunden später einträfen. Es ergäbe also keinen Sinn, dass sich das Personal darum kümmere. Jan bat Tom zu einer Teambesprechung, um festzulegen, wann eine Abfrage wirklich erforderlich sei. Dadurch wurde das Personal entlastet und mehr Zeit verfügbar, Lieferungen nachzugehen, die wirklich verspätet waren.

PROBLEME ANGEHEN

- Auf die Bedenken der Teammitglieder hören
- Auswirkungen erörtern und, falls diese gravierend sind, gemeinsam Lösungen finden
- Erst Überblick, dann definitive Entscheidung
- Den Plan aktualisieren, wenn die Entscheidung eine Kursänderung erfordert
- Aktualisierten Plan an Informationskoordinator senden

PROBLEME LÖSEN

Eine hilfreiche Problemlösungsstrategie umfasst die Durchforstung von vier Bereichen, um die Ursache des Problems zu ermitteln. Wenn z. B. die Produktion nicht der Zielsetzung entspricht, überlegen Sie, woran das liegt:

- **Personal:** Tritt das Problem auf, weil es an Fähigkeiten oder Unterstützung fehlt?
- **Produkt:** Ist das Produkt nicht richtig konzipiert oder die Herstellungsmethode verfehlt?
- **Prozess:** Könnte die Verbesserung eines Ihrer Geschäftsprozesse das Problem lösen?
- **Beschaffung:** Hat es irgendwie mit den Gütern oder Dienstleistungen zu tun, die wir beziehen?

TUN UND LASSEN

✔ Halten Sie ständig Kontakt zu Zulieferern, die Probleme verursachen können.

✔ Lösen Sie wiederkehrende Probleme, indem Sie Prozesse umstellen.

✘ Versuchen Sie nicht, ein Problem zu lösen, bevor Sie es genau analysiert haben.

✘ Erwarten Sie von Ihrem Team keine Problemlösungsstrategien.

DEN PLAN AKTUALISIEREN

Bitten Sie den Projektkoordinator, laufende Problemlösungsvorgänge im Informationszentrum als unvollständig zu markieren, und sprechen Sie diese bei der Nachbesprechung an. Gewichtige Probleme können eine drastische Änderung des Plans erfordern. Es kann passieren, dass neue Informationen oder veränderte Umstände das Projekt an sich hinfällig machen. Angenommen, ein Mitbewerber bringt ein neues Produkt mit Komponenten auf den Markt, die Ihres völlig gegenstandslos werden lassen. Da Sie immer den Nutzen des Unternehmens im Auge haben müssen, kann er hier einfach darin liegen, das Projekt zu kippen.

94 Informieren Sie die wichtigen Parteien über jede Änderung.

95 Ermitteln Sie die Ursache eines Problems, um es künftig zu vermeiden.

UMGANG MIT WANDEL

Bei Projekten ist Wandel unvermeidbar, daher ist Flexibilität gefragt. Ob Kunden plötzlich etwas anderes wollen oder Vorgesetzte den Projektrahmen ändern, Sie müssen mit diesen Veränderungen fertig werden, den Plan anpassen und jeden darüber informieren.

96 Suchen Sie Alternativen, bevor Sie wesentliche Teile des Plans ändern.

97 Erläutern Sie den Betroffenen den Nutzen des Wandels.

98 Lassen Sie die Änderungen so schnell wie möglich absegnen.

WANDEL VERSTEHEN

Manche Veränderungen können Sie steuern, z. B. die Straffung des Zeitplans, wenn Sie und Ihr Team mit der Zeit Tätigkeiten schneller erledigen. Andere Veränderungen werden Ihnen aufgezwungen, z. B. wenn ein Kunde plötzlich doch etwas anderes will oder Ihr Vorgesetzter zwei Ihrer engsten Mitarbeiter für andere Aufgaben abzieht. Möglicherweise zeigt auch Ihr Kontrollsystem die Notwendigkeit an, ein potenzielles Problem zu vermeiden. Egal, welche Art von Wandel Ihnen begegnet, wichtig ist, dass Sie den Projektplan darauf abstimmen können. Sie müssen auch beurteilen können, ob die gewünschte Auswirkung eingetreten ist, die Änderungen also tatsächlich ihren Zweck erfüllt haben.

◀ **VERÄNDERUNGEN BESPRECHEN**
Besprechen Sie Auswirkungen von Änderungen auf den Projektplan, prüfen Sie ihn im Hinblick auf die ursprünglichen Ziele, die Reihenfolge der Tätigkeiten, auf Budget, Personal, Ressourcen und Zeit.

Umgang mit Wandel

Auswirkungen

Bevor Sie Veränderungen vornehmen, beurteilen Sie Auswirkungen auf das Projekt, die auch das Team hinsichtlich Zeitplan, Budget und Ressourcen überprüfen soll. Gibt es einen anderen Weg zur Erreichung der Projektziele? Sind Veränderungen nötig, damit das Projekt vorankommt, tragen Sie diese im Projektplan ein, und lassen Sie sie von Vorgesetzten, Geldgebern und wichtigen Parteien abzeichnen, bevor Sie mit der Implementierung beginnen.

Änderungen effektiv einsetzen

- Auswirkungen der Änderungen im Team besprechen
- Wirken sich Änderungen stark aus, Alternativen betrachten
- Nötige Veränderungen in den Projektplan aufnehmen
- Zustimmung von Geldgeber und wichtigen Parteien einholen
- Betroffene umgehend über Veränderungen informieren

Unnötige Änderungen vermeiden

Auch wenn Änderungen z. B. von einem Kunden oder Vorgesetzten diktiert werden, müssen sie nicht unbedingt sinnvoll sein. Stellen Sie fest, ob die Umsetzung der Änderungen das Ergebnis beeinträchtigen kann. Ist der Wandel ein Wagnis oder hat er negative Auswirkungen, machen Sie die Urheber auf den Nutzen aufmerksam, der dabei verloren geht. Verteidigen Sie Ihre Ansicht, oder bieten Sie Alternativen.

Das ist zu tun

1. Erklären Sie dem Team die Auswirkungen der Veränderungen.
2. Erklären Sie Sinn und Ursache der Veränderungen.
3. Legen Sie erneut Ziele, Zeitplan oder Funktionen fest.
4. Führen Sie Einzelgespräche, wenn jemand mit dem Wandel nicht zurechtkommt.

Wandel

Hat Ihr Team hart daran gearbeitet, eine Reihe von Zielen zu verwirklichen, und bekommt plötzlich gesagt, dass sich diese geändert haben, ist dies natürlich demotivierend. Sprechen Sie daher Veränderungen so früh wie möglich an, insbesondere wenn Funktionen betroffen sind. Betonen Sie positive Aspekte, und legen Sie die Ursachen offen dar. Nehmen Sie Bedenken der Einzelnen ernst, und hören Sie ihnen zu, machen Sie jedoch klar, dass schnelle Anpassung erforderlich ist. Fixieren Sie schriftlich neue Erwartungen, Zeitpläne oder Ziele, damit jeder die weitere Vorgehensweise kennt.

EFFEKTIVITÄT STEIGERN

Nähert sich ein Projekt seinem Ende, ist es wichtig, genau zu bewerten, was erreicht wurde und was man daraus lernen kann. Die Endabwicklungsphase erlaubt Ihnen, das Projekt rundum sauber abzuschließen und den Erfolg zu dokumentieren.

99 Bewerten Sie dieses Projekt genau, gelingt das nächste besser.

WICHTIGE FRAGEN

- Ist der Geldgeber zufrieden, weil die ursprünglichen Vorgaben und wirtschaftlichen Ziele erfüllt wurden?
- Ist der Kunde mit dem verbesserten Service zufrieden?
- Haben wir die Endergebnisse allen unternehmensrelevanten Gruppen mitgeteilt?
- Habe ich mich bei allen Beteiligten des Projekts bedankt?
- Wurden alle neuen Perspektiven und Erfahrungen festgehalten?

PROJEKTE ZU ENDE FÜHREN

Gegen Projektende werden manche Teammitglieder bereits neue Aufgaben übernehmen. Wichtig ist, dass sich die verbleibenden auf den Abschluss des Projekts konzentrieren, bis der offizielle Abschlussbericht erstellt und die letzte Besprechung vorbei ist. Geben Sie verbleibende Ressourcen nicht zu schnell aus der Hand, insbesondere wenn Sie vermeiden wollen, dass der Nutzen letztendlich dadurch geschmälert wird, dass die letzten Schritte nicht sorgfältig genug ausgeführt wurden. Legen Sie Wert darauf, dass Ihr Unternehmen so viel wie möglich daraus lernen kann und dass die von Ihnen vorhergesagten Ergebnisse auch erreicht wurden.

AUS PROJEKTEN LERNEN

Vereinbaren Sie mit dem Informationskoordinator, dass ein Bericht erstellt wird, in dem Ergebnisse sowie detaillierte wichtige Informationen wie erfasste Daten und angewandte Prozesse enthalten sind. Wird das Projekt sehr wahrscheinlich wiederholt, besprechen Sie mit dem Team den Ablauf nochmals von Anfang bis Ende. Fragen Sie jeden Einzelnen, wo, im Nachhinein gesehen, Verbesserungen möglich gewesen wären. Es ist vorteilhaft, wenn Sie eine Art schematischen Projektplan inklusive Netz- und Balkendiagramm erstellen.

100 Alle Tätigkeiten müssen abgeschlossen sein.

101 Machen Sie die Ergebnisse publik.

Effektivität steigern

Einen Abschlussbericht erstellen

Bestandteile

Leistungsindikatoren
Ein Vergleich, was das Projekt in Bezug auf seine ursprünglichen Ziele erreicht hat

Nutzung der Ressourcen
Eine Bewertung der veranschlagten und tatsächlich genutzten Ressourcen

Stärken und Schwächen
Eine Bewertung dessen, was gut und was schlecht funktioniert oder Probleme verursacht hat

Erfolgsfaktoren
Die Top 10 der Faktoren, die sich für den Erfolg des Projekts als wesentlich erwiesen haben

Zu berücksichtigende Faktoren

- Legen Sie exakt und ausführlich dar, warum Ziele und Ergebnisse voneinander abweichen.
- Stellen Sie den Vergleich so an, dass die ursprüngliche Rentabilitätsrechnung berechtigt erscheint.

- Erläutern Sie, warum weniger oder mehr Ressourcen verwendet wurden als erwartet.
- Beziehen Sie alle Informationen mit ein, die das veranschlagte Budget rechtfertigen.

- Bitten Sie das Team um Beiträge, sodass die Analyse möglichst vollständig erfolgen kann.
- Aus diesen Informationen sollten andere lernen können.

- Erstellen Sie diese Liste mithilfe von Team, Geldgebern und anderen wichtigen Parteien.
- Diese Liste sollte auch für zukünftige Projekte relevant sein.

▼ Erfolg feiern
Beschließen Sie das Projekt mit einer Feier, um den engagierten Einsatz des Teams anzuerkennen. So können alle Mitglieder das Erreichte in entspannter Atmosphäre genießen.

Dank an das Team

Wichtig ist, dass alle Teammitglieder das Projekt mit einem positiven Gefühl verlassen, insbesondere, wenn die Möglichkeit besteht, bei einem weiteren Projekt wieder mit ihnen zusammenzuarbeiten. Gute Kontakte sollten auch mit den unternehmensrelevanten Gruppen gepflegt werden. Danken Sie jedem persönlich für seinen Beitrag. Halten Sie am Ende ein Meeting ab, bei dem der Geldgeber dem Team dankt und bestätigt, dass das Projekt wirklich von Nutzen war. Auch für Ihre Kunden kann dies eine willkommene Gelegenheit sein, sich zum Erfolg des Teams zu äußern.

BEURTEILEN SIE IHRE PROJEKT-MANAGEMENT-QUALITÄTEN

Testen Sie Ihre Fähigkeit, strategisch zu denken, indem Sie die folgenden Fragen gemäß Ihrer Erfahrung beantworten. Versuchen Sie, ehrlich zu sein. Kreuzen Sie für »Nie« Kästchen 1 an, für »Immer« Kästchen 4 usw. Zählen Sie die Punkte zusammen, und lesen Sie die entsprechende Auswertung. Ihre Antworten werden Ihnen zeigen, wo Ihr größtes Verbesserungspotential liegt.

OPTIONEN
1 Nie
2 Gelegentlich
3 Oft
4 Immer

1 Ich überprüfe, ob ich eine Reihe von Aktivitäten als Projekt durchführen kann.
1　2　3　4

2 Ich setze spezifische und messbare Ziele für Projekte.
1　2　3　4

3 Ich nehme mir Zeit, ein Projekt sorgfältig zu planen, bevor ich es beginne.
1　2　3　4

4 Ich bin mir der Probleme voll bewusst, mit denen ich konfrontiert bin.
1　2　3　4

5 Ich lasse überprüfen, welche Ressourcen in andere Projekte eingebunden sind.
1　2　3　4

6 Ich habe ständig Kontakt mit allen unternehmensrelevanten Gruppen.
1　2　3　4

Beurteilen Sie Ihre Projektmanagement-Qualitäten

7 Ich überlege immer, wie der ideale Nutzen des Projekts aussähe.

1 | 2 | 3 | 4

8 Ich sorge dafür, dass jeder die Projektziele genau verstanden hat.

1 | 2 | 3 | 4

9 Ich setze für jeden Projektbereich wirtschaftliche Ziele.

1 | 2 | 3 | 4

10 Ich stelle sicher, dass das Projekt nichts ändert, was bisher gut funktioniert.

1 | 2 | 3 | 4

11 Ich erstelle eine vollständige Liste mit Tätigkeiten in der richtigen Reihenfolge.

1 | 2 | 3 | 4

12 Ich kalkuliere die verfügbare Arbeitszeit und die Zeit für Projekttätigkeiten.

1 | 2 | 3 | 4

13 Ich beginne erst, wenn die Hauptbeteiligten dem Plan zugestimmt haben.

1 | 2 | 3 | 4

14 Ich ermittle die Kosten des Projekts gemeinsam mit der Finanzabteilung.

1 | 2 | 3 | 4

15 Normalerweise beginne ich die Implementierung mit einem Pilotprojekt.

1 | 2 | 3 | 4

16 Während des gesamten Projekts aktualisiere ich das Netzdiagramm.

1 | 2 | 3 | 4

Leistungskontrolle

17 Müssen Ressourcen verändert werden, informiere ich alle davon Betroffenen.

1　2　3　4

18 Für alle das Projekt gefährdende Risiken erstelle ich Eventualpläne.

1　2　3　4

19 Ich passe meinen Führungsstil den jeweiligen Umständen und Personen an.

1　2　3　4

20 Ich überlege, wie ich die Fähigkeiten meines Teams optimieren kann.

1　2　3　4

21 Ich überlege, ob sich neue Teammitglieder gut ins vorhandene Team einfügen.

1　2　3　4

22 Ich kläre, dass jedes Teammitglied genau weiß, was von ihm erwartet wird.

1　2　3　4

23 Ich lasse mich bei der Motivierung des Teams vom Geldgeber unterstützen.

1　2　3　4

24 Ich dokumentiere die Meilensteine und gebe sie an alle Beteiligten aus.

1　2　3　4

25 Ich sichere jedem Teammitglied den Zugang zu den erforderlichen Informationen.

1　2　3　4

26 Ich verberge nichts, weder vor dem Team noch vor den unternehmensrelevanten Gruppen.

1　2　3　4

Beurteilen Sie Ihre Projektmanagement-Qualitäten

27 Ich lade nur die zu Nachbesprechungen ein, die wirklich dabei sein müssen.

| 1 | 2 | 3 | 4 |

28 Ich benutze stets dieselbe Standardmethode, um Erfolge zu dokumentieren.

| 1 | 2 | 3 | 4 |

29 Ich bereite Ziele und Tagesordnung der Meetings vor.

| 1 | 2 | 3 | 4 |

30 Ich treffe Entscheidungen nach einem bestimmten logischen Verfahren.

| 1 | 2 | 3 | 4 |

31 Ich informiere den Geldgeber stets über die Entwicklungen des Projektplans.

| 1 | 2 | 3 | 4 |

32 Ich nutze Problemlösungsstrategien, um zu Entscheidungen zu gelangen.

| 1 | 2 | 3 | 4 |

Auswertung

Nachdem Sie alle Fragen beantwortet haben, zählen Sie nun die Punkte zusammen und lesen die entsprechende Auswertung unten. Wo liegen Ihre ganz besonderen Schwächen? Lesen Sie dazu nochmals die entsprechenden Kapitel durch.

32–64: Sie verfügen noch nicht über eine ausreichend perfekte Organisation, um die Ziele komplexer Projekte sicher umzusetzen. Sehen Sie sich den Projektplanungsprozess noch einmal an, und setzen Sie ihn dann Schritt für Schritt um.

65–95: Ihre Projektleitung ist ziemlich effizient, einzelne Schwachpunkte sollten Sie jedoch beheben.

96–128: Sie sind ein exzellenter Projektleiter. Ruhen Sie sich aber nicht auf Ihren Lorbeeren aus.

BESPRECHUNGEN ORGANISIEREN

Einleitung **288**

VERSAMMLUNGEN NUTZEN

Brauchen Sie ein Treffen? **290**
Die Ziele kennen **292**
Sich informell treffen **294**
Formelle Treffen **296**
Revolution der Kommunikation **298**
Die richtige Art des Treffens wählen **300**
Dranbleiben **302**

EIN TREFFEN VORBEREITEN

Teilnehmer einladen **304**
Die Tagesordnung **306**
Konferenzort bestimmen **308**
Sitzordnung festlegen **312**
An Kleinigkeiten denken **316**

AM TREFFEN TEILNEHMEN

Aktive Rolle übernehmen **318**
Aufmerksamkeit bekommen **320**
Anderen zuhören **322**
Mit Problemen umgehen **324**
Protokoll führen **326**
Testen Sie sich als Teilnehmer **328**

EIN TREFFEN LEITEN

Die Rolle erfassen **330**
Teilnehmer einschätzen **332**
Versammlung steuern **334**
Treffen kontrollieren **336**
Für Ordnung sorgen **340**
Das Treffen beenden **344**
Verfahrensregeln **346**
Probleme in formellen Versammlungen **350**
Testen Sie sich als Versammlungsleiter **352**

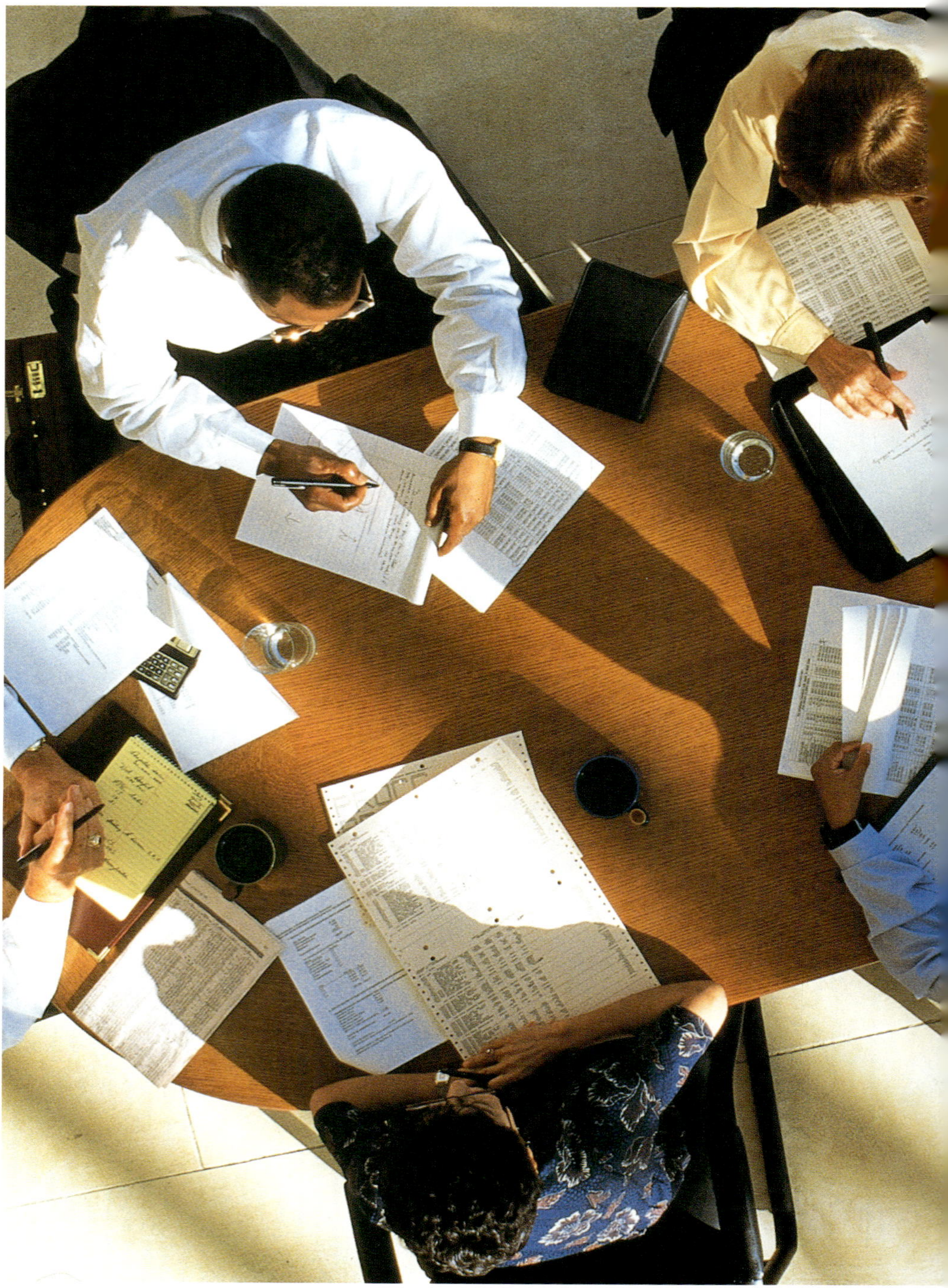

Einleitung

Zusammenkünfte sind ein entscheidender Bestandteil des Geschäftslebens. Sie werden Versammlung, Besprechung, Konferenz, Treffen oder auch gern »Meeting« genannt und jeden Tag millionenfach abgehalten. Ob Sie nun Teilnehmer oder Leiter sind, Sie können lernen, jedes Treffen besser zu handhaben, damit es effizienter und erfolgreicher verläuft. Dieses Buch bietet praktische Ratschläge zu allen Fragen, die mit formellen und informellen Zusammenkünften zu tun haben. Es umfasst grundlegende Informationen zur Planung und Vorbereitung einer Tagesordnung, zur Wahl eines Veranstaltungsortes und Erstellung einer Sitzordnung, zur Einhaltung der Planung und zum Beenden des Treffens. Über das ganze Buch sind 101 Kurztipps eingestreut. Fragebögen ermöglichen es Ihnen, sich selbst als Teilnehmer und als Leiter einer Versammlung zu testen.

VERSAMMLUNGEN NUTZEN

Versammlungen kosten Zeit und Geld, und beides ist kostbar. Halten Sie Treffen nur dann ab, wenn es nötig ist, und sorgen Sie dafür, dass sie kurz und konstruktiv sind.

BRAUCHEN SIE EIN TREFFEN?

Die meisten Manager fühlen sich unter Druck, weil sie so viel Zeit in Konferenzen verbringen sollen. Aber wie viele Treffen dienen wirklich einem nützlichen Zweck? Wenn alle die echten Kosten in Betracht zögen, würde sich die Anzahl der Treffen reduzieren.

TREFFEN DEFINIEREN

Ein geschäftliches Treffen besteht aus Leuten, die zusammenkommen, um Probleme zu lösen oder Entscheidungen zu fällen. Wenn einige Kollegen zufällig im Flur zusammentreffen, könnte man das bereits als Konferenz bezeichnen. Die meisten Treffen, die während der Arbeit stattfinden, sind jedoch formeller: Zeitpunkt und Ort sind vorher festgelegt. Es kann sich um Einzelgespräche handeln, üblicherweise aber kommen dazu mehr als zwei Menschen zusammen. Ein typisches Treffen hat einen klar umrissenen Zweck, der in einer Tagesordnung zusammengefasst ist.

Verkaufsleiterin ergänzt Information.

Handelsvertreter präsentiert den Bericht.

BRAUCHEN SIE EIN TREFFEN?

KOSTEN EINSCHÄTZEN

Die besten Treffen sparen Zeit und Geld, weil die richtigen Leute ihr Wissen zu einem bestimmten Zweck zusammenführen. Viele Konferenzen werden jedoch unnötigerweise abgehalten – häufig ist die regelmäßige Teambesprechung, die einmal einen Zweck hatte, später zur Gewohnheit geworden. Wenn das Treffen lediglich als Unterbrechung der Arbeit angesehen wird, dann ist es ein teurer Luxus. Die höchsten Kostenanteile jedes Treffens entfallen in der Regel auf die Arbeitszeit der Teilnehmer – vom Lesen der Tagesordnung bis zum Treffen selbst. Wenn einzelne Teilnehmer anreisen müssen, geht diese Zeit ebenfalls in die Rechnung ein. Dazu kommt die Überlegung, was die Teilnehmer alles hätten tun können, wenn sie nicht in der Konferenz anwesend gewesen wären, und wie viel das für Ihr Unternehmen wert gewesen wäre.

KOSTEN ADDIEREN

Wenn Sie die Gesamtkosten eines Treffens erfassen wollen, müssen Sie zunächst die Summe der Gehälter aller Teilnehmer berechnen. Dazu addieren Sie die jährlichen Arbeitgeber- und die Allgemeinkosten des Unternehmens und dividieren die Summe durch die Zahl der Jahresarbeitsstunden. Addieren Sie alle sonstigen Kosten wie z. B. die Raummiete. Diese Endsumme zeigt dann die Kosten einer Konferenzstunde. Ist der Zweck des Treffens wirklich so viel Geld wert? Das kann durchaus sein, doch Sie sollten immer Alternativen erwägen.

Leitende Direktorin führt den Vorsitz.

Verkaufsdirektor stellt Fragen.

Protokollführer

◀ EIN TREFFEN ABHALTEN

Dieses Treffen führt die Mitglieder einer Abteilung und eine leitende Direktorin zusammen. Wenn man ihr jährliches Gesamteinkommen von 270 000 Euro zugrunde legt, dazu noch Arbeitgeber- und Allgemeinkosten von 150 000 Euro, dann schlägt jede Stunde mit 265 Euro zu Buche.

Die Ziele kennen

Meetings kann man aus einer beliebigen Anzahl von Gründen abhalten. Der genaue Zweck eines Treffens muss sowohl dem Vorsitzenden als auch den Teilnehmern stets frühzeitig erläutert werden. Das hilft allen, das Treffen zum Erfolg zu führen.

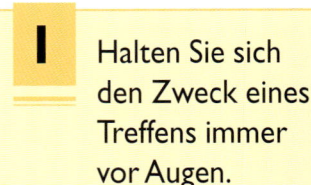

1 Halten Sie sich den Zweck eines Treffens immer vor Augen.

Den Zweck überdenken

Der Zweck der meisten Zusammenkünfte dürfte in eine der folgenden Kategorien fallen. Entscheiden Sie vorher, zu welcher Ihr Treffen gehört, und informieren Sie alle Teilnehmer darüber:
- Übermittlung von Informationen.
- Weitergabe von Anweisungen.
- Aussprache über Missstände.
- Treffen oder Umsetzen von Entscheidungen.
- Entwicklung schöpferischer Ideen.
- Diskussion von Vorschlägen, in der Regel auch Entscheidung darüber.

2 Wenn etwas ohne Treffen gelöst werden kann, streichen Sie es.

Details ordnen

Wenn Sie den Hauptzweck festgelegt haben, können Sie die anderen Details überdenken. Überlegen Sie, wie lang das Treffen dauern soll. Behalten Sie im Auge, welche Fragen besprochen werden müssen und wie viel Zeit jeder einzelnen zugedacht wird. Denken Sie daran, Zeit für die Delegation von Aufgaben, vielleicht auch für eine Pause vorzusehen. Sorgen Sie dafür, dass die Konferenz so gelegt wird, dass die richtigen Leute mit der nötigen Entscheidungsbefugnis daran teilnehmen können. Wenn das nicht möglich ist, verschieben Sie das Treffen auf einen günstigeren Zeitpunkt. Bei regelmäßigen Treffen sollten Sie überprüfen, ob sie weiterhin sinnvoll sind oder nur Zeit vergeuden.

Wichtige Fragen

- **F** Ist der Zweck des Treffens allen klar?
- **F** Müssen alle während der ganzen Zeit anwesend sein?
- **F** Gibt es für diese Angelegenheit eine bessere Möglichkeit als ein Treffen?
- **F** Gibt es Menschen, die normalerweise nicht teilnehmen, aber dieses Mal etwas beitragen könnten?
- **F** Kann es nützen, wenn visuelle Hilfsmittel eingesetzt werden?

DIE ZIELE KENNEN

PERSÖNLICHE ZIELSETZUNG

Ob Sie bei einem Treffen den Vorsitz führen oder nur teilnehmen: Sie sollten vorher über die speziellen Zwecke des Treffens, aber auch über Ihre persönlichen Ziele nachdenken. Auf der Tagesordnung können z. B. bestimmte Punkte stehen, an denen Sie ein besonderes Interesse haben. Klären Sie für sich ab, welche Ergebnisse Sie für annehmbar halten würden. Dann können Sie damit anfangen, sich entsprechend vorzubereiten. Ferner sollten Sie erwägen, ob Sie Ihre Anwesenheit verkürzen können. Wenn Sie sich entschlossen haben, der Konferenz nur teilweise beizuwohnen, sollten Sie den Leiter vorher davon informieren.

3 Erwägen Sie sorgsam, was ein Treffen erfolgreich macht und was zu Misserfolg führt.

ZIELE HERAUSSTELLEN

Wenn Sie ein Treffen leiten, beginnen Sie damit, seine Themen, Absichten und Ziele zusammenzufassen. Sie müssen allen Teilnehmern für die Dauer des ganzen Treffens bewusst bleiben. Erinnern Sie daran, welche Informationen übermittelt werden und welche Entscheidungen wann fallen sollen. Geben Sie die Zeit für die Behandlung jeder Frage vor, damit die Teilnehmer nicht vom Thema abschweifen. Wenn Sie bei einer Konferenz teilnehmen, sollten Sie dafür sorgen, dass Sie sich gründlich auf eine Diskussion aller Fragen vorbereitet haben, die Sie besonders betreffen.

VERTRAULICHE THEMEN

Alle Parteien sollten frühzeitig wissen, ob sie bei einer Konferenz mit vertraulichen Themen zu tun haben. Das beeinflusst, wie die Teilnehmer an die Sache herangehen. Alle vertraulichen Punkte müssen entsprechend behandelt werden, vor allem außerhalb des Konferenzraums muss die Geheimhaltung stets beachtet werden. Wenn eine Tagesordnung eine Mischung aus vertraulichen und nicht vertraulichen Themen enthält, sorgen Sie dafür, dass der Status jedes Punkts allen klar ist.

4 Überlegen Sie, was passiert, wenn ein regelmäßiges Treffen ausfällt.

▼ **PLANVOLL VORGEHEN**
Solange Sie Ihre Ziele nicht kennen, können Sie auch nicht entscheiden, welche Art von Treffen Sie brauchen. Legen Sie Ziele und Dauer fest, dann können Sie die Teilnehmer einladen.

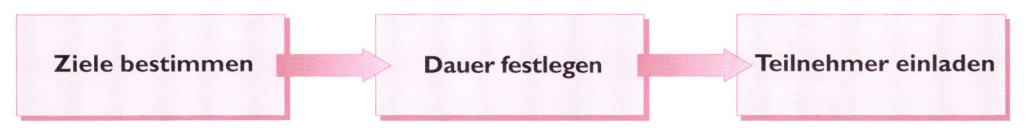

Ziele bestimmen → Dauer festlegen → Teilnehmer einladen

VERSAMMLUNGEN NUTZEN

SICH INFORMELL TREFFEN

Informelle Zusammenkünfte können ein nützliches Forum für Besprechungen sein. Ob sie nun zufällig stattfinden oder zwanglos organisiert werden: Sie sollten das Beste aus diesen Gelegenheiten machen, um manche Dinge auf einfache Weise zu lösen.

5 Bedenken Sie, dass Vorgesetzte diskussionshemmend wirken können.

DIE UMGEBUNG

Trotz ihrer zwanglosen Natur profitieren auch informelle Treffen von einer sorgfältig gewählten Umgebung. Eine fruchtbare Diskussion ist eher unwahrscheinlich, wenn sich die Teilnehmer nicht wohl oder – wie z. B. im Großraumbüro – beobachtet fühlen. Wählen Sie eine passende Umgebung, die das gewünschte Ergebnis begünstigt.

6 Treffen Sie sich nicht am Arbeitsplatz, dann können Sie leichter gehen.

▼ ZUFALLSBEGEGNUNGEN
Nutzen Sie zufällige Begegnungen im Flur, um mit Ihren Kollegen auf unkomplizierte Weise Probleme zu besprechen.

STEGREIF-KONFERENZEN

Sehr kurzfristig einberufene Treffen oder solche, die im Vorbeigehen oder aus einem augenblicklichen Impuls heraus zustande kommen, heißen auch »Stegreif-Konferenzen«. Sie sind bestens geeignet, anstehende Fragen offen zu diskutieren und schnell zu Entscheidungen zu kommen. Nutzen Sie spontane Treffen im kleinen Kreis und versuchen Sie, kleinere Probleme auf einfache Weise zu lösen oder Informationen weiterzugeben. Unter Kollegen zeichnen sich Stegreif-Konferenzen normalerweise durch ungezwungene Sprechweise und entspannte Körperhaltung aus. Diese zwanglose Atmosphäre wird Ihnen helfen, die Reaktionen anderer Menschen leichter zu deuten. Achten Sie auf den Gesichtsausdruck: Da die Teilnehmer nicht auf der Hut sind, dürfte ihr Ausdruck wahrscheinlich echt sein.

SICH INFORMELL TREFFEN

KLEINE INFORMELLE TREFFEN

Kleine informelle Zusammenkünfte – nützlich für Diskussionen, für die Lösung von Problemen und für Rückmeldungen – werden geplant. Deshalb kann man sie vorbereiten und dementsprechend lenken. Selbst wenn Sie ein kleines informelles Treffen mit nur zwei oder drei Leuten abhalten, sollten Sie den Zweck und eine zeitliche Begrenzung im Auge behalten. So können Sie das behandelte Thema voranbringen, während gleichzeitig eine offene Unterhaltung zwischen den Teilnehmern möglich ist. Ermutigen Sie das, indem Sie jederzeit positiven Blickkontakt halten.

▼ THEMEN DISKUTIEREN
Wenn Sie eine Diskussion leiten, sorgen Sie für viel positiven Blickkontakt, damit Sie die Kontrolle behalten.

▼ IDEEN AUSTAUSCHEN
Kleine Brainstorming-Treffen sind ein gutes Forum für den freien Austausch von Ideen. Bitten Sie jemanden, alle Vorschläge schriftlich festzuhalten. Die schriftlichen Aufzeichnungen lösen beim Nachlesen oft weitere Einfälle aus.

BRAINSTORMING-SITZUNGEN

Nutzen Sie Brainstorming-Sitzungen, um neue Impulse oder schnelle Problemlösungen zu erhalten. Für optimale Ergebnisse sollten Sie Zweck und zeitlichen Rahmen zuvor mitteilen, damit sich die Teilnehmer darauf vorbereiten können. In einer kleinen Gruppe von Leuten, die eine bestimmte Skala von Ansätzen und Erfahrungen mitbringen, ist Brainstorming am erfolgreichsten. Kritisieren oder bewerten Sie Ideen auf keinen Fall während der Sitzung, das hemmt weitere Vorschläge.

FORMELLE TREFFEN

Jede Art formelles Treffen folgt anderen Verfahrensregeln. Einige Konferenzen, wie z. B. Jahreshauptversammlungen, müssen von Gesetzes wegen einberufen werden, andere werden abgehalten, um Entscheidungen zu treffen oder eine Frage zu diskutieren.

7 Machen Sie sich mit den Formalien verschiedener Treffen vertraut.

FORMELLE VERSAMMLUNGEN

ART DES TREFFENS	MERKMALE
VORSTANDSSITZUNG Daran nehmen die Vorstandsmitglieder eines Unternehmens teil – in der Regel einschließlich der Direktoren. In manchen Ländern ist der Vorstand gesetzlich verpflichtet, seine Vollmachten kollektiv auszuüben.	• Vorstandssitzungen finden normalerweise in regelmäßigen Abständen statt, vielleicht einmal monatlich; dort werden die Tätigkeiten des Unternehmens besprochen. • Eine Vorstandssitzung wird von einem Vorsitzenden geleitet, der gemäß den Regeln des Unternehmens gewählt wird.
STÄNDIGER AUSSCHUSS Eine Untergruppe des Unternehmensvorstands. Ihm kann die Verantwortung für wiederkehrende Aufgaben übertragen werden, z. B. die jährliche Überprüfung der Gehälter und der Leistung von Führungskräften.	• Ein ständiger Ausschuss trifft sich regelmäßig, um die ihm übertragenen Aufgaben zu erfüllen. • Der Vorstand einer Firma kann einen ständigen Ausschuss ermächtigen, an seiner Stelle zu handeln. • Ein ständiger Ausschuss kann einem Unternehmensvorstand berichten, der daraufhin die notwendigen Handlungen vornimmt.
SONDERAUSSCHUSS Ein Firmenvorstand kann einen Sonderausschuss einsetzen, der sich eines besonderen Themas annimmt. Eine derartige Untergruppe kann sich regelmäßiger treffen als der ganze Vorstand.	• Sonderausschüsse können sich im Bedarfsfall zusammensetzen, um spezielle Fragen zu besprechen, die besonderes Fachwissen erfordern. • Für Firmenvorstände ist es schwierig, sich öfter als einmal pro Monat zu treffen; ein Sonderausschuss kann regelmäßig zusammentreten, er muss nur die erforderlichen Personen einbeziehen.
ÖFFENTLICHE VERSAMMLUNG Diese Art von Forum kann von lokalen Behörden oder privaten Aktionsgruppen genutzt werden, die die Öffentlichkeit einbeziehen wollen, oder auch von Unternehmen, die Entwicklungen diskutieren möchten.	• Jedermann ist zu öffentlichen Versammlungen eingeladen. • Ort und Zeit einer öffentlichen Versammlung werden normalerweise in Zeitungen, Zeitschriften, örtlichen Gemeindezentren oder öffentlichen Büchereien angekündigt. • Die Tagesordnung einer öffentlichen Sitzung besteht gewöhnlich nur aus einem einzigen Diskussionspunkt.

REGELN EINHALTEN

Die Regeln, nach denen formelle Versammlungen ablaufen, unterscheiden sich von Land zu Land, von Unternehmen zu Unternehmen und von Organisation zu Organisation. Sie legen fest, wie lange im voraus ein Treffen bekannt gegeben werden muss, welche Menschen zur Teilnahme berechtigt sind oder welche Formalien zu beachten sind, falls es zu einer Abstimmung kommt.

> **8** Achten Sie auf Vorschriften, die beachtet werden müssen.

ART DES TREFFENS	MERKMALE
KONFERENZ Eine Konferenz ist ein Treffen, bei dem mehrere Verlautbarungen zu einem Thema abgegeben werden. Manche Konferenzen sind öffentlich, andere einem beschränkten Teilnehmerkreis vorbehalten.	• Eine Konferenz ist bestens geeignet, einer großen Zahl von Menschen gleichzeitig und in kurzer Zeit Informationen zukommen zu lassen. • Wegen ihrer Größe lassen Konferenzen wenig Spielraum für Diskussionen und eine Beteiligung der Zuhörer, selbst wenn die Sprecher Fragen und Antworten zulassen.
EXTERNES TREFFEN Ein externes Treffen umfasst eine Gruppe von Leuten aus einer Organisation und eine weitere Gruppe von außerhalb dieser Organisation – z. B. ein Besuch bei Verhandlungsführern einer Gewerkschaft.	• Bei externen Treffen ist Vertraulichkeit ein wichtiger Gesichtspunkt. Die Teilnehmer sollten sich genau überlegen, welche Informationen sie für sich behalten müssen und welche sie bekannt geben dürfen. • Externe Treffen können auf neutralem Boden abgehalten werden.
JAHRESHAUPTVERSAMMLUNG Eine jährlich stattfindende, oft verbindlich vorgeschriebene Versammlung der Direktoren und Anteilseigner einer Gesellschaft, bei der das abgelaufene Geschäftsjahr und Zukunftspläne besprochen werden.	• Eine JHV gibt den Anteilseignern die Möglichkeit, den Direktoren eines Unternehmens Fragen zu stellen und von ihnen Rechenschaft für die Leistung des Unternehmens zu verlangen. • Direktoren nutzen den Anlass, die Billigung des Jahresberichts einzuholen, Rechnungsprüfer zu bestätigen, Pläne und künftige Geschäftspolitik zu diskutieren.
AUSSERORDENTLICHE HAUPTVERSAMMLUNG Eine Zusammenkunft, die jederzeit außerhalb der Jahreshauptversammlung einberufen werden kann, wenn die Zustimmung der Anteilseigner zu einer Sofortmaßnahme erforderlich wird.	• Eine Außerordentliche Hauptversammlung sollte den Anteilseignern eine gewisse Zeit vorher bekannt gegeben werden. Die erforderliche Frist ist von Land zu Land verschieden. • Die für den Ablauf geltenden Vorschriften sind normalerweise die gleichen wie für eine Jahreshauptversammlung.

Revolution der Kommunikation

Computer und Kommunikationstechnologie (zusammengefasst als IT für Informationstechnologie) machen so rasante Fortschritte, dass immer weniger persönliche Zusammenkünfte notwendig sind. Nutzen Sie IT, um die Zeit für Treffen zu verringern.

9 Telefonieren Sie, um Teilnehmer vorher auf Themen einzuschwören.

Digitale Kommunikation

Digitaltechnologie verändert die herkömmlichen Methoden des Informationsaustauschs rasch. Alternativen zu persönlichen Zusammenkünften umfassen telefonische Konferenzschaltungen, Videokonferenzen und Informationen per E-Mail. Erwägen Sie alle diese Möglichkeiten, ehe Sie Konferenzen mit entfernten Teilnehmern planen.

10 Vermeiden Sie eine Überfrachtung mit Informationen.

Videokonferenzen

Die Videokonferenz mit Hilfe von Audio- und Bildverbindungen bietet eine benutzerfreundliche Möglichkeit, ein Treffen abzuhalten. Wenn Sie über die erforderliche Technik verfügen, können Sie diese Treffen wie die Telefonkonferenz einsetzen, um Menschen zu verbinden. Videokonferenzen haben den Vorteil, auch die Körpersprache und den Gesichtsausdruck zu übermitteln – Schlüsselelemente erfolgreicher Kommunikation.

11 Berücksichtigen Sie Zeitzonen, wenn Sie internationale Konferenzschaltungen planen.

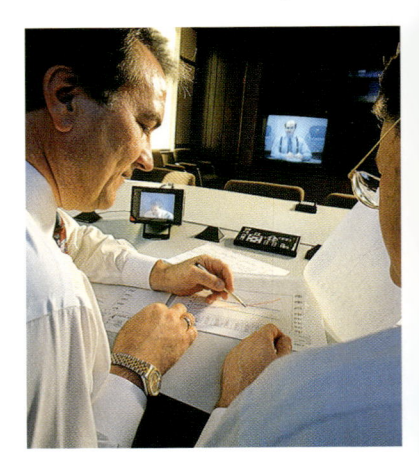

▲ **TEILNAHME PER VIDEO**
Kombinieren Sie herkömmliche und neue Verfahren. Schalten Sie verhinderte Konferenzteilnehmer per Video dazu.

Revolution der Kommunikation

12 Optimieren Sie die Online-Konferenz durch zeitliche Begrenzung.

13 Wiederholen Sie Ihren Namen, wenn Sie sich bei einer Telefonkonferenz zu Wort melden.

Kulturelle Unterschiede

Traditionelle Hemmnisse für kulturübergreifende geschäftliche Kommunikation sind verschiedene Sprachen, verschiedene Zeitzonen und die für Reisen erforderliche Zeit. Dazu kommen auch noch unterschiedliche kulturelle Erwartungen. Mit IT verringern sich die Schwierigkeiten. E-Mails bieten einen von Ort oder Zeitzonen unabhängigen Kommunikationskanal. Sprachbarrieren sind ein geringeres Problem, wenn es um E-Mails geht. Englisch ist mittlerweile weit verbreitet und E-Mail-Nachrichten sind normalerweise kurz und informell. Sie erfordern keinen übermäßig gewandten Sprachgebrauch.

E-Mail-Korrespondenz

Elektronische Post (E-Mail) ermöglicht das Versenden und Empfangen schriftlicher Mitteilungen per Internet mit hoher Geschwindigkeit und Häufigkeit. Das kann zu einer anderen Art von »Zusammenkunft« führen, die sich über Tage oder gar Wochen erstreckt. Die Teilnehmer treffen an einem virtuellen »Konferenzort« zusammen, äußern sich zu einer aktuellen Frage oder diskutieren ein Problem. Innerhalb eines Unternehmens ermöglicht E-Mail oder Intranet einem breiten Querschnitt von Angestellten verschiedener Abteilungen, an Diskussionen teilzunehmen. Die Gefahr besteht allerdings, dass rasch eine überflüssige Informationsflut anwächst. Versuchen Sie, alle Botschaften kurz zu halten und nur das Notwendige mitzuteilen.

▼ **Neue Verbindungen**
Videokonferenzen ermöglichen Ihnen die Kommunikation, auch wenn Sie sich nicht mit anderen treffen können. Nutzen Sie alle Möglichkeiten, auch schriftliches Informationsmaterial und Körpersprache.

Die richtige Art des Treffens wählen

Es gibt viele Arten von Treffen und jede passt für einen bestimmten Zweck. Sie müssen entscheiden, mit welchem Treffen Sie höchstwahrscheinlich Ihr Ziel erreichen, bevor Sie beginnen, Verabredungen zu treffen und Teilnehmer zu benachrichtigen.

> **14** Denken Sie stets gründlich über die optimale Art von Treffen nach.

> **15** Halten Sie Treffen so klein wie möglich, um Ablenkung gering zu halten.

Einzelheiten bedenken

Sobald Sie beschlossen haben, dass Sie ein Treffen abhalten müssen, sollten Sie eine Reihe von Faktoren überdenken: Wie dringlich ist das Treffen? Muss es sofort stattfinden? Wer soll teilnehmen? Was wollen Sie mit dem Treffen erreichen? Behalten Sie diese Fragen und Ihr Hauptziel im Auge, während Sie die Art des Treffens wählen. Beispielsweise eignen sich Einzelgespräche oder eine formelle Ausschusssitzung am besten, um eine Entscheidung zu treffen, während Brainstorming-Sitzungen gut für Ideenaustausch sind.

Umfang festlegen

Der Zweck eines Treffens beeinflusst auch seine ideale Größe. Sowohl große als auch kleine Zusammenkünfte haben Vorteile wie Nachteile: Große Gruppen bieten eine Vielzahl von Meinungen, aber die Mitglieder bilden wahrscheinlich einzelne Cliquen. Kleine Gruppen arbeiten produktiver zusammen, halten jedoch eine kleinere Bandbreite von Ansichten bereit. Sechs bis neun Teilnehmer sind die Norm. So ein Treffen ist klein genug, um es steuern zu können, aber schon groß genug, eine Debatte in Gang zu setzen.

> **16** Platzieren Sie eine Uhr an einer auffälligen Stelle, damit alle die Zeit im Blick behalten können.

Die richtige Art des Treffens wählen

Zweck und Art des Treffens abstimmen

Zweck	Überlegungen	Art des Treffens
Informationsübermittlung Z. B. Berichte erstatten oder entgegennehmen, Anweisungen erteilen, Verfahrensänderungen ankündigen und erläutern	Betrifft bis zu drei Leute	Informell
	Betrifft vier oder mehr Leute	Formell
	Erfordert Rückmeldung und Diskussion	Informell oder formell
	Hält Firmenleitung auf dem Laufenden	Formell
	Bezieht Anteilseigner ein	Hauptversammlung
	Betrifft eine möglichst große Zahl von Menschen außerhalb, einschließlich der Medien	Öffentlich
	Betrifft Referenten, die Informationen liefern	Konferenz
Probleme lösen Z. B. Beschwerden behandeln	Betrifft nur eine Person	Einzelgespräch
	Erfordert Beiträge mehrerer Leute	Sonderausschuss
	Betrifft dringendes Problem	Stegreif-Konferenz
Entscheidungen treffen Z. B. zwischen verschiedenen Optionen wählen, Genehmigungen einholen, einen Handlungsverlauf festlegen	Erfordert schnelle Diskussion oder betrifft außergewöhnliche Angelegenheiten	Stegreif-Konferenz
	Betrifft wiederkehrende Angelegenheiten	Formell
	Verlangt Diskussion oder Genehmigung durch die höchste Ebene	Vorstandssitzung
	Verlangt Genehmigung durch die Anteilseigner eines Unternehmens	Hauptversammlung
Ideen fördern Z. B. kreative Lösungen finden	Erfordert die Besprechung von Ideen	Informell
	Verlangt schnelle Lösungsstrategien	Brainstorming
	Erfordert, dass Themen erwogen, diskutiert und vorbereitet werden	Formell

DRANBLEIBEN

Es gibt verschiedene Gründe, weshalb manche Treffen ihr Ziel nicht erreichen. Die Teilnehmer können widersprüchliche Absichten verfolgen, das Treffen kann von der richtigen Richtung abkommen oder die Tagesordnung kann zu lang sein.

> **17** Lassen Sie schriftliche Unterlagen mit der Tagesordnung herumgehen.

VORAUSDENKEN

Vor jeder Zusammenkunft ist es wichtig, sorgfältig zu planen. Bringen Sie eine Tagesordnung in Umlauf. Planen Sie ausreichend Zeit ein, damit Sie wesentliche Punkte der Tagesordnung nicht am Ende im Eiltempo abhandeln müssen. Stellen Sie fest, wer gegen Sie ist, und nehmen Sie seine Argumente möglichst vorweg. Finden Sie heraus, wer Ihre Überzeugungen teilen wird, und werben Sie vielleicht schon vorab um Unterstützung.

> **18** Werben Sie bei möglichen Verbündeten vorher um Unterstützung.

FALLEN VERMEIDEN

Die meisten Fallen eines Treffens können durch gute Vorbereitung und Beteiligung aller Teilnehmer vermieden werden. Beachten Sie folgende Punkte:
- Studieren Sie alles Material, das vor dem Treffen in Umlauf gebracht wurde.
- Beginnen und beenden Sie das Treffen pünktlich.
- Halten Sie die Tagesordnung genau ein.
- Beziehen Sie andere so weit wie möglich in Fragen und Antworten ein.
- Gewährleisten Sie, dass den Teilnehmern alle Entscheidungen bewusst sind.

Beim letzten Punkt der Tagesordnung – gewöhnlich heißt er »Verschiedenes« – passiert es oft, dass die Teilnehmer durcheinander reden und Nebensächlichkeiten aufwerfen. Wenn Sie das Treffen leiten, sollten Sie das im Griff behalten.

> **19** Sorgen Sie dafür, dass das Ziel vor Beginn der Sitzung allen klar ist.

> **20** Erinnern Sie an die Tagesordnung, wenn jemand davon abweicht.

DRANBLEIBEN

EIN TREFFEN ABHALTEN

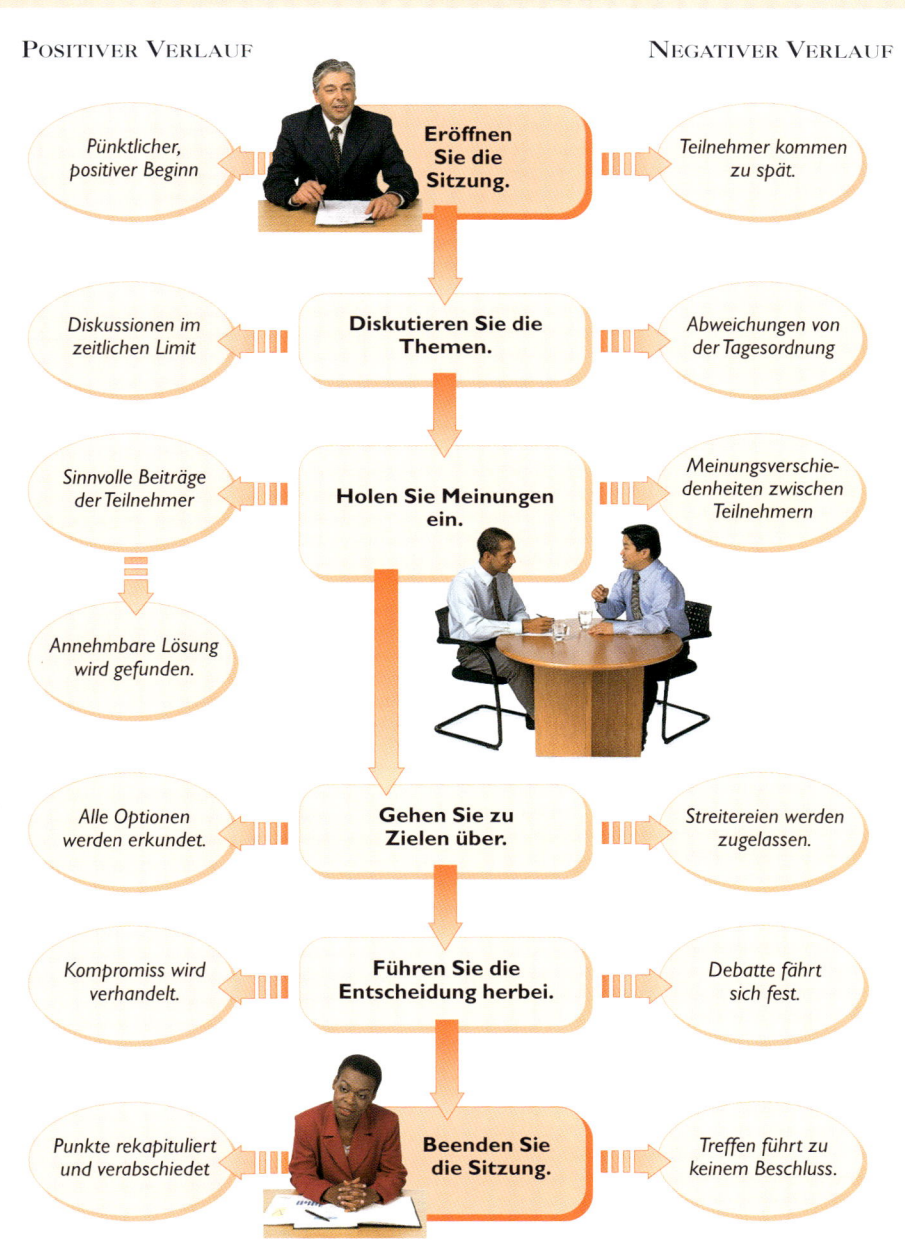

POSITIVER VERLAUF   **NEGATIVER VERLAUF**

Pünktlicher, positiver Beginn → **Eröffnen Sie die Sitzung.** → *Teilnehmer kommen zu spät.*

Diskussionen im zeitlichen Limit → **Diskutieren Sie die Themen.** → *Abweichungen von der Tagesordnung*

Sinnvolle Beiträge der Teilnehmer → **Holen Sie Meinungen ein.** → *Meinungsverschiedenheiten zwischen Teilnehmern*

Annehmbare Lösung wird gefunden.

Alle Optionen werden erkundet. → **Gehen Sie zu Zielen über.** → *Streitereien werden zugelassen.*

Kompromiss wird verhandelt. → **Führen Sie die Entscheidung herbei.** → *Debatte fährt sich fest.*

Punkte rekapituliert und verabschiedet → **Beenden Sie die Sitzung.** → *Treffen führt zu keinem Beschluss.*

EIN TREFFEN VORBEREITEN

Die Zeit für die Vorbereitung einer Versammlung ist selten verschwendet. Sorgen Sie dafür, dass die richtigen Leute zur rechten Zeit am rechten Ort sind und richtig entscheiden.

TEILNEHMER EINLADEN

Die Auswahl der richtigen Teilnehmer kann entscheiden, ob die Ziele des Treffens erreicht werden. Jeder Einzelne sollte einen speziellen Beitrag leisten können, sonst ist seine Zeit nicht optimal eingesetzt.

21 Überlegen Sie, wie Teilnehmer in der Gruppensituation arbeiten werden.

22 Vor dem Zeitplan sollten Sie Anreisezeiten bedenken.

23 Ändern Sie den Termin, wenn viele verhindert sind.

TEILNEHMER AUSWÄHLEN

Wenn Sie überlegen, wen Sie einladen, werden einige Teilnehmer wahrscheinlich sofort klar sein. Wenn z. B. ein Kredit zu besprechen ist, sollte jemand dabei sein, der den beschlossenen Betrag bewilligen kann. Andere können spezielle Fähigkeiten einbringen: Laden Sie Personen ein, deren Kommunikationsfähigkeit zu einer produktiven Arbeit und zum Erreichen der Ziele beiträgt. Wenn Teilnehmer nur während eines Teils der Konferenz benötigt werden, sollten Sie ihnen die Anfangs- und Endzeiten der betreffenden Punkte mitteilen. Das spart Zeit und macht das Treffen effektiver.

TEILNEHMER EINLADEN

BEITRÄGE BEWERTEN

Bei Ihren Überlegungen zur Teilnehmerliste sollten Sie den Beitrag eines jeden festhalten:

- Hat er Informationen? Wie z. B. ein Verkaufsleiter, der über Kundenreaktionen berichtet.
- Kann er spezielle Ratschläge anbieten? Wie z. B. ein Produktionsmanager.
- Ist seine berufliche Erfahrung nützlich? Wie z. B. ein Rechtsanwalt bei Vertragsangelegenheiten.
- Kann er den Beschluss umsetzen? Wie z.B. ein Finanzdirektor bei einer Budgetsitzung.

> **24** Notieren Sie die Sprecher zu jedem TOP.

TEILNEHMER IN BETRACHT ZIEHEN

LIEFERT INFORMATION
Jemand aus einer bestimmten Abteilung, z. B. aus Produktion oder Verkauf, könnte teilnehmen, um über Fortschritte in seiner Abteilung zu berichten.

BIETET RATSCHLÄGE AN
Wenn jemand gerade mit einem Thema befasst ist oder Erfahrungen damit gemacht hat, kann er anderen Teilnehmern hilfreiche Ratschläge vermitteln.

BIETET FACHKENNTNISSE AN
Wenn jemand – ob von innerhalb oder außerhalb des Unternehmens – mit speziellem Fachwissen anwesend ist, kann das die Diskussion erleichtern.

GENEHMIGT VORGEHEN
Besonders finanzielle Entscheidungen, wie die Unterzeichnung eines neuen Vertrags, können die Anwesenheit eines Finanzdirektors erfordern.

TEILNEHMER VERSTÄNDIGEN

Einer der schwierigsten Punkte beim Organisieren eines Treffens ist es, eine Zeit zu finden, die allen Eingeladenen passt. Manchmal legt man den Termin am einfachsten nach eine vorhergehende Zusammenkunft, an der dieselben Leute teilgenommen haben. Andernfalls können viele E-Mails und Anrufe hin- und hergehen, bis ein Datum festgesetzt ist. Wenn jemand zum vorgeschlagenen Termin nicht erscheinen kann, müssen Sie überlegen, ob das Treffen ohne ihn stattfinden kann.

NICHT VERGESSEN

- Termin, Ort und Zweck eines Treffens müssen allen Teilnehmern klar übermittelt werden.
- Jeder Teilnehmer muss genau wissen, was er zu dem Treffen beizutragen hat.
- Hintergrundinformation sollte allen Teilnehmern vor dem Treffen zugehen.
- Der Sitzungsort muss angemessen groß und entsprechend ausgestattet sein.

DIE TAGESORDNUNG

Um sicherzustellen, dass alle Teilnehmer den Zweck des Treffens genau kennen, ist es am besten, ihnen frühzeitig eine klare Tagesordnung zuzuschicken. Es gibt verschiedene Möglichkeiten, eine Tagesordnung vorzubereiten, finden Sie die geeignetste heraus.

25 Vermeiden Sie Treffen in energiearmen Phasen, z. B. nach dem Essen.

TAGESORDNUNGSPUNKTE

Eine Tagesordnung für ein Treffen besteht aus einer Liste von Punkten oder Themen, die besprochen werden müssen. Die Liste sollte kurz, einfach und klar sein. Sammeln Sie zunächst alle Informationen und entscheiden Sie dann, welche Punkte wie detailliert diskutiert werden müssen. Vielleicht erscheint es Ihnen nützlich, andere Teilnehmer einzubeziehen. Wenn viele Themen zur Diskussion stehen, sollten Sie für jedes eine zeitliche Begrenzung festlegen. Nur so wird die vorgesehene Dauer der Konferenz nicht überschritten.

26 Informieren Sie den Vorsitzenden über Änderungen der Tagesordnung.

TAGESORDNUNG ▶
Orientieren Sie sich an dieser einfachen Agenda, wenn Sie Tagesordnungen für ähnliche Treffen erstellen. Geben Sie jedem Punkt eine Nummer und legen Sie für jeden eine Anfangszeit fest.

Tagesordnung Ausschusssitzung
6. Juli, 11.00 Uhr · Hotel Grüner Baum

1. (11.00) Ernennung des Vorsitzenden
2. (11.10) Entschuldigung Abwesender
3. (11.15) Billigung der Protokolle der letzten Sitzung
4. (11.30) Fragen aus der letzten Sitzung
5. (11.45) Korrespondenz
   (12.00) Erfrischungen
6. (12.15) Finanzen
7. (12.45) Besondere Geschäftsfelder
8. (13.00) Weitere Anträge
9. (13.15) Verschiedenes
10. (13.35) Themen der nächsten Sitzung

Überschrift mit Datum, Uhrzeit und Ort

Punkte sind nummeriert.

Anfangszeit für jeden Punkt

Themen der folgenden Sitzung am Ende

27 Halten Sie die Tagesordnung kurz und einfach.

TAGESORDNUNG GLIEDERN

In der Tagesordnung sollten Sie versuchen, die Punkte logisch zu ordnen und ähnliche Themen zusammenzufassen. Damit vermeiden Sie, immer wieder denselben Boden zu beackern. Ihre Tagesordnung sollte mit »formalen« Angelegenheiten beginnen, also mit der Bestimmung eines Vorsitzenden und der Entschuldigung eventuell Abwesender. Meist müssen die Protokolle der letzten Sitzung genehmigt werden, oft folgen die Berichte derer, denen beim letzten Mal Aufgaben übertragen worden sind. Die nächsten Punkte der aktuell anliegenden Fragen werden wahrscheinlich den Hauptanteil der Diskussionen ausmachen. Dann sollten Sie noch den Punkt »Verschiedenes« berücksichtigen und das nächste Treffen festlegen.

> **28** Beschränken Sie die Tagesordnung auf eine Seite.

> **29** Diskutieren Sie das Wichtigste früh, wenn die Teilnehmer am aufmerksamsten sind.

NICHT VERGESSEN

- Eine Tagesordnung sollte Datum, Uhrzeit, Ort und Zweck aufführen.
- Der Hauptzweck des Treffens sollte möglichst genau beschrieben werden.
- Alle Teilnehmer müssen wissen, was man von ihnen erwartet.
- Die für jeden Punkt vorgesehene Zeit sollte seiner Bedeutung entsprechen.
- Die Zeitvorgaben sollten eher großzügig sein. Niemand ist böse, wenn ein Treffen früher endet, aber Überziehen ist ärgerlich.

TAGESORDNUNG VERTEILEN

Versenden Sie Ihre Tagesordnung möglichst früh an die Teilnehmer, um Kommentare, Ergänzungen oder Zustimmung zu erhalten. Wenn Sie einzelne Punkte einer genehmigten Tagesordnung hinzufügen oder streichen möchten, müssen Sie die Einwilligung der Teilnehmer einholen. Es ist inakzeptabel, die Teilnehmer mit einer geänderten Tagesordnung zu konfrontieren, wenn es nicht aufgrund unvorhersehbarer Ereignisse notwendig geworden ist. Wichtige Gründe können beispielsweise die Erkrankung des Versammlungsleiters oder eine plötzliche Änderung der finanziellen Rahmenbedingungen sein. Verteilen Sie die endgültige Tagesordnung möglichst lang vor dem Treffen.

DAS IST ZU TUN

1. Entscheiden Sie, welche Themen für das Treffen relevant sind.
2. Schicken Sie allen Teilnehmern einen Entwurf der Tagesordnung zu und bitten Sie um Ergänzungen.
3. Arbeiten Sie alle Vorschläge in den nächsten Entwurf ein.
4. Lassen Sie die Tagesordnung erneut allen Teilnehmern zukommen und bitten Sie um Zustimmung.

KONFERENZORT BESTIMMEN

Die Wahl der Örtlichkeit ist von entscheidender Bedeutung für den Erfolg einer Konferenz. Es ist nicht nur eine Frage der Bequemlichkeit, die Teilnehmer müssen auch das Gefühl haben, dass der Ort dem Anlass angemessen ist. Das gilt für jede Art Treffen.

> **30** Bedenken Sie, wie viel Zeit Teilnehmer von außerhalb brauchen.

> **31** Denken Sie an Einrichtungen für behinderte Teilnehmer.

BEDÜRFNISSE KLÄREN

Versuchen Sie, den Ort in Übereinstimmung mit den Zielen zu wählen. Wenn es ein Ziel des Treffens ist, dass sich zwei Gruppen besser kennen lernen, dürfte eine entspannte Atmosphäre angemessen sein. Aus dem gleichen Grund sollten Sie ein formelles Treffen nicht in einem Großraumbüro abhalten. Sie müssen entscheiden, ob das heimische Territorium am besten für Ihre Ziele geeignet ist oder ob ein neutraler Ort besser passt.

ORT BESTIMMEN

Wenn Sie eine Konferenz organisieren, für die Räume und andere Einrichtungen angemietet werden müssen, sollten Sie sich umhören und Preise vergleichen: Oft können Sie einen Nachlass aushandeln. Örtlichkeiten im Zentrum großer Städte dürften den meisten Teilnehmern angenehm sein, weil sie auch mit öffentlichen Verkehrsmitteln gut erreichbar sind. Allerdings kostet ein Raum im Zentrum meist mehr als außerhalb. Ein Konferenzort auf dem Land bietet den Teilnehmern weniger Ablenkungen, was vorteilhaft sein kann. Andererseits kann das vielfältige Angebot einer Stadt dazu beitragen, die Leute zu einer Veranstaltung zu locken, die mehrere Tage dauert. Wägen Sie Ihre Prioritäten gegeneinander ab und wählen Sie die Örtlichkeit entsprechend aus.

RECHTLICHE ASPEKTE

Zu manchen Zusammenkünften, beispielsweise den jährlichen Aktionärsversammlungen eines Unternehmens, müssen bestimmte Personen von Gesetzes wegen eingeladen werden Es ist auf jeden Fall gesetzwidrig, Ort, Datum und Uhrzeit einer Jahreshauptversammlung so festzulegen, dass Aktionäre möglicherweise von Ihrer Stimmabgabe abgehalten werden könnten.

KONFERENZORT BESTIMMEN

UMGEBUNG BEURTEILEN

Bei jeder Art von Treffen spielen Aspekte des körperlichen Wohlbefindens eine wichtige Rolle. Sie sollten bestrebt sein, es den Teilnehmern bequem zu machen, damit sie sich konzentrieren können. Achten Sie darauf, dass der Lärm aus der Umgebung gering ist und Heizung sowie Lüftung ein angenehmes Klima schaffen. Konferenzräume in großen Hotels verfügen über wenig natürliches Licht. Das kann der Atmosphäre abträglich sein.

> **32** Sorgen Sie dafür, dass kein Anruf in den Konferenzraum durchkommt.

VERGLEICH VERSCHIEDENER KONFERENZORTE

ÖRTLICHKEIT	DAS SOLLTEN SIE BEDENKEN
IHR BÜRO Ihr Arbeitsplatz oder ein Tisch mit zusätzlichen Stühlen.	• Ihre gesamten Unterlagen sind griffbereit. • Kann Ihre Autorität erhöhen. • Telefone oder Mitarbeiter können stören.
BÜRO EINES MITARBEITERS Der Arbeitsplatz eines Untergebenen.	• Kann Status eines Mitarbeiters erhöhen. • Kann für beide Parteien ungemütlich sein, wenn der Arbeitsplatz klein ist.
KONFERENZRAUM VOR ORT Ein Konferenzraum des Unternehmens, den Mitarbeiter nutzen.	• Schließt Fragen der Betriebshierarchie aus. • Außenstehende können hereinkommen, um mit den Teilnehmern zu sprechen.
KONFERENZRAUM AUSSERHALB Ein neutraler Raum außerhalb Ihres Unternehmens.	• Keine Partei hat einen »Heimvorteil«. • Kann vorteilhaft sein, wenn Geheimhaltung wichtig ist. • Kann teuer und für alle fremd sein.
TAGUNGSZENTRUM Eine große Tagungsstätte, wie z. B. ein Kongresszentrum.	• Hat die Einrichtungen für eine große Teilnehmerzahl. • Kann technische und personelle Unterstützung bieten. • Häufig fehlen Räume für informelle Zusammenkünfte.
AUSSERHALB DER STADT Ein Büro, Tagungsraum oder Hotel in einem anderen Ort.	• Zweckmäßig, wenn die Teilnehmer aus aller Welt anreisen. • Gibt der Veranstaltung einen gewissen Glanz. • Kostspielig, was Anfahrt, Zeit und Unterbringung angeht.

FALLEN VERMEIDEN

Es gibt eine Anzahl von Gründen – einige sind offensichtlich, andere weniger – aus denen sich ein Tagungsort als schlechte Wahl erweisen kann. Wenn Sie Ihren Tagungsort inspizieren und buchen, sollten Sie auf folgende Fallen achten:

- Es nehmen mehr Leute teil als erwartet – steht notfalls genug Raum zur Verfügung?
- Es nehmen weniger Leute teil als erwartet – wirkt der Raum dann leer und einschüchternd?
- Funktioniert die Lüftungsanlage richtig, so dass es weder stickig noch zu heiß oder kalt werden kann?
- Sind technische Schwierigkeiten zu erwarten, weil z. B. Stecker nicht überprüft und gekennzeichnet sind?
- Gibt es Serviceeinrichtungen wie Banken oder Cafés am Konferenzort oder in seiner Nähe?

33 Verlegen Sie problematische Konferenzen auf neutralen Boden.

34 Bitten Sie Ihre Mitarbeiter, die Anbindung durch öffentliche Verkehrsmittel zu checken.

NICHT VERGESSEN

- Unbekannte Tagungsorte müssen vor einer Konferenz besichtigt werden.
- Es ist vorteilhaft, wenn der Raum Tageslicht und Fenster hat, die sich öffnen lassen.
- Sprecher müssen wissen, wo Thermostate und Lichtschalter angebracht sind.
- Toiletten und andere Einrichtungen sollten eindeutig beschildert sein.
- Sitzgelegenheiten sollten auf Bequemlichkeit getestet werden: mindestens zehn Minuten zur Probe sitzen bleiben.

◀ DEN FALSCHEN ORT GEWÄHLT

Dieser Fall zeigt, dass die schlechte Wahl des Tagungsortes trotz bester Absichten die Beziehungen zwischen zwei Teams verschlechtern kann. Vielleicht hätte man ein besseres Ergebnis erzielt, wenn sich die beiden Gruppen in einem geeigneten Raum auf neutralem Boden getroffen hätten.

FALLBEISPIEL

Infolge der Expansion einer Firma hatte die Buchhaltung Probleme mit den Leuten vom Verkauf. Der Leiter der Buchhaltung berief eine Konferenz ein, auf der man sich über die künftige Zusammenarbeit unterhalten wollte. Dazu wählte er einen Raum, der für die Verkaufsabteilung zweckmäßig war.

Der Raum war jedoch zu klein, man benötigte mehr Stühle. Einige mussten stehen und versperrten so anderen die Sicht auf die Flip-Chart. Die Lüftung war unzulänglich, und die Fenster waren nicht zu öffnen: Es wurde heiß und stickig im Raum. Man öffnete eine Tür, aber dadurch drang Lärm aus dem anschließenden Büro herein. Der Leiter der Buchhaltung wurde telefonisch abgerufen. Einige gingen verärgert weg. Der Manager kam zurück und bat um Vorschläge, aber nur wenige reagierten darauf. Man fand keinerlei praktische Lösungen.

Akustik berücksichtigen

Ein guter Konferenzraum garantiert noch keine gute Versammlung, kann aber die Chancen dafür merklich steigern. Hauptzweck der meisten Zusammenkünfte ist es, Informationen mündlich an andere weiterzugeben. Also ist eine gute Akustik entscheidend. Selbst ein paar Leute in einem kleinen Raum können Probleme haben, einander zu hören. Bei Konferenzen mit vielen Teilnehmern muss man die Akustik unbedingt vorher überprüfen. Wenn auch visuelle Aspekte eine Rolle spielen – wenn z. B. Projektionen oder Filme eingesetzt werden – müssen außerdem auch die Sichtverhältnisse gut sein.

> **35** Stellen Sie sicher, dass es keine unliebsamen Überraschungen gibt.

▶ DIE ATMOSPHÄRE MACHT DEN ERFOLG
Die Atmosphäre wird bestimmt durch das Ambiente, gute Akustik, angenehme Beleuchtung und bequeme Sitze. Wenn die Zuhörer nicht abgelenkt werden, können sie besser zuhören.

FALLBEISPIEL
Eine Werbeagentur bereitete ein Treffen mit einem potenziellen Kunden vor, um eine Kampagne zu besprechen. Der Kunde war in einem kleinen Gebäude mit Großraumbüros untergebracht, also schlug die Agentur vor, ein Hotel mit Konferenzeinrichtungen in der Nähe des Kunden zu nutzen.
  Eine Woche vor dem Treffen besichtigte ein Mitarbeiter der Agentur das Hotel, um den Raum zu prüfen. Er fand ein kompliziertes Multimediasystem sowie einen riesigen Konferenztisch vor. Er bat darum, den Tisch zu entfernen und forderte ein Projektionssystem an, das den Bedürfnissen der Agentur entsprach. Am Tag des Treffens reisten die Leiter der Agentur früh an, um ihren Vortrag probeweise durchzuspielen. Man arrangierte die Stühle im Halbkreis, regelte Licht und Klimaanlage und bestellte Erfrischungen.
  Die Präsentation verlief reibungslos und die Agentur bekam den Auftrag.

◀ OPTIMALE BEDINGUNGEN
Wenn man vorher gut organisiert und eine Probe abhält, kann man potenziellen Problemen aus dem Weg gehen. In diesem Fall war es günstig, auf die eindrucksvolle Technik der neuesten Generation zu verzichten und ein System zu nutzen, das den Bedürfnissen entsprach. Wer sich auf seine Präsentation konzentrieren muss, darf nicht durch Technik abgelenkt werden.

SITZORDNUNG FESTLEGEN

Es kann sich stark auf den Erfolg eines Treffens auswirken, wie man die Teilnehmer platziert. Denken Sie vorher über die Platzverteilung nach und zeichnen Sie erforderlichenfalls eine Sitzordnung, die Ihren Bedürfnissen und Zielen dienlich ist.

> **36** Erwägen Sie verschiedene Sitzordnungen, bevor Sie eine festlegen.

EINZELGESPRÄCH

Bei einem Gespräch unter vier Augen kann die Platzierung der beiden Teilnehmer die Grundstimmung und den Verlauf des Gesprächs beeinflussen. Sie sollten die Sitzordnung danach gestalten, wie formell das Gespräch verlaufen soll. Drei verschiedene Sitzordnungen bieten sich für ein Einzelgespräch an: unterstützend, kooperativ und konfrontierend. Um herauszufinden, welche Grundstimmung der andere Teilnehmer bei dem Treffen erwartet, sollten Sie vier Stühle um einen Tisch arrangieren, selbst Platz nehmen, bevor der andere erscheint, und beobachten, wo er sich hinsetzt.

◄ **UNTERSTÜTZEND**
Wer unterstützend erscheinen will, setzt sich im rechten Winkel zur anderen Person. Das baut Barrieren ab.

◄ **KOOPERATIV**
Wer sich neben den anderen setzt, erscheint kooperativ. Diese Anordnung setzt ähnliche Meinungen voraus.

◄ **KONFRONTIEREND**
Wer sich vom anderen absetzen will, nimmt frontal gegenüber Platz. So kann man Meinungsunterschiede freier äußern.

> **37** Wählen Sie für informelle Treffen einen runden Tisch.

Sitzordnung festlegen

Gruppensitzordnung

Der Zweck eines Treffens sollte die Sitzordnung bestimmen. Wenn man Menschen um einen Tisch platziert, gibt es drei Möglichkeiten mit zwei Tischformen: Für Verhandlungen oder Konfrontationen wählen Sie einen rechteckigen Tisch, an dem die zwei Parteien einander gegenüber sitzen. Ein neutraler Gesprächsleiter ist in der Mitte der einen Seite. Um das Gefühl für die Hierarchie in einer Sitzung zu verstärken, sollten Sie den Gesprächsleiter an das Kopfende des Tisches setzen. Für weniger formelle Treffen sollten Sie einen runden Tisch wählen, an dem alle gleichberechtigt sitzen können. Eine Versammlung mit einer größeren Zahl von Teilnehmern erfordert meist eine Sitzordnung in Reihen auf den Leiter ausgerichtet.

Kulturelle Unterschiede

In einigen Kulturen spielt die Hierarchie eine große Rolle. In manchen Teilen Asiens kommt dem Alter großes Gewicht zu, man weist also dem ältesten Teilnehmer die wichtigste Position zu. Andere Kulturen machen die Bedeutung an Titeln fest, und ein Untergeordneter würde nie die Kopfposition einnehmen.

Gesprächsleiter am Kopfende

Gesprächsleiter zwischen Teammitgliedern

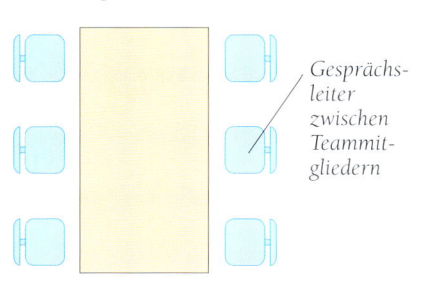

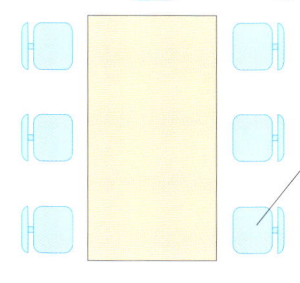

Der in der Hierarchie niedrigste Teilnehmer sitzt am weitesten entfernt.

▲ KONFRONTATION
Setzen Sie die Parteien mit einander widersprechenden Ansichten auf gegenüberliegende Seiten eines rechteckigen Tisches.

▲ HIERARCHIE
Um die Hierarchie zu betonen, setzen Sie den Gesprächsleiter an das Kopfende eines rechtwinkligen Tisches.

DISKUSSION ▶
Wählen Sie für ein Treffen, bei dem freie Diskussion entscheidend ist, einen runden Tisch.

Gesprächsleiter sitzt gleichberechtigt.

38 Sorgen Sie dafür, dass die Teilnehmer sich sehen können.

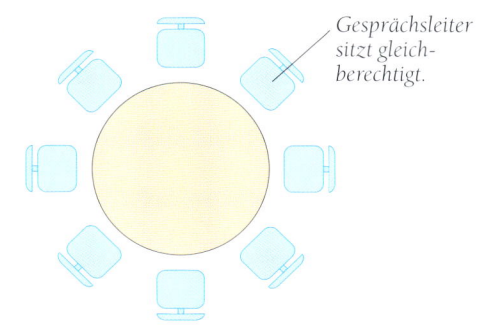

Ein Treffen vorbereiten

Sitzordnung taktisch einsetzen

Die Bedeutung einzelner Sitzpositionen hängt davon ab, wo der Gesprächsleiter sitzt. Das ist üblicherweise am Kopfende des Tisches, während der Platz zur Rechten als bevorzugte Position gilt. Eine taktische Platzierung beruht auf der Annahme, dass Teilnehmer von Personen beeinflusst werden, in deren Nähe sie sitzen. Bei kontroversen Themen sollten Sie die Fraktionen teilen und vermeiden, dass Leute mit gegensätzlichen Meinungen nebeneinander sitzen. Wenn Sie eine Sitzordnung entwerfen, müssen Sie also vorher bedenken, wer vermutlich welche inhaltliche Position einnehmen wird. Die Möglichkeit zum Blickkontakt ist entscheidend, wenn Sie während des Treffens Einfluss auf die Mitglieder Ihres eigenen Teams behalten wollen. Dann können Sie anzeigen, welche taktischen Schritte Sie als Nächstes planen und wie sich jeder verhalten kann.

39 Setzen Sie die Leute auf Armeslänge auseinander.

40 Vermeiden Sie Plätze in direktem Sonnenlicht.

▼ **WIDERSTAND AUFLÖSEN**
Die Sitzordnung richtet sich nach den Meinungen der Teilnehmer zur umstrittensten Frage. Richtige Platzierung kann Widerstände auflösen.

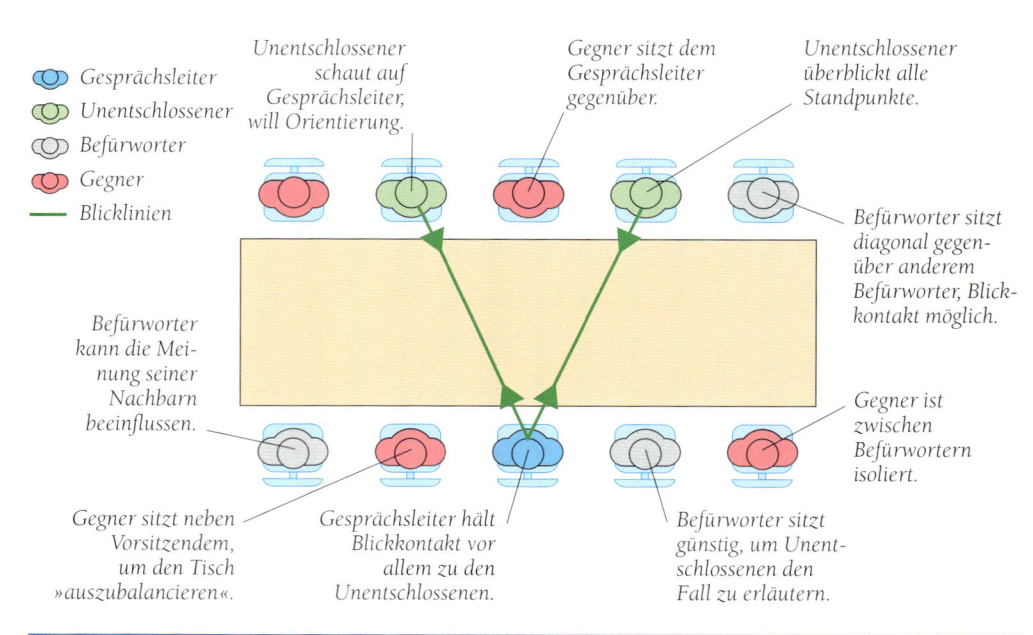

- Gesprächsleiter
- Unentschlossener
- Befürworter
- Gegner
- Blicklinien

Unentschlossener schaut auf Gesprächsleiter, will Orientierung.

Gegner sitzt dem Gesprächsleiter gegenüber.

Unentschlossener überblickt alle Standpunkte.

Befürworter sitzt diagonal gegenüber anderem Befürworter, Blickkontakt möglich.

Befürworter kann die Meinung seiner Nachbarn beeinflussen.

Gegner ist zwischen Befürwortern isoliert.

Gegner sitzt neben Vorsitzendem, um den Tisch »auszubalancieren«.

Gesprächsleiter hält Blickkontakt vor allem zu den Unentschlossenen.

Befürworter sitzt günstig, um Unentschlossenen den Fall zu erläutern.

SITZORDNUNG FESTLEGEN

PLATZWAHL BEOBACHTEN

Wenn für eine Konferenz keine formelle Sitzordnung vorgesehen ist, sollten Sie darauf achten, wo andere Teilnehmer sitzen und Ihren eigenen Platz entsprechend wählen. Der Platz, den jemand einnimmt, kann verraten, wie er über die zur Diskussion stehenden Themen denkt und welche Rolle er in der Konferenz spielen will. Ein starker Gegner setzt sich vielleicht an eine beherrschende Stelle in der Nähe des Vorsitzenden. Ein Platz in der Mitte lässt auf den Wunsch schließen, sich umfassend einzubringen. Wenn Sie den Vorsitz haben, sitzt oft der engagierteste Teilnehmer Ihnen gegenüber.

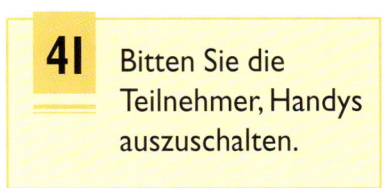

> **41** Bitten Sie die Teilnehmer, Handys auszuschalten.

▼ SITZVERTEILUNG INTERPRETIEREN
Je nachdem, was Sie erreichen wollen, lassen sich aus jedem Platz an einem Konferenztisch Vorteile ziehen. Erkennen Sie die Absichten anderer Teilnehmer aus ihrer Sitzposition.

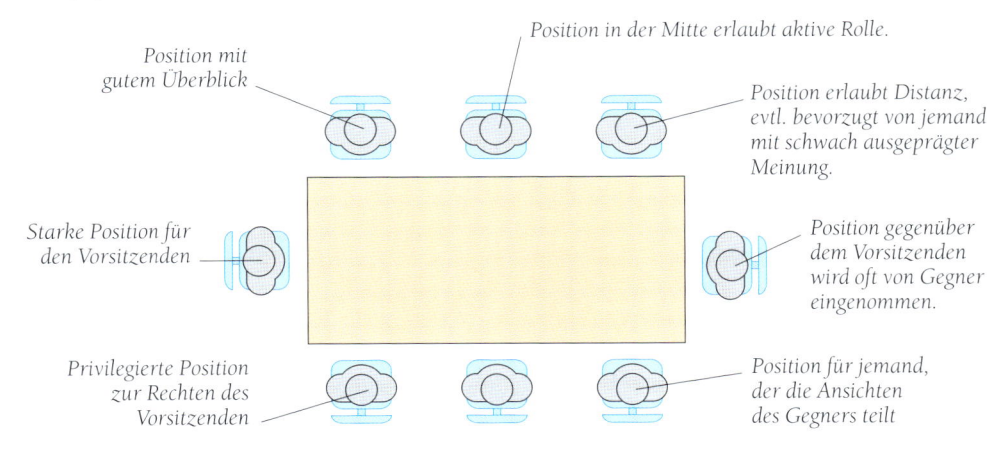

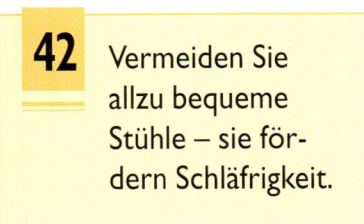

Position mit gutem Überblick

Position in der Mitte erlaubt aktive Rolle.

Position erlaubt Distanz, evtl. bevorzugt von jemand mit schwach ausgeprägter Meinung.

Starke Position für den Vorsitzenden

Position gegenüber dem Vorsitzenden wird oft von Gegner eingenommen.

Privilegierte Position zur Rechten des Vorsitzenden

Position für jemand, der die Ansichten des Gegners teilt

ANLIEGEN PRÄSENTIEREN

Der Vortrag Ihres Anliegens wird davon beeinflusst, wo Sie in Bezug auf Ihre Zuhörer sitzen. Planen Sie die Sitzverteilung, um Ihrem Anliegen zu nützen. Wenn Sie mitten unter den Zuhörern sind, läuft das auf ein kooperatives Gespräch hinaus, hilft aber nicht unbedingt, Meinungen zu beeinflussen. Wenn Sie Ihre Zuhörer auf Distanz halten, mag das Autorität und Präsenz steigern, kann aber auch eine freie Diskussion verhindern und es erschweren, die Stimmung auszuloten.

> **42** Vermeiden Sie allzu bequeme Stühle – sie fördern Schläfrigkeit.

Ein Treffen vorbereiten

An Kleinigkeiten denken

Der Erfolg der meisten Konferenzen hängt von der Organisation vieler Kleinigkeiten ab. Die Vorbereitung umfasst die Bereitstellung entsprechender Einrichtungen und Materialien für die Veranstaltung, einschließlich AV-Technik, Papier und Stifte.

43 Überprüfen Sie vor der Konferenz, ob die Technik funktioniert.

DAS IST ZU TUN

1. Prüfen Sie, ob Erfrischungen bestellt wurden.
2. Bringen Sie in Erfahrung, wo die Toiletten sind.
3. Sorgen Sie für ausreichend Parkplätze.
4. Machen Sie Kopien der Unterlagen – einige Teilnehmer haben ihre bestimmt vergessen.
5. Kümmern Sie sich um Steckdosen und Licht.

Tagungsort organisieren

Am Ort Ihres Treffens steht Ihnen vielleicht nur begrenzte Zeit zur Verfügung, um die Bestuhlung vorzubereiten, Projektoren und Leinwände aufzubauen und die Unterlagen zu verteilen. In diesem Fall sollten Sie zusätzliche Kräfte für die Vorbereitung und die Aufräumarbeiten danach einstellen.

Wenn Sie einen Konferenzraum innerhalb Ihres Unternehmens nutzen, überprüfen Sie am Tag vor der Konferenz, ob der Raum nicht doppelt belegt worden ist. Reservieren Sie ihn länger, als Sie ihn brauchen, damit Sie alles auf- und auch wieder abbauen können. Kontrollieren Sie, dass die Bestuhlung Ihren Bedürfnissen entspricht und dass der Raum vor und nach dem Treffen sauber ist.

Audiovisuelle Technik

Bei großen Versammlungen, Vorträgen und Konferenzen wird immer häufiger audiovisuelle Technik eingesetzt. Solche Hilfsmittel können von einfachen Schautafeln bis zu raffinierten Videoeinwänden mit Projektion von hinten reichen. Auf jeden Fall müssen Sie vor dem Treffen einen Probelauf durchführen. Sorgen Sie dafür, dass Sie die Technik bedienen können, dass sie auch funktioniert und dass die Projektion von allen Plätzen aus sichtbar ist. Kümmern Sie sich nötigenfalls um einen Experten für technische Hilfe.

44 Denken Sie an angemessene Verpflegung.

45 Kümmern Sie sich auch um spezielle Diätbedürfnisse.

An Schreibgeräte denken

Je nachdem, ob bei der Erstellung von Aufzeichnungen Schnelligkeit oder Genauigkeit gefragt ist, werden die Teilnehmer ihre Aufzeichnungen unterschiedlich erstellen. Bei bestimmten Versammlungen (z. B. Pressekonferenzen) verwendet man Notebook oder Diktiergeräte, bei den meisten Treffen macht sich jeder Notizen auf Papier.

Stellen Sie den Teilnehmern Notizblock und Stift zur Verfügung. Sie vermeiden dadurch eventuelle Verzögerungen und Störungen, die sich ergeben, wenn jemand nach den eigenen Utensilien suchen oder welche ausleihen muss. Nutzen Sie die Gelegenheit für kostenlose Werbung und verteilen Sie Blöcke und Stifte mit Logo, Name, Adresse und Telefonnummer Ihres Unternehmens.

Notebook

Diktiergerät

Notizblock und Stift

▲ **Notizen machen**

Stellen Sie Notizblöcke und Stifte zur Verfügung; für Diktiergeräte oder Notebooks sind die Teilnehmer selbst verantwortlich.

Pausen organisieren

Im Verlauf eines langen Treffens sollten Sie eine Pause mit Getränken und Häppchen einlegen, selbst wenn bereits während der Konferenz Kaffee, Tee und kalte Getränke bereitstehen. Nutzen Sie die Pausen, um den Teilnehmern eine Möglichkeit zu geben, die Themen informell in kleinen Gruppen zu diskutieren.

Kaffee

Grosse Versammlungen

Bei einer großen öffentlichen Versammlung oder Konferenz ist die Organisation ebenso wichtig wie der Inhalt. Schlechte Planung, technische Pannen und unzureichende Einrichtungen lenken vom eigentlichen Inhalt des Treffens ab. Sorgen Sie dafür, dass der Veranstaltungsort von einer großen Zahl von Menschen leicht betreten und verlassen werden kann, dass die Sitzplätze ausreichen und dass die Anwesenden alle Bildschirme sehen können. Halten Sie eine Lautsprecheranlage und Mikrofone bereit. Stellen Sie sicher, dass alle Redner wissen, wie die Ausrüstung einzustellen und zu bedienen ist, und stellen Sie ihnen technische oder andere notwendige Hilfe zur Verfügung.

46 Vermeiden Sie, dass Alkohol serviert wird – er vermindert die Produktivität.

AM TREFFEN TEILNEHMEN

Jeder Teilnehmer eines Treffens ist verantwortlich, dafür zu sorgen, dass es seine Ziele erreicht. Bereiten Sie sich vor und tragen Sie dazu bei, die Versammlung produktiv zu gestalten.

AKTIVE ROLLE ÜBERNEHMEN

Als Teilnehmer einer Konferenz ist es für Sie entscheidend, gut vorbereitet zu sein. Konzentrieren Sie sich auf die Ziele, lesen Sie die Tagesordnung und die vorherigen Protokolle. Entscheiden Sie, was man von Ihnen erwartet und was Sie dazu beitragen wollen.

> **47** Arbeiten Sie vor einer Konferenz aus, was Sie sagen wollen.

NICHT VERGESSEN

- Hintergrundrecherchen sind für jeden Beitrag wesentlich.
- Kontaktaufnahme mit anderen Teilnehmern vor dem Treffen bricht das Eis und ermöglicht Erfahrungsaustausch.
- Persönliche Rivalitäten sollten zur Kenntnis genommen werden.
- Werben Sie im Vorfeld um Unterstützung für wichtige Themen.
- Holen Sie vor dem Treffen Standpunkte ein.

INFORMATION SAMMELN

Wenn Sie vor einer Konferenz ein paar einfache, aber sorgfältige Hintergrundrecherchen durchführen, können Sie einen stichhaltigen Beitrag leisten. Sammeln Sie neueste Daten – beispielsweise von Kollegen oder aus Fachbeiträgen und Forschungsberichten. Eine andere Möglichkeit ist es, alte Notizen, Sitzungsprotokolle und Firmenberichte heranzuziehen. Ihre Vorbereitungen sollten auch Nachforschungen über andere Teilnehmer einschließen. Ausführliche Vorbereitung in diesem Stadium ist sinnvoll. Schließlich wollen Sie Ihre Ziele und Absichten erreichen.

GEGNER ERKENNEN

Versuchen Sie vor einer Versammlung, die Interessen anderer Teilnehmer zu einzelnen Tagesordnungspunkten herauszufinden. Überprüfen Sie, ob hinter einer Meinung so viel Autorität steht, dass sie das Ergebnis des Treffens ungeachtet des Diskussionsverlaufs beeinflussen könnte. Wenn Ihre Ansichten mit großer Wahrscheinlichkeit auf starken Widerstand treffen werden, sollten Sie versuchen, Ihre Gegner zu identifizieren und schon im Voraus einen Kompromiss auszuhandeln. Es ist wichtig, gegensätzliche Anschauungen zu verstehen, um ihnen zu begegnen.

48 Instruieren Sie andere Teilnehmer vor dem Treffen über Probleme.

Offene Körperhaltung zeigt die Bereitschaft zuzuhören.

▶ THEMEN BESPRECHEN
Informationsaustausch vor einem Treffen ist immer nützlich, besonders wenn Sie gegensätzliche Meinungen vertreten und über Differenzen sprechen möchten. Das kann helfen, andere Ansichten zu tolerieren.

AUF VERHANDLUNGEN VORBEREITEN

Verhandeln ist eine Art von Handel, die zwischen zwei Parteien abläuft. Jede Partei besitzt etwas, was die andere möchte. Dabei muss es nicht um einen greifbaren Gegenstand gehen. Vielleicht geht es um Unterstützung für ein bestimmtes Vorgehen oder um Hilfe bei der Ausführung einer Aufgabe. Wenn Sie verhandeln, sollten Sie ein festes Ziel oder eine feste Absicht mit an den Verhandlungstisch bringen – dazu eine Strategie, wie Sie das erreichen können. Ihre Strategie sollte Widerstände einkalkulieren und Kompromisse einplanen. Wenn Sie erfolgreich verhandeln wollen, müssen Sie ein Gespür für die Bedürfnisse der anderen Seite haben. Wenn Sie gut zuhören, werden Sie sicher Bereiche von Übereinstimmung oder Schwächen entdecken. Denken Sie daran, dass beide Parteien unter Umständen kompromissbereit sein müssen.

AUFMERKSAMKEIT BEKOMMEN

Um sicherzustellen, dass Ihre Botschaft bei den anderen ankommt, sollten Sie Ihrer Rolle entsprechend auftreten. Kleiden Sie sich für jedes Treffen angemessen. Sprechen Sie deutlich und selbstbewusst, wann immer Sie etwas zu der Sitzung beitragen.

49 Achten Sie darauf, dass Gesichtsausdruck und Tonfall positiv bleiben.

PASSEND AUSSEHEN

Professionelles Auftreten kann Ihnen zusätzlichen Respekt einbringen, wenn Sie Ihren Fall vortragen. Fast alle Menschen beurteilen andere nach äußeren Gesichtspunkten. Wenn Sie an einem Treffen mit einer anderen Firma teilnehmen, sollten Sie deren Kleiderordnung herausfinden. Es ist nicht dienlich, der einzige Teilnehmer im Anzug zu sein, wenn alle anderen in Jeans kommen. Bei einer formellen Versammlung sollten Sie auf jeden Fall Anzug und Krawatte bzw. ein Kostüm o.ä. tragen, besonders wenn Sie den anderen Anwesenden nicht bekannt sind.

50 Nehmen Sie sich auf Video auf und prüfen Sie, wie Sie wirken.

Blickkontakt zeigt Selbstvertrauen.

Leichtes Vorwärtsneigen signalisiert Interesse.

Kleidung gepflegt, aber locker

Papiere ordentlich gestapelt

◀ **SELBSTVERTRAUEN AUSSTRAHLEN**
Dieser Mann wirkt selbstbewusst und beherrscht. Er sieht gepflegt aus, mit seiner Kleidung und der positiven Körperhaltung wird er bei allen einen guten Eindruck hinterlassen.

Vertrauen gewinnen

Der Aufbau von Vertrauen verläuft wechselseitig. Wenn Sie Selbstvertrauen ausstrahlen, werden die Menschen Sie als vertrauenswürdig ansehen und sich wahrscheinlich leichter von Ihren Argumenten überzeugen lassen. Sobald Sie positives Feedback bekommen, wird Ihr Selbstvertrauen wachsen. Man nimmt an, dass der Ton Ihrer Stimme bei verbaler Kommunikation fünfmal und Ihre Körpersprache achtmal stärker wirken als die eigentlichen Worte, mit denen Sie Ihre Argumente vorbringen. Konzentrieren Sie sich darauf, deutlich und im richtigen Tempo zu sprechen. Verwenden Sie mindestens ebenso viel von Ihrer Vorbereitungszeit auf die Qualitäten nonverbaler Kommunikation wie auf den Inhalt Ihrer Rede.

Nicht vergessen

- Der erste Eindruck zählt. Also üben Sie die Eröffnungssätze.
- Da Sie vielleicht nur eine einzige Chance auf eine Wortmeldung haben, müssen die Fakten auf Anhieb stimmen.
- Falls Sie einen inhaltlichen Fehler machen, sollten Sie ihn sofort korrigieren. Andere Teilnehmer müssen Ihre Kompetenz akzeptieren.
- Unterschiedlicher Klang der Stimme – warm, anerkennend, kraftvoll oder formell – beeinflusst das Ergebnis.
- Fassen Sie am Ende die wichtigsten Punkte zusammen.

51 Atmen Sie einmal durch, bevor Sie zu sprechen beginnen.

52 Ihre gute Idee sollte auch als Ihre gewürdigt werden.

▼ **FLÜSSIG SPRECHEN**
Denken Sie daran, Ihre Ansichten klar zu vermitteln. Betonen Sie eher die positiven Aspekte Ihres Vortrags als die negativen Seiten des entgegengesetzten Standpunkts.

Engagiert teilnehmen

Wie sehr Sie sich in eine Versammlung einbringen können, wird stark von deren Umfang abhängen. Bei kleinen Treffen können Sie sich vielleicht häufig einmischen. Sie sollten aber immer sicherstellen, dass Sie auch etwas Relevantes zu sagen haben. Bei einer großen Versammlung werden Sie wahrscheinlich nur eine Chance haben, sich einzubringen. Mit guter Vorbereitung können Sie sich auf Ihren Vortrag konzentrieren. Was Sie sagen, sollte überzeugend und kurz sein. Wenn jemand – unabhängig von der Größe des Treffens – versucht, Sie zu unterbrechen, schauen Sie ihn an, nennen Sie seinen Namen und sagen Sie ihm dann, dass Sie noch nicht fertig sind. Wenn er nicht reagiert und weiter stört, ersuchen Sie um die Hilfe des Vorsitzenden.

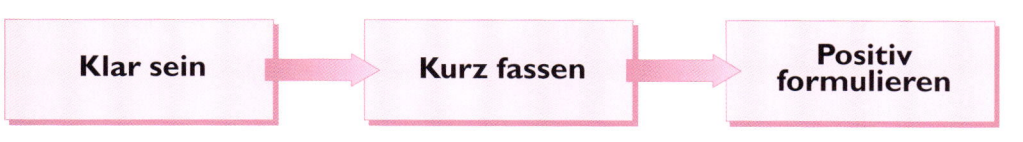

Klar sein ➔ **Kurz fassen** ➔ **Positiv formulieren**

AM TREFFEN TEILNEHMEN

ANDEREN ZUHÖREN

Bei einem Treffen ist richtiges Zuhören ebenso wichtig wie Sprechen – manchmal sogar wichtiger. Hören Sie dem jeweiligen Redner genau zu. Verwenden Sie Hinweise wie Körpersprache und Tonfall, um sein Statement einordnen zu können.

53 Unterbrechen Sie andere Redner nicht – lassen Sie jeden ausreden.

NICHT VERGESSEN

- Gute Zuhörer signalisieren positives Interesse, setzen Blickkontakt ein und unterbrechen nicht.
- Es ist für den Sprecher und auch für die anderen Zuhörer störend, wenn einige Teilnehmer flüstern und herumzappeln.
- Unerhebliche Diskussionen sollten umgehend unterbunden werden.
- Zuhören umfasst mehr als nur die Ohren. Auch die Körpersprache eines Sprechers kann viel erzählen.

AUFMERKSAM ZUHÖREN

Als Teilnehmer eines Treffens sollten Sie versuchen, eine positive Atmosphäre zu schaffen, die Sprechern und Zuhörern zugleich dient. Zeigen Sie Interesse an dem, was der jeweilige Sprecher sagt – vielleicht braucht er Ermutigung. Unterbrechen oder drängen Sie niemanden, der mitten in der Darlegung seines Falles ist. Vielleicht braucht er Zeit, eine Argumentation zu entwickeln, und komplizierte Zusammenhänge sind eventuell erst am Schluss vollständig zu verstehen. Notieren Sie sich alle Fragen, und stellen Sie sie am Ende der Rede.

INTERESSE ▶ ZEIGEN
Die Frau rechts ist eine gute Zuhörerin. Mit ihrer Körpersprache signalisiert sie Interesse.

SPRECHER

ZUHÖRERIN

Ständiger Augenkontakt

Engagierte Körperhaltung

Hände locker und entspannt

ANDEREN ZUHÖREN

VERRÄTERISCHE SIGNALE NEGATIVER KÖRPERSPRACHE

Als Zuhörer sollten Sie die Signale, die Sie unbewusst aussenden, kontrollieren. Wenn Sie sich Unglauben, Ungeduld oder Zynismus anmerken lassen, kann das auf einen Sprecher, der Ihnen gerade seine Theorien oder Argumente vermitteln will, demoralisierend wirken.

SPRECHER — *Hand verdeckt Gesichtsausdruck* — **ZUHÖRERIN**

SPRECHER — **ZUHÖRERIN** — *Verschränkte Arme bilden Barriere*

▲ **AUSDRUCK VON UNGLAUBEN**
Der leicht geöffnete Mund der Zuhörerin lässt auf Überraschung oder Unglauben schließen. Sie verdeckt ihren Mund, um ihre Gefühle zu verbergen.

▲ **AUSDRUCK VON UNGEDULD**
Wenn sich die Zuhörerin so zurücklehnt, zeigt sie Distanz von den Ansichten des Sprechers. Ihre angespannte Haltung verrät ihre Ungeduld.

ANDERE RESPEKTIEREN

Lassen Sie nicht zu, dass Ihre privaten oder beruflichen Vorurteile gegenüber bestimmten Rednern Sie taub machen für möglicherweise gute Argumente. Zeigen Sie anderen stets Respekt, hören Sie sich ihre Kommentare höflich an, selbst wenn Sie inhaltliche Vorbehalte haben. Dieses Verhalten zahlt sich aus: Man wird Ihnen denselben Respekt zubilligen, wenn Sie an der Reihe sind.

54 Variieren Sie Formulierungen, um einen Punkt interessant zu machen.

EIGENE REDE ANPASSEN

Hören Sie nicht nur auf den Inhalt, sondern auch auf die Formulierungen dessen, was gesagt wird. Vielleicht stellen Sie fest, dass andere Beiträge näher als erwartet bei dem liegen, was Sie sagen wollten. Vielleicht führt einiges sogar dazu, dass Sie Ihre Pläne ändern. Wenn es sich anbietet, sollten Sie Ihren eigenen Beitrag abändern, um das Gehörte einzubeziehen und widerzuspiegeln.

55 Registrieren Sie Übereinstimmungen, wenn Sie verhandeln.

Mit Problemen umgehen

Probleme bei kleinen Treffen können am besten gelöst werden, wenn man sie offen und ehrlich aufgreift. Bei einer großen Versammlung können die Probleme ernsterer Natur sein. Ein Gesprächsleiter sollte mit Bestimmtheit die Ordnung aufrechterhalten.

> **56** Übernehmen Sie die Verantwortung für den Erfolg des Treffens.

> **57** Übergeben Sie bei Routinesitzungen den Vorsitz auch mal an andere.

Schwächen bemerken

Bei Treffen, die von einem Vorsitzenden geleitet werden, ist es die Pflicht des Gesprächsleiters, eine neutrale Haltung einzunehmen und alles unter Kontrolle zu halten. Schwierigkeiten treten auf, wenn ein Leiter Schwächen zeigt, parteiisch oder wütend wird. Unter Umständen können Sie einen Vorsitzenden vor Kontrollverlust bewahren.

Wenn ein Gesprächsleiter seine Stellung missbraucht

Missbrauch	Wie man ihn erkennt
Voreingenommenheit Der Vorsitzende vertritt einseitig den Standpunkt der einen Seite.	Falls der Vorsitzende zu Ihren Gunsten parteiisch ist, bemerken Sie es vielleicht gar nicht. Deutlicher wird es, wenn er Ihre Wortmeldung ignoriert oder Sie unterbricht.
Unentschlossenheit Der Gesprächsleiter handelt nicht, wenn eine Entscheidung erforderlich ist.	Wenn ein Vorsitzender sich auf Hinhaltetaktiken verlegt, ist er vielleicht nicht in der Lage, eine Entscheidung zu treffen oder herbeizuführen.
Manipulation Der Vorsitzende lässt die Tatsachen nicht für sich sprechen.	Wenn Teilnehmer ständig gedrängt werden, die Sache noch einmal zu überdenken, kann das ein Versuch der Manipulation oder das Bemühen um die richtige Entscheidung sein.
Ärger Der Gesprächsleiter tritt nicht ruhig, sondern aggressiv auf.	Offener Ärger eines Vorsitzenden ist leicht zu bemerken, aber unterdrückter Ärger äußert sich vielleicht eher versteckt im Tonfall oder in der Körperhaltung.

Einen Vorsitzenden zur Ordnung rufen

Wenn ein Gesprächsleiter seine Kompetenzen missbraucht oder seine Pflichten vernachlässigt, müssen Sie vielleicht eingreifen – unabhängig davon, ob das Treffen formell oder informell abläuft. Das geschieht am besten, wenn Sie darauf hinweisen, wozu ein Vorsitzender verpflichtet ist und in welcher Weise diese Pflichten vernachlässigt werden. Ermöglichen Sie ihm, die Situation zu klären.

> **58** Wenn Sie einen Antrag zurückweisen, betonen Sie positive Aspekte.

Wie man Missbrauch begegnet

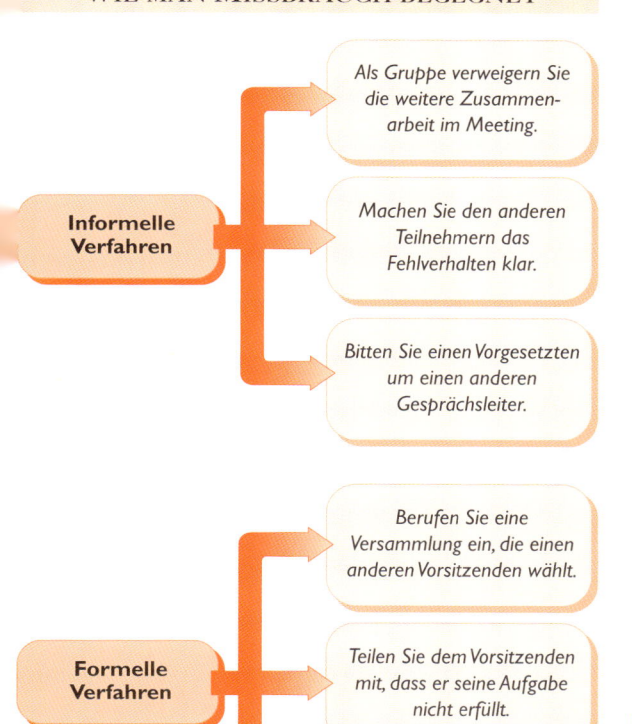

Informelle Verfahren
- Als Gruppe verweigern Sie die weitere Zusammenarbeit im Meeting.
- Machen Sie den anderen Teilnehmern das Fehlverhalten klar.
- Bitten Sie einen Vorgesetzten um einen anderen Gesprächsleiter.

Formelle Verfahren
- Berufen Sie eine Versammlung ein, die einen anderen Vorsitzenden wählt.
- Teilen Sie dem Vorsitzenden mit, dass er seine Aufgabe nicht erfüllt.
- Schlagen Sie den Teilnehmern ein Misstrauensvotum vor.

Andere Probleme lösen

Der Ablauf einer Konferenz kann durch viele Probleme beeinträchtigt werden: Einzelne Teilnehmer benehmen sich schlecht, eine Schlüsselperson ist abwesend oder es fehlen entscheidende Informationen. Es ist die Aufgabe des Vorsitzenden, eine annehmbare Lösung durchzusetzen: Im Falle störenden Benehmens hat er für Ordnung zu sorgen, bei Beschlussunfähigkeit muss er das Treffen vertagen oder im Bedarfsfall mehr Informationen anfordern. Einen Störenfried zu entfernen kann schnell durchgesetzt werden, die Beschaffung von Informationen kann länger dauern.

> **59** Sorgen Sie als Vorsitzender dafür, dass alle Ansichten gehört werden.

… Am Treffen teilnehmen

PROTOKOLL FÜHREN

Versammlungsprotokolle – kurze Notizen, die den Verlauf des Treffens wiedergeben – werden vom Schriftführer geführt. Wenn Sie für das Protokoll verantwortlich sind, sollten Sie dafür sorgen, dass es aussagekräftig, genau und eindeutig ist.

60 Gleichen Sie die Protokollpunkte mit der Tagesordnung ab.

NICHT VERGESSEN

- Protokolle sollten kurz und stichwortartig abgefasst sein.
- Eine schnelle Aushändigung der Protokolle fördert eine schnelle Reaktion auf die Themen.
- Wenn ein Schriftführer sich über einen Punkt im Unklaren ist, sollte er das mit dem Vorsitzenden besprechen.
- Protokolle sollten für Abwesende uneingeschränkt verständlich sein.

EIN KLARES PROTOKOLL

In einem Protokoll sollten Zeit und Ort des Treffens stehen, dazu die Namen der Teilnehmer, alle vorgestellten Themen (aber nicht zwangsläufig die Einzelheiten der jeweiligen Diskussion) sowie die erzielten Übereinkünfte oder Empfehlungen. Im Verlauf der Versammlung sollten Sie sich Notizen machen. Verfassen Sie das Protokoll unparteiisch, genau und in einem klaren, knappen Stil. Präzision ist entscheidend, besonders dann, wenn das Protokoll vielleicht in einer späteren Diskussion als Beleg herangezogen wird.

◀ **PROTOKOLL SCHREIBEN**
Wenn Sie ein Protokoll schreiben, gestalten Sie es kurz, präzise und in leserlicher Form. Versehen Sie jeden neuen Punkt mit einer Nummer. Wenn das Protokoll besonders lang ist, sollten Sie ein Inhaltsverzeichnis erstellen.

Datum und Tagungsort — **Protokoll der Sitzung am 6. Juli**
Hotel Grüner Baum, 11.00 Uhr

Namen der Teilnehmer — Anwesend: EW, LS, RD, KS, FM, SR, DW, ST

Abwesende sind vermerkt — Abwesend: AR

Nennung des Vorsitzenden
1. Vorsitzender: SR.
2. Protokoll: Akzeptiert.
3. Bericht des Vorsitzenden über die Ergebnisse der letzten sechs Monate: Die Dinge sehen gut aus. Der Rückgang bei den Einnahmen ist jedoch enttäuschend.

Vorgebrachte Punkte in Kurzform
4. Verkaufsplan für Herbst: Wird in späterem Treffen abgestimmt.
5. Bericht des Unterausschusses.

61 Schlagen Sie vor, dass der Vorsitzende das Protokoll vor Fertigstellung einsieht.

PROTOKOLL VERTEILEN UND NACHFASSEN

Sobald das Protokoll fertig ist, sollte es möglichst schnell an alle Betroffenen verteilt werden. Es ist sinnlos, ein Protokoll zu erstellen, wenn die vereinbarten Aktionen nicht entsprechend erfolgen. Ein Protokoll sollte die beschlossenen Fristen und die für die Umsetzung Verantwortlichen genau benennen. Nach einer angemessenen Zeitspanne, unbedingt aber vor der nächsten Sitzung, sollten Sie sich nach den Fortschritten der Projekte oder Aufgaben erkundigen und den Vorsitzenden über den aktuellen Stand informieren. Falls nötig, müssen die entsprechenden Punkte in der Tagesordnung des nächsten Treffens enthalten sein.

DAS IST ZU TUN

1. Sorgen Sie dafür, dass der Vorsitzende die Protokolle billigt.
2. Verteilen Sie Protokolle möglichst bald nach dem Treffen.
3. Erkundigen Sie sich nach dem Fortgang der delegierten Projekte.
4. Nutzen Sie das Protokoll, um den Stand aktueller Vorgänge zu erfassen. Verteilen Sie diesen Bericht mit der Tagesordnung des nächsten Treffens.
5. Lassen Sie jedes Protokoll billigen.

ROLLE DES SCHRIFTFÜHRERS

Es ist Aufgabe des Schriftführers einer Konferenz, einzelne Protokolle zu koordinieren. Schriftführer ist entweder bei jeder Sitzung dieselbe Person, die Aufgabe kann aber auch von verschiedenen Personen (mit Ausnahme des Vorsitzenden) wahrgenommen werden. Wenn man Sie auffordert, die Rolle des Schriftführers zu übernehmen, können Sie administrative Arbeiten wie die Abschrift delegieren, müssen sie aber sorgfältig überwachen.

NOTIZEN MACHEN ▶
Ausführliche Notizen sind unabdingbar für das endgültige Protokoll.

62 Schreiben Sie das Protokoll möglichst unmittelbar nach einer Sitzung.

63 Verwenden Sie im Protokoll Stichwörter und kurze, prägnante Sätze.

AM TREFFEN TEILNEHMEN

TESTEN SIE SICH ALS TEILNEHMER

Überprüfen Sie, wie gut Sie als Teilnehmer von Konferenzen sind. Beantworten Sie dazu die folgenden Aussagen und kreuzen Sie jeweils die Möglichkeit an, die Ihrer Erfahrung am ehesten entspricht. Bemühen Sie sich, möglichst ehrlich zu sein. Addieren Sie Ihre Punktzahl und sehen Sie in der Auswertung nach, wie gut Sie sind. Finden Sie heraus, auf welchen Gebieten Sie besser werden können.

OPTIONEN

1 Nie
2 Gelegentlich
3 Oft
4 Immer

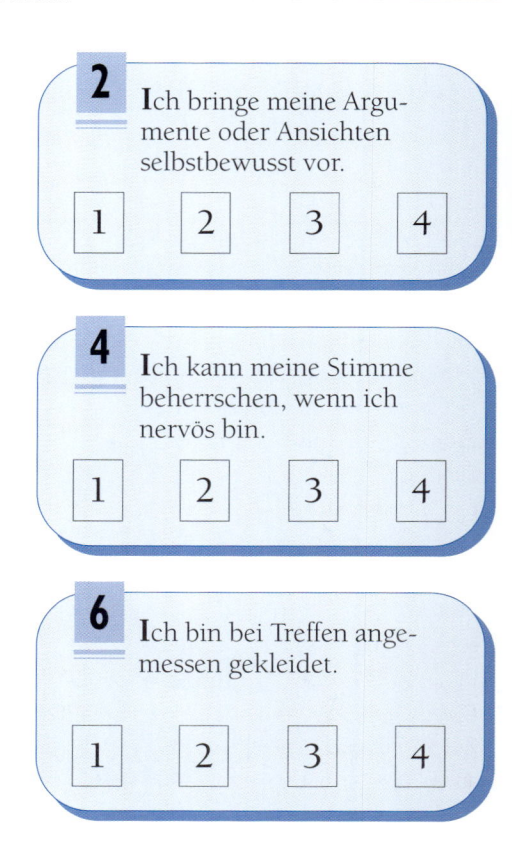

1 Ich lasse Redner ihre Argumente fertig vortragen, bevor ich rede.
1   2   3   4

2 Ich bringe meine Argumente oder Ansichten selbstbewusst vor.
1   2   3   4

3 Ich kann zugeben, mich geirrt zu haben.
1   2   3   4

4 Ich kann meine Stimme beherrschen, wenn ich nervös bin.
1   2   3   4

5 Meine Körpersprache drückt Selbstvertrauen aus.
1   2   3   4

6 Ich bin bei Treffen angemessen gekleidet.
1   2   3   4

Testen Sie sich als Teilnehmer

7 Ich höre genau zu, was andere zu sagen haben.
1　2　3　4

8 Ich bereite mich auf jedes Treffen sorgfältig vor.
1　2　3　4

9 Ich studiere das Protokoll des vorherigen Treffens aufmerksam.
1　2　3　4

10 Ich recherchiere vorab die Ansichten der anderen Teilnehmer.
1　2　3　4

11 Ich weiß, was ich will, wenn ich an einer Konferenz teilnehme.
1　2　3　4

12 Ich lasse anderen Teilnehmern die nötigen Informationen zukommen.
1　2　3　4

Auswertung

Addieren Sie nun Ihre Punktzahl und prüfen Sie Ihre Fähigkeit anhand der entsprechenden Bewertung. Welches Maß an Fertigkeiten Sie als Konferenzteilnehmer auch an den Tag legen, Sie sollten nicht vergessen, dass Verbesserung immer möglich ist. Stellen Sie Ihre schwächeren Bereiche fest und schlagen Sie in den entsprechenden Abschnitten nach. Dort finden Sie praktische Tipps, wie Sie in Zukunft Konferenzen besser für sich und andere nutzen können.

12–24 Ihre Kompetenz kann in allen Bereichen verbessert werden. Gehen Sie immer mit einem bestimmten Vorsatz in ein Treffen.
25–36 Sie halten sich bei Konferenzen recht gut, aber manche Fähigkeiten könnten noch weiter ausgebaut werden.
37–48 Ihre Leistung bei Konferenzen ist sehr gut, aber ruhen Sie sich nicht darauf aus.

Ein Treffen leiten

Jedes größere Treffen benötigt einen Vorsitzenden, der das Verfahren leitet. Als Versammlungsleiter sind Sie für den Verlauf und den erfolgreichen Abschluss des Treffens verantwortlich.

Die Rolle erfassen

Der Versammlungsleiter ist mit der Leitung eines Treffens betraut. Damit besitzt er die Autorität, die Versammlung zu steuern. Er ist verpflichtet, die Verfahrensordnung durchzusetzen und für einen glatten, erfolgreichen Verlauf zu sorgen.

64 Stellen Sie offene Fragen, damit jeder seine Meinung äußern kann.

Nicht vergessen

- Ein Vorsitzender muss dafür sorgen, dass jede Diskussion für die Punkte auf der Tagesordnung von Belang ist.
- Ein Vorsitzender sollte jeden Antrag wiederholen, um zu gewährleisten, dass er von allen verstanden worden ist.
- Ein Vorsitzender darf jeden, der stört, ausschließen.
- Ein Vorsitzender sollte am Ende des Treffens zusammenfassen.

Persönliche Fähigkeiten

Der ideale Vorsitzende sollte über eine breite Skala von persönlichen Fähigkeiten verfügen. Frischen Sie diese nötigenfalls auf:
- Bestimmtes Auftreten, um das Treffen im Zeitrahmen und auf dem Punkt zu halten.
- Die Fähigkeit, Punkte kurz zusammenzufassen.
- Flexibilität im Umgang mit Stimmungen und Verhaltensweisen der Teilnehmer.
- Offenheit und Aufnahmefähigkeit, wenn Sie Meinungen hören, die Sie nicht teilen.
- Faire Haltung, um zu gewährleisten, dass alle Ansichten geäußert und gleich beachtet werden.

Die Rolle erfassen

Informellen Treffen vorsitzen

Nicht alle informellen Treffen haben einen »offiziellen« Vorsitzenden. Wenn es einen gibt, wird er gewöhnlich durch Abstimmung oder durch Weisung des Organisators bestimmt. Hier besteht die Aufgabe des Gesprächsleiters vornehmlich darin, alles im Griff zu behalten und sicherzustellen, dass jeder Standpunkt gehört wird. Ein Versammlungsleiter muss unparteiisch auftreten und kann deshalb nicht uneingeschränkt an der Diskussion teilnehmen. Dennoch kann er beträchtlichen Einfluss auf das Ergebnis eines Treffens ausüben, indem er bestimmten Themen mehr Raum lässt als anderen.

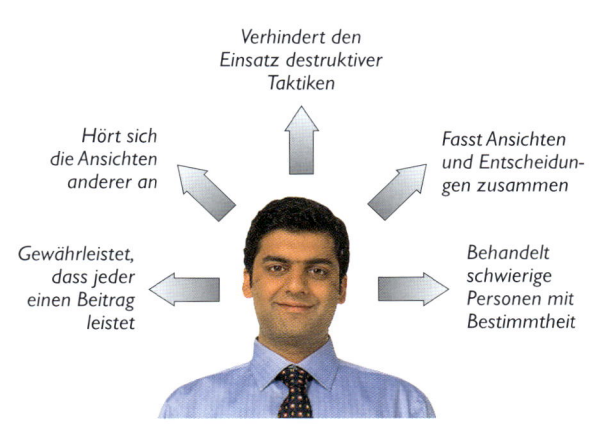

Verhindert den Einsatz destruktiver Taktiken

Hört sich die Ansichten anderer an

Fasst Ansichten und Entscheidungen zusammen

Gewährleistet, dass jeder einen Beitrag leistet

Behandelt schwierige Personen mit Bestimmtheit

▲ PFLICHTEN EINES VORSITZENDEN
Ein Vorsitzender kann das Ergebnis eines formellen oder informellen Treffens stark beeinflussen. Es ist wichtig, dass er neutral bleibt und bei Problemen diplomatisch vorgeht.

> **65** Bitten Sie einen Teilnehmer, Ihnen ehrlich zu sagen, wie Sie als Vorsitzender ankommen.

Formellen Treffen vorsitzen

Die Auswahl eines Vorsitzenden für eine formelle Versammlung unterliegt bestimmten Regeln. Im Fall einer Aktiengesellschaft z. B. wird die Wahl durch Unternehmensvorschriften bestimmt. Ein behördlicher Ausschuss dagegen wird seinen Vorsitzenden nach den gesetzlichen Vorschriften benennen. Zu den wichtigsten Verpflichtungen eines Vorsitzenden gehört es, dafür zu sorgen, dass ein Treffen ordnungsgemäß einberufen wird – das heißt, dass eine Mindestzahl von Teilnehmern anwesend ist, um die Beschlussfähigkeit zu gewährleisten. Ferner muss er dafür Sorge tragen, dass das Treffen gemäß der Tagesordnung abläuft.

DAS IST ZU TUN

1. Eröffnen Sie eine Versammlung mit der Zusammenfassung ihres Zwecks und der Tagesordnung.
2. Gestatten Sie allen Parteien, ihre Ansichten zum Ausdruck zu bringen.
3. Verhindern Sie belanglose Debatten.
4. Sorgen Sie für Einhaltung des Abstimmungsverfahrens.

Teilnehmer einschätzen

Als Vorsitzender einer Versammlung sollten Sie sich mit den Teilnehmern vertraut machen. Auch wenn Sie keine Erkundigungen über alle Teilnehmer eines großen Treffens einziehen können, sollten Sie feststellen, ob es verschiedene Fraktionen gibt.

66 Versuchen Sie, Neulinge vor dem Treffen kennen zu lernen.

67 Erkundigen Sie sich vorher über entscheidende Meinungsführer.

Interessen erkennen

Bei Versammlungen steht oft viel auf dem Spiel. Es kann vorkommen, dass öffentliche Versammlungen von Interessenverbänden beherrscht werden. Bei fast jedem Treffen mit einem strittigen Thema wird es lautstarke Befürworter und Kritiker geben. Als Vorsitzender müssen Sie auf alle möglichen Probleme vorbereitet sein. Gehen Sie mit allen Angelegenheiten gelassen um, lassen Sie alle Interessen fair zu Wort kommen.

Unterschiedliche Persönlichkeiten

ZURÜCKHALTEND
Falls Sie vermuten, dass einzelne Teilnehmer bei einer Versammlung nervös oder gehemmt sein werden, nehmen Sie sich die Zeit, vorher mit ihnen zu plaudern, damit sie ihr Gleichgewicht finden.

DOMINANT
Durchsetzungsfähige Teilnehmer mit starker Persönlichkeit können bei einer Versammlung störend wirken. Sie sollten sie unter Kontrolle halten, wenn sie sich in den Vordergrund drängen.

Menschen gerecht werden

Als Vorsitzender einer Versammlung sollten Sie in der Lage sein, eine breite Skala von Persönlichkeitstypen zu erkennen und mit ihnen zurechtzukommen. Schüchterne Teilnehmer benötigen vielleicht Ermunterung, während dominante Teilnehmer gebremst werden müssen. Denken Sie daran, dass Sie als Vorsitzender dafür verantwortlich sind, dass jeder Teilnehmer eine faire Chance erhält, sich in der Diskussion zu Wort zu melden.

Strategie verstehen

Bei einer strategisch bedeutsamen Konferenz ist es wahrscheinlich, dass die Schlüsselteilnehmer die Strategie, mit der sie ihre Ziele erreichen können, vorher geplant haben. Finden Sie heraus, um welche Ziele es dabei geht. Führen Sie Hintergrundrecherchen durch. Sie befinden sich dann in einer besseren Position, können eventuelle negative Taktiken leichter vorwegnehmen und abwehren. Im Folgenden finden Sie einige häufig eingesetzte Taktiken: Versuch, die Tagesordnung zu ändern, Verunsicherung weniger selbstbewusster gegnerischer Teilnehmer, Verschleppung der Diskussion, um die Endabstimmung hinauszuzögern.

DAS IST ZU TUN

1. Finden Sie heraus, wer die Schlüsselfiguren sind.
2. Informieren Sie sich über deren frühere Taktiken.
3. Stellen Sie Fraktionen innerhalb einer Versammlung fest.
4. Machen Sie sich mit den Persönlichkeiten bekannt.
5. Lernen Sie die gegensätzlichen Ziele kennen.

Ablenkungstaktiken vorwegnehmen

Taktik der Teilnehmer	Gegenmassnahme des Leiters
Teile und herrsche Dabei lässt man einzelnen Teilnehmern vor einer Sitzung widersprüchliche Informationen zukommen und provoziert damit Gegensätze.	**Fakten rekapitulieren** Finden Sie heraus, wer die Fehlinformationen verbreitet. Legen Sie in der Versammlung die Fakten erneut dar.
Dominanz Das Selbstvertrauen schwächerer Teilnehmer wird durch lautes Sprechen und ständige Unterbrechungen untergraben.	**In Schranken weisen** Informieren Sie sich, wer die durchsetzungsstarken Teilnehmer sind, und unterbinden Sie Störungen energisch.
Filibuster Bei dieser Verschleppungstaktik spricht jemand ausufernd über ein für die anstehende Diskussion unerhebliches Thema.	**Auf den Punkt bringen** Unterbrechen Sie bewusste nebensächliche Ausführungen. Unterlaufen Sie die Taktik, indem Sie Wortmeldungen ignorieren.
Empörung Empörung kann eine taktische Waffe sein, um die Diskussion aufzuhalten und dafür zu sorgen, dass die Versammlung vertagt wird.	**Gelassen bleiben** Seien Sie darauf vorbereitet, den Störer ruhig aus der Versammlung zu weisen, falls das nötig werden sollte.

Ein Treffen leiten

Versammlung steuern

Ein wichtiger Teil der Aufgabe eines Vorsitzenden ist es, den zeitlichen Ablauf einer Versammlung korrekt zu steuern. Sorgen Sie stets dafür, dass die Tagesordnung eingehalten wird. Allerdings muss jeder Redner Zeit für seine Argumentation haben.

68 Legen Sie Treffen kurz vor Mittag – das beschleunigt den Ablauf.

Pünktlich anfangen

Lassen Sie Konferenzen pünktlich beginnen. Wenn Sie bei einer Versammlung den Vorsitz führen, sollten Sie einige Zeit vor der geplanten Anfangszeit am Tagungsort eintreffen. Falls einige Teilnehmer zu spät kommen, beginnen Sie ohne sie. Nur wenn sich jemand verspätet, der einen Schlüsselbeitrag liefern soll, müssen Sie notfalls mit dem Beginn warten. Besser ist es, die Reihenfolge der Tagesordnung zu ändern. Wenn ein verspäteter Beginn nicht zu vermeiden ist, sorgen Sie dafür, dass dies zusammen mit den Gründen für die Verspätung im Protokoll festgehalten wird. Vergeuden Sie keine Zeit damit, für verspätete Teilnehmer etwas zu rekapitulieren.

69 Teilen Sie allen Teilnehmern zu Beginn mit, wie lange das Treffen dauern soll.

Das Tempo verschärfen

Wenn eine Versammlung schleppend vorankommt, sollten Sie eingreifen, um noch das Beste aus der Veranstaltung zu machen:
- Ändern Sie Ihre Haltung und Ihren Tonfall – sprechen Sie lauter und schneller, um die Teilnehmer aufzurütteln.
- Rufen Sie Teilnehmer auf, die als lebhafte Redner bekannt sind, damit sie ein wenig Schwung hineinbringen.
- Lassen Sie unwesentliche Punkte der Tagesordnung fallen. Stimmen Sie diese Entscheidung aber mit allen Teilnehmern uneingeschränkt ab.
- Wenn offensichtlich wird, dass Teile der Tagesordnung länger dauern, als Zeit zur Verfügung steht, beraumen Sie eine Folgesitzung an, um unerledigte Punkte zu behandeln.

VERSAMMLUNG STEUERN

TAGESORDNUNG EINHALTEN

Es ist wichtig, eine zeitliche Obergrenze zu setzen, bis zu der die Tagesordnung eines Treffens abgearbeitet sein muss. Untersuchungen zufolge ist die Aufmerksamkeit der meisten Teilnehmer während der ersten 10 bis 15 Minuten hoch, fällt dann ab und steigt wieder, wenn das Ende einer Versammlung abzusehen ist. Die ideale Versammlungsdauer von 45 Minuten verringert die Zeit verminderter Aufmerksamkeit. Legen Sie für jeden Punkt der Tagesordnung eine strikte Zeitbegrenzung fest. Damit erzeugen Sie ein Gefühl von Dringlichkeit.

NICHT VERGESSEN

- Gewöhnlich sind die Teilnehmer zu Beginn einer Versammlung am aufnahmefähigsten.
- Der Fortgang einer Versammlung kann in regelmäßigen Abständen zusammengefasst werden.
- Man sollte daran erinnern, wie viel Zeit für den Abschluss der Tagesordnung noch zur Verfügung steht.
- Endet ein Treffen nicht pünktlich, kann das alle Teilnehmer verärgern.

70 Geben Sie Zuspätkommenden zu verstehen, dass sie unproduktiv sind.

ZEIT EFFEKTIV NUTZEN

Es ist entscheidend, dass der Vorsitzende den Zweck eines Treffens klar im Bewusstsein der Teilnehmer hält. Gestatten Sie niemandem, durch Abschweifungen Zeit zu verschwenden. Bringen Sie Diskussionen sofort wieder auf den Punkt zurück. Sagen Sie z. B.: »Wir sind heute nicht hier, um das zu diskutieren – wir sollten wieder zur Sache kommen.« Geben Sie den Teilnehmern Zeit für eine kurze Diskussion, ehe Sie die Debatte zusammenfassen und abstimmen lassen.

PAUSEN VORSEHEN

In die Tagesordnung einer langen Konferenz sollten stets Zeiten für Pausen eingebaut werden. Diese Unterbrechungen dienen verschiedenen Zwecken: Sie erlauben es den Teilnehmern, Themen in kleinen Gruppen zu besprechen. Das kann dazu beitragen, Differenzen auszubügeln. Dem Vorsitzenden verschaffen Pausen nützliche Pufferzonen, die er dafür verwenden kann, ein Treffen zu verlängern oder zu verkürzen. Die Veranstaltung ist am produktivsten, wenn Sitzungsperioden zwischen zwei Pausen nicht länger als 90 Minuten sind.

▲ **ERFRISCHUNGEN**
Sorgen Sie dafür, dass bei planmäßigen Pausen Getränke und ein kleiner Imbiss bereitgestellt werden.

Treffen kontrollieren

Der Schlüssel zur Kontrolle eines Treffens liegt darin, Probleme vorwegzunehmen, bevor sie auftreten. Wenn Sie lernen, die Körpersprache der Teilnehmer zu lesen, können Sie Probleme vermeiden und ein positives Ergebnis anstreben.

> **71** Gebieten Sie privaten Unterhaltungen Einhalt.

Negative Signale

Es gibt viele nonverbale Zeichen, aus denen sich ablesen lässt, dass jemand mit dem Verlauf einer Versammlung nicht einverstanden ist. Blicke auf die Uhr oder aus dem Fenster, Rascheln mit Papieren und Gähnen zeigen Desinteresse. Eine verschlossene Körperhaltung erschwert die Kommunikation und kann auf mangelndes Interesse, aber auch auf geringes Selbstvertrauen hinweisen. Achten Sie auf Hinweise, damit Sie reagieren können.

Verschlossene Haltung

▲ ZEIGT KEIN INTERESSE
Mangelndes Interesse und geringe Konzentration zeigen sich deutlich in der Haltung dieser Teilnehmerin.

Geballte Fäuste   *Gesenkter Kopf*

◀ ZEIGT ÄRGER
Die Haltung zeigt, dass diese Person sich über die Sitzung ärgert. Die Fäuste sind geballt, der Kopf ist gesenkt und die Augen starren aggressiv.

Vorgestreckte Hand

▲ STREITSÜCHTIG
Dieser Mann will den Blick des Vorsitzenden auf sich ziehen. Seine Körpersprache weist auf die kämpferische Einstellung hin.

> **72** Entschärfen Sie Ärger, indem Sie die Teilnehmer auffordern, ihre Gründe dafür zu nennen.

Positive Signale

Es gibt positive Signale, die eindeutig zeigen, dass jemand mit dem Verlauf einer Versammlung zufrieden ist. Eine offene Körperhaltung mit entspannten Armen und Händen, ein leicht vorwärts oder zum Redner geneigter Körper signalisieren Anteilnahme. Teilnehmer, die Augenkontakt halten, zeigen, dass sie ihre Aufmerksamkeit auf Sie gerichtet haben und sich für das interessieren, was Sie vorbringen. Wenn Sie ein Gefühl für solche Zeichen entwickeln, können Sie diese Art positiver Körpersprache nutzen, um auszuloten, wann Teilnehmer einen Entschluss fassen. Das kann Ihnen helfen, die Zeit zum Abschluss einer Debatte oder zum Aufruf einer Abstimmung zu bestimmen.

73 Ermutigen Sie Zögernde durch positives Feedback.

74 Achten Sie auf alle Zeichen positiven Interesses.

Gehobene Augenbrauen und leichtes Lächeln

◀ **ZEIGT INTERESSE**
Diese Teilnehmerin lässt Interesse erkennen. Sie dreht den Kopf zum Sprecher und hat einen offenen Ausdruck.

Offene Haltung

ZEIGT BEGEISTERUNG ▶
Eine unterstützende und konzentrierte Haltung deutet auf volle Zustimmung hin.

Kulturelle Unterschiede

Äußerlich gleiche Ausdrücke der Körpersprache haben in verschiedenen Kulturen jeweils leicht unterschiedliche Bedeutung. Im Mittleren Osten bedeutet z. B. eine leichte Aufwärtsbewegung des Kopfes in Verbindung mit einem Zungenschnalzen »nein«. Anderswo hat das die Bedeutung eines bestätigenden Nickens. Ähnlich kann ein Kopfschütteln in Indien eher »ja« als »nein« bedeuten. Gesten werden rund um das Mittelmeer, nicht so sehr in Nordeuropa gebraucht. Machen Sie sich mit unterschiedlicher Körpersprache vertraut, wenn Sie im Ausland arbeiten.

Ein Treffen leiten

Andere Signale erkennen

Achten Sie als Vorsitzender auf die kleinsten Zeichen von Unruhe oder Desinteresse unter den Teilnehmern. Greifen Sie ein, um störendes Verhalten zu unterbinden – z. B. von Teilnehmern, die versuchen, die Diskussion an sich zu reißen. Bei anderen Gelegenheiten müssen Sie vielleicht introvertierte oder zurückhaltende Teilnehmer überreden, überhaupt zu sprechen. Aber zwingen Sie niemanden zu sprechen.

Erhobene Hand

◀ **MÖCHTE SPRECHEN**
Diese Frau versucht, zur Diskussion beizutragen. Ihre Geste ist ein Versuch, die Aufmerksamkeit des Vorsitzenden auf sich zu ziehen.

Verschränkte Arme

SCHEUT ▶ ZURÜCK
Dieser Mann möchte nicht bemerkt werden. Er vermeidet jeden Blickkontakt.

Stimmung einschätzen

Es ist für den Vorsitzenden unerlässlich, die Stimmung einer Versammlung zutreffend einzuschätzen. Die Atmosphäre kann rasch von Freundlichkeit in unverhohlene Feindseligkeit umschlagen. Wenn Sie den Eindruck haben, dass die Teilnehmer eines Themas überdrüssig werden, gehen Sie zum nächsten Punkt der Tagesordnung über. Wenn die Teilnehmer der Versammlung überdrüssig werden, fassen Sie kurz zusammen, rufen zur Abstimmung auf und beenden das Treffen.

Wichtige Fragen

- Konnte jeder seine Ansichten vorbringen?
- Sind die Verfahrensregeln befolgt worden?
- Hatten Sie die Versammlung fest im Griff?
- Haben Sie mit Fragen zum Sprechen ermuntert?

75 Achten Sie darauf, ob der nachfolgende Redner ungeduldig wird.

Ordnung aufrechterhalten

Bei einer formellen Versammlung behalten Sie die Kontrolle, indem Sie sicherstellen, dass alle Fragen und Vorschläge über Sie laufen. Jeder, der sprechen will, sollte mit Ihnen Blickkontakt aufnehmen, bevor er das Wort ergreift. Bei informellen Treffen müssen Sie bei Fragen und Vorschlägen als Vermittler auftreten.

Auf Ziele hinarbeiten

Ein Vorsitzender hat die Pflicht, dafür zu sorgen, dass einzelne Teilnehmer das Interesse der gesamten Gruppe beachten, persönliche Interessen nötigenfalls zurückstellen und auf dasselbe Ziel hinarbeiten. Dafür müssen Sie alle, die vom Zweck einer Konferenz abweichen, strikt im Griff behalten. Aber unterbrechen Sie niemanden, der vielleicht etwas länger braucht, aber der Sache dienlich ist.

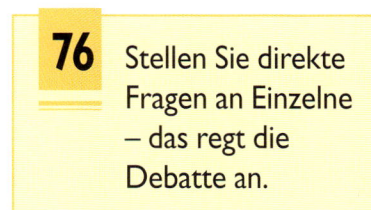

> **76** Stellen Sie direkte Fragen an Einzelne – das regt die Debatte an.

Kulturelle Unterschiede

Auf russischen Versammlungen sollten Sie nicht überrascht sein, wenn der Vorsitzende wütende Wortwechsel duldet oder es sogar hinnimmt, wenn einige Teilnehmer demonstrativ den Raum verlassen. Das sind normalerweise taktische Manöver und nicht das Scheitern der Sitzung.

Entscheidungen

Eine Entscheidung erreichen Sie entweder, indem Sie die Teilnehmer abstimmen lassen, oder indem Sie von Ihrer Autorität als Leiter Gebrauch machen und die Entscheidung als Vorsitzender selbst treffen. Zur Abstimmung bei kleineren Treffen bitten Sie um Handzeichen oder befragen alle einzeln. Wenn Sie Einstimmigkeit wünschen, sollten Sie das mehrfach wiederholen. Bei einer größeren Versammlung ist Einstimmigkeit unwahrscheinlich, also sollten Sie vor Beginn Übereinstimmung darüber herstellen, welche Zahl von Ja-Stimmen ausreicht, um einen Antrag zu verabschieden.

Schwung in die Debatte bringen

Eine Versammlung kann stecken bleiben, weil die Teilnehmer sich langweilen oder vom Hauptthema abgekommen sind. Dann ist der Vorsitzende verpflichtet, die Diskussion wieder in Gang zu bringen und sie auf das vorliegende Thema zu konzentrieren. Formulieren Sie z. B.: »Ich möchte Sie alle fragen, was Sie in dieser Situation getan hätten.« Stellen Sie keine Fragen, die mit einem einfachen Ja oder Nein zu beantworten sind. Sie können aber auch versuchen, selbst eine kontroverse Meinung vorzubringen, um eine Diskussion zu provozieren, z. B.: »Ich glaube, ich hätte in dieser Situation alle Mitarbeiter der Abteilung gefeuert.« Achten Sie darauf, dass Ihre Stellungnahme provozierend genug ist, dass sie nicht für bare Münze genommen wird. Wenn die Diskussion sogar damit nicht wieder in Gang kommt, sollten Sie keine Zeit verlieren – gehen Sie zum nächsten Punkt der Tagesordnung über.

FÜR ORDNUNG SORGEN

Ordnungsprobleme auf einer Versammlung können aus Verstößen gegen Verfahrensregeln, Interessenkonflikten oder gar vorsätzlichen Störungen erwachsen. Als Vorsitzender müssen Sie dafür sorgen, dass das Treffen auch dann ordnungsgemäß abläuft.

77 Nutzen Sie, wenn nötig, die formellen Disziplinierungsverfahren.

RECHTE KENNEN

Die Art einer Versammlung bestimmt die Grenzen Ihrer Rechte als Vorsitzender und die Verfahren, die Sie einsetzen können, um die Ordnung aufrechtzuerhalten. Es gibt zwei Arten von Zusammenkünften: private und öffentliche. An einer privaten Versammlung nehmen ausgewählte Mitglieder einer Organisation teil, z. B. die Manager eines Unternehmens. Die Regeln dieser Organisation bestimmen die Rechte des Versammlungsleiters. Eine öffentliche Versammlung ist offen für jedermann, und sie kann lokalen oder gesetzlichen Verfahrensregeln unterliegen. Meist gelten jedoch die Regeln der Veranstalter.

MIT ORDNUNGSVERSTOSS UMGEHEN

Ein Ordnungsverstoß findet statt, wenn das vorgeschriebene Verfahren einer formellen Versammlung durchbrochen wird. Reden, ohne das Wort zu haben, ist ein verbreiteter Verstoß. Wenn das geschieht, sollten Sie die Debatte unterbrechen, die Betreffenden direkt ansehen und sie auffordern, ihre Gedanken öffentlich mitzuteilen.

Mäßigende Geste

Blickkontakt zum Hauptkontrahenten

◀ **BERUHIGEND WIRKEN**
Wenn eine Diskussion zwischen zwei Parteien zu heftig wird, sollten Sie aufstehen, um das Heft in die Hand zu nehmen. Ihre erhöhte Position verleiht Ihnen mehr Autorität. Sprechen Sie ruhig und gemessen.

STREIT ENTSCHÄRFEN

Wenn eine Debatte heftig wird, können persönliche Bemerkungen Streitereien weiter anheizen. Entschärfen Sie Auseinandersetzungen und bringen Sie die Diskussion auf den eigentlichen Gegenstand zurück. Vermitteln Sie, um Missverständnisse aufzuklären; sagen Sie z. B.: »Ich bin sicher, Jörg wollte damit nicht ausdrücken, dass...«

> **78** Sorgen Sie nach einem Streit für einen Moment Schweigen.

SPEZIFISCHE PROBLEME IN EINER VERSAMMLUNG

PROBLEME	MÖGLICHE REAKTIONEN
AUSFLÜCHTE Der Teilnehmer bringt Ausflüchte vor, wie »Das lag nicht in meiner Verantwortung«, wenn er eine Aufgabe nicht erledigt hat.	• Erinnern Sie den Teilnehmer vor seinen Kollegen daran, was man von ihm erwartet. • Bestimmen Sie jemanden, der den Teilnehmer überwacht und dafür sorgt, dass er die Arbeit abschließt. • Übertragen Sie die Verantwortung einem anderen.
HINTERHALT Der Teilnehmer versucht das Verfahren zu unterminieren, damit das Treffen seinen eigentlichen Zweck nicht erreicht.	• Isolieren Sie den Quertreiber, indem Sie auf seine Taktik hinweisen. • Vertagen Sie das Treffen, wenn der Teilnehmer weiterhin versucht, die Diskussion zu unterbrechen. • Im äußersten Fall entfernen Sie den Quertreiber aus der Versammlung.
KAMPFANSAGE Der Teilnehmer nimmt eine negative und feindselige Haltung gegenüber den geäußerten Meinungen ein und provoziert Streit.	• Erinnern Sie den Kontrahenten an den Zweck des Treffens. • Halten Sie sich an die Fakten und fordern Sie die Teilnehmer auf, diese auf ruhige Art zu diskutieren. • Entschärfen Sie die Situation mit Humor, aber nicht auf Kosten des Kontrahenten.
STÖRUNG Der Teilnehmer wird ausfallend, aufsässig oder gar gewalttätig und provoziert offensichtlich Chaos.	• Rufen Sie zur Ordnung auf. • Fordern Sie den Teilnehmer auf, den Raum zu verlassen, oder lassen Sie ihn entfernen. • Vertagen Sie die Versammlung, ohne einen Termin für die Wiederaufnahme zu nennen.

Ein Treffen leiten

> **79** Beherrschen Sie die Spielregeln der Versammlung.

Nicht vergessen

- Die Regeln und Vorschriften, denen eine Versammlung unterliegt, unterscheiden sich je nach Örtlichkeit und Teilnehmern.
- Bestimmte Verhaltensweisen, wie z. B. Verleumdung, können sowohl gegen strafrechtliche als auch gegen interne Vorschriften verstoßen.
- Gesetzliche Verfahrensregeln können zur Blockade, aber auch förderlich eingesetzt werden.
- Vorschriften sind nur wirksam, wenn sie durchgesetzt werden.

Störungen vorbeugen

Wenn eine Konferenz gestört wird, müssen Sie das Problem rasch angehen, damit der Betrieb weitergehen kann. Es ist leicht, ein kleines, informelles Treffen unter Kontrolle zu halten. Wenn eine Versammlung ins Chaos abzugleiten droht, können Sie disziplinierende Maßnahmen heranziehen, vertagen oder die Unruhestifter hinauswerfen, falls es zu ernstlichen Störungen kommt. Bei großen Versammlungen ist es schwierig, die Ordnung wiederherzustellen, besonders wenn eine Störung von langer Hand geplant worden ist. Nehmen Sie von Anfang an die Zügel in die Hand, um Schwierigkeiten fern zu halten.

> **80** Versuchen Sie, Störenfriede zu isolieren, indem Sie die Mehrheit auf Ihre Seite ziehen.

Gesetzliche Regeln

Um den Ablauf einer Versammlung zu kontrollieren oder zu steuern, kann man gesetzliche Vorschriften nutzen. Diese Vorschriften spiegeln die Rechte, die einem Versammlungsleiter zufallen. Sie müssen die Vorschriften kennen, die Ihnen zur Verfügung stehen, wenn Sie ein Treffen wirksam leiten wollen. Ihre gesetzliche Kontrolle über Abstimmungen ist eine äußerst wichtige Ermächtigung, also sollten Sie Ihre Rechte zusammen mit den Anwälten Ihres Unternehmens vor dem Treffen prüfen. Wenn eine Debatte außer Kontrolle zu geraten droht, müssen Sie darauf bestehen können, dass die Angelegenheit durch eine Abstimmung gelöst wird. Es kann auch sein, dass Sie als Vorsitzender eine zweite oder die entscheidende Stimme haben, falls es zu einem Patt kommt.

Kulturelle Unterschiede

In Japan obliegt es dem Vorsitzenden, Konsens herbeizuführen. Das schließt häufig ein, dass sich der Vorsitzende aus dem Verfahren zurückzieht, um den Teilnehmern die Möglichkeit zu geben, sich allmählich einer Lösung anzunähern. In den USA hingegen wird vom Vorsitzenden erwartet, dass er die Versammlung mit Charisma und Persönlichkeit zu einer Übereinkunft führt. Seine Macht wird sichtbarer ausgeübt.

FÜR ORDNUNG SORGEN

UMGANG MIT EINEM UNRUHESTIFTER

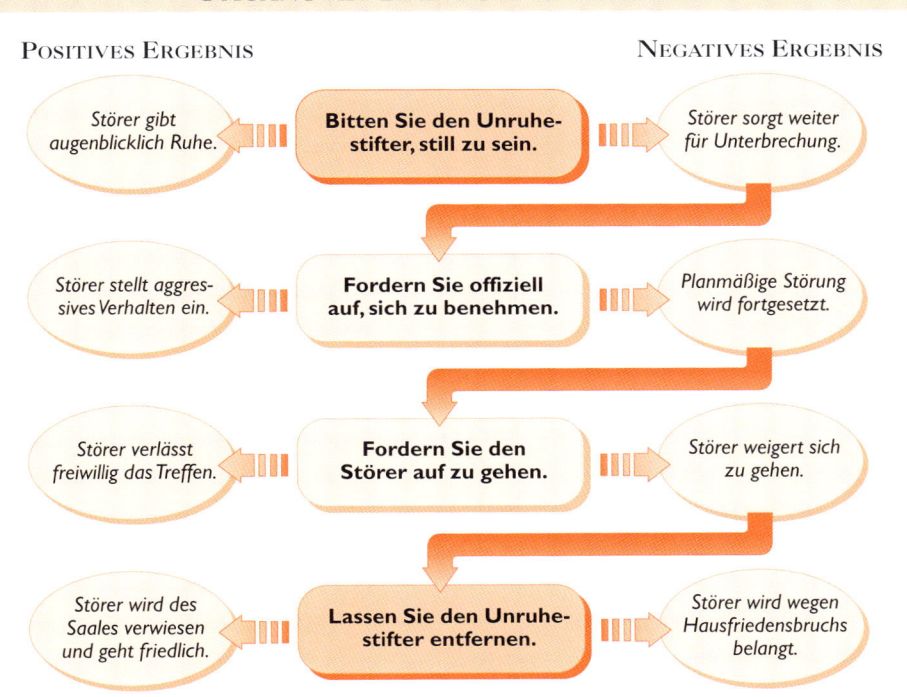

POSITIVES ERGEBNIS | **NEGATIVES ERGEBNIS**

- Störer gibt augenblicklich Ruhe. ← **Bitten Sie den Unruhestifter, still zu sein.** → Störer sorgt weiter für Unterbrechung.
- Störer stellt aggressives Verhalten ein. ← **Fordern Sie offiziell auf, sich zu benehmen.** → Planmäßige Störung wird fortgesetzt.
- Störer verlässt freiwillig das Treffen. ← **Fordern Sie den Störer auf zu gehen.** → Störer weigert sich zu gehen.
- Störer wird des Saales verwiesen und geht friedlich. ← **Lassen Sie den Unruhestifter entfernen.** → Störer wird wegen Hausfriedensbruchs belangt.

---

81 Wenn Sie die Stimmung verändern wollen, wechseln Sie das Thema.

82 Jemanden hinauszuwerfen ist das letzte Mittel.

VERSAMMLUNG VERTAGEN

Falls ordnungswidriges Verhalten von Teilnehmern zu deren Hinauswurf führt und damit keine Beschlussfähigkeit (die notwendige Mindestzahl von Anwesenden) mehr gegeben ist, kann eine Versammlung vertagt werden. Es gibt spezielle Verfahrensregeln, die herangezogen werden können, um eine Versammlung zu vertagen. Es liegt jedoch in Ihrem Ermessen, wie lange die Sitzung vertagt wird. Ein Treffen kann für kurze Zeit, etwa für eine halbe Stunde, vertagt werden, damit die Gemüter sich abkühlen können. Wenn eine Störung ernsterer Natur ist, kann eine Versammlung auf unbestimmte Zeit vertagt werden. In diesem Fall wird weder ein künftiges Datum noch ein Ort für die Fortsetzung des Treffens festgelegt.

Das Treffen beenden

Wenn alle Punkte auf der Tagesordnung abgehandelt sind, ist es die Pflicht des Vorsitzenden, die Versammlung zum Abschluss zu bringen. Vergewissern Sie sich, dass alle Entscheidungen genau festgehalten und Folgemaßnahmen veranlasst wurden.

83 Legen Sie noch während des Treffens die nächste Sitzung fest.

DAS IST ZU TUN

1. Schließen Sie den TOP »Verschiedenes« ab.
2. Fassen Sie zusammen und rekapitulieren Sie Beschlüsse.
3. Informieren Sie die Teilnehmer über Zeit und Ort des nächsten Treffens.
4. Sorgen Sie dafür, dass Unerledigtes für die nächste Sitzung festgehalten wird.

Der Punkt »Verschiedenes«

Der letzte Punkt auf der Tagesordnung heißt meist »Verschiedenes«. Hier erhalten die Teilnehmer Gelegenheit, Themen anzuschneiden, die vor Beginn der Veranstaltung nicht vorherzusehen waren, aber durch die Diskussion angeregt wurden.

Dieser TOP wird von Teilnehmern manchmal taktisch eingesetzt, um strittige Fragen aufzuwerfen oder überraschende Themen in eine Versammlung einzubringen. Als Vorsitzender müssen Sie entscheiden, ob Sie dieses Vorgehen zulassen. Sie können eine Debatte (oder sogar Abstimmung) zulassen oder die Themen in die Tagesordnung für das nächste Treffen aufnehmen.

FALLBEISPIEL

Peter hatte gehört, dass der größte Konkurrent seiner Firma, Digby, seine gesamte Fracht von der Straße auf die Schiene verlagern wollte. Bei einer Firmenkonferenz schlug er vor, es ebenso zu machen.

Ein Partner erklärte, dass es für Digby sinnvoll sei, da man dort viele Geschäfte mit dem Ausland mache, während für das eigene Inlandsgeschäft der Straßentransport besser sei. Ein weiterer Teilhaber meinte, Digby habe seine gesamte Fracht auf die Schiene verlagert und deshalb einen Sondertarif ausgehandelt. Ein vierter Teilhaber schlug vor, die Vorteile einer vollständigen mit denen einer teilweisen Verlagerung auf die Schiene zu vergleichen. Dieser Antrag wurde beschlossen.

Nach der Sitzung übertrug man David die Aufgabe, die Angelegenheit zu untersuchen. Obwohl er bei dem Treffen nicht dabei war, arbeitete er die Aufzeichnungen durch und verfasste einen präzisen Vorbericht.

◀ **ANTRÄGE EINBRINGEN**

Obwohl Peters Antrag nicht einstimmig angenommen wurde, führte er zu einem konstruktiven Vorstoß. Da die Sitzung in allen Einzelheiten protokolliert wurde, konnte ein Kollege, der bei der Sitzung nicht anwesend war, die Angelegenheit weiter bearbeiten.

DAS TREFFEN BEENDEN

ZUSAMMENFASSEN
Sobald die Teilnehmer einer Versammlung den letzten Punkt des Tagungspensums behandelt haben, sollten Sie jede Entscheidung rekapitulieren und die Diskussion kurz zusammenfassen. Das bietet Ihnen eine Gelegenheit, die Versammlung richtig zu gewichten und jedem Thema die Bedeutung zu geben, das es verdient. Wenn z. B. das unwichtigste Thema die längste Debatte ausgelöst hat, sollten Sie ihm in der Zusammenfassung nur wenig Platz einräumen. In der Zusammenfassung werden auch Fragen herausgestellt, die einer weiteren Diskussion bedürfen.

> **84** Sorgen Sie dafür, dass Entscheidungen schriftlich festgehalten werden.

> **85** Beenden Sie das Treffen mit einem positiven Ausklang.

> **86** Danken Sie allen für die Teilnahme und allen Rednern für ihre Beiträge.

TREFFEN ABSCHLIESSEN
Am Ende müssen Sie entscheiden, ob eine weitere Sitzung notwendig ist, und Datum und Zeit dafür festlegen. Sie können diese Details und den Versammlungsort bestätigen, wenn Sie die neue Tagesordnung in Umlauf bringen. Nun kann die Versammlung abgeschlossen werden. An dieser Stelle sollten Sie allen Teilnehmern für ihre Beteiligung danken, besonders dann, wenn sie dafür freiwillig Zeit geopfert haben. Das fördert eine positive Beteiligung bei künftigen Treffen.

NACH DER VERSAMMLUNG
Ihre Rolle als Vorsitzender ist mit dem Abschluss einer Konferenz noch nicht zu Ende. Sie haben weiterführende Pflichten:
- Das Protokoll billigen.
- Dafür sorgen, dass der Schriftführer alle beschlossenen Maßnahmen überwacht.
- Verlaufsberichte des Schriftführers entgegennehmen und die anderen Teilnehmer über Fortschritte unterrichten.
- Teilnehmer ermutigen, schon im voraus Themen zu unterbreiten, die sie bei der nächsten Sitzung behandelt sehen wollen.
- Eine Tagesordnung für das nächste Treffen erstellen, die alle Punkte enthält, die bei der letzten Sitzung aufgeworfen und nicht genügend diskutiert beziehungsweise diskutiert und nicht vollständig abgeschlossen wurden.

Verfahrensregeln

Formale Verfahrensregeln liefern einen fertigen Rahmen für die Durchführung einer Versammlung. Sie können dazu beitragen, dass ein Treffen seine Ziele erreicht, da man damit gewisse Verhaltensregeln aufstellt. Lernen Sie, mit Formalien umzugehen.

87 Unterscheiden Sie zwischen festen Regeln und Gepflogenheiten.

Verfahrensablauf

- Versammlung eröffnen
- Letztes Protokoll billigen
- Routineangelegenheiten abwickeln
- Anträge einbringen
- Anträge behandeln
- Beschlüsse fassen
- Versammlung schließen

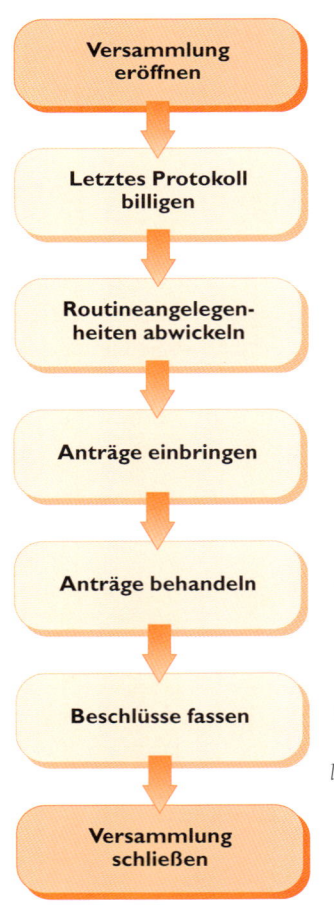

Formell eröffnen

Ehe Sie eine formelle Versammlung eröffnen, sollten Sie sich vergewissern, dass folgende Bedingungen erfüllt sind:
- Alle erforderlichen Teilnehmer sind umfassend und vorschriftsmäßig benachrichtigt worden.
- Die Versammlung ist beschlussfähig, d. h. es sind genügend Teilnehmer anwesend.
- Sowohl Sie als auch die Teilnehmer finden sich innerhalb einer bestimmten Zeit nach dem geplanten Beginn am Versammlungsort ein.

Falls irgendeine dieser Bestimmungen nicht erfüllt ist, können Sie die Versammlung auf eine andere Zeit und an einen anderen Ort vertagen. Sind alle Kriterien erfüllt, eröffnen Sie die Versammlung: Bitten Sie um Aufmerksamkeit und beginnen Sie mit der Tagesordnung.

ANWESENHEITSLISTE ▶
Bei Jahreshauptversammlungen und anderen formellen Versammlungen liegt eine Anwesenheitsliste auf. Ankommende müssen sich eintragen, bevor sie die Versammlung betreten.

VERFAHRENSREGELN

PROTOKOLL BILLIGEN

Eine der ersten Aufgaben bei jeder satzungsgemäßen formellen Zusammenkunft ist es, das Protokoll der letzten Versammlung zu billigen. Als Vorsitzender müssen Sie sich vergewissern, ob alle übereinstimmen, dass die Entscheidungen korrekt festgehalten worden sind. Lassen Sie sich das durch Handzeichen aus dem Auditorium bestätigen. Das Protokoll als offizieller Bericht ist wertlos, wenn später jemand behauptet, dass die Vorgänge anders abgelaufen seien.

88 Zeichnen Sie eine formelle Versammlung auf, um ein exaktes Protokoll zu bekommen.

ROUTINEANGELEGENHEITEN ABHANDELN

Als Vorsitzender von satzungsgemäßen Versammlungen gehört es zu Ihren Pflichten, Routineangelegenheiten abzuwickeln. Das sind z. B. die Prüfung der finanziellen Angaben des Unternehmens oder die Bewertung der Berichte ständiger Unterausschüsse mit speziellen Verantwortungsbereichen. Nehmen Sie jede Routineaufgabe in die Tagesordnung auf und holen Sie die Genehmigung so schnell wie möglich ein, ehe Sie zum nächsten Punkt übergehen. Halten Sie jeden Beschluss für das Protokoll fest und gehen Sie dann zum Hauptteil der Versammlung über.

89 Richten Sie eine Nachrichtenstelle für Teilnehmer ein.

90 Wickeln Sie zuerst Routineangelegenheiten ab.

ANTRÄGE EINBRINGEN

Die Themen auf der Tagesordnung einer formellen Versammlung behandeln Sie in der Form von Anträgen – Absichtserklärungen zu bestimmten Vorhaben. Sorgen Sie dafür, dass alle Anträge rechtzeitig vor der Versammlung schriftlich eingereicht werden. Überprüfen Sie vor Beginn des Treffens, ob sie eingebracht wurden und unterstützt werden, damit Sie keine Zeit mit der Diskussion eines Themas vergeuden, das von den Teilnehmern nicht getragen wird.

91 Richten Sie neben der Registrierungsstelle einen Informationsstand ein.

> **92** Setzen Sie bei Schwierigkeiten Ihre Autorität ein.

ANTRÄGE BEHANDELN

Behandeln Sie Anträge stets in der Reihenfolge, in der sie auf der Tagesordnung erscheinen. Stellen Sie jeden Antrag vor und übergeben Sie ihn der Versammlung zur Diskussion. Falls nötig, können Sie eine Vertagung der Versammlung in Betracht ziehen, um weitere Informationen von Fachleuten einzuholen.

Ein Vorsitzender ist manchmal befugt, Dringlichkeitsanträge zu wichtigen Themen einzuführen, wenn keine Zeit war, einen Antrag im Voraus einzubringen. Es ist jedoch nicht möglich, einen Antrag von der Tagesordnung abzusetzen, ohne zuerst die einstimmige Genehmigung aller Teilnehmer eingeholt zu haben.

Sobald ein Antrag umfassend diskutiert worden ist, erwartet man von Ihnen, dass Sie über ihn abstimmen lassen, damit eine Einigung über alle zu ergreifenden Maßnahmen herbeigeführt werden kann. Dafür müssen Sie die erforderlichen Mehrheitsverhältnisse genau kennen.

ANTRAG ÄNDERN

Jeder Antrag kann abgeändert werden. Bringen Sie eine Änderung wie einen Antrag ein, lassen Sie sie diskutieren und billigen, und gehen Sie dann zur Besprechung des geänderten Antrags über. Die Vorschriften formeller Versammlungen erfordern es, Änderungen im Voraus anzukündigen. Bei lockereren Treffen können Änderungen bei der Debatte eingebracht werden.

BESCHLÜSSE VERABSCHIEDEN

Wenn über einen Antrag abgestimmt wird, führt das zur Verabschiedung eines Beschlusses – einer schriftlichen Anweisung für künftige Handlungen. Führen Sie als Vorsitzender eine Abstimmung durch, indem Sie bei jedem Punkt der Agenda um Handzeichen bitten. Wenn keine Einwände erhoben werden, verabschieden Sie den Antrag und halten ihn als Beschluss fest. Dieser kann dann erst wieder aufgehoben werden, wenn bei einer späteren Versammlung ein Gegenantrag eingebracht wird. Wenn ein Antrag eine geheime Abstimmung erforderlich macht, bitten Sie um Abgabe von Stimmzetteln, die in einer Wahlurne gesammelt werden. Zählen Sie sie am Ende der Versammlung aus und geben Sie das Ergebnis später bekannt.

> **93** Geben Sie Unterausschüssen klare Richtlinien mit.

> **94** Vermeiden Sie allzu viele Formalien – sie verhindern die Diskussion.

Verfahrensregeln

Unterausschüsse bestellen

Der Vorsitzende ist an der Bestellung von Unterausschüssen beteiligt, die Verantwortung für spezielle Fragen übernehmen. Beispielsweise können Sie als Vorsitzender eines Unternehmensvorstands beschließen, einen Unterausschuss einzurichten, der das Gehaltspaket der Direktoren diskutiert. Solche Gruppen können auch Fachleute eines bestimmten Gebietes einschließen, die man von außerhalb heranzieht, z. B. Unternehmensberater. Es ist ihre Funktion, einem bestehenden Ausschuss beizustehen, damit dieser zu einer durchdachten Entscheidung kommt.

UNTER-AUSSCHUSS EINWEISEN ▶
Wenn Sie die Mitglieder eines Unterausschusses einweisen, sollten Sie ein klares schriftliches Briefing liefern und es sorgfältig durchsprechen und erläutern.

Formell schließen

Ehe Sie eine Versammlung formell beschließen, muss ein Antrag gestellt werden, dass sie beendet werden soll. Wenn das unterstützt wird, bitten Sie um Handzeichen derer, die für den Antrag sind. Sie können auch um Handzeichen derer bitten, die gegen den Antrag sind. So machen Sie die Teilnehmer ausfindig, die die Versammlung für weitergehende Diskussionen fortsetzen möchten (weil sie z. B. mit einer Entscheidung nicht einverstanden sind). Als Vorsitzender müssen Sie nicht allen, die reden wollen, das Wort erteilen. Auch sollten Sie den Teilnehmern nicht gestatten, zu lange zu sprechen. Es liegt in Ihrem Ermessen, wie lange Sie Diskussionen zulassen, ehe Sie die Veranstaltung formell beenden.

95 Übergeben Sie komplexe Themen an eine Arbeitsgruppe.

96 Es liegt in Ihrer Macht zu entscheiden, wann eine Versammlung endet.

Probleme in formellen Versammlungen

Die Probleme bei großen formellen Versammlungen können sich sehr von denen unterscheiden, die bei kleinen informellen Veranstaltungen auftreten. Als Vorsitzender müssen Sie gewährleisten, dass die Verfahrensordnung jederzeit eingehalten wird.

> **97** Zeichnen Sie besonders wichtige Versammlungen auf Video auf.

Problembewältigung bei formellen Verfahren

Probleme	Korrektes Vorgehen
Zu wenig Teilnehmer Die Zahl der Anwesenden erreicht das Quorum nicht, d. h. die Versammlung ist nicht beschlussfähig.	Vertagen Sie die Versammlung und legen Sie einen neuen Termin fest. Die Bedingungen für Beschlussfähigkeit sind unterschiedlich.
Störende Teilnehmer Die Teilnehmer zeigen unziemliches oder störendes Benehmen und provozieren einen Hinauswurf.	Holen Sie die Zustimmung der anderen Versammlungsteilnehmer ein, ehe Sie versuchen, die störenden Individuen zu entfernen.
Verlassen des Saales Sie beschließen als Vorsitzender, den Raum zu verlassen, ehe die Tagesordnung abgeschlossen ist.	Die Versammlung muss unverzüglich einen neuen Vorsitzenden bestimmen, andernfalls ist sie automatisch beendet.
Antrag auf Fusion oder Übernahme Das Beteiligungskapital eines Unternehmens kann gefährdet sein, wenn eine Fusion oder Übernahme droht.	Um das Angebot anzunehmen, sind Beschlüsse erforderlich, die der Zustimmung eines bestimmten Prozentsatzes der Anteilseigner bedürfen.
Übernahme durch Anteilseigner Anteilseigner versuchen, eine Firma zu übernehmen, indem sie die Aktienmehrheit erwerben.	Die Vorschriften des Unternehmens legen das Vorgehen fest. Wenn das Unternehmen an einer Börse notiert ist, gelten die Börsenvorschriften.
Liquidation eines Unternehmens Ein Unternehmen kann liquidiert werden, wenn es seine Verbindlichkeiten nicht mehr einhalten kann.	Die Anteilseigner müssen sich an die Gerichte wenden, um das Unternehmen nach dem korrekten gesetzlichen Verfahren zu liquidieren.

… PROBLEME IN FORMELLEN VERSAMMLUNGEN

---

98 Vereinfachen Sie wenn möglich Verfahrensvorschriften.

99 Bleiben Sie bei Demonstrationen gelassen und souverän.

VERFAHRENSORDNUNG

Ziehen Sie sich stets auf die Verfahrensordnung zurück, wenn ein Problem auftritt. Der Rückzug auf ein förmliches Vorgehen hilft Ihnen, die Rechte der Teilnehmer zu wahren.

- Es gibt immer Regeln, mit denen man eine ausartende Versammlung in den Griff bekommen kann.
- Die meisten formellen Verfahren beruhen auf gesetzlichen Grundlagen oder sind von einem Leitungsgremium eingeführt worden.
- Die meisten formellen Verfahren sind dafür da, dass alle Anteilseigner gleich behandelt werden.
- Alle Teilnehmer sollten Zugriff auf die Verfahrensvorschriften haben, damit sie ihre Rechte und Pflichten kennen.

VERFAHREN ANPASSEN

Es ist Ihre Pflicht als Vorsitzender, dafür zu sorgen, dass Teilnehmer die Verfahrensregeln nicht zu ihrem eigenen Vorteil ausnutzen. Es kann sich auszahlen, komplizierte Prozeduren zu vereinfachen und Schlupflöcher zu verstopfen, um Missbrauch zu verhindern. Wie Sie vorgehen müssen, um Regeln oder Verfahrensvorschriften zu ändern, hängt vom Unternehmen ab. Sie als Vorsitzender können befugt sein, das selbst in die Hand zu nehmen, oder es kann eine Abstimmung erforderlich sein. Eine zeitweilige Änderung der Regeln kann den glatten Verlauf einer Versammlung gewährleisten, aber dauerhafte Verfahrensänderungen sollten mit Umsicht vorgenommen werden.

100 Vertagen Sie kurz, wenn die Stimmung brodelt.

NICHT VERGESSEN

- Der Vorsitzende ist für den reibungslosen Verlauf einer Versammlung verantwortlich.
- Der Vorsitzende sollte nie in Streitigkeiten verwickelt werden.
- Das Sicherheitspersonal sollte zu jeder Zeit bereitstehen, aber nicht einschüchternd oder übereifrig auftreten.
- Wenn es zu Ausbrüchen von Teilnehmern kommt, sollten Sie umgehend beruhigt oder vom Veranstaltungsort entfernt werden.
- Die Ausgänge sollten frei sein, damit Störer entfernt werden können.

101 Besprechen Sie mit dem Sicherheitspersonal, wie mit Unruhestiftern verfahren werden soll.

Testen Sie sich als Versammlungsleiter

Überprüfen Sie, wie gut Ihre Leistung als Versammlungsleiter ist. Antworten Sie dazu auf die folgenden Aussagen, und kreuzen Sie jeweils die Möglichkeit an, die Ihrer Erfahrung am ehesten entspricht. Bemühen Sie sich, möglichst aufrichtig zu sein. Addieren Sie Ihre Punktzahl und sehen Sie in der Auswertung nach, wie gut Sie sind. Nutzen Sie das Ergebnis, um sich in schwachen Bereichen zu verbessern.

Optionen

1 Nie
2 Gelegentlich
3 Oft
4 Immer

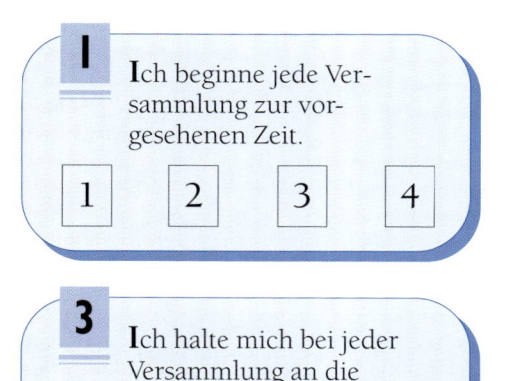

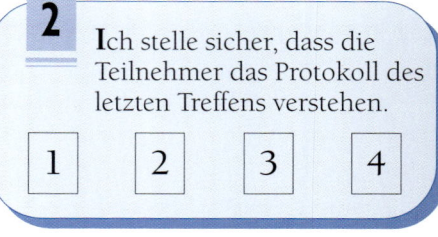

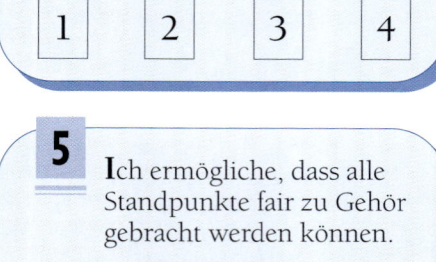

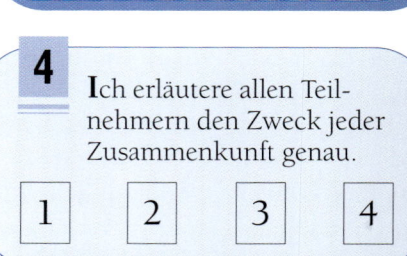

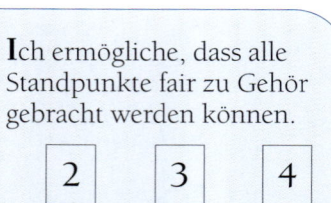

1 Ich beginne jede Versammlung zur vorgesehenen Zeit.
1 2 3 4

2 Ich stelle sicher, dass die Teilnehmer das Protokoll des letzten Treffens verstehen.
1 2 3 4

3 Ich halte mich bei jeder Versammlung an die genehmigte Tagesordnung.
1 2 3 4

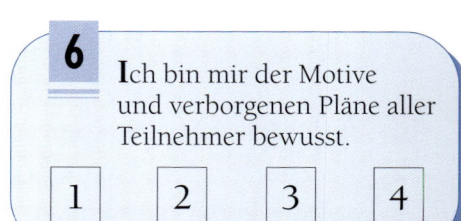

4 Ich erläutere allen Teilnehmern den Zweck jeder Zusammenkunft genau.
1 2 3 4

5 Ich ermögliche, dass alle Standpunkte fair zu Gehör gebracht werden können.
1 2 3 4

6 Ich bin mir der Motive und verborgenen Pläne aller Teilnehmer bewusst.
1 2 3 4

TESTEN SIE SICH ALS VERSAMMLUNGSLEITER

7 Ich sorge dafür, dass alle Teilnehmer bei der Versammlung einbezogen werden.
1　2　3　4

8 Ich vergewissere mich, dass ich mich gründlich vorbereitet habe.
1　2　3　4

9 Ich ziehe vor jeder formellen Zusammenkunft die Verfahrensweisen zu Rate.
1　2　3　4

10 Ich sorge dafür, dass ein genaues Protokoll erstellt wird.
1　2　3　4

11 Ich überprüfe, dass die Teilnehmer wissen, was sie nach dem Treffen tun müssen.
1　2　3　4

12 Ich sorge dafür, dass die Teilnehmer Zeit und Ort des nächsten Treffens kennen.
1　2　3　4

AUSWERTUNG

Addieren Sie nun Ihre Punktzahl und prüfen Sie Ihre Fähigkeit anhand der entsprechenden Bewertung. Welches Erfolgsniveau Sie als Vorsitzender einer Versammlung auch erreicht haben mögen, Sie sollten nicht vergessen, dass es immer Raum für Verbesserungen gibt. Stellen Sie Ihre schwächeren Bereiche fest und lesen Sie in den entsprechenden Abschnitten des Buches nach, wie Sie ihre Fähigkeiten als Versammlungsleiter aufbauen und optimieren können.

12–24 Ihre Fähigkeiten als Versammlungsleiter müssen beträchtlich verbessert werden; überdenken Sie Ihre Rollenauffassung.
25–36 Sie haben bestimmte Stärken, müssen sich aber darauf konzentrieren, Ihre Schwachpunkte zu verbessern.
37–48 Die von Ihnen geleiteten Versammlungen laufen reibungslos ab.

ERFOLGREICH DELEGIEREN

Einleitung **356**

DER PROZESS DES DELEGIERENS

Delegieren verstehen **358**
Warum delegieren? **360**
Barrieren erkennen
und überwinden **362**
Beziehungen aufbauen **366**

SINNVOLLES DELEGIEREN

Aufgaben auswählen **368**
Wichtige Aufgaben behalten **372**
Beim Delegieren
Strukturen planen **374**
Eignung bedenken **376**
Verantwortlichkeit definieren **378**
Die richtige Person wählen **380**
Briefing vorbereiten **382**
Prinzipielle Vereinbarung treffen **384**
Briefing erstellen **386**

UMGANG MIT KONTROLLE

Wie kontrollieren? **388**
Risiken minimieren **392**
Position des Beauftragten stärken **394**
Hilfe leisten **396**
Vereinbarte Grenzen einhalten **398**
Feedback geben **400**
Loben und belohnen **402**
Schwierigkeiten **404**
Testen Sie sich **408**

KOMPETENZ-ERWEITERUNG

Mitarbeiter fördern **412**
Stellvertreter ernennen **416**
Persönlich weiterkommen **418**

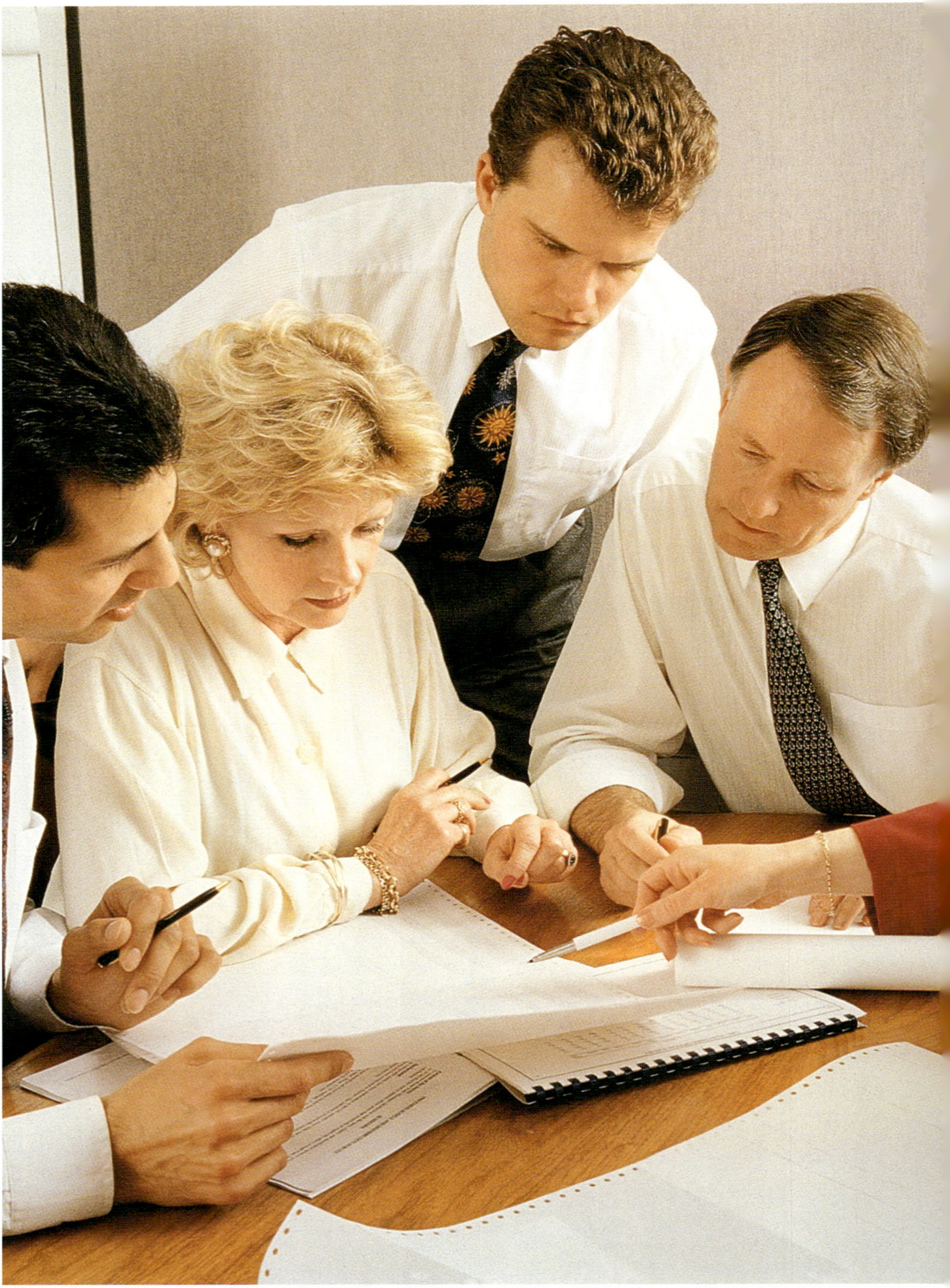

Einleitung

Delegieren ist wesentlich für jede Führungskraft. Wenn es richtig gemacht wird, bringt es allen Beteiligten nur Vorteile. Dieses Buch soll Ihnen helfen, mit delegierten Aufgaben die bestmöglichen Resultate zu erzielen – von kleinen Alltagsjobs bis hin zu Führungsaufgaben. Hier werden alle Aspekte des Prozesses berücksichtigt: das Einstufen der Aufgabe, die Überlegung, welche Aufgaben an wen delegiert werden können, das Erkennen und Überwinden von Barrieren und das Vermeiden von Risiken. Praktische Anregungen, wie man Mitarbeiter motiviert und fördert, Loyalität aufbaut, Feedback gibt und bekommt, steigern Ihr Selbstvertrauen und Ihre Professionalität beim Delegieren. 101 praktische Tipps fassen die Hauptpunkte zusammen. Mit einem Test zur Selbsteinschätzung können Sie Ihre Fähigkeiten zum Delegieren überprüfen.

Der Prozess des Delegierens

Eine zentrale Führungsqualität ist es, gut zu delegieren. Um optimale Resultate zu erzielen, müssen Sie sich der Vorteile bewusst sein und die Barrieren kennen, die Erfolg verhindern.

Delegieren verstehen

Da Unternehmen immer komplexer werden, wird es auch immer schwieriger, Pflichten und Verantwortlichkeiten der Belegschaft genau zu definieren. Oft sieht es so aus, als mache jeder die Jobs der anderen. Delegieren ist der Schlüssel zur Effizienz.

> **1** Delegieren Sie zu Ihrem Vorteil und zu dem des Unternehmens.

▲ **DELEGIEREN ZUM FÜHRUNGSERFOLG**
Der Manager überwacht das delegierte Projekt. Er trägt die Verantwortung und lässt dem Beauftragten Selbstständigkeit.

Was ist Delegieren?

Delegieren bedeutet, einen anderen mit einer Aufgabe zu betrauen, für die der Delegierende letztendlich verantwortlich bleibt. Delegieren reicht von einer wichtigen Ernennung, z.B. zum Leiter eines Teams, das ein neues Produkt entwickelt, bis hin zu kleineren Aufgaben im Alltag des Unternehmens – vom Arrangieren eines Betriebsausflugs bis hin zum Gespräch mit einem Bewerber. Die Gesamtstruktur eines Unternehmens ist ein komplexes Netz delegierter Befugnisse, meist in hierarchischer Form, mit einem Mechanismus zur Berichterstattung und Steuerung.

Delegieren verstehen

Grundlegende Fragen

Die Grundfragen des Delegierens sind Selbstständigkeit und Kontrolle. Wie selbstständig kann der Beauftragte handeln, ohne sich an den Delegierenden zu wenden? Wie weit sollte der Delegierende direkten Einfluss auf die Arbeit des Beauftragten ausüben? Wenn Sie jemanden auswählen, müssen Sie beurteilen, ob dieser Mitarbeiter zur Ausführung der Aufgabe imstande ist. Nachdem Sie die Aufgabe delegiert haben, sollten Sie dafür sorgen, dass er genug Handlungsfreiheit bekommt, die Aufgabe auf seine Weise anzugehen. Nach dem einleitenden Briefing erhalten Sie regelmäßig Berichte.

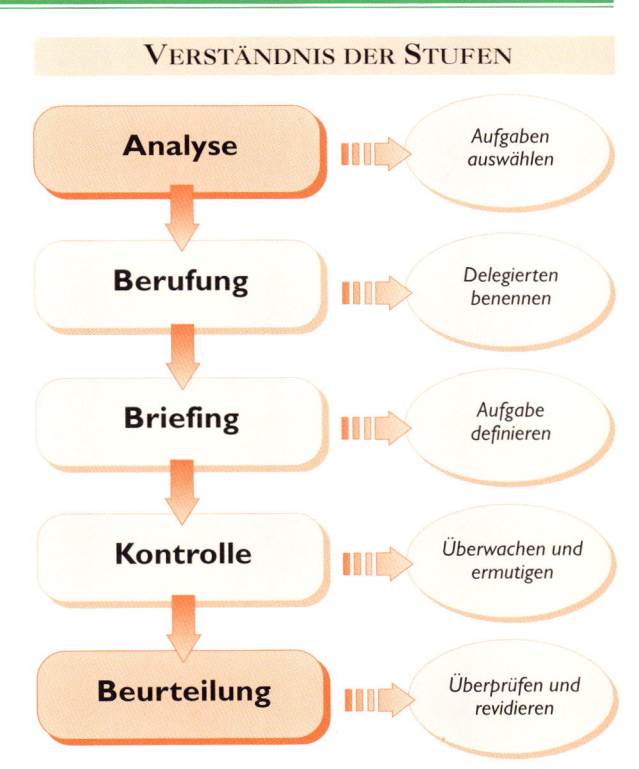

Verständnis der Stufen

- **Analyse** → Aufgaben auswählen
- **Berufung** → Delegierten benennen
- **Briefing** → Aufgabe definieren
- **Kontrolle** → Überwachen und ermutigen
- **Beurteilung** → Überprüfen und revidieren

Den Prozess definieren

Der permanente Prozess des Delegierens ist integraler Bestandteil der Rolle des Managers. Der Prozess beginnt mit der Analyse und Auswahl der Aufgaben, die delegiert werden sollen. Die Parameter einer jeden Aufgabe müssen klar definiert werden. Das hilft dem Delegierenden, einen passenden Mitarbeiter zu finden, den er so genau wie möglich einweist. Eindeutiges Briefing ist unerlässlich – Sie können Leute für unklare Aufgaben nicht verantwortlich machen. Eine gewisse Überwachung ist auch notwendig, sollte sich aber auf Kontrolle und Betreuung beschränken und nicht zur Einmischung führen. Die letzte Stufe ist die Beurteilung. Hat der Beauftragte seine Aufgabe gemeistert? Was kann – auf beiden Seiten – verbessert werden?

2 Seien Sie bei der Kontrolle positiv – erwarten Sie gute Nachrichten.

3 Zeigen Sie dem Beauftragten Vertrauen, auch wenn andere zweifeln.

… DER PROZESS DES DELEGIERENS

WARUM DELEGIEREN?

Delegieren hat eine Reihe von Vorteilen. Wenn Sie Ihre Arbeit rationalisieren, bleibt Ihnen mehr Zeit für die eigentlichen Aufgaben des Managements. Ihre Mitarbeiter werden motiviert und bekommen mehr Selbstvertrauen, es herrscht weniger Stress.

4 Delegieren Sie, um die Motivation zu steigern und Selbstvertrauen aufzubauen.

MEHR ZEIT GEWINNEN

Viele Manager berichten, die Beanspruchung durch kurzfristige betriebliche Aufgaben und Kleinkram gestatte ihnen nicht, wichtigeren langfristigen Dingen genug Zeit zu widmen. Strategische Planung, Kontrolle und Weiterbildung leiden unter der Last nicht delegierter Routineaufgaben, die sie persönlich erledigen. Um mehr Zeit für sich selbst zu gewinnen, müssen Routinearbeiten vermehrt delegiert werden. Je häufiger Sie delegieren, desto mehr Erfahrung sammeln Ihre Mitarbeiter. Dann müssen Sie schon nach kurzer Zeit deutlich weniger Mühe in die Briefings investieren.

5 Planen Sie jeden Tag genügend Zeit für Ihre langfristigen Projekte ein.

STRESS VERRINGERN

Der wachsende Erfolgsdruck auf Führungskräfte führt zu immer mehr Stress. Die Symptome sind Gereiztheit, zerstreutes Verhalten, Papierstapel auf dem Schreibtisch und übervolle Terminkalender. Ein übersichtlicher Schreibtisch und ein überschaubarer Terminkalender lassen sich am besten durch Delegieren erreichen. Delegieren verringert nicht nur den Druck auf den Delegierenden, sondern kommt meist dem Beauftragten, dem Team und der Abteilung zugute. Erwägen Sie vor dem Delegieren gründlich die Anforderungen der Aufgabe, und schätzen Sie die Fähigkeiten der Person ein, die sie beauftragen wollen.

WICHTIGE FRAGEN

- F Kann ich der strategischen Planung und der Gesamtüberwachung genug Zeit widmen?
- F Ist mein Schreibtisch überladen mit unvollendeten Aufgaben?
- F Sind die Mitarbeiter begeistert und hinlänglich motiviert?
- F Delegiere ich notwendige Routinearbeit an die Mitarbeiter?
- F Hat Weiterbildung Priorität, um noch effektiver an meine Mitarbeiter delegieren zu können?

Delegieren motiviert

Das Bewusstsein, etwas geleistet zu haben, steht für jeden im Zentrum der Arbeitsfreude. Effektives Delegieren erhöht die Verantwortlichkeit. Das stimuliert, bringt dem Beauftragten mehr Zufriedenheit und ein größeres Selbstwertgefühl. Delegieren heißt Verantwortung zuweisen. Das ist die Hauptquelle für mehr Leistung. Ihre Mitarbeiter werden sich nur entfalten, wenn sie Aufgaben bekommen, die Fähigkeiten, Erfahrung und Selbstvertrauen aufbauen. Sie leisten am meisten, wenn alle klar umgrenzte Aufgaben und Verantwortungsbereiche haben, die in richtiger Relation zu ihren Kenntnissen und Mitteln stehen. Halten Sie regelmäßig effektive Feedback-Besprechungen ab, um die Motivation der Beauftragten aufrechtzuerhalten.

6 Überzeugen Sie sich, ob Sie Erfahrung zur Betreuung anderer haben.

7 Wenn Delegieren nicht funktioniert, fragen Sie: »Was mache ich falsch?«

Kosten des Nicht-Delegierens

Delegieren kostet Zeit. Man muss mehr organisieren und Prioritäten setzen. Aber es kostet weit mehr, es nicht zu tun. Der Manager, der nicht oder ineffizient delegiert, wirkt nicht nur unorganisiert und planlos, sondern verschwendet wöchentlich auch viele Stunden mit der Ausführung von Arbeiten geringerer Priorität. Das kann zu unnötigen Überstunden von Führungskräften führen, zur Unzufriedenheit der Angestellten, zu Engpässen und verpassten Terminen. Langfristig haben all diese Faktoren schädliche Konsequenzen.

▼ **INEFFIZIENT DELEGIEREN**
Ein Manager, der nicht delegiert, hat kaum Aussicht, sämtliche Aufgaben, die auf seinem Schreibtisch landen, effizient zu bewältigen.

Der Prozess des Delegierens

Barrieren erkennen und überwinden

Managern erscheint das Delegieren oft schwierig. Barrieren, die das Delegieren verhindern, beruhen auf Gefühlen der Unsicherheit und des Misstrauens. Die Vorteile, die es bringt, wenn man diese Gefühle überwindet, gleichen mögliche Nachteile aus.

8 Behalten Sie Arbeit nicht bei sich, weil Sie etwas besser können.

Selbermachen

Als Manager können Sie viele Aufgaben möglicherweise effizienter erledigen als Ihre Mitarbeiter. Aber wenn Sie versuchen, alles nur selbst zu machen, weil Sie schneller und versierter sind, sind Sie zweifellos überlastet. Sie haben dann nicht mehr genug Zeit für anspruchsvollere Aufgaben, die nur Sie bewältigen können. Außerdem: Wie sollen Ihre Mitarbeiter geübt werden, wenn sie keine Gelegenheit zu neuen Aufgaben bekommen?

MANAGER NUTZT ▼ SEINE ZEIT FALSCH
Hier erledigt der Manager nicht nur seine eigene Arbeit, sondern verschwendet Zeit, die er für Wichtigeres verwenden könnte. Er erledigt Routinearbeit, die er an geeignete Angestellte delegieren sollte.

Manager arbeitet an angemessener Aufgabe auf hohem Niveau.

Simple Arbeit ist Zeit- und Energieverschwendung.

Manager sollte das Fax nicht selbst versenden.

MITARBEITER ÜBERLASTEN

Die Furcht, Mitarbeiter zu überlasten, ist ein großes Hindernis beim Delegieren – der gewissenhafte Manager will seine Mitarbeiter natürlich nicht übermäßig mit Arbeit belasten. Wenn die Mitarbeiter schon voll ausgelastet sind, wie kann man dann noch Arbeit delegieren, ohne sie zu überlasten? Eine Lösung wäre, Aufgaben zurückzuhalten und Zeit zu suchen, sie selbst zu erledigen. Vernünftiger wäre es, die Angestellten analysieren zu lassen, wie sie ihre Zeit verwenden und freie Kapazität für Mehrarbeit zu suchen. Wenn Personalmangel wirklich das Problem ist, kann dies nur durch Neueinstellung behoben werden.

WICHTIGE FRAGEN

F Wie viel Zeit verwende ich für Dinge, die ich an Kollegen delegieren sollte?

F Kann ich daraus lernen, wie mein Chef an mich delegiert?

F Habe ich den Papierkram im Griff?

F Weshalb rege ich mich auf, wenn ein Angestellter einen Teil meines Jobs gut abwickelt?

F Wie viel freie Arbeitskapazität gibt es in meiner Abteilung?

> **9** Delegieren Sie effizient, um Ihre Leistung zu stärken.

> **10** Seien Sie loyal zu Mitarbeitern, dann sind sie es auch.

MANGELNDE ERFAHRUNG

Zur Grundmechanik des Delegierens gehören allgemeine Managementfähigkeiten – einschließlich der Kenntnis im Kontrollieren und Überprüfen. Für Manager mit weniger Erfahrung besteht die Herausforderung darin, die komplexen Aspekte des Prozesses zu meistern, also insgesamt einen wirksamen, angemessenen Führungsstil zu erreichen. Delegieren ist ein Vorgang, bei dem Sie Ihre Kenntnisse durch den Prozess selbst entwickeln und vervollkommnen. Selbstvertrauen und Fähigkeiten nehmen zu, je mehr Sie delegieren.

DIE ÜBERSICHT VERLIEREN

Der Wunsch, alles im Griff zu haben, ist eine menschliche Eigenschaft. Delegieren bedingt den Verlust direkter Kontrolle, und dieser Verlust ist eine potenzielle Barriere. Wenn ein Manager delegiert, überträgt er die Verantwortung zur Ausführung seinem Beauftragten – aber er behält die Gesamtkontrolle insofern, als er die richtige Person wählt, eine klare Idee über die Abwicklung hat, regelmäßig Berichte bekommt und Feedback gibt.

> **11** Erwarten Sie, dass delegierte Leistung Ihre Ansprüche erfüllt.

ANGST ÜBERWINDEN

Angst ist eine wesentliche Barriere beim Delegieren. Manchmal fürchten Manager, dass der Beauftragte seine Sache so gut macht, dass dadurch die eigene Position gefährdet wird. Damit geht die Angst einher, dass der »Verlust« einer Aufgabe die persönliche Bedeutung beeinträchtigt. Normalerweise befürchtet man, dass der Beauftragte seine Aufgabe schlecht erledigt. Stellen Sie sich vier Fragen: Ist die Aufgabe zum Delegieren geeignet? Ist der Beauftragte dafür qualifiziert? Werde ich ihn voll und ganz einweisen? Biete ich ihm Unterstützung, Autorität und Mittel? Wenn die Antworten »Ja« lauten, gibt es nichts zu befürchten.

NICHT VERGESSEN

- »Besitzansprüche« an Arbeit sind unprofessionell und unproduktiv.
- Sich an untergeordnete Aufgaben zu klammern, bedeutet schlechtes Management.
- Bei genauer Betrachtung findet sich freie Arbeitskapazität bei Ihren Mitarbeitern.
- Seine Aufgaben ohne Zeitplan zu erledigen ist selbstzerstörerisch.
- Delegieren bedeutet, die Ausführung abzugeben, aber die Gesamtkontrolle zu behalten.

12 Regen Sie »überarbeitete« Leute, dazu an, über ihre Zeit Buch zu führen.

SICH UNSICHER FÜHLEN

Unsichere Manager, die nicht delegieren, unterschätzen ihre Angestellten und gefährden damit sich selbst. Wenn Sie gut ausgebildete und motivierte Mitarbeiter zur Ausführung der delegierten Arbeit einteilen, brauchen Sie sich nicht unsicher zu fühlen. Delegieren gefährdet die Position des Delegierenden keineswegs, sondern steigert die Leistung und sichert damit zugleich den Arbeitsplatz. Deshalb haben Topmanager oftmals eine leere Schreibtischplatte – sie konzentrieren sich auf wenige Aufgaben mit hoher Priorität.

MISSTRAUISCH SEIN

Manager können auch dann noch unsicher sein, wenn die Mitarbeiter ihre Kompetenz bewiesen haben. Wer schlecht delegiert, meint, dass eine Aufgabe, vor allem wenn sie wichtig ist, nur »auf seine Weise« bewältigt werden kann. Das führt zu sehr restriktiven Briefings, die nur wenig Raum zur Eigeninitiative lassen. Widerstehen Sie dem Drängen, sich mehr als nötig einzumischen. Das verursacht mehr Arbeit und schadet dem Ziel.

13 Denken Sie daran, dass Delegieren umso leichter fällt, je öfter Sie es tun.

Barrieren erkennen und überwinden

14	Nutzen Sie Delegieren als effektives Mittel zur Schulung Ihrer Mitarbeiter.

15	Wenn Sie oft »Ich habe keine Zeit« sagen, teilen Sie Ihre Zeit falsch ein.

Zu beschäftigt sein

Die eigene tägliche und wöchentliche Terminplanung ist eine wesentliche Voraussetzung zum erfolgreichen Delegieren. Ein überarbeiteter Manager mit schlecht organisiertem und überladenem Terminkalender ist einerseits selbst daran schuld, anderseits das Opfer unzulänglichen Delegierens. Nur allzu leicht gerät man in einen Teufelskreis: Sie delegieren nicht genug, weil Ihnen die Zeit fehlt, die Aufgaben zu erklären oder zu überwachen. Deshalb machen Sie ständig das, was delegiert werden sollte – und das bedeutet wiederum, dass Ihnen die Zeit fehlt, die Aufgaben zu erklären oder zu überwachen. Ordnen Sie Ihren Terminplan so, dass Ihnen genug Zeit bleibt für Planung, präzises Briefing und Kontrolle. Die dafür investierte Zeit lohnt sich langfristig auf jeden Fall.

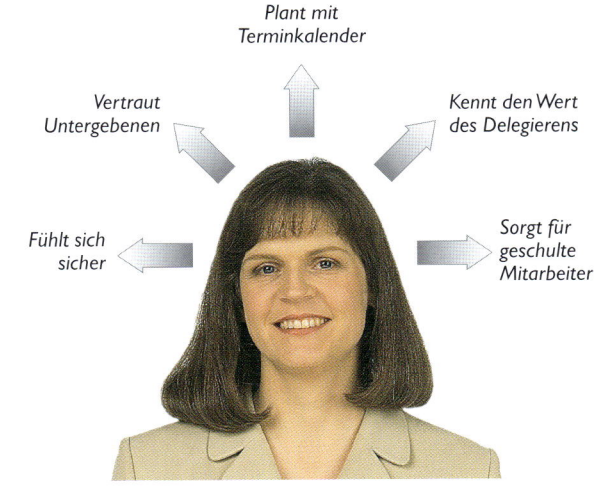

Fehlendes Vertrauen

Wenn beide Seiten im Delegationsprozess einander nicht vertrauen, wird der Prozess extrem schwierig. Der Manager muss volles Vertrauen haben, dass die Person seiner Wahl die Aufgabe bewältigen kann, und der Beauftragte muss spüren, dass der Manager fair ist. Mitarbeiter müssen sich der Integrität, der Kompetenz und der Loyalität sicher sein. Beiderseits ist Vertrauen unabdingbar. Vertrauen ist nicht blind, sondern hängt von guter Leistung ab. Vermitteln Sie den Beauftragten während des Projekts ehrliches und konstruktives Feedback.

Plant mit Terminkalender
Vertraut Untergebenen
Kennt den Wert des Delegierens
Fühlt sich sicher
Sorgt für geschulte Mitarbeiter

Managerin, die delegiert

▲ **Barrieren überwinden**
Wenn Sie Barrieren erkennen, die Sie am sinnvollen Delegieren hindern, haben Sie diese schon mehr als zur Hälfte überwunden. Wenn Sie Ihre anfänglichen Ängste erst einmal überwunden haben, wird sich Ihre Effizienz in kurzer Zeit erheblich erhöhen.

Beziehungen aufbauen

Ehrlichkeit, Aufgeschlossenheit und effektive Kommunikation sind wichtig zum erfolgreichen Delegieren. Sie helfen, Vertrauen aufzubauen und persönliche Barrieren zu überwinden. Sie sollten das Vertrauen festigen und Wertschätzung erreichen.

16 Geben Sie den Beauftragten lieber zu viele Befugnisse als zu wenige.

17 Reagieren Sie schnell auf ungerechtfertigte Gerüchte.

Gut kommunizieren

Wenn Manager ihr Wissen für sich behalten, nur sporadisch und unvollständig etwas mitteilen oder nicht einmal den Versuch machen, die Wahrheit zu sagen, dann breiten sich Misstrauen und eine allgemeine negative Einstellung schnell unter den Mitarbeitern aus. Aber Missverständnisse und ungerechtfertigte Verdächtigungen können sich ergeben, selbst wenn Leute glauben, sie besprächen Dinge offen und ehrlich. Manche Manager hören nur, was sie hören wollen, und Angestellte wagen nicht, zu widersprechen. Sie müssen sich klar ausdrücken und richtig zuhören. Das ermutigt andere, Ihnen ihre Gedanken und Meinungen mitzuteilen.

Wahrnehmungen vergleichen

Wenn Sie sich fragen, ob Sie beim Delegieren hilfreich sind, sollten Sie stets den Standpunkt des Beauftragten vor Augen haben. Vielleicht entdecken Sie eine überraschende Kluft in der Wahrnehmung der Situation. Machen Sie von Anfang an klar, dass Sie eine ehrliche Meinung über Ihren Delegierstil wünschen und erwarten. Wenn das Feedback darauf hinweist, dass man Sie für lästig und misstrauisch hält, ändern sie das sofort. Je mehr Ihre Mitarbeiter begreifen, dass sie wirklich verantwortlich sind, umso mehr leisten sie.

18 Behalten Sie Leute nicht, denen Sie nicht vertrauen.

19 Nehmen Sie Wahrnehmungen ernst, und analysieren Sie diese objektiv.

BEZIEHUNGEN AUFBAUEN

MEINUNGEN RESPEKTIEREN

Behandeln Sie alle mit demselben Respekt, den Sie selbst erwarten, denn Ihre Mitarbeiter sind Ihre Verbündeten. Wenn Sie delegieren, so bedeutet das Respekt, Vertrauen und Glauben an die Fähigkeit und Eignung der anderen. Um gegenseitigen Respekt aufzubauen, fragen Sie Ihre Mitarbeiter, wie die Arbeit – ihrer Meinung nach – gemacht werden sollte, und hören Sie den Vorschlägen genau zu.

TUN UND LASSEN

✔ Kommunizieren Sie gut mit Ihren Mitarbeitern.

✔ Halten Sie Ihre Mitarbeiter für kompetent.

✔ Zeigen Sie den von Ihnen Beauftragten, dass Sie sie respektieren und schätzen.

✔ Bringen Sie Ihren Mitarbeitern Loyalität entgegen.

✔ Geben Sie den von Ihnen Beauftragten Gelegenheit, ihre Meinung einzubringen.

✘ Erschrecken Sie nicht vor unterschiedlichen Auffassungen.

✘ Vergessen Sie nicht, dass Vertrauen auf Gegenseitigkeit beruht.

✘ Verlangen Sie nichts, was Sie selbst nicht machen würden.

✘ Missbrauchen Sie Beauftragte nicht als Sündenböcke.

✘ Hindern Sie Mitarbeiter nicht, ihre Meinung zu äußern.

EIN BLICK AUF DIE TRANSAKTIONSANALYSE

Die Transaktionsanalyse ist eine systematische Betrachtung zwischenmenschlicher Verhaltensweisen, die drei »Ichs« definiert:

- ELTERN-ICH: Lenkend, kontrollierend, helfend.
- ERWACHSENEN-ICH: Vernünftig, objektiv, faktenorientiert.
- KIND-ICH: Egozentrisch, abhängig, eigensinnig.

Durch Beobachtung kann man erkennen, welches System in einem Menschen dominiert. Manche dominieren z.B. über andere, indem sie ihr ELTERN-ICH einsetzen, um das KIND im anderen zu provozieren. Oder das KIND will Mitleid heischen, um andere zu beeinflussen. Produktives Delegieren beruht auf gegenseitigem Respekt, der am besten beim Umgang im ERWACHSENEN-Modus vorherrscht.

DIE RICHTIGE HALTUNG ▶
Der zwischenmenschliche Prozess des Delegierens wird wesentlich verbessert, wenn die Beziehung offen und ehrlich von ERWACHSENEM zu ERWACHSENEM läuft.

SINNVOLLES DELEGIEREN

Sachverständige Führungskräfte delegieren erfolgreich, weil sie zielbewusst Aufgaben auswählen, die Beauftragten überwachen und ihnen positives Feedback geben.

AUFGABEN AUSWÄHLEN

Ehe Sie Ihre Technik des Delegierens verbessern können, müssen Sie entscheiden, welche Aufgaben Sie delegieren können. Dazu müssen Sie Ihre Zeit sowie die der Mitarbeiter einschätzen und Aktivitäten nach Dringlichkeit gruppieren und ordnen.

> **20** Lassen Sie nicht zu, dass andere Ihnen unnötig Arbeit verursachen.

ZEIT ANALYSIEREN

Haben Sie die Art, wie Sie Ihre Zeit einteilen, im Griff? Eine sinnvolle Übung ist es, zu bestimmen, wie Ihr tatsächlicher Zeitaufwand zu den Bereichen oder Aufgaben passt, für die Sie verantwortlich sind. Beginnen Sie die Analyse, indem Sie einen detaillierten Zeitplan über mindestens zwei Wochen führen: Notieren Sie alles, was Sie machen und wie viel Zeit Sie dafür aufwenden. Vielleicht stellen Sie fest, dass nur ein kleiner Anteil Ihrer Zeit für wichtige Dinge verwendet wurde und dass weitaus mehr Zeit für Routinearbeit verloren ging, die Sie delegieren könnten.

> **21** Überprüfen und revidieren Sie Ihren Zeitplan alle drei bis sechs Monate.

Aufgaben gliedern

Nach der Analyse Ihrer Zeiteinteilung analysieren Sie Ihre Aufgaben. Dazu teilen Sie die Aufgaben Ihres Zeitplans in drei Gruppen ein: Jene, die gar nicht erledigt werden müssen – weder von Ihnen noch von anderen. Jene, die Sie delegieren können und sollten, und schließlich jene, die Sie nicht delegieren können, sondern selbst erledigen müssen. Verwenden Sie diese Aufgliederung als Basis, um alle überflüssigen Aufgaben zu reduzieren, weitere Aufgaben zu delegieren und sich auf wesentliche Dinge zu konzentrieren.

Bewertung Ihrer Tätigkeit

Welche Arbeit mache ich, die nicht gemacht werden muss? → Machen Sie's nicht und delegieren Sie's auch nicht.

Was mache ich, was ebenso gut ein anderer erledigen könnte? → Delegieren Sie diese Arbeiten an Mitarbeiter.

Welche Dinge bearbeite ich, die nur ich erledigen kann? → Was nicht zu delegieren ist, behandeln Sie vorrangig.

Weitere wichtige Faktoren erwägen

Wenn Sie nun entscheiden sollen, welche Aufgaben Sie delegieren, sind mehrere Faktoren zu berücksichtigen:
- Unsinniges kann ganz von der Aufgabenliste gestrichen werden.
- Ihre Aufmerksamkeit gilt den Aufgaben, die nur Sie bewältigen können.
- Gibt es qualifizierte Mitarbeiter für die zu delegierenden Aufgaben?
- Ist Ihr Vorgehen mit Ihrem eigenen Vorgesetzten abgestimmt?

Offensichtlich sind das nicht die einzigen Punkte, an die Sie denken müssen, aber erst wenn Sie einmal darüber nachgedacht und die richtigen Schritte eingeleitet haben, können Sie zur nächsten Stufe des Delegierungsprozesses schreiten.

---

22 Nehmen Sie nur an Meetings teil, die für Ihre Arbeit wichtig sind.

23 Wenn Sie nicht langfristig planen können, delegieren Sie nicht genug.

PRIORITÄTEN SETZEN

Wenn Sie entschieden haben, was Sie delegieren und was Sie selbst bearbeiten, können Sie einzelne Aufgaben bereits weitergeben. Ordnen Sie den Rest nach Priorität oder Dringlichkeit. Beginnen Sie mit einem Blick auf die Aufgaben, und bearbeiten Sie sie entsprechend der Dringlichkeit. Wenn möglich, vollenden Sie jeweils eine Arbeit, ehe Sie mit der nächsten beginnen. Je mehr Sie sich an dieses System halten, desto sinnvoller kommen Sie voran.

24 Geben Sie leichten Aufgaben keine Priorität vor schwierigeren.

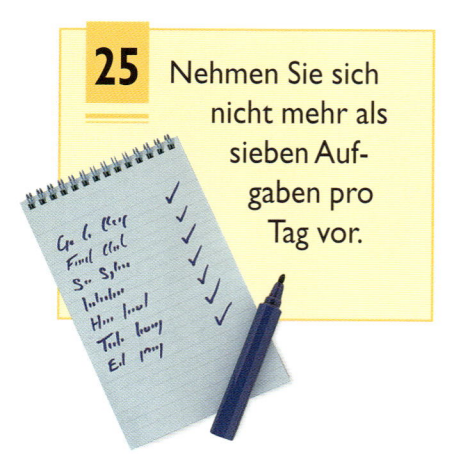

ZEIT KALKULIEREN

Wenn Sie Aufgaben delegieren, müssen Sie eine relativ genaue Vorstellung haben, wie viel Zeit die Ausführung braucht. Bei der Schätzung können Sie sich auf Ihre eigene Erfahrung beziehen oder auf die anderer. Versuchen Sie nicht, Mitarbeiter an einen übertrieben knappen Zeitplan zu binden, sondern regen Sie sie an, ihre Zeitplanung und Ihr Vorgehen zu verbessern. Diese Verfahrensweise wirkt immer. Sie und Ihre Mitarbeiter werden feststellen, dass die aufgewandte Zeit – insbesondere bei Routinedingen, die seit Jahren nicht in Frage gestellt wurden – oft erheblich verkürzt werden kann, wenn man überflüssige Schritte eliminiert.

25 Nehmen Sie sich nicht mehr als sieben Aufgaben pro Tag vor.

AUFGABEN ZUSAMMENFASSEN

Die Liste der Aufgaben wird Tätigkeiten zeigen, die miteinander verwandt oder einander ähnlich sind. Prüfen Sie diese sorgfältig und fassen Sie sie zu Gruppen zusammen, z.B. Administration, Personal und Finanzen. Danach können Sie erwägen, jede Gruppe verwandter Aufgaben an einen Mitarbeiter zu delegieren. Insbesondere wenn Sie einen Mitarbeiter haben, der administrative Arbeiten gerne und sehr gut ausführt, ist es das Beste, diesen mit der ganzen administrativen Gruppe zu betrauen.

26 Stellen Sie lange bestehende Routinen grundsätzlich in Frage.

AUSWAHL TREFFEN

Letzten Endes wird die Wahl dessen, was Sie delegieren, ein subjektives Element enthalten. Mancher Job, den Sie delegieren könnten, liegt Ihnen vielleicht am Herzen. Vielleicht wollen Sie z.B. die guten täglichen Kontakte mit Lieferanten, die Sie lange kennen, selbst beibehalten, obwohl ein Angestellter das ebenso gut könnte. So etwas ist durchaus akzeptabel. Aber lassen Sie sich Ihre Wahl nicht von Abneigungen diktieren – Sie können nicht immer die Aufgaben delegieren, die Sie nicht mögen. Daher sollten Sie die Liste dessen, was nur Sie erledigen können, von Zeit zu Zeit revidieren und erwägen, ob die Liste gekürzt werden kann, vielleicht indem Sie jemandem beibringen, wie der Job gemacht wird.

NICHT VERGESSEN

- Aufgaben sind nach Priorität zu ordnen, basierend auf Dringlichkeit und Bedeutung.
- Etwas anzufangen, das man nicht beenden kann, zeigt zwar guten Willen, ist aber kontraproduktiv.
- Ihr Arbeitstag sollte effizient genutzt werden, und Zeitverschwendung ist inakzeptabel.
- Verantwortung für eine Gesamtaufgabe sollte nach Möglichkeit einem einzigen Mitarbeiter übertragen werden.
- Neue Möglichkeiten, um Aufgaben zu delegieren, müssen kontinuierlich gesucht werden.

BEISPIEL EINER AUFGABENGRUPPE

DAS PROJEKT

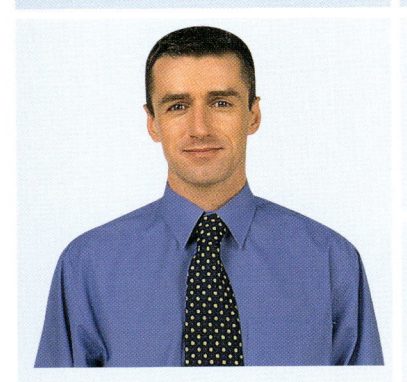

DER DELEGIERENDE
Ein leitender Angestellter wird beauftragt, Herstellung und Einführung eines neuen Produkts zu organisieren. Er behält die Gesamtverantwortung, listet auf, was zu machen ist, und gruppiert das in drei Bereiche zum Delegieren.

DIE ZU DELEGIERENDEN AUFGABEN

PERSONALBEREITSTELLUNG
Der Delegierende beauftragt eine Person mit der Entwicklung einer Personalstrategie, durch die vielseitig einsetzbare Mitarbeiter zur Einhaltung der Fristen und der vereinbarten finanziellen Limits bereitgestellt werden.

PRODUKTHERSTELLUNG
Er beauftragt einen anderen Mitarbeiter, den Stand der Entwicklung und des Fertigungsprozesses kontinuierlich aufzuzeichnen. Dieser soll außerdem die Fristen kontrollieren und Qualitätssicherungsverfahren entwickeln.

MARKETING
Einen dritten Mitarbeiter beauftragt er, das Budget zu berechnen zur Deckung der Gesamtkosten für den Vertrieb des neuen Produkts an die vorhandenen und an neue Kunden – einschließlich Mailings und Verkaufsreisen.

WICHTIGE AUFGABEN BEHALTEN

Als Manager sollten Sie möglichst viele einfache betriebliche Aufgaben delegieren. Aber es gibt auch Bereiche, die Sie nicht delegieren können, z.B. strategische Planung, Krisenmanagement und vertrauliche Fragen, wie Gehälter und Beförderungen.

27 Seien Sie sich der Aufgaben, die Sie nicht delegieren können, bewusst.

AUFGABEN ZURÜCKBEHALTEN

Zu den Aufgaben, die Sie nicht delegieren können, gehören Hauptbereiche wie Überwachung der Gesamtleistung und vertrauliche Personalfragen – wie Mitarbeiter bezahlt, bewertet, befördert, informiert, betreut und beraten werden. Vielleicht müssen Sie auch Vereinbarungen mit wichtigen Kunden selbst erledigen. Räumen Sie diesen Aufgaben Ihre eigene angemessene Priorität ein.

28 Planen Sie Zeiten zum Nachdenken so genau wie eine Konferenz.

ZEIT ZUM NACHDENKEN RESERVIEREN

Aufgaben, die Sie nicht delegieren können, haben gemeinsame Themen: die strategischen Ziele des Unternehmens, der Abteilung und Ihre eigenen. Die meisten Manager sind mit betrieblichen Einzelheiten beschäftigt, etwa dem Sammeln von Information oder der Vorbereitung von Konferenzen. Sie verbringen nur 20 Prozent der Arbeitswoche damit, nachzudenken. Durch effektives Delegieren können Sie Ihre Zeit reorganisieren, damit Gedanken über die strategische Planung den größten Teil Ihrer Zeit beanspruchen. Mit Delegieren und einer effektiven Nutzung der Informationstechnologie können Sie Ihre Zeit zum Nachdenken auf etwa 60 Prozent erhöhen.

DURCHSCHNITTSWOCHE: 20% Nachdenken, 80% übrige Aufgaben

IDEALE WOCHE: 60% Nachdenken, 40% übrige Aufgaben

Aufgaben, die Managern vorbehalten bleiben

Verantwortungsbereiche	Zu erwägende Faktoren
Leitung Für Entwicklung und Ablauf eines Projekts oder eines Unternehmens sorgen.	Führungsaufgaben sind notwendig, um eine Gruppe oder ein Projekt zum Erfolg zu führen. Da sie eine wichtige Steuerungsfunktion haben, können sie im Allgemeinen nicht an Angestellte delegiert werden, aber mit einer oder zwei Führungskräften kann man sie teilen.
Gehälter Parameter für Gehälter und Prämiensysteme festlegen und aufrechterhalten.	Das Festlegen des allgemeinen und individuellen Niveaus von Gehältern und sonstigen Vergütungen ist für die Motivation so grundlegend, dass dies eindeutig zur Kompetenz des Managers gehört. Dasselbe gilt für alle nichtfinanziellen Belohnungen.
Kontrolle Optimale Effektivität im Arbeitsprozess erreichen.	Tägliche Arbeitsdisziplin, Sorgfalt, Qualitätskontrolle und effiziente Arbeitsausführung sollten nicht zu den betrieblichen Aufgaben des Managers gehören. Aber die Verantwortung, dafür zu sorgen, dass diese Kontrollen wirksam sind, kann nicht delegiert werden.
Personal Personalfragen und -entwicklung und Arbeitsdisziplin überwachen.	Der Manager muss die Karrieren und Leistungen der Mitarbeiter, persönliche Beurteilungen und Einschätzungen besonders verfolgen. Entscheidungen über Beförderung, Versetzung, Einstellung und Entlassung müssen behutsam und vertraulich getroffen werden.
Hauptkunden Wichtige Kontakte aufbauen und aufrechterhalten.	Der beständige Erfolg eines Unternehmens steht in engem Zusammenhang mit guten Beziehungen zu den Hauptkunden. Der Manager darf diese Beziehungen niemals dadurch gefährden, dass er die Endverantwortlichkeit für diese Kontakte delegiert.
Strategie Hauptziele festlegen und nötige Mittel bereitstellen.	Zukunftsplanung (kurz-, mittel- und langfristig) ist eine Aufgabe, die von oben ausgehen muss. Strategien werden vom Manager entwickelt und umgesetzt, auch wenn ihr Erfolg von der engagierten Beteiligung aller Mitarbeiter, Teams und Abteilungen abhängt.
Kommunikation Für effiziente Informationsvermittlung sorgen.	Die Sorge dafür, dass die richtigen Kommunikationskanäle vorhanden sind und ständig benutzt werden, kann nicht delegiert werden. Der Manager gewährleistet, dass der Informationsfluss sowohl zwischen den Mitarbeitern als auch zwischen den Abteilungen funktioniert.
Resultate Ergebnisse und Reaktion auf Erfahrungen bewerten.	Der Manager steckt in Übereinstimmung mit allen Mitarbeitern Ziele und überwacht, ob man ihnen näher kommt. Sind Fortschritt und Erfolg gefährdet, muss er eingreifen und sofort Schritte unternehmen, um den Kurs zu korrigieren und die Situation zu verbessern.

Beim Delegieren Strukturen planen

Delegieren ist ein geplantes und organisiertes Teilen von Verantwortung, das sorgfältiger Strukturierung bedarf. Nachdem Sie beschlossen haben, welche Aufgaben Sie delegieren, erstellen Sie eine Struktur und einen Gesamtplan für alle Aufgaben.

29 Investieren Sie Mühe und Zeit in die Strukturplanung.

30 Ziehen Sie Mitarbeiter heran, die Sie bei Notfällen einsetzen.

Die Struktur planen

Eine Aufgabenstruktur gleich welchen Umfangs, ob sie einzelne Mitarbeiter oder das ganze Unternehmen betrifft, erinnert an einen Baukasten. Jeder Klotz repräsentiert eine spezifische Verantwortung und betrifft eine bestimmte Person oder Gruppe. Die Stabilität der Gesamtstruktur hängt von den Klötzen ab: Zieht man einen heraus, stürzt das ganze Gebäude zusammen. Für zusätzliche Stabilität sorgen Sie, wenn delegierte Aufgaben mit der Gesamtverantwortlichkeit des Beauftragten korrespondieren. Jeder Beauftragte sollte dem Delegierenden direkt berichten.

▼ FEHLERHAFTE STRUKTUR
Eine Struktur, in der Hauptteile fehlen, ist ein schwaches und instabiles Gebäude, das in Krisenzeiten zusammenbrechen kann.

Eine Struktur errichten

Wenn Sie eine Organisationsstruktur errichten, müssen Sie vor allem dafür sorgen, dass das Gerüst ausgewogen ist und auf alle Änderungen reagiert. Das erreichen Sie, indem Sie sicherstellen, dass jeder Beauftragte genug Hilfe erfährt, wenn sich unvorhergesehene Probleme ergeben. Im Fall von Abwesenheit sollte nach Möglichkeit immer für einen Vertreter gesorgt sein. Informieren Sie jeden Beauftragten über die Sicherungsstruktur, die Sie vorgesehen haben. Im Krisenfall muss jeder wissen, wohin er sich wenden und Hilfe suchen kann. Achten Sie beim Planen der Struktur darauf, dass die Struktur immer zweckdienlich, stabil und effektiv bleibt.

DAS IST ZU TUN

1. Zeichnen Sie einen Delegierungsplan auf.
2. Informieren Sie die Verantwortlichen rechtzeitig.
3. Bedenken Sie beim Delegieren die Gesamtstruktur.
4. Sorgen Sie dafür, dass die Beauftragten wissen, wem sie Bericht erstatten müssen.
5. Überwachen Sie den Fortschritt jedes Projekts.

31 Wenn Sie Aufgaben planen, fassen Sie gleich Mitarbeiter ins Auge.

Doppelungen vermeiden

Wenn Sie die Verteilung von Aufgaben planen, passen Sie auf, dass Sie nicht zwei Personen mit derselben Aufgabe betrauen oder eine Aufgabe übersehen, die dann nicht erledigt wird. Entwerfen Sie eine Tabelle, in der Aktivitäten links aufgelistet werden und die Namen der verantwortlichen Personen entlang der Grundlinie erscheinen. Tragen Sie in jedes Kästchen der Tabelle eine Aufgabe und einen Beauftragten ein, um Lücken oder Überlappungen in der Aufgabenstruktur zu erkennen.

Im Voraus delegieren

Es ist unangebracht, das Delegieren einfach als Ausweg für den überlasteten Manager anzusehen. Wenn ein Projekt näher rückt, für das Sie verantwortlich sind, führen Sie alle Delegierungsgespräche möglichst früh. Dadurch gewinnen Sie genug Zeit zum Vorbereiten eines detaillierten Briefings, ferner können Sie die Erfordernisse dieser Aufgabe mit dem Beauftragten ausführlich besprechen und für eventuell nötige Schulung sorgen.

32 Sorgen Sie dafür, dass jeder Beauftragte genug Hilfe bekommt.

Sinnvolles Delegieren

Eignung bedenken

Außer wenn Sie beabsichtigen, das Management eines ganzen Projekts zu delegieren, müssen Sie die verschiedenen Anforderungen, die sich aus der Aufgabenverteilung ergeben, in Erwägung ziehen. Stellen Sie das Team überlegt zusammen.

33 Informieren Sie sich gründlich über die Fähigkeiten Ihrer Mitarbeiter.

Aufgaben umreissen

Um Aufgaben zielbewusst zu delegieren, müssen Sie einen Begriff von den Fähigkeiten des vorgesehenen Mitarbeiters haben. Erarbeiten Sie für jede Aufgabe eine genaue Beschreibung (einschließlich Umfang der Verantwortlichkeit) und ein klares Anforderungsprofil. Dabei spielt es keine Rolle, ob Sie nun ein großes Projekt delegieren, dessen Komponenten unterschiedliche Fähigkeiten bedingen, oder eine einfache Sache.

34 Bieten Sie allen Ihre Unterstützung an, falls Fehler passieren.

Mitarbeiter schulen

Wenn Sie den Einsatz ihrer Mitarbeiter mit etwas Vorlauf planen, denken Sie darüber nach, welche Kenntnisse sie besitzen oder entwickeln müssen, damit sie ihre Aufgaben erfolgreich bewältigen können. Selbst ein sehr fähiger und erfahrener Mitarbeiter bedarf unter Umständen der Hilfe beim Bewältigen einer neuen Rolle. Weiterbildungsmaßnahmen und Seminare bieten den Beauftragten nicht nur unschätzbares Wissen über die vorgesehene Aufgabe, sie ergänzen auch ihre Fähigkeiten im Allgemeinen. Überdies motivieren Schulungen die Mitarbeiter und stärken ihr Selbstvertrauen.

35 Drängen Sie Ihren Rat nicht auf, wenn es ohne ihn geht.

▼ **MITARBEITER-SCHULUNG**
Schulung dient der Stärkung der für neue Aufgaben benötigten Fähigkeiten und der Motivation der Mitarbeiter, die sich mit neuen Kenntnissen kompetenter fühlen.

Lehren ▶ **Stärken** ▶ **Motivieren**

MITARBEITER BEURTEILEN

Nachdem Sie die Aufgaben klar umrissen haben, erwägen Sie sorgsam die Eigenschaften der Teammitglieder, und denken Sie darüber nach, welche Rolle zu jedem einzelnen unter Berücksichtigung seiner Stärken und Schwächen passen könnte. Wenn Sie z.B. über die Rolle eines Projekt-Controllers nachdenken, suchen Sie jemanden, der gut mit Zahlen umgehen kann und genug Selbstvertrauen hat, um Maßnahmen einzuleiten.

> **36** Delegieren Sie an Personen, die Ihnen abweichende Meinungen sagen.

EIGENINITIATIVE GEFRAGT

Eigeninitiative ist eine gefragte Eigenschaft. Besonders wenn Sie jemanden für herausfordernde Aufgaben vormerken wollen, sollten Sie sich nach denen umschauen, die gern die Initiative ergreifen. Berücksichtigen Sie dabei auch, dass Personen mit eigenen Ideen leicht einmal eine andere Meinung als Sie haben. Ein Angestellter, der zur Auseinandersetzung in der Lage ist, zeigt Selbstvertrauen – eine gute Eigenschaft, die gefördert werden sollte. Widerspruch ist nicht gleich Ungehorsam.

▼ **EIGENINITIATIVE FÖRDERN**
Die Managerin würdigt die Initiative, die der Beauftragte an den Tag legt, indem er seine Ideen möglichst klar übermittelt.

Vertrauensvolles, selbstsicheres Auftreten

Beauftragter präsentiert Ideen klar.

Managerin zeigt sich beeindruckt.

Verantwortlichkeit Definieren

Verantwortlichkeit ist das Herz des Delegierens, deshalb müssen Sie sie vor der Wahl der Beauftragten festlegen. Die Verantwortlichkeit muss präzise umrissen werden, so dass es keinen Zweifel geben kann, bei wem sie liegt und was sie beinhaltet.

> **37** Definieren Sie den Bereich, für den ein Beauftragter verantwortlich ist.

> **38** Bestätigen Sie Verantwortungsbereiche stets schriftlich.

Richtlinien bestimmen

Delegieren funktioniert innerhalb von Richtlinien, deren wichtigste das Verständnis ist, dass jeder Beauftragte für eine spezielle Aufgabe verantwortlich ist. Sie müssen die Aufgabe sehr klar beschreiben, und der Beauftragte muss bestätigen, voll verstanden zu haben, was die Aufgabe beinhaltet. Aber auch wenn Sie Einmischung noch so sehr vermeiden möchten, kann es geschehen, dass der Beauftragte nicht weiß, was er machen soll. Die Richtlinie heißt hier: im Zweifelsfalle fragen.

Überlappungen meiden

Um Unklarheit darüber zu vermeiden, wer für welchen Teil einer Aufgabe verantwortlich ist, gliedern Sie delegierte Aufgaben in spezifische Elemente und weisen jedes Element einer bestimmten Person zu. Innerhalb der Gesamtstruktur von Verantwortung machen Sie jeden einzelnen Beauftragten für seine eigene Komponente der Aufgabe verantwortlich – z.B. Kontrolle der Ausgaben oder Bearbeitung von Verträgen mit externen Lieferanten. Diese »Einzelverantwortlichkeit« ist nicht nur präzise, sie reduziert auch weitgehend das Risiko, dass sich Bereiche von Aufgaben überlappen.

> **39** Regen Sie Mitarbeiter mit geteilter Aufgabe an, zusammenzuarbeiten.

VERANTWORTLICHKEIT TEILEN

Im Allgemeinen ist das Delegieren am wirksamsten, wenn die Verantwortung für eine Aufgabe bei einer Person bleibt. Das beugt Irrtümern vor und der Neigung, dass die eine Seite der anderen Fehler oder Versäumnisse vorwirft. Gemeinschaftliche Verantwortung ist jedoch normal in Teams, die sich selbst managen, oder in Projektgruppen, deren Mitglieder sich die Leitung teilen. In diesen Gruppen werden alle Entscheidungen kollektiv erreicht, und alle Mitglieder des Teams sind gemeinsam für das Ergebnis ihrer Arbeit verantwortlich. Soll geteilte Verantwortlichkeit funktionieren, so muss sie denselben Prinzipien gehorchen wie die individuelle Verantwortlichkeit – eine klare und abgesprochene Definition und Aufteilung der Aufgaben in genaue, individuell zugewiesene »Einzelelemente«.

> **40** Loben Sie jeden Erfolg, aber vermeiden Sie – wenn möglich – Tadel.

> **41** Sorgen Sie dafür, dass wichtige Dokumente alle erreichen.

▲ **EINZEL-VERANTWORTLICHKEIT**
Jedes Mitglied dieses Verkaufs- und Marketingteams ist dem Verkaufsdirektor individuell für einen speziellen Bereich verantwortlich. Der Direktor plant die Strategie und ist für die Teamleistung verantwortlich.

▲ **GETEILTE VERANTWORTUNG**
In diesem Verkaufsteam sind alle gleichermaßen verantwortlich für Planung und Ausführung einer Strategie, für das Erreichen von Zielen innerhalb eines festen Budgets und für die Effizienz des Teams.

SINNVOLLES DELEGIEREN

DIE RICHTIGE PERSON WÄHLEN

Die Wahl der richtigen Person für die jeweilige Aufgabe ist äußerst wichtig. Wer sich eignet, erweist sich bei der Ausführung, und bald werden Sie lernen, die Fähigkeiten und Personen besser einzuschätzen und damit Fehlschläge zu vermeiden.

42 Akzeptieren Sie nie die negative Selbstbewertung eines Beauftragten.

43 Seien Sie stets erreichbar, falls ein Beauftragter für ein Projekt Hilfe braucht.

SCHNELLE ENTSCHEIDUNG

Wenn ein Job im Eiltempo erledigt werden muss und Sie der Versuchung, ihn selbst auszuführen, widerstehen können, sollten Sie niemals den Nächstbesten heranziehen. Unerwartete Talente tauchen dabei nur sehr selten auf. Wenn die Umstände Sie zu einer Blitzentscheidung zwingen und Sie wählen können, so entscheiden Sie sich für einen Mitarbeiter mit einschlägiger Erfahrung. Denken Sie auch daran, dass Eilprojekte genauere Überwachung als üblich erfordern.

OBJEKTIV SEIN

Zum durchdachten Delegieren ist es wichtig, dass Ihre Meinung über die Eignung einer Person für bestimmte Aufgaben nicht durch irrationale Faktoren getrübt wird. So kann z.B. ein Vorgänger oder Kollege Sie durch eine falsche Beurteilung beeinflusst haben. Vielleicht haben Sie selbst ein Vorurteil über jemanden, das nur auf einem einzigen unwesentlichen Zwischenfall basiert. Um sicherzugehen, dass Sie Ihre Entscheidung objektiv treffen, ziehen Sie Ihre schriftliche Tätigkeitsbeschreibung heran und vergleichen die Fähigkeiten des Kandidaten mit den Erfordernissen der Aufgabe.

KULTURELLE UNTERSCHIEDE

In Ländern wie den USA mit ihrer starken Hire-and-Fire-Mentalität delegieren Manager freizügig. Japanische Kollegen gehen selektiver zu Werke, weil Fehlschläge als Schande gelten. In Deutschland neigen Manager dazu, die Aufgaben allzu sehr unter Kontrolle zu behalten.

DIE RICHTIGE PERSON WÄHLEN

MITARBEITER BEWERTEN

Manchmal ist es kompliziert, Erfahrung und spezielle Fähigkeiten richtig einzuschätzen. Verschiedene Arten von Aufgaben setzen unterschiedliche Kenntnisse voraus. Bei einem Job ist z.B. Tempo wichtiger als Genauigkeit oder umgekehrt. Vielleicht gibt es den idealen Kandidaten für eine bestimmte Aufgabe gar nicht – dann wird Ihre Wahl zwangsläufig einen Kompromiss bedingen. Delegieren kann auch dazu genutzt werden, gute Mitarbeiter zu schulen.

MITARBEITERMERKMALE

POSITIV	NEGATIV
• Chris geht alles analytisch an und stößt schnell auf die Wurzel des Problems. • Sie erfasst sofort die Einzelheiten einer Aufgabe.	 • Chris wird mit dem Druck dringender Termine nicht fertig. • Zuweilen dauert es eine Weile, ehe sie das Gesamtbild erfasst hat.
• Egon packt die meisten delegierten Aufgaben mit Selbstvertrauen an. • Er ist ein hervorragender Allrounder.	 • Egon delegiert Aufgaben selbst nicht gern. • Es fällt ihm schwer, sich einem langfristigen Projekt zu widmen.
• Hilde ist gut im Verwalten von Terminplänen und Budgets. • Sie arbeitet kooperativ im Team.	 • Hilde zeigt nicht genug Initiative. • Sie fühlt sich nicht sicher, wenn sie eigenverantwortlich und ohne Aufsicht arbeitet.

44 Achten Sie darauf, dass Mitarbeiter nicht zu viel Arbeit übernehmen.

MITARBEITER SCHULEN

Wenn Sie keine erfahrenen oder qualifizierten Mitarbeiter finden und Neueinstellungen nicht möglich sind, könnte es nahe liegen, nicht zu delegieren. Aber diese Lösung trägt nicht dazu bei, den künftigen Bedarf auszugleichen. Die richtige Schulung sorgt für den Ausbau vorhandener Fähigkeiten und zeigt oft bemerkenswerte Resultate. Je mehr Kenntnisse Ihre Mitarbeiter haben, desto mehr Kandidaten stehen Ihnen zum Delegieren zur Verfügung. Schulung wirkt auch motivationsfördernd, da alle ein größeres Selbstwertgefühl bekommen, wenn Sie in ihre Zukunft investieren.

WICHTIGE FRAGEN

F   Gibt es Leute, die wichtigere Arbeiten verrichten könnten und sollten?

F   Hat jeder meiner Mitarbeiter wenigstens eine Aufgabe, durch die er sich weiterentwickelt?

F   Sind meine Mitarbeiter vielseitig, und wenn nicht, wie kann ich das ändern?

F   Mache ich etwas selbst, bloß weil es kein anderer kann?

BRIEFING VORBEREITEN

Wenn Sie ein Briefing planen, so umreißen Sie zuerst Ihr Ziel und erstellen eine Checkliste, um sicher zu sein, dass jeder einzelne Aspekt der Aufgabe berücksichtigt ist. Je vollständiger das Briefing, desto besser wird die Aufgabe ausgeführt.

45 Beschreiben Sie im Briefing alle Ziele möglichst präzise.

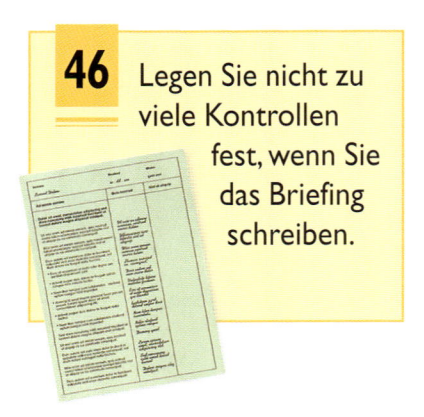

46 Legen Sie nicht zu viele Kontrollen fest, wenn Sie das Briefing schreiben.

ZIEL DEFINIEREN

Der wichtigste Teil beim Planen des Briefings ist die klare Definition des Gesamtziels. Umreißen Sie nach Möglichkeit die Ziele in Form einer Ergebniserwartung. Schreiben Sie lieber: »Einkauf von Büromaterial bis zum 31. März reorganisieren, um 10 Prozent der derzeitigen Kosten einzusparen« statt »Problem Büromaterial lösen«. Hier könnte die Kosteneinsparung als Nebenziel innerhalb eines umfassenderen Projekts zur Verbesserung der Büroeffizienz aufgenommen werden.

CHECKLISTE VERWENDEN

Beim Delegieren müssen Sie eine Aufgabe nach allen Aspekten aufgliedern, die Verantwortlichen für jeden Punkt namentlich festlegen und Verantwortungsüberschneidungen eliminieren. So erhalten Sie die Grundlage zur Checkliste. Nutzen Sie diese Liste, um festzustellen, ob im Briefing nichts Wichtiges weggelassen wurde und die Einzelaufgaben einen genauen Zeitplan haben. Lautet die Aufgabe z. B., die Effizienz von Reparaturen beim Kunden zu verbessern, so wird sie sich wahrscheinlich folgendermaßen aufgliedern: Identifizieren von Fehlerursachen beschleunigen, Fahr- und Reparaturzeiten verkürzen, Zufriedenheit des Kunden verbessern. Sorgen Sie dafür, dass Checkliste und Briefing genau ineinander greifen.

DAS IST ZU TUN

1. Fassen Sie die Ziele so klar und knapp wie möglich.
2. Bauen Sie in Ihr Briefing eine gewisse Flexibilität ein.
3. Stimmen Sie Ziele und erwünschte Ergebnisse ab.
4. Beugen Sie Überlappungen und Unterlassungen vor.
5. Prüfen Sie, ob der Beauftragte die Ziele kennt.
6. Fragen Sie nach Kommentaren zu Ihrem Briefing.

Briefing vorbereiten

Gliederung eines Briefings

Themen des Briefings	Das ist zu berücksichtigen
Ziele Umreißt die Aufgabe, listet Haupt- und Nebenziele in klarer und knapper Form auf.	Erstellen Sie eine Liste mit allen Zielen, die Sie mit dem Beauftragten besprechen. Diese Liste muss ständig herangezogen werden.
Mittel Spezifiziert Personal, Finanzen und die Einrichtungen, die zur Verfügung stehen.	Legen Sie die benötigten Mittel fest. Dazu gehören auch Kostenrahmen und Finanzverantwortlichkeit des Beauftragten.
Zeitplan Setzt Fristen fest mit Zwischenkontrolle, Teilergebnissen und Schlusstermin.	Nutzen Sie den Zeitplan zur Motivation und als Grundlage für eine kritische Verlaufsanalyse, die alle Stufen berücksichtigt.
Methode Beschreibt das abgesprochene Vorgehen und fasst Hauptpunkte zusammen.	Entwickeln und vereinbaren Sie eine Arbeitsmethodik, die dem Beauftragten einen konkreten und zugleich flexiblen Handlungsrahmen bietet.
Befugnisse Spezifiziert die Befugnisse des Beauftragten und legt fest, wem er Bericht erstattet.	Grenzen Sie die Befugnisse ab, damit der Beauftragte weiß, wann er sich an Sie wenden muss und wann er selbst entscheiden kann.

Flexibilität zulassen

Betrachten Sie Ihr Briefing nicht als unantastbar, sondern als Rahmen, innerhalb dessen Beauftragte flexibel handeln können, um ihre Ziele zu erreichen. Seien Sie aber in Bezug auf folgende Punkte präzise: Was wird von den Beauftragten erwartet? Welche Mittel sind verfügbar? Wann setzt die Funktion ein und welche Fristen sind gesetzt? Was »darf« der Beauftragte aufgrund seiner Vollmacht? Konzentrieren Sie sich beim Briefing auf die angestrebten Ergebnisse, aber lassen Sie dem Beauftragten möglichst viel Flexibilität darin, wie er vorgehen will. Bitten Sie um Rücksprache, Überprüfung und gegebenenfalls Revision des Briefings.

47 Sehen Sie in jedem Briefing einen Berichtsplan vor.

48 Der Beauftragte muss das Briefing verstehen und akzeptieren.

Prinzipielle Vereinbarung treffen

Jedes Briefing ist eine beiderseitige Verpflichtung auf die Ziele des Briefings. Sie bestätigen mit dieser Vereinbarung die Machbarkeit und die Eignung des Beauftragten, der Beauftragte muss erwägen, ob er die Aufgabe übernehmen kann.

> **49** Sprechen Sie mit dem Beauftragten, bevor Sie das Briefing schreiben.

Die richtige Annäherung

Es ist frustrierend, einem Mitarbeiter das definitive Briefing zu präsentieren und dann nur Skepsis über die Aufgabe vorzufinden. Treffen Sie stets eine prinzipielle Vereinbarung, ehe Sie das definitive Briefing schreiben. Die Mitwirkung des Beauftragten ist wichtig, wenn die Sache funktionieren soll. Ihre Wahl des Zeitpunkts, des Orts und der Verhandlungsmethode mit dem vorgesehenen Mitarbeiter kann über positive oder negative Reaktion entscheiden. Der Ort sollte dem Niveau der Berufung entsprechen. Zur Berufung auf hoher Ebene können Sie den Beauftragten zum Arbeitsessen einladen, bei Routinearbeiten besprechen Sie das in Ihrem Büro. Denken Sie bei der Wahl an die Bedürfnisse der vorgesehenen Person.

Einvernehmen erzielen

- **Umreißen Sie die zu delegierende Aufgabe** → Mit dem anderen besprechen
- **Suchen Sie prinzipielles Einvernehmen** → Noch nicht auf Zusage drängen
- **Besprechen Sie eventuelle Vorbehalte** → Lösungen und Sicherheit anbieten
- **Drängen Sie auf verbindliche Zusage** → Akzeptanz des Beauftragten erzielen

PRINZIPIELLE VEREINBARUNG TREFFEN

VORBEHALTEN BEGEGNEN

Wenn der vorgesehene Kandidat sich sträubt, die Aufgabe zu übernehmen, versuchen Sie zu ergründen, welche Vorbehalte er wirklich hat. Ein verbreiteter Grund für Bedenken und Hauptgrund für Demotivation ist ein Mangel an Selbstständigkeit. Weichen Sie diesem Problem nicht aus. Beruhigen Sie den potenziellen Beauftragten und achten Sie darauf, dass Ihre Körpersprache Ihre Worte unterstreicht. Zeigen Sie Vertrauen in die Entscheidung und in Ihren Kandidaten. Wenn Sie die Aufgabe als Gelegenheit zur Weiterentwicklung beschreiben, geben Sie dem Mitarbeiter das Gefühl, eher ein Partner als ein Untergebener zu sein. Sollten Sie die Bedenken des Kandidaten aber nicht ausräumen können, so versuchen Sie die Zusage nicht zu erzwingen. Finden Sie sich ab, und suchen Sie einen anderen.

Manager erscheint zuversichtlich.

Kandidatin stellt einige Punkte in Frage.

BRIEFING BESPRECHEN ▶
Bevor Sie das Briefing schreiben und einen Mitarbeiter berufen, besprechen Sie den Inhalt mit dem Kandidaten und geben Sie ihm oder ihr Gelegenheit, eventuelle Bedenken zu äußern.

50 Zögern Sie nicht beim Delegieren – überzeugen Sie.

51 Stellen Sie sich auf positive und negative Kommentare ein.

UNTERSTÜTZUNG ANBIETEN

Die meisten Leute reagieren nervös, wenn ihnen neue Verantwortlichkeit angeboten wird, und manche zweifeln an ihren Kenntnissen und Fähigkeiten. Um Ihre Aussicht auf eine positive Reaktion des Kandidaten zu steigern, bieten Sie ihm Ihre volle Unterstützung während der Auftragsausführung an – sowohl formell als auch informell. Angemessene Zweifel lassen sich manchmal auch zerstreuen, indem Sie andere Kollegen nennen, an die der Beauftragte sich wenden kann. Schlagen Sie vertraute Kollegen oder Mitarbeiter aus anderen Abteilungen vor, die Hilfe bieten können. Besprechen Sie auch, ob eine Schulung angebracht und erwünscht sein könnte.

BRIEFING ERSTELLEN

Nachdem Sie eine prinzipielle Vereinbarung getroffen haben, berufen Sie eine detaillierte Besprechung ein. Bedenken Sie Ihr Vorgehen, denn jetzt entscheidet es sich, ob die Partnerschaft zwischen dem Delegierenden und dem Beauftragten erfolgreich ist.

52 Wenn ein Kandidat ablehnend ist, stellen Sie seine Eignung in Frage.

53 Nachdem Sie jemanden beauftragt haben, müssen Sie ihn weiterhin ermuntern.

BRIEFING ÜBERMITTELN

Beim Briefing ist es die primäre Aufgabe des Delegierenden, wirksam zu kommunizieren und das volle Verständnis des Auftrags beim Beauftragten zu gewährleisten. Sie können das bewirken, indem Sie methodisch vorgehen. Erklären Sie das Ziel der Aufgabe deutlich, und legen Sie Ihre Erwartungen in Bezug auf Fristen und messbare Leistungen dar. Listen Sie die einzelnen Schritte auf und fragen Sie nach, ob der Beauftragte alles verstanden hat. Machen Sie deutlich, welche Bereiche des Briefing flexibel und welche genau einzuhalten sind.

ABSPRACHEN SICHERN

Selbst das optimal vorbereitete und übermittelte Briefing kann zu Missverständnissen führen. Sie lassen sich vermeiden, indem Sie während der ganzen Besprechung relevante Fragen stellen und den Beauftragen bitten, dies auch zu tun. Beachten Sie die Körpersprache: Mangelnder Augenkontakt kann bedeuten, dass der Beauftragte nicht ganz Ihrer Meinung ist oder nur mit Mühe folgen kann. Vermuten Sie eine Meinungsdifferenz, bitten Sie, das Gehörte zu wiederholen, um sicher zu sein, dass es verstanden wurde. Machen Sie dem Beauftragten klar, dass Sie seine Initiative erwarten, und versichern Sie, dass es über den Umfang seiner Vollmacht keinen Zweifel gibt.

GEBRIEFT WERDEN

Wenn Sie eine Aufgabe übernehmen, kann das Briefing Ihre einzige Gelegenheit zur Besprechung sein. Sorgen Sie also dafür, dass die Hauptziele geklärt werden. Jetzt haben Sie Gelegenheit, die Zuteilung von Mitteln und die Flexibilität des Terminplans zu erörtern. Erkunden Sie den Umfang Ihrer persönlichen Befugnisse, und fordern Sie im Zweifel jetzt mehr.

BRIEFING ERSTELLEN

WAHL EINER BRIEFING-METHODE

STIL DES BRIEFINGS	DAS SOLLTEN SIE BEDENKEN
INFORMELL »Ich bitte Sie, das für mich zu übernehmen, wenn Sie Zeit haben.«	Für Leute, die Sie gut kennen, und zum Delegieren unwichtiger, einfacher Aufgaben. Mündliche Anweisung genügt, obwohl formelles Nachfassen erforderlich sein kann.
FORMELL »Ich habe beschlossen, Sie mit der Budgetkontrolle zu beauftragen.«	Wenn die Aufgabe für Sie und die Gruppe wichtig ist. Meist zusammen mit einem schriftlichen Briefing, welches Ziel und Endtermin der Ausführung festlegt.
KOLLEGIAL »Wir alle meinen, dass Sie die beste Person für die Aufgabe sind.«	Wenn Sie spezielle Kenntnisse einer Person innerhalb eines Teams oder einer Projektgruppe erkennen, der Sie spezielle Verantwortung übertragen wollen.
LOCKER »Ich brauche Ihnen ja nicht zu sagen, wie Sie das umsetzen.«	Ideales Verfahren für erfahrene Mitarbeiter. Sie verlassen sich darauf, dass der Beauftragte wichtige Entscheidungen ohne Anleitung oder Kontrolle trifft.
FEHLERSUCHE »Wir haben ein Problem, um das Sie sich kümmern sollten.«	Anerkennende Form des Delegierens. Ihr Kandidat ist kreativ, also umreißen Sie das Problem – er oder sie weiß schon, worauf es ankommt.
RECHTE HAND »Bitte nehmen Sie mir das ab, und machen Sie es besser als ich.«	Angebracht, wenn Sie einen Teil einer wichtigen Aufgabe einer Vertrauensperson übertragen, deren frisches Vorgehen vielleicht neue Lösungen erbringt.

BRIEFING BEENDEN

Beenden Sie die Briefing-Besprechung, indem Sie die Hauptpunkte des Auftrags zusammenfassen. Zum Abschluss danken Sie dem Mitarbeiter dafür, dass er die Aufgabe übernommen hat, und bringen Ihre Überzeugung zum Ausdruck, dass der Auftrag erfolgreich ausgeführt wird. Es ist wichtig zu betonen, dass Sie gerade diesen Mitarbeiter ausgewählt haben, weil Sie auf seine Fähigkeiten bauen. Legen Sie das Datum für die Folgebesprechung fest.

54 Wenn der Beauftragte berichtet, fragen Sie nach neuen Ideen.

Umgang mit Kontrolle

Damit das Delegieren erfolgreich verläuft, ist es wichtig, über ein effektives und schnell reagierendes Kontrollsystem zu verfügen. Nutzen Sie es zur Überwachung des Arbeitsverlaufs.

Wie kontrollieren?

Ein gutes Kontrollsystem besteht aus einer sanften Zügelführung und einer festen Hand. So können Sie die Zügel immer anziehen, wenn Sie das für notwendig halten. Aber tun Sie es mit Takt und Gefühl – besonders dann, wenn der Beauftragte unerfahren ist.

55 Widmen Sie unerfahrenen Mitarbeitern besondere Aufmerksamkeit.

Kulturelle Unterschiede

Japanische Mitarbeiter operieren oft selbstständig, fühlen sich aber verpflichtet, alle Angelegenheiten mit ihren Vorgesetzten zu besprechen. In den USA wird die Kultur des Delegierens gefördert, aber die Kontrolle kann streng sein. In Europa geben Manager die Dinge nicht gern aus der Hand.

Wirksam beaufsichtigen

Das Erfahrungsniveau Ihres Mitarbeiters hilft Ihnen zu entscheiden, ob Sie beim Kontrollieren einer delegierten Arbeit das Verfahren der Einmischung oder der Nichteinmischung anwenden sollten. Jemand mit beachtlicher Erfahrung im Bewältigen ähnlicher Aufgaben braucht weniger Aufsicht als jemand mit wenig oder keiner Erfahrung. Aber denken Sie auch daran, dass der Lernprozess irgendwo beginnen muss. Der Kontrollprozess bietet Ihnen Gelegenheit, die Fähigkeiten des Beauftragten zu bewerten und zu erweitern und für eine gute spezifische Schulung zu sorgen.

Wie kontrollieren?

Tun und lassen

✓ Ermutigen Sie alle beauftragten Mitarbeiter, eigene Entscheidungen zu treffen.

✓ Schalten Sie so bald wie möglich vom Einmischen zur Nichteinmischung um.

✓ Greifen Sie ein, wenn es nicht anders geht, aber nur dann.

✓ Fragen Sie den Beauftragten, ob er sich für die Aufgabe geeignet fühlt.

✗ Geben Sie nie Zweifel an der Fähigkeit des Beauftragten zu erkennen.

✗ Überspringen Sie keine Stufe des Briefing-Prozesses.

✗ Ziehen Sie eine Aufgabe nie heimlich zurück.

✗ Setzen Sie Alter nicht über Fähigkeit.

✗ Geben Sie einem Beauftragten die Gelegenheit zu lernen. Mischen Sie sich nicht unnötig ein.

Unerfahrene Mitarbeiter

Einem Mitarbeiter eine Aufgabe zu übertragen, der so etwas zum ersten Mal macht, erfordert sorgfältiges Briefing und gewissenhafte Aufsicht während der Anfangsstufen. Helfen Sie ihm, sein Selbstvertrauen aufzubauen, indem Sie sich auf gute Arbeit konzentrieren und ihn loben. Wurde ein Fehler gemacht, so zeigen Sie, wie er vermieden hätte werden können, aber reiten Sie nicht darauf herum.

Einmischung vermeiden

Manager, die Distanz zwischen sich und ihren Mitarbeitern wahren, erzielen im Allgemeinen positivere Ergebnisse. Niemand arbeitet genau so wie Sie, also widerstehen Sie der Versuchung, einzuschreiten, wenn Sie meinen, die Aufgabe würde nicht nach Ihrer Methode erledigt. Statt dessen führen Sie regelmäßige Checks, Besprechungen und Berichte ein, um zu sehen, ob die Ziele erreicht werden. Wenn der Delegierende alle Entscheidungen trifft und sich ständig einmischt, ist das für die Mitarbeiter frustrierend. Außerdem spart der Delegierende dabei kaum Zeit.

Selbstständigkeit fördern ▼
Ein Manager, der sich ständig einmischt, nachdem er delegiert hat, verwehrt seinem Mitarbeiter nicht nur Selbstständigkeit, neue Kenntnisse und Erfahrungen, er delegiert auch nicht sinnvoll.

Rücksichtsloses Eindringen in den Raum des Mitarbeiters verursacht Spannung.

Geordnete Papiere werden grundlos durcheinander gebracht.

WAHL EINES KONTROLLSYSTEMS

ART DES SYSTEMS | DAS SOLLTEN SIE BEDENKEN

KONTROLLE DER KORRESPONDENZ
Sie behalten sich die meisten Befugnisse vor, müssen auch Memos, Rechnungen usw. abzeichnen.

- Sie bleiben über alle Entwicklungen voll informiert, können Fehlbeurteilungen vorgreifen und diese vermeiden.
- Kann ein Zeichen dafür sein, dass Sie dem Beauftragten kein volles Vertrauen schenken.

SCHRIFTLICHE BERICHTE
Ihr Beauftragter liefert regelmäßig einen schriftlichen Bericht über Maßnahmen, Ergebnisse und alle Zahlen.

- Ermutigt die Beauftragten, ihre Gedanken klar zu ordnen und volle Rechenschaft abzulegen, wie das Projekt vorankommt.
- Kann allzu große Distanz vermitteln.
- Kann dazu dienen, Probleme zu verschleiern.

PERSÖNLICHER BERICHT
Sie vereinbaren mit dem Beauftragten Gespräche über die Arbeit in regelmäßigen Abständen.

- Bietet Gelegenheit zu regelmäßigen, informellen Aktualisierungen und zu frühzeitigem Erkennen potenziell problematischer Situationen.
- Kann Delegierenden verführen, zu viele Entscheidungen selbst zu treffen.

POLITIK DER OFFENEN TÜR
Sie gestatten dem Beauftragten, jederzeit zwecks Hilfe oder Klärung mit seinem Problem zu Ihnen zu kommen.

- Sie können jederzeit Hilfe leisten, es betont den gemeinsamen Aspekt des Projekts.
- Der Beauftragte verlässt sich möglicherweise zu sehr auf Ihren Beitrag, statt Eigeninitiative zu entwickeln.

ZUGRIFF ÜBER PC
Sie nutzen das Netzwerk und IT-Systeme, um jederzeit über alle Vorgänge auf dem Laufenden zu sein.

- Sehr diskret und diplomatisch, ermöglicht Ihnen sich nur dann einzumischen, wenn eine wichtige Entscheidung nötig ist.
- Kann ein ungenaues oder unvollständiges Bild der aktuellen Situation liefern.

KONFERENZ
Sie besprechen die delegierte Aufgabe in einer Konferenz, an der alle am Projekt beteiligten Mitarbeiter teilnehmen.

- Hier können Themen in einem größeren Forum erörtert werden. Unterstreicht den Teamwork-Gedanken und die gemeinsame Verantwortung.
- Kann das Bewusstsein einer persönlichen Verantwortung für die Aufgabe schwächen.

Wie kontrollieren?

Wichtige Fragen

- Ist der Beauftragte wirklich entsprechend geschult?
- Geht der Beauftragte die Sache mit offenen Augen an?
- Gibt es in delegierten Aufgaben zu viele Übergaben?
- Liefert der Beauftragte plangemäß seine Berichte?
- Werden Mängel schnell aufgegriffen und behoben?
- Welche Einsparungen hat der Beauftragte erbracht?

Stufen eliminieren

Sie können den Zeitaufwand zur Überprüfung des Verlaufs erheblich verringern, indem Sie die von Ihnen Beauftragten ermutigen, Verfahren zu rationalisieren oder zu vereinfachen. Die Verbesserung falsch konzipierter Verfahren reduziert die Arbeitsbelastung und verringert die Zahl der Stufen, die überwacht werden müssen. Bitten Sie die Beauftragten, unter Beachtung des Ziels alle Stufen, von der aktuellen bis zum Ausgangspunkt der Aufgabe, rückwärts durchzugehen. Überprüfen Sie, ob einzelne Stufen kombiniert oder eliminiert werden können. Veranlassen Sie, zeitraubende Übergaben von einer Person an eine andere zu eliminieren.

Fortgang überprüfen

Nachdem eine Aufgabe einmal gestartet ist, müssen Sie den Verlauf und die Leistung des Beauftragten überprüfen. Es gibt mehrere Wege, sich über Fortschritte auf dem Laufenden zu halten, darunter persönliche Gespräche mit dem Beauftragten, schriftliche Berichte und persönliche Beobachtungen. Entscheiden Sie sich für ein System, das zu Ihnen und zur Aufgabe passt und Ihnen alle nötigen Informationen liefert. Es muss Ihnen auch ermöglichen, zu prüfen, ob Sie auf dem Weg zum Ziel sind oder ob Korrekturmaßnahmen erforderlich sind.

56 Gehen Sie davon aus, dass jeder Prozess verbessert werden kann.

Managerin hört den Berichten aufmerksam zu.

Beauftragte erläutert aktuelle Einzelheiten.

ÜBERPRÜFUNG DES VERLAUFS ▶

Wenn die Beauftragten aktiv am Prozess beteiligt sind und die Gelegenheit haben, ihre Ansichten zu äußern, verläuft das System des Delegierens optimal in beiden Richtungen.

Umgang mit Kontrolle

Position des Beauftragten stärken

Wenn Sie eine Aufgabe an jemanden delegieren, stellen Sie ihn stets dem Team vor und erklären Sie deutlich seine Verantwortlichkeiten. Das hilft ihm, sich als Mitglied des Teams zu fühlen und die Aufgaben zu übernehmen, für die er verantwortlich ist.

62 Loben Sie, wenn Beauftragte mit der Aufgabe wachsen.

NEUEN BEAUFTRAGTEN VORSTELLEN
Stellen Sie den neuen Beauftragten dem Team vor und informieren Sie Kunden oder Lieferanten, die über seine Position unterrichtet sein müssen.

Beauftragte einführen
Damit das Delegieren seinen Zweck erfüllt, muss der Delegierende eine neue Berufung stets bekannt geben. Nachdem Sie eine Aufgabe delegiert haben, teilen Sie das allen relevanten Leuten mit, darunter allen Kollegen, Kunden und Lieferanten. Wenn die Berufung hochrangig ist, kündigen Sie das im entsprechenden Rahmen an, so dass Prestige und Selbstbewusstsein des Beauftragten gestärkt werden. Überzeugen Sie sich, ob die genaue Art der Verantwortlichkeit des Beauftragten von allen verstanden wurde.

Manager stellt neue Beauftragte vor.

Beauftragte mit offener Körpersprache.

IDEEN AKZEPTIEREN

Wenn Sie eine Aufgabe delegieren, delegieren Sie zugleich das Recht, Entscheidungen zu treffen. Wenn Sie den Beauftragten ermutigen, bei allen Stufen der Aufgabe oder des Projekts Eigeninitiative zu zeigen, stärken Sie sein Selbstvertrauen und sein Interesse an der Aufgabe. Akzeptieren Sie Ideen, selbst wenn die Vorteile Ihrer Meinung nach nur geringfügig wären. Ihre Aufgeschlossenheit gegenüber Ideen motiviert das ganze Team.

63 Behandeln Sie im Beisein von Dritten Beauftragte als Gleiche.

64 Regen Sie alle Beauftragten an, neue Ideen zu äußern.

GESAMTPROJEKT DELEGIEREN

Die höchste Form des Delegierens ist die Übertragung der Verantwortung für ein Gesamtprojekt an eine vertrauenswürdige Person. Dieses Delegieren eines Projekts betrifft dann alle delegierten Aufgaben, kleine und große. Die Gesamtverantwortung ist einer der wirksamsten Anreize. Sie können den Anreiz noch dadurch erhöhen, dass Sie dem Beauftragten gestatten, die Aufgaben nach eigenem Ermessen zu planen und auszuführen.

VERGLEICH VON MANAGEMENTTECHNIKEN

VERANTWORTUNG UNTERGRABEN	VERANTWORTUNG STÄRKEN
WIDERRUFEN Der Manager fragt, welche Entscheidung getroffen oder was unternommen wurde, und widerruft die Entscheidung oder Maßnahme.	**NICHTEINMISCHUNG** Der Manager mischt sich während der Ausführung nicht ein, ist aber voll informiert, um die richtige Ausführung zu sichern.
EINMISCHEN Der Manager verlangt Informationen über alle Fortschritte, kritisiert und räumt dem Beauftragten keine eigenen Rechte ein.	**RAT UND ZUSTIMMUNG** Der Manager übernimmt die Rolle des Beraters. Wichtige Entscheidungen über Fragen werden gemeinsam abgesprochen.
ÜBERNAHME Der Manager traut dem Beauftragten nicht, ist nicht in der Lage, die Kontrolle aufzugeben und verlangt tägliche Berichte über den Fortgang.	**BETREUUNG** Der Manager nutzt die delegierte Aufgabe als Gelegenheit, die Kenntnisse des Beauftragten und dessen Erfahrung zu erweitern.

HILFE LEISTEN

In den Frühstadien einer neuen Aufgabe brauchen Beauftragte oftmals positive Unterstützung und Ermutigung. Sie können ihnen zum Erfolg verhelfen, indem Sie benötigte Information, Zeit und Mittel zur Verfügung stellen und zusätzliche Hilfe gewähren.

65 Bedenken Sie, dass Hilfe auch als Einmischung empfunden werden kann.

66 Halten Sie regelmäßig Feedback-Sitzungen ab, aber nicht zu oft.

FORTGANG BEWERTEN

Es ist vernünftig, mit dem von Ihnen Beauftragten Besprechungen zu planen, ehe er den Auftrag annimmt. Wenn sich beide über Fristen und Prüfungen im Klaren sind, können Sie regelmäßig Kontakt halten und vermeiden das Risiko, dass Ihre Beiträge als Einmischung verstanden werden. Betonen Sie, dass Sie auch zwischen diesen Terminen zur Verfügung stehen und dass Sie informiert werden wollen, wenn sich Schwierigkeiten ergeben. Sollten die Ergebnisse von den Erwartungen abweichen, versuchen Sie gemeinsam herauszufinden, ob das auf einen Mangel an Mitteln, Zeit, Aufsicht, Erfahrung oder Leistung zurückzuführen ist.

FORTGANGSBESPRECHUNG MIT BEAUFTRAGTEN

Wenn Sie mit Beauftragten den Fortgang erörtern, verwenden Sie nur positive Fragen, die dazu ermutigen, eigene Lösungen für Probleme vorzuschlagen. Vermeiden Sie Fragen, die den Beauftragten entmutigen oder demoralisieren könnten.

Gibt es etwas, auf das Sie mich aufmerksam machen wollen?

Wir haben den Termin nicht eingehalten. Was für Ursachen kann das haben?

Ich sehe, dass die Kosten überschritten werden. Was wollen Sie unternehmen, um sie im Rahmen zu halten?

Was können wir machen, um diesen Fehler nicht zu wiederholen?

Rat beisteuern

Während des gesamten Kontrollprozesses müssen die von Ihnen Beauftragten wissen, wann Sie über Probleme unterrichtet werden wollen und wann nicht. Die Sicherste ist, sie zu ermutigen, im Zweifelsfall immer um Rat zu fragen. Wenn Sie das nicht tun, können Probleme entstehen, die vermeidbar wären. Seien Sie stets teilnahmsvoll, positiv und ermutigend, wenn ein Beauftragter zu Ihnen kommt und um Ihre Hilfe bittet.

67 Beauftragen Sie erneut Mitarbeiter, deren Arbeit Sie beeindruckt hat.

Hilfe bieten

Irgendwann kann der Beauftragte sagen, dass er die Hilfe anderer braucht, um das gesteckte Ziel zu erreichen. Benutzen Sie Ihr Urteilsvermögen, um festzustellen, ob dies eine berechtigte Forderung ist. Dann ermitteln Sie gemeinsam, wie viel Hilfe gebraucht wird. Sind andere Mitarbeiter nicht verfügbar, erwägen Sie Hilfe von außerhalb des Unternehmens. Halten Sie die Namen qualifizierter Leute bereit, aber machen Sie davon nicht allzu leicht Gebrauch. Gestatten Sie zusätzliche Mittel nur, wenn das Projekt gefährdet ist.

68 Erwägen Sie externe Hilfe, wenn erforderlich.

VERBINDUNGEN NUTZEN

Halten Sie eine aktuelle Liste erfahrener Leute zur Hand, so dass Sie schnell Hilfe suchen können, wenn diese benötigt wird.

Manager kontaktiert zuverlässige Leute.

Kontaktadressen stehen auf Karteikarten.

Vereinbarte Grenzen einhalten

Bei jeder Fortgangskontrolle müssen Sie dafür sorgen, dass die Grenze zwischen Ihnen und der delegierten Aufgabe klar bleibt. Der Beauftragte ist für die Arbeit verantwortlich. Wenn die Grenze überschritten werden muss, ziehen Sie sich bald zurück.

> **69** Nach dem Delegieren mischen Sie sich nicht in die Ausführung ein.

Sich zurückhalten

Während des Fortgangs sollten Sie die Häufigkeit der Besprechungen verringern. Das gilt vor allem, wenn die Beauftragten so etwas zum ersten Mal machen und zu Beginn mehr Aufsicht brauchen. Ständige Besprechungen gehen auf Kosten Ihrer Zeit und der des Ausführenden. Lehnen Sie niemals ab, wenn Sie um eine Besprechung gebeten werden, aber machen Sie dem Beauftragten auch klar, dass das Ziel Selbstständigkeit ist.

> **70** Wenn Sie eine Aufgabe zurückziehen, beauftragen Sie einen anderen.

Zu Lösungen anregen

Wenn dem Beauftragten Schwierigkeiten entstehen, kann es für Sie eine große Genugtuung sein, das Problem »wegzuzaubern«. Aber wenn der andere nicht lernt, künftig mit solchen Situationen fertig zu werden, ist nichts gewonnen. Machen Sie dem Beauftragten klar, dass er selbst darüber nachdenken sollte, wie es zu dieser Situation kam. Bestehen Sie darauf, dass jeder, der mit einem Problem zu Ihnen kommt, wenigstens zwei Problemlösungen anbieten muss, von denen er eine bevorzugt. So lernen Beauftragte, selbst Lösungen auszuarbeiten, und gewöhnen sich nicht daran, mit allen Fragen zu Ihnen zu kommen.

Wichtige Fragen

- F Vermeide ich Einmischung, die nicht absolut notwendig ist?
- F Beschränke ich die Besprechungen auf ein Minimum?
- F Neige ich bei Schwierigkeiten dazu, die Aufgabe zu übernehmen, um Zeit zu sparen?
- F Bringe ich den Beauftragten mein Vertrauen zum Ausdruck?
- F Ermutige ich die Beauftragten, unabhängig zu arbeiten und eigene Lösungen zu finden?

Vereinbarte Grenzen einhalten

Probleme erkennen

Wenn ein sonst kompetenter Beauftragter eine Aufgabe nicht schafft, so suchen Sie nach den möglichen Ursachen. Liegt es etwa an zu viel Kontrolle, Einmischung oder Störung? Nehmen Sie selbst Arbeit zurück, weil Sie unzufrieden sind? Wenn Ihr Verhalten die Ursache ist, sorgen Sie sofort für Abhilfe. Wenn das Problem beim Beauftragten liegt, erwägen Sie alle möglichen Ursachen. Möglicherweise ist der Beauftragte mit Verantwortung überhäuft. Mangelt es ihm an Selbstvertrauen, oder kann er Kritik nicht verarbeiten? Führen Sie sich vor Augen, weshalb er berufen wurde, und bestätigen Sie ihm Ihr Vertrauen.

> **71** Halten Sie alle Fortgangsbesprechungen kurz.

> **72** Sorgen Sie dafür, dass der Beauftragte nicht den Mut verliert.

Schwierigkeiten mit dem Abgrenzen

Typische Probleme	Mögliche Lösungen
Ständige Störungen Sie werden dauernd gefragt und müssen Entscheidungen treffen.	Der Beauftragte kann irrtümlich annehmen, dass Sie alles genau nachprüfen müssen. Erklären Sie ihm, dass Sie selbstständiges Handeln von ihm erwarten.
Aufgabe kommt zurück Die delegierte Aufgabe liegt wieder auf Ihrem Schreibtisch.	Überlegen Sie, ob die Aufgabe zu komplex war. Überlegen Sie mit dem Beauftragten, ob sie in mehrere, leichter zu bewältigende Elemente aufgeteilt werden kann.
Mehr Arbeitsbelastung Obwohl Sie delegiert haben, ist Ihr Arbeitspensum gewachsen.	Vielleicht haben Sie im Lauf der Zeit zu viele Aspekte von delegierten Aufgaben übernommen. Versuchen Sie Aufgaben komplett zu delegieren.
Zu viel Hilfe geben Sie greifen ein, um Zeit zu sparen und das Fehlerrisiko zu eliminieren.	Vielleicht haben Sie falsch delegiert. Erwägen Sie, ob Sie die Fähigkeiten des Beauftragten überschätzt haben, und handeln Sie entsprechend.
Unsichere Beauftragte Sie werden ständig um Überprüfung und Zustimmung gebeten.	Der Beauftragte fühlt sich durch die neue Verantwortung vielleicht eingeschüchtert. Helfen Sie ihm, Angst zu überwinden. Betonen Sie Ihr Vertrauen in seine Fähigkeiten.

UMGANG MIT KONTROLLE

FEEDBACK GEBEN

Am wirksamsten können Sie die Leistung der Mitarbeiter überprüfen, indem Sie die Beauftragten nach jeder Aufgabe zu Feedback-Gesprächen versammeln. Nutzen Sie diese Gespräche, um Leistung anzuerkennen und Probleme zu erörtern.

73 Führen Sie Nachbereitungsgespräche konstruktiv.

POSITIVE EINSTELLUNG

Persönliche Nachbereitungsgespräche zwischen dem Delegierenden und dem Beauftragten können entweder positive oder negative Resultate zeitigen. Um eine positive Umgebung zu schaffen, behandeln Sie das Gespräch als Diskussion zwischen Partnern: Besprechen Sie Probleme offen, und erkennen Sie Leistungen bereitwillig an. Gebrauchen Sie das Gespräch nicht dazu, Ihre Autorität geltend zu machen. Äußern Sie Kritik konstruktiv.

74 Sprechen Sie mit Beauftragten stets positiv und höflich.

▼ **LEISTUNG BESPRECHEN**
Wenn Sie die Leistung des Beauftragten erörtern, seien Sie sowohl in der Anerkennung als auch in eventueller Kritik positiv. Nutzen Sie die Besprechung als Gelegenheit, den Beauftragten für weitere Aufgaben zu ermutigen.

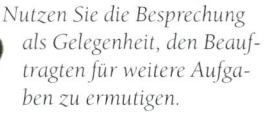

Beauftragter erstattet Bericht über den Verlauf.

Managerin wählt zwanglose Sitzordnung, damit der Beauftragte sich entspannt fühlt.

LEISTUNG BEWERTEN

Wenn Sie die Leistung des Beauftragten abschließend bewerten, sollten Sie systematisch einzelne Punkte abhandeln. Am wichtigsten ist, ob das Endziel erreicht wurde. Besprechen Sie:
- Ist der Beauftragte auf Probleme gestoßen, die eine Revision des Briefings erforderlich machten?
- Waren die zugewiesenen Mittel angemessen?
- Mussten aufgrund schwacher Leistung des Beauftragten Maßnahmen ergriffen werden?

Selbst wenn keine Probleme aufgetreten sind, besprechen Sie, ob man etwas anders machen könnte, um die allgemeine Leistung und Effizienz in Zukunft zu verbessern.

WICHTIGE FRAGEN

- Bin ich während der Bewertungsgespräche positiv?
- Präsentiert der Beauftragte mir alle wesentlichen Fakten?
- Ermutige ich den Beauftragten, eigene Lösungen anzubieten?
- Vermeide ich Schuldzuweisungen, wenn Fehler gemacht wurden?
- Nutze ich Rückblickgespräche, um den Beauftragten weiterzuentwickeln?

75 Halten Sie Rückblickgespräche nach Möglichkeit nicht improvisiert.

TADEL VERMEIDEN

Sicher wird nicht immer alles plangemäß verlaufen: Projekte überschreiten das Budget, Fristen werden nicht eingehalten oder eine spezielle Aufgabe muss noch einmal gemacht werden. Wenn etwas schief geht, widerstehen Sie der Versuchung zu tadeln – das entmutigt nur. Statt dessen führen Sie ein Feedback-Gespräch, um zu analysieren, was warum schief gegangen ist. Daraus lernt der Beauftragte, ähnliche Fehler künftig zu vermeiden.

DEM VORGESETZTEN BERICHT ERSTATTEN

Wenn Sie Ihrem Vorgesetzten über den Fortgang berichten, wählen Sie Ihre Information sorgfältig aus. Es ist nicht nötig, jede belanglose Einzelheit zu erwähnen. Ihr Vorgesetzter muss nicht über jede Kleinigkeit informiert sein, um Ihre Arbeit zu bewerten. Wenn Sie schriftlich oder mündlich Bericht erstatten, referieren Sie nur wesentliche Entwicklungen. Widerstehen Sie der Versuchung, Aspekte, die gut gelaufen sind, zu übertreiben oder wegzulassen, was daneben ging. Wenn Sie auf Probleme oder Schwierigkeiten gestoßen sind, die Sie besprechen möchten, erklären Sie die Gründe und schlagen Maßnahmen vor. Beenden Sie das Gespräch mit der Frage, ob Sie alle Punkte abgedeckt haben, die für Ihren Chef wesentlich sind.

LOBEN UND BELOHNEN

Erkennen Sie außergewöhnliche Leistungen eines Beauftragten stets an. Gönnen Sie Ehre, wem Ehre gebührt. Erkennen Sie alle Fehler und Irrtümer, aber denken Sie daran, dass Lob und Belohnung eine wesentliche Rolle bei der Motivation spielen.

76 Schreiben Sie persönliches Lob mit der Hand, nicht am Computer.

EINEM TEAM DANKEN

Wenn ein Projekt erfolgreich abgeschlossen ist, sollten Sie allen, die daran beteiligt waren, Dank und Anerkennung aussprechen. Ein Delegierender der nur wenig an der Aufgabe interessiert ist, dann aber die Anerkennung für sich beansprucht, ist nicht nur ein schlechter Manager, er hat auch schlechte Manieren. Wenn Sie das Ergebnis präsentieren, beteiligen Sie auch Ihre Kollegen daran und unterstreichen Sie den Beitrag, den das Team geleistet hat.

LOB AUSSPRECHEN ▼
Danken Sie einem speziellen Beauftragten für seine hervorragende Leistung, wenn alle Mitglieder des Teams anwesend sind.

Manager dankt dem Beauftragten für seinen Beitrag.

Beauftragter

Mitglieder des Teams sind anwesend.

Bemühungen anerkennen

Nehmen Sie die gute Ausführung einer delegierten Aufgabe nicht als selbstverständlich hin – möglicherweise haben Sie dem Beauftragten einen strapaziösen Job aufgehalst. Um das Ziel zu erreichen, musste er vielleicht mit vielen Schwierigkeiten und unvorhergesehenen Umständen fertig werden. Wahrscheinlich hat er Überstunden gemacht und durch diesen Auftrag gelernt. Zeigen Sie, dass Sie das Ergebnis und die Anstrengung würdigen, selbst wenn Sie auch auf Irrtümer und Versäumnisse hinweisen müssten. Denken Sie daran, dass Stolz besonders stark motiviert – vielleicht mehr als alles andere. Anerkennung sorgt dafür, dass sich der Mitarbeiter auch weiterhin einsetzt.

Kulturelle Unterschiede

Wie belohnt wird, ist weltweit sehr unterschiedlich. In Japan versteht man eine hervorragende Leistung als Teil der Hingabe des Angestellten an seinen Beruf, und das wird nicht gesondert belohnt. In den USA und in Großbritannien, aber in zunehmendem Maß auch in ganz Europa, werden Gratifikationen für besondere Leistungen immer üblicher.

77 Erkennen Sie die Mühe, die in die Arbeit gesteckt wurde, stets an.

Beauftragte loben

Am effektivsten lobt man einen Beauftragten persönlich oder in einem Brief – beide Methoden haben motivierenden Einfluss. Lob zu unterlassen unterminiert das Selbstvertrauen. Denken Sie daran, dass das Lob eines fairen und ehrlichen Kritikers am meisten freut, aber entwerten Sie das Lob nicht durch Übertreibung. Belohnungen in Form von Gehaltserhöhung oder Bonuszahlungen verstärken das Lob.

Aussergewöhnliche Leistung belohnen

Außergewöhnliche Leistungen sollten stets angemessen anerkannt und belohnt werden. Das wirkt motivierend und stimuliert zu vermehrtem Einsatz bei künftigen Aufgaben. Aber teilen Sie Beauftragten, die gerade mal das leisten, was man ohnehin von ihnen erwartet, keine besondere Belohnung zu. Das würde die besondere Funktion einer Belohnung entwerten.

78 Wenn etwas schief geht, suchen Sie Lösungen – nicht Sündenböcke.

SCHWIERIGKEITEN

Sowohl der Delegierende als auch der Beauftragte müssen Schwierigkeiten fortwährend analysieren und aus ihnen lernen. Der erste Schritt zur Lösung eines Problems ist die Frage, ob es von Ihnen, vom Beauftragten oder vom Vorgehen verursacht wird.

79 Geben Sie dem Beauftragten möglichst eine zweite Chance.

WICHTIGE FRAGEN

- F War ich mit der Berufung voreilig?
- F Ist jemand verfügbar, der es besser machen würde?
- F Wie kann ich verhindern, dass dieses Problem wiederkehrt?
- F Was würde ich anders machen, wenn ich noch einmal anfangen könnte?
- F Welche Stärken und Schwächen hat der Beauftragte?

SELBSTKRITISCH SEIN

Wenn eine delegierte Aufgabe nicht zu Ihrer Zufriedenheit ausgeführt wurde, betrachten Sie zunächst Ihre eigenen Maßnahmen. Vielleicht hätten Sie diese spezielle Sache besser für sich selbst behalten oder sorgfältiger bei der Wahl des Mitarbeiters sein sollen. Gehen Sie das Briefing noch einmal durch und überlegen Sie, ob Sie es klarer hätten fassen können. Prüfen Sie, ob Ihre Kontrollverfahren der Aufgabe angemessen waren. Vielleicht haben Sie nicht genug Hilfe geboten, als sich Probleme ergaben. Seien Sie bei dieser Selbstanalyse möglichst objektiv.

ENTSCHEIDUNG ÜBERDENKEN

Wenn der von Ihnen Beauftragte Ihren Erwartungen nicht entspricht, prüfen Sie, wie und warum Ihre Wahl auf ihn fiel. Wenn Sie die Ansprüche der Aufgabe und die zur Verfügung stehenden Mitarbeiter systematisch aufeinander abgestimmt haben, so war entweder die Aufgabenbeschreibung oder die Einschätzung der Person falsch – vielleicht auch beides. Das Versagen des Beauftragten heißt nicht unbedingt, dass Sie die falsche Wahl getroffen hatten – Ihre eigenen Fehler oder Umstände, die sich Ihrer Kontrolle entzogen, können die Arbeit behindert haben. Reden Sie mit dem Beauftragten, und handeln Sie dann entsprechend.

80 Analysieren Sie bei Problemen Ihre Maßnahmen.

81 Erwägen Sie die Folgen, bevor Sie eine Anweisung radikal ändern.

SCHWIERIGKEITEN

BRIEFING REVIDIEREN

Im Verlauf eines Projekts besprechen Sie die Anweisungen und nehmen, falls nötig, kleine Änderungen vor. Wenn größere Schwierigkeiten zu ernsthaften Problemen führen, überlegen Sie, ob durch ein strengeres Kontrollverfahren das Problem hätte vermieden werden können. Es ist auch möglich, dass eine plötzliche Änderung der Umstände Ausgangspunkte des Briefings außer Kraft setzt. Bevor Sie grundlegende Änderungen vornehmen, denken Sie gründlich nach: Kann es passieren, dass Sie das eine Problem lösen und dafür andere verursachen?

DAS IST ZU TUN

1. Prüfen Sie, wo der Fehler liegt.
2. Tauschen Sie, wenn unbedingt notwendig, einen Beauftragten aus.
3. Kontrollieren Sie regelmäßig.
4. Kümmern Sie sich um Schwierigkeiten sofort.

82 Verhalten Sie sich auch bei Schwierigkeiten möglichst offen und konstruktiv.

LEISTUNG PRÜFEN

Resultate sagen Ihnen nicht unbedingt alles, was Sie über die Ausführung einer Aufgabe wissen müssen. Genauere Hinweise erhalten Sie bei Ihren Feedback-Besprechungen mit dem Beauftragten und durch persönliche Beobachtungen. Sie können nicht das Vertrauen des Beauftragten erhalten, wenn Sie hinter seinem Rücken Erkundigungen einziehen. Seien Sie offen bei der Suche nach relevanter Information. Bedenken sie, dass Kollegen oft selbst betroffen und nicht ganz objektiv sind. Sollten Fehlleistungen ans Licht kommen, so ist es Ihre Sache, die nötigen Schritte zu unternehmen.

UMGANG MIT SCHWIERIGKEITEN ALS BEAUFTRAGTER

Das Verständnis für den Prozess des Delegierens hilft Ihnen auch, wenn Sie mit einer Aufgabe beauftragt werden. Wenn die Dinge nicht plangemäß verlaufen, haben Sie die Chance, Ihre Initiative und Entscheidungsfähigkeit zu beweisen. Analysieren Sie die Ursachen des Problems, und ergreifen Sie Korrekturmaßnahmen. Halten Sie Ihren Manager dabei auf dem Laufenden. Wenn die Korrektur Ihre Befugnisse überschreitet, sollten Sie gemeinsam mit Ihrem Manager nach einer Lösung suchen. Die erfolgreiche Ausführung der Aufgabe ist der Hauptfaktor, nach dem Ihre Leistung beurteilt wird.

Probleme beseitigen

Als Manager müssen Sie imstande sein, Irrtümer zu erkennen und zu korrigieren, die Ihr Beauftragter bei der Ausführung der Anweisung macht. Wenn ein Beauftragter einen Fehler macht, den Sie kritisieren müssen, so formulieren Sie taktvoll und positiv. Sprechen Sie das aktuelle Problem an, aber stellen Sie nicht die Person in Frage. Sie sollten dem Mitarbeiter helfen, dass solche oder ähnliche Fehler in Zukunft vermieden werden.

83 Seien Sie hart gegen Mitarbeiter, die ihre Fehler verbergen.

84 Nutzen Sie Fehler, um Ihre Fähigkeiten als Manager zu verbessern.

85 Überlegen Sie, ob das Briefing Ursache eines Fehlers war.

Aus Fehlern lernen

Wenn Sie mit Fehlschlägen richtig umgehen, können Sie ebenso wertvoll sein wie der Erfolg in der Abwicklung der Aufgabe. Nutzen Sie die Gelegenheit, aus Fehlern möglichst viele nützliche Lehren zu ziehen. Natürlich ist die Versuchung für jeden groß, lieber Ausreden zu gebrauchen als die wirklichen Ursachen zu klären. Aber Entschuldigungen helfen wenig und sind nur Tarnmanöver. Wenn Sie einen Fehler erkannt haben, analysieren Sie sorgfältig die Ursachen und besprechen Sie diese mit dem Beauftragten. Ein Fehler ist keine Sünde, wohl aber, wenn derselbe Fehler zweimal gemacht wird.

VERFAHREN ▶ KORRIGIEREN
Der Fehler der Sachbearbeiterin wäre gewiss vermeidbar gewesen und hätte nicht passieren dürfen. Aber er bot dem Geschäftsführer eine gute Gelegenheit, Schwächen im Verfahren aufzudecken und die Vorgehensweise zu ändern.

FALLBEISPIEL
Als die Druckerei Schmidt Geld verlor, weil sie einem Kunden ein zu niedriges Angebot gemacht hatte, untersuchte der Geschäftsführer als erstes, wie so ein Fehler überhaupt möglich war. Die Sachbearbeiterin gab zu, übersehen zu haben, dass die Kosten für Falzen und Binden bei der Kostenberechnung außer Acht gelassen waren. Sie war gerade mit anderen Projekten beschäftigt und stand unter Zeitdruck, konnte aber sonst keine Erklärung für das Versehen geben. Es war nun wichtig, die Faktoren zu identifizieren, die zu dem Fehler geführt hatten, und so untersuchte man das Verfahren. Es zeigte sich, dass Falzen und Binden in den Preislisten als »Fertigstellung« auftauchten, während dem Kunden nur das Schneiden berechnet worden war. Um diesen Fehler in Zukunft zu vermeiden, wurde vereinbart, dass in der Preisliste ab sofort alle einzelnen Arbeitsgänge aufgelistet werden.

# Projekte auswerten

Projektauswertung ist ein systematisches Verfahren zum Identifizieren und Korrigieren von Fehlern. Dazu gehört das regelmäßige Vergleichen des aktuellen Fortgangs mit den Zielen des Briefings. Das ermöglicht es, Abweichungen vom vorgesehenen Handlungsverlauf zu analysieren und zu erklären. Halten Sie schriftlich fest, welche Lehren Sie aus Fehlern und Erfolgen ziehen, so dass Sie Ihre Vorgehensweisen korrigieren können.

> **86** Halten Sie Fehler und daraus gezogene Lehren für die Zukunft fest.

Schwierigkeiten bei der Projekteinschätzung

Aspekte des Projekts	Das sollten Sie bedenken
Ziele Gesamtziel des Projekts und einzelne Zwischenziele.	• Das langfristige Ziel kann nicht erreicht werden, wenn das Briefing falsch ist und ständig nachgebessert werden muss. • Ein Projekt kann gefährdet sein, wenn Zwischenziele verfehlt werden.
Mittel Personal, Geldmittel, Information und benötigte Ausrüstung.	• Im Zweifelsfall ist es besser, die mit dem Projekt verbundenen Kosten höher anzusetzen. • Unzulängliche Mittel behindern selbst die fähigsten Mitarbeiter.
Zeitplan Die Terminplanung für die Fertigstellung des Projekts.	• Das Risiko der Fristüberschreitung lässt sich minimieren, indem man die Termine jeder Phase vorher festlegt. • Unerwartete Probleme können selbst die besten Pläne aufheben.
Verfahren Die Vorgehensweise zum Erreichen des Gesamtziels des Projekts.	• Um das gewünschte Ziel zu erreichen, müssen Sie eine klare Vorstellung des Wegs haben, der Sie dorthin führt. • Werden Ziele geändert, muss auch das Vorgehen geändert werden.
Vollmacht Die Verantwortung für Entscheidungen in Bezug auf das Projekt.	• Unzulängliche Vollmachten können die Beauftragten beim Entscheiden behindern und zu Verzögerungen führen. • Wird Befugnis vorenthalten, leidet die Motivation der Mitarbeiter.
Feedback Die Kommunikation zwischen Delegierendem und Beauftragtem.	• Ein Projekt, das sich in Schwierigkeiten befindet, wird scheitern, wenn es keine konstruktive Kommunikation gibt. • Körpersprache kann Ihre Worte unterstreichen oder ihnen widersprechen.

UMGANG MIT KONTROLLE

TESTEN SIE SICH

Delegieren erfordert eine breite Palette an Führungseigenschaften, von Kommunikation bis hin zur Anwendung von Kontrollsystemen. Schätzen Sie Ihre Fähigkeiten ein, indem Sie die folgenden Statements beantworten und die Optionen ankreuzen, die Ihrer Erfahrung am nächsten kommen. Seien Sie dabei möglichst ehrlich. Ist Ihre Antwort »Nie«, kreuzen Sie 1 an, für »Immer« die 4. Zählen Sie Ihre Punkte zusammen und sehen Sie in der Auswertung nach, wie Sie abgeschnitten haben.

OPTIONEN

1 Nie

2 Gelegentlich

3 Oft

4 Immer

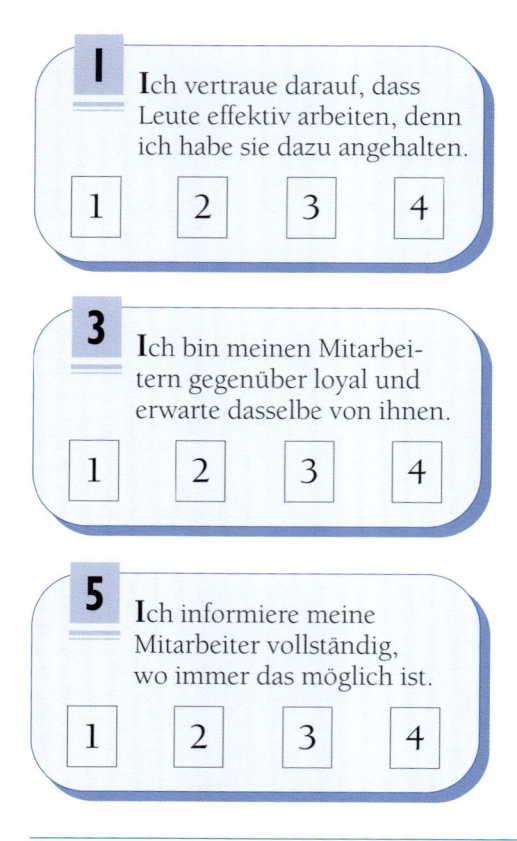

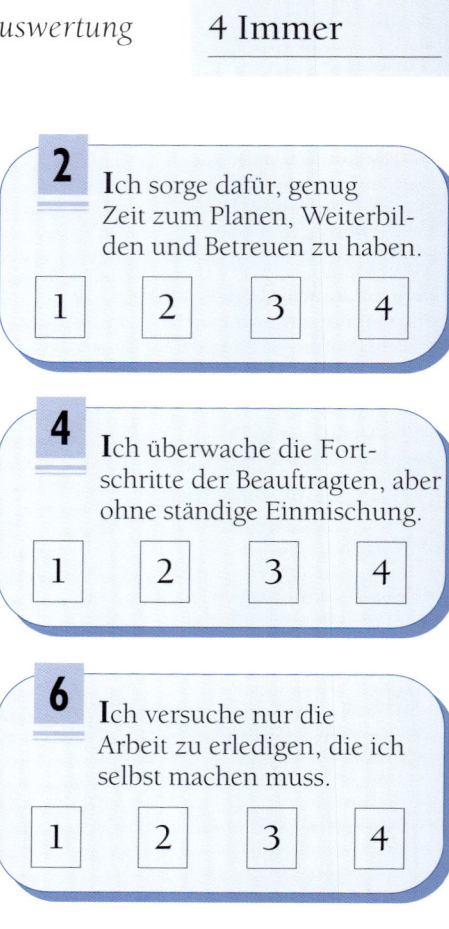

1 Ich vertraue darauf, dass Leute effektiv arbeiten, denn ich habe sie dazu angehalten.

1　2　3　4

2 Ich sorge dafür, genug Zeit zum Planen, Weiterbilden und Betreuen zu haben.

1　2　3　4

3 Ich bin meinen Mitarbeitern gegenüber loyal und erwarte dasselbe von ihnen.

1　2　3　4

4 Ich überwache die Fortschritte der Beauftragten, aber ohne ständige Einmischung.

1　2　3　4

5 Ich informiere meine Mitarbeiter vollständig, wo immer das möglich ist.

1　2　3　4

6 Ich versuche nur die Arbeit zu erledigen, die ich selbst machen muss.

1　2　3　4

Testen Sie sich

7 Ich widme Personalfragen Zeit und gebe ihnen Vorrang.

1 2 3 4

8 Ich behandle Planung und Kontrolle beim Delegieren mit großer Sorgfalt.

1 2 3 4

9 Ich behandle Mitarbeiter wie Gleichberechtigte, wenn ich nach Maßnahmen suche.

1 2 3 4

10 Ich sorge dafür, dass die Beauftragten den Umfang ihrer Verantwortung kennen.

1 2 3 4

11 Ich sorge dafür, dass es keine Überlappungen von Verantwortung gibt.

1 2 3 4

12 Ich bin imstande, Beauftragte im Bedarfsfall schnell zu ernennen.

1 2 3 4

13 Ich bewerte Mitarbeiter, indem ich positive und negative Aspekte in Betracht ziehe.

1 2 3 4

14 Ich beauftrage die beste Person, ungeachtet des Alters oder der Position.

1 2 3 4

15 Ich beteilige den Beauftragten an der Vorbereitung eines detaillierten Briefings.

1 2 3 4

16 Ich sorge dafür, dass für Beauftragte angemessene Hilfe zur Verfügung steht.

1 2 3 4

Umgang mit Kontrolle

17 Ich halte Beauftragte dazu an, bei Problemen selbst aktiv zu werden.
1   2   3   4

18 Ich tadle nicht, wenn ein Fehler passiert, weil etwas Neues probiert wird.
1   2   3   4

19 Ich beurteile die Leistung nach wichtigen Indikatoren und Fakten.
1   2   3   4

20 Ich sorge dafür, dass ich meinen Beauftragten jederzeit positives Feedback gebe.
1   2   3   4

21 Ich achte darauf, dass Abläufe regelmäßig überprüft und angepasst werden.
1   2   3   4

22 Ich benutze eine Checkliste, wenn ich den Fortgang bespreche.
1   2   3   4

23 Ich führe ein Verzeichnis, welche Aufgaben ich delegiert habe und an wen.
1   2   3   4

24 Ich bin für meine Mitarbeiter erreichbar, um eventuelle Probleme zu besprechen.
1   2   3   4

25 Ich erwäge alle möglichen Alternativen, ehe ich eine Aufgabe zurücknehme.
1   2   3   4

26 Ich lege Wert darauf, alle herausragenden Leistungen anzuerkennen.
1   2   3   4

TESTEN SIE SICH

27 Ich sorge dafür, allen Beauftragten für erfolgreiche Arbeiten zu danken.

| 1 | 2 | 3 | 4 |

28 Ich übernehme die Verantwortung, wenn ich einen Fehler mache.

| 1 | 2 | 3 | 4 |

29 Ich erwäge sorgfältig, ob ein Beauftragter ausgetauscht werden muss.

| 1 | 2 | 3 | 4 |

30 Ich analysiere Vorgänge, damit alle aus Erfolgen und Misserfolgen lernen.

| 1 | 2 | 3 | 4 |

31 Ich ersuche Angestellte um Feedback und reagiere positiv darauf.

| 1 | 2 | 3 | 4 |

32 Ich nutze alle Fehlschläge, um daraus Lehren für die Zukunft zu ziehen.

| 1 | 2 | 3 | 4 |

AUSWERTUNG

Nachdem Sie alle Fragen so ehrlich wie möglich beantwortet haben, addieren Sie Ihre Punkte und vergleichen die Summe mit der nachfolgenden Auswertung. Unabhängig davon, welches Ergebnis Sie beim Delegieren von Aufgaben erzielt haben: Es gibt fast immer Möglichkeiten, etwas besser zu machen. Stellen Sie Ihre schwächsten Bereiche fest, und lesen Sie die entsprechenden Abschnitte noch einmal, um praktische Hinweise zur Verbesserung zu finden.

32–64 Sie delegieren weder sinnvoll noch genug. Trainieren Sie, Prioritäten zu setzen und geeignete Mitarbeiter zu definieren.
65–95 Oft funktioniert es, wenn Sie delegieren, obwohl es Lücken gibt. Verbessern Sie die Schwachstellen.
96–128 Sie delegieren sehr gut, aber sicher können auch Sie Ihre Qualität als Führungskraft noch verbessern.

KOMPETENZ-ERWEITERUNG

Der Prozess des Delegierens eignet sich ideal, um das Niveau von Kenntnissen anzuheben. Nutzen Sie diese Kompetenzerweiterung zur Motivierung der Mitarbeiter.

MITARBEITER FÖRDERN

Um Ihren Mitarbeitern Unterstützung anzubieten, sollten Sie Mittel und Wege für kontinuierliche Schulungen, Seminare und andere Weiterbildungsmaßnahmen zur Verfügung stellen, erreichbare Ziele definieren und wirksame Anreize bieten.

87 Schulen Sie Ihre Mitarbeiter, so dass sie vielfältig einsetzbar sind.

88 Geben Sie bei Weiterbildung ein gutes Beispiel.

89 Unterschätzen Sie die Fähigkeiten der Beauftragten nicht.

AUFGABEN KOMBINIEREN

Wenn Sie die Kenntnisse Ihres Beauftragten weiterentwickeln, können Sie ihn mit der Abwicklung einer vollständigen Aufgabe betrauen. Dadurch vermeiden Sie viele Fehlerquellen, die dadurch entstehen, dass einzelne Bestandteile von Aufgaben durch mehrere Leute bearbeitet werden müssen. So waren z.B. in der Debitorenbuchhaltung eines Unternehmens einzelne Konten desselben Kunden über fünf Buchhalter verteilt. Sie mussten sich untereinander jeweils abstimmen, was einen enormen Zeitaufwand bedeutete. Es wurde beschlossen, die Konten zusammenzulegen.

MITARBEITER FÖRDERN

SCHULUNGEN

Es ist falsch und entmutigend, jemanden mit einer Aufgabe zu betrauen, zu der ihm die erforderlichen Kenntnisse fehlen. Teilen Sie Mitarbeitern niemals neue oder veränderte Rollen zu, ohne zuerst für die nötige Schulung zu sorgen. Fragen Sie auch erfahrene Mitarbeiter, ob es irgendwelche Bereiche gibt, in denen sie sich noch gerne fortbilden würden – das kann sehr motivierend sein. Kontinuierliche Schulung auf allen Ebenen ist ein gutes Fundament, auf dem Sie jederzeit erfolgreich delegieren können.

▲ **WAHL EINES SCHULUNGSPROGRAMMS**
Sehen Sie im Etat die Fortbildung von Mitarbeitern vor. Vergleichen Sie einzelne Lehrgänge miteinander. Beachten Sie: Der billigste Lehrgang kann Sie langfristig teurer kommen als ein guter.

FÄHIGKEITEN NEU BEURTEILEN

Das Delegieren einer Aufgabe bietet Ihnen die Möglichkeit, die Fähigkeiten des Mitarbeiters zu beurteilen. Hat er bereits vorher für Sie gearbeitet, so können Sie seine Leistung im Lichte neuer Anforderungen neu einordnen. Beobachten Sie Leistungen des Beauftragten konstant, da neue Aufgaben möglicherweise verborgene Talente offenbaren oder Bereiche zeigen, in denen es Mängel gibt. Dabei zeigt sich zuweilen, dass ein Mitarbeiter für Aufgaben eingesetzt wurde, die weit unter seinen Fähigkeiten liegen.

▼ **KOMMUNIKATIONS-SCHULUNG**
Als der Geschäftsführer erkannte, dass die Probleme in der Werkstatt auf mangelhafte Kommunikation zurückzuführen waren, veranlasste er eine Weiterbildung.

FALLBEISPIEL

Die Effizienz und der Ruf einer großen Kfz-Werkstatt litten durch Streitereien zwischen einzelnen Abteilungen. Wenn Kunden Versprechungen gemacht wurden, die nicht eingehalten werden konnten, schoben die Angestellten der Auftragsannahme und die Mechaniker einander die Schuld zu. Um die beiden Abteilungen wieder zu einem guten Einvernehmen zu bringen, beschloss der Chef, die Kommunikationsfähigkeit des Werkstattleiters weiter zu schulen und ihn auch bei der Auftragsannahme einzusetzen. Danach konnte er zwischen den Mechanikern und der Annahmestelle vermitteln. Er wurde auch eingeschaltet, wenn Kunden technische Rückfragen hatten.
Der Einsatz im Gesamtbereich der Abwicklung befriedigte den Werkstattleiter sehr. Die Kunden profitierten von seinem Fachwissen. Der Konflikt zwischen den beiden Abteilungen war mit dieser Maßnahme behoben.

KOMPETENZERWEITERUNG

MITARBEITER BETREUEN

Beim Delegieren übernimmt der Manager die Rolle des Betreuers, der mit den einzelnen Mitarbeitern redet und ihre Weiterentwicklung fördert. Zu den wichtigsten Punkten, die mit den Beauftragten zu besprechen sind, gehört die Frage, ob sie Aufgaben effizient anpacken. Mitarbeiter, die gut dastehen wollen, bitten nicht gerne um Hilfe. Daher müssen Sie dafür sorgen, dass ihre Fähigkeiten dem Niveau ihrer Aufgaben entsprechen.

90 Reservieren Sie Zeit zur Betreuung der wichtigsten Beauftragten.

Skizze zeigt Struktur des Projekts.

Beauftragter notiert Information.

Managerin erläutert Entwicklungen.

▲ ZEIT, UM MITARBEITER ZU FÖRDERN
Reservieren Sie jede Woche etwas Zeit, um Ihre Mitarbeiter über neue Entwicklungen auf dem Laufenden zu halten und ihre Kenntnisse in den Bereichen zu erweitern, in denen Sie Arbeit delegieren möchten.

ZIELE ABSTECKEN

Eine der erfolgreichsten Methoden, Beauftragte zu fördern, sind Ziele. Aber setzen Sie die Ziele so, dass sie realistisch sind und der Beauftragte sie als erreichbar akzeptieren kann. Gemeinsam können Sie die Bereiche der Aufgabe herausfinden, in denen die Kenntnisse des Beauftragten verbessert werden müssen. Diese Art von »Training-on-the-Job« hilft dem Beauftragten bei der aktuellen Arbeit und den zukünftigen Aufgaben.

MITARBEITER FÖRDERN

ERWARTUNGEN ÜBERTREFFEN

Mitarbeiter können Erwartungen übertreffen, wenn Sie ihnen ehrgeizige, aber erreichbare Ziele stecken und sie dann selbst entscheiden lassen, wie diese zu erreichen sind. Dieses Nichteinmischungsverfahren hat zwei wesentliche Vorteile: Die Beauftragten sind motiviert, weil sie Freiheit zur Eigeninitiative haben. Das Unternehmen insgesamt hat den Vorteil gesteigerter Effizienz, die motivierte Mitarbeiter an den Tag legen.

TUN UND LASSEN

- ✔ Sorgen Sie dafür, dass alle wissen, dass bei Bedarf Schulungen angeboten werden.
- ✔ Äußern Sie Dank, wenn jemand eine gute Leistung erbracht hat.
- ✔ Sagen Sie den Beauftragten, dass sie andere im Bedarfsfall um Hilfe bitten sollen.
- ✔ Fragen Sie Mitarbeiter, welche zusätzlichen Kenntnisse sie ihrer Meinung nach brauchen.
- ✘ Denken Sie daran, dass finanzielle Belohnung nicht immer der wirksamste Anreiz ist.
- ✘ Ersticken Sie Kreativität nicht, indem Sie Vorschriften vor Resultate setzen.
- ✘ Glauben Sie nicht, dass Kritik in jedem Fall entmutigt.
- ✘ Setzen Sie keine unklaren Ziele, die dem Beauftragten sowieso unerreichbar erscheinen.

> **91** Wenn Mitarbeiter unzufrieden sind, finden Sie die Ursache heraus.

WIRKSAM LOBEN

Loben Sie den Beauftragten möglichst bald nach dem Ereignis, das dazu Anlass gibt. Seien Sie aufrichtig freundlich, aber nicht überschwänglich, und sprechen Sie speziell über die Aspekte, die Sie am meisten beeindruckt haben. Vergleiche sind zuweilen vorteilhaft: Wenn der Beauftragte besser war als andere, ist das ein Grund, ihn zu loben. Mit Dank und Lob fördern Sie die Motivation und schaffen die Grundlage für weitere gute Arbeit.

BELOHNUNG ANBIETEN

Mitarbeiter werden dafür bezahlt, dass sie den Erwartungen entsprechend arbeiten, also vermeiden Sie Leistungsprämien für normale Leistung. Delegierende und Beauftragte verfolgen dieselben Ziele. Beide Seiten haben Interesse daran, dass der Job ordentlich ausgeführt wird und den Erwartungen entspricht. Das Gehalt Ihrer Mitarbeiter wird wahrscheinlich steigen, wenn sie ihre Fähigkeiten weiterentwickeln.

> **92** Setzen Sie realistische Ziele und seien Sie bei der Planung flexibel.

415

KOMPETENZERWEITERUNG

STELLVERTRETER ERNENNEN

Die Förderung eines Stellvertreters ist ein wesentlicher Bestandteil der Aufgabe des Managers. Wenn sie einen Stellvertreter ernennen, fördern Sie den qualifiziertesten Kandidaten und erteilen Sie ihm die entsprechenden Befugnisse.

93 Bitten Sie einen Vorgesetzten, Ihren Stellvertreter im Auge zu behalten.

94 Wenn Sie einen Stellvertreter ernennen, informieren Sie alle.

STELLVERTRETER FÖRDERN

Für Sie als Manager ist es wichtig, Ihre Mitarbeiter ständig auf potenzielle Führungseigenschaften hin zu überprüfen. Schließlich sind Sie ja manchmal abwesend, und jemand muss Sie vertreten. Die zeitweilige Übernahme eines Teils Ihrer Arbeit gibt einer möglichen künftigen Führungskraft die Gelegenheit, ihre Fähigkeiten zu erproben. Fördern Sie einen Stellvertreter, indem Sie ihm mehr Aufgaben übertragen. Damit gewinnen Sie Zeit, sich auf andere wichtige Aufgaben zu konzentrieren.

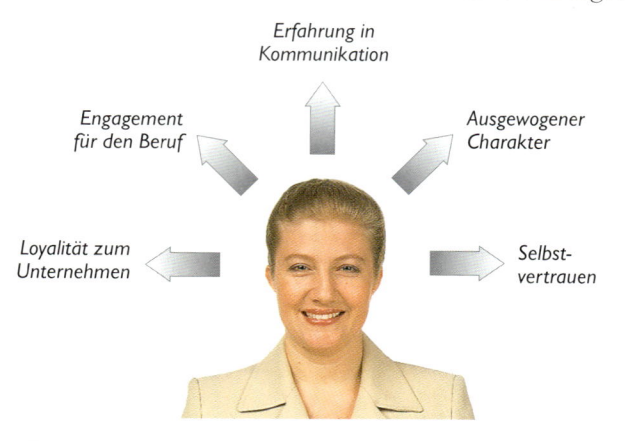

BEFUGNISSE DELEGIEREN

Als Führungskraft sind Sie verantwortlich dafür, jüngere Führungskräfte zu ernennen oder abzusetzen, ihnen Vollmachten zu geben und ihre Verantwortlichkeit zu erweitern. Je mehr Befugnisse Sie an Ihren Führungskandidaten delegieren, desto besser fördern Sie seine Kenntnisse und Fähigkeiten. Ermutigen Sie Ihren Stellvertreter, selbst zu delegieren und seine Befugnisse an Beauftragte seiner Wahl weiterzugeben.

Erfahrung in Kommunikation
Engagement für den Beruf
Ausgewogener Charakter
Loyalität zum Unternehmen
Selbstvertrauen

▲ **WORAUF ES BEI FÜHRUNGSKANDIDATEN ANKOMMT**
Erwägen Sie alle Eigenschaften, die ein Kandidat mitbringt. Achten Sie auf Erfahrung und Zuverlässigkeit, kombiniert mit guten Kommunikationsfähigkeiten, Selbstvertrauen und Begeisterung.

NICHT VERGESSEN

Führungskandidaten sollten Gelegenheit bekommen, sich vor den Kollegen zu beweisen.

Befugnisse teilen heißt nicht, dass man sie abtritt. Der Manager bleibt immer Letztverantwortlicher.

Stellvertreter sollten die Freiheit und Befugnis haben, auf ihre Weise zu handeln.

- Führungsschulung ist entscheidend; Umgang mit Untergebenen muss gelernt werden.
- Charakter und Wissen sind gleichermaßen Voraussetzungen für einen guten Manager.

BEFÖRDERN NACH VERDIENST

Um negative Reaktionen nach der Beförderung in eine Führungsposition zu vermeiden, müssen Sie Ihren Kandidaten einzig aufgrund seiner Verdienste wählen. Wer über seine Fähigkeiten hinaus befördert wird, fühlt sich unwohl, und Unsicherheit beeinträchtigt die Leistung. Andere, die sich übergangen fühlen, werden durch eine falsche Wahl demotiviert. Selbst bei einer verdienten Beförderung können Kollegen die Führungsqualitäten, die Sie erkannt haben, vielleicht nicht gleich schätzen. Zeigen Sie also, dass Sie Vertrauen zu Ihrem beauftragten Kandidaten haben. Ist er der Geeignete, wird es nicht lange dauern, bis er Ihre Erwartungen erfüllt und die Ernennung rechtfertigt.

FÜHRUNGSTRAINING

Es gibt eine große Auswahl an Führungslehrgängen. In guten Seminaren werden spezifische Kenntnisse gelehrt, die relevante persönliche Eigenschaften und Qualitäten verstärken. Führungslehrgänge werden oft in Kombination mit anderen Seminarthemen, wie Kommunikation oder Qualitätsmanagement, veranstaltet. Aber Theorie allein genügt nicht. Führung ist eine zwischenmenschliche Fähigkeit, die in realer Umgebung praktiziert werden muss. Deshalb erwägen Sie, Kandidaten hin und wieder Gelegenheit zu bieten, ein Team zu leiten. Diese Aufgabe kann unabhängig von der Position des Mitarbeiters zugewiesen werden. Rotierende Führung von Arbeitsgruppen oder ähnlichen Teams gibt den Mitarbeitern die Gelegenheit, selbst herauszufinden, welche Anforderungen an Führungskräfte gestellt werden.

▲ **FÜHRUNGSSCHULUNG**
Schulung kann weit vom Arbeitsplatz stattfinden. Aktivitäten im Freien fördern die Fähigkeit zur Teamarbeit und Personalführung.

Persönlich Weiterkommen

Sie sollten nicht so sehr mit der Förderung anderer beschäftigt sein, dass Sie Ihre eigene Weiterentwicklung vernachlässigen. Delegieren verschafft Ihnen mehr Zeit und trainiert zugleich viele Fähigkeiten. Aber darauf allein sollten Sie sich nicht verlassen.

> **95** Reservieren Sie genug Zeit, um neue Ideen zu entwickeln.

> **96** Legen Sie fest, was Sie lesen möchten, und halten Sie sich an diesen Plan.

Leistung steigern

Delegieren umfasst einige der wichtigsten Führungsaufgaben: Entscheidung, Planung und Kontrolle erzielen optimale Resultate. Diese Aktivitäten sind zentral für jeden Managementprozess, so dass jeder Delegierende seine Effizienz steigern kann. Aber eine gute Leistung lässt sich immer noch weiter steigern. Es gibt kein absolutes Höchstniveau, selbst unter günstigsten Bedingungen. Um als Manager erfolgreich zu sein, müssen Sie sich regelmäßig selbst bewerten und nach Wegen suchen, neue Fähigkeiten zu entwickeln.

Aufgaben neu bewerten

Während Sie Ihre Fähigkeiten beim Delegieren weiterentwickeln, werden Ihre Mitarbeiter natürlich ihre eigenen Fähigkeiten verbessern und steigern und dabei Selbstvertrauen und Erfahrung gewinnen. Bewerten Sie jene Mitarbeiter, die aus ihren ursprünglichen Aufgaben herausgewachsen sind und in der Lage wären, kompliziertere Aufgaben zu übernehmen. Dadurch verbessert sich die Struktur und das Gleichgewicht Ihrer Arbeitsbelastung, so dass Sie sich um andere Aufgaben kümmern können und noch bessere Resultate erzielen.

Wichtige Fragen

- F Bin ich über die Erfordernisse modernen Managements auf dem Laufenden?
- F Bin ich mit meiner eigenen Leistung zufrieden?
- F Investiere ich genug Zeit in neue Wege, mit vertrauten Problemen fertig zu werden?
- F Wenn ich andere berate, höre ich auf meinen eigenen Rat?

PERSÖNLICH WEITERKOMMEN

FÄHIGKEITEN ENTFALTEN

Nutzen Sie den Delegierungsprozess, um sich von Routinearbeiten, wie etwa Administration, zu befreien, so dass Sie anspruchsvollere und abwechslungsreichere Aufgaben in Angriff nehmen können, z.B. Personalfragen, Problemlösungen und Forschen nach neuen Ideen. Indem Sie diese Fähigkeiten weiterentwickeln, können Sie Ihre Leistung außerordentlich steigern.

97 Wenn Sie eine Lücke in Ihren Fähigkeiten kennen, füllen Sie sie.

98 Nehmen Sie jede Gelegenheit wahr, von anderen zu lernen.

SCHULUNG NUTZEN

Selbst wenn Sie meinen, dass Sie über allem stehen, sollten Sie sich immer wieder fortbilden. Denken Sie über Lehrgänge in jenen Bereichen nach, die Sie noch nicht so recht beherrschen. Aktualisieren Sie Ihre Fachkompetenz und Ihr Wissen, um neue Ideen entwickeln zu können. Für jeden gibt es vielerlei Dozenten und Verfahren, die auf seinen speziellen Bedarf abgestimmt sind.

SELBSTSTUDIUM

Ein amerikanischer Multimillionär besitzt die größte Bibliothek der Welt mit Fachliteratur zum Selbststudium. Ganz gleich, ob die Bücher nun wirklich zu seinem Erfolg beigetragen haben, das Prinzip ist richtig. Jedes dieser Bücher beschreibt Ideen oder Techniken, die den Job des Managers erleichtern und seine Leistung steigern können. Auch wenn ein Manager sein Know-how in der Praxis täglich erweitert, kann jeder aus systematischem Selbststudium großen Nutzen ziehen. Nehmen Sie sich Zeit, regelmäßig Bücher und Fachzeitschriften zu lesen. Der Gewinn lässt sich kaum in Zahlen ausdrücken.

▼ **FORTBILDUNG**
Beginnen Sie ein Fernstudium, wenn Sie keine Zeit zur Teilnahme an Lehrgängen haben.

Notieren wichtiger Punkte

KOMPETENZERWEITERUNG

AUCH AM CHEF ARBEITEN

Vielleicht haben Sie selbst schon ganz beachtliche Fertigkeiten im Delegieren entwickelt, meinen aber, dass Ihr Chef dies in der Zusammenarbeit mit Ihnen noch nicht so richtig beherrscht. Fragen Sie sich, ob es daran liegt, dass er Ihre Fähigkeiten noch nicht richtig erkannt hat, oder ob er seine Position gefährdet sieht. Eventuell sagen Sie Ihrem Chef, dass Sie sich unterbewertet fühlen und mehr Verantwortung übernehmen können.

99 Gewöhnen Sie sich an, mit Ihrem Vorgesetzten ehrlich zu sprechen.

IHRE KARRIERE MANAGEN

Suchen Sie beim Planen Ihrer Karriere gezielt nach Wegen, weiterzukommen – überlassen Sie das nicht dem Zufall. Nutzen Sie Ihre Delegier-Fähigkeiten, um Zeit zum Nachdenken über Ziele und Wünsche zu haben. Vielleicht entwerfen Sie schriftlich einen Karriereplan mit Zieldaten, um von einer Stufe zur nächsten zu gelangen. Wenn Sie auf diese Ziele hinarbeiten, gewinnen Sie eine positive Haltung und können das Beste aus allen Chancen machen.

Klaus wird zum Projektleiter befördert und Mitgliedern seines Teams vorgestellt.

Unzulängliches Delegieren führt zu Ineffizienz und Verzögerungen.

▲ FORTSCHRITT DURCH DELEGIEREN

Dieser Manager macht die Erfahrung, dass er sich durch unzulängliches Delegieren schadet. Durch sinnvolles Delegieren kann er seine Zeit produktiver nutzen, einen Karriereplan entwickeln und vorankommen.

PERSÖNLICH WEITERKOMMEN

Aktive Einstellung

In unserer Welt ständiger Veränderung braucht man Führungskräfte, die weitgehend unabhängig agieren. Eigeninitiative, Beschlussfreudigkeit und aktive Karriereplanung werden in Unternehmen geschätzt, die im Wettbewerb nicht auf der Strecke bleiben wollen. Erfolgreiche Manager müssen aktiv handeln und effizient delegieren, statt nur unter Druck zu reagieren. Also strengen Sie sich an, und setzen Sie Ihre Fähigkeiten in Ihrer derzeitigen Position ein. Ergreifen Sie jede Gelegenheit, Verantwortung zu übernehmen. Wenn das Unternehmen Ihnen diese Möglichkeit zur Entfaltung verweigert, könnte die beste Reaktion darin bestehen, eine andere Stellung zu suchen.

100 Fragen Sie, wo Sie in zehn Jahren sein möchten, und planen Sie den Weg.

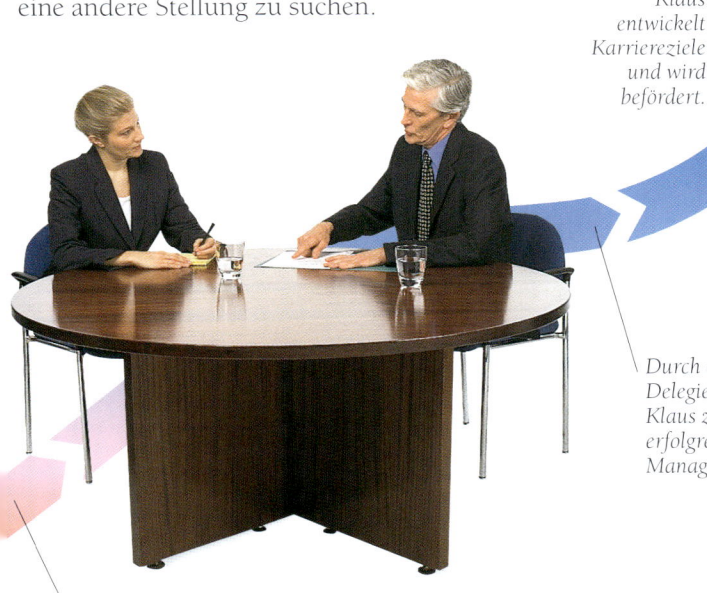

Klaus entwickelt Karriereziele und wird befördert.

Durch effektives Delegieren wird Klaus zum erfolgreichen Manager.

Klaus verbessert seine Delegier-Fähigkeiten und setzt die Leute seines Teams produktiv ein.

101 Verstecken Sie Ehrgeiz nicht – lassen Sie Ihre Vorgesetzten wissen, was Sie erreichen wollen.

421

Mitarbeitergespräche

Einleitung **424**

Der Sinn von Beurteilungen

Personalförderung **426**
Beurteilungsmethoden **428**
Ziele definieren **430**
Ziele verwirklichen **432**
Eigenverantwortung fördern **434**
Erfolge belohnen **436**

Die Beurteilung vorbereiten

Gezielte Vorbereitung **438**
Leistungsbewertung **440**
Zielbestimmung **442**
Vorausplanen **444**
Schaffung einer positiven Atmosphäre **446**
Objektiv bleiben **448**
Planung des Gesprächsablaufs **450**

Durchführung des Gesprächs

Eröffnung **452**
Festlegung der Tagesordnung **454**
Dialog fördern **456**
Praktische Aspekte **458**
Signale verstehen **460**
Engagement beurteilen **464**
Schwierige Situationen meistern **466**
Leistungsschwächen beheben **468**
Entwicklungschancen erörtern **470**
Über Ambitionen und Perspektiven diskutieren **472**
Maßnahmen planen **474**
Gesprächsergebnisse zusammenfassen **476**

Die Nachbereitung

Fortschritte überwachen **478**
Entwicklungspläne umsetzen **480**
Teamgeist fördern **482**
Beurteilen Sie sich selbst **484**
Testen Sie Ihre Fähigkeiten als Beurteiler **486**

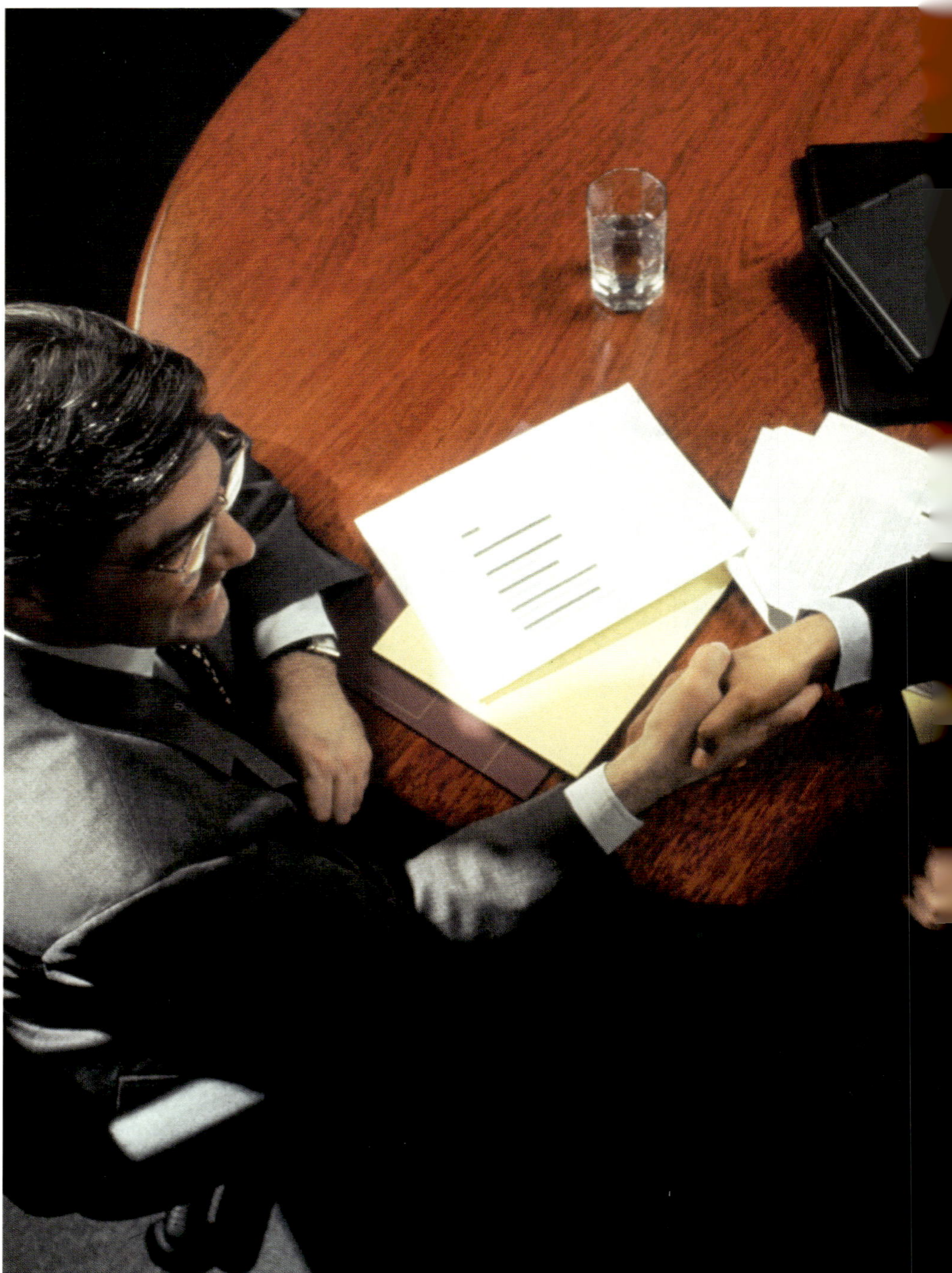

Einleitung

Die Fähigkeit, Angestellte durch richtige Beurteilung zu fördern und zu motivieren, ist eine unabdingbare Voraussetzung für die Führung eines Unternehmens. Regelmäßiges, konstruktives Feedback in Bezug auf erbrachte Leistungen ist unerlässlich, wenn Mitarbeiter auf ihren Stärken aufbauen und ihr Potenzial ausschöpfen sollen. Dieses Buch vermittelt Ihnen Schritt für Schritt alle Fähigkeiten und Techniken, die Sie benötigen, um Beurteilungen effektiv zu gestalten. Sie erhalten eine Vielzahl von Ratschlägen, die Ihnen unter anderem helfen, zu einer offenen Diskussion anzuregen, Körpersprache zu interpretieren, Vertrauen zu gewinnen und richtig auf Leistungsschwächen zu reagieren. Mit 101 praktischen Tipps, die über alle Kapitel verteilt sind, und einem Selbsttest, der es Ihnen erlaubt, Ihre eigenen Fähigkeiten als Beurteiler einzuschätzen, ist dieses Buch ein wertvoller kompakter Ratgeber zum Thema Personalbeurteilung.

Der Sinn von Beurteilungen

Effektive Personalbeurteilung gehört zu den Grundlagen erfolgreichen Managements. Sie sollten wissen, wie ein Beurteilungsprozess abläuft und wie man von einem richtig praktizierten Beurteilungssystem profitiert.

Personalförderung

Regelmäßiges Feedback fördert die Mitarbeiter und hilft ihnen, ihre Ziele zu erreichen. Schaffen Sie eine Atmosphäre, in der beständige Rückmeldungen als positiv angesehen werden. Das eigentliche Beurteilungsgespräch sollte auf diesem informellen Feedback aufbauen.

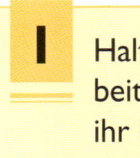

> **1** Halten Sie Mitarbeiter dazu an, ihr Potenzial auszuschöpfen.

> **2** Loben Sie jede gute Leistung, um Mitarbeiter dazu zu motivieren, sich weiter zu steigern.

Feedback geben

Jeder Angestellte will wissen, wie seine Leistungen von seinem Vorgesetzten bewertet werden. Entsprechende Rückmeldungen müssen regelmäßig erfolgen, gleich, ob sie positiver oder negativer Art sind. Richtiges Feedback erleichtert es Teammitgliedern, zu erkennen, inwiefern sie an ihren Fähigkeiten, Kenntnissen und Einstellungen arbeiten müssen. Selbst die erfolgreichsten Leistungsträger benötigen Feedback, um ihren Leistungsstand zu halten. Führungskräfte, die regelmäßiges Feedback geben, sorgen dafür, dass jeder genau weiß, woran er ist.

PERSONALFÖRDERUNG

BEURTEILUNGSGESPRÄCHE

Die eigentlichen Beurteilungsgespräche, die Sie regelmäßig mit Ihren Teammitgliedern abhalten, dienen dazu, das nebenbei gegebene kontinuierliche Feedback weiterzuführen. Wenn Ihre beständigen Rückmeldungen effektiv waren, birgt das Beurteilungsgespräch für den Mitarbeiter keinerlei Überraschung, und die Atmosphäre ist dementsprechend positiv und sachlich. Die Beurteilung ist in zwei Teile gegliedert: die Leistungsbewertung und die Entwicklungsbewertung. Erstere gestattet es Ihnen, zusammen mit dem Angestellten festzuhalten, welche Arbeitsziele dieser im betreffenden Zeitraum erreicht hat und inwieweit es ihm gelungen ist, seine Fähigkeiten und Kenntnisse zu erweitern. Die Entwicklungsbewertung soll aufzeigen, was unternommen werden muss, um Erfolge zu sichern oder neue Ziele zu verwirklichen. Durch diesen Teil der Beurteilung können Sie einerseits dafür sorgen, dass der Mitarbeiter ständig dazulernt, und ihn andererseits darauf vorbereiten, mehr Verantwortung zu übernehmen.

BEURTEILUNGEN OPTIMAL NUTZEN

Nutzen Sie Beurteilungen dazu,

- Motivation und Arbeitsmoral von Mitarbeitern nachhaltig zu stärken,
- immer neue Leistungssteigerungen zu bewirken,
- klarzustellen, wer welchen Beitrag zu leisten hat,
- individuelle Aufgabenstellungen auf Ziele von Unternehmen und Team abzustimmen,
- die Entwicklung von Mitarbeitern zu verfolgen,
- Fortbildungsbedarf zu erkennen,
- Erfolge zu würdigen und aus Misserfolgen zu lernen,
- das vorhandene Potenzial einzuschätzen und
- Anregungen zu sammeln.

Kontinuierliches informelles Feedback → **Leistungsbewertung** → **Entwicklungsbewertung**

▲ BEURTEILUNGSPROZESS
Effektive Beurteilung beruht auf regelmäßigem Feedback. Auf dieser Grundlage werden Leistung und Entwicklung eines Teammitglieds im Rahmen eines Gesprächs bewertet.

3 Sorgen Sie dafür, dass jeder Einzelne seinen Wert für das Unternehmen kennt.

EFFEKTIVE BEURTEILUNG

Denken Sie gut darüber nach, wie Sie Feedback geben. Wenn Sie eine gute Basis für die Zukunft schaffen wollen, ist es wichtig, dass Sie sich konstruktiv äußern und Zukunftsperspektiven betonen. Sorgen Sie stets dafür, dass ein offener und ehrlicher Dialog zustande kommt. Achten Sie darauf, wie Sie sich ausdrücken, denn wie Mitarbeiter auf Ihr Feedback reagieren, hängt auch von Ihrem Umgangston ab. Vergessen Sie nicht, dass Kritik manchmal schwer zu verkraften ist, auch wenn man sie selbst als gerechtfertigt ansieht.

BEURTEILUNGSMETHODEN

Es gibt drei unterschiedliche Arten der Beurteilung, die jeweils ein eigenes Verfahren zur Leistungsbewertung implizieren. Lernen Sie, wozu Top-down-, Peer- und 360-Grad-Beurteilungen dienen, und warum eine Selbsteinschätzung des Angestellten stets wichtig ist.

4 Erklären Sie Mitarbeitern, nach welchem Verfahren sie beurteilt werden.

5 Sehen Sie, wie die Leistung eines Mitarbeiters von anderen eingeschätzt wird.

TOP-DOWN-BEURTEILUNG

Bei dieser Methode wird ein Mitarbeiter von seinem nächsten Vorgesetzten beurteilt, der ihn am besten kennt und befugt ist, mit ihm einen Entwicklungsplan für die Zukunft zu vereinbaren. In manchen Unternehmen wird eine Art Matrix verwendet: Ein Manager schätzt den Wert eines Angestellten für eine bestimmte Niederlassung ein, während ein anderer den Beitrag zu dem betreffenden Geschäftsbereich bewertet. Ein Personalexperte, der für die Gestaltung neuer Verträge mit Angestellten zuständig ist, wird beispielsweise von einem Manager beurteilt, der sich in Personal- oder Rechtsfragen auskennt.

PEER-BEURTEILUNG

Hier befindet sich der Beurteiler stets auf gleicher Ebene wie der Beurteilte und ist auf Grund seiner genauen Kenntnis der Aufgaben und Pflichten des Beurteilten in der Lage, eine fundierte Meinung über dessen Fähigkeiten zu äußern. Dieses Verfahren wird oft in den freien Berufen angewandt, in denen der Meinung von Fachleuten über die Berufsethik und die fachliche Kompetenz von Kollegen große Bedeutung zukommt. Wenn solche Aussagen über Kollegen in einen umfassenden Beurteilungsprozess einfließen, profitiert davon die Praxis.

NICHT VERGESSEN

● Die Peer-Beurteilung versetzt Kollegen in die Lage, voneinander zu lernen, wodurch sich die Leistung jedes Einzelnen verbessert.

● Damit die Peer-Beurteilung Erfolg haben kann, muss die Belegschaft ausdrücklich zum offenen Meinungsaustausch ermutigt werden.

● Um Feedback aus mehreren Quellen zu nutzen, wird oft eine Kombination aus Top-down- und Peer-Beurteilung angewendet.

360-Grad-Beurteilung

Wird diese Methode angewandt, holt der Beurteiler Feedback von jedem ein, der geschäftlich mit dem Beurteilten zu tun hatte, was dessen Kunden und Kollegen ebenso einschließt wie Mitglieder des Teams. In der Regel verschickt der Beurteiler dazu Formulare oder Fragebögen (wie zum Beispiel Zufriedenheitsfragebögen für Kunden) und berücksichtigt die Antworten bei der Vorbereitung des Beurteilungsgesprächs. Diese Art der Beurteilung wird immer beliebter, da eine Bewertung der Leistung eines Angestellten durch Vorgesetzte, Kollegen sowie interne und externe Kunden oft sehr aufschlussreich ist.

6 Sorgen Sie dafür, dass Kundenfragebögen nützliches Feedback ergeben.

7 Bewerten Sie alle Auskünfte sorgfältig, damit sie fundiert und nützlich sind.

Selbsteinschätzung des Mitarbeiters

Indem Angestellte sich selbst einschätzen, nehmen sie aktiv am Beurteilungsprozess teil. Die Tatsache, dass sie bei sich selbst oft besonders strenge Maßstäbe anlegen, kann die Beurteilung effektiver machen. Sie als Vorgesetzter sind wahrscheinlich weniger rigoros und können positive Aspekte der Antworten von Angestellten herausstreichen und deren Erfolge und Stärken loben. Fragen, die zur Selbsteinschätzung dienen, sollten so gestaltet sein, dass sie dem Mitarbeiter eine korrekte Analyse seiner Leistungen ermöglichen. Der zu Beurteilende sollte durch die Beantwortung der Fragen auf das Beurteilungsgespräch vorbereitet werden und eventuellen Verbesserungsbedarf erkennen. Stellen Sie keine Fragen, die dem Mitarbeiter nahe legen, nur Ihre bestehenden Meinungen zu untermauern, denn so ist keine konstruktive Beurteilung möglich.

DENKANSTÖSSE ▶
Durch Selbsteinschätzung sind Mitarbeiter in den Beurteilungsprozess eingebunden und werden dazu angeregt, über ihre Leistungen und ihre zukünftige Entwicklung nachzudenken.

Ziele definieren

Bedenken Sie, dass die Aktualisierung von Stellenbeschreibungen unerlässlich ist, wenn Sie Beurteilungen dazu nutzen wollen, Aufgabenstellungen zu besprechen, zu revidieren und auf die Ziele des Unternehmens abzustimmen.

8 Planen Sie voraus und rechnen Sie damit, dass weitere Änderungen notwendig werden.

9 Bereiten Sie sich auf den Kontakt mit neuen Angestellten vor.

Neue Angestellte

Der Prozess der Festlegung von Arbeitszielen beginnt, sobald ein Mitarbeiter zu Ihrem Team stößt. Er sollte bei der Einweisung zunächst mit der Zielsetzung Ihres Unternehmens vertraut gemacht werden; danach sollten Sie ihn jedoch in einem gesonderten Treffen zur Einweisung befragen, mit ihm eine Stellenbeschreibung erarbeiten und Leistungsziele definieren, denn sonst arbeitet ein neuer Angestellter u. U. monatelang, bevor er das erste Mal beurteilt wird. In dem Gespräch können Sie auch Fortbildungsbedarf erkennen, Entwicklungsmaßnahmen planen und feststellen, mit welchen anderen Mitarbeitern Treffen nötig sind.

Arbeitsziele dokumentieren

Jeder Mitarbeiter braucht eine ständig aktualisierte Stellenbeschreibung, damit er weiß, was von ihm erwartet wird und worin seine Arbeitsziele bestehen. Die gemeinsame Ausarbeitung einer Stellenbeschreibung kann getrennt vom Beurteilungsgespräch erfolgen, damit der Mitarbeiter selbst herausfinden kann, ob er Anleitung benötigt oder sich fortbilden muss. Seien Sie sich im Klaren darüber, dass sich die Rolle eines Mitarbeiters zwischen zwei Beurteilungen ändern kann. Beurteilungsgespräche gestatten es Ihnen, Stellenbeschreibungen zu aktualisieren und sicherzustellen, dass die Ziele eines Mitarbeiters mit denen des Teams und des Unternehmens vereinbar sind.

Nicht vergessen

- Wenn Sie alle zwei Monate etwas Zeit in die Überprüfung und Aktualisierung von Stellenbeschreibungen investieren, ist es leichter, auf Veränderungen zu reagieren.
- Eine Stellenbeschreibung sollte zunächst übergeordnete Arbeitsziele klar definieren und dann einzelne Tätigkeitsfelder auflisten.
- Stellenbeschreibungen sollten so knapp wie möglich sein – möglichst nicht länger als eine DIN-A4-Seite – und nur die hauptsächlichen Pflichten nennen, nicht alle täglichen Aktivitäten detailliert darstellen.

Ziele definieren

Bestimmung von Arbeitszielen

> Eine Einweisung wird durchgeführt, um neue Mitarbeiter mit den Zielen des Unternehmens vertraut zu machen.

> Das nächste Treffen dient dazu, Verantwortlichkeiten zu klären sowie die Ziele des Einzelnen und des Teams zu definieren.

> Stellenbeschreibungen werden vereinbart und ausgearbeitet, um zielorientiertes Arbeiten zu erleichtern.

> Die Stellenbeschreibungen werden regelmäßig überprüft und den Zielsetzungen des Teams und des Unternehmens angepasst.

> Führungskraft nutzt Gespräche, um mit Angestellten, deren Prioritäten sich geändert haben, über neue Aufgaben zu diskutieren.

> Stellenbeschreibungen werden bei Bedarf aktualisiert, und neue Arbeitsziele werden formuliert.

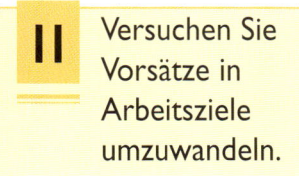

11 Versuchen Sie Vorsätze in Arbeitsziele umzuwandeln.

Entwicklung planen

So wie die Aufgaben verschiedener Teams innerhalb eines Unternehmens, weisen auch die Fortbildungspläne der Mitarbeiter Gemeinsamkeiten auf. Indem Sie bei jeder Beurteilung den vorhandenen Fortbildungs- und Entwicklungsbedarf einschätzen, werden Sie in der Lage sein, die Anforderungen des einzelnen Mitarbeiters mit denen seines Teams und des gesamten Unternehmens zu vereinbaren. Beurteilungsgespräche und Entwicklungspläne für Mitarbeiter sind wichtige Informationsquellen, die es einem Unternehmen gestatten, Fortbildungsmaßnahmen gezielt vorzubereiten. Persönliche Entwicklungspläne sollten genau angeben, welche Ergebnisse angestrebt werden.

10 Nutzen Sie Beurteilungsgespräche dazu, sicherzustellen, dass Mitarbeiter ihr Potenzial realistisch einschätzen.

Langfristige Perspektiven

Beurteilungsgespräche helfen Ihnen auch, auf lange Sicht zu planen. Wenn Sie das Potenzial jedes einzelnen Mitarbeiters bewerten und mit ihm über seine Karrierevorstellungen reden, sind Sie in der Lage, sich vorzustellen, wie Ihr Team in Zukunft aussehen könnte. Das Beurteilungsgespräch kann Ihnen auch Aufschluss darüber geben, wann ein Mitarbeiter reif für eine Beförderung ist. Überlegen Sie, was Sie tun würden, wenn einer Ihrer Mitarbeiter plötzlich befördert würde und Ihr Team verließe oder wenn Ihr eigener Tätigkeitsbereich sich ändern würde. Indem Sie vorausplanen, vermeiden Sie das Risiko, in einer Übergangsphase nicht mehr effektiv arbeiten zu können. Außerdem stellen Sie sicher, dass andere Teammitglieder durch einen Wechsel nicht gestört werden.

ZIELE VERWIRKLICHEN

Beurteilungsgespräche helfen auch, konzentriert auf individuelle Ziele hinzuarbeiten. Wenn Sie ehrgeizige, aber realistische Leistungsziele in Verbindung mit quantitativen Erfolgskriterien setzen, wissen Sie und Ihre Mitarbeiter genau, wie die Ergebnisse zu bewerten sind.

> **12** Sichern Sie, dass jedes Leistungsziel eine erreichbare Herausforderung bedeutet.

> **13** Formulieren Sie anspruchsvolle, aber realistische Ziele, die motivieren.

> **14** Sichern Sie, dass individuelle Zielsetzungen koordinierte Teamarbeit erbringen.

LEISTUNGSZIELE BESTIMMEN

Ein wesentlicher Aspekt von Beurteilungsgesprächen besteht in der Festlegung von Zielen, die an quantitative Kriterien geknüpft sind. Leistungsziele müssen in Zahlen auszudrücken sein, damit jeder Beurteilte eine genaue Vorgabe erhält und sich bestätigt fühlt, wenn er sie übertrifft. Ermutigen Sie Mitarbeiter, ein Ziel vorzuschlagen, das sie als eine Herausforderung empfinden. Wenn Mitarbeiter selbst entscheiden, was machbar ist, sind sie motivierter. Denken Sie daran, dass Angestellte sich oft Ziele setzen, die über das hinausgehen, was ein Beurteiler ihnen vorgeben würde. Es kommt nur selten vor, dass jemand ein Ziel vorschlägt, das weit unterhalb dessen liegt, was er für das bestmögliche Ergebnis hält.

INTELLIGENTE ZIELE

In einem positiven Beurteilungsumfeld wird Wert auf intelligente Ziele gelegt – es wird sichergestellt, dass jedes Ziel klar formuliert, messbar, verbindlich, sinnvoll und an einen Zeitplan gebunden ist. Sorgen Sie für intelligente Ziele, indem Sie Ziele vereinbaren, die:

- genau festlegen, was der Mitarbeiter erreichen soll, und spezifizieren, was er wie zu tun hat und bis wann,
- an einen klaren Maßstab gebunden sind, was die Effizienz und die Effektivität betrifft,
- vom Beurteilten vorgeschlagen und vom Beurteiler nach Diskussion akzeptiert wurden,
- eindeutig den Fähigkeiten des Beurteilten entsprechen und mit dessen Ressourcen erreicht werden können und
- an einen fest vereinbarten Zeitplan gekoppelt sind.

ZIELE VERWIRKLICHEN

WAHL RICHTIGER KRITERIEN

Einige Leistungsziele lassen sich nur schwer in quantitative Vorgaben übertragen. Ergebnisse können auf verschiedene Weise definiert werden, und aus diesem Grund ist es wichtig, Kriterien zu wählen, die dem Mitarbeiter und der jeweiligen Zielsetzung angemessen sind. Wenn Sie zum Beispiel einen Erfolgsmaßstab für das Verfassen eines Berichts festlegen wollen, könnte ein qualitatives Kriterium in der Frage bestehen, ob man durch die Lektüre des Berichts dazu befähigt würde, eine fundierte Entscheidung zu fällen. Sie können ein qualitatives Kriterium wie die Schnelligkeit der Reaktion auf Kundenanfragen in ein quantitatives verwandeln, indem Sie beschließen zu zählen, wie oft das Telefon klingelt, bevor der Hörer abgenommen wird. Ein anderes qualitatives Kriterium könnte ein Fragebogen liefern, auf dem Kunden angeben, ob sie mit dem erhaltenen Service zufrieden sind. Damit Sie und der Beurteilte den richtigen Maßstab bestimmen, sollten Sie sich fragen, welches Ergebnis für Sie einen Erfolg bedeuten würde.

WICHTIGE FRAGEN

- ▶ Weiß ich, was unsere Kunden vom Beurteilten erwarten?
- ▶ Werden wir später sicher feststellen können, ob ein vereinbartes qualitatives Leistungskriterium erfüllt worden ist oder nicht?
- ▶ Gibt es eine Möglichkeit, ein qualitatives Kriterium in ein quantitatives umzuwandeln?
- ▶ Gehen wir bei der Festsetzung des Erfolgsmaßstabs von einer zukünftigen Leistungssteigerung aus?

15 Seien Sie in der Lage, sich auf eine neue Situation einzustellen.

VEREINBARUNG ▶ EINES MASSSTABS

Obwohl Ute das Ziel hatte, bessere Berichte zu schreiben, war sie nicht in der Lage, ihr Leistungsniveau zu heben, weil Kurt ihr nicht genügend Information geliefert hatte. Indem er qualitative und quantitative Kriterien festlegte, gab er Ute einen klaren Maßstab an die Hand und machte klar, was von ihr erwartet wurde. Utes Leistungen verbesserten sich deutlich.

FALLBEISPIEL

Kurt, ein Vertriebsleiter, stellte wiederholt fest, dass die Berichte, die seine Assistentin Ute schrieb, schlecht strukturiert und fehlerhaft waren. Während des Beurteilungsgesprächs kamen beide Seiten überein, dass Ute sich bemühen sollte, bessere Berichte zu schreiben, doch entsprachen Utes Berichte auch Wochen später noch nicht Kurts Anforderungen. Kurt erkannte, dass Ute klarere Anweisungen brauchte, um ihr Ziel zu erreichen, denn er hatte es versäumt, einen Leistungsmaßstab zu bestimmen. Beide vereinbarten, dass Utes Berichte in Zukunft einem vorgegeben Schema folgen sollten, zu dem eine 500–600 Wörter lange Einleitung gehörte sowie eine Zusammenfassung der Hauptpunkte am Schluss. Außerdem sollte Ute alle Fakten überprüfen, damit Kurt ihre Entwürfe nicht mehr zu korrigieren brauchte. Die Folge war, dass Ute es bald schaffte, vollkommen professionelle Berichte zu verfassen.

› Der Sinn von Beurteilungen

Eigenverantwortung fördern

Mitarbeiter müssen von ihren Zielen überzeugt sein, wenn sie ihre Aufgaben erfolgreich ausführen sollen. Nutzen Sie Beurteilungsgespräche dazu, Angestellten Verantwortung zu übertragen und sie zur Eigeninitiative zu ermuntern.

16 Gehen Sie davon aus, dass jeder gute Arbeit für Sie leisten will.

Aufgaben delegieren

- Vereinbaren Sie mit einem Teammitglied ein Arbeitsziel.
- Überlassen Sie es dem Mitarbeiter, sich eine Vorgehensweise zu überlegen.
- Vereinbaren Sie einen verbindlichen Plan.
- Bitten Sie den Mitarbeiter um Vorschläge, falls der Plan modifiziert werden muss.
- Legen Sie zusammen mit dem Mitarbeiter einen Leistungsmaßstab fest.

17 Fragen Sie Teammitglieder, welches Vorgehen sie für angebracht halten.

Verantwortung abgeben

Wenn Sie Teammitgliedern Verantwortung übertragen, haben diese mehr Einfluss auf die Resultate, denn effektives Delegieren bedeutet, dass Mitarbeiter und Vorgesetzter zusammen ein genaues Arbeitsziel festlegen und die entsprechenden Verantwortlichkeiten eindeutig klären. Das Teammitglied ist somit in der Lage, selbstständig an der Verwirklichung des Ziels zu arbeiten und alle auftretenden Probleme selbstständig zu lösen. Fördern Sie in Ihrer Umgebung Eigenverantwortung, indem Sie die Mitarbeiter ermutigen, zunehmend unabhängig von Ihnen zu arbeiten – so erhöhen Sie deren Effektivität und sparen selbst Zeit. Betonen Sie, dass Sie lieber Lösungsvorschläge als Problemberichte hören, besonders während des Beurteilungsgesprächs. Halten Sie Ihre Mitarbeiter dazu an, schwierige Situationen zu analysieren, über Lösungen nachzudenken und geeignete Maßnahmen vorzuschlagen.

Tun und lassen

- ✔ Lassen Sie Mitarbeiter aus Fehlern lernen.
- ✔ Regen Sie Mitarbeiter dazu an, sich unterschiedliche Lösungen für ein Problem zu überlegen.
- ✘ Gehen Sie nicht davon aus, immer die beste Lösung parat zu haben.
- ✘ Lassen Sie nicht zu, dass durch Fehler von Mitarbeitern ein wichtiges Arbeitsziel verfehlt wird.

Eigenverantwortung fördern

Überzeugungsarbeit

Verantwortlichkeiten klären ▼
Halten Sie den Mitarbeiter während des Beurteilungsgesprächs an, sich zu notieren, was zu tun ist. Mit Hilfe der Notizen wird er am Ende der Sitzung in der Lage sein, seinen Aktionsplan zusammenzufassen.

Wenn Sie eine Aufgabe delegiert haben, muss der Beurteilte vollauf von ihrem Sinn überzeugt und entschlossen sein, den Aktionsplan konsequent umzusetzen. Bei der Vereinbarung von Zielen und Maßnahmen während des Beurteilungsgesprächs müssen alle Seiten sich darüber im Klaren sein, welche Ergebnisse angestrebt werden. Fehlt es dem Mitarbeiter an Entschlossenheit, besteht die Gefahr, dass er die Aufgabe wieder Ihnen überträgt, womöglich kurz vor dem Stichtag. Wenn jemand keine Verantwortung übernehmen will, müssen Sie herausfinden, warum er Bedenken hat. Zweifelt der Beurteilte an seiner Eignung, sollten Sie darüber nachdenken, ob sie die Aufgabe so verändern können, dass er überzeugt ist, ihr gewachsen zu sein.

Zu Eigeninitiative anregen

Erklären Sie dem Beurteilten während des Gesprächs, wie er an seine Aufgabe herangehen soll. Lassen Sie sich nicht auf Diskussionen über die richtige Vorgehensweise ein; konzentrieren Sie sich stattdessen auf die angestrebten Ergebnisse. Lassen Sie den Beurteilten wissen, dass Sie von seinen Fähigkeiten überzeugt sind und erwarten, dass er selbst die Initiative ergreift. Vereinbaren Sie Etappenziele, damit Sie sich nicht ständig nach Fortschritten erkundigen müssen. Denken Sie daran, dass es wichtig ist, Mitarbeiter für signifikante Fortschritte zu loben. »Danke« und »Gut gemacht« sind zwei der Äußerungen, die auf Mitarbeiter am stärksten motivierend wirken.

Nicht vergessen

- Mitarbeiter, die überzeugt sind, dass sie ein Ziel selbstständig erreichen können, fühlen sich für die Ergebnisse in höherem Maß verantwortlich.
- Gute Führungskräfte loben ihre Mitarbeiter, wenn diese neue Wege finden, die zum Erfolg führen.
- Die Entscheidung, etwas zu tun, ist erst dann unwiderruflich, wenn der erste Schritt gemacht ist.
- Mitarbeiter nehmen am Prozess des Delegierens aktiver teil, wenn sie dazu ermutigt werden, Anweisungen zu hinterfragen und Aufgaben zu nennen, die delegiert werden könnten.

ERFOLGE BELOHNEN

Effektive Beurteilungsgespräche erlauben es Ihnen, Mitarbeiter für gute Leistungen zu belohnen. Denken Sie nicht nur an eine Gehaltserhöhung, sondern finden Sie heraus, welche Belohnung den Bedürfnissen des Einzelnen und des Unternehmens entspricht.

18 Vergewissern Sie sich, dass die Belohnung mit den Zielen des Unternehmens vereinbar ist.

19 Vergeben Sie nur Belohnungen, die einzelne Mitglieder des Teams verdient haben.

NICHT-FINANZIELLE BELOHNUNGEN

Zwischen dem Gehalt eines Angestellten und seinem Stellenwert besteht ein Zusammenhang. Finden Sie andere Möglichkeiten als das Gehalt, leistungsstarke Angestellte zu belohnen. Solche Menschen beziehen ihre Motivation aus Feedback und verlieren sie, wenn sie feststellen, dass weniger effektive Kollegen das Gleiche erhalten. Wenn die Beurteilung jedoch als ein Hindernis angesehen wird, das es zu überwinden gilt, um eine Gehaltserhöhung zu bekommen, verunsichert dies wahrscheinlich. Aus diesem Grund werden Beurteilungen und Gehaltsanpassungen vielerorts zu verschiedenen Zeitpunkten vorgenommen.

PRÄSENTE ▼
Geschenke oder zusätzliche Urlaubstage sind eine gute Möglichkeit, Leistungen anzuerkennen. Finden Sie während des Beurteilungsgesprächs heraus, wie ein bestimmtes Teammitglied gern belohnt werden möchte. So fallen Ihnen leichter Belohnungen ein, die nicht finanzieller Art sind.

Teammitglied erhält Präsent als Belohnung für das Erreichen seiner Arbeitsziele.

Kollegen werden motiviert, dem guten Beispiel zu folgen

Erfolge belohnen

BEDÜRFNISANALYSE ▼
Dieses vereinfachte Modell der Hierarchie der Bedürfnisse nach dem Psychologen Abraham Maslow zeigt, wie wichtig es ist, Bedürfnisse auf den unteren Ebenen zu befriedigen, bevor man versucht, Menschen zu motivieren. Ein Auto befriedigt ein soziales Bedürfnis und kann motivierend wirken, jedoch erst, wenn alle physiologischen Bedürfnisse gestillt sind.

*Selbstverwirklichungsbedürfnisse
(Realisierung des eigenen Potenzials, Selbsterfüllung)*

*Selbstachtungsbedürfnisse
(Anerkennung, Bestätigung, Erfolg)*

*Bindungsbedürfnisse
(Anschluss, Gruppenzugehörigkeit, Identifikation)*

*Sicherheitsbedürfnisse
(Schutz, Angstfreiheit)*

*Physiologische Bedürfnisse
(Grundbedürfnisse wie Ernährung)*

Mitarbeiter motivieren

Ein Beurteilungsgespräch gibt Ihnen die Gelegenheit, einen Mitarbeiter zu belohnen, indem Sie sich bei ihm bedanken und ihn motivieren. Allein die Tatsache, dass Sie Zeit mit ihm verbringen und über seine Arbeit reden, ist ein Ansporn. Angestellte wissen gern, dass ihr Vorgesetzter über ihre Arbeit auf dem Laufenden ist. Die meisten Angestellten beziehen Motivation auch aus einem Gefühl der Unabhängigkeit, das sich einstellt, wenn sie für Resultate verantwortlich sind, statt nur Anweisungen auszuführen. Delegieren Sie so viel wie möglich. Wenn ein Teammitglied eine Aufgabe erfolgreich ausführt, hebt die Befriedigung darüber seine Arbeitsmoral enorm. Denken Sie darüber nach, wie Sie jeden einzelnen Mitarbeiter motivieren können.

Auf Erfolgen aufbauen

Sie können Beurteilungsgespräche auch dazu nutzen, die Entwicklung Ihres Teams zu fördern: Indem Sie über bisherige Erfolge sprechen, tragen Sie dazu bei, dass diese wiederholt oder sogar übertroffen werden. Prüfen Sie, ob Sie auf guten Leistungen aufbauen können, indem Sie ein Teammitglied befördern oder ihm die Gelegenheit geben, an Entwicklungsaktivitäten teilzunehmen. Dies stellt nicht nur eine Belohnung für den Mitarbeiter dar, sondern erhöht auch seine Effektivität. Sprechen Sie mit dem Mitarbeiter darüber, wie er die in seinem Entwicklungsplan festgehaltenen Aktivitäten seit seiner letzten Beurteilung dazu genutzt hat, seine Fähigkeiten zu erweitern. Dies verdeutlicht dem Beurteilten die Bedeutung dieser Aktivitäten und zeigt ihm, inwiefern sein Beitrag wertvoller für das Team und das Unternehmen geworden ist.

20 Versuchen Sie, herauszufinden, was Ihre Mitarbeiter motiviert.

21 Denken Sie daran, dass Erfolge oft zu weiteren Erfolgen führen.

Die Beurteilung vorbereiten

Ein effektives Beurteilungsgespräch erfordert Vorbereitung. Sorgen Sie dafür, dass es ein Erfolg wird, indem Sie jeden Aspekt sorgfältig planen und sicherstellen, dass auch der zu Beurteilende gut vorbereitet ist.

Gezielte Vorbereitung

Beide Teilnehmer spielen eine bestimmte Rolle. Machen Sie sich Ihre Aufgabe bewusst, damit ein zielgerichtetes Gespräch zustande kommt, und erklären Sie dem zu Beurteilenden, was Sie von ihm erwarten, damit auch er sich richtig vorbereiten kann.

22 Nutzen Sie die für Beurteilungen aufgewendete Zeit optimal, indem Sie vorausplanen.

23 Bereiten Sie ein Gespräch über die Arbeit vor, nicht über die Person.

24 Vergewissern Sie sich vorab, dass Sie über alle Materialien für die Beurteilung verfügen.

Die Rolle des Beurteilers

Aufgabe des Beurteilers ist es, den Beurteilten zu ermutigen und ihn durch das Gespräch zu führen. Sie sollten sich eher als Stichwortgeber oder Diskussionsleiter verstehen denn als Richter. Regeln Sie die logistischen Aspekte des Treffens mindestens zwei Wochen vorher. Notieren Sie sich Themen, über die Sie reden wollen, und ordnen Sie sie nach ihrer Wichtigkeit, sodass Sie im Voraus wissen, was Sie unbedingt abhandeln müssen. Überlegen Sie sich Fragen, die den Mitarbeiter zum Reden animieren. Lesen Sie etwaige Hinweise zu den von Ihrem Unternehmen erstellten Beurteilungsunterlagen.

GEZIELTE VORBEREITUNG

NICHT VERGESSEN

- Der zu beurteilende Mitarbeiter sollte vorbereitet sein, sich während des Gesprächs Notizen zu machen.
- Beurteilungsgespräche sind effektiver, wenn der zu Beurteilende weiß, was er zu erwarten hat.
- Ein Beurteilungsgespräch hat für einen Angestellten hohen Stellenwert; der Beurteiler sollte versuchen, die Erwartungen zu erfüllen.

▼ VORBEREITUNGSHILFE FÜR MITARBEITER

Der Fragebogen zur Selbsteinschätzung sollte so gestaltet sein, dass er dem Mitarbeiter hilft, sich vorzubereiten. Stellen Sie sicher, dass der Mitarbeiter genug Platz hat, um die Fragen erschöpfend zu beantworten.

DIE ROLLE DES BEURTEILTEN

Für den Mitarbeiter bedeutet das Beurteilungsgespräch eine Möglichkeit, über seine Leistung und diesbezügliche Fortschritte, über seine Ziele und Perspektiven und über seine Einstellung zu reden. Helfen Sie dem zu Beurteilenden, sich vorzubereiten, indem Sie ihn einen Fragebogen zur Selbsteinschätzung ausfüllen lassen. Geben Sie ihm dafür reichlich Zeit. Bitten Sie ihn, Beispiele für Positives und Negatives zu nennen und sich zu überlegen, in welchen Bereichen Verbesserungen möglich sind. Hat sich seine Tätigkeit seit der letzten Beurteilung geändert oder sind bestimmte Aspekte wichtiger oder weniger wichtig geworden? Fordern Sie ihn auf, über Projekte zu berichten, an denen er beteiligt war, oder lohnenswerte Projekte für die Zukunft vorzuschlagen.

FRAGEBOGEN ZUR SELBSTEINSCHÄTZUNG

Name: _____ Datum der Beurteilung: _____
Funktion: _____

1. Mit welchem Erfolg haben Sie im vergangenen Jahr Ihre Aufgaben ausgeführt? Mit welchen Leistungen sind Sie besonders zufrieden und welche Stärken haben Sie dabei bewiesen?

   Regt zum Nachdenken über persönliche Prioritäten an

2. In welchen Bereichen könnten Sie Ihre Leistung steigern und was wäre dazu nötig?

   Gibt dem Mitarbeiter Gelegenheit, Entwicklungsmaßnahmen vorzuschlagen

3. Inwiefern hat sich Ihre Tätigkeit in den letzten 12 Monaten geändert und welche weiteren Veränderungen erwarten Sie? Gibt es Bereiche, in denen Sie sich Hilfestellung wünschen oder sich gerne fortbilden würden?

   Fordert den Mitarbeiter auf zu überlegen, inwiefern sich seine Rolle verändert hat

4. Mit welchen Schwierigkeiten war die Erfüllung Ihrer Aufgaben in den vergangenen 12 Monaten verbunden? Wie haben Sie diese Probleme bewältigt? Gibt es noch etwas, das Sie daran hindert, alle Ihre Arbeitsziele zu erreichen?

   Regt dazu an, über Erfolge und die Überwindung von Hindernissen nachzudenken

439

LEISTUNGSBEWERTUNG

Zur Vorbereitung gehört auch ein Rückblick. Stellen Sie fest, welche Fortschritte der Mitarbeiter gemacht hat, was Leistung und Entwicklung angeht. So wird es leichter für Sie, ihm angemessene neue Ziele zu setzen und seine zukünftigen Aktivitäten effektiv zu planen.

25 Gehen Sie bei der Stellenbeschreibung vom Unternehmen aus, nicht vom Mitarbeiter.

26 Suchen Sie nach den Ursachen für Leistungsschwächen.

27 Prüfen Sie nur die Fakten. Ignorieren Sie, was Sie von Dritten gehört haben.

STELLENBESCHREIBUNGEN ÜBERPRÜFEN

Sehen Sie sich die Stellenbeschreibung des Mitarbeiters an, um herauszufinden, ob sich sein Aufgabenbereich seit der letzten Beurteilung geändert hat. Stellen Sie sicher, dass von Änderungen das Unternehmen profitiert und nicht nur der Angestellte. Wenn ein Mitarbeiter z. B. ungern Telefonakquise betreibt, hat er sich unter Umständen darauf konzentriert, bestehende Kunden zu bedienen, nicht darauf, neue zu gewinnen. Statt seine Stellenbeschreibung zu modifizieren, sollten Sie darüber nachdenken, den Mitarbeiter in Telefon- oder Telemarketing schulen zu lassen.

FORTSCHRITTE BEWERTEN

Messen Sie die Leistungen des Mitarbeiters an seinen spezifischen Arbeitszielen. Streichen Sie lobenswerte Aspekte heraus und halten Sie den Mitarbeiter an, weiterhin so gut zu arbeiten. Fragen Sie sich, ob er eine positive Einstellung zur Arbeit gezeigt hat und in puncto Planung, Koordination und Organisation erfolgreich war. Wenn seine Leistung in einem bestimmten Bereich nicht den Anforderungen entspricht, denken Sie über mögliche Gründe nach. Fragen Sie sich, ob das Leistungsdefizit wirklich relevant ist. Wenn ihm geringe Bedeutung zukommt, ist vielleicht kein negatives Feedback nötig, speziell, wenn in anderen Bereichen hervorragende Ergebnisse erzielt wurden.

DAS IST ZU TUN

1. Prüfen Sie, ob der vereinbarte Aktionsplan umgesetzt worden ist.
2. Wenn Maßnahmen nicht durchgeführt worden sind, finden Sie heraus, warum.
3. Stellen Sie fest, ob der Mitarbeiter für die erfolgreiche Ausführung von Aufgaben gelobt und/oder belohnt worden ist.

LEISTUNGSBEWERTUNG

28 Stellen Sie fest, ob ein Mitarbeiter genug Zeit hatte, sich weiterzuentwickeln.

ENTWICKLUNG VON MITARBEITERN VERFOLGEN

Nachdem Sie Informationen über die Leistungen des zu beurteilenden Mitarbeiters zusammengetragen haben, sollten Sie die zu seiner Entwicklung getroffenen Maßnahmen auf ihren Nutzen überprüfen. Finden Sie heraus, ob die bei der letzten Beurteilung beschlossenen Entwicklungsmaßnahmen den gewünschten Effekt hatten. Vergewissern Sie sich, dass die entsprechenden Aktivitäten eine Leistungssteigerung zur Folge hatten, die bedeutend genug war, um das Geschäftsergebnis zu beeinflussen. Bewerten Sie zudem die beteiligten Coaches und Schulungseinrichtungen.

Beurteilerin informiert sich, wie der Mitarbeiter von der Schulung im Umgang mit einem neuen Computerprogramm profitiert hat.

◀ **AUF QUALITÄT ACHTEN**
Fragen Sie Mitarbeiter, die an einer Schulung teilgenommen haben, nach ihrer Meinung zum Nutzen. Fordern Sie sie auf, zu zeigen, was sie gelernt haben; überlegen Sie, ob das Team von einer ähnlichen Demonstration profitieren könnte.

PROBLEME ERKENNEN

Wenn geplante Entwicklungsmaßnahmen nicht umgesetzt worden sind, müssen Sie die Gründe ermitteln. Vielleicht hatte ein Angestellter auf Grund einer Ausnahmesituation in seiner Abteilung keine Möglichkeit, einen Lehrgang zu besuchen. Wenn das so war, finden Sie heraus, ob die Entrichtung der Stornierungsgebühr und die Verschwendung der Arbeitszeit des Lehrgangsleiters wirklich das kleinere Übel waren. Denken Sie darüber nach, ob der Mitarbeiter das Versäumte nachholen muss. Könnte sein Fortbildungsbedarf in Zukunft auf andere Weise gedeckt werden? Überlegen Sie auch, ob die richtigen Entwicklungsaktivitäten veranlasst worden sind.

WICHTIGE FRAGEN

- Hat der zu Beurteilende Probleme, auf die der Beurteiler keinen Einfluss hat?
- Welche Hindernisse standen dem Erfolg im Weg?
- Waren die Leistungsziele klar genug?
- Ist eine Leistungsschwäche ein Indiz, dass Entwicklungsmaßnahmen erforderlich sind?
- Ist der Mitarbeiter in der Lage, sich so zu entwickeln, dass er den Anforderungen gerecht wird?

DIE BEURTEILUNG VORBEREITEN

ZIELBESTIMMUNG

Der nächste Schritt der Vorbereitung besteht darin, Ansatzpunkte für Verbesserungen zu erkennen und Arbeitsziele festzulegen, die dem Unternehmen dienlich sind. Bestimmen Sie den Leistungsstand des Mitarbeiters; suchen Sie nach Möglichkeiten, seine Kenntnisse zu verbessern.

29 Bringen Sie jedes Arbeitsziel in Einklang mit der Strategie des Unternehmens.

30 Erstellen Sie eine Liste mit spezifischen Zielen für sich selbst und Ihr Team.

ZIELORIENTIERUNG

Anspruchsvolle, aber realistische Ziele sind unerlässlich, wenn sich Mitarbeiter motiviert fühlen sollen, ihre Leistungen zu steigern. Bereiten Sie sich darauf vor, zusammen mit dem Mitarbeiter sinnvolle Ziele zu definieren, indem Sie die wichtigsten Bereiche seiner Tätigkeit betrachten. Wählen Sie die wichtigsten aus – nicht mehr als sechs – und bestimmen Sie geeignete Arbeitsziele. Formulieren Sie diese Ziele sorgfältig. Verwenden Sie klare Begriffe wie »Verkauf« und »Herstellung«. Vermeiden Sie vage Ausdrücke wie »Vermittlung« oder »Optimierung«.

MESSBARE ZIELE FORMULIEREN

Wählen Sie für jedes Ziel einen Erfolgsmaßstab und stellen Sie sicher, dass Sie später über die nötigen Informationen verfügen werden, um die Leistungen des Beurteilten mithilfe dieses Maßstabs zu bewerten. Betrachten Sie auch die Ziele des Teams und des Unternehmens in Verbindung mit den Erfolgskriterien. Überlegen Sie, welcher Beitrag von jedem Teammitglied zu verlangen ist. Wenn das Umsatzziel Ihres Teams z. B. 3 000 000 Euro beträgt und das Team zehn Mitglieder umfasst, können Sie jedem Einzelnen einen Umsatz von 315 000 Euro zum Ziel setzen. Die Verantwortung ist so gerecht verteilt; selbst wenn ein Mitglied sein Ziel verfehlt, besteht noch eine gute Chance, dass das Team insgesamt seine Vorgabe einhält.

31 Formulieren Sie immer ehrgeizige und anspruchsvolle Ziele.

32 Versuchen Sie in Ihren Ansprüchen an andere stets konsequent zu sein.

ZIELBESTIMMUNG

MASSSTÄBE SETZEN

Es ist wichtig, in Bezug auf Arbeitsvorgänge und persönliches Verhalten Normen einzuführen, die es erlauben, die Eignung eines Mitarbeiters einzuschätzen. Stellen Sie sich dazu vor, wie ideales Verhalten aussehen würde. Wenn Sie z. B. wissen wollen, ob ein Angestellter in der Kundendienstabteilung wie vereinbart ein effektives Verfahren zur Kundenbetreuung entwickelt hat, können Sie sich vorstellen, wie sich ein vorbildlicher Mitarbeiter verhalten würde. Gehen Sie nicht von den Mitarbeitern aus, die eine Tätigkeit gegenwärtig ausüben, sondern konzentrieren Sie sich auf die Aufgabe und die erwünschten Ergebnisse. Prüfen Sie, ob der zu Beurteilende den Normen entspricht, damit Sie während der Beurteilungssitzung mit ihm über Entwicklungsmöglichkeiten reden können.

> **33** Betrachten Sie nicht nur das Gegenwärtige; überlegen Sie, was wünschenswert wäre.

EINBLICKE GEWINNEN ▶
Informieren Sie sich, welche Fähigkeiten nötig sind, um eine bestimmte Tätigkeit erfolgreich auszuführen. Befragen Sie Angestellte, die die gleiche Arbeit effektiv verrichtet haben, oder konsultieren Sie externe Fachleute.

ENTWICKLUNGSBEDARF ERKENNEN

Denken Sie darüber nach, ob die Tätigkeit eines Mitarbeiters neue Anforderungen stellt, und bereiten Sie ihn gegebenenfalls auf Veränderungen vor. Wenn die neue Rolle des Mitarbeiters zusätzliche Fähigkeiten verlangt, prüfen Sie, ob er diese schon in ausreichendem Maß bewiesen hat oder ob es Bereiche gibt, in denen er Defizite aufweist. Wenn Sie Entwicklungsbedarf erkannt haben, überlegen Sie, welche Art von Aktivitäten geeignet wäre. Vergewissern Sie sich vor dem Beurteilungsgespräch, dass für die geplanten Maßnahmen die nötigen Ressourcen zur Verfügung stehen, wie z. B. ein Budget für Fortbildung. Stellen Sie außerdem sicher, dass Sie in der Lage sein werden, den Angestellten für die Dauer der Schulung von seinen Pflichten zu entbinden.

DIE BEURTEILUNG VORBEREITEN

VORAUSPLANEN

Effektive Planung eines Beurteilungsgesprächs bedeutet auch, dass Sie beizeiten die Bedürfnisse der zu Beurteilenden erkennen und darüber nachdenken, welche Maßnahmen ihnen im einzelnen gerecht werden.

34 Sie sollten über die Richtlinien Ihrer Firma zu Beförderungen genau Bescheid wissen.

WICHTIGE FRAGEN

- **F** Bin ich berechtigt, über Gehaltserhöhungen, zusätzliche Urlaubstage und andere Vergünstigungen zu entscheiden?
- **F** Kann ich einem Mitarbeiter verbindlich zusagen, dass er befördert werden wird oder zu diesem Zweck an Fortbildungsmaßnahmen teilnehmen darf?
- **F** Bin ich befugt, über Fortbildungs- und Entwicklungsmaßnahmen zu entscheiden, und verfüge ich über das nötige Budget?
- **F** Darf ich Stellenwechsel oder Versetzungen veranlassen?
- **F** Wird die Personalabteilung ebenfalls davon überzeugt sein, dass ich die beste Methode zur Förderung des Mitarbeiters gewählt habe?

ABSICHERUNG ▶
Machen Sie sich unter anderem mit der Urlaubs- und Spesenregelung Ihres Unternehmens vertraut, damit Sie entsprechende Fragen beantworten können. Vergegenwärtigen Sie sich die Zielsetzung des Unternehmens und des Teams, um darauf abgestimmte Arbeitsziele formulieren zu können.

KOMPETENZEN KLÄREN

Bevor das Beurteilungsgespräch stattfindet, müssen Sie wissen, was Sie selbst beschließen dürfen und was die Zustimmung Dritter erfordert, denn wenn Sie einem Angestellten Hoffnungen machen und ihn später enttäuschen müssen, riskieren Sie als Vorgesetzter einen Glaubwürdigkeitsverlust. Auch wenn Sie ein Versprechen nicht halten können, weil die Ressourcen dafür fehlen, verliert der Mitarbeiter möglicherweise jegliches Vertrauen in Sie.

Managerin konsultiert firmeninterne Beurteilungsrichtlinien, um auf dem Laufenden zu sein.

Vorausplanen

> **35** Versprechen Sie nur, was in Ihrer Macht steht.

> **36** Erkennen Sie, was einen Mitarbeiter davon abhalten könnte, sein Ziel zu erreichen.

Zeit- und Ressourcenplanung

Schätzen Sie ab, in welchem Zeitraum die Aufgaben, die Sie für den betreffenden Mitarbeiter vorgesehen haben, auszuführen sind. So können Sie später prüfen, ob der Beurteilte realistische Vorschläge macht. Kalkulieren Sie den voraussichtlichen Zeitaufwand für Entwicklungsaktivitäten und überlegen Sie, ob Sie eine Vertretung organisieren müssen. Veranschlagen Sie die Ressourcen, die erforderlich sind, damit die Arbeitsziele erreicht werden und Entwicklungsmaßnahmen durchgeführt werden können. Denken Sie dabei an Gerätschaften, Materialien und Einrichtungen. Dieser durchdachte »Projektplan« wird als Ausgangspunkt für das Beurteilungsgespräch dienen.

Aufgabenverteilung

Überlegen Sie, wer nach der Sitzung für die Umsetzung der vereinbarten Maßnahmen verantwortlich sein soll – wer z. B. kontrollieren soll, ob die festgelegten Etappenziele erreicht werden. Fragen Sie sich, wie Sie von unerwarteten Fortschritten oder Rückschlägen benachrichtigt werden wollen. Denken Sie darüber nach, wer nach dem Beurteilungsgespräch für die Planung und Organisation von Schulungen und anderen Entwicklungsmaßnahmen zuständig sein soll. Vergessen Sie auch nicht, dass der Beurteilte in der Lage sein muss, seine Ziele selbstständig zu verwirklichen, denn ansonsten wird er sich kaum mit ihnen identifizieren.

> **37** Vergewissern Sie sich, dass andere genug Zeit für Hilfestellung haben.

Führungskraft bittet erfahrenes Teammitglied, den Beurteilten zu unterstützen.

UNTERSTÜTZUNG ▶

Sichern Sie sich vorab die Mithilfe von Angestellten, die es dem zu Beurteilenden erleichtern können, seine Leistungs- oder Entwicklungsziele zu erreichen. Während des Beurteilungsgesprächs können Sie dem Beurteilten mitteilen, welches Ausmaß an Unterstützung er von seinen Kollegen erwarten kann.

… Die Beurteilung vorbereiten …

Schaffung einer positiven Atmosphäre

Eine gelockerte Grundstimmung ist einem offenen, vorbehaltlosen Dialog förderlich. Untermauern Sie Ihre Glaubwürdigkeit, erzeugen Sie eine Atmosphäre des Vertrauens und achten Sie auf eine stimmige Gestaltung der Räumlichkeiten.

38 Zeigen Sie, dass Sie vertraulich Besprochenes diskret behandeln.

39 Vermeiden Sie es, verschiedenen Gesprächspartnern widersprüchliche Auskünfte zu geben.

Vertraulichkeit wahren

Um eine Atmosphäre zu schaffen, in der ein ungehemmtes Gespräch möglich ist, sollten Sie betonen, dass beide Seiten zu absoluter Diskretion verpflichtet sind. Teilen Sie dem Mitarbeiter vor dem Beurteilungsgespräch unbedingt mit, welche Punkte vertraulich bleiben und worüber Dritte – wie zum Beispiel die Personalabteilung – informiert werden müssen. Haben Sie einmal zugesagt, gewisse Dinge vertraulich zu behandeln, halten Sie Ihr Wort und reden Sie mit niemandem darüber.

Vertrauen gewinnen

Vertrauen entsteht im Lauf der Zeit, und je besser die Beziehung zwischen dem Beurteiler und dem Beurteilten ist, desto fruchtbarer wird das Gespräch. Gewinnen Sie das Vertrauen Ihres Teams, indem Sie die Ergebnisse des Beurteilungsgesprächs in die Tat umsetzen. Das ganze Beurteilungssystem kann in Verruf geraten, wenn es den Anschein hat, dass nur gute Vorsätze gefasst werden, denen keine Taten folgen. Ihre Mitarbeiter sollten Sie auf jeden Fall als bestimmt, ehrlich, konsequent und fair empfinden.

Nicht vergessen

- Vertrauen wächst nur langsam, ist aber in Sekundenschnelle zerstört.
- Wenn der Beurteilte nicht überzeugt ist, dass alles Besprochene vertraulich bleibt, verschweigt er möglicherweise etwas Wichtiges.
- Wenn Sie unmittelbar vor dem Gespräch versuchen, sich in die Lage des zu Beurteilenden zu versetzen, treffen Sie leichter den richtigen Ton.

SCHAFFUNG EINER POSITIVEN ATMOSPHÄRE

RAUMGESTALTUNG

Wählen Sie einen geeigneten Raum aus und ordnen Sie die Möbel so an, dass Sie später durch keine Barriere vom Beurteilten getrennt sind. Der Raum sollte separat gelegen sein, damit niemand mithören kann, und weder eine Glastür noch verglaste Wände aufweisen, damit Sie nicht abgelenkt werden. Eine ansprechende Gestaltung des Beurteilungsraums signalisiert dem Mitarbeiter, dass Sie tatsächlich an seinen Leistungen und seiner Entwicklung interessiert sind. In einem unprofessionell wirkenden Umfeld fühlt er sich dagegen isoliert und unwichtig. Sorgen Sie dafür, dass der Beurteilte von der Beleuchtung nicht geblendet wird. Damit er Ihren Gesichtsausdruck sehen und interpretieren kann, dürfen Sie nicht nur als Silhouette vor dem Fenster zu sehen sein.

> **40** Beginnen Sie das Gespräch so, wie Sie fortfahren wollen – in einem positiven Ton.

▼ DETAILS ARRANGIEREN
Bemühen Sie sich, die Sitzgelegenheiten so anzuordnen, dass eine möglichst ungezwungene, angenehme Atmosphäre entsteht. Über Eck an einem Schreibtisch zu sitzen ist praktisch und erleichtert den Blickkontakt. Außerdem signalisiert ein entsprechendes Arrangement Unkompliziertheit; die Unterhaltung wird weniger förmlich und verkrampft.

Sorgen Sie dafür, dass beide Gesprächsteilnehmer auf gleicher Höhe sitzen.

Der Tisch muss möglichst frei sein, damit Papier keine Barriere bildet.

DIE BEURTEILUNG VORBEREITEN

OBJEKTIV BLEIBEN

Die persönliche Einstellung einer Führungskraft zum Beurteilungsgespräch ist entscheidend. Überlegen Sie, wie Sie am besten Vorschläge einholen, eigene Vorurteile vermeiden und die Diskussion auf die relevanten Aspekte der Tätigkeit des Angestellten beschränken.

> **41** Stellen Sie sicher, dass Sie keine subjektive Bewertung vornehmen.

NICHT VERGESSEN

- Ein Manager, der dazu einlädt, Vorschläge zu machen, kann mehr von seinem Team erwarten.
- Alle Vorschläge sollten angehört und ernst genommen werden.
- Viele scheinbar unvernünftige Ideen können zu sinnvollen Lösungen führen.
- Vorschläge sollten nie öffentlich kritisiert werden, da dies Angestellte davon abhält, ihre Ideen zu äußern.

KREATIVITÄT FÖRDERN

Vergegenwärtigen Sie sich, dass Sie Ihr Personal dazu ermutigen wollen, eigene Vorschläge und Meinungen zu äußern. Bereiten Sie Fragen vor, die den zu beurteilenden Mitarbeiter dazu veranlassen, sich offen auszusprechen. Sie können ihn z. B. fragen, welche Schwierigkeiten er hatte und wie er diese in Zukunft überwinden könnte – wahrscheinlich kennen sich Ihre Mitarbeiter in ihrem Aufgabenbereich weit besser aus als Sie. Zielen Sie nicht auf eine Bestätigung Ihrer Meinung ab, sondern versuchen Sie zu erfahren, was andere denken.

VORURTEILE VERMEIDEN

Zu den wichtigsten Eigenschaften eines guten Beurteilers gehört die Fähigkeit, Entscheidungen nur nach sachlicher Überlegung zu treffen. Dies ist bei der Durchführung eines Beurteilungsgesprächs von besonderer Bedeutung, da es gilt, keine übereilten Schlüsse aus oberflächlichen Informationen zu ziehen. Viele Leute beurteilen andere nach in der Vergangenheit gewonnenen Eindrücken oder gehen davon aus, dass zwei Menschen, die eine bestimmte Eigenschaft gemeinsam haben, weitere Ähnlichkeiten aufweisen. Ein guter Beurteiler sollte die typischen Erscheinungsformen von Vorurteilen kennen, damit er leichter in der Lage ist, sie zu vermeiden.

WICHTIGE FRAGEN

- **F** Behandle ich alle Teammitglieder gleich fair?
- **F** Bemühe ich mich, gegenüber Mitarbeitern, die mir weniger sympathisch sind, nicht unfair zu sein?
- **F** Habe ich meine Vorurteile erkannt und gelingt es mir, sie zu unterdrücken?
- **F** Gebe ich mir Mühe, besonders viel Zeit mit Teammitgliedern zu verbringen, mit denen ich nicht so gut auskomme?

VORURTEILE ERKENNEN

VORURTEIL	ERSCHEINUNGSFORM
VERKLÄRUNG/ VERTEUFELUNG	Eine Tendenz, aus einer oder zwei positiven oder negativen Eigenschaften vorschnelle, verallgemeinernde Schlüsse zu ziehen, also beispielsweise anzunehmen, dass ein Teammitglied, das eine angenehme Erscheinung ist und sich gut ausdrücken kann, auch intelligent ist.
KLISCHEE	Hier lässt sich der Beurteiler von seiner persönlichen Einstellung zu einer bestimmten Gruppe von Menschen verleiten oder aber von der Ähnlichkeit des Beurteilten mit jemand anderem.
»EIN MENSCH WIE ICH«	Eine Tendenz, Menschen sympathisch zu finden, die uns ähneln, und sie deswegen einzustellen oder sogar zu befördern. Dies führt zu unausgewogenen Teams, in denen alle Mitglieder die gleichen Stärken haben.
IRRIGE THEORIE ÜBER CHARAKTEREIGENSCHAFTEN	Die Neigung, sich bei der Beurteilung von Mitarbeitern von falschen Annahmen über die Bedeutung bestimmter Persönlichkeitsmerkmale leiten zu lassen, also zum Beispiel davon auszugehen, dass man extrovertiert sein muss, um ein guter Verkäufer zu sein.
STEREOTYP	Eine zu feste Vorstellung davon, wie ein fähiger Mitarbeiter auszusehen hat. Mögliche Folgen sind die Bevorzugung von Angestellten, die in dieses Bild passen, und ungerechtfertigte Kritik an den anderen.

42 Nehmen Sie sich vor, den Mitarbeiter zu fragen, was für ihn persönlich ein Erfolg wäre.

ERGEBNISORIENTIERTHEIT

Konzentrieren Sie sich bei der Beurteilung stets auf das Wesentliche. Sonst laufen Sie Gefahr, Ihren Mitarbeiter fehlzuleiten. Vermeiden Sie auch subjektive oder persönliche Kommentare. Lassen Sie den Mitarbeiter, nachdem Sie Leistungsziele formuliert und entsprechende Maßstäbe festgelegt haben, mit eigenen Worten ausdrücken, welche Ergebnisse angestrebt werden. Die Erfolgskriterien des Beurteilten können ebenso sinnvoll sein und motivierend wirken wie ein quantitativer Maßstab. Dennoch ist es entscheidend, dass Sie übereinkommen, woran die Ergebnisse gemessen werden sollen, damit ein eindeutiger Leistungsindikator gegeben ist.

Die Beurteilung vorbereiten

Planung des Gesprächsablaufs

Ein gutes Beurteilungsgespräch folgt einem bestimmten Schema. Legen Sie zuerst die Tagesordnung fest, überlegen Sie sich einen positiven Einstieg. Denken Sie darüber nach, wie Sie die Diskussion auf die hauptsächlichen Fragen begrenzen und ein gutes Feedback geben.

43 Halten Sie sich bei jedem Beurteilungsgespräch an das Sechs-Phasen-Schema.

Der richtige Einstieg

Machen Sie es sich zur Gewohnheit, jedes Beurteilungsgespräch mit einer motivationsfördernden Feststellung und einer einfachen Frage zu beginnen. So beziehen Sie den Mitarbeiter sofort ein und helfen ihm, sich zu entspannen. Als Nächstes sollten der Zweck des Gesprächs und die Themenabfolge geklärt werden. Denken Sie daran, zu sagen, dass Sie in Bezug auf jedes Arbeitsziel eine gesonderte Ergebnisbewertung vornehmen werden. Nehmen Sie sich vor, zuerst dem Beurteilten das Wort zu erteilen. Ihre Aufzeichnungen über die Leistungen des Mitarbeiters werden vor Ihnen liegen, und Sie werden sich auch notiert haben, was Sie darüber sagen wollen. Indem Sie jedoch zunächst den Beurteilten sprechen lassen, regen Sie ihn zu einer Selbsteinschätzung an. Falls Sie Meinungsunterschiede feststellen, sollten Sie die Gründe ermitteln.

Die sechs Phasen eines Beurteilungsgesprächs

Eröffnung	Betonung des positiven Zwecks des Gesprächs
Tagesordnung	Vereinbarung von Gesprächsthemen mit dem Beurteilten
Diskussion	Offener Dialog
Aktionsplan	Vereinbarung von Maßnahmen zur Verwirklichung der Arbeitsziele
Zusammenfassung	Aufforderung an Beurteilten, vereinbarte Schritte zu rekapitulieren
Nachbereitung	Überwachung der Umsetzung des Aktionsplans und Ergebniskontrolle

Planung des Gesprächsablaufs

Tagesordnung festlegen

Es lassen sich nicht unbegrenzt viele Themen ansprechen; versuchen Sie also, das Gespräch auf die wichtigsten Bereiche zu beschränken, damit Sie auch eine überschaubare Anzahl von Arbeitszielen festlegen können. Sie möchten vielleicht noch weitere Punkte wie z. B. Sonderprojekte besprechen, und der Beurteilte steuert wahrscheinlich eigene Gesprächsthemen bei. Denken Sie vor allem daran, dass das Beurteilungsgespräch nicht dazu dient, aktuelle Fragen des Betriebsablaufs zu klären. Es ist nicht Teil Ihrer ständigen Führungstätigkeit, sondern dient dazu, die Leistungen und Fähigkeiten des Mitarbeiters zu bewerten, neue Arbeitsziele für die nächste Zukunft zu formulieren und einen Entwicklungsplan zu vereinbaren. Alles Sonstige, wie z. B. Disziplinarfragen, gehört nicht hierher und sollte außen vor bleiben.

44 Fragen Sie sich, ob eine Reduzierung Ihrer Tagesordnung auf die Hälfte sinnvoll ist.

45 Konzentrieren Sie sich auf Themen, die für die Leistung des Mitarbeiters relevant sind.

Konstruktiver Dialog

Wenn Sie Kritik üben müssen, tun Sie es auf konstruktive Weise, indem Sie dazu auffordern, über die Zukunft nachzudenken statt über die Vergangenheit. Achten Sie darauf, nicht überkritisch zu wirken, denn sonst demotivieren Sie unter Umständen einen potenziell effektiven Angestellten. Wenn die Leistungen eines Mitarbeiters nachgelassen haben, sollten Sie zuerst Ihre Führungsentscheidungen in Frage stellen. Haben Sie seine Fähigkeiten falsch eingeschätzt oder ihn nicht unterstützt? Wenn keine externen Faktoren vorhanden sind, muss der Betreffende sich des Problems bewusst werden. Denken Sie darüber nach, wie Sie es auf konstruktive Weise ansprechen.

POSITIVE PUNKTE BETONEN ▼

Schieben Sie kritische Anmerkungen zwischen lobende Kommentare ein. Auf jeden Kritikpunkt sollten zwei positive Aussagen kommen.

Lob → **Kritik** → **Lob**

DURCHFÜHRUNG DES GESPRÄCHS

Die Leitung eines Beurteilungsgesprächs erfordert eine sorgfältige Planung des Ablaufs. Gestalten Sie Ihre Beurteilungen effektiv, indem Sie einem festen Schema folgen, dabei aber immer flexibel bleiben.

ERÖFFNUNG

Sorgen Sie für einen guten Einstieg, indem Sie dem Beurteilten helfen, seine Nervosität abzulegen. Geben Sie ihm Sicherheit, legen Sie zusammen mit ihm fest, was besprochen werden soll, und erklären Sie den Gesprächsablauf – so hat der Beurteilte Zeit, sich zu entspannen.

46 Stellen Sie sicher, dass der Mitarbeiter weiß, was er zu erwarten hat.

47 Nehmen Sie dem Beurteilten so früh wie möglich seine Anspannung.

48 Betonen Sie, dass das Gespräch ein positives Ergebnis haben wird.

RUHE AUSSTRAHLEN

Helfen Sie den zu Beurteilenden, ihre Unsicherheit zu überwinden, indem Sie eine angenehme, gelöste Atmosphäre schaffen. Beseitigen Sie etwaige Unklarheiten, indem Sie den positiven Zweck des Gesprächs betonen und dem Beurteilten mitteilen, wie lang es voraussichtlich dauern wird. Fangen Sie, um das Vertrauen des Mitarbeiters zu gewinnen, mit einer motivationsfördernden Aussage an, die deutlich macht, dass Sie von seinen Fähigkeiten überzeugt sind. Stellen Sie dann eine einfache Frage, um ihn ins Gespräch einzubeziehen. Beginnen Sie die Sitzung nicht abrupt mit einer schwierigen Frage.

ERÖFFNUNG

> **49** Vergewissern Sie sich, dass beide Seiten von den gleichen Voraussetzungen ausgehen.

KLÄRUNG DES GESPRÄCHSZWECKS

Erläutern Sie den Sinn des Beurteilungsgesprächs. Legen Sie dar, zu welchem Ergebnis das Gespräch führen soll, und betonen Sie, dass der Mitarbeiter letztlich von seiner Beurteilung profitieren wird. Erklären Sie, dass Sie als Erstes zusammen mit ihm die Tagesordnung festlegen werden, bevor Sie einen Rückblick auf die jüngste Vergangenheit werfen, über Fortschritte in Bezug auf Arbeits- und Entwicklungsziele diskutieren und weiteren Handlungsbedarf ermitteln. Machen Sie klar, dass Sie Ziele für die nächste Zukunft vereinbaren und Entwicklungsmaßnahmen beschließen werden.

VERWENDUNG EINES BEURTEILUNGSPROTOKOLLS ▼

Bitten Sie den Beurteilten, einen Protokollvordruck auszufüllen. So sparen Sie sich eine zeitraubende Übertragung von Notizen. Wenn vereinbart worden ist, dass Sie das Formular ausfüllen, zeigen Sie dem Beurteilten, was Sie geschrieben haben, und holen Sie zu jedem Punkt seine Zustimmung ein.

Kurzbeschreibung der Funktion des Mitarbeiters

BEURTEILUNGSPROTOKOLL

Funktion des Angestellten:
Planung/Konzeption von Bauprojekten nach Kundenvorgaben, unter Zugrundelegung von Zeitplan/Etat

Hauptsächliche Aufgabenbereiche	Arbeitsziele	Frist	Ergebniskontrolle
1. Leitung des Erschließungsprojekts X-Port	1. Kundenkontakte im vereinbarten Turnus, Leitung Projektbesprechungen	Jan–Feb	
	2. Abgabe Angebot bis 12. Februar, Übernahme Projekt bis Ende März	31. März	
	3. Bereitstellung von mindestens 90% der erforderlichen Projektunterstützung 31. März		
2. Vermittlerrolle innerhalb des Planungsteams	1. Monatl. Sitzungen zwecks Planungskontrolle, Berichterstattung über Ergebnisse jeweils binnen einer Woche	Ergebnisbesprechung im April	
	2. Zweimal pro Woche oder nach Bedarf Überprüfung der Entwürfe u. entsprechende Rückmeldung an Mitarbeiter	Bis Juni	

Grobe Zusammenfassung der Aufgaben

Knapp, aber präzise formulierte Ziele

Termine für Ergebniskontrollen

DURCHFÜHRUNG DES BEURTEILUNGSGESPRÄCHS

FESTLEGUNG DER TAGESORDNUNG

Damit ein Beurteilungsgespräch reibungslos verläuft, müssen sich beide Seiten vorab auf bestimmte Themen einigen. Nehmen Sie vom Beurteilten vorgeschlagene Themen in die Tagesordnung auf, und erklären Sie, wie Sie mit ihm neue Ziele vereinbaren werden.

50 Konzentrieren Sie sich auf Themen, die für das gesamte Team relevant sind.

51 Verzetteln Sie sich nicht in unerheblichen Details.

Beurteiler verweist auf vereinbarten Zeitplan und schlägt vor, einige weniger wichtige Punkte vorerst auszuklammern.

VORSCHLÄGE EINHOLEN

Bitten Sie den Beurteilten, selbst Themen vorzuschlagen, damit er sich in das folgende Gespräch einbezogen fühlt. Seien Sie bereit, Ihre Tagesordnung entsprechend zu erweitern. Selbst wenn Ihnen die Themen, die der Mitarbeiter vorschlägt, weniger wichtig erscheinen, müssen Sie einige davon anschneiden. Berücksichtigen Sie die von ihm vorgeschlagenen Diskussionspunkte gar nicht, bekommt er den Eindruck, dass Sie nicht an seinen Problemen interessiert sind. Indem Sie sich zu diesem Zeitpunkt bereit erklären, über die Themen des Beurteilten zu sprechen, vermeiden Sie außerdem zukünftige Probleme. Ein Mitarbeiter, dem etwas auf den Nägeln brennt, wird wahrscheinlich immer wieder versuchen, sein Thema zur Sprache zu bringen, und damit von der Tagesordnung ablenken. Seien Sie objektiv, und ändern Sie die Tagesordnung, wenn es angebracht ist.

◀ **GEMEINSAME ZEITPLANUNG**
Wahrscheinlich wird die Zeit nicht ausreichen, um alle Themen abzuhandeln. Deswegen sollte zu Beginn vereinbart werden, welche Themen auf der Tagesordnung stehen und welche nicht, sodass Sie bei zusätzlichem Gesprächsbedarf ein erneutes Treffen ansetzen können.

FESTLEGUNG DER TAGESORDNUNG

ZIELSETZUNGEN AUSARBEITEN

Zweck der Beurteilung ist es, eine Reihe von Arbeitszielen festzulegen, die den Angestellten motivieren. Erklären Sie dem Beurteilten, dass Sie einzeln über jedes bisherige Ziel sprechen werden, um herauszufinden, was jeweils gut oder weniger gut funktioniert hat und was er in Zukunft besser machen kann. Stellen Sie klar, dass die neue Zielsetzung die Form eines gemeinsam vereinbarten Aktionsplans haben wird, zu dem auch Erfolgskriterien gehören. Klären Sie auch, was die Verwirklichung der Ziele für das Team, das Unternehmen und vor allem für den Mitarbeiter bedeutet.

> **52** Sorgen Sie dafür, dass der Mitarbeiter sich uneingeschränkt an der Erstellung der Tagesordnung beteiligt, damit er sich voll involviert fühlt.

ÜBERPRÜFUNG DER TAGESORDNUNG

Stellen Sie sicher, dass der Schwerpunkt des Gesprächs auf dem aktuellen Leistungsstand des Beurteilten liegt. Gehen Sie keiner Frage aus dem Weg – Sie riskieren sonst, dass der Beurteilte die gesteckten Ziele akzeptiert, ohne überzeugt zu sein, dass er sie erreichen kann. Einer Ihrer Tagesordnungspunkte sollte die Diskussion darüber sein, was der Beurteilte für machbar hält. Möglicherweise traut er sich sogar mehr zu als Sie. Ist das der Fall, sollten Sie versuchen im Gespräch mit ihm den Grund für den Meinungsunterschied zu ermitteln. Trauen Sie dem Mitarbeiter mehr zu als er sich selbst, müssen Sie Maßnahmen planen, die sein Selbstvertrauen stärken.

ABFOLGE DER GESPRÄCHSPUNKTE

- Prüfen, ob die gesetzten Ziele erreicht wurden.
- Erfolge loben
- Konstruktives Feedback geben
- Entwicklungsbedarf feststellen
- Zusätzliche gute Leistungen loben
- Neue Ziele vereinbaren
- Über Entwicklungsmaßnahmen diskutieren
- Maßnahmen planen und vereinbaren
- Zusammenfassen

DIALOG FÖRDERN

Während des Beurteilungsgesprächs sollte vor allem der Beurteilte zu Wort kommen. Ermutigen Sie ihn, die Hauptrolle zu übernehmen, indem Sie eine gute Fragetechnik anwenden und aktiv zuhören.

53 Stellen Sie viele Fragen, um den Beurteilten einzubeziehen.

54 Vermeiden Sie es, den Mitarbeiter zu unterbrechen.

55 Überlegen Sie, ob sich Ja-nein-Fragen in W-Fragen verwandeln lassen.

FRAGEN STELLEN

Eine gute Fragetechnik ist entscheidend, wenn Sie die wahre Meinung eines Mitarbeiters erfahren wollen. Indem Sie seine Gedanken nachvollziehen, können Sie ihm helfen, seine Leistung zu verbessern. Wenn Sie geschickt fragen, ermutigen Sie den Beurteilten, sich auszusprechen – ansonsten können ungeklärte Probleme ein ständiges Hindernis darstellen. Stellen Sie ernst gemeinte Fragen zu allen Aspekten der Tätigkeit des Beurteilten, um herauszufinden, wie er zu ihnen steht. Hören Sie gut zu. Nehmen Sie den Beurteilten nicht ins Kreuzverhör und stellen Sie keine Suggestivfragen, die nur darauf abzielen, Ihre vorgefasste Meinung zu bestätigen.

W-FRAGEN

So genannte W-Fragen – Fragen, die mit »Was«, »Wann«, »Wie«, »Wer« oder »Warum« beginnen – verlangen ausführlichere Antworten als Ja-nein-Fragen. Wenn Sie Fragen stellen wie: »Was ist das Wichtigste, was Sie daraus gelernt haben?«, ist es weit wahrscheinlicher, dass der Beurteilte sagt, was er denkt, als wenn Sie ihn beispielsweise fragen: »Haben Sie dieses Ziel erreicht?« Überlegen Sie sich zu jedem Ziel, das Sie zur Sprache bringen wollen, eine einleitende W-Frage.

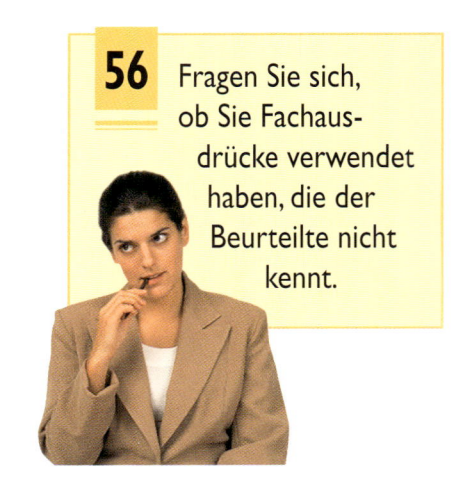

56 Fragen Sie sich, ob Sie Fachausdrücke verwendet haben, die der Beurteilte nicht kennt.

… DIALOG FÖRDERN

AKTIV ZUHÖREN

Sobald Sie den Beurteilten zum Reden animiert haben, müssen Sie aktiv zuhören, denn so können Sie seine Antworten weit besser interpretieren. Halten Sie Blickkontakt zum Beurteilten – aber starren Sie ihn nicht an. Denken Sie daran, dass Sie, sobald Sie auch nur über Ihre Schulter oder aus dem Fenster blicken, den Eindruck von Unaufmerksamkeit erwecken. Wenn der Beurteilte eine Pause macht oder zum Schluss kommt, sollten Sie ihn durch ergänzende Fragen anregen, einen Schritt weiter zu denken. Achten Sie auf die Intonation des Beurteilten und auf Nuancen seiner Ausdrucksweise, die Aufschluss darüber geben können, wie er seine Leistung wirklich einschätzt. So erhalten Sie Ansatzpunkte für Fragen wie: »Was muss passieren, damit Sie noch bessere Ergebnisse erzielen?« und können leichter zusammen mit dem Beurteilten eine Lösung erarbeiten.

20 % Reden

80 % Zuhören

▲ RICHTIGES ZUHÖREN
Im Idealfall sollten Sie etwa 80% der Dauer des Beurteilungsgesprächs mit Zuhören verbringen und nur 20% mit Reden.

▼ INTERESSE ZEIGEN
Dieser Beurteiler ist ein aktiver Zuhörer: Seine Körpersprache zeigt, dass er seine Aufmerksamkeit nur dem Beurteilten widmet und konzentriert zuhört.

Guter Blickkontakt

Beurteilte fühlt sich ermutigt, offen zu reden.

Beurteiler beugt sich leicht nach vorne, um Interesse zu signalisieren.

PRAKTISCHE ASPEKTE

Oft gibt es eine ganze Reihe von Themen, die ausgesprochen relevant für die Zukunft sind. Achten Sie darauf, dass der vereinbarte Zeitplan eingehalten wird, sprechen Sie alle wichtigen Punkte an und regen Sie den Mitarbeiter dazu an, realistische Schlüsse zu ziehen.

57 Überziehen Sie nie die für das Beurteilungsgespräch angesetzte Zeit.

58 Gehen Sie sofort auf jedes Problem ein, das der Beurteilte andeutet.

KONZENTRIERTE GESPRÄCHSFÜHRUNG

Halten Sie sich an die Tagesordnung und beschränken Sie sich auf die essenziellen Themen. Stellen Sie die bisherigen oder zukünftigen Hauptziele immer in den Mittelpunkt. Es ist wichtig, dass Sie das Gespräch in der vorgesehenen Zeit zu Ende bringen. Ansonsten sind Sie u. U. gezwungen, einige Beurteilungsgespräche zu verschieben. War die Diskussion über ein Thema länger als geplant, dann überlegen Sie, welche Tagesordnungspunkte Sie schneller abhandeln.

DRINGENDE FRAGEN KLÄREN

Wenn Sie wegen Zeitmangels ein wichtiges Thema nicht ausführlich genug behandeln können, vereinbaren Sie ein weiteres Treffen zur Besprechung dieses Themas und halten Sie sich an diesen Termin. Benutzen Sie Zeitmangel nicht als Vorwand, um die Behandlung von Problempunkten zu verschieben – je früher diese angesprochen werden, desto besser. Wenn es irgendein Anzeichen dafür gibt, dass der Beurteilte mit einem Teil seines Tätigkeitsbereichs Schwierigkeiten hat, müssen Sie sofort darüber sprechen. Falls Sie es nicht tun, verschlechtert sich die Situation wahrscheinlich noch. Treffen Sie keine Maßnahmen, die es erlauben, ein Problem vorerst zu umgehen, die Situation aber langfristig verschlimmern.

NICHT VERGESSEN

- Themen mit Beziehung zur Leistung des Mitarbeiters, die aber nicht eilen, können Sie später ansprechen.
- Dringende Fragen können vorläufig ausgeklammert werden, wenn sie wenig leistungsrelevant sind.
- Themen, die sehr leistungsrelevant sind, müssen sofort behandelt werden.

59 Wählen Sie einen lockeren Ton, aber vermeiden Sie Smalltalk.

PRAKTISCHE ASPEKTE

TUN UND LASSEN

✔ Befähigen Sie Mitarbeiter, aus Fehlern zu lernen.

✔ Halten Sie Mitarbeiter dazu an, über mögliche Problemlösungen nachzudenken.

✔ Geben Sie eindeutiges Feedback und stellen Sie klar, wer in Zukunft was zu tun hat.

✔ Klären Sie die Situation, wenn eine unzutreffende Feststellung gemacht worden ist.

✘ Gehen Sie nicht davon aus, dass Sie stets die beste Lösung haben.

✘ Sehen Sie nicht zu, wenn Fehler von Mitarbeitern ein Ziel gefährden.

✘ Zögern Sie nicht, Mitarbeiter über ihren wahren Leistungsstand aufzuklären.

✘ Verschwenden Sie keine Zeit auf Fähigkeiten, die der Beurteilte nicht braucht.

KONSEQUENZEN ABWÄGEN

Bedenken Sie, dass jede Ihrer Äußerungen dem Beurteilten gegenüber Folgen haben kann, die weit über Ihr Gespräch hinausreichen. Stimmen Sie niemals Maßnahmen zu, die negative Auswirkungen auf das Team oder das Unternehmen haben könnten. Wenn Sie zum Beispiel die Teilnahme eines Mitarbeiters an einer externen Schulung vereinbaren, obwohl die angestrebte Qualifikation für seine Tätigkeit nicht unmittelbar relevant ist, schaffen Sie womöglich einen Präzedenzfall. Die Folge könnte sein, dass Sie von anderen Teammitgliedern unter Druck gesetzt werden, die ähnliche Vergünstigungen beanspruchen.

60 Seien Sie während des Beurteilungsgesprächs mit Ihren Zusagen lieber übervorsichtig, damit Sie sie später nicht bereuen.

ZUKUNFTSPERSPEKTIVEN BETONEN ▼
Halten Sie den Mitarbeiter zu Gedanken über die Zukunft an, und motivieren Sie ihn, indem Sie ihm erklären, wie er selbst, das Team und das Unternehmen von dem neuen Aktionsplan profitieren werden.

Vorgesetzte erklärt, dass der Mitarbeiter nach einem Zeitmanagement-Kurs seine Überstunden wird reduzieren können.

NACH VORNE BLICKEN

Früher oder später müssen beide Seiten einen Schlussstrich unter die Vergangenheit ziehen und an die Zukunft denken, besonders dann, wenn Dritte in der Vergangenheit Voraussetzungen geschaffen haben, die jetzt nicht mehr zu ändern sind. Signalisieren Sie, dass es an der Zeit ist, über die Zukunft und damit über den Aktionsplan zu reden. Konzentrieren Sie sich auf die Ziele und darauf, was Sie und der Beurteilte für praktikabel halten. Sprechen Sie über Teilziele und über die dazugehörigen Termine. Bitten Sie den Beurteilten, die vereinbarten Maßnahmen zusammenzufassen.

DURCHFÜHRUNG DES BEURTEILUNGSGESPRÄCHS

SIGNALE VERSTEHEN

Manchen Menschen fällt es schwer, Probleme direkt anzusprechen. Wenn Sie lernen, Körpersprache zu deuten, geben Ihnen Haltung und Gesichtsausdruck eines Mitarbeiters Aufschluss darüber, ob er Ihnen gegenüber völlig offen ist.

61 Interpretieren Sie nicht zu viel in Gesten hinein – achten Sie auf Bewegungsabläufe.

62 Ist der Beurteilte angespannt, dann fragen Sie sich, ob Sie selbst locker wirken.

ÄNGSTE ERKENNEN

Unter Umständen müssen Sie den Beurteilten erst dazu animieren, sich auszusprechen – besonders, wenn er unsicher ist. Fangen Sie mit leichten Fragen zu positiven Themen an. Lächeln Sie und halten Sie Blickkontakt. Wenn Sie Anzeichen von Unruhe oder Unbehagen feststellen, kann dies auf Themen hindeuten, über die der Mitarbeiter lieber nicht reden würde. Achten Sie auch auf den Tonfall. Stellen Sie solange Fragen, bis Sie eine Angelegenheit vollkommen ergründet haben, selbst wenn Sie sich dabei zum Teil wiederholen.

GESICHTSAUSDRÜCKE INTERPRETIEREN

Das Ausmaß, in dem ein Blickkontakt während des Gesprächs zustande kommt, sagt viel darüber aus, was in dem Beurteilten vorgeht. Wenn er z. B. Ihrem Blick ausweicht, gibt es dafür wahrscheinlich einen Grund. Vielleicht will der Beurteilte ein bestimmtes Thema vermeiden oder es ist ihm unangenehm, darüber zu sprechen. Unter Umständen sagt er nicht die ganze Wahrheit. Achten Sie darauf, ob sich sein Gesichtsausdruck verändert. Wenn er bei einer bestimmten Frage den Blick abwendet, sollten Sie nachhaken, um herauszufinden, was ihn bedrückt. Machen Sie sich keine Notizen, wenn der Beurteilte über ein wichtiges Thema spricht, da sonst der Blickkontakt unterbrochen wird und Sie die Mimik des Mitarbeiters nicht mehr deuten können.

Gerade, aber entspannte Kopfhaltung zeugt von Selbstvertrauen.

▲ **AUFGESCHLOSSEN**
Diese Mitarbeiterin signalisiert Ihnen durch direkten Blickkontakt, dass die Voraussetzungen für einen offenen Dialog mit ihr gegeben sind.

SIGNALE VERSTEHEN

ZEICHEN VON SELBSTVERTRAUEN

Beobachten Sie im Lauf des Gesprächs, wie der Beurteilte reagiert, wenn Sie bestimmte Maßnahmen vorschlagen. Es ist wichtig, dass der Mitarbeiter keinerlei Vorbehalte hat, die ihn daran hindern könnten, sein Ziel zu erreichen. Wenn Sie ihn z. B. mit einem neuen Projekt oder einer neuen Aufgabe beauftragen möchten, sollten Sie ihm entsprechende Fragen stellen, um sich zu vergewissern, dass er sein Arbeitsziel und den Aktionsplan verstanden hat. Wenn der Beurteilte antwortet, können Sie an seinem Tonfall und seinem Gesichtsausdruck mit hoher Wahrscheinlichkeit ablesen, wie zuversichtlich er ist. Ein zögerliches »Ja« deutet auf unterdrückte Zweifel hin bzw. darauf, dass es etwas gibt, was einem Erfolg im Weg steht. Ergründen Sie diese Bedenken mithilfe von W-Fragen, bis Sie ein selbstbewusstes »Ja« als Antwort erhalten. Achten Sie auf Formulierungen wie »im Prinzip ja« oder »theoretisch möglich«, da diese einen Mangel an Zuversicht verraten. Setzen Sie die Diskussion fort, bis Sie uneingeschränkte Zustimmung erzielen.

> **63** Achten Sie auf die Augenbewegungen des Beurteilten – sie sagen oft viel aus.

KULTURELLE UNTERSCHIEDE

Japaner sind im Allgemeinen reservierter als Europäer und Amerikaner, weswegen die Körpersprache von Japanern schwieriger zu interpretieren ist. In den USA wird Körpersprache dazu eingesetzt, eine gute Kommunikationsbasis zu schaffen. Entsprechendes Verhalten wird von Europäern bisweilen als aufdringlich empfunden.

Gesichtsausdruck lässt auf Vorbehalte schließen.

Anspannung der Muskeln im Augenbereich verrät, dass er nachdenkt.

Fragender Blick lässt mangelndes Engagement erkennen.

▲ **SKEPTISCH**
Der nachdenkliche, gesenkte Blick deutet darauf hin, dass dieser Mitarbeiter Zweifel hat, die Sie noch ergründen müssen.

▲ **ANGESTRENGT**
Dieser Mitarbeiter schaut nach vorne, ohne direkten Blickkontakt; ein Zeichen dafür, dass er sich gerade eine Antwort überlegt.

▲ **LUSTLOS**
Der Gesichtsausdruck dieser Mitarbeiterin signalisiert, dass sie sich nicht mit den Aufgaben identifiziert, die Sie ihr übertragen wollen.

Die richtige Körperhaltung einnehmen

Nehmen Sie stets eine offene Körperhaltung ein. Lassen Sie die Hände seitlich hängen oder legen Sie sie in den Schoß. Wenn Sie selbst locker sind, machen Sie es dem Beurteilten leichter, sich zu entspannen. Sorgen Sie für eine angenehme, weder zu hohe noch zu niedrige Raumtemperatur. Verschränken Sie nicht die Arme, da Sie auf diese Weise Unsicherheit signalisieren würden bzw. den Wunsch, eine Barriere aufzubauen. Vermeiden Sie es auch, einen Ellenbogen auf dem Tisch aufzustützen, denn dies könnte als aggressive Geste gedeutet werden. Da Sie die Diskussion leiten, ist es wichtig, dass Sie sich bemühen, entspannt zu wirken, selbst wenn Sie zu Beginn ebenfalls nervös sind.

Kulturelle Unterschiede

Körpersprache hat nicht in allen Ländern die gleiche Bedeutung. In Südeuropa und Lateinamerika zum Beispiel dienen Berührungen dazu, die Kommunikation anzuregen und zu unterstreichen. In Japan, Nord- und Mitteleuropa, wo größere Distanz gewahrt wird, würde dies als Eingriff in die Privatsphäre empfunden. Im Nahen Osten drückt Kopfnicken Ablehnung statt Zustimmung aus.

64 Vergessen Sie nicht, dass Körpersprache mehr ausdrückt als Worte.

65 Bedenken Sie, dass ein Mitarbeiter, der sich zurücklehnt und die Hände faltet, Ablehnung signalisiert.

Körperhaltung beachten

Wenn der Beurteilte auf der Stuhlkante sitzt, deutet dies auf Nervosität oder Unsicherheit hin. Beruhigen Sie ihn, indem Sie in freundlichem Ton mit ihm reden, lächeln und zahlreiche W-Fragen stellen. Wenn der Beurteilte die Ellbogen auf dem Tisch aufstützt oder die Fäuste ballt, empfindet er Ihnen gegenüber möglicherweise Misstrauen oder ist sogar feindselig eingestellt. Nehmen Sie eine offene, aber neutrale Haltung ein, und erklären Sie dem Mitarbeiter, warum er von dem Beurteilungsgespräch profitieren wird.

Tun und lassen

✔ Beobachten Sie, was passiert, wenn Sie Haltung oder Gesichtsausdruck verändern.

✔ Achten Sie darauf, ob die Körpersprache des Beurteilten zu dem passt, was er sagt.

✘ Unterbrechen Sie den Beurteilten nicht; sprechen Sie nicht in herablassendem Tonfall.

✘ Beschäftigen Sie sich nicht zu lange mit Ihren Notizen, darunter leidet die Kommunikation.

Signale verstehen

Harmonische Körpersprache

Eine als »neurolinguistisches Programmieren« (NLP) bekannt gewordene Methode erlaubt neue Einblicke in die Bedeutung von Körpersprache. Beim NLP geht man unter anderem davon aus, dass zwei Menschen, die miteinander harmonieren, während eines Gesprächs die gleiche Haltung einnehmen und auch ähnliche Bewegungen ausführen: Wenn sich ein Gesprächsteilnehmer interessiert nach vorne beugt, tut dies auch sein Gegenüber. Kommunizieren zwei Menschen perfekt miteinander, kann es vorkommen, dass sie sogar im gleichen Rhythmus atmen. NLP-Techniken lassen sich dazu nutzen, Harmonie zu erzeugen und Spannungen abzubauen – passen Sie dazu Ihre Haltung der des Beurteilten unauffällig an. Man hat auch festgestellt, dass Augenbewegungen etwas darüber aussagen, woran jemand gerade denkt.

66 Seien Sie sich Ihrer eigenen Körperhaltung stets bewusst.

67 Tragen Sie mit einem Lächeln zur Entspannung des Beurteilten bei.

▼ EINFLUSS NEHMEN

Sie können den Beurteilten dazu bringen, seine Körperhaltung Ihrer anzugleichen. Mit einer Haltung, die Lockerheit und Aufmerksamkeit signalisiert, regen Sie dazu an, Ihre positive Körpersprache zu imitieren.

Leicht nach vorn gebeugte Haltung regt den Beurteilten an, aktiv am Gespräch teilzunehmen.

Spiegelbildliche Handhaltung zeugt von gegenseitigem Verständnis.

ENGAGEMENT BEURTEILEN

Nur wer hochmotiviert ist, lässt guten Vorsätzen Taten folgen. Stellen Sie sicher, dass Ihre Mitarbeiter sich zu jedem Zeitpunkt mit ihrer Aufgabe identifizieren. Wenn ihnen der Einsatzwille fehlt, müssen Sie sich bemühen, die Gründe herauszufinden.

> **68** Beseitigen Sie alle Zweifel, indem Sie sich mit den Gründen auseinander setzen.

NICHT VERGESSEN

- Auch ein Angestellter, der nicht gewillt ist, bestimmte Maßnahmen umzusetzen, wird auf die Vorschläge seines Beurteilers kaum mit einem klaren »Nein« reagieren.
- Wird Motivationsmangel früh erkannt, kann Problemen leichter vorgebeugt werden.
- Bekommt ein Mitarbeiter den Eindruck, dass er kein Mitspracherecht hat, wird er sich mit dem letztlich Vereinbarten kaum identifizieren.

ENGAGEMENT EINPLANEN

Wenn Sie den Beurteilten kennen, wissen Sie genauer, welchen Grad an Einsatzbereitschaft Sie von ihm erwarten können. Erinnern Sie sich, ob er in der Vergangenheit alle bereitwillig übernommenen Aufgaben erledigt hat. Informiert Sie der Beurteilte von sich aus über den Stand der Dinge? Anhand der Antworten auf solche Fragen können Sie entscheiden, wie nachdrücklich Sie auftreten müssen, um sicher zu sein, dass der Beurteilte entschlossen ist, den Aktionsplan umzusetzen. Wenn der Beurteilte neu in Ihrem Team ist, sollten Sie entsprechende Schlüsse während des Beurteilungsgesprächs ziehen.

ENGAGEMENT ABSCHÄTZEN

Es ist wichtig zu beobachten, welches Maß an Zustimmung der Beurteilte den vereinbarten Arbeitszielen und Leistungsmaßstäben entgegenbringt. Es gibt gewisse Zeichen, die darauf hindeuten, dass ein Mitarbeiter sich mit seiner Aufgabe identifiziert. Das ist zum Beispiel eindeutig der Fall, wenn der Beurteilte anfängt, über Pläne zur Verwirklichung eines Ziels zu sprechen oder fragt, wie ein Plan umgesetzt werden soll und wer noch über das Ziel informiert werden sollte. Prüfen Sie die Einstellung des Beurteilten zu seinen Aufgaben, indem Sie ihm eine Frage stellen, die auf ein eindeutiges »Ja« abzielt. Wenn er noch Vorbehalte hat, wird er weitere Fragen stellen.

> **69** Achten Sie darauf, wie bereitwillig ein Mitarbeiter Verantwortung übernimmt.

> **70** Praktische Fragen oder Vorschläge zeugen von Einsatzbereitschaft.

ENGAGEMENT BEURTEILEN

TERMINE VEREINBAREN

Bitten Sie den Beurteilten, einen angemessenen Termin für eine erste Ergebniskontrolle vorzuschlagen. Wenn er den Stichtag selbst bestimmt, fühlt er sich für seine Arbeit in stärkerem Maß verantwortlich und ist motivierter, als wenn ihm ein Termin aufoktroyiert wird. Mit unerfahrenen Mitarbeitern müssen Sie unter Umständen häufigere Ergebnisbesprechungen abhalten. Stellen Sie klar, unter welchen Bedingungen vom Besprechungsturnus abgewichen werden kann.

> **71** Betonen Sie, dass Sie nicht überwachen werden, aber auf dem Laufenden sein wollen.

> **72** Akzeptieren Sie ein »Ja« nur dann, wenn der Beurteilte auch überzeugt klingt.

ZEICHEN VON ENGAGEMENT ▼

Ein engagierter Mitarbeiter informiert seinen Vorgesetzten über Teilergebnisse, bittet bei Bedarf um Hilfestellung und spricht mit Kollegen über seine Tätigkeit. Lustlose Mitarbeiter gehen ihrem Vorgesetzten meist aus dem Weg und reden ungern über ihre Arbeit.

ENGAGEMENT BEWERTEN

Ein engagierter Mitarbeiter nimmt seine Aufgabe wichtig. Wenn er feststellt, dass er einen Termin nicht einhalten kann, bittet er um eine Fristverlängerung oder schlägt vor, weniger wichtige Aktivitäten zu verschieben. Ist ein Angestellter gar nicht gewillt, eine Aufgabe auszuführen, merken Sie dies wahrscheinlich erst nach dem Stichtag. Bewerten Sie das Engagement des Beurteilten, indem Sie sich erinnern, ob er Sie über Probleme rechtzeitig informiert hat. Wenn Sie ihm nachlaufen mussten, sollten Sie herausfinden, warum er sich nicht mit seiner Aufgabe identifiziert.

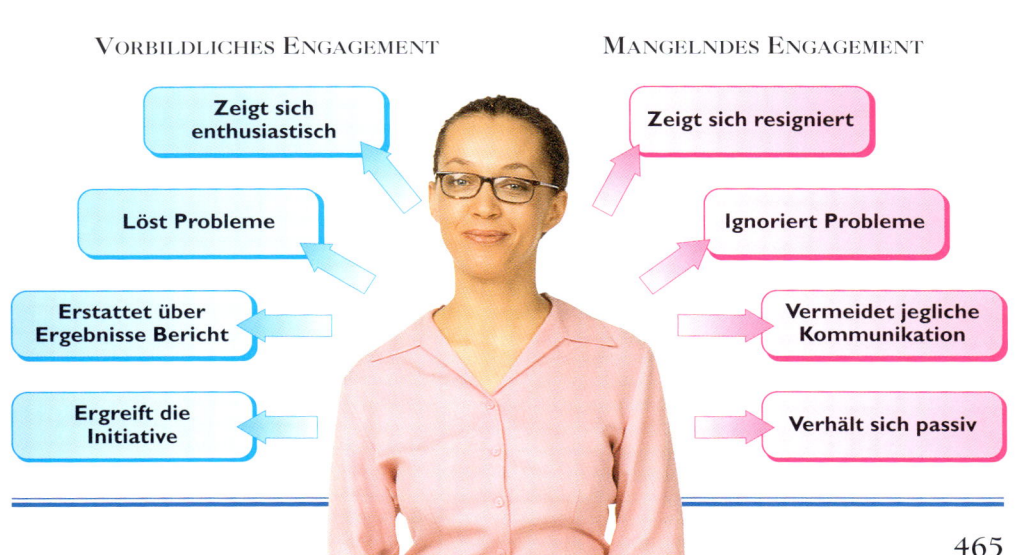

VORBILDLICHES ENGAGEMENT
- Zeigt sich enthusiastisch
- Löst Probleme
- Erstattet über Ergebnisse Bericht
- Ergreift die Initiative

MANGELNDES ENGAGEMENT
- Zeigt sich resigniert
- Ignoriert Probleme
- Vermeidet jegliche Kommunikation
- Verhält sich passiv

Durchführung des Beurteilungsgesprächs

Schwierige Situationen meistern

Mitarbeiter sehen einem Beurteilungsgespräch beinahe zwangsläufig mit Besorgnis entgegen, da ihre Fähigkeiten zur Diskussion stehen und es um ihre Zukunft geht. Bleiben Sie stets flexibel und lernen Sie, heikle Situationen mit Bestimmtheit und Taktgefühl zu bewältigen.

73 Stellen Sie sich auf absehbare negative Reaktionen ein.

Auf unerwarteten Widerspruch reagieren

Wenn der Beurteilte Ihre Autorität oder Ihre Darstellung der Tatsachen in Frage stellt, sollten Sie sofort auf seine Einwände eingehen. Wenn Sie Zeit zum Nachdenken brauchen, dann fordern Sie den Beurteilten mithilfe von W-Fragen auf, das Problem klarer darzulegen. Sollte der Beurteilte Ihnen etwas mitteilen, das Ihnen unbekannt war oder eine Situation in einem anderen Licht erscheinen lässt, müssen Sie überlegen, ob dies einen Einfluss auf die Bewertung hat, die Sie vornehmen wollten.

Die Vorgesetzte denkt lange nach und antwortet ruhig auf den Einwand.

Der Mitarbeiter äußert Klagen und zweifelt Fakten der Vorgesetzten an.

Die Vorgesetzte hört zu und lässt den Beurteilten ausreden.

▲ WIDERSTAND ÜBERWINDEN
Die Abbildungen zeigen, wie es einer Führungskraft gelingt, durch ruhiges Nachdenken und eine besonnene Antwort eine produktivere Diskussion anzuregen, sodass Maßnahmen vereinbart werden können, mit denen sich der Beurteilte vollkommen identifiziert.

Schwierige Situationen meistern

Eigene Grenzen erkennen

Unter Umständen erfahren Sie während des Gesprächs, dass die Leistungsfähigkeit des Mitarbeiters aus bestimmten Gründen eingeschränkt war, etwa aufgrund einer ernsten Krankheit, die er bislang für sich behalten hatte. Als Führungskraft müssen Sie verschiedene Interessen abwägen: Einerseits ist es wichtig, Mitarbeiter zu motivieren, andererseits müssen Sie den Erfolg Ihres Teams und des Unternehmens im Auge behalten. Zeigen Sie Verständnis, aber weichen Sie nicht von der Regelung ab, die in Ihrer Firma ansonsten im Krankheitsfall gilt.

74 Fragen Sie bei Bedarf Kollegen oder externe Fachleute um Rat.

75 Bemühen Sie sich, jederzeit ruhig und beherrscht zu bleiben.

Der Beurteilte lässt sich überzeugen, das Gespräch wird erfolgreich zu Ende geführt.

Eine Ergebniskontrolle zeigt, dass der Beurteilte seinen Aktionsplan erfolgreich ausführt.

Die Vorgesetzte verliert die Geduld und unterbricht den Beurteilten.

Der Beurteilte reagiert zornig, das Gespräch wird abgebrochen, und die Leistung lässt nach.

Abbruch des Gesprächs

Unter gewissen Bedingungen haben Sie keine andere Wahl, als das Gespräch abzubrechen. Strengen Sie sich aber zunächst an, eine heikle Situation zu entschärfen. Wenn der Beurteilte erregt ist, warten Sie, bis er sich beruhigt. Zeigen Sie sich verständnisvoll, wenn er die Kontrolle verliert, aber lassen Sie sich nicht beeinflussen, wenn Sie das nur von Ihrer Bewertung ablenken soll. Kommen Sie zum nächsten Tagesordnungspunkt. Wenn der Beurteilte Ihnen allerdings nicht mehr zuhört, hat es wenig Sinn, fortzufahren. Setzen Sie so früh wie möglich einen neuen Gesprächstermin an.

LEISTUNGSSCHWÄCHEN BEHEBEN

Mit Leistungsschwächen von Angestellten richtig umzugehen bedeutet eine Herausforderung. Machen Sie dem Betreffenden das Problem bewusst, gehen Sie es dann auf konstruktive Weise an. Ermitteln Sie die Ursachen, fragen Sie nach praktikablen Lösungen.

76 Verdeutlichen Sie, dass der Beurteilte alle Probleme zusammen mit Ihnen lösen kann.

77 Sprechen Sie nur für die Leistung des Beurteilten unmittelbar relevante Probleme an.

PROBLEMBEWUSSTSEIN SCHAFFEN

Damit Sie ein Problem beheben können, muss zunächst der Beurteilte anerkennen, dass es existiert. Solange er nicht eingesehen hat, dass sein eigenes Handeln ihn daran hindert, seine Arbeitsziele zu erreichen, wird er nicht entschlossen sein, das Problem zu lösen. Erklären Sie dem Beurteilten, welche Auswirkungen seine Leistungsschwäche auf den Erfolg des Teams und des Unternehmens hat. Stellen Sie Fragen, um sicherzustellen, dass der Mitarbeiter sich des Problems nun bewusst ist.

URSACHENFORSCHUNG

Sobald der Beurteilte seine Leistungsschwäche erkannt hat, sollten Sie nach den Gründen suchen und nach Möglichkeiten, Abhilfe zu schaffen. Bitten Sie den Beurteilten, das Problem zu erklären. Wenn ein Angestellter z. B. mit seiner Arbeit im Rückstand ist, hat er möglicherweise Fortbildungsbedarf; fragen Sie sich aber, ob noch weitere Faktoren zu berücksichtigen sind. Achten Sie darauf, ob der Mitarbeiter Ausreden erfindet oder anderen Abteilungen die Schuld gibt – sorgen Sie dafür, dass er sich zu seiner Verantwortung bekennt.

WICHTIGE FRAGEN

- Tragen zu dem Leistungsdefizit vielleicht auch Organisationsprobleme bei?
- Sind die eingesetzten Maschinen für den Zweck geeignet?
- Hat der Mitarbeiter mit einem zu knappen Budget zu kämpfen?
- Werden für den Zweck die richtigen Materialien verwendet?

Massnahmen gegen Leistungsschwächen

Problem

Fehlende Eignung
Die Unfähigkeit, die betreffende Aufgabe auszuführen, möglicherweise auf Grund von Unerfahrenheit oder einer Fehlbesetzung.

Ungenügende Qualifikation
Ein Mangel an Fähigkeiten oder Kenntnissen, der den Angestellten davon abhält, effektiv zu arbeiten.

Mangelnde Motivation
Eine Herabsetzung der Effektivität des Mitarbeiters, bedingt durch Unter- oder Überforderung.

Abgelenktheit
Die Unfähigkeit eines Mitarbeiters, konzentriert und effektiv zu arbeiten, vielleicht auf Grund eines persönlichen Problems.

Entfremdung
Distanzierte oder ablehnende Haltung des Angestellten gegenüber Tätigkeit und Unternehmen infolge ständiger Frustration.

Mögliche Lösungen

- Sorgen Sie für Hilfestellung und organisieren Sie Fortbildungsmaßnahmen.
- Wenn das nichts bewirkt, suchen Sie eine Aufgabe, die dem Beurteilten eher angemessen ist.

- Stellen Sie Wissenslücken oder Ausbildungsdefizite fest, und wählen Sie Entwicklungsaktivitäten aus.
- Formulieren Sie Ziele für eine kontinuierliche Steigerung.

- Organisieren Sie Entwicklungsaktivitäten, die dem Beurteilten neuen Antrieb geben.
- Überprüfen Sie, ob Sie dem Beurteilten zu schwierige Aufgaben übertragen haben.

- Geben Sie dem Mitarbeiter nötigenfalls frei, damit er sich um seine Probleme kümmern kann.
- Erwägen Sie, den Mitarbeiter an Experten zu verweisen, wenn sich seine Leistung nicht bessert.

- Schauen Sie, wo die Frustration herrührt. Vielleicht aus dem Eindruck mangelnder Wertschätzung.
- Überlegen Sie, ob es besser ist, den Mitarbeiter an einen Berufsberater zu verweisen.

78 Erklären Sie Mitarbeitern, die sich scheuen, die Initiative zu ergreifen, mögliche Verbesserungen.

Lösungen finden

Die besten Lösungen sind diejenigen, die dem Beurteilten selbst einfallen. Diskutieren Sie mit dem Mitarbeiter über die zur Wahl stehenden Möglichkeiten. Wenn seine Idee unrealistisch ist, sollten Sie ihn auffordern, die Vor- und Nachteile seines Plans darzulegen oder darüber nachzudenken, welche Risiken damit verbunden sind. So helfen Sie dem Mitarbeiter, einen leichter durchführbaren Aktionsplan zu erstellen. Vereinbaren Sie zum Schluss einen Plan mit kurz- und langfristigen Komponenten, der die Leistungen des Mitarbeiters unmittelbar auf ein höheres Niveau bringt und dann konstant verbessert.

DURCHFÜHRUNG DES BEURTEILUNGSGESPRÄCHS

ENTWICKLUNGSCHANCEN ERÖRTERN

Fortbildungs- und Entwicklungsaktivitäten sollen dem Beurteilten helfen, seine Arbeitsziele zu erreichen und seine Leistung sowohl kurz- als auch langfristig zu steigern. Wählen Sie geeignete Aktivitäten und einigen Sie sich mit dem Mitarbeiter auf Lernziele.

79 Denken Sie bei der Planung von Entwicklungsmaßnahmen auch langfristig.

80 Sorgen Sie dafür, dass der persönliche Entwicklungsplan der aktuellen Situation gerecht wird.

ENTWICKLUNGSSCHRITTE DOKUMENTIEREN ▼
Fordern Sie den Beurteilten auf, die vorgesehenen Schulungen mit den dazugehörigen Lernzielen festzuhalten. Einzelheiten der Aktivitäten sollten vom Beurteiler festgehalten werden.

RICHTIG VERSTANDENE PERSONALENTWICKLUNG

Fortbildungs- und Entwicklungsmaßnahmen dienen dazu, einem Angestellten kontinuierlich neue Fähigkeiten zu vermitteln, die ihm in seiner gegenwärtigen Rolle zugute kommen, aber auch dazu, sein Potenzial für die Zukunft zu erschließen. Außerdem erleichtern sie es Mitarbeitern, Veränderungen als Chance zu begreifen und daraus zu lernen, effektiver zu arbeiten und mehr Verantwortung zu übernehmen. Die entsprechenden Aktivitäten werden in einem persönlichen Entwicklungsplan dokumentiert, der gegenwärtige und zukünftige Entwicklungsziele festlegt.

PERSÖNLICHER ENTWICKLUNGSPLAN

Name: JÜRGEN GRUBER

Entwicklungsziel	Aktivität	Zeitpunkt	Lernziel	Ergebnis
Sinnvolle Arbeitsschwerpunkte setzen, genügend Zeit für jeden Arbeitsschritt einplanen, Aufgaben termingerecht erledigen. Hinweise zur besseren Zeitplanung und Organisation wären sehr hilfreich.	Eintägiger Zeit-Management-Kurs. Kosten: 330 Euro; Durchführung: externer Schulungsanbieter	Oktober	Besser mit meiner Zeit haushalten und mich aufs Wesentliche konzentrieren	• Habe Techniken erlernt, die mir helfen, meinen Tagesablauf vernünftig zu planen • Arbeite effektiver, da es mir besser gelingt, mich auf Dinge zu konzentrieren, die Priorität haben

Beurteilter fasst den Zweck der Aktivität zusammen.

Beurteiler beschreibt Aktivität und macht Angaben zu Kosten und Durchführung.

Beurteilter gibt an, was er sich von der Aktivität erhofft.

Beurteiler hält nach der Schulung die Ergebnisse fest.

Geeignete Entwicklungsmassnahmen treffen

Ein Mitarbeiter kann oft von einem Vorgesetzten oder Kollegen geschult werden; der Lernprozess lässt sich aber beschleunigen, wenn weitere Methoden zur Anwendung kommen. Diskutieren Sie mit dem Beurteilten darüber, was für ihn am besten ist. Fragen Sie ihn, welche Lernmethode er bevorzugt. Finden Sie heraus, ob er schneller lernt, wenn er etwas selbst ausführen darf oder wenn er es gezeigt bekommt, und ob er gerne liest oder von einer computergestützten Schulung mehr profitieren würde. Wählen Sie eine Methode und entscheiden Sie, wann die Schulung stattfinden soll.

> **81** Sehen Sie, von welcher Fortbildung der Beurteilte bisher am meisten profitiert hat.

> **82** Halten Sie Angestellte dazu an, jede Entwicklungsmöglichkeit zu nutzen.

Mögliche Aktivitäten

Beispiele für Entwicklungsaktivitäten und -maßnahmen:
- Coaching und Betreuung
- Lernen durch Beobachtung und Nachahmung von Kollegen
- Lektüre von Zeitschriften/Büchern
- Besuch von Kursen oder Lehrgängen
- Übernahme delegierter Aufgaben
- Teilnahme an Projektbesprechungen
- Rotation oder Versetzung
- Arbeiten an Sonderprojekten
- Teilnahme an Tagungen, Konferenzen oder Seminaren
- Erwerb von relevanten Zusatzqualifikationen

Lernziele formulieren

So wie Sie mit dem Beurteilten klare Arbeitsziele mit dazugehörigen Erfolgskriterien vereinbaren, sollten Sie auch festhalten, zu welchem Lernerfolg eine Fortbildungs- oder Entwicklungsaktivität führen soll. Wenn Sie Lernziele definieren, wird dem Beurteilten der Zweck einer Fortbildungsmaßnahme eher bewusst, und Sie können leichter überprüfen, ob eine bestimmte Aktivität den Anforderungen des Teams und seiner Mitglieder gerecht wird. Halten Sie fest, welche Fähigkeit der Mitarbeiter am Ende der Schulung erworben haben soll und in welchem Grad. Sie erhalten somit ein Lernziel mit zwei Komponenten – einer Tätigkeit und einem Maßstab. Wenn Sie einen Mitarbeiter beispielsweise zu einer Schulung schicken möchten, die ihm Informationen über den Service vermitteln soll, den Sie anbieten, dann könnte das Lernziel dieses Mitarbeiters darin bestehen, nach der Schulung Kundenanfragen nach dreien Ihrer Produkte beantworten zu können. Auch wenn vorab bekannt ist, welche allgemeinen Lerninhalte eine Schulung hat, sollten Sie individuelle Lernziele formulieren, entsprechend den Bedürfnissen Ihres Mitarbeiters.

DURCHFÜHRUNG DES BEURTEILUNGSGESPRÄCHS

ÜBER AMBITIONEN UND PERSPEKTIVEN DISKUTIEREN

Die meisten Menschen streben nach höheren Positionen und wollen beruflich vorankommen. Nehmen Sie das Beurteilungsgespräch zum Anlass, mit einem Angestellten über seine Ambitionen zu reden, damit Sie ihm helfen können, seinen weiteren Werdegang zu planen.

83 Sprechen Sie über langfristige Aussichten wie auch über unmittelbare Ziele.

ZUKUNFTSPLANUNG

Bringen Sie in Erfahrung, welche Ambitionen der Beurteilte hegt, damit Sie ihn unterstützen und seine Entwicklung fördern können. Fragen Sie ihn zuerst, wie sich seine Rolle in den nächsten zwölf Monaten voraussichtlich ändern wird, und dann, was er in einem oder zwei Jahren gerne tun würde. Versuchen Sie Entwicklungsziele für beide Zeitrahmen zu formulieren. Es gibt vielfältige Möglichkeiten, einen Mitarbeiter zu fördern; beispielsweise helfen ihm Sonderprojekte, Ortstermine und das Vorbereiten von Präsentationen für Kollegen dabei, sicherer zu werden oder dazuzulernen.

Führungskraft erkennt Potenzial des Mitarbeiters und organisiert Fortbildungsmaßnahmen.

Beurteilter äußert den Wunsch, in eine höhere Stellung aufzusteigen.

▲ **WEICHENSTELLUNG**
Diese Bildsequenz zeigt, wie ein Unternehmen von der Förderung eines Mitarbeiters mit Führungsqualitäten profitiert, und wie ein Mitarbeiter, dessen Pläne zunichte gemacht werden, das Unternehmen frustriert verlässt.

Über Ambitionen und Perspektiven diskutieren

Beförderungen einkalkulieren

Machen Sie sich klar, nach welchen Prinzipien in Ihrem Unternehmen Beförderungen erfolgen. Bringen Sie in Erfahrung, welche Laufbahn Mitglieder Ihres Teams oder andere Angehörige Ihres Unternehmens beschritten haben. Wenn ein Mitarbeiter Ehrgeiz und das nötige Potenzial hat, könnte er auf Grund einer Beförderung in einem oder zwei Jahren in eine andere Abteilung wechseln. Sprechen Sie sich nicht für eine Beförderung aus, wenn Sie nichts dazu beitragen können oder wenn sie der Unternehmenspolitik widerspräche – auch dann nicht, wenn Sie einen solchen Schritt begrüßen würden.

Beurteilter wird befördert und übernimmt die Leitung eines neuen Projektteams.

Mitarbeiter kann sich nicht fortbilden, verliert die Motivation und beschließt, eine neue Stelle zu suchen.

Unternehmensinteressen wahren

Berücksichtigen Sie immer die Ziele Ihres Unternehmens. Halten Sie die Personalakten Ihrer Mitarbeiter auf dem neuesten Stand, und vergewissern Sie sich, dass die Personalabteilung und das Führungsteam im Bild über Mitglieder Ihres Teams sind, die ein besonders großes Potenzial aufweisen. Versuchen Sie nicht, Mitarbeiter möglichst lang in Ihrem Team zu halten, weil Sie zu ihrer Entwicklung beigetragen haben; denken Sie daran, dass Neuzugänge immer für frischen Wind sorgen. Vergessen Sie auch nicht, dass der Unternehmensspitze Führungskräfte, die ihre Teams verkleinern, lieber sind als solche, die nie Mitarbeiter abgeben. Erwerben Sie sich nach Möglichkeit den Ruf, Mitarbeiter zu fördern, da dies dazu führen wird, dass mehr Menschen zu Ihrem Team stoßen wollen.

Tun und lassen

✔ Versuchen Sie für die Beförderung von Mitarbeitern zu sorgen, die mehr Verantwortung übernehmen können.

✔ Überlegen Sie rechtzeitig, wie Sie einen Mitarbeiter ersetzen würden, der befördert wurde.

✘ Schieben Sie leistungsschwache Mitarbeiter nicht in andere Abteilungen ab.

✘ Gehen Sie nicht davon aus, dass jeder Angestellte seine derzeitige Position beibehalten will.

Massnahmen planen

Damit der Beurteilte seine Arbeitsziele erreicht, muss er wissen, wer wofür verantwortlich ist und bis wann jede Aufgabe ausgeführt sein muss. Erarbeiten Sie zusammen mit dem Beurteilten einen detaillierten Aktionsplan, der festlegt, was zu tun ist.

84 Machen Sie immer klar, wer für eine Aufgabe verantwortlich ist.

85 Führen Sie Ihre eigenen Aufgaben stets termingerecht aus.

ERSTELLUNG EINES AKTIONSPLANS ▼
Arbeiten Sie einen Aktionsplan aus, der die vereinbarten Maßnahmen dokumentiert. Das kann eine einfache Notiz über einen Rechercheauftrag sein oder eine ausführlichere Beschreibung von neuen Aufgaben oder Projekten.

Massnahmen festhalten

Mit einer Aufzeichnung über die Ergebnisse des Gesprächs vermeiden Sie spätere Missverständnisse oder Meinungsverschiedenheiten. Verwenden Sie einen Vordruck oder fordern Sie den Beurteilten auf, seinen Notizblock zu benutzen. Diktieren Sie den Aktionsplan unter keinen Umständen, da sich der Beurteilte sonst nicht so leicht mit ihm identifizieren wird. Auch Sie als Beurteiler können gewisse Aufgaben übernehmen, vor allem, wenn es darum geht, Ressourcen für Fortbildungs- und Entwicklungsmaßnahmen bereitzustellen oder Menschen in anderen Unternehmensbereichen darüber zu informieren, dass der Beurteilte mit Ihrer Zustimmung handelt.

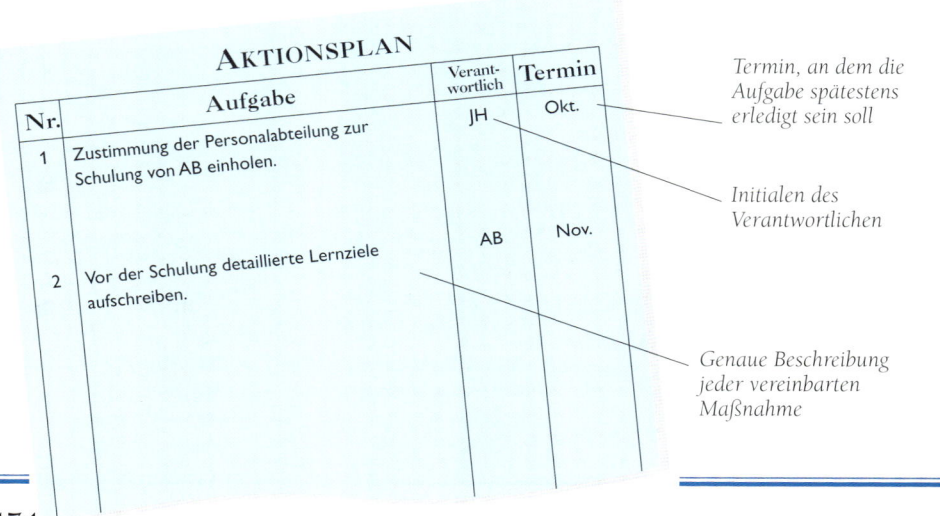

AKTIONSPLAN

Nr.	Aufgabe	Verantwortlich	Termin
1	Zustimmung der Personalabteilung zur Schulung von AB einholen.	JH	Okt.
2	Vor der Schulung detaillierte Lernziele aufschreiben.	AB	Nov.

Termin, an dem die Aufgabe spätestens erledigt sein soll

Initialen des Verantwortlichen

Genaue Beschreibung jeder vereinbarten Maßnahme

MASSNAHMEN PLANEN

PROJEKTPLANUNG

Ein Projekt ist eine Reihe von Aktivitäten, die dazu dienen, mit einem festgelegten Budget und innerhalb eines vorgegebenen Zeitrahmens ein bestimmtes Ergebnis zu erzielen. Manche Arbeitsziele, die Sie formulieren, können die Form eines Projekts annehmen. Wenn Sie einen Mitarbeiter während des Beurteilungsgesprächs mit einem Projekt beauftragen, sollten Sie ihm erklären, wie er durch richtiges Projektmanagement bessere Ergebnisse erzielen kann. Bestehen Sie auf quantitativen und qualitativen Erfolgskriterien. Wenn Sie Zweifel haben, dass der Beurteilte in der Lage sein wird, das Projekt erfolgreich abzuschließen, müssen Sie diese äußern.

TERMINPLANUNG

Damit der Beurteilte die Initiative ergreift und sich mit seinen Zielen identifiziert, ist es wichtig, dass Sie möglichst wenige der Aufgaben übernehmen. Möglicherweise gibt es aber Dinge zu tun, die nicht in den Zuständigkeitsbereich des Mitarbeiters fallen – wenn er z. B. die Erlaubnis benötigt, ein Projekt zu leiten. Lassen Sie den Beurteilten wissen, was Sie erledigen müssen, damit beide Seiten sich die Termine vormerken können, an denen bestimmte Schritte ausgeführt sein müssen. Überlegen Sie nach dem Gespräch, wie viel Zeit und welche Ressourcen Sie benötigen, um sicherzustellen, dass der Beurteilte sein Ziel erreicht, ohne dass Sie ihm die Arbeit abnehmen.

TERMINE FESTHALTEN ▶
Wenn beide Seiten sich notieren, wer was bis wann zu hat, lassen sich Missverständnisse in Bezug auf Termine oder die Aufgabenverteilung vermeiden.

DELEGIEREN EINES PROJEKTS

- Erklären Sie den Zweck des Projekts.
- Definieren Sie die Ziele des Projekts im Einzelnen.
- Erläutern Sie Sachzwänge und vereinbaren Sie eine Vorgehensweise.
- Bitten Sie den Beurteilten, Etappenziele aufzulisten.
- Klären Sie, wie die Teilergebnisse zu kontrollieren sind.
- Sichern Sie, dass der Beurteilte eine Chance hat, das Projekt erfolgreich durchzuführen.

Beurteiler notiert sich Termine für Ergebniskontrollen.

DIE NACH-BEREITUNG

Nach dem Beurteilungsgespräch ist eine Ergebnissicherung unerlässlich, wenn der Beurteilte seine Motivation aufrechterhalten und Fortschritte erzielen soll.

FORTSCHRITTE ÜBERWACHEN

Damit ein Beurteilungsgespräch eine positive Langzeitwirkung hat, müssen alle Fortschritte sorgfältig überwacht werden. Sie sollten wissen, welche Art von Ergebniskontrolle in bestimmten Situationen angemessen ist und worauf bei der Durchführung zu achten ist.

89 Führen Sie auch bei guten Fortschritten kurze Ergebnisbesprechungen durch.

90 Versuchen Sie stets herauszufinden, ob ein Mitarbeiter zufrieden ist.

91 Stellen Sie sich vor, was dem Beurteilten Probleme bereiten könnte.

ERGEBNISKONTROLLEN

Halten Sie Ergebnisbesprechungen ab, um festzustellen, ob vereinbarte Etappenziele erreicht worden sind, um Stärken und Schwächen des Beurteilten zu erkennen und um ihm Sicherheit zu geben. Indem Sie sich über die Fortschritte des Beurteilten auf dem Laufenden halten, motivieren Sie ihn dazu, sich weiter zu steigern. Wählen Sie eine Art der Ergebniskontrolle, die dem Leistungsstand des Mitarbeiters und den bisher erzielten Fortschritten angemessen ist. Lassen Sie erfahrene Mitarbeiter so selbstständig wie möglich für die Einhaltung ihrer Termine sorgen.

Verschiedene Arten von Ergebnisbesprechungen

Art	Zweck
Kurze Lagebesprechung Eine spontane, informelle Besprechung ohne feste Tagesordnung	Ist nützlich, wenn ein Mitarbeiter eine ungewohnte Aufgabe ausführt oder wenn etwas vorgefallen ist, das für den Mitarbeiter oder das Projekt Implikationen hat.
Ad-hoc-Besprechung Zehn- bis fünfzehnminütige Besprechung über ein bestimmtes Thema	Werden abgehalten, wenn eine Problemlösung erarbeitet werden muss, weil ein bestimmtes Ziel nach Meinung des Beurteilten oder des Beurteilers sonst vielleicht nicht erreicht werden kann.
Besprechung über Teilergebnisse Eine im Voraus angesetzte Besprechung mit dem Ziel, festzustellen, ob vereinbarte Etappenziele erreicht wurden	Solche Besprechungen dienen dazu, sicherzustellen, dass die erwarteten Fortschritte erzielt werden und alles nach Plan verläuft.
Abschlussbewertung Eine nach Beendigung eines Projekts abgehaltene Besprechung zum Zweck einer umfassenden Erfolgskontrolle	Bietet eine Gelegenheit, Lernerfolge festzuhalten und zu prüfen, ob die vereinbarten Ziele erreicht wurden und angemessen waren.

Ergebnisbesprechungen abhalten

Es ist zwar wichtig, Kontrollpunkte festzulegen, doch wenn es nur kleinere Fehler zu korrigieren gibt, sollten Sie nicht eingreifen. Nutzen Sie Ergebnisbesprechungen stattdessen dazu, sich zusammen mit dem Beurteilten einen Überblick über die bisherigen Fortschritte zu verschaffen. Stellen Sie W-Fragen, um den Beurteilten zu ermutigen, etwaige Probleme einzugestehen. Bieten Sie ihm Unterstützung an, wenn er Schwierigkeiten hat, das Problem selbst zu beheben; zwingen Sie ihn aber nicht, Ihre Hilfe anzunehmen, da Sie ja erreichen wollen, dass er sich mit seiner Tätigkeit identifiziert, Probleme durchdenkt und Lösungsvorschläge macht. Beschäftigen Sie sich nicht zu ausführlich mit Details, da Ergebnisbesprechungen sonst einen zu großen Teil Ihrer Zeit in Anspruch nehmen und Sie dem Beurteilten den Eindruck vermitteln, dass Sie an ihm zweifeln.

Wichtige Fragen an den Beurteilten

- Was ist bisher erreicht worden, und was haben wir gelernt?
- Wie gut haben wir Ihrer Einschätzung nach bislang zusammengearbeitet?
- Welche Faktoren waren vorteilhaft und welche hinderlich?
- In welchen Bereichen sehen Sie weiteren Entwicklungsbedarf?
- Welchen Einfluss könnte alles Bisherige auf unsere zukünftige Zusammenarbeit haben?
- Ist es Ihnen unangenehm, die Verantwortung für die Durchführung dieser Korrekturmaßnahme zu übernehmen?
- Rechnen Sie mit Problemen, die Ihre weitere Arbeit behindern könnten?

DIE NACHBEREITUNG

ENTWICKLUNGSPLÄNE UMSETZEN

Sie sollten überlegen, welche Art von Entwicklungsaktivitäten für den Angestellten geeignet wären. Aktualisieren Sie Entwicklungspläne in kurzen Abständen und helfen Sie Mitarbeitern, ihre Fortschritte bei der Umsetzung zu kontrollieren.

92 Halten Sie die Mitglieder Ihres Teams dazu an, Erfahrungen auszutauschen.

93 Es ist nie zu spät, um neue Fähigkeiten zu erlernen.

KONTINUIERLICHE LERNPROZESSE FÖRDERN

Jedes Teammitglied besitzt individuelle Fähigkeiten, Kenntnisse und Erfahrungen, die seine Einstellungen und sein Verhalten prägen. Ihre Mitarbeiter sind sich wahrscheinlich über einen Teil ihrer Stärken im Klaren, aber das Feedback, das Sie während eines Beurteilungsgesprächs geben, hilft ihnen zu überblicken, welche Fähigkeiten und Kenntnisse sie bisher erworben und welche Erfahrungen sie gemacht haben. Sprechen Sie mit jedem Mitarbeiter über den während des Beurteilungsgesprächs erstellten Entwicklungsplan, damit er sich mit ihm identifiziert und ständiges Dazulernen als etwas ganz Natürliches betrachtet.

WEITERENTWICKLUNG ▼
Unabhängig von Ihrem Alter sollten Sie nie aufhören zu lernen. Je mehr Fähigkeiten und Kenntnisse Sie erwerben, desto sicherer und besser können Sie Ihre Tätigkeit ausüben.

Führungskraft erweitert Ihre Kenntnisse in Buchführung.

94 Ermutigen Sie Mitarbeiter dazu, neue Herausforderungen anzunehmen.

ENTWICKLUNGSPLÄNE DURCHFÜHREN UND ANPASSEN

Planen Sie Entwicklungsaktivitäten, die dem Unternehmen, dem Team und dem einzelnen Mitarbeiter einen Vorteil bringen. So können Sie ihn an einem Erlebniskurs teilnehmen lassen, damit er lernt, wie Teams entstehen und reifen. Halten Sie den Mitarbeiter dazu an, die Ergebnisse seiner Entwicklungsaktivitäten regelmäßig anhand seines persönlichen Entwicklungsplans zu bewerten. Helfen Sie ihm, sich vielseitig einsetzbare Fähigkeiten anzueignen, die in verschiedensten Situationen von Nutzen sind. Modifizieren Sie den Entwicklungsplan bei Bedarf, damit sich der Beurteilte neuen Gegebenheiten oder Kundenbedürfnissen anpassen kann.

ENTWICKLUNGSBEWERTUNG

Rekapitulieren Sie zusammen mit dem Beurteilten die vereinbarten Lernziele.

⬇

Stellen Sie fest, ob diese Ziele erreicht worden sind.

⬇

Fragen Sie den Beurteilten, welche neu erlernten Fähigkeiten ihm bei der Arbeit zugute kommen.

⬇

Ermitteln Sie einzelne Leistungen, die das Ergebnis von Lernerfolgen waren.

⬇

Prüfen Sie, inwieweit sich die Gesamtleistung des Mitarbeiters verbessert hat.

⬇

Halten Sie die Ergebnisse im Entwicklungsplan fest.

▲ TEAMFÄHIGKEIT

Indem Sie abenteuerlustige Mitarbeiter an einem Kurs nach ihrem Geschmack teilnehmen lassen, helfen Sie ihnen, Teamfähigkeiten zu erwerben, die dem Team und dem gesamten Unternehmen nützlich sein werden. Darüber hinaus wird der betreffende Mitarbeiter seine Rolle als Teammitglied oder -leiter auch besser ausfüllen, wenn er seinem Hobby nachgehen kann.

FORTBILDUNG ÜBERWACHEN

Halten Sie im Anschluss an Entwicklungsaktivitäten des Mitarbeiters stets eine Besprechung ab, um zu ermitteln, ob die Lernziele erreicht wurden. Tun Sie dies auch nach einer Schulung am Arbeitsplatz. Wenn zwischen Erwartungen und Ergebnissen eine Diskrepanz besteht, sollten Sie darüber reden, wie diese beseitigt werden kann.

TEAMGEIST FÖRDERN

Das Sechs-Phasen-Beurteilungsschema ist für Gruppensitzungen ebenso geeignet wie für Einzelgespräche. Helfen Sie Ihrem Team, sich zu steigern, indem Sie regelmäßig Teambeurteilungen durchführen und sehen, welche gemeinsamen Fortbildungsmaßnahmen es gibt.

95 Machen Sie Ihren Mitarbeitern klar, wie viel sie voneinander lernen können.

96 Loben Sie Erfolge des Teams, um zu zeigen, dass Sie gute Zusammenarbeit schätzen.

TEAMBEURTEILUNGEN DURCHFÜHREN ▼
Lenken Sie die Aufmerksamkeit der Teammitglieder auf die Zielsetzung des Teams. Vereinbaren Sie die Tagesordnung und seien Sie dabei bereit, Themen, die Sie vorbereitet haben, zugunsten besserer Vorschläge vonseiten des Teams fallen zu lassen.

DAS SECHS-PHASEN-SCHEMA

Das Sechs-Phasen-Schema stellt nicht nur die Basis für Einzelgespräche dar, sondern ist auch bei der Gestaltung von Teamsitzungen nützlich. Stellen Sie die wichtigsten Diskussionsthemen zusammen, und berufen Sie das Team zu einer Gemeinschaftssitzung ein. Machen Sie klar, dass die Sitzung den Zweck hat, die Zusammenarbeit des Teams zu beurteilen, und erläutern Sie die Rolle jedes Einzelnen. Legen Sie Wert darauf, dass sich alle Gesprächsteilnehmer im Lauf der Sitzung notieren, was sie zu tun haben. Fordern Sie zum Schluss jeden Mitarbeiter auf, seine Aufgaben zusammenzufassen, damit Sie sicher sein können, dass er seinen Aktionsplan verstanden hat.

Führungskraft spricht über Themen, die für das ganze Team von Interesse sind.

Mitarbeiterin wird ihren individuellen Aktionsplan am Ende zusammenfassen.

Mitarbeiter notiert sich seine Aufgaben.

Kommunikation im Team

Der Beurteilungsprozess kann zu einer besseren Zusammenarbeit des Teams beitragen. So wie Sie jeden Einzelnen während seiner Beurteilung zum offenen Dialog mit Ihnen ermuntern, sollten Sie auch alle Teammitglieder zusammen anhalten, ohne Hemmungen und konstruktiv miteinander zu kommunizieren. Eine entspannte Atmosphäre schafft dafür günstige Voraussetzungen. Alle Anwesenden sollten dazu angeregt werden, Informationen und Erfahrungen auszutauschen, damit ihr Zusammenhalt gestärkt wird. Teamsitzungen können dazu dienen, Probleme zu lösen, gute Arbeitsbeziehungen aufzubauen und die Leistungen eines Teams an seinen Arbeitszielen zu messen.

97 Beteiligen Sie das ganze Team an der Planung seiner weiteren Entwicklung.

98 Nutzen Sie Ihr Fortbildungsbudget optimal, indem Sie mehrere Mitarbeiter zugleich fördern.

Gemeinsame Fortbildung

Teilen Sie Mitarbeiter nach ihrem Fortbildungsbedarf in Gruppen ein, um die Wirtschaftlichkeit von Schulungen zu erhöhen. Führen Sie Buch darüber, wer an welcher Schulung teilgenommen hat und mit welchem Erfolg. So kann das obere Management erkennen, ob sich die Investitionen in Fortbildungs- und Entwicklungsmaßnahmen für das Unternehmen ausgezahlt haben. Wenn das Führungsteam überzeugt ist, dass es sich lohnt, Mitarbeiter zu fördern, werden weitere Investitionen folgen. Entwicklungspläne werden mit höherer Wahrscheinlichkeit gebilligt, wenn sie auf Erfolgen aufbauen.

Nicht vergessen

- Einheitliche Maßstäbe sind nicht nur innerhalb eines Teams erforderlich, sondern auch im Rest des Unternehmens.
- Kollegen sind oft die besten Berater füreinander.

GRUPPENSCHULUNGEN ▶

Lassen Sie Mitarbeiter mit ähnlichen Anforderungen gemeinsam an Schulungen teilnehmen. Das ist kosteneffektiv und stärkt auch die kollegialen Beziehungen, da so Mitglieder eines Teams Lernerfahrungen austauschen können.

Die Nachbereitung

Beurteilen Sie sich selbst

Damit ein Beurteilungssystem funktioniert, müssen die Führungskräfte ebenso an sich arbeiten und sich weiterentwickeln wie ihr Personal. Bewerten Sie Ihre Fähigkeiten als Beurteiler, und bitten Sie von Ihnen beurteilte Mitarbeiter um Rückmeldung.

99 Seien Sie Ihr eigener Kritiker – aber üben Sie konstruktive Kritik.

100 Nutzen Sie jede Gelegenheit, neue Fähigkeiten zu erlernen und einzuüben.

101 Sorgen Sie dafür, dass ein Beurteilungsgespräch allen Beteiligten Vorteile bringt.

Fortschritt kontrollieren

Um sicherzugehen, dass die von Ihnen durchgeführten Beurteilungsgespräche dazu beigetragen haben, die Leistung des Teams kontinuierlich zu steigern, sollten Sie die Ergebnisse analysieren, die jedes Teammitglied erzielt, nachdem ein Beurteilungsgespräch stattgefunden hat. Prüfen Sie, ob in den ersten drei Monaten oder einem ähnlichen Zeitraum eine merkliche Leistungssteigerung eingetreten ist. Kontrollieren Sie, ob die formulierten Arbeitsziele mit den Maßstäben vereinbar sind, die für alle Mitglieder Ihres Teams gelten. Überzeugen Sie sich davon, dass der Aktionsplan Ihres Teams umgesetzt worden ist, und fragen Sie sich, ob Sie für die zugesagte Unterstützung gesorgt und entsprechende Ressourcen bereitgestellt haben. Lassen die Ergebnisbesprechungen Fortschritte erkennen?

Wie Sie sich als Beurteiler weiterentwickeln

Wollen Sie Ihre Beurteilungsfähigkeiten erweitern, dann können Rollenspiele Ihnen eine wertvolle Hilfe sein. Wenn Sie die Antwort auf eine schwierige Frage bereits eingeübt haben, können Sie später während des tatsächlichen Gesprächs mit größerer Bestimmtheit antworten. Denken Sie auch darüber nach, einen Kurs zu absolvieren, der Ihnen hilft, bessere Beurteilungsgespräche durchzuführen. Rollenspiele sind meist auch ein Hauptbestandteil derartiger Kurse. Vor einem solchen Kurs sollten Sie sich Notizen zu Mitarbeitern machen, für deren Beurteilung Sie zuständig sein werden. Diese Aufzeichnungen können Sie dann als Beispiele verwenden, ohne eine Indiskretion zu begehen.

DER BEURTEILUNGSPROZESS IM RÜCKBLICK

Analysieren Sie den gesamten Beurteilungsprozess, und blicken Sie auf alle Beurteilungen zurück, die Sie in den letzten 12 Monaten durchgeführt haben. Überlegen Sie, was Sie über sich selbst als Beurteiler gelernt haben und ob Ihre Beurteilungsgespräche effektiv waren. Erst mit einem gewissen Abstand werden Sie in der Lage sein, Muster zu erkennen und festzustellen, in welchen Bereichen Sie sich als Beurteiler weiterentwickeln müssen. Vielleicht müssen Sie sich fortbilden, um auch dann motivationsförderndes Feedback geben zu können, wenn Sie einem Mitarbeiter unangenehme Inhalte vermitteln. Möglicherweise müssen Sie für eine klarere Aufgabenverteilung oder leichter messbare Zielsetzungen sorgen. Fragen Sie sich, ob Sie für die Vorbereitung, Durchführung und Nachbereitung von Beurteilungsgesprächen genug Zeit vorgesehen haben. Waren Ihre Beurteilungen fair? Haben Sie alle aus Ihrem Team nach gleichen Maßstäben beurteilt? Was haben Sie im Lauf des letzten Jahres über Beurteilungen oder über sich selbst gelernt?

WICHTIGE FRAGEN

- Wie gut habe ich mich vorbereitet? Habe ich alle Fakten eruiert und die nötigen Aufzeichnungen zusammengestellt?
- Wie viel Prozent eines Gesprächs habe ich mit Zuhören verbracht und wie gut habe ich zugehört?
- War mein Feedback ausgewogen? Habe ich hauptsächlich positives Feedback und Anregungen zu Entwicklungsmöglichkeiten gegeben?

▼ ANREGUNGEN SAMMELN

Bitten Sie Mitglieder Ihres Teams, Ihnen ehrlich mitzuteilen, wie hilfreich sie die Beurteilungsgespräche fanden, damit Sie Ihre Beurteilungsfähigkeiten weiterentwickeln können. Fragen Sie die Mitarbeiter, ob sie mit dem erhaltenen Feedback zufrieden waren und ob sie bestimmte Aspekte für verbesserungsfähig halten.

Führungskraft fragt Mitarbeiter, ob sie genug Zeit hatten, sich auf ihre Beurteilung vorzubereiten.

Die Nachbereitung

Testen Sie Ihre Fähigkeiten als Beurteiler

Beantworten Sie die folgenden Fragen möglichst ehrlich, um einzuschätzen, wie es Ihnen gelingt, die Entwicklung von Mitarbeitern durch Feedback und Beurteilungsgespräche zu fördern. Kreuzen Sie die 1 an, wenn Ihre Antwort »nie« lautet, die 4, wenn »immer« zutrifft. Zählen Sie Ihre Punkte zusammen und ziehen Sie den Auswertungsschlüssel zu Rate. Ermitteln Sie anhand Ihrer Antworten, wo Sie sich verbessern müssen.

Antworten
1 Nie
2 Gelegentlich
3 Oft
4 Immer

1 Ich gewöhne meine Mitarbeiter an regelmäßiges Feedback.
1　2　3　4

2 Ich lasse Mitarbeiter zur effektiven Vorbereitung eine Selbsteinschätzung vornehmen.
1　2　3　4

3 Ich denke bei den Arbeitszielen an das Team und das Unternehmen.
1　2　3　4

4 Ich wähle sinnvolle Erfolgsmaßstäbe.
1　2　3　4

5 Ich übertrage meinen Mitarbeitern so viel Verantwortung wie möglich.
1　2　3　4

6 Ich halte meine Mitarbeiter an, mit Lösungen zu mir zu kommen statt mit Problemen.
1　2　3　4

Testen Sie Ihre Fähigkeiten als Beurteiler

7 Ich wähle sorgfältig die Themen für das Beurteilungsgespräch aus.

☐ 1 ☐ 2 ☐ 3 ☐ 4

8 Ich stelle vorher Aufzeichnungen über die Leistungen eines Mitarbeiters zusammen.

☐ 1 ☐ 2 ☐ 3 ☐ 4

9 Ich überlege mir vorher, was ich für die Entwicklung des Betreffenden tun kann.

☐ 1 ☐ 2 ☐ 3 ☐ 4

10 Ich bin mir im Klaren, welche Zusagen ich auf eigene Verantwortung machen kann.

☐ 1 ☐ 2 ☐ 3 ☐ 4

11 Ich führe Beurteilungsgespräche in einer vertraulichen Atmosphäre durch.

☐ 1 ☐ 2 ☐ 3 ☐ 4

12 Ich bin meinen Mitarbeitern gegenüber fair und objektiv und behandle jeden gleich.

☐ 1 ☐ 2 ☐ 3 ☐ 4

13 Ich denke darüber nach, wie ich konstruktives Feedback gebe.

☐ 1 ☐ 2 ☐ 3 ☐ 4

14 Ich erkläre am Anfang des Beurteilungsgesprächs den weiteren Ablauf.

☐ 1 ☐ 2 ☐ 3 ☐ 4

15 Ich vereinbare zu Beginn des Gesprächs mit dem Beurteilten die Tagesordnung.

☐ 1 ☐ 2 ☐ 3 ☐ 4

16 Während des Beurteilungsgesprächs höre ich die meiste Zeit zu.

☐ 1 ☐ 2 ☐ 3 ☐ 4

Die Nachbereitung

17 Mir ist klar, dass meine Äußerungen im Gespräch Folgen für Dritte haben können.

☐ 1 ☐ 2 ☐ 3 ☐ 4

18 Ich finde heraus, was meine Mitarbeiter belastet.

☐ 1 ☐ 2 ☐ 3 ☐ 4

19 Ich setze Körpersprache ein, um dem Beurteilten seine Anspannung zu nehmen.

☐ 1 ☐ 2 ☐ 3 ☐ 4

20 Ich stelle sicher, dass der Beurteilte entschlossen ist, den Aktionsplan auszuführen.

☐ 1 ☐ 2 ☐ 3 ☐ 4

21 Ich bereite mich auf mögliche Einwände des Beurteilten vor.

☐ 1 ☐ 2 ☐ 3 ☐ 4

22 Ich bitte den Beurteilten, Lösungsvorschläge zu machen, bevor ich eigene Ideen äußere.

☐ 1 ☐ 2 ☐ 3 ☐ 4

23 Ich vereinbare mit einem Mitarbeiter Lernziele, bevor er an einer Schulung teilnimmt.

☐ 1 ☐ 2 ☐ 3 ☐ 4

24 Ich rege Mitarbeiter an, alle Chancen zu sehen, die ihnen das Unternehmen bietet.

☐ 1 ☐ 2 ☐ 3 ☐ 4

25 Ich achte darauf, dass der Beurteilte seinen Aktionsplan selbstständig niederschreibt.

☐ 1 ☐ 2 ☐ 3 ☐ 4

26 Ich fordere den Beurteilten auf, die Ergebnisse des Gesprächs zusammenzufassen.

☐ 1 ☐ 2 ☐ 3 ☐ 4

Testen Sie Ihre Fähigkeiten als Beurteiler

27 Ich überprüfe die Entwicklungspläne meiner Mitarbeiter regelmäßig.

| 1 | 2 | 3 | 4 |

28 Ich kenne die Freizeitinteressen meiner Mitarbeiter.

| 1 | 2 | 3 | 4 |

29 Ich frage die Teilnehmer unmittelbar nach Schulungen nach deren Nutzen.

| 1 | 2 | 3 | 4 |

30 Ich prüfe, ob mehrere Mitarbeiter ähnlichen Fortbildungsbedarf haben.

| 1 | 2 | 3 | 4 |

31 Ich gestalte mit dem Sechs-Phasen-Schema Sitzungen mit dem ganzen Team.

| 1 | 2 | 3 | 4 |

32 Ich bitte nach jeder Beurteilung um Feedback für mein Verhalten als Beurteiler.

| 1 | 2 | 3 | 4 |

Auswertung

Ermitteln Sie Ihre Gesamtpunktzahl, und ordnen Sie Ihr Ergebnis ein. Unabhängig davon, welchen Fähigkeitsgrad Sie erreicht haben, sind Verbesserungen immer möglich. Bestimmen Sie Ihre Schwächen und konsultieren Sie dann die entsprechenden Abschnitte dieses Buches, um praktische Hinweise und Tipps zu finden.

32–63: Ihre Fähigkeiten als Beurteiler reichen noch nicht aus, um das Potenzial Ihrer Mitarbeiter voll zur Geltung zu bringen. Denken Sie darüber nach, ob Sie sich gründlich genug vorbereiten.

64–95: Sie sind ein passabler Beurteiler, sollten aber nach Bereichen suchen, in denen Sie sich noch weiterentwickeln können.

96–128: Sie sind ein guter Beurteiler. Trotzdem sollten Sie von Ihnen beurteilte Mitarbeiter um Feedback bitten.

TEAMKONFLIKTE BEWÄLTIGEN

Einleitung 492

KONFLIKTE VERSTEHEN

Schwierige Menschen erkennen 494
Jeder Mensch ist anders 496
Wen motiviert was? 498
Zusammenhänge erkennen 500
Schwierige Menschen beobachten 502

OPTIONEN EINSCHÄTZEN

Problemlösungen suchen 506
Konfrontation meiden 508
Selbstbewusst sein 510
Schwierige Menschen zur Rede stellen 512
Veränderungsprozesse unterstützen 514
Grenzen erkennen 516

KOOPERATION ANSTREBEN

Um Kooperation bemühen 518
Besprechungen vorbereiten 520
Kooperation durch gute Führung 522
Umgang mit schlechter Leistung 524
Objektiv bleiben 526
Fragen und zuhören 528
Nonverbale Kommunikation 532
Lösungen finden 534
Lösungen diskutieren 536
Lösungen umsetzen 538

KONFLIKT-MANAGEMENT

Auf eigenes Verhalten achten 540
Situationen entschärfen 542
Grundregeln vereinbaren 544
Konflikte lösen 546
Vermittler einschalten 550
Für das nächste Mal lernen 552
Testen Sie sich 554

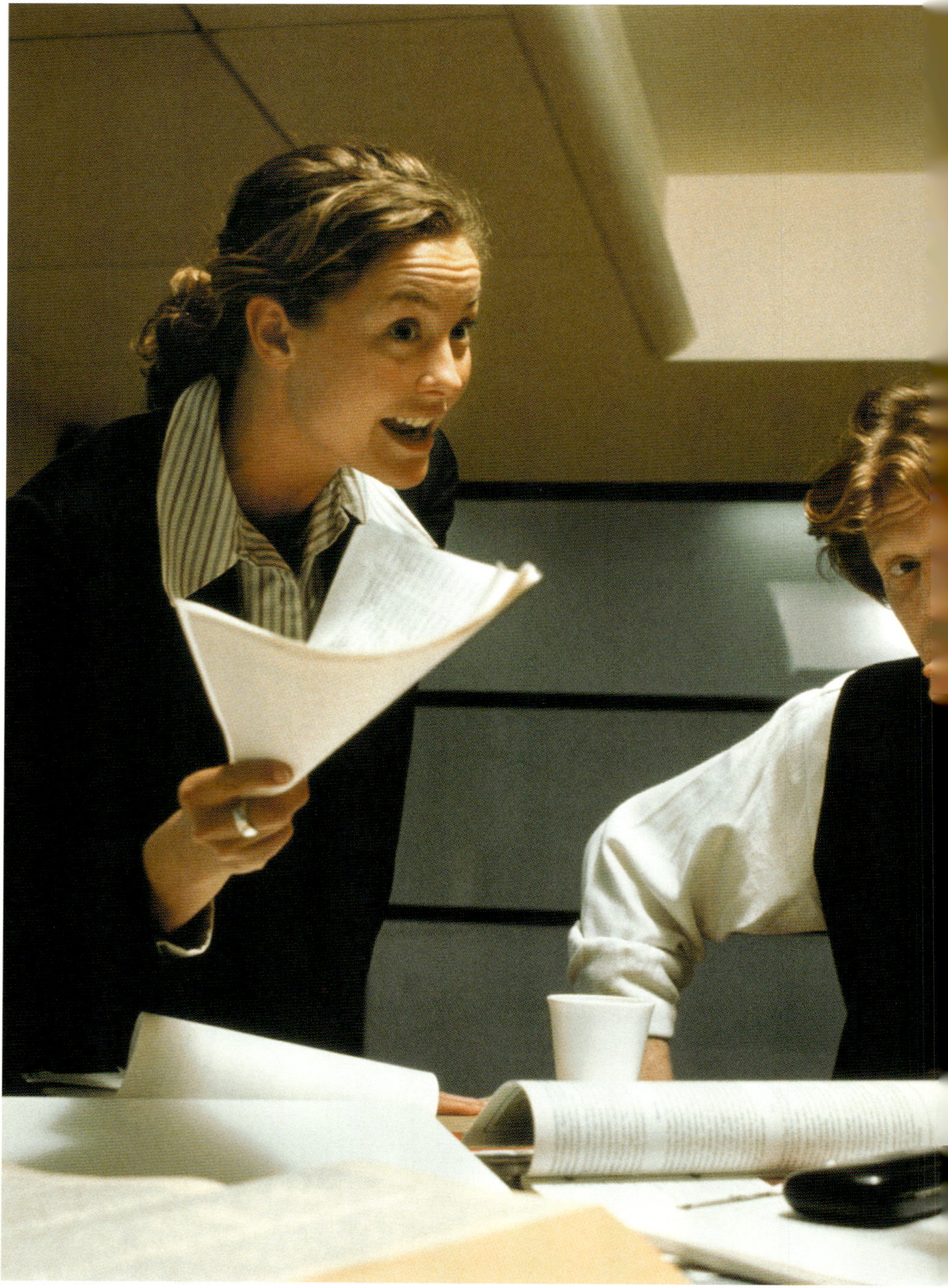

Einleitung

Die Fähigkeit, schwierigen Menschen aus unproduktiven Situationen herauszuhelfen und dazu beizutragen, dass sie ihre Leistung steigern und ihre Arbeitsbeziehungen verbessern, ist eine wichtige Führungsqualität. Hier finden Sie bewährte Techniken und Strategien, die Ihnen dabei helfen, problematische Menschen auf Anhieb zu erkennen, einer Eskalation von Konflikten vorzubeugen und schwierigen Mitarbeitern dabei zu helfen, sich und ihre Arbeit voll in das Team einzubringen. Lernen Sie, erfolgreich mit schwierigen Menschen umzugehen, indem Sie sich die nötigen Beobachtungs- und Kommunikationsfähigkeiten aneignen, Konfrontationen vermeiden, die Zusammenarbeit verbessern und Konflikte lösen. Ein Test hilft Ihnen, Ihre diesbezüglichen Fähigkeiten zu beurteilen und Verbesserungen zu planen, Kurztipps vermitteln praktische Ratschläge für alle vom Projektleiter bis zum Top-Manager, die Verantwortung für einen oder mehrere Mitarbeiter tragen.

KONFLIKTE VERSTEHEN

Schwierige Menschen halten uns davon ab, unsere Ziele zu erreichen. Wer begreift, warum ein Mensch schwierig wird, kann jedoch potenziellen Konflikten vorbeugen.

SCHWIERIGE MENSCHEN ERKENNEN

*S*chwierige Menschen rauben Ihnen Zeit und Energie. Je früher Sie erkennen, wer wann schwierig werden kann, desto besser können Sie dagegen ansteuern. Dazu muss man allerdings wissen, warum Menschen schwierig werden.

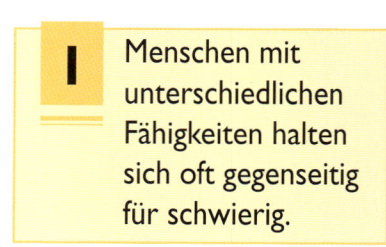

1 Menschen mit unterschiedlichen Fähigkeiten halten sich oft gegenseitig für schwierig.

2 Sehen Sie Ihr Glas als halb voll? Kollegen können das anders sehen!

VERSTEHEN, WARUM MENSCHEN SCHWIERIG SIND

Jeder Mensch reagiert auf Druck anders, und ebenso stellt jeder andere Erwartungen an das Leben. Manchmal fällt einem der Umgang mit jemandem nur schwer, weil er völlig andere Grundsätze hat als man selbst. Wer sich und andere besser verstehen lernt, wird einen Menschen nicht mehr danach beurteilen, dass er anders ist und ihn ändern wollen, sondern das schätzen lernen, was der andere gibt.

SCHWIERIGE MENSCHEN ERKENNEN

ERKENNEN, WER SCHWIERIG WERDEN KANN

Es gibt zwei Möglichkeiten abzuschätzen, wer am Arbeitsplatz am ehesten Schwierigkeiten machen wird: indem man beobachtet, wie sich ein Mitarbeiter am Arbeitsplatz verhält oder anhand dessen, was man über diese Person weiß. Wissen Ihre Mitarbeiter, was von ihnen erwartet wird? Sind sie in der Lage, Beruf und Privatleben zu vereinbaren? Wer seine Mitarbeiter gut kennt, kann verhindern, dass sie schwierig werden, wenn sie unter Druck geraten, indem er ihnen rechtzeitig Unterstützung und Perspektiven anbietet.

3 Darauf achten, ob jemand sich bei der Arbeit langweilt.

4 Wer seine Mitarbeiter gut kennt, weiß, wie er ihnen am besten helfen kann.

5 Hilfsbereitschaft fördern und bei Mitarbeitern anerkennen.

▼ **ERKENNEN, WARUM MITARBEITER SCHWIERIG WERDEN**

Eine schlechte Führung kann Mitarbeiter demotivieren und reizbar machen. Arbeitnehmer, die zu viele Überstunden machen müssen oder sich gering geschätzt fühlen, werden schneller unzufrieden, was dazu führen kann, dass sie quer schießen.

PROBLEMEN VORBEUGEN

Wer erkennt, wann und wodurch Stresssituationen am Arbeitsplatz entstehen, kann Stress auslösenden Situationen vorbeugen und sich vorab überlegen, wie er mit eventuell schwierigen Personen umgehen will. Wenn sich Arbeitnehmer z.B. Sorgen über berufliche Veränderungen oder Entlassungsgerüchte machen, kann es passieren, dass sie aus Unsicherheit und Angst genau das Falsche tun. Überprüfen Sie in solchen Fällen Ihren Führungsstil, Ihre Ziele und wie Sie die Arbeit organisieren, und schaffen Sie eine Kultur gegenseitiger Hilfsbereitschaft – so verhindern Sie, dass Mitarbeiter ohne eigene Schuld schwierig werden.

Unsicherer Arbeitsplatz

Unklare Ziele

Konstanter Druck

Arbeit ohne Abwechslung

Überstunden

Arbeitspensum zu gering

Arbeitspensum zu hoch

JEDER MENSCH IST ANDERS

Ein Mitarbeiter mit einer anderen Sichtweise bereichert im Prinzip jedes Team, jedoch können unterschiedliche Sichtweisen auch Konflikte heraufbeschwören. Wichtig ist also, beim Umgang mit schwierigen Mitarbeitern Unterschiede zu beachten.

6 Übertragen Sie Teammitgliedern ihren Fähigkeiten entsprechende Aufgaben.

7 Leute mit unterschiedlichen Fähigkeiten harmonieren besser.

8 Sie müssen die Stärken und Schwächen des Teams kennen.

UNTERSCHIEDE ERKLÄREN

Jeder Mensch lernt anders. Handlungsorientierte Menschen lernen am besten, wenn sie einbezogen und gefordert werden, während Bedächtigere erst abwägen, vorsichtiger vorgehen und gut zuhören können. Theoretiker entwickeln gerne Ideen und Theorien, Praktiker hingegen lernen durch empirisches Vorgehen, machen Vorschläge, wie sich etwas schneller erledigen ließe und schätzen Feedback zu ihren neuesten Initiativen. Keiner dieser Menschen hat die Absicht, schwierig zu sein – jeder betrachtet die Dinge lediglich aus einem anderen Blickwinkel.

VERSCHIEDENE PERSPEKTIVEN SCHÄTZEN

Lernen Sie es zu schätzen, wenn Mitarbeiter eines Teams auf unterschiedliche Weise lernen. Handlungsorientierte Mitarbeiter lieben es, kurzfristig auftretende Krisen und vielfältige Aufgaben zu bewältigen, bedächtige hingegen ziehen es vor, auf Daten basierende Entscheidungen zu treffen und mit der Gruppe Vorgehensweisen noch einmal kritisch zu prüfen. Der Theoretiker stellt Richtlinien für Vorgehensweisen auf, während der Praktiker Ideen schnell umsetzen will.

Initiator setzt und hält das Projekt in Gang.

Theoretiker tut sich in der Planungsphase hervor.

Jeder Mensch ist anders

Lerntypen und ihre berufsrelevanten Fähigkeiten

Lerntypen

Handlungsorientiert
Dieser Typ liebt es, immer mit einbezogen zu werden und ist stets präsent; er lernt durch Erfahrung.

Bedächtig
Dieser Typ prüft Erfahrungen kritisch und lernt durch Beobachten und Analysieren von sowie Nachdenken über Ereignisse.

Theoretiker
Dieser Typ sammelt und prüft Ideen, Konzepte und Theorien und lernt, indem er diese in einen Handlungsrahmen integriert.

Praktiker
Dieser Typ liebt es, Theorien in der Praxis zu testen und lernt am besten durch eine empirische Vorgehensweise.

Fähigkeiten

- Mehrfach belastbar
- Aufgaben mit kurzfristig erreichbaren Ergebnissen übernehmen
- Projekte anregen

- Recherche, Vorbereitung, Lesen
- Berichte abfassen
- Chancen gegeneinander abwägen

- Ziele festsetzen, Systeme weiterentwickeln
- Andere unterrichten
- Die beste Vorgehensweise ermitteln

- Aktionspläne erstellen
- Abkürzungswege vorschlagen
- Problemlösungen präsentieren

▼ **Teamfähigkeiten**
Erfolgreiche Teams setzen sich aus Mitarbeitern mit unterschiedlichen Fähigkeiten, die ein Projekt erfordert, zusammen. Ein Teamleiter muss klare Ziele setzen, damit jeder seine Talente einbringen kann.

Expertin hilft bei Planung und fachlichen Fragen.

Netzwerker sucht nach günstigen Gelegenheiten und beschafft Informationen.

Sich erwachsen zeigen

Man geht davon aus, dass Menschen eine Situation meist aus einer von drei Perspektiven betrachten: aus der Perspektive eines Elternteils (der davon ausgeht, dass die Schuld beim andern liegt), des Erwachsenen (der die Situation logisch bewertet) oder des Kindes (das sich schuldig fühlt, weil es ein Problem gibt). Die meisten Menschen wechseln ständig zwischen diesen Perspektiven hin und her. Probleme entstehen, wenn jemand aus einer Perspektive heraus argumentiert, ein anderer jedoch aus einer anderen.

9 Versuchen Sie, negative Reaktionen zu ändern.

KONFLIKTE VERSTEHEN

WEN MOTIVIERT WAS?

Manager sollten wissen, was schwierige Teammitglieder motiviert und welche Rolle sie selbst bei deren Motivierung oder Demotivierung spielen, dann können sie diesen Mitarbeitern entgegenkommen und so auch ihre eigenen Ziele besser verwirklichen.

10 Strategien erkennen, die das Team motivieren, und diese häufiger einsetzen.

11 Motivieren Sie schwierige Menschen durch Anerkennung ihrer Bedürfnisse.

INDIVIDUELLE MOTIVATION ERKENNEN

Teammitglieder arbeiten am effizientesten, wenn sie motiviert sind, und werden schwierig, wenn dies nicht der Fall ist. Achten Sie darauf, wodurch sich die einzelnen Mitglieder Ihres Teams motivieren lassen, denn nicht jeder lässt sich durch die gleichen Anreize motivieren. Um die Effizienz Ihres Teams zu steigern, müssen Sie herausfinden, welches Verhalten Ihrerseits die einzelnen Mitglieder motiviert und welches demotiviert.

BEDÜRFNISSE SEHEN ▼
Wichtig ist, dass Sie Ihr Verhalten auf die Bedürfnisse der einzelnen Teammitglieder abstimmen.

Teammitglied wird durch Übertragung von mehr Verantwortung motiviert.

Teammitglied fliegt ungern und wird durch Reiseangebot demotiviert.

POSITIVE MOTIVATION   **NEGATIVE MOTIVATION**

Das Team motivieren

Machen Sie klare Vorgaben über Teamziele, und stimmen Sie Etappenziele mit den Teammitgliedern ab. Die meisten Menschen brauchen das Gefühl, etwas geleistet zu haben und mögen es nicht, Ziele zu verfehlen, also versuchen Sie, den individuellen Bedarf an Schulung herauszufinden, mit dessen Hilfe die nötigen Standards erreicht werden können. Viele Menschen übernehmen gerne mehr Verantwortung, wenn sie dadurch mehr Kontrolle über ihre Arbeit und ihre Arbeitsweise bekommen. Diese Bereitschaft sollten Sie honorieren.

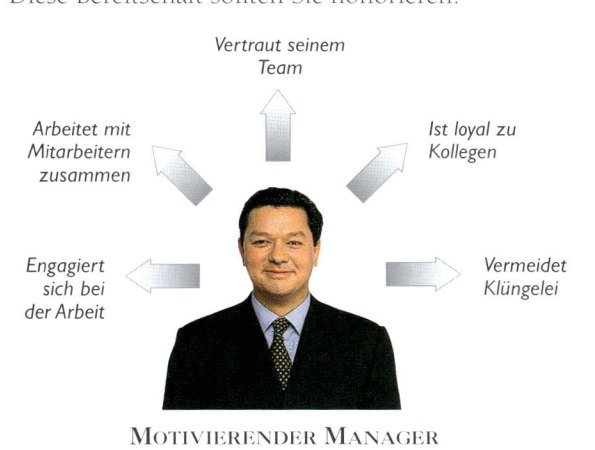

DAS IST ZU TUN

1. Jeden begrüßen, mit dem man täglich arbeitet.
2. Herumgehen, Fragen stellen, zuhören.
3. Loben Sie, damit Leute gute Leistungen wiederholen.
4. Team in Entscheidungen einbeziehen, die es direkt betreffen
5. Konsequent sein
6. Informationen und Erfahrungen mit anderen teilen
7. Andere coachen, damit sie ihre Leistung steigern und dazulernen können

Vertraut seinem Team

Arbeitet mit Mitarbeitern zusammen

Ist loyal zu Kollegen

Engagiert sich bei der Arbeit

Vermeidet Klüngelei

MOTIVIERENDER MANAGER

◀ **EIGENSCHAFTEN BEURTEILEN**
Über diese wichtigen Eigenschaften sollte ein Manager verfügen, um Mitarbeiter effektiv zu motivieren. Fehlt eine dieser Eigenschaften, sinkt die Motivation.

12 Anderen das Gefühl geben, Teil eines erfolgreichen Teams zu sein.

13 Gute Neuigkeiten und Teamleistungen feiern.

Demotivation vermeiden

Niemand will ineffizient arbeiten, keine Kontrolle über Termine haben und ständig unter Druck stehen. Ein Manager muss das Arbeitspensum seines Teams kennen und wissen, welche Unterstützung jeder einzelne braucht, um seine Arbeit effizient zu erledigen. Wenn Ziele nicht klar definiert sind und niemand genau weiß, was von ihm erwartet wird, können Mitarbeiter schwierig scheinen, weil sie nichts oder das Falsche tun. Manager müssen genau sagen, was sie wollen, und Mitarbeiter an den Entscheidungen über deren Arbeit beteiligen.

Zusammenhänge erkennen

Eine effektive Kommunikation ist Arbeitsbeziehungen und einer guten Zusammenarbeit förderlich. Durch Erkennen der Barrieren, die einer guten Kommunikation im Weg stehen, kann ein Manager das Potenzial seines Teams maximieren und Mitarbeiter motivieren.

> **14** Das »Wie« ist bei der Kommunikation so wichtig wie das »Was«.

Informationen weitergeben

- Informationen auf Richtigkeit überprüfen
- Entscheiden, wer diese Informationen erhalten soll
- Den besten Kommunikationsweg wählen
- Entscheiden, wer die Informationen mitteilt
- Prüfen, ob die Informationen verstanden wurden
- Überprüfen, ob entsprechende Schritte unternommen wurden

Kommunikation vitalisieren

Manager sollten dafür sorgen, dass Teammitglieder positiv miteinander kommunizieren und sich gegenseitig unterstützen, so dass sie als Team effizienter werden. Sie fördern Kommunikation, indem Sie Hilfe anbieten, Interesse an den Mitarbeitern zeigen und jeden Beitrag zur Teamarbeit würdigen. Seien Sie ehrlich, nehmen Sie sich Zeit, zu erklären, warum bestimmte Dinge getan werden müssen, und geben Sie Informationen weiter. So können Mitarbeiter besser verstehen, was genau Sie erwarten. Ein positives Arbeitsklima ermuntert zu offenen Diskussionen, setzt Energien frei, verhindert Missverständnisse, spart Zeit und fördert gegenseitige Unterstützung und gute Arbeitsbeziehungen.

> **15** Gehen Informationen durch zu viele Hände, können sie verzerrt ankommen.

ZUSAMMENHÄNGE ERKENNEN

KOMMUNIKATION FÖRDERN UND BLOCKIEREN

FÖRDERLICH

- Zweck der Kommunikation klar benennen
- Überlegen, wie die Botschaft aufgenommen wird
- Offene Diskussionen fördern
- Andere anregen, sich gegenseitig zuzuhören
- Nachfragen, um anderen Standpunkt zu verstehen
- Interesse an dem zeigen, was andere zu sagen haben
- Den Beitrag anderer anerkennen
- Zusammenfassen, um Verständnis zu erleichtern
- Kanäle offen halten, um Beziehungsaufbau zu erleichtern
- Angenehme, ermutigende Arbeitsumgebung schaffen

BLOCKIEREND

- Zweck der Kommunikation nicht klar benennen
- Schlechte Präsentation der Botschaft
- Falsche Methode wählen (beispielsweise schriftliche Nachricht bei persönlichem Gesprächsbedarf)
- Informationen absichtlich zurückhalten
- Überlagerung von Botschaften durch Emotionen zulassen
- Bewusst irreführende Informationen weitergeben
- Nicht für offene Kommunikationswege sorgen
- Unangenehme Arbeitsumgebung dulden (Lärm, zu wenig Licht usw.)

EFFEKTIV KOMMUNIZIEREN

Es gilt zu überprüfen, welche Kommunikationswege inner- und außerhalb eines Teams bestehen. Informationen sollten direkt und nicht über eine lange Kette nach unten weitergegeben werden, und alle Teammitglieder müssen die Informationen erhalten, die sie brauchen. Wird ein Teammitglied von wichtigen Informationen ausgeschlossen, kann es quer schießen und die Fortschritte des Teams behindern. Echte Querulanten können das Team sogar sabotieren, indem sie falsche Informationen weitergeben oder die Arbeit verzögern. Lässt ein Teamleiter zu, dass sich im Team Aversionen zwischen Mitgliedern entwickeln, kann eine Spirale negativen Verhaltens zur Demoralisierung eines Teams führen: einige werden manipulieren, andere sich zurückziehen, keiner hört dem anderen mehr zu und das Team wird unmotiviert und nutzlos.

WICHTIGE FRAGEN

- F Werden Informationen auf dem besten Weg weitergegeben?
- F Haben alle Teammitglieder klar definierte Ziele?
- F Begrüße ich Ideen, nehme ich mir die Zeit zuzuhören?
- F Beziehe ich andere in die Entscheidungsfindung mit ein?

16 Kommunikation sollte immer positiv und konstruktiv sein.

501

Schwierige Menschen beobachten

Wer Anzeichen dafür erkennt, dass ein Mitarbeiter schwierig zu werden droht, und mögliche Gründe dafür nachvollziehen kann, kann auch Konflikten vorbeugen und gegenseitiges Verständnis und Kooperation fördern.

> **17** Lernen Sie die Zeichen erkennen, dass jemand schwierig zu werden droht.

> **18** Zeigen Sie anderen, dass Sie ihre Beiträge schätzen.

Verhalten beobachten

Wenn jemand plötzlich schwieriger, reizbarer oder aufbrausender ist als sonst, kann dies auf emotionalen Stress hindeuten. Scheint ein Mitarbeiter deprimiert, oft den Tränen nahe oder einfach unglücklich zu sein, können Sie ihn behutsam darauf ansprechen, wie sein Verhalten auf Sie wirkt und fragen, ob es Probleme gibt. Handelt es sich um ein persönliches Problem, können Sie auf die Möglichkeit externer Hilfe verweisen. Menschen werden unkooperativ, wenn sie so gestresst sind, dass ihnen ihre Gefühle und die anderer egal werden. Auch körperliche Symptome können Anzeichen von Stress sein. Manche Menschen reagieren eher gereizt als zuzugeben, dass sie sich nicht wohl oder gestresst fühlen.

ZEICHEN VON STRESS ERKENNEN ▼
Achten Sie sorgfältig auf Anzeichen von Stress bei Ihren Mitarbeitern. Häufige Zeichen dafür sind Reizbarkeit, Vernachlässigung des Äußeren, Konzentrationsmangel und Erschöpfung.

> **19** Klare Rollen beugen Kompetenzstreitigkeiten im Team vor.

Schwierige Menschen beobachten

Mitarbeiter beobachten

Teamleiterin
Als Teamleiter sollten Sie prüfen, ob Mitglieder Ihres Teams mehr Energie darauf verwenden, ihren erarbeiteten Verantwortungsbereich zu verteidigen, als ihre Arbeit zu erledigen. Schaffen Sie ein Vertrauensverhältnis innerhalb des Teams, indem Sie klare Ziele setzen.

Vorgesetzte
Hält sich ein Chef ständig in der Nähe auf, ist das ein Zeichen dafür, dass er nicht auf dem Laufenden gehalten wird. Geben Sie mehr Feedback über Fortschritte.

Kollege
Wenn jemand angespannt oder besorgt wirkt, fragen Sie unter vier Augen, ob etwas nicht stimmt. Geben Sie ihm in Besprechungen Rückendeckung, und ermutigen Sie ihn, sich zu äußern.

Andere Teams
Bevor Konkurrenz zwischen Teams entsteht, sorgen Sie dafür, dass beide Gruppen gemeinsam die Fortschritte in den Bereichen prüfen, in denen sich beider Zuständigkeit überschneidet.

Kunden beobachten

Wenn Sie sich nicht ständig um Ihre Kunden bemühen, können sogar langjährige Kunden schließlich zu einem Konkurrenten wechseln. Finden Sie heraus, wie stark Ihre Kunden einbezogen werden wollen und wie viel Feedback sie wünschen. Die meisten Kunden beschweren sich nicht gerne, aber wenn sie nicht bekommen, was sie erwarten, werden sie sich andere Geschäftspartner suchen. Wer bleibt, wird eventuell immer fordernder, weil er ständig enttäuscht wird. Sorgen Sie dafür, dass jedes Teammitglied den Servicestandard achtet.

20 Ermutigen Sie Teammitglieder, sich auf Kundenbedürfnisse einzustellen.

Teammitglied hört aufmerksam zu und notiert sich Beschwerden.

Kunde bringt eine Beschwerde vor.

Feedback erbitten ▶
Fordern Sie Ihre Mitarbeiter auf, in Gesprächen mit Kunden herauszufinden, wie diese den Kundenservice beurteilen. Finden Sie den Grund für Beschwerden heraus, und ergreifen Sie Maßnahmen.

Konflikte verstehen

Verschiedene Typen schwieriger Menschen

Typ	Umgang mit diesem Typ
 **Der Unsichere** Ihm mangelt es an Enthusiasmus, er seufzt, zuckt die Schultern, gibt aber nie zu, dass etwas nicht stimmt.	• Solche Menschen ermutigen, sich über ihre Erfolge und Fortschritte auf dem Weg zum Ziel zu freuen. • Loben, wenn dies angebracht ist, und darauf achten, dass positives Feedback negatives überwiegt.
 **Der Aufhalser** Halst anderen die Arbeit auf, gibt vor allem die unangenehmen Arbeiten weiter	• Setzen Sie klare Ziele, Projekt-Meilensteine und Termine. • Einen Aktionsplan ausarbeiten und darauf achten, dass die wichtigsten Aufgaben mit seinen Initialen abgezeichnet worden sind.
 **Der Vordrängler** Heimst skrupellos die Lorbeeren anderer ein, um Karriere zu machen	• Projektverantwortliche persönlich über Fortschritte berichten lassen • Zuständigkeiten klar definieren und die Arbeit aller am Projekt Beteiligten würdigen
 **Der Miesepeter** Beschwert sich ständig über jede Kleinigkeit und ist nie zufrieden zu stellen	• Unter vier Augen nachfragen, wo genau die Probleme liegen • Dazu auffordern, sich klare Arbeitsprioritäten und Termine zu setzen
 **Der Unfaire** Heimst das Lob ein, wenn alles gut läuft, schiebt aber die Fehler auf andere	• Zuständigkeiten klar definieren • Anspruchsvolle Ziele setzen • Regelmäßige Besprechungen abhalten, um Fortschritte anhand messbarer Ziele zu prüfen und Feedback zu geben
 **Der Angeber** Will immer das erste und letzte Wort haben und anderen immer einen Schritt voraus sein	• Schriftlich festhalten, was vereinbart wurde • Für Besprechungen Agenda erstellen, mögliche Einwände vorwegnehmen, Fragen stellen und anspruchsvolle Ziele setzen
 **Der Aggressive** Schikaniert und schüchtert andere ein, setzt sich durch Aggressivität durch	• Standhaft bleiben und nicht nachgeben • Argumente ruhig vortragen und Fragen stellen, um ihn dazu zu bringen, über die Konsequenzen seines Tuns nachzudenken

Schwierige Menschen beobachten

Mit professionellen Beratern arbeiten

Ein professioneller Berater kann sehr hilfreich sein, da er in der Lage ist, Sie und Ihr Team objektiv zu beurteilen. Beachten Sie, wie sensibel er auf defensives Verhalten bei Ihnen oder Ihren Teammitgliedern reagiert, wenn er die ersten Fragen stellt. Eventuell stellt er auch Ihnen einige Fragen, um zu testen, wie realistisch Ihre Erwartungen sind. Das wiederum gibt Ihnen die Möglichkeit, sich über Ihre Ziele klar zu werden und sich zu fragen, wie der Berater Ihnen helfen kann. Achten Sie darauf, wie genau ein Berater beobachtet.

21 Sagen Sie dem Berater, welchen Einfluss seine Arbeit auf Ihre Firma haben kann.

22 Ein kompetenter Ratgeber stellt auch Ihnen Fragen.

23 Lieferanten gegenüber offen über eigene Zukunftspläne sprechen.

Lieferanten beobachten

Ihre Lieferanten werden unkooperativ? Könnte das dann daran liegen, dass Sie unabsichtlich etwas getan oder nicht getan haben, was von Ihnen erwartet wurde? Meist ist Geld die Ursache für Unstimmigkeiten, darum ist es sehr wichtig, schon zu Beginn der Zusammenarbeit den Service und die Zahlungsbedingungen festzulegen. Informieren Sie Ihre Lieferanten, wenn ihr Service nicht mehr Ihren Erwartungen entspricht, um ihnen die Möglichkeit der Nachbesserung zu geben. Pflegt man eine gute Beziehung zu seinen Lieferanten, ist die Wahrscheinlichkeit groß, dass sie einem treu bleiben, wenn Schwierigkeiten auftreten.

Sich selbst beobachten

Als Mitglied eines Teams muss man ständig die Balance halten zwischen dem Wunsch, sich als Einzelner hervorzutun und der Notwendigkeit, als Teammitglied seinen Beitrag zur Teamarbeit zu leisten. Überprüfen Sie, ob sich bei Ihnen die persönliche Weiterentwicklung und die Teamarbeit die Waage halten. Erledigen Sie die Aufgaben, die Sie übernommen haben, und teilen Sie Ihr Wissen mit den anderen Teammitgliedern, so dass Sie gemeinsam noch effektiver sind.

Wichtige Fragen

- **F** Was halten andere Teammitglieder von mir als Kollegen?
- **F** Wie oft bitte ich mein Team um Feedback?
- **F** Welche Kenntnisse und Stärken sollte ich ausbauen, in welchen Bereichen sollte ich mich weiterbilden?

OPTIONEN EINSCHÄTZEN

Um mit schwierigen Menschen umgehen zu können, muss man in der Lage sein, objektiv zu analysieren und zu beurteilen. Wägen Sie zunächst alle Möglichkeiten ab.

PROBLEMLÖSUNGEN SUCHEN

Man muss ein Problem erst verstehen, bevor man nach einer Lösung suchen kann. Wenn man Lösungsstrategien zu planen weiß, kann man einer schwierigen Person stets einen Schritt voraus sein.

24 Nur wer über die nötigen Informationen verfügt, kann ein Problem analysieren.

WICHTIGE FRAGEN

- **F** Warum ist diese Person schwierig?
- **F** Ist diese Situation schon einmal eingetreten, und wenn ja, warum?
- **F** Was kann ich tun, um dieses Problem zu lösen und zu verhindern, dass es wieder auftritt?

DIE URSACHE DES PROBLEMS DEFINIEREN

Bevor man eine Lösung finden kann, mit der man verhindert, dass ein Mitarbeiter schwierig wird, muss man erst die Ursache seines Problems herausfinden. Analysieren Sie die Situation, und suchen Sie nach kleinen Anzeichen für schwieriges Verhalten. Befragen Sie Mitarbeiter, die mit ihm schon bei ähnlichen Projekten zusammengearbeitet haben – so können Sie besser beurteilen, wie der Betreffende reagieren wird.

PROBLEMLÖSUNGEN SUCHEN

LÖSUNGEN SUCHEN

Meist gibt es mehrere Lösungen für ein Problem, aus denen man die beste auswählen muss. Gehen Sie unvoreingenommen an das Problem heran, und betrachten Sie es aus so vielen Blickwinkeln wie möglich, auch aus dem einer schwierigen Person. Um Probleme zu lösen, muss man manchmal auch das Risiko eingehen, etwas falsch zu beurteilen – entscheiden Sie und warten Sie ab, was passiert. Notieren Sie jede Lösung auf einem Post-it-Zettel oder entwerfen Sie mit Diagrammen und Farben ein Schaubild. Lassen Sie Ihre Fantasie spielen, um auf neue und ausgefallenere Ideen zu kommen.

NICHT VERGESSEN

- Ein Problem muss genau definiert sein, bevor man nach Lösungen suchen kann.
- Informationen, die man während der Analyse eines Problems gesammelt hat, können später von großem Wert sein, wenn man Lösungen gegeneinander abwägt.
- Die besten Ideen kommen einem oft, wenn man andere in den kreativen Prozess mit einbezieht.
- Man sollte alle möglichen Lösungen auflisten, bevor man sie abwägt.

LÖSUNGEN TESTEN

- Die wichtigsten Ziele definieren, zu denen eine Lösung führen muss.
- Lösung danach beurteilen, wie gut sie zum Erreichen dieser Ziele beiträgt
- Wenn die Lösung als gut bewertet wird: ihre Risiken definieren
- Ideen entwickeln, um Risiken zu minimieren oder zu vermeiden
- Abschätzen, ob Risiken geringer sind als bei den Alternativlösungen

AUSWAHL EINER LÖSUNG

Die Auswahl einer Lösung kann man sich dadurch erleichtern, dass man sie an bestimmten Kriterien misst: Welche Ziele sollen durch die Lösung des Problems erreicht werden, und welche sind die wichtigsten? Ordnen Sie die Ziele nach ihrer Wichtigkeit. Bewerten Sie jede Lösung mit einer Punktzahl (z.B. auf einer Skala von 1 bis 10), je nachdem, wie gut sie sich zum Erreichen der jeweiligen Ziele eignet. Die Lösung, die beim wichtigsten Ziel die höchste Punktzahl bekommen hat, ist die beste. Nach Ausarbeitung einer gründlichen Lösungsstrategie für die Hauptziele hat man genug Selbstvertrauen, um es auch mit der schwierigsten Person aufzunehmen.

◀ **DIE RICHTIGE LÖSUNG FINDEN**

Bewerten Sie die Tauglichkeit einer Lösung zum Erreichen bestimmter Ziele anhand einer Skala von 1 bis 10. Die Lösung mit der höchsten Punktzahl dürfte die beste sein.

Konfrontation meiden

Wenn der Zeitpunkt schlecht gewählt ist oder eine Konfrontation zu großen Schaden anrichten würde, kann es sinnvoll sein, sie zu meiden. Wer weiß, wie sich eine Konfrontation vermeiden lässt, kann in jeder Situation angemessen reagieren.

25 Quertreiben kann zur Gewohnheit werden, wenn man nicht rechtzeitig einschreitet.

26 Achten Sie auf Ihre eigenen emotionalen Reaktionen.

27 Nehmen Sie sich die Zeit, eine Situation objektiv zu beurteilen.

Einfach weggehen

Wird man von jemandem angeschrien, hat es wenig Sinn, weiterzureden. Wenn der andere zu wütend ist, um zuzuhören, ist es manchmal klüger, einfach wegzugehen. So kann die Wut des anderen erst einmal verrauchen und man selbst kann darüber nachdenken, wie sich das Problem am besten objektiv angehen lässt. Haben Sie jedoch das Gefühl, Sie wollen dem Problem eher aus dem Weg gehen, dann sollten Sie sich sofort damit befassen oder so früh wie möglich einen Gesprächstermin mit dem anderen vereinbaren.

Schwierige Mitarbeiter ausklammern

Wenn alle anderen Teammitglieder kooperativ sind und gut zusammen arbeiten, ist die Versuchung groß, die Arbeit des unkooperativen Mitarbeiters jemand anderem zu übertragen. Das kann jedoch genau das Falsche sein, denn dadurch belohnt man im Endeffekt das Verhalten des Betreffenden noch. Muss etwas schnell erledigt werden, mag es ratsam sein, jemand anderen damit zu beauftragen, doch wenn das häufiger passiert, wird es als selbstverständlich betrachtet. Der Betreffende wird dann jedoch nicht mehr als dem Team zugehörig betrachtet, da er auch keine Verantwortung mehr übernimmt, und das kann sich negativ auf das restliche Team auswirken.

Kulturelle Unterschiede

Europäer und Amerikaner können oft schlecht beurteilen, ob jemand aus einem zurückhaltenderen Kulturkreis gekränkt oder nicht bereit ist zu kooperieren. In Japan z.B. ist es wichtig zu prüfen, ob jemand etwas wirklich gut heißt oder lediglich höflich ist, da Japaner eine andere Körpersprache haben, die schwerer zu entschlüsseln ist.

KONFRONTATION MEIDEN

IGNORIEREN

Wenn sich jemand daneben benimmt und man ignoriert das einfach, kann das durchaus das Richtige sein - vorausgesetzt, der Betreffende will im Team bleiben. Eine Verweigerung des Blickkontakts kann andeuten, dass man missbilligt, was der andere tut. Manchmal kann das schon signalisieren, dass ein Verhalten inakzeptabel ist und sich ändern muss. Ändert der Betreffende sein Verhalten jedoch nicht, dann führt Ignorieren dazu, dass er unkontrollierbar wird, und dies distanziert ihn vom restlichen Team. In manchen Fällen bewirkt ein Wegsehen lediglich, dass der andere noch mehr quer schießt, um die Aufmerksamkeit auf sich zu ziehen. Ignorieren mag einige Male funktionieren, ist aber auf lange Sicht nicht zu empfehlen.

▼ VERMEIDUNGSSTRATEGIEN

In manchen Situationen ist es das Beste, mit kooperativen Teammitgliedern zusammenzuarbeiten und einen schwierigen Kollegen einfach zu ignorieren. Entweder der Betreffende integriert sich dann, oder er zieht sich völlig zurück, was eine spätere Konfrontation unvermeidbar macht.

NICHT VERGESSEN

- In einer Besprechung sollte jede Form von Konfrontation möglichst vermieden werden.
- Um schwierige Personen nicht zu provozieren, sollte man eine offene Körperhaltung beibehalten.
- Um feindselige Blicke nicht erwidern zu müssen, kann man in seine Notizen schauen.
- Indem man seine Aufmerksamkeit einem anderen zuwendet, kann man Angriffe abblocken.

28 Ignorieren ist keine lang-, sondern nur eine kurzfristige Lösung.

Schwieriger Mitarbeiter partizipiert nicht und grenzt sich aus.

Teammitglied distanziert sich vom schwierigen Kollegen.

Kollege wird durch das Verhalten des schwierigen Teammitglieds abgelenkt.

Managerin konzentriert sich auf andere Teammitglieder.

Selbstbewusst sein

Um ruhig zu bleiben, auch wenn eine schwierige Person wütend und aggressiv wird, muss man selbstbewusst sein. Ermutigen Sie einen schwierigen Mitarbeiter, sein Verhalten einmal genauer zu betrachten – vielleicht mangelt es ihm lediglich an Selbstbewusstsein.

29 Überlegen Sie, ob eine schwierige Person aggressiv, passiv oder selbstbewusst ist.

30 Die Rechte anderer respektieren und wenn nötig kompromissbereit sein.

31 Wer will, dass andere ihm zuhören, muss selbst zuhören.

Aggressives oder passives Verhalten

Aggressive Menschen pochen auf Fakten und legen sich gerne mit anderen an. Eine schwierige Person kann auf Kritik aggressiv und trotzig reagieren, was sich dann negativ auf das Team auswirkt. Passive Menschen hingegen ignorieren Fakten und legen sich selten mit jemandem an. Sie tun nichts, um eine Situation zu verbessern und weichen Konfrontationen aus, tun meist nichts Unüberlegtes und bringen selten jemanden gegen sich auf – aber sie unterlassen es, zu handeln. Solche Versäumnisse sind oft schwieriger zu erkennen als ein gravierender Fehler, können aber ähnliche Auswirkungen haben.

Selbstbewusstsein fördern

Angesichts aggressiven oder passiven Verhaltens sollten Sie selbstbewusst auftreten, aber auch die schwierige Person ermutigen, selbstbewusster zu sein. Selbstbewusst sein heißt, hart in der Sache, aber flexibel im Umgang mit Menschen zu sein. Man muss anderen klar sagen, was man will, braucht oder denkt. Das bedeutet, sich und anderen gegenüber ehrlich zu sein und anderen, auch einer schwierigen Person, das Recht zuzugestehen, eine eigene Meinung zu haben und angehört zu werden. Wer hier mit gutem Beispiel vorangeht, kann auch schwierige Leute anspornen.

Nicht vergessen

- Ihr Team lernt am besten, was selbstbewusstes Auftreten heißt, wenn Sie es bei der Arbeit vormachen.
- Ermutigen Sie alle zu mehr Selbstvertrauen und ehrlichem Feedback, so dass Teammitglieder selbstbewusstes Auftreten auch untereinander beobachten können.
- Ebenso wie Sie das Recht haben, angehört zu werden, sollten Sie auch anderen dieses Recht zugestehen.

Selbstbewusste Aussageweisen

Art der Aussage	Beispiele
Sachlich Fakten, Feedback und Informationen werden direkt und offen gegeben, Wünsche, Bedürfnisse, Ansichten, Meinungen oder Gefühle deutlich geäußert.	• »Ich finde, das System funktioniert gut.« • »Ich hätte gerne, dass Sie um neun Uhr hier sind.« • »Ich bin sehr zufrieden mit der Art und Weise, wie das Problem gelöst wurde.« • »Mir gefallen die Diagramme in Ihrem Bericht.«
Einfühlsam Wer sich einfühlsam zeigt, kann einer aggressiven Person den Wind aus den Segeln nehmen und dann die eigenen Wünsche und Bedürfnisse äußern.	• »Ich weiß, dass das neue Verfahren zusätzliche Arbeit bringt, bis Sie sich eingearbeitet haben. Trotzdem möchte ich, dass Sie weitermachen. Einen Versuch ist es schließlich wert, nicht wahr?« • »Ich weiß, Sie haben viel zu tun, aber ich muss Sie etwas fragen.«
Abweichend Damit kann man zum Ausdruck bringen, dass das, was passiert oder getan wird, von dem abweicht, was vereinbart wurde.	• »Vereinbart war, dass Projekt X oberste Priorität hat, aber wie es scheint, arbeiten Sie mehr an Projekt Y. Könnten wir bitte klären, welches Projekt Vorrang hat?« • »Wir haben vereinbart, Besprechungen wöchentlich abzuhalten, doch finden sie offenbar nur alle vierzehn Tage oder einmal im Monat statt. Wir müssen uns auf regelmäßige Besprechungen einigen, wie vereinbart.«
Deutlich Damit bringt man seine negativen Gefühle zum Ausdruck, um andere wissen zu lassen, welchen schlechten Eindruck ihr Verhalten auf einen macht, ohne überempfindlich zu reagieren.	• »Wenn Sie zu spät aus der Mittagspause kommen und hier alle Telefone klingeln, ärgert es mich, dass Sie nicht da sind, um mir zu helfen. Ich möchte, dass Sie pünktlich wieder da sind, um Anrufe entgegenzunehmen.« • »Es kränkt mich, wenn Sie mit Fragen zuerst zu meinen Mitarbeitern gehen. Ich fände es besser, wenn Sie zuerst mich fragen würden.«
Konsequent So kann man eine Warnung zum Ausdruck bringen, wenn jemand falsch gehandelt hat: indem man ihm mitteilt, mit welchen Konsequenzen er zu rechnen hat, wenn er sein Verhalten nicht ändert.	• »Ich werde erst zustimmen, dass jemand aus meinem Team an Ihrem Projekt mitarbeitet, wenn Sie dafür sorgen, dass er die gleiche Schulung erhält wie Ihre Mitarbeiter.« • »Die Bestellung dieses Kunden ist viel Geld wert. Wenn wir die Anfrage nicht schnell genug bearbeiten und den Auftrag verlieren, wird sich das negativ auf die Abteilung auswirken.«
Aufgeschlossen Durch aufgeschlossene Fragen oder Aussagen kann man herausfinden, welche Ansichten jemand vertritt und was er braucht, will oder fühlt, und ob es Missverständnisse gegeben hat.	• »Welche Probleme könnte dies aufwerfen?« • »Was würden Sie lieber tun?« • »Ich hätte dazu gerne Ihre Meinung gehört.« • »Welche Herangehensweise halten Sie für die beste?« • »Was sind in Ihren Augen die Vor- und Nachteile?«

OPTIONEN EINSCHÄTZEN

SCHWIERIGE MENSCHEN ZUR REDE STELLEN

Wenn die Vermeidungsstrategie nicht funktioniert, muss man schwierige Mitarbeiter direkt zur Rede stellen. So lässt sich möglicherweise etwas ändern, doch sollte man bereits im Vorfeld überlegen, wie man das Problem angehen und dem Betreffenden helfen kann.

32 Schwierigen Menschen die Konsequenzen ihres Verhaltens deutlich machen.

33 Bei einer Konfrontation zu langen Blickkontakt vermeiden.

SCHWIERIGE MENSCHEN ZUR REDE STELLEN

In einer solchen Situation ist es wichtig, ruhig zu bleiben, gut zuzuhören und bestimmt aufzutreten. Zeigen Sie Verständnis für Ihr Gegenüber. Vielleicht ist es ja gar nicht wütend auf Sie, sondern auf sich selbst. Überlegen Sie genau, was Sie sagen. Überlassen Sie weitgehend dem anderen – etwa im Verhältnis 80:20 – das Reden. Schildern Sie die Situation, wie sie sich Ihnen darstellt, und fragen Sie, ob der Betreffende das Problem erkennen kann. Ist das nicht der Fall, werden Sie kaum Fortschritte erzielen können, bis er dazu bereit ist. Danach können Sie sich auf Maßnahmen einigen.

KÖRPERSPRACHE EINSETZEN ▼
Bei einer Konfrontation ist die Körpersprache sehr wichtig. Eine offene Haltung wirkt entspannt und entgegenkommend, eine abwehrende zurückweisend.

Ausgestreckter Arm, angehobenes Kinn, Tisch nicht als Barriere vor sich

Arm vor Brust verschränkt, Kinn gesenkt, scheint nicht gestört werden zu wollen

Voller Schreibtisch vermittelt Eindruck, Manager sei zu beschäftigt zum Reden.

POSITIVE KÖRPERSPRACHE   **NEGATIVE KÖRPERSPRACHE**

Gelassen bleiben

Eine Konfrontation kann dazu führen, dass eine schwierige Person ausfallend oder sogar handgreiflich wird. Auch bei Ihnen kann sie eine aggressive oder untypische Reaktion provozieren. Überlegen Sie, wie Sie bei zunehmendem Druck reagieren und was Sie dagegen unternehmen können. Rufen Sie sich ins Gedächtnis, dass Ihre Firma auch Disziplinarstrafen vorsieht und Sie als Vertreter der Firma fungieren. Bleiben Sie unparteiisch, hören Sie zu. Manchmal reicht es schon, nur zuzuhören, damit sich der andere beruhigt und wieder klar denken kann. Wenn Sie das Problem noch nicht ganz verstanden haben, haken Sie ruhig und sachlich nach. Achten Sie auf Ihren Tonfall.

Andere auf den Weg bringen

Bei einer Konfrontation mit einem schwierigen Mitarbeiter sagen Sie ihm Dinge, die er nicht gerne hört. Wenn er sich gegen Veränderungen sträubt, wird er Ausreden vorbringen und Hindernisse nennen, die eine Veränderung unmöglich machen. Hören Sie zu, und erstellen Sie einen Plan, wie diese Probleme in Zukunft gelöst werden können. Bleiben Sie fest, bis Sie sich auf einen Aktionsplan einigen können. Stellen Sie dann gezielt Fragen, wie er umgesetzt werden kann.

▶ NACH VORNE SCHAUEN

Mit seinen Fragen brachte Johann Susanne dazu, nicht mehr zurück, sondern nach vorne zu blicken. Nachdem man sich auf einen Aktionsplan für aktuelle Probleme geeinigt hatte, ging sie wieder motivierter und selbstbewusster an die Arbeit.

Was tun bei einer Konfrontation?

- Schildern der Situation, wie sie sich Ihnen darstellt
- Genau zuhören, wenn der andere seine Sichtweise erläutert
- Versuchen, sich darauf zu einigen, dass ein Problem besteht
- Mittels Fragen einen Weg suchen, wie sich das Problem lösen lässt
- Gemeinsam einen Aktionsplan erstellen
- Den anderen dazu ermutigen, den Aktionsplan umzusetzen

FALLBEISPIEL

Johann, ein Ingenieur, hatte beobachtet, dass seine Sekretärin Susanne in letzter Zeit immer schwerer zu motivieren war. Bei ihrer nächsten Besprechung fragte er sie, ob es ein Problem gebe. Susanne nannte die verschobene IT-Schulung, die Aufrüstung ihres Computers und versäumte wöchentliche Besprechungen – alles Probleme, die schon vor Monaten behoben worden waren. Johann war gekränkt, dass Susanne offenbar keine Verbesserung der Situation erkennen konnte. Er beschloss jedoch, sachlich zu bleiben und ganz offen Fragen zu stellen, um Susannes Perspektive besser verstehen zu können. Er fragte, wie sich ihr die momentane Situation darstellte und was sie ändern wollte. Sie einigten sich auf einen Aktionsplan, um Probleme mit der Auftragsabwicklung zu lösen, und Susanne übernahm die Verantwortung für dessen Umsetzung. Eine Woche später kam sie bereits besser zurecht.

VERÄNDERUNGSPROZESSE UNTERSTÜTZEN

Jemanden dazu zu bringen zu akzeptieren, dass Veränderungen auch Chancen bringen können, ist der erste Schritt, um Widerstand dagegen abzubauen. Wichtig ist, sich darauf einzustellen und vorauszuplanen. So lässt sich die Situation besser in den Griff bekommen.

34 Nehmen Sie sich die Zeit, Veränderungen im Voraus zu planen.

35 Faktoren auflisten, die Veränderungen vorantreiben.

36 Faktoren auflisten, die Veränderungen hemmen.

GRÜNDE FÜR WIDERSTAND HERAUSFINDEN

Widerstand gegen Veränderungen regt sich, wenn sich Betroffene Sorgen um ihre Zukunft machen. Wenn Sie eine Veränderung planen, fragen Sie: »Was bringt ihm/ihr das?«, damit Sie dem Betreffenden die Vorteile aufzeigen und so seinen Widerstand abbauen können. Machen Sie eine »Kraftfeld-Analyse«, in der Sie Pro und Contra einer Veränderung einander gegenüberstellen. Überlegen Sie, welche Befürchtungen der Betreffende haben könnte. Ist er Veränderungen gegenüber wenig aufgeschlossen, betonen Sie, was gleich bleiben wird, während sich in anderen Bereichen etwas verändert. Vielleicht missversteht er lediglich Sinn und Zweck einer geplanten Veränderung.

◀ EINE »KRAFTFELD-ANALYSE« MACHEN
Bewerten Sie anhand einer Skala treibende Kräfte mit positivem Vorzeichen, hemmende Kräfte mit negativem von 0 bis 20 Punkten. Anschließend beide Summen ausrechnen, um beurteilen zu können, wie groß die Bereitschaft einer Person zur Veränderung sein mag. In diesem Beispiel geht es um die Versetzung eines Teammitglieds.

Hemmende Kräfte | **Treibende Kräfte**

- Zufrieden
- Direkte Buslinie
- Fußweg ins Büro
- Großzügige Umzugsbeihilfe
- Schulwechsel für Kinder
- Kann größeres Haus kaufen
- Freunde hier

-20 -15 -10 -5 0 +5 +10 +15 +20

Hemmende Kräfte = -42   Treibende Kräfte = +45

Veränderungsprozesse unterstützen

Befürworter von Veränderungen gewinnen

Wer einflussreiche Befürworter von Veränderungen auf seiner Seite hat, kann Gegner leichter überzeugen.

- Eine Liste jener Leute erstellen, die von einer Veränderung betroffen sind.
- Überlegen, welche Betroffenen wie viel Einfluss auf andere haben.
- Überlegen, welche Betroffenen die Veränderung befürworten und welche nicht.
- Überlegen, welche möglichen Einwände Gegner vorbringen, aber auch, welche Vorteile sich für sie ergeben könnten. Betonen Sie letztere.
- Einflussreiche Befürworter schon früh mit einbeziehen, damit sie ihren Einfluss auf andere geltend machen. Sie rechtzeitig über die Vorteile der Veränderung ins Bild setzen und über Fortschritte informieren, damit sie dieses Wissen weitergeben können.

Widerstände abbauen

Wer Veränderungen plant, muss anderen seine Zukunftsvision klar vor Augen führen. Wenn Menschen sich vorstellen können, wie eine Veränderung konkret aussehen wird, werden sie auch dazu motiviert sein, sie mitzugestalten. Zeigen Sie die Fortschritte auf, die beweisen, dass eine Veränderung Resultate zeitigt. Überlegen Sie, welche Betroffenen eine Veränderung befürworten, um mit Hilfe dieser »Verstärkung« die Skeptiker und Kritiker zu überzeugen. Menschen durchlaufen bei Veränderungen ein festes Reaktionsmuster – lassen Sie ihnen dafür Zeit.

Wichtige Fragen

- Wer ist von dieser Situation direkt betroffen?
- Wer kann andere beeinflussen?
- Wer reagiert vermutlich ungehalten oder unzufrieden?
- Habe ich schwierige Mitarbeiter durch Einbeziehen auf eine Veränderung vorbereitet?

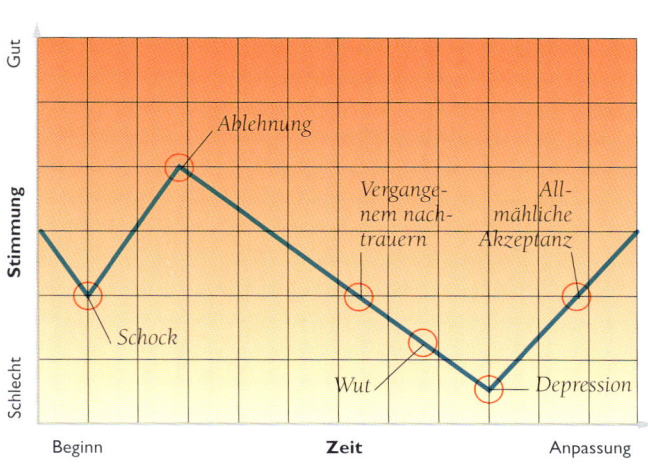

▶ Reaktion auf Veränderungen

Mit einer Veränderung konfrontiert, durchlaufen die meisten Menschen eine Reihe emotionaler Reaktionen. Auf Schock und Ablehnung folgen in der Regel die Verklärung des Vergangenen und Wut, die wiederum in eine Depression, schließlich aber zu Akzeptanz führt. Die Dauer dieses Prozesses ist abhängig von der jeweiligen Situation.

Stimmung (Gut / Schlecht) vs. Zeit (Beginn → Anpassung):
Schock → Ablehnung → Vergangenem nachtrauern → Wut → Depression → Allmähliche Akzeptanz

/ OPTIONEN EINSCHÄTZEN

GRENZEN ERKENNEN

Wenn man einen schwierigen Menschen nicht ändern kann, muss man eventuell die eigene Einstellung ändern. Manchmal ist es für die Firma besser, wenn man sich mit der Art des anderen abfindet, statt weiter zu versuchen, ihn zu ändern.

37 Die Gesamtleistung einer schwierigen Person sehen, um nicht vorschnell zu handeln.

38 Darauf achten, ob sich die Leistung noch steigert.

39 Die Änderung des eigenen Verhaltens kann schneller wirken.

DEN SCHWIERIGEN MITARBEITER AKZEPTIEREN

Wenn die Arbeit des Mitarbeiters für die Firma von Wert ist, müssen Sie vielleicht Ihre Einstellung zu ihm ändern. Prüfen Sie, ob diese Person mehr Stärken oder mehr Schwächen hat: Die Stärken können Sie nutzen, die Schwächen durch Schulung oder Coaching abbauen. Fragen Sie sich, ob Sie objektiv die Gesamtleistung dieser Person betrachten und alle ihre Leistungen und Beiträge berücksichtigt haben. Liegt das Problem vielleicht darin, dass der Betreffende einfach auf eine Ihnen fremde Art an Dinge herangeht? Bedenken Sie, dass es für Problemlösungen sehr hilfreich sein kann, jemanden im Team zu haben, der die Dinge aus einer anderen Perspektive sieht.

◀ **EIGENE EIN-STELLUNG ÄNDERN**
Robert empfand Besprechungen als eine Art Wettbewerb, bei dem er in jeder Runde verlor. Dies beeinträchtigte sein Selbstvertrauen und seine Glaubwürdigkeit bei den Kollegen. Robert gelang es, mit einer anderen Haltung an die Besprechungen und seine Kollegin heranzugehen. So war er besser vorbereitet und produktiver.

FALLSTUDIE

Roberts Kollegin Tanja war unkooperativ und versuchte stets, andere auszustechen. In Management-Besprechungen machte Tanja häufig Vorschläge, was sich in Roberts Abteilung verbessern ließe. Sie trat recht aggressiv auf, und Robert wusste nicht, wie er darauf reagieren sollte, auch wenn ihm später immer eine passende Antwort einfiel. Als er vorschlug, sich regelmäßig zu treffen, um über Probleme zwischen ihren Abteilungen zu reden, lehnte Tanja mit der Begründung ab, sie habe zu viel zu tun. Robert beschloss, seine Haltung Tanja gegenüber zu ändern. Vor Besprechungen stellte sich Robert vor, wie Tanja bestimmte Bereiche seiner Abteilung kritisierte, an deren Verbesserung er bereits arbeitete. Er stellte sich weiter vor, wie er konstruktiv auf ihre Vorwürfe und sie wiederum positiv darauf reagierte. Das führte dazu, dass sich Probleme tatsächlich schneller lösen ließen.

Die eigene Einstellung ändern

Wer sich in eine schwierige Person hineinversetzt, kann seine Einstellung zu ihr ändern. Stellen Sie zwei Stühle einander zugewandt auf – einen für sich und einen für die schwierige Person. Stellen Sie dann ca. fünf Meter entfernt in einem Winkel von 90 Grad zu den anderen einen weiteren Stuhl auf. Setzen Sie sich der imaginären Person gegenüber und erläutern Sie Ihren Standpunkt. Setzen Sie sich dann in den Stuhl der imaginären Person und sagen Sie, was diese Ihrer Meinung nach sagen würde. Stellen Sie sich schließlich auf den dritten Stuhl, und beobachten Sie die beiden imaginären Gesprächspartner, die sich gegenüber sitzen.

Managerin übt ihre eigene Rolle.

Managerin stellt sich Diskussion der beiden vor.

5 Meter

Managerin versetzt sich in die Lage der schwierigen Person.

◀ **ANDERE PERSPEKTIVEN NACHVOLLZIEHEN**
Oft führt es zu einer Änderung der eigenen Haltung, wenn man sich von einer Situation distanziert und sie aus der Perspektive eines anderen betrachtet. Z.B. könnten Sie so merken, dass Sie zu massiv auftreten, und Ihr Verhalten ändern.

Missstände nicht akzeptieren

Wenn sich das Verhalten eines Mitarbeiters demoralisierend auf das Team auswirkt, müssen Sie einschreiten. Prüfen Sie die Fakten sorgfältig: War es das erste Mal, dass der Mitarbeiter gewisse Grenzen überschritten hat, die Sie mit dem Team vereinbart haben, dann weisen Sie ihn darauf hin. Hatten Sie noch keine klaren Grenzen gesetzt, dann machen Sie diese nun dem Betreffenden unmissverständlich klar, und sagen Sie ihm, wie er sich künftig zu verhalten hat. Ändert er sein Verhalten in der von Ihnen festgelegten Zeitspanne nicht, dann müssen Sie zu disziplinarischen Maßnahmen greifen und ihm klar machen, dass er nötigenfalls sogar die Firma verlassen muss.

40 Leistungen zu verbessern, ist billiger als eine Entlassung.

41 Setzen Sie realistische Termine für Verbesserungen.

KOOPERATION ANSTREBEN

Vorrangiges Ziel eines Managers sollte sein, schwierige Mitarbeiter zur Kooperation zu bewegen. Planen Sie Ihr Vorgehen und wählen Sie die richtige Kommunikationsform.

UM KOOPERATION BEMÜHEN

Wer gut vorbereitet in eine schwierige Besprechung geht, fühlt sich sicherer. Bemühen Sie sich bei einem schwierigen Mitarbeiter zuerst um Kooperation, statt auf Konfrontationskurs zu gehen. Suchen Sie dazu eine Lösung, die für alle von Vorteil ist.

42 Manchmal muss man nur positiv an etwas herangehen.

43 Erst Vorbehalte anhören, dann Vorteile nennen.

SICH AUF KOOPERATION VORBEREITEN

Ein positiver Ansatz reicht oft schon aus, um sich auch der Kooperation schwieriger Personen zu versichern. Überlegen Sie, wie Sie auf Einwände gegen Ihre Vorschläge reagieren wollen. Überlegen Sie, welche Einwände kommen könnten und auf welche Vorteile, die Ihre Vorschläge haben, Sie verweisen können, vor allem auf jene, die für die andere Person von Nutzen sind.

Um Kooperation bemühen

Vorbehalte zerstreuen

- Alle Vorbehalte besprechen, dann Vorteile erläutern
- Mitarbeiter bitten, mögliche neue Vorbehalte zu nennen
- Wieder beruhigend argumentieren
- Mitarbeiter fragen, ob er nun mit Vorschlägen einverstanden ist
- Lautet die Antwort »Nein«, fragen Sie, warum.
- Weitere Vorteile erläutern und sich auf gemeinsame Ziele einigen

Kooperationsziele setzen

Sich gemeinsam mit dem Betreffenden, z.B. Mitarbeiter oder Kunde, auf Kooperationsziele zu einigen, verringert das Risiko, dass er plötzlich schwierig wird, weil er nicht genau verstanden hat, was von ihm erwartet wird. Wichtig ist also, Ziele so zu definieren, dass jeder genau weiß, was er für ihre Realisierung zu tun hat. Ermutigen Sie Mitarbeiter, die Ziele mit ihren eigenen Worten aufzuschreiben, damit sie sie richtig verstehen und wissen, wann sie sie erreicht haben. Setzen Sie klare Ziele, damit niemand in einem späteren Stadium unkooperativ wird, weil die Ziele nicht eindeutig definiert waren.

Tun und lassen

✔ Alle Vorteile eines Vorschlags notieren, bevor man mit einer schwierigen Person spricht

✔ Darauf achten, dass einige Vorteile die Frage »Was bringt mir das?« aus der Sicht der schwierigen Person beantworten

✘ Sich nicht nur auf Ziele, sondern auch auf Termine einigen und darauf, wie deren Einhaltung überprüft wird

✘ Nie davon ausgehen, dass der andere genauso denkt wie man selbst – im Zweifelsfall immer nachfragen

Ziele setzen mit SMART

Es kann hilfreich sein, bei der Festlegung von Zielen die SMART-Formel anzuwenden. So sollten Ziele sein:
- **S**pezifisch: es sollte klar und eindeutig benannt werden, was erwartet wird;
- **M**essbar: Menge, Zeit, Qualität und Kosten müssen bezifferbar sein;
- **A**usführbar: sie sollten für Mitarbeiter mit den in ihren Zuständigkeitsbereichen verfügbaren Ressourcen realisierbar sein;
- **R**ealistisch: sie sollten der Stelle/dem Projekt angemessen und realisierbar sein;
- **T**erminiert: die Zeitspanne zum Erreichen des Ziels sollte realistisch sein.

BESPRECHUNGEN VORBEREITEN

Manche Menschen werden schwierig, wenn sie unter Stress stehen, wie z.B. bei Bewerbungs- und Beurteilungsgesprächen oder in der Einarbeitungszeit. Bereiten Sie sich auf solche Situationen vor, um dem Betreffenden etwas den Stress zu nehmen.

44 Schwierige Situationen entspannen, indem man mit leichten Fragen beginnt.

45 Einen Bewerber begrüßen und in den Raum geleiten.

46 Zur Vorbereitung den Lebenslauf genau lesen.

VORSTELLUNGSGESPRÄCHE

Sorgen Sie dafür, dass sich ein Bewerber wohl fühlt und sich somit von seiner besten Seite zeigen kann. Wenn ein Bewerber eine Stelle unbedingt haben will, kann er vor lauter Nervosität überreagieren und zu viel oder zu wenig reden oder eine Abwehrhaltung einnehmen, weil er manche Fragen als »Fangfragen« empfindet. Ermutigen Sie ihn, Ihre Fragen direkt zu beantworten. Weicht er vom Thema ab, bringen Sie ihn wieder auf den Punkt, oder erklären Sie, warum Sie etwas Bestimmtes wissen wollen. Formulieren Sie Fragen um, falls Sie nicht verstanden wurden.

Managerin stellt sich vor und erklärt den Ablauf des Gesprächs.

◄ **VERTRAUEN AUFBAUEN**
Achten Sie auf eine offene Körpersprache, lächeln Sie ermutigend, damit der Bewerber lockerer wird, und verschanzen Sie sich nicht hinter einem Schreibtisch.

Bewerber hat Zeit, sich zu entspannen und auf das Gespräch vorzubereiten.

MITARBEITERGESPRÄCHE

Geben Sie einem potenziell schwierigen Mitarbeiter Zeit, sich auf ein solches Gespräch vorzubereiten. Informieren Sie ihn darüber, was ihn erwartet, und bereiten Sie sich gründlich vor – Sie sollten zwar Fragen stellen, aber primär dem Mitarbeiter das Reden überlassen. Begründen Sie Ihr Lob mit Beispielen von ihm erbrachter Leistungen, und konzentrieren Sie sich in Bereichen, die verbesserungswürdig sind, auf konstruktive Kritik. Ihre Beurteilung sollte zu zwei Dritteln aus positivem Feedback und zu einem Drittel aus konstruktiver Kritik bestehen. Erstellen Sie gemeinsam einen Aktionsplan.

DAS IST ZU TUN

1. Datum und Ort der Beurteilung spätestens zwei Wochen vorher bestätigen
2. Dem Beurteilten Orientierungs- und Selbsteinschätzungshilfen geben
3. Stellenbeschreibung, Beurteilung und Aktionsplan des letzen Jahres nochmals lesen
4. Schulungen, Projektergebnisse und andere berufliche Leistungen notieren
5. Den Ablauf des Beurteilungsgespräches planen
6. Fragen vorbereiten

Beurteilter notiert anstehende Aufgaben, die sich aus Gespräch ergeben.

◀ **EFFEKTIV BEURTEILEN**

Nutzen Sie ein Beurteilungsgespräch, um den Blick des Mitarbeiters auf die Zukunft zu lenken: identifizieren Sie entwicklungsbedürftige Bereiche und angestrebte Ziele.

NICHT VERGESSEN

- Durch gute Vorbereitung lassen sich schwierige Situationen in den Griff bekommen.
- Langfristig spart man Zeit, wenn man Checklisten für die Vorbereitung auf Bewerbungs- und Beurteilungsgespräche anlegt.
- Sich in den anderen hineinzuversetzen hilft, Schwierigkeiten vorherzusehen.
- Nachprüfen, ob die vereinbarten Schritte unternommen wurden

MITARBEITER EINARBEITEN

Die erste Zeit in einer neuen Firma kann für einen Arbeitnehmer äußerst stressig sein, da er die Unternehmenskultur noch nicht kennt. Dennoch können solche »Neuzugänge« sehr hilfreich sein, da sie Sie und Ihr Team noch völlig unvoreingenommen beurteilen können. So sollte man die ehrliche Meinung eines neuen Mitarbeiters schätzen und sie nicht als Zeichen dafür werten, dass er schwierig ist oder »nicht hierher passt«. Sein Feedback kann Ihnen Anreize zur Weiterentwicklung Ihres Teams geben und auch seine Einarbeitungszeit effektiver machen.

Kooperation durch gute Führung

Mitarbeiter können schwierig werden, wenn sie das Gefühl haben, keine klaren Anweisungen zu erhalten. Entwickeln Sie Ihre Führungsqualitäten weiter, und passen Sie Ihren Führungsstil an, um schwierige Mitarbeiter zur Kooperation zu bewegen.

47 Fördern Sie eine Atmosphäre, in der sich Mitarbeiter gegenseitig Feedback geben.

48 Neue Mitarbeiter brauchen anfangs eventuell mehr Unterstützung.

49 Ermutigen Sie erfahrene Mitarbeiter, Initiative zu zeigen.

Effektiv führen

Zum effektiven Management gehört, Projekte erfolgreich zum Abschluss zu bringen, d.h., Ressourcen effizient einzusetzen, um die gewünschten Resultate zu erhalten. Prüfen Sie, ob Sie Rollen und Ziele klar definiert, Ressourcen Ihren Prioritäten entsprechend eingeplant und eingesetzt sowie alle über die Kontrollinstrumente, die Sie verwenden wollen, in Kenntnis gesetzt haben. Ist ein Mitarbeiter dann immer noch unzufrieden, haben Sie ihn in der Planungsphase womöglich nicht genug mit einbezogen. Überwachen Sie seinen Fortschritt gemeinsam.

Projekte managen

Sorgen Sie dafür, dass alle Beteiligten von Anfang an die Ziele, mögliche Probleme sowie die wichtigsten Etappen eines Projektes kennen, und dass jeder weiß, wofür er zuständig und an welchen Phasen er beteiligt ist. So lässt sich das Risiko verringern, dass Mitarbeiter später Schwierigkeiten machen, weil sie nicht über alle Informationen verfügen, die sie benötigen. Im Voraus festgelegte und während des Projektes regelmäßig abgehaltene Besprechungen können helfen, innerhalb des Budgets und des Zeitplans zu bleiben.

Wichtige Fragen

- Setze ich meinen Teammitgliedern immer faire Ziele?
- Bewerte ich die Gesamtleistung jedes Einzelnen?
- Habe ich allen möglichen Hindernissen vorgebeugt, die das Projekt stören könnten?
- Treten immer wieder die gleichen Probleme auf? Muss ich mich also fortbilden?

KOOPERATION DURCH GUTE FÜHRUNG

MITARBEITER FÜHREN

Wenn Mitarbeiter mit Ihrem Führungsstil nicht zurecht kommen, sollten Sie diesen in manchen Situationen ändern. Sagen Sie niemandem, wie er seine Arbeit erledigen soll – teilen Sie ihm lieber mit, welche Ziele angestrebt werden und warum, um den Betreffenden dann selbst entscheiden zu lassen, wie er diese erreicht. Wichtig ist für einen Vorgesetzten auch, sinnvoll delegieren zu können, um Stress oder Überarbeitung zu vermeiden, denn beides könnte Teamkonflikte provozieren. Besprechen Sie mit den Mitarbeitern, an die Sie Arbeit delegiert haben, die geplanten Ziele.

50 Wer delegiert, zeigt Vertrauen – das kann verhindern, dass Leute schwierig werden.

FEEDBACK GEBEN

Wer Feedback erhält, lernt, sich mit den Augen anderer zu sehen. Fehlt Feedback, kann es passieren, dass ein Teammitglied nicht mehr effizient arbeitet, es aber nicht merkt. Feedback kann jedoch auch als bedrohlich empfunden werden – erwartet jemand negative Kritik, kann er sich zurückziehen oder in die Defensive gehen. Geben Sie regelmäßig Feedback, so dass es allmählich als etwas Selbstverständliches betrachtet wird. Konzentrieren Sie sich dabei mehr auf die Resultate als auf die Person selbst.

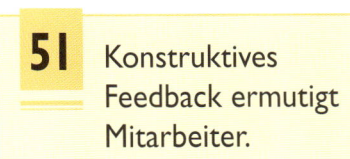

51 Konstruktives Feedback ermutigt Mitarbeiter.

▼ **FEEDBACK IM VERGLEICH**
Feedback kann sich positiv oder negativ auswirken. Positives Feedback ist konstruktiv und konzentriert sich auf das, was wichtig ist, negatives hingegen ist wertend, überkritisch oder kleinlich.

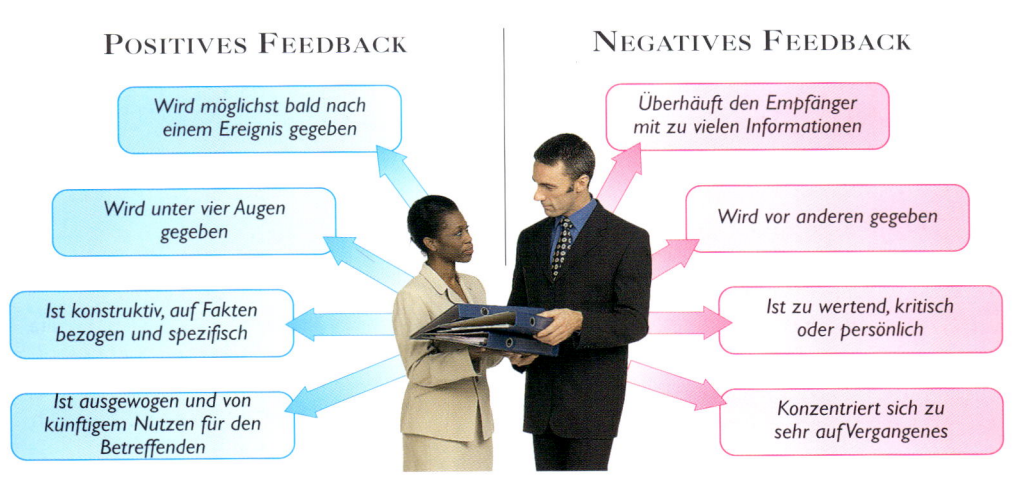

POSITIVES FEEDBACK

- Wird möglichst bald nach einem Ereignis gegeben
- Wird unter vier Augen gegeben
- Ist konstruktiv, auf Fakten bezogen und spezifisch
- Ist ausgewogen und von künftigem Nutzen für den Betreffenden

NEGATIVES FEEDBACK

- Überhäuft den Empfänger mit zu vielen Informationen
- Wird vor anderen gegeben
- Ist zu wertend, kritisch oder persönlich
- Konzentriert sich zu sehr auf Vergangenes

UMGANG MIT SCHLECHTER LEISTUNG

Es kann sein, dass schlechte Leistungen auf zu viel oder zu wenig Stress zurückzuführen sind. Achten Sie auf Anzeichen, um dem Betreffenden helfen zu können, ein konstruktives Stressniveau zu finden. Bessern sich seine Leistungen nicht, muss man ihn eventuell entlassen.

52 Wer Herausforderungen bewältigt, entwickelt sich weiter.

53 Achten Sie auf Verhaltensänderungen bei Mitarbeitern.

54 Stellen Sie einer schwierigen Person eine fordernde Aufgabe, und warten Sie ab.

STRESS ERKENNEN

Jeder Mensch braucht ein bestimmtes Quantum an Stress. Das spornt zu besseren Leistungen an, und die Befriedigung ist größer, wenn eine Herausforderung bewältigt wurde. Wenn ein schwieriger Mitarbeiter lethargisch, gelangweilt und wenig begeistert von seiner Arbeit wirkt, ist er unterfordert. Scheint jedoch ein Mitarbeiter wütend zu sein und seine eigene Arbeit zu sabotieren, könnte das ein Zeichen für zu viel Stress sein. Wo auch immer das Problem liegt, Sie sollten zusammen mit dem Teammitglied über seine Arbeit sprechen und klare Ziele setzen. Sprechen Sie über Maßnahmen, mit denen sich etwas verbessern ließe. Steht ein Mitarbeiter z.B. unter zu großem Stress, könnte man einen Teil seiner Aufgaben an andere delegieren.

◀ **STRESSKURVE NACHVOLLZIEHEN**
Dieses Diagramm zeigt, wie Leistungen durch Veränderung des Stresspegels beeinträchtigt werden. Mangelnder Stress an einem Ende der Kurve und zu viel Stress am anderen haben die gleiche Auswirkung: die Leistungen verschlechtern sich drastisch.

Umgang mit schlechter Leistung

Schlechte Leistungen analysieren

Ja	Zu überprüfen	Nein
Weitere mögliche Probleme suchen	Wurden klare Ziele und realistische Termine gesetzt?	Klare und erreichbare Ziele setzen
Neues Gespräch vereinbaren	Hat das Teammitglied in wichtigen Phasen Feedback erhalten?	Mitarbeitergespräche einplanen
Ggf. Fortbildung anbieten	Ist das Teammitglied befähigt, diese Arbeit zufrieden stellend zu erledigen?	Mit anderer Aufgabe betrauen
Disziplinarmaßnahme ergreifen	Bei anhaltend schlechten Leistungen: wurden alle Möglichkeiten ausgeschöpft?	Andere Maßnahmen erwägen

Was tun bei schlechten Leistungen?

Bei der Beurteilung schlechter Leistungen sind zwei Dinge wichtig: Wusste der Betreffende genau, was von ihm erwartet wird? Hatte er die Chance, seine Leistungen zu verbessern?

55 Bevor Sie jemanden entlassen, prüfen Sie, ob Sie ihm jede mögliche Unterstützung haben zukommen lassen.

Mitarbeiter entlassen

Wenn alle Ihre Versuche scheitern, einem schwierigen Mitarbeiter zu besseren Leistungen zu verhelfen, dann werden Sie den Betreffenden entlassen müssen. Besteht das Problem in mangelhafter Qualifikation, prüfen Sie, ob Sie den Mitarbeiter auf eine geeignetere Position innerhalb der Firma versetzen können. Bei anhaltend schwierigem Verhalten oder schlechten Leistungen müssen Sie auf die firmeninternen Disziplinarmaßnahmen zurückgreifen und dem Betreffenden kündigen. Eine Kündigung muss immer schriftlich erfolgen, sollte aber zusätzlich in einem Gespräch unter vier Augen ausgesprochen werden.

Nicht vergessen

- Auf eine ablehnende Haltung gegenüber Arbeit und Firma sollte sofort reagiert werden.
- Berücksichtigt werden sollte auch, welche Rolle die Firma bei der Entstehung eines Problems gespielt hat.
- Lesen sie sich in die in der Firma gängigen Disziplinierungsmaßnahmen und -richtlinien ein.
- In manchen Fällen ist es ratsam, einen professionellen Berater heranzuziehen.

… KOOPERATION ANSTREBEN

OBJEKTIV BLEIBEN

Im Umgang mit schwierigen Menschen ist es hilfreich, objektiv zu bleiben. Das jedoch erfordert ein hohes Maß an Selbsterkenntnis. Wer seine eigenen Vorurteile einschätzen kann, durchschaut eher, was eine effektive Zusammenarbeit mit anderen verhindert.

56 Nie zulassen, dass das eigene Urteilsvermögen getrübt wird.

57 Denken Sie daran, dass jeder selektiv zuhört.

58 Projizieren Sie nicht jemand anderen auf Ihr Gegenüber.

SEINE EIGENEN VORURTEILE KENNEN

Ihre Herkunft – Erziehung, Ausbildung, berufliche und schulische Erfahrungen, Kindheitserlebnisse, Eltern oder Freunde und die Kreise, in denen Sie sich bewegen – beeinflusst Ihre Weltsicht. Wer anerkennt, dass jeder Mensch die Welt durch seinen ganz persönlichen Filter betrachtet, der kann sich besser in eine Person, die schwierig scheint, hineinversetzen. Oft gehen beide Seiten unbewusst davon aus, dass die Unterschiede zwischen ihnen eine effektive Kommunikation und objektive Sichtweise verhindern.

OBJEKTIV BLEIBEN

Wer sich bewusst ist, dass seine Sichtweise subjektiv gefärbt sein kann, wird nicht so schnell den Fehler begehen, einen Menschen sofort in eine bestimmte Schublade zu stecken. Um subjektive Einschätzungen zu vermeiden, gehen Sie offen auf andere zu, und hören Sie sich deren Standpunkt an. Wenn Sie mit einer schwierigen Person reden, machen Sie Notizen, und fassen Sie das Gespräch zusammen, um sicher zu gehen, dass jeder den anderen verstanden hat. Falsch ist, sich zuerst eine Meinung zu bilden und dann zu versuchen, die Fakten dieser anzupassen. Stellen Sie stattdessen zuerst Fragen und sammeln Sie Fakten.

KULTURELLE UNTERSCHIEDE

Menschen aus verschiedenen Kulturen nehmen andere oft unterschiedlich wahr. Amerikaner und Europäer z.B. begrüßen Fremde oft, als wären sie alte Freunde, was auf Menschen aus (z.B. asiatischen oder arabischen) Ländern, in denen man reservierter ist, unehrlich oder respektlos wirken kann.

Objektiv bleiben

Voreingenommenheit überwinden

Einschätzung	Wie revidiere ich sie?
Heiligenschein / Hörner Man fällt aufgrund von ein oder zwei positiven bzw. negativen Eigenschaften ein Urteil über eine Person.	• Fakten über die Leistung dieser Person sammeln und berücksichtigen • Prüfen, wie gravierend das Problem im Hinblick auf die Gesamtleistung des Teammitglieds ist
»Wie ich« Die Neigung, jemanden, der einem ähnlich zu sein scheint, zu bevorzugen, zu fördern bzw. einzustellen	• Die Stärken der Person herausfinden • Bereiche zur Weiterentwicklung der Person identifizieren • Definieren, welche Kenntnisse oder Fähigkeiten für Stelle bzw. Projekt nötig sind
Vorurteil Jemand wird wegen seiner Herkunft oder Ähnlichkeit mit jemandem diskriminiert.	• Überlegen, an wen einen diese Person erinnert • Prüfen, was genau an deren Verhalten oder Arbeit einen stört • Prüfen, welche vorgefasste Meinung man haben könnte
Tatsachen verzerren Psychologische Erkenntnisse fälschlich verallgemeinern, z.B. »Alle Verkäufer sind extrovertiert«	• Überlegen, welche Voraussetzungen für Job wichtig sind • Entscheiden, wie viel Erfahrung und welche Qualifikationen tatsächlich nötig sind • Prüfen, worauf die Einschätzung beruht
Stereotypisierung Sich an einem Idealbild vom perfekten Mitarbeiter orientieren statt an den tatsächlichen Stärken einer Person	• Überlegen, was von der Stelle verlangt wird • Prüfen, ob die eigenen Einwände realistisch sind • Die wichtigsten/wünschenswerten Qualifikationen definieren, die jemand für diese Arbeit haben sollte

Informationen bewerten

Zu wissen, dass man Mitarbeiter an einem »Idealbild« misst oder Personen bevorzugt, die viel mit einem gemein zu haben scheinen, kann dabei helfen, schwierige Menschen objektiver zu beurteilen. Wichtig ist vor allem, die Person und deren Verhalten als Ganzes zu beurteilen. Achten Sie darauf, dass Sie bei der Beurteilung nicht nur an die Fälle denken, in denen jemand ein schwieriges Verhalten an den Tag legte, und darüber seine sonstige Kooperationsbereitschaft und seine Leistungen vernachlässigen. Fragen Sie sich, ob nicht vielleicht Sie unbewusst etwas getan haben, das diese Änderung im Verhalten herbeigeführt hat.

59 Bilden Sie sich nie vorschnell eine Meinung.

60 Wer Fragen stellt und gut zuhört, fällt nicht so schnell ein falsches Urteil.

FRAGEN UND ZUHÖREN

Die richtigen Fragen zum richtigen Zeitpunkt zu stellen, beschleunigt die Kommunikation, da man rasche und effektive Antworten bekommt. Der Schlüssel hier liegt darin, gut zuzuhören und auf Hinweise für die nächste Frage zu achten.

61 Schweigen hat die gleiche Wirkung wie hartnäckiges Fragen.

62 Fragen vorbereiten und auf Hinweise achten, aus denen sich die nächste Frage ableiten lässt.

OFFENE FRAGEN STELLEN

Um herauszufinden, warum jemand schwierig ist, stellen Sie ihm am Besten diplomatische Fragen. Offene Fragen ermutigen den Betreffenden, sich zu öffnen und preiszugeben, welche (arbeitsbezogenen oder persönlichen) Probleme er hat. Vermeiden Sie es, Fragen zu stellen, die nur »Ja« oder »Nein« als Antwort zulassen wie »Haben Sie...?«, denn dadurch zwingen Sie Ihr Gegenüber förmlich, genau das zu sagen, was Sie bereits vermuten.

OFFENE FRAGEN STELLEN

Es gibt viele Möglichkeiten, eine offene Frage zu formulieren. Versuchen Sie solche Fragen mit Wörtern wie »Was...?«, »Wer...?«, »Wann...?« und »Wie...?« einzuleiten, die eine ausführlichere Antwort verlangen. Hier einige Beispiele:

> *Was, glauben Sie, hat diese Situation herbeigeführt?*

> *Was wäre Ihrer Meinung nach ein besserer Weg?*

> *Wann könnte das fertig sein?*

> *Wer könnte uns hierbei noch unterstützen?*

> *Wie können wir dieses Problem rasch lösen?*

> *Was halten Sie davon?*

FRAGEN UND ZUHÖREN

ZEIT LASSEN FÜR DIE ANTWORT

Offene Fragen lassen dem schwierigen Mitarbeiter Zeit zum Nachdenken und Formulieren einer Antwort. Wenn Sie den Verdacht hegen, Ihr Gegenüber habe eine Sache noch nicht gründlich durchdacht, können Sie ihm Fragen stellen, die ihm das Abwägen von Pro und Contra erleichtern, z.B. »Was sind die Vorteile und Nachteile von...?« oder »Welche Vorteile und Nachteile sehen Sie, wenn...?« Brauchen Sie Zeit, um die Antwort des Teammitglieds zu überdenken, dann sagen Sie etwas wie »Das ist ein interessanter Punkt. Darüber möchte ich gerne in Ruhe nachdenken.« Eine Pause gibt Ihnen Zeit zum Nachdenken.

KONTROLLE BEHALTEN ▶
Wenn ein schwieriges Teammitglied eine schnelle Antwort von Ihnen will, lassen Sie sich nicht dazu verleiten, vorschnell zu antworten. Wer in Ruhe über das Gesagte nachdenkt, zeigt, dass er den Standpunkt des anderen ernst nimmt.

63 Häufige Pausen geben Ihnen beiden Zeit zum Nachdenken.

Manager sagt, er müsse kurz über die angesprochenen Punkte nachdenken.

Teammitglied will eine Meinung zu einem heiklen Thema hören.

64 Ein zu häufiges »Warum« kann Stress auslösen.

65 Hören Sie nicht nur zu, sondern zeigen Sie auch, dass Sie es tun.

AKTIV ZUHÖREN

Wer einen schwierigen Mitarbeiter zum Weiterreden ermuntern will, ohne das Gesagte schon zustimmend oder ablehnend zu kommentieren, sollte in ermutigendem Tonfall etwas Unverbindliches von sich geben wie »Mhm«, »Ah ja« und »Sprechen Sie ruhig weiter«, das den anderen zum Weitersprechen animiert. Oder greifen Sie ein paar Worte Ihres Gesprächspartners auf und haken Sie nach (»Sie sagten, Sie hätten das als Herausforderung empfunden. In welcher Hinsicht?«). All das zeigt, dass Sie aufmerksam zuhören. Wer die Aussagen seines Gegenübers zusammenfasst, zeigt, dass er aktiv zuhört.

KOOPERATION ANSTREBEN

ZUHÖREN WILL GELERNT SEIN

ART DES ZUHÖRENS	EFFEKTIV UMSETZEN
WIDERSPIEGELND Die gleichen Worte verwenden wie das Gegenüber, um ihm Informationen entlocken und es besser verstehen zu können	Sich in die Lage des Gegenübers versetzen und Verständnis zeigen durch wenig Reden, aber ermutigendes Nicken und Zuspruch
NACHFORSCHEND Auf ungewöhnliche oder besonders betonte Worte achten, die auf heftige Gefühle hindeuten	Mit offenen Fragen Gründe für die Haltung des Gegenübers herausfinden, auf Worte und Körpersprache achten
BESTÄTIGEND Ideen und Gefühle des Gegenübers berücksichtigen und die Fakten, bei denen man übereinstimmt, zusammenfassen	Versuchen, eine Einigung mit dem schwierigen Mitarbeiter zu erzielen und auf seinen Vorschlägen aufbauend das Gespräch in die gewünschte Richtung lenken

AUF WORTE UND TONFALL ACHTEN

Um eine gute Beziehung zu einem schwierigen Teammitglied herzustellen, sollte man sich der Sprechgeschwindigkeit des anderen anpassen. Spricht jemand bedächtig und langsam, dann würde eine schnelle, abgehackte Zwischenfrage eher wie eine Unterbrechung wirken, anstatt dazu zu animieren, sich zu öffnen, wodurch Sie nachvollziehen können, warum er schwierig ist. Achten Sie auf Höhe und Tonfall einer Stimme. Wenn jemand sehr nervös oder angespannt ist, spricht er meist in einer höheren Tonlage und die Stimme klingt gepresst. Ein schwankender, unsicherer Tonfall kann darauf hindeuten, dass Ihr Gegenüber Zweifel hegt.

▼ SPRECHWEISE UND STIMMHÖHE
Anhand seiner Sprechweise und seines Tonfalls lassen sich Rückschlüsse auf die Gefühle eines Menschen ziehen. Um eine gute Beziehung zu ihm herzustellen, sollte man sich seiner Sprechweise anpassen.

Managerin hört dem langsam Sprechenden geduldig zu und plant eine ruhige, bedächtige Antwort.

66 Prüfen: Ist ein abwehrender Tonfall hörbar?

Auf Unausgesprochenes achten

> **67** Bei ungewöhnlichen und wiederholten Worten sollten Sie nachhaken.

Wenn Sie die richtigen Fragen gestellt haben, hören Sie sich die Antworten genau an, und achten Sie vor allem auf Worte oder Wendungen, die oft wiederholt werden und darauf hinweisen, was das Gegenüber wirklich beschäftigt. Die häufige Wiederholung von Worten wie »zu schwierig«, »problematisch« und »nicht meine Schuld« deutet darauf hin, dass die Person sich nicht zutraut, die vor ihr liegende Aufgabe zu lösen. Worte wie »wichtig für mich«, »Herausforderung« und »unerlässlich« deuten auf Themen hin, die für die Person sehr wichtig sind. Achten Sie auch auf das, was nicht gesagt wird, denn dies kann Ihnen ähnlich wichtige Hinweise auf Dinge geben, die Ihnen Ihr Gegenüber vielleicht verschweigt.

Nicht vergessen

- Ein Manager, der seinen Teammitgliedern zuhört, ermutigt sie, ihr Bestes zu geben.
- Ideen nie ohne Nachdenken kritisieren – sonst traut sich niemand mehr, Vorschläge zu machen.
- Viele konstruktive Diskussionen scheitern, weil die Konzentration auf das Wichtigste fehlt.
- Blickkontakt halten, Interesse zeigen und die Bereitschaft, aus dem Gespräch etwas zu lernen, helfen dabei, sich zu konzentrieren.

> **68** Betonte Worte geben darüber Aufschluss, was dem Sprechenden wirklich wichtig ist.

Auf Sprechweise achten

Prüfen Sie, ob Sie Ihre Sprechweise der Ihres Gegenübers tatsächlich anpassen. Achten Sie vor allem auf:

- **Sprechgeschwindigkeit**: Spreche ich zu langsam oder zu schnell? Wirkt meine Stimme unsicher oder zögernd?
- **Stimmstärke**: Wie spreche ich – mit erhobener, ruhiger, klarer Stimme? Muss ich lauter/leiser sprechen?
- **Sprechpausen**: Gibt es viele Sprechpausen? Spreche ich zu viel, oder denke ich zu lange nach?
- **Stimmhöhe**: Klingt meine Stimme angespannt? Klingt sie höher, gepresster oder nervöser als sonst?
- **Artikulation**: setze ich die Betonung deutlich, spreche ich jedes Wort klar aus?

SICH HÖREN ▶
Achten Sie auf Ihre Stimme, um sicherzugehen, dass Sie deutlich sprechen und die richtige Botschaft übermitteln.

NONVERBALE KOMMUNIKATION

Ein schwieriger Mensch wird aufgrund Ihrer Körpersprache längst wissen, wie Sie zu ihm stehen, bevor Sie auch nur ein Wort gesagt haben. Wer die nonverbalen Signale des Gegenübers deuten und so Konfliktpotenziale beurteilen kann, ist stets einen Schritt voraus.

69 Immer aufgeschlossen bleiben – egal, wie man zum Gegenüber steht.

70 Achten Sie auf nonverbale Signale vor der Antwort.

71 »Widerspiegelnde« Körpersprache schafft Vertrauen.

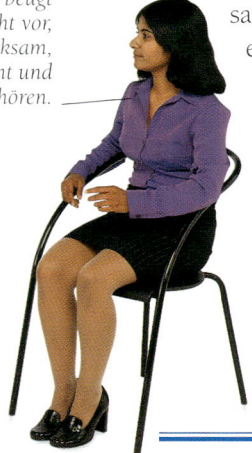

DIE RICHTIGE BOTSCHAFT ÜBERMITTELN

NLP (Neurolinguistische Programmierung) kann Ihnen helfen, ein besseres Verhältnis zu einer schwierigen Person aufzubauen. Untersuchungen haben gezeigt, dass Kommunikation zu 55 % über Körpersprache, zu 38 % über den Tonfall und nur zu 7 % über die Worte funktioniert. NLP stellt einige sehr nützliche Techniken für erfolgreiche nonverbale Kommunikation zur Verfügung. Wer z.B. selbstbewusst auftritt, fühlt sich auch selbstbewusster. NLP kann auch beim Aufbau von Vertrauen zwischen Menschen helfen. Durch eine aufmerksame, aber entspannte Körperhaltung ermutigt man ein schwieriges Gegenüber, die eigene positive Körpersprache zu übernehmen, was wiederum eine positivere Einstellung bewirkt.

Managerin beugt sich leicht vor, wirkt aufmerksam, entspannt und bereit zuzuhören.

◄ **KÖRPERSPRACHE**
Um zu zeigen, dass man an dem interessiert ist, was das Gegenüber zu sagen hat, sollte man Blickkontakt herstellen, zum Sitzen die ganze Stuhlfläche nutzen, sich leicht nach vorne beugen, die Arme nicht verschränken und die Beine nicht kreuzen.

Nonverbale Kommunikation

Augenbewegungen interpretieren

Sich Bilder vorstellen
Schaut jemand nach rechts oben, aktiviert er meist sein Vorstellungsvermögen oder macht sich ein Bild von etwas.

Sich an Klänge erinnern
Schaut jemand nach links, versucht er sich meist an einen oder an etwas, das einmal gesagt wurde, zu erinnern

Sich an Bilder erinnern
Schaut jemand nach links oben, versucht er sich meist gerade ein Bild aus der Vergangenheit ins Gedächtnis zu rufen.

Innerer Dialog
Schaut jemand nach links unten, hört er meist auf eine innere Stimme oder führt einen inneren Dialog.

Sich Worte zurechtlegen
Schaut jemand nach rechts, versucht er meist, im Geist eine verbale Erwiderung zu formulieren.

Gefühle prüfen
Schaut jemand nach rechts unten, so prüft er, was er angesichts einer Sache empfindet.

---

72 Augenbewegungen liefern Hinweise, wie man auf den anderen zugehen muss.

Nicht vergessen

- Gestik, Mimik und Sprechweise geben Aufschluss, wie man mit seinem Gegenüber umgehen sollte.
- Verschränkte Arme deuten darauf hin, dass ein Thema heikel ist.
- Passt man sich der Sprechweise des Gegenübers an, lässt sich leichter eine Beziehung aufbauen.

Die Sinne einsetzen

Wenn Menschen denken und kommunizieren, nutzen sie meist drei Sinne: Sehen, Hören und Fühlen. Aufgrund der Augenbewegungen und Sprechweise einer Person kann man einschätzen, wie sie Informationen verarbeitet und dies nutzen, um Vertrauen aufzubauen. Schaut jemand zum Beispiel nach oben und verwendet zudem noch bildliche Worte wie »Ich sehe das anders«, antworten auch Sie in einer visuellen Sprache, z.B. mit »Betrachten wir es einmal von dieser Seite...«. Verwendet jemand eine auditive Sprache wie »Aus Ihrem Tonfall schließe ich...«, antworten Sie z.B. mit »Ja? Ich bin ganz Ohr.« Sagt jemand »Mein Instinkt sagt mir...«, antworten Sie z.B. mit »Ich sehe, Sie haben ein Gespür für...«.

LÖSUNGEN FINDEN

Lösungen lassen sich leichter finden, wenn man geschickte Fragen stellt und einen innovativen Ansatz verfolgt. Man muss Lösungen finden, denen selbst der schwierigste Mitarbeiter noch zustimmt.

> **73** Wer Fragen stellt, versteht fremde Wünsche und Ideen besser.

> **74** Gemeinsamkeiten suchen – darauf lässt sich eine konstruktive Diskussion aufbauen.

ZU OFFENEM DIALOG ERMUTIGEN

Eine schwierige Person öffnet sich eher und lässt sich auf einen Dialog ein, wenn man ihr signalisiert, was sie erwartet. Leiten Sie Ihre Sätze deshalb mit Formeln ein wie »Darf ich vorschlagen...« und »Ich möchte Sie fragen, ob...«. Wenn Sie eine andere Meinung vertreten, halten Sie sich erst einmal zurück. Wenn Sie widersprechen müssen, sagen Sie zuerst, warum.

DISKUSSIONEN LENKEN

Um eine Diskussion in die gewünschte Richtung lenken zu können, sollte man herausfinden, was dem anderen wichtig ist, so dass man gezielt auf die Vorteile hinweisen kann, die sich für ihn ergeben, wenn er tut, was Sie vorschlagen. Die Beeinflussung kann sehr subtil sein, z.B. indem man »Ich möchte dazu anregen« statt »Ich schlage vor« sagt, aber man kann auch ausgeklügelte Fragen stellen, um Bedürfnisse und Motivation des anderen herauszufinden.

BEEINFLUSSUNGSSTRATEGIEN

ZWANG AUSÜBEN
Jemand tritt fordernd und autoritär auf und schreckt auch vor Druckausübung nicht zurück, um Resultate zu erzielen.

EINBEZIEHEN
Einbeziehen heißt, jemanden zu ermutigen und ihn ins Vertrauen zu ziehen, um eine Beziehung aufzubauen und sein Selbstvertrauen zu stärken.

ÜBERREDEN
Jemand versucht, seine Ziele durch Einsatz von Logik und das Appellieren an Gefühle zu erreichen.

Lösungen finden

Den anderen überzeugen

Aus Körpersprache und Tonfall eines Menschen lässt sich oft schließen, welche Art von Lösungen er vorzieht. Bitten Sie Ihren Gesprächspartner, die Maßnahmen zusammenzufassen, auf die Sie sich geeinigt haben. Ist das Teammitglied mit einigen davon nicht ganz einverstanden, wird es deren Wortlaut verändern oder sie ganz weglassen. Scheint es hingegen begeistert zu sein und schildert den Aktionsplan, auf den Sie sich geeinigt haben, im Detail, haben Sie es geschafft, den Mitarbeiter zu überzeugen.

75 Ermuntern Sie zur Verwendung aktiver Verben, z.B. »Ich werde... tun« statt »Es muss etwas getan werden«.

Aktionsplan

Stellen Sie Fragen wie »Was muss erledigt werden, wie, bis wann und von wem?« In dem daraus resultierenden Aktionsplan sollte stehen: das anvisierte Ziel, die notwendigen Schritte (hauptsächlich des Mitarbeiters), die Ressourcen (z.B. wer noch mit einbezogen werden sollte), wichtige Etappenziele, ein realistischer Zeitplan, und das gewünschte Resultat.

Jemanden überzeugen

- Besprechungszweck nennen: gemeinsam Lösungen finden
- Sich auf Diskussionsthemen einigen
- Einen fruchtbaren Dialog beginnen
- Sich auf Aktionsplan einigen
- Teammitglied bitten, gemeinsam festgelegte Schritte zusammenzufassen

▼ Aktionsplan erstellen

Erstellen Sie immer einen Aktionsplan, um festzuhalten, auf welche Arbeitsschritte Sie sich geeinigt haben. Aus ihm sollte klar ersichtlich sein, wer bis wann was tun muss.

Aktionsplan

Nr.	Wichtige Schritte	Wer	Bis
1	Grafik erstellen, die die Umsatzergebnisse der letzten drei Quartale verdeutlicht	CM	Ende April
2	Absatzstrategie prüfen und potenzielle neue Wachstumsbereiche ausfindig machen	LT	Ende Juni
3	350 neue Kundenkontakte pro Monat schaffen	SL	Ende Juli
4	Neues Firmenlogo in Auftrag geben, das zum neuen Markenimage passt	CM	Ende Sep.

Vereinbarter Termin für Realisierung des Ziels

Initialen des für diese Aufgabe Verantwortlichen

Detaillierte Beschreibung der geplanten Arbeitsschritte, auch der vereinbarten Maßnahmen

KOOPERATION ANSTREBEN

LÖSUNGEN DISKUTIEREN

Die richtigen Lösungen zu finden und zu diskutieren, erfordert Kreativität und Flexibilität. Sie müssen eine Lösung finden, die sowohl dem schwierigen Mitarbeiter zusagt als auch für Sie und Ihr Team befriedigend ist. Dazu müssen Sie herausfinden, was ersterer will.

76 Grund für Fragen nennen, damit keine falschen Motive unterstellt werden.

WICHTIGE FRAGEN

F Habe ich mit meinen Lösungsvorschlägen Flexibilität und Kreativität bewiesen und auch dazu ermutigt?

F Weiche ich auch gegen Widerstand nicht von meinem Standpunkt ab?

F Habe ich mir die geklärten Punkte notiert?

F Gewähre ich etwas, das andere später ebenfalls einfordern könnten?

KONZENTRIEREN AUF ÜBERGEORDNETE ZIELE

Können Sie einen schwierigen Mitarbeiter nicht dazu bewegen, einem Etappenziel zuzustimmen, versuchen Sie herauszufinden, ob es ein übergeordnetes Ziel gibt, auf das Sie sich einigen könnten. Wenn Sie z.B. Ihr Team vergrößern wollen, der Kollege aber nicht, versuchen Sie diese Pattsituation zu überwinden, indem Sie ein Ziel anvisieren, das Sie beide zufrieden stellt, z.B. die Arbeitsleistung des Teams zu erhöhen. Stellen Sie weitere Fragen, um zu erkunden, welchen Nutzen der andere erwartet.

▼ EINIGUNG ERZIELEN
Um aus einer Pattsituation heraus zu gegenseitiger Kooperation zu gelangen, müssen Sie viele Fragen stellen und ein übergeordnetes Ziel finden, mit dem Sie beide zufrieden sind.

Teammitglied ist mit Ziel nicht einverstanden.

Übergeordnetes Ziel finden, das beide zufrieden stellt

Gute Beziehung aufbauen durch Einigung auf gemeinsames Ziel

Fragen, welchen Nutzen sich der andere wünscht

Manager stellt mehr Fragen.

Beide Parteien einigen sich auf neues Ziel.

Lösungen diskutieren

Durch Diskutieren beste Lösung finden

Viele betrachten eine Diskussion zur Lösungsfindung als eine Art Tauziehen, bei dem es vier mögliche Ergebnisse gibt. Die einzig erstrebenswerte Lösung ist eine für beide vorteilhafte, bei der Sie – statt danach zu trachten, ein größeres Stück vom Kuchen abzubekommen als der andere – versuchen herauszufinden, wie man den Kuchen für alle Beteiligten größer machen könnte. Stellen Sie Fragen, die neue Lösungen generieren und somit die Optionen für beide Seiten erweitern. Erst wenn Sie gemeinsam mehrere Lösungen gefunden und diskutiert haben, sollten Sie sich für eine entscheiden. Prüfen Sie, wo sich Ihre Interessen überschneiden, um eine Lösung zu finden, die Sie beide zufrieden stellt. Durch eine Diskussion wird das erleichtert.

Nicht vergessen

- Um eine für alle zufrieden stellende Lösung zu finden, sollte man durch offene Fragen herausfinden, welches Ziel der andere anstrebt.
- Ein Manager, der bereit ist, auch einmal anders an eine Sache heran zu gehen, ist ein guter Verhandlungspartner.

Managerin ist fair, aber bestimmt.

Manager ist zu passiv.

▲ BEIDE GEWINNEN
Das ideale Ergebnis wird erzielt durch Anerkennung der Rechte beider Parteien und der Suche nach gemeinsamen Lösungen.

▲ ICH VERLIERE
Eine unbefriedigende Lösung wird erzielt vom passiven Manager, der aufgibt und den anderen »gewinnen« lässt.

77 Sagen Sie gleich, was Ihnen nicht passt, sonst gibt es später Ärger.

Manager ist zu aggressiv.

Manager blockt ab.

78 Fassen Sie zusammen, um zu klären, ob Sie beide dasselbe meinen.

▲ ICH GEWINNE
Dieser manipulative Manager setzt sich völlig über Gesprächspartner hinweg und will auf Kosten des anderen gewinnen.

▲ BEIDE VERLIEREN
Beide Parteien verlieren, da der Manager eine Diskussion lieber vermeidet oder verhindert, als den anderen gewinnen zu lassen.

LÖSUNGEN UMSETZEN

Damit sich ein schwieriger Mitarbeiter dauerhaft integriert, muss er einem Aktionsplan zustimmen und seine Umsetzung verantworten. Außerdem muss seine Kooperation während des ganzen Projektes, bzw. bis alle Punkte des Plans abgearbeitet sind, anhalten.

> **79** Lassen Sie den anderen den Aktionsplan zusammenfassen.

▲ **VERHALTEN**
Ein Mitarbeiter, der gewillt ist, ein Projekt oder einen Plan durchzuführen, wird seine Ideen schnellstmöglich umsetzen wollen und seinen Kollegen begeistert davon erzählen.

VERANTWORTUNG

Am Verhalten erkennt man, ob sich jemand für die Umsetzung eines Aktionsplans verantwortlich fühlt. Achten Sie, während er die Schritte, auf die Sie sich geeinigt haben, zusammenfasst und notiert, auf seine Wortwahl und seinen Tonfall. Klingt er begeistert, freut er sich auf die vor ihm liegende Aufgabe. Reagieren Sie auf jedes Zögern und jede Unsicherheit, und bitten Sie den anderen, weitere Schritte zu nennen, auf die Sie sich einigen und die notwendig sein könnten. Nachdem er alle Arbeitsschritte notiert hat, auch die Punkte, bei denen Sie ihm Unterstützung zugesagt haben, sollte das Teammitglied den Aktionsplan für Sie kopieren, damit Sie sich bei der Besprechung der Fortschritte darauf berufen können.

AKTIONSPLAN AUSARBEITEN

Haken Sie nach, ob der schwierige Mitarbeiter tatsächlich begriffen hat, welche Verantwortung er übernommen hat. Überprüfen Sie anhand der Checkliste auf der nächsten Seite den Hintergrund, z.B. ob Vorbehalte gegen das Projekt bestehen. Überlegen Sie, welche Punkte im Plan enthalten sein müssen und welche nicht, analysieren Sie, ob es Beschränkungen gibt, die die Ergebnisse beeinträchtigen können, überprüfen Sie, ob Ihre Einschätzungen realistisch sind. Der Plan sollte umfassend und einfach zu verstehen sein.

DAS IST ZU TUN

1. Den anderen bitten, realistische Termine zu nennen, wann Fortschritte geprüft werden sollen
2. Überprüfen, ob die vereinbarten Arbeitsschritte ausgeführt wurden
3. Das Teammitglied für seine bisherigen Leistungen loben

Sieben-Punkte-Checkliste

Diese Checkliste ist ein nützliches Instrument für Manager, um nach einer erzielten Einigung einen Aktionsplan auszuarbeiten.

- **Hintergrund**: Dokumentieren, wie der Plan zustande kam
- **Ziele**: Was ist notwendig im Hinblick auf Quantität, Qualität, Zeit und Kosten?
- **Rahmen**: Welche Tätigkeiten umfasst die Arbeit bzw. das Projekt, wer erhält welche Befugnisse?
- **Beschränkungen**: meist Ressourcen wie Zeit, Personal oder Kosten
- **Einschätzung**: prüfen, ob Einschätzungen realistisch sind; wenn nicht, Plan ändern
- **Berichterstattung**: schon in der Planungsphase festlegen, wie und wann Fortschritte kontrolliert und besprochen werden
- **Ergebnisse**: definieren, welche Ergebnisse in jeder Phase und nach Beendigung des Projektes erwartet werden

Vereinbarte Lösung prüfen

Achten Sie darauf, dass eine erzielte Lösung geeignet, akzeptabel, realisierbar und dauerhaft ist. Eine Lösung ist geeignet, wenn sie zur momentanen Situation passt und der Zeitplan stimmt. Überlegen Sie: Werden die restlichen Teammitglieder oder andere Betroffene sie ebenfalls akzeptabel finden? Welche Ressourcen und welches Budget werden dafür benötigt? Ist das Projekt mit dieser Lösung in der vorgegebenen Zeit und mit den vorhandenen Ressourcen realisierbar? Wie lange wird es dauern, bis sich herausstellt, ob die Lösung den versprochenen Nutzen bringt? Dies alles kann Auswirkungen darauf haben, wie lange sich der andere an die Vereinbarung hält.

▼ ZEITPLAN PRÜFEN
Damit sich ein vereinbarter Aktionsplan auch umsetzen lässt, sollten Sie vorab den Zeitplan prüfen, um eventuelle Probleme so früh wie möglich erkennen und Veränderungen vornehmen zu können.

Managerin stimmt Prioritäten mit Mitarbeiter ab.

80 Im Plan sollten Schritte, Ressourcen, Aufgaben und Termine festgehalten sein.

KONFLIKTMANAGEMENT

Wenn man mit einem schwierigen Mitarbeiter konfrontiert wird, der sich weigert, seinen Verpflichtungen nachzukommen, sollte man wissen, wie man sich zu verhalten hat.

AUF EIGENES VERHALTEN ACHTEN

Mit einem schwierigen Mitarbeiter konfrontiert, muss ein Manager eventuell mehr als 50 % der Kommunikation bestreiten. Nur wer selbstbewusst ist und seine Reaktionen unter Kontrolle hat, ist in der Lage, mit dem Verhalten seines Gegenübers fertig zu werden.

> **81** Achten Sie auf Ihre Reaktionen und deren Wirkung auf andere.

NICHT VERGESSEN

- Darauf achten, dass nicht die eigene Körpersprache erst eine schwierige Situation heraufbeschwört
- Die angespannte Haltung des Gegenübers zunächst widerspiegeln, dann allmählich entspannen
- Blickkontakt halten und Wortwahl, Tonfall und Sprechgeschwindigkeit anpassen

VERBINDUNG HALTEN

Wenn Sie nicht gleich begreifen, was los ist, weil eine Person widersprüchliche Signale aussendet, teilnahmslos oder gar feindselig erscheint, ist es äußerst wichtig, die Verbindung zu ihr zu halten. Halten Sie Blickkontakt, und spiegeln Sie die Körpersprache des anderen wider. Versuchen Sie mit gleicher Geschwindigkeit und Lautstärke sowie im gleichen Tonfall zu sprechen, und passen Sie Ihre Atmung an. Je enger die Verbindung wird, desto besser können Sie Reaktionen vorhersehen.

AUF EIGENES VERHALTEN ACHTEN

AUSSENSICHT

Um besser zu verstehen, wie der andere die Situation beurteilt, müssen Sie zuerst eine Verbindung zu Ihrem Gegenüber aufbauen, um sich in dieses hineinversetzen zu können. Überprüfen Sie zudem Ihre eigene Sichtweise, und treten Sie dann im Geist aus der Situation heraus, um Sie beide wie ein Außenstehender zu beobachten. Versetzen Sie sich anschließend noch einmal in Ihr Gegenüber: Können Sie dessen Sichtweise nun besser nachvollziehen? Wie wollen Sie nun dem schwierigen Mitarbeiter gegenüber treten? Überlegen Sie, welche Vorgehensweise am erfolgversprechendsten ist, testen Sie diese, und beobachten Sie, wie der andere darauf reagiert. Hat dieser Versuch nichts gefruchtet, wählen Sie eine andere Vorgehensweise.

▼ **SICH DISTANZIEREN**
Stellen Sie sich im Geist sozusagen neben sich, um Ihre Sichtweise kritisch zu prüfen, und lösen Sie sich dann ganz aus der Situation, um sie wie ein Außenstehender zu betrachten. So können Sie leichter entscheiden, wie Sie vorgehen wollen.

Manager vertieft Verbindung.

Manager tritt aus Situation heraus, um zu beobachten.

Manager distanziert sich im Geist, um seine Sichtweise zu prüfen.

82 Gut ist, wenn der andere eine Änderung Ihrer Haltung widerspiegelt.

83 Sich in den anderen hineinversetzen hält die Verbindung aufrecht.

TUN UND LASSEN

✔ Erwünschtes Verhalten positiv formulieren, z.B. »Machen Sie weiter so«

✔ Daran denken, dass auch die eigene Gestik Anspannung verraten oder vom Gesagten ablenken kann

✔ Weitermachen – die Lösung von Konflikten erfordert Geduld und Durchhaltevermögen.

✘ Auf erwünschtes Verhalten nicht negativ hinweisen, z.B. »Machen Sie nicht..., sondern...«

✘ Niemanden anstarren – aber darauf achten, ob jemand Blickkontakt meidet und vielleicht etwas verschweigt

✘ Nicht die Hand vor den Mund halten – das wirkt so, als wolle man etwas verbergen.

SITUATIONEN ENTSCHÄRFEN

Wird ein schwieriger Mitarbeiter aggressiv, sollten Sie wissen, wie sich die Situation entschärfen lässt. Erst wenn sich der andere beruhigt hat, wird er Ihnen wieder seine Aufmerksamkeit zuwenden, so dass eine produktive Diskussion möglich ist.

84 Nicht unterbrechen oder vorverurteilen – erst zuhören, dann urteilen.

85 In jeder Situation zunächst die Fakten analysieren.

▼ EINE »PROBLEMTABELLE« ERSTELLEN

Durch Erstellen einer solchen Tabelle können Sie und der Mitarbeiter gemeinsam bestehende Probleme aufdecken und eine Lösung erarbeiten.

ABLENKUNGSMANÖVER

Am besten lässt sich jemand ablenken, indem man ihm eine Frage stellt, über die er erst einmal nachdenken muss. Bitten Sie Ihren Gesprächspartner, die Vor- und Nachteile seines Vorschlags aufzuschreiben. Sofort wird der Betreffende das Problem von der Situation losgelöst betrachten. Braucht er noch mehr Zeit, um sich wieder zu beruhigen, arbeiten Sie mit ihm eine »Problemtabelle« durch. Dadurch wird die Aufmerksamkeit auf die Fakten gelenkt.

PROBLEMTABELLE

Analyse	Problemdarstellung	Aktuelle Situation	Ideale Situation	Maßnahmen
Konzerngruppenbericht für die monatliche Vorstandssitzung ist nie rechtzeitig fertig.	Alle 12 Abteilungsberichte mit den Zahlen vom Monatsende müssen am 5. des folgenden Monats für den Konzerngruppenbericht zusammengestellt werden.	Bisher lag der Bericht frühestens am 10. des folgenden Monats vor. Der Vorstand wird zunehmend ungeduldiger.	Der Vorstand erhält den Konzerngruppenbericht fünf Tage vor der Vorstandssitzung am 10. des Monats.	Termin für Abgabe der monatlichen Geschäftszahlen auf den 25. des Monats vorverlegen, um die Zahlen der Abteilungsberichte bis zum Monatsende zusammenfassen zu können.
Problem so genau wie möglich beschreiben	*Umfang, Dauer, Termine, Häufigkeit, usw. aufschreiben*	*Die jetzige Situation umreißen*	*Angestrebtes Ergebnis definieren*	*Vereinbarte Lösungsmaßnahmen aufschreiben*

SITUATIONEN ENTSCHÄRFEN

Teammitglied wird beim Überdenken der Fakten umgänglicher.

Manager hilft Teammitglied bei der Ausarbeitung der Problemtabelle.

SCHWIERIGE MITARBEITER FÜHREN

Überlegen Sie, welches Verhalten Sie bei dem Betreffenden schätzen würden, und versuchen Sie ihn durch kleine Änderungen Ihrer eigenen Körpersprache dahin zu dirigieren. Prüfen Sie, ob Körpersprache und Sprache des Mitarbeiters in Einklang stehen. Passt der Mitarbeiter seine Sprache der Ihren an, dann haben Sie es geschafft, eine Verbindung zu ihm herzustellen und können ihn von seiner negativen Haltung abbringen, indem Sie mit Ihrer Körpersprache eine positive Haltung signalisieren.

▲ PROBLEMTABELLE DURCHARBEITEN
Gemeinsam eine Problemtabelle auszufüllen, bringt beide Parteien dazu, sich mit den Fakten auseinander zu setzen und Gefühle hintenan zu stellen. Dies verbessert die Kooperation.

86 Nie jemanden mit »Ja, aber...« unterbrechen.

NICHT VERGESSEN

- Ein Problem am richtigen Ort und zur richtigen Zeit diskutieren
- Eine Pause machen, wenn sich die Gemüter erhitzt haben
- Erst wenn die Körpersprache eines Mitarbeiters Ihrer angepasst ist, wird er bereit sein, Ihre Führung anzuerkennen.
- Wenn es mehrere Alternativen gibt, mit denen man leben kann, sollte der andere aus diesen auswählen können.

EINEN FLUCHTWEG OFFEN LASSEN

Wichtig ist, niemanden so in die Ecke zu drängen, dass er keinen anderen Ausweg sieht, als sich gegen Sie zu stellen. Wenn Sie ihm keinen Fluchtweg lassen, riskieren Sie, nie eine gemeinsame Lösung zu finden. Erlauben Sie dem schwierigen Mitarbeiter, Ziele und Termine innerhalb eines abgesprochenen Handlungsrahmens selbst festzulegen. Geben Sie immer mindestens zwei Alternativen vor, so dass der andere eine Wahlmöglichkeit hat und sein »Gesicht wahren« kann.

KONFLIKTMANAGEMENT

GRUNDREGELN VEREINBAREN

Am besten ist es, immer gleich am Anfang Grundregeln für eine Zusammenarbeit aufzustellen, denn das beugt Problemen vor. Zugleich ist so eine effektivere Zusammenarbeit mit schwierigen Mitarbeitern einfacher zu erreichen.

87 Durch Grundregeln einem oder allen Mitarbeitern Grenzen setzen.

88 Immer ein Zeitlimit für Diskussionen setzen.

REGELN AUFSTELLEN ▼

Grundregeln erleichtern die Zusammenarbeit enorm – egal, wie viele schwierige Mitarbeiter im Team sind. Wenn z.B. über Lösungen diskutiert wird, sorgen Grundregeln dafür, dass keiner aus der Reihe tanzen kann und die Diskussion produktiv bleibt.

GRUNDREGELN DEFINIEREN

Grundregeln sind gemeinsam vereinbarte Richtlinien, nach denen eine Zusammenarbeit stattfinden soll. Erste Regel: Diskussionen durch ein Zeitlimit begrenzen, damit sich alle auf die Lösungsfindung konzentrieren. Weitere hilfreiche Regeln sind u.a. sich zuhören; versuchen, die positiven Seiten eines Vorschlags zu sehen, statt nach Gründen zu suchen, warum er nicht gut ist; sich nicht unterbrechen; jeden zu Wort kommen lassen. Vereinbart man zu Beginn einer Besprechung solche Grundregeln, werden sich alle Teilnehmer mehr zusammennehmen.

Schwieriges Teammitglied reagiert abwehrend auf Unterbrechung durch Kollegen.

Manager weist auf die Regel hin, dass jeder den anderen aussprechen lassen muss.

Schwieriges Teammitglied unterbricht und kritisiert Kollegin.

Grundregeln vereinbaren

Service-Richtlinien

Ein Mitarbeiter kann schwierig werden, wenn er nicht weiß, wie er in bestimmten Situationen mit anderen umgehen soll. Wer z.B. Kunden betreut, muss wissen, was mit dem Kunden vereinbart wurde, um die Erwartungen des Kunden sowie die Rolle, die er bei deren Erfüllung zu spielen hat, verstehen zu können. Legen Sie Service-Richtlinien fest, in denen ausgeführt wird, welchen Service der Kunde erwarten kann. Wenn ein Mitarbeiter aus der Reihe tanzt, legen Sie Regeln fest, die jedes Teammitglied zu beachten hat.

> Wir garantieren für alle unsere Filialen weltweit:
>
> **1**
> Einen Anruf spätestens nach dem dritten Klingeln anzunehmen
>
> **2**
> Sofort auf telefonische und binnen 24 Stunden auf schriftliche Beschwerden zu reagieren
>
> **3**
> Große fachliche Kompetenz unserer Kundendienstberater durch stetige Schulungen und Weiterbildungen
>
> A. Schmidt
> Geschäftsführer

◀ **Standard für Kundenservice**
Service-Richtlinien sollen dafür sorgen, dass alle Mitarbeiter den Service-Standard kennen, den ein Kunde von ihnen erwarten darf. Aus den Richtlinien sollte ersichtlich sein, was die Firma garantiert, um die Zufriedenheit des Kunden und die Qualitätssicherung zu gewährleisten.

Service-Standards definieren

Wenn sich ganze Teams oder Abteilungen gegenseitig für unkooperativ oder schwierig halten, dann könnte es von Nutzen sein, für alle verbindliche Service-Standards festzulegen und diese aufzuschreiben. Das beugt potenziellen Konflikten vor, da die Standards von allen eingehalten werden müssen. Daneben kann auch festgehalten werden, welche Sanktionen bei Nicht-Einhaltung vorgesehen sind. Eine schriftliche Ausarbeitung von Service-Standards kann äußerst nützlich sein, da jeder nachlesen kann, welche Standards erreicht oder beibehalten werden sollen. Eine schriftliche Fixierung der Service-Standards vereinfacht auch die Überprüfung der Qualität, so dass Abweichungen schneller berichtigt werden können.

89 Stellen Sie sicher, dass jeder die Service-Standards kennt.

Nicht vergessen

- Grundregeln auf ein Flipchart schreiben, so dass jeder sie sehen und seine Zustimmung geben kann
- Service-Richtlinien und Standards verdeutlichen das erwartete Service-Niveau.
- Erwartungen gleich am Anfang zu definieren, reduziert das Konfliktpotenzial.

KONFLIKTE LÖSEN

Betrachten Sie einen Konflikt als Chance, einen schwierigen Mitarbeiter besser kennen zu lernen und ihn dazu zu bewegen, bessere Leistungen zu erbringen. Wenn Sie sich beide dem Konflikt stellen, können Sie das Problem gemeinsam lösen.

90 Beschreiben Sie problematisches Verhalten und dessen Folgen.

KONFLIKTE AUSTRAGEN

Es ist wichtig, dass man sich sofort mit einem Verhalten auseinander setzt, mit dem man konfrontiert wird. Verhaltensweisen ändern sich – mal zum Guten, mal zum Schlechten –, so dass man seine Reaktion jeweils anpassen muss. Gehen Sie offen an einen Konflikt heran, indem Sie dem anderen sagen, welche Auswirkungen sein Verhalten hat – ob nun passiver bzw. aktiver Widerstand oder Aggressivität. Helfen Sie dem Betreffenden, die Ursache des Problems zu erkennen.

Manager setzt sich mit Kollegin zusammen und versucht durch offene Fragen den wahren Grund für ihren Widerstand herauszufinden.

Mitarbeiterin ist aufgebracht über Pläne zur Änderung von Arbeitsabläufen in ihrer Abteilung und spricht Manager darauf an.

Manager ist frustriert über den Konflikt und forscht nicht nach den wahren Gründen für ihr Verhalten.

Konflikte lösen

> **91** Vorschlag machen, wie jemand einen positiveren Ansatz finden kann.

▼ **KONFLIKTE LÖSEN**
Dieses Schaubild zeigt zwei mögliche Lösungen auf: Durch Aufarbeitung des Konflikts verbessert der Manager seine Arbeitsbeziehung zu der vordem schwierigen Mitarbeiterin. Oder er löst den Konflikt nicht und verliert ein wertvolles Teammitglied.

Manager erfährt, dass Mitarbeiterin Zweifel hegt, ob sie die Anforderungen des neuen Plans erfüllen kann.

Gemeinsam überlegen sie, wie Mitarbeiterin neue Ziele erreichen kann.

Gestresste Mitarbeiterin erreicht neue Ziele nicht, nachdem Plan umgesetzt wurde, und beschließt zu kündigen.

Probleme eingestehen

Fortschritte lassen sich schwerlich erzielen, solange keiner von Ihnen zugibt, dass Probleme bestehen. Will ein schwieriger Mitarbeiter dies nicht zugeben, dann müssen Sie so lange nachhaken, bis er es tut. Es ist unwahrscheinlich, dass ein Teammitglied sich verpflichtet, bei der Problemlösung aktiv mitzuhelfen, solange es nicht begreift, welche Auswirkungen das Problem auf die Ziele des Teams, des Unternehmens oder des Kunden hat. Finden Sie durch offene Fragen heraus, wo die Ursache des Problems liegt und wer noch dazu beigetragen hat.

> **92** Aufgeschlossen bleiben – man kennt nicht immer alle Fakten.

Probleme gemeinsam lösen

Versuchen Sie durch Fragen die wahre Ursache eines Problems herauszufinden, und äußern Sie Ideen, wie es sich lösen lässt. Bitten Sie den Mitarbeiter, die vereinbarten Schritte zur Lösung des Problems zusammenzufassen. So können sie prüfen, ob er verstanden hat, welche Schritte notwendig sind und bereit ist, diese auch durchzuführen. Über Probleme zu sprechen, sobald sie auftauchen und sich auf eine Lösung zu einigen, verbessert die Zusammenarbeit. Fördern Sie diese Gesprächskultur auch langfristig.

KONFLIKTMANAGEMENT

93 In Diskussionen auf zukünftige Schritte konzentrieren.

94 Erkennen Sie die Meinungen anderer Menschen an.

WÜNSCHE FORMULIEREN

Wenn Sie jemandem eine Anweisung geben, wird er diese zwar meist befolgen, aber längst nicht so bereitwillig, wie wenn Sie sie als Vorschlag formuliert hätten. Sagen Sie mit wenigen Worten klar und deutlich, was Sie wollen, und nennen Sie Ihre Gründe, ohne es jedoch so klingen zu lassen, als müssten Sie sich rechtfertigen. Widerstehen Sie der Versuchung, an die Gefühle der Mitarbeiter zu appellieren oder ihnen zu schmeicheln. Respektieren Sie deren Recht, »Nein« zu sagen. Machen Sie lieber Alternativvorschläge.

MEINUNG ÄUSSERN

Es kann passieren, dass jemand nicht Ihrer Meinung ist. Dann sollten Sie überzeugend Ihre Meinung vertreten, ohne ungehalten zu wirken – so ist die Wahrscheinlichkeit größer, dass auch eine schwierige Person sie akzeptiert. Versuchen Sie den anderen durch Logik und Fakten zu überzeugen, vertreten Sie Ihre Meinung, zeigen Sie Ihre Gefühle. Machen Sie konstruktive und zukunftsorientierte Vorschläge, die die Diskussion in Gang bringen. Sagen Sie offen, was Sie denken und verwenden Sie dabei häufiger »ich« als »Sie«. Sind Sie mit dem anderen nicht einer Meinung, sagen Sie das auf konstruktive Art und Weise. Nennen Sie zuerst die Punkte, denen Sie zustimmen sowie die Gründe, warum Sie anderer Meinung sind.

BESTIMMT ▶ AUFTRETEN

Wer seine Meinung bestimmt, aber auf konstruktive Weise zum Ausdruck bringt, ermutigt einen nervösen oder ablehnenden Mitarbeiter, seine Meinung ebenso zu äußern. Sagen Sie Ihre Meinung, aber akzeptieren Sie auch andere.

NICHT VERGESSEN

- Vorschläge zu unterbreiten ist sinnvoller als Anweisungen zu erteilen.
- Im Konfliktfall die eigene Meinung bestimmt vertreten, aber nicht ungehalten werden – so lernen Mitarbeiter, mit Konflikten konstruktiv umzugehen.
- Ist Ihre Position ein klares »Nein«, so machen Sie dies ganz deutlich.

Teammitglied beginnt über das nachzudenken, was Managerin sagt.

Managerin vertritt ihre Meinung bestimmt, aber nicht aggressiv.

KONFLIKTMANAGEMENT

»NEIN« SAGEN

Wenn Sie »Nein« sagen müssen, nennen Sie den wahren Grund dafür und bleiben Sie dabei. Vermeiden Sie es, eine lange Liste von Gründen aufzuzählen oder sich wortreich zu entschuldigen. Bohrt der schwierige Mitarbeiter weiter nach, wiederholen Sie noch einmal, ruhig und bestimmt, was Sie sagten, zur Not so lange, bis Ihr Gegenüber versteht, warum Sie Ihre Entscheidung nicht ändern können. Beispiel: »Ich werde die Situation gerne in sechs Monaten noch einmal beurteilen. Aber im Moment kann ich die Entscheidung nicht ändern. Mitte April können wir noch einmal darüber sprechen.« Schließlich wird auch der starrsinnigste Mitarbeiter die Botschaft verstehen, ob sie ihm gefällt oder nicht.

> **95** Wer respektiert werden will, muss auch andere respektieren.

Teammitglied versucht Managerin zu einem »Ja« zu überreden.

Managerin hört mit aufmerksamer Miene zu.

▶ BEI EINER WEIGERUNG BLEIBEN

Will ein schwieriger Mitarbeiter Sie zu einem »Ja« überreden, hören Sie mit aufmerksamer Miene zu, und weichen Sie seinem Blick nicht aus, um Ihre Bestimmtheit zu unterstreichen. Bleiben Sie ruhig und sachlich, wenn Sie »Nein« sagen.

FALLBEISPIEL

Sandra leitete ein lebenslustiges Team in einer gut laufenden Agentur. Das Team arbeitete hart, und im Gegenzug gewährte Sandra eine großzügige Freizeitregelung. Doch irgendwann beschlich Sandra das Gefühl, die Mitarbeiter stellten ihr Privatleben über die Einhaltung von Terminen. Da sie mehrmals Überstunden machen musste, um dringende Aufträge ihrer Klienten zu erfüllen, war sie wütend, dass sie teilweise auch noch die Arbeit der anderen fertig machen musste. Sandra berief eine Besprechung ein und erklärte ruhig, aber bestimmt, was sie von dem Verhalten der Teammitglieder hielt. Sie erläuterte, dass sie ihre eigenen Aufträge nicht rechtzeitig fertig stellen konnte, weil sie noch die Arbeit der anderen erledigen musste, worunter die Akquise litt. Sandra bat ihr Team, Vorschläge zur Lösung des Problems zu machen. Dadurch übernahm das Team wieder Verantwortung.

◀ KONFLIKTE LÖSEN

Indem sie das Problem und ihre Erwartungen darlegte und gemeinsam mit dem Team nach Lösungen suchte, half Sandra ihren Mitarbeitern, die Sachlage zu erkennen und zu akzeptieren. Nach dieser Besprechung war es für das Team eine Frage der Ehre, vorauszuplanen und Sandra keine Extraarbeit aufzuhalsen.

KONFLIKTMANAGEMENT

VERMITTLER EINSCHALTEN

Wenn die Konfrontation mit einem schwierigen Mitarbeiter zu stressig und zeitaufwändig geworden ist, kann es sinnvoll sein, einen Vermittler einzuschalten. Die Aufgabe eines Vermittlers ist es, unparteiisch und neutral für Einigung zu sorgen.

96 Einen Dritten einzuschalten heißt nicht, dass man versagt hat.

97 Immer konstruktiv diskutieren – auch wenn Sie nicht übereinstimmen.

BEIDE SEITEN ANHÖREN

Ein Vermittler kann auch jemand aus der eigenen Firma sein, der einen neutralen Standpunkt vertritt zuhören kann und das Einfühlungsvermögen, die Reife und Integrität besitzt, diese schwierige Rolle z übernehmen. Falls entweder Sie oder der schwierig Mitarbeiter auch nur den geringsten Zweifel an der Neutralität des Vermittlers hegen, sollte man besser einen externen Vermittler oder Berater hinzuziehen, den Sie beide als neutral anerkennen. Die Aufgabe des Vermittlers ist es, in einer schwierigen Situation Gefühle und Spannungen positiv zu kanalisieren.

VERMITTLER HINZUZIEHEN▼
Die Vermittlerin hier ist jemand, dem der Teamleiter und der schwierige Mitarbeiter vertrauen. Sie hört beide Seiten an und hilft ihnen, das Problem zu analysieren. Auch wenn sie eine gegensätzliche Meinung zu den beiden anderen vertritt, flößt sie immer noch Respekt und Vertrauen ein.

Körpersprache der Vermittlerin ist neutral.

Schwieriger Mitarbeiter vertraut auf Unparteilichkeit der Vermittlerin.

Manager trägt seine Ansichten und Erwartungen vor.

Vermittler einschalten

Einen Vermittler wählen

- Überlegen, welche Ergebnisse erwünscht sind
- Vermittler mit entsprechender Schulung und Erfahrung suchen
- Sicher stellen, dass der Vermittler jemand ist, dem die andere Partei vertraut und den sie respektiert
- Zeitlimit und Budget für die gewählte Art der Vermittlung prüfen

Probleme lösen

Ein guter Vermittler kann Ihnen helfen, Probleme zu lösen, gesteht Ihnen jedoch auch eine gewisse Kontrolle zu, indem er Sie aktiv an der Lösungsfindung beteiligt. In sehr schwierigen Fällen, z.B. wenn man sich mit Kunden nicht über Vertragspunkte einigen kann, können zwei Vermittler nötig werden, für jede Seite einer. Eine Schlichtung soll immer dazu führen, dass sich beide Parteien einigen, so dass keine von beiden Seiten das Gefühl hat, übervorteilt, sondern im Gegenteil, gut informiert und angehört worden zu sein. Beide Parteien werden sich eher an eine Vereinbarung halten, wenn sie aktiv an deren Ausarbeitung mitgewirkt haben, und keiner wird sich ungerecht behandelt fühlen, weil keine Lösung erzwungen wird.

98 Anfragen, ob der Vermittler vorab eine schriftliche Schilderung des Problems von beiden Seiten will.

Eine Vereinbarung ausarbeiten

Bevor man einen Vermittler hinzuzieht, sollte man wissen, welche Ergebnisse man sich von einer Schlichtung erwartet. Dies gibt dem Vermittler den Rahmen für den Schlichtungsprozess vor, gleichzeitig weiß er, was Sie von ihm erwarten. Fragen Sie jeden potenziellen Vermittler nach seiner Ausbildung und Erfahrung. Überlegen Sie, auf welche Kenntnisse, Werte und welchen Stil Sie Wert legen. Bei Problemen zwischen Teams oder Abteilungen oder zwischen einzelnen Arbeitnehmern innerhalb der Firma soll meist eine Einigung erzielt werden, die zwar schriftlich fixiert wird, aber nicht gesetzlich bindend ist. Zwischen Kunden und Unternehmen ist die Rechtslage anders.

Kulturelle Unterschiede

Eine Schlichtung zwischen Vertretern unterschiedlicher Kulturen bzw. sozialer Gruppen kann aufgrund von Verständigungsproblemen und Missverständnissen schwierig werden. Wenn eine Partei wünscht, dass eine Person ihrer Nationalität oder ihres Geschlechtes anwesend ist, sollte man ihr dies zugestehen.

Testen Sie sich

Will man erreichen, dass alle Teammitglieder durchgängig gute Leistungen erbringen, muss man Strategien kennen, die den Umgang mit schwierigen Mitarbeitern erleichtern. Prüfen Sie Ihre diesbezüglichen Kenntnisse, indem Sie folgende Aussagen bewerten. Seien Sie möglichst ehrlich: Beantworten Sie eine Frage mit »nie«, kreuzen Sie Option 1 an, lautet die Antwort »immer«, nehmen Sie Option 4 usw.

Optionen
1 Nie
2 Gelegentlich
3 Oft
4 Immer

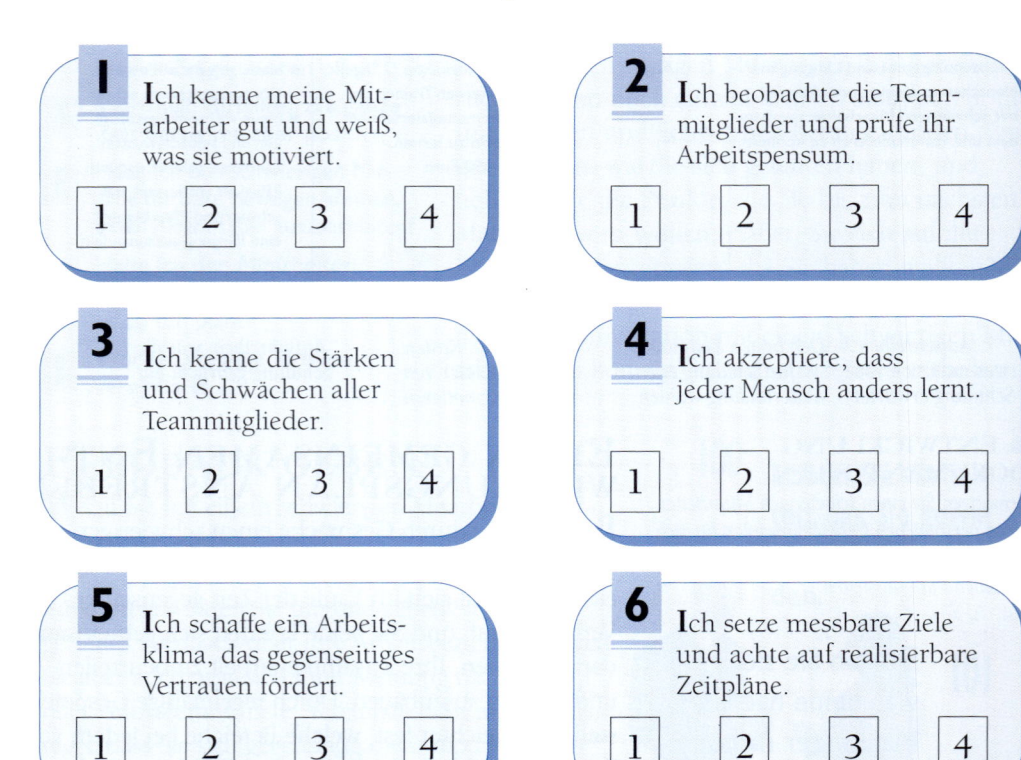

1 Ich kenne meine Mitarbeiter gut und weiß, was sie motiviert.
☐ 1 ☐ 2 ☐ 3 ☐ 4

2 Ich beobachte die Teammitglieder und prüfe ihr Arbeitspensum.
☐ 1 ☐ 2 ☐ 3 ☐ 4

3 Ich kenne die Stärken und Schwächen aller Teammitglieder.
☐ 1 ☐ 2 ☐ 3 ☐ 4

4 Ich akzeptiere, dass jeder Mensch anders lernt.
☐ 1 ☐ 2 ☐ 3 ☐ 4

5 Ich schaffe ein Arbeitsklima, das gegenseitiges Vertrauen fördert.
☐ 1 ☐ 2 ☐ 3 ☐ 4

6 Ich setze messbare Ziele und achte auf realisierbare Zeitpläne.
☐ 1 ☐ 2 ☐ 3 ☐ 4

Testen Sie sich

7 Ich grüße alle, mit denen ich täglich zusammenarbeite.

1 2 3 4

8 Ich ermutige Mitarbeiter, sich gegenseitig und auch mir Feedback zu geben.

1 2 3 4

9 Ich gebe Informationen an das Team weiter und prüfe, ob sie verstanden wurden.

1 2 3 4

10 Ich halte Mitarbeiter dazu an, Kundenerwartungen ernst zu nehmen.

1 2 3 4

11 Ich stelle sicher, dass jeder weiß, was von ihm erwartet wird.

1 2 3 4

12 Ich kenne meine Stärken und Schwächen und arbeite daran.

1 2 3 4

13 Ich definiere ein Problem und überlege mir mehrere Lösungen.

1 2 3 4

14 Vor einem Gespräch mit einer schwierigen Person bereite ich mich gut vor.

1 2 3 4

15 Ich bin bestimmt, aber freundlich, nicht passiv oder aggressiv.

1 2 3 4

16 Ich höre anderen immer genau zu.

1 2 3 4

KONFLIKTMANAGEMENT

17 Ich ermutige Mitarbeiter, nach vorne zu schauen, nicht zurück.

[1] [2] [3] [4]

18 Ich frage nach, warum jemand eine Veränderung nicht akzeptieren will.

[1] [2] [3] [4]

19 Ich weiß, wann ich schwierige Menschen zur Rede stellen muss.

[1] [2] [3] [4]

20 Ich achte auf die Körpersprache anderer – sie weist auf mögliche Probleme hin.

[1] [2] [3] [4]

21 Ich weiß, wie ich Einwände gegen meine Vorschläge widerlegen kann.

[1] [2] [3] [4]

22 Ich überprüfe immer, ob gemeinsam vereinbarte Schritte auch umgesetzt werden.

[1] [2] [3] [4]

23 Ich lege immer faire Ziele und Standards für Teammitarbeiter fest.

[1] [2] [3] [4]

24 Ich gebe Feedback, welches Verhalten beibehalten werden sollte.

[1] [2] [3] [4]

25 Ich bewerte Informationen sorgfältig und bin mir meiner Vorurteile bewusst.

[1] [2] [3] [4]

26 Ich stelle offene Fragen und höre mehr zu als ich spreche.

[1] [2] [3] [4]

Testen Sie sich

27 Ich merke, wann jemand wirklich bereit ist, etwas zu verändern.

1　2　3　4

28 Ich weiß, wann ich flexibel und wann ich standhaft sein sollte.

1　2　3　4

29 Ich fasse vereinbarte Schritte zusammen oder bitte den anderen darum.

1　2　3　4

30 Ich lege die wichtigsten Aufgaben, Rollen, Ressourcen und Termine für Projekte fest.

1　2　3　4

31 Ich kann mich in andere hineinversetzen, dabei aber objektiv bleiben.

1　2　3　4

32 Ich lobe gute Leistungen und feiere Erfolge mit meinem Team.

1　2　3　4

Auswertung

Zählen Sie nun die Punkte zusammen, und lesen Sie, wie Sie abgeschnitten haben. Welche Erfolge Sie auch bereits erzielt haben mögen, Raum für Verbesserungen bleibt immer. Finden Sie Ihre Schwachpunkte heraus, und lesen Sie in den entsprechenden Abschnitten nach.

32–63: Schwierige Menschen können Sie immer noch überraschen. Schulen Sie Ihre Beobachtungsgabe und bereiten Sie Gespräche mit schwierigen Mitarbeitern gut vor.

64–95: Sie wissen, wie Sie in häufigen Situationen schwierigen Menschen begegnen müssen, doch könnten Sie in einigen Bereichen dazu lernen.

96–128: Sie sind im Umgang mit schwierigen Menschen bereits relativ erfolgreich. Bauen Sie dies weiter aus, indem Sie um regelmäßiges Feedback bitten.

ÜBERZEUGUNGS-STRATEGIEN

Einleitung 560

WAS HEISST EINFLUSS AUSÜBEN?

Einfluss ausüben 562
Produktive Beziehungen 564
Ziel und Zweck der Einflussnahme 566

SELBST-MANAGEMENT

Selbstvertrauen stärken 570
Die richtige Einstellung haben 572
Emotionale Intelligenz 574
Einfühlungsvermögen 576
Vertrauen aufbauen 578
Kleidungsstil anpassen 580

IDEEN PRÄSENTIEREN

Ideen im Kontext 582
Interesse wecken 584
Kooperation erzielen 586
Eine Idee verkaufen 588
Nach vorn blicken 590

EINFLUSS AUSÜBEN

Netzwerke aufbauen 592
Mitarbeiter motivieren 596
Teams beeinflussen 600
Vorgesetzte beeinflussen 604
Erfolgreich verhandeln 608
Konflikte lösen 610
Präsentationen vorbereiten 614
Das Publikum fesseln 618
Können Sie Menschen beeinflussen? 622

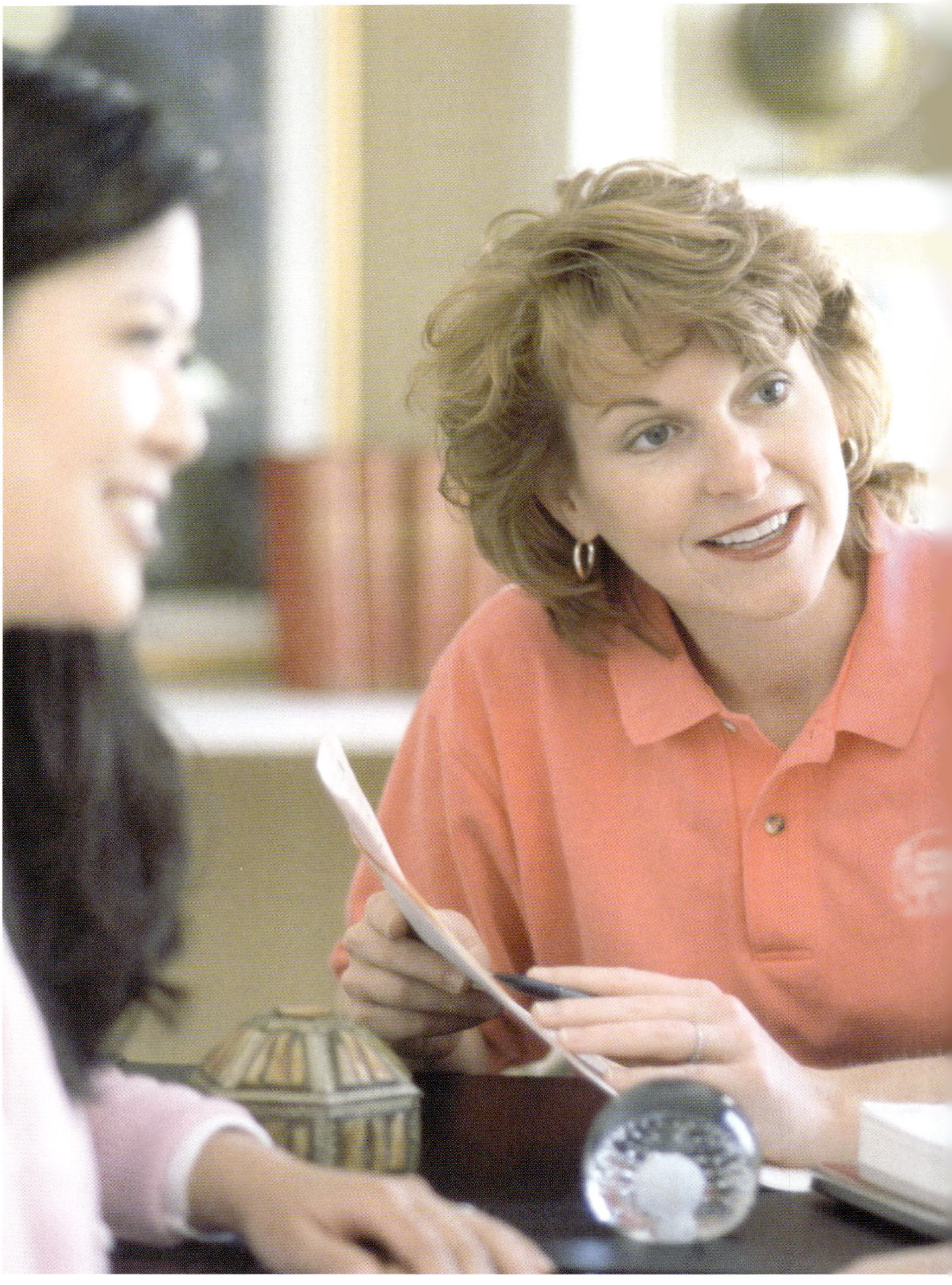

Einleitung

Die Fähigkeit, gute Beziehungen zu anderen Menschen aufzubauen und eigenen Ideen erfolgreich Gehör zu verschaffen, ist für Führungskräfte unabdingbar. Wer Einfluss besitzt, hat es leichter, Unterstützung für seine Vorschläge zu gewinnen, wodurch sich auch das Erfolgspotenzial vergrößert. Hier lernen Sie, Ihr Kommunikationsverhalten zu verbessern, das Interesse und die Kooperation anderer zu gewinnen und sich Respekt und Vertrauen zu erwerben. Praktische Ratschläge und 101 Kurztipps zeigen Ihnen, wie Sie Ihre Einflussnahme verbessern und zu einem Menschen werden können, den Kollegen um Rat und Anleitung bitten. Ein Selbsteinschätzungstest am Ende des Kapitels soll Ihnen die Beurteilung erleichtern, wie gut Ihre Fähigkeiten der Einflussnahme bereits sind.

WAS HEISST EINFLUSS AUSÜBEN?

Wer seinen Ideen Gehör und Akzeptanz verschaffen kann, der übt Einfluss aus. Und wer große Überzeugungskraft besitzt, kann seine Ziele leichter verwirklichen.

EINFLUSS AUSÜBEN

Erfolgreiche Einflussnehmer sind überzeugend und vertrauenswürdig, und Voraussetzung für diese Eigenschaften ist Selbstmanagement. Wer überzeugen will, muss selbstbewusst auftreten und gleichzeitig die Bedürfnisse anderer berücksichtigen.

> **1** Ordnen Sie vor Präsentationen Ihre Gedanken logisch.

ÜBERZEUGUNGSKUNST

Vor 2300 Jahren befasste sich der griechische Philosoph Aristoteles in seiner *Rhetorik* mit den Fähigkeiten, die ein guter Einflussnehmer besitzen muss. Er definierte Überzeugungskraft als die Fähigkeit, auf andere einzugehen und sie von seinen Ideen zu überzeugen. Ein guter Einflussnehmer bringt Argumente logisch und flüssig vor und kann andere motivieren, indem er an ihre Interessen appelliert.

◀ **ARISTOTELES**
Er schrieb, um überzeugen zu können, müsse man den Verstand und die Herzen der Zuhörer gewinnen sowie überzeugend auftreten – nur dann werde man als Autorität anerkannt.

Einfluss ausüben

| 2 | Studieren Sie die Techniken guter Redner. |

| 3 | Wer gut informiert ist, wirkt glaubwürdiger. |

Herz und Verstand

Wer jemanden gefühlsmäßig überzeugen will, muss dessen Ambitionen, Interessen und Bedenken respektieren. Wollen Sie andere von Ihren Ideen überzeugen, müssen Sie zeigen, dass diese Ideen deren Bedürfnissen entgegenkommen. Lassen Sie Ihre Begeisterung für Ihre Ideen durchschimmern, jedoch auch, dass Ihnen die Meinung anderer wichtig ist. Um verstandesmäßig zu überzeugen, muss man fundierte Fachkenntnisse besitzen und diese vermitteln können. Vertritt jemand eine andere Meinung, sollte man einen Kompromiss anstreben.

Selbstmanagement

Fähige Einflussnehmer haben ihre Gefühle gut im Griff. Das Selbstvertrauen lässt sich stärken, indem man es sich eingesteht, wenn man unsicher ist, und dieses Gefühl dann positiv kanalisiert. Wer z.B. vor einer Besprechung nervös ist, sollte sich frühere Erfolge in Erinnerung rufen.

Leidenschaftlich
Logisch
Anpassungsfähig
Ehrlich
Redegewandt

EINFLUSS AUSÜBEN ▶
Erfolgreiche Einflussnehmer wirken und klingen selbstbewusst, sind gut vorbereitet und höflich. Sie registrieren die Gefühle anderer und passen sich entsprechend an.

FALLBEISPIEL

Johanna war Gebietsleiterin eines internationalen Unternehmens. Indem sie an Situationen analytisch heranging, konnte sie in Diskussionen mit ihren Mitarbeitern zwar überzeugen, neigte jedoch dazu, Probleme eher in formellen Sitzungen zu klären, statt in informellen Gesprächen. Sie galt daher als unnahbar.

Nach und nach merkte sie, dass ihr Kollege Hans im Unternehmen mehr Einfluss besaß und durchgängig bessere Resultate erzielte als sie. Sie registrierte auch, dass sich Hans in seiner Freizeit mit seinen Mitarbeitern traf und einen herzlicheren Umgangsstil pflegte. So baute er eine bessere Beziehung zu ihnen auf und konnte dadurch mehr Einfluss ausüben.

Johanna begann, mehr Zeit in ihre Beziehung zu anderen Managern zu investieren, um deren Bedürfnisse kennen zu lernen. So gelang es ihr, bei ihren Kollegen an Einfluss zu gewinnen.

◀ AN EINFLUSS GEWINNEN
In diesem Fallbeispiel entdeckte eine Führungskraft, dass ihr Kollege schneller überzeugte und bessere Resultate erzielte. Sie verglich die Strategie des Kollegen mit ihrer eigenen und fand so heraus, wie sie ihr Verhalten verbessern konnte.

Produktive Beziehungen

Sie überzeugen, indem Sie mit anderen zusammenarbeiten und Wert auf produktive Beziehungen legen. Berücksichtigen Sie die Bedürfnisse und Interessen anderer, um für beide Seiten vorteilhafte Ziele und Lösungen zu finden.

> **4** Grundlage für effektive Einflussnahme ist der Dialog.

Nicht vergessen

- Will man seine Ziele erreichen, ist die Mitarbeit anderer unabdingbar.
- Stets versuchen, die Gefühle anderer zu verstehen.
- Eher Gemeinsamkeiten mit anderen betonen als Unterschiede.
- Zeigt man Interesse an anderen, sind sie empfänglicher für das, was man sagt.

Andere ernst nehmen

Beeinflussen heißt nicht, andere dazu zwingen, die eigenen Ideen zu akzeptieren. Es bedeutet, sich der Unterstützung anderer zu versichern, um gemeinsam auf beidseitig gewünschte Ziele hinzuarbeiten. In einer Diskussion sollte man sich deshalb immer in andere hineinversetzen, d.h., versuchen zu sehen, hören und fühlen, wie auf die eigene Botschaft reagiert wird, um seine Argumente darauf abzustimmen, aber ebenso Interesse an der Meinung anderer bekunden. So steigt die Kooperationsbereitschaft.

Anpassungsfähigkeit

Vor einem Gespräch bzw. einer Konferenz oder Präsentation sollten Sie überlegen, welche Gründe jemand haben könnte, auf Ihre Vorschläge einzugehen oder auch nicht. So können Sie im Gespräch gezielt an die Motivation der Gegenseite appellieren und möglichen Einwänden vorbeugen. Beschreiben Sie Ihre Ziele zunächst ganz allgemein und fragen Sie Ihre Zuhörer, was sie davon halten. Stellen Sie gezielte Fragen, um zu erfahren, was den anderen wichtig ist, und behalten Sie dies im Hinterkopf, wenn Sie ins Detail gehen. Berücksichtigen Sie bei Ihrer Argumentation die Meinung anderer und versuchen Sie nicht, partout Ihren Willen durchzusetzen.

> **5** Auf Körpersprache anderer achten, wenn man eine Idee vorträgt.

> **6** Sich flexibel zeigen und Bedenken anderer respektieren.

WICHTIGE FRAGEN

- Was erwarte ich von dieser Partnerschaft?
- Was erwartet der andere von unserer Beziehung?
- Wie kann ich unsere Erwartungen aufeinander abstimmen?
- Wie weit kann ich nachgeben, ohne mein Hauptziel zu opfern?
- Was hat mein Partner zu bieten, das auf den ersten Blick nicht ersichtlich ist?
- Welche neuen Lösungen dienen unseren gemeinsamen Zielen?

PRODUKTIVE BEZIEHUNGEN

Echten Einfluss gewinnt man nur, wenn man andere nicht übergeht, sondern mit einbezieht. Will man z.B. jemanden davon überzeugen, einen bestimmten Kurs einzuschlagen, müssen sich beide Seiten einig werden, was getan werden muss und von wem. Probleme entstehen dann, wenn eine Seite ihre stärkere Position ausspielt – dann fühlt sich der andere nicht ernst genommen und übervorteilt. Seien Sie kreativ und erarbeiten Sie Lösungen, die im Interesse beider Parteien liegen, da dies auf lange Sicht für alle Beteiligten besser ist.

EFFEKTIVE ZUSAMMENARBEIT

STARRES BEHARREN — **ZUSAMMENARBEIT**

»Ich will dieses Geschäft abschließen und werde keine Kompromisse eingehen.« ← **Gemeinsame Interessen identifizieren** → »Wie können wir beide von diesem Geschäft profitieren?«

»Meine Idee ist die einzige, die funktioniert.« ← **Ideen sammeln und gemeinsame Ziele festlegen** → »Wie können wir beide Ideen umsetzen?«

»Ich nehme lieber Nachteile in Kauf, als nachzugeben.« ← **Gemeinsam am Erreichen der für alle besten Resultate arbeiten** → »Wir müssten doch auch beide Ziele erreichen können.«

ZIEL UND ZWECK DER EINFLUSSNAHME

Fähige Führungskräfte bauen gute Beziehungen zu ihrem Umfeld auf, um Resultate zu erzielen. Suchen Sie mit Vorgesetzten, Kollegen und Team nach gemeinsamen Interessen und realisieren Sie dann vereinbarte Ziele.

> **7** Subtile Einflussnahme erleichtert Übereinkünfte.

ZIELE ERREICHEN

Um gemeinsame Ziele verwirklichen zu können, muss man sich erst einmal über seine eigenen Ziele im Klaren sein. Erst dann kann man sie richtig formulieren. Bevor Sie sich z.B. jemandem vorstellen, überlegen Sie, was Sie sich von dem Kontakt erhoffen. Wollen Sie Informationen, fragen Sie gezielt danach, wollen Sie andere für Ihre Ideen interessieren, proben Sie vorher, was Sie sagen wollen.

SMARTE ZIELE

Die SMART-Formel hilft, sich über Ziele klar zu werden:
- Nennen Sie *spezifische* Anforderungen.
- Die Resultate müssen *messbar* sein.
- Anforderungen müssen *ausführbar* sein.
- Ist das Ziel wirklich *relevant*?
- Ihr Ziel sollte *terminiert* sein: Bis wann muss es erreicht sein?

INTERESSE WECKEN

Man kann besser an jemanden appellieren, wenn man sich am Stil, den Bedürfnissen und der Einstellung des anderen orientiert. Im Gespräch mit Untergebenen kann dies bedeuten, die Führungsrolle zu übernehmen, Vorgesetzte wollen oft nur eine kurze Zusammenfassung der wichtigsten Punkte.

Manager erläutert seine Ideen in informeller Weise.

◀ **STILBEWUSST**
Der Mitarbeiter übernimmt die formelle Kleidung und das zwanglose Auftreten seiner Vorgesetzten. Dies dürfte ihre Aufgeschlossenheit fördern.

Ziel und Zweck der Einflussnahme

Einigung erzielen

Die Unterstützung anderer zum Erreichen eigener Ziele gewinnt man nur, wenn man sich mit ihnen einigt, z.B. über die Gestaltung des Kundenservice oder die Zusammenarbeit bei einem Projekt. Sie können andere leichter beeinflussen, wenn Sie bestimmt auftreten, sich aber flexibel zeigen. Überlegen Sie, welche Interessen Sie teilen, und versuchen Sie die Bedürfnisse beider Seiten unter einen Hut zu bringen.

> **8** Ziele regelmäßig prüfen und aktualisieren.

▼ **EINIGUNG ERZIELEN**
Sie sollten Ideen bestimmt vortragen, sie mit Fakten untermauern und die Meinung anderer berücksichtigen.

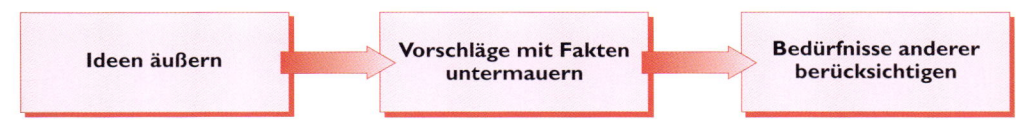

Ideen äußern → Vorschläge mit Fakten untermauern → Bedürfnisse anderer berücksichtigen

Zielsetzungen einer Einflussnahme

Ziel	Vorgehen
Beziehungen aufbauen Beziehungen aufbauen, von denen beide Seiten profitieren	• Gutes Verhältnis herstellen • Fruchtlose Konflikte lösen • Gegenseitigen Respekt erzielen
Einigung erzielen Eine Lösung suchen, mit der beide Parteien zufrieden sind	• Fragen stellen, um Bedürfnisse des anderen zu ermitteln • Kooperieren, um Lösungen zu finden, die beider Ziele fördern • Anderer Leute Bedürfnisse in Konzepte integrieren
Kunden gewinnen Einem potenziellen neuen Kunden einen Vorschlag unterbreiten	• Die Bedürfnisse der Kunden zu verstehen suchen • Vorschläge selbstbewusst unterbreiten • Informationen präsentieren, die Zuhörer interessieren
Teammitglieder motivieren Mitarbeiter dazu anregen, dass sie Höchstleistungen anstreben	• Motivation jedes Teammitglieds herausfinden • Betonen, welche Vorteile es für jeden Einzelnen hat, wenn Teamziele erreicht werden
Karriereaussichten verbessern Die Karriere so vorantreiben, dass man sein maximales Potenzial ausschöpfen kann	• Sich die eigenen Ambitionen und Ziele vergegenwärtigen • Auf Vorgesetzte Einfluss nehmen • Netzwerk nützlicher Kontakte aufbauen

Was heisst Einfluss ausüben?

Meinungen beeinflussen

Studien belegen, dass vielerlei Faktoren zu einem Meinungsumschwung beitragen können. Dazu gehören Verhandlungen, Diskussionen, die Präsentation von Fakten, die Glaubwürdigkeit eines Sprechers und das Appellieren an Gefühle. Kombinieren Sie möglichst viele dieser Faktoren, und stimmen Sie Ihre Botschaft auf Ihre Zuhörer ab. So können Sie Mitarbeiter motivieren, ihre Ziele zu erreichen, dafür sorgen, dass Kollegen Ihre Ideen unterstützen oder sich der Zustimmung Ihrer Vorgesetzten versichern. Wer die Meinung Einzelner oder kleiner Gruppen beeinflussen will, sollte seine Botschaft gezielt auf diese abstimmen. In größeren Gruppen empfehlen sich allgemeinere Botschaften.

> **Redestil**
>
> Während der Berliner Blockade 1948–49 richtete Bürgermeister Ernst Reuter die Moral der Bevölkerung mit einer Rede auf, die so begann: »Heute, heute ist der Tag, an dem nicht Diplomaten und Generale reden und verhandeln. Heute ist der Tag, wo das Volk von Berlin seine Stimme erhebt.« Die Worte appellierten an die Gefühle und stärkten den Widerstandswillen der Westberliner.

9 Erwerben Sie den Respekt und das Vertrauen von Vorgesetzten.

10 Botschaft auf Entscheidungsträger zuschneiden.

Einfluss auf Vorgesetzte nehmen

Wer Einfluss auf Vorgesetzte nehmen will, muss genügend Vertrauen in seine Fähigkeit haben, Ideen überzeugend vortragen zu können. Erster Schritt dazu ist, sich über seine Ziele im Klaren zu sein. Ergreifen Sie dann jede Gelegenheit, um Ihren Vorgesetzten zu zeigen, dass Sie Herausforderungen gewachsen sind und Verantwortung tragen können. Sie gewinnen an Einfluss, wenn Sie gutes Urteilsvermögen demonstrieren, Aufgaben gekonnt bewältigen und Ihre Ideen klar und dynamisch präsentieren.

Tun und lassen

- ✔ Herausfinden, welche Interessen und Bedenken jene haben, die man beeinflussen will
- ✔ Darauf achten, wie andere auf das reagieren, was man sagt
- ✘ Nicht die Signale missachten, die aufzeigen, dass der verfolgte Ansatz falsch ist
- ✘ Nie einen Vorschlag rücksichtslos durchzusetzen versuchen

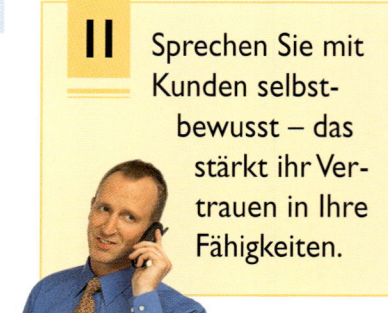

11 Sprechen Sie mit Kunden selbstbewusst – das stärkt ihr Vertrauen in Ihre Fähigkeiten.

ZIEL UND ZWECK DER EINFLUSSNAHME

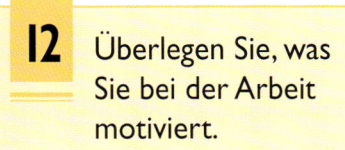

12 Überlegen Sie, was Sie bei der Arbeit motiviert.

13 Nicht nur reden, sondern auch zuhören!

KOLLEGEN BEEINFLUSSEN

Jeder hat einen guten Grund, warum er seinen Beruf ausübt – z.B. gute Bezahlung oder kreative Herausforderungen. Finden Sie heraus, was andere motiviert, denn der Schlüssel zur Einflussnahme besteht darin zu wissen, was für jemanden wichtig ist. Versuchen Sie herauszufinden, wie für Ihre Kollegen die optimale Verbindung beruflicher und privater Ziele aussähe. Berücksichtigen Sie dies dann bei der Präsentation Ihrer Ideen, lassen sich die Kollegen sehr viel wahrscheinlicher zur Kooperation bei einem Projekt bewegen.

TEAMS BEEINFLUSSEN

Wer ein leistungsstarkes Team will, muss zuerst herausfinden, welche gemeinsamen Interessen die Teammitglieder haben, und dann ein gemeinsames Ziel definieren. Der nächste Schritt: die Energie des Teams mobilisieren. Bitten Sie Ihre Leute zu überlegen, wie sie ihre Ziele erreichen können. Machen Sie einen Aktionsplan. Seien Sie bereit, Konflikte zu lösen und Einzelne weiter zu motivieren, während das Team auf diese Ziele hinarbeitet.

TEAMS MOTIVIEREN

Oberstes Ziel des Teams definieren

↓

Aktuelle Ziele benennen und zusammenfassen

↓

Diskutieren, wie diese Ziele erreicht werden können

↓

Plan ausarbeiten und Verantwortlichkeiten festlegen

↓

Künftige Ziele skizzieren

Hört sich Feedback über Fortschritte an

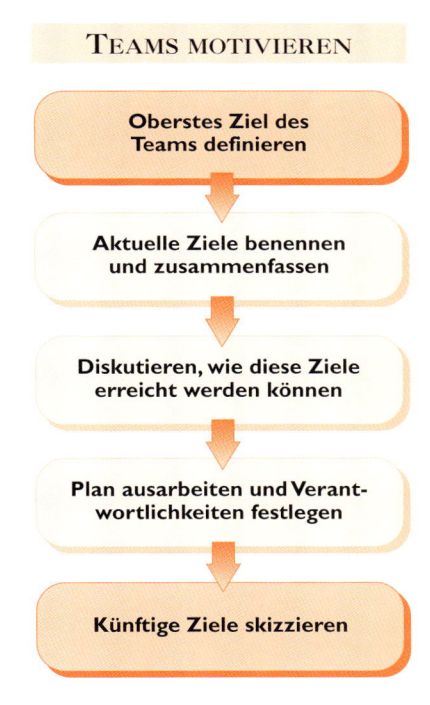

◀ **TEAM ZUSAMMENSTELLEN**
Wer ein Projektteam zusammenstellt, muss die Führung übernehmen, das Team instruieren, Verantwortlichkeiten festlegen, während des laufenden Projekts um Feedback bitten und bereit sein, Ratschläge und Unterstützung zu geben.

SELBSTMANAGEMENT

Um in Gesten, Worten und Taten überzeugend zu wirken, gilt es, das Selbstvertrauen zu stärken, zu lernen, sich besser in andere hineinzuversetzen und vertrauensvolle Beziehungen aufzubauen.

SELBSTVERTRAUEN STÄRKEN

Andere werden Ihren Ideen mehr Vertrauen entgegenbringen, wenn Sie diese selbstbewusst vortragen. Lernen Sie sicher aufzutreten, Ihr Selbstvertrauen zu stärken, sich rasch von Fehlern zu erholen und persönliche Stärken auszubauen.

> **14** Nehmen Sie sich vor, überall, wo Sie hingehen, mit den Leuten zu reden.

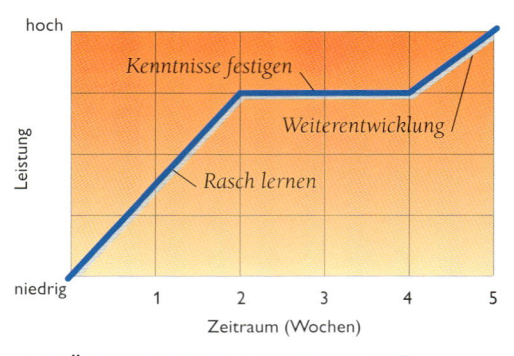

▲ FÄHIGKEITEN AUSBAUEN
Wer an seiner Leistungsverbesserung arbeitet, merkt bald, dass es anfangs relativ schnell geht, dann jedoch die Kenntnisse erst gefestigt werden müssen.

KLEINE SCHRITTE
Wer neu in einer Firma oder mit der Kunst der Einflussnahme noch nicht vertraut ist, sollte sein Selbstvertrauen in kleinen Schritten aufbauen, d.h. eine Aufgabe nach der anderen bewältigen, damit sich neue Kenntnisse schrittweise festigen. Bitten Sie z.B. Kollegen aus anderen Abteilungen, Ihnen etwas über ihre Arbeit zu erzählen. Beteiligen Sie sich stärker in Meetings und richten Sie Ihren Ehrgeiz auf immer bessere Präsentationen. Gestehen Sie sich Nervosität zu.

SELBSTVERTRAUEN STÄRKEN

GELASSEN BLEIBEN

Entspannen Sie sich, heißt hier die Devise – denn nur wer entspannt ist, kann klar denken und Herausforderungen begegnen. Lernen Sie, in jeder Situation gelassen zu bleiben, indem Sie Entspannungsübungen machen. Sehen Sie Fehler als Chance, etwas zu lernen. Distanzieren Sie sich von der Situation, und fragen Sie sich: »Was habe ich daraus gelernt?« Versuchen Sie sich nichts einzureden, wie z.B. »Darin bin ich nicht gut«.

Aufrechte und positive Haltung

15 Werden Sie Optimist – nicht in Probleme verbeißen, sondern lieber nach Lösungen suchen.

▲ **GELASSEN BLEIBEN**
Bleiben Sie gelassen – dann werden Sie auch schwierige Situationen besser bewältigen können.

STÄRKEN AUSBAUEN

STÄRKEN	WAS KANN ICH TUN?
ENERGISCH SEIN	Bei der Präsentation von Ideen immer entschieden auftreten
ORGANISIERT SEIN	Beiträge zu Besprechungen und Präsentationen akribisch vorbereiten
FREUNDLICH SEIN	Anderen mit einigen gut gewählten Worten, einem Kompliment, einem Lächeln die Befangenheit nehmen
GUT UNTERRICHTET SEIN	Sich über aktuelle Projekte und organisatorische Dinge auf dem Laufenden halten und fundierte Kenntnisse durchscheinen lassen
EHRGEIZIG SEIN	Gelegenheiten ergreifen, um Besprechungen zu leiten und vor Vorgesetzten wie Kunden Präsentationen abzuhalten
ANALYTISCH SEIN	Ideen aus jedem Blickwinkel prüfen und mögliche Einwände durchdenken

SELBSTMANAGEMENT

DIE RICHTIGE EINSTELLUNG HABEN

Effektive Einflussnehmer lassen sich meist von ihren inneren Werten leiten und sind so in der Lage, andere effektiv zu führen. Definieren Sie Ihre Bedürfnisse, Hoffnungen und Werte, bauen Sie Ihre Führungsqualitäten aus, werden Sie aktiver.

16 Aus dem Verhalten guter Führungskräfte kann man viel lernen.

EINE MISSION FINDEN

Denken sie einmal in Ruhe über Ihre Talente, Stärken und langfristigen Ziele nach. Was finden Sie bei Ihrer Arbeit am interessantesten? Die Schreibarbeit, die Planung, die Kontaktpflege oder etwas anderes? Langfristig gesehen werden Sie in Ihrem Job mehr Erfolg haben, wenn Ihre Arbeit Sie interessiert. Beurteilen Sie realistisch, wo Ihre Grenzen liegen. Überlegen Sie, wo Sie Unterstützung gebrauchen könnten, und holen Sie sich diese.

Denkt über Werte und Ambitionen nach

17 Fragen Sie Freunde, wo sie Ihre Stärken, Schwächen und Talente sehen.

▶ ZIELE ANALYSIEREN
Überlegen Sie, wo Sie in einem Jahr und wo in fünf Jahren sein wollen. Welcher Schritt ist jetzt notwendig, um das zu erreichen?

TUN UND LASSEN

✔ An die eigenen Fähigkeiten glauben, um mehr zu erreichen

✔ Neue Herausforderungen willkommen heißen

✔ Kenntnisse kontinuierlich erweitern

✘ Nicht durch Kritik an der Arbeit in die Defensive drängen lassen

✘ Nicht vor mehr Verantwortung zurückschrecken

✘ Nicht selbstzufrieden werden

Die richtige Einstellung haben

Führungseignung

Führungspersönlichkeiten sind Menschen, die andere dazu anregen können, ihre Vision zu teilen. Sie halten gekonnt die Balance zwischen der Notwendigkeit, ein Projekt durchzuziehen und der Notwendigkeit, gute Beziehungen aufrecht zu erhalten. Zuerst einmal müssen Sie sich über Ihre Ziele im Klaren sein. Dann müssen Sie überlegen, welche Ziele Ihre Firma hat, und anschließend, was Sie tun müssen, um die Hindernisse zu überwinden, die Ihrem Erfolg im Weg stehen. Sobald Sie wissen, wie man Resultate erzielt, können Sie Einfluss ausüben.

> **18** Definieren Sie, was Ihr erster Schritt hin zur Führungskraft sein soll.

> **19** Denken Sie daran: Gegen Rückschläge ist niemand gefeit.

Aktiv werden

Um andere erfolgreich beeinflussen zu können, darf man nicht nur warten, bis sich Chancen ergeben. Setzen Sie sich bei wichtigen Projekten besonders ein und nutzen Sie jede Chance, um Kontakte zu knüpfen. Die meisten, die vor Herausforderungen zurückschrecken, glauben, sie seien Ereignissen hilflos ausgeliefert und reagieren deshalb nur. Werden Sie aktiv – erkennen Sie an, dass Sie für das, was mit Ihnen geschieht, verantwortlich sind. Glauben Sie fest daran, dass Ihr Leben das ist, was Sie daraus machen. Interpretieren Sie Ereignisse positiv und ergreifen Sie die Initiative, um etwas zu bewirken. Lernen Sie aus Fehlern und ignorieren Sie Situationen, die Sie nicht beeinflussen können.

- Hohe Erwartungen an sich und andere stellen
- Hauptziele formulieren – eigene und die der anderen
- Mittel- und langfristige Ziele definieren
- Eigene Ziele mit denen des Unternehmens abstimmen
- Ideen von anderen einholen und sich deren Unterstützung sichern
- Eine Vision vorgeben, wie die Zukunft aussehen könnte
- Die Stärken anderer nutzen, um die Vision zu realisieren

> **20** Einfluss gewinnt man, indem man gute Beziehungen aufbaut und kreative Ideen teilt.

◂ **Mehr Einfluss gewinnen**
Formulieren Sie private und berufliche Ziele. Gestalten Sie Ihre Vision realistischer, indem Sie definieren, wie Sie gemeinsam mit anderen auf eine erfolgreiche Zukunft hinarbeiten können.

SELBSTMANAGEMENT

EMOTIONALE INTELLIGENZ

Wer andere beeinflussen will, muss mit Gefühlen umgehen sowie gute Beziehungen aufbauen und pflegen können. Wichtig ist also, sich seiner eigenen Emotionen bewusst zu sein, sensibel mit den Gefühlen anderer umzugehen und offen zu agieren.

> **21** Hören Sie bei schwierigen Entscheidungen auf Ihren Instinkt.

EMOTIONAL INTELLIGENT HANDELN

Dem Autor Daniel Goldman zufolge agiert derjenige emotional intelligent, der sich seiner Gefühle bewusst ist und diese steuern kann, aber auch sensibel mit den Gefühlen anderer umgeht. Lernen Sie Ihre Stimmungen zu deuten. Achten Sie auf den emotionalen Zustand anderer, sodass Sie Ihre Ideen zum richtigen Zeitpunkt vorbringen können.

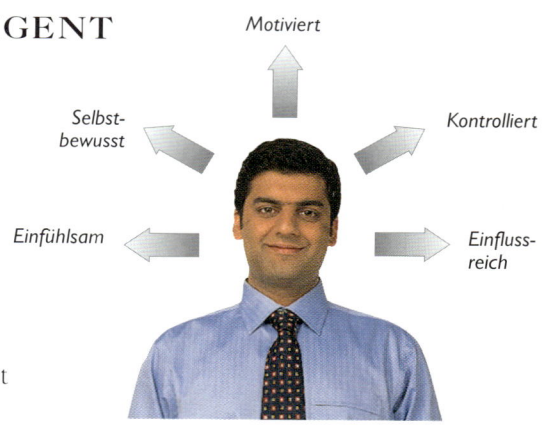

NICHT VERGESSEN

- Es ist produktiver, gelassen und entschlossen zu handeln, als aus Angst oder Wut heraus.
- Wer die nonverbalen Reaktionen anderer deuten kann, erhält Einblick in ihre Gefühle.
- Der Angst von anderen kann man begegnen, wenn man sie kennt.

> **22** Bedenken Sie, dass jeder Vorurteile hat.

▲ **EMOTIONALE INTELLIGENZ**
Ein Mensch mit emotionaler Intelligenz kennt seine Stärken und Schwächen. Er weiß, dass es produktiver ist, seine Gefühle zu kontrollieren, als sich von ihnen leiten zu lassen.

VERHALTEN ANPASSEN

Wenn Menschen sich gut verstehen, spiegelt sich das in ähnlichem Verhalten. Bauen Sie eine gute Beziehung zum Gegenüber auf, indem Sie sich seiner Körpersprache und seinem Tonfall anpassen. Um herauszufinden, ob es Ihnen tatsächlich gelungen ist, ändern Sie leicht Ihre Haltung – beugen Sie sich z.B. vor oder sprechen Sie schneller. Ahmt der andere Sie nach, ist dies ein Zeichen dafür, dass Sie harmonieren und Ihr Gegenüber offen für Ihre Beeinflussung ist.

EMOTIONALE INTELLIGENZ

NONVERBALE SIGNALE ERKENNEN

Nonverbale Signale wie Gestik und Mimik geben wichtige Hinweise auf den Gefühlszustand eines Menschen. Erkennt man diese, kann man sein Verhalten auf das des anderen abstimmen. Achten Sie auf nonverbale Zeichen, die darauf hindeuten, dass Ihr Gegenüber sich von Ihnen distanziert oder aber auf Sie eingeht.

> **23** Durch Anpassen des Tonfalls stellt man eine Verbindung her.

▼ SIGNALE DEUTEN

Verschränkte Arme und das Meiden von Blickkontakt deuten auf Distanz. Eine positive Mimik signalisiert Interesse.

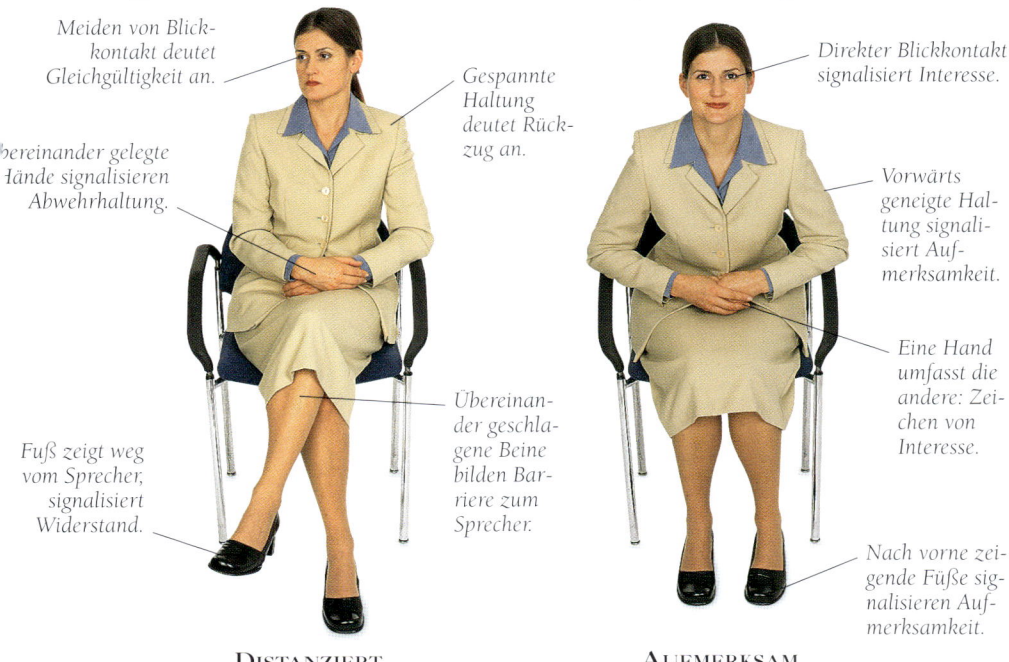

Meiden von Blickkontakt deutet Gleichgültigkeit an.

Übereinander gelegte Hände signalisieren Abwehrhaltung.

Gespannte Haltung deutet Rückzug an.

Fuß zeigt weg vom Sprecher, signalisiert Widerstand.

Übereinander geschlagene Beine bilden Barriere zum Sprecher.

Direkter Blickkontakt signalisiert Interesse.

Vorwärts geneigte Haltung signalisiert Aufmerksamkeit.

Eine Hand umfasst die andere: Zeichen von Interesse.

Nach vorne zeigende Füße signalisieren Aufmerksamkeit.

DISTANZIERT   **AUFMERKSAM**

WICHTIGE FRAGEN

- F Wie würde ich mich in dieser Situation fühlen?
- F Bin ich hinsichtlich meiner Gefühle wirklich ehrlich?
- F Behalte ich meine Ansichten eher für mich?

SICH OFFEN ZEIGEN

Menschen öffnen sich eher gegenüber jemandem, der aufrichtig wirkt. Teilen Sie anderen mit, welche Einschätzungen Sie bezüglich eines Projekts hegen, und ermutigen Sie im Gegenzug auch zu Offenheit. Erzählen Sie jemandem, der einen Rückschlag erlebt, dass Sie ähnlich frustrierende Situationen kennen, und wie Sie das Problem gelöst haben.

SELBSTMANAGEMENT

EINFÜHLUNGSVERMÖGEN

Das ist die Fähigkeit, die Reaktionen eines anderen richtig einzuschätzen, indem man sich in seine Lage versetzt, um Bedenken nachvollziehen und die Diskussion in positive Bahnen lenken zu können. Man erlernt es durch Zuhören und Fragen.

24 Hören Sie anderen gut zu und lesen Sie auch zwischen den Zeilen.

INTUITIV SEIN

Kommunikationstalent ist auch die Gabe zu spüren, was andere denken. Hören Sie auf Ihre Intuition, wenn Sie jemandem zuhören. Ihr Vorstellungsvermögen und Ihre Erfahrungen mit ähnlichen Situationen können Ihnen helfen herauszufinden, was der andere empfindet. Versetzen Sie sich in ihn hinein und versuchen Sie seine Bedürfnisse zu erspüren.

◀ **SORGFÄLTIG INTERPRETIEREN**
Professionelle Einflussnehmer wie Berater versuchen zwischen den Zeilen des Gesagten zu lesen, um Probleme gezielt angehen zu können.

GRÜNDE FÜR BEDENKEN HERAUSFINDEN

Wenn jemand erzählen soll, was ihm Sorgen bereitet, redet er oft um den heißen Brei herum, statt auf den Punkt zu kommen. Haben Sie das Gefühl, ein Problem werde nicht beim Namen genannt, versuchen Sie mittels Fragen Genaueres herauszufinden:

„ *Wenn es in Ihrer Hand läge – was würden Sie dann tun?* "

„ *Können Sie mir fünf Punkte nennen, die Ihnen bei dieser Angelegenheit Sorgen machen?* "

„ *Was ist Ihrer Meinung nach das Entscheidende, das wir anstreben sollten?* "

„ *Gibt es noch etwas, das Ihnen in dieser Situation Sorgen macht?* "

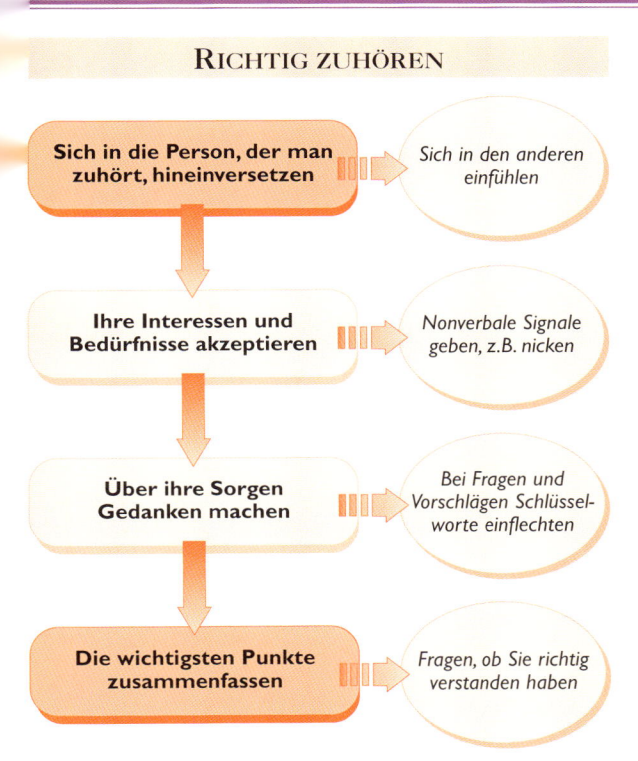

EINFÜHLUNGSVERMÖGEN

RICHTIG ZUHÖREN

- Sich in die Person, der man zuhört, hineinversetzen → Sich in den anderen einfühlen
- Ihre Interessen und Bedürfnisse akzeptieren → Nonverbale Signale geben, z.B. nicken
- Über ihre Sorgen Gedanken machen → Bei Fragen und Vorschlägen Schlüsselworte einflechten
- Die wichtigsten Punkte zusammenfassen → Fragen, ob Sie richtig verstanden haben

WICHTIGE FRAGEN

- F Von welchen Annahmen gehen wir hier aus?
- F Wo habe ich ähnliche Bedenken schon von anderen gehört?
- F Habe ich bereits eine ähnliche Situation erlebt?
- F Wie würde ich mich in der Haut des anderen fühlen?
- F Gibt es Hintergründe, die ich kennen muss?
- F Ist mir etwas entgangen, oder bin ich wirklich zur Wurzel des Problems vorgestoßen?

AKTIV ZUHÖREN

Strukturieren Sie Gespräche so, dass sich der andere verstanden fühlt und Sie gleichzeitig herausfinden können, was wirklich hinter seinen Worten steckt. Nebenstehendes Schaubild hilft Ihnen, eine Verbindung zum Gesprächspartner herzustellen, aber auch, die wichtigsten angesprochenen Punkte besser zu behalten. Achten Sie auf Schlüsselworte, die Aufschluss geben über Werte, Bedürfnisse, Ziele, Bedenken und Interessen des anderen.

> **25** Geben Sie Ratschläge nur auf Bitten hin.

GESPRÄCHE LENKEN

Wer sich in andere hineinversetzen kann, ist in der Lage, ein Gespräch in die gewünschte Richtung zu lenken. Einfühlungsvermögen ermöglicht es Ihnen, wichtige Hinweise auf die Gedanken und Gefühle des Gesprächspartners wahrzunehmen. Nach Erhalt der Informationen sollten Sie zusammenfassen, wie Sie sie verstanden haben, und dann kurz innehalten, um zu sehen, ob Einwände kommen. Fahren Sie fort mit einer Frage wie »Wäre es hilfreich ...?«

> **26** Prüfen Sie Ihre Intuition, indem Sie an den relevanten Punkten nachhaken.

SELBSTMANAGEMENT

VERTRAUEN AUFBAUEN

Man lässt sich eher von jemandem beeinflussen, dem man vertraut. Vertrauen erwerben Sie, indem Sie Fachwissen demonstrieren, Ihre Versprechen halten, anderen helfen, wenn sie in Schwierigkeiten stecken, und indem Sie Konflikte bereinigen.

27 Menschen reagieren positiv auf Ehrlichkeit und Höflichkeit.

Liest jeden Morgen den Wirtschaftsteil

▲ **IMMER INFORMIERT SEIN**
Eignen Sie sich möglichst viel Wissen über Ihre Branche an, indem Sie die Fachpresse lesen und aktuelle Entwicklungen verfolgen.

KENNTNISSE VERTIEFEN

Wenn Sie sich in Ihrem Fachbereich gut auskennen, werden andere Ihnen aufmerksam zuhören, denn sachkundigen Menschen bringt man Vertrauen entgegen. Je mehr Fragen Sie beantworten können, desto mehr Leute werden auf Sie zukommen, wenn sie Rat brauchen. Spezialkenntnisse sind auch in Besprechungen hilfreich. Informieren Sie sich gründlich über das anstehende Thema, sodass Sie anderen Briefings geben können.

VERSPRECHEN HALTEN

Wenn Menschen jemanden als zuverlässig erachten, lassen sie sich eher von ihm beeinflussen. Überlegen Sie also, bevor Sie neue Verpflichtungen eingehen, ob Sie diese auch erfüllen können. Sind Sie sich nicht sicher, sagen Sie dies auch – es ist besser, zu diesem Zeitpunkt zu enttäuschen als später. Wenn Sie trotz aller Bemühungen einen Termin nicht einhalten können, dann rufen Sie die Betroffenen an und erklären Sie die Situation.

28 »Nein« sagen zu Forderungen, die Sie überlasten könnten.

▼ **ZUVERLÄSSIGKEIT**
Bevor Sie neue Verpflichtungen eingehen, prüfen Sie, ob Sie genug Zeit dafür haben, und halten Sie Ihre Versprechen.

Ehrlich und realistisch sein → **Verzögerungen rechtzeitig ankündigen** → **Termine einhalten und Vertrauen aufbauen**

VERTRAUEN AUFBAUEN

GEFÜHLSKONTO IM PLUS HALTEN

Ihr »Gefühlskonto« ist im Plus, wenn Sie mehr geben als nehmen. Dazu gehören Hilfe, Ratschläge, Informationen oder Unterstützung ebenso wie jene Zeichen persönlichen Interesses, über die sich jeder freut – etwa Fragen nach Familienfeiern oder Aktivitäten des Partners, ein Lächeln, ein gemeinsames Essen oder ein Anruf. Unterstützung sollte man eher früher als später anbieten und nicht erst warten, bis man darum gebeten wird.

> **29** Führen Sie eine Liste Ihrer Verpflichtungen und prüfen Sie sie täglich.

▼ **HALTUNG ANALYSIEREN**
Prüfen Sie Ihr Verhalten – vergegenwärtigen Sie sich, dass es das Bild beeinflusst, das Ihre Kollegen sich von Ihnen machen.

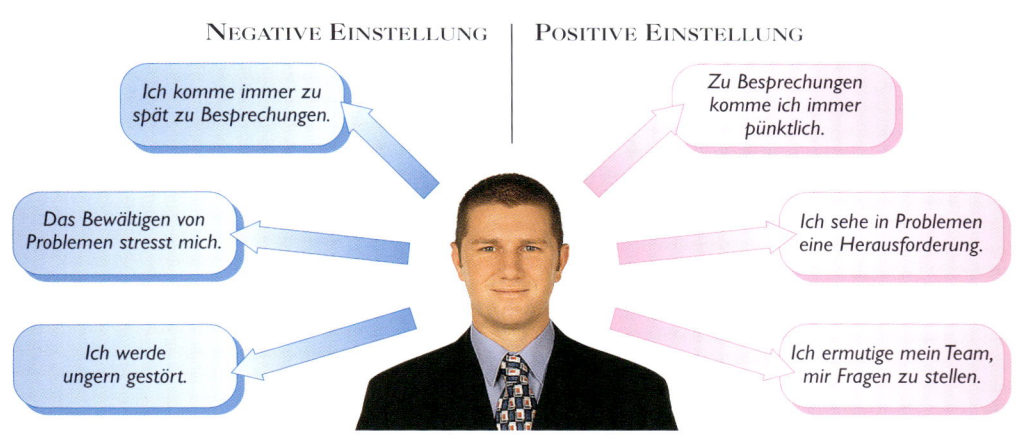

NEGATIVE EINSTELLUNG
- Ich komme immer zu spät zu Besprechungen.
- Das Bewältigen von Problemen stresst mich.
- Ich werde ungern gestört.

POSITIVE EINSTELLUNG
- Zu Besprechungen komme ich immer pünktlich.
- Ich sehe in Problemen eine Herausforderung.
- Ich ermutige mein Team, mir Fragen zu stellen.

DAS IST ZU TUN

1. Äußern Sie offen Ihre Wünsche und Bedürfnisse.
2. Gestehen Sie anderen Schwächen zu.
3. Erkennen Sie Ihre eigenen Schwächen an.
4. Machen Sie Fehler schnell wieder gut.

DIFFERENZEN AUS DER WELT SCHAFFEN

Sollte Misstrauen entstanden sein, sprechen Sie sofort offen und ehrlich an, was passiert ist. Gestehen Sie eigene Fehler ein und fragen Sie, was Sie tun können, um sie wieder gutzumachen. Äußern Sie offen Ihre Bedenken und hören Sie sich auch die der anderen Seite genau an. Lernen Sie die Gründe für unterschiedliche Meinungen zu tolerieren, denn oft entstehen gerade aus Meinungsverschiedenheiten die besten Ideen. Streben Sie eine Einigung an, akzeptieren Sie jedoch auch andere Sichtweisen.

SELBSTMANAGEMENT

KLEIDUNGSSTIL ANPASSEN

Auftreten, Kleidung und Körpersprache haben großen Einfluss darauf, wie andere uns wahrnehmen und auf uns reagieren. Es macht einen guten Eindruck, wenn Sie Ihren Kleidungsstil den Gepflogenheiten anpassen und Selbstvertrauen ausstrahlen.

30 Beobachten Sie, wie sich erfolgreiche Leute in der Firma kleiden.

EINDRUCK MACHEN

Studien zeigen, dass sich Menschen innerhalb von drei Minuten eine Meinung über jemanden bilden, wenn sie ihn kennen lernen. Der Eindruck beruht auf Kleidung, Stimme, Handschlag, Frisur, Mimik und Sprechweise und ist nur schwer zu korrigieren. Wer Einfluss ausüben will, sollte herausfinden, welchen Eindruck er auf andere macht.

◀ **EINEN GUTEN EINDRUCK MACHEN**
Wer auf sein Äußeres achtet, macht einen positiven Eindruck und wird rasch als jemand betrachtet, der vertrauenswürdig ist und Autorität besitzt.

DER KULTUR ANPASSEN

Heute ist die Kleiderordnung in vielen Firmen nicht mehr so streng wie früher. In vielen Branchen hat sich legere Kleidung gegen Anzüge durchgesetzt. Passen Sie sich in Sachen Kleidung an die Gepflogenheiten Ihrer Firma an, denn Ihre Kleidung hat Einfluss darauf, wie Kollegen, Vorgesetzte und Kunden Sie wahrnehmen. Passen Sie sich auch an die Gepflogenheiten Ihrer Kunden an.

31 Finden Sie die Kleidungsordnung Ihres Kunden heraus und kleiden Sie sich zu einem Termin entsprechend.

KLEIDUNG

Die Kleidungsgepflogenheiten sind je nach Firma, Branche und Land unterschiedlich. In Branchen wie z.B. der Finanzindustrie oder in Unternehmensberatungen ist die Kleiderordnung in der Regel strenger – die meisten Angestellten tragen Anzüge. In vielen Bereichen der Medien- oder Computerbranche hingegen ist meist legere Kleidung üblich.

KLEIDUNGSSTIL ANPASSEN

RICHTIGES AUFTRETEN

Stellen Sie Ihre Kleidung sorgfältig zusammen, denn sie trägt maßgeblich zu Ihrem Erscheinungsbild bei. Auch die Farbe spielt dabei eine Rolle. Neutrale Farben lassen Sie zugänglicher wirken und eignen sich vor allem, wenn Sie viel Kontakt mit Menschen haben. Achten Sie aber auch auf Ihre Körpersprache. Ihre Haltung sollte entspannt, aber aufrecht sein. Lassen Sie sich nie hängen, lehnen Sie sich nicht an. Entspannen Sie Ihr Gesicht, sodass Sie jederzeit zu einem Lächeln bereit sind. Fragen Sie bei der Begrüßung Ihr Gegenüber, wie es ihm und seiner Familie geht.

32 Machen Sie sich morgens sorgfältig zurecht.

33 Wählen Sie modische, aber nicht zu auffällige Kleidung, die Ihnen steht.

Leuchtend rotes Kostüm vermittelt Dynamik und Selbstbewusstsein.

Haar ist gut geschnitten und frisiert.

Legere, aber gebügelte Kleidung

Schlichte, gut sitzende Bluse

FORMELL

LEGER

Dunkler Anzug vermittelt Integrität.

Aufrechte Haltung vermittelt positiven Eindruck.

FORMELLE ▶ KLEIDUNG
Wählen Sie gut sitzende, hochwertige Anzüge. Sie sollten sich darin entspannt und selbstbewusst fühlen.

◀ LEGERE KLEIDUNG
Wählen Sie schlichte Kleider, in denen Sie sich wohl fühlen, und vermeiden Sie auffällige Farben oder Muster.

IDEEN PRÄSENTIEREN

Um andere überzeugen zu können, muss man schlüssig und logisch argumentieren können. Gestalten Sie Ihren Vortrag so anregend, dass das Interesse Ihrer Zuhörer geweckt wird.

IDEEN IM KONTEXT

Wer andere von seiner Meinung überzeugen will, muss seine Ideen strukturiert und gut durchdacht präsentieren. Mit Hilfe stringent vorgetragener Ideen und gut formulierter Vorschläge lässt sich eine Diskussion effektiv lenken.

34 Einprägsame Titel wecken Aufmerksamkeit für Ihre Konzepte.

- **INTERESSE WECKEN** — Vorteile umreißen
- **INFORMIEREN** — Fakten darlegen
- **ERKLÄREN** — Vorgehensweise erläutern
- **VERANSCHAULICHEN** — Resultat aufzeigen

IDEEN STRUKTURIEREN

Wecken Sie gleich zu Anfang das Interesse der Zuhörer, indem Sie erläutern, welche Vorteile ihnen erwachsen, wenn sie auf Ihren Vorschlag eingehen. Erläutern Sie dann, wie Ihre Idee entstanden ist, damit Ihr Vorschlag nachvollzogen werden kann. Beschreiben Sie, wie Ihre Idee in der Praxis funktioniert. Bitten Sie Ihre Zuhörer, zu überlegen, wie sie Ihre Ideen noch anwenden könnten.

◀ **LOGISCHE DARLEGUNG**
Das Schema links kann Ihnen helfen, Ihre Ideen vorzutragen. Sie werden merken, dass Sie es bald verinnerlicht haben und automatisch darauf zurück greifen, selbst wenn Sie frei sprechen.

Einen Rahmen schaffen

Geben Sie einer Diskussion eine Struktur, indem Sie das, was Sie sagen, in einen Rahmen einpassen. Mit Hilfe eines »Zielrahmens« z.B. können Sie erläutern, welche Ziele Sie anstreben. Ein solcher Rahmen lenkt die Gedanken der Zuhörer in die Richtung, um die es Ihnen geht. Leiten Sie jedes neue Thema mit einem kurzen Satz ein, der den Rahmen vorgibt, wie z.B. »Konzentrieren wir uns nun auf Lösungen« (»Lösungsrahmen«) oder »Schauen wir einmal, wie viele Ideen wir sammeln können« (»Ideenrahmen«).

> **35** Soll jemand ein Problem anders angehen, geben Sie ihm einen anderen Rahmen vor.

Hilfreiche »Rahmen«

Rahmen	Beispiel
Zielrahmen Festhalten, was angestrebt wird	»Machen wir weiter und nehmen wir unsere Ziele ins Visier.« »Was wollen wir erreichen?«
Kreativer Rahmen Konzepte zur Problemlösung entwickeln	»Schaffen wir Raum für kreatives Denken.« »Dies ist der richtige Zeitpunkt für ein Brainstorming.«
Handlungsrahmen Termine setzen und Rollen zuweisen	»Wir haben also mehrere Möglichkeiten. Legen wir nun fest, wer wann was macht.«
Kritikrahmen Die Nachteile eines Vorschlags ausloten	»Erörtern wir kurz die Risiken dieses Vorschlags.«

Nicht vergessen

- Eine positive Einstellung lässt sich leichter beibehalten, wenn man »aber« durch »und« ersetzt.
- Eine witzige Anekdote kann beim Wechsel des Rahmens helfen.
- Wichtig ist, sich auf positive Dinge zu konzentrieren, statt sich von Problemen und den negativen Seiten ablenken zu lassen.

Den Rahmen wechseln

Man kann anderen aus einer Sackgasse heraushelfen, indem man ihnen zeigt, dass man ein Problem auch aus einer anderen Perspektive betrachten kann. Wenn sich z.B. jemand in Details verrennt, könnten Sie sagen: »Konzentrieren wir uns einmal auf das Gesamtbild.« Befasst sich jemand immer wieder mit alten Problemen, geben Sie einen »Zukunftsrahmen« vor. Fragen Sie: »Inwiefern muss sich dies in einem Jahr geändert haben?«

IDEEN PRÄSENTIEREN

INTERESSE WECKEN

Wollen Sie jemanden nachhaltig beeinflussen, müssen Sie eine Verbindung zwischen Ihren Zielen und seinen Wünschen und Bedürfnissen schaffen. Finden Sie heraus, was er will, und betonen Sie bei Ihren Vorschlägen gezielt diese Vorteile.

> **36** Übernehmen Sie die Perspektive der Person, die Sie beeinflussen wollen.

BEDÜRFNISSE

Wer seine Ideen, Produkte oder einen Service so beschreiben kann, dass sie speziell auf die Bedürfnisse desjenigen zugeschnitten scheinen, für den sie gedacht sind, hat Vorteile. Finden Sie die Bedürfnisse eines Kunden heraus und gehen Sie dann gezielt darauf ein, wie er persönlich von Ihrem Produkt oder Ihrer Idee profitieren kann.

VERKAUFSSTRATEGIE ANPASSEN ▶
Dieser Autoverkäufer merkt, dass seine Kundin sich primär Gedanken über die Wartung des Autos macht, also geht er im Gespräch vor allem auf diesen Punkt ein.

> **37** Achten Sie darauf, was jemandem gefällt.

> **38** Gezielte Fragen helfen, Bedürfnisse zu identifizieren.

VORTEILE DARSTELLEN

Äußert jemand seine Bedürfnisse selbst, klingen sie in seinen Ohren glaubwürdiger, als wenn sie Sie ihm sagen. Angenommen, Sie wollen jemanden überzeugen, ein neues Verfahren einzuführen. Fragen Sie ihn, was ihm am jetzigen Verfahren zusagt. Seine Antwort sagt Ihnen, was beibehalten oder durch Ihren Vorschlag verbessert werden sollte. Schildern Sie dann das neue Verfahren so, dass es die Bedürfnisse des Mitarbeiters anspricht. Schätzt er z.B. die Zuverlässigkeit des aktuellen Verfahrens, gehen Sie auf diesen Aspekt näher ein.

AUFHÄNGER FINDEN

Ein Aufhänger ist der Aspekt Ihres Konzepts, der das Hauptbedürfnis des Gegenübers anspricht. Sie wollen z.B. ein neues Herstellungsverfahren durchsetzen, Ihr Produktionschef jedoch will den Ausstoß erhöhen, weil der Absatz gestiegen ist. Ihr Aufhänger könnte lauten: »Ich hätte einen Vorschlag, wie man die Produktion steigern könnte, damit es keine Lieferschwierigkeiten gibt.«

INFORMATIONEN SAMMELN ▶
Wer einen Kunden beeinflussen will, sollte sich so viele Hintergrundinformationen wie möglich über ihn besorgen, um zu erfahren, was ihm wichtig ist.

---

39 Nennen Sie nur die Hauptvorteile Ihres Vorschlags.

SCHLÜSSELWÖRTER

Interesse weckt man am ehesten mit »ansprechenden« Worten, die Bilder, Geräusche oder Gefühle heraufbeschwören wie »erkennbar«, »ersichtlich« (visuell), »in Einklang mit«, »Resonanz« (auditiv) oder »Ahnung haben« und »Belastung« (emotional), z.B.: »Mein Plan hat *klare* Vorteile, die im *Einklang* mit unserer Strategie stehen und *Einfluss* auf unsere Produktion haben werden.«

VERBINDUNG HERSTELLEN

Einflussreiche Menschen verdeutlichen die Vorteile, die den Zuhörern entstehen, wenn sie eine Idee befürworten. Sie machen deutlich, was wir sehen, hören und fühlen könnten, d.h., sie verwenden gezielt Aufhänger, die Bilder, Geräusche oder Gefühle heraufbeschwören, die dem Zuhörer Ihre Ideen nahe bringen. Wenn Sie z.B. für eine Produktionssteigerung eintreten, könnten Ihre Aufhänger folgendermaßen lauten: »Ich möchte Ihnen *aufzeigen* (Bild), wie Sie die Produktion *ankurbeln* (Bild), sie mit dem Vertrieb in *Einklang* bringen (Ton) und von uns allen den *Druck* (Gefühl) nehmen können.«

WICHTIGE FRAGEN

- F Was sagt Ihnen an der jetzigen Situation zu?
- F Was würden Sie gerne ändern?
- F Was ist Ihnen am wichtigsten?
- F Wie kann uns dies nützen?
- F Was brauchen Sie dazu?
- F Würden Sie eine bestimmte Vorgehensweise bevorzugen?

KOOPERATION ERZIELEN

Effektive Einflussnehmer pflegen einen offenen und konstruktiven Kommunikationsstil. Bleiben Sie in Diskussionen objektiv und positiv, indem Sie Ihre Worte sorgsam wählen, sich auf das Wichtigste konzentrieren und sich offen zeigen.

> **40** Wer »wir« sagt statt »Sie«, erhält leichter Unterstützung.

> **41** Holen Sie tief Luft, bevor Sie auf Kritik reagieren.

RESULTATE ANVISIEREN

Wenn jemand weiß, was Sie von ihm wollen, ist es leichter für ihn, Entscheidungen zu treffen. Formulieren Sie also klar, was Sie wollen, anstatt vage anzudeuten, was Sie nicht wollen. Besser als »Wir halten Termine nie ein« ist demgemäß »Versuchen wir, das bis zum 31. Dezember zu schaffen«. Vorgesetzte und Kollegen, die sich immer negativ ausdrücken, gelten schnell als Nörgler.

POSITIV FORMULIEREN ▼
Chefs, die Aussagen positiv formulieren und immer die Vorteile für ihr Gegenüber betonen, fördern Leistung und Loyalität.

Absichten positiv formulieren → **Vorteile des Vorschlags erläutern** → **Andere anregen, etwas zu tun**

GRÜNDE DARLEGEN

Studien haben gezeigt, dass jemand, der eine Bitte äußert und dafür Gründe nennt, eher mit einer positiven Antwort rechnen kann. Formulieren Sie Ihre Anfragen sorgfältig, um die Reaktion zu erhalten, die Sie wünschen:

> *Dürfte ich die Besprechung leiten? Ich habe einige Ankündigungen zu machen.*

> *Können Sie das Projekt bis Freitag fertig haben? Der Kunde hat gezielt darum gebeten.*

> *Könnten Sie den Bericht heute noch abzeichnen? Mein Team möchte möglichst bald anfangen.*

> *Können wir uns bald zusammensetzen? Dann können wir das Projekt endlich anpacken.*

KOOPERATION ERZIELEN

AUF GRÜNDE KONZENTRIEREN

Wenn Sie einen Vorschlag unterbreiten, wählen Sie ein oder zwei gewichtige Argumente und konzentrieren Sie sich auf diese. Wer zu viele Gründe aufzählt, riskiert, den Vorschlag durch schwächere Argumente zu verwässern. Vermutlich könnten Sie Ihrem Chef z.B. viele Gründe aufzählen, warum Sie lieber einige Tage im Monat zu Hause arbeiten würden. Besser ist jedoch, zwei gewichtige Argumente anzuführen, die z.B. darauf hinweisen, dass Sie zu Hause doppelt so viel Arbeit erledigen können und so Zeit hätten, die Leistungen des Teams zu verbessern.

DAS GESAMTBILD AUFZEIGEN ▼
Diese Managerin macht ihrem Team einen Vorschlag. Sie benennt klar und deutlich die Probleme, die überwunden werden müssen, führt jedoch auch aus, wie man diese angehen kann. Mit ihrer Begeisterung und positiven Einstellung gewinnt sie Kooperation.

WICHTIGE FRAGEN

F Kann ich eine Diskussion in der Regel so steuern, dass wir positive Resultate erzielen?

F Drücke ich mich so aus, als würde ich von einem erfolgreichen Abschluss ausgehen?

F Sage ich genau, was ich will, oder gehe ich davon aus, dass andere schon von selbst darauf kommen werden?

42 Sprechen Sie strittige Punkte offen an.

Kollege hört interessiert zu.

Teamleiterin erklärt, wie ihre Idee funktioniert und vermittelt Begeisterung und Einsatzbereitschaft.

Teammitglied hört zu und stellt Fragen.

Unterlagen mit Details zum Vorschlag

IDEEN PRÄSENTIEREN

EINE IDEE VERKAUFEN

Will man jemandem eine Idee schmackhaft machen, sollte man die Schritte erklären, in denen der Aktionsplan umgesetzt wird, näher auf den Ablauf des Plans eingehen und darlegen, wie man eventuellen Problemen begegnen will.

> **43** Behalten Sie beim Darlegen einer Idee das Ziel im Auge.

> **44** Verteilen Sie eine Tischvorlage, die Ihre Hauptargumente enthält.

ABLÄUFE ERKLÄREN

Welchen Vorschlag Sie auch unterbreiten, er sollte nachvollziehbar sein. Konzentrieren Sie sich bei Ihren Ausführungen auf das Wichtigste, verlieren Sie sich nicht in Details – Sie können eine weitere Besprechung abhalten oder Fragen per E-Mail beantworten, sobald die andere Partei über Ihren Vorschlag nachgedacht hat. Ihr Hauptziel in dieser Phase ist zu zeigen, dass Ihre Ideen etwas taugen.

HAUPTARGUMENTE IDENTIFIZIEREN

VORSCHLAG	HAUPTARGUMENT AUSSPIELEN
ROLLEN NEU VERTEILEN	Erklären, wie jedes Teammitglied durch die neue Rolle seine Stärken ausbauen kann
NEUE PRODUKTE ENTWICKELN	Erläutern, wie und warum die neuen Produkte gezielt Kundenwünsche befriedigen
VERFAHREN ÄNDERN	Erläutern, wie die neuen Verfahren die Effektivität der Verwaltung steigern
NEUE SYSTEME EINFÜHREN	Die Vorteile herausstellen, die die neuen Technologien mit sich bringen
SCHULUNGEN ANBIETEN	Aufzeigen, wie positiv sich Schulungen auf die Loyalität der Belegschaft auswirken

EINE IDEE VERKAUFEN

LOGISCH SEIN

Führen sie Ihre Zuhörer während der Präsentation Ihrer Idee Schritt für Schritt zum Ziel. Erläutern Sie, wer betroffen ist, welcher Zeitraum und welche Örtlichkeit anvisiert und welche Ressourcen notwendig sind. Ihre Beeinflussungsstrategie wird ganz natürlich wirken, wenn Sie zeigen, dass Sie alles gründlich bedacht haben. Zeigen Sie sich überzeugt und gehen Sie mit Einwänden gelassen um.

Berechtigte Frage

Manager antwortet präzise.

▲ PLÄNE ERLÄUTERN
Beschreiben Sie genau den Ablauf eines Projektes, gehen Sie gezielt auf mögliche Probleme ein, beantworten Sie Fragen. Ihre selbstbewusste Haltung wird anderen Vertrauen einflößen.

ALTERNATIVPLÄNE

Kein Plan kann alle Eventualitäten berücksichtigen, aber je besser man vorbereitet ist, desto weniger anfechtbar ist ein Vorschlag. Überlegen Sie, welche Probleme auftreten und wie Sie mit ihnen umgehen könnten. Betrachten Sie Ihre Ideen einmal aus der Perspektive Ihres schärfsten Kritikers. Überarbeiten Sie dann Ihren Plan so lange, bis er hieb- und stichfest ist. Wenn es Probleme gibt, die Sie nicht lösen können, geben Sie dies zu.

45 Erkennen Sie die Grenzen Ihres Vorschlags an.

46 Halten Sie Erklärungen so einfach wie möglich.

▼ AUF PROBLEME VORBEREITET SEIN
Bei der Präsentation einer Idee sollten Sie potenziell damit verbundene Risiken nicht verheimlichen. Erläutern Sie mögliche Probleme, aber auch, wie Sie damit umzugehen gedenken.

WICHTIGE FRAGEN

F Würde ich Zeit und Geld in diesen Plan investieren?

F Was ist das Schlimmste, das passieren kann?

F Habe ich alle meine Zweifel ausgeräumt?

F Habe ich mir die Alternativen angesehen?

Erläutern, wie man mit möglichen Problemen umgehen sollte

Mögliche Hindernisse aufzeigen

LÖSUNGEN
- Umgang mit unvermeidbaren Risiken planen
- Ressourcen bereithalten

RISIKEN
- Potenzielle Probleme vorhersagen
- Bekannte Risiken benennen

IDEEN PRÄSENTIEREN

NACH VORN BLICKEN

Um Ihre Mitarbeiter dazu zu motivieren, dass sie die von Ihnen gesetzten Ziele verwirklichen, sollten Sie ihrer Fantasie Nahrung geben: Bitten Sie sie, sich vorzustellen, welche positiven Auswirkungen Ihre Ideen und Vorschläge in der Praxis haben werden.

> **47** Ein klares Bild der gewünschten Zukunft hilft sie zu verwirklichen.

ERFOLG VORHERSAGEN

Wenn Sie jemandem einen Vorschlag unterbreiten, sollten Sie eine Zukunft beschreiben, die seine Fantasie anregt. Erklären Sie, welche Veränderungen Ihre Vorschläge in seinem Leben bewirken könnten, beschreiben Sie zukünftige Bilder, Worte und Gefühle. Zeigen Sie, wie der andere von Ihren Ideen persönlich profitieren kann.

ERFOLG VISUALISIEREN ▶
Der Nutzen der Visualisierung ist aus Sport und Kunst bekannt. Wer sich Erfolg vorstellen kann, strebt höhere Ziele an und verwirklicht diese auch.

EINWÄNDEN MIT FRAGEN BEGEGNEN

Wenn jemand Einwände gegen Ihren Vorschlag vorbringt, können Sie mit einer Frage kontern. Das regt dazu an, gemeinsam nach Lösungen für Probleme zu suchen. Fragen wie folgende regen zu konstruktivem Denken an:

> ❝ Wenn Sie meinen, wir könnten uns das Produkt nicht leisten, was läge dann im Rahmen des Budgets? ❞

> ❝ Wenn wir nicht jetzt mit diesem Projekt beginnen können, wann wäre dann ein geeigneterer Zeitpunkt? ❞

> ❝ Wenn der Vorschlag den Anforderungen nicht entspricht, was könnte man dann tun, um dies zu ändern? ❞

> ❝ Wenn Sie das jetzige Verfahren für gut halten, könnten Sie kurz umreißen, was Ihnen daran gefällt? ❞

NACH VORN BLICKEN

NEBENEFFEKTE

Erläutern Sie die positiven Auswirkungen, die Ihre Ideen auf das Team, die Firma und den Kunden haben werden. Holen Sie weit aus. Was Sie für nebensächlich halten, könnte für die Betroffenen wichtiger sein, wodurch Ihre Idee evtl. besser ankommt. Beschreiben Sie eine Zukunft, in der Ihre Ideen umgesetzt werden, weisen Sie auf die möglichen positiven Nebeneffekte hin und ermuntern Sie Ihre Zuhörer, nach weiteren zu suchen.

> **48** Beobachten Sie die Reaktion auf Ihre Vorschläge und ändern Sie notfalls die Taktik.

NICHT VERGESSEN
- Nicht zu sehr ins Detail gehen – so bleibt der anderen Partei Raum für eigene Gedanken.
- Diskutieren Sie die Reaktion der anderen Partei mit ihr, um neue Einsichten zu gewinnen.
- Setzen Sie bei der Präsentation einer Idee visuelle Hilfsmittel ein, damit sich die Zuhörer ein besseres Bild machen können.

POSITIVE REAKTIONEN HERVORRUFEN

Man lässt sich eher von etwas überzeugen, dessen mögliche Vorteile man klar sieht. Ermuntern Sie Ihre Zuhörer also gezielt dazu. Unterstellen Sie, dass Ihre Ideen umgesetzt werden, indem Sie z.B. sagen: »Sobald wir den ersten Schritt gemacht haben ...« statt »Wenn wir anfangen ...«. Stellen Sie Fragen, die den Zuhörer dazu anregen, über die Auswirkungen Ihrer Ideen nachzudenken.

POSITIVE REAKTIONEN DURCH ERFOLGSERWARTUNG

NEGATIV		POSITIV
»Falls wir beschließen, diesen Vorschlag umzusetzen ...«	**Dem Team den Projektvorschlag unterbreiten**	»Bei der Umsetzung dieser Ideen ...«
»Vielleicht werden wir auf ein paar Probleme stoßen ...«	**Das Vorgehen erklären und um Ideen des Teams bitten**	»Mit Problemen beschäftigen wir uns, wenn sie auftreten ...«
»Vielleicht möchten Sie darüber nachdenken ...«	**Das Team anhalten, sich das Resultat vorzustellen**	»Nach Beendigung des Projektes ...«

591

EINFLUSS AUSÜBEN

Erfolgreiche Führung setzt die Hilfe und Kooperation anderer voraus. Gewinnen Sie die Unterstützung von Kollegen, Team und Vorgesetzten und verfeinern Sie Ihre Beeinflussungsstrategien.

NETZWERKE AUFBAUEN

Der Schlüssel zu erfolgreicher Einflussnahme ist der Aufbau eines Netzwerks von Verbündeten, nützlichen Kontakten und potenziellen Helfern. Gewöhnen Sie sich an, Interesse an Menschen zu zeigen und Kontakte zu pflegen.

> **49** Auf Menschen gelassen, selbstbewusst und neugierig zugehen.

> **50** Die Untergebenen von heute sind die Chefs von morgen.

> **51** Zögern Sie nicht – nehmen Sie den Hörer in die Hand!

WAS IST NETWORKING?

Ein Netzwerk (»Network«) ist ein lockerer Zusammenschluss von Menschen mit gemeinsamen Interessen. Ein Chatroom im Internet z.B. ist ein Netzwerk, aber auch eine Gruppe von Freunden und Bekannten, die sich gelegentlich zu geselligen Anlässen treffen. Dabei kennt nicht immer jeder jeden, aber jeder kennt zumindest einen. Ein Netzwerk kann aber auch eine Liste von Namen im Adressbuch sein. Networking heißt, aus zwei Gründen mit anderen Kontakte zu knüpfen: weil es Spaß macht und weil sich daraus geschäftliche Kontakte entwickeln können.

Netzwerke aufbauen

Nicht vergessen

- Das Talent für vernetztes Arbeiten entspringt dem Wunsch, anderen zu helfen.
- Wer an Vernetzung keinen Spaß hat, hat kaum Erfolg damit – also nichts erzwingen.
- Menschen sind bei geselligen Anlässen aufnahmebereiter und leichter ansprechbar.

Chancen nutzen

Die Gelegenheit zur Netzwerkbildung ergibt sich ständig – in der Mittagspause, beim Warten auf den Aufzug oder beim Gang durch eine andere Abteilung. Nehmen Sie sich die Zeit, sich anderen vorzustellen und ein bisschen über Firmenangelegenheiten zu plaudern. Formellere Anlässe, um Leute zu treffen, sind Schulungen und Einsatzbesprechungen. Nutzen Sie diese Gelegenheiten, um Leute kennen zu lernen.

◀ **ZUFALLSTREFFEN**
Treffen Sie in der Mittagspause zufällig jemanden aus einer anderen Abteilung, versuchen Sie mit ihm ins Gespräch zu kommen. Dies könnte der Beginn einer nützlichen Verbindung sein.

52 Nutzen Sie jede Gelegenheit, um Menschen kennen zu lernen.

Sich vorstellen

Die erste Regel lautet, den richtigen Zeitpunkt abzupassen. Warten Sie das Ende eines Gesprächs oder eine Pause ab, bevor Sie sich vorstellen. In einer Gruppe können Sie etwas dem Gesprächsthema Angemessenes sagen, und zwar möglichst etwas Humorvolles. Die zweite Regel: lächeln. Haben Sie nur einen Gesprächspartner, sagen Sie »Hallo« und nennen Ihren Namen. Erwähnen Sie etwas, das das Eis bricht, z.B. gemeinsame Bekannte.

Gute Zuhörerin
Offen
Kooperativ
Freundlich
Sozialkompetent

▲ **ERFOLGREICHES NETWORKING**
Diese Managerin betreibt erfolgreiches Networking, da sie hilfsbereit und begeisterungsfähig ist. Man fühlt sich in ihrer Gegenwart wohl und lässt sich von ihr anregen.

Einfluss ausüben

Bündnisse schliessen

Langfristiger Networking-Erfolg beruht darauf, dass man mehr gibt als nimmt. Ihre neuen Kontakte mögen momentan noch nicht hilfreich sein, aber später. Zudem könnten sie weitere nützliche Kontakte eröffnen. Überlegen Sie, ob Sie Informationen oder weitere Kontakte haben, die Sie mit anderen austauschen könnten.

BEKANNTE VORSTELLEN ▶
Wenn Sie Leute miteinander bekannt machen, schafft dies Verbündete und zeigt, dass Sie großzügig und hilfsbereit sind.

53 Veröffentlichen Sie Fachartikel – so werden Sie bekannt.

54 Planen Sie Veranstaltungen – dort knüpft man gern Kontakte.

Interessensgruppen

Bauen Sie sich ein eigenes Netzwerk auf, indem Sie mit Gleichgesinnten einmal wöchentlich nach der Arbeit ausgehen. Sie können sich ohne besonderen Anlass treffen, aber auch, um bestimmte Dinge durchzusprechen. Stellen Sie das Treffen unter ein Motto, das möglichst viele anspricht, und kontaktieren Sie andere evtl. Interessierte.

▼ INTERESSENSGRUPPE BILDEN
Diese Kollegen aus verschiedenen Abteilungen der gleichen Firma treffen sich regelmäßig, um Neuigkeiten und Ideen auszutauschen.

Vertriebsleiterin erzählt von neuem Kunden.

Produktmanager kann Informationen beisteuern.

NETZWERKE AUFBAUEN

KONTAKTPFLEGE

Wenn Sie einen neuen Kontakt geknüpft haben, melden Sie sich so bald wie möglich wieder, etwa per E-Mail, um zu sagen, wie sehr es Sie gefreut hat, ihn oder sie kennen zu lernen. Halten Sie Ihr Adressbuch stets aktuell, notieren Sie sich auch den Background Ihrer Kontakte und achten Sie auf gemeinsame Interessen. Ergibt sich die Gelegenheit, laden Sie Ihre Kontakte zu einer Party ein. Ist die Bekanntschaft formeller, überlegen Sie, ob Sie dem Betreffenden Informationen zukommen lassen können, die für ihn von Interesse sind.

Schickt Artikel und Gruß an Bekannten

IN KONTAKT BLEIBEN ▶

Dieser Manager hat in einer Fachzeitschrift einen Artikel gelesen, von dem er annimmt, dass er einen Bekannten interessiert. Darum schickt er ihm den Artikel mit einer kurzen Notiz.

55 Bleiben Sie durch E-Mails, Telefonate oder Karten mit Ihren Kontakten in Verbindung.

TUN UND LASSEN

- ✔ Sich freiwillig für die Leitung neuer Arbeitsgruppen melden
- ✔ Sich Namen und persönliche Details merken
- ✔ Offen und natürlich sein – Unehrlichkeit wirkt abstoßend
- ✔ In einer geselligen Runde als erster einen ausgeben
- ✔ Sofort Hilfe anbieten, wenn benötigt

- ✘ Nie jemandem aufdringliche Fragen zu seiner Arbeit stellen
- ✘ Zurückweisungen nicht persönlich nehmen
- ✘ Von langsamen Fortschritten nicht beirren lassen
- ✘ Nicht über eigene Erfolge reden, sondern sich für den anderen interessieren
- ✘ Nicht vergessen: Chefs sind nur Menschen!

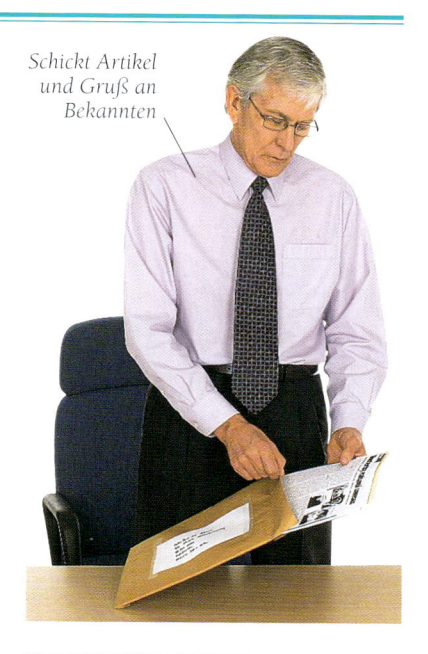

DETAILS NOTIEREN

Sobald Ihre Liste mit Kontakten und Bekannten länger wird, sollten Sie ein Archiv entwickeln, das Telefonnummern, Post- und E-Mail-Adressen ebenso enthält wie Notizen über die bisherige Korrespondenz. Hilfreich ist es, Kontakte in verschiedene Rubriken einzuordnen, etwa nach Branchen oder besonderen Interessen. Wenn Sie dann z.B. einmal einen nützlichen Artikel in einer Fachzeitschrift lesen, lässt sich schnell feststellen, wer daran Interesse haben könnte – eine Datenbank kann hierfür sehr gut geeignet sein.

MITARBEITER MOTIVIEREN

Wollen Sie Mitarbeiter zu Höchstleistungen anspornen, müssen sie ihr Interesse an Ihren Ideen wecken. Wichtig ist, herauszufinden, was anderen wichtig ist, sie einzubeziehen, ihr Engagement zu fördern und ihnen ggf. Unterstützung anzubieten.

56 Finden Sie heraus, welche privaten Interessen Ihre Mitarbeiter haben.

BEZIEHUNGEN AUFBAUEN

Ihre Mitarbeiter kooperieren bereitwilliger mit Ihnen, wenn Sie eine gute Beziehung zueinander haben. Nutzen Sie Chancen, gegenseitigen Respekt aufzubauen. Bieten Sie anderen Hilfe an, wenn sie nötig ist, dann werden sie eher zur Kooperation bereit sein. Passen Sie sich in Gesprächen der Körpersprache des anderen an, um eine Verbindung aufzubauen, dann wird er ihnen bereitwilliger zuhören.

Manager erzählt Team von seinem Wochenende.

▲ **BEZIEHUNGEN AUFBAUEN**
Investieren Sie reichlich Zeit in Ihre Beziehungen zu Mitarbeitern und Kollegen. Machen Sie gemeinsam Kaffeepause, lernen Sie andere näher kennen, und ignorieren Sie nie eine Bitte um Hilfe.

57 Man gewinnt Vertrauen, indem man sich auf Stärken konzentriert.

58 Das Team über neue Entwicklungen informieren.

INTERESSE WECKEN

Versuchen Sie immer, das Interesse Ihrer Mitarbeiter zu wecken. Übertragen Sie z.B. einem Mitarbeiter eine neue Aufgabe oder zusätzliche Verantwortung, so weihen Sie ihn in alle Details eines Projektes ein, damit er sich einbezogen fühlt. Wer das Gesamtbild kennt, ist motivierter, da er seinen Beitrag zum Endresultat wertschätzen kann und darum aktiv dazu beitragen will. Sagen Sie jedem Mitarbeiter, wie seine Arbeit zur Moral des Teams, Kundenloyalität, Zufriedenheit des Arbeitgebers, zu Absatz, Gewinn, Produktivität usw. beiträgt.

MITARBEITER MOTIVIEREN

MOTIVE ERMITTELN

Menschen sind immer motiviert, etwas zu tun, das sie gerne tun – allerdings ist das nicht unbedingt das, was Sie von ihnen wollen. Finden Sie mittels Fragen heraus, was Ihren Mitarbeitern wichtig ist und nutzen Sie dies für Ihre Argumentation. Wenn Sie z.B. wissen, dass für einen Kollegen ein sicherer Arbeitsplatz wichtig ist, betonen Sie, dass es durch das neue Projekt im kommenden Jahr genug Arbeit geben wird.

▶ WERTE KENNEN
Ein Manager sieht das Familienfoto und erwähnt, dass der Angestellte nach dem Plan des Managers an einigen Tagen zu Hause arbeiten könnte.

Erzählen Sie Ihrem Kollegen von einem Ihrer Ziele.	Diskutieren, was erreicht werden muss und wie
Ermitteln Sie ein Ziel, das Ihr Kollege erreichen will.	Fragen stellen, um etwas über seine Motivation zu erfahren
Überlegen Sie, inwiefern dieses Ziel von Ihrem eigenen abweicht.	Zusammenarbeiten, um die beiden Ziele aufeinander abzustimmen
Überlegen Sie, wie Sie beide Ihre Ziele erreichen können.	Den Kollegen bitten, sich aktiv zu beteiligen

▲ ANDERE MOTIVIEREN
Reden Sie mit Kollegen über Ihre Ziele, um herauszufinden, wie sich diese aufeinander abstimmen lassen. Haben Mitarbeiter das Gefühl, ihr Beitrag sei wichtig, sind sie motivierter.

EINBEZIEHEN

Es ist motivierend, bei Entscheidungsfindungen einbezogen zu werden. Erklären Sie z.B. einem Kollegen, wie eine Arbeit erledigt werden sollte, so betrachten Sie dies als Übung, wie sich Probleme gemeinsam lösen lassen. Gibt es verschiedene Meinungen, überlegen Sie gemeinsam, wie man einen Konsens erreicht. Haben Sie sich auf ein Ziel geeinigt, legen Sie die notwendigen Schritte fest: beziehen Sie den Kollegen dabei mit ein, damit er ebenso engagiert darauf hinarbeitet wie Sie.

59 Bitten Sie stille Mitarbeiter, ihre Ideen zu äußern – das motiviert.

MOTIVATION ERHALTEN

Erhalten Sie die Motivation Ihrer Mitarbeiter, indem Sie betonen, welche Vorteile ihnen erwachsen. Ob ihre Motivation echt ist, finden Sie durch Fragen heraus, die nur eine Antwort zulassen wie z.B.: »Sind Sie zufrieden mit der Lösung, auf die wir uns geeinigt haben?« Achten Sie darauf, ob die Antwort eindeutig »ja« ist, d.h. auch durch überzeugende nonverbale Signale bestätigt wird. Entdecken Sie irgendwelche Zweifel, versuchen Sie diese zu beseitigen und eine Lösung zu finden, indem Sie nachhaken.

60 Zweifel äußern sich z.B. durch Vermeiden des Blickkontaktes.

61 Ist das große Ziel nicht erreichbar, streben Sie ein kleineres an.

62 Ideen anderer gründlich, aber fair prüfen.

▼ **SCHULUNGEN**
Um ein neues Verfahren erfolgreich einführen zu können, müssen Ihre Mitarbeiter die nötigen Kenntnisse erwerben.

UNTERSTÜTZUNG GEBEN

Um eine Aufgabe bewältigen zu können, reicht der gute Wille Ihrer Mitarbeiter allein nicht aus. Sie brauchen auch Fachwissen und entsprechende Gelegenheiten. Ihre Aufgabe ist es, die notwendigen Ressourcen bereit zu stellen, z.B. mehr Verantwortung zu übertragen, ein Budget zu bewilligen oder administrative Hilfe anzubieten. Falls die Zeit knapp ist, verteilen Sie Aufgaben neu.

MITARBEITER MOTIVIEREN

WICHTIGE FRAGEN

- **F** Haben Sie überlegt, was wir jetzt unternehmen können?
- **F** Welche Möglichkeiten stehen uns momentan offen?
- **F** Gibt es etwas, das speziell Sie tun können, um diese Situation zu ändern?
- **F** Welche Möglichkeiten haben wir noch nicht ausprobiert?
- **F** Haben wir irgendwelche wichtigen Aspekte übersehen?
- **F** Wie schnell können wir mit diesem Projekt beginnen?
- **F** Welche Maßnahmen können wir ergreifen, um den Projektverlauf zu überwachen?

63 Begeisterung zeigen, wenn Sie Anweisungen geben – das steckt an.

VORGEHENSWEISEN

Wenn man jemandem sagen muss, was er zu tun hat, muss man ihn gewissermaßen »anschieben«. Geht man jedoch davon aus, dass jemand gerne die Initiative ergreift, reicht es, ihm einen Anstoß in die richtige Richtung zu geben. »Anschieben« ist nötig, wenn jemand wenig Selbstvertrauen und unzureichende Fachkenntnisse hat – er fühlt sich sicherer, wenn man ihm sagt, was er zu tun hat.

▼ ANSTOSS GEBEN

Meist reicht es völlig aus, Mitarbeitern einen kleinen Anstoß zu geben. Helfen Sie ihnen, die Initiative zu ergreifen, indem Sie sie durch Fragen in die richtige Richtung lenken.

Manager bittet Teammitglied um neue Ideen für das Projekt.

FALLBEISPIEL

Markus war Gebietsleiter bei einem amerikanischen Finanzunternehmen und wurde für zwei Jahre in die brasilianische Zweigstelle seiner Firma versetzt. Dort stellte er fest, dass sein neuer Vorgesetzter sich in seine Arbeit einmischte und ihn bei Entscheidungen nicht mit einbezog. Es machte ihm auch zu schaffen, dass er so weit von seiner Familie entfernt war. Markus' Arbeit begann darunter zu leiden, und sein Vorgesetzter stellte ihn deswegen zur Rede. Markus erklärte, was er von seiner Arbeit erwartete. Er sagte, in seiner alten Stelle habe er gewisse Entscheidungsbefugnisse gehabt, zudem wolle er mehr Zeit mit seiner Familie verbringen. Sein Chef zeigte sich einsichtig und übertrug Markus mehr Verantwortung. Zudem wurde sein Vertrag geändert, sodass er zweimal pro Jahr nach Hause fliegen konnte. Markus' Motivation nahm sprunghaft zu.

◀ MOTIVIERT SEIN

In diesem Beispiel hatte ein Mitarbeiter das Gefühl, sein Einsatz und sein Know-how würden nicht genug gewürdigt. Das Problem ließ sich durch ein Gespräch mit seinem Chef lösen und seine Motivation nahm zu.

EINFLUSS AUSÜBEN

TEAMS BEEINFLUSSEN

Für die Beeinflussung von Teams gilt das Gleiche wie für einzelne Mitarbeiter, allerdings ist das Verhältnis der Mitglieder zueinander zu berücksichtigen – wichtig ist, ein Teamziel zu definieren, verschiedene Talente einzusetzen und abzustimmen.

> **64** Die einflussreichste Person in einer Gruppe ist auch ihr Leiter.

> **65** Üben Sie Einfluss aus, indem Sie Ihr Fachwissen zeigen.

FÜHRUNG ÜBERNEHMEN

Gruppendynamiken sind sehr komplex und können sich rasch ändern. Der Teamleiter übt Einfluss durch seine Autorität aus. Stärkt er jedoch seine Position nicht durch eine Vision für sein Team und baut keine Beziehung zu seinen Mitarbeitern auf, kann sein Einfluss untergraben werden. Ein Teammitglied kann Einfluss ausüben, wenn es Erfahrung hat und das Vertrauen der anderen Kollegen genießt.

FÜHRUNG ÜBERNEHMEN ▼
In dieser informellen Besprechung übernimmt das bestinformierte Mitglied die Führungsrolle.

Kaufmännischer Leiter ist beeindruckt von dem, was er hört.

Managerin wird durch Ideen des Vertriebsassistenten inspiriert.

Sachbearbeiterin hört Kollegen aufmerksam zu.

Vertriebsassistent beweist Sachkenntnis und leitet Diskussion.

Teams beeinflussen

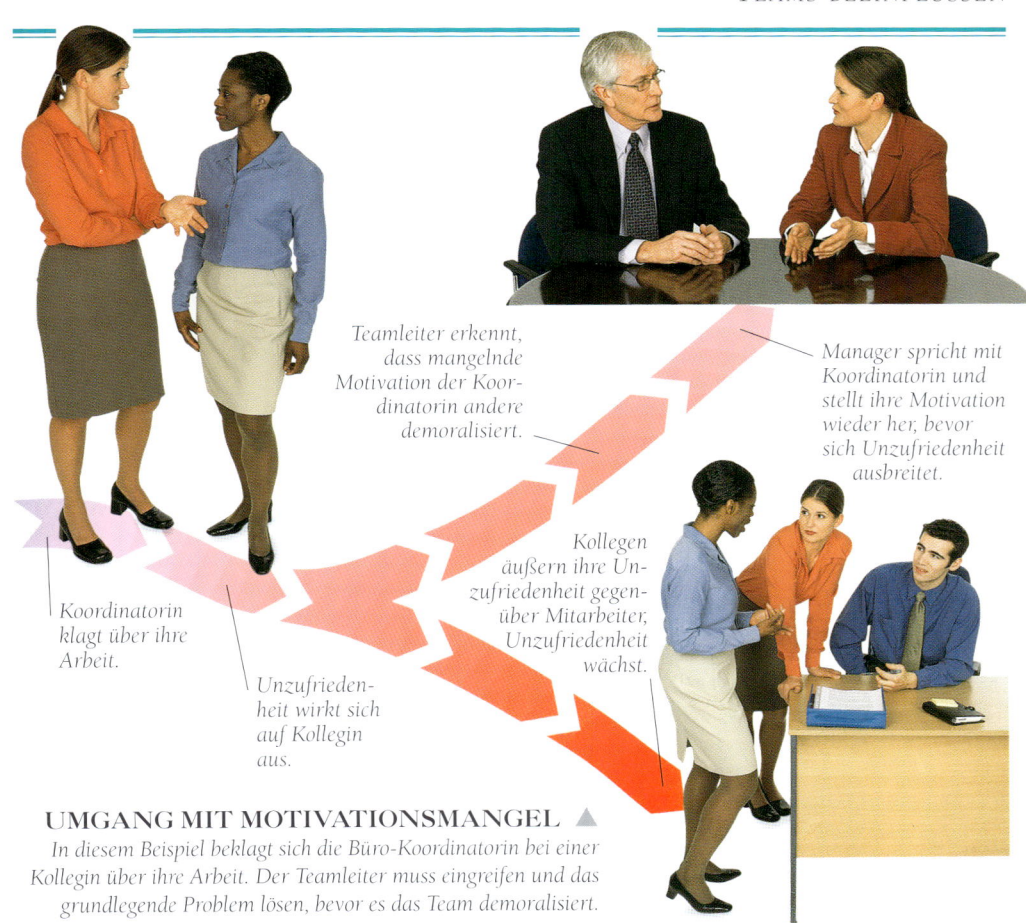

Teamleiter erkennt, dass mangelnde Motivation der Koordinatorin andere demoralisiert.

Manager spricht mit Koordinatorin und stellt ihre Motivation wieder her, bevor sich Unzufriedenheit ausbreitet.

Koordinatorin klagt über ihre Arbeit.

Kollegen äußern ihre Unzufriedenheit gegenüber Mitarbeiter, Unzufriedenheit wächst.

Unzufriedenheit wirkt sich auf Kollegin aus.

UMGANG MIT MOTIVATIONSMANGEL ▲
In diesem Beispiel beklagt sich die Büro-Koordinatorin bei einer Kollegin über ihre Arbeit. Der Teamleiter muss eingreifen und das grundlegende Problem lösen, bevor es das Team demoralisiert.

KULTURELLE UNTERSCHIEDE

In einigen Kulturen, z.B. Japan, stehen Teamleiter auf einer deutlich höheren Stufe als ihre Mitarbeiter. In westlichen Kulturen ist die Hierarchie meist flacher. Teammitglieder werden hier weitaus eher dazu ermutigt, offen ihre Meinung zu äußern.

Ein Vorbild sein

Für welchen Führungsstil man sich entscheidet, ist bis zu einem gewissen Grad von der Gruppe abhängig, mit der man zusammenarbeitet. Ein leistungsschwaches Team z.B. bedarf eventuell einer starken Autoritätsperson, die eine klare Linie vorgibt. Ein erfolgreiches Team mit vielen fähigen Mitarbeitern hingegen braucht einen eher »demokratischen« Leiter, und ein Team, in dem Konflikte bestehen, einen »Mittler«, der das Arbeitsklima verbessert. Studien zufolge sind Teamleiter, die alle diese Fähigkeiten in sich vereinen, auf lange Sicht am einflussreichsten.

Gemeinsames Ziel setzen

Mitarbeiter dahin gehend beeinflussen, dass sie Teamgeist entwickeln, ist nicht einfach. Am besten ist hier, ein gemeinsames Ziel festzulegen, das alle mit tragen können, z.B. hohe Qualitätsstandards, Umweltverträglichkeit oder Erweiterung der Fachkenntnisse. Jedenfalls muss es etwas sein, in das alle Zeit und Arbeit zu investieren bereit sind. Legen Sie fest, welche Aufgabe das Team hat und wie es sie optimal ausfüllen würde. Wenn Sie das klar sehen, können Sie es auch dem Team vermitteln.

DAS IST ZU TUN

1. Funktion und Stärken des Teams prüfen
2. Die wichtigsten Aufgaben des Teams definieren
3. Diese Aufgaben den Teammitgliedern verdeutlichen

66 Zeigen Sie jedem Mitglied, dass es ein wichtiger Bestandteil des Teams ist.

Zusammenhalt schaffen

Wie in allen Gruppen treffen auch in Teams unterschiedliche Interessen, Bedürfnisse, Altersklassen, Motivationen und kulturelle Hintergründe aufeinander. Ihre Aufgabe ist es, Ihre Mitarbeiter dazu zu motivieren, als Team zusammenzuarbeiten. Versuchen Sie, ein Gefühl der Zusammengehörigkeit zu schaffen. Haben Sie die Ziele des Teams definiert, legen Sie fest, wie jeder mit seinen Stärken dazu beitragen kann. Klären Sie, was jeder Einzelne erreichen will, und geben Sie jedem – als Gegenleistung für Teamwork – möglichst oft Gelegenheit, diese Ziele zu verwirklichen.

Das Teambriefing

Sollen sich Kreativität und Kritik im Team die Waage halten, müssen Sie für Besprechungen Richtlinien vorgeben. Nennen Sie das Problem und bitten Sie um kreative Vorschläge dazu. Erst nachdem mehrere Ideen geäußert wurden, sollten Sie die Gruppe bitten, diese gemeinsam zu prüfen. So lässt sich die beste Idee herausfiltern und ein Aktionsplan erstellen. Achten Sie darauf, dass das Team nicht nur möglichst schnell eine Lösung anstrebt, sondern an jeder einzelnen Phase der Besprechung aktiv mitwirkt.

67 Übernehmen Sie auch Aufgaben, die das Team nicht mag.

68 Bitten Sie darum, Ideen erst zu äußern, dann zu bewerten.

Diskussionen steuern

Eine gute Frage kann die Diskussion im Team so beleben, wie es ein Rat nie könnte. Stellen Sie nach Zusammenfassung der wichtigsten Ideen, die das Team gesammelt hat, eine Frage, die die Diskussion vorantreibt. Halten Sie sich bis zu diesem Punkt eher zurück – so hat das Team Gelegenheit, selbst kreativ zu werden. Steuern Sie dann selbst ein paar gute Ideen bei.

Tun und lassen

- ✔ Bereit sein, die Führung zu übernehmen
- ✔ Sich Zeit für Manöverkritik nehmen
- ✔ Erst dem Team zuhören, dann eigene Gedanken äußern
- ✘ Nicht eingreifen, wenn das Team gut arbeitet
- ✘ Keine Arbeit machen, die das Team ebenso gut erledigen kann
- ✘ Keine Barrieren innerhalb des Teams aufbauen

69 Begrüßen Sie den Beitrag jedes Einzelnen und halten Sie Ihre Mitarbeiter dazu an, dasselbe zu tun.

Problem definieren
↓
Ziel setzen
↓
Ideen äußern und bewerten
↓
Beste Idee auswählen
↓
Aktionsplan erstellen

▲ **AKTIONSPLAN**
Fördern Sie die Kreativität und Kritikfähigkeit Ihres Teams. Steuern Sie Diskussionen so, dass gemeinsam Problemlösungen erarbeitet und Aktionspläne erstellt werden.

Ein Team leiten

Teamgespräche lassen sich gut durch Formulierungen lenken, die auf konkrete Handlungen hinweisen. Indem Sie gezielt Worte betonen, die andeuten, was Sie erreichen wollen, können Sie das Team beeinflussen:

❝ *Bevor wir uns für eine Lösung entscheiden, sollten wir zusammenfassen, was schon gemacht wurde.* ❞

❝ *Sobald wir das besprochen haben, können wir den Kunden anrufen und ihm sagen, was wir zu tun beabsichtigen.* ❞

❝ *Haben Sie schon eine gute Idee, wie wir dieses Problem angehen könnten?* ❞

❝ *Wäre es Ihnen möglich, diesen Auftrag bis nächste Woche fertig zu machen?* ❞

EINFLUSS AUSÜBEN

VORGESETZTE BEEINFLUSSEN

Meist müssen Vorschläge von Vorgesetzten abgesegnet werden. Deshalb sollten Sie Selbstvertrauen und Weitblick demonstrieren, die Kriterien ermitteln, nach denen Ihre Chefs Ideen beurteilen, Ihren Beeinflussungsstil anpassen und nichts erzwingen.

70 Wer sich als zuverlässig erweist, gewinnt schnell Vertrauen.

71 Erwerben Sie sich den Respekt Ihrer Vorgesetzten.

72 Stellen Sie sich vor, wie Sie auf Ihre Vorschläge reagieren würden.

SICH EINEN RUF SCHAFFEN

Ihre Vorgesetzten beeindrucken Sie, indem Sie zeigen, dass Sie mit Verantwortung umgehen können. So schaffen Sie sich einen Ruf als jemand, auf den man sich verlassen kann, der Resultate bringt, auch knifflige Probleme löst und Chancen erkennt. Je besser Ihre bisherige Arbeit, desto wahrscheinlicher ist es, dass man sich Ihre Ideen anhört. In der Regel wird ein Mitarbeiter befördert, weil er bewiesen hat, dass er mehr kann, als seine momentane Stellung verlangt – sprechen, denken und handeln Sie entsprechend.

IDEEN ANPASSEN

Ihre Vorgesetzten tragen Verantwortung für ein größeres Ganzes. Berücksichtigen Sie diese Perspektive, wenn Sie Ihrem Chef ein Konzept präsentieren. Wer eine hohe Position bekleidet, den interessiert meist vorrangig, welche langfristigen Auswirkungen ein Vorschlag hat, der ihm unterbreitet wird, z.B. wie er zum Wachstum der Firma beitragen kann. Ein Vorgesetzter betrachtet eine Idee in einem größeren Zusammenhang, um ihren Einfluss auf die Firma im Ganzen beurteilen zu können.

WICHTIGE FRAGEN

F Können andere von meinen Ideen profitieren?

F Ist meine Präsentation möglichst kurz, sind meine Ideen gut durchdacht?

F Habe ich ein objektives Kriterium für Erfolg?

F Heißt auch mein Instinkt meine Pläne gut?

VORGESETZTE BEEINFLUSSEN

Buchhalter erkennt die Interessen der Führungskräfte.

Produktmanagerin interessiert sich für Budgetfragen.

Verkaufsleiterin fragt nach Zielen.

Kaufmännischer Direktor konzentriert sich auf langfristige Entwicklung.

KRITERIEN BEWERTEN ▲
Indem er sich die Fragen der Abteilungsleiter anhört, kann der Buchhalter sich auf ihre unterschiedlichen Kriterien einstellen.

KRITERIEN ERKENNEN

Der Erfolg eines Unternehmens beruht auf der Zusammenarbeit der Mitarbeiter und der Bündelung ihrer Fähigkeiten. Abteilungsleiter haben unterschiedliche Fachbereiche und daher auch unterschiedliche Bedenken. Ein Buchhalter z.B. konzentriert sich vorwiegend auf das Rechnungswesen, ist jedoch ebenso an der langfristigen Entwicklung der Firma beteiligt. Überlegen Sie vorab, welcher Vorgesetzte Ihre Ideen nach welchen Kriterien beurteilen wird.

> **73** Gehen Sie auf die Kriterien der Vorgesetzten ein.

VORSTOSS WAGEN

Haben Sie sich das Recht erworben, angehört zu werden, Ihr Zielpublikum studiert und Pläne gemacht, dann ist es Zeit, einen informellen Vorstoß zu wagen. Wichtig ist der richtige Zeitpunkt: Niemand wird z.B. bereit sein, Ihnen zuzuhören, wenn er bis über beide Ohren in Arbeit steckt. Erwähnen Sie, dass Sie einige gute Ideen hätten. Fragen Sie, wann der Betreffende Zeit hat, und machen Sie einen Termin aus.

GRUPPENPRÄSENTATION ▶
Hierfür sollte man einen neutralen Ort wählen. Verabreden Sie sich am Empfang und gehen Sie dann gemeinsam in den Besprechungsraum.

Vorschläge abstimmen

Wecken Sie Interesse an Ihren Vorschlägen, indem Sie diese auf die Ziele der Firma, der Abteilung oder des Teams abstimmen. Achten Sie auf Signale der Zustimmung. Erläutern Sie, welche Resultate Sie im Sinn haben, und fragen Sie Ihre Vorgesetzten dann, ob sie diese Ziele ebenfalls für wichtig erachten. Wenn hier ein Konsens besteht, erläutern Sie Ihren Plan zum Erreichen dieser Ziele. Diese Strategie funktioniert besonders gut, wenn Sie Ziele ansprechen, von denen Sie wissen, dass Sie Ihren Vorgesetzten am Herzen liegen.

74 Fragen Sie selbstbewusst, ob Sie fortfahren können.

75 Gehen Sie von Erfolg aus – das macht selbstsicher.

Tun und lassen

- ✔ Die Chance nutzen, bei informellen Anlässen Ideen zu erwähnen
- ✔ Möglichst oft die positiven Auswirkungen Ihres Plans auf alle Beteiligten aufzeigen
- ✔ Bleiben Sie stets selbstkritisch – das stärkt das Selbstvertrauen.
- ✘ Nicht übereifrig erscheinen, auch keine Frustration oder Ungeduld zeigen
- ✘ Konzepte nicht wegwerfen – sie könnten vielleicht noch gebraucht werden.
- ✘ Immer Fakten parat haben – auf Herausforderungen vorbereitet sein

Kulturelle Unterschiede

In Kulturen, in denen ein demokratischer Führungsstil üblich ist, sind Vorgesetzte eher geneigt, Feedback positiv aufzunehmen. In sehr statusbewussten Kulturen wie z.B. Italien können an Vorgesetzte gerichtete Vorschläge als respektlos empfunden werden.

76 Wenn jemand Einwände äußert, bitten Sie um Verbesserungsvorschläge.

Einwänden begegnen

Stellen Sie gezielte Fragen, um zu erfahren, welche Einwände es gibt. Haken Sie nach, was hinter einem Einwand steckt – vielleicht ist Ihr Gegenüber bloß unsicher. Ist dem so, fragen Sie, was noch zu tun ist, bevor der Plan umgesetzt werden kann. Überlegen Sie, wie Sie Risiken minimieren, sich die Unterstützung anderer sichern, Kosten reduzieren und die Vorteile vergrößern können. Möglicherweise wird Ihr Hauptvorschlag zurückgewiesen – dann sollten Sie einen etwas bescheideneren Alternativvorschlag parat haben.

Beeinflussungsstrategien

Strategie	Vorgehen
Demonstration Ein Beispiel für die erfolgreiche Umsetzung der Idee geben	Beispiele anführen, wie diese Idee bereits in Ihrer oder einer anderen Firma umgesetzt wird
Referenzen Dem Zuhörer zeigen, dass andere diese Idee unterstützen	Personen nennen, die die Idee unterstützen oder denen man sie unterbreiten könnte
Vereinbarkeit Dem Zuhörer zeigen, dass der Vorschlag seinen Prinzipien entspricht	Demonstrieren, inwiefern der Vorschlag die Anforderungen des Zuhörers erfüllt
Terminbewusstsein Zeigen, wie der Plan auf lange Sicht angelegt ist	Anbieten, ein Versuchsprojekt zu starten oder den Plan in Etappen umzusetzen und regelmäßig zu überprüfen
Kostenorientierung Zeigen, wie Kosten und Probleme minimiert werden können	Zeigen, wie sich mit dem Vorschlag Probleme kosteneffektiv lösen lassen

Geduld haben

Mangelndes Interesse Ihrer Vorgesetzten kann sich auch in nonverbalen Reaktionen äußern. Sprechen Sie sie in diesem Fall darauf an und bitten Sie um eine ehrliche Stellungnahme. Stoßen Ihre Pläne auf Kritik, nehmen Sie es nicht persönlich. Wahrscheinlich ist die Kritik eher politischer oder strategischer Natur. Dann sollten Sie warten, bis sich das Klima in der Firma geändert hat, bevor Sie einen neuen Versuch wagen. Gelingt es Ihnen trotzdem nicht, den Vorschlag durchzusetzen, lassen Sie es. Man wird es positiv bewerten, dass Sie sich so professionell verhalten – und Ihre künftigen Präsentationen umso besser aufnehmen.

Nicht vergessen

- Wer gerade einen großen Vorschlag abgelehnt hat, nimmt einen kleinen eher an.
- Schenken Sie dem Feedback zu Ihren Ideen unbedingt Beachtung.
- Gehen Sie erst auf Nachfragen ins Detail.

77 Körpersprache dezent an die der Chefs anpassen.

ERFOLGREICH VERHANDELN

Verhandlungen erfordern Taktgefühl und diplomatisches Geschick. Daher ist es wichtig, eher Interessen als Positionen im Blick zu haben, sich gründlich vorzubereiten, Alternativen bereitzuhalten und gelassen mit Problemen umzugehen.

78 Lösungen aushandeln statt sie durchzudrücken – das bringt Respekt.

79 Überdenken Sie Vorschläge in Ruhe, statt übereilte Entscheidungen zu treffen.

VERHANDLUNGSGRUNDLAGE SCHAFFEN

In einer klassischen Verhandlung verteidigen beide Seiten vehement ihre Position. Gewinnen Sie eine »Schlacht«, kann dies aber Ihre Beziehung zur anderen Partei langfristig verschlechtern. Produktiver ist es, eine Verhandlungsgrundlage zu schaffen, die Ihre Bedürfnisse und die des anderen berücksichtigt. Dadurch werden Sie auf lange Sicht mehr an Einfluss gewinnen.

FALLBEISPIEL

Susanne wurde als Kundenbetreuerin eines Softwarehauses gebeten, einen Vertrag mit einem Kunden neu auszuhandeln. Der Kunde hatte sich beklagt, dass die Kosten des Produktes höher waren als ursprünglich zugesagt.

Vor dem Gespräch machte sich Susanne noch einmal Gedanken darüber, was beide Seiten erwarteten. Sie wusste, dass ihre Firma die profitable Geschäftsbeziehung beibehalten wollte, und vermutlich wollte der Kunde ein faires Geschäft abschließen.

Während des Gesprächs führte sie aus, was für beide Seiten wichtig war.

Susanne und der Kunde stimmten darin überein, dass dies Kosteneffizienz auf der einen und ein funktionierendes Produkt auf der anderen Seite war. Ausgehend von dieser Verhandlungsgrundlage konnten sie eine für beide zufriedenstellende Einigung erzielen.

◀ **ERFOLGREICH VERHANDELN**
In diesem Fallbeispiel konnte eine Managerin eine schwierige Verhandlung erfolgreich abschließen, indem sie sich vor Augen führte, was für beide Seiten wichtig war, und dies als Grundlage für die Erzielung einer Einigung nutzte.

ERFOLGREICH VERHANDELN

Klären, welche Interessen hinter den Forderungen der anderen stehen	»Warum ist das für Sie von Interesse?«
Unklarheiten beseitigen	»Was meinen Sie, wenn Sie sagen …«
Gemeinsame und sich ergänzende Ziele suchen	»Welche gemeinsamen Interessen haben wir Ihrer Ansicht nach?«
Neue Lösungswege für alle entwickeln	»Wie könnten wir unsere Ziele noch erreichen?«
Aktionsplan definieren und Einigung festschreiben	»Halten wir nun einen Aktionsplan fest.«

◀ **EINIGUNG ERZIELEN**
Gehen Sie bei Verhandlungen Schritt für Schritt vor, um sicherzustellen, dass beide Parteien mit dem Resultat zufrieden sind.

VERHANDELN

Überlegen Sie, was Sie in einer Verhandlung erreichen wollen und welche Ziele die Gegenpartei haben könnte. Bitten Sie Ihren Verhandlungspartner, diese zu nennen. Arbeiten Sie gemeinsame Ziele heraus, überlegen Sie, wie sich diese erreichen lassen. Einigen Sie sich auf einen Aktionsplan, und halten Sie diesen schriftlich fest, um keine Missverständnisse aufkommen zu lassen.

80 Festgefahrene Verhandlungen bestimmt, aber flexibel angehen.

HINDERNISSE ÜBERWINDEN

Auch wenn Sie noch so sehr auf den Verhandlungspartner eingehen, kann es sein, dass dieser Schwierigkeiten macht oder z.B. behauptet, die endgültige Entscheidung träfe nicht er, sondern seine Vorgesetzten. Nur nicht aufregen! Bleiben Sie sachlich, fragen Sie nach, wo genau das Problem liegt. Machen Sie möglichst keine Zugeständnisse, außer Sie sind sicher, dass Sie dafür im Gegenzug etwas Gleichwertiges bekommen.

RUHIG BLEIBEN ▶
Dieser Manager bleibt selbst angesichts eines verärgerten Kunden ruhig. Er fragt ganz sachlich, wo genau das Problem liegt, und seine gelassene Haltung hilft ihm, die Situation zu entspannen.

KONFLIKTE LÖSEN

Trotz bester Absichten kann ein Streit eskalieren. Konflikte lassen sich lösen, indem man Unterschiede akzeptiert, die Gefühle anderer anerkennt, neutrale Kriterien wählt, die einen Dialog ermöglichen, und nach Übereinstimmungen sucht.

81 Auch bei Konflikten dürfen Sie das Ziel nicht aus den Augen verlieren.

KONTROVERSEN

Konflikte können auch kreativ sein – wenn man produktive Lösungen finden und diese zur Grundlage für Verhandlungen machen kann. Kommt es zu einer Auseinandersetzung, holen Sie tief Luft und konzentrieren Sie sich auf unpersönliche Fakten. Stellen Sie Fragen, um den Grund für die negative persönliche Kritik zu finden, z.B. »Warum sagen Sie das?« Zählen Sie die unpersönlichen Fakten auf, die Ihrer Meinung nach eine Rolle spielen, und fragen Sie, ob der andere Ihnen zustimmt.

Negative Gefühle abzubauen versuchen	Sich in den anderen hineinversetzen
Auf konstruktiven Dialog hinarbeiten	Eigenen Beitrag zum Missverständnis zugeben
Neutrale Kriterien für das Problem suchen	Vorhandene Standards als Grundlage wählen
Lösung des Konflikts aushandeln	Nach Lösungen und gemeinsamen Zielen suchen

NICHT VERGESSEN

- Man muss nicht in allen Punkten mit jemandem übereinstimmen.
- Erste Anzeichen eines drohenden Konflikts lassen sich an der Körpersprache ablesen.
- Wird eine Diskussion zu hitzig, kann es hilfreich sein, sie auf einen anderen Zeitpunkt zu vertagen oder das Thema zu wechseln.

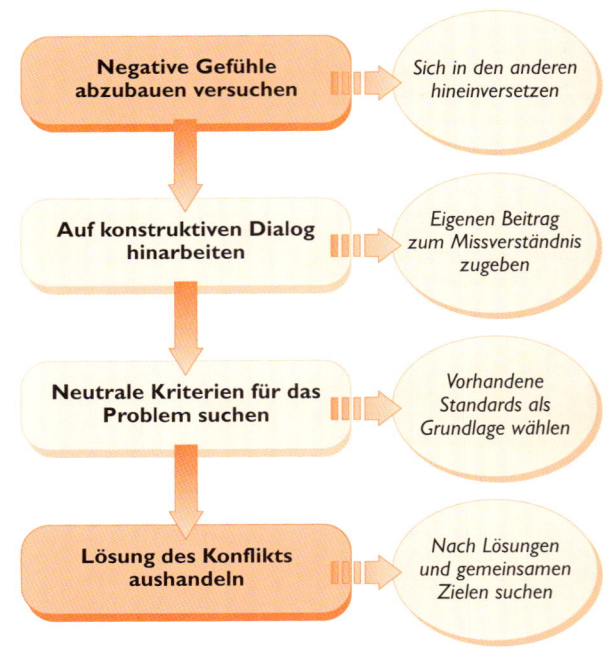

▲ **UMGANG MIT KONFLIKTEN**
Bei einem Streit sollten Sie versuchen, negative Gefühle rasch abzubauen, um möglichst schnell an einer konstruktiven Lösung des Problems arbeiten zu können.

82 Besser Problemursachen finden und aus Fehlern lernen als defensiv reagieren.

KONFLIKTE LÖSEN

VERSTÄNDNIS ZEIGEN

Emotionen, die bei einem Streit hochkochen, lassen sich dadurch besänftigen, dass man Verständnis für die Gefühle des anderen zeigt. Zumindest wird der andere anerkennen, dass man zugehört hat. Das heißt nicht, dass Sie Kritik fraglos akzeptieren sollen, auch wenn Sie diese für ungerechtfertigt halten. Machen Sie dies deutlich, indem Sie gezielt auf Gefühle zu sprechen kommen, z.B.: »Ich verstehe, dass Sie darüber wütend sind.« Fassen Sie die Meinung Ihres Gegenübers zusammen, um zu prüfen, ob Sie richtig verstanden haben.

83 Respektieren Sie stets das Recht auf eine eigene Meinung.

84 Die beste Sichtweise ist eine Synthese aus vielen.

VERSTÄNDNIS ZEIGEN ▼
In diesem Beispiel löst eine Managerin einen Konflikt, indem sie zeigt, dass sie die unterschiedlichen Meinungen versteht, auch wenn sie sie nicht teilt.

Teammitglieder geraten in hitzige Debatte.

Führungskraft greift ein.

Sie hört beide an und fordert dazu auf, eine Lösung zu suchen.

Führungskraft bekommt Situation nicht in den Griff, die Beziehung verschlechtert sich.

611

DIALOG FÖRDERN

Haben Sie es geschafft, die Auseinandersetzung in weniger emotionale Bahnen zu lenken, eröffnen Sie einen Dialog. Er soll verdeutlichen, dass es nicht nur eine richtige Antwort gibt und so das Verständnis fördern. Leiten Sie ihn ein, indem Sie ganz offen sprechen. Glauben Sie, zum Ärger des anderen beigetragen zu haben, so geben Sie das offen zu, ohne dass es wie ein Schuldeingeständnis klingt. Sagen Sie z.B., es tue Ihnen Leid, dass es zu einem Streit gekommen sei, und betonen Sie, dass Sie die Diskussion sachlich weiterführen möchten.

WICHTIGE FRAGEN

- F Habe ich vielleicht früher etwas gesagt, das diesen Konflikt heraufbeschworen hat?
- F Gibt es Bereiche, in denen wir zu einer Übereinkunft kommen können?
- F Kenne ich jetzt die Ursache für die Verärgerung meines Kollegen?
- F Welche Alternativen kann ich bereits vorschlagen?

85 Lernen Sie aus dem Umgang mit früheren Konflikten.

NEUTRALE KRITERIEN

Sich auf neutrale Kriterien zu berufen, erleichtert den Übergang vom Dialog zu Verhandlungen. Solche Kriterien können Fakten oder Standardregelungen sein, jedenfalls sind sie objektiv und nicht subjektiv wie die Meinungen der Beteiligten. Sie können z.B. einen Streit über die Gehaltsansprüche beenden, indem Sie auf Tarifbestimmungen verweisen. Grenzen Sie die Diskussion ein, indem Sie vorschlagen, dass jeder nochmals in den Verträgen nachsieht. In beiderseitiger Kenntnis der Fakten einigt man sich eher.

◀ FAKTEN PRÄSENTIEREN

In diesem Beispiel kann ein Streit beigelegt werden, indem der Marketingassistent die relevanten Zahlen aus den Akten zur Prüfung vorlegt.

Konflikte lösen

Bei Konflikten vermitteln

Konflikte zwischen Managern, Teams und selbst Abteilungen sind in Unternehmen keine Seltenheit. Destruktive Konflikte können die Effizienz und Moral der gesamten Belegschaft einer Firma untergraben. Indem man bei solchen Konflikten als Vermittler auftritt, kann man erreichen, dass alle wieder an einem Strang ziehen. Dazu muss man beiden Parteien dabei helfen, sich klar zu werden, was sie eigentlich wollen und was sie bereit sind, dem anderen als Gegenleistung zu geben.

86 Wichtig ist vor allem, sich zu einigen und Lösungen zu finden.

87 Finden Sie die Ursache für Missverständnisse heraus.

Umgang mit Konfliktursachen

Konfliktursache	Was sollte man sagen?
Aggression	»Das können wir doch auch anders lösen.«
Unterschiedliche Wahrnehmungen	»Nun verstehe ich, wie das passieren konnte ...«
Gerüchte	»Ich glaube, das können wir einstweilen außer Acht lassen.«
Abwehrhaltung	»Wir sollten uns jetzt lieber auf Lösungen konzentrieren.«
Missverständnis	»Worauf gründet sich Ihre Annahme?«
Ängste	»Wie können wir gemeinsam eine Lösung dafür finden?«
Übergangen worden sein	»Es tut mir Leid. Man hätte Sie vorher fragen müssen.«
Mangelndes Vertrauen	»Können wir unsere Differenzen nicht beilegen?«
Groll	»Wie sollen wir damit umgehen?«
Hindernisse	»Konzentrieren wir uns auf Dinge, die wir beeinflussen können.«

PRÄSENTATIONEN VORBEREITEN

Der Unterschied zwischen großen und mittelmäßigen Rednern liegt oft in der Vorbereitung. Üben Sie selbstbewusstes Auftreten, bereiten Sie Ihre Rede bis ins Detail vor und machen Sie sich auf potenzielle Einwände gefasst.

88 Notieren Sie sich Anekdoten, die Sie beim Vortrag verwenden können.

- Sich klar machen, was man sagen will
- Überlegen, warum man qualifiziert ist, über dieses Thema zu sprechen
- Darauf achten, dass das Gesagte Unternehmensbezug aufweist
- Sich über seine Ziele im Klaren sein und Stichpunkte notieren

WANN SPRECHEN?

Die Entscheidung, in einem Meeting etwas zu sagen, mag geplant oder spontan sein. Denken Sie aber in jedem Fall daran, dass man nicht immer viel sagen muss, um Einfluss zu haben. Überlegen Sie, warum Sie zum Thema etwas sagen wollen: vielleicht weil Sie sich in Ihrem Fachgebiet auskennen, oder weil Sie von den Anwesenden die höchste Position bekleiden und man von Ihnen erwartet, dass Sie die Führung übernehmen.

◀ **SICH AUFS SPRECHEN VORBEREITEN**
Bevor Sie sich bei einer Besprechung äußern oder eine Präsentation abhalten, denken Sie gut darüber nach, was Sie sagen wollen, sodass es selbstbewusst und durchdacht klingt.

TUN UND LASSEN

- ✔ Überlegen, welche Punkte wichtig sind
- ✔ Überlegen, was das Publikum ansprechen könnte
- ✔ Die Vorteile nennen, die andere haben, wenn sie auf Ihre Vorschläge eingehen
- ✘ Keine Angst haben, in Meetings etwas zu sagen
- ✘ Auf keinen Fall zu wenig üben – Vorbereitung ist alles
- ✘ Nicht vergessen, witzige Bemerkungen einzuflechten

89 Orientieren Sie sich an guten Rednern und ahmen Sie ihr Vorbild nach.

SELBSTBEWUSST KLINGEN

Es gibt einige Techniken, die Ihnen helfen können, überzeugend zu sprechen. Wenn Sie eine Rede vorbereitet haben, studieren Sie diese ein. Tun Sie dabei so, als würden Sie zu jemandem sprechen, der sich auf der anderen Seite des Raumes befindet, in dem Sie stehen. Legen Sie Begeisterung in die Stimme, um das Publikum mitzureißen. Senken Sie die Stimme etwas, um Selbstbewusstsein zu demonstrieren. Holen Sie tief Luft: Ihre Stimme soll aus der Brust kommen, nicht aus der Kehle. Variieren Sie Ihre Sprechgeschwindigkeit: bei wichtigen Punkten langsamer sprechen; schneller werden, um Begeisterung zu vermitteln. Variieren Sie auch die Lautstärke: Leises Sprechen kann Leute dazu bringen, aufzumerken und genau zuzuhören; zur Betonung empfiehlt es sich, lauter zu sprechen.

◀ **REDE VORBEREITEN**
Üben Sie Ihre Rede vor einem Spiegel, um Ihre Körpersprache beobachten zu können, und ändern Sie diese gegebenenfalls.

FRÜHERE ERFOLGE

Um sich positiv auf eine Rede einzustimmen, rufen Sie sich noch einmal frühere Erfolge in Erinnerung. Können Sie schon auf erfolgreiche Vorträge zurückblicken, dann beschwören Sie das positive Gefühl herauf, das Sie dabei hatten. Verbinden Sie dieses Gefühl mit einem Auslöser, z.B. einem Wort oder Bild, sodass Sie sich nur an dieses Wort oder Bild erinnern müssen, um automatisch dieses Gefühl hervorzurufen. Haben Sie noch nie einen Vortrag gehalten, denken Sie an einen geselligen Anlass, bei dem Sie gut ankamen. Sehen Sie zu, dass Ihnen selbstbewusstes Auftreten zur zweiten Natur wird.

WICHTIGE FRAGEN

F Wann habe ich schon einmal einen erfolgreichen Vortrag gehalten?

F Wie habe ich mich zu Anfang und am Ende meiner letzten Präsentation gefühlt?

F Inwiefern glich diese Situation der jetzigen?

F Habe ich bei der letzten Präsentation Strategien angewandt, die ich auch hier einsetzen könnte?

EINFLUSS AUSÜBEN

90 Bereiten Sie Ihre Präsentation frühzeitig vor.

91 Reden Sie sich gut zu – das erhöht Ihr Selbstvertrauen.

UNTERSTÜTZUNG FINDEN

Fragen Sie vor Ihrem Vortrag Leute, die anwesend sein werden, welche Interessen sie haben, und stimmen Sie den Inhalt Ihrer Präsentation darauf ab. Sind unter Ihren Zuhörern auch Entscheidungsträger, umso besser. Üben Sie Ihre vorbereitete Präsentation vor einem Unbeteiligten, bitten Sie diesen, ehrlich seine Meinung zu sagen, und verwechseln Sie sein Feedback nicht mit Kritik. Nehmen Sie möglichst Ihre Präsentation auf Band auf; achten Sie beim Abhören auf Tonfall und Sprechgeschwindigkeit und arbeiten Sie daran.

FANTASIE EINSETZEN

Stellen Sie sich vor, wie Ihre Präsentation verlaufen wird. Stellen Sie sich z.B. vor, Sie hätten gerade eine erfolgreiche Besprechung hinter sich – was genau haben Sie getan, damit sie gut verlief? Notieren Sie diese Punkte und nehmen Sie sie in Ihre Präsentation auf. Wenn Sie sich den positiven Ausgang vorstellen, konzentrieren Sie sich darauf, was Sie sehen, hören und fühlen werden.

DAS IST ZU TUN

1. Sich vorstellen, wie man sich fühlt, wenn die Präsentation ein Erfolg wird
2. Sich dieses Gefühl stets vergegenwärtigen
3. Dieses positive Gefühl dazu nutzen, das eigene Selbstbewusstsein zu stärken

Managerin ist nach Vortrag glücklich und zufrieden.

◀ **SICH ERFOLG VORSTELLEN**
Stellen Sie sich vor der Präsentation vor, diese sei gerade erfolgreich gelaufen und das Publikum begeistert.

Publikum ist vom Vortrag begeistert.

Präsentationen vorbereiten

Einwände

Selbst die besten Argumente stoßen auf Kritik. Um sich darauf vorzubereiten, versetzen Sie sich in die Rolle Ihres schärfsten Kritikers und suchen Sie nach Schwächen in Ihrer Argumentation. Notieren Sie sich diese Punkte. Oder stellen Sie sich vor, Sie seien einer der Entscheidungsträger im Publikum. Was könnte diese Person sagen? Bereiten Sie sich innerlich auf das Schlimmste vor, das passieren kann, sodass Sie gewappnet sind und die Situation wieder in den Griff bekommen können.

▲ **GUT VORBEREITET SEIN**
Haben Sie vor einer Präsentation gründlich recherchiert und sind gut vorbereitet, werden Sie auch mit kniffligen Fragen und Kritik problemlos umgehen können.

Tun und lassen

- ✔ Das Thema gründlich recherchieren und sich gut informieren
- ✔ Wichtigste Stichpunkte und Ideen mit Grafiken veranschaulichen
- ✘ Nicht zulassen, dass Einwände das Selbstvertrauen untergraben
- ✘ Hauptpunkte unbedingt nennen – nicht ablenken lassen

92 Frühzeitig vor Ort sein, um die Materialien vorzubereiten.

FALLBEISPIEL

Vanessa wurde gebeten, einer Gruppe von Kunden ein wichtiges Projekt vorzustellen. Sie begann ihre Unterlagen vorzubereiten, doch je näher der Termin rückte, desto nervöser wurde sie. Unglücklicherweise hatte sie bei ihren beiden letzten Präsentationen vor lauter Nervosität kein Wort mehr herausgebracht und fürchtete nun, dies würde wieder passieren. Sie beschloss, das Problem mit einem Coach anzugehen. Mit seiner Hilfe fand sie heraus, dass sie immer dann ins Stocken geriet, wenn sie sich auf die Augen der Zuhörer konzentrierte. Sie lernte, sich auf den Klang ihrer Stimme und einen neutralen Punkt an der rückwärtigen Wand zu konzentrieren. Der Coach zeigte ihr auch, wie sie jederzeit mittels eines Auslösers – dem Wort »ruhig« – ihr Selbstvertrauen wieder stärken konnte, wenn sie wieder ins Stocken geriet. Dies führte zum Erfolg.

◀ **PROBLEME BEWÄLTIGEN**
In diesem Beispiel wurde eine Projektmanagerin gebeten, eine Präsentation für Kunden vorzubereiten. Indem sie lernte, mit ihrer Nervosität umzugehen und sich auf mögliche Probleme vorzubereiten, gelang es ihr, eine erfolgreiche Präsentation abzuhalten.

Das Publikum fesseln

Entscheidend bei der Vorstellung einer Idee ist das Wie. Begeistern und überzeugen Sie das Publikum durch eine anschauliche Präsentation und positive Körpersprache. Stellen Sie Ihre Ideen und die Pläne zu deren Umsetzung vor.

93 Seien Sie bereit, Ihre Rede der Reaktion des Publikums anzupassen.

Sich innerlich vorbereiten

Nachdem Sie alles vorbereitet, Unterlagen und Geräte überprüft und Ihre Rede geübt haben, wird es Zeit, sich innerlich auf die Situation einzustellen: Sie wollen selbstbewusst, entspannt und energisch auftreten. Begeben Sie sich an den Ort, an dem Sie Ihre Präsentation oder Rede halten werden. Stellen Sie sich vor, wie Sie langsam Raum und Publikum von sich einnehmen.

94 Begeben Sie sich in den Präsentationsraum und stellen Sie sich vor, er sei Ihr Büro.

Das ist zu tun

1. Versetzen Sie sich in einen positiven Zustand.
2. Überlegen Sie sich einen Aufhänger, z.B. eine Anekdote.
3. Konzentrieren Sie sich auf Schlüsselwörter, die das Interesse Ihres Publikums wecken, und betonen Sie diese besonders.
4. Überlegen Sie, wie Sie Ihre Stimme einsetzen können.

Nicht vergessen

- Auch wenn eine Rede gut vorbereitet ist, sollten Sie bereit sein, sie auf die Reaktion des Publikums abzustimmen.
- Während der Rede ab und zu tief durchatmen, entspannt bleiben
- Darauf achten, ob das Interesse erlahmt, ggf. Punkt überspringen
- Lange Präsentationen auflockern, z.B. durch Diskussionsrunden

Publikum fesseln

Wecken Sie das Interesse Ihres Publikums, indem Sie als Einleitung eine treffende Anekdote oder ein Zitat zum Besten geben. Sie können hierfür berühmte Persönlichkeiten ebenso bemühen wie Ihren eigenen Erfahrungsschatz. Mit einer netten Geschichte (falls Sie eine haben) ziehen Sie das Publikum ebenfalls auf Ihre Seite. Gehen Sie dann jedoch zügig zum Hauptthema über: Informieren Sie Ihre Zuhörer, worüber Sie sprechen werden und welche Vorteile sie davon zu erwarten haben.

Präsentation lebendig gestalten

Bei Präsentationen vor größeren Gruppen sollten Sie möglichst viele visuelle Hilfsmittel einsetzen, z.B. Dias und Schaubilder. Ein Bild oder ein Diagramm kann eine Idee oft anschaulicher erklären als viele Worte. Verwenden Sie für Grafiken und Auflistungszeichen möglichst viele Farben. Veranschaulichen Sie mittels Anekdoten einige Ihrer Thesen und denken Sie sich einen Slogan aus, der Ihre Argumentation auf den Punkt bringt.

Managerin wählt Dias für ihre Präsentation aus.

VISUELLE HILFSMITTEL ▶
Nehmen Sie sich die Zeit, visuelle Hilfsmittel für Ihre Präsentation vorzubereiten – Dias eignen sich sehr gut, um das Interesse des Publikums wach zu halten.

95 Umreißen Sie zu Beginn kurz den Inhalt Ihrer Rede.

96 Listen Sie die Hauptpunkte stichwortartig auf.

Wichtigste Punkte

Bedenken Sie, dass Aufnahmefähigkeit und Gedächtnis Ihres Publikums Grenzen haben. Den besten Effekt erzielt man, indem man Informationen möglichst kurz und knapp präsentiert. Fassen Sie Ihre wichtigsten Punkte zusammen und wiederholen Sie sie zwei- oder dreimal – vorzugsweise zu Beginn und am Ende Ihrer Rede. Empfehlenswert ist der Einsatz eines Overheadprojektors, sodass Stichpunkte während der gesamten Rede zu sehen sind. Nennen Sie das Thema und erklären Sie, für welche Problemstellung es eine Lösung anbietet.

Kulturelle Unterschiede

Viele öffentliche Redner in den USA bedienen sich eines emotionalen Redestils. Ihre Sprache ist oft sehr temporeich und soll den Zuhörern das Gefühl persönlicher Betroffenheit vermitteln. In Westeuropa sind Redner zurückhaltender und sachlicher. In Großbritannien nehmen sich Redner oft selbst auf die Schippe, um das Eis zu brechen und Spannungen abzubauen.

EINFLUSS AUSÜBEN

KÖNNEN SIE MENSCHEN BEEINFLUSSEN?

Überprüfen Sie, wie gut Sie andere überzeugen können, indem Sie folgende Aussagen bewerten. Seien Sie möglichst ehrlich: Beantworten Sie eine Frage mit »nie«, kreuzen Sie Option 1 an, lautet die Antwort »immer«, wählen Sie Option 4 usw. Zählen Sie abschließend die Punkte zusammen. Die Auswertung zeigt Ihnen, wie Sie abgeschnitten haben. So können Sie leicht erkennen, was zu verbessern ist.

OPTIONEN
1 Nie
2 Gelegentlich
3 Oft
4 Immer

1 Ich betrachte Probleme aus der Perspektive anderer, bevor ich Vorschläge mache.
1　2　3　4

2 Ich bin mir vor Besprechungen über meine Ziele im Klaren.
1　2　3　4

3 Ich bringe meine Ideen selbstbewusst und begeistert vor.
1　2　3　4

4 Ich bleibe bei Präsentationen ruhig und zielgerichtet.
1　2　3　4

5 Ich kenne meine beruflichen Stärken und nutze sie bestmöglich.
1　2　3　4

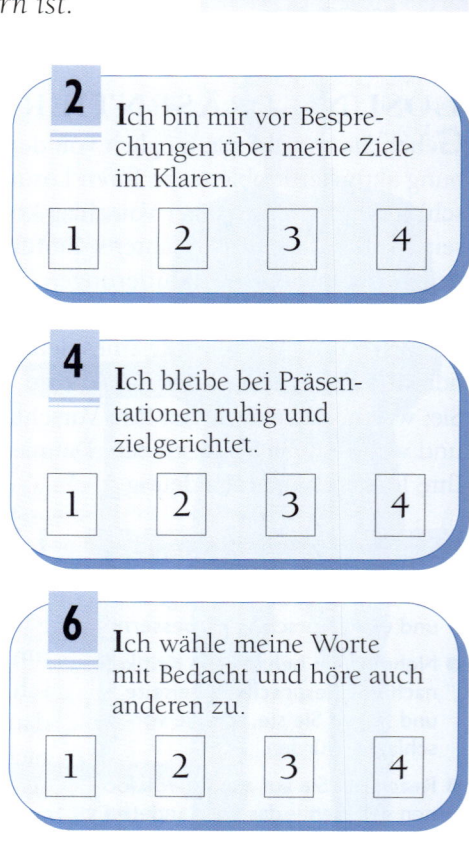

6 Ich wähle meine Worte mit Bedacht und höre auch anderen zu.
1　2　3　4

7 Rückschläge betrachte ich als Chance, etwas zu lernen.

☐ 1 ☐ 2 ☐ 3 ☐ 4

8 Ich kleide mich immer der jeweiligen Situation angemessen.

☐ 1 ☐ 2 ☐ 3 ☐ 4

9 Ich höre genau zu, bevor ich andere Meinungen zusammenfasse.

☐ 1 ☐ 2 ☐ 3 ☐ 4

10 Ich bin gerne aktiv und halte Ausschau nach neuen Möglichkeiten.

☐ 1 ☐ 2 ☐ 3 ☐ 4

11 Ich halte mich über Entwicklungen in der Branche auf dem Laufenden.

☐ 1 ☐ 2 ☐ 3 ☐ 4

12 Wenn ich jemanden kennenlerne, stelle ich mich vor.

☐ 1 ☐ 2 ☐ 3 ☐ 4

13 Ich begründe meine Ideen sorgfältig und liefere Fakten.

☐ 1 ☐ 2 ☐ 3 ☐ 4

14 Ich werbe bei Vorgesetzten um Unterstützung für meine Pläne.

☐ 1 ☐ 2 ☐ 3 ☐ 4

15 Ich respektiere die Bedürfnisse, Interessen und Werte anderer.

☐ 1 ☐ 2 ☐ 3 ☐ 4

16 Ich bereite meine Präsentationen äußerst gründlich vor.

☐ 1 ☐ 2 ☐ 3 ☐ 4

Einfluss ausüben

17 Ich halte Versprechen und erfülle eingegangene Verpflichtungen.
1　2　3　4

18 Ich suche nach gemeinsamen Interessen, um Konflikte zu lösen.
1　2　3　4

19 Ich setze Gestik und Stimme ein, um Vorschläge zu unterstreichen.
1　2　3　4

20 Ich biete anderen von mir aus Unterstützung an, ohne gefragt zu werden.
1　2　3　4

21 Differenzen versuche ich durch Offenheit und Ehrlichkeit beizulegen.
1　2　3　4

22 Ich übernehme Schlüsselwörter meiner Gesprächspartner.
1　2　3　4

23 Ich präsentiere Vorschläge, indem ich ihre Vorzüge beschreibe.
1　2　3　4

24 Ich präsentiere ein Gesamtbild, aber auch genügend Details.
1　2　3　4

25 Konflikte versuche ich durch Verständnis für andere zu entschärfen.
1　2　3　4

26 Ich arbeite gerne mit meinen Vorgesetzten zusammen.
1　2　3　4

Können Sie Menschen beeinflussen?

27 Ich gehe immer davon aus, dass sich Probleme lösen lassen.
☐ 1 ☐ 2 ☐ 3 ☐ 4

28 Ich sage genau, was ich will und welche Unterstützung ich brauche.
☐ 1 ☐ 2 ☐ 3 ☐ 4

29 Ich versuche stets zu wissen, was meinen Mitarbeitern wichtig ist.
☐ 1 ☐ 2 ☐ 3 ☐ 4

30 Bei der Präsentation meiner Vorschläge achte ich auf die Reaktionen.
☐ 1 ☐ 2 ☐ 3 ☐ 4

31 Ich gehe regelmäßig unter Leute und knüpfe neue Kontakte.
☐ 1 ☐ 2 ☐ 3 ☐ 4

32 Ich kenne meine Stärken und Schwächen und versuche, mich zu verbessern.
☐ 1 ☐ 2 ☐ 3 ☐ 4

Auswertung

Zählen Sie nun die Punkte zusammen und lesen Sie, wie Sie abgeschnitten haben. Finden Sie Ihre Schwachpunkte heraus, und lesen Sie in den entsprechenden Abschnitten nach.

32–63: Sie könnten mehr Einfluss gewinnen. Gehen Sie aktiver vor. Pflegen Sie gezielt Umgang mit Menschen, um selbstsicherer zu werden und leichter Einigungen zu erzielen.

64–95: Sie üben relativ viel Einfluss aus und haben gute Beziehungen aufgebaut, können aber Ihren Einflussbereich noch erweitern, indem Sie Herz und Verstand Ihrer Umgebung gewinnen.

96–128: Sie sind ein gewiefter Einflussnehmer, der gute Beziehungen zu anderen unterhält. Arbeiten Sie aber dennoch gezielt weiter an Ihren Fähigkeiten.

ERFOLGREICH VERHANDELN

Einleitung **628**

GUTE VORBEREITUNG

Was heisst Verhandeln? **630**
Grundsätze des Tauschens **634**
Die Ziele bestimmen **636**
Relevante Vorbereitung **638**
Gegenseite einschätzen **640**
Die Wahl der Strategie **644**
Die Tagesordnung **648**
Die richtige Atmosphäre schaffen **650**
Die Sitzordnung **652**

VERHANDLUNGSFÜHRUNG

Die Stimmung einschätzen **654**
Vorschläge machen **656**
Auf Vorschlag reagieren **658**
Auf Tricks reagieren **660**
Körpersprache richtig verstehen **664**
Positionen darlegen **666**
Die eigene Position stärken **668**
Die Position der Gegenseite schwächen **328**

ABSCHLUSS DER VERHANDLUNG

Positionen verändern **672**
Verhandlung beenden **676**
Zum Schluss kommen **678**
Umgang mit Abbruch **682**
Die Schlichtung **684**
Das Schiedsverfahren **686**
Entscheidung umsetzen **688**
Können Sie verhandeln? **690**

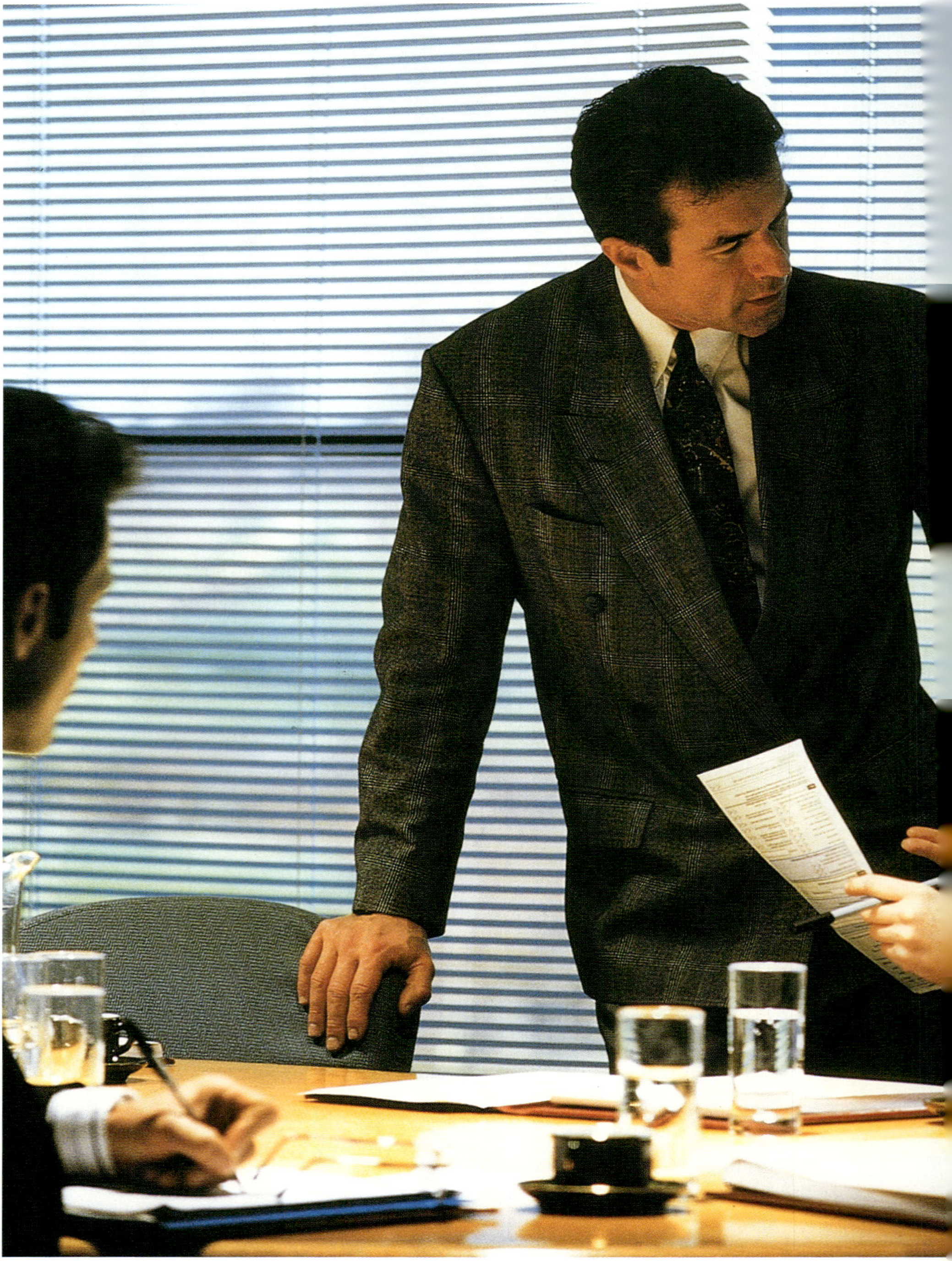

Einleitung

Verhandlungen erfolgen zwischen zwei oder mehr Parteien, von denen jede etwas besitzt, was die andere gern hätte. Verhandlungen enthalten ein Geben und Nehmen und führen zu einer Übereinkunft. Dieses Kapitel erläutert die Grundzüge des Verhandelns und vermittelt Ihnen die Fähigkeit, Verhandlungen sicher zu einem annehmbaren Ergebnis zu führen. Alle wichtigen Informationen zum Verhandlungsprozess sind übersichtlich dargestellt. Außerdem finden Sie hier 101 praktische Tipps von den Verhandlungsvorbereitungen bis zum Abschluss. Das Kapitel eignet sich für Neulinge wie für erfahrene Unterhändler. Es bietet Ratschläge zur richtigen Strategie, zu notwendigen Konzessionen und für heikle Situationen.

GUTE VORBEREITUNG

Für eine erfolgreiche Verhandlung braucht man das Ziel und eine Strategie, um es zu erreichen. Bereiten Sie sich gründlich vor, damit Ihr Schlachtplan zum Erfolg führt.

WAS HEISST VERHANDELN?

Zu einer Verhandlung kommt es, wenn jemand etwas besitzt, was Sie gern hätten, und Sie bereit sind, etwas dafür zu geben – und umgekehrt. Verhandlungen finden täglich statt, zwischen Familienmitgliedern, im Laden und auch am Arbeitsplatz.

1 Um gut zu verhandeln, sollten Sie die Bedürfnisse der Gegenseite kennen.

2 Denken Sie daran: Ein Verhandlungsführer kann nie zu gut vorbereitet sein.

WIE FUNKTIONIERT VERHANDELN?

Erfolgreiches Verhandeln – der Versuch zweier Personen, ein für beide annehmbares Ergebnis zu erzielen – sollte keine Gewinner und Verlierer haben. Dieser Prozess endet mit einer für beide Seiten befriedigenden Lösung oder er scheitert – für beide Seiten. Die Kunst des Verhandelns beruht auf dem Versuch, ein für Sie gutes Ergebnis mit einem guten Ergebnis für die Gegenseite in Einklang zu bringen. Um diese Situation zu erreichen, in der beide Seiten gewinnen, müssen Sie gut vorbereitet, wachsam und flexibel sein.

Was heisst Verhandeln?

VERHANDLUNGSFÄHIGKEIT

Verhandeln kann jeder lernen, und es gibt reichlich Gelegenheiten, es praktisch einzusetzen. Die wichtigsten Fähigkeiten für erfolgreiches Verhandeln sind:
- Mehrere Ziele bestimmen, aber doch flexibel bleiben.
- Die Möglichkeiten der verschiedenen Optionen ausloten.
- Sich gut vorbereiten.
- Interaktives Geschick, d.h. gut zuhören und Fragen stellen können.
- Prioritäten setzen.

Diese Fähigkeiten sind im Alltag ebenso nützlich wie bei Verhandlungen. Wenn Sie all das erlernen, verbessern Sie nicht nur Ihre Kompetenz am Verhandlungstisch.

3 Fassen Sie zunächst Gewinne ins Auge, nicht Verluste.

4 Üben Sie zu verhandeln, um sich zu verbessern.

▼ **GENAU BEOBACHTEN**
Zu Beginn einer Verhandlung sitzen sich zwei Teams an einem Tisch gegenüber. Achten Sie darauf, inwieweit die Körpersprache der Teammitglieder ihre Partner bekräftigt.

TEAM A — *Körper zum Partner gedreht* — *Kopf dem Partner zugeneigt* — *Blickkontakt mit dem Partner* — TEAM B

Grundsätze des Tauschens

Wenn man alle Verhandlungsteile richtig anpackt (Vorbereitung, Angebot, Diskussion, Verhandeln, Abschluss), dann führt das meist zu einem erfolgreichen Ergebnis. Grundlage dafür ist der Tausch: Man muss etwas geben, um etwas zu bekommen.

> **8** Klären Sie Prioritäten: Bei weniger wichtigen Punkten geben Sie nach.

Verhandlungsphasen

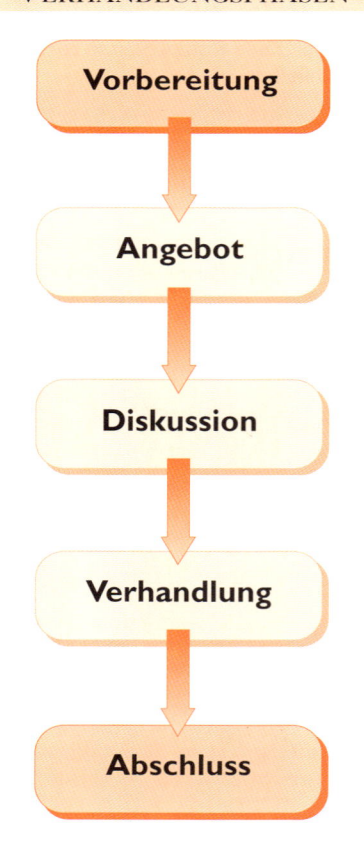

- Vorbereitung
- Angebot
- Diskussion
- Verhandlung
- Abschluss

Gewinn für beide Seiten

Der Schlüssel zum erfolgreichen Verhandeln liegt in der Einsicht, dass jede Seite für ihre Zugeständnisse als Gegenleistung einen Wert erhalten muss. Nur dann können sich alle Beteiligten erfolgreich fühlen. Machen Sie sich bewusst, dass etwas für Sie Wertvolles für die andere Seite vielleicht uninteressant ist. Während beim Sport nur eine Seite gewinnen kann, sollten Verhandlungen mit einem Gewinn für beide Seiten enden. Bei Verhandlungen zwischen Gewerkschaften und einem Unternehmen erzielen erstere vielleicht höhere Löhne für ihre Mitglieder, während das Unternehmen die Gewissheit höherer Produktivität erhält.

Kulturelle Unterschiede

Andere Kulturen gehen Verhandlungen ganz anders an: So ist die Abneigung der Japaner gegen offene Auseinandersetzungen für die beteiligten europäischen und amerikanischen Verhandlungsführer oft irritierend. Den Japanern dagegen fällt es offenbar schwer, unzweideutige Aussagen und Positionen in einen Kompromiss einzuarbeiten.

GRUNDSÄTZE DES TAUSCHENS

NOTWENDIGE FLEXIBILITÄT

Flexibilität ist an jedem Verhandlungstisch unentbehrlich. Das Gleichgewicht der Kräfte schwankt zwischen den Parteien im Verlauf der Verhandlung. Wenn Sie z. B. auf dem Markt um ein Souvenir feilschen, dann erlahmt Ihr Interesse vielleicht, wenn Sie erfahren, dass der Verkäufer dieses nicht zu Ihnen nach Hause liefern kann – Sie müssen alles, was Sie kaufen, selbst mitnehmen. Der Verkäufer erkennt Ihr nachlassendes Interesse – und Sie können mit einem Preisnachlass rechnen.

9 Flexibilität ist Zeichen von Stärke, nicht von Schwäche.

10 Eine übereilte Zustimmung bereuen Sie oft hinterher.

FALLBEISPIEL

Der freie Architekt John hatte gerade keine Aufträge, als der Bauträger Bill ihn um Pläne für ein Kaufhaus bat, das er in der Stadtmitte errichten wollte. John sagte zu. Bill bot, da er Johns schlechte Auftragslage erkannte, nur die Hälfte des üblichen Honorars. John machte Einwände, war dann aber doch bereit, für 60 Prozent des normalen Honorars zu arbeiten. Der Auftrag war uninteressant und erforderte weite Reisen.

Beide Seiten sahen Bill als Gewinner und John als Verlierer. Ein paar Wochen darauf bekam John einen großen neuen Auftrag und verlor die Lust an Bills Projekt. Er erledigte es hastig am Abend, wenn er müde war.

Nach Fertigstellung hatte das Kaufhaus eine undichte Stelle, vielleicht eine Folge von Johns Lustlosigkeit. Bill versuchte vergeblich, den Schaden billig zu beheben. Die Kunden blieben aus – nach drei Jahren schloss Bill das Kaufhaus.

◀ **ERFOLGLOSER AUSTAUSCH**
In diesem Fall hatten die Verhandlungen zunächst einen scheinbaren Gewinner und einen scheinbaren Verlierer. Nach einiger Zeit änderte sich die Lage jedoch: John war am Ende oben, während der »Gewinner« Bill seinen teuren Fehler erkannte, am Anfang Geld sparen zu wollen.

EIN GUTER ▶ TAUSCH
In diesem Fall kann man beide Seiten als Gewinner bezeichnen: Juan erkannte, dass das Software-Unternehmen nicht mehr Geld bieten würde, und so schloss man ein Bündnis. Beide Seiten erreichten das gemeinsame Ziel, eine Minimierung des Verlustes im Falle des Scheiterns und eine Maximierung des Gewinns im Erfolgsfall.

FALLBEISPIEL

Der Softwaredesigner Juan hatte eine Idee für ein neues Computerspiel, dem er größte Chancen einräumte. Das Programmieren erforderte jedoch neun Monate – und in dieser Zeit musste er ja schließlich auch von etwas leben.

Er sprach mit seiner Freundin Maria, Managerin in einem großen Software-Unternehmen. Maria fand die Idee gut, bot Juan aber nur 10 000 $. Juan erklärte, er könne von den 10 000 $ sehr wohl neun Monate leben, aber der Anreiz sei ihm viel zu gering.

Juan schlug vor, 10 000 $ als Vorauszahlung auf künftige Gewinne zu betrachten und die Gewinne im Verhältnis 25:75 mit dem Unternehmen zu teilen. Sie einigten sich schließlich auf 20:80. Das Spiel wurde mit einer großen Marketingkampagne gestartet, wurde ein Riesenerfolg – und brachte beiden Seiten sehr viel Geld ein.

635

DIE ZIELE BESTIMMEN

Der erste Schritt zur Planung jeder Verhandlung besteht darin, alle Ziele zu bestimmen. Was möchten Sie mit der Verhandlung erreichen? Erst wenn Sie dies wissen, können Sie anfangen, einen Schlachtplan aufzustellen, um die Ziele zu erreichen.

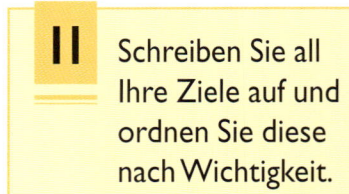

11 Schreiben Sie all Ihre Ziele auf und ordnen Sie diese nach Wichtigkeit.

12 Bestimmen Sie die Punkte, bei denen ein/kein Kompromiss möglich ist.

13 Fassen Sie jedes Ziel in einem Satz zusammen.

DIE ZIELE ABKLÄREN

Bei Verhandlungen geht es nur selten um ein einziges Ziel: Sie kaufen im Ausland ein Schachspiel, möchten es aber auch mit Kreditkarte bezahlen und zollfrei nach Hause nehmen. Der Kauf ist also nicht das einzige Ziel. Auch wenn Gewerkschaften um höhere Löhne verhandeln, möchten sie vielleicht gleichzeitig Arbeitszeiten verkürzen oder die Bezahlung für Sonntagsarbeit verbessern.

Erstellen Sie vor Verhandlungsbeginn eine Liste all Ihrer Ziele, ordnen Sie diese nach ihrer Wichtigkeit und bestimmen Sie die Ziel und Ergebnisse, auf die Sie ohne Verlust verzichten können. Sobald es während der Verhandlung um mögliche Kompromisse geht, wissen Sie, welche Ziele für Sie vorrangig und unabdingbar sind.

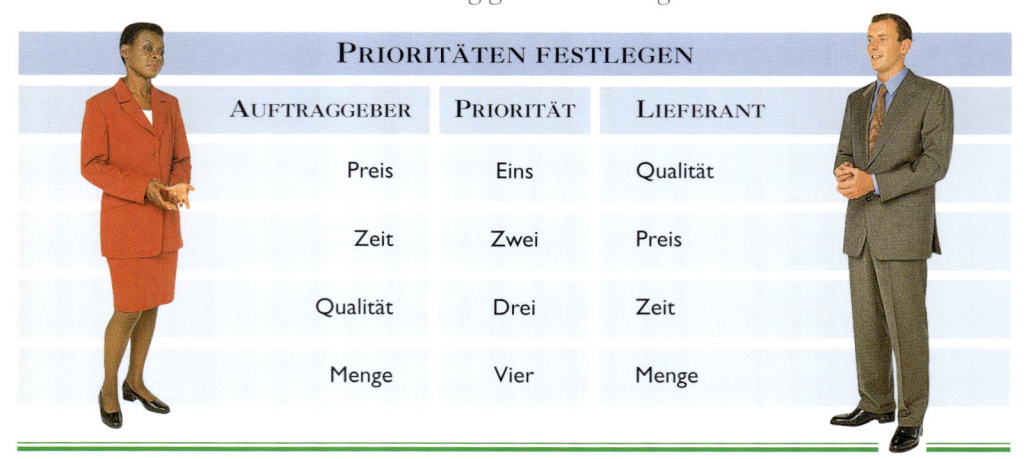

PRIORITÄTEN FESTLEGEN

AUFTRAGGEBER	PRIORITÄT	LIEFERANT
Preis	Eins	Qualität
Zeit	Zwei	Preis
Qualität	Drei	Zeit
Menge	Vier	Menge

DIE ZIELE BESTIMMEN

PRIORITÄTEN ORDNEN

Unterteilen Sie Ihre Prioritäten in drei Gruppen:
- In Ihre Idealvorstellungen.
- In jene, die ein realistisches Ziel darstellen.
- In jene, die Sie mindestens erreichen müssen, damit die Verhandlung für Sie keinen Fehlschlag darstellt.

Messen Sie jedem Ziel einen Wert bei. Wenn Ihr Hauptziel z. B. der Kauf eines Schachspiels ist, bewerten Sie es mit zehn. Auf das Bezahlen mit Kreditkarte können Sie verzichten und bewerten es mit zwei. Ein Spiel aus Marmor hat vielleicht einen Wert von sieben. Wer so seine Prioritäten setzt, schließt am Ende nicht falsche Kompromisse.

> **14** Geben Sie vor der Verhandlung alle unrealistischen Ziele auf.

PRIORITÄTEN ▶ BEWERTEN

In Kevins Fall war die Rente wichtiger als die anderen Arbeitsvergünstigungen. Für GUT überstiegen die Kosten einer Rentenregelung die Vorteile, eine gute Arbeitskraft zu gewinnen.

FALLBEISPIEL

Kevin stand kurz davor, eine neue, besser bezahlte Stelle bei der Firma Great Universal Technology (GUT) anzutreten. GUT lehnte es jedoch ohne nähere Angaben ab, ihn in die firmeneigene Altersvorsorge aufzunehmen. GUT wollte statt dessen einen vergleichbaren Betrag für eine Altersvorsorge seiner Wahl zahlen.

Kevin sprach mit einem Fachmann und erfuhr, dass er bei einem solchen Wechsel draufzahlen würde. In der Annahme, GUT werde kompromissbereit sein, bestand er darauf, in die firmeneigene Altersvorsorge aufgenommen zu werden. GUT zog sein Stellenangebot zurück und erklärte, seine Aufnahme in die Kasse erfordere eine Änderung der Rentenpläne aller anderen Mitarbeiter. Zu dieser grundlegenden Umstellung sei man nicht bereit. Die Verhandlung zerschlug sich, weil GUT das Problem nicht restlos erklärt hatte.

WUNSCH ODER NOTWENDIGKEIT?

Eine nützliche Unterscheidung bei der Bewertung unterschiedlicher Ziele ist die zwischen Wunsch und Notwendigkeit: Einerseits möchten Sie Ihr altes Telefon durch eine moderne Anlage mit vielen Zusatzfunktionen ersetzen. Wenn Ihr Computer andererseits irreparabel abstürzt, müssen Sie ihn schnellstmöglich ersetzen, damit die Arbeit im Büro reibungslos weiter läuft. Sie wünschen sich zwar ein neues Telefon, brauchen aber nicht unbedingt eins. Dagegen ist ein neuer Computer unbedingt notwendig. Es ist wichtig, solch feine Unterschiede zu verstehen, um die Wünsche und Notwendigkeiten Ihres Gegenübers am Verhandlungstisch zu erkennen.

Relevante Vorbereitung

Ernsthafte und erfolgreiche Verhandlungen bedürfen gründlicher Vorbereitung. Sie benötigen Argumente und Informationen, um Ihre Ziele zu fördern – und Sie brauchen Informationen, mit denen Sie die Position der Gegenseite erschüttern können.

> **15** Sammeln Sie alle Informationen, die für die Verhandlung wichtig sind.

Nicht vergessen

- Falsche Informationen sind schlechter als gar keine.
- Die Jahresberichte von Unternehmen können wertvolle Informationen enthalten.
- Denken Sie daran, welche Informationen auch der Gegenseite zugänglich sind.
- Zu viele Statistiken verwirren unter Umständen nur.
- Es lohnt sich, neue Informationsquellen zu erschließen.

Vorbereitungszeit nutzen

Sie sollten sich vor Verhandlungsbeginn unbedingt Vorbereitungszeit gönnen und diese auch sinnvoll nutzen. Lassen Sie sich genügend Zeit für diese Vorarbeiten. Vielleicht brauchen Sie Zahlen und Fallstudien zur Untermauerung Ihrer Argumente. Skizzieren Sie kurz die Eigenschaften der Personen, mit denen Sie verhandeln. Prägen Sie sich diese Informationen ein und setzen Sie sie taktisch ein. Kompliziertes Zahlenmaterial sollten Sie so aufbereiten, dass es für Sie spricht und nicht die Gegenseite bloßstellt, nur weil diese unter Umständen Ihre Zahlen nicht kennt.

Daten sammeln

Während Ihrer Vorbereitungszeit können Sie fundierte Informationen über Ihre Verhandlungspartner und deren Unternehmen beschaffen. Viele Infos sind digital oder gedruckt verfügbar. Gehen Sie in Bibliotheken, suchen Sie im Internet, sprechen Sie mit Leuten, die Ihre künftigen Verhandlungspartner kennen. Befassen Sie sich mit den Jahresberichten des Unternehmens, mit der Marktforschung und alten Zeitungsberichten. Solche Quellen verhelfen Ihnen zu schlagkräftigen Argumenten. Vergewissern Sie sich jedoch, dass Ihre Informationen absolut zutreffend sind.

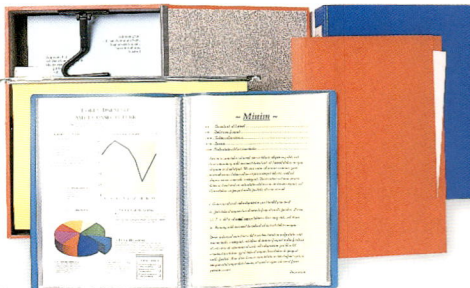

▲ DOKUMENTE ZUSAMMENSTELLEN
Ordnen Sie Ihre Daten so, dass sie jederzeit greifbar sind. Fotokopieren Sie wichtige Texte, heben Sie die Kernpunkte farbig hervor. Die Zeit dafür ist nie verloren.

RELEVANTE VORBEREITUNG

LOGISCH ARGUMENTIEREN

Wenn Sie genügend Daten zusammengestellt haben, entwickeln Sie eine logische Beweisführung. Dafür stehen Ihnen zwei Wege zur Verfügung:

- Deduktiver Schluss: Aus mehreren Voraussetzungen ergibt sich ein Schluss, z. B. »Ich bin Aktionär von Great Universal Technology. GUT zahlt in diesem Jahr eine Dividende von 1,0 Euro. Folglich erhalte ich in diesem Quartal eine Dividende von 1,0 Euro pro Aktie.«
- Induktiver Schluss: Hierbei zieht man einen Schluss aus Beispielen, die auf Erfahrungen beruhen, z. B. »Jedes Mal, wenn jemand bei GUT Vizepräsident wurde, hat er mehr Gehalt bekommen. Ich werde Vizepräsident, deshalb werde ich eine Gehaltserhöhung bekommen.«

16 Verfolgen Sie Verhandlungen anderer als Beobachter.

17 Lernen Sie von erfolgreichen Unterhändlern.

DIE ENTWICKLUNG DER VERHANDLUNG ERAHNEN

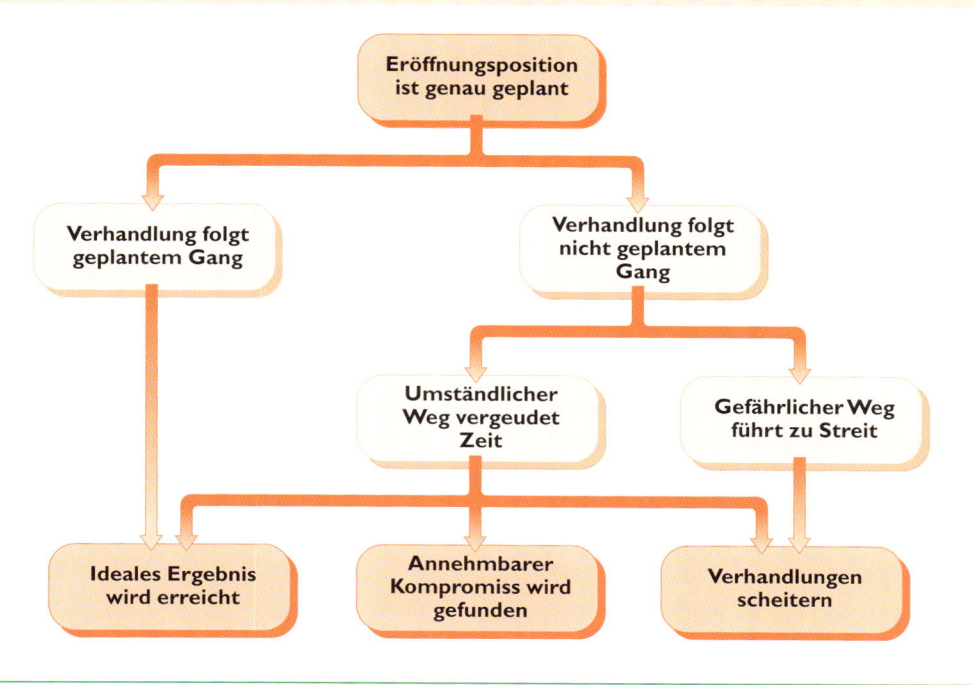

- Eröffnungsposition ist genau geplant
  - Verhandlung folgt geplantem Gang
    - Ideales Ergebnis wird erreicht
  - Verhandlung folgt nicht geplantem Gang
    - Umständlicher Weg vergeudet Zeit
      - Annehmbarer Kompromiss wird gefunden
    - Gefährlicher Weg führt zu Streit
      - Verhandlungen scheitern

GEGENSEITE EINSCHÄTZEN

Es gereicht Ihnen zum Vorteil, wenn Sie die Stärken und Schwächen der gegnerischen Verhandlungsposition erkunden und den Hintergrund der Verhandlungsteilnehmer ausleuchten. Machen Sie sich mit deren Verhandlungsgeschick vertraut.

> **18** Sprechen Sie mit Leuten, die die gegnerische Seite gut kennen.

WICHTIGE FRAGEN

- F Sind die Gegenspieler erfahrene Unterhändler?
- F Bestehen auf der Gegenseite Meinungsverschiedenheiten?
- F Besitzt die Gegenseite die nötigen Kenntnisse, um ihre Ziele zu erreichen?
- F Besitzt die Gegenseite genug Macht, um ihre Ziele zu erreichen?
- F Steht die Gegenseite unter dem Druck, sich schnell zu einigen?

ARGUMENTE PRÜFEN

Prüfen Sie die Argumente der Gegenseite – befassen Sie sich mit allen Aspekten des Falles. Sie werden Stärken und Schwächen finden. Versuchen Sie, die Hauptschwächen aufzudecken, um gegen die Stärken angehen zu können.

Auch wenn die Gegenseite logisch stark argumentiert, können Sie eventuell mit einem moralischen Einwand kontern. Wenn z. B. eine Fischfarm Futter einsetzen will, das schnelleres Wachstum bewirkt, achten Sie auf mögliche Auswirkungen einer raschen Gewichtszunahme. Vielleicht werden dadurch die Gräten geschwächt, so dass die Fische kaum noch schwimmen können.

STÄRKEN ABSCHÄTZEN

Verhandeln ist ein Prozess der allmählichen Annäherung an eine Einigung oder einen Kompromiss. Sie müssen hierfür die Ausgangslage der Gegenseite und ihre Stärken beurteilen. Spricht viel für sie? Ist es logisch? Ist es moralisch annehmbar? Hat die Gegenseite einen starken Verhandlungsführer? Sobald Sie eine Vorstellung von den Stärken der Gegenseite haben, prüfen Sie, wie Sie die Verhandlung eröffnen können. Wie groß ist Ihr Verhandlungsspielraum? Würde eine Vertagung Sie begünstigen, wenn Sie z. B. Rücksprache mit einer höheren Stelle nehmen wollten?

> **19** Bedenken Sie, dass die Gegenseite einen Geheimplan haben könnte.

ZIELE BESTIMMEN

Versuchen Sie, die Ziele der Gegenseite zu bestimmen – so wie Sie Ihre eigenen Ziele bestimmt haben. Listen Sie vermutliche Ziele auf, weisen Sie ihnen Prioritäten zu. Ordnen Sie diese nach hoher, mittlerer oder geringer Priorität. Denken Sie jedoch daran, dass dies nur Annahmen sind, die erst während der tatsächlichen Verhandlung überprüft werden können und müssen.

ZIELE DER GEGENSEITE EINSCHÄTZEN

HÖCHSTE PRIORITÄT
Ziele, die Ihre Gegenseite (Ihrer Meinung nach) unbedingt erreichen will.

MITTLERE PRIORITÄT
Ziele, die Ihre Gegenseite (Ihrer Meinung nach) gern erreichen würde.

GERINGE PRIORITÄT
Ziele, die Ihre Gegenseite (Ihrer Meinung nach) als Dreingabe betrachtet.

ANALYSE DER SCHWACHSTELLEN

So wie Sie die Stärken der Gegenseite kennen müssen, so sollten Sie auch deren Schwächen kennen – in der Sache und bezüglich der individuellen Qualifikation. Wenn die Gegenseite mit mehreren Personen auftritt, dann sollten Sie die Möglichkeit zum »Teile und Herrsche« prüfen – etwa durch einen Punkt, der manchen zusagt und anderen nicht.

Suchen Sie im Vorfeld nach nützlichen Schwachstellen in der Argumentation, nach moralisch, juristisch oder politisch anfechtbaren Bereichen. Die Idee eines Elektrogroßhändlers, einige schadhafte Artikel mit hohem Nachlass zu verkaufen, wirft z. B. ethische und rechtliche Probleme auf, die Sie ausnutzen könnten.

20 Überprüfen Sie Ihre Einschätzung der Gegenseite anhand des Verhaltens während der Verhandlung.

OFFIZIELLE INFORMATIONSQUELLEN

Prüfen Sie alle offiziellen Informationen über die Gegenseite. Werten Sie Artikel in Fachzeitschriften aus. Dort finden Sie unter Umständen wertvolle Hintergrundinformationen zur gegenwärtigen Lage Ihres Kontrahenten, zu seiner Geschichte und zu seinen aktuellen strategischen Zielen. Außerdem können Sie oft zahlreiche öffentlich zugängliche Unterlagen bei Behörden über die rechtliche Vergangenheit und die Finanzlage Ihres Gegenspielers einsehen.

Aus früheren Begegnungen lernen

Häufig verhandeln Personen miteinander, die schon früher in ähnlichen Fragen miteinander zu tun hatten, etwa Zulieferer über einen Jahresvertrag oder Angestellte über veränderte Arbeitsbedingungen. Wenn Sie mit einem bekannten Gegenüber verhandeln, untersuchen Sie, wie die früheren Gespräche verlaufen sind. Sehen Sie sich alte Berichte oder Notizen an, fragen Sie Kollegen, die damals bei der Verhandlung dabei waren. Ändern Sie Ihre Taktik entsprechend, aber denken Sie daran, dass die Kenntnis der Gegenseite für beide Verhandlungspartner gilt. Auch Ihre Gegenseite kennt schon Ihre wichtigen Basispositionen.

Nicht vergessen

- Das Kräfteverhältnis ist anders als bei früheren Verhandlungen.
- Der Verhandlungspartner der Gegenseite hat eventuell eine neue Stellung mit mehr Befugnissen und Einfluss.
- Der neue Posten eines Verhandlungspartners der Gegenseite kann neue Schwächen und Stärken mit sich bringen.
- Der Zeitdruck kann auf beiden Seiten unterschiedlich sein.
- Der Vorbereitungsaufwand beider Seiten kann für jede Verhandlungsrunde unterschiedlich sein.

21 Sprechen Sie – wenn möglich – mit Teilnehmern der früheren Verhandlungsrunden.

22 Erkunden Sie im Vorfeld, wer die Gegenseite vertritt.

Gemeinsamkeiten suchen

Verhandeln bedeutet, Wege zu einer Übereinkunft oder einem Kompromiss zu suchen. Dieses Ziel lässt sich leichter von Parteien erreichen, die schon einmal miteinander verhandelt haben und eher wissen, zu welchen Zugeständnissen die Gegenseite bereit sein könnte.

Wenn z. B. ein Angestellter mit seinem Vorgesetzten über eine Gehaltserhöhung sprechen möchte, erfährt er vielleicht, dass dessen Befugnisse begrenzt sind oder in der Firma ein genereller Gehaltsstopp für dieses Jahr besteht. Aber vielleicht könnten der Angestellte und sein Vorgesetzter statt über eine direkte Gehaltserhöhung über andere Möglichkeiten einer finanziellen Entlohnung reden und damit diese Beschränkungen umgehen. Sie könnten sich z. B. auf mehr Urlaub, eine Direktversicherung oder etwas Ähnliches verständigen. Wenn beide Seiten flexibel sind und Gemeinsamkeiten suchen, dann kann am Ende ein angemessener Kompromiss stehen.

VERHANDLUNGEN MIT MEHR ALS EINER GRUPPE

Besteht die Gegenseite aus mehr als einer Interessengruppe, so sollten Sie nicht nur jede Gruppe und Einzelperson einschätzen, sondern auch prüfen, ob zwischen den Parteien Spannungen herrschen. Stellen Sie fest, wer befugt ist, für die einzelnen Gruppen Entscheidungen zu treffen. Wenn Sie z.B. ein Übernahmeangebot zu machen haben, verhandeln Sie zuerst mit den Anteilseignern. Ist eine Behörde beteiligt, gehen Sie anders vor: Sprechen Sie über die allgemeinen Auswirkungen einer Übernahme und arbeiten Sie mit einem Team, in dem auch Anwälte sitzen, um alle Einzelheiten zu erörtern.

KULTURELLE UNTERSCHIEDE

Zwischen Völkern, Altersgruppen und Geschlechtern bestehen kulturelle Unterschiede, die Sie zu Ihrem Vorteil nutzen können. Ist Ihr Gegenüber z.B. ein Russe mittleren Alters, können Sie unterstellen, dass er wenig Erfahrung mit westlichen Märkten hat. Ein gut ausgebildeter junger Amerikaner hat dagegen vielleicht wenig Arbeitserfahrung.

INFORMELLE INFORMATIONSQUELLEN NUTZEN

Um erfolgreich an Informationen zu kommen, sollten Sie detektivisch denken lernen. Nutzen Sie zwanglose gesellschaftliche Gelegenheiten, Firmenverbindungen, zufällige Bekanntschaften oder Anrufe bei den richtigen Leuten, um herauszufinden, wie die Gegenseite ihr Tagesgeschäft handhabt. Schicken Sie jemanden in deren Firma, um zu erfahren, wie man dort mit Mitarbeitern und Kunden umgeht. Oder Sie laden einen langjährigen Kunden zum Essen ein und stellen einige diskrete Fragen. Auch enttäuschte Ex-Mitarbeiter können wertvolle Informationen liefern, aber auch Fehlinformationen ohne realen Hintergrund auftischen.

INFORMATION ▶ SAMMELN

Nutzen Sie ein zwangloses Treffen mit jemandem, der Verbindungen zu beiden Verhandlungsseiten hat, um so viel wie möglich über die Gegenseite und ihre Strategien zu erfahren.

Gute Vorbereitung

Die Wahl der Strategie

Sobald Sie sich über Ihre Ziele im Klaren sind und die wahrscheinlichen Ziele der Gegenseite analysiert haben, sollten Sie eine Strategie entwerfen, um Ihre Ziele zu erreichen. Bedienen Sie sich dazu der Stärken der Mitarbeiter Ihres Teams.

> **23** Gestalten Sie Ihre Verhandlungsstrategie einfach und flexibel.

Wichtige Fragen

- F Wie wollen Sie über Strategie und Taktik entscheiden?
- F Wie viele Teilnehmer brauchen Sie für Ihr Verhandlungsteam?
- F Wie lange brauchen Sie, um eine Strategie zu entwerfen?
- F Müssen alle Teilnehmer bei allen Verhandlungen dabei sein?
- F Wann können Sie die Rollen und Taktiken proben?

Ziele bedenken

Eine Strategie ist ein Gesamtplan, mit dem mehrere Ziele erreicht werden sollen. Verwechseln Sie Strategie nicht mit Taktik, zu der die Einzelmethoden im Rahmen Ihrer Strategie gehören.

Ihre Strategie hängt von mehreren Faktoren ab: von den Personen, den Umständen und dem Verhandlungsgegenstand. Achten Sie für jeden Verhandlungsgegenstand auf das Temperament Ihrer Teammitglieder, und wählen Sie diejenigen Teilnehmer aus, mit deren Stärken und Fähigkeiten die Ziele am ehesten erreicht werden.

Wichtige Rollen

So wie jede Fußballmannschaft Torwart, Verteidiger und Stürmer braucht, müssen bei jedem Verhandlungsteam bestimmte »klassische« Positionen besetzt werden. Diese Rollen sind: der Leiter, der Gute (»Good Guy«), der Böse (»Bad Guy«), der Hardliner und der Ausputzer. Es kann aber auch andere Rollen geben.

Ein Verhandlungsteam sollte idealerweise aus drei bis fünf Teilnehmern bestehen, die alle wichtigen Rollen repräsentieren. Es ist jedoch nicht nötig, dass jede Rolle von einem Teilnehmer verkörpert wird – normalerweise übernehmen einzelne Teilnehmer mehrere Rollen, die sich ergänzen und ihrem Naturell entgegenkommen.

> **24** Verbergen Sie Unmut und Enttäuschung, gehen Sie nie im Zorn aus dem Raum.

DIE WAHL DER STRATEGIE

DIE ROLLEN IM TEAM

ROLLEN	VERANTWORTUNGSBEREICH
LEITER Jedes Verhandlungsteam hat einen Leiter. Das kann der mit der meisten Erfahrung sein, nicht unbedingt der ranghöchste Teilnehmer. 	• Leitet die Verhandlung, wendet sich gelegentlich an andere. • Entscheidet bei Sachfragen – z. B. in Geldfragen bei Übernahmeangeboten. • Setzt die anderen Teilnehmer des Teams ein.
DER GUTE (»GOOD GUY«) Mit ihm identifizieren sich die meisten Teilnehmer der Gegenseite. Sie wünschen sich, dass er ihr einziger Verhandlungspartner wäre. 	• Bringt Wohlwollen und Verständnis für die Ansichten der Gegenseite auf. • Zieht sich scheinbar auf eine frühere Position des eigenen Teams zurück. • Wiegt die Teilnehmer der Gegenseite in trügerische Sicherheit.
DER BÖSE (»BAD GUY«) Die Gegenfigur des Guten. Seine Rolle ist es, bei der Gegenseite das Gefühl zu wecken, dass man sich ohne ihn eher einigen würde. 	• Unterbricht nötigenfalls den Fortgang der Verhandlung. • Torpediert jedes Argument der Gegenseite. • Schüchtert die Gegenseite ein und versucht, ihre Schwächen aufzudecken.
DER HARDLINER Er ist in allen Fragen kompromisslos. Er bereitet der Gegenseite Probleme; seine Teammitglieder beugen sich oft seinem Urteil. 	• Behindert den Fortgang mit Hinhaltetaktiken. • Ermöglicht Teammitgliedern, von zu guten Angeboten wieder abzurücken. • Beobachtet den Fortgang der Verhandlung. • Sorgt dafür, dass das Team sich auf die Verhandlungsziele konzentriert.
DER AUSPUTZER Dieser Teilnehmer greift alle vorgebrachten Ansichten auf und bringt sie zusammen. Dann legt er sie als überzeugenden Plan vor 	• Schlägt Wege oder Auswege aus verfahrenen Situationen vor. • Verhindert Abschweifungen vom eigentlichen Thema. • Weist auf alle Widersprüche bei den Argumenten der Gegenseite hin.

Gute Vorbereitung

Rollen zuweisen

Zur guten Verhandlungsstrategie gehört es, die Teilnehmer richtig einzusetzen. Sie müssen festlegen, welche Rolle und Verantwortung Ihre Teammitglieder übernehmen sollen. Können sie besser beobachten und zuhören als reden? Kennen sie jemanden von der Gegenseite? Sind sie extrovertiert? Ein extrovertierter Teilnehmer könnte z. B. die Rolle des Guten spielen. Weisen Sie die Rollen mit Bedacht zu, denn Ihr Team muss jeden Schritt der Gegenseite parieren können.

25 Erstellen Sie einen Zeitplan, um Taktiken zu proben und zu besprechen.

▼ **ROLLENPROBEN**
Wenn Ihr Team steht, machen Sie eine Probe, bei der jeder seine Rolle vorspielt. Korrigieren Sie Fehlbesetzungen, Lücken oder Doppelrollen im Team.

Einsatz optischer Hilfsmittel

Notizen während der Verhandlung

Die Wahl der Strategie

Die Bedeutung des Äusseren

Achten Sie gut auf Ihr Äußeres – der erste Eindruck zählt viel. Denken Sie daran, was für eine Verhandlung Sie führen, und kleiden Sie sich entsprechend. Eine übertriebene Aufmachung kann Einfluss darauf haben, wie Sie und Ihre Autorität gesehen werden, kann aber auch Aggression hervorrufen. Alle im Team sollten sich nach einer ähnlichen Kleiderordnung richten. Entscheiden Sie sich im Zweifelsfall immer für konservativere Kleidung.

26 Tragen Sie bequeme, gepflegte und vor allem zurückhaltende Kleidung.

Das Team einweisen

Damit jeder in Ihrem Verhandlungsteams seine Rolle erfolgreich spielen kann, müssen Sie alle gut einweisen. Vermeiden Sie Widersprüche während der Verhandlung. Beispielsweise kann der Leiter darauf hinweisen, dass er befugt ist, über Preise zu verhandeln. Der Hardliner kommt später hinzu und erklärt, er musste wegen der Preise die Zentrale konsultieren. Solche Ungereimtheiten können die Glaubwürdigkeit des Teams ernsthaft gefährden.

Drängen Sie auf die Vorbereitung jedes Einzelnen, halten Sie mit dem gesamten Team mindestens eine Generalprobe ab, möglichst unter Einbeziehung aller aktuellen Daten und optischen Hilfsmitteln. Machen Sie Notizen, die später verwendet werden können, um zu analysieren, wie jeder Einzelne und das Team insgesamt Strategien und Taktiken verbessern können.

27 Üben Sie, still am Verhandlungstisch zu sitzen.

FALLBEISPIEL

Barbara und Kurt wurden von ihrer Firma, einem Elektronikunternehmen, nach Hongkong geschickt, um einen Hersteller zum Kauf von Mikrochips zu bewegen.

Sie sprachen vorher einige Argumente durch und beschlossen, dass Barbara sie vorbringen sollte. Die Manager in Hongkong waren mit dem Angebot offenbar sehr zufrieden. Als Barbara sprach, hörte Kurt jedoch zufällig jemanden sagen: »Die Westler akzeptieren nie den zuerst gebotenen Preis.« Als die Chinesen dann ihren Preis nannten in der Erwartung, dass er abgelehnt würde, schaltete Kurt sich ein.

Barbara war zunächst irritiert, da sie den angebotenen Preis für absolut in Ordnung hielt. Sie war jedoch dankbar für die Unterbrechung, als die Chinesen ihr erstes Preisangebot um zehn Prozent erhöhten. Beide Seiten gingen überaus zufrieden auseinander.

◀ **ZUSAMMENARBEIT**

In diesem Beispiel für Teamarbeit trat Barbara als Leiterin auf, während Kurt die anderen Rollen spielte. Ein Verhandlungspartner allein hätte es sehr viel schwerer gehabt, genügend Informationen aufzuschnappen und das Geschäft gut über die Bühne zu bringen.

GUTE VORBEREITUNG

DIE TAGESORDNUNG

Bei Verhandlungen empfiehlt sich eine Tagesordnung – eine schriftliche Aufstellung der Punkte (TOP), die besprochen werden müssen. Holen Sie vor Verhandlungsbeginn die Zustimmung aller Teilnehmer zu sämtlichen Punkten der Tagesordnung ein.

28 Stellen Sie eine Tagesordnung auf – das prägt den weiteren Ablauf.

NICHT VERGESSEN

- Alle Punkte sollten eine feste Zeit auf der Tagesordnung haben.
- Allen Teilnehmern sollte vorab ein Tagesordnungsentwurf zugehen.
- Maschinengeschriebene Tagesordnungen sollten breite Ränder für Notizen haben.
- Mit der Tagesordnung sollte zusätzlich Notizpapier verteilt werden.
- Schon die Tagesordnung muss zuweilen ausgehandelt werden.

TAGESORDNUNG ERSTELLEN

Die Punkte einer Tagesordnung (TOP) können zu einem wichtigen Bestandteil der Verhandlungsstrategie werden, sowohl durch die Reihenfolge als auch durch die zugestandene Zeit. Manchmal dauert es lange, um eine Tagesordnung zu erstellen, bevor die Verhandlungen beginnen. Eine Tagesordnung sollte:

- Offiziell festlegen, worüber gesprochen werden soll.
- Indirekt den Inhalt der Diskussion beeinflussen, indem sie die Rangfolge der Punkte festlegt.

EINE ▶ TAGESORDNUNG SCHREIBEN

Eine Tagesordnung fördert bei Verhandlungen die Konzentration auf die Ziele. Bei Verhandlungen werden keine Klagen vorgebracht, sondern Lösungen gesucht; daher sollten alle Punkte allgemein gehalten werden.

Entlassungsgespräche — *Thema der Sitzung als Überschrift*
24. Juli, 9 Uhr
Sitzungssaal

1. (09.00) Billigung der Protokolle der letzten Sitzung — *Frühere Entscheidungen werden eingesehen.*
2. (09.15) Unternehmensberater trägt den Fall vor
3. (09.45) Personalchef trägt den Fall vor — *Erster Redner gibt den Ton vor.*
   (10.15) Kaffeepause
4. (10.30) Finanzchef trägt den Fall vor — *Experte liefert Detailinformation.*
5. (11.00) Zusammenfassung durch Geschäftsführung
6. (11.30) Diskussion
7. (12.30) Schluss

Geplante Zeiten

Ende der Sitzung ist angegeben.

TAGESORDNUNG BILLIGEN

Wenn Sie von der Gegenseite eine Tagesordnung erhalten, prüfen Sie diese und passen Sie Ihre Strategie an. Wer die Tagesordnung erarbeitet, hat das größere Interesse am Treffen und beansprucht normalerweise die erste Redezeit. Vielleicht möchten Sie die Reihenfolge der Redner neu festlegen. Wenn Ihnen eine Tagesordnung telefonisch übermittelt wird, lassen Sie sich nicht durch diese Formlosigkeit irritieren. Sprechen Sie mit der Gegenseite über Ihre Änderungswünsche.

> **29** Kommen Sie etwas früher zum Treffen, dann wirken Sie entspannt.

> **30** Fassen Sie Tagesordnungen sprachlich einfach ab und geben Sie für jeden TOP eine Zeit an.

ZEITPLANUNG

Einige Verhandlungen sind wegen Arbeitsbelastung der Beteiligten zeitlich begrenzt. Bei anderen müssen die Beteiligten so lange zusammensitzen, bis eine Einigung erreicht ist, z. B. bei Tarifverhandlungen oder Geschworenensitzungen. Setzen Sie immer fest, wann die Sitzung enden soll. Planen Sie die Zeit so, dass Sie die Tagesordnung einhalten können. Denken Sie daran, dass die meisten Teilnehmer verärgert reagieren, wenn die Zeit überzogen wird.

INFORMATIONEN AUFNEHMEN

Verhandeln bedeutet immer, Zugeständnisse zu machen, die man hinterher vielleicht bedauert – oder noch einmal überdenkt. Deshalb nehmen viele die Vorgänge gern auf Band auf. Das kann jedoch problematisch werden: Oft ist es schwierig, ein Aufnahmegerät so aufzustellen, dass sämtliche Wortmeldungen erfasst werden. Wichtige Diskussionsbeiträge können verlorengehen, wenn Batterien gewechselt werden müssen. Die Kassetten fassen selten eine komplette Sitzung. Wenn Sie die Verhandlung aufnehmen möchten, holen Sie vorher das Einverständnis der Gegenseite ein. Erfahrene Verhandlungsführer stellen immer sicher, dass die Vorgänge nicht nur aufgenommen, sondern auch mitgeschrieben werden.

NOTIZEN MACHEN ▶
Benutzen Sie ein Diktiergerät, um Meinungen schnell und einfach festzuhalten.

Die richtige Atmosphäre schaffen

Das Ergebnis einer Verhandlung wird durch das Umfeld beeinflusst, in dem sie stattfindet. Sorgen Sie besonders bei schwierigen Verhandlungen für eine positive Atmosphäre, indem Sie einen angemessenen und ausreichend großen Tagungsort wählen.

31 Machen Sie nach spätestens zwei Verhandlungsstunden eine Pause.

32 Stellen Sie eine Uhr auf, damit jeder weiß, wie spät es ist.

Die Wahl des Ortes

Bei der Wahl des Ortes sind viele Dinge zu bedenken, wie Neutralität, Einrichtungen oder Annehmlichkeit. Benötigen Sie audiovisuelle Hilfsmittel oder Flip-Charts? Müssen Sie einen Raum mieten? Wie lange sind die Räumlichkeiten gemietet? Können Sie – falls nötig – in der Nähe übernachten? Wählen Sie einen Ort, der möglichst viele Ihrer Anforderungen erfüllt.

Arten der Verhandlungsorte

Ort	Wichtige Umstände
Eigener Boden Ein Büro oder Konferenzraum in Ihrer Firma.	• Sie können leicht strategische Unterbrechungen arrangieren. • Es ist schwierig, nicht eingeplante Unterbrechungen zu vermeiden. • Sie können ohne weiteres auf Ihre Fachleute im Haus zurückgreifen.
Neutraler Boden Das Büro einer dritten Seite oder ein gemieteter öffentlicher Raum.	• Keine Seite hat aufgrund der Vertrautheit mit dem Ort Vorteile. • Beide Seiten müssen ihre Fachleute und ihr gesamtes Material herbeischaffen.
Fremder Boden Ein Büro oder Konferenzraum der Gegenseite.	• Die mangelnde Vertrautheit mit der Umgebung kann stören. • Sie haben keine Kontrolle über die Logistik. • Sie können mit der Behauptung verzögern, die Angelegenheit jemandem in Ihrem Unternehmen vorlegen zu müssen.

DIE RICHTIGE ATMOSPHÄRE SCHAFFEN

DETAILS BEOBACHTEN

Wenn Sie Gastgeber einer Verhandlung sind, dann nehmen Sie alles in die Hand: Bestimmen Sie die Atmosphäre, den zeitlichen Ablauf und die Pausen nach Ihrem Belieben. Stellen Sie Papier und Stifte für Notizen. Überprüfen Sie die Toiletten und sorgen Sie für angemessene Beleuchtung, vor allem wenn audiovisuelle Hilfsmittel verwendet werden. Auch das körperliche Wohlbefinden kann wichtig sein: Senken Sie die Temperatur im Verhandlungsraum ein wenig oder verzögern Sie die Erfrischungen, um die Gegenseite zu einer rascheren Entscheidung zu bringen. Wenn nach der Pause weiter verhandelt wird, servieren Sie die Erfrischungen abseits vom Verhandlungstisch.

> **33** Legen Sie nicht alle Karten auf einmal auf den Tisch.

◀ **GETRÄNKE REICHEN**
Auch wenn Ihren Leuten bei langwierigen Verhandlungen der Appetit vergeht, der Durst sicher nicht. Die Anspannung, die ungewohnte Umgebung und der Druck lassen die Kehle austrocknen – sorgen Sie also für genug Wasser.

> **34** Sorgen Sie dafür, dass gegebenenfalls jeder bei Ihnen telefonieren kann.

> **35** Verwenden Sie einen Laptop, wenn Sie auf Firmendaten zurückgreifen.

DIE KONTROLLE AUF FREMDEM BODEN ÜBERNEHMEN

Einige Leute ziehen es vor, auf fremdem Boden bei der Gegenseite zu verhandeln. Nutzen Sie diesen Trick, Bereitschaft zum Entgegenkommen anzudeuten, und verhelfen Sie der Verhandlung zu einem positiven Start. Einer Ihrer Vorteile besteht darin, dass Sie die Zeit des Treffens bestimmen und damit maximalen Druck auf Ihre Gastgeber ausüben können. Falls vorab keine Tagesordnung festgelegt wurde, fragen Sie Ihre Gastgeber bei Ihrer Ankunft, ob Sie eine solche aufstellen können. Die Gegenseite wird das vielleicht zugestehen, da Sie auf ihrem Boden sind. Wenn Sie die Tagesordnung erstellen, müssen Sie die Gelegenheit nutzen – bringen Sie alle Punkte unter, die Ihnen wichtig sind, und Sie verschaffen sich einen Anfangsvorteil.

GUTE VORBEREITUNG

DIE SITZORDNUNG

Die Sitzordnung der Verhandlungspartner – ob frontal gegenüber oder gemeinschaftlich an einem runden Tisch – kann großen Einfluss auf das Klima, den Ablauf und damit auf das Ergebnis jeder Verhandlung haben.

36 Beachten Sie, dass der Leiter Blickkontakt zu allen Teilnehmern hat.

SITZORDNUNG BEI KLEINEN TEAMS

Bei Verhandlungen zwischen kleinen Teams sitzen die Teilnehmer oft an einem rechteckigen Tisch gegenüber. Das ist die formellste und frontalste Sitzordnung. Platzieren Sie Ihren Leiter am Kopfende, um die Gegenseite unter Druck zu setzen und das Geschehen zu beherrschen. Bemühen Sie sich um eine möglichst zwanglose Sitzordnung, z. B. an einem runden Tisch, wenn Sie unnötige Spannungen vermeiden möchten.

▼ DAS TEAM PLATZIEREN

Außer bei extrem formellen Verhandlungen hat jede Seite maximal fünf Teilnehmer im Team. Eine Sitzordnung frontal gegenüber ist die übliche, vor allem wenn man die Fronten betonen will. Platzieren Sie jedes Teammitglied entsprechend seiner Rolle und Fähigkeiten, und achten Sie darauf, dass Ihre Mannschaft einen geschlossenen Eindruck vermittelt.

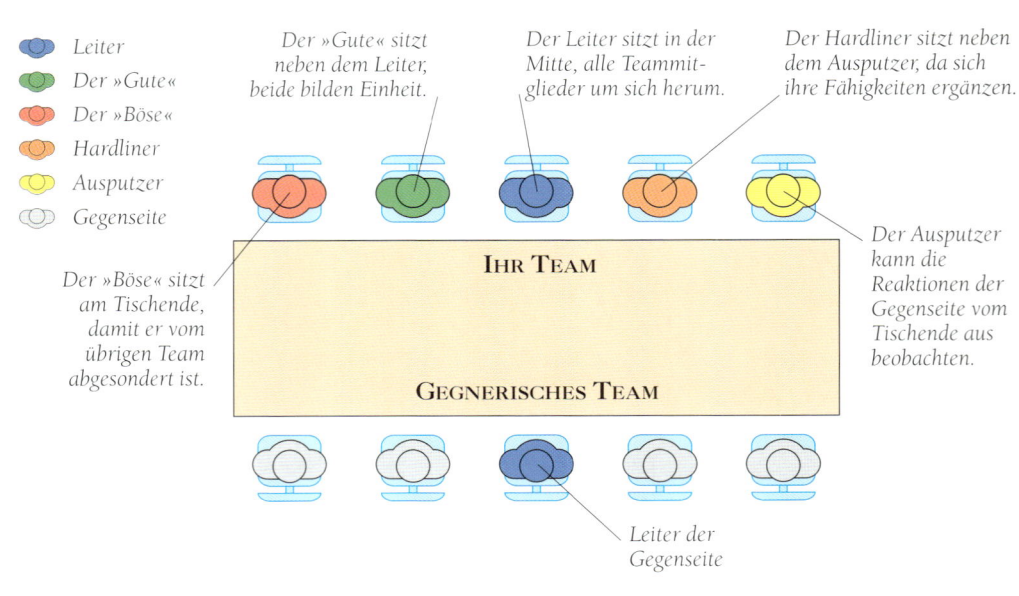

- Leiter
- Der »Gute«
- Der »Böse«
- Hardliner
- Ausputzer
- Gegenseite

Der »Böse« sitzt am Tischende, damit er vom übrigen Team abgesondert ist.

Der »Gute« sitzt neben dem Leiter, beide bilden Einheit.

Der Leiter sitzt in der Mitte, alle Teammitglieder um sich herum.

Der Hardliner sitzt neben dem Ausputzer, da sich ihre Fähigkeiten ergänzen.

Der Ausputzer kann die Reaktionen der Gegenseite vom Tischende aus beobachten.

IHR TEAM

GEGNERISCHES TEAM

Leiter der Gegenseite

Die Sitzordnung
taktisch nutzen

Wählen Sie möglichst bequeme Stühle für alle Mitglieder der Verhandlungsteams. Vermeiden Sie, dass das Gastteam ein geschlossenes Gegenüber bilden kann, indem Sie es zwischen Ihr Team platzieren. Falls es Ihnen gelingt, ist es optimal, wenn der wortgewandteste oder aggressivste Teilnehmer der Gegenseite direkt neben dem Leiter Ihres Teams sitzt.

Wie immer die Teilnehmer auch sitzen, entscheidend ist der Blickkontakt. Er hilft, die Stimmung der Gegenseite zu erkennen, und ermöglicht den Leitern, Rückmeldungen aus dem eigenen Team zu bekommen. Fehlender Blickkontakt irritiert und kann zu Fehlhandungen führen.

> **37** Setzen Sie Ihren Hardliner weit weg vom Hardliner der Gegenseite.

> **38** Der Abstand zwischen den Stühlen sollte gleich sein.

Sitzordnungen grosser Teams

Wenn mehrere Parteien verhandeln, von denen jeweils nur einige Vertreter anwesend sind (etwa so wie bei den Vereinten Nationen oder dem Internationalen Währungsfond), dann setzen Sie die Teilnehmer in einem Halbkreis. Richten Sie es so ein, dass sie von einem Podium aus das Wort ergreifen können. Erfolgen Verhandlungen zwischen mehreren Parteien mit vielen Teilnehmern, so bilden Sie Gruppen, die sich möglichst gegenüber sitzen. Diese Sitzordnung wird oft in Parlamenten gewählt und kann auch bei Gewerkschaftsversammlungen oder Mitarbeiterkonferenzen angewandt werden.

Sitzordnungen beeinflussen

Wenn Sie an einer Verhandlung einer anderen Gruppe teilnehmen, dann erkundigen Sie sich nach einer Sitzordnung. Existiert keine solche, dann versuchen Sie, Ihr Team als erstes am Verhandlungstisch unterzubringen, damit Sie es taktisch platzieren können. Welche Plätze Sie wählen, hängt von der Dynamik Ihres Teams ab – ob Sie eine geschlossene Front bilden und zusammensitzen möchten, die Gegenseite lieber aufbrechen und sich zwischen sie setzen wollen oder bevorzugt vom Kopfende des Tisches aus die Fäden ziehen.

Sind Ihnen Plätze zugewiesen worden, dann versuchen Sie, die Logik der Anordnung zu ergründen. Die Sitzordnung kann Aufschluss über die andere Partei, über ihre Ansichten oder ihren Status geben. Aus der Sitzordnung können Sie schließen, ob mit zwanglosen, harten oder vom Gastgeber beherrschten Gesprächen zu rechnen ist.

VERHANDLUNGS-FÜHRUNG

Planen Sie die ersten Züge sorgfältig, um vom Start weg eine positive Atmosphäre zu schaffen. Bleiben Sie aufmerksam und flexibel, damit Sie Ihre Chancen wahrnehmen können.

DIE STIMMUNG EINSCHÄTZEN

Bei Verhandlungen geht es ebenso um Zuhören und Beobachten wie um Reden. Sie sollten die Stimmung sehr genau verfolgen, da sie blitzschnell umschlagen kann. Halten Sie Augen und Ohren offen, um verbale und nonverbale Signale zu erfassen.

39 Beginnen Sie jede Verhandlung mit den unstrittigen Punkten.

40 Betonen Sie die Notwendigkeit einer Einigung.

▼ **REAKTIONEN ERFASSEN**
Registrieren Sie bei Verhandlungen die Reaktionen der Gegenseite. Versuchen Sie, Widersprüche aufzudecken.

DEN TON ERAHNEN

Aufgrund Ihrer Vorbereitungen erahnen Sie vielleicht, wie die Gegenseite die Verhandlung angehen will. Beachten Sie gleich zu Beginn besonders die nichtverbalen Signale. Wenn Sie mit einem heftigen Auftakt rechnen, versuchen Sie, etwas abzuschwächen. Oft helfen hier feinfühlige Vermutungen, Ihr Gefühl und Ihre Fantasie, um sich in die Position der Gegenseite zu versetzen.

| Hören, was die Gegenseite sagt | ▶ | Hören, wie es gesagt wird | ▶ | Nonverbale Signale beobachten |

NONVERBALE SIGNALE ERKENNEN

Nichtverbale Signale sind die Körpersprache, Gesten, Gesichtsausdruck und Augenbewegungen. Die Körpersprache der Gegenseite verhilft Ihnen zu einem wahren Bild des Vorgangs – die Signale können das Gesagte bekräftigen oder widerlegen. Eindeutige Körpersprache ist das Verschränken der Arme oder Überschlagen der Beine, was Abwehr verrät, und das Zurücklehnen, was Langeweile ausdrückt. Kleine Gesten wie Zögern oder Herumzappeln können Ausdruck mangelnder Überzeugung sein, hochgezogene Augenbrauen bekunden ganz klar Überraschung. Der Blickkontakt liefert viele Informationen: Die Teilnehmer werden sich wahrscheinlich kurz anschauen, wenn ein wichtiger Verhandlungspunkt ansteht.

41 Achten Sie auf die Worte und den Tonfall der anderen.

NICHT VERGESSEN

- Langsames und überlegtes Sprechen zeugt von Selbstsicherheit und Ungezwungenheit.
- Unnötiges Lächeln und schnelles Sprechen deuten auf Nervosität.
- Wer weggehen möchte, blickt oder dreht sich zuvor häufiger zum Ausgang.

KULTURELLE UNTERSCHIEDE

Händeschütteln kann für den einen »Auf Wiedersehen« bedeuten, für den anderen »Wir sind handelseins geworden«. Sie sollten also die kulturelle Bedeutung kennen, bevor Sie jemandem die Hand geben. In vielen asiatischen Ländern gilt Körperkontakt zwischen Mann und Frau als unschicklich. Sie sollten hier nicht Ihre Hand anbieten.

WAS DER HÄNDE- ▶ DRUCK VERRÄT
Ein sehr kräftiger Händedruck zeugt von Dominanz, eine schlaffe Hand deutet auf Passivität.

Direkter Blickkontakt wird gesucht.

Händedruck ist fest, aber nicht übertrieben herzlich.

Vorschläge machen

In jeder Verhandlung werden Vorschläge unterbreitet. Sie sollten sich unbedingt frühzeitig entscheiden, ob Sie als Erster das Wort ergreifen oder auf den Vorschlag der Gegenseite antworten wollen. Das ist wesentlich für die Verhandlungsstrategie.

42 Unterbreiten Sie Ihren Vorschlag so nüchtern wie möglich.

43 Sprechen Sie erst dann, wenn Sie etwas Wichtiges zu sagen haben.

Optionen offen halten

Lassen Sie sich reichlich Spielraum, wenn Sie Ihre Argumente vortragen. Vermeiden Sie ungestüme Äußerungen, die Ihre Position unverrückbar machen. Tragen Sie Ihre Vorschläge behutsam vor, damit beide Seiten Spielraum für Zugeständnisse haben. Nageln Sie die andere Seite nicht zu früh auf eine bestimmte Position fest – auch sie braucht Verhandlungsspielraum. Vermeiden Sie, die Gegenseite bereits im Anfangsstadium in eine Ecke oder zu Versprechungen zu drängen, da das Möglichkeiten für spätere Zugeständnisse einschränkt.

Tun und lassen

- ✔ Hören Sie gut zu.
- ✔ Bewahren Sie sich bei Ihren Vorschlägen genügend Spielraum.
- ✔ Erlauben Sie sich, das erste Angebot abzulehnen.
- ✔ Machen Sie bedingte Angebote, wie »Wenn Sie dies machen, machen wir jenes.«
- ✔ Versetzen Sie sich in die Lage der Gegenseite: »Was würden Sie empfinden, wenn ...?«

- ✘ Machen Sie nicht zu früh Zugeständnisse.
- ✘ Geben Sie kein extremes Anfangsangebot ab, so dass Sie das Gesicht bewahren, wenn Sie zurückstecken müssen.
- ✘ Sagen Sie niemals »nie«.
- ✘ Beantworten Sie Fragen nicht mit einem einfachen Ja oder Nein.
- ✘ Machen Sie die Gegenseite nicht lächerlich.

44 Untersuchen Sie den Vorschlag der Gegenseite genau.

45 Zeigen Sie gegebenenfalls Humor, aber seien Sie nicht zu klug.

Vorschläge machen

DAS IST ZU TUN

1. **Hören Sie der Gegenseite gut zu** – ihre Wünsche sind den Ihren vielleicht näher, als Sie meinen.
2. **Passen Sie Ihre Strategie an**, wenn Sie im Anfangsstadium einen möglichen Kompromiss erkennen.
3. **Überziehen Sie Ihr Anfangsangebot** und machen Sie von da an Zugeständnisse.
4. **Notieren Sie sich alle Angebote**; versuchen Sie, diese wörtlich festzuhalten.

Der richtige Zeitpunkt

Das Ergebnis jeder Verhandlung hängt von der Präsentation und Diskussion der Vorschläge ab. Diese werden so lange geändert, bis man sich einig ist. Es bietet Vorteile, die Gegenseite das Eröffnungsangebot machen zu lassen, da Sie vielleicht feststellen, dass zwischen den Forderungen beider Seiten weniger Unterschied besteht als angenommen. Falls das so ist, passen Sie Ihre Strategie an.

Wenn Sie das Eröffnungsangebot abgeben, wird es meist als unrealistisch betrachtet. Fordern Sie also mehr, als Sie zu erhalten hoffen, und bieten Sie weniger, als Sie zu geben bereit sind. Wenn Sie mit einem wirklich fairen Angebot beginnen, besteht die Gefahr, dass die Gegenseite es ablehnt. Aber überziehen Sie Ihre Forderung auch nicht allzu sehr – Sie sollten Ihr Gesicht wahren können.

Vorschlag formulieren

Sie sollten Ihr Eröffnungsangebot flüssig und sicher vortragen, damit Sie von der Gegenseite ernst genommen werden. Weisen Sie in Ihrer Rede auf die Notwendigkeit hin, eine Einigung zu erzielen; sagen Sie etwa: »Ich weiß, dass allen hier Anwesenden daran liegt, dass dieses Projekt so schnell wie möglich von der Stelle kommt.« Erläutern Sie vor Ihrem Eröffnungsangebot die damit verbundenen Bedingungen. Umreißen Sie kurz Ihr Angebot und schweigen Sie dann, um anzudeuten, dass Sie fertig sind. Nun muss die Gegenseite nachdenken.

Haltung offen und sicher

Blickkontakt mit der Gegenseite

▶ **EINEN VORSCHLAG UNTERBREITEN**
Sitzen Sie aufrecht und beugen Sie sich leicht vor. Eine positive Körpersprache veranlasst die Gegenseite, Sie und Ihren Vorschlag ernst zu nehmen.

Auf Vorschlag reagieren

Vermeiden Sie nach einem Vorschlag der Gegenseite jede Reaktion – positiv wie negativ. Scheuen Sie sich nicht, während der Prüfung des Angebots zu schweigen, aber seien Sie sich bewusst, dass die Gegenseite Sie beobachtet, um Ihre Reaktion zu sehen.

46 Achten Sie auf Ähnlichkeiten in Ihren Verhandlungspositionen.

47 Warten Sie mit Reaktionen, bis die Gegenseite fertig ist.

Klarheit anstreben

Wenn Sie das Angebot der Gegenseite gehört haben, sind Sie nicht gezwungen, sofort ein Gegenangebot abzugeben. Lassen Sie sich nichts anmerken, wenn Sie den Vorschlag noch einmal für sich rekapitulieren. Damit gewinnen Sie Zeit, über das Gesagte nachzudenken. Vergewissern Sie sich, dass Sie alles richtig verstanden haben. Jetzt ist der Zeitpunkt, um alle unklaren Punkte anzusprechen und die Gegenseite zu Verbesserungen zu zwingen: »Wenn ich Sie richtig verstanden habe, können wir vor Dezember nicht mit einer Lieferung rechnen.« Oder: »Können wir festhalten, dass Sie die erforderliche Zeit für die Verrechnung der Schecks in Singapur berücksichtigen?« Es ist unerlässlich, dass Sie die Position der Gegenseite restlos verstehen.

◀ **IHRE ERWIDERUNG**
Zeigen Sie eine offene Körpersprache – Blickkontakt, aufrecht sitzen, die Hände vor sich gefaltet –, um zu zeigen, dass Sie das Angebot verstanden und zur Kenntnis genommen haben. Geben Sie jedoch nicht zu viel preis – lassen Sie die Gegenseite im Unklaren über Ihre Reaktion.

ZEIT SCHINDEN

Halten Sie die Gegenseite nur dann etwas hin, wenn Sie auf deren Angebot nicht sofort eingehen möchten. Mit folgender Taktik schinden Sie Zeit, ohne das Ergebnis der Verhandlung zu gefährden:

- Unterbrechen Sie die Vorstellung der Gegenseite – aber nur, wenn Sie dies als Versuch zur Klärung eines Punktes oder als Rückkehr zur Diskussion tarnen können.
- Beantworten Sie eine Frage mit einer Gegenfrage, oder stellen Sie mehrere Fragen – es schadet nichts, sich mehr Informationen zu verschaffen.
- Unterbrechen Sie die Verhandlung, um sich mit Kollegen zu besprechen, wenn Sie festgestellt haben, dass Sie sich mit einem Vorgesetzten kurzschließen müssen.

48 Setzen Sie Verzögerungstaktiken nur behutsam ein.

49 Machen Sie klar, dass jedes Zugeständnis ein herber Verlust für Sie ist.

NICHT VERGESSEN

- Ihre Position kann geschwächt werden, wenn Sie zu schnell auf den Vorschlag der Gegenseite reagieren.
- Informationen sollten als Teil eines Kompromisses ausgetauscht, nicht einfach hergegeben werden.
- Fragen können Sie immer stellen. Je mehr Informationen Sie haben, desto besser beherrschen Sie die Verhandlung.
- Es ist immer gut, den Vorschlag der Gegenseite zusammenzufassen.
- Geheime Tagesordnungen behindern den Fortgang und sollten vermieden werden.

50 Bitten Sie um eine Unterbrechung, um neue Vorschläge zu beraten.

ALTERNATIVEN VORSCHLAGEN

Wenn Sie sich zu einem Gegenangebot entschließen, dann sollte dies sofort geschehen, nachdem Sie das Angebot der Gegenseite zusammengefasst haben. Wenn Sie ein erfolgreicher Unterhändler werden wollen, sollten Sie lernen, dass es für jede Situation Alternativen gibt. Bestimmen Sie, was Sie als Gegenangebot aufbieten können und was für die Gegenseite Priorität hat. Bestimmen Sie, was für Sie am unwichtigsten ist, und nehmen Sie dies in Ihr Gegenangebot auf. So erscheinen Sie kompromissbereit, geben jedoch in Wirklichkeit nichts von großem Wert für Ihr Team her.

In einem klassischen Beispiel streiten zwei Brüder darüber, wie sie das letzte Stück Kuchen teilen sollen. Jeder möchte das größere Stück haben. Daraufhin schlägt der Vater vor, dass ein Sohn den Kuchen zwar nach Belieben aufteilt, der andere sein Stück jedoch frei wählen darf. Solch unorthodoxes Denken kann eine Verhandlung zu einem raschen und zufriedenstellenden Ende bringen.

Auf Tricks reagieren

Ein guter Unterhändler muss um Tricks und Taktiken in Verhandlungen wissen – und diese durchkreuzen. Sie sollten manipulative Taktiken erkennen und abwehren können, um bei Verhandlungen kostspielige Fehler zu vermeiden.

51 Wenn Sie auf einen Trick hereingefallen sind, denken Sie nach, bevor Sie reagieren.

Nicht vergessen

- Die unerwartete Einführung neuer Punkte sollte vermieden werden.
- Wenn Sie auf einen Trick nicht eingehen, verhindern Sie die beabsichtigte Wirkung.
- Persönliche Angriffe sollten Sie mit Humor abwehren, statt verärgert zu reagieren.
- Tricks der Gegenseite sollten nicht persönlich genommen werden. Sie dienen »nur« manipulativen Zwecken.
- Schuldzuweisungen bei erfolgreicher Manipulation der Gegenseite sind Zeitverschwendung.

52 Üben Sie Reaktionen auf Taktiken, die bei Verhandlungen öfter zum Zuge kommen.

Tricks verstehen

Bei Verhandlungen werden oft Taktiken eingesetzt, die einer Seite Vorteile bringen sollen, ohne viel zu kosten. Ihre Wirkung kommt aus der Suggestion: Man tut so, als ob die eigene Seite sowieso »verliert«, denn die Gegenseite sei ja um so vieles stärker. Dadurch wiegt sich die Gegenseite in Sicherheit – und wird nachlässig.

Auch wenn Sie solche Tricks vielleicht selbst nicht anwenden, müssen Sie in der Lage sein, sie jederzeit zu erkennen und abzuwehren, damit Sie Ihre Ziele erreichen können.

Tricks erkennen

Es erfordert Erfahrung, um manipulative Taktiken und suggestive Tricks zu erkennen. Andererseits muss jeder einmal anfangen, und Erfahrung gewinnt man nur durch die Praxis. Am besten können Sie lernen, indem Sie andere Teilnehmer sehr genau beobachten. Manipulative Taktiken verfolgen im wesentlichen drei Ziele:

- Ablenkung Ihres Teams, damit die Gegenseite die Diskussion beherrschen kann.
- Verlagerung des Gesprächsverlaufs auf Themen und Argumente, die ausschließlich der Gegenseite nutzen.
- Schneller Verhandlungsabschluss, bevor Sie mit den Bedingungen restlos zufrieden sind.

Die feindliche Taktik durchkreuzen

Taktik	Gegentaktik
Drohung Warnung vor unliebsamen Auswirkungen, falls Sie dem Angebot nicht zustimmen; Hinweis auf Strafen zu Ihren Lasten.	Sagen Sie der Gegenseite, dass Sie unter Druck nicht verhandeln können, dass Sie nur dann Zugeständnisse machen, wenn der Kern der Sache nachgewiesen wird.
Beleidigung Die Leistung Ihres Unternehmens oder Ihre berufliche Befähigung in Frage stellen; Qualität von Produkten und Dienstleistungen kritisieren.	Bleiben Sie ruhig, verlieren Sie nicht die Nerven, erwidern Sie keine Beleidigungen. Machen Sie Ihre Position unmissverständlich klar. Drohen Sie mit dem Abbruch der Verhandlung.
Bluff Mit Strafmaßnahmen drohen, ohne ins Detail zu gehen; zweifelhafte Behauptungen aufstellen, z. B. dass Ihre Konkurrenz bessere Preise bietet.	Lehnen Sie es ab, auf die Bedingungen einzugehen – und warten Sie die Reaktion ab. Stellen Sie alle Aussagen in Frage und verlangen Sie Beweise für fragwürdige Behauptungen.
Einschüchterung Jemanden warten lassen; jemanden an einem unangenehmen Platz sitzen lassen; während der Verhandlung Telefonate annehmen.	Machen Sie sich klar, dass dies Tricks sind, die Sie verunsichern sollen. Geben Sie Ihre Ausgangsposition nicht auf, bevor die andere Seite Ihnen entgegenkommt.
»Teilen und Herrschen« Meinungsverschiedenheiten bei der Gegenseite ausnutzen, indem man sich an Teilnehmer hält, die der eigenen Sache positiv gegenüberstehen.	Weisen Sie Ihr Team vorab ein. Legen Sie eine Position fest, die für alle annehmbar ist. Verlangen Sie eine Unterbrechung, wenn Meinungsunterschiede in Ihrem Team auftreten.
Suggestivfragen Jemandem mehrere Fragen stellen, die ihn veranlassen, eine Schwäche in der eigenen Verhandlungsposition einzuräumen.	Beantworten Sie keine Fragen, deren Absicht Sie nicht durchschauen. Prüfen Sie alle Behauptungen der Gegenseite. Knüpfen Sie all Ihre Zugeständnisse an Bedingungen.
An Gefühle appellieren Jemanden beschuldigen, unlauter zu handeln, wenn er nicht einwilligt; die Opferbereitschaft strapazieren; mangelndes Vertrauen zeigen.	Bekräftigen Sie Ihre Bereitschaft zu einer Einigung über die Modalitäten. Hinterfragen Sie die Gültigkeit manipulativer Behauptungen. Bringen Sie das Gespräch auf die zentralen Fragen.
Bis an die Grenze gehen Durch kleinere Verletzungen der vereinbarten Bedingungen Konzessionen erreichen, die sich zu erheblichen Gewinnen summieren.	Machen Sie sich klar, worauf Sie sich bei einem Vergleich einigen. Machen Sie eine verständliche Aufstellung der vereinbarten Bedingungen und bestehen Sie auf deren Einhaltung.

Negative Emotionen

Gefühlsausbrüche von Teilnehmern können das Klima einer Verhandlung radikal ändern. Ein solcher Ausbruch kann Ausdruck von Unentschlossenheit, mangelndem Durchblick oder Aggression sein, die häufigste Ursache ist jedoch wohl, dass jemand die Nerven verliert. Negative Emotionen eignen sich auch als Trick, da es die Aufmerksamkeit vom Verhandlungsgegenstand auf eine Person lenkt. Entscheiden Sie in einem solchen Fall, ob es wirklich ein Trick oder nicht – und bringen Sie die Verhandlung schnellstmöglich wieder auf das Thema. Bleiben Sie selbstsicher in solchen Situationen, dann wird man es nicht mehr versuchen.

> **53** Unterbrechen Sie, wenn Unbekanntes in die Verhandlung eingebracht wird.

> **54** Gehen Sie nur auf konstruktive Argumente ein.

Umgang mit Tricks und negativen Emotionen

Probleme	Mögliche Lösungen
Verwirrter Teilnehmer	• Benutzen Sie Anschauungsmaterial, um komplizierte Sachverhalte zu erklären. • Halten Sie schwierige Vorschläge in kurzen klaren Sätzen schriftlich fest. • Folgen Sie genau der Tagesordnung, um weitere Verwirrung zu vermeiden. • Ziehen Sie evtl. einen Dritten hinzu, der die Sache mit anderen Augen sieht.
Unentschlossener Teilnehmer	• Gehen Sie langsam und methodisch vor. Wiederholen Sie gegebenenfalls. • Sagen Sie die Prüfung der anstehenden Fragen bis zu einem festen Termin zu. • Vertagen Sie, damit ein unentschlossener Teilnehmer sich besprechen kann. • Stellen Sie die Themen möglichst lebendig und anschaulich dar.
Aggressiver Teilnehmer	• Wiederholen Sie alle Fakten, bleiben Sie ruhig und vermeiden Sie Emotionen. • Lassen Sie sich nicht auf Wortgefechte ein – bleiben Sie immer ruhig. • Stellen Sie entschieden klar, dass Einschüchterungen unannehmbar sind. • Schlagen Sie eine Vertagung vor, bis sich die Gemüter beruhigt haben.
Emotionaler Teilnehmer	• Stellen Sie weder Motive noch Integrität der Verhandlungsteilnehmer in Frage. • Unterbrechen Sie einen Ausbruch nicht, sondern warten Sie geduldig ab. • Reagieren Sie auf Gefühlsausbrüche mit nüchternen Fragen. • Vertagen Sie das Gespräch, damit der Teilnehmer sich beruhigen kann.

VERHANDLUNG VERTAGEN

Normalerweise begegnet man »Spielchen« wie emotionalen Ausbrüchen mit einer Vertagung. Aber eine solche Unterbrechung kann auch als Hinhaltetaktik genutzt werden – von Ihnen wie von der Gegenseite. Wenn eine Seite eine Vertagung verlangt, muss die andere Seite entweder akzeptieren oder die Verhandlung abbrechen.

Vertagen Sie eine Verhandlung, damit die Gegenseite sich abreagieren kann. Nutzen Sie eine Vertagung, um Ihre Position und Taktik zu überprüfen, falls unerwartet neue Themen eingeführt wurden. Seien Sie sich jedoch darüber im Klaren, dass Vertagungen eine Übereinkunft verzögern und zum Nachteil gereichen können. Wenn Sie eine Vertagung fordern, fassen Sie die bisherige Diskussion vorher noch einmal zusammen.

55 Verlangen Sie eine Vertagung, wenn ein neues Thema eingeführt wird.

56 Halten Sie stets Wort, wenn Sie etwas »inoffiziell« klären.

INFORMELLE GESPRÄCHE

Wenn eine Verhandlung an einem toten Punkt angelangt ist, kann es hilfreich sein, das Gespräch auf anderer Grundlage fortzusetzen. Schlagen Sie »inoffizielle« Gespräche vor, ohne dass dabei protokolliert wird; keine Seite ist daran gebunden. Ermuntern Sie die Gegenseite, zwanglos und vertraulich über ihre Vorbehalte gegen Konzessionen zu sprechen. Gehen Sie wenn möglich in einen anderen Raum in der Nähe, da eine neue Umgebung einem lockeren Gespräch förderlich sein kann. Wenn Fachleute sich in einer technischen Frage nicht einigen können, regen Sie an, die unabhängige Meinung eines »dritten« Experten einzuholen.

VERTRAULICHE GESPRÄCHE ▶

Eine informelle Plauderei abseits des Konferenztisches, an dem sich die Parteien normalerweise gegenübersitzen, kann die Verhandlung schlichten. Nutzen Sie solch eine Gelegenheit, um der Gegenseite zu zeigen, dass Sie vernünftig und aufgeschlossen sind.

VERHANDLUNGSFÜHRUNG

KÖRPERSPRACHE RICHTIG VERSTEHEN

Während einer Verhandlung können Sie sehr viel über die Gegenseite erfahren, wenn Sie körpersprachliche Signale beachten. Achten Sie besonders auf die Augen, auf das Gesicht, auf die Hände und die Körperhaltung der Teilnehmer.

57 Einer von Ihnen sollte auf Körpersignale der Gegenseite achten.

WAS SIGNALE BEDEUTEN

Blickkontakt mit einer anderen Person zeugt vom Wunsch, Informationen zu übermitteln oder zu erhalten. Beim Sprechen blicken sich Menschen mindestens ein paar Sekunden lang an. Blickkontakt ist eines der wichtigsten Mittel der Körpersprache. Berücksichtigen Sie auch die Gedanken Ihrer Gegenspieler, wenn diese Ihre Signale, Gesten und Körperhaltungen »lesen«.

SIGNALE VERSTEHEN ▶
Sie brauchen nur wenige Sekunden, um bei der Gegenseite ein eindeutiges Echo auf Ihre Worte festzustellen. Registrieren und verstehen Sie diese Signale, und machen Sie sich dieses Wissen zunutze. Bestimmen Sie den offensten Zuhörer der Gegenseite und wenden Sie sich vor allem an diesen.

Zurücklehnen lässt auf Ablehnung schließen.

Verschränkte Arme weisen auf Zweifel hin.

Offener Gesichtsausdruck signalisiert Interesse.

Körperhaltung zeigt Aufmerksamkeit.

AUSDRUCK VON ABLEHNUNG

DEUTLICHES INTERESSE

58 Achtung: Wichtige Signale dauern nur eine Sekunde lang.

KÖRPERSPRACHE RICHTIG VERSTEHEN

UMGANG MIT FALSCHHEIT

Geschickte Unterhändler können die Gegenseite körpersprachlich in die Irre führen. Nehmen Sie Körpersprache nicht für bare Münze, denn es ist ganz einfach nach einer feindlichen Äußerung zu lächeln. Auch jemand, der interessiert scheint, kann einen Vernichtungsschlag vorbereiten. Beobachten Sie die Körpersprache einer Person immer im Zusammenhang mit den anderen Teilnehmern der Gegenseite, um ein Bild der Gruppe zu erhalten. Bleiben Sie immer wachsam, auch wenn die Verhandlung gut vorankommt.

59 Achten Sie bei Körpersprache vor allem auf Ihr Gefühl.

Blickkontakt lässt auf positive Gedanken schließen.

Hand am Kinn bedeutet Aufmerksamkeit.

Abwesender Blick signalisiert mangelnde Konzentration.

Spielen mit dem Kugelschreiber zeigt Langeweile und Abwesenheit.

Freundlicher Gesichtsausdruck bezeugt Bereitschaft, sich überzeugen zu lassen.

Geöffnete Arme deuten auf Unentschlossenheit.

ENTSCHEIDUNGS-FÜHRER

KEINERLEI INTERESSE

NEUTRALE POSITION

POSITIONEN DARLEGEN

Eine eigentliche Verhandlung beginnt, wenn jede Seite ihre Position dargelegt und den Vorschlag der Gegenseite gehört hat. Arbeiten Sie auf eine für beide Seiten annehmbare Übereinkunft hin, nachdem beide Parteien ihre Position überprüft haben.

60 Stellen Sie viele »Wie«-Fragen, um Kompromissbereitschaft zu zeigen.

61 Achten Sie auf veränderte Körpersprache, passen Sie Ihre Taktik an.

POSITIONEN BEKRÄFTIGEN

Nachdem Sie den Vorschlag der Gegenseite gehört haben, möchte Ihr Team seine Strategie oder Taktik vielleicht überdenken. Achten Sie auf Punkte, die für beide Seiten interessant sein könnten. Wo könnten Sie verzichten und inwieweit wären Sie zu einem Entgegenkommen bereit? Bestehen zwischen den beiden Positionen größere Unterschiede? Ist ein Gegenvorschlag von Ihnen als Antwort auf den Vorschlag der Gegenseite erforderlich? Vielleicht müssen Sie einige kleinere Anpassungen vornehmen, bevor die Diskussionsphase beginnt.

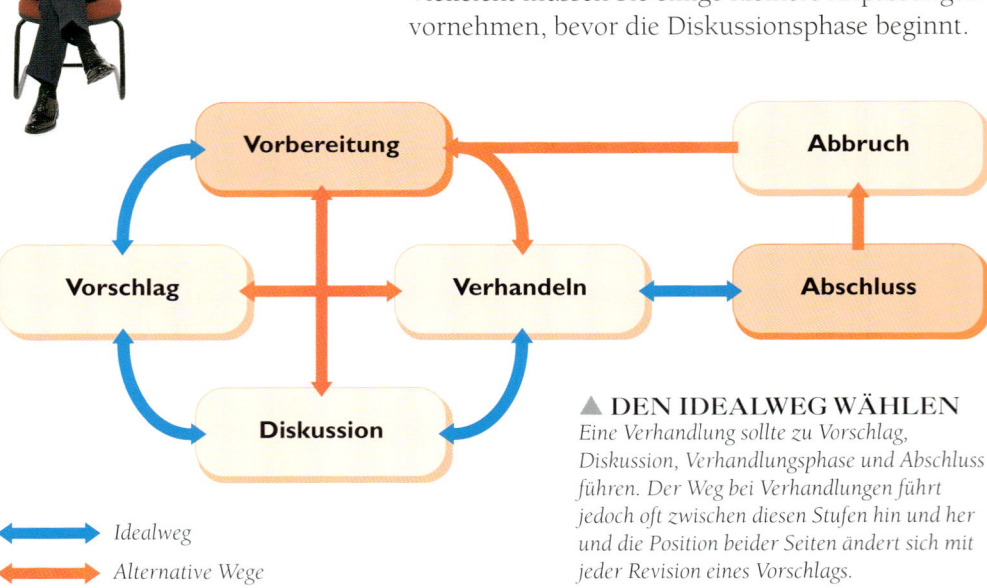

▲ **DEN IDEALWEG WÄHLEN**
Eine Verhandlung sollte zu Vorschlag, Diskussion, Verhandlungsphase und Abschluss führen. Der Weg bei Verhandlungen führt jedoch oft zwischen diesen Stufen hin und her und die Position beider Seiten ändert sich mit jeder Revision eines Vorschlags.

→ *Idealweg*
→ *Alternative Wege*

POSITIONEN DARLEGEN

GESICHTSAUSDRÜCKE LESEN

Die meisten Menschen zeigen ihre Emotionen ungewollt durch ihren Gesichtsausdruck. Achten Sie also genau auf das triumphierende Zucken der Lippen oder ein unterdrücktes Gähnen. Solche Signale sind vor allem in der Diskussionsphase äußerst wertvoll.

An-span-nung — *Weite Augen* — *Gläserner Blick* — *Abgewandter Blick*
Kopf geneigt — *Hand am Ohr*

▲ **VERÄRGERUNG**
Weit geöffnete Augen und hochgezogenen Brauen verraten Enttäuschung und Gereiztheit. Verärgerung tritt dann ein, wenn kein Fortschritt zu verzeichnen ist.

▲ **LANGEWEILE**
Geneigter Kopf, hochgezogene Brauen und verdrehte Augen verraten Langeweile. Nutzen Sie Langeweile, um das Geschehen weiter voranzubringen.

▲ **ZWEIFEL**
Unbewusster Griff ans Ohr und abgewendeter Blick zeugen von Zweifeln. Die Zuhörerin ist noch lange nicht von dem überzeugt, was sie gehört hat.

NICHT VERGESSEN

- Taktieren Sie, nachdem Sie Ihre Position dargelegt haben.
- Ändern Sie Ihre Vorschläge, um neue Informationen der Gegenseite mit aufzunehmen.
- Erkunden Sie alle möglichen Wege: »Wenn wir das täten, würden Sie dann …?«
- Streben Sie immer ein für beide Seiten gutes Ergebnis an.

62 Fassen Sie regelmäßig Ihre Position zusammen.

THEMEN BESPRECHEN

Wenn beide Seiten ihre Positionen umrissen haben, dann muss ausgiebig über die grundlegenden Annahmen und Fakten diskutiert werden. Diese Gespräche stellen den entscheidenden Teil der Verhandlung dar. Nutzen Sie diese Phase für die Suche nach Gemeinsamkeiten.

Ein Gespräch kann schnell emotional und hitzig werden, wenn man sich gegenseitig beschuldigt. Führen Sie jedes Gespräch ruhig. Wenn Sie enttäuscht oder zornig sind, lassen Sie es sich nicht anmerken. Übertrumpfen Sie die Gegenseite nicht; versuchen Sie lieber, ein Band zu ihr zu knüpfen. Ein Fehler der Gegenseite kann Ihre Sache stärken, aber erlauben Sie dem Gegner einen Rückzug ohne Gesichtsverlust. Oft ist es gut, über unstrittige Punkte zu sprechen, ehe man zu strittigen kommt.

667

VERHANDLUNGSFÜHRUNG

DIE EIGENE POSITION STÄRKEN

Wer die Oberhand bei Verhandlungen besitzt, gewinnt augenblicklich an Kraft. Führen Sie möglichst viele Punkte zur Stärkung Ihrer Position an, damit die Gegenseite von der Stärke und Gründlichkeit Ihrer Argumente überwältigt wird.

63 Nutzen Sie Wiederholungen, um Ihre Hauptpunkte hervorzuheben.

DEN VORSPRUNG HALTEN

Stärke hat mit Macht zu tun – Macht, mit der Sie das Ergebnis der Verhandlung beeinflussen können. Wenn Sie ein wichtiges Argument durchgebracht haben, wahren Sie Ihre starke Position, indem Sie die Gegenseite an die Nachteile erinnern, wenn sie Ihren Vorschlag ablehnt. Machen Sie es der Gegenseite so leicht wie möglich, ihre Position zu ändern. Das vermeidet ein Patt.

Verhandlung beginnt positiv.

Zu frühes Beharren kann zur Verhärtung der Positionen führen.

Zugeständnisse werden gemacht, um ein Patt zu verhindern.

Initiative wird zurückgewonnen.

Der tote Punkt ist erreicht, die Verhandlung scheitert.

Gegenseite will Verhandlung verlassen.

DIE EIGENE POSITION STÄRKEN

---

64 Nutzen Sie einen Dritten, wenn Sie einen Schlichter brauchen.

65 Verletzen Sie nie die Würde der Gegenseite.

DIE SITUATION KONTROLLIEREN

Verhandeln kann anstrengend sein: Sie kämpfen um das Ergebnis und wollen sich vorteilhaft verkaufen. Die Verhandlung kreist um eine brisante Frage, oder Sie fühlen sich durch die Taktiken der Gegenseite bedroht. Nehmen Sie nie etwas persönlich, da Sie sonst die Kontrolle über die Situation verlieren können. Konzentrieren Sie sich auf die Fragen. Vermeiden Sie Kritik an Widersachern, lassen Sie sich bei Verhandlungen nie zu persönlichen Beleidigungen hinreißen.

Wenn Sie Zugeständnisse machen müssen, damit die Verhandlung nicht scheitert, dann stellen Sie eigene Bedingungen. Sie müssen nichts preisgeben, ohne etwas dafür zu bekommen. Denken Sie langfristig, denn ein Kompromiss ist meist ein konstruktiver Schritt auf dem Weg zu einer Übereinkunft.

Die Einigung ist erreicht.

Die letzten Fragen werden besprochen.

NICHT VERGESSEN

- Wiederholen Sie Ihre Punkte klar und bestimmt, aber nicht aggressiv.
- Das Positive betonen, das Negative verbergen: »Wir haben vielleicht im letzten Jahr keinen Gewinn gemacht, aber sehen Sie sich die Zahlen von diesem Jahr an.«
- Jeden Fehler sofort zugeben, damit Sie zuversichtlich weitermachen können.
- Arroganz mindert Ihre Chancen auf eine Einigung mit der Gegenseite.
- Ein Geschäft wird abgeschlossen, nicht gewonnen. Überzeugen Sie Ihre Gegner, dass es allen nützt.
- Behalten Sie Ihre ursprünglichen Ziele fest im Kopf.

▲ **EIN GESCHÄFT ENTSCHEIDEN**
Diese Darstellung zeigt zwei mögliche Wege einer Verhandlung. Trotz eines sehr guten Beginns kann es zu einer Verschlechterung bis hin zum Abbruch kommen. Oder die Verhandlungspartner vermeiden den toten Punkt mit Zugeständnissen und Kompromissen in kleineren Fragen. Dann kann ein für beide Seiten befriedigendes Ergebnis erzielt werden.

VERHANDLUNGSFÜHRUNG

DIE POSITION DER GEGENSEITE SCHWÄCHEN

Stärken Sie Ihre eigene Position, um bei Verhandlungen ein gutes Ergebnis zu erzielen. Versuchen Sie zugleich, die Gegenseite zu schwächen. Nutzen Sie unterschiedliche Taktiken, um den Einfluss der Gegenseite bei Verhandlungen zu reduzieren.

66 Setzen Sie Ihren Vorteil durch, wenn die Gegenseite nachlässt.

67 Verhandeln Sie wichtige Fragen nicht am Ende der Sitzung, wenn die Kraft nachlässt.

DEN GEGNER ERSCHÜTTERN

Erschüttern Sie bei Verhandlungen die Zuversicht und Glaubwürdigkeit der Gegenseite, indem Sie deren Informationen anzweifeln. Prüfen Sie fortwährend die Stichhaltigkeit der gegnerischen Position; achten Sie auf Schwächen, logische Fehler und Irrtümer, falsch gebrauchte Zahlen und ausgelassene Tatsachen. Vermeiden Sie es, die Gegenseite durch persönliche Angriffe zu schwächen. Solche Angriffe bewirken oft heftige Reaktionen. Grundlose Angriffe bringen Ihnen kaum Sympathien bei einem eventuell notwendigen Schlichtungsverfahren ein.

EMOTIONEN EINSETZEN

Emotionen können bei Verhandlungen eingesetzt werden: Sie überzeugen vielleicht andere und schwächen damit die Gegenseite. Machen Sie jedoch sparsam Gebrauch davon, da die Wirkung rapide nachlässt. Gefühlsausbrüche können sich auch als Bumerang erweisen: Statt die Gegenseite zu beeinflussen, können sie die Gemüter erhitzen. Dies kann zum sofortigen Scheitern der Verhandlung führen.

68 Suchen Sie bei der Gegenseite beständig nach Schwachstellen.

Die Position der Gegenseite schwächen

Irrtümer erkennen

Ein sehr wirksames Mittel, um die gegnerische Position zu erschüttern, ist das Aufdecken sachlicher oder logischer Irrtümer. Vorsicht ist bei Zahlen angesagt: Werden Ihnen wunderbare Tabellen und Charts vorgelegt, fragen Sie nach den Dingen, die hier nicht enthalten sind. Dort finden Sie vielleicht unliebsame Überraschungen und Fehler. Decken Sie diese sofort vor allen Teilnehmern auf.

Nicht vergessen

- Drohungen können auch zum Bumerang werden.
- Auch bei schwierigen Verhandlungen, z. B. über Arbeitsplatzabbau, sollten die Verhandlungen kooperativ angegangen werden.
- Gute Teamarbeit kann starken Druck auf die Gegenseite ausüben.

Taktiken zur Schwächung der Gegenseite

Taktik	Beispiele für solche Taktiken
Finanziell Strafgelder für eine oder beide Seiten, falls keine Einigung erzielt wird.	• Sagen Sie den anderen Parteien, dass Kosten anfallen, wenn z. B. Waren eingelagert werden müssen, bis man sich über den Eigentümer einigt. • Erklären Sie der Gegenseite, dass Alternativkosten anfallen, wenn sich die Verhandlung hinzieht.
Rechtlich Klagen oder einstweilige Verfügungen, um eine Seite am Handeln zu hindern oder den Fortgang zu verzögern.	• Drohen Sie mit rechtlichen Schritte, falls Sie gute Beweise haben. Machen Sie der Gegenseite das Kosten- und Zeitrisiko im Fall eines Verlustes klar. • Ein langwieriger Rechtsstreit kann zu Produktionsverzögerungen und Verlusten führen, falls keine Einigung erzielt wird.
Sozial Soziale Argumente und Drohungen sind bei diskriminierenden Vorschlägen angebracht.	• Sagen Sie der Gegenseite, dass ihr Angebot eine soziale oder z. B. eine ethnische Beleidigung ist. • Belegen Sie, wie ungerecht das geplante Angebot für die betroffene Gruppe wäre.
Demütigung Öffentliche Demütigung der Gegenseite oder Einzelner in den Augen ihrer Kollegen.	• Demütigen der Gegenseite, um ihr Image schädigen. Das beeinträchtigt ihre Glaubwürdigkeit massiv, wirkt sich aber wohl kaum auf ihr Geschäft aus. Bedenken Sie dabei, dass Gedemütigte meist auf Rache sinnen.
Emotional Der Gegenseite Schuldgefühle suggerieren, wenn sie keine Zugeständnisse macht.	• Die Gegenseite emotional erpressen, wenn sie Ihnen nicht genug Spielraum lässt. Doch Vorsicht: Diese Taktik geht manchmal nach hinten los. Emotionale manipulierte Personen werden manchmal noch konzessionsunwilliger.

ABSCHLUSS DER VERHANDLUNG

Eine Verhandlung kann nur dann zu einem erfolgreichen Abschluss kommen, wenn beide Seiten akzeptable und annehmbare Zugeständnisse gemacht haben.

POSITIONEN VERÄNDERN

Es ist heikel, während einer Verhandlung die Positionen grundsätzlich zu ändern. Jede Seite macht zwar Zugeständnisse für eine Einigung, wenn Sie jedoch der Schwächere sind, dann können fundamental veränderte Positionen kostspielig werden.

69 Machen Sie zuerst kleine Zugeständnisse – vielleicht genügen sie schon.

70 Halten Sie ständig Blickkontakt, um klarzumachen, dass jedes Zugeständnis ein Verlust ist.

ZUGESTÄNDNISSE MACHEN

Wenn Sie zu Konzessionen gezwungen werden, dann sollten Sie langfristig kalkulieren. Behalten Sie die Situation im Griff, indem Sie:

- Abschätzen, wie viel Spielraum Sie haben. Bewerten Sie, was Sie herzugeben bereit sind, damit es gegen Zugeständnisse der Gegenseite aufgerechnet werden kann.
- Kompromisse schließen, ohne das Gesicht zu verlieren. Wenn Sie z. B. im extremen Ausmaß zurückstecken müssen, können Sie sagen: »Da Sie Ihre Position geändert haben, können auch wir unsere Position aufgeben.«

Hypothetische Angebote machen

Testen Sie die Flexibilität der Gegenseite mit hypothetischen Angeboten, bevor Sie Zugeständnisse machen. »Wenn« ist das entscheidende Wort bei den Fragen, die Sie zu nichts verpflichten, Ihnen aber viel über die Gegenseite verraten.

> *Wenn wir noch eine Million drauflegen, bekommen wir dann das Geschäft mit Rom und das Frachtschiff?*

> *Wenn ich den Preis um 20 Prozent senke, geben Sie mir dann im Voraus einen Festauftrag?*

> *Wenn ich Ihnen statt 60 Tagen 90 Tage Ziel einräume, geben Sie mir dann die Zinsen, die Sie gezahlt hätten?*

Bedingungen besprechen

Gegen Ende einer Verhandlung müssen Sie über die Bedingungen der Übereinkunft sprechen. Machen Sie hypothetische Angebote, um einen grundsätzlichen Abschluss zu finden. Bedingungen des Abschlusses sind der Zahlungsmodus, wie lange die Übereinkunft gelten soll und was geschehen soll, wenn bei der Durchführung des Geschäfts irgendwelche Probleme auftreten – ob z. B. ein Schlichter eingeschaltet werden sollte.

71 Geben Sie nichts preis, wenn Sie keine Gegenleistung erhalten.

ERFOLGREICH ▶ HANDELN

Hier ein Beispiel für eine erfolgreiche Verhandlung: Der Verkäufer findet heraus, wie viel die Kundin zu zahlen bereit ist, und die Kundin bekommt das Gewünschte zu einem Preis, den sie sich leisten kann.

FALLBEISPIEL

Julia wollte den roten Teppich haben, den sie auf dem Flohmarkt gesehen hatte. Sie fragte nach dem Preis. Der Verkäufer nannte zwar keinen Preis, wusste jedoch, dass ihn der Teppich 300 € gekostet hatte. Erst einmal bot er Julia einen Kaffee an.

Julia ging in Abwehrhaltung: »Ich möchte sowieso lieber einen braunen Teppich«, meinte sie. »Ich habe auch wunderbare braune Teppiche«, erklärte der Verkäufer und wollte sie zeigen. Julia wehrte ab.

Nun beschloss Julia doch, um den roten Teppich zu handeln. Sie fragte erneut nach dem Preis. Der Verkäufer nannte 1400 €. »Das ist viel zu viel«, sagte Julia und wollte gehen. Sie bot 500 €. »Sie bekommen ihn für 1300 €«, erklärte der Verkäufer. »Nein danke«, erwiderte Julia und drehte sich um. Schließlich überließ ihr der Verkäufer den Teppich für 600 €, das Doppelte seiner Ausgaben.

Abschluss der Verhandlung

Ein Paket verhandeln

Sprechen Sie vor dem Abschluss einer Verhandlung über die Bedingungen und versuchen Sie, verschiedene Verhandlungspunkte zusammenzufassen. Bündeln Sie verwandte Themen, statt über jedes einzeln zu verhandeln. Das gibt Raum für mehr Zugeständnisse: Sie können in weniger wichtigen Fragen des Pakets nachgeben, um sich stärker für Ihr Hauptziel einzusetzen. Konzentrieren Sie sich z. B. nicht nur auf eine Lohnerhöhung. Verbinden Sie die Bezahlung mit mehr freiwilligen Sozialleistungen und Gratifikationen. Geben Sie bei Nebenaspekten eher nach, um Ihr Hauptziel zu erreichen.

Bei Verhandlungen um ein Forderungspaket zeigen sich schnell die wirklichen Prioritäten der Gegenseite. Sie verhandeln vielleicht mit jemandem, der ein halb leeres Frachtschiff voll bekommen will und somit nicht allzu sehr über den Preis pro Container nachdenkt.

72 Geben Sie bei Kleinigkeiten nach, um das Hauptziel zu erreichen.

73 Mit frühen Kompromissen kommt man aus mancher Sackgasse heraus.

KONZENTRATION AUF ▶ TEILE IM PAKET
Dieses Tortendiagramm zeigt die Zeitanteile in einer Verhandlung zwischen einer Computerfirma und einer kleinen Programmierfirma über ein großes Softwarepaket. Die meiste Zeit wurde für das Honorar eingesetzt – der wichtigste Punkt der Auftragnehmer. Dafür waren sie bereit, anderen Forderungen des Auftraggebers (Liefertermin, Zahlungsmodalitäten, Verpackung etc.) entgegenzukommen.

Zahlungsmodalitäten rangieren nicht hoch, darauf wird wenig Zeit verwendet.

Einigkeit über den Liefertermin, schnell abgehandelt.

Verpackung und Versand übernehmen die Auftragnehmer, braucht nicht viel Zeit.

Honorar ist von größter Bedeutung, deshalb am meisten Zeit.

Leistungsfähigkeit der Software ist der Hauptpunkt des Auftraggebers, folglich viel Verhandlungszeit.

- *Zahlungsmodalitäten*
- *Liefertermin*
- *Verpackung, Versand*
- *Leistungsfähigkeit*
- *Honorar*

Ablehnung vermeiden

Ein ganzes Vorschlagspaket bietet den Vorteil, dass unwichtige Punkte abgelehnt werden können, ohne dass eine Seite ihr Gesicht verliert. Mit hypothetischen Angeboten kann die Verhandlung geführt werden, bis ein Kompromiss erreicht ist. In beiden Fällen erfahren Sie viel über die Prioritäten und die Kompromissfähigkeit Ihrer Gegenseite, je nachdem wie diese auf Ihre Angebote reagiert.

Vermeiden Sie Situationen, wo Ihr letztes Angebot abgelehnt wird. Das schwächt Ihre Verhandlungsposition und erschwert ein Kräftegleichgewicht. Angenommen, die Gegenseite erklärt: »Ihr letztes Angebot von 400 € ist völlig unannehmbar.« Falls Sie antworten: »Wie ist es, wenn wir es auf 500 € erhöhen?«, dann haben Sie einen Glaubwürdigkeitsverlust erlitten. Verhindern Sie offene Ablehnung, indem Sie Ihr Paket verbessern, wenn Sie sich einer Einigung nähern.

Nicht vergessen

- Jede Seite sollte sich über ihre Ziele im Klaren sein.
- Jede Ihrer Bemerkungen sollte mit Bedingungen einhergehen.
- Die Folgen einer Nichteinigung müssen bedacht werden.
- Wenn es immer schwerer wird, der Gegenseite Konzessionen abzuringen, dann ist es Zeit für Ihr letztes Angebot.
- Ihr letztes Angebot sollten Sie nur in einem kooperativen, kompromissfähigen Klima abgeben.
- Der Gegenseite muss klar sein, dass Ihr letztes Angebot ernsthaft ist.
- Der Gegenseite muss zugestanden werden, kurz zu unterbrechen, um Ihr Angebot zu besprechen.

Abmachungen festhalten

Wenn Sie eine Verhandlung erfolgreich abgeschlossen haben, dann fassen Sie das Ergebnis schriftlich zusammen und lassen alle Beteiligten unterzeichnen. Solch ein schriftliches Ergebnis verhindert spätere Unklarheiten und Streit. Die Zusammenfassung muss eindeutig feststellen, wer was wie und wann bekommt und was dazu getan werden muss. Beide Seiten müssen die Übereinkunft unterzeichnen. Klären Sie in diesem Stadium vieldeutige Begriffe wie »angemessen« oder »wichtig«. Wenn nicht genügend Zeit ist, dass sofort jeder unterschreibt, dann halten Sie das Verhandlungsergebnis in einem elektronischen Notizbuch, auf Band oder als Mitschrift fest. Lassen Sie nach dem Treffen ein detailliertes Protokoll anfertigen. Schicken Sie eine Kopie an die Gegenseite und bitten Sie um schriftliche Bestätigung, dass das Protokoll das Ergebnis der Verhandlungen richtig wiedergibt. Das Protokoll muss rasch in Umlauf gebracht werden, damit die Verhandlung im Fall von Unstimmigkeiten neu einberufen werden kann.

Notiz ▶ festhalten

Machen Sie sich Notizen oder halten Sie Entscheidungen z. B. in einem Notebook fest.

675

Verhandlung beenden

Wenn die Einigung kurz bevorsteht, vergewissern Sie sich, dass alle Seiten die Punkte gleich verstehen und die Übereinkunft bestätigen werden. Dann können Sie der Verhandlung schließen. Hierfür gibt es verschiedene Möglichkeiten.

74 Halten Sie alle Vereinbarungen am Schluss schriftlich fest.

Kurze Überprüfung

Bevor Sie eine Verhandlung schließen, sollten Sie sich vergewissern, dass die maßgeblichen Faktoren im Auge behalten wurden und dass nicht persönliche Gefühle Ihr Urteil und Ihre Entscheidungen beeinflusst haben. Sind Sie wirklich auf einen höheren Preis aus, weil Sie Gewinn machen müssen? Oder wollen Sie nur das Gefühl vermeiden, die Gegenseite hätte Sie an die Wand gedrückt?

75 Lesen Sie alle Notizen vom Beginn der Verhandlung nochmals durch.

Bedingungen bestätigen

In diesem Verhandlungsstadium muss gesichert sein, dass alle Seiten über das gleiche Thema reden. Prüfen Sie die Wortwahl für die endgültige Vereinbarung. Definieren Sie alle Schlüsselbegriffe des ausgehandelten Vertrags und benutzen Sie deutliche Begriffe. Die Bedingungen müssen klar und genau festgehalten werden, da beide Seiten sich einig sind, sich im Streitfall an diese Bedingungen zu halten. Diese genaue Überprüfung der Übereinkunft kann noch einmal Unstimmigkeiten aufdecken. Der Abschluss der Verhandlung muss die Lösung dieser Probleme enthalten, was Ihnen oder der Gegenseite Raum für das Aushandeln neuer Konzessionen geben kann: »Wenn ich gemerkt hätte, dass Sie Lieferung in New York meinten, hätte ich niemals den Frachtkosten zugestimmt – sehen wir uns die Sache noch mal an.«

76 Besprechen und definieren Sie schriftlich alle eventuell mehrdeutigen Begriffe.

77 Übergehen Sie keine Punkte, nur um die Verhandlung zu beschleunigen.

Möglichkeiten beim Verhandlungsschluss

Schlussmodelle

Zugeständnisse machen, die für alle annehmbar sind
Zugeständnisse anregen und annehmen, um das Geschäft abzuschließen, ohne die eigene Position zu gefährden.

Alle Seiten einigen sich auf halbem Weg
Alle Verhandlungspartner sind sich einig, sich in der Mitte zu treffen, um ein Ergebnis zu erzielen.

Einer Seite die Wahl bieten zwischen zwei annehmbaren Alternativen
Die Gegenseite zur Bewegung auffordern, indem man ihr zwei Optionen zur Auswahl bietet.

Neue Anreize oder Sanktionen einführen
Die Gegenseite unter Druck setzen, indem man neue Anreize oder Sanktionen einführt.

Neue Ideen oder Fakten im Endstadium einführen
Neue Ideen am Verhandlungstisch sind ein Anreiz für neue Gespräche und können zu einer Einigung führen.

Eine Vertagung anregen, wenn ein Patt droht
Eine Vertagung gibt jeder Seite Gelegenheit zu überlegen, was geschieht, wenn es keine Einigung gibt.

Das sollten Sie bedenken

- Diese Fortsetzung der Verhandlung kann aus der Sackgasse führen.
- Die Gegenseite ist vielleicht versucht, noch mehr Konzessionen zu bekommen.
- Späte Zugeständnisse können Ihre Glaubwürdigkeit erschüttern.

- Schwer zu sagen, wo die faire Mitte für beide Seiten liegt.
- Dieses Indiz zeigt, dass Sie noch zu Konzessionen bereit sind.
- Keine Seite hat das Gefühl, am Ende der Verhandlung gewonnen oder verloren zu haben.

- Jedes »letzte« Angebot von Ihnen scheint nicht wirklich das letzte gewesen zu sein.
- Es ist nicht einfach, zwei wirklich gleich gute Optionen zu finden.
- Es gibt keine Garantie, dass die Gegenseite einen der Vorschläge annimmt.

- Angedrohte Sanktionen verstärken auf der Gegenseite den Eindruck von Feindseligkeit.
- Neue Anreize können das Gleichgewicht einer Verhandlung vollkommen verändern.
- Vielleicht ergibt sich eben hieraus der nötige Anstoß, damit die Gegenseite zustimmt.

- Gibt der Gegenseite Raum für Zugeständnisse.
- Neue Ideen können Ihre Glaubwürdigkeit erschüttern – Sie hätten diese früher äußern sollen.
- Dieses Modell kann die gesamte Verhandlungsbasis untergraben, so dass Sie wieder ganz am Anfang stehen.

- Eine Vertagung ermöglicht beiden Seiten, mit außenstehenden Beratern zu sprechen.
- Die Umstände können die Lage der Parteien während der Vertagung ändern.
- Es kann sehr schwer sein, einen neuen Zeitpunkt für ein Treffen zu finden.

ABSCHLUSS DER VERHANDLUNG

ZUM SCHLUSS KOMMEN

Wenn Sie sich entschieden haben, können Sie jetzt zur Tat schreiten. Achten Sie aber auf die Stimmung der Gegenseite. Machen Sie Ihr letztes Angebot in einer Aufschwungphase der Gespräche – das kann über Erfolg oder Misserfolg entscheiden.

DAS ANGEBOT TIMEN

Machen Sie Ihr letztes Angebot in kooperativer Stimmung der Gespräche. Setzen Sie alles daran, die richtige Atmosphäre zu schaffen:

- Loben Sie die Gegenseite: »Das war eine sehr gute Bemerkung. Ich glaube, ich kann Ihnen angesichts dessen anbieten…«
- Machen Sie sich klein: »Ich fürchte, mir selbst sind keine besonders gute Gedanken gekommen, aber vielleicht können wir uns darauf einigen…«
- Heben Sie hervor, wie weit Sie gemeinsam gekommen sind: »Ich glaube, wir haben heute wirklich gute Fortschritte gemacht, so dass ich mich in der Lage sehe, Ihnen anzubieten …«

78 Seien Sie beim Abschluss bestimmt, aber nicht aggressiv.

79 Vergewissern Sie sich, dass Ihr Gegenüber zum Abschluss befugt ist.

▼ ABSCHLIESSEN
Wenn ein Verhandlungsteam zum Abschluss bereit ist, muss der Leiter die Initiative ergreifen.

Leiterin fasst zusammen und unterbreitet das endgültige Angebot

Positive Körpersprache

Teammitglied unterstützt Leiterin mit Daten

Ein Angebot erarbeiten

Schlagen Sie keinen blinden Alarm, wenn Sie sich dem Abschluss nähern. Vielleicht haben Sie zu einem früheren Zeitpunkt ein Angebot als »endgültig« bezeichnet. Diese Taktik wird oft angewandt. Sprechen Sie nicht zu viel von Ihrem »letzten Angebot«, wenn Sie wissen, dass es nicht stimmt. Machen Sie sich Gedanken, wie Sie das »endgültig letzte Angebot« anzeigen. Stellen Sie klar, dass Sie das Geschäft lieber sausen lassen, als noch weitere Zugeständnisse zu machen.

Nicht vergessen

- Wenn Sie mit viel »Getöse« betont haben, dass dieses Angebot Ihr letztes ist, sollten Sie kein weiteres Angebot abgeben.
- Alle Teammitglieder sollten durch Körpersprache bekräftigen, dass dies das letzte Angebot ist.
- Es ist unklug, die letzten Punkte einer Abmachung im Eiltempo abzuhandeln.

80 Sehen Sie die Gegenseite an, wenn Sie Ihr letztes Angebot machen.

81 Wenn Sie mit dem Vertrag unzufrieden sind, unterschreiben Sie ihn nicht.

Das letztes Angebot

Zeigen Sie der Gegenseite durch die richtigen Worte, durch Stimme und Körpersprache, dass Sie Ihr »endgültig letztes Angebot« unterbreiten. Wirken Sie entschlossen, sammeln Sie Ihre Unterlagen, erheben Sie sich und machen Sie den Eindruck, als wollten Sie gleich gehen (im Gegensatz zu früheren Angeboten, als Sie auf dem Stuhl zurückgelehnt zu verstehen gaben, dass Sie mit einem Fortgang der Verhandlung rechnen). Sprechen Sie eindringlich und fest, aber überstürzen Sie den Abschluss der Verhandlung nicht.

Das letzte Angebot bekräftigen

Eine sorgsam gewählte Formulierung kann andeuten, dass Sie Ihr letztes Angebot unterbreiten möchten. Bedienen Sie sich dazu klarer, unmissverständlicher Worte. Sprechen Sie mit ruhiger, gefasster Stimme und in ständigem Blickkontakt mit dem Gegner.

„ Ich habe keine Befugnis der Zentrale zu einem weiteren Angebot. "

„ Dies ist mein endgültig letztes Angebot. Darüber hinaus habe ich keinerlei Spielraum mehr. "

„ Ich bin bereits sehr viel weiter gegangen, als ich wollte. "

„ Ich komme in Zeitnot. Stimmen Sie meinem Angebot zu, sonst muss ich aufbrechen, ich habe noch einen anderen Termin. "

Abschluss fördern

Wenn Sie Ihr letztes Angebot unterbreitet haben, kann die Gegenseite es einfach annehmen. Tut sie es nicht, dann können Sie sie vielleicht dazu bewegen, selbst ein annehmbares letztes Angebot abzugeben. Suchen Sie nach Punkten, die der Gegenseite nicht eingefallen sind, die zu einer Einigung beitragen könnten. Versuchen Sie, sich in die Lage der Gegenseite zu versetzen und zu verstehen, was diese vom Abschluss abhalten könnte.

> **82** Betonen Sie die Gemeinsamkeiten, die Sie gefunden haben.

Der Gegenseite zum Abschluss helfen

Methoden	Ergebnisse
Vorteile betonen Konzentrieren Sie sich darauf, der Gegenseite die Vorteile des vorgeschlagenen Handels klarzumachen. Sie sollten jedoch verschweigen, dass das Geschäft auch Ihnen nutzt.	• Hilft der Gegenseite, bei Annahme des Angebots Vorteile zu sehen, an die sie zuvor nicht gedacht hat. • Zeichnet das Bild einer Situation, in der beide Seiten gewinnen, nicht nur eine.
Ermuntern und Applaudieren Begrüßen Sie jeden konstruktiven Vorschlag der Gegenseite, egal wie lange es gedauert hat. Wenn Sie nicht zustimmen wollen, können Sie später immer noch Nein sagen.	• Schafft ein positives Klima, das die Verhandlung dem Abschluss näher bringen kann. • Ermöglicht es, Kritik an den eigenen Gegenvorschlägen aus dem Weg zu gehen. • Vermeidet es, der Gegenseite in einem vielleicht wesentlichen Punkt entgegenzutreten.
Gewinner und Verlierer vermeiden Betonen Sie, dass Ihnen an einem Ergebnis liegt, das für beide Seiten gleichermaßen annehmbar ist. Peitschen Sie keine Annahme durch, die der Gegner später als aufgezwungen empfindet.	• Verhindert feindselige Auseinandersetzung, die wahrscheinlich in einer Sackgasse endet. • Fördert eine entspannte Atmosphäre, in der ein konstruktives Gespräch stattfinden kann. • Lässt Gegenvorschläge zu.
Gesicht wahren Lassen Sie der Gegenseite einen Fluchtweg offen, indem Sie hypothetische Fragen oder Vorschläge vorbringen: »Wie würden Sie darüber denken...?« oder »Was wäre, wenn wir...?«	• Erhöht die Wahrscheinlichkeit, dass die Gegenseite ihre Angebote sorgfältig prüft. • Bedeutet, dass sich die Gegenseite weniger bedrängt fühlt, Ihre Vorschläge anzunehmen oder abzulehnen, und dadurch schneller zu einer Entscheidung kommt.

Einen Kompromiss Erarbeiten

Versuchen Sie in jedem Verhandlungsstadium eine Kompromisskultur zu schaffen. Die Gegenseite sollte bis zum Abschluss wissen, dass Sie flexibel und undogmatisch sind. Wenn die Gespräche gut verlaufen sind, sollte sich von selbst eine Atmosphäre der Verständigung einstellen. Jede Seite wird erkannt haben, dass auch etwas für die gegnerischen Argumente spricht und jeder dem anderen entgegenkommen muss. Bewahren Sie sich bis zum Ende der Verhandlung ein paar kleine Trümpfe auf (z. B. leicht entbehrliche Vorteile), die Sie notfalls eintauschen können. Reagieren Sie nicht übereilt auf Angebote der Gegenseite. Vielleicht kommt sie mit weiteren Vorschlägen, an die Sie noch nicht gedacht haben.

83 Versuchen Sie, das Zögern der Gegenseite zu verstehen.

84 Stimmen Sie einem Termin zur Überprüfung von Konzessionen zu.

Nicht vergessen

- Etwas Zweideutigkeit kann einen Vorschlag aufwerten: »Die Räder der Diplomatie werden mit Zweideutigkeit geschmiert.«
- Ein großer Sprung nach vorn kann die Gegenseite beunruhigen. Es ist besser, langsam vorzugehen.
- »Es ist besser, die Wolle zu verkaufen als das Schaf.« Wichtige Ziele sollten nicht geopfert werden, bei kleineren ist es vertretbar.
- Autoritäre Formulierungen (»Ich bestehe darauf, dass...«) sollten vermieden werden.

85 Seien Sie höflich, aber beharrlich. Das verschafft Ihnen Respekt.

Das letzte Zögern überwinden

Wenn eine Verhandlung kurz vor dem Abschluss steht, herrscht auf beiden Seiten immer besondere Nervosität. Die Zeit zwischen der mündlichen Übereinkunft und der Unterschrift ist besonders heikel. Häufig werden Verhandlungsteilnehmer in diesem Stadium unruhig, manche versuchen, noch auszusteigen.

Zeigen Sie Verständnis, wenn die Gegenseite zögert. Erinnern Sie daran, dass der Vertrag auch für Sie Änderungen bringt und dass auch Sie aufgeregt sind. Sollte die Gegenseite weiterhin abspringen wollen, machen Sie ihr klar, dass so ein unrühmliches Verhalten ihrem Ruf schadet und ihr den Makel der Unzuverlässigkeit einbringt. Wenn Sie in der Lage sind, den Abschluss gegen Einwände der Gegenseite zu erzwingen, denken Sie daran, dass sich das negativ auf künftige Verhandlungen auswirken kann.

ABSCHLUSS DER VERHANDLUNG

UMGANG MIT ABBRUCH

Wird eine Verhandlung abgebrochen, muss umgehend gehandelt werden, damit die Situation nicht irreparabel wird. Je länger das gegenseitige Schweigen währt, desto schwerer ist es, später wieder einen Ausgleich herzustellen.

86 Widerstehen Sie der Versuchung, Gleiches mit Gleichem zu vergelten.

▼ IM ZORN GEHEN
Zum Abbruch kommt es häufig, wenn eine Partei die Verhandlung im Zorn verlässt. In diesem Fall müssen sich die übrigen Teilnehmer überlegen, wie das Gespräch wiederaufgenommen werden kann.

SCHADENSBEGRENZUNG

Um den Schaden nach einem Verhandlungsabbruch zu begrenzen, sollten beide Seiten das Gespräch schnellstmöglich wieder aufnehmen. Das geschieht am besten in einem direkten Gespräch. Wenn der Abbruch sehr erbittert war, ist es vielleicht besser, zunächst schriftliche Schlichtungsversuche zu unternehmen. E-Mails sind dafür bestens geeignet, sie sind persönlich und schnell.

Aufgebrachte Teilnehmerin, die das Gespräch abbrechen will.

Teammitglied erklärt Handlungsweise der Kollegin.

Leiter der Gegenseite reagiert ungehalten auf den Weggang.

Gegnerisches Teammitglied erhebt sich, um die Situation zu retten.

Einen Riss kitten

Versuchen Sie, einen Abbruch ohne Hilfe Dritter zu regeln. Wenn ein Teilnehmer den Raum verlassen hat, bringen Sie seine Kollegen dazu, ihn zurückzuholen. Wenn das gesamte Team geht, schicken Sie denjenigen aus Ihrem Team los, der die besten Beziehungen zu dem Team hat (vielleicht der »Good Guy«), damit er die anderen zurückholt. Lassen Sie einen Abbruch nicht so stehen, wenn die Folgen des Scheiterns schlechter sind als das Angebot, das zuletzt auf dem Tisch lag. Lässt sich ein Abbruch nicht beheben, müssen Sie einen Schlichter hinzuziehen.

87 Bestehen Sie nicht auf einer Entschuldigung, wenn der Fall beigelegt ist.

ABBRUCH REGELN ▶

John hatte das Ziel, die Belieferung durch Kims Unternehmen zu sichern. Daher war es nicht angebracht, auf eine unangenehme Situation so abrupt zu reagieren. Die künftige Beziehung wurde durch Johns Unbeherrschtheit zerstört. Es wäre besser gewesen, einen Dritten als Schlichter hinzuzuziehen.

FALLBEISPIEL

John flog nach Taiwan, um von Kims Firma Geld für eine Lieferung Fahrräder zurückzufordern, die Johns Chef als fehlerhaft bezeichnete. John wusste, dass andere Hersteller sofort einspringen und ihn beliefern würden, aber er wollte Kims gut eingeführtes Lieferprogramm ungern aufgeben.

Kim war nicht imstande, John finanziell zu entschädigen; sie konnte die Fahrräder nur ersetzen. Das reichte John aber nicht, um den Ruf seiner Firma bei den Käufern der fehlerhaften Räder wiederherzustellen. Johns Flugzeug flog in drei Stunden zurück. Er hielt es für sinnlos, sich so lange Kims hinhaltende Ausflüchte anzuhören. Verärgert stand er auf und ging. Kim war betreten, wollte jedoch nicht ihr Gesicht dadurch verlieren, dass sie ihm nachlief und ihn zurückholte. John kauft seine Fahrräder inzwischen in den USA, Kims Firma hat den Verlust eines wichtigen Kunden zu verbuchen.

88 Nehmen Sie sofort Kontakt zur Gegenseite auf.

89 Vereinbaren Sie einen Termin für künftige Gespräche.

Vorsätzlicher Abbruch

Manchmal provoziert eine Seite bewusst den Abbruch der Verhandlung. Wenn Ihr Team unerwartet neue Informationen vorlegt, welche die Position der Gegenseite vollkommen auf den Kopf stellen, kann sie auf der Stelle einwilligen, um eine Vertagung bitten oder einen Abbruch inszenieren. Ein Abbruch ist zwar nicht hilfreich, aber die Gegenseite könnte eine Fortführung der Gespräche als nutzlos ansehen. Bleiben Sie in einem solchen Fall ruhig. Versuchen Sie mit Diplomatie, die Angelegenheit zu schlichten.

ABSCHLUSS DER VERHANDLUNG

DIE SCHLICHTUNG

Wenn Sie alles versucht haben und die Verhandlungspartner trotzdem nicht zu einer Einigung gekommen sind, dann brauchen Sie einen Schlichter. Durch die Zustimmung zum Schlichter zeigen die Beteiligten, dass sie die Situation retten wollen.

90 Betrachten Sie den Einsatz eines Dritten als positiven Schritt.

91 Überlegen Sie sich eine Schlichtung gut – sie ist teuer.

ROLLE DES ▼ SCHLICHTERS

Der ideale Schlichter ist unvoreingenommen, berücksichtigt alle Seiten, wird von beiden Parteien akzeptiert und hilft den Parteien eine eigene Lösung zu finden.

DER SCHLICHTUNGSPROZESS

Schlichten ist der Vorgang, bei dem festgefahrene Parteien die Vorschläge eines von beiden Seiten akzeptierten Dritten prüfen. Allerding müssen sie dessen Empfehlungen nicht unbedingt folgen. Der Schlichter fungiert für die Verhandlungspartner als Schiedsrichter und versucht, Gemeinsamkeiten zwischen beiden Positionen zu finden. Sobald Gemeinsamkeiten festliegen, kann der Schlichter anfangen, für beide Seiten annehmbare Wege aus der Sackgasse zu suchen.

Hilft den Parteien, einander zu verstehen

Hilft den Parteien, eigene Lösungen zu finden

Betrachtet das Problem von allen Seiten

Schlägt andere Lösungen vor

Ist jederzeit neutral

Erklärt jeder Seite die Punkte

Die Schlichtung

Einen Schlichter wählen

Ein Schlichter muss von beiden Seiten als unvoreingenommen anerkannt werden. Er muss kompetent und informiert sein, damit er für beide Seiten vernünftige Empfehlungen aussprechen kann.

Viele Menschen neigen dazu, eine Persönlichkeit in herausragender Stellung als Schlichter vorzuschlagen, z. B. einen ehemaligen Topmanager mit einschlägiger Erfahrung oder einen Ex-Diplomaten. Auch wenn ihre Autorität sich auf das Ergebnis auswirken kann, ist die Fähigkeit eines Schlichters, erfolgreich zu vermitteln, doch begrenzt, wenn er nicht in der Lage ist, eine Lösung vorzuschlagen. Ziehen Sie eine weniger prominente Person in Betracht, z. B. jemanden, der unorthodox denken kann, der keine vorgefasste Meinung über die Situation hat und der verschiedene ideenreiche Lösungsvorschläge machen kann.

92 Schlichter müssen handeln, solange die Parteien Fortschritte wollen.

93 Berücksichtigen Sie auch unkonventionelle Lösungsvorschläge.

Der Unterhändler als Vermittler

Sie können zum guten Verlauf einer Verhandlung beitragen, indem Sie eine Doppelrolle übernehmen: In der einen Rolle sind Sie Verhandlungsteilnehmer mit besonderen Zielen, in der anderen Rolle aber Vermittler, der die eigenen Ziele mit denen der Gegenseite in Einklang zu bringen versucht. Versuchen Sie, die eigenen Ziele zu erreichen und gleichzeitig Gemeinsamkeiten zu finden und Empfehlungen zu geben, die für beide Seiten annehmbar sind.

Für die Rolle des Unterhändlers als Vermittler muss unbedingt eine vielseitige, diplomatische Persönlichkeit gewählt werden. Vielleicht sind Sie ein Mensch für diese Doppelrolle: Suchen Sie nach Ausgleich im Leben? Ziehen Sie »Wir«-Aussagen den »Ich«-Aussagen vor? Vermeiden Sie energische, aggressive Teammitglieder für diese Rolle – diese lässt man wohl besser reden und Vorschläge machen, aber wenn die Verhandlung platzt, sollten sie beiseite treten.

AUSGLEICH ▶
Die Rolle des Unterhändlers als Vermittler setzt Unvoreingenommenheit voraus, damit die Interessen beider Seiten vertreten werden.

ABSCHLUSS DER VERHANDLUNG

DAS SCHIEDSVERFAHREN

Wird eine Verhandlung abgebrochen, kann man den Streit mit Hilfe eines Schiedsverfahrens regeln. Ein Dritter muss aus der Sackgasse heraushelfen. Beim Schiedsverfahren müssen sich beide Seiten an die Entscheidung des Schiedsrichters halten.

94 Ein gutes Schiedsverfahren ist teuer, aber sein Geld wert.

WAHL DES SCHIEDSVERFAHRENS

95 Informieren Sie sich, damit Sie das Schiedsverfahren verstehen.

Bei einem Schiedsverfahren gibt es mehrere Möglichkeiten: Bedienen Sie sich nebenamtlicher Schiedsstellen oder Schiedsverfahren Ihrer Branche. Oder bitten Sie ein Gericht, eine unabhängige Einzelperson oder ein Berufsorgan, für Sie zu vermitteln. Wenn das jedoch die Einschaltung von Experten und formale Abmachungen erfordert, dann ist das Schiedsverfahren langwierig und teuer – prüfen Sie also die Alternativen.

DER SCHIEDSRICHTER ▼
Der ideale Schiedsrichter ist unvoreingenommen, von allen Seiten respektiert, durchsetzungsfähig und verschwiegen.

Verhilft beiden Seiten zu ihrer Lösung

Bleibt während der Verhandlung neutral

Ist in allen Fragen kompetent

Vermittelt zwischen beiden Seiten

Befasst sich mit Problemen, die in Sackgasse führen

Kommt zu Entscheidungen, die eingeklagt werden können

DAS SCHIEDSVERFAHREN

VORTEILE EINES SCHIEDSRICHTERS

Der Schiedsrichter hat die Aufgabe, über eine gerechte Einigung zwischen den Verhandlungspartnern zu entscheiden und diese Entscheidung dann durchzusetzen. Das Schiedsverfahren verhindert wirksam, dass Teilnehmer den Verhandlungstisch ohne Einigung verlassen. In Extremfällen können die Gerichte angerufen werden, um die Entscheidung zu vollziehen.

Beschaffen Sie alle Informationen, damit der Schiedsrichter den Fall prüfen kann. Sie profitieren von diesem Verfahren, da die Schiedsstelle unabhängig arbeitet – jede Seite wird vertraulich gehört und die Entscheidung geht nur den betroffenen Parteien zu. Bei Handelsstreitigkeiten ist das besonders bedeutsam – viele Firmen möchten auf jeden Fall öffentliches Aufsehen vermeiden.

NICHT VERGESSEN

- Ein Schiedsverfahren empfiehlt sich, wenn viele Teilnehmer mit komplizierter Interessenlage betroffen sind.
- Anwälte und Berater sind oft geeignete Personen für die Rolle eines Schiedsrichters.
- Ein Schiedsrichter ähnelt einem Richter. Sein Schiedsspruch kann eingeklagt werden.
- Schiedsrichter können bestimmen, wie ihr Honorar zwischen den Verhandlungsparteien aufgeteilt werden soll.
- Einige Verträge bestimmen das Schiedsverfahren, das bei Auseinandersetzungen angewandt werden soll.

96 Wählen Sie einen Schiedsrichter, dem beide Seiten vertrauen können.

97 Bitten Sie notfalls einen Dritten, einen Schiedsrichter zu ernennen.

GERICHTE ZUR DURCHSETZUNG VON ENTSCHEIDUNGEN

Gerichte sind der letzte Ausweg für Verhandlungspartner – wenn sie sich nicht einigen können und die Urteile unabhängiger Dritter unannehmbar sind, sei es aus einer Vermittlung oder einem Schiedsverfahren. Jedes Gerichtsverfahren ist teuer und trägt den Streit an die Öffentlichkeit. Das setzt die Unterhändler oft neuen, unangenehmen Zwängen aus. Holen Sie daher immer juristischen Rat ein, bevor Sie rechtliche Schritte ergreifen. Eine Firma mit einem kurzfristigem Cashflow-Problem sollte sich um eine private Umschuldungsvereinbarung mit ihren Gläubigern bemühen. Wenn diese Probleme vor Gericht kommen, besteht die große Gefahr, dass die Firma bankrott geht, wobei sowohl die Firma als auch ihre Gläubiger leer ausgehen können.

ENTSCHEIDUNG UMSETZEN

Sobald Sie eine Einigung erreicht haben – sei es ohne oder mit Hilfe eines Dritten –, müssen Ihre Vereinbarungen umgesetzt werden. Erstellen Sie einen Aktionsplan und benennen Sie geeignete Mitarbeiter, um den Plan durchzuführen.

98 Erstellen Sie einen Ablaufplan, wie die Aktion ausgeführt werden sollte.

99 Erstellen Sie einen Zeitplan für die Durchführung der Aktion.

KONSENS ÜBER UMSETZUNG

Sobald bei einer Verhandlung Einigung zwischen den Parteien erreicht ist, sollte das Ergebnis festgehalten und unterzeichnet werden. Sodann müssen Sie sich einigen, wie die Entscheidungen durchgeführt werden sollen. Vielleicht betrauen Sie ein gemeinsames Team mit der Umsetzung, vielleicht geben Sie das Projekt lieber einer unabhängigen Gruppe. Entscheiden Sie bereits im Anfangsstadium über mögliche Sanktionen, wenn das Projekt nicht fristgerecht fertig wird – dabei kann es sich um Geldstrafen oder gerichtliche Schritte handeln. Bei der Durchführung einer Vereinbarung treten häufig unerwartete Probleme auf. Beauftragen Sie deshalb einen Teamchef, den Ablauf streng zu überwachen.

◄ EIN TEAM GUT EINSETZEN

Nachdem Stefan den Vertrag ausgehandelt hatte, setzte er die Fähigkeiten seines Teams bestmöglich ein, indem er ihm bestimmte Verantwortungen übertrug. Als er sein Vorgehen änderte, wies er seine Assistentin gründlich ein und gab ihr einen verbindlichen Termin.

FALLBEISPIEL

Stefan besaß ein kleines Architekturbüro und bekam das Angebot, ein großes Bürogebäude neu zu gestalten. Er handelte einen Vertrag aus; für die Fertigstellung nannte er einen Termin von sechs Monaten.
Stefan konnte diesen großen Job nicht allein bewältigen. Daher holte er sich einen Innenarchitekten für Teppiche und Vorhänge sowie eine Assistentin für die Überwachung der täglichen Arbeiten. Das verschaffte ihm die Freiheit, sich um die eigentliche Gestaltung des Gebäudes zu kümmern.
Schnell wurde deutlich, dass Stefan nicht genug Zeit hatte, um die Installateure und Elektriker im Gebäude zu kontrollieren. Er übertrug diese Verantwortung seiner Assistentin, instruierte sie sorgfältig und gab ihr einen genauen Terminplan vor. Die Arbeiten wurden termingerecht fertiggestellt und hielten sich genau im vereinbarten Kostenrahmen.

Ein Team anweisen

Die ausgehandelte Vereinbarung wird oft von Menschen umgesetzt, die an den Verhandlungen gar nicht teilgenommen haben. Für sie sind klare und genaue Informationen unentbehrlich. Wenn Sie ein Team anweisen und Aufgaben zuteilen, achten Sie besonders auf ein exaktes Briefing: Wer muss was wissen? Wie bekommen die Teammitglieder Informationen und von wem? Wann erhalten sie aktualisierte Informationen? Wie lange haben sie Zeit, danach zu handeln?

> **100** Überlegen Sie, wer über den Fortgang der Arbeiten informiert werden muss.

> **101** Hinterlassen Sie einen guten letzten Eindruck. Er kann genauso wichtig sein wie der erste.

Die Durchführung planen

Eine ausgehandelte Entscheidung ist erst dann ein Erfolg, wenn sie erfolgreich umgesetzt worden ist. Nehmen Sie also Termine und den Aktionsplan in die ausgehandelte Vereinbarung auf. Überprüfen Sie den Fortgang Ihres Aktionsplanes häufig – jeder Ausrutscher kann das Gesamtpaket gefährden, vor allem wenn größere Zugeständnisse nur eingeräumt wurden, um feste Ziele zu erreichen. Falls Probleme auftreten, lösen Sie diese durch weitere Verhandlungen.

◀ **POSITIV REAGIEREN**

Sorgen Sie durch positive und begeisterte Reaktionen für gute Stimmung am Verhandlungstisch, wenn Sie endlich zu einer Einigung über die Durchführung der Entscheidungen gekommen sind. Lächeln Sie, reichen Sie sich die Hand und beglückwünschen Sie sich gegenseitig herzlich.

KÖNNEN SIE VERHANDELN?

Ob am Arbeitsplatz oder zu Hause, jeder Mensch ist immer wieder in Verhandlungen verwickelt. Hier können Sie testen, ob Sie erfolgreich verhandeln. Kreuzen Sie bei den folgenden Aussagen die Antwort an, die Ihrer Erfahrung am nächsten kommt. Seien Sie ehrlich: Wenn Sie »Nie« antworten wollen, kreuzen Sie die 1 an, bei »Immer« die 4. Addieren Sie die Punkte und sehen Sie in der Auswertung nach, wie Sie abgeschnitten haben. An Ihren Antworten sehen Sie, wo Sie sich verbessern können.

OPTIONEN
1 Nie
2 Gelegentlich
3 Oft
4 Immer

1 Ich ziehe vor Verhandlungsbeginn Erkundigungen über die Gegenseite ein.
1 2 3 4

2 Ich lese Hintergrundmaterial, bevor ich meine Strategie entwerfe.
1 2 3 4

3 Ich bin mir über die Hauptziele der Verhandlung im Klaren.
1 2 3 4

4 Ich wähle Verhandlungstaktiken, die meinen Zielen angemessen sind.
1 2 3 4

5 Meine Verhandlungsstrategien erlauben mir, meine Hauptziele zu erreichen.
1 2 3 4

6 Ich weise Stellvertreter immer gründlich ein.
1 2 3 4

KÖNNEN SIE VERHANDELN?

7 Wenn ich Stellvertreter betraue, gebe ich ihnen die notwendigen Kompetenzen.

1 2 3 4

8 Ich nehme in Verhandlungen meist eine flexible Haltung ein.

1 2 3 4

9 Ich glaube, dass Verhandlungen zum Vorteil beider Seiten sind.

1 2 3 4

10 Ich gehe mit dem Vorsatz in Verhandlungen, ein gutes Ergebnis zu erzielen.

1 2 3 4

11 Ich lege meine Punkte sprachlich einfach dar.

1 2 3 4

12 Ich lege meine Punkte logisch und klar dar.

1 2 3 4

13 Ich setze beim Gespräch mit der Gegenseite Körpersprache bewusst ein.

1 2 3 4

14 Ich vermeide es, die Schwächen der Gegenseite bloßzulegen.

1 2 3 4

15 Ich bin bei Verhandlungen immer höflich.

1 2 3 4

16 Ich nenne realistische Termine, die durch die Verhandlung bestätigt werden.

1 2 3 4

Abschluss der Verhandlung

17 Ich lasse mich von meinem Instinkt leiten, um die Taktik der Gegenseite zu verstehen.

1 2 3 4

18 Ich habe genügend Kraft, um nötige Entscheidungen zu treffen.

1 2 3 4

19 Ich nehme Rücksicht auf kulturelle Unterschiede bei der Gegenseite.

1 2 3 4

20 Ich bin gut als Mitglied eines Verhandlungsteams.

1 2 3 4

21 Ich kann objektiv sein und mich in die Lage der Gegenseite versetzen.

1 2 3 4

22 Ich weiß, wie man die Gegenseite zu einem Angebot animiert.

1 2 3 4

23 Ich vermeide es, das Eröffnungsangebot zu machen.

1 2 3 4

24 Ich arbeite mich über mehrere bedingte Angebote zu einer Einigung vor.

1 2 3 4

25 Ich gehe meine eigentlichen Ziele Schritt für Schritt an.

1 2 3 4

26 Ich zeige Emotionen nur als Teil eines taktischen Schrittes.

1 2 3 4

KÖNNEN SIE VERHANDELN?

27 Ich ziehe regelmäßig Bilanz vom Fortschritt der Verhandlungen.

1 2 3 4

28 Ich nutze Vertagungen taktisch, um Bedenkzeit zu bekommen.

1 2 3 4

29 Ich bringe Dritte ins Spiel, wenn die Verhandlung scheitert.

1 2 3 4

30 Ich bediene mich eines Vermittlers, um einen toten Punkt zu überwinden.

1 2 3 4

31 Ich achte darauf, dass jede Abmachung von allen Parteien unterzeichnet wird.

1 2 3 4

32 Ich strebe, wann immer möglich, eine für beide Seiten vorteilhafte Situation an.

1 2 3 4

AUSWERTUNG

Wenn Sie alle Fragen beantwortet haben, addieren Sie Ihre Punkte. In der Auswertung lesen Sie, wie Sie abgeschnitten haben. Wie auch immer das Ergebnis ausfällt, fast jeder hat jederzeit Möglichkeiten zur Verbesserung. Erkennen Sie Ihre Schwachstellen. Gehen Sie noch einmal diejenigen Abschnitte durch, in denen Sie mehr Information, praktische Ratschläge und Anregungen zur Aneignung und Verfeinerung Ihrer Verhandlungsfähigkeiten finden.

32–64: Ihr Verhandlungsgeschick ist schwach. Eignen Sie sich die Taktiken an, die für erfolgreiche Verhandlungen wichtig sind.

65–95: Sie haben einiges Verhandlungsgeschick. Der eine oder andere Bereich kann aber noch verbessert werden.

96–128: Sie verhandeln sehr erfolgreich. Bereiten Sie sich auch weiter gründlich vor.

Optimale Kundenbeziehungen

Einleitung 696

Kunden verstehen

Warum kundenorientiert arbeiten? 698
Wichtige Kunden im Blick haben 700
Den Endkunden verstehen 702
Was wollen Ihre Kunden? 704
Kundengruppen verstehen 708
Den Kaufprozess verstehen 712

Einstellung überprüfen

Kundenorientierte Ziele setzen 714
Geschäftsprozesse verbessern 718
Kundenbetreuung gewährleisten 722
Produkte und Dienstleistungen entwickeln 724
Kundeninformationen nutzen 726
Optimale Abläufe 728
Kundenorientiert entscheiden 730

Zufriedenheit garantieren

Kundenorientierte Einstellung fördern 732
Kundenorientierte Firmenkultur 734
Partnerschaften 736
Veränderungen effektiv bewältigen 738
Erfolgreich mit E-Business 740
Klar kommunizieren 742
Umgang mit Reklamationen 744

Leistung verbessern

Dauerhaften Nutzen anstreben 748
Aufbau eines loyalen Kundenstamms 750
Lernen und innovativ sein 754
Sich auf künftige Kunden einstellen 756
Selbsteinschätzungstest 758

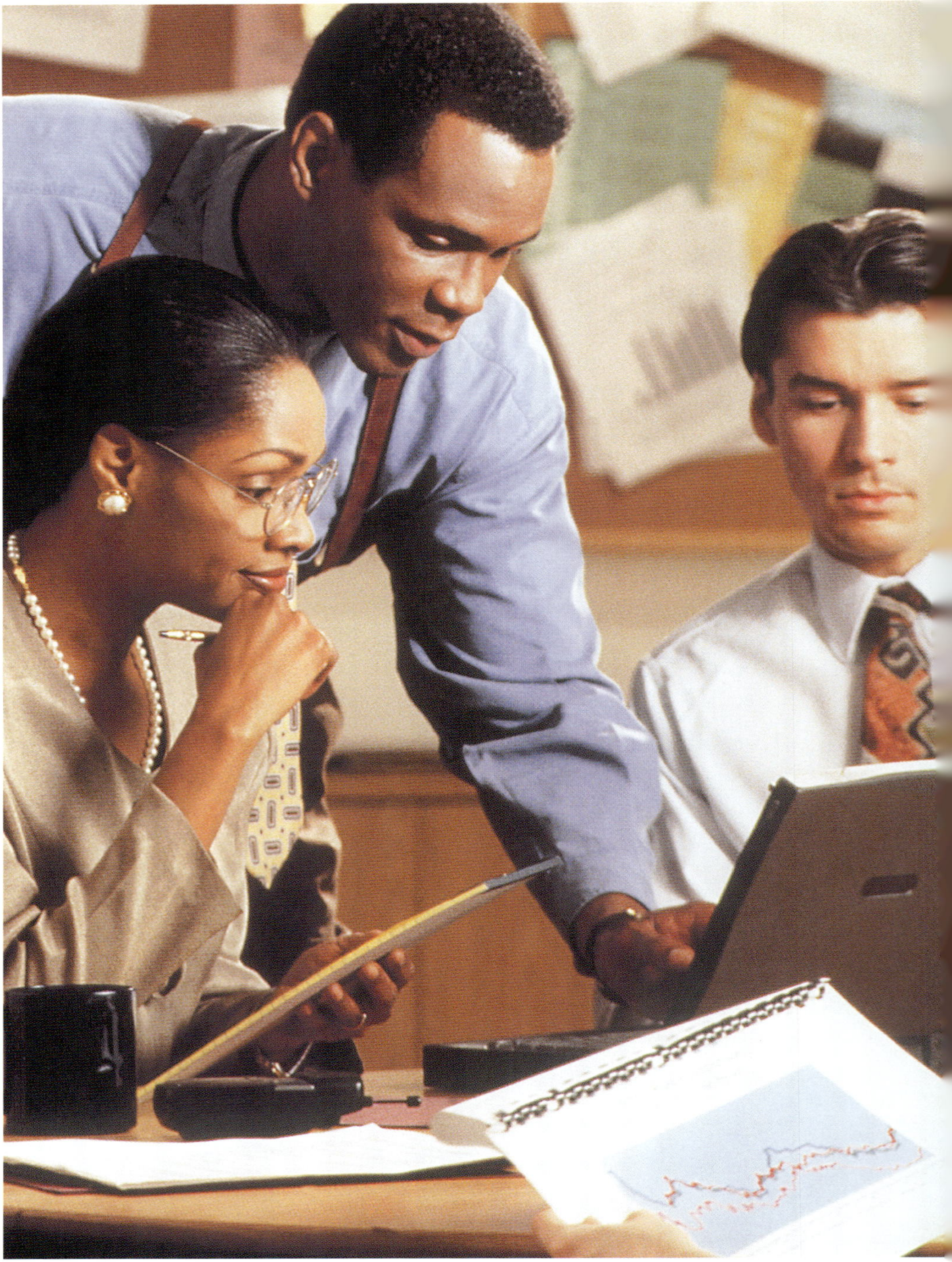

Einleitung

Um auch in Zukunft gewinnbringend und effektiv zu arbeiten, müssen sich Manager schon heute auf ihre wertvollsten Aktivposten – ihre Kunden – konzentrieren. Dieses Kapitel zeigt Ihnen, wie man kundenorientiert vorgeht, effektiv plant, um Kundenbedürfnisse termingerecht zu befriedigen und Kunden die gewünschten Vorteile verschafft. Vom Sammeln von Informationen, durch die Sie mehr über Kunden erfahren, bis hin zum Aufbau erfolgreicher Geschäftsbeziehungen mit Kunden werden alle Aspekte eines kundenorientierten Vorgehens beleuchtet. 101 Kurztipps und ein Selbsteinschätzungstest, mit dessen Hilfe Sie beurteilen können, wie kundenorientiert Sie vorgehen, vermitteln hilfreiche Einblicke.

KUNDEN VERSTEHEN

Wer seine Kunden zufrieden stellen will, muss sie gut kennen. Bringen Sie möglichst viel über Ihre besten Kunden in Erfahrung, und überlegen Sie dann, wie Sie ihre Bedürfnisse befriedigen können.

WARUM KUNDENORIENTIERT ARBEITEN?

Soll ein Unternehmen gedeihen, muss es mit den wechselnden Bedürfnissen seiner Kunden Schritt halten. Mit einer kundenorientierten Einstellung können Sie ihren Forderungen und Wünschen entgegenkommen und Kundenloyalität erreichen.

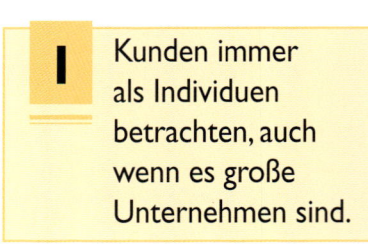

1 Kunden immer als Individuen betrachten, auch wenn es große Unternehmen sind.

2 Mitarbeiter anhalten, ihre Arbeit aus der Sicht des Kunden zu analysieren.

KUNDENBEDÜRFNISSE BEFRIEDIGEN

Kundenorientierung heißt, bestimmten Zielgruppen die jeweils von ihnen gewünschten Produkte und Dienstleistungen anzubieten. Wenn Sie Auswahl und Angebot Ihrer Produkte und Dienstleistungen am Kunden ausrichten, können Sie sicher sein, dass Sie seinen Bedürfnissen entgegenkommen. Dies ist für langfristige Rentabilität unabdingbar, da Kunden nur für etwas bezahlen, das sie wirklich wollen.

WARUM KUNDENORIENTIERT ARBEITEN?

BEDÜRFNISSE VORAUSSEHEN

Politik, Wirtschaft, Technologien, Konsumtrends und damit auch Kundenbedürfnisse ändern sich ständig. Deshalb ist es wichtig, dass Sie Ihre Kunden wirklich verstehen, ihnen regelmäßig zuhören, auf Entwicklungen achten, die Einfluss auf ihre Branche haben können und dies bei der Planung neuer Angebote berücksichtigen. So lässt sich das Risiko minimieren, dass sie zur Konkurrenz gehen, weil man nicht erkannt hat, dass sich ihre Bedürfnisse geändert haben oder die Konkurrenz bessere Produkte und einen besseren Service anbietet.

EINSTELLEN AUF VERÄNDERTE BEDÜRFNISSE

- Studien über Kundenwünsche durchführen
- Produkt oder Service auf diese Wünsche zuschneiden
- Feedback nutzen, um Kundenzufriedenheit herauszufinden
- Beurteilen, wie die Konkurrenz Kundenbedürfnisse befriedigt
- Ergebnisse analysieren und evtl. notwendige Korrekturen vornehmen

3 Sprechen Sie Ihre Kunden bei jedem Treffen auf ihren möglichen zukünftigen Bedarf an.

ERWARTUNGEN ERFÜLLEN

Heute erwarten Kunden einen erstklassigen Service. Haben sie das Gefühl, nicht an erster Stelle zu stehen, sind sie enttäuscht. Denken Sie daran, dass Ihre Kunden nicht nur Ihre Leistungen mit denen der Konkurrenz vergleichen, sondern Sie auch danach beurteilen, was Sie versprochen haben. Wenn Sie sehen, dass Sie einen Termin nicht halten oder nicht das liefern können, was Sie versprochen haben, informieren Sie die Kunden so früh wie möglich.

ERWARTUNGEN ▶ ÜBERTREFFEN

Versuchen Sie Ihren Service stets zu verbessern. Vergessen Sie nicht, dass Ihre Kunden auch Alternativen haben. Ihr Ziel ist es, dafür zu sorgen, dass Ihre Kunden Ihnen treu bleiben.

Sachbearbeiterin ruft Kunden an, um zu fragen, ob sie noch anderweitig helfen kann.

KUNDEN VERSTEHEN

WICHTIGE KUNDEN IM BLICK HABEN

Sicherlich sind einige Kunden für Ihre Firma wichtiger als andere, und manche mögen kurzfristig wichtiger sein, auf lange Sicht jedoch weniger. Identifizieren Sie Ihre besten Kunden, damit Sie vor allem diese langfristig zufrieden stellen können.

4 Die zehn wichtigsten Kunden auflisten und sie regelmäßig kontaktieren.

5 Das Team muss die wichtigsten Kunden kennen.

6 Pflegen Sie regelmäßig den Kontakt zu Ihren Kunden.

»WICHTIGSTE« KUNDEN DEFINIEREN

Egal, ob Sie mit Privat- oder Firmenkunden zu tun haben – einige werden sicherlich wichtiger sein als andere. Die wichtigsten Kunden müssen aber nicht unbedingt jene sein, die momentan den größten Profit bringen; es können auch jene sein, die Ihre Dienste in Zukunft mehr in Anspruch nehmen wollen. Es ist weitaus kostengünstiger, Kunden zu halten als neue zu akquirieren, also konzentrieren Sie sich auf die Kunden, die in Zukunft am meisten Profit versprechen.

Gilt als gute Referenz für weitere gute Kunden

Hat echten Bedarf an Ihren Produkten/Dienstleistungen

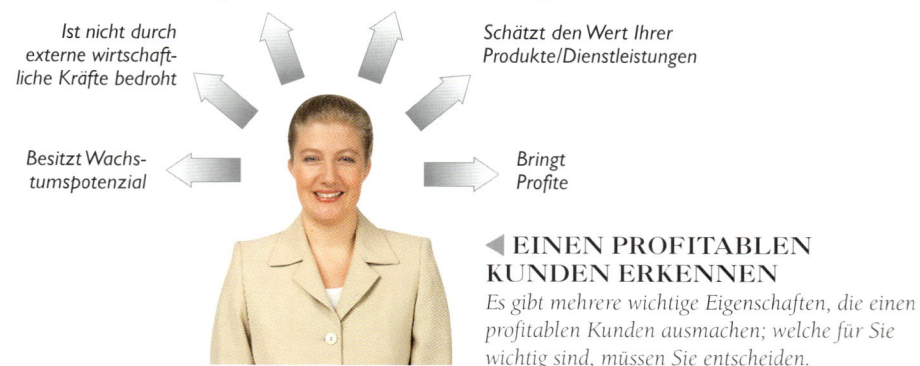

Ist nicht durch externe wirtschaftliche Kräfte bedroht

Schätzt den Wert Ihrer Produkte/Dienstleistungen

Besitzt Wachstumspotenzial

Bringt Profite

◀ **EINEN PROFITABLEN KUNDEN ERKENNEN**
Es gibt mehrere wichtige Eigenschaften, die einen profitablen Kunden ausmachen; welche für Sie wichtig sind, müssen Sie entscheiden.

Wichtige Kunden im Blick haben

Trends erkennen

Um Ihre künftig wertvollsten Kunden identifizieren zu können, müssen Sie die Trends in Ihrem Umfeld aufmerksam verfolgen. Wenn Sie z.B. momentan Kunden aus einer rückläufigen Branche bedienen, sollten Sie daran denken, eine andere Zielgruppe ins Auge zu fassen. Es kann ebenfalls nötig sein, sich umzuorientieren, um saisonale oder Modetrends zu befriedigen. Ein Eishersteller z.B., der im Sommer Eis an Kinder verkauft, könnte beschließen, im Winter gefrorene Desserts an Erwachsene zu verkaufen. Orientieren Sie sich um, bevor Umsatz oder Gewinne sinken, indem Sie Trends vorhersehen. Suchen Sie nach Wachstumsbranchen, dann können Sie neue Kunden ins Auge fassen oder Ihre Produkte an die neuen Anforderungen anpassen.

7 Sich immer erkundigen, wie die Geschäfte eines Kunden gehen.

8 Lesen Sie die Branchenzeitschriften, die den Kunden betreffen.

9 Wer seinen Kunden zu Erfolg verhilft, wird ebenfalls Erfolg haben.

Kunden halten

Bestehenden Kunden mehr Produkte und Dienstleistungen zu verkaufen ist weitaus kostengünstiger als neue Kunden zu gewinnen. Es ist daher sinnvoll, die besten Kunden zu halten, indem man neue wirtschaftliche Entwicklungen voraussieht und langjährigen Kunden hilft, sich an diese anzupassen. Richten Sie sich darauf ein, Ihren Kunden zu helfen, das Beste aus ihren Möglichkeiten zu machen, wenn sich neue Märkte öffnen.

Teammitglied weist Kunden auf negativen Marktbericht hin.

Kunde hört von einem für ihn problematischen Markttrend.

◀ **BEZIEHUNG AUFBAUEN**

Treffen Sie sich inoffiziell mit Kunden, und zeigen Sie, dass Sie über deren Branche und ihre spezifischen Bedürfnisse informiert sind. Weisen Sie sie rechtzeitig auf negative Ereignisse und Entwicklungen hin, damit sie darauf reagieren können.

Den Endkunden verstehen

Um die Bedürfnisse Ihrer Kunden befriedigen zu können, müssen Sie auch wissen, was deren Kunden von ihnen erwarten. Fragen Sie Ihre Kunden, wie Sie und Ihr Team zur Befriedigung der Bedürfnisse des Endkunden beitragen können.

> **10** Nicht vergessen: Vom Endkunden lebt auch Ihre Firma.

> **11** Wer innerbetrieblichen Kunden hilft, stellt deren externe Kunden zufrieden.

Kundenerwartungen nachvollziehen

Wenn Sie in einem großen Unternehmen tätig sind, arbeiten Sie vermutlich anderen Mitarbeitern in Ihrer Firma zu. Diese Mitarbeiter sind Ihre innerbetrieblichen Kunden, deren Ziele Sie kennen und deren Erwartungen Sie erfüllen müssen. Diese Kunden wiederum müssen ihre Kunden zufrieden stellen, und so geht es weiter, bis zum Endkunden außerhalb des Unternehmens. Um sicher zu gehen, dass Sie den richtigen Service in der richtigen Form bereitstellen, müssen Sie wissen, wie Ihre innerbetrieblichen Kunden ihrerseits ihre Kunden bedienen wollen.

◀ **DEN ANFORDERUNGEN GENÜGEN**
Indem Thomas mit Sabine über die neuen Anforderungen des externen Kunden sprach, konnte er seinen Service für Sie verbessern, was wiederum die Servicequalität des Teams gegenüber dem externen Kunden verbesserte.

FALLBEISPIEL
Thomas, ein System-Administrator, war zuständig für die Bereitstellung von Informationen an innerbetriebliche Kunden. Für Sabine, die Leiterin eines Teams, das Instandhaltungsarbeiten für die EDV-Abteilung eines externen Unternehmens durchführte, sammelte und verglich er Daten darüber, wie lange ein Techniker brauchte, auf dringende Probleme zu reagieren. Eines Tages erklärte Sabine, der externe Kunde messe die Leistung ihres Teams nicht länger an der Antwortzeit des Technikers, sondern daran, wie lange er für die Problemlösung brauche. Indem er das Loggingsystem des Technikers leicht modifizierte, konnte Thomas Sabine diese Information relativ schnell geben. Dadurch gelang es Sabine, den Endkunden zu beeindrucken, der positiv vermerkte, wie schnell und effektiv das Team auf die neuen Anforderungen reagiert hatte.

Sich in die Strategie des Unternehmens einfügen

12 Mit jedem sprechen, der zwischen Ihnen und dem Endkunden vermittelt.

Die meisten Unternehmen verfolgen eine bestimmte Strategie, die nicht nur vorgibt, welche Produkte oder Dienstleistungen an wen verkauft werden, sondern auch, wie das auf kompetente und konkurrenzfähige Weise geschieht. Machen Sie sich sowohl mit der Strategie Ihrer Firma vertraut als auch mit den Zielen Ihres Kunden, damit Sie entscheiden können, wie Sie vorgehen müssen, um beiden gerecht zu werden. Hat Ihr Team z.B. die Aufgabe, Prospekte für den Vertrieb (Ihren innerbetrieblichen Kunden) zu entwerfen, wird die Strategie Ihres Unternehmens vorgeben, welche externen Kunden zur Zielgruppe gehören, und die spezifischeren Ziele des Vertriebsteams dürften in Abstimmung mit dieser Strategie festgelegt worden sein. Sie müssen die Zielvorgaben beider Gruppen kennen, um externen Kunden zeigen zu können, dass Ihre Firma eine einheitliche Strategie verfolgt.

13 Machen Sie sich klar, was Ihre Arbeit mit dem Endkunden zu tun hat.

Endkunden präsent machen

Halten Sie Ihre Mitarbeiter dazu an, sich bei ihrer täglichen Arbeit stets den Endkunden zu vergegenwärtigen. Machen Sie ihnen deutlich, wie wichtig es ist, dass sie abschätzen, wie sich ihre Arbeitsweise auf derzeitige Kunden auswirkt und ob sie ihnen wirklich einen Nutzen bringt. Ist kein direkter Nutzen für den Kunden erkennbar, sollten Mitarbeiter darüber nachdenken, ob sie ihre Arbeitsweise nicht ändern oder eine andere wählen müssen. Kunden haben zahlreiche Wünsche, von denen einige in die Kategorie »Muss ich haben« und andere nur unter »Wäre nett« fallen. Nehmen Sie beide Kategorien ernst, aber vergessen Sie nicht, dass die Muss-Wünsche auf jeden Fall erfüllt werden müssen. Andernfalls werden Sie loyale Kunden verlieren.

Nicht vergessen

- Jeder sollte Interesse daran haben, dass die Bedürfnisse externer Kunden befriedigt werden.
- Wenn sich Kundenanforderungen ändern, sollte man seine Arbeitsweise entsprechend anpassen.
- Kunden kaufen Produkte oder Dienstleistungen wegen des Nutzens, den sie davon haben.

14 Finden Sie heraus, was der Endkunde von Ihrem Service hält.

703

KUNDEN VERSTEHEN

WAS WOLLEN IHRE KUNDEN?

Es gibt mehrere Möglichkeiten herauszufinden, was Kunden wollen. Holen Sie Informationen aus verschiedenen Quellen ein und prüfen Sie, ob diese in Fokusgruppen und durch die Auswertung von Fragebögen und Kundenfeedback bestätigt werden.

15 Archivieren Sie die Ergebnisse Ihrer Kundenbefragungen.

16 Betrachten Sie jeden Kunden als Quelle nützlicher Informationen.

Kunde erklärt, warum er Produkt gekauft hat.

INFORMATIONEN SAMMELN

Um die Wünsche und Bedürfnisse der anvisierten Kunden befriedigen zu können, müssen Sie diese erst einmal kennen. Leider ist der Informationsstand von Unternehmen über Kunden oft unzureichend. So ist es z.B. nur von eingeschränktem Nutzen, wenn man weiß, welche Menge eines bestimmten Produktes ein Kunde gekauft hat. Man muss auch wissen, warum er dieses Produkt gekauft hat, um künftig die richtigen Produkte und Dienstleistungen anbieten zu können. Sammeln Sie Informationen, die Sie wirklich brauchen, und nicht einfach irgendwelche Daten, nur weil diese problemlos zu erfassen sind. Sie können natürlich auf die Ressourcen Ihrer Firma zurückgreifen, aber untermauern Sie diese Informationen durch externe Daten und Feedback von den Kunden selbst.

◀ **MARKTFORSCHUNG BETREIBEN**
Mit Hilfe der Marktforschung können Sie mehr über Ihre Kunden erfahren und herausfinden, was sie von Ihrer Firma und deren Produkten oder Dienstleistungen halten.

QUELLEN FÜR INFORMATIONEN ÜBER KUNDEN

QUELLE	ZU BERÜCKSICHTIGENDE FAKTOREN
FIRMENRESSOURCEN In der eigenen Firma archivierte Daten über Kunden	Diese Informationen liefern Zahlen und Details zu Produkten oder Dienstleistungen, die Kunden gekauft haben, warum sie sie gekauft haben, und welchen Nutzen sie davon hatten.
VERBÄNDE Dachorganisationen, die verschiedene Branchen vertreten	Diese Organisationen geben in der Regel Zeitschriften oder Newsletter heraus und haben oft Websites, auf denen man mehr über die Kunden bestimmter Branchen erfahren kann.
AUFTRAGSSTUDIEN Werden gegen Bezahlung angefertigt und enthalten die Informationen, die ein Kunde angefordert hat	Meist nach sehr spezifischen Vorgaben angefertigt; werden oft veröffentlicht, sodass man auch Studien anderer Firmen zu Rate ziehen kann.
KUNDEN-FEEDBACK Durch Interviews, Fokusgruppen und Fragebögen	Eine äußerst wichtige Quelle für Informationen über Kundenbedürfnisse und -wünsche, da sie direkt von den Kunden selbst stammen
STAATLICHE BEHÖRDEN Kontroll- und Aufsichtsbehörden, die Daten und Zahlen über Unternehmen veröffentlichen	Diese Informationen (Faktoren wie Größe und Umsatz) können beim Erstellen von Unternehmensprofilen über die anvisierten Firmenkunden sehr nützlich sein.

EXTERNE QUELLEN NUTZEN

Informationen können Sie auch aus externen Quellen wie Branchenpublikationen, Regierungsstatistiken und Analystenberichten erhalten. Auftragsstudien von Marktforschungsinstituten können ebenfalls nützliche Einblicke liefern, sind aber oft teuer. Eine billige Alternative ist es, sie in öffentlichen Bibliotheken oder Institutionen einzusehen. Versuchen Sie Informationen aus externen Quellen möglichst noch einmal intern zu überprüfen. Gefallen z.B. laut einer externen Kundenbefragung im Supermarkt den Kunden die neuen Selfservice-Kassen, überprüfen Sie intern noch einmal, ob die Zahl der Kunden, die diese nutzen, tatsächlich gestiegen ist.

17 Machen Sie sich mit den Geschäften Ihrer Kunden vertraut.

18 Auch Studien anderer Firmen können nützlich sein.

FOKUSGRUPPEN

Eine hervorragende Möglichkeit, um herauszufinden, was Kunden wirklich wollen, ist die qualitative Kundenbefragung in Form von Fokusgruppen. Dabei handelt es sich um eine Gruppe ausgewählter Kunden, die unter Anleitung eines Moderators zwanglos diskutieren. Der Erfolg einer solchen Diskussionsgruppe hängt davon ab, ob man die richtigen Leute auswählt und die richtigen Fragen stellt. Achten Sie darauf, dass die Teilnehmer repräsentativ für Ihre Kunden sind. Eventuell müssen Sie ihnen einen kleinen Anreiz zur Teilnahme bieten, z.B. kostenlose Probepackungen Ihrer Produkte. Die Atmosphäre sollte so informell und freundlich wie möglich, die Teilnehmerzahl auf sechs bis acht begrenzt sein. So erfassen Sie unterschiedliche Meinungen.

▼ FOKUSGRUPPE LEITEN
Ermuntern Sie die Teilnehmer einer Fokusgruppe, ihre Gefühle, Meinungen und Motivationen ganz offen zu äußern. Stellen Sie Fragen wie »Warum gefällt Ihnen das?« und »Glauben Sie, dass Sie Ihre Meinung irgendwann einmal ändern?« Bitten Sie alle Anwesenden um ihre Meinung.

WICHTIGE FRAGEN

- **F** Was ist für Sie das entscheidende Kaufkriterium?
- **F** Warum haben Sie dieses Produkt/diese Dienstleistung erworben?
- **F** Welchen Nutzen haben Sie von Ihrem letzten Kauf?
- **F** Welche Veränderungen erwarten Sie?
- **F** Ist unser Service zufrieden stellend? Wie würden Sie ihn benoten?

19 Hören Sie sich genau an, was Teilnehmer einer Fokusgruppe sagen.

Teilnehmerin erklärt, warum sie das Produkt mag.

Teilnehmer ist anderer Meinung.

Managerin fungiert als Moderatorin der Diskussion, gibt Stichworte vor.

Teammitglied fungiert als Beobachterin, hört zu, notiert Kommentare.

Fragebögen verwenden

Fragebögen sind eine gute Möglichkeit, möglichst viele Kundenmeinungen einzuholen. Wählen Sie die Themen, die Sie abdecken wollen, sorgfältig aus. Überlegen Sie, welche Informationen Sie brauchen und mittels welcher Fragen Sie diese erhalten. Fragen Sie sich, bevor Sie eine Frage aufnehmen, ob die Antwort für die Verbesserung des Kundenservices relevant ist. Ist sie es nicht, streichen Sie sie. Testen Sie Ihren Fragebogen erst an Kollegen, um herauszufinden, ob die Fragen verständlich und die Antworten eindeutig sind.

Feedback erbitten

Mittels Feedback erfahren Sie nicht nur mehr über Ihre Kunden, sondern auch, ob sich deren Bedürfnisse geändert haben. Fragebögen mit Multiple-Choice-Fragen zum Ankreuzen eignen sich gut dazu, die Meinung von Kunden zu erfragen und neue Trends aufzuzeigen. Offene Fragen, die nicht nur mit »ja« oder »nein« zu beantworten sind, liefern noch mehr Informationen. Überlegen Sie nach der Auswertung des Feedbacks, wie Sie Ihren Service entsprechend verbessern können.

20 Eindeutige Antworten erhält man nur auf verständliche Fragen.

▼ Buch führen
Sammeln und archivieren Sie alle Kunden-Feedbacks, sodass Sie immer darauf zurückgreifen können – z.B. wenn Sie neue Produkte entwickeln.

Kontaktname für jeden Kunden
Erstkontakt
Zweitkontakt

Datum	Kundenname	Beschwerde	Aufgenommen	Weiter an	Bericht Nr.
6. Sept.	Richard Mann ACE GmbH	Auf monatlicher Rechnung steht falscher Betrag	Tina Müller	Peter Langer, Buchhaltung	CB1061
9. Sept.	Susanne Deller Büro & Business	Falsche Bücher geliefert	Tina Müller	Uwe Peters, Lagerhaltung	CB1062
15. Okt.	Hanna Kopal SchreibWahrig	Retoure Klebepistolen, da Bruchschaden	Tina Müller	Pia Kindler, Einkauf	CB1063
3. Nov.	Martin Hansen Clips & klar	Verspätete Lieferung der Oktober-Bestellung	Tina Müller	David Breit, Versand	CB1064

Problem, wie vom Kunden beschrieben
Referenznummer des Berichtes, in dem ergriffene Maßnahmen detailliert beschrieben sind

KUNDENGRUPPEN VERSTEHEN

Soll der Kunde König sein, so muss man jeden als Individuum betrachten. Teilen Sie Ihre Kunden nach ihren jeweiligen Bedürfnissen in Gruppen ein, gruppieren Sie ebenso Ihre Produkte, und überlegen Sie dann, welche Prioritäten Sie setzen wollen.

21 Bei Kunden auf Gemeinsamkeiten achten, um sie besser gruppieren zu können.

22 Kunden z.B. nach Region, Größe oder Wachstumspotenzial gruppieren.

KUNDEN UND PRODUKTE

Es ist eher unwahrscheinlich, dass sich Ihre Kunden alle gleich verhalten oder das Gleiche wollen. Familien und Jugendliche suchen z.B. beim gleichen Anbieter und selbst am gleichen Urlaubsort nach unterschiedlichen Angeboten. Indem Sie Ihre Kunden in Gruppen einordnen, können Sie Produkte und Dienstleistungen gezielter auf sie zuschneiden.

Auch Produkte und Service lassen sich nach bestimmten Kriterien wie Komplexität sortieren und zu Gruppen zusammenfassen. Eine Gruppe einfacher Produkte z.B. erfordert nur geringe After-Sales-Betreuung, eine Gruppe komplexer Produkte eventuell beträchtliche nachfassende Aktivitäten.

▲ **KUNDENGRUPPEN ANSPRECHEN**
Die Identifizierung von Kundengruppen ermöglicht es Ihnen, sich gezielter auf die Ansprüche und Wünsche bestimmter Gruppen, z.B. Rentner, einzustellen. So können Sie Ihre Produkte oder Ihren Service gezielt auf diese zuschneiden.

23 Darauf achten, dass man Kunden nur das anbietet, was sie wollen.

Kundengruppen verstehen

> **24** Fragen Sie einen Kollegen, was er objektiv von Ihren Gruppierungen hält.

Nicht vergessen

- Manche Mitarbeiter brauchen etwas länger, bis sie unterschiedliche Kundengruppen akzeptieren.
- Mit jedem Kundentyp muss man anders umgehen.
- Nicht jedes Produkt oder jeder Service eignet sich für alle Kunden. Schneiden Sie notfalls Ihr Angebot gezielt auf Kunden zu.

Segmente dokumentieren

Haben Sie entschieden, wie Sie Kunden und Produkte gruppieren wollen, erstellen Sie eine Produkt-Kunden-Matrix, um diese Segmente zu dokumentieren. Schreiben Sie die Produktgruppen links der Matrix auf, die Kundengruppen darunter. Jedes Produkt-Kunden-Segment deckt andere Wünsche und Bedürfnisse ab. Überlegen Sie, wie Sie Ihr Angebot auf jedes Segment abstimmen können. Seien Sie kreativ, bleiben Sie nicht zu sehr in alten Denk- und Vorgehensweisen verhaftet. Diskutieren Sie mit Kollegen über Kundengruppen – vielleicht finden Sie so neue Wege, diesen Gruppen Ihre Produkte und Dienstleistungen schmackhaft zu machen.

Aktuelle Prioritäten

Wichtig ist, zu bestimmen, welche Produkt-Kunden-Segmente Priorität haben, damit man nicht allen Kunden das gleiche Produkt in gleicher Form anbietet und damit keinen zufrieden stellt. Analysieren Sie Ihre jetzige Situation. Ist die Gruppe am wichtigsten, mit der sich vermutlich am meisten Gewinn erzielen lässt? Oder sollen die Prioritäten entsprechend dem Einsatz (wenig, mittel, viel), den jedes Segment momentan erfordert, festgelegt werden? Überlegen Sie gründlich, welche Prioritäten Sie setzen, um sicherzustellen, dass Produkte und Dienstleistungen individuell auf jede Kundengruppe zugeschnitten sind. Stellen Sie sich vor, sie sollten für ein großes Unternehmen einen technischen Support einrichten, und eine Kundengruppe bestünde aus Sachbearbeitern, eine andere aus Programmierern. In diesem Fall müssten Sie Ihren Service auf zwei Gruppen mit ganz unterschiedlichen Vorkenntnissen zuschneiden.

Das ist zu tun

1. Abschätzen, ob die Produkt-Kunden-Segmente, auf die Sie sich konzentrieren, noch zwei Jahre wachsen.
2. Diskutieren Sie Ihre Prioritäten mit allen Beteiligten.
3. Einigen Sie sich auf die Ressourcen für jede Gruppe.

> **25** Eine Diskussion über Prioritäten hilft dem Team, zielorientiert zu bleiben.

Matrix für innerbetriebliche Kunden verwenden

Eine Produkt-Kunden-Matrix kann für innerbetriebliche wie externe Kunden verwendet werden. Überlegen Sie bei der Einteilung Ihrer Produktgruppen und firmeninternen Kundengruppen, ob Sie auch anderen Firmenmitarbeitern dienlich sein können. Ihre Kenntnisse über die an Endkunden orientierte Firmenstrategie können Ihnen helfen, potenzielle neue Bereiche oder firmeninterne Kunden zu finden und gleichzeitig als Basis für Erstellung Ihrer Produkt-Kunden-Matrix dienen.

26 Realistisch bleiben: Für neue Bereiche braucht man auch neue Ressourcen.

Künftige Prioritäten

Haben Sie die Prioritäten für jedes Segment festgelegt, überlegen Sie gemeinsam mit Ihrem Team, wie Sie in Zukunft Prioritäten setzen sollten. Einem Produkt-Kunden-Segment mehr Priorität einzuräumen ist sehr viel aufwendiger und kostenintensiver als ein Schwerpunkt-Segment zu erhalten – dies muss ebenso in die Planung einbezogen werden wie die Frage, ob Sie nicht erst noch mehr über einzelne Segmente in Erfahrung bringen müssen, bevor Sie eine endgültige Entscheidung treffen können. Ist es z.B. zu teuer, ein bestimmtes Segment zu erreichen, sollte man überlegen, ob sich der Aufwand lohnt. Erstellen Sie eine Produkt-Kunden-Matrix, in der Sie durchspielen, wie es wäre, einzelnen Segmenten mehr oder weniger Priorität zu verleihen. Achten Sie dabei darauf, dass jeder im Team mit den neuen Prioritäten einverstanden ist.

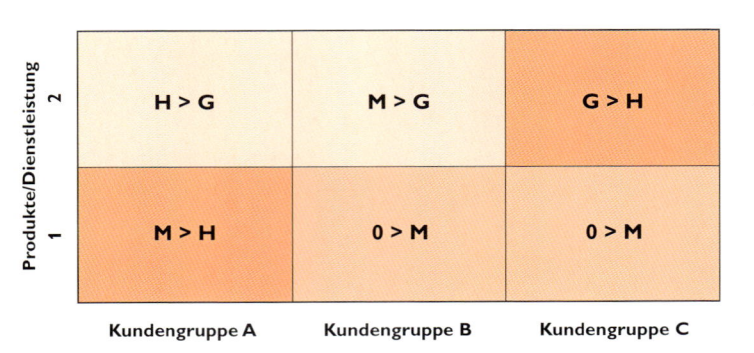

KÜNFTIGE PRIORITÄTEN FESTLEGEN▼
Erstellen Sie eine Produkt-Kunden-Matrix, aus der ersichtlich wird, welche Produkte oder Dienstleistungen Sie in Zukunft mehr oder weniger stark vermarkten wollen. Diese Matrix kann dem Team dann als Orientierungshilfe dienen.

Produkte/Dienstleistung	Kundengruppe A	Kundengruppe B	Kundengruppe C
2	H > G	M > G	G > H
1	M > H	0 > M	0 > M

Schlüssel

H *Hoher Aufwand, d.h., viele Mitarbeiter und Ressourcen nötig*
M *Mittlerer Aufwand*
G *Geringer Aufwand*
0 *Kein Aufwand*
> *Vermutliche Prioritätenverschiebung in der Zukunft*

KUNDENGRUPPEN VERSTEHEN

PRIORITÄTEN ÄNDERN

Prioritäten, die man heute setzt, können sich im Laufe der Zeit ändern, z.B. weil man sich auf veränderte Kundenbedürfnisse einstellen muss, oder weil sich ein Segment deutlich besser oder schlechter entwickelt als erwartet. Zudem verbleiben Kunden meist nicht ewig in einem Segment. Beispiel: Ein Großhändler beliefert einen Einzelhandelskunden mit Produkten seiner Hausmarke, der Kunde will nun aber künftig lukrativere Markenprodukte verkaufen. Der Großhändler muss nun seine Produktpalette für diesen Kunden ändern, sonst sucht sich der Einzelhändler einen neuen Lieferanten. Stellt sich der Großhändler jedoch auf die neuen Anforderungen ein, hat er gute Chancen, den vermutlich bald größeren und profitableren Kunden zu halten.

27 Es kostet Zeit und Arbeit, neue Kunden fest an sich zu binden.

▼ KOOPERATION SICHERN

Wird es notwendig, Prioritäten zu ändern, erklären Sie Ihren Mitarbeitern, warum dies nötig ist, denn eine Umorientierung könnte durchaus Einfluss auf ihre Rollen und Verantwortungsbereiche haben. Diskutieren Sie mit ihnen über die Auswirkungen dieser Veränderung, und setzen Sie sich mit ihren Bedenken auseinander.

Kollegin merkt an, sie besitze nicht die nötigen Fachkenntnisse für dieses neue Segment

Erfahrenes Teammitglied wird angewiesen, seiner Kollegin beim Erwerb dieser Kenntnisse zu helfen.

Managerin präsentiert schlechte Verkaufszahlen, um Notwendigkeit einer Umorientierung zu unterstreichen.

Teammitglied ist überzeugt, dass Umorientierung nötig ist.

DEN KAUFPROZESS VERSTEHEN

Selbst bei relativ einfachen Produkten und Dienstleistungen kann der Kaufprozess eines Kunden sehr komplex sein. Um Produkte und Dienstleitungen verkaufen zu können, benötigt man detaillierte Kenntnisse über diesen Kaufprozess.

> **28** Kein Produkt oder Service wird ewig gleich bleiben können.

> **29** Nur die wenigsten Kaufentscheidungen basieren alleine auf dem Preis.

KAUFKRITERIEN

Bevor sich ein Kunde zum Kauf entschließt, überlegt er zunächst, ob die Schlüsselbereiche Produkt, Service, Kunde-Anbieter-Verhältnis und Preis stimmen, dann wird er an jeden Bereich noch einmal spezifischere Kriterien anlegen. Z.B. mag eine Kundengruppe Wert legen auf schnelle Lieferung, einer anderen sind vielleicht flexible Lieferzeiten wichtiger. Solche Kriterien bilden die Grundlage für den Entscheidungs- und Kaufprozess eines Kunden.

WICHTIGSTE KAUFKRITERIEN VERSTEHEN

SCHLÜSSELBEREICHE	KUNDENKRITERIEN
PRODUKT ODER SERVICE Vom Kunden erworben, um ein Bedürfnis zu befriedigen	• Taugt das Produkt oder der Service für das, wofür ich es/ihn haben will? • Ist das Produkt oder der Service dann erhältlich, wenn ich es/ihn haben will, und gibt es Kundendienst?
KUNDE-ANBIETER-VERHÄLTNIS Die Art und Weise, wie Produkt oder Service abgeliefert werden	• Mag ich die Anbieter des Produktes/Services, und vertraue ich ihnen? • Werden auch meine Kollegen mit ihnen zusammenarbeiten können?
PREIS Der Preis eines Produktes oder einer Dienstleistung	• Ist das Produkt/der Service sein Geld wert? • Was kostet es bei anderen Anbietern? • Sollte ich mein Geld besser für etwas anderes ausgeben?

IDEALVORSTELLUNGEN

Finden Sie heraus, was Ihre Kunden als »ideales« Angebot betrachten. Dann können Sie Ihre Kunden nicht nur besser verstehen, sondern auch erkennen, ob zwischen Ihrem Angebot und dem, was der Kunde wirklich will, eine Lücke klafft. Falls ja, überlegen Sie, wie sie sich schließen ließe. Ist z.B. für Ihren Kunden der Liefertermin wichtig, fragen Sie sich, wie Sie dem Kunden hier am besten entgegenkommen könnten – vielleicht mit einer Lieferung innerhalb von sieben Tagen und zu einer bestimmten Tageszeit – und ob Sie dies auch garantieren könnten. Vergessen Sie nicht, dass ein Konkurrent vielleicht durchaus ein solches Angebot machen kann.

30 Nicht vergessen: Jeder Kunde kauft nach anderen Kriterien.

31 Wer die Idealvorstellungen von Kunden kennt, kann darauf eingehen.

32 Darauf achten, wie Kunden einkaufen – das erleichtert den Umgang mit ihnen.

FAIRES PREIS-LEISTUNGS-VERHÄLTNIS

Nicht alle Kaufkriterien sind gleich wichtig. Häufig variiert auch die relative Gewichtung bestimmter Kriterien in verschiedenen Kundengruppen. Bei der Wahl des Transportmittels legen Geschäftsleute z.B. in der Regel mehr Wert darauf, schnell von A nach B zu kommen, als auf den Preis, während für Studenten der Preis maßgeblich ist. Haben Sie analysiert, ob und wie Ihre Produkte und Dienstleistungen den Ansprüchen und Wünschen der Kunden genügen, müssen Sie dafür sorgen, dass auch das Preis-Leistungs-Verhältnis stimmt. Bringen Sie in Erfahrung, was Kunden als fairen Preis betrachten, und überlegen Sie, wie Sie ihnen dabei entgegenkommen können.

▲ **FAIRE PREISE VERLANGEN**
Geschäftsleute sind gerne bereit, etwas mehr für eine schnelle Bedienung bei einem Geschäftsessen auszugeben. Sind die Preise jedoch zu hoch, stimmt das Preis-Leistungs-Verhältnis nicht mehr.

EINSTELLUNG ÜBERPRÜFEN

Sämtliche Geschäfts- und Arbeitsprozesse einer Firma sollten sich in erster Linie am Kunden orientieren. Verbessern Sie Arbeitsprozesse und -verfahren so, dass sie tatsächlich kundenorientiert sind.

KUNDENORIENTIERTE ZIELE SETZEN

In einer kundenorientierten Firma orientieren sich die Ziele eines Teams an den Zielen seiner Kunden. Setzen Sie Ziele, deren Realisierung für den Kunden von Vorteil ist, und überlegen Sie, wie Kunden Ihre Arbeitsleistung bewerten würden.

33 Nicht vergessen: jeder erhält gerne einen guten Gegenwert für sein Geld.

34 Fragen Sie Kunden, ob Ihre Absichtserklärung ihnen hilft, ihre Ziele zu erreichen.

Wir garantieren eine optimale Systembetreuung für den Vertrieb und dadurch Bestellungsabwicklung binnen 72 Stunden.

ABSICHTSERKLÄRUNG FORMULIEREN

Eine Absichtserklärung ist eine kurze, präzise Definition der von einem Team anvisierten Ziele. Informieren Sie sich über die Absichten und Ziele Ihrer Kunden, und achten Sie darauf, dass Ihre Absichtserklärung dazu passt. Sprechen Sie mit Kunden über deren Absichtserklärung (falls vorhanden), und nutzen Sie die erhaltenen Informationen zur Formulierung bzw. Anpassung ihrer eigenen.

KUNDENORIENTIERTE ZIELE SETZEN

ZIELE DEFINIEREN

Haben Sie eine kundenorientierte Erklärung formuliert, können Sie Ziele definieren, die die Ziele Ihrer Kunden berücksichtigen. Prüfen Sie die Effektivität jedes Ziels mit der Frage: »Hilft die Realisierung dieses Ziels unseren Kunden, ihre Absichten und Ziele zu verwirklichen?« Ist ein Ziel erreicht, muss daraus ein nachweisbarer Nutzen für den Kunden entstehen. Ist es schwer oder unmöglich zu bestimmen, ob und wie ein Ziel dem Kunden zum Vorteil gereichen kann, sollten Sie es noch einmal überdenken.

NICHT VERGESSEN

- Alles, was Sie tun oder planen, sollte Ihrem Kunden messbare Erfolge bringen.
- In Schulungen und Weiterbildungen erworbene Fertigkeiten sollten Ihrem Kunden immer einen direkten Nutzen bringen.
- Sind Ihre Ziele nicht kundenorientiert, riskieren Sie es, Kunden zu verlieren.

35 In einer Absichtserklärung soll stehen, was man für Kunden tun will.

INDIKATOREN BESTIMMEN

Wer prüfen will, ob er sich seinen Zielen nähert, braucht Indikatoren, mit denen sich seine Leistung messen und bewerten lässt. Bei der Auswahl Ihrer Indikatoren für Kundenfreundlichkeit sollten Sie überlegen, wie ein Kunde Ihre Leistung messen würde. Eine Kunde, der z.B. Berichte aus der Finanzabteilung erhält, könnte die Leistung anhand dreier Schlüsselfaktoren bewerten: wie schnell der Bericht geliefert wird, wie verständlich er abgefasst ist und wie präzise er ist.

KUNDENORIENTIERT PLANEN

- **Ziel definieren, das Kundenbedürfnisse widerspiegelt** → Auf Absichten und Langfristziele des Kunden konzentrieren
- **Ziele setzen, die dem Kunden Vorteile verschaffen** → Vorteile benennen, die der Kunde erwarten kann
- **Indikatoren wählen, die für Kunden bedeutsam sind** → Mit Kunden auf Maßstäbe zur Leistungsbeurteilung einigen
- **Prüfen, ob Indikatoren dem Kunden wirklich Vorteile bringen** → Kunden um Feedback zu Indikatoren bitten
- **Ziele und Indikatoren auf einem Erfolgsmessungsbogen festhalten** → Mit Kunden über die Priorität von Zielen/Indikatoren einigen

Einstellung überprüfen

Einzelne Ziele und Indikatoren abgleichen

Beim Festlegen einzelner Ziele und Leistungsmaßstäbe sollten Sie prüfen, ob diese mit den kundenorientierten Teamzielen übereinstimmen. Erkennen Mitarbeiter, dass die Realisierung ihrer Ziele dem Wohle des Kunden dient, werden sie bei ihrer täglichen Arbeit auch stets den Kunden im Hinterkopf behalten. Sorgen Sie dafür, dass jeder Mitarbeiter über das nötige Wissen verfügt, um seine Ziele erreichen zu können. Planen Sie nötigenfalls Schulungen oder Weiterbildungsmaßnahmen für Mitarbeiter ein.

Indikatoren abgleichen

Sprechen Sie mit Ihren Kunden über Ihre Leistungsindikatoren, um zu erfahren, ob diese tatsächlich auf die wahren Bedürfnisse des Kunden zugeschnitten sind und Sie somit Ihre Zeit in sinnvolle Aktivitäten investieren. Auf diese Weise verschwenden Sie keine Zeit mit Dingen, die wenig nutzbringend für Ihre Kunden sind. Fragen Sie auch, ob es Bereiche gibt, in denen Sie mehr für den Kunden tun könnten. Suchen Sie gezielt nach Verbesserungen, die relativ einfach zu erzielen sind, sich jedoch deutlich positiv auf die Geschäfte des Kunden auswirken. Eine für Sie kleine Änderung kann für den Kunden von großem Nutzen sein.

36 Realistische Bewertungsmaßstäbe für Fortschritte festlegen.

37 Sich auf Leistungsaspekte konzentrieren, die dem Kunden helfen.

▶ INDIKATOREN ÜBERPRÜFEN

Indem Hans mit seinem Kunden über einen Leistungsindikator sprach, der zu Problemen mit dem Kunden führte, gelang es ihm, eine effektivere Arbeitsweise zu finden. Er beugte damit auch einer Enttäuschung des Kunden vor, da er rechtzeitig die Initiative ergriff, um etwas zu ändern.

FALLBEISPIEL

Hans war dafür zuständig, die Verkaufsautomaten im Bürotrakt seines Kunden aufzufüllen. Einer seiner Leistungsindikatoren war, die Automaten in dem Gebäude alle zwei Tage zu überprüfen und aufzufüllen, doch merkte er, dass dies zeitlich fast nicht zu schaffen war. Statt nun zu riskieren, sein Leistungsziel zu verfehlen, besprach er das Problem mit dem Kantinenleiter des Kunden. Der Kantinenleiter meinte, es gebe einige Automaten, die nur selten benutzt würden und daher nicht so oft überprüft werden müssten. Sie klärten, welche Automaten das waren, und vereinbarten, dass Hans diese nur einmal die Woche überprüfen sollte, um Zeit zu sparen. Nach dieser Änderung seiner Leistungsindikatoren in Abstimmung mit dem Kantinenleiter hatte Hans nun mehr Zeit für die Überprüfung der häufig genutzten Automaten und konnte sein Leistungsziel – die Auffüllung der Automaten – erreichen.

KUNDENORIENTIERTE ZIELE SETZEN

ZIELE FESTHALTEN

Fassen Sie abschließend in einem Erfolgsmessungsbogen (»Performance Scorecard«) die Indikatoren zusammen, auf die Sie sich mit dem Kunden geeinigt haben. Anhand dieses Diagramms können Sie dann regelmäßig Ihre Fortschritte überprüfen. Führen Sie zwischen vier und acht Indikatoren auf – mit weniger als vier Indikatoren deckt man eine zu geringe Bandbreite ab, auf mehr als acht Indikatoren kann man sich nicht gleichzeitig konzentrieren. Legen Sie mit Team und Kunden fest, welche Priorität Sie jedem Indikator geben. Überprüfen Sie regelmäßig Ihre Fortschritte, d.h., mindestens einmal im Monat oder noch häufiger, wenn das Team neu oder mit neuen Aufgaben beschäftigt ist.

WICHTIGE FRAGEN

- Ist der Kunde zufrieden, wenn ich alle Indikatoren erfülle?
- Sind die letztes Jahr festgelegten Indikatoren noch sinnvoll?
- Sind alle Ziele, die ich mir gesteckt habe, erreichbar?
- Sind alle Ziele ehrgeizig und erstrebenswert?
- Sind die Indikatoren primär auf den Kunden ausgerichtet?

▼ ERFOLGSMESSUNG

Sprechen Sie mit dem Kunden ab, welche Priorität (auf einer Skala von 10–1) Sie welchem Ziel geben. Fügen Sie noch eine Status-Spalte hinzu, in der Sie die Projekte verschiedenen Dringlichkeitsstufen (markiert durch rote, gelbe und grüne Punkte) zuordnen.

> **38** Betrachten Sie die Einträge auf Ihrem Erfolgsmessungsbogen mit den Augen des Kunden.

Ziel	Indikator	P	Ziel	Aktuell	Status
Mehr Standardprodukte verkaufen	Auftragsvolumen erhöhen	10	7,5 Mio.	5 Mio.	)
Entscheidungsprozess beschleunigen	Auf Kundenanfragen schneller antworten	8	4 Wochen	8 Wochen	)
Effizienz der Erstellung von Kostenvoranschlägen erhöhen	(a) Weniger Zeit auf Erstellung von Kostenvoranschlägen verwenden (b) Weniger Tage für Produkt-Schulungen ansetzen	6	(a) 2 Tage pro Monat (b) 0 Tage pro Jahr	(a) 4 Tage pro Monat (b) 5 Tage pro Jahr	))

- Kurze Zusammenfassung des Ziels
- Priorität des Ziels (10 = maximal)
- Dringlichkeit: rot, gelb oder grün
- Parameter für Zielerreichung
- Gewünschtes Leistungsniveau
- Aktuelles Leistungsniveau

GESCHÄFTSPROZESSE VERBESSERN

Oberste Priorität hat, ein gewünschtes Produkt zu einem gewünschten Termin und einem vereinbarten Preis zu liefern. Dazu ist es notwendig, kundenorientierte Geschäfts- und Arbeitsprozesse stets auf dem neuesten Stand zu halten.

39 Bei sinkender Leistung analysieren, ob Arbeitsprozesse mangelhaft sind.

40 Halten Sie Zusagen und Versprechen immer ein.

PROZESSE ÄNDERN ▼
Kommen Ihren Kunden große Rechnungsbeträge entgegen? Vielleicht wäre es ihnen lieber, regelmäßig kleinere Beträge zu zahlen.

Kundin zieht gestaffelte Zahlungsweise vor, da sich so der betriebliche Geldumlauf in ihrer Firma besser managen lässt.

PROZESSE IDENTIFIZIEREN

Erstellen Sie eine Liste aller momentanen Arbeitsverfahren Ihres Teams sowie jener, die es künftig braucht, um seine Ziele zu erreichen. Einige Prozesse wie Bestellungen oder Aufträge erfordern die Einbeziehung des Kunden, andere wiederum sind eher teamintern relevant, z.B. nach welchem System Informationen archiviert und beurteilt werden. Routinearbeiten lassen sich auch als ein Eintrag in der Liste zusammenfassen. Wichtig ist, alle Geschäfts- und Arbeitsprozesse im Hinblick darauf zu überprüfen, ob sie kundenorientiert sind.

PROZESSE ÜBERPRÜFEN

Überprüfen Sie sämtliche Arbeitsprozesse, um herauszufinden, welche am meisten zu Ihrem Erfolg und dem des Kunden beitragen, sodass Sie sich zuerst der Verbesserung dieser Prozesse widmen können. Prüfen Sie jeden Vorgang, und sei es nur, wie Mitarbeiter Telefongespräche entgegennehmen. Fragen Sie sich dann: »Wie trägt dieser Vorgang dazu bei, dass der Kunde seine Ziele erreicht?« und »Inwiefern beeinflusst er unsere Fortschritte im Hinblick auf unsere Ziele?«

Geschäftsprozesse verbessern

Schlüsselprozesse an Kunden ausrichten

Schlüsselprozesse	Wie man sie am Kunden ausrichtet
Kundenbetreuung Die Betreuung des Kunden, nachdem er ein Produkt oder eine Dienstleistung gekauft hat	• Prüfen, ob die angebotene Betreuung dem Kunden wirklich zusagt und hilft • Regelmäßigen Kontakt mit Kunden pflegen und sie über Entwicklungen informieren
Produktentwicklung Veränderung und Verbesserung von Produkten und Dienstleistungen	• Prüfen, welche Nachfrage besteht und darauf achten, dass neue Produkte auf den Kunden zugeschnitten sind • Produkte und Dienstleistungen ändern, um Kundenbedürfnisse zu befriedigen
Umgang mit Informationen Wie Daten über Kunden gesammelt, zusammengestellt und verteilt werden	• Informationen aus unterschiedlichen Quellen sammeln und sie in nützlicher Form präsentieren • Sicherstellen, dass Kundenfeedback verständlich und für die, die es brauchen, rechtzeitig zugänglich ist
Geschäftsgebaren Der geschäftliche Umgang mit Kunden und wie man ihn verbessern kann	• Auf einheitliches Vorgehen achten (z.B. durch Nutzung von Standardvorlagen) und auf wichtige Informationen aufmerksam machen • Standardvorlagen (Templates) und Unterlagen allen zugänglich machen, die sie brauchen, eventuell auch innerbetrieblichen Kunden
Entscheidungsfindung Die Vorgehensweise eines Teams, um wichtige geschäftliche Entscheidungen zu treffen.	• Kunden in den Entscheidungsfindungsprozess mit einbeziehen, indem man Ziele an ihren Idealvorstellungen ausrichtet • Alle Alternativen abwägen, bevor man entscheidet, welche Lösung für den Kunden die beste ist

Prozesse aktualisieren

Suchen Sie gezielt nach Prozessen, die schon lange bestehen, denn falls diese nie an veränderte Kundenwünsche angepasst wurden, ist es wenig wahrscheinlich, dass sie ausreichend kundenorientiert sind. Tragen Ihre Rechnungen z.B. interne Kennziffern, die den Kunden nichts sagen, sollten Sie dies so schnell wie möglich ändern.

41 Überlegen Sie, wie Sie Ihre Arbeitsabläufe umgestalten könnten.

Einstellung überprüfen

Prozesse am Kunden ausrichten

Stellen Sie sicher, dass Sie dem Kunden das liefern, was er will und braucht, indem Sie ihn in Ihre Entwicklungsprozesse einbeziehen. Angenommen, Sie sollen für das Marketingteam einen Ausstellungsstand bauen. Legen Sie Etappenziele fest, an denen sich die Fortschritte aufzeigen lassen. Wenn Sie dann in die nächste Projektphase gehen, kennt Ihr Kunde den Stand der Dinge – das reduziert das Risiko, dass er nach Beendigung des Projektes noch größere Änderungen wünscht.

42 Kundenorientierte Prozesse regelmäßig prüfen und aktualisieren.

43 Kunden bei der Planung der eigenen Arbeitsprozesse einbeziehen.

Tun und lassen

- ✔ Kunden rechtzeitig Bescheid geben, wenn ein Ziel nicht fristgemäß erreicht wird
- ✔ Arbeitsprozesse regelmäßig mit Kunden besprechen
- ✘ Kunden bei der Warenlieferung keine Überraschungen bereiten – auch keine positiven
- ✘ Keine Prozesse beibehalten, die dem Kunden keinen Nutzen bringen

▼ KUNDEN EINBEZIEHEN
Besprechen Sie mit einem Kunden, ob die Art, wie Sie ein Projekt durchführen wollen, für ihn sinnvoll ist. Sprechen Sie über Bereiche, die verbesserungsbedürftig sind, und ändern Sie notfalls Ihren Projektplan.

Kunde erklärt, dass er die Warenlieferung rechtzeitig für eine Messe braucht.

Teammitglied erklärt, nach aktuellem Terminplan könne dieses Lieferdatum nicht eingehalten werden.

Kollege schlägt Terminänderung zugunsten des Kunden vor.

GESCHÄFTSPROZESSE VERBESSERN

PROZESSE DOKUMENTIEREN

Dokumentieren Sie alle identifizierten Arbeitsprozesse so, dass Mitarbeiter ihre Rolle dabei nachvollziehen können. Werden Prozesse sorgfältig dokumentiert, lassen sich neue Mitarbeiter problemlos ins Team integrieren. Gehen Sie die fertige Dokumentation mit allen beteiligten Mitarbeitern oder Teams durch, vielleicht haben sie noch Verbesserungsvorschläge.

> **44** Überlegen Sie, wie sich Prozesse straffen lassen, um das gleiche Ziel schneller erreichen zu können.

NICHT VERGESSEN

- In erfolgreichen Unternehmen herrscht eine offene Kommunikation zwischen den Abteilungen vor.
- Auch wenn ein Arbeitsprozess an ein anderes Team weitergegeben wird, müssen Sie ihn kontrollieren, falls er Ihre Kunden betrifft.
- Die Dokumentation von Prozessen führt zu ihrer Verbesserung.
- Bei der Standardisierung von Prozessen spielen Computer eine wichtige Rolle.

▼ PROZESSABLÄUFE ABSTIMMEN

Stimmen Sie die Arbeitsabläufe in Ihrem Team aufeinander ab – so kann es koordinierter und produktiver arbeiten. Außerdem wird Missverständnissen vorgebeugt, durch die Arbeiten doppelt oder gar nicht erledigt werden könnten.

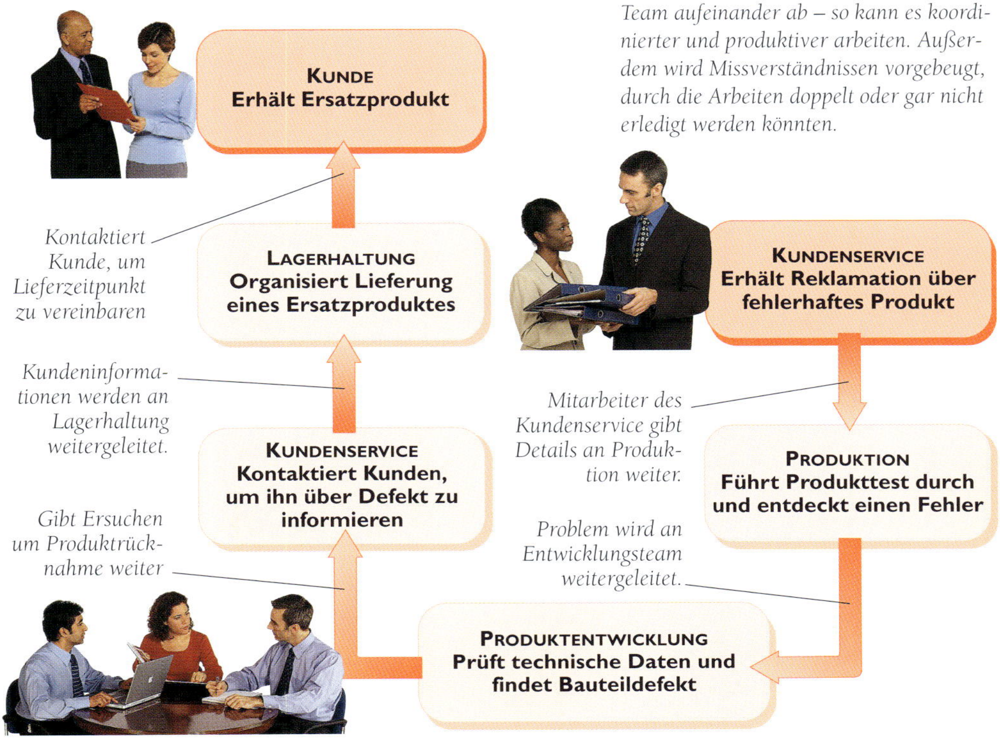

KUNDE
Erhält Ersatzprodukt

Kontaktiert Kunde, um Lieferzeitpunkt zu vereinbaren

LAGERHALTUNG
Organisiert Lieferung eines Ersatzproduktes

Kundeninformationen werden an Lagerhaltung weitergeleitet.

KUNDENSERVICE
Kontaktiert Kunden, um ihn über Defekt zu informieren

Gibt Ersuchen um Produktrücknahme weiter

KUNDENSERVICE
Erhält Reklamation über fehlerhaftes Produkt

Mitarbeiter des Kundenservice gibt Details an Produktion weiter.

PRODUKTION
Führt Produkttest durch und entdeckt einen Fehler

Problem wird an Entwicklungsteam weitergeleitet.

PRODUKTENTWICKLUNG
Prüft technische Daten und findet Bauteildefekt

721

EINSTELLUNG ÜBERPRÜFEN

KUNDENBETREUUNG GEWÄHRLEISTEN

Ihr Service muss effektiv und effizient sein – dadurch sichert man sich Kundenloyalität. Zeigen Sie Kunden Ihre Wertschätzung, indem Sie sie regelmäßig informieren und um Feedback bitten, damit Sie Ihre Betreuung noch verbessern können.

45 Aufgeschobene Probleme können sich zu einer Krise auswachsen.

KUNDEN INFORMIEREN

Informieren Sie sich, ob Kunden mit Ihrem Service zufrieden sind, indem Sie Kontakt halten und um Feedback bitten, auch wenn Sie Ihre Geschäftsbeziehung nicht auszubauen beabsichtigen. Schicken Sie ihnen regelmäßig Feedback-Fragebögen, und nehmen Sie von sich aus Kontakt auf, um nachzufragen, ob sie mit Ihrem Service zufrieden sind. Ersucht ein Kunde um Informationen, sollten Sie ihm diese sofort geben oder zumindest mitteilen, wann er damit rechnen kann. Wenn Sie eine Änderung des bestehenden Service beabsichtigen oder etwas Neues einführen wollen, informieren Sie den Kunden, und unterstreichen Sie dabei die Vorteile, die ihm dadurch entstehen. Ist eine Veränderung größerer Natur oder bringt sie Unannehmlichkeiten mit sich, treffen Sie sich mit dem Kunden, um über Alternativen zu sprechen.

▼ **KUNDEN ÜBER VERZÖGERUNG INFORMIEREN**
Hier entstehen dem Kunden kaum Nachteile, weil er immer auf dem Laufenden gehalten wurde. Der Mitarbeiter, der den Kunden nicht informiert hat, schadet dadurch dem Ruf seiner Firma.

Teammitglied entdeckt, dass Lieferant Termin nicht eingehalten hat.

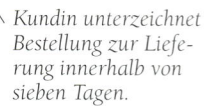

Kundin unterzeichnet Bestellung zur Lieferung innerhalb von sieben Tagen.

46 Kunden informieren, wenn Veränderungen anstehen.

KUNDENBETREUUNG GEWÄHRLEISTEN

HÖREN SIE IHREN KUNDEN ZU

Richten Sie es so ein, dass alle Teammitglieder ab und zu direkt mit Kunden sprechen. Vielleicht erhalten sie dadurch neue Einblicke, die dem Teamleiter entgehen, weil er mit dem Kunden schon zu vertraut ist. Zudem sind Mitarbeiter eher motiviert, auf die Ziele eines Kunden hinzuarbeiten, wenn sie ihn persönlich kennen und mit ihm über seine Ziele, Stärken und Schwächen gesprochen haben. Wer regelmäßig am Telefon mit Kunden zu tun hat, sollte sich auch hin und wieder mit ihnen treffen.

DAS IST ZU TUN

1. Teammitglieder fragen, wann sie sich das letzte Mal mit Kunden getroffen haben
2. Regelmäßige Treffen arrangieren
3. Planen Sie selbst Treffen ein.

Kundin erhält Waren und ist besänftigt.

47 Geben Sie Kunden das Gefühl, auf ihrer Seite zu sein.

48 Übernehmen Sie Verantwortung dafür, Kundenerwartungen zu erfüllen.

Kundin erhält den Brief am nächsten Tag und kann Verzögerung einplanen.

Teammitglied informiert Kundin sofort darüber, dass sich Lieferung verzögert.

Verärgerte Kundin hört nichts und storniert Auftrag, nachdem Ware nicht eingetroffen ist.

SERVICE VERBESSERN

Achten Sie darauf, Ihren Kunden den bestmöglichen Service zu liefern. Decken Sie sie nicht mit unnötigem Papierkram ein, und richten Sie Liefertermine an ihren Bedürfnissen aus. Haben Sie z.B. bisher vor einer Auslieferung immer auf die unterzeichnete Bestellung gewartet, könnten Sie dem Kunden dadurch entgegenkommen, dass Sie Bestellungen per E-Mail entgegennehmen, um die Zeitspanne zwischen Bestellung und Lieferung zu verkürzen.

EINSTELLUNG ÜBERPRÜFEN

KUNDENINFORMATIONEN NUTZEN

Wer kundenorientiert arbeiten will, muss die richtigen Informationen am richtigen Ort und zur richtigen Zeit einsetzen. Überprüfen Sie anhand Ihrer Informationen, ob der Kunde noch zufrieden ist, und setzen Sie dieses Wissen zu Ihrem Vorteil ein.

52 Das Team dazu anhalten, Informationen und Einblicke zu teilen.

53 Sich über Kunden der Konkurrenz ebenso informieren wie über eigene.

VERGLEICHEN

Erschließen Sie verschiedene Informationsquellen, damit Sie genügend Kundeninformationen erhalten und Ihre Strategie nicht zu einseitig ausrichten. Führen Sie regelmäßig Kundenbefragungen durch, aber lesen Sie auch die entsprechenden Fach- und Branchenzeitschriften, um Marktveränderungen zu erkennen. Sehen Sie sich die Websites der Konkurrenz an – dort erfahren Sie, wie diese auf Kunden und potenzielle Kunden zugeht. Das könnte Sie auf neue Ideen bringen, wie Sie vorgehen oder auf die Konkurrenz reagieren sollten. Beauftragen Sie Ihre Mitarbeiter, Fachmessen und -konferenzen zu besuchen und mit Leuten aus anderen Firmen oder anderen Branchen zu sprechen, um neue Impulse zu erhalten.

IDEEN SAMMELN ▼
Teammitglieder bitten, neue Informationsquellen zu erschließen, um ihre Kenntnisse über Kunden und die Konkurrenz zu erweitern.

Mitarbeiterin zeigt Kollegen eine in einem Fachmagazin erwähnte Website.

Kollege entdeckt wertvolle neue Informationsquelle.

KUNDENINFORMATIONEN NUTZEN

54 Keine irrelevanten Details notieren – wichtige Fakten könnten darin untergehen.

DEN NUTZWERT VON INFORMATIONEN PRÜFEN

Prüfen Sie die von Ihren Kunden zum Verkaufszeitpunkt erhaltenen Informationen darauf, ob sie wirklich die Fakten beinhalten, die Sie benötigen, und auch, ob sie in einer Form vorliegen, mit der Sie etwas anfangen können. Sinnvoller z.B. als die Gesamtzahl telefonischer Anfragen von innerbetrieblichen Kunden zu ermitteln, wäre es zu wissen, von welcher Abteilung die meisten Anfragen kommen.

ZUGÄNGLICH MACHEN

Sobald Sie Ihr Netz an Informationsquellen aufgebaut haben, sorgen Sie dafür, dass Ihre Informationen allen Mitarbeitern zugänglich sind, damit sie damit arbeiten können. Erfährt ein Mitarbeiter, dass sich Kundenwünsche geändert haben, sollte er diese Information auch an andere weitergeben, denn es kann durchaus sein, dass sich die Bedürfnisse ihrer Kunden in ähnlicher Richtung ändern. Prüfen Sie, wie Teammitglieder Daten verwerten. Könnten z.B. Mitarbeiter der Finanzabteilung von dem Wissen profitieren, wie lange es dauert, bis jeder Kunde seine Rechnung erhält, stellen Sie ihnen genau diese Informationen zusammen.

55 Informationen sollten allgemein zugänglich gemacht werden.

◀ **DATEN ZUGÄNGLICH MACHEN**
Sorgen Sie dafür, dass Kundeninformationen den Mitarbeitern in geeigneter Form zugänglich sind.

Mappen sind eindeutig beschriftet und nach Farbcode sortiert.

Mitarbeiterin weiß, wo sie den Bericht findet, den sie braucht.

56 Nur wer die Faktenlage kennt, hat die Chance, richtig zu entscheiden.

OPTIMALE ABLÄUFE

Es gibt verschiedene Methoden, um Arbeitsverfahren zu vereinheitlichen und aus eigenen wie fremden Erfahrungen zu lernen. Einheitliche Verfahrensabläufe und Standardformulare bzw. -vorlagen helfen Ihnen und Ihrem Team, effektiver zu arbeiten.

57 Standardvorlagen im Computer beschleunigen die Kommunikation.

58 Dokumentieren Sie die erfolgreichen Projekte des Teams.

59 Erfolgreiche Teammitglieder bitten zu erklären, wie sie mit Kunden umgehen.

STANDARDVORLAGEN HELFEN BEI ANALYSEN

Halten Sie alle Teammitglieder dazu an, Feedback von Kunden einzuholen und zu nutzen, und zwar, indem sie alle gesammelten Informationen kontinuierlich in einer Standardvorlage dokumentieren. Solche Informationen können Zahlen sein, z.B. mit welcher Note ein Kunde einen bestimmten Aspekt Ihrer Dienste bewertet hat, aber auch Kommentare und Vorschläge von Kunden. Hat jeder Mitarbeiter Zugang zu einem Computer, ist der Einsatz von Standardvorlagen im Computer am effektivsten, denn sie können gespeichert und allen betreffenden Mitarbeitern in der Firma zugänglich gemacht werden.

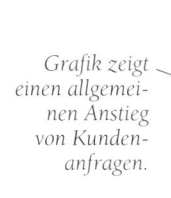

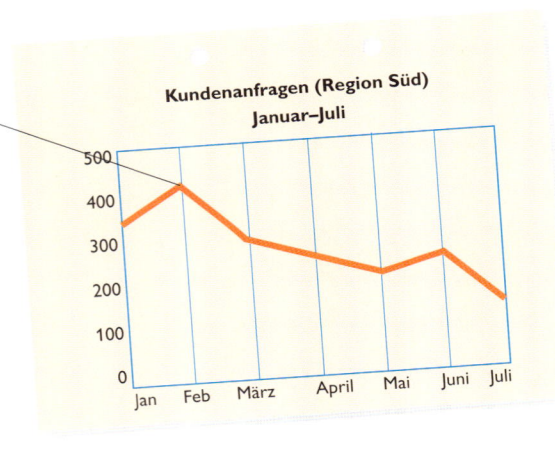

Grafik zeigt einen allgemeinen Anstieg von Kundenanfragen.

Kundenanfragen (Region Süd) Januar–Juli

◀ **KUNDENREAKTION AUSWERTEN**

Nutzen Sie Programme, mit denen sich Kundeninformationen grafisch darstellen lassen. So können Teammitglieder auf einen Blick erkennen, ob es Probleme gibt, die sofort angegangen werden müssen.

KÜNFTIGE RISIKEN ABSCHÄTZEN

Pläne, die Sie jetzt umsetzen, können im zukünftigen Verlauf Risiken bergen. Planen Sie z.B. eine Erhöhung Ihrer Preise, besteht das Risiko, einige Kunden zu verlieren. Wägen Sie ab: Könnten Sie u.U. so viele Kunden verlieren, dass Ihr Umsatz trotz höherer Preise sinkt? Dann ändern Sie Ihre Pläne lieber. Halten Sie auch Ihre Mitarbeiter dazu an, solche Risikobeurteilungen nach einer Standardvorlage durchzuführen und festzuhalten, damit ihre Kollegen diese Informationen nutzen können.

60 Beurteilen Sie die Risiken jeder Entscheidung, die Sie oder Ihr Team treffen.

61 Lernen Sie daraus, wie andere Risiken beurteilen, und ändern Sie evtl. Ihre Pläne.

TUN UND LASSEN

✓ Wo sinnvoll, Kunden Einsicht in Arbeitsweisen und Standardvorlagen gewähren

✓ Alle Insiderinformationen eines Mitarbeiters, der das Team bald verlässt, dokumentieren

✗ Nie glauben, dass Prozesse jahrelang unverändert bleiben können

✗ Nicht vergessen, eine (digitale) Vorlagenbibliothek aufzubauen, die Mitarbeiter konsultieren können

▲ **UM FEEDBACK BITTEN**
Zeigen Sie die Standardvorlagen, in denen Sie Informationen dokumentieren, Ihren Kunden, um zu erfahren, was sie davon halten. Bitten Sie sie, Kritik zu äußern oder Verbesserungsvorschläge zu machen.

ARBEITSABLÄUFE VEREINHEITLICHEN

Standardvorlagen sind sehr sinnvoll, da sie bewährte Strategien aufzeigen, wie Aufgaben bewältigt werden können. Die Strategien können dann auf viele Arbeitsabläufe übertragen werden – von der Vorbereitung von Konferenzunterlagen bis zur Bearbeitung von Bestellungen. Nach einiger Zeit wird Ihnen diese Vorgehensweise so in Fleisch und Blut übergegangen sein, dass Sie sie automatisch anwenden. Bitten Sie andere, diese Vorgehensweisen ebenfalls zu übernehmen, um Arbeitsabläufe zu vereinheitlichen.

KUNDENORIENTIERT ENTSCHEIDEN

Um wirklich kundenorientiert zu arbeiten, muss das Team bei jeder anstehenden Entscheidung den Kunden berücksichtigen. Entwickeln Sie eine einheitliche Vorgehensweise, die garantiert, dass Sie für Team und Kunden die richtigen Entscheidungen treffen.

62 Alle Alternativen abwägen, bevor man eine Entscheidung trifft.

63 Immer alle Fakten beleuchten und berücksichtigen.

64 Überlegen, wie sich eine Entscheidung auf Kunden auswirkt.

EINHEITLICHKEIT

Bei Entscheidungsfindungen immer die gleiche Vorgehensweise einzuhalten, hat mehrere Vorteile: Das Team kann schneller zu einer Entscheidung kommen, da alle das Prozedere kennen, es kann für Kunden nachteilige Alternativen rascher verwerfen und die beste Alternative herausfiltern. Zudem werden Mitarbeiter, die eine Entscheidung nicht billigen, diese eher akzeptieren, wenn sie durch eine allseits anerkannte Vorgehensweise zustande gekommen ist. Überlegen Sie auch, was Ihre Kunden zur Diskussion beisteuern würden.

DAS IDEAL DEFINIEREN

Das Team muss sich darüber einig sein, welche Kriterien für die Entscheidungsfindung wichtig sind. Berücksichtigt werden müssen die Kriterien, die für Ihren Kunden wichtig sein könnten. Angenommen, sie müssten sich zwischen zwei Lieferanten für Büroeinrichtungen entscheiden. Bitten Sie das Team zu überlegen, welche Lösung für den Kunden und welche für das Team ideal wäre. Fragen Sie: »Wie sollte die Einrichtung beschaffen sein, damit sie für uns und unsere Kunden von optimalem Nutzen ist?« Eine Checkliste erleichtert den Vergleich.

KUNDENORIENTIERT ENTSCHEIDEN

NICHT VERGESSEN

- Nur wenn man mehrere Optionen gegeneinander abwägt, ist eine Entscheidung wirklich durchdacht.
- Wählt ein Team unter Zeitdruck die erstbeste Option, die ihm einfällt, so handelt es rein reaktiv.
- Erfolgreiche Teams reagieren nicht nur, sondern treffen rechtzeitig durchdachte Entscheidungen.
- Wenn Sie Ihrem Vorgesetzten eine Entscheidung nahe legen, müssen Sie diese auch stichhaltig begründen können.

OPTIONEN BEURTEILEN

Überlegen Sie gemeinsam mit Ihrem Team, welche Kriterien dem Kunden am wichtigsten sein dürften; vermutlich bleiben drei oder vier übrig. Beurteilen Sie dann jede Option danach, ob sie den wichtigen Kriterien gerecht wird. Auch wenn dabei primär nach dem Ausschlussverfahren vorgegangen wird, ist dennoch kreatives Denken gefragt, um Alternativen effektiv bewerten zu können. Sind Sie sich nach der Beurteilung aller Optionen im Hinblick auf ein bestimmtes Kriterium noch nicht schlüssig, wiederholen Sie das Ausschlussverfahren mit dem zweiten Kriterium usw., bis nur noch eine Option übrig bleibt.

▼ OPTIONEN ABWÄGEN

In diesem Beispiel diskutiert das Team die Option, einen neuen Lieferanten zu nehmen. Die Managerin fordert das Team auf, die Option aus seiner Sicht wie aus der Sicht des Kunden zu begutachten, bevor es die endgültige Entscheidung trifft, die sich am Kunden orientiert.

Managerin erklärt Problem mit aktuellem Lieferanten.

Teammitglied überlegt, wie sich das Problem auf Kunden auswirkt.

Kollege zählt auf, was besten- und schlimmstenfalls bei der Wahl eines neuen Lieferanten passieren könnte.

PRÜFEN, OB EINE ENTSCHEIDUNG GUT IST

Wie könnte sich eine falsche Entscheidung von Ihnen auswirken? Katastrophal wäre es, wenn daraus der Verlust eines Kunden resultierte. Beurteilen Sie daher eine Entscheidung immer noch einmal anhand folgender Kriterien: ist sie angemessen, akzeptabel, realisierbar und dauerhaft? Fragen Sie sich: »Ist die Entscheidung die angemessenste für die aktuelle Situation des Kunden? Ist die Entscheidung für den Kunden und alle anderen, die davon betroffen sind, akzeptabel? Ist die Entscheidung im Hinblick auf die verfügbaren Ressourcen und den vorgegebenen Zeitrahmen realistisch? Ist diese Entscheidung auch auf Dauer gut, oder wird sie irgendwann für den Kunden untragbar?«

ZUFRIEDENHEIT GARANTIEREN

Zufriedene Kunden sind die loyalsten Kunden. In Ihrem Team sollten daher alle Mitarbeiter anerkennen, dass jeder ihrer Arbeitsschritte sich primär an den Interessen des Kunden zu orientieren hat.

KUNDENORIENTIERTE EINSTELLUNG FÖRDERN

Nur wer die Bedürfnisse des Kunden stets präsent hat, ist in der Lage, diese Bedürfnisse auch zu befriedigen. Fördern Sie eine kundenorientierte Einstellung, indem Sie Mitarbeiter dazu anhalten, sich primär auf Wünsche des Kunden zu konzentrieren.

> **65** Mitarbeiter müssen sich in Kunden hineinversetzen können.

> **66** Teammitglieder bitten, in Meetings selbst kundenorientierte Ideen einzubringen.
>
> *Wir sollten wichtige Kunden mit Treue-Rabatten belohnen.*

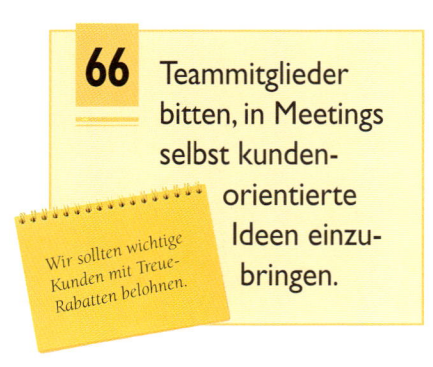

KUNDENPRÄSENZ

Helfen Sie Ihrem Team, sich am Kunden zu orientieren, indem Sie ein schwarzes Brett zum Thema Kundenservice einrichten, an dem z.B. Informationen über Erfolge und Probleme mit externen Kunden ausgehängt werden, aber auch Verkaufszahlen, die zeigen, wie viele Folgeaufträge bereits eingeholt wurden oder wie hoch der Marktanteil der Firma ist. Achten Sie darauf, dass auch auf Probleme hingewiesen wird.

KUNDENORIENTIERTE EINSTELLUNG FÖRDERN

KUNDENKONTROLLE

Vergewissern Sie sich, dass die Qualität Ihrer Produkte oder Dienstleistungen nicht nur Ihren eigenen Qualitätsmaßstäben gerecht wird, sondern auch die Erwartungen des Kunden erfüllt. Achten Sie auf eine Balance zwischen Leistung (welchen Nutzen Ihre Produkte/ Dienstleistungen für den Kunden haben), Preis (wie Ihr Kunde den Preis beurteilt) und Zeitrahmen (wie schnell Kunden Produkte geliefert haben wollen oder wie schnell man Anfragen nachkommt). Heften Sie eine Liste dieser Indikatoren ans schwarze Brett. Arbeiten Sie in einem Team ohne direkten Kundenkontakt, sprechen Sie mit Ihren Vertriebskollegen oder anderen Teams, die direkten Kontakt haben, um sich zu vergewissern, dass Ihre Qualitätsindikatoren am Kunden ausgerichtet sind.

▼ AUSHÄNGE
Nutzen Sie Ihre Wandtafel, um auf Bereiche aufmerksam zu machen, die für die Kundenbetreuung wichtig sind. Bitten Sie Teammitglieder, wichtige Informationen über Kunden wie Artikel, Reklamationen und Briefe dort aufzuhängen.

Teammitglied hängt Notiz darüber auf, wie auf eine Kundenreklamation reagiert wurde.

WICHTIGE FRAGEN

- **F** Sind unsere Produkte und Dienstleistungen gut genug?
- **F** Basieren unsere Informationen auf Kunden-Feedback?
- **F** Zeigt die Wandtafel, wie gut das Team externe Kunden bedient?
- **F** Ermutige ich zu Verbesserungsvorschläge und erhalte ich sie von meinen Teammitgliedern?
- **F** Wissen wir, was Kunden in einem Jahr wollen?

MARKT BEEINFLUSSEN

Vorausschauende Unternehmen, die bereits früh eine Änderung der Kundenerwartungen erkennen, beeinflussen aktiv den Markt. Sie können Kunden von Konkurrenten abwerben, die erst reagieren, wenn sie von einem Kunden oder Konkurrenten dazu gezwungen werden. Wissen Sie noch, wann ein Teammitglied zuletzt einen Vorschlag zu veränderlichen Kundenanforderungen gemacht hat? Wenn nicht, sollten Sie Ihr Team bitten, neue Wege zur Verbesserung der Kundenzufriedenheit zu suchen und über Veränderungen nachzudenken, die dem Kunden willkommen sind und durch die Sie sich positiv von der Konkurrenz abheben.

733

KUNDENORIENTIERTE FIRMENKULTUR

Kundenorientierung sollte auf jeder Ebene eines Unternehmens oberstes Gebot sein. Gehen Sie mit gutem Beispiel voran und sorgen Sie dafür, dass das Team darauf hin arbeitet, Kunden zufrieden zu stellen und zu halten.

67 Bedanken Sie sich bei Kunden für Aufträge – so fühlen sie sich geschätzt.

68 Fragen Sie unzufriedene Kunden, wie man sie zurückgewinnen kann.

69 Zeigen Sie Ihren Kunden, dass sie bei Ihnen gut aufgehoben sind.

DAS RICHTIGE KLIMA FÖRDERN

Stellen Sie sicher, dass Sie und Ihr Team immer im Sinne des Kunden handeln. Macht jemand einen Fehler, sollte er sofort den Kunden darüber informieren. Wenn er wartet, bis der Kunde den Fehler bemerkt oder hofft, dass er ihn übersieht, erweist er ihm einen schlechten Dienst. Sparen Sie nicht am falschen Ende, um Zeit zu gewinnen. Denken Sie daran, wie Sie als Kunde behandelt werden wollen. Wenn Sie einen erstklassigen Service bieten, vertrauen Ihre Kunden Ihnen und Ihren Produkten.

BEISPIEL GEBEN ▶
Diese Managerin fördert eine kundenorientierte Kultur, indem sie so auftritt, wie sie es von ihrem Team im Umgang mit Kunden erwartet.

- Hält Versprechen
- Behandelt andere mit Respekt
- Ist engagiert und reißt mit
- Ist ehrlich und aufrichtig
- Informiert andere
- Ist innovativ

KUNDENORIENTIERTE FIRMENKULTUR

GEZIELT ARBEITEN

Um sicherzustellen, dass Teammitglieder tatsächlich zur Zufriedenheit der Kunden arbeiten, sprechen Sie mit ihnen ihre Aufgaben durch, und zeigen Sie ihnen, welchen Nutzen diese für den Kunden haben. Nutzen Sie diese Gelegenheit auch, um Arbeitsweisen zu ändern, die dem Kunden keine erkennbaren Vorteile bringen. Einem Kunden regelmäßig einen Newsletter zu schicken, macht z.B. nur dann Sinn, wenn er die darin enthaltenen Informationen auch brauchen kann.

AUFGABEN ÜBERPRÜFEN

- Eine Liste aller Aufgaben des Teams erstellen
- Entscheiden, welche Aufgaben den Kunden direkt betreffen
- Aufgaben streichen, die ihn nicht betreffen oder unnötig sind
- Aufgaben, die den Kunden betreffen, nach ihrem Nutzen für ihn beurteilen
- Bringen Aufgaben dem Kunden keine Vorteile, diese entsprechend ändern

TUN UND LASSEN

✔ Auf Kundenanfragen rasch reagieren, bevor sie sich zu Beschwerden auswachsen

✔ Bedenken von Kunden ernst nehmen – denn für sie sind sie ernst.

✘ Kunden dürfen nicht endlos weitergereicht werden, bevor sie eine Antwort erhalten.

✘ Kunden nicht mit zu vielen Informationen überhäufen

Teammitglied achtet auf verbale Fingerzeige, die ihm helfen, angemessen zu reagieren.

▲ **REAKTION ANPASSEN**
Achten Sie bei einem Telefonat mit einem Kunden darauf, welchen Eindruck Sie vermitteln. Ihre Stimme und Körpersprache sollten zum Ausdruck bringen, dass Sie erstklassigen Service bieten wollen.

KUNDEN MÜSSEN SICH WOHL FÜHLEN

Fragen Sie sich, wie sich ein Kunde nach dem Kontakt mit Ihnen und Ihrem Team fühlt. Sind Sie sicher, einen positiven Eindruck hinterlassen zu haben? Wie reagieren Sie z.B. als Leiter einer Computer-Hotline, wenn ein Kunde wegen eines selbst verursachten Problems anruft, das Sie in der Vorwoche schon einmal für ihn gelöst haben? Hier ist es wichtig, dass Sie und Ihr Team sich ihm trotzdem geduldig widmen, damit er sich nicht scheut, notfalls noch einmal anzurufen. Zeigen Sie sich auch diesmal hilfsbereit, und machen Sie ihn am Schluss höflich darauf aufmerksam, wie er das Problem künftig – sollte es noch einmal auftauchen – selbst lösen kann.

PARTNERSCHAFTEN

Da von Kunden indirekt die Existenz des Teams abhängt, sollten sie auch als Teil davon betrachtet werden. Achten Sie darauf, dass die Teammitglieder Kunden nicht außen vor lassen, sondern mit ihnen zusammenarbeiten, um Vertrauen und Engagement zu fördern.

70 Sie dürfen nie das Vertrauen des Kunden missbrauchen.

71 Einem Kunden neue Mitarbeiter so früh wie möglich vorstellen.

72 Versuchen, Gemeinsamkeiten mit dem Kunden zu finden.

ZUSAMMENARBEITEN

Alle Teammitglieder sollten sich darüber im Klaren sein, dass jeder von ihnen eine Rolle beim Aufbau einer langfristigen Partnerschaft mit Kunden spielt. Betonen Sie, wie wichtig es ist, dass sie Kundenbedürfnisse verstehen und berücksichtigen, damit beiderseits Vertrauen und Respekt entstehen kann. Achten Sie darauf, dass jeder seine Rolle, Ziele und Aufgaben kennt, die zur Befriedigung von Kundenwünschen wichtig sind – vor allem neue Mitarbeiter. Machen Sie deutlich, dass Kunden als Teil des Teams betrachtet und so einbezogen werden sollten, als würden sie tatsächlich Seite an Seite mit dem Team arbeiten.

Neue Mitarbeiterin betrachtet ihre Rolle aus Kundensicht.

Teammitglied weist neue Mitarbeiterin auf das schwarze Brett zum Kundenservice hin.

Manager erklärt Bedürfnisse der innerbetrieblichen Kunden.

NEUE ▶ EINWEISEN

Erklären Sie neuen Mitarbeitern, dass Sie zuallererst die Kundenbedürfnisse und erst in zweiter Linie die internen Geschäftsabläufe kennen lernen müssen.

Loyalität stärken

Sie sollten Kunden nie so behandeln, als würden diese Ihr Produkt nur einmal kaufen. Damit Kunden gerne wieder kommen, sollten Sie den Grundstein für eine Partnerschaft bereits in dem Moment legen, in dem sie Sie zum ersten Mal kontaktieren. Vermitteln Sie jedem Kunden das Gefühl, dass Sie ihn schätzen. Denken Sie daran, dass Menschen auch kleine Details registrieren, vor allem, wenn sie sich einen ersten Eindruck von einem Lieferanten machen. Liest jemand Zeitung, während er einen Kunden bedient, kommt dieser vermutlich nie wieder, wird er hingegen mit einem freundlichen Lächeln begrüßt, fühlt sich der Kunde willkommen und kommt eher wieder.

DAS IST ZU TUN

1. Kunden immer freundlich anlächeln und begrüßen
2. Merken Sie sich Kundennamen und benutzen Sie sie im Gespräch.
3. Kunden durch positiven Tonfall und Körpersprache zeigen, dass man sie schätzt
4. Kunden immer dafür danken, dass sie Geschäfte mit einem tätigen

73 Bauen Sie Vertrauen auf, indem Sie zu Besprechungen mit Kunden einige Minuten zu früh kommen.

Anhaltende Partnerschaften aufbauen

Kundenzufriedenheit nützt auch Ihrem Team. Weisen Sie darauf hin, dass eine harmonische Zusammenarbeit viel besser ist als eine konfliktbelastete, und betonen Sie, wie wichtig es ist, regelmäßig Kontakt zum Kunden zu halten. Achten Sie darauf, dass sich Mitarbeiter gründlich auf Kundengespräche vorbereiten, da dies eine sehr gute Gelegenheit ist, um Kundenorientierung zu demonstrieren und eine anhaltende Partnerschaft aufzubauen. Kunden schätzen es, wenn Lieferanten Fragen sofort beantworten können, da dies zeigt, dass sie sich gut vorbereitet haben.

Kundin umreißt eine Idee.

Teammitglied hört gut zu und notiert Stichpunkte.

▲ **KUNDEN ZUHÖREN**

Wer eine Beziehung zum Kunden aufbauen will, sollte weniger reden als dem Kunden genau zuhören. Konzentrieren Sie sich, achten Sie gezielt auf Ideen und stellen Sie Fragen, um Missverständnissen vorzubeugen.

VERÄNDERUNGEN EFFEKTIV BEWÄLTIGEN

Mit Veränderungen muss man rechnen. Reagieren Sie positiv auf Änderungswünsche Ihrer Kunden, und sorgen Sie dafür, dass Ihr Team Veränderungen akzeptiert und die aus ihnen resultierenden Vorteile willkommen heißt.

74 Bei jeder Änderung fragen: »Was heißt das für unsere Kunden?«

75 Auf beiläufige Bemerkungen achten, die zeigen, dass Kunden Änderungen wünschen.

FEEDBACK HILFT BEI PLANUNG ▼

Diese auf Feedback basierende Tortengrafik zeigt die verschiedenen Probleme, die Kunden mit einem Telekomanbieter hatten. Die meisten waren unzufrieden mit dem schlechten Verkaufsservice und fehlerhaften Geräten, sodass Veränderungen vor allem in diesen Bereichen angestrebt wurden.

NOTWENDIGKEIT VON ÄNDERUNGEN ERKENNEN

Halten Sie engen Kontakt zu Ihren Kunden, um feststellen zu können, wann Veränderungen nötig sind, und aktualisieren Sie regelmäßig Ihre Kundeninformationen. Zeigt Feedback, dass Kunden in irgendeiner Hinsicht mit Ihren Produkten oder Dienstleistungen unzufrieden sind, müssen Sie Veränderungen einleiten. Bitten Sie Ihr Team, Ihnen zu berichten, was Kunden ihnen mitteilen, sowie zu beobachten, wie die Konkurrenz mit Kunden umgeht. Informieren Sie sich über Entwicklungen auf den Märkten, die Sie bedienen und bei den Gütern, die Sie anbieten. Achten Sie auf Veränderungen im Umfeld Ihrer Kunden, selbst wenn diese Sie nicht direkt zu betreffen scheinen. Lesen Sie z.B. in einer Fachzeitschrift, dass einer Ihrer Kunden die Eröffnung neuer Callcenter plant, überlegen Sie, ob Sie etwas an Ihrem Service ändern können, um ihm dabei zu helfen, und machen Sie Vorschläge.

Fehlerhafte Geräte 30%
Probleme mit Rechnungen 15%
Langsamer und schlechter Kundendienst 15%
Schlechter Verkaufsservice 30%
Fehlerhafte Installation 10%

VERÄNDERUNGEN EFFEKTIV BEWÄLTIGEN

ENTSCHLOSSEN HANDELN

Haben Sie erkannt, dass Kunden von Ihnen eine Änderung erwarten, handeln Sie entschlossen. Kunden weisen meist relativ spät darauf hin, dass ihre Bedürfnisse sich geändert haben, was bedeutet, dass Sie Änderungen schnell vornehmen müssen. Stellen Sie zusammen mit Ihrem Team und dem Kunden selbst einen Schritt-für-Schritt-Plan auf, wie die Veränderung vonstatten gehen soll. Aus dem Plan muss auch hervorgehen, welche Vorteile die Veränderung für den Kunden hat, wie viel Zeit dafür veranschlagt wird und wie Fortschritt und Erfolg gemessen werden.

NICHT VERGESSEN

- Das Team anhalten, die Vorteile einer vom Kunden vorgeschlagenen Veränderung zu sehen
- Teams, die Veränderungen aufgeschlossen gegenüber stehen, erreichen oft mehr als geplant.
- Für den einen mag eine Veränderung winzig sein, für einen anderen jedoch riesengroß.
- Erfolgreiche Unternehmen überlegen frühzeitig, wo Veränderungen notwendig werden könnten.

Passiver Gegner bekundet Missmut durch Zurücklehnen und Verschränken der Arme.

Zweiflerin beugt sich zur Seite und umfasst Kinn.

Aktiver Gegner unterstreicht mit Gesten seine Einwände.

Managerin beugt sich vor und demonstriert Verständnis und Interesse für Meinung der Kollegen.

▲ UMGANG MIT NEGATIVEN REAKTIONEN

Achten Sie auf Zeichen des Widerstands in Ihrem Team, wenn Sie über eine Veränderung diskutieren, und versuchen Sie diese zu deuten. Aktive Gegner setzen Stimme und Gestik ein, passive lehnen sich oft zurück und verschränken Arme oder Beine. Gehen Sie auf diese Mitarbeiter und ihre Bedenken ein, um sie zu überzeugen und sich ihrer Kooperation zu versichern.

UMGANG MIT RISIKEN

Steht eine größere Veränderung an, wägen Sie die damit verbundenen Risiken ab. Führen Sie z.B. eine neue Software für einen innerbetrieblichen Kunden ein, besteht das Risiko, dass die Mitarbeiter anfangs nicht ihre volle Leistung bringen können. Identifizieren Sie mögliche Risiken und versuchen Sie deren Auswirkungen gering zu halten. In diesem Fall könnten Sie entscheiden, für eine gewisse Übergangszeit beide Systeme parallel laufen zu lassen.

ERFOLGREICH MIT E-BUSINESS

Nutzen Sie das Internet, um mehr Kundenkontakt zu bekommen und einen besseren Service zu bieten als Ihre Konkurrenz. Achten Sie darauf, dass Ihr Internetauftritt kundenfreundlich ist, und konzentrieren Sie sich auf Kundenbeziehungen.

76 Prüfen lassen: Ist Ihre Website schnell und übersichtlich?

▲ **KUNDEN ERREICHEN**
Kunden kehren eher zu Websites mit zusätzlichen Angeboten wie Diskussionsgruppen, Mailing-Listen und Direktmails an Servicemitarbeiter zurück.

77 Alles notieren, was beim Navigieren auf der eigenen Website Probleme bereitet.

EFFIZIENZ VERBESSERN

Nutzen Sie das Internet, um Ihren Kunden einen möglichst bequemen, kostengünstigen und effizienten Service zu bieten. Achten Sie darauf, dass sich die Seite schnell laden lässt und dass Kunden problemlos online eine Bestellung aufgeben und Informationen zu den Lieferbedingungen einsehen können. Testen Sie Ihren Service, indem Sie sich als Kunde einloggen und eine Bestellung aufgeben. Betrachten Sie die Formulare einmal unvoreingenommen – als sähen Sie sie wie der Kunde zum ersten Mal. Sind sie verständlich und einfach auszufüllen? Notieren Sie alle Probleme, auf die Sie stoßen, um gezielte Verbesserungsmaßnahmen einleiten zu können.

TUN UND LASSEN

✔ Das Potenzial der Technik erkennen und ausloten

✔ Sich die Frage stellen: »Was bringt das für meine Firma?«

✔ Technik so einsetzen, dass sie für Kunden sinnvoll ist

✘ Lösungen nicht übernehmen, nur weil es sie schon gibt

✘ Keine Lösung ohne Kundenvorteile umsetzen

✘ Immer wieder prüfen, wo und wie Technik die Kundenzufriedenheit verbessern kann

Neue Technologie einführen

Überlegen Sie, ob ein Probedurchlauf und die stufenweise Einführung einer neuen Technologie ratsam sind, damit sich Ihr Team und Ihre Kunden langsam damit vertraut machen können. Denken Sie über mögliche Einwände nach, die Kunden gegen diese neue Art der Geschäftsabwicklung vorbringen könnten, und berücksichtigen Sie diese Erkenntnisse bei der Gestaltung Ihres Internetauftritts. Aber nicht nur Kunden, sondern auch Ihre Mitarbeiter müssen Sie an die neue Technologie heranführen. Fahren Sie dabei zweigleisig: Gehen Sie so vor, dass alle Kunden Schritt halten können, kommen Sie aber auch jenen entgegen, die eine schnelle Einführung wünschen.

Managerin erläutert die Vorteile der neuen Software.

▲ **STUFENWEISE UMSETZUNG**
Helfen Sie Kunden, mit einer neuen Technologie zurechtzukommen, indem Sie, falls nötig, Betreuung anbieten. Überlegen Sie, ob Sie Mitarbeitern nicht erlauben, alte Arbeitsweisen beizubehalten, bis sie sich mit dem neuen System vertraut gemacht haben.

---

78 Das Internet kreativ nutzen, um Beziehungen zu Kunden zu verbessern.

DAS IST ZU TUN

1. An einer Internet-Schulung teilnehmen
2. Das Internet regelmäßig nutzen und kennen lernen
3. Von anderen lernen, wie sie das Internet nutzen

Online-Beziehungen

Da sich immer mehr Unternehmen für einen Auftritt im Internet entscheiden, wird es immer wichtiger, auch dort wettbewerbsfähig zu bleiben – Kunden können sonst mit einem Mausklick auf die Website eines Konkurrenten wechseln. Prüfen Sie, wie Kunden Ihre Website nutzen, um Verbesserungsmöglichkeiten zu finden. Ermutigen Sie Kunden zu Feedback, indem Sie es ihnen leicht machen, sich per E-Mail mit Ihnen in Verbindung zu setzen. Überlegen Sie, wie Sie Ihre Website kundenfreundlicher gestalten können. Sie könnten z.B. zwei Möglichkeiten der Navigation anbieten – eine für neue Kunden und eine für jene, die schon öfter Bestellungen aufgegeben haben. Oder wie wäre es mit einer Empfehlung ähnlicher Produkte, Sonderkonditionen für Großbestellungen oder Rabattgewährung bei Online-Bestellungen?

Klar kommunizieren

Eine effektive Kommunikation ist unerlässlich, um Kunden zufrieden zu stellen. Überprüfen Sie Stil und Inhalt Ihrer Korrespondenz darauf, ob sie kundenfreundlich sind, die »Markenqualität« Ihres Teams unterstreichen und realistische Erwartungen wecken.

79 Darauf achten, dass Kundennamen immer richtig geschrieben sind.

Kulturelle Unterschiede

Asiaten haben oft große Angst, vor anderen ihr »Gesicht zu verlieren«. So sollte man im Gespräch mit ihnen möglichst jede Andeutung vermeiden, dass sie einen Fehler gemacht haben. Die Franzosen haben den Ruf, sich einer fantasiereichen und bisweilen abstrakten Sprache zu bedienen. Die Briten hingegen lieben eine klare und einfache Sprache. Amerikaner benutzen gerne Modeworte und neue Fachausdrücke.

Korrespondenz verbessern

Achten Sie darauf, dass die Korrespondenz Ihres Teams mit Kunden – von Briefen über Broschüren bis hin zu Bestellformularen – leicht verständlich und präzise ist. Verwenden Sie nicht Ihre interne Terminologie. Wenn überhaupt Fachbegriffe, dann die bei Ihrem Kunden üblichen, wenn Sie damit aus Kundengesprächen oder Unterlagen vertraut sind – das zeigt, dass Sie »die gleiche Sprache sprechen«. Achten Sie darauf, wie förmlich bei Ihrem Kunden Schriftstücke abgefasst werden, und passen Sie sich dem Stil an. Vermeiden Sie Gemeinplätze, Wiederholungen und Füllwörter.

▶ KORRESPONDENZ PRÜFEN

Gehen Sie einmal Ihre Anschreiben an Kunden durch, und versetzen Sie sich in die Lage des Empfängers. Wie würden Sie darauf reagieren? Haben Sie einen Brief selbst verfasst, bitten Sie einen Kollegen um eine objektive Beurteilung.

Teammitglied redigiert Brief und streicht interne Fachbegriffe.

KLAR KOMMUNIZIEREN

DAS TEAM ALS »MARKE«

So wie Kunden ihren Lieblingsmarken treu bleiben, können Sie auch ihre Loyalität gegenüber Ihrem Team sichern, indem Sie Ihr Team als »Marke« verkaufen. Überlegen Sie, inwiefern sich Ihr Team von anderen abhebt, und fassen Sie das in einem Satz oder Slogan zusammen. Betonen Sie diesen kleinen, aber feinen Unterschied, wenn Sie mit Kunden kommunizieren. Achten Sie darauf, dass sich Ihre Marke in Ihrem Kommunikationsstil widerspiegelt. Wollen Sie z.B. betonen, dass Ihr Team schnell und effizient ist, verwenden Sie kurze Worte und Sätze wie »Dringend« und »Tun Sie's jetzt«. Aber Achtung: es dauert einige Zeit, bis sich ein Markenname etabliert hat, aber er kann im Nu zerstört werden, wenn man nicht hält, was man verspricht.

▼ EIN IMAGE WIDERSPIEGELN

Hier geben zwei Teams Informationen. Eine lange, konfuse Darstellung läuft dem Image des Teams zuwider und dürfte den Kunden kaum beeindrucken, während eine kurze, verständliche Analyse genau das ist, was er braucht und erwartet.

Zu viel Information ist verwirrend und unnötig.

Eine präzise Darstellung ist leicht verständlich.

LANGE DARSTELLUNG   **KNAPPE DARSTELLUNG**

NICHT VERGESSEN

- Regelmäßige Kommunikation zwischen Ihnen und Ihren Kunden sorgt dafür, dass Probleme gar nicht erst entstehen.
- Firmenveröffentlichungen sollten dazu genutzt werden, dem Kunden Ihr Team zu verkaufen.

80 Kleingedrucktes, versteckte Klauseln und Konditionen vermeiden.

ERWARTUNGEN WECKEN

Achten Sie darauf, dass Sie in jeglicher Form der Kommunikation mit Ihren Kunden realistische Erwartungen hinsichtlich der Vorteile Ihrer Produkte oder Dienstleistungen wecken. So reduzieren Sie das Risiko, dass Kunden mehr erwarten, als Sie halten können. In Ihren Firmenbroschüren sollten offensichtliche Vorteile wie z.B. Kostenreduzierungen, von denen Sie annehmen, dass sie den meisten Ihrer Kunden wichtig sind, deutlich betont werden. Auch muss vermittelt werden, dass Sie konkurrenzfähige Produkte und Dienstleistungen anbieten. Aber nicht vergessen: Wenn Sie einem Kunden mehr versprechen, als Sie halten können, dann verlieren Sie ihn.

ZUFRIEDENHEIT GARANTIEREN

UMGANG MIT REKLAMATIONEN

Reklamationen sollte man als Chance begreifen: durch sie erfährt man, was Kunden wirklich denken. Nutzen Sie sie also, um Ihre Kunden zu beeindrucken und ihre Loyalität zu festigen, aber auch um künftige Reklamationen zu vermeiden.

81 Reklamationen bieten die Chance, etwas zu ändern und zu verbessern.

82 Entschuldigen Sie sich dafür, dass der Kunde Grund zur Reklamation hat.

REKLAMATIONEN NUTZEN

Eine Reklamation sollte als Chance betrachtet werden, den Service zu verbessern und herauszufinden, was der Kunde wirklich denkt. Kunden, die die Mühe auf sich nehmen, sich zu beschweren, sind meist auch interessiert daran, Ihnen die Chance zu Nachbesserungen zu geben. Das heißt, dass Sie Kunden halten und Ihre Beziehung verbessern können, wenn Sie die Sache richtig angehen. Selbst wenn ein Problem vom Kunden selbst verschuldet ist – z.B., weil er versäumt hat, mehr Ihrer Produkte oder Dienstleistungen zu einem früheren Zeitpunkt zu kaufen – vermeiden Sie es, darauf hinzuweisen. Lösen Sie das Problem, und schlagen Sie dann ggf. vor, der Kunde solle mehr Geschäfte mit Ihnen tätigen. Könnte der Kunde etwas dazu beitragen, dass sein Problem nicht wieder auftaucht, deuten Sie dies höflich an. Beachten Sie aber eines: solange ein Kunde nicht 100-prozentig davon überzeugt ist, dass sein Problem gelöst ist, wird er kaum geneigt sein, noch mehr Geschäfte zu machen, und Ihr Vorschlag könnte mehr schaden als nützen.

▲ **KUNDENZUFRIEDENHEIT RETTEN**
Entschuldigen Sie sich zunächst einmal für entstandene Unannehmlichkeiten. Lassen Sie sich dann das Problem schildern, und teilen Sie dem Kunden mit, wie Sie es zu lösen gedenken.

Umgang mit Reklamationen

Umgang mit Beschwerden standardisieren

Phase	Vorgehen
Aufnehmen Mündliche oder schriftliche Reklamationen aufnehmen, um gezielte Maßnahmen ergreifen zu können	• Aufmerksam und genau zuhören, nicht unterbrechen; Notizen machen • Verständnis zeigen und auch verärgertem Kunden klarmachen, dass man auf seiner Seite ist
Nachfragen Gezielte Fragen stellen, um sich einen detaillierten Überblick über die Situation zu verschaffen	• Mittels gezielter Fragen herausfinden, ob ein Missverständnis vorliegt, das sich leicht beheben lässt • Fragen stellen, die ehrliches Interesse bekunden; keine Fangfragen stellen, Kunden nicht ins Kreuzverhör nehmen
Lösungsvorschlag Lösungen vorschlagen und sich auf eine einigen, die für den Kunden akzeptabel ist	• Jede Lösung speziell auf Problem zuschneiden, sodass der Kunde genau weiß, was in seinem Fall unternommen wird • Den Kunden um schriftliche oder mündliche Bestätigung bitten, dass er mit der vorgeschlagenen Lösung einverstanden ist
Lösungsumsetzung Problem wie vereinbart und innerhalb angemessener Frist lösen	• Zusammenfassen, welches Vorgehen man plant und was der Kunde eventuell dazu beitragen kann • Alle Maßnahmen nennen, die andere Abteilungen durchführen müssen, und Kunden um Zustimmung bitten
Nachbearbeitung Nachhaken, ob das Problem zur vollen Zufriedenheit des Kunden gelöst worden ist	• Prüfen, ob der Kunde zufrieden ist und anfragen, ob man noch mehr für ihn tun kann • Prüfen, ob grundlegendes Problem besteht, das weitere Reklamation nach sich ziehen könnte.

Einheitlich vorgehen

Welche Problemlösung Sie auch anvisieren – vergessen Sie dabei den Kunden nicht. Halten Sie das Team dazu an, mit Beschwerden immer nach dem gleichen Schema zu verfahren wie Sie, um eine einheitliche Vorgehensweise zu garantieren. Dokumentieren Sie dieses Schema als Standardvorlage, an der sich Teammitglieder orientieren können, bis sie es verinnerlicht haben.

Nicht vergessen

- Der richtige Umgang mit Reklamation bietet die Chance, die Beziehung zum Kunden zu festigen.
- Eine Beschwerde weist oft auf andere Probleme hin, die der Kunde unerwähnt lässt.
- Nicht zufrieden gestellte Kunden beschweren sich manchmal direkt bei Vorgesetzten.

ZUFRIEDENHEIT GARANTIEREN

Teammitglied berichtet von Beschwerden, die nach Einführung eines neuen Service eingegangen waren.

Kollege denkt über mögliche neue Ursachen für Beschwerden nach.

Teammitglied überlegt, wie man Umgang mit Beschwerden ändern kann.

Managerin fragt, wie sich die Einführung eines neuen Service auswirken könnte.

ÜBER REKLAMATIONEN DISKUTIEREN

Manchen fällt der Umgang mit Beschwerden schwer, vor allem unerfahrenen Teammitgliedern. Halten Sie regelmäßig Besprechungen ab, um über frühere Beschwerden zu diskutieren.

> **83** Mit Mitarbeitern üben, wie mit Beschwerden umzugehen ist, bevor sie dem Kunden gegenüberstehen.

GRUNDPROBLEM LÖSEN

Eine Beschwerde ist nicht nur ein einmaliges Problem eines Kunden, das gelöst werden muss, sondern auch ein Zeichen dafür, dass etwas generell nicht stimmt. Haben Sie sich einer Beschwerde angenommen und den Kunden zufrieden gestellt, suchen Sie nach der eigentlichen Ursache des Problems, denn erst wenn Sie das grundlegende Problem entdeckt haben, können Sie es endgültig lösen. Egal, ob es sich dabei um ein fehlerhaftes Einzelprodukt handelt oder um einen Fabrikationsfehler, fragen Sie sich stets: »Wie können wir dafür sorgen, dass so etwas nicht noch einmal passiert?« Suchen Sie immer nach einer grundsätzlichen Lösung eines Problems.

NICHT VERGESSEN

- Gehen mehr als ein oder zwei gleiche Beschwerden ein, könnte es sich um ein grundsätzliches Problem handeln.
- Eine ungewöhnlich schlechte Resonanz auf eine Werbekampagne könnte ein Zeichen dafür sein, dass die Kunden nicht zufrieden sind.
- Zahlreiche Beschwerden könnten darauf hinweisen, dass die verantwortlichen Mitarbeiter gestresst oder demoralisiert sind.
- Reklamationen deuten auch auf ein Defizit oder mangelhafte Schulung des Lieferanten hin.

Umgang mit Reklamationen

Zu Reklamationen anregen

Häufig werden Produkte akzeptiert, obwohl sie nicht ganz den Erwartungen des Kunden entsprechen, weil er sich so die Mühe erspart, eine Beschwerde vorzubringen. Wenn jemand aber reklamiert, bringt er oft noch weitere Probleme zur Sprache. Dieses Feedback kann sehr nützlich sein – Sie sollten es unterstützen. Fragen Sie nach, ob jemand auch noch mit anderen Aspekten unzufrieden ist, denn auch darüber sollten Sie Bescheid wissen.

Vorbeugen

Beschwert sich ein Kunde, kann es durchaus sein, dass das Problem für ihn zu diesem Zeitpunkt noch nicht gravierend ist oder sich noch nicht nachteilig auf seine Arbeit auswirkt. Das heißt jedoch nicht, dass Sie sich nun zufrieden zurücklehnen können – halten Sie lieber nach Bereichen Ausschau, die künftig Probleme aufwerfen könnten, wenn sie nicht angegangen werden. Widmen Sie sich vorrangig Bereichen, die – momentan oder in Zukunft – für das Geschäft des Kunden wirklich wichtig sind.

84 Ermutigen Sie Kunden, Ihnen Ihre Defizite zu nennen.

85 Die Ursache von Beschwerdehäufungen analysieren.

Dokumentieren

Beschwerden liefern wichtige Informationen, die in die Entwicklung und Ausweitung der Palette Ihrer Produkte und Dienstleistungen einfließen sollten. Erfassen Sie alle Beschwerden im Computer. Eventuell ist es sinnvoll, Beschwerden verschiedenen Kategorien zuzuordnen. So lässt sich besser nachprüfen, wie häufig bestimmte Beschwerden vorgebracht werden.

◀ **REKLAMATIONEN ERFASSEN**
Erfassen Sie Beschwerden systematisch mit Hilfe eines Standardformulars. Machen Sie diese Informationen dem Team zugänglich, denn sie vermitteln wertvolle Einsichten darüber, wie sich Produkte und Dienstleistungen für den Kunden attraktiver gestalten lassen.

LEISTUNG VERBESSERN

Langfristig hat ein Unternehmen nur Erfolg, wenn es mit sich ändernden Kundenbedürfnissen Schritt halten kann. Achten Sie darauf, dass Ihr Team zukunftsorientiert plant und handelt.

DAUERHAFTEN NUTZEN ANSTREBEN

Langfristig hängt Ihr Erfolg davon ab, ob Ihre Produkte und Dienstleistungen Ihren Kunden auch weiterhin von Nutzen sind. Bleiben Sie weiter kundenorientiert, um den Erfolg Ihrer Kunden und Ihrer Firma auch langfristig zu garantieren.

86 Stellen Sie sicher, dass Ihre Kunden auch weiterhin von Ihrem Angebot profitieren.

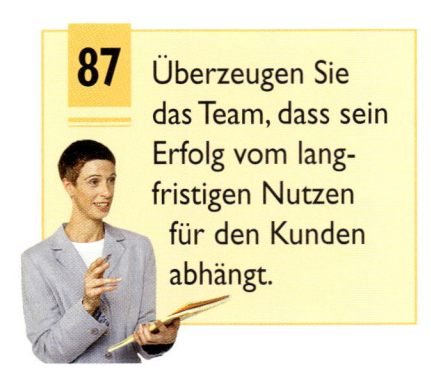

87 Überzeugen Sie das Team, dass sein Erfolg vom langfristigen Nutzen für den Kunden abhängt.

INDIKATOREN FÜR ERFOLG PRÜFEN

Die meisten Teams konzentrieren sich darauf, ihre Ziele zu erreichen und zum Erfolg des Unternehmens beizutragen. Wichtig ist jedoch, dass diese Ziele auch dem Kunden Vorteile bringen. Überprüfen Sie die Indikatoren, mit denen Sie Ihren Erfolg messen und ob diese auch für den Kunden sinnvoll sind. Ist das nicht der Fall, passen Sie den Indikator entsprechend an.

Mit anderen Teams arbeiten

Wenn in Ihrer Firma noch andere Teams für den gleichen Kunden arbeiten, ist es wichtig, dass alle zum Wohle des Kunden kooperieren. Besprechen Sie mit Ihren Kollegen, wie Sie Ressourcen bündeln und vor Kunden als Einheit auftreten können. Sprechen Sie über Ihre unterschiedlichen Ziele und Erfolgsindikatoren, und überlegen Sie, wie Sie gemeinsam die besten Resultate für den Kunden erzielen können und somit langfristig zum Vorteil aller Beteiligten arbeiten können. Fragen Sie sich: »Wenn jeder von uns nach seinem Terminplan weiter arbeitet, erhalten unsere Kunden dann ihre Produkte/Dienstleistungen rechtzeitig?« und »Wird der Kundennutzen langfristig anhalten?«

▼ **Teamziele abstimmen**
Halten Sie regelmäßige Besprechungen mit anderen Teams ab, die für den gleichen Kunden arbeiten. Sprechen Sie Ihre Ziele ab, um Konflikten zwischen den Teams vorzubeugen, und arbeiten Sie als Partner auf ein gemeinsames Ziel hin.

88 Fassen Sie einmal zusammen, welche Vorteile Sie Ihrem Kunden bieten.

89 Ihr Team sollte sich primär auf die Verbesserung des Kundennutzens konzentrieren.

Vorteile zusammenfassen

Sobald Sie sicher sind, dass Sie am Aufbau einer langfristigen, beiderseits vorteilhaften Geschäftsbeziehung mit Kunden arbeiten, fassen Sie einmal die Vorteile zusammen, die Ihr Team dem Kunden verschafft. Betonen Sie, inwiefern Sie etwas Besonderes bieten. Fragen Sie sich: »Wenn ich einige Sekunden mit einem Kunden oder potenziellen Kunden im gleichen Aufzug stehen würde, wie könnte ich dann möglichst knapp zusammenfassen, was wir anbieten und warum wir das beste Team für diesen Service sind?« Stellen Sie sicher, dass jeder Teammitarbeiter diese »Zehn-Sekunden-Erklärung« genauso formulieren würde. Geben Sie diese Erklärung dem Team als Leitfaden für seine Arbeit vor.

AUFBAU EINES LOYALEN KUNDENSTAMMS

Ein Kunde bleibt Ihnen am ehesten erhalten, wenn er mit Ihnen reibungslos gute Geschäfte machen kann. Helfen Sie Kunden, beim Kauf Ihrer Produkte eine Kosten-Nutzen-Analyse zu erstellen, planen Sie Ihre Zukunft gemeinsam und bauen Sie Vertrauen auf.

90 Helfen Sie Ihren Kunden, vorteilhafte Geschäftsentscheidungen zu treffen.

91 Bringen Sie in Erfahrung, wie Kunden ihre Kosten-Nutzen-Analyse erstellen.

KOSTEN-NUTZEN-ANALYSE ERSTELLEN

In den meisten Firmen werden Manager oder Teams dazu angehalten, vor Beginn eines Projektes eine Kosten-Nutzen-Analyse zu erstellen, bevor Gelder bewilligt werden. Dieser Analyse folgt meist noch eine Rentabilitätsprüfung, z.B. wie lange es dauert, bis sich die Kosten amortisiert haben. Jede Firma geht dabei anders vor, also bringen Sie in Erfahrung, wie Ihre Kunden dies handhaben. Sobald Sie es wissen, können Sie ihnen beim Erstellen einer solchen Analyse helfen.

FALLBEISPIEL
Harald, Vertreter eines Bürowarenherstellers, hatte mit Paul, dem Leiter der Poststelle eines großen Unternehmens, mündlich vereinbart, für alle 14 Firmenbüros je eine Frankiermaschine zu liefern. Dann rief Paul an, um ihm mitzuteilen, dass zu seinem Bedauern der Einkauf seinen Antrag abgelehnt hatte. Harald bat um ein Treffen mit Angela, der Einkaufsleiterin. Er fragte sie, warum sie den Antrag abgelehnt habe, und erhielt zur Antwort, die Anschaffung sei nicht begründet gewesen. Daraufhin verglichen Harald und Paul gemeinsam die Kosten, die derzeit durch das Stempeln der Ausgangspost entstanden, mit dem Nutzen der neuen Frankiermaschinen. Sie wiesen nach, dass es billiger kam, die Maschinen zu kaufen. Angela ließ sich von der Kosten-Nutzen-Analyse überzeugen und gab eine entsprechende Bestellung auf.

◀ **ANSCHAFFUNG RECHTFERTIGEN**
Durch Erstellung einer Kosten-Nutzen-Analyse konnte Harald zusammen mit seinem Kunden Paul nachweisen, dass die Firma durch Erwerb der neuen Frankiermaschinen Geld sparen würde. Haralds fundierte Analyse wurde von der Einkaufsleiterin akzeptiert.

92 Definieren Sie Ziele in einer gemeinsamen Planungssitzung.

NICHT VERGESSEN

- Wer vorab die Pläne der Kunden kennt, kann ihre Bedürfnisse besser befriedigen.
- Gemeinsame Planung hilft Kundenbeziehungen zu festigen.
- Eine gemeinsame Planungssitzung erlaubt es einem Kunden, bei seiner Zukunftsplanung Ihre Produkte mit einzuplanen.

GEMEINSAME PLANUNGEN DURCHFÜHREN

Verbessern Sie Ihre Beziehungen zum Kunden, indem Sie ihm mit einer Kosten-Nutzen-Analyse aufzeigen, welcher finanzielle Nutzen ihm erwächst, wenn er Ihre Produkte oder Dienstleistungen kauft. Legen Sie den Grundstein für eine erfolgreiche Partnerschaft, indem Sie gemeinsame Planungssitzungen vorschlagen. Betonen Sie die Vorteile einer gemeinsamen Planung, z.B. dass es für Sie einfacher ist, die richtigen Produkte termingerecht zu liefern, wenn Sie möglichst früh in die Pläne des Kunden eingeweiht sind. Machen Sie Ihren Kunden klar, dass es Ihrem Team wichtig ist, Angebot und Leistungen ständig zu verbessern. Betonen Sie auch, dass Sie die Pläne Ihrer Kunden bei Ihrer eigenen Zukunftsplanung berücksichtigen könnten, wenn Sie diese kennen.

GEMEINSAME PLANUNGSSITZUNG VORBEREITEN

Hat ein Kunde einer gemeinsamen Planungssitzung zugestimmt, bereiten Sie diese gründlich vor. Überlegen Sie, wer aus Ihrer Firma teilnehmen soll: Wäre es z.B. sinnvoll, jemanden dazu zu bitten, der für die Entwicklung neuer Produkte und Dienstleistungen verantwortlich ist? Oder könnte jemand aus der Marketing-Abteilung nützlich sein? Ziel einer Planungssitzung ist es, Ihre Ziele und die des Kunden zu koordinieren und gemeinsame Aktivitäten zu planen. Nehmen Sie sich für diese Besprechung Zeit. Vielleicht müssen Sie einen oder einen halben Tag dafür reservieren, je nach Komplexität der Güter.

▼ **TEILNEHMER EINLADEN**
Überlegen Sie, wer an der Ausführung der Pläne, die aus der Sitzung resultieren, beteiligt sein wird, und laden Sie die Betreffenden ein. Sprechen Sie eventuell die Beiträge der Kollegen vorher ab.

Marketingleiterin will in der Planungssitzung gerne Ideen beisteuern.

Manager bittet um Beurteilung der Marketingstrategie des Kunden.

LEISTUNG VERBESSERN

ANALYSEN NUTZEN

Bitten Sie zu Beginn Ihrer Planungssitzung den Kunden, allen Anwesenden kurz seine Rolle, Aufgaben und Ziele zu erläutern, ebenso seine Stärken, Schwächen, Chancen und Risiken, um eine SWOT-Analyse zu ermöglichen. Anhand einer solchen Analyse lässt sich feststellen, welche Marketing-Strategie für ihn geeignet ist. Steuern Sie zu diesem Zweck auch Ihre Erfahrungen über Ihre Zusammenarbeit bei. Ihre primäre Aufgabe zu diesem Zeitpunkt ist es jedoch zuzuhören und etwas über die wichtigsten Pläne und Strategien Ihres Kunden zu erfahren.

WICHTIGE FRAGEN

F Weiß ich genug über meinen Kunden, um ihm bei seiner Zukunftsplanung zu helfen?

F Wer in meiner Firma könnte Wertvolles zu einer Kunden-Planungssitzung beitragen?

F Wem soll das Planungsteam den endgültigen Plan präsentieren?

F Sollte ich eine Planungssitzung für zwei Kunden anberaumen?

93 Einigen Sie sich auf einige für Sie beide vorteilhafte Ziele.

ZIELE KOORDINIEREN

Definieren Sie Ziele, mit denen Ihr Kunde Schwächen abbauen, Chancen nutzen und Risiken vermeiden, kurz, seine Leistungen optimieren kann. Besteht z.B. eine Schwäche des Kunden darin, dass er keinen richtigen Überblick über seine Finanzen hat, sollte er sich zum Ziel setzen, sich diesen Überblick zu verschaffen. Ihr Team kann ihm dabei, falls nötig, helfen. Vereinbaren Sie einen Termin, wann Ziele realisiert sein sollen. Manche Ziele sind nur für eine Partei wichtig, andere für beide. Ist letzteres der Fall, setzen Sie Ziele, für die Sie gemeinsam die Verantwortung übernehmen.

SWOT IHRES KUNDEN BEURTEILEN ▼

Eine SWOT-Matrix enthält eine Zusammenfassung der Stärken, Schwächen, Chancen und Risiken eines Kunden. Im Schema unten finden Sie Fragen, die Ihnen helfen sollen zu entscheiden, welche Schlüsselelemente wohin gehören.

SWOT DES KUNDEN VERSTEHEN

STÄRKEN (STRENGTHS)
Wo liegen die besonderen Kompetenzen des Kunden? Was kann der Kunde wirklich gut?

SCHWÄCHEN (WEAKNESSES)
Wo mangelt es dem Kunden an Ressourcen oder Kapazitäten? Wo hat er Wettbewerbsnachteile?

CHANCEN (OPPORTUNITIES)
Wie könnte ein Kunde seinen Absatz steigern und seinen Service verbessern? Wo liegen die neuen Märkte?

RISIKEN (THREATS)
Wodurch kann sein Geschäft beeinträchtigt werden? Welche Märkte verlieren an Wert?

AKTIONSPLÄNE ENTWERFEN

Haben Sie sich auf eine Reihe von Zielen geeinigt, definieren Sie die Aufgaben, die Ihr Team oder der Kunde bewältigen muss, um diese Ziele zu erreichen. Achten Sie darauf, dass jeder Schritt klar definiert ist, setzen Sie einen Termin fest, wann das Projekt abgeschlossen sein soll, und benennen Sie die Verantwortlichen für jede Aufgabe. Halten Sie alles schriftlich fest.

94 Nach jeder Planungssitzung sollte es einen kompletten Aktionsplan geben.

Teammitglied übernimmt Verantwortung für Maßnahme.

Kunde schlägt Termin für Beendigung des Projekts vor.

Teamleiterin fasst Maßnahmen zusammen.

▲ SICH EINIGEN
Sind vier oder mehr Personen an einer Planungssitzung beteiligt, bilden Sie zur Erstellung von Aktionsplänen Gruppen. Betrauen Sie erfahrene Teammitglieder mit der Leitung kleinerer Gruppen von je zwei bis drei Leuten – das beschleunigt den Prozess.

95 Beschließen Sie keine Aktionen, die nicht realisierbar sind.

PLAN UMSETZEN

Einigen Sie sich mit dem Kunden darauf, dass Sie (oder eines Ihrer Teammitglieder) die Verantwortung für die Durchführung Ihres Parts übernehmen. Vereinbaren Sie regelmäßige Treffen, um den Plan zu aktualisieren, seine Zweckdienlichkeit zu prüfen und sich mit Bereichen zu befassen, in denen es bei der Umsetzung Schwierigkeiten gibt. Gibt es nach der ersten Besprechung viel zu tun, halten Sie in einwöchigem Abstand Folgebesprechungen ab, später dann monatliche Treffen. Versuchen Sie mit jedem Hauptkunden einmal jährlich eine ausführliche Besprechung abzuhalten.

LEISTUNG VERBESSERN

LERNEN UND INNOVATIV SEIN

Kundenerwartungen ändern sich ständig, sodass Unternehmen innovativ sein müssen, um wettbewerbsfähig zu bleiben. Dazu ist es nötig, Pläne regelmäßig zu überprüfen und Mitarbeiter dazu anzuhalten, ihre Erfahrungen zu teilen und aus ihnen zu lernen.

96 Lernen Sie aus Erfolgen ebenso wie aus Misserfolgen.

97 Wer aufhört zu lernen, hört auch auf, effektiv zu sein.

INNOVATIONEN ANREGEN

Machen Sie dem Team klar, dass seine heutigen Leistungen morgen schon nicht mehr gut genug sein können. Gehen Sie neue Wege, packen Sie neue Dinge an, regen Sie zu innovativen Ideen an. Ermutigen Sie Mitarbeiter, über ihre Misserfolge zu reden, sodass andere aus ihren Fehlern lernen können. Motivieren Sie das Team, indem Sie gute Ideen belohnen, organisieren Sie Wettbewerbe, um die besten Ideen für Verbesserungen oder Innovationen zu finden. Zeigen Sie Ihren Mitarbeitern Ihre Anerkennung, indem Sie sich öffentlich bei ihnen bedanken und/oder ihnen ein Geschenk überreichen. Lernen Sie aus Erfahrungen, und passen Sie Vorgehensweisen und Prozesse entsprechend an.

Mitarbeiterin erhält Anerkennung.

Kollege will ähnliche Leistungen erbringen.

◀ **TEAM BELOHNEN**
Menschen reagieren positiv auf Lob und Ermutigung. Bedanken Sie sich öffentlich für innovative Ideen und den Einsatz von Teammitgliedern.

LERNEN UND INNOVATIV SEIN

WICHTIGE FRAGEN

- **F** Machen wir mehr Gewinn, seit wir unsere neuen Pläne umsetzen?
- **F** Ist ein Kundenzuwachs zu verzeichnen?
- **F** Ist die Anzahl der Bestellungen gestiegen, oder gibt es größere Einzelbestellungen?
- **F** Ist die Nachfrage nach unseren Produkten/Dienstleistungen gestiegen?
- **F** Ist der Bekanntheitsgrad unseres Unternehmens und unserer Produkte/Dienstleistungen gestiegen?

STRATEGISCH DENKEN

Man muss die Tatsache akzeptieren, dass es in unserer heutigen, sich schnell verändernden Welt notwendig ist, regelmäßig zu prüfen, ob Pläne noch zeitgemäß sind. Stellen Sie sich dazu folgende Grundsatzfrage: »Welche Produkte und Dienstleistungen bieten wir welchen Kundengruppen an, und worauf sollten wir uns konzentrieren?« Fragen Sie sich auch, wie Sie Kunden an sich binden wollen. Überprüfen Sie Ihre Pläne auf dieser Grundlage mindestens einmal im Jahr, im Notfall sogar sofort. Tritt z.B. ein Konkurrent, der den gleichen Service anbietet wie Sie, an einen Ihrer Kunden heran, müssen Sie sofort reagieren und eine Krisensitzung einberufen – morgen könnte es schon zu spät sein.

98 Wenn neue Umstände bei Ihnen oder Ihrem Kunden es erfordern, sollten Sie bereit sein, Ihre Pläne zu ändern.

▼ ZIELE ÜBERPRÜFEN

Die Welt steht nicht still. Im Laufe der Zeit wird sich auch einiges in Ihrer Firma oder in Ihrer Branche ändern, und dann kommen Sie nicht daran vorbei, einige Ihrer Ziele neu zu definieren. Überprüfen Sie Ihre Ziele alle sechs bis zwölf Monate.

JA	ZIELE PRÜFEN	NEIN
Mit Aktionsplan fortfahren	Sind Ihre kundenorientierten Ziele noch zeitgemäß?	Ziele neu definieren
Evtl. neue Ziele hinzufügen	Haben Sie bereits einige Ihrer Ziele erreicht?	Mit Umsetzung fortfahren
Neue Ziele anvisieren	Erfordern andere Umstände neue Ziele?	Mit Umsetzung fortfahren

Sich auf künftige Kunden einstellen

Märkte entwickeln sich weiter, und es ist notwendig, sich ihnen anzupassen. Überlegen Sie, wer Ihre zukünftigen Kunden sein werden, und planen Sie nach ehrlicher Einschätzung bisheriger Resultate und Ihrer Konkurrenz Ihr weiteres Vorgehen.

99 Überlegen Sie, wer in zwei Jahren Ihre Kunden sein werden.

100 Analysieren Sie nach einem Geschäftsabschluss, warum dieser erfolgreich war.

Aus Erfahrungen lernen

Wer neue Kunden gewinnen will, sollte gemeinsam mit dem Team analysieren, warum es ein Angebot erfolgreich verkaufen konnte, während andere potenzielle Kunden ein Angebot weniger attraktiv fanden. Betonen Sie, dass diese Übung nicht dazu gedacht ist, jemandem Schuld zuzuweisen, sondern sicherstellen soll, dass das Team aus solchen Erfahrungen lernt. Schuldzuweisungen demotivieren nur, also ermutigen Sie Ihre Mitarbeiter lieber, Misserfolge sich und anderen einzugestehen und aus ihnen zu lernen.

AUS ERFAHRUNG LERNEN ▼
Nach Analysieren und Verbessern der Präsentation versucht das Team erneut, ein Geschäft abzuschließen. Gelingt es dem Team nicht, seinen Misserfolg zu analysieren und aus ihm zu lernen, wird es weitere potenzielle Kunden verlieren.

Neuer Kunde ist von Angebot nicht überzeugt.

Teammitglied erfährt, dass Kunde zu einem Konkurrenten gegangen ist.

SICH AUF KÜNFTIGE KUNDEN EINSTELLEN

101 Versuchen Sie immer wieder, Ihr Angebot zu verbessern.

MEHR VORTEILE BIETEN

Versuchen Sie Produkte und Service auf kreative Weise zu kombinieren, um Kunden mehr Vorteile zu verschaffen. Angenommen, Sie arbeiten im Einkauf, und Ihr Team beschäftigt sich gerade mit der Auswahl eines neuen Zulieferers für einen innerbetrieblichen Kunden, dann könnten Sie erwägen, Ihre Informationen auch an andere Firmenmitarbeiter weiterzugeben, die davon profitieren können. Wenn Sie mit unterschiedlichen Käufergruppen zu tun haben und eine Möglichkeit entdecken, Ihr Angebot für eine Gruppe zu verbessern, dann geben Sie diese Information weiter, wenn sie für andere Mitarbeiter von Interesse ist. Wenn z.B. ein IT-Team für die Produktion ein Softwarepaket zusammenstellt, könnten es auch andere nutzen.

KREATIV DENKEN

Verlassen Sie beim Nachdenken über mögliche Verbesserungen Ihres Kundenservice doch einmal die ausgetretenen Pfade und gehen Sie kreativ vor. Fordern Sie auch Ihr Team auf, sich neue Wege auszudenken, wie man den Kundenservice verbessern könnte. Auch wenn Ihnen Ihr tägliches Arbeitspensum nur wenig Spielraum lässt, sollten Sie sich und Ihren Mitarbeitern etwas Zeit gönnen, um kreativ zu denken. Informieren Sie sich, was andere Firmen in Ihrer Branche tun, indem Sie ihnen einen Besuch abstatten und firmenübergreifende Konferenzen besuchen. Sehen Sie sich aber auch in anderen Branchen um, denn es ist durchaus denkbar, dass dort bereits neue Wege gefunden wurden, die Kundenloyalität zu erhalten.

Mit verbesserter Präsentation gelingt es, neuen Kunden zu gewinnen.

Team analysiert, warum Präsentation nicht überzeugend war.

Es liefert das gleiche Angebot ab und verliert weitere Kunden.

Team analysiert nicht, warum es Kunden verloren hat.

Selbst-einschätzungstest

Überprüfen Sie, wie kundenorientiert Sie vorgehen, indem Sie folgende Aussagen bewerten. Seien Sie möglichst ehrlich: Beantworten Sie eine Frage mit »nie«, kreuzen Sie Option 1 an, lautet die Antwort »immer«, nehmen Sie Option 4, usw. Zählen Sie abschließend die Punkte zusammen. Die Auswertung zeigt Ihnen, wie Sie abgeschnitten haben. So können Sie verbesserungsbedürftige Bereiche erkennen.

Optionen

1 Nie
2 Gelegentlich
3 Oft
4 Immer

1 Ich erkenne früh neue Bedürfnisse meiner Kunden.
1 2 3 4

2 Ich weiß, wer meine besten Kunden sind.
1 2 3 4

3 Ich weiß, wie sich meine Arbeit auf den Endkunden auswirkt.
1 2 3 4

4 Ich weiß, warum Kunden Produkte und Dienstleistungen unserer Firma kaufen.
1 2 3 4

5 Ich halte regelmäßig Feedbackrunden mit meinen Kunden ab.
1 2 3 4

6 Ich kann mit wenigen Worten meine verschiedenen Kundentypen beschreiben.
1 2 3 4

Selbsteinschätzungstest

7 Ich weiß, worauf ich bei meiner Arbeit am meisten Wert legen muss.
☐ 1 ☐ 2 ☐ 3 ☐ 4

8 Ich kann die Kaufentscheidung meiner Kunden nachvollziehen.
☐ 1 ☐ 2 ☐ 3 ☐ 4

9 Ich orientiere mich bei der Festlegung meiner Ziele an den Zielen meiner Kunden.
☐ 1 ☐ 2 ☐ 3 ☐ 4

10 Ich habe klare Erfolgsmaßstäbe für jedes meiner Ziele.
☐ 1 ☐ 2 ☐ 3 ☐ 4

11 Ich richte meine wichtigsten Arbeitsabläufe an meinen Kunden aus.
☐ 1 ☐ 2 ☐ 3 ☐ 4

12 Ich habe meine wichtigsten Arbeitsabläufe schriftlich festgehalten.
☐ 1 ☐ 2 ☐ 3 ☐ 4

13 Ich achte darauf, dass meine Kunden immer gut informiert sind.
☐ 1 ☐ 2 ☐ 3 ☐ 4

14 Ich weiß, welche Vorteile Kunden aus unseren Produkten erwachsen.
☐ 1 ☐ 2 ☐ 3 ☐ 4

15 Ich achte darauf, dass Kundeninformationen jedem zugänglich sind.
☐ 1 ☐ 2 ☐ 3 ☐ 4

16 Ich wäge bei jeder meiner Entscheidungen die Risiken ab.
☐ 1 ☐ 2 ☐ 3 ☐ 4

Leistung verbessern

17 Ich kenne die Idealvorstellungen meiner Kunden.
1   2   3   4

18 Ich achte darauf, dass der Kunde meinem Team stets präsent ist.
1   2   3   4

19 Ich fördere eine kundenorientierte Kultur, indem ich ein Beispiel gebe.
1   2   3   4

20 Ich bereite mich auf Besprechungen mit Kunden gründlich vor.
1   2   3   4

21 Ich handle entschlossen, wenn Veränderungen notwendig sind.
1   2   3   4

22 Ich nutze das Internet, um Kunden unser Angebot näher zu bringen.
1   2   3   4

23 Ich achte darauf, dass schriftliche Dokumente klar und verständlich sind.
1   2   3   4

24 Ich betrachte jede Beschwerde als Chance.
1   2   3   4

25 Ich dokumentiere Beschwerden sorgfältig.
1   2   3   4

26 Ich arbeite gut mit anderen Teams zusammen, die den gleichen Kunden haben.
1   2   3   4

SELBSTEINSCHÄTZUNGSTEST

27 Ich helfe Kunden bei der Erstellung von Kosten-Nutzen-Analysen für unsere Produkte.

☐ 1 ☐ 2 ☐ 3 ☐ 4

28 Ich mache bei jeder Planungssitzung mit einem Kunden einen Aktionsplan.

☐ 1 ☐ 2 ☐ 3 ☐ 4

29 Ich mache mich rechtzeitig mit künftigen Kunden vertraut.

☐ 1 ☐ 2 ☐ 3 ☐ 4

30 Ich fordere mein Team auf, sich Verbesserungen für Kunden auszudenken.

☐ 1 ☐ 2 ☐ 3 ☐ 4

31 Ich berücksichtige die Auswirkungen meiner Arbeit auf Kunden.

☐ 1 ☐ 2 ☐ 3 ☐ 4

32 Ich höre meinen Kunden sehr genau zu.

☐ 1 ☐ 2 ☐ 3 ☐ 4

AUSWERTUNG

Zählen Sie nun die Punkte zusammen und lesen Sie, wie Sie abgeschnitten haben. Wie erfolgreich man auch sein mag – es bleibt immer Raum für Verbesserungen. Finden Sie Ihre Schwachpunkte heraus, und lesen Sie in den entsprechenden Abschnitten nach, wie Sie kundenorientierter vorgehen und arbeiten können.

32–64: Sie gehen relativ selten kundenorientiert vor. Arbeiten Sie noch einmal den Abschnitt »Einstellung überprüfen« durch.

65–95: Sie gehen zwar in den meisten Fällen kundenorientiert vor, sollten aber noch an einigen Punkten arbeiten.

96–128: Sie sind durch und durch kundenorientiert. Aber lehnen Sie sich jetzt nicht zurück, sondern überprüfen Sie weiterhin Ihre Leistung und holen Sie Feedback von Ihren Kunden ein.

PUBLIC RELATIONS

Einleitung 764

SINN UND ZWECK VON PR

Was sind Public Relations? 766
PR im Zusammenspiel mit Marketing 768
Effektive Kommunikation 770
Strategische Planung 772

PR-FÄHIGKEITEN ENTWICKELN

Kommunikation mit der Belegschaft 776
Betreiben von Imagepflege 778
Kundenbetreuung 780
Planung einer Kampagne 782
Events organisieren 784
An Ausstellungen teilnehmen 788
Bessere Präsentationen halten 790
Einen Internetauftritt planen 794
Krisen bewältigen 796

ZUSAMMENARBEIT MIT DEN MEDIEN

Die Medien als Partner gewinnen 800
Für Berichterstattung sorgen 802
Interviews geben 806
Fotos veröffentlichen lassen 808
Berichterstattung verfolgen 810

WERBEMATERIALIEN ERSTELLEN

Eingehende Vorbereitung 812
Werbetexte schreiben 814
Werbematerialien gestalten 818
Fotos in Auftrag geben 822
Werbematerialien drucken lassen 824
Testen Sie Ihre PR-Fähigkeiten 826

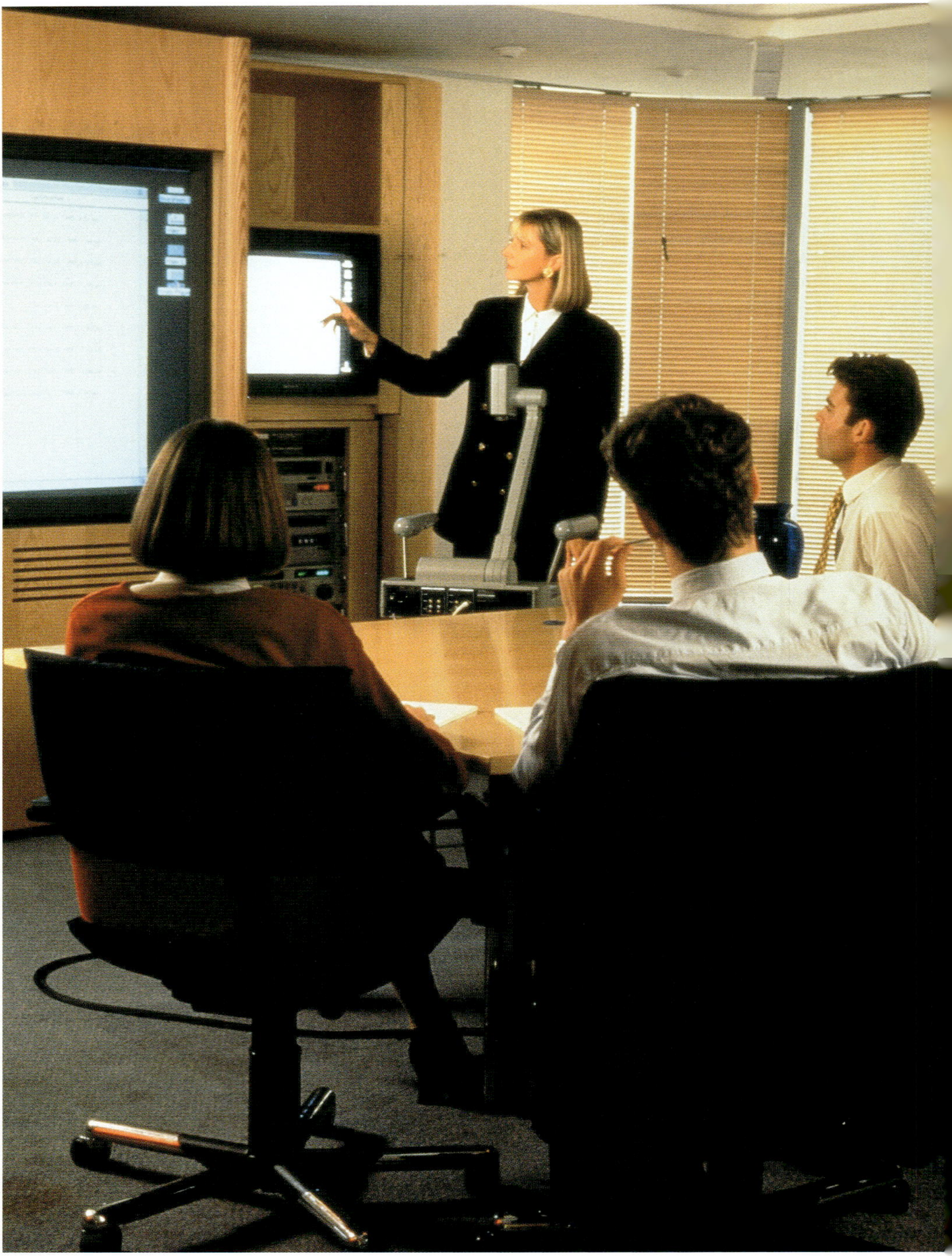

Einleitung

PR umfasst eine Reihe von Techniken und Strategien, die es einem Unternehmen ermöglichen, seinen Ruf zu verbessern, seine Zielgruppe fester an sich zu binden und Krisen sicher zu bewältigen. Ganz gleich, ob PR den Kern Ihres Aufgabengebiets bildet oder nur einen Nebenaspekt Ihrer Tätigkeit darstellt – dieses Buch wird Sie zum Erfolg führen. Indem es die wesentlichen Bereiche der Öffentlichkeitsarbeit behandelt – den Umgang mit den Medien, die Organisation von Events und die Erstellung von überzeugenden Werbematerialien –, zeigt es Ihnen, wie Sie für das Wohl Ihres Unternehmens sorgen können. Anhand eines Selbsttests können Sie Ihre Fähigkeiten einschätzen und erkennen, in welchen Bereichen Sie sich verbessern sollten; Ratschläge und nützliche Informationen helfen Ihnen, Ihre PR-Kenntnisse zu vertiefen. Mit 101 zusätzlichen Kurztipps ist dieses Buch ein wertvoller kompakter Ratgeber zu einem überaus wichtigen Geschäftsbereich.

Sinn und Zweck von PR

Zu den größten Werten eines Unternehmens gehört sein Ruf. Lernen Sie, wie PR ein gutes Image erzeugt oder verstärkt und warum ein strategischer Ansatz Erfolg garantiert.

Was sind Public Relations?

Public Relations oder Öffentlichkeitsarbeit (PR) kann ein entscheidendes Hilfsmittel für den Erfolg eines Unternehmens sein. Damit Sie bei Ihrer Zielgruppe einen dauerhaft guten Ruf genießen, sollten Sie zwischen wirkungsvoller PR und billigen Tricks unterscheiden können.

1 Denken Sie daran, dass Unternehmensaktivitäten weit reichende Konsequenzen haben können.

Die Grundlagen verstehen

PR beinhaltet die Kommunikation eines Unternehmens mit der Öffentlichkeit und die Pflege seines Images. PR dient dazu, die Hauptzielgruppe eines Unternehmens zu überzeugen und ihre Einstellungen sowie ihr Verhalten zu beeinflussen. Dies wird durch geplante, nachhaltige Aktivitäten erreicht.

2 Stellen Sie sicher, dass alle Ihre PR-Aussagen belegbar sind.

IMAGEAUFBAU

Im Grunde bezweckt PR, dass sich ein Unternehmen den guten Ruf erwirbt, den es verdient. Dazu kann erstklassige Kundenpflege ebenso nötig sein wie eine effektive Kommunikation mit dem Zielpublikum und die Übernahme sozialer Verantwortung. Billige PR-Gags und Effekthascherei mit dem Ziel, von unrühmlichen Verhaltensweisen eines Unternehmens abzulenken, haben nichts mit einer effektiven PR-Kampagne zu tun und bringen den ganzen Bereich der Öffentlichkeitsarbeit nur in Verruf.

> **3** Erinnern Sie daran, dass jeder für PR eine Rolle spielt, unabhängig von seiner Funktion.

EREIGNISSE ANTIZIPIEREN

Effektive PR bedeutet, dass man die Themen der Zukunft vorwegnimmt. Wenn Sie wissen, wie man gute Öffentlichkeitsarbeit leistet, können Sie nicht nur aktiv dazu beitragen, den Ruf Ihrer Firma zu verbessern, sondern auch Ihren Kollegen zeigen, wie ihnen PR die Arbeit erleichtern kann. Demonstrieren Sie, wie PR der Personalabteilung helfen kann, die Kommunikation mit der Belegschaft zu verbessern. Stellen Sie unter Beweis, wie wertvoll PR als Ergänzung von Marketingaktivitäten ist. Stellen Sie sicher, dass der Vorstandsvorsitzende weiß, dass gute PR die Beziehungen zu Investoren verbessern und sich damit vorteilhaft auf den Aktienkurs auswirken kann.

> **4** Die Vermeidung negativer Publicity ist genauso wichtig wie positive Publicity.

▼ **EINE POSITIVE WIRKUNG ERZIELEN**
Effektive PR verhilft einem Unternehmen zu einem verdient guten Image, das auf dem Grundsatz beruht, einen optimalen Service zu bieten, Angestellte fair zu behandeln und Verantwortung zu übernehmen. Oberflächliche PR erzeugt ein Image ohne Inhalt.

POSITIVE REAKTION

»Die Firma finde ich gut.«

»Die Angestellten sind vertrauenswürdig.«

»Die Firma hat ihren guten Ruf verdient.«

NEGATIVE REAKTION

»Diese Firma übertreibt immer maßlos.«

»Das ist wieder so ein billiger PR-Trick.«

»Sie verschleiern nur, dass sie wenig zu bieten haben.«

… Sinn und Zweck von PR

PR im Zusammenspiel mit Marketing

Die Grenze zwischen PR und Marketing mag diffus erscheinen, doch haben beide Bereiche auf verschiedene Weise Anteil am Erfolg eines Unternehmens. Setzen Sie PR zur Unterstützung von Marketingmaßnahmen ein und koordinieren Sie beiderlei Aktivitäten.

5 Achten Sie darauf, dass sich Werbung und positive Medien-Berichterstattung ergänzen.

PR in den Marketingmix integrieren

Marketing bedeutet, dass man das richtige Produkt entwickelt und angemessen bepreist und dass man es dem Verbraucher zugänglich und bekannt macht. Diese vier Komponenten – Produkt, Preis, Distribution und Absatzförderung – ergeben den so genannten Marketingmix. PR wird oft als das fünfte Element des Mix angesehen; sie beeinflusst das öffentliche Bild eines Unternehmens. Verbraucher werden vorzugsweise zu Kunden von Unternehmen, die bei ihnen hohes Ansehen genießen; effektive PR bringt Prestige ein und schafft so günstige Voraussetzungen für erfolgreiches Marketing.

ZUSAMMENARBEIT MIT DEM MARKETINGTEAM ▼
Nehmen Sie an Besprechungen Ihrer Kollegen in der Marketingabteilung teil und erklären Sie ihnen, wie PR für ihre Kampagnen von Vorteil sein kann.

Marketingleiter sucht nach Möglichkeiten, die Aufmerksamkeit der Medien zu wecken.

6 Organisieren Sie einen Ausflug mit Kollegen, um den Zusammenhalt des Teams zu stärken.

PR IM ZUSAMMENSPIEL MIT MARKETING

MARKETING DURCH PR UNTERSTÜTZEN

MARKETINGZIEL	UNTERSTÜTZENDE PR-MASSNAHME
Aufbau von stärkeren und dauerhafteren Kundenbeziehungen	• Ausrichtung eines Firmenevents • Herausgabe einer vierteljährlich erscheinenden Kundenzeitschrift
Steigerung des Bekanntheitsgrades des Unternehmens	• Sicherung positiver Berichterstattung in den Medien • Veranstaltung eines Tages der offenen Tür
Zusätzliche Absatzförderung für eine neue Produktgruppe	• Sicherung von Berichterstattung in Fach- und Publikumszeitschriften • Schaffung von Probiermöglichkeiten im Einzelhandel

> **7** Besorgen Sie sich die Marketingstrategie Ihres Unternehmens.

KOORDINATION

Die größtmögliche Wirkung erzielen aufeinander abgestimmte PR- und Marketingaktivitäten. Wenn die Marketingabteilung neue Produkte und Dienstleistungen bewirbt, dann unterstützen Sie die Kampagne, indem Sie für positive Berichterstattung in der Presse sorgen. Setzen Sie die Website Ihres Unternehmens sowohl für Marketing- als auch für PR-Zwecke ein. Schaffen Sie für Journalisten einen Bereich mit Pressemitteilungen, Hintergrundinformationen und Pressefotos zum Herunterladen.

Mitglied des Marketingteams erklärt eine neue Kampagne.

PR-Managerin erklärt, welchen Nutzen eine Pressemitteilung hätte.

Effektive Kommunikation

Öffentlichkeitsarbeit wird manchmal auch als Kommunikation bezeichnet, weil sie im Prinzip auf geschickter Dialogführung beruht. Um Erfolg zu haben, müssen Sie für interaktive Kommunikation sorgen und auch auf nonverbale und unbeabsichtigte Signale achten.

8 Bringen Sie in Erfahrung, wie Ihre Kunden Sie sehen.

9 Antworten Sie prompt, und sagen Sie die ganze Wahrheit, um gut zu kommunizieren.

Die Bedeutung von Kommunikation

Gute Kommunikation befähigt Sie, einen dauerhaften Kontakt zu Ihrer Zielgruppe herzustellen, problematische Beziehungen zu verbessern und folgenschwere Missverständnisse zu vermeiden. Mangelhafte Kommunikation führt dazu, dass Kunden sich ignoriert vorkommen und das Interesse daran verlieren, wieder mit Ihnen Geschäfte zu machen. Prüfen Sie, wie wirksam Ihre Kommunikationsmethoden sind.

Zweiwegkommunikation

Denken Sie daran, dass sich Kommunikation nicht nur in einer Richtung abspielen sollte. Ein Unternehmen muss nicht nur Botschaften vermitteln, sondern auch Mechanismen einrichten, durch die es Rückmeldung von Mitarbeitern, Kunden, Lieferanten und der Öffentlichkeit erhält. Machen Sie es anderen leicht, in Verbindung mit Ihnen zu treten. Verschicken Sie Fragebögen, um Feedback einzuholen. Verwenden Sie Meinungskarten und Vorschlagskästen. Legen Sie auf Ihrer Website einen Link zu Ihrer E-Mail-Adresse an. Wenn Sie Mitteilungen erhalten, dann zeigen Sie, wie viel Ihnen an einem Dialog liegt, indem Sie unverzüglich antworten.

10 Lernen Sie zuzuhören – richtige Kommunikation bedeutet mehr als Reden.

Effektive Kommunikation

Die richtigen Signale aussenden

Überlegen Sie genau, welche Signale ausgesendet werden sollen; überlassen Sie nichts dem Zufall. Schilder, auf denen knapp formulierte Vorschriften stehen, sowie unhöfliche, lustlose oder unqualifizierte Mitarbeiter sind eindeutig negative Signale – für ein unfreundliches oder gleichgültiges Unternehmen. Betrachten Sie Ihr Unternehmen so, als ob Sie zum ersten Mal mit ihm in Kontakt träten. Achten Sie darauf, wie es auf Sie wirkt. Fragen Sie neue Angestellte, neue Kunden oder erstmalige Besucher Ihres Unternehmens nach ihren Eindrücken, und richten Sie sich nach den Antworten, die Sie erhalten. Falls unbeabsichtigt negative Signale ausgesendet worden sind, stellen Sie diese ab.

Wichtige Fragen

- Informieren wir unsere Kunden über jede Verzögerung?
- Teilen wir unseren Kunden jede Änderung der bestehenden Regelungen mit?
- Benachrichtigen wir unsere Kunden über wichtige interne Ereignisse wie Neueinstellungen?

11 Vergewissern Sie sich, dass alle Signale richtig verstanden werden.

Mangelnder Blickkontakt deutet auf Gleichgültigkeit hin.

Ein Lächeln zeigt, dass er den Kontakt schätzt.

Negativ

▶ Nonverbale Botschaften verstehen

In diesen beiden Situationen erhält eine Kundin höchst unterschiedliche nonverbale Signale. Ein desinteressiert und unfreundlich wirkender Mitarbeiter untergräbt das Vertrauen der Kundin; eine offene, ihr zugewandte Körperhaltung signalisiert dagegen Sympathien.

Ein gepflegtes Äußeres wirkt professionell.

Positiv

Strategische Planung

Langfristig angelegte Öffentlichkeitsarbeit ist weit effektiver als spontane, unkoordinierte Aktionen. Halten Sie stets fest, was Sie mit einer PR-Kampagne bezwecken. So können Sie adäquate Maßnahmen treffen, Teilergebnisse kontrollieren und den Gesamterfolg bewerten.

> **12** Achten Sie darauf, dass die PR-Strategie mit Firmen- und Marketingstrategie harmoniert.

> **13** Setzen Sie PR dazu ein, schlechter Publicity vorzubeugen.

> **14** Ergreifen Sie die Initiative, statt zu reagieren.

Vorteile einer Strategie

Um PR auf aktive und vorausschauende Weise zu betreiben, müssen Sie eine PR-Strategie erstellen. Ihre Strategie muss sowohl mit der generellen Geschäfts- als auch mit der Marketingstrategie Ihres Unternehmens vereinbar sein. Daher ist es unter Umständen nützlich, die für die Geschäfts- und Marketingstrategie Verantwortlichen in die Ausarbeitung einer PR-Strategie einzubeziehen – die Betreffenden können Ihnen die übergeordnete Zielsetzung erklären, während Sie ihnen darlegen können, auf welche Weise PR den Zielen des Unternehmens förderlich ist.

Ziele formulieren

Der erste Schritt zur Erstellung einer Strategie ist eine Zielbestimmung. Ihr Ziel könnte zum Beispiel darin bestehen, das Image Ihres Unternehmens zu verbessern, seinen Bekanntheitsgrad zu steigern oder eine festere Beziehung zu wichtigen Gruppen herzustellen. Eine eindeutige Zielsetzung erhöht Ihre Erfolgschancen und erleichtert es Ihnen, Fortschritte zu überwachen und Erfolge zu bewerten. Definieren Sie Ihre Ziele zu Beginn, aber nehmen Sie sich dafür reichlich Zeit, denn auf diese Zielsetzung werden Sie alle Ihre PR-Aktivitäten abstimmen.

Nicht vergessen

- Ihre Ziele sollten eindeutig und exakt formuliert sein und sowohl an quantitative Erfolgskriterien als auch an einen Zeitrahmen geknüpft sein.
- Damit Ihre Zielsetzung sinnvoll bleibt, muss sie regelmäßig überprüft werden.
- Ein sinnvolles Ziel ist anspruchsvoll, aber erreichbar.

STRATEGISCHE PLANUNG

> **15** Gestalten Sie durch überzeugende PR das öffentliche Bild Ihres Unternehmens.

> **16** Wählen Sie Botschaften, die Ihre Werte verdeutlichen.

BESTIMMUNG DES ZIELPUBLIKUMS

Die meisten Unternehmen wollen verschiedene Publikumskreise ansprechen, und daher gehört zu einem strategischen PR-Ansatz auch, dass alle diese Kreise klar voneinander abgegrenzt werden. Dabei kommt einigen gewöhnlich größere Bedeutung zu als anderen. Hier einige mögliche Publikumskreise:

- die Kundschaft,
- das Personal,
- die Medien,
- die Allgemeinheit,
- Investoren/Aktionäre,
- Marktanalysten,
- andere am Unternehmen Interessierte,
- die örtliche Bevölkerung,
- Kommunalverwaltungen und Regierungen.

STRATEGISCHE BOTSCHAFTEN

Jedes Unternehmen hat ein Interesse daran, dass bestimmte grundlegende Botschaften vermittelt werden. Dazu kommt eine Reihe von Botschaften, die auf jeden Publikumskreis einzeln abgestimmt werden. Wenn z. B. ein neues Produkt auf den Markt gebracht wird, wollen Investoren wahrscheinlich über etwaige Auswirkungen auf den Aktienkurs informiert werden. Die Medien und die örtliche Bevölkerung dagegen interessieren sich u. U. eher für die Beeinflussung der Umwelt. Versuchen Sie jedem Publikumskreis die entsprechenden Informationen zu liefern.

▼ **WIE PR SICH AUSZAHLT**
Indem Iris eine Strategie entwickelte und sich Zeit für die Öffentlichkeitsarbeit nahm, leistete sie einen bedeutenden Beitrag zum Erfolg der Firma. Der Umsatz stieg, und PR wurde bald als ein wertvoller Geschäftsbereich angesehen.

FALLBEISPIEL
Iris arbeitete für ein mittelständisches Technikunternehmen und war dort unter anderem für die Öffentlichkeitsarbeit zuständig. Allerdings war Iris so sehr mit ihren Hauptaufgaben beschäftigt, dass die PR immer an letzter Stelle kam. Die meisten ihrer Maßnahmen waren Reaktionen auf Dinge, die bereits vorgefallen waren, und die Ergebnisse wurden nie bewertet. Nun beschloss Iris, ihre PR-Maßnahmen besser zu planen. Sie erstellte eine Strategie und plante für deren Umsetzung genug Zeit ein. Nach wenigen Monaten wurde in der Fachpresse deutlich häufiger über die Firma berichtet, was unmittelbar zu einem Anstieg der Auftragszahlen führte. Dank verbesserter interner Kommunikation war das Produktionspersonal wieder stärker motiviert und akzeptierte neue Arbeitsregelungen, durch die das gesteigerte Aufkommen bewältigt werden konnte.

773

Sinn und Zweck von PR

17 Erwägen Sie, Kollegen zu Strategiesitzungen einzuladen.

DURCH PLANUNG ZUM ERFOLG ▼
Wählen Sie in Ihrem Team eine Aussage und ein dem Publikum angemessenes Medium, und stellen Sie dann fest, wie dringend die Botschaft verbreitet werden muss.

Ziele erreichen

Eine PR-Strategie erfordert umfangreiche Recherchen, Planung und Diskussion. Überlegen Sie, wie Sie Ihre Vorstellungen verwirklichen und Ihrem Publikum die gewünschten Botschaften vermitteln können. Kalkulieren Sie, wie viel jede Möglichkeit kosten würde; entscheiden Sie, welche Ideen Sie in die Tat umsetzen werden, und erstellen Sie dann einen Zeitplan, der den Anfangs- und Endzeitpunkt jeder Aktivität einschließt. Halten Sie auch fest, wer wofür verantwortlich sein wird. Halten Sie regelmäßige Besprechungen mit allen Beteiligten ab, damit Sie die Fortschritte überwachen und Probleme beheben können.

PR-Manager spricht sich dafür aus, mehrere Methoden zu kombinieren.

Teammitglied schlägt vor, an einer Ausstellung teilzunehmen, um die Botschaft zu verbreiten.

Dokumentierung des Plans

Eine PR-Strategie sollte schriftlich festgelegt sein. Notieren Sie hierfür Details zu jedem Publikumskreis sowie die jeweils wichtigsten Botschaften. Halten Sie auch Ihre Zielvorstellungen fest, und skizzieren Sie, wie Sie diese verwirklichen wollen. Geben Sie an, nach welchen Kriterien die Ergebnisse zu bewerten sind, und bestimmen Sie einen Termin für die Erstellung einer Zwischenbilanz. Am Ende sollte der detaillierte Zeitplan stehen.

18 Überprüfen Sie Ihre PR-Strategie alle sechs Monate.

19 Achten Sie darauf, nur zielgerichtete PR-Maßnahmen zu treffen.

Effektivität messen

Bei einer Ergebnisbewertung geht es darum, zu ermitteln, ob die gesteckten Ziele erreicht worden sind. Arbeiten Sie mit Fragebögen, Fokusgruppen und anderen Methoden, um herauszufinden, ob Ihre Botschaften die Adressaten erreicht und zum gewünschten Ergebnis geführt haben. Unter Umständen müssen Sie sowohl vor als auch nach einer PR-Kampagne Nachforschungen anstellen, um genau ermessen zu können, inwiefern sich Einstellungen und Verhaltensweisen geändert haben. Bewerten Sie die Ergebnisse, damit Sie feststellen können, welche Taktiken und Methoden erfolgreich waren und welche nicht.

> **20** Gute PR kann die Abwesenheitsquote Ihrer Belegschaft verringern.

> **21** Gehen Sie PR-Probleme kreativ an.

Die Effektivität einer PR-Kampagne messen

Kriterium	Massstab
Ansprache	• In welchem Ausmaß ist es uns gelungen, unser Zielpublikum zu erreichen? • Welche Beweise gibt es dafür?
Information	• Wie gut ist unsere Zielgruppe über unser Unternehmen und seine Produkte informiert? • Woran lässt sich das ablesen?
Verständnis	• Hat das Zielpublikum unsere Botschaft verstanden? • Wie können wir das feststellen?
Popularität	• Sind wir bei der Zielgruppe jetzt beliebter? • Woran lässt sich das ablesen?
Einstellung	• Haben sich die Anschauungen der Zielgruppe positiv beeinflussen lassen? • Welche Anzeichen gibt es dafür?
Meinung	• Hat sich die Meinung unseres Publikums wunschgemäß gewandelt? • Wie lässt sich das erkennen?
Verhalten	• Hat sich das Verhalten der Zielgruppe wie erwartet geändert? • Woran lässt sich das ablesen?

PR-Fähigkeiten entwickeln

Optimale interne Kommunikation und Kundenbetreuung, Krisenmanagement und die Organisation von Kampagnen sind Kernbereiche der Öffentlichkeitsarbeit. Werden Sie ein versierter PR-Praktiker.

Kommunikation mit der Belegschaft

Gute PR beginnt in Ihrem unmittelbaren Umfeld. Engagierte, hilfsbereite Mitarbeiter erzeugen ein positives Image; betrachten Sie Angestellte also auch als eine wichtige Zielgruppe. Fördern Sie die Motivation des Personals durch effektive Kommunikation.

22 Fragen Sie Mitarbeiter, wie die interne Kommunikation verbessert werden könnte.

23 Kommunizieren Sie richtig, dann ist die Personalfluktuation gering und die Arbeitsmoral gut.

Mitarbeiter auf dem Laufenden halten

Angestellte müssen wissen, was in ihrem Unternehmen geschieht, und sollten von Entwicklungen, die sie betreffen, möglichst früh erfahren. Informieren Sie Ihr Personal über Neueinstellungen, Beförderungen, Aufstiegsmöglichkeiten, neue Produkte und Dienstleistungen, bedeutende Marketingmaßnahmen, Unternehmensergebnisse und Zukunftspläne. Eine effektive interne Kommunikation ist in aller Interesse.

Kommunikation mit Mitarbeitern

Einen echten Dialog führen

Sie werden feststellen, welche Vorteile es bringt, Informationen weiterzugeben, wenn Sie für offene, ungehemmte Zweiwegkommunikation zwischen den Angestellten und der Unternehmensleitung sorgen. Bei Mitarbeitern sind interne Mitteilungen bisweilen unbeliebt. Ein solches Misstrauen ist verständlich, wenn das Personal lediglich fortwährender Unternehmenspropaganda ausgesetzt ist. Sorgen Sie dafür, dass der Informationsfluss nicht einseitig bleibt. Jedes Teammitglied kann wertvolle Erkenntnisse liefern; ermutigen Sie also jeden, seine Ideen Vorgesetzten gegenüber zu äußern.

24 Präsentieren Sie Informationen leicht verständlich.

25 Vermeiden Sie Euphemismen, um schlechte Nachrichten zu beschönigen.

Wichtige Fragen

- In welche Gruppen lassen sich unsere Angestellten einteilen?
- Was muss jede einzelne Gruppe wissen?
- Welche Art der Kommunikation bevorzugt jede Gruppe?
- Wie können wir unsere Kommunikation verbessern?

Kommunikationskanäle überprüfen

Bringen Sie in Erfahrung, an welcher Stelle der Kommunikationsfluss stockt, ob Sie dem Personal zu viele oder zu wenige Informationen liefern und ob es Mitteilungen der Unternehmensleitung versteht und ernst nimmt. Zeigen Sie Ihren Mitarbeitern, dass ihre Meinung zählt. Lassen Sie einen Fragebogen zirkulieren; die Fragen müssen dabei so gestellt sein, dass Sie anhand der Antworten Probleme ausmachen können. Handeln Sie dementsprechend – erstellen Sie einen Aktionsplan, teilen Sie ihn dem Personal mit und führen Sie ihn durch.

◀ **OFFENHEIT**
Zunächst versäumte Peter es, die schlechten Nachrichten mit der Belegschaft zu teilen. Indem Peter dann mit seinen Angestellten sprach, sicherte er sich die dauerhafte Unterstützung seines Personals.

FALLBEISPIEL

Peter besaß eine kleine Plattenfirma. Ein früher unter Vertrag genommener Künstler brachte Peter wegen Tantiemen vor Gericht. Peter war sehr besorgt und erzählte niemandem von dem Prozess. Schließlich drangen jedoch Gerüchte bis zu Peters Personal vor. Die Angestellten fürchteten um ihre Arbeitsplätze, da sie gehört hatten, dass das Gerichtsverfahren Peters Konkurs bedeuten könnte. Eine Mitarbeiterin ging zu einer anderen Firma, da sie ihren Arbeitsplatz für unsicher hielt. Peter hörte zufällig, was man sich im Büro erzählte, und stellte fest, dass das nicht im Geringsten der Wirklichkeit entsprach. Er berief eine Sitzung ein, um die Situation zu klären. Seine Mitarbeiter erfuhren, dass Peter im Recht war und beste Chancen hatte, den Prozess zu gewinnen. Die Arbeitsmoral besserte sich daraufhin wieder, und die Mitarbeiter hielten Peter in dieser schwierigen Phase die Treue.

BETREIBEN VON IMAGEPFLEGE

Ein gutes Firmenimage gründet sich auf Tatsachen. Beurteilen Sie Ihr gegenwärtiges Image, erstellen Sie einen Aktionsplan zur Beseitigung von Schwachpunkten und bemühen Sie sich dann, Ihren guten Ruf beizubehalten.

> **26** Behandeln Sie Kundenreklamationen prompt und verständnisvoll.

> **27** Versuchen Sie stets, die Erwartungen Ihrer Kundschaft zu übertreffen.

▼ **EINE IMAGEMATRIX ANLEGEN**
Angepasst an Ihre speziellen Anforderungen, kann Ihnen eine solche einfache Matrix helfen, nach einer internen Imageanalyse Maßnahmen zu planen.

IMAGEANALYSE DURCHFÜHREN

Finden Sie durch Meinungsforschung heraus, wie Ihre Zielgruppe Sie wahrnimmt. Kombinieren Sie diese Analyse mit einer Überprüfung Ihrer Kommunikationskanäle. Achten Sie auch auf unbeabsichtigte Signale wie einen verschmutzten Lieferwagen. Untersuchen Sie jeden Aspekt Ihrer Arbeitsweise, der etwas über Ihr Unternehmen aussagt; dazu gehören Ihre Räumlichkeiten ebenso wie firmeninterne Regelungen und die Kundenbetreuung. Fragen Sie: »Welchen Eindruck würde ich bekommen, wenn ich sonst nichts über unser Unternehmen wüsste?«

	FAKTOR 1	FAKTOR 2	FAKTOR 3
Untersuchter Faktor	Eingangshalle	Infobroschüre	Lieferzeiten
Derzeitiges Image	Langweilig und altmodisch	Billig und unprofessionell	Ineffizient und unprofessionell
Gewünschtes Image	Einladend und modern	Attraktiv, professionell und hochwertig	Schnell, effizient und kundenorientiert
Erforderliche Maßnahme	Umdekorieren, Bestuhlung austauschen	Neue, ansprechende Broschüre erstellen	Bei Bedarf zusätzliche Packer einstellen, auch in Teilzeit
Budget	1800 Euro	27000 Euro	Unbekannt
Verantwortlich	Melanie	Stefan	Markus
Beginn/Abschluss	Februar/März	März/Juni	Februar/März

Vertrauen gewinnen

Ein Unternehmen mit einem guten Ruf genießt Vertrauen. Es zahlt sich aus, Vertrauen zu gewinnen, denn:
- Ihre Kundschaft wächst.
- Ihre Aktie wird häufiger gekauft.
- Sie ziehen bessere Mitarbeiter an.
- Die Medien und die Öffentlichkeit zweifeln nicht an Ihrem Wort.
- Sie sind in heiklen Situationen glaubwürdiger.

Ein Aktionsplan

Nachdem Sie die Schwachpunkte Ihres Images erkannt haben, gilt es, diese anzugehen. Sammeln Sie praktische Ideen und verwandeln Sie sie in einen durchführbaren Aktionsplan. Mit jedem Punkt Ihres Plans muss eine bestimmte Person beauftragt werden, die über die Fähigkeiten, die Befugnisse und die Zeit verfügt, die dafür nötig sind. Statten Sie die Verantwortlichen mit einem ausreichenden Budget aus und vereinbaren Sie einen Anfangs- und Abschlusstermin. Versammeln Sie alle Beauftragten zu einer Arbeitsbesprechung, damit sie den Gesamtzusammenhang erkennen und verstehen, warum überhaupt Maßnahmen erforderlich sind. Lassen Sie sich Zwischenberichte geben, damit Sie die Fortschritte überwachen können.

Den guten Ruf schützen

Bis ein gutes Image aufgebaut ist, können Jahre vergehen, doch zerstört ist es nur allzu schnell. Bemühen Sie sich nach Kräften, Ihr wohlverdientes Image zu erhalten. Zeigen Sie Ihrem Personal, dass Sie es schätzen, behandeln Sie es fair und kommunizieren Sie offen mit ihm. Unzufriedene Angestellte beklagen sich bei ihren Bekannten und schaden damit Ihrem Ruf als Arbeitgeber. Außerdem bedienen lustlose Mitarbeiter Kunden meist schlecht, was das positive Image Ihrer Firma untergräbt. Betreuen Sie Ihre Kunden optimal, damit sie keinen Grund haben, sich zu beschweren. Wenn Sie dennoch Reklamationen erhalten, dann reagieren Sie unverzüglich, angemessen und höflich.

▼ Kohärentes Image
Für ein erfolgreiches Image muss eine Überschneidung zwischen der Identität, die ein Unternehmen anstrebt, und dem Bild in der Öffentlichkeit bestehen, denn nur so wird die öffentliche Darstellung vom Publikum nicht als Widerspruch zu eigenen Erfahrungen empfunden.

Sicherheitskampagne im Radio fördert das Image eines verantwortungsbewussten Unternehmens.

KUNDENBETREUUNG

Exzellente Kundenbetreuung bildet das Herzstück effektiver PR. Streben Sie 100-prozentige Kundenzufriedenheit an und tragen Sie selbst dazu bei, indem Sie Ihre Mitarbeiter entsprechend schulen, Servicegarantien einführen und Fehler schnell wieder gutmachen.

28 Sorgen Sie dafür, dass Ihre Kundschaft keinen Grund hat, sich zu beschweren.

29 Machen Sie aus unzufriedenen Kunden Fürsprecher Ihrer Firma.

30 Versuchen Sie, sich in Ihre Kunden hineinzuversetzen.

ERSTKLASSIGER SERVICE

Eine der besten Möglichkeiten, ein gutes Image aufzubauen oder zu festigen, besteht in optimaler Kundenbetreuung. Wenn Sie Ihre Kunden dagegen vernachlässigen, schaden Sie Ihrem Ruf. Überraschend wenige Angestellte sind von Natur aus geschickt im Umgang mit der Kundschaft – die meisten benötigen eine entsprechende Ausbildung; eine weitere Voraussetzung ist, dass sie vollkommen motiviert sind. Ihr Personal muss wissen, was von ihm erwartet wird. Legen Sie messbare Servicekriterien fest und bieten Sie dem Personal einen Anreiz, sie zu erfüllen.

SERVICEGARANTIEN

Stellen Sie eine Liste mit Servicegarantien zusammen, der Ihre Kundschaft entnehmen kann, was sie von Ihnen erwarten darf und was Sie tun werden, wenn Sie Ihren Verpflichtungen nicht nachkommen. Solche Servicegarantien können eine sehr wirksame Methode sein, den Ruf Ihrer Firma zu verbessern – vorausgesetzt, sie werden erfüllt. Geben Sie an, wie schnell Sie Anrufe entgegennehmen, Briefe, Faxe und E-Mails beantworten und Aufträge abwickeln werden. Führen Sie ein einfaches, faires Reklamationsverfahren ein, und erklären Sie, unter welchen Bedingungen Sie fehlerhafte oder nicht gewünschte Waren zurücknehmen. Gewinnen Sie das Vertrauen Ihrer Kunden, damit sie immer wieder bei Ihnen kaufen.

WICHTIGE FRAGEN

F Haben unsere Kunden Grund, uns weiterzuempfehlen?

F Haben wir unsere Kunden darüber aufgeklärt, welche Ansprüche sie haben, wenn wir etwas nicht zufrieden stellend erledigen?

31 Machen Sie allen die Zufriedenheit der Kundschaft als Ziel bewusst.

KUNDENBETREUUNG

FLEXIBILITÄT

Versuchen Sie grundsätzlich, dem Kunden entgegenzukommen. Manchmal stehen firmeninterne Regelungen und rigide Verfahrensweisen einer guten Kundenbetreuung im Weg. Eine Vorschrift, die besagt, dass alle Anfragen schriftlich zu formulieren sind, ist z. B. unflexibel und kundenunfreundlich. Prüfen Sie, ob alle derartigen Regeln unbedingt notwendig sind. Seien Sie bereit, wenn möglich flexibel zu reagieren. Schulen Sie Ihr Personal im richtigen Umgang mit Kunden, und halten Sie es an, alle zumutbaren Kundenwünsche zu erfüllen. Tun Sie Ihr Möglichstes, um Ihre Kundschaft zufrieden zu stellen.

NICHT VERGESSEN

- Vorschriften sollten nie eine Entschuldigung dafür sein, dass einem Kunden nicht geholfen wird.
- Die Berufsauffassung von Angestellten ist ein wichtiger Faktor: Mitarbeiter, die sich mit ihrer Tätigkeit identifizieren, können das Ansehen eines Unternehmens enorm vergrößern.
- Aus zufriedenen Mitarbeitern werden Fürsprecher Ihres Unternehmens, aus unzufriedenen dagegen Kritiker.

32 Vermeiden Sie es, Kunden an andere Abteilungen zu verweisen.

Angestellte lernt, wie man Kunden Hilfe anbietet.

Schulungsleiter unterbricht das Rollenspiel, um Verbesserungsvorschläge zu machen.

◀ **KUNDENBETREUUNG**

Fachmännische Schulung in Kundenbetreuung bedeutet eine sinnvolle Investition. Denken Sie daran, dass alle neuen Angestellten zunächst am entsprechenden Ausbildungsprogramm Ihrer Firma teilnehmen sollten und danach alle zwei oder drei Jahre an einem Auffrischungskurs.

Kollegin in der Rolle der Kundin gibt Feedback.

PR-FÄHIGKEITEN ENTWICKELN

PLANUNG EINER KAMPAGNE

Kampagnen sind ein immer beliebteres Mittel, ein Unternehmen bekannt zu machen und mit einem positiven Image auszustatten. Planen Sie Ihre Kampagne sorgfältig, lancieren Sie sie möglichst öffentlichkeitswirksam und führen Sie sie fort, bis Ihre Ziele erreicht sind.

33 Planen Sie Ihre Kampagne bis ins letzte Detail, damit Ihnen ein Erfolg sicher ist.

34 Kalkulieren Sie Ihr Budget sorgfältig – Kampagnen können teuer werden.

ECKPUNKTE FESTLEGEN

Ein Unternehmen kann eine eigenständige Kampagne durchführen, die ein Verbraucherthema zum Inhalt hat; es kann sich aber auch mit anderen Unternehmen zusammenschließen, um Werbung für eine Branche zu machen oder um eine Kommunalverwaltung oder Regierung in einer Angelegenheit zu beeinflussen, die für diese Branche von Bedeutung ist. Bevor Sie die Durchführung einer Kampagne in Betracht ziehen, sollten Sie alle Gesichtspunkte bedenken. Bestimmen Sie Ihre Zielvorstellung und Ihr Zielpublikum und legen Sie sich auf bestimmte Taktiken und Techniken fest. Außerdem sollten Sie die Stärken und Schwächen Ihrer Argumentation ermitteln, Fakten sammeln und sich auf nahe liegende Einwände vorbereiten.

EIGNUNG ZUR LEITUNG EINER KAMPAGNE ▼
Menschen, die fähig sind, eine Kampagne gut zu leiten, lassen sich leicht erkennen: Sie sind kreativ, motiviert und leistungsstark, gehen logisch vor und übertragen ihre Begeisterung oft auf andere. Alle diese Eigenschaften sind bei der Kampagnenleitung von Vorteil.

Eloquent

Ehrlich

Überzeugungsstark

Mit Argumenten pro und kontra vertraut

Weit blickend und effektiv

Vom Inhalt der Kampagne überzeugt

Gut informiert

Kampagnentitel wählen

Ein Kampagnentitel kann dazu beitragen, dass aus einer abstrakten Zielsetzung eine PR-Offensive mit eigener Identität wird. Der Kampagnentitel sollte aussagekräftig, einprägsam und nach Möglichkeit kurz sein. Ihre Kampagne erhält einen noch stärker ausgeprägten Charakter, wenn Sie ein Logo und eine visuelle Identität erstellen lassen; eine entsprechende Gestaltung von Briefpapier und anderen Materialien betont die Aussagen der Kampagne zusätzlich. Ein Slogan, der die Kampagnenziele prägnant zusammenfasst, ist ebenfalls von Nutzen.

Nicht vergessen

- Titel für internationale Kampagnen sollten daraufhin geprüft werden, ob sie in anderen Sprachen eine unpassende Bedeutung haben.
- Ein langer Titel lässt sich oft in ein leicht auszusprechendes Akronym verwandeln.
- Ein Untertitel oder Motto kann eine sinnvolle Ergänzung sein.
- Mit Brainstorming lassen sich mögliche Namen sammeln.

35 Heben Sie Erfolge der Kampagne hervor, um erneut Interesse zu wecken.

36 Organisieren Sie ein Lancierungsevent und laden Sie die Medien dazu ein.

Materialien erstellen

Die meisten Kampagnen erfordern Material, das dazu dient, zu informieren, zu überzeugen, um Unterstützung zu werben und die Ziele bekannt zu machen. Dazu kann ein Faltblatt gehören, das Ihre Argumente wiedergibt; oder auch Plakate und andere Werbemittel sowie Luftballons, Anstecker, Kugelschreiber und Taschen. Auch ein Video ist ein gutes Mittel, um Publicity zu erzielen. Wenn Sie Sympathisanten dazu animieren wollen, sich Ihrer Kampagne anzuschließen, sollten Sie ein Infopaket zusammenstellen, das erklärt, wie man Ihre Kampagne unterstützen kann. Bereiten Sie außerdem Informationsblätter mit den Fakten vor, die Ihre Fürsprecher benötigen werden.

Interesse wach halten

Legen Sie fest, wann genau jede einzelne Aktivität in den Wochen und Monaten nach der Lancierung der Kampagne stattfinden wird. Suchen Sie nach Möglichkeiten, Aufmerksamkeit zu erregen und Ihre Botschaft zu verbreiten. Stellen Sie Nachforschungen an und veröffentlichen Sie die Ergebnisse. Überlegen Sie sich Anlässe für Fototermine. Veranstalten Sie eine Ausstellung oder initiieren Sie eine Unterschriftensammlung.

37 Seien Sie erfinderisch, um Ihre Kampagne in der Öffentlichkeit zu halten.

Events organisieren

Veranstaltungen spielen für viele Arten der Öffentlichkeitsarbeit eine Rolle, weswegen Eventmanagement auch zu den grundlegenden PR-Fähigkeiten gehört. Finden Sie einen interessanten Rahmen, suchen Sie den Veranstaltungsort aus, und planen Sie alles sehr genau.

> **38** Beziehen Sie Helfer möglichst früh in die Vorbereitung eines Events ein.

> **39** Achten Sie bei der Planung eines Events auf Originalität, damit es im Gedächtnis bleibt.

> **40** Wählen Sie einen beziehungsreichen Veranstaltungsort oder laden Sie einen Prominenten ein.

Planung eines Events

Für PR-Zwecke kommen die verschiedensten Veranstaltungsarten in Frage, von Produktlancierungen über Werks-, Laden- und Büroeröffnungen bis hin zu Empfängen, Tagen der offenen Tür, Unterhaltungsevents, Pressekonferenzen und Medienreisen. Events dienen zur Steigerung des Bekanntheitsgrades, zur Stärkung der Kundentreue und zur Imagepflege. Gewisse Arten von Events verlangen nur organisatorisches Geschick, andere auch Kreativität. Gelegentlich bedarf es origineller, aber stimmiger Ideen, damit ein Event zu etwas Außergewöhnlichem wird. Das könnte z. B. bedeuten, dass Sie einen ausgefallenen Veranstaltungsort buchen, oder dass Sie einen prominenten Sportler, Filmstar oder Popsänger engagieren.

Festlegung des Datums

In manchen Fällen ist der Termin einer Veranstaltung vorgegeben, etwa wenn der Anlass der Jahrestag der Firmengründung ist. Oft besteht jedoch eine Wahlmöglichkeit. Wenn Sie selbst einen Termin für Ihr Event bestimmen können, dann versuchen Sie es auf einen Tag zu legen, an dem sich ein passender Anlass ergibt. Eine Veranstaltung für Paare kann beispielsweise besonders erfolgreich sein, wenn sie am Valentinstag stattfindet. Achten Sie auf etwaige Konkurrenzveranstaltungen.

> **41** Achten Sie auf den Termin; führen Sie etwa eine Freiluftveranstaltung nicht im Winter durch.

EIN PLANUNGSTEAM BILDEN

Kleinere Events lassen sich problemlos von einer Person organisieren, aber wenn Sie eine Großveranstaltung planen, benötigen Sie Hilfe. Bilden Sie aus Menschen, die über die nötigen Fähigkeiten und Kapazitäten verfügen, ein Team zur Planung bedeutender Events. Suchen Sie zuverlässige und motivierte Helfer und beziehen Sie sie gleich zu Beginn ein, damit sie sich mit ihrer Aufgabe identifizieren können. Bei der Planung eines Events übersieht man leicht wichtige Details; listen Sie also alle nötigen Schritte auf und übertragen Sie die Verantwortung jeweils einem bestimmten Teammitglied.

DAS IST ZU TUN

1. Wählen Sie einen Termin, an dem keine anderen Großveranstaltungen stattfinden.
2. Suchen Sie nach einem passenden Ort.
3. Denken Sie darüber nach, wen Sie einladen könnten.
4. Überlegen Sie, in welcher Form die Lancierung stattfinden soll.

WICHTIGE BETEILIGTE INSTRUIEREN

Wenn Sie jemanden bitten, eine Tischrede zu halten, eine Einweihung vorzunehmen oder in ähnlicher Weise auf einer Veranstaltung in Erscheinung zu treten, dann geben sie ihm ausführliche Instruktionen. Je besser er informiert wird, desto besser kann er seine Aufgabe ausführen. Erklären Sie ihm möglichst in einem Gespräch, was Sie von ihm erwarten, und lassen Sie schriftliche Instruktionen folgen. Erläutern Sie den Zweck der Veranstaltung, welche Rolle der Betreffende dabei spielt und wer anwesend sein wird. Teilen Sie ihm mit, wann er sich einfinden soll und wann er voraussichtlich wieder gehen kann. Geben Sie ihm bei Bedarf Hintergrundinformationen.

▼ **MATERIALIEN FÜR EINEN GASTREDNER**
Lassen Sie Ihrem Gastredner lange vor der Veranstaltung ein Skript zukommen, das alle wichtigen Punkte behandelt. So kann er sich eigene Notizen machen und die Rede sicher vortragen.

42 Vergewissern Sie sich, dass Ihr Gastredner die richtigen Referenzen mitbringt.

Gastredner besitzt nach der Vorlage angefertigte Notizen.

PR-Fähigkeiten entwickeln

Buchung eines Veranstaltungsortes

Listen Sie mögliche Veranstaltungsorte auf, damit Sie deren Vor- und Nachteile vergleichen können. Berücksichtigen Sie dabei den Kostenfaktor, aber auch Lage, Kapazität und Einrichtungen. Denken Sie darüber nach, ob Sie einen sachlichen oder einen lockeren, heiteren Rahmen wünschen. Prüfen Sie, ob der Ort mit öffentlichen Verkehrsmitteln leicht erreichbar ist oder ob Sie Transportmöglichkeiten organisieren müssen.

> **43** Wählen Sie einen Veranstaltungsort, der zu Ihrem Firmenimage passt.

▼ DETAILS BESTÄTIGEN LASSEN
Ob Sie Räumlichkeiten, Einrichtungen oder Gastredner buchen oder ein Menü bestellen – lassen Sie sich alle Vereinbarungen schriftlich und im Detail bestätigen.

Sehr geehrte Frau Röber,

ich möchte Sie bitten, mir die Einzelheiten zu bestätigen, die wir Anfang der Woche bei Ihnen vereinbart haben. Ich möchte den Konferenzsaal und die beiden angrenzenden Seminarräume im Grand Hotel für unser jährliches Seminar am 20. August reservieren. Wir werden die Räume von 9 bis 17 Uhr benötigen. Außerdem ist uns die alleinige Nutzung des Bankettsaals von 12.30 bis 13.30 Uhr und von 15 bis 15.30 Uhr vorbehalten.

Insgesamt werden 150 Personen anwesend sein – 140 Gäste und 10 Mitarbeiter. Bei Ankunft der Delegierten (d.h. um 9.30 Uhr, ich selbst werde jedoch schon um 9 Uhr eintreffen) werden Tee, Kaffee und Gebäck bereitstehen. Ihr Personal wird im Konferenzsaal servieren. Wie vereinbart, werden auch Kräutertees erhältlich sein. Um 15 Uhr werden im Bankettsaal erneut Tee, Kaffe und Gebäck angeboten werden.

Die Delegierten werden sich um 12.30 Uhr zum Mittagessen in den Bankettsaal begeben. Wir haben Menü B gewählt. Eine Woche vor der Veranstaltung werde ich Sie kontaktieren, um Art und Anzahl der Einzelgerichte abschließend zu klären. Zusätzlich werden Sie am Veranstaltungstag für Delegierte, die nicht im Voraus gebucht haben, fünf vegetarische Gerichte anbieten. An jeden Vier-Personen-Tisch wird eine Flasche Ihres roten Hausweins gebracht werden. Pro Tisch werden außerdem zwei Flaschen Mineralwasser zur Verfügung stehen. Jeder Tisch wird mit einem Gesteck aus rosa Nelken dekoriert sein.

Wir benötigen in jedem der drei Räume einen Tageslichtprojektor und eine Leinwand, in den beiden Seminarräumen darüber hinaus jeweils ein Flipchart mit Bögen und Filzschreibern. Notizblöcke, Kugelschreiber und Namensschilder werden von uns gestellt.

Bitte bestätigen Sie mir alle diese Details innerhalb einer Woche.

Besten Dank im Voraus.

Mit freundlichen Grüßen

Paula Wilhelm
PR-Managerin

Geben Sie alle Daten und Uhrzeiten an.

Erwähnen Sie besondere Anforderungen.

Machen Sie klar, welche Geräte und Gegenstände bereitgestellt werden sollen, und vergewissern Sie sich, dass Sie Ihre Materialien mitbringen dürfen.

Lassen Sie sich immer schriftlich bestätigen, dass Ihre Anforderungen akzeptiert sind und erfüllt werden können.

Hauptkomponenten eines Events planen

Komponente

Veranstaltungsort
Es muss ein Ort gewählt werden, der zur Art der Veranstaltung passt.

Catering
Verpflegung und Erfrischungen, die am Veranstaltungsort bereitgestellt werden.

Gästeliste
Eine Liste sämtlicher eingeladenen Personen, ergänzt durch eine Reserveliste.

Entertainment
Für das Event geplante Auftritte von Musikern, Sängern, Tänzern, Komikern oder anderen.

Richtige Planung

Vergewissern Sie sich, dass der anvisierte Veranstaltungsort Ihren Anforderungen entspricht, eine ausreichende Kapazität bietet und etwaigen speziellen Bedürfnissen Ihrer Gäste gerecht wird, dass also z. B. ein Behinderteneingang oder eine Induktionsschleife vorhanden ist.

Vergleichen Sie mehrere Anbieter. Sehen Sie sich Menüvorschläge an und stellen Sie sicher, dass Gäste mit besonderen Ernährungsgewohnheiten versorgt werden können. Vergewissern Sie sich, dass am Veranstaltungsort ein externer Catering-Service akzeptiert wird.

Führen Sie eine Reserveliste, damit Sie, falls eine eingeladene Person verhindert ist, diplomatisch jemanden nachrücken lassen können. Lassen Sie eigens gestaltete Einladungen drucken und verschicken Sie sie lange im Voraus an alle, die auf der Gästeliste stehen.

Versuchen Sie, Künstler in Aktion zu sehen, bevor Sie sie engagieren. Finden Sie heraus, ob sie bestimmte Einrichtungen brauchen wie z. B. eine Garderobe, eine Lautsprecher- oder Beleuchtungsanlage, Hintergrundmusik oder eine Stromquelle.

Gute Vorbereitung

Erstellen Sie eine Liste aller Einrichtungen, Geräte und Gegenstände, die Sie für Ihre Veranstaltung brauchen. Dazu könnte z. B. Folgendes gehören: eine Lautsprecheranlage, tragbare Toiletten, Tische und Stühle, Dia- oder Overheadprojektoren, Fernseher, Videorekorder, Scheinwerfer, ein Lesepult, Namensschilder, Festzelte, Absperrungen und Hinweisschilder. Unter Umständen benötigen Sie Helfer. Überlassen Sie nichts dem Zufall.

Rechts- und Sicherheitsfragen klären

Wenn Sie ein Event organisieren, sind Sie für die Sicherheit der Besucher verantwortlich und dazu verpflichtet, alle zumutbaren Vorkehrungen zu treffen, um Gefahren vorzubeugen. Vielleicht sind bestimmte Gesetze oder örtliche Bestimmungen zu beachten, oder Sie brauchen für bestimmte Arten von Events eine polizeiliche Genehmigung. Unter Umständen müssen Sie gewisse Vorschriften zur Nahrungsmittelhygiene berücksichtigen. Auch Ordner, Sanitäter und Absperrungen können erforderlich sein. Achten Sie darauf, dass Ihre Betriebshaftpflichtversicherung ausreichenden Schutz bietet. Holen Sie alle nötigen Genehmigungen ein. Denken Sie daran, sich von einem professionellen Eventmanager beraten zu lassen.

PR-Fähigkeiten entwickeln

An Ausstellungen teilnehmen

Eine Ausstellung bietet eine Gelegenheit, Ihre Botschaft zu verbreiten und die Öffentlichkeit über Ihr Unternehmen zu informieren. Überlegen Sie, was Sie erreichen wollen, wählen Sie eine geeignete Plattform und planen Sie Ihre Beteiligung sorgfältig.

44 Denken Sie darüber nach, was Sie sich von einer Ausstellung versprechen.

Wichtige Fragen

- Welche Gründe haben wir, uns an der Ausstellung zu beteiligen?
- Was sind unsere Hauptziele bei der Ausstellung?
- Ist dies die beste Methode für einen Auftritt?
- Werden wir unsere Zielgruppe erreichen?

Ist die Teilnahme sinnvoll?

Für die Präsenz auf Fachmessen und anderen verkaufsfördernden Veranstaltungen ist gewöhnlich die Marketingabteilung zuständig. Zum Aufgabenbereich der PR-Abteilung gehören dagegen Auftritte, die überzeugen, informieren, ein bestimmtes Image vermitteln oder den Bekanntheitsgrad eines Unternehmens steigern sollen. Das Mieten von Ausstellungsfläche, der Erwerb eines Stands und seine Besetzung mit Personal können zwar teuer sein, doch ist es eine ausgezeichnete Möglichkeit, Ihr Zielpublikum zu erreichen.

Die richtige Plattform

Der Schlüssel zu erfolgreichem Ausstellen ist die Wahl einer Veranstaltung, die Ihre Zielgruppe anzieht. Lassen Sie sich vom Veranstalter ein detailliertes Besucherprofil geben, damit Sie leichter ermessen können, ob die Ausstellung für Sie geeignet ist. Fragen Sie, wer noch dort ausstellen wird. Finden Sie heraus, welche Mittel der Veranstalter anwendet, um die Ausstellung bekannt zu machen (Anzeigenwerbung, redaktionelle Berichterstattung, Flugblätter usw.). Stellen Sie sicher, dass sich eine ausreichende Anzahl von Besuchern einfinden wird, die Ihrer Zielgruppe angehören.

POSITIONIERUNG DES STANDS ▶
Sehen Sie sich vorab an, wo Ihr Stand aufgebaut werden wird. Achten Sie darauf, dass Ihr Stand einen hellen, zentralen Platz einnimmt, an dem er so viele Besucher anlockt wie möglich.

STANDPERSONAL AUSWÄHLEN

Zwar können auch Ausstellungstafeln Ihre Botschaft vermitteln, doch ist mit Standpersonal eine effektivere Kommunikation möglich (wenngleich höhere Kosten entstehen). Wählen Sie für Ihren Stand kontaktfreudige Mitarbeiter, die der Situation gewachsen sind. Ein Stand auf einer Tagung für Firmenchefs sollte z. B. mit höher gestellten Mitarbeitern besetzt sein, in denen ein Vorstandsvorsitzender kompetente Gesprächspartner findet. Geben Sie Ihrem Standpersonal klare Instruktionen, damit es nahe liegende Fragen beantworten kann und weiß, welche Botschaft es zu übermitteln gilt. Erstellen Sie einen Dienstplan, der gewährleistet, dass Ihr Stand jederzeit besetzt ist.

Mitarbeiter überreicht Besucherin Tasche mit Infopaket und Werbegeschenk.

◀ **DIE BOTSCHAFT VERMITTELN**
Erklären Sie Ihrem Personal, was es zu tun hat, wenn sich ein Besucher einfindet – ob es z. B. die Exponate erläutern oder ein Video vorführen soll. Wenn der Besucher Ihren Stand verlässt, sollte er Ihre Botschaft in der Hand oder im Kopf haben.

STANDBESUCHER ANZIEHEN

Die Besetzung eines Ausstellungsstands kann ein frustrierendes Unterfangen sein. Mitunter ist es schwierig, Passanten dazu zu bringen, stehen zu bleiben und sich einen Stand anzusehen. Überlegen Sie, was Besucher anlocken könnte. Vielleicht könnten Sie eine Verlosung durchführen, kostenlose Erfrischungen bereitstellen oder eine Gratisberatung anbieten. Fragen Sie sich, wie Sie Ihren Stand mit einem Publikumsmagneten ausstatten können. Interaktive Computer, Vorführungen, Präsentationen und Besucherworkshops können helfen, Besucher anzuziehen. Achten Sie bei der Gestaltung des Stands darauf, dass er interessant und ansprechend wirkt und keine Barrieren entstehen. Freundliches, aufgeschlossenes Personal kann die Besucherzahlen ebenfalls beträchtlich steigern.

NICHT VERGESSEN

- In der Regel ist es möglich, eine niedrigere Platzmiete auszuhandeln.
- Der Stand und das Schaugut sollten unbedingt versichert sein.
- Es sollte genug Firmenliteratur zur Verfügung stehen.
- Alle geknüpften Kontakte sollten später gepflegt werden.

45 Vermeiden Sie eine Überbesetzung am Stand, das schreckt Besucher ab.

PR-FÄHIGKEITEN ENTWICKELN

BESSERE PRÄSENTATIONEN HALTEN

Effektive PR verlangt fachmännische Kommunikation, gleich, ob Sie einen oder hundert Zuhörer vor sich haben. Lernen Sie Ihre Präsentationen gründlich vorzubereiten, Ihre Nerven in den Griff zu bekommen und gehaltene Präsentationen selbstkritisch zu bewerten.

46 Notieren Sie sich Ihre Hauptpunkte auf Kärtchen.

47 Teilen Sie sich Ihre Zeit ein, damit Sie Ihren Vortrag nicht abrupt beenden.

48 Wählen Sie einen Vortragsstil, der Ihrem Publikum angemessen ist.

VORBEREITUNG

Die meisten sind nur nach sorgfältiger Planung und Vorbereitung dazu in der Lage, vor Publikum zu sprechen. Informieren Sie sich zunächst so gut wie möglich über Ihre Zuhörerschaft, damit Sie Ihren Vortrag auf sie abstimmen können. Sie sollten wissen, wie viele Zuhörer Sie erwarten und ob sie mit dem Thema vertraut sind. Bringen Sie Alter und Geschlecht Ihrer Zuhörer in Erfahrung, und finden Sie heraus, ob sie einer bestimmten Gruppierung angehören. Überlegen Sie auch, ob ein informeller, unterhaltsamer Vortragsstil angebracht ist oder ein sachlich-nüchterner.

EINZELHEITEN KLÄREN

Damit Sie selbstbewusst vor Ihr Publikum treten können, sollten Sie sich vorab darüber informieren, wie der Ort des Vortrags gestaltet sein wird, ob die Zuhörer z. B. in Reihen oder im Halbkreis sitzen werden. Werden Sie sich über den Zweck und das beabsichtigte Ergebnis im Klaren, wählen Sie ein Thema, sammeln Sie die nötigen Fakten, und ordnen Sie sie logisch. Gliedern Sie Ihren Vortrag in überschaubare Abschnitte, und bereiten Sie Notizkärtchen, Tischvorlagen und Anschauungsmittel vor.

NICHT VERGESSEN

- Wenn Reden vor Publikum einen bedeutenden Aspekt Ihrer Tätigkeit darstellt, könnte sich die Teilnahme an einem Präsentationskurs lohnen.
- Ihrem Stil und Ihrer Erscheinung kommt größte Wichtigkeit zu – sie machen etwa 92% Ihres Erfolgs aus.
- Sichtbare Zeichen aus dem Publikum sollten beachtet werden.

BESSERE PRÄSENTATIONEN HALTEN

DAS IST ZU TUN

1. Klären Sie, ob Sie einen Vortrag bzw. eine Präsentation halten oder eine Diskussion leiten sollen.
2. Finden Sie heraus, ob der Rahmen formell oder informell sein wird.
3. Fragen Sie, wie viel Zeit Sie haben werden.
4. Bringen Sie in Erfahrung, wie groß das Publikum sein wird.

FINDEN SIE IHREN STIL

Sehr erfolgreiche Redner haben eine starke Präsenz und einen charakteristischen Stil, sodass die Versuchung nahe liegt, sie zu imitieren. Es ist jedoch wichtig, dass Sie einen Stil entwickeln, der zu Ihnen passt. Wenn Sie sich ungezwungen fühlen, wirken Sie glaubwürdiger, was es Ihnen erleichtert, Ihre Zuhörer zu überzeugen. Achten Sie darauf, nicht überheblich zu erscheinen. Benutzen Sie unkomplizierte Ausdrücke. Versuchen Sie ganz natürlich aufzutreten, und stellen Sie sich vor, Sie stünden nur einem Gesprächspartner gegenüber, nicht einem großen Publikum. Strahlen Sie uneingeschränkten Enthusiasmus aus, ja, sprechen Sie mit Leidenschaft. Vermitteln Sie Gefühle.

Blickkontakt sorgt für harmonische Kommunikation.

Entspannte Körperhaltung strahlt Souveränität aus.

Offenes Jackett vermittelt den Eindruck von Aufrichtigkeit.

Offene Handhaltung signalisiert Integrität.

▲ SELBSTBEWUSST-SEIN AUSSTRAHLEN
Ein sicheres Auftreten lässt Sie glaubwürdiger wirken. Sprechen Sie in einem natürlichen Tempo, und versuchen Sie Blickkontakt zu halten.

▲ LOCKER WIRKEN, LOCKER SEIN
Eine unverkrampfte Haltung signalisiert Offenheit und Ehrlichkeit. Machen Sie nach wichtigen Aussagen Pausen, um die Reaktion zu beurteilen.

▲ GESTIK
Eine offene Gestik kann helfen, wichtige Punkte zu unterstreichen. Setzen Sie Gesten sinnvoll ein, um Ihre Zuhörer in die Präsentation einzubeziehen.

Nervosität überwinden

Es ist ganz natürlich, dass man nervös wird beim Gedanken daran, einem Publikum gegenüberzustehen. Tatsächlich hilft der durch die Nervosität bedingte Adrenalinschub sogar, den durch die Präsentation verursachten Stress zu bewältigen. Übermäßiges Lampenfieber muss jedoch bekämpft werden. Vom Bewusstsein der eigenen Sachkenntnis kann eine beruhigende Wirkung ausgehen. Proben Sie die Präsentation ausgiebig. Üben Sie entspannende Atemtechniken. Nutzen Sie Ihre Aufregung dazu, Ihren Vortrag lebendiger zu gestalten. Atmen Sie tief ein, bevor Sie anfangen zu sprechen, und stellen Sie sich ein Glas Wasser bereit für den Fall, dass Sie einen trockenen Mund bekommen. Manchmal hilft es, dem Publikum zu gestehen, dass man etwas nervös ist; das kann das Eis brechen und Sympathien einbringen.

> **49** Widerstehen Sie der Versuchung, sich hinter einem Mikrofon zu verstecken.

> **50** Versuchen Sie zu lächeln, tun Sie es aber nicht zu krampfhaft.

Kontakt zum Publikum

Die ersten Minuten einer Präsentation sind am schwierigsten. Heißen Sie Ihr Publikum willkommen, und erzeugen Sie eine freundliche Atmosphäre. Halten Sie Blickkontakt. Erläutern Sie zu Beginn die Gliederung Ihres Vortrags. Teilen Sie Ihrem Publikum mit, wann Sie schließen werden, und ob Sie Materialien verteilen und Fragen beantworten werden. Achten Sie auf Ihr Sprechtempo. Ihre Aufregung wird schon nach der Einleitung verflogen sein. Bewerten Sie Ihren Vortrag unmittelbar nach Ende der Präsentation. Fragen Sie sich, was gut war und was Sie verbessern könnten. Lassen Sie allen Zusagen Taten folgen, so z. B., wenn Sie sich bereit erklärt haben, jemandem weitere Informationen zukommen zu lassen.

> **51** Strahlen Sie von Anfang an Herzlichkeit und Enthusiasmus aus.

Tun und lassen

- ✔ Kleiden Sie sich dem Anlass entsprechend.
- ✔ Treten Sie überzeugt und sicher auf.
- ✔ Sprechen Sie laut, damit Sie gut zu verstehen sind.
- ✔ Schließen Sie pünktlich.
- ✘ Lenken Sie Ihre Zuhörer nicht durch auffällige Angewohnheiten ab.
- ✘ Schweifen Sie nicht ab.
- ✘ Benutzen Sie keine komplizierten Fachausdrücke.
- ✘ Verwenden Sie nicht zu viele Statistiken.

BESSERE PRÄSENTATIONEN HALTEN

ANSCHAUUNGSMITTEL SINNVOLL EINSETZEN

MEDIUM

OVERHEADPROJEKTOR
Farbige Grafiken für den Overheadprojektor lassen sich leicht mit billiger Software erstellen. Text lässt sich problemlos projizieren, Fotos dagegen oft weniger gut.

FLIPCHART
Eine hilfreiche Ergänzung anderer Medien – ideal zum Festhalten von Arbeitsschritten und von Brainstorming-Beiträgen aus dem Publikum sowie zur Veranschaulichung von Gedankengängen

DIAPROJEKTOR
Gut geeignet zur Projektion von hochwertigen Fotos, da Dias ein schärferes Bild ergeben als Folien (die allerdings auch billiger sind).

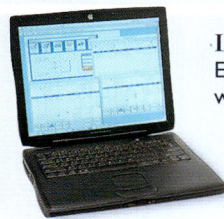

LAPTOP
Ein PC mit Präsentationssoftware erlaubt es Ihnen, mühelos Vortragsnotizen und Tischvorlagen anzufertigen.

VIDEOS
Videos können einen Vortrag eindrucksvoll unterstreichen. Setzen Sie Videos ein, um bewegte Bildsequenzen zu zeigen oder um zur Diskussion anzuregen.

BEACHTENSWERTE PUNKTE

- Eine einheitliche Gestaltung der Folien wirkt harmonisch und erleichtert den Überblick.
- Kleinbuchstaben sind leichter zu lesen als Großbuchstaben.
- Eine Folie sollte informativ, aber nicht mit Einzelheiten überfrachtet sein.

- Es empfiehlt sich, die Bögen vorab zu beschreiben und die Hauptpunkte durch Zeichnungen zu verdeutlichen.
- Wichtige Punkte können durch Farben hervorgehoben werden.
- Das Flipchart muss für jeden Zuhörer gut zu sehen sein.

- Die Dias sollten vorab in der richtigen Reihenfolge in ein Diamagazin gesteckt werden.
- Für einen Diaprojektor muss der Raum stärker abgedunkelt werden als für einen Overheadprojektor.
- Die Bedienung eines Diaprojektors erfordert u. U. etwas Übung.

- Ein Laptop lässt sich an einen speziellen Projektor koppeln, was es ermöglicht, Dias per Mausklick abzurufen.
- Anspruchsvolle Grafiken können in kurzer Zeit und ohne größere Kosten erstellt werden; Dias lassen sich leicht und schnell bearbeiten.

- Ein Video sollte kein Ersatz für eine Präsentation sein.
- Videos sollten höchstens etwa 10 Minuten dauern.
- Ein Video kann unterschiedlich wirken, je nachdem, ob es vor oder nach der Präsentation vorgeführt wird.

793

PR-Fähigkeiten entwickeln

Einen Internetauftritt planen

Da sich mittlerweile Millionen Menschen im Cyberspace bewegen, ist eine Website heute ein fast unverzichtbares Kommunikationsmittel. Richten Sie eine informative, überzeugende Site ein, damit Sie besser mit Ihrem Zielpublikum kommunizieren können.

52 Lassen Sie sich von anderen Websites inspirieren.

53 Verwenden Sie nur Grafiken, die schnell zu laden sind.

54 Geben Sie in allen Werbematerialien Ihre Webadresse an.

Eine Website einrichten

Eine professionelle Website kann das Image und die Kommunikation Ihres Unternehmens verbessern. Falls Ihre Firma noch nicht über eine Website verfügt, dann denken Sie darüber nach, dies zu ändern. Ihre Zielgruppe könnte wenig schmeichelhafte Schlüsse daraus ziehen, dass Sie im Internet nicht vertreten sind. Vergessen Sie nicht, dass Ihr Internetauftritt von großer Bedeutung für Ihr Firmenimage ist und deshalb einen professionellen Eindruck machen sollte. Ihre Website darf nicht amateurhaft wirken. Wenn in Ihrer Firma niemand die nötigen Kenntnisse besitzt, beauftragen Sie einen Webdesigner.

◀ WEBDESIGN ▶ NACH VORGABEN

Überlegen Sie, wozu Sie Ihre Site verwenden wollen. Wollen Sie informieren oder ein Thema ins Bewusstsein der Öffentlichkeit bringen? Vom gewählten Zweck hängen die Inhalte ab. Erklären Sie einem Webdesigner, wozu die Site dienen soll, damit er sie gemäß Ihren Anforderungen gestalten kann.

PR-Managerin erklärt, welche Merkmale die Site aufweisen sollte.

Eine Multifunktions-Site entwickeln

Oft ist die Marketingabteilung eines Unternehmens alleine zuständig für den Inhalt einer Website, was eine Ausrichtung auf den Verbraucher bzw. auf Verkaufszwecke zur Folge hat. Sorgen Sie dafür, dass Ihre Website auch eine PR-Funktion erfüllt. Schaffen Sie einen Bereich für Medienvertreter, der Pressemitteilungen, Bildmaterial zum Herunterladen und Hintergrundinformationen bietet. Viele Journalisten suchen zuerst im Internet, wenn sie Nachforschungen über ein Unternehmen anstellen. Erleichtern Sie Marktanalysten und Anlegern den Zugang, und liefern Sie ihnen relevante Informationen. Ihre Website sollte unbedingt so angelegt sein, dass die Interaktionsmöglichkeiten des Internets genutzt werden und eine Zweiwegkommunikation möglich ist.

Erstellen einer effektiven Website

- Gestaltung einer Website in Auftrag geben
- Neue Site auf ihre Tauglichkeit prüfen
- Website lancieren und bekannt machen
- Feedback einholen
- Website entsprechend modifizieren
- Site regelmäßig aktualisieren und verbessern

Tun und lassen

✔ Fragen Sie Ihre Zielgruppe, was Sie gern auf Ihrer Site sehen würde, und halten Sie alle Informationen stets auf dem neuesten Stand.

✔ Weisen Sie auf neue Attraktionen hin, damit Besucher sich die Site erneut ansehen.

✘ Lassen Sie nicht zu, dass grafische Elemente auf Kosten des Inhalts gehen – eine Website ist ein Kommunikationsmittel.

✘ Überladen Sie Ihre Site nicht mit Informationen, sonst schrecken Sie Besucher ab.

Texte für das Internet schreiben

Lesen am Bildschirm strengt mehr an als das Lesen von Gedrucktem, was sich Studien zufolge in einer um 25 Prozent verminderten Lesegeschwindigkeit niederschlägt. Berücksichtigen Sie dies, wenn Sie Texte für Ihre Site schreiben; verwenden Sie kurze, einfache Sätze. Auf dem Bildschirm ist jeweils nur ein Drittel bis die Hälfte einer DIN-A4-Seite darstellbar; gestalten Sie Ihre Site also attraktiver, indem Sie alle Texte in übersichtliche Abschnitte unterteilen und viele Gliederungspunkte verwenden.

Krisen bewältigen

Krisenmanagement ist eine extrem wichtige PR-Aufgabe. Wird eine Krise souverän gemeistert, kann Ihr Unternehmen sogar mit einem verbesserten Image daraus hervorgehen. Denken Sie über bestehende Risiken nach und bereiten Sie Krisenpläne vor.

55 Geben Sie in kurzen Abständen Lageberichte ab, um Spekulationen vorzubeugen.

56 Legen Sie eine Liste aller denkbaren Krisenszenarios an.

57 Überlegen Sie, ob Sie einen Rechtsberater brauchen, um sich vor Prozessen zu schützen.

Krisen vorbeugen

Kein Unternehmen ist gegen Krisen gefeit: Betrug, Industriespionage, feindliche Übernahmeversuche, Überfälle, gefährliche Herstellungs- oder Konzeptionsfehler, Sabotage, Erpressung, Entführungen, Boykotte, Überschwemmungen, Fabrikbrände und andere Unglücksfälle sind jederzeit möglich. Obwohl Krisen nicht vorhersagbar sind, können Sie sinnvolle Vorkehrungen treffen. Ermitteln Sie, welchen Risiken Sie ausgesetzt sind, und leiten Sie Präventivmaßnahmen ein, die die Gefahr für Ihr Unternehmen verringern. Denken Sie an alle potenziellen Probleme, ganz gleich, wie unwahrscheinlich ihr Auftreten ist.

Krisenplan ausarbeiten

Gehen Sie Ihre Liste der möglichen Gefahrenherde durch und erstellen Sie für jedes Szenario einen Krisenplan. Dabei muss auch festgelegt werden, wer bestimmte Mitarbeiter und Behörden, die Medien und die Öffentlichkeit zu informieren hat, und auf welche Weise. Derartige Instruktionen sollten nicht nur die Mitarbeiter in der Hauptgeschäftsstelle erhalten, denn falls die Krise an anderer Stelle auftritt, muss die Belegschaft dort mit den ersten Auswirkungen fertig werden. Kalkulieren Sie alle Möglichkeiten ein.

Teammitglied notiert sich, wer im Ernstfall zu kontaktieren ist.

KRISEN BEWÄLTIGEN

DAS IST ZU TUN

1. Sind Menschen zu Schaden gekommen, zeigen Sie aufrichtiges Mitgefühl.
2. Äußern Sie Ihr Bedauern, wenn Sachschaden entstanden ist.
3. Kündigen Sie eine umfassende Untersuchung an.
4. Stellen Sie knapp dar, was Sie unternommen haben, um die Situation zu bereinigen.

DEN KRISENPLAN UMSETZEN

Auch wenn Sie perfekt geplant haben, wird eine echte Krise weit mehr Stress erzeugen als jede Trockenübung. Daher sollte der Krisenstab unbedingt aus Mitarbeitern bestehen, die unter Druck ruhig bleiben und Überblick bewahren. Diese Fähigkeit kann unter Umständen bis zum Äußersten beansprucht werden. Jedes Mitglied sollte eine Ausfertigung des Krisenplans erhalten und die Aufgabenverteilung genau kennen. Wenn eine Krise eintritt, müssen Sie möglicherweise eine gebührenfreie Hotline einrichten, kurzfristig eine Pressekonferenz einberufen oder eine Rückrufaktion starten, die Fernseh- und Radiospots sowie eine Aussendung an die Besitzer eines Produkts umfasst. Ihr Krisenhandbuch sollte Auskunft darüber geben, wie diese wichtigen Maßnahmen im Einzelnen durchzuführen sind; so wird Ihre Aufgabe vereinfacht und Sie können Zeitverluste vermeiden.

▼ KRISENPLANUNG

Versammeln Sie Ihren Krisenstab, um jedem Mitglied seine Aufgabe zu erklären und Maßnahmen zu besprechen. Detaillierte Planung kann Ihre Erfolgschancen erhöhen.

Teammitglied wird zum Unternehmenssprecher im Fall einer Krise bestimmt.

Vorgesetzter erklärt jeden Punkt des Krisenplans.

PR-FÄHIGKEITEN ENTWICKELN

58 Nutzen Sie Ihre Website zur Kommunikation in Krisenzeiten.

SOFORT REAGIEREN ▼
Schützen Sie Ihren Ruf, indem Sie die Öffentlichkeit darüber informieren, was Sie unternommen haben, um Fehler Ihres Unternehmens wieder gutzumachen. Machen Sie deutlich, dass etwa gefährliche oder inakzeptable Praktiken geändert worden sind, und zeigen Sie angemessenes Bedauern.

UMGANG MIT DEN MEDIEN

In kritischen Situationen ist ein professioneller Umgang mit den Medien unbedingt notwendig, wenn Sie richtig kommunizieren und auch in schweren Zeiten zu einem positiven Firmenimage beitragen wollen. Während einer Krise kann es unmöglich sein, sich der Aufmerksamkeit der Medien zu entziehen. Legen Sie in einem Protokoll fest, wer sich den Medien gegenüber äußern darf und wer nicht, und weisen Sie die Belegschaft darauf hin, bevor es zu einer Krise kommt. Mit hartnäckigen oder aggressiven Journalisten fertig zu werden ist nicht leicht, stellen Sie also sicher, dass alle Sprecher ein Medientraining absolviert haben und wissen, wie man schwierige Fragen abblockt. Führen Sie in Ihrem Krisenhandbuch mögliche Fangfragen und gute Antworten auf. Überlegen Sie, wie Sie am besten mit den Medien kommunizieren: Sie können z. B. eine Medienkonferenz veranstalten oder sich auf Pressemitteilungen und Verlautbarungen beschränken. Sie können die Initiative ergreifen oder beschließen, nur auf Medienanfragen zu reagieren. Hierfür gibt es kein Rezept, da jede Krise eine andere Vorgehensweise verlangt.

PR-Managerin liest in der Zeitung, ihr Unternehmen habe sich während der Krise uneinsichtig verhalten.

Managerin freut sich über die gute Presse für ihre Firma.

59 Lernen Sie beim Krisenmanagement von anderen Unternehmen.

KRISEN BEWÄLTIGEN

KRISENTRAINING ▶ ZAHLT SICH AUS

Da Uwe, Petra und Karl ein Krisentraining absolviert hatten, wussten sie, was im Ernstfall zu tun war. Sie reagierten schnell und richtig, sodass die Krise das Firmenimage langfristig nicht beschädigte.

FALLBEISPIEL

Uwe, ein Nachtwächter in einer Keksfabrik, erhielt einen Anruf von einem Journalisten, der an einer Stellungnahme zu einer Meldung interessiert war – in einem von der betreffenden Firma hergestellten Keks waren Glasscherben gefunden worden. Daraufhin rief Uwe Petra an, die Pressechefin des Unternehmens. Petra ließ sofort eine vorläufige Erklärung veröffentlichen, die für solche Fälle von der Rechtsabteilung und vom Geschäftsführer freigegeben worden war. Als Nächstes informierte sie u.a. Karl, den Fertigungsleiter. Dieser ließ die Produktion anhalten, benachrichtigte den Großhandel und veranlasste einen Rückruf. Petra gab Pressemitteilungen heraus, stellte Hinweise auf die Website des Unternehmens und ließ in der überregionalen Presse Anzeigen schalten, in denen dazu aufgefordert wurde, bestimmte Packungen zurückzugeben. Wer eine Packung zurückgab, erhielt eine großzügige Entschädigung.

RÜCKSICHT AUF ANGESTELLTE

Auch Angestellte sind ein wichtiges Zielpublikum und müssen daher im Fall einer Krise richtig informiert werden. Klären Sie das Personal über alle Hintergründe auf und halten Sie es über die neuesten Entwicklungen auf dem Laufenden. Halten Sie dazu Konferenzen ab, nutzen Sie das Intranet Ihrer Firma oder senden Sie interne Mitteilungen aus. Wenn sich die Lage beruhigt hat, dürfen Sie mögliche Auswirkungen der Krise auf Angestellte nicht ignorieren. Je nachdem, was vorgefallen ist, sind sie unter Umständen noch beunruhigt oder haben ein Trauma erlitten. Erleichtern Sie es Angestellten, über eine Situation hinwegzukommen, die ihnen Sorgen bereitet hat. Sagen Sie Sonderurlaub oder psychologischen Beistand zu, wenn es angebracht ist, oder helfen Sie den betroffenen Mitarbeitern auf andere Weise.

60 Lassen Sie die Mitglieder des Krisenstabs nach vollendeter Mission Bericht erstatten und überprüfen Sie Ihre Vorgehensweisen daraufhin.

EFFEKTIVES KRISENMANAGEMENT

- Analysieren Sie Ihr Krisenpotenzial und treffen Sie vorbeugende Maßnahmen.
- Erstellen Sie für jedes Szenario einen Krisenplan.
- Schulen Sie wichtige Mitarbeiter in Krisenmanagement.
- Spielen Sie Krisensituationen durch und testen Sie die festgelegten Abläufe.
- Setzen Sie im Ernstfall Ihren Krisenplan um.
- Überprüfen Sie Ihre Verfahrensweisen und beheben Sie entstandene Imageschäden.

ZUSAMMENARBEIT MIT DEN MEDIEN

Medienmanagement ist für PR von zentraler Bedeutung. Stellen Sie ein persönliches Verhältnis zu Journalisten her, organisieren Sie Medienevents und verfolgen Sie die Berichterstattung über Ihr Unternehmen.

DIE MEDIEN ALS PARTNER GEWINNEN

Gute Medienkontakte führen oft zu einer besseren Berichterstattung. Lernen Sie wichtige Journalisten kennen und bringen Sie sich regelmäßig in Erinnerung. Haben Sie keine Hemmungen, Ihre Kontakte zu nutzen, um eine optimale Berichterstattung zu erreichen.

61 Machen Sie sich mit der Arbeitsweise von Presse-, Radio- und Fernsehjournalisten vertraut.

AUFMERKSAMKEIT ERZIELEN

Aktives Medienmanagement befähigt Sie, Ihren Bekanntheitsgrad anzuheben, Absatzförderung zu betreiben, einen Standpunkt zu vertreten oder schlicht die Allgemeinheit, Politiker oder ein Fachpublikum zu informieren. Wenn Sie dagegen die Initiative abgeben, reagieren Sie letztlich nur. Schließen Sie Bekanntschaft mit Journalisten – sobald jemand auf der Suche nach einem Thema an Sie herantritt, können Sie sicher sein, dass Sie eine gute Beziehung aufgebaut haben.

62 Informieren Sie sich genau über Inhalte von Veröffentlichungen, die für Sie in Frage kommen.

Die Medien als Partner gewinnen

▼ MEDIENKONTAKTE KNÜPFEN
Erstellen Sie eine Liste aller Journalisten, zu denen Sie Verbindung aufnehmen wollen. Stellen Sie sich ihnen telefonisch vor und laden Sie sie zum Mittagessen oder zum Kaffee ein, um sie besser kennen zu lernen. Es ist wichtig, Beziehungen zu Vertretern von Zielmedien aufzubauen und zu pflegen.

BEZIEHUNGEN AUFBAUEN

Über ein Unternehmen mit guten Medienkontakten, das dauerhafte Beziehungen zu denselben Medienvertretern unterhält, wird extensiver und auch häufiger positiv berichtet. Finden Sie heraus, welche Sendungen und Druckerzeugnisse eine geeignete Plattform für Ihre aktuellen Inhalte wären. Stellen Sie sich dem Chefredakteur einer Lokalzeitung oder Fachzeitschrift vor. Kontaktieren Sie Journalisten, die sich auf den Bereich spezialisiert haben, in dem Ihre Firma tätig ist. Bringen Sie in Erfahrung, wer bei Ihrem örtlichen oder regionalen Radio- oder Fernsehsender die Nachrichtenredaktion leitet. Denken Sie daran, dass von einer guten Beziehung beide Seiten profitieren. Verhalten Sie sich Journalisten gegenüber in jedem Fall korrekt – erwidern Sie ihre Anrufe, halten Sie sich an ihre Termine und zeigen Sie sich stets zuvorkommend.

JOURNALISTENBESUCHE ORGANISIEREN

Denken Sie darüber nach, Medienvertreter, mit denen Sie Bekanntschaft schließen wollen, offiziell zu einem Besuch einzuladen, um die Arbeit Ihrer Firma zu demonstrieren. Stellen Sie ein Programm zusammen, zu dem ein Mittagessen mit wichtigen Mitarbeitern gehört. Erklären Sie diesen vorher, was sie beim Mittagessen sagen dürfen und was nicht, denn viele Reporter verdanken ihre besten Storys allzu lockeren Unterhaltungen. Bereiten Sie für die Journalisten eine interessante Meldung vor sowie eine Tasche mit einem Ihrer Produkte oder einer Flasche Wein. Sie dürfen Medienvertreter keinesfalls bestechen, doch maßvolle Großzügigkeit kann Ihnen helfen.

NICHT VERGESSEN

- Journalisten sind ständig sehr beschäftigt und erwarten eine gute Story.
- Alle Journalisten sind an Exklusivmeldungen interessiert, aber interessante Nachrichten sollten Sie nicht nur Ihrem Lieblingsreporter vorbehalten.
- Selbst wenn Journalisten Ihnen oft Zeit stehlen, dürfen Sie dies umgekehrt nicht, wenn Ihnen an einer guten Beziehung gelegen ist.
- Termine sind in der Medienwelt unumstößlich und sollten daher ernst genommen werden.

Für Berichterstattung sorgen

Lernen Sie zu erkennen, welche Meldungen Nachrichtenwert haben, geben Sie effektive Pressemitteilungen heraus und stellen Sie nützliche Pressemappen zusammen, damit Sie mit Sicherheit in die Schlagzeilen kommen.

63 Bitten Sie einen Feature-Redakteur, einen Beitrag über Ihr Unternehmen zu erwägen.

64 Bedenken Sie, dass Leserbriefseiten eine bedeutende PR-Plattform sein können.

65 Lassen Sie beim Erstellen von Pressemitteilungen einen breiten Rand für Anmerkungen.

Pressemitteilungen herausgeben

Die übliche Methode, ins Fernsehen, ins Radio oder in die Presse zu gelangen, besteht darin, eine Pressemitteilung zu versenden. Eine Pressemitteilung ist einfach eine in journalistischem Stil abgefasste Version Ihrer Nachricht. Presse- und Rundfunkjournalisten benutzen solche Mitteilungen als Grundlage für Artikel bzw. Features und Sendungen. Wenn ein Nachrichtenredakteur Ihre Mitteilung erhält, überfliegt er zuerst die Überschrift und den ersten Absatz, um die Hauptaussage zu erfassen. Hat die Mitteilung das Interesse des Redakteurs nun noch nicht geweckt, wird sie nicht weiter beachtet. Schätzungen zufolge werden bis zu 97 Prozent aller Pressemitteilungen ignoriert. Achten Sie darauf, dass Ihre Mitteilung interessant und ungewöhnlich wirkt.

So kommen Sie in die Schlagzeilen

Damit in den Medien positiv über Ihr Unternehmen berichtet wird, können Sie eine Pressemitteilung herausgeben, die auf einen beliebigen positiven Sachverhalt hinweist. In Frage kommen etwa:

- neue Produkte und Dienstleistungen
- verbesserte Produkte und Dienstleistungen
- Neueinstellungen und Beförderungen
- Preise und Auszeichnungen
- neue Ladengeschäfte oder Bürogebäude
- bedeutende Ankündigungen (neue Arbeitsplätze, ein neuer Hauptsitz usw.)
- wichtige Entwicklungen und Fortschritte
- Erweiterungen und Übernahmen

Für Berichterstattung sorgen

Sofern Sie die Pressemitteilung nicht vorläufig sperren möchten, sollte hier »Zur sofortigen Veröffentlichung« stehen.

Finden Sie einen interessanten Einstieg.

PRESSEMITTEILUNG

Zur sofortigen Veröffentlichung   Erstellt am Montag, den 27. Juli

DER ERSTE KÜNSTLICHE HIMMEL DER WELT

Der erste künstliche Himmel der Welt ist in Betrieb. Milchglas GmbH, ein Unternehmen mit Sitz in München, hat für die Münchener Filiale der New Yorker Bank MoneyCorp einen 400 000 Euro teuren künstlichen Himmel hergestellt.

Eine computergesteuerte Beleuchtungsanlage hinter einer Glasdecke ahmt die Bewegung der Sonne nach: Die Lichtquelle befindet sich am Morgen im Osten und wandert im Lauf des Tages nach Westen. Damit soll die Tageslichteinstrahlung simuliert werden, die verloren ging, als man eine gläserne Eingangshalle durch eine massiv gebaute ersetzte, um Büroflächen in höheren Geschossen zu schaffen.

Petra Pauer, Geschäftsführerin von Milchglas GmbH, betont: »Das Projekt war nicht nur in technischer, sondern auch in logistischer Hinsicht eine Herausforderung. Da die Bank zu den üblichen Zeiten geöffnet bleiben musste, war die Installation nur nach Geschäftsschluss und an Wochenenden durchzuführen.«

Geben Sie das Datum der Herausgabe an.

Die Überschrift sollte sachlich sein, aber neugierig machen.

Schreiben Sie den Haupttext Ihrer Mitteilung in doppeltem Zeilenabstand.

Verwenden Sie ein Zitat, damit Ihre Mitteilung wie ein authentisches Interview wirkt.

Hintergrundinformationen haben ihren Platz unter »Hinweise für Redakteure« am Ende Ihrer Mitteilung.

HINWEISE FÜR REDAKTEURE

1. Die Firma Milchglas GmbH, die dieses Jahr ihr 50. Jubiläum feiert, hat einen Jahresumsatz von 18 Mio. Euro. Weitere Informationen auf der Website des Unternehmens : www.milchglas.com.
2. MoneyCorp erhielt die Genehmigung zum Bau der neuen Halle unter der Auflage, dass der Verlust des natürlichen Tageslichts ausgeglichen würde. Ein künstlicher Himmel war die Lösung.
3. Fotos vom künstlichen Himmel und anderen Projekten können von der Milchglas -Website heruntergeladen werden.

Geben Sie zwei Kontaktpersonen und deren Büro- und Privatnummern an.

FÜR WEITERE INFORMATIONEN KONTAKTIEREN SIE BITTE:
Ulrike Müller, PR-Managerin, Milchglas GmbH, Tel. 089 1111 1111 (Büro) oder 089 2222 2222 (privat).
Petra Pauer, Geschäftsführerin, Tel. 089 1111 1111 (Büro) oder 08151 1111 1111 (privat).

Weisen Sie Journalisten darauf hin, dass Sie auf Ihrer Website Hintergrundinformationen und passende Pressefotos bereitstellen.

▲ ERFOLGREICHE PRESSEMITTEILUNGEN

Eine gute Pressemitteilung kann als Ausgangspunkt für eine Reportage dienen oder zum Anruf eines Reporters führen. Vergewissern Sie sich, dass die Mitteilung von Ihrem Geschäftsführer oder dem zuständigen Mitarbeiter freigegeben worden ist.

> **66** Erwähnen Sie alle Fakten, aber halten Sie Ihre Mitteilungen knapp.

W-FRAGEN BEANTWORTEN

Ausgehend von einem Ereignis mit Nachrichtenwert, müssen Sie eine Pressemitteilung erstellen, die Antworten auf die fünf zentralen W-Fragen gibt:

- WER wird in Erscheinung treten? Hierbei kann es sich um eine Einzelperson wie um eine Firma handeln.
- WAS wird er oder sie tun? Es kann um eine Aktivität oder um eine Ankündigung gehen.
- WANN wird er oder sie es tun? Geben Sie das Datum und, sofern sinnvoll, die Uhrzeit an.
- WO wird das Ereignis stattfinden?
- WARUM findet es statt? Was ist der Anlass?

Pressemitteilungen versenden

Sobald Ihre Pressemitteilung fertig gestellt, korrigiert und von einem zuständigen Vorgesetzten freigegeben worden ist, können Sie sie an Ihre Zielmedien verschicken. Falls Sie im Unklaren darüber sind, wohin Sie die Mitteilung senden sollen, suchen Sie einschlägige Adressen im örtlichen Telefonbuch. Um Einzelheiten zu überregionalen Zeitungen, Fach- und Publikumszeitschriften sowie Radio- und Fernsehsendern zu erfahren, sollten Sie ein spezielles Medienverzeichnis erwerben. Die Anschaffung ist nicht billig, aber lohnenswert. Es gibt die unterschiedlichsten Medienverzeichnisse: Einige sind geografisch geordnet, andere alphabetisch nach Kategorien; manche listen nur Publikums- oder Wirtschaftszeitschriften auf, andere nur polytechnische oder branchenspezifische Fachtitel. Es gibt auch Verzeichnisse, die nur die Rundfunklandschaft erfassen.

> **67** Klammern Sie Pressemitteilungen zusammen, denn lose Blätter gehen leicht verloren.

> **68** Sorgen Sie dafür, dass Ihre Pressemitteilung rechtzeitig ankommt.

Nicht vergessen

- Mit der Post verschickte Pressemitteilungen sollten an eine bestimmte Person adressiert oder z. B. mit »An den Nachrichtenredakteur« gekennzeichnet sein.
- Wenn Zeitnot herrscht oder zusammen mit einer Pressemitteilung oder -mappe eine Produktprobe verschickt werden soll, kann es ratsam sein, einen Kurierdienst zu beauftragen.
- Faxe werden in großen Büros oft übersehen, versenden Sie Pressemitteilungen also nur dann per Fax, wenn Sie eine eigens dafür vorgesehene Faxnummer kennen.
- Computerjournalisten erhalten Pressemitteilungen am liebsten per E-Mail.

Eine Pressemappe zusammenstellen

Wenn Sie vorhaben, eine Kampagne oder ein neues Produkt zu lancieren, müssen Sie Journalisten wahrscheinlich weit mehr Informationen liefern, als in einer einzigen Pressemitteilung unterzubringen sind. In solchen Fällen sollten Sie eine Pressemappe zusammenstellen. Legen Sie der Mappe außer Ihrer Pressemitteilung beliebig geartete nützliche Materialien bei, zu denen etwa Hintergrundinformationen über Ihr Unternehmen, Ihre Kampagne oder Ihr Produkt gehören. Eine Pressemappe kann u. a. Darstellungen von Fallbeispielen, Biografien wichtiger Mitarbeiter, Datenblätter, Fotos und eine Liste häufig gestellter Fragen (mit den Antworten) enthalten; Produktproben können ebenfalls beigefügt werden. Sie können Pressemappen entweder mit der Post schicken oder bei einem Termin persönlich übergeben.

Für Berichterstattung sorgen

Wie Sie für Berichterstattung in den Medien sorgen

Medium	Methode
Fernsehen Ein visuelles Medium, das nur für aktuelle Inhalte geeignet ist, die auf dem Bildschirm gut wirken.	Versuchen Sie, mit Kindern, Tieren, originellen Studiodekorationen oder interessanten Schauplätzen Interesse zu wecken. Wählen Sie Sprecher für das Fernsehen besonders sorgfältig aus.
Radio Ein akustisches Medium, das von der Wirkung des gesprochenen Wortes und von Soundeffekten lebt.	Stellen Sie eine Reportage über Ihr Thema vor und überlegen Sie, wie Sie die Zuhörer ansprechen können. Lokalsender sind an lokalen Themen interessiert, überregionale dagegen meist an bundesweiten Themen.
Zeitungen Überregionale Zeitungen bringen nur selten regionale Themen. Lokalzeitungen legen Wert auf lokalen Bezug.	Sichern Sie sich überregionale Berichterstattung, indem Sie die Tragweite Ihres Themas betonen. Suchen Sie für Lokalzeitungen nach einem Aspekt von lokalem Interesse und heben Sie ihn hervor.
Zeitschriften Publikumszeitschriften sind auf Verbraucher ausgerichtet, Fachzeitschriften auf einen bestimmten Markt.	Vermeiden Sie technische Details und konzentrieren Sie sich auf die Bedeutung des Themas für die Allgemeinheit oder eine bestimmte Interessengruppe. Nehmen Sie frühzeitig Kontakt zur Redaktion auf.

Eine Pressekonferenz veranstalten

Halten Sie nur dann eine Pressekonferenz ab, wenn Ihre Verlautbarung wahrscheinlich auf gesteigertes Medieninteresse stoßen wird. Das ist z. B. der Fall, wenn Sie einen umfangreichen Stellenabbau ankündigen müssen oder wichtige positive Nachrichten zu vermelden haben wie die bevorstehende Inbetriebnahme einer neuen Fabrik und die damit verbundene Schaffung von Arbeitsplätzen. Der Sinn einer Pressekonferenz besteht darin, die Medien und führende Vertreter Ihres Unternehmens zusammenzubringen, damit im Anschluss an die Verlautbarung Interviews durchgeführt werden können. Halten Sie für diese einige ruhige Räume frei und stellen Sie sicher, dass alle Mitarbeiter, die Interviews geben, umfassende Instruktionen bekommen haben.

69 Verwenden Sie Fachausdrücke nur in Mitteilungen für die einschlägige Presse.

70 Erstellen Sie für Ihre Zielmedien eine Liste mit Ihren firmeninternen Experten.

INTERVIEWS GEBEN

Von Reportern interviewt zu werden kann eine nervenaufreibende Angelegenheit sein. Bereiten Sie sich gut vor, und lernen Sie, auf schwierige Fragen richtig zu reagieren, damit Ihr Interview professionell wirkt und Ihr Unternehmen in einem günstigen Licht erscheint.

71 Schreiben Sie sich Stichpunkte für Hörfunkinterviews auf Kärtchen, denn Blätter rascheln.

72 Vermeiden Sie auffällige Ticks wie etwa Zupfen an Ihrer Kleidung.

73 Sprechen Sie in kurzen, zitierbaren Sätzen, damit Ihre Aussage ankommt.

VORBEREITUNG AUF RADIO- ODER FERNSEHINTERVIEWS

Rundfunkinterviews erzeugen oft größere Nervosität als Interviews für die Presse; diese zusätzliche Aufregung ist aber im Allgemeinen unbegründet. Sofern Ihr Interview nicht live gesendet wird, brauchen Sie sich keine allzu großen Sorgen zu machen, denn in der Regel besteht die Möglichkeit, eine Frage wiederholen und neu aufzeichnen zu lassen. In den meisten Fällen ist dem Interviewer daran gelegen, dass Sie gute Antworten geben. Nur wenn Ihnen die Rolle des Buhmanns zugedacht ist, müssen Sie damit rechnen, dass man Ihnen absichtlich Schwierigkeiten macht. Gehen Sie vor dem Interview nahe liegende Fragen mit einem Kollegen durch, um sich vorzubereiten und Selbstsicherheit zu gewinnen.

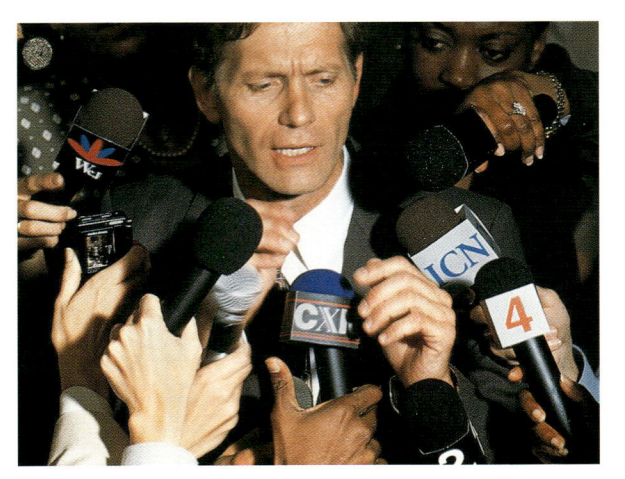

◀ **SCHWIERIGE INTERVIEWS MEISTERN**
Ihr Unternehmen kann auch aus den falschen Gründen Interesse auf sich lenken, etwa aufgrund von Entlassungen oder einer Krise. Wenn Sie von Kameras, Diktiergeräten und aggressiven Reportern umgeben sind, dann bleiben Sie ruhig, konzentrieren Sie sich darauf, Ihre wichtigsten Punkte anzusprechen, und machen Sie deutlich, wann das Interview beendet ist.

INTERVIEWS GEBEN

AUF UNANGENEHME FRAGEN ANTWORTEN

Interviewer versuchen meist, ihre Gesprächspartner zu interessanten, aufschlussreichen, ungezwungenen oder originellen Antworten zu veranlassen. Auf kritische oder aggressiv gestellte Fragen müssen Sie sich einstellen, wenn Ihr Unternehmen sich etwas zuschulden hat kommen lassen. Entscheiden Sie vorab, worüber Sie Auskunft geben werden und worüber nicht. Studieren Sie Ihre Antworten ein. Antworten Sie auf eine heikle Frage nie mit »Kein Kommentar«, sonst entsteht der Eindruck, dass Sie etwas zu verbergen haben. Erwecken Sie auf keinen Fall den Anschein, als versuchten Sie der Frage auszuweichen. Konzentrieren Sie sich darauf, Ihre Aussage zu vermitteln, selbst wenn Sie dazu Fragen uminterpretieren müssen. Wenn Sie gefragt werden, wie Sie zu der Entlassung von Arbeitskräften stehen, sollten Sie positive Aspekte hervorheben: dass Sie den betroffenen Angestellten etwa kostenlose Hilfe bei der weiteren Berufswegplanung anbieten.

NICHT VERGESSEN

- Wählen Sie für Fernsehauftritte und Presseinterviews, bei denen fotografiert wird, passende Kleidung.
- Sie sollten vorher überlegen, welche Punkte unbedingt angesprochen werden müssen, und während des Interviews Gelegenheiten dazu suchen.
- »Inoffizielle« Interviews sind nicht ratsam, es sei denn, Sie können sich auf einen Reporter hundertprozentig verlassen und haben gute Gründe für vertrauliche Auskünfte.

▼ MERKMALE EINES GUTEN SPRECHERS

Die meisten Unternehmen haben mindestens einen offiziellen Sprecher. Achten Sie darauf, dass jeder, der sich im Namen der Firma äußert, über die nötigen Fähigkeiten verfügt und die charakterlichen Voraussetzungen erfüllt.

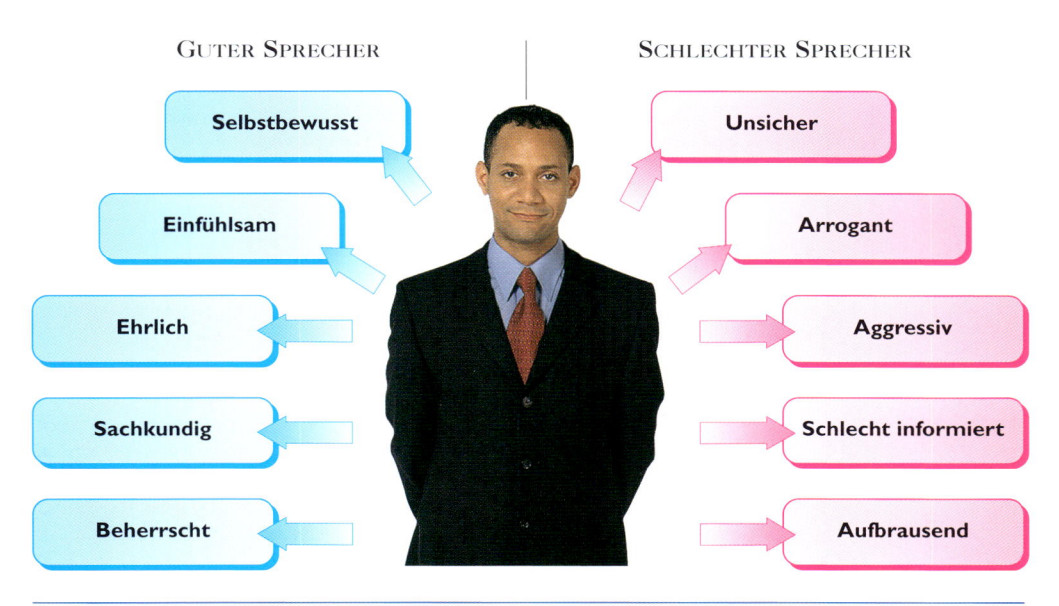

GUTER SPRECHER
- Selbstbewusst
- Einfühlsam
- Ehrlich
- Sachkundig
- Beherrscht

SCHLECHTER SPRECHER
- Unsicher
- Arrogant
- Aggressiv
- Schlecht informiert
- Aufbrausend

ZUSAMMENARBEIT MIT DEN MEDIEN

FOTOS VERÖFFENTLICHEN LASSEN

Ein gutes Foto ist ein wertvolles PR-Medium. Lernen Sie, welche Sachverhalte sich für die Bildberichterstattung eignen, und suchen Sie entsprechende Anlässe. Kontaktieren Sie Bildredakteure, um sie zu überzeugen, oder geben Sie eigene Pressefotos in Auftrag.

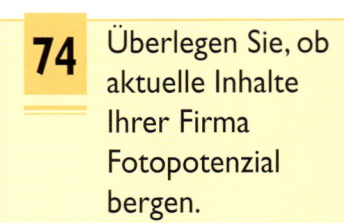

74 Überlegen Sie, ob aktuelle Inhalte Ihrer Firma Fotopotenzial bergen.

FOTOTERMINE ORGANISIEREN

Fototermine dienen als Anlass, Pressefotografen einzuladen, gegebenenfalls auch das Fernsehen. Verschicken Sie etwa eine Woche vor dem Termin Einladungen an die Bildredaktionen der anvisierten Printmedien. Wenn eine Redaktion die Gelegenheit für lohnend hält, wird sie sich Ihren Fototermin vormerken. Bedenken Sie aber, dass das keine Garantie für das Erscheinen eines Pressefotografen ist, besonders dann nicht, wenn vor Ihrem Termin ein Ereignis mit höherem Nachrichtenwert eintritt.

EFFEKTIVE EINLADUNG ZUM FOTOTERMIN ▼

Laden Sie Fotografen schriftlich zu Ihrem Fototermin ein. Im gezeigten Muster geht es um ein Ereignis, das sogar eine Berichterstattung im Fernsehen rechtfertigen würde. Auch Radioreporter würden eingeladen, denn eine Kombination aus Musik und kreischenden Fans wäre gutes Material für Popsender.

EINLADUNG ZUM FOTOTERMIN   Erstellt am 10. Juli

ERÖFFNUNG EINES PLATTENLADENS MIT DER BAND LIGHTENING
Die erfolgreiche Band Lightening wird in der Musterstädter Fußgängerzone ihre Hitsingle »Heartbreak« spielen und einen Plattenladen eröffnen.

PROGRAMM
10 Uhr vormittags: Band trifft in Großraumlimousine ein, wird von Fans empfangen
10.30 Uhr: Band spielt ihre Hitsingle »Heartbreak« vor dem Plattenladen »Vinyl«
10.35 Uhr: Lightening-Leadsänger Johnny Splitz eröffnet den Plattenladen
10.40 Uhr: Band gibt wartenden Fans im Laden Autogramme

Datum: Dienstag, den 18. Juli   Uhrzeit: Beginn 10 Uhr vormittags
Ort: Plattenladen »Vinyl«, Marktstraße 27, Musterstadt

FOTOGRAFEN SIND HERZLICH EINGELADEN.
Für weitere Informationen kontaktieren Sie bitte:
Nicole Dreher, Geschäftsführerin »Vinyl«, Tel. 0160 122 5567 (Geschäft) oder 0160 556 3232 (privat),
Michael Schulz, Agent der Gruppe Lightening, Tel. 0998 678 4356 (Büro) oder 070 765438 (mobil).

Die Überschrift sollte informativ sein.

Beginnen Sie mit einem kurzen Absatz, der den Anlass erklärt.

Führen Sie alle Programmpunkte auf.

Geben Sie an, wo und wann das Event stattfinden wird.

FOTOS VERÖFFENTLICHEN LASSEN

EIGENE FOTOS BEREITSTELLEN

Lokalzeitungen, Fachpublikationen und manche Publikumszeitschriften verwenden mitunter auch eingesandte Fotos, sofern sie hochwertig sind. Um sicher zu gehen, dass es weder an der Qualität noch an der Komposition Ihrer Fotos etwas auszusetzen gibt, sollten Sie unbedingt einen freiberuflichen Pressefotografen beauftragen, der sich mit den Anforderungen der Printmedien bestens auskennt. Legen Sie die Fotos einer Pressemitteilung bei oder weisen Sie in der Pressemitteilung darauf hin, dass von Ihrer Website Fotos heruntergeladen werden können. Alle verschickten Fotos müssen auf der Rückseite beschriftet sein. Geben Sie an, wer oder was auf dem Foto zu sehen ist, und zählen Sie Personen dabei von links nach rechts auf. Schreiben Sie nie direkt auf die Rückseite eines Fotos, da es dadurch beschädigt werden könnte, sondern verwenden Sie ein selbstklebendes Etikett.

75 Verwenden Sie Fotos, die nur Produkte zeigen, ausschließlich für Fachzeitschriften.

Geben Sie dem Fotografen eine zum Thema passende Pressemitteilung mit, falls vorhanden.

REIBUNGSLOSER ▶ ABLAUF
Begrüßen Sie jeden Fotografen, der zum Fototermin erscheint; erklären Sie, worum es geht, und wer oder was fotografiert werden kann.

Stellen Sie dem Fotografen die am Fototermin Beteiligten vor.

76 Verwenden Sie Requisiten oder Dekorationen, um Bilder interessanter zu machen.

BERICHTERSTATTUNG VERFOLGEN

Nachdem es Ihnen gelungen ist, bestimmte Inhalte in die Medien zu bringen, gilt es, dafür zu sorgen, dass Ihr Unternehmen konstant positiv dargestellt wird. Ermitteln Sie, in welchem Umfang Ihre Medienkontakte zu Berichten führen, bewerten Sie Ihre Ergebnisse.

> **77** Schauen Sie nach Software, die Ihnen helfen kann, Berichterstattung zu bewerten.

GESPRÄCHSNOTIZEN ▼
Sie haben einen besseren Überblick, wenn Sie Formulare erstellen, in die Sie die persönlichen Daten jedes Anrufers und das Ergebnis des jeweiligen Gesprächs eintragen können. Füllen Sie nach jedem Anruf einen solchen Vordruck aus.

Halten Sie fest, was der Journalist wissen wollte, und warum.

JOURNALISTENANRUFE PROTOKOLLIEREN

Führen Sie Buch über die Anrufe von Medienvertretern, um verlässliche Aufzeichnungen über Ihre passiven Medienkontakte zu erhalten. Notieren Sie, wer angerufen hat, welche Publikation oder Sendung er vertritt, worauf sich seine Anfrage bezieht. Halten Sie auch Ihre Reaktion fest, heften Sie eventuelle Antwortschreiben ab. Fragen Sie, wann der entsprechende Beitrag gedruckt oder gesendet wird, und prüfen Sie, wenn es so weit ist, ob er den Tatsachen entspricht.

GESPRÄCHSNOTIZ

Name des Journalisten:	Publikation/Sendung
Kontakt-Telefonnummer:	Kontakt-Faxnummer:
Anruf erhalten am:	um:
Gespräch entgegengenommen von:	Antwort erforderlich bis:
Art der Anfrage:	
Reaktion:	
Reaktion erfolgt durch:	per:

Fragen Sie, bis wann eine Reaktion spätestens erfolgen muss.

Notieren Sie sich, welche Auskunft Sie am Telefon gegeben haben. Erstellen Sie eine Kopie eines Antwortschreibens.

Tragen Sie den Namen der Person ein, die auf den Anruf reagiert hat.

Geben Sie an, ob die Anfrage während desselben oder eines späteren Telefonats beantwortet wurde oder aber per Post, E-Mail oder Fax.

MEDIENPRÄSENZ KONTROLLIEREN

Von jeder Pressemitteilung oder Fototermineinladung, die Sie erstellen, sollten Sie ein Exemplar archivieren. Fügen Sie ihm eine Verteilerliste bei, und vergleichen Sie diese mit dem Ausmaß an erzielter Berichterstattung, um Ihre Erfolgsquote zu ermitteln. Ist diese gering, dann fragen Sie sich, ob Sie Termine versäumt, unattraktive Pressemitteilungen herausgegeben oder die falschen Medien anvisiert haben. Rufen Sie Menschen an, die auf Ihrer Verteilerliste stehen, und fragen Sie nach.

78 Erwägen Sie, einen Presseausschnittdienst zu beauftragen, um die Berichte auszuwerten.

79 Prüfen Sie mit Videoaufzeichnungen, ob Inhalte richtig dargestellt wurden.

80 Heben Sie alle Presseausschnitte in einem Album auf.

EINEN MEDIENBEOBACHTER BEAUFTRAGEN

Medienbeobachtungsfirmen sammeln Presseausschnitte und fertigen Niederschriften von Radio- und Fernsehsendungen bestimmten Inhalts an oder zeichnen sie auf. Viele Firmen bieten auch einen Auswertungsservice an. Presseausschnittdienste verlangen oft eine monatliche Pauschalgebühr und einen bestimmten Betrag pro Ausschnitt; Firmen, die ausschließlich Rundfunksendungen erfassen, erheben gewöhnlich keine Grundgebühr.

BERICHTERSTATTUNG AUSWERTEN

Früher galt ein dicker Stapel Presseausschnitte als ein Zeichen von Erfolg. Heute geht man über diesen Maßstab hinaus, da er keine Unterscheidung zwischen positiver und negativer Berichterstattung zulässt. Sie sollten Berichterstattung grundsätzlich daraufhin prüfen, ob die vermittelten Aussagen positiv, negativ oder neutral sind. Denken Sie auch daran, wie wichtig es ist, potenziell schädliche Nachrichten von den Medien fern zu halten. Bei einer effektiven Auswertung werden mehrere Faktoren berücksichtigt, nämlich die Häufigkeit der Berichterstattung, die Reichweite und das Publikum – wichtig ist also, wie oft ein bestimmter Inhalt in den Medien erscheint, wie viele Menschen ihn wahrnehmen, und ob das erreichte Publikum zu Ihrer Zielgruppe gehört.

811

WERBEMATERIALIEN ERSTELLEN

Professionelle Druckerzeugnisse sind wichtig für erfolgreiche PR. Entscheidend sind gute Werbetexte, eine ansprechende grafische Gestaltung und Fotos, sowie ein hochwertiger Druck.

EINGEHENDE VORBEREITUNG

PR-Materialien wie Werbebroschüren selbstständig zu produzieren kann eine Herausforderung bedeuten. Um möglichst effektvolle Werbematerialien ohne allzu großen Stress zu produzieren, müssen Sie gründlich planen und viel Zeit einkalkulieren.

81 Treffen Sie wichtige Entscheidungen in Ruhe – achten Sie darauf, Fehler zu vermeiden.

82 Denken Sie daran, Zeit für die Bewertung von Angeboten einzuplanen.

OPTIMALE ERGEBNISSE

Damit Sie sicher sein können, genug Zeit einzurechnen, sollten Sie einen Produktionsplan erarbeiten, der Termine für die Fertigstellung von Texten, Proofs und Druckvorlagen enthält. Lassen Sie allen beteiligten Kollegen eine Ausfertigung des Plans zukommen, und stellen Sie klar, wer wofür verantwortlich ist. Planen Sie einen zeitlichen Spielraum ein, um Verzögerungen auffangen zu können, und fordern Sie wettbewerbsfähige Angebote an.

Eingehende Vorbereitung

▼ Werbematerialien konzipieren

Ein Team kann leichter effektive Materialien erstellen, wenn jedem Mitglied klar ist, was angestrebt wird. Arbeiten Sie zusammen mit dem Team ein Konzept aus, erklären Sie Ihre Vorstellungen dann den weiteren Beteiligten.

PR-Manager erläutert Teammitgliedern sein Konzept.

Die AIDCA-Formel

Sorgen Sie zunächst durch Farbe, Layout, Bilder und Text dafür, dass Ihre Materialien auffallen und beachtet werden. Wecken Sie dann das Interesse des Lesers durch attraktive Texte. Erleichtern Sie den Lesevorgang durch eine ausgefeilte Gestaltung. Rufen Sie nun einen Wunsch hervor – entscheiden Sie, wozu der Leser bewegt werden soll, und erstellen Sie Materialien, die geeignet sind, diese Reaktion auszulösen.

Nachdem Sie die Gefühle des Lesers angesprochen haben, gilt es, ihn durch nüchterne Fakten zur gewünschten Überzeugung zu bringen. Letztlich steht und fällt jedoch alles mit der Frage, ob das fertige Werbematerial den Leser tatsächlich zu einer bestimmen Handlung veranlasst. Für diese fünf Stadien steht das Akronym AIDCA (attention, interest, desire, conviction, action bzw. Aufmerksamkeit, Interesse, Wunsch, Überzeugung, Handlung).

Werbematerialien nutzen

Es kommt nicht selten vor, dass Unternehmen beträchtliche Summen für die Erstellung von hochwertigen Werbematerialien ausgeben, nur um später einen Großteil davon ungenutzt im Lager liegen zu lassen. Sorgen sie dafür, dass Ihr Zielpublikum Ihre Broschüren und anderen Materialien erhält. Arbeiten Sie einen Verteilerplan aus und beginnen Sie mit seiner Durchführung, sobald die Materialien fertig gestellt sind. Stellen Sie sicher, dass die Belegschaft über die neuen Materialien informiert ist und genug davon zu verteilen hat. Nehmen Sie Ihre Werbematerialien zu Präsentationen und Seminaren mit und legen Sie sie Ihrem Zielpublikum zum Mitnehmen bereit.

Wichtige Fragen

- F Welche Werbematerialien brauchen wir?
- F Könnten wir auch etwas anderes verwenden?
- F Sollen sie verschickt oder persönlich verteilt werden?
- F Sollen sie den Leser informieren oder beeinflussen?
- F Für wen sind die Materialien bestimmt, und müssen sie bis zu einem bestimmten Termin ausgeliefert werden?

Werbetexte schreiben

Wenige Worte können ausreichen, um einen Leser emotional zu beeinflussen oder sogar von einer neuen Sichtweise zu überzeugen. Die Kunst liegt darin, die richtigen Worte zu wählen. Wirkungsvolle Werbetexte werden gezielt für einen Leserkreis geschrieben.

> **83** Denken Sie beim Schreiben an eine bestimmte Person, nicht an eine abstrakte Leserschaft.

Professionelle Werbetexte

Die Texte für Werbematerialien sollten weder an einen Geschäftsbrief noch an einen Aufsatz erinnern, sondern in einem besonderen, originellen Stil gehalten sein, der auch gegen die Regeln verstoßen darf. Gewisse grammatikalische Zwänge existieren in der Werbesprache nicht. Solange das Textverständnis nicht gefährdet ist, kann ein relativ salopper Ton angeschlagen werden, wie er für den mündlichen Sprachgebrauch typisch ist.

> **84** Üben Sie das Schreiben von Werbetexten, bis Sie den Stil sicher beherrschen.

Verschiedene Schreibstile

Geschäftssprache	Werbesprache
Formeller Stil, konventionelle Ausdrucksweise	Informeller Stil, verkürzte Formen wie »geht's«, »gibt's« usw.
Häufige Verwendung der dritten Person: »die Firma«, »der Kunde« usw.	Verwendung der ersten und zweiten Person: »wir« und »Sie«
Branchen- oder firmenspezifische Ausdrücke	Ausschließlich allgemein verständliche Ausdrücke
Oft lange Textabschnitte	Kurze, übersichtliche Abschnitte
Strenge Befolgung der Grammatikregeln	Gelegentliches Abweichen von Grammatikregeln
Verwendung des Passivs	Verwendung des Aktivs

Werbetexte schreiben

Werbetexte Schritt für Schritt

- Schreiben Sie Ihre Ideen auf.
- Gliedern Sie die Ideen nach Themen.
- Bringen Sie die Themen in eine logische Reihenfolge.
- Überlegen Sie, was welchen Platz einnehmen sollte.
- Fertigen Sie einen ersten Entwurf an.
- Überarbeiten Sie Ihren Entwurf, und stellen Sie den Text fertig.

85 Bestimmen Sie Ihr Zielpublikum, bevor Sie mit dem Schreiben beginnen.

Kulturelle Unterschiede

Die Weltsprache Englisch unterliegt nicht in jedem Land denselben Konventionen. Ein Beispiel ist die numerische Datenschreibweise: »2.6.01« würde in Großbritannien als der 2. Juni 2001 interpretiert und in den USA als der 6. Februar 2001. Anders als etwa in Deutschland und Frankreich wird jedoch im gesamten englischen Sprachraum zur Gliederung von Zahlenreihen das Komma verwendet und als Dezimalzeichen der Punkt. Demnach bedeutet »1,000« in manchen Ländern »eins« (mit drei Dezimalstellen) und in anderen »eintausend«. In Deutschland und Skandinavien stehen wichtige Aussagen oft in eingerückten Einzelzeilen, in den USA und Großbritannien hingegen werden sie unterstrichen oder kursiv gesetzt.

Auf Verständlichkeit achten

Fachbegriffe sind eine große Erleichterung, solange sie auf die Kommunikation mit Kollegen beschränkt bleiben, die mit ihnen vertraut sind. Da Werbetexte jedoch meist für ein externes Publikum geschrieben werden, sollten sie frei von Fachjargon und generell leicht verständlich sein. Zu einer solchen Ausdrucksweise gehören kurze, umgangssprachliche Wörter und knappe Sätze; amtssprachliche Formulierungen und unnötige Fachausdrücke sind zu vermeiden. Bringen Sie Ihre Aussagen in eine logische Reihenfolge, die den Bedürfnissen und Interessen des Lesers entspricht. Ihr Stil sollte nicht gestelzt, gekünstelt oder kompliziert wirken, sondern einfach und klar. Ersetzen Sie schwerfällige Wendungen durch kurze Wörter, so z. B. »zum gegenwärtigen Zeitpunkt« durch »heute«.

SCHREIBTECHNIKEN

Professionelle Werbetexter greifen auf eine Reihe von Techniken zurück, um ihre Texte interessanter zu gestalten. Beliebte Mittel sind z. B. Reim, Alliteration (übereinstimmender Anlaut benachbarter Wörter) und Wortspiel. Gute Werbetexte haben einen Rhythmus; eine Mischung aus kurzen und längeren Sätzen kann dazu beitragen, dass Ihr Text flüssiger wirkt. Gelegentliche Einwortsätze fallen auf und durchbrechen den Rhythmus, wodurch das Interesse des Lesers wach gehalten wird. Lockern Sie den Text auf, indem Sie Satzteile umstellen. Schreiben Sie statt »Unser diesjähriger Katalog enthält die bisher größte Auswahl an Produkten und wird Sie sicher begeistern« lieber »Mit der bisher größten Auswahl an Produkten wird Sie unser diesjähriger Katalog sicher begeistern.«

> **86** Gliedern Sie Fließtext durch Überschriften und Zwischentitel.

> **87** Vermeiden Sie unübersichtliche Textflächen, sonst schrecken Sie Leser ab.

ANREGUNGEN SUCHEN

Wenn Werbematerialien unter Zeitdruck erstellt werden müssen, ist es oft schwierig, originell zu sein. Machen Sie sich gute Ideen anderer zu Eigen, und sammeln Sie Werbematerialien, die Sie als inspirierend empfinden. Gehen Sie, wenn es Ihnen einmal an Inspiration mangelt, diese Sammlung durch, um sich Anregungen zu holen. Analysieren Sie gute Werbetexte, und versuchen Sie zu herauszufinden, welche Techniken der Autor angewendet hat. Denken Sie darüber nach, ob diese Techniken auch Ihnen von Nutzen sein könnten, eventuell in abgewandelter Form. Manchmal geht eine Inspiration von völlig andersartigem Material aus: Kinderbücher, Geschenkpapier, Grußkarten und Zeitschriften können alle helfen, Ihre Kreativität anzuregen. Wenn Ihnen trotz allem nichts einfällt, halten Sie ein Brainstorming mit Kollegen ab.

▼ **IDEEN SAMMELN**
Bewahren Sie interessante Werbematerialien auf, und blättern Sie sie durch, wenn Sie nach Ideen suchen. Vergessen Sie nicht, dass auch artfremde Materialien wie Kinderbücher oder Grußkarten eine Inspirationsquelle sein können.

Texte überarbeiten

Fertigen Sie einen ersten Textentwurf an, und beschäftigen Sie sich dann einen oder zwei Tage lang nicht damit. Das erleichtert es Ihnen, vorhandene Mängel zu erkennen. Stellen Sie fest, was verbessert werden muss, und ändern Sie den Text entsprechend. Wiederholen Sie diesen Vorgang, bis Sie mit dem Ergebnis zufrieden sind. Vermeiden Sie Gemeinplätze und Wiederholungen, und streichen Sie überflüssige Wörter. Achten Sie auf den logischen Zusammenhang. Vermeiden Sie alles Umständliche, Mehrdeutige oder Hochtrabende; drücken Sie sich möglichst knapp und einfach aus. Legen Sie eine Fassung, die Ihnen akzeptabel erscheint, einem kleinen Kreis von Menschen vor, der repräsentativ für Ihr Zielpublikum ist. Bitten Sie um Feedback.

▼ **VERBESSERUNGEN**
Lesen Sie Ihren Text nach jeder Änderung sorgfältig durch. Prüfen Sie, ob alle Aussagen folgerichtig und verständlich sind, suchen Sie nach Rechtschreibfehlern. Je professioneller Ihre Werbematerialien wirken, desto größer ist die Wahrscheinlichkeit, dass sie beachtet werden.

PR-Managerin streicht sich wiederholende Wörter.

Werbetexter beauftragen

Sofern Sie von Ihren Fähigkeiten als Texter nicht vollkommen überzeugt sind, sollten Sie die Aufgabe einem professionellen Werbetexter übertragen. Werbetexter wissen, wie man die Aufmerksamkeit des Lesers weckt und aufrechterhält, und sind geschickt darin, komplexe Gedanken in einen lebendigen, leicht lesbaren Text zu verwandeln.

Schreibblockaden überwinden

Schreibblockaden kennt jeder Texter, doch wer unerfahren ist, leidet besonders häufig darunter. Das Hauptsymptom ist eine unerklärliche Unfähigkeit, sich zu konzentrieren oder zu schreiben. Wenn Sie eine Blockade haben, probieren Sie eine der zahlreichen Methoden aus, die Ihnen helfen können, einen Anfang zu finden oder Ihre Arbeit abzuschließen. Machen Sie eine Pause, gehen Sie spazieren oder versuchen Sie es mit einem Tapetenwechsel. Suchen Sie sich einen ruhigen Platz zum Arbeiten oder schreiben Sie zu Hause. Wahrscheinlich fällt es Ihnen am Vormittag leichter, sich zu konzentrieren; halten Sie sich also diesen Zeitraum frei, falls Ihre Blockade fortbesteht.

/ WERBEMATERIALIEN ERSTELLEN

WERBEMATERIALIEN GESTALTEN

Eine ansprechende grafische Gestaltung ist ebenso wichtig wie gut geschriebene Texte. Lernen Sie, Grafikern die richtigen Instruktionen zu geben, Proofs zu kontrollieren und die Qualität von Werbegrafiken zu beurteilen.

88 Wählen Sie eine Schriftgröße, die Ihren Text gut lesbar macht.

89 Prüfen Sie, ob Ihr Layout mit dem Blick schnell zu erfassen ist.

SELBSTSTÄNDIGE GESTALTUNG

Desktop-Publishing-Software ermöglicht es heute jedem Unternehmen, einfache Materialien selbst zu gestalten. Professionell wirkende Rechnungen, Bestellformulare, Preislisten und interne Handbücher lassen sich leicht im eigenen Betrieb erstellen. Bleiben Sie bei einfachen Gestaltungsmitteln. Beschränken Sie sich auf eine oder zwei Schriftarten und -größen. Gehen Sie von Standardvorlagen aus, aber passen Sie sie dem Stil Ihres Unternehmens an. Besuchen Sie bei Bedarf einen Desktop-Publishing-Kurs.

LAYOUTS EINFACH HALTEN ▼
Dank Desktop-Publishing-Programmen haben Sie heute die Möglichkeit, professionelle Werbematerialien zu erstellen, die die Identität Ihrer Firma betonen.

NICHT NACHAHMENSWERT

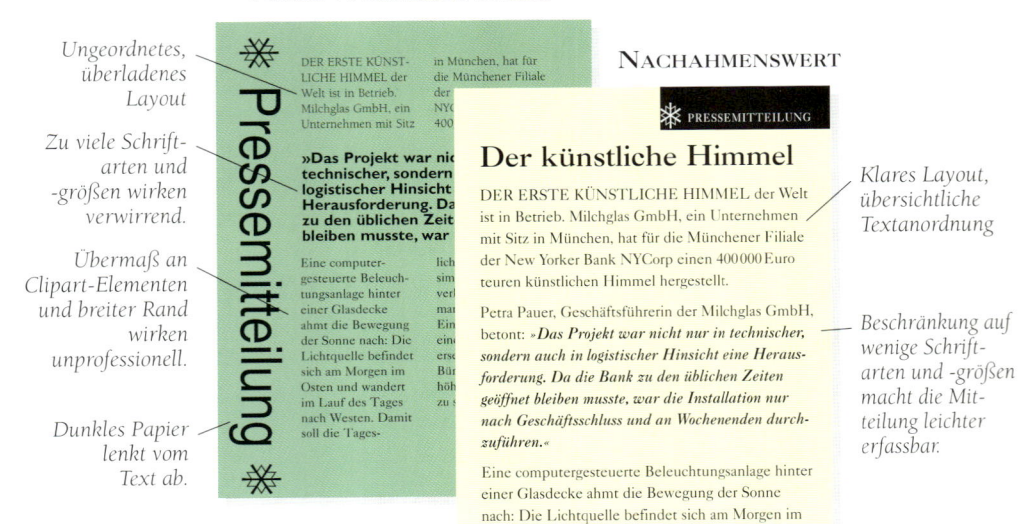

Ungeordnetes, überladenes Layout

Zu viele Schriftarten und -größen wirken verwirrend.

Übermaß an Clipart-Elementen und breiter Rand wirken unprofessionell.

Dunkles Papier lenkt vom Text ab.

NACHAHMENSWERT

Klares Layout, übersichtliche Textanordnung

Beschränkung auf wenige Schriftarten und -größen macht die Mitteilung leichter erfassbar.

WERBEMATERIALIEN GESTALTEN

Designpapier verwenden

Auch wenn Sie kein kostspieliges Originaldesign in Auftrag geben, müssen Sie nicht auf eine attraktive, professionelle Gestaltung verzichten, denn es besteht die Möglichkeit, Designpapier zu verwenden. Spezialanbieter produzieren vorgedrucktes Papier mit attraktivem Design für Geschäftsbriefe und Rechnungen, aber auch z. B. für Speisekarten und Werbematerialien wie Handzettel und Plakate. Auf dieses Papier können Sie dann mit einem Laserdrucker oder einem Fotokopiergerät Ihre Adresse oder Ihren Text bringen. Ähnlich, aber etwas teurer, ist nach Ihren Vorgaben gestaltetes Papier für Handzettel und Plakate, das z. B. in Ihren Firmenfarben gehalten ist.

90 Achten Sie darauf, dass Ihr Firmenlogo auf allen gestalteten Materialien zu sehen ist.

91 Verwenden Sie individuell gestaltetes Briefpapier für einen professionellen Eindruck.

Einen Grafiker finden

Arbeiten Sie möglichst immer mit professionellen Werbegrafikern, da eine mangelhafte grafische Gestaltung ein schlechtes Licht auf Ihr Unternehmen wirft. Profis sind aufgrund ihrer Ausbildung und Erfahrung auch dem eifrigsten Amateur überlegen. Wenn Sie noch keinen Grafiker gut genug kennen, kontaktieren Sie eine Grafikagentur. Manche Grafiker sind weit teurer als andere, doch Qualität und Preis gehen nicht immer Hand in Hand; vergleichen Sie also mehrere Angebote. Fragen Sie gleich beim ersten Gespräch nach den Kosten. Grafiker tendieren dazu, ihre besten Arbeiten zu präsentieren, in der Regel aufwändige Produktionen. Lassen Sie sich auch durchschnittlich budgetierte und Billigproduktionen zeigen. Die Fähigkeit eines Grafikers, einen Auftrag auch bei geringem Budget gut auszuführen, ist ein guter Indikator für seine Versiertheit.

GRAFIKER TREFFEN ▼
Treffen Sie mehrere Grafiker und sichten Sie Arbeitsproben. Entscheiden Sie sich für einen vielseitigen Grafiker, dessen Arbeiten Ihnen gefallen; er sollte jedoch auch den Eindruck vermitteln, dass er Ihre Anforderungen genau versteht.

Grafiker gibt Auskunft über seine Spezialgebiete.

Detaillierte Instruktionen für Grafiker

Bereich	Wichtige Angaben
Zielpublikum	Erklären Sie, für wen die Werbematerialien gedacht sind. Versuchen Sie, einen typischen Leser zu beschreiben.
Stil	Was für einen Stil streben Sie an? Nostalgisch? Modern? Hightech? Exklusiv? Legen Sie Ihre Vorstellungen im Detail dar.
Umfang	Teilen Sie dem Grafiker die Seitenanzahl und das gewünschte Format mit (z. B. A_3 oder A_4).
Abbildungen	Geben Sie an, welche Fotos verwendet werden sollen, und ob Diagramme, Tabellen oder andere Abbildungen benötigt werden.
Farben	Legen Sie die Anzahl der Farben fest, erklären Sie gegebenenfalls, welche Farben verwendet werden müssen (z. B. Firmenfarben) oder zu vermeiden sind.
Papier	Geben Sie an, ob Sie Papier einer bestimmten Machart oder Farbe benötigen. Bitten Sie den Grafiker um Rat, und lassen Sie sich, wenn nötig, Muster zeigen.
Spezialeffekte	Sprechen Sie über gewünschte Spezialeffekte (Stanzung, partielle Lackierung, Folienprägedruck u. Ä.), und fragen Sie den Grafiker nach seiner Meinung dazu.

92 Wählen Sie Ihrem Zielpublikum angemessene Illustrationen.

93 Kontaktieren Sie über eine Kunstakademie junge Grafiker.

Illustrationen in Auftrag geben

Grafiker kombinieren Text und vorhandene Abbildungen und erstellen mithilfe spezieller Computerprogramme ein Layout. Illustratoren liefern Grafikern Zeichnungen, Aquarelle und andere Abbildungen, die gewöhnlich auf Papier entstehen. Ihr Grafiker kann Ihnen wahrscheinlich einen Illustrator empfehlen, der Abbildungen in der von Ihnen gewünschten Art anfertigen kann. Wie alle Künstler haben Illustratoren einen persönlichen Stil. Damit Sie sicher sein können, dass Ihnen der Stil zusagt, sollten Sie sich Arbeitsproben zeigen lassen.

Stilrichtlinien

Damit erkennbar wird, dass alle Ihre Werbematerialien aus demselben Haus kommen, sollten Sie Stilrichtlinien ausgeben. Legen Sie fest, welche Schriftarten und Farben verwendet werden müssen. Bestimmen Sie, in welcher Größe Ihr Logo mindestens erscheinen muss. Stilrichtlinien können sich auch auf sprachliche Aspekte erstrecken. Definieren Sie eine Norm, die Einheitlichkeit garantiert. Halten Sie z. B. fest, welcher Schreibstil akzeptabel ist oder wie Wörter, die verschiedene Schreibweisen zulassen, zu schreiben sind. Händigen Sie jedem, der für Text oder grafische Gestaltung zuständig ist, eine Liste mit diesen Richtlinien aus.

94 Lesen Sie von rechts nach links, um Rechtschreibfehler zu entdecken.

95 Sehen Sie Broschüren durch, und sammeln Sie interessante Gestaltungsideen.

Proofs sorgfältig kontrollieren

Bei der Durchsicht von Proofs gibt es vieles zu beachten. Oft werden Ihnen Wortwiederholungen auffallen. Auch Rechtschreibfehler oder Auslassungen können vorkommen. Deswegen ist es wichtig, dass Sie sich auf den Text konzentrieren und sich beim Lesen nicht von Ihren Erwartungen leiten lassen. Lesen sie langsam, und kontrollieren Sie jedes einzelne Wort. Suchen Sie auch nach ungeschickten Worttrennungen. Entscheiden Sie sich bei verschiedenen Schreibweisen für eine Variante; was zählt, ist ein konsequenter Gebrauch.

AUF EINHEITLICHKEIT ACHTEN

Lesen Sie sämtliche Proofs Korrektur, damit jegliche Fehler vermieden werden. Gleichen Sie Schreibweisen ab, kontrollieren Sie die Interpunktion, prüfen Sie, ob alle Bildunterschriften am richtigen Platz stehen.

Messe mit Besucherrekord

Die beliebte Bundesgartenmöbelmesse lockte in diesem Jahr so viele Besucher wie nie zuvor ins Musterhausener Veranstaltungszentrum – 45000 in drei Tagen. Als Aussteller waren 100 führende Gartenmöbelfabrikanten aus dem gesamten Bundesgebiet beteiligt. Veranstalter war das Unternehmen Holzstock & Co.; für die Öffentlichkeitsarbeit war die Agentur A. Baum und Söhne verantwortlich.

Heinz Müller, Geschäftsführer von Holzstock & Co., erklärt: »Da wir die bundesweite Messe erst im dritten Jahr organisieren, sind wir mehr als zufrieden, dass wir schon einen Zuschauerrekord erzielt haben. Wir sind derzeit mit der Planung für das nächste Jahr beschäftigt und hoffen, dass wir den Ausstellern dann gesteigerte Kapazitäten und den Besuchern ein Mehr an Messegastronomie bieten können.«

Zu den Glanzstücken unter den diesjährigen Exponaten gehörte eine Garnitur aus einem Tisch und vier Stühlen.

Über 40000 Menschen besuchten die Bundesgartenmöbelmesse.

FOTOS IN AUFTRAG GEBEN

Professionelle Fotografen machen Bilder, die Produkte und Menschen so vorteilhaft wie möglich darstellen. Dabei spielt es keine Rolle, ob Sie die Fotos für Ihre Website oder für Werbematerialien verwenden. Bauen Sie einen Bestand an hochwertigen Fotos auf.

96 Denken Sie daran, dass gute Fotos mehr aussagen können als Worte.

97 Bitten Sie Fotografen, Ihnen Arbeitsproben zu zeigen.

DEN RICHTIGEN FOTOGRAFEN FINDEN

Manche Fotografen machen hervorragende Pressefotos, andere zeichnen sich durch ihre Studioarbeiten aus oder haben besonderes Talent für Porträts. Fragen Sie einen Fotografen nach seinen Spezialgebieten, sehen Sie sich eine Mappe mit Arbeitsproben an und bilden Sie sich selbst ein Urteil.

INSTRUKTIONEN FÜR FOTOGRAFEN

Erklären Sie zuerst den Auftrag – geben Sie an, wo fotografiert werden soll, und erstellen Sie nötigenfalls einen Zeitplan. Schreiben Sie auf, wer oder was zu fotografieren ist und was Sie mit jedem Foto bezwecken. Machen Sie klar, bis wann der Auftrag ausgeführt sein muss. Stellen Sie dem Fotografen Hintergrundinformationen zur Verfügung, die ihm einen Einblick in die Arbeit Ihrer Firma geben. Lassen Sie sich alle Vereinbarungen schriftlich bestätigen und bitten Sie den Fotografen, Ihnen – ebenfalls schriftlich – das Nutzungsrecht an den Bildern abzutreten.

▼ **FORMAT AUSWÄHLEN**
Entscheiden Sie, ob der Fotograf ein bestimmtes Format verwenden soll. Wenn Sie sich nicht schlüssig sind, erklären Sie, wozu Sie die Fotos brauchen, und fragen Sie dann, welches Format dafür am besten geeignet wäre.

FOTOMATERIAL NUTZEN

Suchen Sie nach Möglichkeiten, vorhandene Fotos zu verwenden. Sie können damit z. B. Ausstellungstafeln oder Ihre Website bebildern. Ermöglichen Sie es Journalisten, Fotos von Ihrer Site herunterzuladen, und legen Sie Pressemappen passende Aufnahmen bei. Verwenden Sie Ihre Fotos für Werbematerialien, und nutzen Sie Dias dazu, Präsentationen lebendiger zu gestalten.

98 Lassen Sie sich die Einzelheiten vom Fotografen schriftlich bestätigen.

BILDARCHIVE NUTZEN

Professionelle Fotos sind auch über Bildarchive zu beziehen, in denen Millionen hochwertiger Aufnahmen gespeichert sind. Diese Alternative ist dann sinnvoll, wenn Sie erstklassige Fotos benötigen, die sonst zu teuer würden, etwa, weil sie einen exotischen Schauplatz, Fotomodelle oder ausgefallene Requisiten erforderten. Beschreiben Sie einfach möglichst genau, was für ein Bild Sie suchen, und überlassen Sie es dem Bildarchiv, eine Auswahl zu beschaffen. Für die Suche wird oft eine geringe Gebühr verlangt, die jedoch entfällt, wenn Sie ein Bild »kaufen«. Im Allgemeinen erwerben Sie die Erlaubnis, ein Bild einmal zu reproduzieren, wobei die Nutzungsgebühr beispielsweise davon abhängen kann, wo und in welcher Größe es erscheinen soll. Sich das Recht zur alleinigen Nutzung eines Fotos zu sichern, ist kostspielig und wahrscheinlich unnötig. Die meisten Bildarchive verfügen über Kataloge auf CD-ROM, die einen Überblick über ihren Bestand vermitteln. Bedenken Sie, dass ein solcher Katalog nur einen Ausschnitt aus dem Angebot zeigt.

PREISE VERGLEICHEN

Wenn Sie Fotografen nach ihren Preisen fragen, sollten Sie folgende Punkte berücksichtigen:
- das Arbeitshonorar – die Abrechnung kann nach Stunden, Tagen oder pauschal pro Auftrag erfolgen;
- Materialien – unter Umständen müssen Sie Filme, Entwicklung und Kontaktbögen extra bezahlen;
- Spesen – fragen Sie, welche Spesen in Rechnung gestellt werden, und nach welchem Satz;
- Abzüge – fragen Sie nach dem Preis verschiedener Abzugformate.

Überschlagen Sie, welche Gesamtkosten unterschiedliche Fotografen bedeuten würden. Ein relativ niedriger Stundensatz muss nicht unbedingt zu einem geringeren Rechnungsbetrag führen.

NICHT VERGESSEN

- Geschäftsräume sollten vor einem Fotoshooting grundsätzlich aufgeräumt werden.
- Fotos sollten immer so interessant und originell wie möglich sein.
- Aufnahmen von großen Menschenansammlungen oder Konferenzen sollten vermieden werden.
- Ein Foto sollte nicht zu viele verschiedene Bildelemente enthalten.
- Sie können Ihr Fotobudget strecken, indem Sie vorsorglich Fotos machen, bevor aktueller Bedarf besteht.

Werbematerialien drucken lassen

Jeder PR-Manager sollte Grundkenntnisse auf dem Gebiet der Druckproduktion besitzen. Lernen Sie, die für Ihre Zwecke richtige Druckerei zu wählen, Kostenfaktoren abzuwägen und durch selbstständige Auftragsvergabe Geld einzusparen.

> **99** Sehen Sie jeden Proof gründlich durch, bevor Sie ihn für druckreif erklären.

Günstige Angebote einholen

- Ziehen Sie einige Druckereien in die engere Wahl.
- Listen Sie Ihre Anforderungen auf.
- Fordern Sie einen Kostenvoranschlag und Muster an.
- Wählen Sie nach den Kriterien Preis und Qualität eine Druckerei aus.
- Lassen Sie sich eine schriftliche Auftragsbestätigung geben und geben Sie Liefertermin und -adresse an.

Druckerei auswählen

Stellen Sie ausgiebige Vergleiche an. Gehen Sie dabei nicht nur nach dem Preis, sondern auch danach, welcher Anbieter Ihren Bedürfnissen am exaktesten entspricht. Die meisten großen Druckhäuser beschäftigen Vertreter, die Ihnen gern einen Besuch abstatten werden. Finden Sie heraus, mit welchen Maschinen die Druckerei arbeitet und welche Möglichkeiten sie hat. Bitten Sie den Vertreter, Muster mitzubringen. Legen Sie Wert auf gute Qualität – prüfen Sie, ob die Farben echt wirken und ob die Drucksachen sauber geschnitten, gefalzt und mit Klammern oder Draht geheftet sind. Gewöhnlich kann ein Vertreter für Sie einen Besuch im Drucksaal arrangieren – eine gute Gelegenheit, sich mit Vorgängen und Fachbegriffen vertraut zu machen und Fragen zu stellen.

Tun und Lassen

- ✔ Holen Sie vor jedem Druckauftrag drei Angebote ein, teilen Sie den Druckereien dieses Verfahren mit.
- ✔ Verlangen Sie einen vollständig aufgeschlüsselten Kostenvoranschlag.
- ✘ Erteilen Sie einer Druckerei keinen Auftrag, wenn Sie mit der Qualität ihrer Muster unzufrieden sind.
- ✘ Arbeiten Sie nicht mit einer Druckerei, die für den Kostenvoranschlag sehr lange gebraucht hat.

Druckkosten kalkulieren

Druckkosten hängen mit vielen Faktoren zusammen. Einerseits kommt es z. B. darauf an, wie hoch das Auftragsaufkommen einer Druckerei ist und ob Sie als wichtiger Kunde gelten; andererseits haben natürlich Ihre Anforderungen einen Einfluss. Bestimmte Verfahren verursachen höhere Kosten. Vierfarbdruck ist teurer als Zweifarbdruck. Umfang (Anzahl der Seiten), Auflage (Anzahl der Exemplare) und Papiertyp sind ebenfalls relevant. Spezialeffekte (Metallic-Farben, Stanzung, Lackierung, Laminierung, Blindprägung usw.) sind mit erheblichen Zusatzkosten verbunden. Auch das Einscannen von Fotos oder das Anfertigen von Chromalinen (speziellen Analogproofs) wird man Ihnen in Rechnung stellen.

Nicht vergessen

- Zusatzkosten für Kollationieren, Falzen und Heften müssen einkalkuliert werden.
- Ungewöhnliche Papiertypen bedeuten wahrscheinlich einen Aufpreis.
- Schweres Papier sieht zwar attraktiv aus, kann aber zu höheren Portokosten führen, wenn Sie Ihre Materialien verschicken.
- Reserveexemplare drucken zu lassen ist weit günstiger als Materialien später erneut in Druck zu geben.

100 Handeln Sie um den Druckpreis, damit Sie die besten Konditionen erhalten.

Digitaldruck

Herkömmliche Druckmaschinen sind ideal für Auflagen von mindestens 500 Stück; je höher die Auflage, desto geringer der Stückpreis. Für niedrigere Auflagen ist jedoch Digitaldruck kosteneffektiver, besonders, wenn viele Farben dargestellt werden sollen. Beim konventionellen Verfahren entstehen Kosten hauptsächlich durch das Einrichten der Druckmaschine, was niedrige Auflagen unwirtschaftlich macht. Beim Digitaldruck entfallen diese Einrichtekosten, sodass der Stückpreis weitgehend konstant bleibt.

Druckaufträge selbst vergeben

Wenn Sie keine Zeit haben, eine Druckerei auszusuchen, oder wenn Sie auf diesem Gebiet noch Erfahrung sammeln möchten, können Sie einen Grafiker bitten, den Druck für Sie zu regeln. Langfristig ist es jedoch günstiger für Sie, Ihre Druckaufträge persönlich zu erteilen, denn Grafiker schlagen auf die Druckkosten gern eine Art Bearbeitungsgebühr auf, die oft 15 bis 20 Prozent beträgt.

101 Sparen Sie beträchtliche Summen, indem Sie Druckaufträge selbst erteilen.

Testen Sie Ihre PR-Fähigkeiten

Testen Sie Ihre PR-Fähigkeiten, indem Sie die folgenden Fragen beantworten. Kreuzen Sie die 1 an, wenn Ihre Antwort »nie« lautet, die 4, wenn »immer« zutrifft, und so weiter. Zählen Sie danach Ihre Punkte zusammen und beurteilen Sie Ihr Abschneiden mithilfe des Auswertungsschlüssels. Ermitteln Sie anhand Ihrer Antworten, in welchen Bereichen Sie sich verbessern müssen.

Antworten

1 Nie
2 Gelegentlich
3 Oft
4 Immer

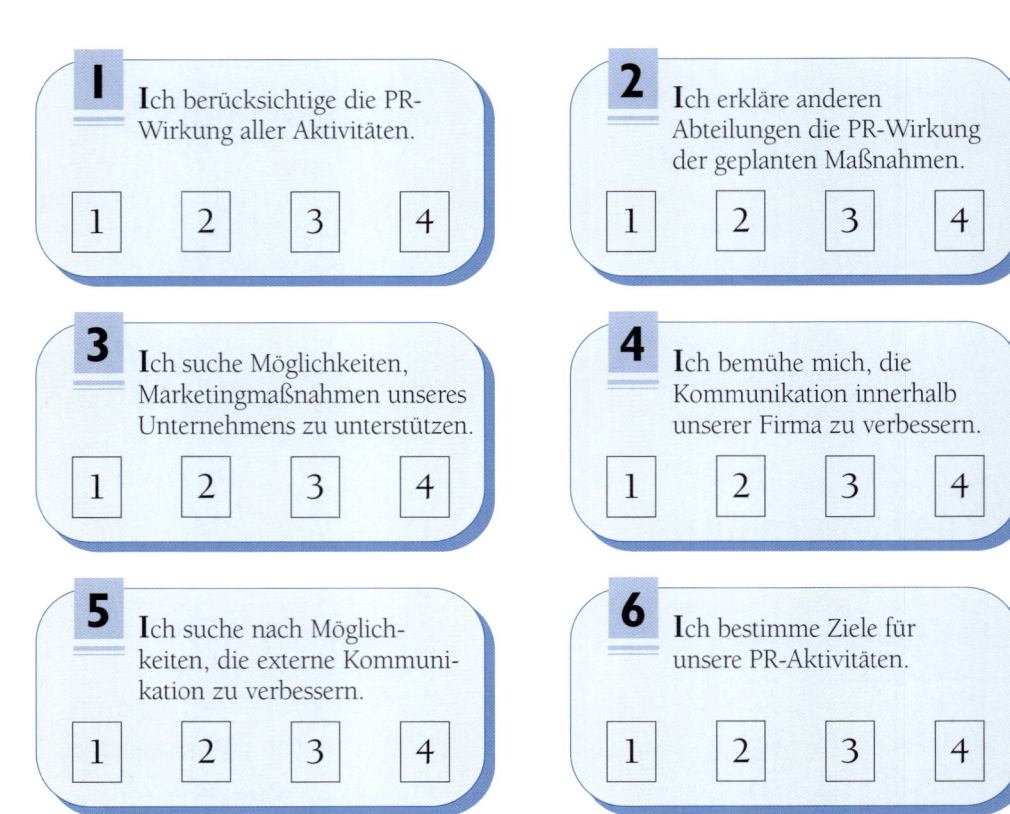

1 Ich berücksichtige die PR-Wirkung aller Aktivitäten.
1 2 3 4

2 Ich erkläre anderen Abteilungen die PR-Wirkung der geplanten Maßnahmen.
1 2 3 4

3 Ich suche Möglichkeiten, Marketingmaßnahmen unseres Unternehmens zu unterstützen.
1 2 3 4

4 Ich bemühe mich, die Kommunikation innerhalb unserer Firma zu verbessern.
1 2 3 4

5 Ich suche nach Möglichkeiten, die externe Kommunikation zu verbessern.
1 2 3 4

6 Ich bestimme Ziele für unsere PR-Aktivitäten.
1 2 3 4

Testen Sie Ihre PR-Fähigkeiten

7 Ich benutze adäquate Kommunikationskanäle.
1 2 3 4

8 Ich formuliere die Botschaften von PR-Initiativen präzise.
1 2 3 4

9 Ich versuche, die Wirksamkeit von PR-Maßnahmen zu bewerten.
1 2 3 4

10 Ich sorge für eine klare und ehrliche Kommunikation mit den Angestellten.
1 2 3 4

11 Ich denke an die Imagewirkung aller unserer Aktivitäten.
1 2 3 4

12 Ich achte bei der Planung von Veranstaltungen auf jedes Detail.
1 2 3 4

13 Ich wähle Veranstaltungsorte sorgfältig aus.
1 2 3 4

14 Ich gebe Veranstaltungsteilnehmern schriftliche Instruktionen.
1 2 3 4

15 Ich kläre alle mit einer Veranstaltung verbundenen Rechts- und Sicherheitsfragen.
1 2 3 4

16 Ich nehme mir Zeit für die Vorbereitung von Vorträgen und Präsentationen.
1 2 3 4

Werbematerialien erstellen

17 Ich bewerte mein Auftreten als Redner, nachdem ich eine Präsentation gehalten habe.
[1] [2] [3] [4]

18 Ich suche Gelegenheiten, für positive Berichterstattung in den Medien zu sorgen.
[1] [2] [3] [4]

19 Ich bemühe mich um eine dauerhaft gute Beziehung zu den Medien.
[1] [2] [3] [4]

20 Ich achte darauf, dass in Pressemitteilungen die fünf W-Fragen beantwortet werden.
[1] [2] [3] [4]

21 Ich bereite mich auf Interviews gründlich vor.
[1] [2] [3] [4]

22 Ich stelle mich auf schwierige Fragen von Journalisten ein.
[1] [2] [3] [4]

23 Ich überlege, ob Veranstaltungen Fotopotenzial bergen.
[1] [2] [3] [4]

24 Ich protokolliere alle Anrufe von Journalisten.
[1] [2] [3] [4]

25 Ich ermittle, wie viele unserer Pressemitteilungen Verwendung finden.
[1] [2] [3] [4]

26 Ich bewerte die Berichterstattung über uns.
[1] [2] [3] [4]

Testen Sie Ihre PR-Fähigkeiten

27 Ich kalkuliere genügend Zeit für die Erstellung von Werbematerialien ein.

☐ 1 ☐ 2 ☐ 3 ☐ 4

28 Ich erarbeite einen Plan für die Produktion von neuen Werbematerialien.

☐ 1 ☐ 2 ☐ 3 ☐ 4

29 Ich erstelle einen Verteilerplan für neues Werbematerial.

☐ 1 ☐ 2 ☐ 3 ☐ 4

30 Ich schreibe Werbetexte in einem Stil, der dem Zielpublikum angemessen ist.

☐ 1 ☐ 2 ☐ 3 ☐ 4

31 Ich beauftrage bei Bedarf Profis mit der Gestaltung von Werbematerialien.

☐ 1 ☐ 2 ☐ 3 ☐ 4

32 Ich kontrolliere Proofs sorgfältig.

☐ 1 ☐ 2 ☐ 3 ☐ 4

Auswertung

Ermitteln Sie Ihre Gesamtpunktzahl und bewerten Sie Ihr Ergebnis. Ganz gleich, wie Sie abgeschnitten haben – Verbesserungen sind immer möglich. Stellen Sie fest, wo Ihre Schwächen liegen, und ziehen Sie die entsprechenden Abschnitte dieses Buches zu Rate. Dort finden Sie Tipps und Informationen, die Ihnen helfen, Ihre PR-Kenntnisse zu vertiefen.

32–63: Um effektivere Öffentlichkeitsarbeit zu leisten, müssen Sie systematischer, konsequenter und mit mehr Weitblick vorgehen.

64–95: Ein Teil Ihrer PR-Aktivitäten wirkt sich bereits positiv auf das Image Ihres Unternehmens aus, doch Sie müssen Ihre Fähigkeiten weiterentwickeln, um wirklich strategische PR zu betreiben.

96–128: Ihre gründliche, professionelle und strategische Arbeitsweise bringt Ihnen beträchtlichen Erfolg. Weiter so.

Register

A

ABC-Analyse 34
Abgelenktheit, Leistungsschwächen 469
Abgrenzung 400
　Probleme 399
Ablage
　strukturieren 114
　einrichten 114
Ablaufdiagramm 37
Abläufe erklären 588
Ablehnung 665
Ablenkungstaktiken 333, 542
Abschätzen 184f.
Abschluss 198f.
Abschlussbericht 280f.
Abschlussbesprechung 71, 280f.
Abschlussbewertungen 479
Absichtserklärung 714
Absolute Kostenrechnung 245
Absprache, Sicherung 386
Abteilungsbudgets 170, 180, 196f.
Abweichend (Aussageweise) 511
Abweichungen 203, 205
Abwesenheitsplanung 140

Activity-Based Costing (ABC) 191
Ad-hoc-Besprechungen 479
Adressen 63
Agenda 134
Aggressivität 504, 510, 662
AIDCA, Werbematerialien 813
Aktenkoffer 136
Aktensortierung 114
Aktionspläne 22–35, 36, 459, 535, 538, 603, 753
　ABC-Analyse 34
　Angemessen handeln 35
　Einsatzbereitschaft, 56
　Gesprächsergebnisse zusammenfassen 476
　Imagepflege 779
　Kommunikation mit der Belegschaft 777
　Kontrolle behalten 35
　Krisenpläne 796f.
　Maßnahmen festhalten 474
　modifizieren 41
　Schwierigkeitsstufen 33
　Teamplanung 33, 52
　Vier-Phasen-Zyklus 71
　Zeitbedarf abschätzen 36
Akustik 311

Alleinstellungsmerkmale, 74
Alliteration, Werbetexte 816
Alternativen, Entscheidungsfindung, 52f., 543, 659
Alternativpläne 589
Ambitionen 472f., 572
Amortisationszeitraum 193
Analyse
    ABC-Analyse 34
    Arbeitsvorgänge analysieren 24
    Entscheidungsprozesse 50ff.
    Selbstanalyse 41
    Ursachen erkennen 48
Analytischer Führungsstil 260
Anekdoten (in Vorträgen) 614, 618
Angeber (Typ) 504
Angebot 679
Angebot, externe Ressourcen 247
Angestellte *siehe* Mitarbeiter
Angst 364
Angst vor Fehlern 54
Ängste erkennen 460
Anlaufkosten 184f.
Anpassungsfähigkeit 70, 564
Anrufbeantworter 125
    besprechen 127
Anrufe
    beenden 126
    entgegennehmen 126
    tätigen 124
    Zeitpunkt 124
Anrufe von Journalisten protokollieren 810
Anschauungsmittel, Präsentationen 793
Anträge
    ändern 348
    behandeln 348
    einbringen 344, 347
Anwesenheitsliste 346
Anwalt 687
Anweisungen 522
Arbeit
    delegieren 99, 120
    im Hotelzimmer 139
Arbeitsblätter, Bewährte Methoden festhalten, 73
Arbeitskraft, Bedarf an 244
Arbeitsmoral
    Aufgaben delegieren 437
    Feedback und 426
Arbeitspensum 495, 499
Arbeitsplatz
    Eindruck 110
    Informationen am 63
    Ordnung 112
Arbeitsraum
    Einrichtung 113
    Neugestaltung 117
    Raumnutzung 113

Arbeitsstrukturen 91, 102
Arbeitstag 99
Arbeitsvorgänge
	analysieren 24, 98
	verbessern 24
Arbeitsziele *siehe* Ziele
Archiv 595
Archivierung
	elektronische 63
	Informationsmanagement 28
	Informationen strukturieren 60ff.
	Namen vergeben 62
Ärger 324
Argumentation 639
	prüfen 640
Aristoteles 562
Arme verschränken 664
Atmosphäre 311, 650
	Schaffung einer positiven 446f.
Aufgaben
	analysieren 98
	Auswahl 368, 371
	Bewertung, neue 418
	delegieren 99, 120
	Gleichgewicht 99
	gliedern 90, 369
	Kombination 412
	ordnen 100
	Timing 89
	Übersicht 106
	umreißen 376
	Zeitpunkt 102
	zurückbehalten 372
	Zusammenfassung 370
Aufgabenverteilung *siehe* Rollen
Aufgeschlossen (Aussageweise) 511
Aufhalser (Typ) 504
Aufhänger 585
Aufmerksamkeit 320
Aufnehmen (Reklamation) 745
Aufrichtigkeit 575
Auftragsstudien (Informationsquelle) 705
Auftreten, richtiges 581
Ausflüchte 341
Ausgaben 185
Ausgangstext 129
Ausgeglichenes Leben 76f.
Ausklammern 508
Ausnahme-Management 392
Ausputzer 645
Aussageweisen, selbstbewusste 511
Aussehen 320, 647
Außensicht 541
Äußere Zwänge 47
Ausstellungen 788f.
Ausstellungsstände 788f.
Ausstellungstafeln 788f., 823
Ausstrahlung 320

Autorität, Infragestellung von 466
Autoritätsperson 601

B

Bad Guy 645
Balanced-Scorecard-Modell 160
Barwertmethode 193
Beaufsichtigung, wirksame 388
Beauftragter 394
Bedächtig (Lerntyp) 497
Bedenken
    Gründe für 576
    respektieren 564
Bedingungen 673
Bedürfnisse 498, 572
Beeinflussungsstrategien 534, 607
Beförderungen 437, 472f.
Begeisterung 563
Begrenzende Faktoren 181
Behörden (Informationsquelle) 705
Beitragsbewertung 305
Bekannte vorstellen 594
Belegschaft, Kommunikation mit
    der 776f. *siehe auch* Personal
Beleidigung 661
Belohnung 415
Beobachten 502f., 631

Berater 505, 525, 576
Berichte 390
    an Vorgesetzte 401
Berichte, interne 119
Berufsweg 97
Beschaffung, elektronische 67
Beschlussverabschiedung 348
Beschränkte Möglichkeiten 238
Beschwerde 721, 745ff.
Beschwerdeformular 747
Besprechung 132
    Ziele festlegen 147
Besteuerung 185
Betätigung, körperliche 76
Betriebsabweichungen 207
Betriebseinrichtung, indirekte
    Kosten 187
Beurteiler
    Rolle des Beurteilers 438
    Selbstbeurteilung 484f.
Beurteilter 439
Beurteilungsgespräche
    Aufbau 450f.
    Beurteilungsmethoden 428f.
    Durchführung 452–477
    Nachbereitung 478–485
    Sinn und Zweck 426–437
    Team-Beurteilungen 482f.
    Vorbereitung 438–451

    Zusammenfassung 476f.
Beurteilungsprotokolle 453, 476f.
Bewährte Methoden festhalten 72f.
Bewältigung von Problemen 276f.
Bewegung 76
Beziehungsaufbau 366
Bilanzen 154
Bilddatenbanken 823
Blickkontakt 447, 655, 665
    Aktiv zuhören 457
    Präsentationen halten 791f.
    Signale verstehen 460f.
    Umgang mit Kunden 771
Bluff 661
Böse Rolle 645
Botschaften, strategische 773
Bottom-Up-Budgetierung 190
Brainstorming 52, 241, 252, 266, 295
    Kampagnentitel 783
    Werbetexte 816
Branchenzeitschriften 701
Briefing 144f., 578
    Besprechung 385
    Ende 387
    Erstellung 386
    Gliederung 383
    Methoden 387
    Revidierung 405
    Übermittlung 386

    Vorbereitung 382
Broschüren 813
Budget 244f.
Budgetierung, Rolle der 156
Budgetierungsausschuss 198f.
Budgetierungsfehler 204
Budgetierungsleitfaden 172f.
Budgetinformationen, Sammeln von 178
Budgetperiode, Wahl der 171
Budgetprognosen 194, 208
Bündelung von Fähigkeiten 605
Bündnisse 594
Büroorganisation 110

C

Cash-Flow 183, 194f.
Chaos-Schreibtisch 111
Choreografie einer Rede 620
Coaching 499, 516
Computer 64f.
    Desktop-Publishing 818
    Elektronisches Archivieren 63
    Elektronische Terminkalender 75
    Laptops 75, 793
Computerdateien
    Einzeldateien 130

Ordner 130
  Verwaltung 130
Datenbank 595
Datenerfassung 638
Datum festlegen, Events organisieren 784
Delegieren 27, 43, 99, 120, 144, 146, 523f.
  Checkliste 382
  Definition 358
  Gesamtprojekt 395
  im Voraus 375
  ineffizientes 361
  sinnvolles 368
  Vorgang 358
Demographie, externe Einflüsse auf Budget 179
Demokratischer Führungsstil 606
Demonstration (Beeinflussungsstrategie) 607
Demütigung 671
Denken
  Gedankliche Sorgfalt 44ff.
  kreatives 52
  rationales 52
Designpapier 819
Desktop-Publishing, Werbematerialien gestalten 818ff.
Details ordnen 292

Deutlich (Aussageweise) 511
Diagramme 250f.
  im Budgetierungsleitfaden 172
Dialog 533, 564, 612
  fördern 456f.
Dienstleistungen, interne Einflüsse auf Budget 180
Differenzen beseitigen 579
Digitaldruck 825
Direkte Kosten 187
Diskretion 446
Diskussion 533, 548
Diskussionen steuern 603
Distanzierung 541
Disziplinarmaßnahmen 513, 517, 525
Dokumentation 638, 721, 728, 747
Dokumente, Umgang mit 120
Dominanz 333
Doppelungen 375
Download-Zeit 131
360-Grad-Beurteilungen 429
Dringliche Maßnahmen 35
Drohung 661
Druck 494f.
Druckereien 825
Durchführbarkeit, Überprüfung der 230f.

E

E-Business 740
Effektiv handeln 24f.
Effektivität messen 775
Effizienz
    einschätzen 91
    maximieren 103
Ehrlichkeit 578
Eigeninitiative 377
    fördern 435
Eigenverantwortung fördern 434
Eignung 376
Eignung, Leistungsschwächen 469
Eindruck machen 580
Eindrücke, erste 771
Einfühlung 511, 550
Einfühlungsvermögen 576
Einführungsbericht 259
Einführungsbesprechung 258
Einheitlichkeit 730
Einmischung 389
Einnahmen 182f.
Einreichen von Budgets 196
Einsatzbereitschaft 56
Einschränkungen, Bewertung von 238f.
Einschüchterung 661
Einsichten austauschen 74f.
Einstellung, eigene 516f.
Einwänden begegnen 590, 606, 617
Einweisung von neuen Angestellten 430
Einzelgespräch 132, 312
    timen 133
Elektronische Einkaufsplattformen 67
Elektronische Terminkalender 65
Elektronische Organizer 104
Elektronisches Archivieren 63
E-Mail 66, 119, 121, 131, 270
    auf Reisen 138
    Gestaltung von 28
    Persönliche digitale Assistenten (PDAs) 65
    Push-Medium 67
    Reagieren auf 63
    Weitergabe von Informationen 69
E-Mail-Adressen, Links zu 770
E-Mail-Korrespondenz 299
Emotionale Intelligenz 574
Emotionen 508
Empörung 333
Endabwicklungsphase 223, 242, 280f.
Endkunde 702f.
Engagement 226, 262
    beurteilen 464f.
Englisch, Werbetexte 815

Entertainment, Events organisieren 787
Entfremdung, Leistungsschwächen 469
Entgegenkommen, Kundenbetreuung 781
Entlassung 517, 525
　Angst vor 495
Entscheidung 339, 669
Entscheidungsfindung
　Alternativen 23
　Entscheidungen vereinfachen 54f.
　Entscheidungsprozesse 50ff.
　Fakten sammeln 58f.
　Fünf-Fragen-Methode 54f.
　Kriterien 51, 53
　Logische Entscheidungen 44–57
　Mitarbeiter einbeziehen 597
　Schlüsselprozess 719
　Umsetzung von Entscheidungen 56f.
　Ursachen erkennen 48f.
　Zweckgerichtete Entscheidungen 50
Entscheidungsführer 665
Entscheidungskriterien 51, 53
Entscheidungsprozesse 50ff.
Entspannung 77
Entwicklung
　Entwicklungsbericht 242, 273

Entwicklungsbewertung 481
　planen 431
　verfolgen 427, 441
Entwicklungsmöglichkeiten erörtern 470f.
Entwicklungsplan 553
Entwicklungspläne umsetzen 480f.
Persönliche Entwicklungspläne 430, 480f.
E-Procurement 67
Erfahrung 756
　Lernen aus 70–77
　mangelnde 363
Erfahrungsaustausch 72f.
Erfolg
　belohnen 436f.
　feiern 281
　vorhersagen 231
　Vorstellung des Beurteilten 449
Erfolgserwartung 591
Erfolgskriterien 432f., 442f.
Erfolgsmessungsbogen 715, 717
Erfolgsplanung 96
Ergebnisbesprechungen,
　Fortschritte überwachen 478f.
Ergebniskriterien 46
Ernährung 77
　gesunde 108
Eröffnung, formelle 346

Erscheinung 581
   Interviews 807
   Präsentationen halten 790f.
Erwartungen, übertriebene 101
Etappenziele 248, 274, 499
Events organisieren 784ff.
Eventualplanung 253
Ex-ante-Budgetierung 207
Experten 231
Ex-post-Budgetierung 207
Externe Kontakte 257
Externe Ressourcen 247

F

Fachartikel veröffentlichen 594
Fachjargon, Werbetexte 815
Fachmessen 788
Fachpublikationen
   Eigene Fotos bereitstellen 809
   Kontakte zu Journalisten 801
Fähigkeiten, Entwicklungspläne umsetzen 480f.
Fakten 547
Falschheit 665
Fantasie (in Vorträgen) 616
Faxe 804
Feedback 271, 400, 503, 522f., 552, 616, 770
Beurteilungsfähigkeiten erweitern 484
Beurteilungsmethoden 428f.
Erfolge belohnen 436
konstruktives Feedback 451
Leistungssteigerung 70
nach dem Beurteilungsgespräch 477
Sinn und Zweck von Beurteilungen 426f.
Teambeurteilungen 483
Teamführung 40
von neuen Angestellten 430
Fehler analysieren 204f.
Fehlinformationen 333
Fernsehen
   Berichterstattung verfolgen 811
   Fototermine 808
   Interviews 806f.
   Kontakte zu Journalisten 801
   Pressemitteilungen 802, 804f.
Filibuster 333
Finanzamt 179
Finanzbudgets 194f.
Finanzen *siehe* Budget
Finanzziele setzen 171
Firmenimage 743, 778f.
   Aktionspläne 779

Imageanalysen 778
Krisenmanagement 798
Kundenbetreuung 780f.
Websites 794
Firmenkultur 580, 734
Firmenressourcen (Informationsquelle) 705
Firmenstrategie 772
Fitness 76
Fixe Kosten 186
Flexibilität 41, 176f., 227, 383, 635, 781
Flexible Budgetierung 208f.
Flipcharts 793
Fluchtweg 543
Flugblätter, PR-Kampagnen 783
Fokusgruppe 704, 706, 775, 778
Formulare 174f.
    Aktionspläne 474
    Beurteilungsprotokolle 453, 476f.
    Selbsteinschätzung 439
Fortbildung 419
    Entwicklung des Teams 483
    Entwicklung planen 431
    Entwicklungsaktivitäten 441
    Entwicklungsmaßnahmen treffen 471
    Erweiterung von Beurteilungsfähigkeiten 484
    Leistungsschwächen 469
    überwachen 481
Fortgangsbewertung 396
Fortschritte
    Beurteilen Sie sich selbst 484f.
    dokumentieren 272
    Termine für Ergebniskontrollen 465
    überwachen 478f.
Fotos
    in Auftrag geben 822f.
    Medienmanagement 808f.
Fototermine 808f., 811
Fragebögen 704, 707, 770
    360-Grad-Beurteilung 429
    Effektivität messen 775
    Firmenimage 778
    Kommunikationskanäle überprüfen 777
    Selbsteinschätzung 439
Fragen, offene 528
Fragetechniken
    Dialog fördern 456
    Ergebnisbesprechungen 479
    Zukunftsplanung 472
Freizeit 76f.
Fremder Boden 651
Fristen 106
Führung 522
Führungseignung 573

Führungsstile 260ff.
Führungstraining 417
Fünf-Fragen-Methode,
    Entscheidungsfindung 54f.

G

Gäste, Events organisieren 787
Gastgeber 651
Gastredner 785
Gedankliche Sorgfalt 44ff.
Gefühle 574
Gefühlsappelle 661f.
Gefühlskonto 579
Gegenleistung 634
Gegenseite 640
Gegenwartswert des Geldes 193
Gegner 319
Gehaltserhöhungen, Erfolge
    belohnen 436
Gehaltsplanung 373
Gelassenheit 571
Geldgeber 224f.
Gemeinkosten 187
Gemeinsamkeiten 642
Gerichtsverfahren 687
Gesamtbudget 197
Gesamtleistung 516

Geschäftsgebaren (Schlüsselprozess) 719
Geschäftsplan 158f.
Geschäftsreise 136
    Kommunikation 138
    Kontakt halten 138
Geschenke, Erfolge belohnen 436
Gesetzgebung, externe Einflüsse auf
    Budget 178f.
Gesicht wahren 680
Gesichtsausdruck 667
    Signale verstehen 460f.
Gespräche
    Abbruch 467
    Ablauf 450f.
    Dialog fördern 456f.
    Einstieg 452f.
    Ergebnisse 476f.
    Gesprächsführung 458
    lenken 577
    mit neuen Angestellten 430
    Schaffung einer positiven
        Atmosphäre 446f.
    schwierige Situationen 466f.
    Tagesordnung 451, 454f.
Gestik 575, 655, 791
Getränke 651
Gewichtung von Kriterien 51, 53
Gewinn- und Verlustrechnung 154

Glaubwürdigkeit 563
   wahren 466
Goldene Regeln 176f.
Goldman, Daniel 574
Good Guy 645
Grafiker 820, 825
   Druckaufträge vergeben 825
   Werbematerialien 819f.
Grenz(plan)kostenrechnung 245
Gründe darlegen 586
Grundregeln 544f.
Gruppendynamik 600
Gruppenschulungen 483
Gruppierung von Kunden und Produkten 708f.
Gute Rolle 645

H

Händedruck 655
Handelsabkommen, internationale 179
Handlungsimpulse 22f.
Handlungsorientiert (Lerntyp) 9
Handlungsrahmen 583
Handlungsunfähigkeit, Perfektionismus vermeiden 29
Handy 138

Hängeregistratur 62
Hängesammler 61f.
Hardliner 645
Harmonie 463
Harmonische Körpersprache 463
Hauptargumente 588
Hauptfunktionen im Team 224f., 257
Hauptkunden 373
Hauptversammlung, außerordentliche 297
Heimarbeit 76
Hemmende Kräfte 514
Herausforderung 524
Hierarchie der Bedürfnisse 437
Hierarchie, flache 601
Hilfeleistung 396
Hilfsbereitschaft 495
Hindernisse überwinden 609
Hinterhalt 341
Höflichkeit 578

I

Idealvorstellung (Kundenservice) 713, 730
Ideen
   festhalten 26

prüfen 598
Ideenaustausch 295
Ideengeber 257
Identifikation erleichtern 43
Ignorieren 509
Illustratoren, Werbematerialien gestalten 820
Image *siehe* Firmenimage
Imageanalyse 778
Implementierung 228, 254ff.
Indikatoren 236
Indirekte Kosten 187
Industriestandards 236
Informationen
  aktualisieren 121
  archivieren 130
  Aufbereitung von 28
  bekommen 118
  Einsichten austauschen 74f.
  Entscheidungsprozesse 23, 52
  Fakten sammeln 58
  filtern 118
  Informationsmanagement 28
  Kommunikation mit der Belegschaft 776f.
  Präsentation 28, 69
  Pressemappen 804
  Push- und Pull-Medien 67
  relevante und irrelevante 29
  speichern 130
  strukturieren 60ff.
  Suchmaschinen 67
  verarbeiten 118, 121, 142
  Warten auf 29
  Weitergabe von 68f., 500
Informationsblätter 783
Informationsfluss 143
Informationskoordinator 269f.
Informationsmanagement 268f.
Informationspaket für das entscheidungsorientierte Rechnungswesen 159
Informationspolitik 268
Informationsquellen
  offizielle 641
  informelle 643
Informationssammlung 318
Informationstechnologien (IT) 191
Initiator 496
Innovation 754
»Inoffizielle« Interviews 807
Instinkt 574
Intelligente Ziele 432
Intelligenz, emotionale 574
Interesselosigkeit 665
Interessensgruppen 594
Interne Enflüsse auf Budget 180
Internet 65f.

Elektronische Beschaffung 67
Recherchen im 66, 131
Suchmaschinen 67
Interviews, Medienmanagement 806f.
Intranet 66f., 119, 121, 131
Intuition 55, 576f.
Investitionsbudgets 192f.
Iterative Abstimmungsprozesse 197

J

Jahreshauptversammlung 297
Jahresplanung 107
Japan, Kulturelle Unterschiede 47, 461
Journalisten
Kontakte zu 800f.
Krisenmanagement 798
Pressemitteilungen 802, 804
Just-in-Time-Logistik 111

K

Kampagnen, Planung von 782f.
Kampfansage 341
Kapazität 181
Kapitalertrag 193
Karrieremanagement 420
Karriereplanung 97
Kaufkriterium 706, 712
Kaufprozess 712
Kenntnisse festigen (im Lernprozess) 570
Klagen 671
Kleiderordnung 580
Kleidung 647
Kleidungsstil 580f.
Kollegen
Arbeitsprioritäten 146
Delegieren 146
Einfluss auf 569
Meinung 147
Nachfassen 146
Terminplaner 146
Umgang mit 146
Zeitmanagement 146
Zusammenarbeit 146
Kollegen, Kommunikation 142
auf Reisen 138
berufliche 147
kulturelle Unterschiede 142
Methoden 143
Kommunikation 373, 500f., 532, 770f.
Bewusste Zurückhaltung 31

digitale 298
Einsichten austauschen 74f.
E-Mails 28
gute 366
Kommunikationskanäle überprüfen 777
Kontakt halten 26f.
mit der Belegschaft 776f.
Präsentationen 790ff.
Proaktive Partner 68f.
Schulung 413
siehe auch Medienmanagement
Kompetenzen klären 444
Kompetenzerweiterung 412
Kompetenzstreitigkeiten 502
Kompromiss 246, 681
Konferenz 297, 390
 abhalten 123
 abwägen 123
 Kulturelle Unterschiede 134
 Organisation 316
 Ort 308
 planen 134
 Protokoll 135
 Raum 309
 steuern 135
 Teilnehmer 304
 Vorbereitung 304
 Zeitverschwendung 134

Konflikte 610
 austragen 546
 Konfliktursachen 613
 Lösung 262
 Zusammenhalt fördern 42
Konfrontation 508f.
Konkurrenten, externe Einflüsse auf Budget 179
Konsens 688
Konsensbeschlüsse 261
Konsensorientierter Führungsstil 260
Konsequent (Aussageweise) 511
Konsolidierung 165, 196f.
Kontaktpflege 595
Kontinuierliche Budgetierung 160f., 177
Kontrolle 165, 200ff., 257, 373, 669
 des Verlaufs 391
 Systeme 390
 Umgang mit 388
Kontrollpunkte 393
Konzepte 582
Kooperation anstreben 518, 552
Koordinatoren 269f.
Körperhaltung
 des Beurteilers 462
 des Beurteilten 462

angleichen 463
Körperliche Betätigung, 76
Körpersprache 509, 512, 520, 532, 541, 550, 564, 574, 581, 607, 610, 615, 618, 664
   Aktiv zuhören 457
   des Beurteilers 462
   Feedback des Beurteilten 477
   harmonische 463
   negative 323
   Präsentationen 791
   Signale verstehen 460
   Umgang mit Kunden 771
Korrespondenz 742
   bearbeiten 129
Kosten
   Druck 825
   Ergebniskriterien 46, 51
   Fotografen 823
   Grafiker 819
Kostenberechnungsverfahren 245
Kosteneinschätzung 7
Kosten-Nutzen-Analyse 247, 750f.
Kostenorientierung (Beeinflussungsstrategie) 607
Kraftfeld-Analyse 514
Kreativer Rahmen 583
Kreatives Denken 52
Kreativität 757

fördern 448
Krisen 25, 35
Krisenmanagement 796ff.
Krisensitzung 755
Krisentraining 798
Kriterien für Entscheidungsfindung 51, 53, 266f.
Kritik
   konstruktives Feedback 451
   Reaktion auf 586
Kritiker (im Projektteam) 257
Kritikrahmen 583
Kritischer Weg 249
Kulturelle Unterschiede 47, 461f., 634, 643, 655, 815
Kunde-Anbieter-Verhältnis 712
Kunden 179, 183, 225, 234, 503
   einbeziehen 720
   halten 700
   innerbetriebliche 702
   langjährige 701
   wichtigste 700
Kundenakquise 700
Kundenbedürfnisse voraussehen 699
Kundenbedürfnisse, Veränderung der 699, 707, 711
Kundenbefragung 704
Kundenbetreuung 719, 722, 780f.
   und Firmenimage 779f.

Kundenerwartungen 699, 702, 723
Kunden-Feedback 705, 707, 728f., 738, 747
Kundenfreundlichkeit, Indikatoren für 715f., 733, 748
Kundengruppen 708
Kundeninformationen 705, 726f.
Kundenkontakt 700, 723, 737
Kundennamen 742
Kundennutzen 725, 748
Kundenpräsenz 732
Kundenstamm 750f.
Kundenwünsche 703
Kurzfristige Planung von Budgets 159

L

Lagebesprechungen, Ergebniskontrollen 479
Langeweile 495, 665, 667
Langfristige Perspektiven 431
Langfristige Planung 772ff.
   von Budgets 159
Laptops 65, 793
Laufende Kosten abschätzen 184f.
Layouts, Werbematerialien gestalten 818

Leben, ausgeglichenes 108
Lebensfreude 108
Lebensstil 725
Leistung
   Bewertung 401, 427, 440f.
   Erfolge belohnen 436
   Feedback 426f.
   Leistungsschwächen beheben 468
   Maßstäbe 432f., 443
   Prüfung 405
   Steigerung 418
Leistungsdiagramm 103
Leistungskontrolle 229, 272ff.
Leiterrolle 645
Leitung des Budgetierungsprozesses 162ff.
Leitungsfunktion 373
Lernprozess 570
   Bewährte Methoden festhalten 72f.
   kontinuierlicher 480
Lerntypen 497
Lernziele definieren 471
Lesen, Websites 795
Lesetechnik 128
Lieferanten 505
Lob 402, 435, 451, 499, 521
Logik 562, 582, 589

Logische Entscheidungen 44–57
Logos
    Planung einer Kampagne 783
    Werbematerialien gestalten 819, 821
Lösungen aushandeln 608
Lösungsstrategie 506f., 534, 537
Lösungsumsetzung (Reklamation) 745
Lösungsvorschlag (Reklamation) 745
Loyalität 737

M

Managementtechniken 395
Manager
    falsche Zeitnutzung 362
    Verantwortungsbereiche 372
Manipulation 324
Mappen 61f.
Markenqualität des Teams 742f.
Marketing 371
    Marketingfunktion von Websites 795
    PR im Zusammenspiel mit 768f.
    strategische Planung 772
Marktbeeinflussung 733
Marktforschung 704

Maschinerie, Problemursachen 48
Maßnahmen festhalten 474
Maßstäbe 432f., 442f.
    Budgets als 155, 159
Materialbewertung 128
Matrix, Top-down-Beurteilung 428
Medien 66f.
Medienbeobachtung 811
Medienmanagement 800–811
    Berichterstattung verfolgen 810f.
    Für Berichterstattung sorgen 802ff.
    Interviews geben 806f.
    Journalistenbesuche organisieren 801
    Krisenmanagement 798
    Pressefotos 808f.
    Pressemappen 804, 823
Medienverzeichnisse 804
Meinung 548, 612
Meinungskarten 770
Memos, interne 119
Mengenabweichungen 205
Messbare Ziele 442
Messen 788
Miesepeter (Typ) 504
Mimik 533, 575
Mission 572

Misstrauen 364
Missverständnisse 613
Mitarbeiter 210f.
  Auswahl 380
  Betreuung 414
  Beurteilung 132, 376, 413
  Förderung 412, 414
  Merkmale 381
  motivieren 596ff.
  Schulung 376, 381, 413
  tadeln 133
  unerfahrene 389
  Überlastung 363
  Verantwortlichkeit 145
  siehe auch Personal
Mitarbeitergespräch 521
Mitteilungen 118
  notieren 127
Modelle 162f.
Motivation 166, 498
  Erfolge belohnen 437
  Eröffnung des Gesprächs 452
  Fortschritte überwachen 478
  Gesprächsablauf 450
  konstruktives Feedback 451
  Leistungsschwächen 469
  Multiple-Choice-Fragen 707
  Personalführung 43
  Ziele definieren 442

Motivationsanalyse 123
Motive ermitteln 597

N

Nachbearbeitung (Reklamation) 745
Nachbesprechung 273ff.
Nachbesserung 744
Nachdenken 372
Nachfassen 144
Nachforschungen, Effektivität messen 775
Nachfragen (Reklamation) 745
Nebeneffekte von Vorschlägen 591
Negative Emotionen 661
Negatives Feedback 451
Nein sagen 549
Nemawashi 47
Nervosität des Beurteilten 452, 462
Networking 592ff.
Netzwerkdiagramme 249
Netzwerke 592ff.
  Fakten sammeln 59
Netzwerker 497
Neubesetzungen planen 431
Neue Budgetprognosen erstellen 208
Neurolinguistisches Programmieren (NLP) 532, 463

Neutraler Boden 650
Nicht-monetäre Leistungskriterien 171
Nonverbale Signale 574, 577, 598, 655
　im Umgang mit Kunden 771
Notizen 649

O

Objektivität 448f.
Offenheit 574f.
Online-Beziehungen 741
Ordnung am Arbeitsplatz 28, 63
Organigramm im Budgetierungsleitfaden 172
Organisationseinheiten, interne Einflüsse 180
Originaldokumente 129
Ortswahl 650
Output/Input-Methode 188f.
Overheadprojektor 619

P

Packen, effizientes 136
Packer-Software 131

Papier, vorgedrucktes 819
Pareto-Regel 176
Partnerschaften 736f.
Passivität 510
Pause 102, 317, 335
　auf Reisen 140
Peer-Beurteilung 428
Performance Scorecard 717
Personal
　Ausstellungsstände 789
　Bereitstellung 371
　Belange 373
　Firmenimage 779
　Kommunikation mit der Belegschaft 776f.
　Krisenmanagement 799
　Kundenbetreuung 780f.
　Problemursachen 48
Personalentwicklung *siehe* Entwicklungsmöglichkeiten erörtern
Personalführung
　proaktive 43
　Teamführung 40
Persönliche Auseinandersetzungen 262
Persönliche digitale Assistenten 65
Persönliche Entwicklungspläne 431, 470, 481
Perspektive 583f.

Perspektiven, Diskutieren über 472f.
Piepser 124
Pilotprojekte 243
Plakate, PR-Kampagnen 783
Plan, Bestätigung 252f.
Planung 227, 234ff.
   Arbeitsschritte 34
   Beurteilungsgespräch 444f.
   Events 784ff.
   Krisenmanagement 796ff.
   langfristige 107
   Persönliche Entwicklungspläne 431, 470, 481
   PR-Kampagnen 782f.
   Projekte 40
   strategische 772ff.
   Teamplanung 42
Planungsabweichungen 207
Planungssitzung, gemeinsame 751f.
Planungsteams, Events organisieren 785
Platzwahl 315
Positionen 666
   stärken 668
   schwächen 670
   verändern 672
Positionseinschätzung 122
Positiv denken 108

Post 138
Post, externe 119
PR, Definition, 766f.
Praktiker (Lerntyp) 496f.
Präsentation von Informationen 28, 69
Präsentationen 232f., 582ff., 614ff., 618, 790ff.
Preisabweichungen 205
Preis-Leistungs-Verhältnis 713
Presseausschnittdienste 811
Pressekonferenzen 805
Pressemitteilungen 769, 802, 805
   Berichterstattung verfolgen 811
   Fotos 809
   Krisenmanagement 798
   Pressemappen 804
   Websites 795
Prioritäten 637, 710f.
   ABC-Analyse 34
   Ablaufdiagramm 37
   Entscheidungsfindung 46
   Kriterien 51
   Zeitgestaltung 35
Prioritätskonflikt 98
Private Interessen von Mitarbeitern 596
Probeläufe 243
Problembewältigung 109
Probleme erkennen 252

Probleme
- Bewusste Zurückhaltung 30f.
- Formelle Versammlung 350
- Leistungsschwächen 468f.
- Schwierige Situationen meistern 466f.
- Ursachen erkennen 48f.
- Versammlung 341
- Zeitlicher Spielraum 38f.

Problemquellen bei Budgets 166f.
Problemtabelle 542f.
Problemursachen 48f.
Produkte, interne Einflüsse auf Budgets 180
Produktentwicklung (Schlüsselprozess) 719
Produktgruppen 709
Produktherstellung 371
Produkt-Kunden-Matrix 709f.
Produkt-Kunden-Segment 709
Produktmerkmale 724
Produktvorteile 724
Projektauswertung 407
Projekte definieren 222f.
Projekteinführung 258f.
Projektleiter 254f.
Projektmanagement 522
Projektphasen 228f.
Projektplanung 227, 475

Proofs kontrollieren 821
Protokoll
- Billigung 347
- Führung 326
- Verteilung 327

Provokationen 621
Publikum
- Präsentationen 790ff.
- *siehe auch* Zielpublikum

Pultablagen 28, 63

Q

Qualitätsmaßstäbe 733

R

Radio
- Berichterstattung verfolgen 811
- Interviews 806f.
- Kontakte zu Journalisten 801
- Pressemitteilungen 802, 804f.

Rahmen 583
Rat erteilen 147
Rationales Denken 52
Ratschläge 577
- bewerten 55

Reaktionsmuster 515
Realistische Budgetierung 177
Recherchen im Internet 66
Recherchen, Standards bei 236
Rede üben 615
Redestil 568
Referenzen (Beeinflussungsstrategie) 607
Reiseplanung, optimale 139
Reisezeit organisieren 137
Reklamation 721, 745ff.
Reklamationen
  Imagepflege 779
  Kundenbetreuung 780
Rentabilitätsprüfung 750
Rentabilitätsrechnung 247
Respekt 549f.
  von Vorgesetzten 604
Ressourcen dokumentieren 246
Ressourcen, interne Einflüsse auf Budgets 180
Retrograder Ansatz 189
Risiken 729, 739
  von Budgets, SWOT-Analyse 170
Risikoanalyse, 73
Rollen 644
  proben 646
  Rolle des Beurteilers 438
  Rolle des Beurteilten 439

Team 40
Teamplanung 42
Verantwortungsbereiche 645
verteilen 646
Zielbestimmung 20
Rollenspiele, Beurteilungsfähigkeiten erweitern 484
Rollierende Budgets 209
Routineangelegenheiten 347
Rückmeldung *siehe* Feedback
Ruf erwerben 604
Ruhezeit 101

S

Sachbereiche, Archivierung 61
Sachlich (Aussageweise) 511
Schadensbegrenzung 683
Schiedsrichter 687
Schiedsverfahren 686
Schlichter 685
Schlichtung 551, 684
Schlüsselprozesse 719
Schlüsselwörter 585
Schnelllesen 128
Schreiben
  Arbeit reduzieren 129
  überwinden 129

Schreibgerät 317
Schriftführer 327
Schritt-für-Schritt-Plan 739
Schuldgefühle 671
Schulung 598, 715f.
    Kundenbetreuung 781
Schulungskosten 210
Schwächen 324
Schwächen von Budgets, SWOT-Analyse 170
Schwachpunkte erkennen 41
Schwachstellen 641
Schwarzes Brett 732f., 736
Schwebemappe 120
Schwerpunkt-Segment 710
Schwierige Mitarbeiter 494, 498, 538, 546
Schwierige Situationen 466f.
Schwierigkeiten 404, 495
Schwierigkeitsstufen, Aktionspläne 33
Scorecard-Methode 160
Sechs-Phasen-Schema, Teamgeist fördern 482
Selbermachen 362
Selbstanalyse 41
Selbstbewusstsein 510, 615
Selbsteinschätzung des Beurteilten 429, 439
Selbstkritik 404
Selbstmanagement 562f., 570ff.
Selbstständigkeit 389
Selbststudium 419
Selbstvertrauen 570
    Ruhe ausstrahlen 452
    Zeichen von 461
Service 505, 545, 703
Servicegarantien 780
Sicherheitsfragen, Events organisieren 787
Sicherungsmaßnahmen 393
Sieben-Punkte-Checkliste 539
Signale
    negative 336
    positive 337
Sitzordnung 652
    beeinflussen 653
    des Teams 652
    Taktik 653
Sitzordnung
    Gruppen 313
    Hierarchie 313
    Taktik 314
    Interpretation 315
Sitzungen planen 59
Slogans, Planung einer Kampagne 783
SMART-Formel 519, 566

Software 64
Software, Werbematerialien gestalten 818
Sonderausschuss 296
Sorgfalt, gedankliche 44ff.
Soziales 671
Speichermedien 130
Spezialkenntnisse 578
Spielraum, zeitlicher 38f.
Sport 76
Sprachstil, Werbetexte 814f.
Sprecher 807
Sprungfixe Kosten 186
Standardisierung 172ff., 724, 728f.
Standard-Terminkalender 104
Standardverfahren
    Arbeitsvorgänge analysieren 24f.
    Bewährte Methoden festhalten 73
Standardvorlagen 728, 745, 747
Ständiger Ausschuss 296
Stärken
    ausbauen 571
    einsetzen 41
Stärken-Schwächen-Analyse 158, 170, 231, 752
Statusbewusste Kulturen 606
Stegreif-Konferenz 294
Stellenbeschreibungen
    aktualisieren 430f., 440
    Funktion von 430
Stellvertreter 416
Steuerbare Kosten 207
Stilrichtlinien, Werbematerialien gestalten 821
Stimmung 654
Störungen 341
    auflisten 116
    Recht 342
    vermeiden 116
    Vorbeugung 342
Strafgelder 671
Strategie 158ff., 171, 373, 644, 703, 755
Strategieverständnis 333
Strategische Planung 772ff.
Stress 523f.
Stressvermeidung 109, 360
Struktur
    Errichtung 375
    Planung 374
Stuhlabstand 653
Suchmaschinen 67, 131
Suggestivfragen 456, 661
SWOT-Analyse *siehe* Stärken-Schwächen-Analyse
System, Problemursachen 48

T

Tabellen, Budgetierungsformulare 174f.
Tadel 133, 401
Tagesordnung 306, 648
    Beurteilungsgespräche 451, 454f.
    Einhaltung 335
    Sitzungen 59
Tagesplanung 88, 99
Tagungsort 316
Tagungszentrum 309
Taktik 661
Talente 572
Tätigkeiten, Zuweisung von 248f.
Tätigkeitenliste 240ff.
Tauschen 634
Team
    Auf Erfolgen aufbauen 437
    Brainstorming 42
    Einfluss auf 569, 600ff.
    Einsichten austauschen 74f.
    einweisen 646
    Entscheidungsfindung 53
    Entwicklungsbedarf erkennen 443
    Größe 644
    Hauptfunktionen im 257
    Konsens 53
    Messbare Ziele formulieren 442
    motivieren 43
    Teambeurteilungen 482f.
    Teambriefing 602
    Teamführung 40
    Teamgespräche 603
    Teamleiter 600f.
    Teamwork 602
    Teamziele 498
    Unternehmensinteressen wahren 473
    Zusammenarbeit 647
    Zusammenhalt fördern 42
Technik 64ff., 73
Technik, audiovisuelle 316
Teilen und Herrschen 333, 661
Teilergebnisse, Besprechungen über 479
Teilnehmer
    Einladung 304
    Einschätzung 333
Telefaxe, externe 119, 121
    auf Reisen 138
Telefon
    auf Reisen 138
    Auswahl 125
Terminabsprachen 250f.
Terminbewusstsein (Beeinflussungsstrategie) 607

Termine
  einhalten 465
  Entschlossen vorgehen 38
  festsetzen 251
  Fortschritte überwachen 478
  Früh anfangen 39
Terminkalender 28, 104f.
  elektronische 65
Texte
  Geschäftssprache 814
  Websites 795
  Werbetexte 814ff.
Themen, vertrauliche 293
Theoretiker (Lerntyp) 496f.
Tischreden 785
Tonfall 530, 538, 540, 574f.
  Feedback des Beurteilten 477
  Signale verstehen 460f.
TOP 648
Top-Down-Beurteilungen 428
Top-Down-Budgetierung 189f.
Transaktionsanalyse 367
Treffen
  abhalten 303
  definieren 290
  Ende 344
  externes 297
  formelles 296
  informelles 294

  Kontrolle 336
  Leitung 330
  Ordnung 340
  Planung 300
  Umfang 300
Treibende Kräfte 230f., 514
Trends 701
Tricks 660
Typen schwieriger Menschen 504

U

Überarbeiten 209
Überlappungen, Verantwortlichkeiten 378
Übersicht verlieren 363
Überstunden 495
Überzeugen 535
Umfeld, Problemursachen 48
Umgang mit Informationen (Schlüsselprozess) 719
Umlaufmaterial 119
Umsatzsteuer 194
Unentschlossenheit 324, 662
Unfairer (Typ) 504
Unsicherer (Typ) 504
Unsicherheit 364
Unterausschuss 349

Unterbewusstsein, Intuition 55
Unterbrechung 621, 659
Unterhändler 685
Unterlagenverwaltung 112
Unternehmenskultur 521
Unternehmensstrategie 158ff., 171
Unternehmenszentrale, Kosten 187
Unterstellungen, Umgang mit 122
Unterstützung 385
Unterstützung geben 598
Ursachen erkennen 48f.
Urteilsvermögen 526

V

Variable Kosten 186
Veränderungen 110, 738
Veränderungsprozess 513f.
Veranstaltungen planen 594
Veranstaltungsorte
    Ausstellungen 788
    auswählen 787
    buchen 784, 786
    Präsentationen 790
Verantwortlichkeit 378, 538
    Einzel- 379
    Teilung 379
Verantwortlichkeiten klären 435

Verärgerung 667
Verbände (Informationsquelle) 705
Vereinbarkeit (Beeinflussungsstrategie) 607
Vereinbarung 551
    prinzipielle 384
Verfahrensregeln 346
    Anpassung 351
    formelles Treffen 351
Vergleich von Kundeninformationen 726
Verhalten, eigenes 540f.
Verhaltensänderung 524
Verhandlung 608f., 630
    Abbruch 683
    Abschluss 672, 678
    alltägliche 633
    Fähigkeit 631
    Paket 674
    Stil 632
Verhandlungsende 676
Verhandlungsgrundlage 608
Verhandlungsvorbereitung 319
Verkaufsanruf,
    unerwünschter 127
Verkaufsstrategie 584
Vermeidungsstrategie 509
Vermittler 550, 685
Vermittlung bei Konflikten 613

Versammlung
  Beginn 334
  definieren 290
  Ende 344
  große 317
  öffentliche 296
  Ordnung 340
  Pausen 335
  Steuerung 334
  Stimmung 338
  Tempo 334
  Vertagung 343
  Zeitnutzung 335
Verschiedenes (TOP) 344
Versetzung 525
Versicherungsschutz, Events organisieren 787
Versprechen halten 578
Verständlichkeit von Werbetexten 815
Verständnis 611
Vertagen 663
Vertrauen 446, 452
  aufbauen 578
  Firmenimage 779
  mangelndes 365
Vertrauliches Gespräch 663
Vertraulichkeit 446
Vertreter 633

Verwirrung 662
Videokonferenz 66, 298
Videos
  Planung einer Kampagne 783
  Präsentationen 793
Vier-Phasen-Zyklus 71
Vier-Stufen-Ansatz 170
Visualisierung 590
Visuelle Hilfsmittel (in Vorträgen) 619
Visuelle Identität, Werbematerialien gestalten 821
Voice-Mail 126
Vorausplanung 141
Vorbehalte 385
  zerstreuen 518f.
Vorbereitung 164, 168ff., 638
Vorbereitungsphase 242
Vorbeugung 495
Vorbild 601, 734
Vordrängler (Typ) 504
Vordrucke *siehe* Formulare
Voreingenommenheit 324, 526f.
Vorgaben 499
Vorgesetzte
  Beziehung 148
  Einfluss auf 568, 604ff.
  Kommunikation 149
Vorhersagen 231
Vorschlag 656

unterbreiten 657
reagieren 658
Vorschlagskästen 770
Vorsitzender 325
    Formelles Treffen 331
    Informelles Treffen 331
    Nacharbeit 345
    Pflichten 331
Vorstandssitzung 296
Vorstellungsgespräch 520
Vorträge, Präsentationen 790ff.
Vorurteile 574
    Einfluss auf 568, 604ff.
    vermeiden 448f.

W

Wahrnehmungsvergleich 366
Wandel des Geschäftsumfelds 70
»Was-wäre-wenn«-Analyse 191
Webdesigner, Websites 794
Website 131, 740
    Fotos 809, 823
    Internetauftritt planen 794f.
    Links zu E-Mail-Adressen 770
Weiterbildung 715f.
Weiterentwicklung (im Lernprozess) 570

Werbematerialien 812–825
    drucken lassen 824f.
    Fotos für 822f.
    gestalten 818ff.
Werbetexte 814ff.
Werte, persönliche 572
W-Fragen
    Dialog fördern 456
    Ergebnisbesprechungen 479
    schwierige Situationen 466
    Zukunftsplanung 472
Widerstand 514f.
»Wo liegt das Problem?« 30f., 45
Wunsch 548
Würde 669

Z

Zahlenfixierung 191
Zahlenmaterial aufbereiten 188
Zahlungsbedingungen 505
Zehn-Sekunden-Erklärung 749
Zeit schinden 659
Zeit
    Analyse 368
    einteilen 90
    Ergebniskriterium, 46
    Gewinn 360

Kalkulation 370
Kostenschätzung 88
nutzen 87, 91, 92
Umgang mit 88
Zuweisung 90
Zeitbedarf abschätzen 36
Zeitgestaltung 36f.
    Ablaufdiagramme 37
    Aktionspläne 32ff., 36
    Elektronische Terminkalender 65
    Entschlossen vorgehen 38f.
    Früh anfangen 39
    Geizen Sie mit Ihrer Zeit 35
    Zeitbedarf abschätzen 36
    Zeitlicher Spielraum 38f.
    siehe auch Zeitplanung
Zeitlimit 544
Zeitplanung 172, 233, 240, 248, 454, 458, 539, 649
Zeitprotokoll
    erstellen 89
    überprüfen 90
Zeitschriften 119, 121, 801
    Eigene Fotos bereitstellen 809
    Fototermine 808
    Pressemitteilungen 805
Zeitungen 119, 121
    Eigene Fotos bereitstellen 809
    Fototermine 808
    Kontakte zu Journalisten 801
    Pressemitteilungen 805
Zeitverschiebung 137
Zeitverständnis, kulturelle Unterschiede 86
Zero-Based-Budgeting (ZBB) 190
Ziele 20f., 40, 223, 226, 382
    bedenken 644
    Bestimmung von Arbeitszielen 431
    definieren 442f.
    Eigenverantwortung fördern 434
    Erfolgskriterien 442
    erreichen 339
    festlegen 646
    Fragetechniken 456
    herausstellen 293
    intelligente 432
    Klärung der 170f.
    kundenorientierte 714, 752, 755
    Leistungsbewertung 440
    Lernziele 471
    Planung einer Kampagne 782
    Projektplanung 475
    Strategische Planung 772, 774
    Teambeurteilungen 483
    verwirklichen 432f.

Zweck der Beurteilung 455
Zielgruppe *siehe* Zielpublikum
Zielpublikum
   bestimmen 773
   Werbematerialien gestalten 820
Zielrahmen 583
Zielsetzung 96
persönliche 293
Prioritäten 98
Zielvorstellung 228, 236, 259
Zinssätze 193
Zögerer 19
Zollbehörden 179
Zufallsbegegnung 294
Zufallstreffen 593
Zugeständnisse 672
Zuhören 322, 529f., 544, 577, 723, 737
   aktives 451
Zukunftsplanung 472f.
Zulieferer 225, 247, 273
Zulieferer, externe Einflüsse 179
Zur Rede stellen 512
Zurückhaltung 398
Zurücklehnen 664
Zusagen 718
Zusammenarbeit 122, 146
Zusammenhalt schaffen 602
Zuverlässigkeit 38, 578, 604
Zwänge, äußere 47
Zweckgerichtete Entscheidungen 40
Zweifel 667

Autoren

Moi Ali ist seit über 15 Jahren im Bereich Marketing tätig und leitet ein eigenes PR- und Marketingunternehmen, das sich auf Kunden mit begrenztem Budget, wie Kleinbetriebe und gemeinnützige Vereine, spezialisiert hat. Sie schreibt regelmäßig Zeitschriftenbeiträge zum Themenbereich Marketing und Public Relations und hat mehrere Bücher verfasst.

Stephen Brookson war bei KPMG als Buchhaltungsfachmann tätig und arbeitete für Ernst & Young, bevor er sich als Management- und Personalberater selbstständig machte. Er hat in zahlreichen Ländern Seminare und Vorträge gehalten.

Andy Bruce ist der Gründer von SofTools.net, einer Gesellschaft für internetbasiertes Business-Training und Consulting. Seit seinem Abschluss in Wirtschaftswissenschaften verbrachte er die letzten zehn Jahre damit, praktische Hilfestellungen für das Geschäftsleben zu erarbeiten, um Organisationen bei der Strategieentwicklung und beim Umgang mit Veränderungsprozessen zu unterstützen.

Dr. John Eaton ist Mitbegründer und Mitglied des Vorstands von Coaching Solutions, einem Unternehmen, das einen innovativen Coaching-Service und Lehrgänge in Coaching für Führungskräfte von Spitzenkonzernen anbietet. Er schreibt regelmäßig für Fachzeitschriften.

Robert Heller ist einer der führenden Fachautoren in den Bereichen Management und Consulting. Er begründete mit *Management Today* die wichtigste britische Manager-Zeitschrift und war in der Haymarket Publishing Group als Herausgeber für den Start mehrerer erfolgreicher Zeitschriften verantwortlich. Seine Bücher, die in mehrere Sprachen übersetzt wurden, sind internationale Bestseller.

Tim Hindle ist der Gründer von Working Words, einer Beratungsfirma mit Sitz in London, die sich auf Unternehmenskommunikation und

Marketing spezialisiert hat. Seit 1979 schreibt er für die Zeitschrift *The Economist*, zwischen 1994 und 1996 war er Herausgeber von *EuroBusiness*. Tim Hindle ist der Autor mehrerer erfolgreicher Bücher zu Wirtschafts- und Managementthemen.

Roy Johnson ist Mitbegründer und Mitglied des Vorstands von Coaching Solutions und außerdem Mitglied des Vorstands von PACE – einem preisgekrönten Unternehmen für Management- und Verkaufstraining, zu dessen Kunden zahlreiche große und mittelständische Unternehmen gehören. Er ist der Autor mehrerer Bücher zum Thema Coaching.

Ken Langdon war in Verkaufs- und Marketingpositionen in der Computerbranche tätig. Heute unterstützt er als freier Berater große Unternehmen (u.a. den Hardware-Hersteller Hewlett Packard) bei der Entwicklung und Implementierung neuer Strategien.

Christina Osborne verfügt über langjährige Erfahrung im Personalwesen. Sie war als Personalchefin tätig, bevor sie sich vor zwölf Jahren mit ihrer Personalberatungsfirma Business Solutions selbstständig machte. Die Entwicklung von Beurteilungssystemen und Strategien für Mitarbeitergespräche, sowohl in privatwirtschaftlichen Unternehmen wie im öffentlichen Sektor, bildet seit Jahren einen Schwerpunkt ihrer Arbeit.

BILDNACHWEIS

Legende: *u* unten; *m* Mitte; *l* links; *r* rechts; *o* oben

Ace Photo Library: Jigsaw 2 356f.; **AKG:** Eric Lessing 562; **Allsport:** 590; **Jim Arbogast/Superstock Ltd.:** 806ul ; **Corbis:** R.W. Jones 40ml; Peter Turnley 65 ur; Premium Stock 71ur; **Corbis Stock Market:** Jose L. Pelaez 538, 696f., 708ul, 729ul; Ariel Skelley 560f.; Charles Gupton 598; **Digital Vision:** 443; **gettyone stone:** Walter Hodges 18ul; Christopher Bissell 492f.; **Imagebank:** Barros & Barros 576; **Axel Kirchhof/Rex Features:** 821ur; **Romilly Lockyer/The Image Bank:** 788ur; **PhotoDisc:** 481; **Pictor International:** Robert Llewellyn 502; **Power Stock Photo Library:** 299, 311mr; **Powerstock Photolibrary/Zefa:** 77ol, 152f., 154, 243, 247or; Index 267ur, 278ul; Raoul Minsart 220f.; **Stone:** Stuart Hughs 580; David Young-Wolff 584; **Stone/Getty Images:** 740ml; **Superstock Ltd.:** 184, 713ul; **Telegraph Colour Library:** 418; Bavaria Bildagentur 204; FPG/M. Malyszko 280ul; Ryanstock 235; John Terence Turner 593m; VCL 605u; Rob Brimson 617; **The Photographers Library:** 764f.; **The Stock Market:** 16f.; 31ul; Jose L. Pelaez 424f.; Jeff Zaruba 483; **Tony Stone Images:** 84f., 129ur, 139ul, 140ul, 141or, 288f., 298, 628f., 639ur, 633ur, 689ur; Sean Arbabi 417

Alle anderen Bilder © Dorling Kindersley
Nähere Informationen finden Sie unter: **www.dkimages.com**